धूमिल समग्र

खंड-1

कविता

धूमिल समग्र

खंड-1

कविता

संकलन-सम्पादन

डॉ. रत्नशंकर पाण्डेय

राजकमल प्रकाशन

ISBN : 978-93-89598-86-5

मूल्य : ₹3000
(3 खंडों में)

पहला संस्करण : 2021

प्रकाशक : राजकमल प्रकाशन प्रा.लि.
1-बी, नेताजी सुभाष मार्ग, दरियागंज
नई दिल्ली-110 002

शाखाएँ : अशोक राजपथ, साइंस कॉलेज के सामने, पटना-800 006
पहली मंजिल, दरबारी बिल्डिंग, महात्मा गांधी मार्ग, प्रयागराज-211 001
36 ए, शेक्सपियर सरणी, कोलकाता-700 017

वेबसाइट : www.rajkamalprakashan.com
ई-मेल : info@rajkamalprakashan.com

मुद्रक : यश प्रिंटोग्राफिक्स
ग्रेटर नोएडा-210 310 (उत्तर प्रदेश)

DHOOMIL SAMGRA (Vol-1)
Compilation and editing by Dr. Ratna Shankar Pandey

धूमिल : 1969

युवा लेखक (पटना)

27-28 दिसम्बर, 1970

चित्र साभार श्री भारत भारद्वाज (जिनको भारत जी पहचान सके, उनके नाम बाएँ से दाएँ)

(कुर्सी पर बैठे हुए) : सर्वश्री विश्वनाथ प्रसाद तिवारी, परमानन्द श्रीवास्तव, धूमिल, पंकज सिंह, विजय मोहन सिंह, जगदीश चतुर्वेदी, नंदकिशोर नवल, अशोक वाजपेयी, नामवर सिंह, ममता कालिया, रमेश गौड़, शिव शंकर सिंह, सौमित्रा मोहन, ..., जीतेन्द्र भाटिया, रवीन्द्र कालिया, काशीनाथ सिंह, ..., (खड़े हुए) पहली पंक्ति : सर्वश्री नरेन्द्र मोहन, बलदेव वंशी, ..., शिवदेओ सिंह, ..., शिवराम तिवारी, मधुकर सिंह, ..., ..., ..., ..., नीलाभ

काशीनाथ सिंह और धूमिल

धूमिल

प्रौढ़-शिक्षा → कल्पना १९७० I (9)

—धूमिल

काले तख़्ते पर सफ़ेद खड़िया से
मैं तुम्हारे लिये लिखता हूँ — 'अ'
और तुम्हारा मुख
किसी अंधी गुफा के द्वार की तरह
खुल जाता है — 'आऽऽ'

यह भविष्य है यानी कि शब्दों की दुनिया में
आने की सहमति। तुमने पहली बार
बीते दिनों की यातना के खिलाफ़
मुँह खोला है।

और यह उस आदमी का भविष्य है जिसका गूँगापन
जो सिर्फ़ आत्महत्या की सरहद पर बोलता है
मुहावरों के हवाई हमलों से बचने के लिये
जिसके दिमाग़ में शताब्दियों का अंधकूप है
जो खोये हुये साहस की तलाश में
पशुओं की पूँछ के नीचे टटोलता है
जो किसानों के बीच में
जानवर-सा चुप है

यह उस आदमी का भविष्य है जो अचानक,
टूटते-टूटते, इस तरह तन गया है
कि कल तक जो मवेशीखाना था उसके लिये
आज पंचायत-भवन बन गया है।

लालटेन की लौ ज़रा और तेज़ करो
उसे यहाँ—
पेड़ में गड़ी हुई कील से
लटका दो
हाँ — अब ठीक है

हस्तलिपि

(2)

आज का सबक शुरू करने से पहले
मैं एक बार फिर वह सब बतलाना चाहूँगा
जिसे मैंने कल कहा था
क्योंकि पिछले पाठ का दुहराना
हर नयी शुरुआत में शरीक है

कल मैंने कहा था कि वह दुनिया
जिसे ढँकने के लिए तुम नंगे हो रहे थे
उसी दिन उघर गयी थी
जिस दिन हर भाषा
तुम्हारे अँगूठा-निशान की स्याही में डूबकर
मर गयी थी

तुम अपढ़ थे
गँवार थे
सीधे इतने कि बस-
'दो और दो चार' थे

मगर चालाक 'सुराजिये'
आज़ादी के बाद के अँधेरे में
अपने पुरखों का रंगीन बलगम
और ग़लत इरादों का मौसम जी रहे थे

अपने-अपने दराज़ों की भाषा में बैठकर
गर्म कुत्ता खा रहे थे
सफ़ेद घोड़ा पी रहे थे

उन्हें तुम्हारी भूख पर भरोसा था

सबसे पहले उन्होंने एक भाषा तैयार की
जो तुम्हें न्यायालय से लेकर नींद से पहले की-
प्रार्थना तक, ग़लत रास्तों पर डालती थी
'यह सच्चा पूर्वपत्र है'

हस्तलिपि

'यह संसार का अन्नदाता है'

मगर तुम्हारे लिये कहा गया हर वाक्य
एक धोखा है जो तुम्हें दलदल की ओर
ले जाता है.

लहलहाती हुई फ़सलें...
बहती हुई नदी...
उड़ती हुई चिड़ियाँ...

यह सब, सिर्फ़, तुम्हें गुमराह करने की चाल है
क्या तुमने कभी सोचा कि तुम्हारा—
यह जो बुरा हाल है
इसकी वजह क्या है ?

इसकी वजह वह खेत है
जो तुम्हारी भूख का दलाल है

आह! मैं समझता हूँ कि यह एक ऐसा सत्य है
जिसे स्वीकारते हुए हर आदमी झिझकता है

मगर तुम खुद सोचो कि डबरे में
डूबता हुआ सूरज
खेत की मेंड़ पर खड़े आदमी को
एक लम्बी परछाईं के सिवा और क्या दे सकता है

काफ़ी दुविधा के बाद
मुझे यह सचाई स्वीकारनी पड़ी है
यद्यपि यह सही है कि सूरज
तुम्हारी जेब-घड़ी है

तुम्हारी पसलियों पर
मौसम की लटकती हुई ज़ंजीर
हवा में हिलती है और
पशुओं की हरकतों से

हस्तलिपि

6

तुम्हें आनेवाले खतरों की गंध
मिलती है

लेकिन इतना ही काफी नहीं है

इसीलिए मैं फिर कहता हूँ कि हर हाथ में

गीली मिट्टी की तरह - हाँ - हाँ - मत करो

तनो

अकड़ो

अमरबेलि की तरह मत जिओ,

जड़ पकड़ो

बदलो - अपने-आपको बदलो

यह दुनिया बदल रही है

और यह रात है, सिर्फ़ रात...

इसका स्वागत करो

यह तुम्हें

शब्दों के नये परिचय की ओर लेकर -

चल रही है।

धूमिल

[illegible]

[illegible] (1964)

हस्तलिपि

धूमिल समग्र : कुछ बातें

अशोक जी ने विशेष आग्रह किया कि 'धूमिल-समग्र' का एक परिचय लिख दिया जाए। उन्होंने भूमिका लिखने जैसी बात नहीं की, और शायद इसलिए नहीं की कि कवि धूमिल की जब पहली कृति, उनके जीवन-काल की पहली और अन्तिम कृति, 'संसद से सड़क तक' (1972) छपी थी तो उसमें उन्होंने न उसकी भूमिका किसी से लिखवाई और न ही अपनी कविताओं के बारे में अलग से कुछ लिखकर जोड़े या यूँ कहें कि पारम्परिक ढंग से अपनी कविताओं पर गद्यमय 'दो शब्द' लिखे। अपने पाठक से कवि 'दो शब्द' के बहाने विशेष आग्रह करता या फिर अपनी कविताओं के लिए किसी विशेष पूर्वग्रह की ओर इशारा करता? उन्होंने 'संसद से सड़क तक' की कविताओं को पहले 'सार्थक वक्तव्य' कहा और पहली 'कविता' शीर्षक कविता के माध्यम से अपनी नई धारणाओं का प्रकाशन किया जिस पर विगत दशकों में खूब चर्चाएँ हुईं।

अगर वह चाहते, तो नामवर सिंह यानी अपने 'मास्टर साहब' से शुभाशंसा के दो शब्द लिखवाते लेकिन ऐसा उन्होंने कुछ नहीं किया, जबकि 'संसद से सड़क तक' जब आई तो उसके आने के पहले ही मास्टर साहब उनकी कविताओं के बदले हुए तेवर की प्रशंसा में लिख चुके थे।

फिर भी भूमिका—किसके लिए भूमिका—उन पाठकों के लिए जो अब आलोचना के सहारे नहीं रहते बल्कि समझदार हैं और मूल पढ़ रहे हैं? और जब मूल पढ़ने का विश्वास है तो धूमिल का कवि, अपनी कविताओं की भूमिका, कविता में ही लिखते चलता है। साथ ही साथ अपनी कविता विषयक मान्यताओं पर निबन्धों, डायरियों एवं पत्रों में खूब लिखते हैं। उसमें अपनी भाषा की तलाश, उसके रचाव की चर्चा बराबर करते रहते हैं। इसके बावजूद उस पर अलग से लिखना पाठक के हाथ में जबरन बैसाखी थमाने जैसा ही उन्हें लगता। शायद इसीलिए कविता क्यों, कैसे, किसके लिए, किसके द्वारा आदि विषयों पर अपनी कविता में ही अपने समकालीनों से कहीं ज्यादा कहते-सुनते नजर आते हैं।

लिखने तो वे मिडिल स्कूल की कक्षा सात से ही लगे थे, तब उम्र रही होगी—बारह साल। वर्ष रहा होगा—1949। समय—आजादी के ठीक बाद। लिखने का

आरम्भ भी लख कर हुआ—सहपाठियों के साथ रास्ते में, बरना नदी का किनारा, साँझ का वक्त। विषय तय हुआ : 'वह पत्थर जिस पर वे बैठे हैं'। लिखा :

पड़ा हुआ है, बरना के तट पर
एक बड़ा—काला सा पत्थर

संशोधन भी शुरू हुआ। सहपाठी ने कलम उठाई, दो मात्रा अधिक होने के कारण पहली पंक्ति से 'के' काट दी। राय मान ली गई। तब से जीवन भर रस्ते-पैड़े, खड़े-बैठे, बोलते-बतियाते, सोचते-विचारते, लखने-लिखने और काटने की प्रक्रिया से रचनाएँ बनती गईं। और तब चीजों के प्रति नहीं, अपने पद्यों के प्रति सचेष्ट। उनके नजदीक अधिक आत्मीय। इसके बावजूद उसकी पांडुलिपियाँ कहीं नहीं मिलतीं। लगता है, वस्तुहीनता के नाते ऐसा हुआ।

प्राप्त पहली पांडुलिपियों में 1956 का लिखा हुआ 'पाँच बिरहा' मिला है जो किसी बिरहिये के विशेष आग्रह पर लिखा गया है। वस्तुनिष्ठ होने के कारण हमने इसे 'धूमिल समग्र-2' की आरम्भिक रचनाओं के क्रम में शामिल कर लिया है। इसी खंड में प्राप्त उनकी कहानियाँ, लघुकथा तथा नाटकों को भी संकलित किया है।

जब मैं 'सुदामा पाँड़े का प्रजातंत्र' की कविताओं का संकलन-सम्पादन कर रहा था तो मेरे मन में एक बात आई थी कि इसमें 'संसद से सड़क तक' के बाद की कविताओं को ही रखा जाए। उसी समय 'संसद से सड़क तक' के पूर्ववर्ती रचनाओं की पांडुलिपियों एवं प्रकाशित-अप्रकाशित रचनाओं को संकलित किया।

उस समय उनके बारे में प्रचारित किया जा रहा था कि धूमिल 'संसद से सड़क तक' के बाद अक्सर चुप रहने लगे थे। उन्होंने बहुत कम लिखा। वे ठप पड़ गए थे।' इसी प्रचारात्मक उलाहने के खिलाफ प्रकाशित हुआ था—कविता-संग्रह : 'सुदामा पाँड़े का प्रजातंत्र', जिसके बारे में उन्होंने लीलाधर जगूड़ी को अपने पत्र में लिखा था :

'इसका मतलब यह नहीं कि मैं ठप हो गया हूँ। मैं इन दिनों मुकदमा लड़ रहा हूँ। घर-गृहस्थी, बाल-बच्चों की देखभाल कर रहा हूँ। सड़क पर या गाँव के कच्चे रास्ते पर, हर कहीं छूट रहा हूँ। कुल मिलाकर कहो तो बुरी तरह 'सुदामा पाण्डेय' हो गया हूँ। मेरा हर मुद्दे से इस तरह सुदामा पाण्डेय होना दुर्घटना हो, ऐसा नहीं है। क्योंकि इसी आदमी का पीछा करते-करते मैंने आदमी को जाना है। कानून की दफाओं से परिचित हुआ हूँ और समझा है कि आदमी का यह सारा कुछ टूटना, छूटना, थकना, पकना, ऊबना, ऐंठना कविता के लिए है। और एकदम अकेला होकर लगातार सात महीने ऊबने के बाद एक

लम्बी कविता—करीब 55 पृष्ठ 'फुलस्केप' तैयार हुई है—'सुदामा पाँड़े का प्रजातंत्र'। आदमी के समूचे संघर्ष को तुम वहाँ देख सको, ऐसा दावा तो नहीं, मगर विश्वास जरूर है।'

यद्यपि यह, वह नहीं थी। वह '55 फुलस्केप' तो पांडुलिपियों में एक जगह कहीं नहीं दिखाई पड़ीं लेकिन इसी शीर्षक से कुछ कविताएँ जो उनके जीवनकाल में प्रकाशित नहीं हो सकीं, उन्हें मैंने 'सुदामा पाँड़े का प्रजातंत्र' में संकलित करने के साथ ही साथ उन प्रकाशित कविताओं को भी संकलित किया जो 'संसद से सड़क तक' के बाद विभिन्न पत्र-पत्रिकाओं में प्रकाशित-प्रचारित हो चुकी थीं।

उसी समय सोचा था कि 'संसद से सड़क तक' से पहले लिखी उनकी कविताओं, गीतों को अलग से नहीं देना चाहिए क्योंकि ये उनके जीवन के आरम्भिक दौर की रचनाएँ थीं। यही उनके मित्रों की राय थी। जबकि 'संसद से सड़क तक' उनकी प्रकाशित प्रथम एवं अन्तिम कृति थी और मानक भी।

मरणोपरान्त 'कल सुनना मुझे' चाचा श्री कन्हैया पांडेय के श्रम तथा माताजी श्रीमती मूरत के आर्थिक सहयोग से, कविवर राजशेखर के सम्पादन में, 1977 में छपी जिसे 1979 में साहित्य अकादमी ने सम्मानित किया। इसमें एक साथ 'जवाहरलाल नेहरू की मृत्यु पर' (1964) तथा 'धूमिल की अन्तिम कविता' (1975) को चयनित कर लिया गया था।

बाद के दोनों काव्य-संग्रहों को उनके विशाल पाठक वर्ग ने बड़ी जिज्ञासा और रुचि के साथ लिया। मेरा मनोबल बढ़ा। 'संसद से सड़क तक' के बाद की कविताओं ने धूमिल के कवि को दूसरे आयामों में समझाने का काम किया। ये कविताएँ पक्ष-विपक्ष के राजनीतिक चौखटों को चटकाते हुए, 'घर में वापसी' की कविताएँ सिद्ध हुईं। पहली बार कवि को, 'संसद से सड़क तक' से हटकर, घर में समझने का अवसर मिला : 'जनतंत्र जनता से नहीं, घर के जंग से शुरू होता है।'

जब भी उनकी पांडुलिपियों को उठाता हूँ, एक अजीब किस्म के संघर्ष से भरी अनुभूति से गुजरता हूँ—कहीं कोई कागज का टुकड़ा, कहीं कोई नोट-बुक, कहीं किसी के द्वारा समर्पित डायरी या फिर अलग-अलग तारीख पड़े डायरी की तरह के पन्ने, कहीं पत्र या पत्रिकाओं के हाशिए पर रचनाएँ बिखरी पड़ी हैं। बार-बार सोचता हूँ—कठिन जीवन के बिखराव को। जी-तोड़ मेहनत। फिर अनायास कविता लेखन। लिखते हुए अपने को बौद्धिक विमर्शों में शामिल रखना। सम्पादकों के आग्रह पर कविता भेज देना, फिर 'छपा या नहीं छपा' की सुधि से बेखबर। कहीं किसी पत्रिका में छपा उसका अंक मिला या नहीं मिला, कोई जिज्ञासा नहीं। अनुक्रम या विषय-सूची में नाम है लेकिन रचना अमुक

पृष्ठ से गायब। कहीं छपा हुआ पृष्ठ है तो पत्रिका का नाम, समय का पता न चले। कहीं किसी सम्पादक-मित्र का पत्र कि चार कविताएँ मिलीं। बाद में वे कविताएँ कहाँ छपीं, कब छपीं, छपीं भी कि नहीं, कुछ अता-पता नहीं। कहीं किसी पत्रिका में लिखा मिला कि अगले अंक में चर्चित कवि धूमिल का लेख, गीत, कविता या साक्षात्कार छप रहा है लेकिन बहुत ढूँढ़ने पर भी कहीं उसका थाह-पता नहीं लगा।

इस बिखराव को समेटने के लिए मैंने उनके समकालीन मित्रों, सम्पादकों को पत्र लिखा। व्यक्तिगत मिला। पत्र-पत्रिकाओं में ज्ञापन दिया। गरज मात्र इतना कि उनकी रचनाएँ प्रकाशित-अप्रकाशित जिस किसी के पास हों, जानकारी में हों तो मेरे पते पर भेज दें। लेकिन आह! कहीं से एक पत्र भी नहीं आया।

साहित्य समाज के बदलाव के साथ अनवरत बदलता रहता है। बदलाव की लम्बी प्रक्रिया के बाद जो एक फैलाव दिखाई पड़ता है, वह एक लम्बे समय के अन्तराल का है। साठ साल पूर्व लिखी उनकी रचनाएँ आज कहाँ बैठती हैं, इसकी चर्चा हम अपने मित्रों से अक्सर करते रहे हैं। कविता की भाषा, उसकी बनावट सम्बन्धी धूमिल की मान्यताएँ, आज प्रासंगिक ही नहीं, विचारणीय एवं अनुकरणीय भी हैं।

रचना के मूल्यांकन की स्थिति में आलोचना की दृष्टि हमेशा से दोयम दर्जे की रही है। रचना का सही मूल्यांकन अक्सर उसके समकालीनों द्वारा नहीं हो पाया है। रचना की पीड़ा, वर्षों बाद, समाज में समादृत हुआ है। इसीलिए पुराने से पुराने कवि को न सुने जाने की पीड़ा सताती रही और धूमिल को भी : 'आज मैं लड़ रहा हूँ। कल सुनना मुझे।' इसी आग्रह ने मुझे बार-बार उनके एक-एक पंक्ति को, रद्दी-से दिख रहे कागज के एक-एक टुकड़े को, सँभालकर रखने के लिए विवश किया है।

धूमिल जी के सम्पूर्ण रचनाकाल को, उनकी भाषा और कथ्य के धरातल पर, चार भागों में विभाजित किया गया है। प्रथमतया शुरुआत गीत से करते हैं जो सन् '60-'61 तक चलता है। '60 के बाद '65 तक नई कविता। '65 से '70 तक की कविताओं का प्रतिनिधित्व करता है : 'संसद से सड़क तक'। इसके बाद की कविताएँ 'सुदामा पाँड़े का प्रजातंत्र' संग्रह में संकलित हैं। इन चार काल-खंडों को अलग-अलग भाषा और भाव के धरातल पर रखकर जाँचना-परखना चाहिए। भाषा का यह विविध कलेवर इतने कम समय में अकेले किसी एक कवि में बहुत कम दिखाई पड़ता है। भाषा और भाव के विभिन्न बदलाव के परिप्रेक्ष्य में धूमिल के कवि को पढ़ना अभी भी शेष है।

पिताश्री धूमिल के किसी मित्र ने चर्चा के दौरान बतलाया कि धूमिल जी किसी चर्चित कवि की कविता की चार-छह पंक्तियाँ सुनने या पढ़ने के बाद यह बता

देते थे कि यह अमुक कवि की कविता है। आज हम जब धूमिल जी को पढ़ते हैं तो बार-बार लगता है, ऐसी कविता धूमिल जी ही रच सकते हैं।

भाषा की प्रौढ़ता पाने के बाद कवि की एक अलग पहचान बनती है। बहुधा यह गद्य के साथ नहीं होता। जब तक कवि भाषा नहीं पाता, पहचाना नहीं जा सकता। एक सच्चे कवि के लिए आवश्यक हो उठता है उसकी भाषायी निजता। भाषागत निजत्व के अभाव में कवि, कविता की भीड़ में गुम हो जाता है।

पिताजी ने अपने सन्दर्भ में इस बात को 'कविता की भाषाहीनता' के माध्यम से व्याख्यायित किया है : 'भाषा की एक समझ होती है। एक विवेक होता है और एक रंग। और अन्ततः भाषा का एक आदमी होता है।' खुद धूमिल जी के भाषा सम्बन्धी निकषों के सहारे चलें तो स्वयं उनके गीत तथा गीत के बाद की रचनाओं में एक स्पष्ट फाँक दिखाई पड़ती है। उनके गीत लय एवं तुक की पद्यात्मक उपज हैं। उनकी मान्यताओं के अनुसार : 'ये खड़ी बोली में लिखे गए पद्य हैं, न कि खड़ी बोली की कविता।' अपने किशोर मित्रों के साथ, जिन पद्यों के प्रति आत्मीय और सचेष्ट थे, उसकी वस्तुनिष्ठता तो बढ़ी लेकिन खड़ी बोली का खड़ापन नहीं मिला। मिला तो बोली की पद्यात्मक तरलता। धूमिल की इसी वस्तुनिष्ठ पद्यात्मक तरलता के गीतों ने मुझे बरबस आकर्षित ही नहीं किया बल्कि अपने से बाँधे रखा जिससे मैं उसे नष्ट होने से बचाये रख सका।

धूमिल जी ने गीत से लिखना शुरू किया था। यह सिलसिला '60-'61 तक चला। गीत लिखने का मंचीय शौक रहा होगा, क्योंकि बनारस में कवि सम्मेलन की बहुत पुरानी परम्परा रही है। प्रकाशित रूप में दो-चार गीत मिले हैं, जो पहली बार 'नीहार' और 'चाँद-सितारे' में छपे हैं। 'चाँद-सितारे' 1951 में स्थापित की गई थी। 'चाँद-सितारे' के सम्पादक श्री देवी प्रसाद गुप्त 'किशोर' ने बताया : 'यही 'चाँद-सितारे' आगे चलकर 'नीहार' नाम से निकलने लगी।'

धूमिल जी 'चाँद-सितारे' : मार्च, 1961 के अंक में बतौर सहकारी (अवैतनिक) के रूप में कार्य करते थे। 'चाँद-सितारे' से 'नीहार' की यात्रा दिलचस्प है। कुछ लोगों ने नाम सुझाया : 'निहारिका' लेकिन बाद में तय हुआ कि 'नीहार' ही उपयुक्त रहेगा। धूमिल जी आई.टी.आई. (काशी हिन्दू विश्वविद्यालय) से जब छूटते थे तो साइकिल से इसी रास्ते अपने गाँव की ओर जाते थे। मित्रों के साथ बैठक और उनकी यात्रा का एक पड़ाव था सिकरौल।

'नीहार' सिकरौल (वाराणसी) से छपती थी। 'नीहार' और 'चाँद-सितारे' के हमारे पास उपलब्ध अंकों में मन्मथनाथ गुप्त, शिवमंगल सिंह 'सुमन', केदारनाथ अग्रवाल प्रभृति लोगों की रचनाएँ छपी हैं।

'नीहार' : जून, 1961 के अंक में धूमिल जी का एक गीत 'पूछता भँवरा कली से, फूल से' छपा है। इसी अंक के आवरण पृष्ठ पर 'बाँसुरी जल गई' गीत के

अगले अंक में प्रकाशित होने की सूचना है। परन्तु यह गीत उनकी पांडुलिपियों में नहीं मिला और न ही 'नीहार' का अगला अंक। यद्यपि 'बाँसुरी जल गई' उनकी कोई गीत रचना थी जिसे अक्सर वे गाकर सुनाया करते थे :

श्वास के उच्छ्वास से जल गई बाँसुरी
बाँसुरी जल गई।

हालाँकि उनका कोई गीत-संकलन प्रकाशित नहीं हुआ था। हाँ, उपलब्ध गीतों की संख्या को देखते हुए, यह सोचा जा सकता है कि गीतों के संकलन के प्रकाशन की उनकी योजना अवश्य रही होगी।

पिताजी के निधन के बाद कुछ आलोचकों ने उनके गीत-संकलन—'बाँसुरी जल गई'—के प्रकाशन की बात कही है। कुछ ने उसके 'नागरी प्रचारिणी सभा, वाराणसी' के पुस्तकालय में उपलब्ध होने की बात भी कही है और उसकी समीक्षा भी कर दी गई है।

'बासंती' : मई, 1962 के अंक में धूमिल जी का एक कविता-गीत 'फागुन' छपा है। यह कविता के रूप में छपी उनकी पहली कविता है जिसकी प्रशंसा में जून, 1962 के अंक में अलवर, राजस्थान के कवि-लेखक श्री जुगमिन्दर तायल ने लिखा है कि 'मई, '62 के अंक में 18 कविता-गीत हैं जिनमें मुझे दो ही अच्छी लग पाई : 'धूमिल का फागुन और...'।'

यही समय है जब धूमिल जी गीत से कविता में प्रवेश करते हैं ('यह सन् 1960 की बात है जब मैं अपनी कविताओं की हद फाँद रहा था'—आत्मस्वीकृति : 'संसद से सड़क तक' : मकान)। उनके अपने लिखे गीत बहुत जल्दी पुराने पड़ गए। उन्होंने पुराने गीतों की तर्ज पर लिखना बिलकुल बन्द कर दिया। यहाँ तक कि पूरे जीवनकाल में फिर उस तरह की गीतों वाली तुकबन्दियाँ देखने को नहीं मिलतीं। अपने ही बनाये गीतों की पुरानी लयात्मकता का पूर्णतया निषेध। फिर भी उनकी भाषा पर लिखते हुए कुछ लोगों ने जल्दी में यह निर्णय दे दिया कि 'धूमिल में लय के प्रति आग्रह उनके गीतों से कविता में आने के कारण हुआ।' दरअसल ऐसा नहीं हुआ। धूमिल जी की कविताओं का लय, उनके गीतों का लय नहीं है, बल्कि गाँव की सीधी-सरल जुबान के कारण कविता में ज्यों-का-त्यों स्वीकार कर लेने से है। यही सहज गँवई जुबान उनकी कविता की भाषागत प्रौढ़ता की शक्ति है। इसी तरह के नये प्रयोग से धूमिल का कवि अनवरत भाषा की प्रौढ़ता के साथ आगे बढ़ता दिखाई पड़ता है।

1962 के साहित्यिक माहौल को देखा जाए तो उस समय कविता 'सप्तकों' की सवारी कर रही थी। वही कवि सक्रिय माना जाता था जो अज्ञेय जी द्वारा सम्पादित 'सप्तकों' से आता था। 'तारसप्तक' से आए मुक्तिबोध पर दूर-दूर तक उस तरह

से चर्चा भी न थी जो बहुत बाद में हुई और 'सप्तक' के बाहर प्रगतिवादी दौर के कवियों—नागार्जुन, त्रिलोचन, केदार—पर भी कहीं चर्चा न थी जबकि ये त्रयी पूर्ण रूप से सक्रिय थे। नई कविता में लघुमानव की हताशा, निराशा, संत्रास, कुंठा की जो अभिव्यक्ति हो रही थी, उसके कारकों पर सीधे-सीधे हाथ रखना मुश्किल का काम था। भारत-चीन सीमा-संघर्ष भी शुरू हो चुका था। इस प्रकार यह दौर देश के लिए ही नहीं, साहित्य के लिए भी परिवर्तन बिन्दु है। यहाँ से साहित्य में एक नये दौर की शुरुआत होती है और यही विषमकाल धूमिल की कविता का प्रस्थान-बिन्दु है। इसके पहले का नवलेखन-दौर खत्म हो रहा था। इसका मोहभंग अपने गह्वर कलेवर के साथ उतरा था। ऐसे समय में धूमिल जी का कविता में आना न तो आकस्मिक था और न ही किसी गुरुमंत्र का परिणाम। धूमिल के साथ आनेवाली कविता, कविता के आत्मसंघर्ष की वह परम्परा है जिसे अपने समय में कवि स्वयं के साथ संघर्ष से सींचता है। यह परम्परा विरल है। इसे अलग से पढ़ने की जरूरत है। हम साथ-साथ सब कुछ पढ़ते हैं और पढ़ते रहते हैं। पाठ्यक्रम की आतुरता इस संघर्ष को समय से पहचान नहीं पाती या जब पहचानती है तब तक बहुत देर हो चुकी होती है। परिणामस्वरूप पठनीय चीजें भी गड्डमड्ड की स्थिति में चली जाती हैं।

भारत-चीन युद्ध चल रहा था। वाराणसी के मंच से एक गीत गाया जा रहा था : 'काली के खप्पर में और शक्कर और शक्कर...और चीनी और चीनी...' लेकिन काली के खप्पर में कितनी चीनी थी—यह बात किसी से छिपी नहीं थी। भारत-चीन सीमा के ग्लेशियर से 'गैंग्रीन' लेकर लौटे सैनिकों की जो दुर्गति हुई थी, धूमिल का कवि उस यथार्थ की अभिव्यक्ति के लिए भाषा तलाश रहा था जिसे गीत के गद्‌गद कंठ से गाया नहीं जा सकता। ऐसे में उन्हें निराला याद आए और उन्होंने 'राम की शक्ति-पूजा : भारत-चीन सीमा संघर्ष के परिप्रेक्ष्य में' एक लेख लिखा जो 'भारती' : मार्च-अप्रैल, 1963 में छपा। उसी समय नौकरी के सिलसिले में आई.टी.आई. वाराणसी से, आई.टी.आई. बलिया उनका स्थानान्तरण हो चुका था। बलिया प्रवास के समय गीत की तुकबन्दियों से पूर्ण रूप से मुक्त होकर कविता लिखने लगे थे। बलिया में उन्हें प्रकाशित करने के लिए एक मंच मिला—उन्मेष जी का 'कुटज'। पढ़ने का नया अड्डा मिला—नागरी प्रचारिणी सभा। संग मिला संत साहित्य के मर्मज्ञ पं. परशुराम चतुर्वेदी का। परशुराम चतुर्वेदी पेशे से वकील थे लेकिन साहित्य में, खास तौर से संत साहित्य में, उनकी मान्यताएँ अकाट्य थीं। धूमिल जी बलिया में, अपनी नई साहित्यिक अभिरुचि के कारण, ऐसे ही पढ़े-लिखे लोगों के बीच अपनी जगह बना रहे थे। यह संयोग ही था कि हिन्दी खड़ी बोली को गद्य का स्वरूप प्रदान करनेवाले भारतेन्दु बाबू हरिश्चन्द्र ने बलिया जाकर ददरी मेला में एक भाषण दिया था : 'भारतवर्षोन्नति कैसे हो'। उसी प्रकार धूमिल ने लगभग सौ साल बाद बनारस से बलिया जाकर, नागरी प्रचारिणी सभा, बलिया

द्वारा आयोजित 'तुलसी-जयन्ती' के अवसर पर 'तुलसी और समकालीन लेखकों की समस्याएँ' पर विचार व्यक्त किया था जिसे अक्टूबर, 1963 में 'कुटज' ने उसकी विचारोत्तेजकता को देखते हुए—आयोजन के अध्यक्ष संत साहित्य के मर्मज्ञ पं. परशुराम चतुर्वेदी तथा सुधी श्रोताओं के विशेष आग्रह पर—ज्यों-का-त्यों छापा है। यह था धूमिल की कविता का समकालीनता से आग्रह। जो लोग धूमिल को जुमलों के गढ़ने की बात करते हैं, उन्हें इस लेख के तुलसी को धूमिल के समानान्तर रखकर पढ़ने-समझने की आवश्यकता है। धूमिल की 'आस्था' कविता बलिया प्रवास के समय ही लिखी गई थी। यह कविता पहली बार 'रणभेरी' और फिर बाद में 'कुटज' में छपी जिसके ताजेपन की प्रशंसा सर्वप्रथम नामवर सिंहजी ने 'ज्ञानोदय' में 'नई कविता पर क्षण भर' शीर्षक अपने लेखमाला के अन्तर्गत की थी। उसका युद्ध विषयक प्रसंग यह था :

मुझमें पूरे समूह का भय
चीखता है—
दिग्विजय! दिग्विजय!! दिग्विजय!!!

यहाँ तक आते-आते सम्पादकों ने 'धूमिल का परिचय : उन्हीं के शब्दों में' प्रकाशित करने के लिए विशेष आग्रह करना शुरू कर दिया :

'जन्म : 9 नवम्बर, 1936 ई.। सामान्य टेक्निकल प्रशिक्षण के बाद औद्योगिक प्रशिक्षण केन्द्र—काशी हिन्दू विश्वविद्यालय—में प्रशिक्षक। दिनभर का ऐकांतिक व्यवसाय मशीनों की अनियंत्रित भीड़ में नये आकार-रूपों की खोज। रोजी-रोटी का भी यही जरिया है। वैसे सामान्य मशीनी ही बनकर रह जाना लक्ष्य नहीं। शायद इसीलिए बाहर के जागरूक बौद्धिक आयामों के हलचल का एक सदस्य...। विशेषत: हिन्दी की वर्तमान विधाओं में अभिरुचि...। नई कविता के समर्थकों में अपने को गिनने का हौसला...। किन्तु उसमें लघुमानव की स्थिति स्वीकारते हुए भी उसी स्थिति-बोध को काव्य की सम्पूर्ण उपलब्धि मानकर समर्थन देने के खिलाफ।

कुल मिलाकर साहित्यिक पूँजी के रूप में अप्रकाशित कविता-संग्रह 'शीशे पर लोटती रोशनी' और सम्पादकों के नाम अनुत्तरित रचनाओं की कुछ अन्य पांडुलिपियाँ, जिनमें निबन्ध भी हैं और कहानियाँ तथा कविताएँ भी...'

['नये कवि और नई दिशाएँ' स्तम्भ से प्रकाशित, मराल; जनवरी, 1963]

उनके इस परिचय से स्पष्ट है कि उन्होंने गीत संग्रहण का रास्ता छोड़कर, अपनी बिम्बधर्मी कविताओं का संग्रह प्रकाशित करवाने को उत्सुक थे। लेकिन यह संग्रह भी नहीं छपा।

उस दौर की यानी 1961 से 1965 तक की सभी प्रकाशित-अप्रकाशित कविताओं को 'समग्र' के इस प्रथम खंड में शामिल कर लिया गया है। जिस कविता की

रचना-तिथि मिल गई है, उसको उसके नीचे लिख दिया गया है, जबकि बहुत-सी कविताओं की रचना-तिथि नहीं मिलने पर उसी क्रम में संकलित किया गया है जिस क्रम में पांडुलिपियों में हैं।

आरम्भिक कविताओं में जो बिम्ब-प्रतीक आए हैं, वे धूमिल जी के साथ बहुत दूर तक साथ-साथ चलते हुए दिखाई पड़ते हैं। मसलन—बसंत, जंगल, चिड़िया, सपना, सूर्य, सूर्यास्त, सूर्योदय, अन्धकार, रात, सन्नाटा, कविता, शब्द, भाषा, लोहा, धूप, तारा आदि। इन प्राकृतिक बिम्बधर्मी कविताओं में—आवाजों की चिट्ठी, साँझ, सूर्यास्त से क्षणभर पहले, ठंड, बरसात, पुच्छल तारा, प्रात, अँधेरा, सूरज के संकेत, धूप, सूर्य, अन्धकार, चाँद, पार्क में साँझ, शिशिर, सूर्यास्त इत्यादि—छोटे-छोटे बिम्बों के माध्यम से जहाँ एक ओर कवि के सौन्दर्यबोध का पता चलता है :

बिखरी है मेरे आँगन में
सोने जैसी धूप।
है पछोरती उषा सुहागिन
उसको भर-भर सूप

या

रात ढले
हेम रश्मि माल
गले।
कनक रथारूढ़
मूढ़-तोम-सन्निपात—
प्रात आ रहा।
पात हिले—
ओस-शुभ्र-बिन्दु
ढले।
भूमि तले
जाग उठा प्राण सद्य:स्नात,
गीत गा रहा
प्रात आ रहा;

वहीं दूसरी ओर जीवन जीने की उद्दाम इच्छा के साथ :

कल भी आना
ओ देव!
लाना जिजीविषाएँ
जीने की इच्छाएँ।

और देखें तो धूमिल जी के बिम्बों की यही शक्ति है जो उन्हें मात्र बिम्बधर्मी कवि नहीं बनाता बल्कि बिम्बों के संयोजन में जीवन जीने की इच्छा का गीत गाता हुआ, प्रात की तरह नई ताजगी लिये प्रस्तुत होता है :

नींद के बाद
अब तारे नहीं चमक रहे हैं कहीं
सोये हुए बच्चे के होंठ
हलकी हँसी से रँगे हैं
पिता की आँखों में फैसले की नमी है
और पूरब में फैली हुई लालिमा
उसके विचारों का रंग बन चुकी है।

['सुदामा पाँड़े का प्रजातंत्र']

धूमिल का सबसे प्रिय शब्द है—'बसंत'। धूमिल ने बसंत को कई रूपों में लिया है। बसंत का चित्र उनके गीतों से लेकर 'प्रस्ताव' कविता तक फैला हुआ है, जहाँ 'बसंत श्री' में कवि बसंत का स्वागत करता है :

आ, अरी ओ चिरप्रतीक्षित
आ;
तेरे लिए मैंने
झरे कास फूलों की
हरियर पगडंडी पर
पलाश के फूल बिछा दिये हैं।

वहीं 'संसद से सड़क तक' में 'बसंत बिलों के भुगतान का मौसम है' तो 'मोचीराम' तक आते-आते 'बसंत' दिन को ताँत की तरह तानता है। पेड़ों पर लाल पत्तों के हजारों सुखतल्ले धूप में सीझने के लिए लटकाता है। और धूमिल जी ने अपनी मृत्यु के लगभग दो वर्ष पहले प्रस्तुत कविता 'प्रस्ताव' में लिखा :

लिखो बसंत!
ठीक—बस—अन्त लिखो!!

धूमिल के कवि की यह बसंत-यात्रा बड़ी लम्बी जान पड़ती है लेकिन बसंत के ये विविध रूप मात्र दस-बारह वर्ष के हैं। इसी प्रकार 1962 में हुए भारत-चीन सीमा-संघर्ष के परिप्रेक्ष्य में उनकी युद्ध विषयक कविताएँ, चीन द्वारा थोपे गए युद्ध की पीड़ा को, दो राष्ट्रों के वैचारिक दृष्टि को भी स्पष्ट करती हैं। विश्व पर जब

भी युद्ध के बादल मँडराएँगे, इन कविताओं के प्रश्न, उत्तर पाने के लिए आपके सामने होंगे और यही है 'कविता के द्वारा हस्तक्षेप', जो 'मुनासिब कार्रवाई' में तब्दील हो जाता है और यहीं 'आदमी होने की तमीज' में एक नदारद-सा आदमी सहसा समूची कविता की जुबान बन जाता है।

1964 तक की कविताओं के संग्रह की एक सूची उनकी पांडुलिपियों में है जिसमें छब्बीस कविताओं का अनुक्रम इस प्रकार है : जाड़े की सुबह, इति लिखितम्, जिन्दगी : चार किश्तें, प्रतीक्षा, एकलव्य से, कैंचियों के कैद, परकटे परबत, सहयात्री से, संयोग, मेरे चारों ओर, प्लेटफॉर्म, खंड व्यक्तित्व, नदी तट, साँझ के क्षण, अकर्मण्य चेतना, वर्षान्त के क्षण, सुधियों के..., आस्था, संघर्ष का अन्त, बेड नम्बर 2, ओ मेरे बच्चे, प्रश्न, साँझ, दो अनुभूतियाँ, अस्तित्व : एक अनुभूति, सावन की अरथी पर, आलोक जंम। —ये सभी कविताएँ उनकी पांडुलिपियों में नहीं हैं, लेकिन जो हैं, वे 'समग्र-1' में शामिल हैं। कुछ 'दस्तक' में भी हो सकती हैं। और कुछ ऐसी भी होंगी जो इसमें भी न हों। यथा—'एकलव्य से', 'कैंचियों की कैद', 'परकटे परबत' जैसी कविताओं के चिह्न भी पांडुलिपियों में नहीं दिखाई पड़ते। इन कविताओं को या तो दूसरे शीर्षक मिल गए हों या फिर ये कविताएँ उनकी पांडुलिपियों में ही न हों।

धूमिल जी ने पं. जवाहरलाल नेहरू की मृत्यु पर दो कविताएँ लिखी थीं। एक गीत की शक्ल में है जो उसी समय दैनिक समाचार-पत्र 'आज' में प्रकाशित हुई थी। दूसरी अप्रकाशित कविता उनके मरणोपरान्त प्रकाशित कविता-संग्रह 'कल सुनना मुझे' में संकलित है। इन दोनों रचनाओं का रचनाकाल लगभग एक ही समय रहा होगा। लेकिन इनको पढ़ने से लगता है कि ये दोनों एक ही रचनाकार की कृति नहीं हैं। छपने के पश्चात् रचनाएँ 'कुछ ऐसे ही' लगने लगती थीं। 1966 के 'विभक्त' में 'प्रार्थना-सभा' पहली बार प्रकाशित हुई। प्रकाशन के बाद, कविता पढ़कर, उस पर नीचे उन्होंने लिखा है : 'छपने के बाद कुछ ऐसे ही'। इससे लगता है कि धूमिल के कवि को एक कविता लिखने के पश्चात् 'कुछ ऐसे ही' बन पाई है। अभी कहने के लिए बहुत कुछ शेष है। इसी शेष ने उनसे बार-बार लिखवाया है। और आगे जब बढ़ते हैं तो नित-नये की तलाश में पुराने के प्रति निर्मम होते हैं।

'संसद से सड़क तक' से पहले इस संग्रह का नाम उन्होंने दिया था : 'भाषा की रात' या 'हत्यारी सम्भावनाओं के नीचे'। अब ये दोनों इस संग्रह की कविताएँ हैं। लेकिन इन दोनों को हटाकर 'संसद से सड़क तक'—यह राजनीतिक नाम दिया गया। इस नाम की कोई कविता भी नहीं है। इसका ध्वन्यात्मक संकेत भारतीय संसद और आम लोगों की ओर है। इस संग्रह के लिए एक वाक्य भी लिखा गया था : 'एक सही कविता, एक सार्थक वक्तव्य होती है।'

सर्वप्रथम इस संग्रह में कुल अट्‌ठाईस कविताएँ संगृहीत की गईं। विषय-सूची भी तीन बार में बनाई गई है। पहले 'पटकथा' संग्रह की पहली कविता थी और अन्तिम 'एक आदमी' और 'कविता' इक्कीसवें स्थान पर थी, फिर उसको सही करते हुए अनुक्रम बना—'कविता' संग्रह की पहली कविता हुई और 'पटकथा' अन्तिम। पहले जिन अट्‌ठाईस कविताओं की सूची है, उसमें से तीन कविताएँ—'कुछ सूचनाएँ', 'प्रार्थना-सभा' तथा 'सुबह गली से गुजरते हुए'—निकाल दी गईं। डॉ. नामवर सिंह को एक पत्र में उन्होंने लिखा कि ''प्रार्थना-सभा' निकालकर उसकी जगह 'शहर का व्याकरण' सम्मिलित कर लिया जाए।' इस प्रकार अट्‌ठाईस कविताओं की जगह पचीस कविताएँ संकलित हुईं। इसमें 'मोचीराम' 1965 में लिखी कविता है जबकि 'कवि : 1970', 1970 में पूरी हुई क्योंकि पांडुलिपियों में पहले इसका शीर्षक 'कवि : 1969' था, बाद में 'कवि : 1970' हुआ।

'संसद से सड़क तक' 1972 में प्रकाशित हुई। और यह जब छपी तो इसके पूर्व के लिखे गीत, कविता इसमें संकलित नहीं किए गए थे। यहाँ तक कि 'आस्था' भी इसमें शामिल नहीं थी, जबकि उसकी भाषायी ताजगी पर नामवर सिंह ने एक टिप्पणी की थी। अब 'आस्था' 'कल सुनना मुझे' संग्रह में शामिल है।

'संसद से सड़क तक' के फ्लैप मैटर (बैक) का जो प्रारूप धूमिल जी ने बनाया था, उसमें प्रकाश्य कृतियों के रूप में 'सुदामा पाँड़े का प्रजातंत्र' (एक लम्बी कविता), 'बीस मादा कविताएँ' तथा 'समकालीन लेखकों से दो टूक बातें' का उल्लेख है।

'संसद से सड़क तक' के पूर्व के लिखे गीतों, कविताओं, कहानियों, नाटकों, निबन्धों को उन्होंने कभी उलटकर नहीं देखा। गीतों और कविताओं के संग्रह की योजना बनाकर भी संकलित नहीं किया। उन्होंने रचनाओं को लाल, नीली, काली पेंसिल अथवा लाल, नीली कलम से लिखा है। अपने लिखने के तरीके में भी वे एकदम आम आदमी की तरह थे। किसी बड़े कवि की नफासत उनमें नहीं थी। जब कविता मन में उठी तो उस समय जैसा कागज मिला या चाहे जैसी चीज मिली, उस पर उन्होंने कविता लिख ली। वे अपनी कविताओं के लिए विषय के चुनाव और अभिव्यक्ति में ही आम आदमी के करीब नहीं थे बल्कि रहन-सहन, कपड़े-लत्ते, बोली-भाषा और लिखने के लिए इस्तेमाल करने वाली चीजों में भी एकदम आम आदमी जैसे ही थे। एक बार लिखकर दोबारा बेहतर बनाने का प्रयास, भाषा को जोरदार बनाना था। इतिवृत्तात्मक अथवा एकदम सपाटबयानी वाली पंक्तियों को वे निकाल दिया करते थे। यही उनका रियाज था। उनका रियाज कथ्य को अधिक से अधिक धारदार बनाने के लिए था। रीतिकालीन कवि शिल्प के लिए रियाज करते थे लेकिन वे कथ्य के लिए।

रचना की ऐसी बनावट के लिए वे रियाज करते थे ताकि कोई शब्द अपनी जद से बाहर न हो जाए और समय की संवेदना अधिक सम्प्रेषणीय और प्रभावशाली बने। वे जुमले नहीं गढ़ते थे। जहाँ शिल्प-परिवर्तन से काम चल जाता है, वहाँ वे शब्दों को इस तरह संयोजित, परिवर्तित करते हैं कि कथ्य को नई धारदार अभिव्यक्ति मिल सके।

'संसद से सड़क तक' की बहुचर्चित कविता 'पटकथा' है। 'पटकथा' की कई पांडुलिपियाँ हैं। अधिकांश में पेन और पेंसिल, दोनों का प्रयोग हुआ है। एक पांडुलिपि में आरम्भिक दो पृष्ठ स्याही से लिखे गए हैं। इसमें काफी संशोधन किया गया है। दूसरी पांडुलिपि में बाईस पृष्ठों में पूरी कविता लिखी गई है। आरम्भिक बारह पृष्ठ रूलदार रजिस्टर कागज है और दस पृष्ठ सादा कागज है। यहाँ भी कविता दोनों ओर लिखी गई है। इस समय की प्रकाशित पूरी कविता है, किन्तु अन्त में उन्होंने लिखा है : 'अपूर्ण'। इससे लगता है कि वे इस कविता को और बढ़ाना चाहते थे। इस कविता की दोनों पांडुलिपियों को मिलाने से लगता है कि दूसरी वाली पांडुलिपि पहले की है क्योंकि उसमें शुरुआत में ही काट-छाँट की गई है और इसमें रूलदार कागज के पाँच पृष्ठों तक प्राय: कटिंग नहीं है। बाईस पृष्ठों के रूलदार और सादे कागज पर जहाँ पेंसिल से लिखावट है, वहाँ कटिंग नहीं है। जहाँ स्याही में कविता लिखी गई है, वहाँ मामूली कटिंग है। रूलदार कागज पर पाँच पृष्ठ तक कविता में काट-छाँट का नामोनिशान नहीं है। यह धूमिल जी की प्रकृति के विरुद्ध है। वे अन्तिम समय तक परिवर्तन करते रहते थे। एकाध कविता के पत्रिका में छप जाने के बाद भी परिवर्तन कर दिया। छठे पृष्ठ पर चार पंक्तियाँ बढ़ा दी गई हैं : 'शब्दों के जंगल में हम एक-दूसरे को/काटते थे/भाषा की खाई को जुबान से कम—जूतों से/ज्यादा पाटते थे।' सातवें पृष्ठ पर 'घृणा' को काटकर उसकी जगह 'नफरत' लिख दिया। आठवें पृष्ठ पर 'कथाकली की एक अद्भुत मुद्रा है' में 'अद्भुत मुद्रा' की जगह 'अमूर्त मुद्रा' कर दिया गया है। इसी पृष्ठ पर 'वह समझती है' की जगह 'उसको समझा दिया गया है।' यहाँ पहली अभिवृद्धि से संवेदना को सम्प्रेषणीय बनाने के लिए बिम्ब-योजना की गई है। दूसरे परिवर्तन में 'नफरत' की आम आदमी में प्रभाव-सघनता है, तीसरे में 'अद्भुत' से अधिक 'अमूर्त' ज्यादा सम्प्रेषणीय है और चौथे में दूसरे की समझ से अधिक अपने को समझाने की शक्ति पर बल दिया गया है। इस तरह के तमाम परिवर्तन हैं जो उनकी कविता को स्वत:स्फूर्त ही नहीं करते बल्कि उसमें नये अर्थ का संचार भी करते हैं, इसके विपरीत उन्होंने एक जगह लिखा है कि 'उस नि-जड़े युग के कवियों की शिल्प कल्प रचनाएँ अर्थ-उदास हैं (कविता/सावधान!)। जैसे, रान घोड़े की पीठ कसती है/और ट्रिगर को तर्जनी/उसी तरह शब्द कविताओं को एड़ लगाते हैं (मोर्चा)' और तभी तो 'शब्द किस तरह कविता

बनते हैं/इसे देखो/अक्षरों के बीच गिरे हुए आदमी को पढ़ो।' इसीलिए तो 'कविता में एक शब्द हटाना उतना ही खतरनाक है जितना कि रेल की पटरी से फिश प्लेट को हटाना (कविता में जाना)।'

कहीं-कहीं एक ही शीर्षक से दो या तीन कविताएँ अलग-अलग पांडुलिपियों में लिखी पड़ी हैं, जैसे : 'हरित क्रान्ति'। इसे मैंने 'हरित क्रान्ति : 1-2 एवं 3' कर दिया है। इसी तरह 'प्लेटफार्म-1' एवं 'प्लेटफार्म-2' अलग-अलग बिम्ब हैं, जो दो तरह की मन:स्थिति की उपज हैं, इसे मैंने सुविधा की दृष्टि से एक जगह संकलित कर लिया है। 'हत्यारे-2' सर्वप्रथम 'परिवेश' में प्रकाशित हुआ था लेकिन इसी शीर्षक से उनकी दूसरी कविता 'हत्यारे-1' अप्रकाशित पांडुलिपियों से ली गई है। 'बीस मादा कविताएँ' जिसका जिक्र उन्होंने 'संसद से सड़क तक' के आवरण पृष्ठ (बैक) पर किया है, इसमें केवल नौ कविताएँ एक क्रम में मिली हैं जिन्हें पहली बार 'सुदामा पाँड़े का प्रजातंत्र' में संकलित कर लिया गया है। 'कल सुनना मुझे' में संकलित कविता 'मैं हूँ', ठीक इससे मिलती-जुलती 'कवि के बारे में एक कविता' है, जो असंकलित है, ऊपर-ऊपर एक ही ताने-बाने से बनी जान पड़ती है लेकिन अपने अर्थ के तनाव में अलग-अलग संवेदना देती है।

'संसद से सड़क तक' के प्रकाशन (1972) के बाद 'जिन्दा कौम' (पाक्षिक प्रकाशन), वाराणसी, शुक्रवार, 1 दिसम्बर, 1972 में एक विज्ञापन छपा है : 'धूमिल का नया काव्य-संग्रह 'अगला दस्ता' त्रिलोचन अध्ययन केन्द्र, नवाबगंज, वाराणसी से शीघ्र प्रकाशित हो रहा है।' इसी तरह 'ग्रंथ-कुटीर' पटना की शीघ्र प्रकाशित पुस्तकों की सूची में धूमिल का नया कविता-संग्रह 'कविता श्रीकाकुलम' के छपने का विज्ञापन मिला। लेकिन ये संग्रह कभी छपे नहीं। ये सब संकलन तो कभी प्रकाशित नहीं हुए लेकिन उनकी पांडुलिपियों में बहुत सारी ऐसी पंक्तियाँ हैं, जो कुछ बदले हुए रूप में उनकी कविता में चली गई होंगी या फिर ज्यों की त्यों कविता में न जा पाने की स्थिति में अप्रकाशित पड़ी रह गई हैं, जिन्हें यहाँ 'समग्र-2' में 'दस्तक' शीर्षक से दिया जा रहा है। धूमिल जी ने अपने संकलन का नाम पहले 'दस्तक' रखने को सोचा था लेकिन बाद में क्षणिकाओं के रूप में लिखी गई इन पंक्तियों का शीर्षक 'दस्तक' रखना ही उचित समझा। ये पंक्तियाँ पाठक की समझदारी अथवा उसके मन पर आज भी दस्तक देती हैं।

धूमिल की 1958 से 1963 तक की पांडुलिपियों में कुल पाँच कहानियाँ मिली हैं। प्रकाशित रूप में सबसे पहले उनकी एक कहानी 'फिर भी वह जिन्दा है' ('साकी' : जून, 1960) मिली है। यह कहानी मूल रूप से तो नहीं मिल

पाई लेकिन 'साकी' का एक पन्ना प्रकाशित रूप में मिला जिसमें कहानी का थोड़ा अंश ही मिल सका है जिसे ज्यों-का-त्यों दिया जा रहा है। इसी प्रकार 'कल्पना' के मई, 1963 में 'सीमाओं का बोझ' कहानी भी प्रकाशित रूप में मिली है।

इस प्रकार पाँच प्राप्त कहानियों में से दो उनके जीवनकाल में प्रकाशित हो चुकी थीं, शेष तीन पहली बार 'समग्र-2' में प्रकाशित हो रही हैं।

पाँच छोटी कहानियाँ भी पांडुलिपियों से ली गई हैं जो अपनी आकृति में लघु और पूर्ण होने की दशा में उसे 'लघुकथा' शीर्षक में रखना उचित समझा गया है।

धूमिल जी गाँव की 'रामलीला' से गहरे जुड़े हुए थे। 'रामलीला' के मंच से दर्शकों के मनोरंजन एवं विषयांतर के उद्देश्य से वे नाटक, एकांकी या प्रहसन का मंचन करते-करवाते थे। यहाँ जो नाटक संकलित किये गए हैं, लगता है, यह उसी मंच की उपलब्धि हैं।

'निबन्ध एवं समीक्षा' में उनके निबन्धों एवं उनके द्वारा लिखी हुई समीक्षाओं को समाहित किया गया है। इसको उसके प्रकाशन-काल के क्रम में रखने का प्रयास किया गया है। इसमें 'औद्योगिक शिक्षा ही भारतीय उन्नति का साधन' शीर्षक लेख उनकी 1958 की पांडुलिपि से लिया गया है।

धूमिल जी ने 1973 में बांग्ला के अत्यन्त लोकप्रिय, क्रान्तिकारी कवि सुकान्त भट्टाचार्य (1926-1947) के कविता-संकलन 'छाड़पत्र' का अनुवाद 'पारपत्र' नाम से कंचन कुमार के साथ किया जो जनवादी प्रकाशन, वाराणसी से प्रकाशित हुआ। इससे पहले विष्णुचन्द्र शर्मा द्वारा सम्पादित 'सर्वनाम' के 'सुकान्त केन्द्रित' 11वें अंक (सितम्बर, 1973) एवं 'आवेग-11' में इन अनूदित कविताओं को प्रकाशित किया गया था। बिकते समय धूमिल का नाम ब्लेड से काटकर 'पारपत्र' की बिक्री हुई, जिसकी खबर उन्होंने अपनी डायरी में ली है। मेरे घर के संग्रह में ब्लेड से कटी और बिना कटी, दोनों प्रतियाँ हैं।

धूमिल को समग्र रूप से समझने के लिए 'धूमिल समग्र : तीन' पढ़ना अनिवार्य है। इसमें उनकी 1969, से 1971 तक की अप्रकाशित डायरी संकलित है तथा कुल 60-61 पत्र हैं जो समय-समय पर लिखे गए हैं। इसे रचनाकाल-क्रम के अनुसार संकलित किया गया है।

'धूमिल समग्र' के तीनों खंडों को, ज्यों-का-त्यों आपके सामने रखते हुए मुझे इस बात की खुशी है कि छोटे से जीवन में अब तक के समय को समझने की धार जो धूमिल ने पैदा की, वह अब मुनासिब कार्रवाई में तब्दील हो रही है। अच्छी धातुएँ अपने अयस्कों में अक्सर घुली-मिली होती हैं, इसी तर्ज पर यहाँ हम उनको ज्यों-का-त्यों आपके सामने रख रहे हैं। आप पारखी हैं—अच्छा तलाश लेंगे और त्रुटियों के लिए मुझे क्षमा करेंगे।

अन्त में उन सुधी पाठकों को यह 'धूमिल समग्र' समर्पित है जिन्हें मौजूदा लोकतंत्र नाकाफी लगता है और वे दूसरे प्रजातंत्र की तलाश में तत्पर हैं, धूमिल के विचारों के साथ...।

—रत्नशंकर पाण्डेय

धूमिल शोध संस्थान
खेवली, वाराणसी

यह खंड

'धूमिल समग्र' के इस खंड में धूमिल की वे कविताएँ हैं जिन्हें उन्होंने गीत से मुक्त होकर लिखा है।

आजादी के कुछ ही वर्षों बाद, 'तेलंगाना किसान क्रान्ति : 1949' का जिस अमानवीय ढंग से देशी सत्ता द्वारा दमन किया जाता है, वह हमारे साहित्यकारों की आँख पहली बार खोलती है। यहीं से तथाकथित प्रजातांत्रिक सत्ता की जन-विरोधी राजनीति से 'मोहभंग' की शुरुआत होती है। धूमिल तुकबंद लयात्मकता को छोड़कर कविता में आ रहे थे, तब यह वही समय था, जब न केवल हिन्दी में अपितु देश के लगभग सभी भाषाओं में विभिन्न छोटी-बड़ी पत्रिकाओं के माध्यम से दर्जनों कविता-आन्दोलन, कुछ ही वर्षों में सामने आते हैं। इस प्रकार भारत-चीन सीमा-संघर्ष के आसपास ही इन आन्दोलनों की शुरुआत 1962 के बाद ही क्यों? यह विचारणीय है! यही वह संक्रमण बिन्दु है जहाँ गीतकार धूमिल सोचने लगते हैं : 'नव गीतात्मकता क्या समकालीन प्रौढ़ता को अवरुद्ध करती है?' नये-पुराने के बीच के अन्तर्द्वन्द्व में 'मोहभंग' यहीं से और गहराने लगता है : 'यह रही तुम्हारी स्वतंत्रता, 2/3 लुच्चापन और 1/3 बेबसी! (मेरे जिले का आदमी : पृष्ठ 330)। आज सारा हिन्दुस्तान उस वायुयान की तरह बेचैन है जिसे बेतार के तार से खबर मिली है कि उसमें टाइम बम है (कार्टून और चुटकुले : पृष्ठ 378)। और तभी तो उस समय की आलोचना में भी बदले हुए प्रतिमानों की विशद चर्चा होने लगी। 'नई कविता के प्रतिमान' की जगह 'कविता के नये प्रतिमान' ढूँढ़े जाने लगे। लेकिन इसके अधिकांश स्थिर प्रतिमान पूर्व प्रचलित नई कविता से ही लाए गए, न कि युद्ध की विसंगतियों से। जनमानस के मोहभंग को और गहराने से लाए गए जो आगे चलकर 'नक्सलबाड़ी' और 'कविता—श्रीकाकुलम्' का विद्रोही प्रवाह पाकर और प्रबल धार बनकर आगे बढ़े। इन आन्दोलनों को जिस तरह कविता में बाँधने की कोशिश धूमिल ने की है, वह अन्यत्र दुर्लभ है। इस तरह के जन-आन्दोलनों से जो भाषागत परिवर्तन हुए, उसे हमारे समीक्षकों ने आत्मसात् नहीं किया। समय के ताप से तपाए गए शब्दों की ताकत को सही ढंग से न पढ़कर जल्दी-जल्दी में निर्णय दे दिया।'

'चाकू-सा लगता है कंधे पर रखा हुआ दोस्त का दाहिना हाथ। वे जो मुझे अपमानित करने के लिए अपनी डफलियाँ सेंक रहे थे, अपने बिरादर थे। भूख ने उन्हें पशु बना दिया था। और मेरा दोष? मैंने उन्हें लालच की रोटी खाने से मना किया था' (बादाम पहाड़ : पृष्ठ 392)। इसलिए विगत पचास वर्षों में उनमें किसी को 'लोहिया का समाजवाद' दिखा, किसी को 'वामपंथ' दिखा, किसी को 'जनसंघी मुहावरा' दिखा, और जिसको यह सब नहीं दिखा तो उन्होंने नितान्त 'विपक्ष का कवि' बताकर अराजकतावादी कह दिया।

''कविता में आना', (पृष्ठ 332) शब्दों में अनुभव उड़ेलकर उसे अपने माफिक बनाना, मेरे लिए बिलकुल नया है। मैंने कविता में उन दिनों वापस होने की कोशिश की है जब उससे, तकरीबन, लोगों का विश्वास उठ गया है—उस वक्त जबकि वह चीजों को एक अन्धी सुरंग से बाहर निकालकर नंगा करने के लिए काफी बदनाम है। सचमुच उस वक्त कविता में आना एक जोखिम का काम है। मगर यह मैं हूँ कि मैंने नाम लेकर आवाज देती हुई चीजों को अपने होने की पूरी सच्चाई के साथ उत्तर दिया है, जबकि पठार पर बोलते हुए तीतर अन्धे हो चुके हैं।' इसीलिए 'अनुभव की आँखें, व्याकरण से आगे देखती हैं' (किताब : पृष्ठ 292)। 'अक्सर जो कुछ शब्दों के अभाव में छूट जाता है, उसे आँखें पूरी तत्परता से उठाकर, मेरे साथ हो लेती हैं' (मौन के सिवाय क्या है : पृष्ठ 259)। इसीलिए 'वह आदमी (चाहे जो भी रहा है) अपने व्याकरण से बड़ा कलाकार था' (अन्धापुल पर शिलालेख : पृष्ठ 303)।

दरअसल, धूमिल का जो आम आदमी है, वह किसी 'वाद' या 'पार्टी लाइन' के आम आदमी की परिभाषा का परिणाम न होकर, उनके लगाव की अभिव्यक्ति है। यही कारण है कि धूमिल की कविता का जन विभिन्न मतवादी चश्मों से विभिन्न रूपों में दिखाई पड़ता है और पूर्वग्रही महत्त्वाकांक्षी आलोचक मित्रों ने 'शब्दों की सघनता को जल्दी-जल्दी में न पढ़ पाने की स्थिति में' नितान्त विपक्ष का कवि बताकर, अराजकतावादी कहकर, अनायास उनकी मुरादों से डरने लगते हैं। पिताजी खुलकर चीजों का विरोध करते थे या पक्षधरता प्रस्तुत करते थे। डायरी और पत्रों के कई प्रकरण उनके विरोध या पक्ष की पहल करते हैं। वही कवि का पक्ष या विपक्ष होता है और यही उनकी कविता के द्वारा सामाजिक हस्तक्षेप समझा जाए। वे कलम-घिस्सू पिस्सुओं से सर्वथा भिन्न थे। उन्हें अपने-आप पर पूरा विश्वास था। उन्हें अपनी भाषा की तासीर पर पूरा भरोसा था इसीलिए वे अपनी पहचान के मुहताज नहीं थे, न कभी पहचान पाने के लिए पगलाए। वे जितना अपनी कविता के लिए याद किए जाएँगे, उतना अपने व्यक्तिगत गुणों के लिए भी। नामवर सिंह ने अपने प्रिय भाई काशी को दिनांक 9.2.1968 को एक पत्र में लिखा : 'धूमिल जी बनारस आ गए, इससे खुशी हुई। अब तुम्हें

भी आत्मबल मिलेगा। मैंने उनके लिए कुछ नहीं किया। उनमें शक्ति है और अपनी शक्ति से वे आज के वातावरण पर छा रहे हैं। जल्द ही लोग मान लेंगे कि धूमिल इस समय के सबसे सशक्त कवि हैं। कहानी का मैदान तुम्हारे लिए खाली है। धूमिल जी से सबक लो,' और आगे चलकर धूमिल के व्यक्तित्व की तुलना निराला से करते हैं (लेखन)। 'धूमिल आनेवाले कल के कवि हैं। जैसे-जैसे समय बीतेगा, धूमिल आम आदमी की जुबान पर चढ़कर बोलेंगे, ठीक वैसे ही, जैसे 'अकाल में खेत गाये जाते हैं'।'

धूमिल जी ने एक जगह लिखा है : 'मैंने उस अकेले दु:ख को कला में ढालने की कोशिश की है। गरीब की जिन्दगी को रोजनामचा बनाया। मुझे एक जीवित कविता रचने के लिए उस आदमी की देह तोड़कर बाहर आना पड़ा। मुझे कविता में जीवित रहने के लिए उस आदमी की खाल की आड़ में जाना पड़ा (गरीब जिन्दगी का रोजनामचा : पृष्ठ 505)। मैंने उन्हें कीचड़ से पानी निथारकर पीते हुए देखा है। मैंने उन्हें गोबर में से अनाज निकालकर खाते हुए देखा है। भूख और अन्न का आत्मीय सम्बन्ध मैंने इतने पास से देखा है कि मेरी आँखें भर आई हैं (आत्मीय सम्बन्ध : पृष्ठ 374), इसीलिए 'मैं उस बसन्त की चर्चा नहीं करता, जो पेड़ों की सेहत है। रोटी के टुकड़े पर छीना-झपटी करने के बाद, उस बच्चे के घुटने से, बहनेवाले लहू से जिसका कोई ताल्लुक नहीं है' (गुस्से की बनावट में रद्दोबदल : पृष्ठ 391)। इसीलिए कविता के इतिहास में धूमिल की कविताएँ पहली बार समानान्तर सरकार हैं।

'शाम-1' (पृष्ठ 292), रचनाकाल 1969 तथा 'शाम-2' (पृष्ठ 439), रचनाकाल 1964—एक ही शीर्षक होने के बावजूद दोनों की प्रतीक और बिम्ब-योजना अलग-अलग है। दोनों की अलग-अलग मन:स्थिति है। इसी तरह 'रात्रिभाषा' भी है। एक को 'सुदामा पाँड़े का प्रजातंत्र' में संकलित किया है जिसका रचनाकाल 1970 के बाद का है जबकि दूसरी 1968 की अप्रकाशित पांडुलिपियों से ली गई है। इस तरह की कविताओं को विकास के कालक्रम में पढ़ने की आवश्यकता है।

कुछ समान मन:स्थितियों में लिखी कविताएँ विभिन्न स्थानों पर लिखी मिली हैं, यथा : 'बसंत और चूहा-1' और 'बसंत और चूहा-2'। इसे एक जगह लाकर 'अमोला और खेत' के क्रम में इसलिए रख दिया है कि ये तीनों कविताएँ लगभग एक ही विषयवस्तु की ओर इशारा करती हैं।

धूमिल जी की एक कविता है : 'मुल्का'। यह कविता बिना किसी बनावट के, मुल्का के वक्तव्य से बनी है। इस कविता में कोई बुनावट नहीं है। यह एकालाप शैली में सार्थक वक्तव्य है। यह कविता की पूर्ण अभिव्यक्ति है जो आम आदमी की संवेदना से ज्यों-की-त्यों मिलती है। अपनी पूरी वचन-वक्रता के

साथ। यह कवि की जड़ से जुड़ी चेतना की छटपटाहट है। यही है उनकी कविता की भाषाहीनता। यहीं आकर कवि अपनी सहजता के साथ कविता में बिना किसी बनावट के प्रस्तुत होता है जहाँ आम आदमी की जुबान और कविता की भाषा में कोई अन्तर नहीं रह जाता। यही स्वत:स्फूर्ति धूमिल की कविता की उपलब्धि है।

पिताजी ने मृत्यु विषयक सात कविताएँ लिखी हैं : दो पारिवारिक सम्बन्धों पर, दो जवाहरलाल नेहरू की मृत्यु पर। एक—'राजकमल चौधरी के लिए', दूसरी—'जनतंत्र : एक हत्या-सन्दर्भ' (छात्र नेता सन्तोष कुमार कपूरिया के लिए) और 'आतिश के अनार-सी वह लड़की'। ये कविताएँ लगभग दस साल के अन्तराल में लिखी गई हैं लेकिन सिर्फ 'राजकमल चौधरी के लिए' कविता खूब पढ़ी गई है, शेष अभी भी पढ़ने के लिए बाकी हैं। दस-बारह वर्षों के बीच लिखी इन कविताओं को विचार और भाषा के विकास-क्रम में पढ़कर समझा जा सकता है।

कविताओं को छोटी-बड़ी न समझकर उसके ऐतिहासिक विकास-क्रम में पढ़ने की आवश्यकता है। 'निराला' की कविता आजादी के पूर्व 'वह तोड़ती पत्थर' (1935) के 'नत नयन', 'करती बार-बार प्रहार' की तुलना 'मोचीराम' (1965) के 'राँपी से उठी हुई आँखों ने मुझे क्षण-भर टटोला और फिर पतियाये हुए स्वर में हँसते हुए बोला' में एक खास तरह का बदला हुआ, स्पष्ट दृश्य-बोध होता है। जहाँ 'वह तोड़ती पत्थर' में 'नत नयन' है, वहीं 'मोचीराम' की 'उठी हुई आँखें क्षण भर में टटोलकर, पतियाये हुए स्वर में बोलती हैं'। 'नत नयन' की आनुप्रासिक लयात्मकता के 1965 तक आते-आते, खड़ी बोली की पूरी ठसक के साथ उठी हुई आँखों ने क्षण भर में ही टटोलकर, पतियाये हुए स्वर में बोलने का साहस पैदा कर दिया। 'मुक्तिबोध' की कविता का केन्द्रीय चरित्र 'ब्रह्मराक्षस' विराट महाज्ञानी पुरुष है जो दार्शनिक ऊँचाई से अपनी बात शुरू करके 'जन-संग की ऊष्मा' का पड़ताल करता है, वहीं धूमिल की कविता का केन्द्रीय चरित्र एक निचले तबके का साधारण व्यक्ति है। वह अपने आसपास से, अपने घर, अपने पेशे या अपने सामने की सड़क से बात शुरू करते हुए, स्थितियों को अपने चारों तरफ बिखरे बिम्बों के माध्यम से बाँधकर विश्लेषित करते हुए, जिन्दा रहने के पीछे स्पष्ट रूप से 'सही तर्क' की माँग करता है। इसी प्रकार 'नागार्जुन' की कविता 'अकाल और उसके बाद' यथार्थ के विविध मन:स्थितियों का चित्रण प्रस्तुत करके रह जाती है लेकिन धूमिल के यहाँ अकाल एक जीवन-दर्शन बन जाता है। वह निरा यथार्थ चित्रण ही नहीं रह जाता। जब वह अकाल को दर्शन कहते हैं तो वह अकाल का साधारण चित्र प्रस्तुत करके नहीं रह जाते बल्कि वह आजादी और गांधी के नाम पर चल रहे इस देश के 'प्रजातांत्रिक नुस्खे' में उस आदमी की नीयत को समझाना चाहते हैं जो पूरे समुदाय से अपनी गिजा वसूलता

है—कभी 'गाय' से और कभी 'हाय' से, जिसकी वजह से न भूख मिट रही है और न मौसम बदल रहा है। कविता का यही वस्तुबोध उसकी तात्कालिकता से उठाकर सार्वकालिक प्रासंगिकता से जोड़ता है। जब भी समाज में भावनाओं का अकाल पड़ेगा, धूमिल की सार्थक वक्तव्यों में घुली भावनाएँ याद आती रहेंगी। हो सकता है, घटना-विशेष इतिहास बन जाए लेकिन उस घटना से जुड़ी कवि की पीड़ा इतिहास नहीं बल्कि आपको अपनी बात कहने के लिए बहुत दिनों बाद भी ताकत प्रदान करेगी। सैकड़ों साल बाद कवि की आर्त भावनाएँ आपकी भावनाओं का शब्दशः संवाहक रहेंगी। तभी तो कविता अनादि काल तक तर्कसंगत कोटेशन बनती हैं। यह धूमिल की कविता की सबसे बड़ी ताकत है।

कहीं-कहीं एक ही कविता की पंक्तियाँ दो अलग-अलग कविताओं में दुहराई गई हैं। हो सकता है, यह एक कविता में आतीं। विभिन्न समयों पर, दो कविताओं में, एक ही रूप में समाई हैं जिसे मैंने ज्यों-का-त्यों इसलिए रहने दिया कि ये पंक्तियाँ दो जगहों पर रहकर, अपने अर्थ-प्रवाह में वहीं संलग्न हैं। इन्हें जहाँ-का-तहाँ अलग-अलग पढ़कर ही पूरी कविता का अर्थ ग्रहण किया जा सकता है। इसकी विशेषता यह है कि इन्हें वहाँ से विस्थापित करने से वह कविता अर्थहीन हो जाती।

धूमिल का निधन होता है 10 फरवरी, 1975 को और आपातकाल लागू होता है 25 जून, 1975 को, लेकिन आपातकाल की अमानवीय हरकतों की धमक उनकी 1970 के बाद की कविताओं में स्पष्ट दिखाई पड़ने लगती है : 'अपनी दुविधाओं में लहूलुहान एक गद्दीनसीन औरत टाँगों में धमाका दबाए बैठी है और सारा हिन्दुस्तान जबड़े में भिंची हुई कलेजी की तरह बमक रहा है' (नौजवान : पृष्ठ 214)। 'अपने सुझावों से उन्हें ठगा है/उस साजिश में शरीक होने के ठीक बत्तीसवें दिन/पिछलग्गू चेहरा नंगा होता है और उत्तेजित भीड़ का कार्यक्रम राष्ट्रपति शासन में बदल जाता है' (दूसरा शहर : पृष्ठ 390)—'हम आपकी पसलियाँ हैं रानी जी...हम आपकी जनता हैं रानी जी...रानी जी, आपके गोश्त में लोकतंत्र बरक्कत कर रहा है तभी तो अन्धकार भी उल्लू को ही आँखें देता है' (हम आपके हैं रानी जी : पृष्ठ 394)। उनकी कविता हर छोटी-बड़ी घटना की तहकीकात करती है तभी तो 'लोहसाँय' पर ठठाकर हँसने वाली हँसी के बीच ठेलू लोहार ठीहे पर मतलब दहाकर मुसकराता है और आँच लहकाता है' (लोहसाँय : पृष्ठ 234)।

1970 के बाद की कविताओं में—किस्सा जनतंत्र, कविता—श्रीकाकुलम्, मुक्ति के तुरन्त बाद, रोटी और संसद, शब्द जहाँ सक्रिय हैं, खेवली, खून के बारे में कविता, कविता के द्वारा हस्तक्षेप, आज मैं लड़ रहा हूँ, कविता के भ्रम में, संसद-समीक्षा, संयुक्त मोर्चा, घर में वापसी, लोकतंत्र, नौजवान, मुक्ति का रास्ता,

जनतंत्र : एक हत्या-सन्दर्भ, गुफ्तगू, मतदाता, चुनाव, सिलसिला, हरित क्रान्ति, हत्यारे, वापसी, लोहसाँय, कमरा, खून का हिसाब, नींद के बाद, भूख, प्रस्ताव जैसी कविताओं में—अपने-आपको फिर से नये सिरे से बदलते हैं। ठीक वैसे ही जैसे गीतकार धूमिल के गीत बाद में कविता में आते ही बहुत पीछे छूट गए और 'संसद से सड़क तक' को सम्पादित करते समय उसे किसी ओर का नहीं रहने दिया। इसी प्रकार इन कविताओं में 'संसद' और 'सड़क' उसी विकास-क्रम में नहीं रहे बल्कि इसमें वे ज्यादा खुले लगने लगते हैं। यहाँ आते-आते अभावग्रस्त समय का भावसमृद्ध चित्र प्रस्तुत करने लगते हैं जिसकी भाषा ज्यादा सहज, खड़ी और खुली हुई दिखाई पड़ती है।

उनकी कविता में वे कौन से तत्त्व थे जिससे उनके पूर्ववर्ती, समकालीन तथा परवर्ती रचनाकारों ने इसे हाथोंहाथ लिया जो विगत साठ वर्षों से कविता के केन्द्र में बहस का विषय बना हुआ है? जमीन के जुड़ाव के चलते धूमिल ने समकालीन कविता में सबसे अधिक उद्धरणीय पंक्तियाँ दीं। यह बड़े गौरव की बात है कि पं. विद्यानिवास मिश्र जी जैसे भाषाविद् इन कविताओं के प्रशंसक रहे और प्रो. नामवर सिंह जी इन कविताओं की ताजगी पर अपनी मुग्धता जताते रहे। इन कविताओं को नेमिचन्द्र जैन, त्रिलोचन शास्त्री और शमशेर बहादुर सिंह ने बहुत सराहा है। हरिनारायण व्यास, प्रभात कुमार त्रिपाठी, चन्द्रकांत देवताले, अशोक वाजपेयी, विष्णु खरे, राजीव सक्सेना, रमेशचन्द्र शाह, परमानन्द श्रीवास्तव, काशीनाथ सिंह, राजेश जोशी, अक्षय उपाध्याय जैसी प्रखर प्रतिभाओं को ये कविताएँ पहली बार उल्लेखनीय मोड़ की तरह दिखाई पड़ीं।

ये कविताएँ उनके काम की तो हैं ही, जो धूमिल की कविता-यात्रा की संघर्ष-गाथा में दिलचस्पी रखते हैं—यह उन जिज्ञासुओं के काम की भी हैं, जो धूमिल की भाषागत समझ और उसकी बनावट को जानना और समझना चाहते हैं कि किस तरह 'आम आदमी' उनकी कविता में पूरी सहजता से आकर समा जाता है। कैसे आते हैं वे संघर्ष करते हुए 'जन' और कैसे-कैसे जीवनानुभवों से मिलकर उठते हैं प्रश्न, जो यक्ष-प्रश्न के उत्तर की तरह किसी मनोरचना से नहीं गुजरते बल्कि समाज के विविध आयामों में सोचने-समझने के लिए आज भी आपको उकसाते हैं, और इन्हीं सवालों के उत्तर में, बदलाव के लिए तत्पर, बेहतर मनुष्यता का बेमिसाल समूह तैयार हो जाता है।

—रत्नशंकर पाण्डेय

धूमिल शोध संस्थान
खेवली—वाराणसी

अनुक्रम

संसद से सड़क तक

कल सुनना मुझे

सुदामा पाँड़े का प्रजातंत्र

असंगृहीत कविताएँ

संसद से सड़क तक
[1972]

एक सही कविता
पहले एक सार्थक वक्तव्य होती है।

कविता

उसे मालूम है कि शब्दों के पीछे
कितने चेहरे नंगे हो चुके हैं
और हत्या अब लोगों की रुचि नहीं—
आदत बन चुकी है।
वह किसी गँवार आदमी की ऊब से
पैदा हुई थी और
एक पढ़े-लिखे आदमी के साथ
शहर में चली गई।

एक सम्पूर्ण स्त्री होने के पहले ही
गर्भाधान की क्रिया से गुजरते हुए
उसने जाना कि प्यार
घनी आबादीवाली बस्तियों में
मकान की तलाश है।
लगातार बारिश में भीगते हुए
उसने जाना कि हर लड़की
तीसरे गर्भपात के बाद
धर्मशाला हो जाती है और कविता
हर तीसरे पाठ के बाद।

नहीं—अब वहाँ कोई अर्थ खोजना व्यर्थ है
पेशेवर भाषा के तस्कर-संकेतों
और बैलमुत्ती इबारतों में
अर्थ खोजना व्यर्थ है

हाँ, हो सके तो बगल से गुजरते हुए आदमी से कहो—
लो, यह रहा तुम्हारा चेहरा,
यह जुलूस के पीछे गिर पड़ा था।

इस वक्त इतना ही काफी है

वह बहुत पहले की बात है
जब कहीं, किसी निर्जन में
आदिम पशुता चीखती थी और
सारा नगर चौंक पड़ता था
मगर अब—
अब उसे मालूम है कि कविता
घेराव में
किसी बौखलाए हुए आदमी का
संक्षिप्त एकालाप है।

बीस साल बाद

बीस साल बाद
मेरे चेहरे में
वे आँखें वापस लौट आई हैं
जिनसे मैंने पहली बार जंगल देखा है :
हरे रंग का एक ठोस सैलाब जिसमें सभी पेड़ डूब गए हैं।

और जहाँ हर चेतावनी
खतरे को टालने के बाद
एक हरी आँख बनकर रह गई है।

बीस साल बाद
मैं अपने-आपसे एक सवाल करता हूँ
जानवर बनने के लिए कितने सब्र की जरूरत होती है?
और बिना किसी उत्तर के चुपचाप
आगे बढ़ जाता हूँ
क्योंकि आजकल मौसम का मिजाज यूँ है

कि खून में उड़नेवाली पत्तियों का पीछा करना
लगभग बेमानी है।

दोपहर हो चुकी है
हर तरफ ताले लटक रहे हैं
दीवारों से चिपके गोली के छर्रों
और सड़कों पर बिखरे जूतों की भाषा में
एक दुर्घटना लिखी गई है
हवा से फड़फड़ाते हुए हिन्दुस्तान के नक्शे पर
गाय ने गोबर कर दिया है।

मगर यह वक्त घबराए हुए लोगों की शर्म
आँकने का नहीं
और न यह पूछने का—
कि संत और सिपाही में
देश का सबसे बड़ा दुर्भाग्य कौन है!

आह! वापस लौटकर
छूटे हुए जूतों में पैर डालने का वक्त यह नहीं है
बीस साल बाद और इस शरीर में
सुनसान गलियों से चोरों की तरह गुजरते हुए
अपने-आप से सवाल करता हूँ—
क्या आजादी सिर्फ तीन थके हुए रंगों का नाम है
जिन्हें एक पहिया ढोता है
या इसका कोई खास मतलब होता है?

और बिना किसी उत्तर के आगे बढ़ जाता हूँ
चुपचाप।

जनतंत्र के सूर्योदय में

रक्तपात—
कहीं नहीं होगा

सिर्फ, एक पत्ती टूटेगी!
एक कन्धा झुक जाएगा!
फड़कती भुजाओं और
सिसकती हुई आँखों को
एक साथ लाल फीतों में लपेटकर
वे रख देंगे
काले दराजों के निश्चल एकान्त में
जहाँ रात में
संविधान की धाराएँ
नाराज आदमी की परछाईं को
देश के नक्शे में
बदल देती हैं।

पूरे आकाश को
दो हिस्सों में काटती हुई
एक गूँगी परछाईं गुजरेगी
दीवारों पर खड़खड़ाते रहेंगे
हवाई हमलों से सुरक्षा के इश्तहार
या
        ता
                या
                                त
को
रा
स्ता
देती हुई जलती रहेंगी
चौरस्तों की बत्तियाँ।

सड़क के पिछले हिस्से में
छाया रहेगा
पीला अन्धकार
शहर की समूची
पशुता के खिलाफ
गलियों में नंगी घूमती हुई
पागल औरत के 'गाभिन पेट' की तरह

सड़क के पिछले हिस्से में
छाया रहेगा पीला अन्धकार
और तुम
महसूसते रहोगे कि जरूरतों के
हर मोर्चे पर
तुम्हारा शक
एक की नींद और
दूसरे की नफरत से
लड़ रहा है
अपराधियों के झुंड में शरीक होकर
अपनी आवाज का चेहरा टटोलने के लिए
कविता में।

अब कोई शब्द छोटा नहीं पड़ रहा है :
लेकिन तुम चुप रहोगे;
तुम चुप रहोगे और लज्जा के
उस निरर्थ गूँगेपन-से सहोगे—
यह जानकर कि तुम्हारी मातृभाषा
उस महरी की तरह है, जो
महाजन के साथ रात-भर
सोने के लिए
एक साड़ी पर राजी है
सिर कटे मुर्ग की तरह फड़कते हुए
जनतंत्र में
सुबह—
सिर्फ, चमकते हुए रंगों की चालबाजी है
और यह जानकर भी, तुम चुप रहोगे
या शायद, वापसी के लिए पहल करनेवाले—
   आदमी की तलाश में
एक बार फिर
तुम लौट जाना चाहोगे मुर्दा इतिहास में
मगर तभी—
यादों पर पर्दा डालती हुई सबेरे की
फिरंगी हवा बहने लगेगी

अखबारों की धूप और
वनस्पतियों के हरे मुहावरे
तुम्हें तसल्ली देंगे
और जलते हुए जनतंत्र के सूर्योदय में
शरीक होने के लिए
तुम, चुपचाप, अपनी दिनचर्या का
पिछला दरवाजा खोलकर
बाहर आ जाओगे
जहाँ घास की नोक पर
थरथराती हुई ओस की एक बूँद
झड़ पड़ने के लिए
तुम्हारी सहमति का इन्तजार
कर रही है।

अकाल-दर्शन

भूख कौन उपजाता है :
वह इरादा जो तरह देता है
या वह घृणा जो आँखों पर पट्टी बाँधकर
हमें घास की सट्टी में छोड़ आती है?

उस चालाक आदमी ने मेरी बात का उत्तर
नहीं दिया।
उसने गलियों और सड़कों और घरों में
बाढ़ की तरह फैले हुए बच्चों की ओर इशारा किया
और हँसने लगा।

मैंने उसका हाथ पकड़ते हुए कहा—
'बच्चे तो बेकारी के दिनों की बरकत हैं'
इससे वे भी सहमत हैं
जो हमारी हालत पर तरस खाकर, खाने के लिए
रसद देते हैं।

उनका कहना है कि बच्चे
हमें बसंत बुनने में मदद देते हैं।

लेकिन यही वे भूलते हैं
दरअस्ल, पेड़ों पर बच्चे नहीं
हमारे अपराध फूलते हैं
मगर उस चालाक आदमी ने मेरी किसी बात का उत्तर
नहीं दिया और हँसता रहा—हँसता रहा—हँसता रहा
फिर जल्दी से हाथ छुड़ाकर
'जनता के हित में' स्थानान्तरित
हो गया।

मैंने खुद को समझाया—यार!
उस जगह खाली हाथ जाने से इस तरह
क्यों झिझकते हो?
क्या तुम्हें किसी का सामना करना है?
तुम वहाँ कुआँ झाँकते आदमी की
सिर्फ पीठ देख सकते हो।

और सहसा मैंने पाया कि मैं खुद अपने सवालों के
सामने खड़ा हूँ और
उस मुहावरे को समझ गया हूँ
जो आजादी और गांधी के नाम पर चल रहा है
जिससे न भूख मिट रही है, न मौसम
बदल रहा है।
लोग बिलबिला रहे हैं (पेड़ों को नंगा करते हुए)
पत्ते और छाल
खा रहे हैं
मर रहे हैं, दान
कर रहे हैं।
जलसों-जुलूसों में भीड़ की पूरी ईमानदारी से
हिस्सा ले रहे हैं और
अकाल को सोहर की तरह गा रहे हैं।
झुलसे हुए चेहरों पर कोई चेतावनी नहीं है।

मैंने जब भी उनसे कहा है देश, शासन और राशन...
उन्होंने मुझे टोक दिया है।
अक्सर, वे मुझे अपराध के असली मुकाम पर
अँगुली रखने से मना करते हैं।
जिनका आधे से ज्यादा शरीर
भेड़ियों ने खा लिया है
वे इस जंगल की सराहना करते हैं—
'भारतवर्ष नदियों का देश है।'

बेशक, यह खयाल ही उनका हत्यारा है।
यह दूसरी बात है कि इस बार
उन्हें पानी ने मारा है।

मगर वे हैं कि असलियत नहीं समझते।
अनाज में छिपे 'उस आदमी' की नीयत
नहीं समझते
जो पूरे समुदाय से
अपनी गिजा वसूल करता है—
कभी 'गाय' से
और कभी 'हाय' से

'यह सब कैसे होता है' मैं उन्हें समझाता हूँ
मैं उन्हें समझाता हूँ—
वह कौन-सा प्रजातांत्रिक नुस्खा है
कि जिस उम्र में
मेरी माँ का चेहरा
झुर्रियों की झोली बन गया है
उसी उम्र की मेरे पड़ोस की महिला
के चेहरे पर
मेरी प्रेमिका के चेहरे-सा
लोच है!

वे चुपचाप सुनते हैं।
उनकी आँखों में विरक्ति है;

पछतावा है;
संकोच है
या क्या है कुछ पता नहीं चलता।
वे इस कदर पस्त हैं :

कि तटस्थ हैं।
और मैं सोचने लगता हूँ कि इस देश में
एकता युद्ध की और दया
अकाल की पूँजी है।
क्रान्ति—
यहाँ के असंग लोगों के लिए
किसी अबोध बच्चे के—
हाथों की जूजी है।

बसंत

इधर मैं कई दिनों से प्रतीक्षा
कर रहा हूँ : कुर्सी में
टिमटिमाते हुए आदमी की आँखों में
ऊब है और पड़ोसी के लिए
लम्बी यातना के बाद
किसी तीखे शब्द का आशय
अप्रत्याशित ध्वनियों के समानान्तर
एक खोखला मैदान है
और मासिक धर्म में डूबे हुए लत्ते-सा
खड़खड़ाता हुआ दिन
जाड़े की रात में
जले हुए कुत्ते का घाव
सूखने लगा है
मेरे आस-पास
एक अजीब-सा स्वाद-भरा रूखापन है
उधार देनेवाले बनिये के
नमस्कार की तरह

जिसे मैं मात्र इसलिए सहता हूँ
कि इसी के चलते मौज से
रहता हूँ
मेरे लिए अब कितना आसान हो गया है
नामों और आकारों के बीच से
चीजों को टटोलकर निकालना
अपने लिए तैयार करना—
और फिर उस तनाव से होकर—
गुजर जाना
जिसमें जिम्मेदारियाँ
आदमी को खोखला करती हैं
मेरे लिए बसंत
बिलों के भुगतान का मौसम है
और यह वक्त है कि मैं भी वसूल करूँ—
टूटती हुई पत्तियों की उम्र
जाड़े की रात जले कुत्ते का दुस्साहस
वारंट के साथ आए अमीन की उतावली
और पड़ोसियों का तिरस्कार
या फिर
उन तमाम लोगों का प्यार
जिनके बीच
मैं अपनी उम्मीद के लिए
अपराधी हूँ
यह वक्त है कि मैं
तमाम झुकी हुई गरदनों को
उस पेड़ की ओर घुमा दूँ
जहाँ बसंत
दिमाग से निकले हुए पाषाणकालीन पत्थर की तरह
डाल से लटका हुआ है
यह वक्त है कि हम
कहीं न कहीं सहमत हों
बसंत
मेरे उत्साहित हाथों में एक
जरूरत है

जिसके सन्दर्भ में समझदार लोग
चीजों को
घटी हुई दरों में कूतते हैं
और कहते हैं :
सौन्दर्य में स्वाद का मेल
जब नहीं मिलता
कुत्ते महुवे के फूल पर
मूतते हैं।

एकान्त-कथा

मेरे पास उत्तेजित होने के लिए
कुछ भी नहीं है :
न कोकशास्त्र की किताबें
न युद्ध की बात
न गद्‌देदार बिस्तर
न टाँगें, न रात
चाँदनी
कुछ भी नहीं

बलात्कार के बाद की आत्मीयता
मुझे शोक से भर गई है
मेरी शालीनता—मेरी जरूरत है
जो अक्सर मुझे नंगा कर गई है

जब कभी
जहाँ कहीं जाता हूँ
अचूक उद्‌दंडता के साथ देहों को
छायाओं की ओर सरकते हुए पाता हूँ
भट्ठियाँ सब जगह हैं
सभी जगह लोग सेंकते हैं शील
उम्र की रपटती ढलानों पर
ठोकते हैं जगह-जगह कील—

कि अनुभव ठहर सकें
अक्सर लोग आपस में बुनते हैं
गहरा तनाव
वह शायद इसलिए कि थोड़ी देर ही सही
मृत्यु से उबर सकें।
मेरी दृष्टि जब भी कभी
जिन्दगी के काले कोनों में पड़ी है
मैंने वहाँ देखी है—
एक अन्धी ढलान
बैलगाड़ियों को पीठ पर लादकर
खड़ी है
(जिनमें व्यक्तित्व के सूखे कंकाल हैं)
वैसे यह सच है—
जब
सड़कों में होता हूँ
बहसों में होता हूँ;
रह-रह चहकता हूँ
लेकिन हर बार वापस घर लौटकर
कमरे के अपने एकान्त में
जूते से निकाले गए पाँव-सा
महकता हूँ।

शान्ति-पाठ

अखबारों की सुर्खियाँ मिटाकर दुनिया के नक्शे पर
अन्धकार की एक नई रेखा खींच रहा हूँ,
मैं अपने भविष्य के पठार पर आत्महीनता का दलदल
उलीच रहा हूँ।
मेरा डर मुझे चर रहा है।
मेरा अस्तित्व पड़ोस की नफरत की बगल से उभर रहा है।
अपने दिमाग के आत्मघाती एकान्त में
खुद को निहत्था साबित करने के लिए
मैंने गांधी के तीनों बन्दरों की हत्या की है।

देश-प्रेम की भट्ठी जलाकर
मैं अपनी ठंडी मांसपेशियों को विदेशी मुद्रा में
ढाल रहा हूँ
फूट पड़ने के पहले, अणुबम के मसौदे को बहसों की प्याली में
उबाल रहा हूँ।
जरायमपेशा औरतों की सावधानी और संकटकालीन क्रूरता
मेरी रक्षा कर रही है।
गर्भ-गद्गद औरतों में अजवाइन का सत्त और मिस्सी
बाँट रहा हूँ।

युवकों को आत्महत्या के लिए रोजगार दफ्तर भेजकर
पंचवर्षीय योजनाओं की सख्त चट्टान को
कागज से काट रहा हूँ।
बूढ़ों को बीते हुए का दर्प और बच्चों को विरोधी
चमड़े का मुहावरा सिखा रहा हूँ।
गिद्धों की आँखों के खूनी कोलाहल और ठंडे लोगों की
आत्मीयता से बचकर
मैकमोहन रेखा एक मुर्दे की बगल में सो रही है
और मैं दुनिया के शान्ति-दूतों और जूतों को
परम्परा की पालिश से चमका रहा हूँ।
अपनी आँखों में सभ्यता के गर्भाशय की दीवारों का
सुरमा लगा रहा हूँ।
मैं देख रहा हूँ एशिया में दाएँ हाथों की मक्कारी ने
विस्फोटक सुरंगें बिछा दी हैं।
उत्तर-दक्षिण-पूरब-पश्चिम-कोरिया, वियतनाम
पाकिस्तान, इजराइल और कई नाम
उसके चारों कोनों पर खूनी धब्बे चमक रहे हैं।
मगर मैं अपनी भूखी अँतड़ियाँ हवा में फैलाकर
पूरी नैतिकता के साथ अपने सड़े हुए अंगों को सह रहा हूँ।
भेड़िए को भाई कह रहा हूँ।

कबूतर का पर लगाकर
विदेशी युद्धप्रेक्षकों ने
आजादी की बिगड़ी हुई मशीन को

ठीक कर दिया है।
वह फिर हवा देने लगी है।
न मैं कमन्द हूँ
न कवच हूँ
न छन्द हूँ
मैं बीचोबीच से दब गया हूँ।
मैं चारों तरफ से बन्द हूँ।
मैं जानता हूँ कि इससे न तो कुर्सी बन सकती है
और न बैसाखी
मेरा गुस्सा—
जनमत की चढ़ी हुई नदी में
एक सड़ा हुआ काठ है।
लन्दन और न्यूयार्क के घुंडीदार तसमों से
डमरू की तरह बजता हुआ मेरा चरित्र
अँगरेजी का 8 है।

उस औरत की बगल में लेटकर

मैंने पहली बार महसूस किया है
कि नंगापन
अन्धा होने के खिलाफ
एक सख्त कार्यवाही है

उस औरत की बगल में लेटकर
मुझे लगा कि नफरत
और मोमबत्तियाँ जहाँ बेकार
साबित हो चुकी हैं और पिघले हुए
शब्दों की परछाईं
किसी खौफनाक जानवर के चेहरे में
बदल गई हैं, मेरी कविताएँ
अँधेरा और कीचड़ और गोश्त की
खुराक पर जिन्दा हैं

वक्त को रगड़कर
मिटा देने के लिए
सिर्फ उछलते शरीर ही काफी नहीं हैं
जबकि हमारा चेहरा
रसोईघर की फूटी पतीलियों के ठीक
सामने है और रात
उस वक्त रास्ता नहीं होती
जब हमारे भीतर तरबूज कट रहे हैं
मगर हमारे सिर तकियों पर
पत्थर हो गए हैं।
उस औरत की बगल में लेटकर
मैंने महसूस किया है कि घर
छोटी-छोटी सुविधाओं की लानत से
बना है
जिसके अन्दर जूता पहनकर टहलना मना है
यह घास है यानी कि हरा डर
जिसने मुझे इस तरह
सोचने पर मजबूर कर दिया है
इस वक्त यह सोचना कितना सुखद है
कि मेरे पड़ोसियों के सारे दाँत
टूट गए हैं
उनकी जाँघों की हरकत
पाला लगी मटर की तरह
मुर्झा गई है, उनकी आँखों की सेहत
दीवार खा गई है

उस औरत की बगल में लेटकर
(जब अचानक
बुझे हुए मकानों के सामने
दमकलों के घंटे चुप हो गए हैं)
मुझे लगा है कि हाँफते हुए
दलदल की बगल में जंगल होना
आदमी की आदत नहीं अदना लाचारी है
और मेरे भीतर एक कायर दिमाग है

जो मेरी रक्षा करता है और वही
मेरी बटनों का उत्तराधिकारी है।

राजकमल चौधरी के लिए

[युक्लिप्टस के दरख्त में एक भी पत्ती नहीं है अब
बरामदे में पड़ी लाश का चेहरा
ढकने के लिए। —**राजकमल चौधरी**]

—कहीं कुछ भी नहीं है सिर्फ
उसका मरना है, इस भ्रम के साथ-साथ
जिसे मैंने अपनी कविता का गवाह
कर लिया है। औरतें
योनि की सफलता के बाद
गंगा का गीत गा रही हैं
देह के अँधेरे में
उड़द और अजवाइन के पौधों का सपना
उग रहा है
बच्चे उस्तुरों के नीचे सिसकते हुए
सिर मुँड़ा रहे हैं और दोपहर
ररौं की रेलिंग पर झुकी हुई है

लोलार्क कुंड की बनावट पर गौर करते हुए
उसने कहा था
मासिक धर्म रुकते ही सुहागिन औरतें
सोहर की पंक्तियों का रस
(चमड़े की निर्जनता को गीला करने के लिए)
नये सिरे से सोखने लगती हैं
जाँघों में बढ़ती हुई लालच से
भविष्य के रंगीन सपनों को
जोखने लगती हैं
मगर अब वह नहीं है

उसका मर जाना पतियों के लिए
अपनी पत्नियों के पतिव्रता होने की
गारंटी है

मैं सोचता हूँ और शहर
श्मशान के पिछले हिस्से के परिचित अँधेरे में
किसी 'मरी' की तरह बँधा खड़ा है
घंटाघर में वक्त की कैंची
कबूतरों के पंख कतर रही है
चौराहों पर
भीड़ किसी अपभ्रंश का शुद्ध रूप जानने के लिए
उस प्रागैतिहासिक कथा की मुट्ठी
खोलने में व्यस्त है जहाँ रात
बनैले पशुओं ने विश्राम किया था। कविता में
कुछ लोग मनुष्य की आत्मा और गाँजे की
चिलम पर
अँगुलियों के निशान की शिनाख्त कर रहे हैं
मगर वह—
अब वहाँ नहीं है
मौसम की सूचना के साथ वक्त के काले हाशिए में
एक मौत दर्ज कर दी गई है
'रा...ज...क...म...ल...चौ...ध...री'

और मैं वापस छूट गया हूँ
वर्तमान की बजबजाती हुई सतह पर
हिजड़ों की एक पूरी पीढ़ी लूप और अन्धा कूप के मसले पर
बहस कर रही है
आजादी—इस दरिद्र परिवार की बीससाला 'बिटिया'
मासिक धर्म में डूबे हुए क्वाँरेपन की आग से
अन्धे अतीत और लँगड़े भविष्य की
चिलम भर रही है
वर्तमान की सतह पर
अस्पताल की अन्तर्धाराओं और नर्सों का
सामुद्रिक सीखने के बाद

'स्वप्न—सुखद हो' छाप तकियों को फाड़कर
मैं
मृत्यु और मृत्यु नहीं के बीच की सरल रेखा
तलाश करता हूँ मगर वहाँ
सिर्फ चूहों की लेड़ियों
बिनौलों और स्वप्नभंग की आतुर मुद्राओं की
मौसमी नुमाइश है
जिसके भीतर कविता
किसी छूटी हुई आदत को दुहराते हुए जीने की
गुंजाइश है और अन्धकार है
जिसने चीजों को आसान कर दिया है

मेरे देखते ही देखते
उसकी तसवीर के नीचे 'स्वर्गीय' लिखकर
फूलदान की बगल में
बुद्धिमानों का अन्धापन और अन्धों का विवेक
मापने के लिए
सफेद पालतू बिल्ली
अपने पंजों के नीचे से कुछ शब्द
काढ़कर रख देती है
अचानक सड़कें
इश्तिहारों के रोजनामचों में बदल जाती हैं
'सिरोसिस' की सड़ी हुई गाँठ
समकालीन कवियों की आँख बन जाती है
नफरत के अन्धे कुहराम में सैकड़ों कविताएँ
कत्ल कर दी जाती हैं
मरी हुई गिलहरी की पीठ पर पहली मुहर
लगाने के लिए और युक्लिप्टस का दरख्त
एक सामूहिक अफवाह में नंगा हो जाता है
—उसे जिन्दगी और जिन्दगी के बीच
कम-से-कम फासला
रखते हुए जीना था
यही वजह थी कि वह

एक की निगाह में हीरा आदमी था
तो दूसरी निगाह में
कमीना था

—एक बात साफ थी
उसकी हर आदत
दुनिया के व्याकरण के खिलाफ थी

—न वह किसी का पुत्र था
न भाई था
न पति था
न पिता था
न मित्र था
राख और जंगल से बना हुआ वह
एक ऐसा चरित्र था
जिसे किसी भी शर्त पर
राजकमल होना था
—वह सौ प्रतिशत सोना था
ऐसा मैं नहीं कहूँगा
मगर यह तय है कि उसकी शख्सियत
घास थी
वह जलते हुए मकान के नीचे भी
हरा था

—एक मतलबी आदमी जो अपनी जरूरतों में
निहायत खरा था
—उसे जंगल में
पेड़ की तलाश थी
—उसके पास शराब और गाँजा और शहनाई और औरतों के
दिलफरेब किस्से थे
—मगर ये सब सिर्फ उन पर्दों के हिस्से थे
जिनकी आड़ में बैठकर
वह कविताएँ बुनता था

...अपनी वासनाओं के अँधेरे में
वह खोया हुआ देश था

जीभ और जाँघ के चालू भूगोल से
अलग हटकर उसकी कविता
एक ऐसी भाषा है जिसमें कहीं भी
'लेकिन', 'शायद', 'अगर' नहीं है
उसके लिए हम इत्मीनान से कह सकते हैं कि वह
एक ऐसा आदमी था जिसका मरना
कविता से बाहर नहीं है

सैकड़ों आवाजें हैं
जिनके इर्द-गिर्द बैठकर
चायघरों में
मेरे दोस्त अगली शोकसभा का कार्यक्रम
तैयार कर रहे हैं :
एक नये कोरस की धुन और मौत की रोशनी में चमकने का साहस,
खोए हुए आदमी की हुलिया का इश्तिहार और एक रंगीन खाली बोतल,
तीन दर्जन कागों की चुप्पी और एक काला रिबन,
औसत दर्जे की टेप-रिकार्डिंग मशीन और बच्चों के खेलने की विलायती पिस्तौल का देशी मॉडल—
मेरे दोस्त चायघरों में
अगली शोकसभा का कार्यक्रम तैयार कर रहे हैं
मगर मैं उनमें शरीक नहीं होना चाहता
मैं कविताओं में उनका पीछा करना चाहता हूँ
इसके पहले कि वे उसे किसी संख्या में
या व्याकरण की किसी अपाहिज धारणा में बदल दें
मैं उन तमाम चुनौतियों के लिए
खुद को तैयार करना चाहता हूँ
जिनका सामना करने के लिए छत्तीस साल तक
वह आदमी अन्धी गलियों में
नफरत का दरवाजा खटखटाकर

कैंचियों की दलाली करता रहा
छत्तीस साल तक गुप्त रोगों के इलाज की जड़ी
ढूँढ़ता रहा वेश्याओं और गँजेड़ियों के
नींद-भरे जंगल में

अपनी रुकी हुई किडनी के अन्धे दराज में
हाथ डालकर
कविताओं में बेलौस शब्द फेंकता रहा
और अन्त में—
अपने लिए सही टोपियों का चुनाव न कर सकने की—
हालत में बौखलाकर
अघोरियों की संगत में बैठ गया

मगर नहीं—अँधेरे घाटों पर बँधी हुई नावों को
अदृश्य द्वीपों की ओर खोलकर
कल उसे लोगों ने
गाँव की तरफ जाते हुए देखा था
उसके पैर वर्तमान की कीचड़ से लथपथ थे
उसकी पीठ झुकी हुई थी
उसके चेहरे पर
अनुभव की गहरी खराश थी :
'पूरा का पूरा यह युद्ध-काव्य
मैंने गलत जिया है
गलत किया है मैंने इस
कमरे को समझकर
जहाजी बेड़ों का बन्दरगाह...
...इस अकाल बेला में
जम्बूद्वीप के प्रारम्भ से ही यह अन्धकार
बन गया था हमारा अन्तरंग संस्कार।'

बार-बार
उसकी कविताओं में
बवासीर की गाँठ की तरह शब्द
लहू उगलते हैं

और बार-बार मेरे भीतर टूटता है,
टूटता है और मुझे तैयार करता है
चुनौतियों के सामने।

उसका मरना मुझे जीने का सही कारण देता है
जबकि वे
यानी कि मेरे दोस्त
पहियों और पांडुलिपियों की रायल्टी तय करने की
होड़ में
यह नहीं जानते
कि वह
फूलदानों, मछलियों, अँधेरों और कविताओं
को कौन-सा अर्थ
देने के लिए
किस जंगल
किस समुद्र
किस शहर के अँधेरे में जाकर
गायब हो गया है

उन्होंने सिर्फ उसे
एक जलते हुए मकान की छत्तीसवीं खिड़की से
हवा में—
फाँदते हुए देखा है।

मोचीराम

राँपी से उठी हुई आँखों ने मुझे
क्षण-भर टटोला
और फिर
जैसे पतियाए हुए स्वर में
वह हँसते हुए बोला—
बाबूजी! सच कहूँ—मेरी निगाह में
न कोई छोटा है

न कोई बड़ा है
मेरे लिए, हर आदमी एक जोड़ी जूता है
जो मेरे सामने
मरम्मत के लिए खड़ा है

और असल बात तो यह है
कि वह चाहे जो है
जैसा है, जहाँ कहीं है
आजकल
कोई आदमी जूते की नाप से
बाहर नहीं है
फिर भी मुझे खयाल रहता है
कि पेशेवर हाथों और फटे हुए जूतों के बीच
कहीं-न-कहीं एक अदद आदमी है
जिस पर टाँके पड़ते हैं,
जो जूते से झाँकती हुई अँगुली की चोट छाती पर
हथौड़े की तरह सहता है

यहाँ तरह-तरह के जूते आते हैं
और आदमी की अलग-अलग 'नवैयत'
बतलाते हैं
सबकी अपनी-अपनी शक्ल है
अपनी-अपनी शैली है
मसलन एक जूता है :
जूता क्या है—चकत्तियों की थैली है
इसे एक चेहरा पहनता है
जिसे चेचक ने चुग लिया है
उस पर उम्मीद को तरह देती हुई हँसी है
जैसे 'टेलीफून' के खम्भे पर
कोई पतंग फँसी है
और खड़खड़ा रही है
'बाबूजी! इस पर पैसा
क्यों फूँकते हो?'

मैं कहना चाहता हूँ
मगर मेरी आवाज लड़खड़ा रही है
मैं महसूस करता हूँ—भीतर से
एक आवाज आती है—'कैसे आदमी हो
अपनी जाति पर थूकते हो?'
आप यकीन करें, उस समय
मैं चकत्तियों की जगह आँखें टाँकता हूँ
और पेशे में पड़े हुए आदमी को
बड़ी मुश्किल से निबाहता हूँ

एक जूता और है जिससे पैर को
'नाँधकर' एक आदमी निकला है
सैर को
न वह अक्लमन्द है
न वक्त का पाबन्द है
उसकी आँखों में लालच है
हाथों में घड़ी है
उसे कहीं जाना नहीं है
मगर चेहरे पर
बड़ी हड़बड़ी है
वह कोई बनिया है
या बिसाती है
मगर रोब ऐसा कि हिटलर का नाती है
'इशे बाँद्धो, उशे काट्टो, हियाँ ठोक्को, वहाँ पीट्टो
घिश्शा दो, अइशा चमकाओ, जुत्ते को ऐना बनाओ
...ओफ्फ! बड़ी गर्मी है' रूमाल से हवा
करता है, मौसम के नाम पर बिसूरता है
सड़क पर 'आतियों-जातियों' को
बानर की तरह घूरता है
गरज यह कि घंटे-भर खटवाता है
मगर नामा देते वक्त
साफ 'नट' जाता है
'शरीफों को लूटते हो' वह गुर्राता है

और कुछ सिक्के फेंककर
आगे बढ़ जाता है
अचानक चिहुँककर सड़क से उछलता है
और पटरी पर चढ़ जाता है
चोट जब पेशे पर पड़ती है
तो कहीं-न-कहीं एक चोर कील
दबी रह जाती है
जो मौका पाकर उभरती है
और अँगुली में गड़ती है

मगर इसका मतलब यह नहीं है
कि मुझे कोई गलतफहमी है
मुझे हर वक्त यह खयाल रहता है कि जूते
और पेशे के बीच
कहीं-न-कहीं एक अदद आदमी है
जिस पर टाँके पड़ते हैं
जो जूते से झाँकती हुई अँगुली की चोट
छाती पर
हथौड़े की तरह सहता है
और बाबूजी! असल बात तो यह है कि जिन्दा रहने के पीछे
अगर सही तर्क नहीं है
तो रामनामी बेचकर या रंडियों की
दलाली करके रोजी कमाने में
कोई फर्क नहीं है
और यही वह जगह है जहाँ हर आदमी
अपने पेशे से छूटकर
भीड़ का टमकता हुआ हिस्सा बन जाता है
सभी लोगों की तरह
भाषा उसे काटती है
मौसम सताता है
अब आप इस बसंत को ही लो,
यह दिन को ताँत की तरह तानता है
पेड़ों पर लाल-लाल पत्तों के हजारों सुखतल्ले

धूप में, सीझने के लिए
लटकाता है

सच कहता हूँ—उस समय
राँपी की मूठ को हाथ में सँभालना
मुश्किल हो जाता है
आँख कहीं जाती है
हाथ कहीं जाता है
मन किसी झुँझलाए हुए बच्चे-सा
काम पर आने से बार-बार इनकार करता है
लगता है कि चमड़े की शराफत के पीछे
कोई जंगल है जो आदमी पर
पेड़ से वार करता है
और यह चौंकने की नहीं, सोचने की बात है
मगर जो जिन्दगी को किताब से नापता है
जो असलियत और अनुभव के बीच
खून के किसी कमजात मौके पर कायर है
वह बड़ी आसानी से कह सकता है
कि यार! तू मोची नहीं, शायर है
असल में वह एक दिलचस्प गलतफहमी का
शिकार है
जो यह सोचता है कि पेशा एक जाति है
और भाषा पर
आदमी का नहीं, किसी जाति का अधिकार है
जबकि असलियत यह है कि आग
सबको जलाती है, सच्चाई
सबसे होकर गुजरती है
कुछ हैं जिन्हें शब्द मिल चुके हैं
कुछ हैं जो अक्षरों के आगे अन्धे हैं
वे हर अन्याय को चुपचाप सहते हैं
और पेट की आग से डरते हैं
जबकि मैं जानता हूँ कि 'इनकार से भरी हुई एक चीख'
और 'एक समझदार चुप'
दोनों का मतलब एक है—

भविष्य गढ़ने में, 'चुप' और 'चीख'
अपनी-अपनी जगह एक ही किस्म से
अपना-अपना फर्ज अदा करते हैं।

शहर में सूर्यास्त

अधजले शब्दों के ढेर में तुम
क्या तलाश रहे हो?
तुम्हारी आत्मीयता—
जले हुए कागज की वह तसवीर है
जो छूते ही राख हो जाएगी।
इस देश के बातूनी दिमाग में
किसी विदेशी भाषा का सूर्यास्त
फिर सुलगने लगा है
लाल-हरी झंडियाँ—
जो कल तक शिखरों पर फहरा रही थीं
वक्त की निचली सतहों में उतरकर
स्याह हो गई हैं और चरित्रहीनता
मंत्रियों की कुर्सी में तब्दील हो चुकी है
तुम्हारी तरह मुझे भी अफसोस है
मैंने भी इस देश को
एक जवान आदमी की
रंगीन इच्छाओं की पूरी गहराई से
प्यार किया था
मगर अब, अतीत में अपना चेहरा
देखने के लिए

शीशे की धूल झाड़ना बेकार है
उसकी पालिश उतर चुकी है
और अब उसके दोनों ओर, सिर्फ
दीवार है
जिसके पीछे—
राजनीतिक अफवाहों का शरदकालीन

आकाश नगर के लफंगों में
आखिर नाटक की मनपसन्द भूमिकाएँ
बाँट रहा है
'रिहर्सल' के हवा-बन्द कमरों में
खिड़कियों के गन्दे मुहावरे गूँज रहे हैं
शाम हो रही है
दिन की मुँडेर पर, अन्धकार में आधा
झुका सूरज
अपनी जाँघों पर
रोशनी की गुलेल तोड़ रहा है
रंगों की बदचलन इच्छाएँ
शहर का सबसे अच्छा 'शो केस' तैयार
कर रही हैं
उन्होंने जनता और जरायमपेशा
औरतों के बीच की
सरल रेखा को काटकर
स्वस्तिक चिह्न बना लिया है
और हवा में एक चमकदार गोल शब्द
फेंक दिया है—'जनतंत्र'
जिसकी रोज सैकड़ों बार हत्या होती है
और हर बार
वह भेड़ियों की जुबान पर जिन्दा है!

प्रौढ़ शिक्षा

काले तख्ते पर सफेद खड़िया से
मैं तुम्हारे लिए लिखता हूँ—'अ'
और तुम्हारा मुख
किसी अन्धी गुफा के द्वार की तरह
खुल जाता है—'आऽऽ!'

यह भविष्य है यानी कि शब्दों की दुनिया में
आने की सहमति। तुमने पहली बार

बीते दिनों की यातना के खिलाफ
मुँह खोला है

और यह उस आदमी का भविष्य है जिसका
गूँगापन
न सिर्फ, आत्महत्या की सरहद पर बोलता है
मुहावरों के हवाई हमले से बचने के लिए
जिसके दिमाग में शताब्दियों का अन्धा कूप है

जो खोए हुए साहस की तलाश में
पशुओं की पूँछ के नीचे टटोलता है
जो किताबों के बीच में
जानवर-सा चुप है

यह उस आदमी का भविष्य है जो अचानक,
टूटते-टूटते, इस तरह तन गया है
कि कल तक जो मवेशीखाना था उसके लिए
आज पंचायत-भवन बन गया है

लालटेन की लौ जरा और तेज करो
उसे यहाँ—
पेड़ में गड़ी हुई कील से
लटका दो
हाँ—अब ठीक है
आज का सबक शुरू करने से पहले
मैं एक बार फिर वह सब बतलाना चाहूँगा
जिसे मैंने कल कहा था
क्योंकि पिछले पाठ का दुहराना
हर नई शुरुआत में शरीक है

कल मैंने कहा था कि वह दुनिया
जिसे ढकने के लिए तुम नंगे हो रहे थे
उसी दिन उघर गई थी
जिस दिन हर भाषा

तुम्हारे अँगूठा-निशान की स्याही में डूबकर
मर गई थी

तुम अपढ़ थे
गँवार थे
सीधे इतने कि बस—
'दो और दो चार' थे

मगर चालाक 'सुराजिए'
आजादी के बाद के अँधेरे में
अपने पुरखों का रंगीन बलगम
और गलत इरादों का मौसम जी रहे थे
अपने-अपने दराजों की भाषा में बैठकर
'गर्म कुत्ता' खा रहे थे
'सफेद घोड़ा' पी रहे थे

उन्हें तुम्हारी भूख पर भरोसा था
सबसे पहले उन्होंने एक भाषा तैयार की
जो तुम्हें न्यायालय से लेकर नींद से पहले
की—
प्रार्थना तक, गलत रास्तों पर डालती थी
'वह सच्चा पृथ्वीपुत्र है'
'वह संसार का अन्नदाता है'

मगर तुम्हारे लिए कहा गया हर वाक्य,
एक धोखा है जो तुम्हें दलदल की ओर
ले जाता है

लहलहाती हुई फसलें...
बहती हुई नदी...
उड़ती हुई चिड़ियाँ...
यह सब, सिर्फ, तुम्हें गूँगा करने की चाल है
क्या तुमने कभी सोचा कि तुम्हारा—

यह जो बुरा हाल है
इसकी वजह क्या है?

इसकी वजह वह खेत है
जो तुम्हारी भूख का दलाल है
आह! मैं समझता हूँ कि यह एक ऐसा सत्य है
जिसे सकारते हुए हर आदमी झिझकता है
मगर तुम खुद सोचो कि डबरे में
डूबता हुआ सूरज
खेत की मेंड़ पर खड़े आदमी को
एक लम्बी परछाईं के सिवा और क्या दे
सकता है
काफी दुविधा के बाद
मुझे यह सच्चाई सकारनी पड़ी है
यद्यपि यह सही है कि सूरज
तुम्हारी जेब-घड़ी है
तुम्हारी पसलियों पर
मौसम की लटकती हुई जंजीर
हवा में हिलती है और
पशुओं की हरकतों से
तुम्हें आनेवाले खतरों की गन्ध
मिलती है
लेकिन इतना ही काफी नहीं है
इसीलिए मैं फिर कहता हूँ कि हर हाथ में
गीली मिट्टी की तरह—हाँ-हाँ—मत करो
तनो
अकड़ो
अमरबेलि की तरह मत जियो
जड़ पकड़ो

बदलो—अपने-आपको बदलो
यह दुनिया बदल रही है
और यह रात है, सिर्फ रात...

इसका स्वागत करो
यह तुम्हें
शब्दों के नये परिचय की ओर लेकर
चल रही है।

मकान

बस जरा-सी गफलत होती है और जंगल
आदमी की गिरफ्त से छूटकर
दीवारों की कवायद में शरीक
हो जाता है, इसके बाद
पूरे परिवार की गलतफहमी का
फायदा उठाते हुए
एक मकान उठता है और
एक बूढ़ा आदमी
उस पर झंडे की तरह उड़ने लगता है
उसके पाँच बच्चे नींव में
चुन दिये जाते हैं
और एक बूढ़ी औरत
उस मकान की खिड़की पर
बैठकर
अपनी परछाईं को
हरियाली के किस्से सुनाती है
मकान—
मारे गए आदमी के नाम पर
छतों की साजिश है जहाँ रात
रिश्तों की आड़ में
पशुओं को पालतू बनाती है
यह सन् 1960 की बात है
जब मैं अपनी कविताओं की हद
फाँद रहा था
अचानक मुझे इस बात का पता
चल गया और मैंने उस खानाबदोश

औरत की जाँघों में घुसकर
खुद को पालतू होने से बचा लिया
जिसने कहा था कि बाज
अपने लिए घोंसला नहीं बनाता
तब से सात साल गुजर चुके हैं :
मकानों को चरागाह की तरह इस्तेमाल करता हुआ
मैं देश के इस कोने से उस कोने तक
घूम रहा हूँ
अपने फालतू मित्रों के बीच वे किस्से
बाँटता रहा हूँ जो मुझे खेवली
उल्टाडाँगा और हकीकतनगर में मिले हैं
मैंने अक्सर उन्हें
उन मकानों के बारे में बतलाया है
जिनकी छतों पर हवा
कबूतरों की बीट से मैली हो जाती है
जिनकी खिड़की
गली झाँकते चेहरों को बेवजह बदनाम करती है
जिनके आँगन में धूप कभी नहीं जाती
जिसके संडासघरों में खाँसी
किवाड़ों का काम करती है
जहाँ बूढ़े
खाना खा चुकने के बाद अन्धे हो जाते हैं
जवान लड़कियाँ अँधेरा पकड़ लेती हैं
बच्चे फिल्मी गीतों की तर्ज पर अँगूठा चूसते हैं
और नौजवान अपनी जिम्मेदारियाँ
रोजगार-दफ्तरों को सौंपकर
चूहों की नस्ल पर बहस करते हैं
रात—
जब सड़कें रोशनी के आरों के नीचे होती हैं
इन मकानों की नींव में
असंख्य नावें डूबती हैं
सुबहें—
उन्हें नारंगी के डब्बों-सी खाली कर जाती हैं
और मुर्गे

जब दोपहर को अपनी बाँग से
गलत साबित कर रहे होते हैं
उनकी खिड़कियाँ नींद में
किसी मरीज की आँखों-सी
बन्द रहती हैं
मैंने देखा है
किस तरह मकानों की आड़ में
छिपे हुए मकान
दरवाजों में चाकू छिपाकर
आदमी का इन्तजार करते हैं
'स्वागत है' आहिस्ता-आहिस्ता
किसी आदमखोर के जबड़े की तरह
उस मकान का फाटक खुल जाता है
और देखते-ही-देखते
एक समूचा और मुस्कराता हुआ आदमी
उसके भीतर नमक के ढेले-सा
घुल जाता है
तुम उसे रोक नहीं सकते

कुछ आदिम मुहावरों ने
उसके दिमाग की सबसे समझदार
नस को मुर्दा बना डाला है
उसके खून में—बसंत की लय पर
हर वक्त, एक गीत बजता रहता है—
'मकान मानव सम्बन्धों की मनोहर चित्रशाला है'
मगर मैं इसका मतलब समझता हूँ
रसोईघर में खुशबूदार मसालों और उबलती हुई
मुस्कराहटों का जहर
किस तरह उसकी हत्या करता है
किस तरह रिश्ते उसे दावत की तरह खाते हैं
मैंने अपने बेलगाम मित्रों को बतलाया है
कि किस तरह इस षड्यंत्र की शुरुआत
उसी वक्त हो जाती है जब आदमी
आजादी और वक्त से ऊबकर

अपनी देशी आदतों और सस्ती किताबों के साथ
16 × 12 फुट का एक खूबसूरत कमरा हो जाता है
और उस वक्त उसकी हत्या कर दी जाती है
जब फूल और गोश्त में
फर्क करने के सारे सबूत मिटाकर
वह बिस्तर से खिड़की तक
फैलकर सो जाता है।

एक आदमी

शाम जब तमाम खुली हुई चीजों को
बन्द करती हुई चली जाती है
और दरवाजे पर
सिटकिनी का रंग बरामदे के
अन्धकार में घुल जाता है
जब मैं काम से नहीं होता
यानी कि मैं नहीं ढोता
अलमारियों में बन्द किताबों का विवेक
या हाँफते हुए घोड़ों और फेन से तरबतर—
औरतों का गर्म खयाल :
मेरे पास एक आदमी आता है
('जैसे किसी मकान में अपरिचितों के बीच—
चल रहे हों'
आप कल्पना करें—)
अपनी उपस्थिति पर अनायास
खाँसता हुआ
मेरे पास रोज एक आदमी आता है
वक्त के साथ बेचैनी से बीतता हुआ
वह एक मर्द है
उसके सूजे हुए चेहरे पर

मौसमों की अँगुलियाँ अलग-अलग
उपटी हुई हैं

उसकी नाक ऊँची है
और बरौनियाँ सटी हुई हैं
उसने एक मशीन पाल रखी है
जो उसे
चीजों के नीलाम में
मदद देती है।

उसकी गर्दन लम्बी है। उसे शक है—
किसी ने रास्ते-भर उसका पीछा किया है
उम्र के सत्ताईस साल
उसने भागते हुए जिए हैं
उसके पेशाब पर चींटियाँ रेंगती हैं
उसके प्रेम-पत्रों की आँच में
उसकी प्रेमिकाएँ रोटियाँ सेंकती हैं
अपनी अधूरी इच्छाओं में झुलसता हुआ
वह एक सम्भावित नर्क है :
वह अपने लिए काफी सतर्क है
और जब जवान औरतों को देखता है—
उसकी आँखों में कुत्ते भौंकते हैं
उसका विचार है—
कि उसके मरते ही मनुष्यता—
अन्धी हो जाएगी
उसे अपनी सेवाओं पर गर्व है।
देश से प्यार है।
कुर्सी के 'हाते' में उसकी हरकतें—
मुझे अच्छी लगती हैं
और अच्छा लगता है उसका झेंपता हुआ चेहरा
जिससे शालीनता इतनी ज्यादा टपक चुकी है
कि वहाँ एक तैरता हुआ पत्थर है
सम्भावनाओं में लगातार पहलू बदलता हुआ...
अपनी पराजित और जड़-विहीन हँसी पर
अतीत और मानसून का खोखलापन
टाँगता हुआ

जब वह हँसता है उसका मुख
धक्का खाई हुई 'रीम' की तरह
उदास—फैल जाता है
मेरे पास अक्सर एक आदमी आता है
और हर बार
मेरी डायरी के अगले पन्ने पर
बैठ जाता है।

शहर का व्याकरण

शहर का व्याकरण ठीक करने के लिए
एक हल्लागाड़ी
गश्त कर रही है
चुनाव के इश्तहार से निकलकर
एक आदमी सड़क पर आ गया है
आसमान में सन्नाटा छा गया है
शाम के सात बजे हैं
भाषा के चौथे पहर में
'मैं प्रभु हूँ' का चेहरा उतारकर
वह विदूषक
उस शो-केस के सामने खड़ा है
जिसमें जूते—
पान की गिलौरियों की तरह सजे हैं
और एक रर्रा विदेशी पर्यटक का
पीछा कर रहा है
उसकी जुबान पर अपने यहाँ गाए जानेवाले
जंगल-गीत का प्यारा-सा छन्द है
(आगे सड़क बन्द है) लाल बत्ती जल रही है
फर्माइशी गीतों की परिचित आवाज में
सीमा पर तैनात जवानों का हौसला
बुलन्द है
अब हर चीज का एक नाम है
लोगों की सुविधा के लिए

बनिया-सच्चाई है
यह महँगाई है
जिसने बाजार को चकमा दिया है
लोग आ रहे हैं—जा रहे हैं
धक्का दे रहे हैं—खा रहे हैं
और खुश हैं कि भीड़ सुख पा रहे हैं
मगर सुनो! तुमने अपने कुत्ते को
दिन में क्यों खोल दिया है
इससे पहले कि वह पकड़ लिया जाए
और चीर-फाड़ की किसी धारणा को साबित करते हुए
अस्पताल में हलाल हो
अगर तुम उसे नगरपालिका की नजर से
बचाना चाहते हो—
उसके गले में एक पट्टा डाल दो

सचमुच मजबूरी है
मगर जिन्दा रहने के लिए
पालतू होना जरूरी है।

पतझड़

ठीक यहीं से
नंगेपन की ओर
चले जाते हैं पेड़

जंगल की सरहद पर
जलते जनतंत्र में
रंगों की सुविधा का
पिछला एहसास लिये
अपने दशक की समूची युवा पीढ़ी
देखती रह जाती है
जड़ों को लेकर

जमीन की अँधेरी गहराइयों में
भागती हुई भूख
पत्तियाँ चबाती है

तुमने भी देखा है?
तुमने क्या देखा?
ठीक यहीं से
मौसम को झाँसा देता हुआ
दो पीढ़ियों के बीच की
नफरत-सा धुँधला आसमान

अनाथालय के फाटक-सी खुली हुई
पृथ्वी पर
धूप के चौंध फेंकता है
जनवादी मुद्रा में
शाखों पर चढ़ी हुई नकचढ़ी हवा
शब्द-वृद्ध पत्तों पर
समकालीनता के जनसंघी नुस्खे लिखती है
'संविद की होड़ में
एक आत्मीय चेहरा गायब
हो गया है और कविता
इतने जिन्दा शब्दों के बावजूद
हमलावरों के डर से
खाली किये गए शहर की तरह दिखती है'
तुमने भी पढ़ा है?
तुमने क्या पढ़ा?

ठीक यहीं से
रिश्तों का फालतूपन उभरता है
परिचय की सतहों पर
फैल जाता है गाढ़ा अन्धकार
आत्मीयता—
नीयत की हरजाई तुकबन्दियों में

खो जाती है। किसी
डरे हुए पेड़ के इशारे पर
हरियाली
भूँकते हुए अन्धड़ के सामने
कुछ तिनके फेंककर
वक्त की साजिश में
शरीक हो जाती है

चीजों में लोहा कमतर हो जाता है
एकाएक—
जंग लगे अचरज से बाहर
आ जाता है आदमी का भ्रम और देश-प्रेम
बेकारी की फटी हुई जेब से खिसककर
बीते हुए कल में
गिर पड़ता है :
मैंने रोजगार-दफ्तर से गुजरते हुए—
नौजवान को
यह साफ-साफ कहते सुना है—
'इस देश की मिट्टी में
अपने जाँगर का सुख तलाशना
अन्धी लड़की की आँखों में
उससे सहवास का सुख तलाशना है'
तुमने भी सुना है?
तुमने क्या सुना?

कवि : 1970

इस वक्त जबकि कान नहीं सुनते हैं कविताएँ
कविता पेट से सुनी जा रही है। आदमी
गजल नहीं गा रहा है, गजल
आदमी को गा रही है

इस वक्त जबकि कविता माँगती है
समूचा आदमी अपनी खुराक के लिए
उसके मुँह से खून की बू
आ रही है

अपने बचाव के लिए
खुद के खिलाफ हो जाने के सिवा
दूसरा रास्ता क्या है?
मैं आपसे ही पूछता हूँ

जहाँ पसीना पाप से अधिक बदबू
देता है
अपना हाथ खोकर
चिमनी के नीचे खड़ा है
निहत्था मजूर
वहाँ आप मुझे मजबूर क्यों करते हो?
कविता में जाने से पहले
मैं आपसे ही पूछता हूँ
जब इससे न चोली बन सकती है
न चोंगा;
तब आपै कहो—
इस ससुरी कविता को
जंगल से जनता तक
ढोने से क्या होगा?
आपै जवाब दो
मैं इसका क्या करूँ?
तितली के पंखों में पटाखा बाँधकर
भाषा के हलके में
कौन-सा गुल खिला दूँ?

जब ढेर सारे दोस्तों का गुस्सा
हाशिए पर

चुटकुला बन रहा है

क्या मैं व्याकरण की नाक पर
रूमाल लपेटकर
निष्ठा का तुक
विष्ठा से मिला दूँ?

आपै जवाब दो
आखिर मैं क्या करूँ?
सुविधा की तहजीब से बाहर
जहाँ चौधरी अपना चमरौधा
उतार गए हैं
कविता में
वहीं कहीं नफरत का
एक डरा हुआ बिन्दु है
आप उसे छुओ;
वह कुनमुनाएगा
आप उसे कोंचो
वह उठ खड़ा होगा

लेकिन एक जरूरतमन्द चेहरे के अलावा
वह धूमिल नहीं—
एक डरा हुआ हिन्दू है

उसके बीवी है
बच्चे हैं
घर है

अपने हिस्से का देश
ईश्वर की दी हुई गरीबी है
(यह बीवी का तुक नहीं है)
और सही शब्द चुनने का डर है

मैं एक डर चुनता हूँ
सबसे हलका
सबसे बारीक
सबसे मुलायम

कम-अज-कम जिससे मैं खुद को बाँध सकूँ
जुआ तोड़कर भागते हुए शब्दों को
कविता में नाँध सकूँ

बहरहाल, मैं एक डर चुनता हूँ
मगर उसे बाजार में रखने से पहले ही—
घर में बीमार बच्चे का
'फटे हुए दूध-सा रोना' सुनता हूँ

बच्चा क्यों रो रहा है?
मैं चुपचाप उठकर रसोईघर में जाता हूँ
और पूछता हूँ 'क्या हो रहा है'

यह जानते हुए भी कि कई दिनों बाद
भूख का जायका बदलने के लिए
आज कुम्हड़े की सब्जी पक रही है

पत्नी का उदास और पीला चेहरा
मुझे आदत-सा आँकता है

उसकी फटी हुई साड़ी से झाँकती हुई पीठ पर
खिड़की से बाहर खड़े पेड़ की
वहशत चमक रही है

मैं झेंपता हूँ
और धूमिल होने से बचने लगता हूँ
यानी बाहर का 'दुर-दुर'

और भीतर का बिल-बिल होने से
बचने लगता हूँ

आप मुस्कुराते हो?

'बढ़िया उपमा है'
'अच्छा प्रतीक है'
'हें हें हें! हें हें हें!!'
'तीक है—तीक है'

और मैं समझता हूँ कि आपके मुँह में
जितनी तारीफ है
उससे अधिक पीक है

फिर भी मैं अन्त तक
आपको सहूँगा

वादों की लालच में
आप जो कहोगे
वह सब करूँगा
लेकिन जब हारूँगा
आपके खिलाफ खुद अपने को तोड़ूँगा
भाषा को हीकते हुए अपने भीतर
थूकते हुए सारी घृणा के साथ

अन्त में कहूँगा—
सिर्फ, इतना कहूँगा—
'हाँ, हाँ, मैं कवि हूँ;
कवि—यानी भाषा में
भदेस हूँ;

इस कदर कायर हूँ
कि उत्तर प्रदेश हूँ!'

नक्सलबाड़ी

'सहमति...
नहीं, यह समकालीन शब्द नहीं है
इसे बालिगों के बीच चालू मत करो'
—जंगल से जिरह करने के बाद
उसके साथियों ने उसे समझाया कि भूख
का इलाज नींद के पास है!
मगर इस बात से वह सहमत नहीं था
विरोध के लिए सही शब्द टटोलते हुए
उसने पाया कि वह अपनी जुबान
सहुवाइन की जाँघ पर भूल आया है;
फिर भी हकलाते हुए उसने कहा—
'मुझे अपनी कविताओं के लिए
दूसरे प्रजातंत्र की तलाश है,'
सहसा तुम कहोगे और फिर एक दिन—
पेट के इशारे पर
प्रजातंत्र से बाहर आकर
वाजिब गुस्से के साथ अपने चेहरे से
कूदोगे
और अपने ही घूँसे पर
गिर पड़ोगे।

क्या मैंने गलत कहा? आखिरकार
इस खाली पेट के सिवा
तुम्हारे पास वह कौन-सी सुरक्षित
जगह है, जहाँ खड़े होकर
तुम अपने दाहिने हाथ की
साजिश के खिलाफ लड़ोगे?

यह एक खुला हुआ सच है कि आदमी—
दाएँ हाथ की नैतिकता से
इस कदर मजबूर होता है

कि तमाम उम्र गुजर जाती है मगर गाँड़
सिर्फ, बायाँ हाथ धोता है।

और अब तो हवा भी बुझ चुकी है
और सारे इश्तहार उतार लिये गए हैं
जिनमें कल आदमी—
अकाल था। वक्त के
फालतू हिस्सों में
छोड़ी गई पालतू कहानियाँ
देश-प्रेम की हिज्जे भूल चुकी हैं,
और वह सड़क—
समझौता बन गई है
जिस पर खड़े होकर
कल तुमने संसद को
बाहर आने के लिए आवाज दी थी
नहीं, अब वहाँ कोई नहीं है
मतलब की इबारत से होकर
सब-के-सब व्यवस्था के पक्ष में
चले गए हैं। लेखपाल की
भाषा के लम्बे सुनसान में
जहाँ पालो और बंजर का फर्क
मिट चुका है चन्द खेत
हथकड़ी पहने खड़े हैं।

और विपक्ष में—
सिर्फ कविता है।
सिर्फ हज्जाम की खुली हुई 'किसबत' में एक उस्तुरा—
चमक रहा है।
सिर्फ भंगी का एक झाड़ू हिल रहा है
नागरिकता का हक हलाल करती हुई
गन्दगी के खिलाफ।

और तुम हो, विपक्ष में
बेकारी और नींद से परेशान।

और एक जंगल है—
मतदान के बाद खून में अँधेरा
पछींटता हुआ।
(जंगल मुखबिर है)

उसकी आँखों में
चमकता हुआ भाईचारा
किसी भी रोज तुम्हारे चेहरे की हरियाली को,
बेमुरव्वत, चाट सकता है।

खबरदार!
उसने तुम्हारे परिवार को
नफरत के उस मुकाम पर ला खड़ा किया है
कि कल तुम्हारा सबसे छोटा लड़का भी
तुम्हारे पड़ोसी का गला
अचानक,
अपनी स्लेट से काट सकता है।
क्या मैंने गलत कहा?

आखिरकार...आखिरकार...।

कुत्ता

उसकी सारी शख्सियत
नखों और दाँतों की वसीयत है
दूसरों के लिए
वह एक शानदार छलाँग है
अँधेरी रातों का
जागरण है नींद के खिलाफ
नीली गुर्राहट है

अपनी आसानी के लिए तुम उसे
कुत्ता कह सकते हो

उस लपलपाती हुई जीभ और हिलती हुई दुम के बीच
भूख का पालतूपन
हरकत कर रहा है
उसे तुम्हारी शराफत से कोई वास्ता
नहीं है, उसकी नजर
न कल पर थी
न आज पर है
सारी बहसों से अलग
वह हड्डी के एक टुकड़े और
कौर-भर
(सीझे हुए) अनाज पर है

साल में सिर्फ एक बार
अपने खून में जहरमोहरा तलाशती हुई
मादा को बाहर निकालने के लिए
वह तुम्हारी जंजीरों से
शिकायत करता है
अन्यथा, पूरा का पूरा वर्ष
उसके लिए घास है
उसकी सही जगह तुम्हारे पैरों के पास है

मगर तुम्हारे जूतों में
उसकी कोई दिलचस्पी नहीं है
उसकी नजर
जूते की बनावट नहीं देखती
और न उसका दाम देखती है
वहाँ, वह सिर्फ बित्ता-भर
मरा हुआ चाम देखती है
और तुम्हारे पैरों से बाहर आने तक
उसका इन्तजार करती है
(पूरी आत्मीयता से)

उसके दाँतों और जीभ के बीच
लालच की तमीज है जो तुम्हें

ज़ायकेदार हड्डी के टुकड़े की तरह
प्यार करती है

और वहाँ, हद दर्जे की लचक है
लोच है
नर्मी है
मगर मत भूलो कि इन सबसे बड़ी चीज
वह बेशर्मी है
जो अन्त में
तुम्हें भी उसी रास्ते पर लाती है
जहाँ भूख—
उस वहशी को
पालतू बनाती है।

शहर, शाम और एक बूढ़ा : मैं

सिगरेट का आखिरी कश खींचकर
मैंने उसे राखदान में डाल दिया है
और अब, मैं एक शरीफ आदमी हूँ
पूरी नागरिक सौम्यता के साथ।

छुट्टियों के दिन मैं किसी से घृणा नहीं करता
मुझे किसी मोर्चे पर नहीं
जाना है
पूरी शराब पीकर मैंने उस बोतल को
शौचालय में डाल दिया है
जिस पर लिखा है—
FOR DEFENCE SERVICES ONLY
यह मेरी जिन्दगी का लब्बोलुबाब है
(हर अच्छे नागरिक की तरह
खतरे का सायरन बजते ही
मैंने अपनी खिड़कियों के पर्दे गिरा दिये हैं

खतरा—इन दिनों—
बाहर की नहीं बल्कि भीतर की रोशनी से है)

मैंने ऐसा कुछ भी नहीं किया है
कि मेरी प्रतिमा बने और उसके
उद्‌घाटन समारोह में
शहर के समझदार लोगों का एक पूरा व्यस्त दिन
खराब हो
मैंने अपनी थाली के एक किनारे बैठकर
बहुत साधारण जीवन जिया है
जेल के बगल की नागरिकता
और बूचड़खाने के सामने की सज्जनता
मुझे विरासत में मिली थी
मैंने उन्हें अपनी सहूलियत के साथ जोड़कर
दो कदम आगे बढ़ाया है
नगरपालिका ने मुझे
बाएँ रहना सिखलाया है
(सफल जीवन जीने के लिए
कारनेगी की किताब की नहीं,
सड़क के यातायात चिह्नों को
समझने की जरूरत है)

छोटे-मोटे झूठ के अलावा
मुझे नहीं मालूम कि बन्दूक का वजन
क्या होता है।
चौराहे पर कवायद करते हुए
ट्रैफिक पुलिस के चेहरे पर
मुझे हमेशा, जनतंत्र का नक्शा
नजर आया है।

और अब मैं निश्चिन्त हूँ
मुझे कुछ नहीं करना है
मैं उम्र के उस मुकाम पर पहुँच गया हूँ

जहाँ फाइलें बन्द हुआ करती हैं
मैं अपने बरामदे की निजी कुर्सी पर बैठा हूँ
बेझिझक...
सूरज मेरे जूते की नोक पर डूब रहा है
दूर कहीं बिगुल बज रहा है
यह फौजियों की वापसी का वक्त है
और शहर
अपने जनून को
आहिस्ता-आहिस्ता शीशे और रोशनी में
बदल रहा है।

सच्ची बात

बाडियाँ फटे हुए बाँसों पर फहरा रही हैं
और इतिहास के पन्नों पर
धर्म के लिए मरे हुए लोगों के नाम
बात सिर्फ इतनी है
स्नानघाट पर जाता हुआ हर रास्ता
देह की मंडी से होकर गुजरता है
और जहाँ घटित होने के लिए कुछ भी नहीं है
वहीं हम गवाह की तरह खड़े किये जाते हैं
कुछ देर अपनी ऊब में तटस्थ
और फिर चमत्कार की वापसी के बाद
भीड़ से वापस ले लिये जाते हैं
वक्त और लोगों के बीच
सवाल शोर के नापने का नहीं है
बल्कि उस फासले का है जो इस रफ्तार में भी
सुरक्षित है
वैसे हम समझते हैं कि सच्चाई
हमें अक्सर अपराध की सीमा पर
छोड़ आती है
आदतों और विज्ञापनों से दबे हुए आदमी का
सबसे अमूल्य क्षण सन्देहों में

तुलता है
हर ईमान का एक चोर दरवाजा होता है
जो संडास की बगल में खुलता है
दृष्टियों की धार में बहती नैतिकता का
कितना भद्दा मजाक है
कि हमारे चेहरों पर
आँख के ठीक नीचे ही नाक है।

हत्यारी सम्भावनाओं के नीचे

मुर्गे की बाँग पर
सूरज को टाँगकर
सो जाओ
हत्याओं के खिलाफ
ओढ़कर
निकम्मी आदतों का लिहाफ।
क्योंकि यही वक्त है जबकि सिरहाने
घड़ी के अलार्म का टूटा हुआ होना भी—
एक अदद सुविधा है।
वरना तुम कर भी क्या सकते हो
यदि पड़ोस की महिला का एक बटन
तुम्हारी बीवी के ब्लाउज से
(कीमत में) बड़ा है
और प्यार करने से पहले
तुम्हें पेट की आग से होकर
गुजरना पड़ा है।
फिर भी तुम चाहो तो यह करो
कि
अपने इतवार में
घुसी हुई बुढ़िया को
बाहर ढकेल दो
चाहे वह तुम्हारी

गृहस्थी ही क्यों न हो
धूप कमरे में खड़ी है
अपनी देह
स्वप्नों की दीवार बनने से बचाओ
वक्त के चौकस पंजों में
उम्र की गायब शक्लों को समेटकर
खाल के नीचे घुस जाओ
और भूल जाओ
कि नींद में
पेड़ के लिए
तुमने जंगल से बहस की है
चीख जो अँधेरे में
तुमने सुनी है—सिर्फ
तुमने ही नहीं—सबने सुनी है
सबने उसे ढाल पर
गिरते हुए देखा है
और महज एक देर
सबकी आँखों में
गुस्सा गुर्राया है, आँधीनुमा
बेचैनी चेहरों पर छाई है
सबने महसूस किया—कैसा अन्याय है।
किन्तु वहाँ सामने
कोई नहीं आया है
किसी ने नहीं कहा कि जुर्म की जगह
यह है और
पत्तों का हरापन डर की वजह है।
किसी ने नहीं कहा—
हर आदमी
भीतर की बत्तियाँ बुझाकर
पड़े-पड़े सोता है
क्योंकि वह समझता है
कि दिन की शुरुआत का ढंग
सिर्फ हारने के लिए होता है
हमदर्दी

चेहरों से आँसू और चमड़ा
बटोरती है
उम्मीद के चौखटों पर
चुम्बन की तेल लगी कीलों से
तसल्ली के जुमले टाँकती है
और फिर दूसरे मरीज की तलाश में
क्षमाहीन लोगों की भीड़ में
वापस चली जाती है
और तुम पाते हो कि तुम अकेले
रह गए हो
हारी हुई चीजों ने
अपने को चुनौतियों के सामने से
हटा लिया है और
अब सवालों की ओट में
खड़ी होकर
तुम्हारे लौटने का इन्तजार
कर रही हैं
लौट जाओ
इससे पहले कि तने हुए हाथों के
ठूँठ पर
रोशनी की चील बीट कर दे
असमय का साहस
आनेवाले दिनों को
चिथड़ों और सड़े हुए दाँतों से भर दे :
इससे पहले कि
ईमानदारी तुम्हें उस जगह ले जाए
जहाँ बेटा तुम्हें बाप कहते हुए
शरमाए,
तुम वापस चले जाओ
हत्यारी सम्भावनाओं के नीचे
सहनशीलता का नाम
आज भी हथियारों की सूची में नहीं है
रात खत्म हो चुकी है

और वह सुरक्षित नहीं है
जिसका नाम हत्यारों की सूची में नहीं है।

मुनासिब कार्रवाई

अकेला कवि कठघरा होता है।
इससे पहले कि 'वह' तुम्हें
सिलसिले से काटकर अलग कर दे
कविता पर
बहस शुरू करो
और शहर को अपनी ओर
झुका लो।
यह सबूत के लिए है।
—रंगीन पत्रिकाओं में चरित्र—
पोंकता हुआ ईमान,
जो दाँतों में फँसी हुई भाषा की
तिकड़म है,
—टूटे हुए बकलस का खुफिया तनाव,
—एक बातूनी घड़ी,
—वकील का लबार चोगा,
—एक डरपोक चाकू
जिसका फल कानून की जद से
सूत-भर कम है,

शिनाख्त की इन तमाम चीजों के साथ
अपने लोगों की भीड़ में
भाषा को धीरे से धँसाओ।
बिना किसी घाव के शब्द
बाहर आ जाएँगे
जैसे परखी में बोरे का अनाज
चला आता है।
उन्हें परखो।
बाट की जगह अपना चेहरा रख दो।

यह न्याय के लिए है।
क्योंकि जिसमें थोड़ा-सा भी विवेक है;
वह जानता है कि आजकल
शहर कोतवाल की नीयत
और हथकड़ी का नम्बर एक है।
और अब देखो कि काँटे का रुख
किधर है।
कल तक वह उधर था
जिधर आढ़तिया था।
जिधर चुंगी का मुंशी बैठता था।
कल तक—
नगरपिता का सिर विरोध में
हिलता था और तुम पाते थे—
कि कविता का अर्थ
बदल गया है।

मगर अब चीजों के गलत होने का
पता चल गया है :
एक रिश्ता गलत समय देने लगा है;
उसकी मरम्मत के लिए
घड़ीसाज की दुकान पर जाना
सरासर भूल है।
तुम्हारे जिगरी दोस्त की कमर
वक्त से पहले ही झुक गई है
उसके लिए—
बढ़ई के आरी और बसूले से
लड़ना फिजूल है।
क्योंकि गलत होने की जड़
न घड़ीसाज की दुकान में है,
न बढ़ई के बसूले में
और न आरी में है
बल्कि वह इस समझदारी में है
कि वित्त मंत्री की ऐनक का
कौन-सा शीशा कितना मोटा है;

और विपक्ष की बेंच पर बैठे हुए
नेता के भाइयों के नाम
सस्ते गल्ले की कितनी दुकानों का
कोटा है।

और जो चरित्रहीन है
उसकी रसोई में पकनेवाला चावल
कितना महीन है।
इस वक्त सचाई को जानना
विरोध में होना है।
और यहीं से—
अपराधियों की नाक के ठीक नीचे
कविता पर
बहस शुरू होती है।
चेहरे से चेहरा बटोरते हुए
एक तीखा स्वर
सवाल पर सवाल करता है।

सन्नाटा टूटता है।
गूँगे के मुँह से उत्तर फूटता है।
'कविता क्या है?
कोई पहनावा है?
कुर्ता-पाजामा है?'
'ना, भाई, ना,
कविता—
शब्दों की अदालत में
मुजरिम के कठघरे में खड़े बेकसूर आदमी का
हलफनामा है।'
'क्या यह व्यक्तित्व बनाने की—
चरित्र चमकाने की—
खाने-कमाने की—
चीज है?'
'ना, भाई, ना,

कविता
भाषा में
आदमी होने की तमीज है।'

इस तरह सवाल और जवाब की मंजिलें—
तय करके
थका-हारा सच—
एक दिन अपने खोए हुए चेहरे में
वापस आता है,
और अचानक, एक नदारद-सा आदमी
समूचे शहर की जुबान बन जाता है।

लेकिन मैंने कहा—
अकेला कवि कठघरा होता है।
साथ ही, मुझे डर है कि 'वह' आदमी
तुम्हें सिलसिले से काटकर
अलग कर देने पर तुला है;
जो आदमी के भेस में
शातिर दरिन्दा है,
जो हाथों और पैरों से पंगु हो चुका है
मगर नाखून में जिन्दा है,
जिसने विरोध का अक्षर-अक्षर
अपने पक्ष में तोड़ लिया है।
जो जानता है कि अकेला आदमी झूठ होता है।
जिसके मन में पाप छाया हुआ है,
जो आज अघाया हुआ है,
और कल भी—
जिसकी रोटी सुरक्षित है,
'वह' तुम्हें अकेला कर देने पर
तुला है।

वक्त बहुत कम है।
इसलिए कविता पर बहस

शुरू करो
और शहर को अपनी ओर झुका लो
क्योंकि असली अपराधी का
नाम लेने के लिए
कविता, सिर्फ उतनी ही देर तक सुरक्षित है
जितनी देर, कीमा होने से पहले,
कसाई के ठीहे और तनी हुई गँड़ास के बीच
बोटी सुरक्षित है।

भाषा की रात

बजट के अँधेरे में
नींद का
सविनय अवज्ञा आन्दोलन
चल रहा है
नारों के पीछे
चीजों का नाटक बनाती हुई
भीड़ में
किसी बेशऊर आदमी का
बैरंग पुतला
चिटक-चिटक जल रहा है,
उसकी राख
फुटपाथ पर पड़े भिखारी के
खाली कटोरे में
गिर रही है
धुएँ से ढके हुए
आसमान के नीचे
लगता है कि हर चीज
झूठ है :
आदमी
देश
आजादी
और प्यार—

सिर्फ, नफरत सही है
नफरत सही है
इस शहर में
या उस शहर में
यानी कि मेरे या तुम्हारे शहर में
चन्द चालाक लोगों ने—
(जिनकी नरभक्षी जीभ ने
पसीने का स्वाद चख लिया है)
बहस के लिए
भूख की जगह
भाषा को रख दिया है
उन्हें मालूम है कि भूख से
भागा हुआ आदमी
भाषा की ओर जाएगा
उन्होंने समझ लिया है कि—
एक भुक्खड़ जब गुस्सा करेगा,
अपनी ही अँगुलियाँ
चबाएगा।

और अब—
वे लौटा रहे हैं उपाधियाँ
और अलंकार,
उत्तेजित भीड़ का कवच
धारण करने के लिए
उनकी बनियानों के नीचे
छिपी हुई खूनी कटार
एक बार
फिर
परोपकारी कलम में
तब्दील हो गई है
और लो,
लिपियों के अन्धे कुहराम में
देखते ही देखते
एक परिचित चेहरा

किसी तत्सम शब्द की तरह अपरिचित
हो गया है।

एक तारा टूटा है
उत्तर से दक्षिण की ओर
रोशनी की भागती हुई गूँज के
सिरे से छूटकर
गिरा है—
लुंडमुंड—चीखता हुआ आसमान
जैसे आत्महत्या की
कोशिश करता हुआ आदमी
रस्सी टूटने से
जमीन पर गिरा है
शहर
दूसरे शहर की अफवाहों से
घिरा है
बख्तरबन्द गाड़ियों का दस्ता
तुम्हारी बगल से
अभी-अभी गुजरा है,
'तीन मुँहवाली' एक खौफनाक परछाईं
तुम्हारे सामने
टाँगें पसारकर
बेझिझक लेट गई है।
यह भाषा की रात—
नंगी
और
ठंडी
और
काली
'तीन मुँहवाली' यह भाषा की रात है
तुम्हारी ऊब का
चेहरा पहनकर
हत्यारों ने
फिर

उसी जुबान में
बोलना शुरू किया है
जिसमें तुम्हारे बचपन की
लोरियों की गन्ध है
और
जो तुम्हें बेहद पसन्द है।

उनके भीतर
लाल फीतोंवाली
मौकापरस्त
बौनी भलमनसाहत
दुबारा जगी है
और सहसा
उनकी सहानुभूति
तुम्हारे पसीने की बदबू से
मेल खाने लगी है
यानी कि उन्होंने मान लिया है कि
जो बीमार है
उसे रोशनी में
नंगा होने का
पूरा अधिकार है।

उन्होंने सुरक्षित कर दिये हैं
तुम्हारे सन्तोष के लिए
पड़ोसी देशों की
भुखमरी के किस्से,
तुम्हारे गुस्से के लिए
अखबार का
आठवाँ कालम
और तुम्हारी ऊब के लिए
'वैष्णव जन तो तेणे कहिए' की
नमकीन धुन
गरज यह कि तुम्हें पूरा जाम करने का
पूरा इन्तजाम है

जहाँ चीजें
तुम्हारी शिनाख्त के अभाव में
अपनी असलियत खो रही हैं
वहाँ मादरी जुबान में
देश का
चमकता हुआ नाम है

लेकिन तुम
अपने-आपमें डूबे हुए
चुपचाप—
खड़े हो
किताब में छपे पेड़ की तरह
मौसम से बेखबर
और मैं
तुम्हें वक्त में
वापस खींच लाने की कोशिश में
लगा हूँ,
नहीं—मुझे इस तरह
डबडबाई हुई आँखों से
मत घूरो
मैं तुम्हारे ही कुनबे का आदमी हूँ
शरीफ हूँ
सगा हूँ,
फिलहाल,
तुम्हें गलत जगह डालने का
मेरा कोई इरादा नहीं है,
मगर साथ ही
यह भी साफ कर दूँ कि मेरा साहस
राशनकार्ड में लिखे—
एक फालतू नाम की दलील से
ज्यादा नहीं है।

हाँ, मैं भी भयभीत हूँ
व्यवस्था की खोह में

हर तरफ
बूढ़े और रक्तलोलुप मशालची
घूम रहे हैं
इतिहास की ताजगी
बनाये रखने के लिए
नौजवान और सफल
मौतों की टोह में

उन्हें हमारी तलाश है।
उन्होंने जलते हुए आदमी को
झंडे की तरह उठा लिया है
और उसे
हमारे चेहरों पर
गाड़ना चाहते हैं
उन्हें हमारी तलाश है।
जमीन की जली हुई जिल्द पर खड़ा
रोशनी सूँघनेवाले जासूस कुत्तों का
खतरनाक झुंड
उनके इशारों का इन्तजार कर रहा है
हर तरफ 'जागते रहो' के करिश्मे
गश्त कर रहे हैं।

कल तक मुँह में जीभ डालकर
बोलनेवाला प्यारा पड़ोसी
आज,
देशी दाँतों की दोस्ती से
डर रहा है।

यह भाषा की रात है
चीजें
या तो झुक रही हैं
या पीछे हट रही हैं
भाषा और भाषा के बीच की दरार में
उत्तर और दक्षिण की तरफ

फन पटकता हुआ
एक दोमुँहा विषधर
रेंग रहा है
रोजी के नाम पर
रोटी के नाम पर
जगह-जगह जहर
फेंक रहा है

और...और वह देखो कि—आऽऽ है
प्रान्तीयता का चेहरा लगाये हुए
कोई घुसपैठिया है?

और वह देखो वहाँ—
वे तैश-भरे चेहरे

वे मेरे देश के हमउम्र नौजवान
जिनकी आँखों में
रोजगार-दफ्तर की
नोनछही ईंटों का अक्स
झिलमिला रहा है—
वे मेरे दोस्त—
किस तेजी से तोड़ना चाहते हैं भाषा का भ्रम
लेकिन रेल का डब्बा
टूट रहा है।

वे हाँफती हुई जंगली नदी के
दहाने पर पहुँच गए हैं
(जहाँ से बैलों के भित्तिचित्रों वाली
पाषाणकालीन गुफा
शुरू होती है)
और शहर—
अपनी भूल-चूक का
अता-पता पूछनेवाला शहर—
बहुत पीछे छूट रहा है

दूर, बहुत दूर
जहाँ आसमान अपने बौने हाथों से
हिन्दुस्तान की जमीन को
नंगा कर रहा है
एक विदेशी मुद्रावाला—
अवैतनिक दुभाषिया खिलखिला रहा है—

और वह देखो—
वह निहाल—तोंदियल
कैसा मगन है
हुचुर-हुचुर हँस रहा है

भाड़े की भीड़ के अन्धे जनून पर
उसे, कतई, एतराज नहीं है

उसका कहना है कि लाभ और शुभ के बीच
सिन्दूर तो है मगर लाज
नहीं है
यह सारी अवहेलना—
यह सारा जोश
यह सारी ऊब
यह सारा रोष—
उसके लिए केवल तमाशा है
बिना किसी क्षोभ के
उसने अपने तख्तियों के अक्षर
बदल दिये हैं
क्योंकि बनिया की भाषा तो सहमति की
भाषा है
देश डूबता है तो डूबे
लोग ऊबते हैं तो ऊबें
जनता लट्टू हो
चाहे तटस्थ रहे
बहरहाल, वह सिर्फ यह चाहता है
कि उसका 'स्वस्तिक'—
स्वस्थ रहे।

ओ, भाषावार हमलों से हलकान मेरे भाई!
क्या तुम्हें अब भी
उसी का भरोसा है,
जिसके अधिकार में
हमारी लिट्टी है,
चावल है
इडली है
दोसा है?

हाय! जो असली कसाई है
उसकी निगाह में
तुम्हारा यह तमिल-दु:ख
मेरी इस भोजपुरी-पीड़ा का
भाई है
भाषा उस तिकड़मी दरिन्दे का कौर है
जो सड़क पर और है
संसद में और है
इसलिए बाहर आ!
संसद के अँधेरे से निकलकर
सड़क पर आ!
भाषा ठीक करने से पहले आदमी को ठीक कर
आ! अपने चौदहों मुखों से
बोलता हुआ आ!

ओ देश के पोर-पोर में दुखते हुए गूँगे जनून!
क्रोध की अकेली मुद्रा में
उफनते हुए सात्त्विक खून!
आ, बाहर आ,
मैं एक अदना कवि—तेरी भाषा का मुहताज,
मुझे अपनी बोली में शरीक कर!
चीख, अपने होने की पीड़ा से चीख
लीक तोड़
अब और तरह—
मत दे

साफ-साफ कह दे—
भूख जो कल तक रोशनी थी
आज, नींद से पहले का
जागरण है,
सुविधापरस्त लोगों के
ऊसर दिमाग में
थूहर की तरह उगी हुई राजनीति
शब्दों से बाहर का व्याकरण है,

साफ-साफ कह दे कि यह
सिर्फ, सकारी हुई आत्मीयता है
कि भूखा रहकर भी आदमी
अपने हिस्से का आकाश
मुस्कराते हुए ढोता है

अपने देश की मिट्टी को आँख की
पुतली समझता है
वरना, रोटी के टुकड़े पर
किसी भी भाषा में देश का नाम लिखकर
खिला देने से
कोई देशभक्त नहीं होता है।

पटकथा

जब मैं बाहर आया
मेरे हाथों में
एक कविता थी और दिमाग में
आँतों का एक्स-रे।
वह काला धब्बा
जो कल तक एक शब्द था;
खून के अँधेरे में
दवा की शीशी का ट्रेडमार्क
बन गया था।
औरतों के लिए गैर-जरूरी होने के बाद

अपनी ऊब का
दूसरा समाधान ढूँढ़ना जरूरी है,
मैंने सोचा!
क्योंकि शब्द और स्वाद के बीच
अपनी भूख को जिन्दा रखना
जीभ और जाँघ के स्थानिक भूगोल की
वाजिब मजबूरी है।
मैंने सोचा और संस्कार के
वर्जित इलाकों में
अपनी आदतों का शिकार
होने से पहले ही
बाहर चला आया।
बाहर हवा थी
धूप थी
घास थी
मैंने कहा आजादी...
मुझे अच्छी तरह याद है—
मैंने यही कहा था
मेरी नस-नस में बिजली
दौड़ रही थी
उत्साह में
खुद मेरा स्वर
मुझे अजनबी लग रहा था
मैंने कहा—आ-जा-दी
और दौड़ता हुआ खेतों की ओर
गया। वहाँ कतार के कतार
अनाज के अँकुए फूट रहे थे
मैंने कहा—जैसे कसरत करते हुए
बच्चे। तारों पर
चिड़ियाँ चहचहा रही थीं
मैंने कहा—काँसे की बजती हुई घंटियाँ...
खेत की मेंड़ पार करते हुए
मैंने एक बैल की पीठ थपथपाई...
सड़क पर जाते हुए आदमी से

उसका नाम पूछा
और कहा—बधाई...

घर लौटकर
मैंने सारी बत्तियाँ जला दीं
पुरानी तसवीरों को दीवार से
उतारकर
उन्हें साफ किया
और फिर उन्हें दीवार पर (उसी जगह)
टाँग दिया।
मैंने दरवाजे के बाहर
एक पौधा लगाया और कहा—
वन-महोत्सव...
और देर तक
हवा में गरदन उचका-उचकाकर
लम्बी-लम्बी साँस खींचता रहा
देर तक महसूस करता रहा—
कि मेरे भीतर
वक्त का सामना करने के लिए
औसतन, जवान खून है
मगर, मुझे शान्ति चाहिए
इसलिए खाली दरबे में
एक जोड़ा कबूतर लाकर डाल दिया
'गूँ...गुटरगूँ...गूँ...गुटरगूँ...'
और चहकते हुए कहा—
यही मेरी आस्था है
यही मेरा कानून है।

इस तरह जो था उसे मैंने
जी भरकर प्यार किया
और जो नहीं था
उसका इन्तजार किया।
मैंने इन्तजार किया—
अब कोई बच्चा

भूखा रहकर स्कूल नहीं जाएगा
अब कोई छत बारिश में
नहीं टपकेगी
अब कोई आदमी कपड़ों की लाचारी में
अपना नंगा चेहरा नहीं पहनेगा
अब कोई दवा के अभाव में
घुट-घुटकर नहीं मरेगा
अब कोई किसी की रोटी नहीं छीनेगा
कोई किसी को नंगा नहीं करेगा
अब यह जमीन अपनी है
आसमान अपना है
जैसा पहले हुआ करता था—
सूर्य, हमारा सपना है
मैं इन्तजार करता रहा...
इन्तजार करता रहा...
इन्तजार करता रहा...
जनतंत्र, त्याग, स्वतंत्रता...
संस्कृति, शान्ति, मनुष्यता...
ये सारे शब्द थे
सुनहरे वादे थे
खुशफहम इरादे थे

सुन्दर थे
मौलिक थे
मुखर थे
मैं सुनता रहा...
सुनता रहा...
सुनता रहा...
मतदान होते रहे
मैं अपनी सम्मोहित बुद्धि के नीचे
उसी लोकनायक को
बार-बार चुनता रहा
जिसके पास हर शंका और
हर सवाल का

एक ही जवाब था
यानी कि कोट के बटन-होल में
महकता हुआ एक फूल
गुलाब का।
वह हमें विश्वशान्ति और पंचशील के सूत्र
समझाता रहा। मैं खुद को
समझाता रहा—'जो मैं चाहता हूँ—
वही होगा। होगा—आज नहीं तो कल
मगर, सब कुछ सही होगा।'

भीड़ बढ़ती रही।
चौराहे चौड़े होते रहे।
लोग अपने-अपने हिस्से का अनाज
खाकर—निरापद भाव से
बच्चे जनते रहे।
योजनाएँ चलती रहीं
बन्दूकों के कारखानों में
जूते बनते रहे।
और जब कभी मौसम उतार पर
होता था, हमारा संशय
हमें कोंचता था। हम उत्तेजित होकर
पूछते थे—यह क्या है?
ऐसा क्यों है?
फिर बहसें होती थीं
शब्दों के जंगल में
हम एक-दूसरे को काटते थे
भाषा की खाई को
जुबान से कम और जूतों से
ज्यादा पाटते थे
कभी वह हारता रहा...
कभी हम जीतते रहे...
इसी तरह नोक-झोंक चलती रही
दिन बीतते रहे...

मगर एक दिन मैं स्तब्ध रह गया।
मेरा सारा धीरज
युद्ध की आग से पिघलती हुई बर्फ में
बह गया।
मैंने देखा कि मैदानों में
नदियों की जगह
मरे हुए साँपों की केंचुलें बिछी हैं
पेड़—
टूटे हुए रडार की तरह खड़े हैं
दूर-दूर तक
कोई मौसम नहीं है
लोग—
घरों के भीतर नंगे हो गए हैं
और बाहर मुर्दे पड़े हैं
विधवाएँ तमगा लूट रही हैं
सधवाएँ मंगल गा रही हैं
वन-महोत्सव से लौटी हुई कार्यप्रणालियाँ
अकाल का लंगर चला रही हैं
जगह-जगह तख्तियाँ लटक रही हैं—
'यह श्मशान है, यहाँ की तसवीर लेना
सख्त मना है।'

फिर भी उस उजाड़ में
कहीं-कहीं घास का हरा होना
कितना डरावना है
मैंने अचरज से देखा कि दुनिया का
सबसे बड़ा बौद्ध-मठ
बारूद का सबसे बड़ा गोदाम है
अखबार के मटमैले हाशिए पर
लेटे हुए, एक तटस्थ और कोढ़ी देवता का
शान्तिवाद, नाम है
यह मेरा देश है...
यह मेरा देश है...
हिमालय से लेकर हिन्द महासागर तक

फैला हुआ
जली हुई मिट्टी का ढेर है
जहाँ हर तीसरी जुबान का मतलब—
नफरत है।
साजिश है।
अन्धेर है।
यह मेरा देश है
और यह मेरे देश की जनता है
जनता क्या है?
एक शब्द...सिर्फ एक शब्द है :
कुहरा और कीचड़ और काँच से
बना हुआ...
एक भेड़ है
जो दूसरों की ठंड के लिए
अपनी पीठ पर
ऊन की फसल ढो रही है।
एक पेड़ है
जो ढलान पर
हर आती-जाती हवा की जुबान में
हाँऽऽ...हाँऽऽ करता है
क्योंकि अपनी हरियाली से
डरता है।
गाँवों के गन्दे पनालों से लेकर
शहर के शिवालों तक फैली हुई
'कथाकलि' की एक अमूर्त मुद्रा है
यह जनता...
जनतंत्र में
उसकी श्रद्धा
अटूट है
उसको समझा दिया गया है कि यहाँ
ऐसा जनतंत्र है जिसमें
जिन्दा रहने के लिए
घोड़े और घास को
एक-जैसी छूट है

कैसी विडम्बना है
कैसा झूठ है
दरअस्ल, अपने यहाँ जनतंत्र
एक ऐसा तमाशा है
जिसकी जान
मदारी की भाषा है।

हर तरफ धुआँ है
हर तरफ कुहासा है
जो दाँतों और दलदलों का दलाल है
वही देशभक्त है
अन्धकार में सुरक्षित होने का नाम है—
तटस्थता। यहाँ
कायरता के चेहरे पर
सबसे ज्यादा रक्त है।
जिसके पास थाली है
हर भूखा आदमी
उसके लिए, सबसे भद्दी
गाली है

हर तरफ कुआँ है
हर तरफ खाई है
यहाँ, सिर्फ, वह आदमी, देश के करीब है
जो या तो मूर्ख है
या फिर गरीब है

मैं सोचता रहा,
और घूमता रहा—
टूटे हुए पुलों के नीचे
वीरान सड़कों पर/आँखों के
अन्धे रेगिस्तानों में
फटे हुए पालों की
अधूरी जल-यात्राओं में
टूटी हुई चीजों के ढेर में

मैं खोई हुई आजादी का अर्थ
ढूँढ़ता रहा।
अपनी पसलियों के नीचे / अस्पतालों के
बिस्तरों पर / नुमाइशों में
बाजारों में / गाँवों में
जंगलों में / पहाड़ों पर
देश के इस छोर से उस छोर तक
उसी लोक-चेतना को
बार-बार टेरता रहा
जो मुझे दोबारा जी सके
जो मुझे शान्ति दे और
मेरे भीतर-बाहर का जहर
खुद पी सके।
—और तभी सुलग उठा पश्चिमी सीमान्त
...ध्वस्त...ध्वस्त...ध्वान्त...ध्वान्त...
मैं दोबारा चौंककर खड़ा हो गया
जो चेहरा आत्महीनता की स्वीकृति में
कन्धे पर लुढ़क रहा था,
किसी झनझनाते हुए चाकू की तरह
खुलकर, कड़ा हो गया...
अचानक, अपने-आपमें जिन्दा होने की
यह घटना
इस देश की परम्परा की—
एक बेमिसाल कड़ी थी
लेकिन इसे साहस मत कहो।
दरअस्ल, यह पुट्ठों तक चोट खाई हुई
गाय की घृणा थी
(जिन्दा रहने की पुरजोर कोशिश)
जो उस आदमखोर की हविस से
बड़ी थी।

मगर उसके तुरन्त बाद
मुझे झेलनी पड़ी थी—सबसे बड़ी ट्रैजेडी
अपने इतिहास की

जब दुनिया के स्याह और सफेद चेहरों ने
विस्मय से देखा कि ताशकन्द में
समझौते की सफेद चादर के नीचे

एक शान्ति-यात्री की लाश थी
और अब यह किसी पौराणिक कथा के
उपसंहार की तरह है कि इस देश में
रोशनी उन पहाड़ों से आई थी
जहाँ मेरे पड़ोसी ने मात
खाई थी।
मगर फिर मैं वहीं चला गया
अपने जनून के अँधेरे में
फूहड़ इरादों के हाथों
छला गया।
वहाँ बंजर मैदान
कंकालों की नुमाइश कर रहे थे
गोदाम अनाज से भरे पड़े थे और लोग
भूखों मर रहे थे
मैंने महसूस किया कि मैं वक्त के
एक शर्मनाक दौर से गुजर रहा हूँ
अब ऐसा वक्त आ गया है जब कोई
किसी का झुलसा हुआ चेहरा नहीं देखता है
अब न तो कोई किसी का खाली पेट
देखता है, न थरथराती हुई टाँगें
और न ढला हुआ 'सूर्यहीन कन्धा' देखता है
हर आदमी, सिर्फ, अपना धन्धा देखता है
सबने भाईचारा भुला दिया है
आत्मा की सरलता को मारकर
मतलब के अँधेरे में (एक राष्ट्रीय मुहावरे की बगल में)
सुला दिया है।
सहानुभूति और प्यार
अब ऐसा छलावा है जिसके जरिये
एक आदमी दूसरे को, अकेले—
अँधेरे में ले जाता है और

उसकी पीठ में छुरा भोंक देता है
ठीक उस मोची की तरह जो चौक से
गुजरते हुए देहाती को
प्यार से बुलाता है और मरम्मत के नाम पर
रबर के तल्ले में
लोहे की तीन दर्जन फुल्लियाँ
ठोंक देता है और उसके 'नहीं-नहीं' के बावजूद
डपटकर पैसा वसूलता है
गरज यह कि अपराध
अपने यहाँ एक ऐसा सदाबहार फूल है
जो आत्मीयता की खाद पर
लाल-भड़क फूलता है
मैंने देखा कि इस जनतांत्रिक जंगल में
हर तरफ हत्याओं के नीचे से निकलते हैं
हरे-हरे हाथ, और पेड़ों पर
पत्तों की जुबान बनकर लटक जाते हैं
वे ऐसी भाषा बोलते हैं जिसे सुनकर
नागरिकता की गोधूलि में
घर लौटते हुए मुसाफिर
अपना रास्ता भटक जाते हैं

उन्होंने किसी चीज को
सही जगह नहीं रहने दिया है
न संज्ञा
न विशेषण
न सर्वनाम
एक समूचा और सही वाक्य
टूटकर
'बि-ख-र' गया है
उनका व्याकरण इस देश की
शिराओं में छिपे हुए कारकों का
हत्यारा है
उनकी सख्त पकड़ के नीचे
भूख से मरा हुआ आदमी

इस मौसम का
सबसे दिलचस्प विज्ञापन है और गाय
सबसे सटीक नारा है
वे खेतों में भूख और शहरों में
अफवाहों के पुलिन्दे फेंकते हैं
देश और धर्म और नैतिकता की
दुहाई देकर
कुछ लोगों की सुविधा
दूसरों की 'हाय' पर सेंकते हैं
वे जिसकी पीठ ठोंकते हैं—
उसके रीढ़ की हड्डी गायब हो जाती है
वे मुस्कराते हैं और
दूसरे की आँख में झपटती हुई प्रतिहिंसा
करवट बदलकर
सो जाती है
मैं देखता रहा...
देखता रहा...
हर तरफ ऊब थी
संशय था
नफरत थी
मगर हर आदमी अपनी जरूरतों के आगे
असहाय था। उसमें
सारी चीजों को नये सिरे से बदलने की
बेचैनी थी, रोष था;
लेकिन उसका गुस्सा
एक तथ्यहीन मिश्रण था :
आग और आँसू और हाय का।

इस तरह एक दिन—
जब मैं घूमते-घूमते थक चुका था
मेरे खून में एक काली आँधी—
दौड़ लगा रही थी
मेरी असफलताओं में सोए हुए
वहशी इरादों को

झकझोरकर जगा रही थी
अचानक, नींद की असंख्य परतों में
डूबते हुए मैंने देखा
कि मेरी उलझनों के अँधेरे में
एक हम-शक्ल खड़ा है :
मैंने उससे पूछा—'तुम कौन हो?
यहाँ क्यों आए हो?
तुम्हें क्या हुआ है?'
'तुमने पहचाना नहीं—मैं हिन्दुस्तान हूँ
हाँ—मैं हिन्दुस्तान हूँ',
वह हँसता है—ऐसी हँसी कि दिल
दहल जाता है
कलेजा मुँह को आता है
और मैं हैरान हूँ।
'यहाँ आओ
मेरे पास आओ
मुझे छुओ।
मुझे जियो। मेरे साथ चलो
मेरा यकीन करो। इस दलदल से
बाहर निकलो!
सुनो!
तुम चाहे जिसे चुनो
मगर इसे नहीं। इसे बदलो।'
मुझे लगा—आवाज
जैसे किसी जलते हुए कुएँ से
आ रही है।
एक अजीब-सी प्यारभरी गुर्राहट
जैसे कोई मादा भेड़िया
अपने छौने को दूध पिला रही है और
साथ ही किसी मेमने का सिर चबा रही है
मेरा सारा जिस्म थरथरा रहा था
उसकी आवाज में
असंख्य नरकों की घृणा भरी थी
वह एक-एक शब्द चबा-चबाकर

बोल रहा था। मगर उसकी आँख
गुस्से में भी हरी थी
वह कह रहा था—
'तुम्हारी आँखों के चकनाचूर आईनों में
वक्त की बदरंग छायाएँ उलटी कर रही हैं
और तुम पेड़ों की छाल गिनकर
भविष्य का कार्यक्रम तैयार कर रहे हो
तुम एक ऐसी जिन्दगी से गुजर रहे हो
जिसमें न कोई तुक है
न सुख है
तुम अपनी शापित परछाईं से टकराकर
रास्ते में रुक गए हो
तुम जो हर चीज
अपने दाँतों के नीचे
खाने के आदी हो
चाहे वह सपना हो अथवा आजादी हो
अचानक, इस तरह, क्यों चुक गए हो
वह क्या है जिसने तुम्हें
बर्बरों के सामने अदब से
रहना सिखलाया है?
क्या यह विश्वास की कमी है
जो तुम्हारी भलमनसाहत बन गई है
या कि शर्म
अब तुम्हारी सहूलियत बन गई है
नहीं—सरलता की तरह इस तरह
मत दौड़ो
उसमें भूख और मन्दिर की रोशनी का
रिश्ता है। वह बनिये की पूँजी का
आधार है
मैं बार-बार कहता हूँ कि इस उलझी हुई
दुनिया में
आसानी से समझ में आनेवाली चीज
सिर्फ दीवार है।
और यह दीवार अब तुम्हारी आदत का

हिस्सा बन गई है
इसे झटककर अलग करो
अपनी आदतों में
फूलों की जगह पत्थर भरो
मासूमियत के हर तकाजे को
ठोकर मार दो
अब वक्त आ गया है कि तुम उठो
और अपनी ऊब को आकार दो।
'सुनो!
आज मैं तुम्हें वह सत्य बतलाता हूँ
जिसके आगे हर सच्चाई
छोटी है। इस दुनिया में
भूखे आदमी का सबसे बड़ा तर्क
रोटी है।
मगर तुम्हारी भूख और भाषा में
यदि सही दूरी नहीं है
तो तुम अपने-आपको आदमी मत कहो
क्योंकि पशुता—
सिर्फ पूँछ होने की मजबूरी नहीं है
वह आदमी को भी वहीं ले जाती है
जहाँ भूख
सबसे पहले भाषा को खाती है
वक्त सिर्फ उसका चेहरा बिगाड़ता है
जो अपने चेहरे की राख
दूसरों की रूमाल से झाड़ता है
जो अपना हाथ
मैला होने से डरता है
वह एक नहीं, ग्यारह कायरों की
मौत मरता है
और सुनो! नफरत और रोशनी
सिर्फ उसके हिस्से की चीज है
जिसे जंगल के हाशिए पर
जीने की तमीज है
इसलिए उठो और अपने भीतर

सोए हुए जंगल को
आवाज दो
उसे जगाओ और देखो—
कि तुम अकेले नहीं हो
और न किसी के मुहताज हो
लाखों हैं जो तुम्हारे इन्तजार में खड़े हैं
वहाँ चलो। उनका साथ दो
और इस तिलिस्म का जादू उतारने में
उनकी मदद करो और साबित करो
कि वे सारी चीजें अन्धी हो गई हैं
जिनमें तुम शरीक नहीं हो...'

मैं पूरी तत्परता से उसे सुन रहा था
एक के बाद दूसरा
दूसरे के बाद तीसरा
तीसरे के बाद चौथा
चौथे के बाद पाँचवाँ...
यानी कि एक के बाद दूसरा विकल्प
चुन रहा था
मगर मैं हिचक रहा था
क्योंकि मेरे पास
कुल जमा थोड़ी सुविधाएँ थीं
जो मेरी सीमाएँ थीं
यद्यपि यह सही है कि मैं
कोई ठंडा आदमी नहीं हूँ
मुझमें भी आग है—
मगर वह
भभककर बाहर नहीं आती
क्योंकि उसके चारों तरफ चक्कर काटता हुआ
एक 'पूँजीवादी' दिमाग है
जो परिवर्तन तो चाहता है
मगर आहिस्ता-आहिस्ता
कुछ इस तरह कि चीजों की शालीनता
बनी रहे।

कुछ इस तरह कि काँख भी ढकी रहे
और विरोध में उठे हुए हाथ की
मुट्ठी भी तनी रहे...
और यही वजह है कि बात
फैसले की हद तक
आते-आते रुक जाती है
क्योंकि हर बार
चन्द टुच्ची सुविधाओं के लालच के सामने
अभियोग की भाषा चुक जाती है।

मैं खुद को कुरेद रहा था
अपने बहाने उन तमाम लोगों की असफलताओं को
सोच रहा था जो मेरे नजदीक थे।
इस तरह साबुत और सीधे विचारों पर
जमी हुई काई और उगी हुई घास को
खरोंच रहा था, नोच रहा था
पूरे समाज की सीवन उधेड़ते हुए
मैंने आदमी के भीतर की मैल
देख ली थी। मेरा सिर
भिन्ना रहा था
मेरा हृदय भारी था
मेरा शरीर इस बुरी तरह थका था कि मैं
अपनी तरफ घूरते हुए उस चेहरे से
थोड़ी देर के लिए
बचना चाह रहा था
जो अपनी पैनी आँखों से
मेरी बेबसी और मेरा उथलापन
थाह रहा था
प्रस्तावित भीड़ में
शरीक होने के लिए
अभी मैंने कोई निर्णय नहीं लिया था
अचानक, उसने मेरा हाथ पकड़कर
खींच लिया और मैं
जेब में जूतों का टोकन और दिमाग में

ताजे अखबार की कतरन लिये हुए
धड़ाम से—
चौथे आम चुनाव की सीढ़ियों से फिसलकर
मत-पेटियों के
गड़गच्च अँधेरे में गिर पड़ा।
नींद के भीतर यह दूसरी नींद है
और मुझे कुछ नहीं सूझ रहा है
सिर्फ एक शोर है
जिसमें कानों के पर्दे फटे जा रहे हैं
शासन सुरक्षा रोजगार शिक्षा...
राष्ट्रधर्म देशहित हिंसा अहिंसा...
सैन्यशक्ति देशभक्ति आजादी वीसा...
वाद बिरादरी भूख भीख भाषा...
शान्ति क्रान्ति शीतयुद्ध एटम बम सीमा...
एकता सीढ़ियाँ साहित्यिक पीढ़ियाँ निराशा...
झाँय-झाँय, खाँय-खाँय, हाय-हाय, साँय-साँय...
मैंने कानों में ठूँस ली हैं अँगुलियाँ
और अँधेरे में गाड़ दी है
आँखों की रोशनी।
सब कुछ अब धीरे-धीरे खुलने लगा है
मत-वर्षा के इस दादुर-शोर में
मैंने देखा हर तरफ
रंग-बिरंगे झंडे फहरा रहे हैं
गिरगिट की तरह रंग बदलते हुए
गुट से गुट टकरा रहे हैं
वे एक-दूसरे से दाँता-किलकिल कर रहे हैं
एक-दूसरे को दुर-दुर बिल-बिल कर रहे हैं
हर तरफ तरह-तरह के जन्तु हैं
श्रीमान् किन्तु हैं
मिस्टर परन्तु हैं
कुछ रोगी हैं
कुछ भोगी हैं
कुछ हिजड़े हैं
कुछ जोगी हैं

तिजोरियों के
प्रशिक्षित दलाल हैं
आँखों के अन्धे हैं
घर के कंगाल हैं
गूँगे हैं
बहरे हैं
उथले हैं, गहरे हैं

गिरते हुए लोग हैं
अकड़ते हुए लोग हैं
भागते हुए लोग हैं
पकड़ते हुए लोग हैं
गरज यह कि हर तरह के लोग हैं
एक-दूसरे से नफरत करते हुए वे
इस बात पर सहमत हैं कि इस देश में
असंख्य रोग हैं
और उनका एकमात्र इलाज—
चुनाव है।
लेकिन मुझे लगा कि एक विशाल दलदल के किनारे
बहुत बड़ा अधमरा पशु पड़ा हुआ है
उसकी नाभि में एक सड़ा हुआ घाव है
जिससे लगातार—भयानक बदबूदार मवाद
बह रहा है
उसमें जाति और धर्म और सम्प्रदाय और
पेशा और पूँजी के असंख्य कीड़े
किलबिला रहे हैं और अन्धकार में
डूबी हुई पृथ्वी
(पता नहीं किस अनहोनी की प्रतीक्षा में)
इस भीषण सड़ाँव को चुपचाप सह रही है
मगर आपस में नफरत करते हुए वे लोग
इस बात पर सहमत हैं कि
'चुनाव' ही सही इलाज है
क्योंकि बुरे और बुरे के बीच से
किसी हद तक 'कम-से-कम बुरे को' चुनते हुए

न उन्हें मलाल है, न भय है
न लाज है।

दरअस्ल, उन्हें एक मौका मिला है
और इसी बहाने
वे अपने पड़ोसी को पराजित कर रहे हैं
मैंने देखा कि हर तरफ
मूढ़ता की हरी-हरी घास लहरा रही है
जिसे कुछ जंगली पशु
खूँद रहे हैं
लीद रहे हैं
चर रहे हैं

मैंने ऊब और गुस्से को
गलत मुहरों के नीचे गुजरते हुए देखा
मैंने अहिंसा को
एक सत्तारूढ़ शब्द का गला काटते हुए देखा
मैंने ईमानदारी को अपनी चोरजेबें
भरते हुए देखा
मैंने विवेक को
चापलूसों के तलवे चाटते हुए देखा...
मैं यह सब देख ही रहा था कि एक नया रेला आया—
उन्मत्त लोगों का बर्बर जुलूस। वे किसी आदमी
को हाथों पर गठरी की तरह उछाल रहे थे
उसे एक-दूसरे से छीन रहे थे। उसे घसीट रहे थे।
चूम रहे थे। पीट रहे थे। गालियाँ दे रहे थे।
गले से लगा रहे थे। उसकी प्रशंसा के गीत
गा रहे थे। उस पर अनगिनत झंडे फहरा रहे थे।
उसकी जीभ बाहर लटक रही थी। उसकी आँखें बन्द
थीं। उसका चेहरा खून और आँसू से तर था। 'मूर्खो!
यह क्या कर रहे हो?' मैं चिल्लाया। और तभी किसी
ने उसे मेरी ओर उछाल दिया। अरे! यह कैसे हुआ?
मैं हतप्रभ-सा खड़ा था
और मेरा हमशक्ल

मेरे पैरों के पास
मूर्च्छित-सा
पड़ा था—

दुख और भय से एक झुरझुरी लेकर
मैं उस पर झुक गया
किन्तु बीच ही में रुक गया
उसका हाथ ऊपर उठा था
खून और आँसू से तर चेहरा
मुस्कराया था। उसकी आँखों का हरापन
उसकी आवाज में उतर आया था—
'दुखी मत हो। यही मेरी नियति है।
मैं हिन्दुस्तान हूँ। जब भी मैंने
उन्हें उजाले से जोड़ा है
उन्होंने मुझे इसी तरह अपमानित किया है
इसी तरह तोड़ा है।
मगर समय गवाह है
कि मेरी बेचैनी के आगे भी राह है।'

मैंने सुना, वह आहिस्ता-आहिस्ता कह रहा है
जैसे किसी जले हुए जंगल में
पानी का एक ठंडा सोता बह रहा है
घास की ताजगी-भरी
ऐसी आवाज है
जो न किसी से खुश है, न नाराज है :
'भूख ने उन्हें जानवर कर दिया है
संशय ने उन्हें आग्रहों से भर दिया है
फिर भी वे अपने हैं...
अपने हैं...
अपने हैं...
जीवित भविष्य के सुन्दरतम सपने हैं
नहीं—यह मेरे लिए दुखी होने का समय
नहीं है। अपने लोगों की घृणा के
इस महोत्सव में

मैं शापित निश्चय हूँ
मुझे किसी से भय नहीं है।

'तुम मेरी चिन्ता न करो। उनके साथ
चलो। इससे पहले कि वे
गलत हाथों के हथियार हों
इससे पहले कि वे नारों और इश्तिहारों से
काले बाजार हों
उनसे मिलो। उन्हें बदलो।
नहीं—भीड़ के खिलाफ रुकना
एक खूनी विचार है
क्योंकि हर ठहरा हुआ आदमी
इस हिंसक भीड़ का
अन्धा शिकार है।
तुम मेरी चिन्ता मत करो।
मैं हर वक्त सिर्फ एक चेहरा नहीं हूँ
जहाँ वर्तमान
अपने शिकारी कुत्ते उतारता है
अक्सर मैं मिट्टी का हरकत करता हुआ
वह टुकड़ा हूँ
जो आदमी की शिराओं में
बहते हुए खून को
उसके सही नाम से पुकारता है
इसलिए मैं कहता हूँ, जाओ, और
देखो कि वे लोग...'

मैं कुछ कहना ही चाहता था कि एक धक्के ने
मुझे दूर फेंक दिया। इससे पहले कि मैं गिरता
किन्हीं मजबूत हाथों ने मुझे टेक लिया।
अचानक भीड़ से निकलकर एक प्रशिक्षित दलाल
मेरी देह में समा गया। दूसरा मेरे हाथों में
एक पर्ची थमा गया। तीसरे ने मुझे एक मुहर देकर
पर्दे के पीछे ढकेल दिया।
भय और अनिश्चय के दुहरे दबाव में

पता नहीं कब और कैसे और कहाँ—
कितने नामों और चिह्नों और शब्दों को
काटते हुए मैं चीख पड़ा—
'हत्यारा! हत्यारा!! हत्यारा!!!'

[मुझे ठीक-ठीक याद नहीं है, मैंने यह
किसको कहा था। शायद अपने-आपको,
शायद उस हमशक्ल को (जिसने खुद को
हिन्दुस्तान कहा था), शायद उस दलाल को,
मगर मुझे ठीक-ठीक याद नहीं है]

मेरी नींद टूट चुकी थी
मेरा पूरा जिस्म पसीने में
सराबोर था। मेरे आसपास से
तरह-तरह के लोग गुजर रहे थे।
हर तरफ हलचल थी, शोर था।
कुछ लोग कह रहे थे कि इन दिनों
एक खास परिवर्तन हुआ है
जनता जगी है। सब
प्रभु की माया है
एक लम्बे इन्तजार के बाद
चीजों का असली चेहरा
उजाले में आया है
और मैं चुपचाप सुनता हूँ
हाँ शायद—
मैंने भी अपने भीतर
(कहीं बहुत गहरे)
'कुछ जलता हुआ-सा' छुआ है
लेकिन मैं जानता हूँ कि जो कुछ हुआ है
नींद में हुआ है
और तब से आज तक
नींद और नींद के बीच का जंगल काटते हुए
मैंने कई रातें जागकर गुजार दी हैं
हफ्तों पर हफ्ते तह किये हैं
अपनी परेशानी के

निर्मम अकेले और बेहद अनमने क्षण
जिए हैं।
और हर बार मुझे लगा है कि कहीं
कोई खास फर्क नहीं है
जिन्दगी उसी पुराने ढर्रे पर चल रही है
जिसके पीछे कोई तर्क नहीं है।

हाँ, यह सही है कि इन दिनों
कुछ अर्जियाँ मंजूर हुई हैं
कुछ तबादले हुए हैं
कल तक जो नहले थे
आज
दहले हुए हैं।

हाँ, यह सही है कि इन दिनों
मंत्री जब प्रजा के सामने आता है
तो पहले से
कुछ ज्यादा मुस्कराता है
नये-नये वादे करता है
और यह सब सिर्फ घास के
सामने होने की मजबूरी है
वरना उस भलेमानुस को
यह भी पता नहीं है कि विधानसभा भवन
और अपने निजी बिस्तर के बीच
कितने जूतों की दूरी है।

हाँ, यह सही है कि इन दिनों—चीजों के
भाव कुछ चढ़ गए हैं। अखबारों के
शीर्षक दिलचस्प हैं, नये हैं।
मन्दी की मार से
पट पड़ी हुई चीजें, बाजार में
सहसा उछल गई हैं।

हाँ, यह सही है कि कुर्सियाँ वही हैं
सिर्फ, टोपियाँ बदल गई हैं और—

सच्चे मतभेद के अभाव में
लोग उछल-उछलकर
अपनी जगहें बदल रहे हैं
चढ़ी हुई नदी में
भरी हुई नाव में
हर तरफ, विरोधी विचारों का
दलदल है
सतहों पर हलचल है
नये-नये नारे हैं
भाषण में जोश है
पानी ही पानी है
पर
की
च
ड़
खामोश है।

मैं रोज देखता हूँ कि व्यवस्था की मशीन का
एक पुर्जा गरम होकर
अलग छिटक गया है और
ठंडा होते ही
फिर कुर्सी से चिपक गया है
उसमें न हया है
न दया है

नहीं—अपना कोई हमदर्द
यहाँ नहीं है। मैंने एक-एक को
परख लिया है।
मैंने हरेक को आवाज दी है
हरेक का दरवाजा खटखटाया है
मगर बेकार...मैंने जिसकी पूँछ
उठाई है उसको मादा
पाया है।
वे सब-के-सब तिजोरियों के

दुभाषिए हैं।
वे वकील हैं। वैज्ञानिक हैं।
अध्यापक हैं। नेता हैं। दार्शनिक हैं।
लेखक हैं। कवि हैं। कलाकार हैं।
यानी कि—
कानून की भाषा बोलता हुआ
अपराधियों का एक संयुक्त परिवार है।

भूख और भूख की आड़ में
चबाई गई चीजों का अक्स
उनके दाँतों पर ढूँढ़ना
बेकार है। समाजवाद
उनकी जुबान पर अपनी सुरक्षा का
एक आधुनिक मुहावरा है।
मगर मैं जानता हूँ कि मेरे देश का समाजवाद
मालगोदाम में लटकती हुई
उन बाल्टियों की तरह है जिस पर 'आग' लिखा है
और उनमें बालू और पानी भरा है।

यहाँ जनता एक गाड़ी है।

एक ही संविधान के नीचे
भूख से रियाती हुई फैली हथेली का नाम
'गया' है
और भूख में
तनी हुई मुट्ठी का नाम
नक्सलबाड़ी है।

मुझसे कहा गया कि संसद
देश की धड़कन को
प्रतिबिम्बित करनेवाला दर्पण है
जनता को
जनता के विचारों का
नैतिक समर्पण है
लेकिन क्या यह सच है?

या यह सच है कि
अपने यहाँ संसद—
तेली की वह घानी है
जिसमें आधा तेल है
और आधा पानी है
और यदि यह सच नहीं है
तो वहाँ एक ईमानदार आदमी को
अपनी ईमानदारी का
मलाल क्यों है?

जिसने सत्य कह दिया है
उसका बुरा हाल—क्यों है?

मैं अक्सर अपने-आपसे सवाल
करता हूँ जिसका मेरे पास
कोई उत्तर नहीं है
और आज तक—
नींद और नींद के बीच का जंगल काटते हुए
मैंने कई रातें जागकर
गुजार दी हैं
हफ्तों पर हफ्ते तह किये हैं। ऊब के
निर्मम अकेले और बेहद अनमने क्षण
जिये हैं।

मेरे सामने वही चिरपरिचित अन्धकार है
संशय की अनिश्चयग्रस्त ठंडी मुद्राएँ हैं
हर तरफ
शब्दवेधी सन्नाटा है।
दरिद्र की व्यथा की तरह
उचाट और कूँथता हुआ। घृणा में
डूबा हुआ सारा का सारा देश
पहले की ही तरह आज भी
मेरा कारागार है।

कल सुनना मुझे
[1977]

...अपरिचित भी जानता है
उजले केशों वाली रोशनी ने
जब भी दस्तक दी है
दरवाजे खुलते हैं

जवाहरलाल नेहरू की मृत्यु पर

—दिन
जो सुबह-सुबह शुरू हुआ
दोपहर में
खत्म हो गया
मेरा सूरज खो गया

शेष बचा जो कुछ, उसकी
काली छाया में
यह कोई बीमार रोशनी
अन्धकार की ओर दौड़ती
धरती पर फिर
फिसल गई है

युग-युग से विकास-पथ
जिससे आलोकित था
आह! वही मोती की आभा
मेरी मुट्ठी खोल अचानक निकल गई है।

और एक युग बीत गया है
थकी हुई घायल आहुतियाँ आज शून्य के बन्दीगृह में
सिसक उठी हैं
हवाओं में एक ही चर्चा है—
महाकाल फिर जीत गया है।
सबकी आँखों में एक ही भय
झाँकता है

असंख्य मुरझाए गुलाब
हवा में उड़ते हुए संकेतों से पूछते हैं—
कहाँ है वह प्यार और दर्द भरा अपनापन
जो हमें सीने पर टाँकता था?

पार्कों में बच्चे नहीं हैं
किसी असम्भव मृत्यु की सूचना की तरह
(दृश्य धूप के पन्नों पर उड़ते हैं और)
मैं एक विशाल बरगद को
सड़क के बीचोबीच गिरा हुआ
देख रहा हूँ।

भूत-कालीन क्रियाओं से
घिरे हुए लोग
समय की अरथी उठाये चल रहे हैं

चीत्कार करती दिशाओं में
हर कहीं दीखता है
विवर्ण मुख
आदमी का सुख।
बेसाख्ता चीखता है :
हे ईश्वर! हमें शक्ति दे
कि हम अपनी असमर्थताओं पर
शर्म करें, क्षमा के योग्य हों
और खुलकर रो सकें।

हे ईश्वर! हमारे रिश्तों में बल दे
हमारी रीढ़ की हड्डी में बल दे
कन्धों को थपथपा
कि हम आगत के लिए जिएँ
प्रस्तुत को ढो सकें।

सबके मन में केवल इतनी चाह है—
कोई आए...और...और
इतना कहे

—अरे सत्य यह नहीं, महज
अफवाह है।
अभी अभी तो हम
विकास के अभियानों में जुड़े हुए
आगे बढ़े, किन्तु फूलों से चमन हमारा भरा नहीं है
रुको हवाओ
समाचार के पीछे, मत हमको दौड़ाओ
अभी हमारा वीर जवाहर मरा नहीं है।

आस्था

रोशनी के दस्तावेज
फट गए हैं
और टूट गई है
उपलब्धियों की वार्ता

फिर भी
अँधेरे की मुँडेर पर
अमर-बेलि लटकी है :
मुझमें पूरे समूह का भय—
चीखता है
दिग्विजय! दिग्विजय!!

दस्तक

हम न देखें
लेकिन अन्धकार वर्ष को चीर कर
प्रकाश की लचीली बाँह
हमें छूती है

हम दरवाजा न खोलें
लेकिन शहर में
किसी भी सड़क पर
घूमने वाली बीमार रफ्तार
इस अस्पताल के सदर गेट पर
दस्तक देती है।

हम न कहें
लेकिन चेहरों पर टँगे नक्शे से
अपरिचित भी जानता है
रेखाएँ, चिह्न
आकार, बिन्दु
न केवल असफल वर्णन है
न केवल उदासीन मानचित्र
हम न देखें—अपने को
हम न कहें—किसी से
लेकिन अपरिचित भी जानता है
उजले केशों वाली रोशनी ने
जब भी दस्तक दी है
दरवाजे खुलते हैं
और मिलता है मस्तिष्क में
एक भरा पूरा नगर
जहाँ बूढ़ी रोशनी के साथ
हम भी हो लेते हैं।

देश-प्रेम : मेरे लिए

[एक बीमार आदमी का वक्तव्य]

दिन भर के बाद
भोजन कर लेने पर
देश-प्रेम से मस्त एक गीत
गुनगुनाता हूँ

जिसे अमीर खुसरो ने लिखा है :
अन्य लोगों की तरह
मैं इतना कृतघ्न नहीं कि उस जमीन को—धिक्कार दूँ

जिस पर मेरा जन्म खड़ा है
मेरे लिए मेरा देश—
जितना बड़ा है : उतना बड़ा है।

वह दिन बीत गया
जब किसी रिपब्लिक की जिल्द पर
सुकरात की अत्यन्त कामातुर तसवीर—चिपका दी
और मैं दुखी हो गया,

वह दिन भी बीत गया—
जब जमीन पर देशों की सीमाएँ खिंचते ही
मेरे मुख पर झुर्रियाँ बढ़ जाती थीं
किन्तु, जो कभी नहीं की—
वही मैंने अब सीखी
रोना—और भूख के लिए
निरा पागलपन है
देश-प्रेम मेरे लिए—
अपनी सुरक्षा का
सर्वोत्तम साधन है।

सचाई अब मुझसे इतनी करीब है
कि रोशनी का होना भी
मेरे लिए केवल तहजीब है।

(हर चीज साफ है—
अपने हैं आप तो
सौ खून माफ है।)
नेकर के नीचे का सारा नंगापन
कालर के ऊपर उग आया है :

चेहरे बड़े घिनौने लगते,
पर इससे क्या फर्क पड़ गया
अगर बड़ी छायाओं वाले बौने लगते...

और अन्त में—
सबकी सुनकर
सब कुछ गुनकर
मैंने भी नक्शे के ऊपर
लाल कलम से जगह घेर दी
और उसी सीमा के भीतर
अपने घायल कबूतरों को
फिर से उड़ना सिखा रहा हूँ।

किस्सा जनतंत्र

करछुल—
बटलोही से बतियाती है और चिमटा
तवे से मचलता है
चूल्हा कुछ नहीं बोलता
चुपचाप जलता है और जलता रहता है।

औरत—
गवें गवें उठती है—गगरी में
हाथ डालती है
फिर एक पोटली खोलती है।
उसे कठवत में झाड़ती है
लेकिन कठवत का पेट भरता ही नहीं
पतरमुँही (पैथन तक नहीं छोड़ती)
सरर फरर बोलती है और बोलती रहती है।

बच्चे आँगन में—
आँगड़-बाँगड़ खेलते हैं

घोड़ा-हाथी खेलते हैं
चोर-साव खेलते हैं
राजा-रानी खेलते हैं और खेलते रहते हैं
चौके में खोई हुई औरत के हाथ
कुछ भी नहीं देखते
वे केवल रोटी बेलते हैं और बेलते रहते हैं।

एक छोटा सा जोड़-भाग
गश खाती हुई आग के साथ-साथ
चलता है और चलता रहता।

बड़कू को एक
छोटकू को आधा
परबत्ती—बालकिशुन आधे में आधा
कुल रोटी छै
और तभी मुँह दुब्बर
दरबे में आता है—'खाना तैयार है?'
उसके आगे थाली आती है
कुल रोटी तीन
खाने से पहले मुँह दुब्बर
पेटभर
पानी पीता है और लजाता है
कुल रोटी तीन
पहले उसे थाली खाती है
फिर वह रोटी खाता है।

और अब—
पौने दस बजे हैं—
कमरे की हर चीज
एक रटी हुई रोजमर्रा धुन
दुहराने लगती है
वक्त घड़ी से निकलकर
अँगुली पर आ जाता है और जूता

पैरों में, एक दँत-टूटी कंघी
बालों में गाने लगती है।

दो आँखें दरवाजा खोलती हैं
दो बच्चे टाटा कहते हैं
एक फटेहाल कलफ कालर—
टाँगों में अकड़ भरता है
और खटर-पटर एक ढड्ढा साइकिल
लगभग भागते हुए चेहरे के साथ
दफ्तर जाने लगती है
सहसा चौरस्ते पर जली लाल बत्ती जब
एक दर्द हौले से हिरदै को हूल गया :
'ऐसी क्या हड़बड़ी कि जल्दी में पत्नी को
चूमना—
देखो, फिर भूल गया।'

प्रजातंत्र के विरुद्ध

पेट में धँसे छुरे के साथ भागती है अलारक्खी
सस्ते गल्ले की दुकान की बाहरी
दीवार से टकराती है। उसकी खून भरी मुट्ठी में भिंचा हुआ
राशन कार्ड, हरित क्रान्ति के विरुद्ध,
उसकी टाँगों में आफत है

मौत के सिरे पर एक जिन्दगी
शुरू हो रही है। ए भाई रमजान! ए रामनाथ!!
पेट से छुरा निकालने के पहले
उसकी टाँगों में फटती हुई आफत को
निकालो।

और उस आततायी की तलाश करो, हाय हाय
इस बच्चे के पिता इस औरत के पति की तलाश करो
यहीं कहीं

हाँ-हाँ यहीं कहीं होगा
किसी बद्दू मुहावरे की आड़ में
खुदकुशी की रस्सी लटकाता हुआ,
पेट से लड़ते-लड़ते जिसका हाथ अपने प्रजातंत्र पर उठ गया है।

कविता—श्रीकाकुलम्

[द गन इज
नाट इन द
हैंड्स ऑफ द
पीपुल। —**जे.पी.**]

एक आदमी—
दूसरे आदमी की गरदन
धड़ से
अलग कर देता है

जैसे एक मिस्त्री बल्टू से
नट अलग करता है।

तुम कहते हो—यह हत्या हो रही है
मैं कहता हूँ—मेकेनिजम टूट रहा है

नहीं...इस तरह चेहरा
मत सिकोड़ो और न कन्धे ही
उचकाओ
मुझे मालूम है—सबूत के लिए
तुम कह सकते हो कि खून
बह रहा है।
लेकिन इतना ही काफी नहीं है
और खून का रंग लाल है

असली सवाल है यह जानना
कि बहता हुआ खून क्या कह रहा है

यह हत्याकांड नहीं है सिर्फ लोहे को
एक नया नाम दिया जा रहा है

और सबूत के लिए यदि तुम
देखना ही चाहते हो
तो चलो मेरे साथ
मैं तुम्हें दिखलाता हूँ भाषा के जंगल में
कविता का वह वर्जित-प्रदेश
जहाँ कायरता—
एक खाली तमंचा फेंक कर
भाग गई है और साहस
चन्द पके हुए बालों के साथ
आगे बढ़ गया है—
अँधेरे में।

आतिश के अनार-सी वह लड़की

[कुमारी रोशन आरा बेगम के लिए—जिसने खुद को
आततायी टैंक के नीचे बम के साथ डाल लिया।]

'आजाद रहना हर वक्त एक नया अनुभव है' वह प्यारी लड़की!
अपने देशवासियों के खून में हमलावर दाँतों की रपट पढ़ना
और उसके हिज्जे के खिलाफ कदम-ब-कदम
मौत के फैसले की ओर बढ़ना
छाती पर बाँधकर बम
कम-से-कम, कहें जिन्हें कहना है यह अद्‌भुत साहस था बीसवीं
शताब्दी के आठवें दशक के तीसरे महीने में।

लेकिन मैं सिर्फ यह कहना चाहूँगा—वह एक भोली जरूरत थी
औसतन गलत जिन्दगी और सही मौत के चुनने का सवाल था

इसे अगर कविता की भाषा में कहूँ—'यह जंगल के खिलाफ
जनतंत्र का मलाल था'।

बाबुल के देश का चुटिहल धड़कता हुआ टुकड़ा था सीने में
और फैसले का वक्त था।

एक हाथ जो नाजुक जरूर था लेकिन बेहद सख्त था—
आजाद अनुभवों की लकीर को पूरब की ओर आगे तक खींच रहा था
और लोग चकित थे देखकर कि एक नन्हा गुलाब
किस तरह लोहे के पहाड़ को अपनी मुट्ठी में भींच रहा था
ठीक इसी तरह होता है
जवानी जब भी फैसले लेती है
गुस्सा जब भी सही जनून से उभरता है
हम साहस के एक नये तेवर से परिचित होते हैं
तब हमें आग के लिए
दूसरा नाम ढूँढ़ना नहीं पड़ता है।

मुमकिन था यह भी कि अपने देशवासियों की गरीबी से
साढ़े तीन हाथ अलग हटकर
एक लड़की अपने प्रेमी का सिर छाती पर रखकर
सो रहती देह के अँधेरे में
अपनी समझ और अपने सपनों के बीच,

मैं उसे कुछ भी न कहता सिर्फ कविता का दरवाजा
उसके लिए बन्द रहता लेकिन क्या समय भी उसे
यूँ ही छोड़ देता?

वह उसके चुम्बन के साथ बारूद से जले हुए गोस्त का
एक सड़ा हुआ टुकड़ा जोड़ देता
और हवा टाँग देता उसके लिए
एक असंसदीय शब्द—नीच!
मुमकिन यह भी था कि थोड़ी सी मेहँदी और
एक अदद ओढ़नी का लोभ

लाल तिकोने के खिलाफ बोलता जिहाद
और अपने 'वैनिटी बैग' में छोड़कर बच्चों की एक लम्बी फेहरिस्त
एक दिन चुपचाप कब्र में सो जाती हौवा की इन्कलाबी औलाद
लेकिन ऐसा हुआ नहीं।
ओ प्यारी भाभियो!
ओ नटखट बहिनो!
सिंगार-दान को छुट्टी दे दो
आईने से कहो वह कुछ देर अपना अकेलापन घूरता रहे
कंघी को झड़े हुए बालों की याद में गुनगुनाने दो
रिबन को फेंक दो 'बाडिस' की अलगनी पर
यह चोटी करने का वक्त नहीं और न बाजार का?
बालों को ऐंठकर जूड़ा बाँध लो
और सब-के-सब मेरे पास आ जाओ,
देखो, मैं एक नई और ताजा खबर के साथ
घर की दहलीज पर खड़ा हूँ।

ओह! जैसा मैंने पहले कहा है—
बीस सेबों की मिठास से भरा हुआ यौवन
जब फटता है तो न सिर्फ टैंक टूटते हैं
बल्कि खून के छींटे जहाँ-जहाँ पड़ते हैं
बंजर और परती पर आजादी के कल्ले फूटते हैं
और ओ प्यारी लड़की!
कल तू जहाँ आतिश के अनार की तरह फूटकर
बिखर गई है ठीक वहीं से हम
आजादी की वर्षगाँठ का जश्न शुरू करते हैं।

मुक्ति के तुरन्त बाद

हवा हताश सर्पिणी की तरह फण पटक रही थी
और काँपता हुआ अन्धकार सुनाई पड़ता था मौत की दाढ़ों में
जैसे फँसा हुआ रुदन।

यातना के अपने स्वाद होते हैं साथियो!
चमड़े पर बजती हुई सनसनी में
जंजीरों का सपना अपना मोर्चा छोड़ गया था

और मैं यहाँ था अन्धे कुएँ से बाहर : मुक्त और निस्संग
मौत और हथेली के बीच फर्क तय करता हुआ।

और तब, पहली बार दूर से आता हुआ आदमी, एक पूरा देश लग रहा था।

क्या मैंने पेड़ की आत्मीयता की बात की?
क्या मैंने कहा कि धूप माँ की गोद-सी गर्म थी?
क्या मैंने कहा कि थरथराती हुई जुबान
डबडबाई आँख में बदल गई थी?

नहीं, मैंने ऐसा कुछ नहीं किया।
घाव की अपनी खामोशी होती है साथियो!
मगर मैंने सहसा महसूस किया कि
लहू का एक कतरा
गेहूँ के दाने में गुनगुना उठा है
और इतिहास के मोड़ पर
एक जिन्दा परछाईं गहरा गई है।

एक कविता : कुछ सूचनाएँ

सबसे अधिक हत्याएँ
समन्वयवादियों ने कीं।
दार्शनिकों ने
सबसे अधिक जेवर खरीदा।
भीड़ ने कल बहुत पीटा—
उस आदमी को
जिसका मुख ईसा से मिलता था।

वह कोई और ही महीना था,
जब प्रत्येक टहनी पर फूल खिलता था;
किन्तु इस बार तो—
मौसम बिना बरसे ही चला गया
न कहीं घटा घिरी
न बूँद गिरी
फिर भी, लोगों में टी.बी. के कीटाणु
कई प्रतिशत बढ़ गए।

कई बौखलाए हुए मेढक
कुएँ की काई लगी दीवाल पर
चढ़ गए,
और सूरज को धिक्कारने लगे :

—व्यर्थ ही प्रकाश की बड़ाई में बकता है,
सूरज कितना मजबूर है
कि हर चीज पर एक-सा चमकता है।

हवा बुदबुदाती है
बात कई परतों से आती है—
एक बहुत बारीक पीला कीड़ा
आकाश छू रहा था,
और युवक मीठे जुलाब की गोलियाँ खाकर
शौचालयों के सामने
पंक्तिबद्ध खड़े हैं।

आँखों में ज्योति के बच्चे मर गए हैं
लोग खोई हुई आवाजों में
एक-दूसरे की सेहत पूछते हैं
और बेहद डर गए हैं।

सब-के-सब—
रोशनी की आँच से
कुछ ऐसे बचते हैं

कि सूरज को पानी से—
रचते हैं।

बुद्ध की आँख से खून चू रहा था
नगर के मुख्य चौरस्ते पर
शोक प्रस्ताव पारित हुए,
हिजड़ों ने भाषण दिये
लिंग-बोध पर,
वेश्याओं ने कविताएँ पढ़ीं—
आत्म-शोध पर।

प्रेम में असफल छात्राएँ
अध्यापिकाएँ बन गई हैं
और रिटायर्ड बूढ़े
सर्वोदयी
आदमी की सबसे अच्छी नस्ल
युद्धों में नष्ट हो गई,
देश का सबसे अच्छा स्वास्थ्य
विद्यालयों में
संक्रामक रोगों से ग्रस्त है।

(मैंने राष्ट्र के कर्णधारों को
सड़कों पर
किश्तियों की खोज में—
भटकते हुए देखा है)

संघर्ष की मुद्रा में घायल पुरुषार्थ
भीतर ही भीतर
एक नि:शब्द विस्फोट से त्रस्त है
पिकनिक से लौटी हुई लड़कियाँ
प्रेम-गीतों के गरारे करती हैं
सबसे अच्छे मस्तिष्क,
आरामकुर्सी पर
चित पड़े हैं।

सुदूर पूर्व में

सुदूर पूर्व में
जहाँ चमकते सितारों को
बमवर्षकों ने अपनी आड़ में ले लिया है,

धरती पर, एक हरी पत्ती
ओस-कणों के लिए
अब भी रात बीतने का इन्तजार
कर रही है,

और हवा
किसी पूजा-गृह से सुगन्धित प्रार्थना-स्वरों को
आत्मा के प्रवेश-द्वार तक छोड़ आने के लिए
तत्पर है
समुद्र के पश्चिमी सिरे पर, सूर्यास्त
जब किसी प्रज्वलित घंटा-ध्वनि-सा
गूँज उठता है
तुम अपना स्नेह भरा कोमल हाथ
मेरे कन्धे पर रख देते हो
और मैं समझने लगता हूँ कि दुनिया
ज्वालामुखियों के दहाने पर भी
इतनी ठंडी क्यों है।

रोटी और संसद

एक आदमी
रोटी बेलता है
एक आदमी रोटी खाता है
एक तीसरा आदमी भी है
जो न रोटी बेलता है, न रोटी खाता है
वह सिर्फ रोटी से खेलता है

मैं पूछता हूँ—
'यह तीसरा आदमी कौन है?'
मेरे देश की संसद मौन है।

लेनिन का सिर

मैं वह सिर देखता हूँ,
भाई गजब :
लोहा भी सोचता है।
फिर देखते ही देखते
वह सिर बदल जाता है
नीग्रो औरत के
पुष्ट दूध भरे विशाल स्तन में,
पीप्-पीप् करते-करते बम में
जिसे छापामार दस्ते ने दुश्मन की ओर
फेंका है।

—सैकड़ों नीली-नीली नसें कौंधती हैं ताजा और
तेज खून लेकर भागती हुई जहाँ...
आदमी के लिए सैकड़ों जिन्दा विचार
भाष्य बनने के लिए व्याकुल हैं।

शब्द जहाँ सक्रिय हैं

'कविता हत्या नहीं करती'—
आखिरी झंडी रँगते हुए बड़े भाई ने कहा—
'खून की रपट के कानूनी
मसलों पर
लाश के पास पाए गए हथियारों की
पड़ताल करती है
ताकि न्याय कायम हो।'

'कविता—
मझले भाई ने रस्सी बटते हुए
कहा—जब ज्यादातर लोग सहमत होने
लगते हैं सुविधा के किसी खास
नुक्ते पर वाजिब शंकाओं के साथ
हक जैसे एक मामूली शब्द को
मोर्चे पर बहाल करती है
सत्य की सुरक्षा हो इसलिए।'

मगर छोटे भाई ने कोई उत्तर नहीं दिया
अपनी अँगुलियों पर पिता के नाखून
देखता हुआ वह सहसा उठा
और अपने हिस्से की रोटी के साथ
जंगल को चला गया।
कुनबा अवाक्—
झटके से झूल गई भाषा की लोथ
पटरा सीवान में
सन्नाटा फाँसी के तख्ते-सा खड़ा था
और हवा—
हत्या की तरह काँप रही थी।

कहीं कोई उत्तर नहीं
पीढ़ियों की बहस का सिलसिला
बीच ही से टूट चुका था और कविता
आखिरी आदमी की अँगुली पकड़कर
भूमिगत हो गई थी,

तब से कितने आरोप दुहराए गए हैं
गुजरे दशक की खबराई सुर्खियाँ
अफवाहों से पीली हो चुकी हैं
मगर लड़ाई में शरीक
मेरी अँगुलियों का खून है कि सूखता ही नहीं,
और अब तो तिहत्तर है, आठवें दशक ने

अभी-अभी दूसरी खूँटी तोड़ी है
और धीरे-धीरे मनुसा रहा है।
इस वक्त अलग से
मुझे कुछ भी नहीं कहना है
मैं सिर्फ इतना भर जानता हूँ—
कि नदी के मुहाने पर
हलचल है और जंगल
अपना रास्ता बदल रहा है
रात के अँधेरे में
दरारों से निकलते हैं सधे हुए
चट्टानी पैर और पानी की सतह से
बिजली के शब्द फूल तोड़ लाते हैं
जिसके सहारे
आकाश गंगा के किनारे जगमग
सितारों के पास
एक झाड़ी—
जुगनुओं के इशारे भेजती है
बत्ती के मद्धिम प्रकाश में।

जब पेड़ किसी खोटे सिक्के-सा
उछलकर घाटी की गुमसुम हथेली पर
बेखनक गिरता है, एक तना
दूसरे तने को चाकू फेंकना सिखाता है

और ठीक उसी वक्त कविता
शब्दों पर शान चढ़ाने का काम
शुरू करती है जब आदमी के
दर्दीले गले से कोई अगिन-गीत
फूटता है
और यह सब जिसके इशारे पर होता है
उस अधेड़ दाढ़ी का चेहरा
हू-ब-हू तीसरे भाई से मिलता है

मैं सिर्फ इतना भर जानता हूँ कि शब्द
जहाँ सक्रिय हैं, भूख का सिलसिला
भाईचारे की जमीन पर
छापामार सीटियाँ बजाने लगा है
और तब ही से भाइयो! मेरे पुर वासियो!!
मेरे पड़ोस की चुनमुन चिरैया
अपना घोंसला लोहे की जालियों से
बुनने लगी है और मेरी छप्पर का
एक नन्हा तिनका
जंगल की शाख होने का सपना
देखने लगा है।

अन्तर

कोई पहाड़
संगीन की नोक से बड़ा नहीं है
और कोई आँख
छोटी नहीं है समुद्र से
यह केवल हमारी प्रतीक्षाओं का अन्तर है—
जो कभी
हमें लोहे या लहरों से जोड़ता है।

बारिस में भीग कर

सहसा हम क्यों चाहने लगते हैं, हमारे सिरों पर
छत हो।
(जनतांत्रिक)—वर्षा में धुली हुई
क्या यह खुली सड़क काफी नहीं है,
(सचाई और शोहरत के बीच बिछी हुई संसद तक)
फिर हम एक छत क्यों चाहते हैं जब कि यह

सही कवियों और तुक्कड़ों की
पहचान का समय है?

तुमने अपना सिर बरखा को दे दिया है बेलौस
धन्यवाद जन-कवि और तुमने उसे
टपकती हुई टप्पर के नीचे छुपा लिया है
बातूनी नागरिक? तुम्हें भाषा से अधिक
अपने भीगने का भय है।

यह तुम्हारा मुहावरा है
बारिश में भीग कर चमड़े को खतरा है
—इस वक्त मुनादिया अपनी डुग्गी बजा रहा है
—साईस अपने घोड़े की जीन
—नाई उस्तुरा रपटने का पट्टा छिपा रहा है
—और राजनयिक
जाती गुटबन्दी की सतही 'छै-तीन'
और यह भी सही है कि बारिश में भीग कर
चमड़े की हर चीज अपनी औकात से
औसतन, कुछ ज्यादा हो जाती है
क्योंकि चमड़े पर बजने वाली सुविधा
जल थुलथुल मसक—मसलन मादा हो जाती है।

वाकई चमड़े को खतरा है। तुक्कड़ जी!
राम राम जाइए!
और राम झरोखे बैठकर शाम क़ा तुक
लगाम से मिलाइए।

लेकिन कविता चमड़ा नहीं है
इसीलिए कविता में गाती है घास
आदमी की जुबान से तिनका भर आगे बढ़कर
सदियों से अपने रौंदे जाने का इतिहास
'सहना ही जीवन है जीवन का जीवन से द्वन्द्व है
मेरी हरियाली में मिट्टी की करुणा का छन्द है'

और यही कारण है कि दल बदल करते उतावले
बादलों को चाबुक से पीटकर
जीवन रस गारती है। दौड़-दौड़ सारे आकाश में
बिजली—
सदियों से रौंदी हुई घास को पुकारती है
इसीलिए कविता में मामूली (पनरोपना)
डिब्बा गुर्राता है झुग्गी के छेद से :
'टपकता है तो टपक
लेकिन बिजुरी की अँगुरी पकड़
कथरी पर सोये हुए मुन्ने पर मत लपक।'
और कवि इन्हीं छोटे-छोटे ब्योरों को गाता है
उसकी यही साख है
उसके लिए कविता सिर्फ शब्दों की बिसात नहीं
वाणी की आँख है
बारिश में भीग कर आह्लादित कवि
नंगे सिर घूमता है कीच भरे रस्तों पर

अनुभव के नये-नये पृष्ठों पर
भाषा के समर्थन में बूँदें गिरती हैं
जैसे सामूहिक हस्ताक्षर अभियान में
आसमानी दस्तखत।
और कविता—कविता से भीगती है
तृप्त और कृतज्ञ जैसे पानी—
पानी से भीगता है समरस और शान्त।

दूसरे का घर

कौन-सी आत्मीयता
ठहराव का कौन-सा बहाना ढूँढ़ते हुए
तुम यहाँ आते हो रोज?

वही खुफिया आँखें
वही आत्माएँ बूढ़ी खूँखार

यहाँ भी तुम्हें घूरती हैं जो न जाने कब से
सड़क पर तुम्हारा पीछा कर रही थीं!

तुम्हारी जेब में क्या है? प्यार?
उसे बाहर गली में फेंक दो।
यह दूसरे का घर है—
और शहर की जुबान में
तुम्हारी भाषा और उम्मीद के बीच
वे काठ का एक टुकड़ा रख देंगे
या फिर एक प्याली गर्म चाय—
'पियो जी कवीजी मराज!'

सोचते क्या हो? अपनी शर्म में डूब
मरने का कोई दूसरा उपाय?
ढूँढ़ लो,
हो चुके हो, तुम बाजार से बाहर
तुम्हारे नाखून बहुत छोटे हैं और होने के बाद भी
तुम पशु बनने को तैयार नहीं हो।
तुम्हारे चेहरे से आज भी आदमीयत की गन्ध
आती है।

क्या कहा—दया? लेकिन याद क्यों नहीं करते—
दया का एक रुख हाय! यह भी है कि जो जाति
ठंड के माकूल दिनों में आदमी का खून
खींच लेती है, गर्मी के 'मौसम' में
पौसरा चलाती है।

और यह दूसरे का घर है,
और
तुम्हारा दोष यह है कि तुम सब कुछ समझते हो—
दाँत और सिक्के में कौन-सा रिश्ता है?
दीवारों की मातृभाषा क्या है?

कल

देह के बसंत में वापस लौटते हुए, कल तुम पाओगे
अपनी नफरत के लिए कोई कविता जरूरी नहीं है
अपने जालों के साथ लौट जाएँगे
वे जो शरीरों की बिक्री में माहिर हैं।

कल तुम जमीन पर पड़ी होगी और बसंत पेड़ पर होगा
नीमतल्ला, बेलियाघाट, जोड़ा बगान
फूलों की मृत्यु से उदास फूलदान
और उगलदान में कोई फर्क नहीं होगा।

दिनचर्या

सुबह जब अन्धकार कहीं नहीं
होगा, हम बुझी हुई बत्तियों को
इकट्ठा करेंगे और
आपस में बाँट लेंगे

दुपहर जब कहीं बर्फ नहीं
होगी और न झड़ती हुई पत्तियाँ
आकाश नीला और स्वच्छ
होगा नगर
क्रेन के पट्टे में झूलता हुआ
हम मोड़ पर मिलेंगे और
एक दूसरे से ईर्ष्या करेंगे

रात जब युद्ध एक गीत-पंक्ति की तरह
प्रिय होगा हम वायलिन को
रोते हुए सुनेंगे
अपने टूटे सम्बन्धों पर सोचेंगे।
दुखी होंगे।

नगर-कथा

सभी दुखी हैं—
सबकी वीर्य-वाहिनी नलियाँ
साइकिलों से रगड़-रगड़ कर
भिंची हुई हैं
दौड़ रहे सब—
सम जड़त्व की विषम प्रतिक्रिया :
सबकी आँखें सजल
मुट्ठियाँ भिंची हुई हैं;

व्यक्तित्वों की पृष्ठभूमि में
तुमुल नगर-संघर्ष मचा है
आदिम-पर्यायों का परिचय
विवश आदमी
जहाँ बचा है।

बौने पद-चिह्नों से अंकित
उखड़े हुए मील के पत्थर
मोड़-मोड़ पर दीख रहे हैं,
राहों के उदास ब्रह्मा-मुख
'नेति-नेति' कह
चीख रहे हैं।

गृहस्थी : चार आयाम

मेरे सामने
तुम सूर्य-नमस्कार की मुद्रा में
खड़ी हो,
और मैं लज्जित-सा तुम्हें
चुपचाप देख रहा हूँ
(औरत : आँचल है,
जैसाकि लोग कहते हैं—स्नेह है,

किन्तु मुझे लगता है—
इन दोनों से बढ़कर
औरत एक देह है)

मेरी भुजाओं में कसी हुई
तुम मृत्यु की कामना कर रही हो
और मैं हूँ—
कि इस रात के अँधेरे में
देखना चाहता हूँ—धूप का
एक टुकड़ा तुम्हारे चेहरे पर।
रात की प्रतीक्षा में
हमने सारा दिन गुजार दिया है
और अब जब कि रात
आ चुकी है
हम इस गहरे सन्नाटे में
बीमार बिस्तर के सिरहाने बैठकर
किसी स्वस्थ क्षण की
प्रतीक्षा कर रहे हैं।

न मैंने
न तुमने
ये सभी बच्चे
हमारी मुलाकातों ने जने हैं
हम दोनों तो केवल
इन अबोध जन्मों के
माध्यम बने हैं।

सापेक्ष्य-संवेदन

बम फटने का
दुख तो होता है पर
उतना ज्यादा नहीं, चाय के—
ठंडे होने का दुख जितना।

कहीं देखकर बलात्कार की कोई घटना
उतनी देर तड़पती रहतीं नहीं धमनियाँ
जितनी उस क्षण—
जब दो परिचित-सी आकृतियाँ
नीची आँखें किये, परस्पर
बिना कहे कुछ—
पास-पास से गुजर गई हों।

दुख होता है अगर किसी की
मिली नौकरी छूट गई हो
लेकिन उतना नहीं
कि जितना—
बार-बार सुनने पर भी फटकार
आदमी, लौट काम पर
फिर आया हो—
कालर फटी कमीज पहनकर।

वह दुख सभी सहन कर—
लेते हैं जो अरथी के उठने पर
उग आता है,
लेकिन यह असह्य संवेदन
मन को तोड़-तोड़ जाता है—
यात्राओं की अन्तिम गाड़ी
एक छोर पर रुकी हुई हो
पंगुल बच्चों की कतार जब
सड़क पार करने की आतुर मुद्राओं में
बैसाखी पर झुकी हुई हो।

युवा सदी गाती है

लड़कों के चेहरों से टूट-टूट गिरती हैं
बुलबुलों की चीखें
लड़कियाँ—चखनों में

गुलेल बाँधकर
चलती हैं,

सुनहरी किताब की जिल्द के ऊपर
पिता का डर है
और अन्दर
प्यारे का खत है

सुना! तुमने सुना!!
युवा सदी गाती है
इसी तरह, अक्षर-अक्षर
लुक छिपकर जाना आदत है
प्रेम की।
युवा सदी गाती है।

उसके बारे में

पता नहीं कितनी रिक्तता थी—
जो भी मुझमें होकर गुजरा—रीत गया।
पता नहीं कितना अन्धकार था मुझमें
मैं सारी उम्र चमकने की कोशिश में
बीत गया।

भलमनसाहत
और मानसून के बीच खड़ा मैं
आक्सीजन का कर्जदार हूँ
मैं अपनी व्यवस्थाओं में
बीमार हूँ।

खेवली

वहाँ न जंगल है, न जनतंत्र
भाषा और गूँगेपन के बीच कोई

दूरी नहीं है।
एक ठंडी और गाँठदार अँगुली माथा टटोलती है।
सोच में डूबे हुए चेहरों और
वहाँ दरकी हुई जमीन में
कोई फर्क नहीं है।

वहाँ कोई सपना नहीं है। न भेड़िये का डर।
बच्चों को सुलाकर औरतें खेत पर चली गई हैं।
खाये जाने लायक कुछ भी शेष नहीं है।
वहाँ सब कुछ सदाचार की तरह सपाट
और ईमानदारी की तरह असफल है।

हाय! इसके बाद
करम जले भाइयों के लिए जीने का कौन सा उपाय
शेष रह जाता है, यदि भूख पहले प्रदर्शन हो और बाद में
दर्शन बन जाय?
और अब तो ऐसा वक्त आ गया है कि सच को भी सबूत के बिना
बचा पाना मुश्किल है।

खून के बारे में कविता

सबसे पहले
मैंने उसे महसूस किया था माँ के शरीर में
वह रंग नहीं था उस वक्त।
स्वाद का पहला तजुर्बा था जुबान पर
एक गीली और कोमल गरमाहट थी।
जो झिल्ली पर रोशनी की तरह
बजती थी। वह
पहला रोना था पृथ्वी पर।

दूसरी बार मैंने उसे बच्चे के
गालों पर देखा था। वह
डगमगाते हुए हर दूसरे कदम के लिए
कहता था : 'शाब्बाश'

और इतना खुश था कि उत्साह में
दूध बन गया था दूसरी तरफ
नीली नस-नाड़ियों के जाल में।

मैंने उसे एक युवा छात्र की नाक पर
देखा था तीसरी बार। जब
किताबों की आधी दुनिया
काली हो रही थी और फ़रिश्ते
भाषा के सामूहिक बलात्कार में मशगूल थे
वह दाँत की जड़ों में अध-जन्मे
कीड़े की तरह कुलबुला रहा था और
दीवारों की चौकसी के बावजूद
एक नारा बन गया था। भाषा की रात में।

चौथी बार मैंने उसे एक लड़की के
चमड़े में गाते हुए सुना था। वह
बेहद आलसी हो गया था पर
बेहद उत्तेजक। शब्दों को गुम करते हुए
उसने सारे रिश्ते पैताने खिसका दिये थे
और बेबाक चालाकी से
खुद को
एक परिचित मादा खुशबू में बदल
लिया था।

कंगले की पसलियों के चोर दरवाजे पर
मैंने उसे देखा था पाँचवीं बार
समूचे जीवन से विदा लेते हुए
उसकी पीठ पर
एक पीली गठरी थी। जाते-जाते
उसने स्वास्थ्य-कामना की थी और
होंठों से हँसी की तरह गायब हो गया था

आखिरी और आखिरी बार। स्टैंड से
उल्टी बोतल में
रबर की एक लम्बी नली से वह
सरक रहा था। धीरे-धीरे

मृत्यु के खिलाफ। छापामार
दस्ते के अगुआ की तरह
देह के जंगल में
जहाँ मौत ने अपना खेमा
गाड़ रखा था।

उसने मुझसे बुदबुदाकर कहा—
'कवि हो! इस फौरी धावे में साथ दो।
और सुनो! कविता मारती नहीं,
जानें बचाने की कोशिश में
पहल करती है।'

मैं हूँ

मुझे लिखो, मैं कटी हुई अँगुलियाँ हूँ
जिसे भूख ने खा लिया है।
मैं हूँ अथाह रुदन, अन्धकार के आर-पार
जिसे एक टूटे हुए हृदय ने
खुद को जोड़ने के लिए गा दिया है।

और तुम कहते हो, कवि एक सुन्दर बगीचा है
जिससे अपने लिए तुम एक शब्द-फूल
तोड़ सकते हो। तोड़ो,
मगर मत भूलो कि इस बगीचे को
एक आदमी ने अपने खून से सींचा है।

एक बगीचा है जिसकी चारदीवारी के पीछे
कुछ भूखे बच्चे आँखमिचौनी खेल रहे हैं।
मत भूलो
कि कवि एक कुनबे का अगुआ है
जिसके सदस्य
आजादी को आक्रमण की तरह झेल रहे हैं।

कवि एक मजबूत बंकर है
जहाँ खाली वक्त में

तुम अपने जूते उतार सकते हो
बन्दूक टेक सकते हो
मगर मत भूलो कि कवि एक खौलता हुआ
आँसू है। रक्त-सिक्त उत्तप्त
जिससे तुम अपनी ठिठुरी हुई करुणा
सेंक सकते हो।

कवि एक लय है
थकान में गिरी हुई
क्या तुमने सुना?
और तुम्हें खुशी है
मगर मत भूलो
कि कवि
व्यावहारिकता की
बटी हुई रस्सी से झूलती हुई
संवेदना की खुदकुशी है।

मेरी कविता

यह है
मेरी कविता : मेरा घर
महरी! इसे झाड़ू से
मत बुहार
आँचल से साफ कर
क्या कहा—
भाषा—? देख उधर कोने में—
शब्दों के अर्थ भरे
कोने में रक्खी है
अरे भई! वहाँ नहीं, वहाँ
आले पर
उस गिलास के पास
जिसमें मेरे दाँत रखे हैं
आऽऽ हाँऽऽ
गौर से

उठा और शब्द-शब्द
पोंछ
खूँटी पर टँगे हुए कुर्ते को मत निहार,
बेमतलब मत सोच,
चल!
अपना काम कर।
फटी हुई बाँह से
देश की गरीबी का
क्या मतलब?

आलोचक

वह तुम्हारी कविता का
एक शब्द सूँघता है
और
नाक की सीध में
तिजोरियों की ओर दौड़ता चला
जाता है।

और लो, उस गुर्राहट ने
सारे चेहरे खरोंच दिये,
एक टाँग उठाई
और मूत दिया।

यह कुकुरमुत्ता है
गाँव में
बच्चे इसे छाता कहते हैं।

कविता के द्वारा हस्तक्षेप

जब मैं अपने ही जैसे किसी आदमी से बात करता हूँ,
साक्षर है पर समझदार नहीं है। समझ है लेकिन
साहस नहीं है। वह अपने खिलाफ चलने वाली

साजिश का विरोध खुलकर नहीं कर पाता।
और इस कमजोरी को मैं जानता हूँ। लेकिन इसीलिए
वह आम मामूली आदमी मेरा साधन नहीं है
यह मेरे अनुभव का सहभागी है, बनता है।

जब मैं उसे भूख और नफरत और प्यार और जिन्दगी
का मतलब बतलाता हूँ—और मुझे कविता में
आसानी होती है—जब मैं ठहरे हुए को हरकत
में लाता हूँ—एक उदासी टूटती है, ठंडापन खत्म
होता है और वह जिन्दगी के ताप से भर जाता है।

•

मेरे शब्द उसे जिन्दगी के कई स्तरों पर खुद को
पुनरीक्षण का अवसर देते हैं, वह बीते हुए वर्षों
को एक-एक कर खोलता है।
वर्तमान को और पारदर्शी पाता है, उसके आर-पार
देखता है। और इस तरह अकेला आदमी भी
अनेक कालों और अनेक सम्बन्धों में एक समूह
में बदल जाता है। मेरी कविता इस तरह अकेले को
सामूहिकता देती है और समूह को साहसिकता।

इस तरह कविता में शब्दों के जरिये एक कवि
अपने वर्ग के आदमी को समूह की साहसिकता से
भरता है जबकि शस्त्र अपने वर्ग-शत्रु को
समूह से विच्छिन्न करता है। यह ध्यान
रहे कि शब्द और शस्त्र के व्यवहार का व्याकरण
अलग-अलग है। शब्द अपने वर्ग-मित्रों में कारगर
होते हैं और शस्त्र अपने वर्ग-शत्रु पर।

आज मैं लड़ रहा हूँ

फूलों की हँसी के खिलाफ
जंजीरें खनखना रही हैं

और रिश्ते—
मुहावरा बदलने की फिराक में हैं।

आज अँधेरा है और खून
लगा हुआ है हाथों में
जिसे हमने हासिल किया है
वह पालने में नहीं—रक्त लथपथ
कराहों की बगल में पड़ा है।

बच्चे भूखे हैं :
माँ के चेहरे पत्थर,
पिता जैसे काठ : अपनी ही आग में
जले हैं ज्यों सारा घर,

पेशेवर गुलाबों की हँसी ने
खारिज कर दिया है बसंत
और कविता की नसों में
बहता हुआ खून
जरूरत की जगह
जहमत बन गया है
अक्सर उठते हैं सवाल
कहाँ हैं युवा-जन?
परिवर्तन के अग्नि-चक्र?
क्षुधित इतिहास?

पीले पत्ते—
पतझड़ की ओर उड़ते गए हैं?
चुटकुलों-सी घूमती लड़कियों के स्तन
नकली हैं? नकली हैं युवकों के दाँत?

वे जबड़े जाम क्यों हैं
जिन्होंने खून की रपट पढ़ी है?
मैं सुनता हूँ। उत्तर धीरे से
मुझमें उभरता है, जैसे काल कोठरी की

दीवार पर उभरते हैं, शब्द :
कल सुनना मुझे—
जब दूध के पौधे झर रहे हों सफेद फूल
नि:शब्द पीते हुए बच्चे की जुबान पर
और रोटी खाई जा रही हो चौके में
गोश्त के साथ जब
खटकर (कमाकर) खाने की खुशी
परिवार और भाईचारे में
बदल रही हो—कल सुनना मुझे।
आज मैं लड़ रहा हूँ।

पराजय-बोध

मैं अपनी टाँगों में झूल रहा हूँ
मैं अपनी उबकाइयों पर फूल रहा हूँ
एक शब्द जो मुझे ऐन इस मौके पर याद आना चाहिए था
(बम—नहीं, बम—नहीं, तम—नहीं)
भूल रहा हूँ।
मेरे हाथ काले हैं
मेरी आँखों में जाले हैं
मेरी जुबान चुप है
होंठों पर ताले हैं।
टखनों में जाड़ा है
मेरा जीवन लार टपकाती हुई नेकर का नाड़ा है।
मुझे मेरे दर्द ने पछाड़ा है।

मृत्यु-चिन्ता

कोई जिया नहीं
पकी हुई फसलों की मृत्यु

सारे इतिहास रहे खेत,
अँगुली के पोरों के नीचे तड़पा किये

ऐंठती अँतड़ियों से—
भरे हुए पेट :

एक भी हथेली नहीं ऐसी है—
क्रास भरे चेहरों ने
जिस पर उड़ेला नहीं
सागर की बूँद-बूँद देह
वज्रपात! हिमपात!!

ब्रेक लगी गाड़ी के
झटके-सा वीर्यपात
रोगिणी दिशाओं में अविरल प्रमेह,
गर्भपात! गर्भपात!!

बच्चों की आँखों में
छाया अभिशाप की
बूढ़ों के चेहरों पर
परछाईं पाप की।

प्रवेश-पत्र

अपनी हड्डियों से दुनिया थहाने
का वक्त नहीं है, लड़खड़ाते
पैरों से राह नापने का वक्त
यह नहीं है, चोरों को सुविधा
मिली है और तुम्हें
हकारता हुआ देखता हूँ
यह देश बहुत बड़ा है
तुम अपनी भूख से इसे
भर नहीं सकते।

आओ, अचरज वहाँ पड़ा है, उसमें
जहाँ बनिये की आँख बनैले जानवर-
सी जल रही है।

आओ! मेरी आत्मा अन्धी है
मेरा दुख पीठ पर बँधा है
बसंत सिर्फ पेड़ों की आदत का
हिस्सा है,
जहाँ छायाओं में झुलसे हुए
चेहरे लेटे हुए हैं।

गाँव में कीर्तन

रात में—
बजती हैं डफलियाँ।
कीर्तन की झाड़ियों के पीछे
अपराध स्वीकार के सामूहिक उत्साह में
भाषा
शब्दहीन
ताँत के नीचे पड़ी हुई रुई की तरह
टूटती है।
उमंग के तीसरे तहखाने में
एक चेहरा नंगा हो जाता है।
और तभी आते हैं काले घुड़सवार,
और डफों में
सूराख कर देते हैं।
कोई विरोध नहीं करता।

आसमान से एक तारा टूटता है और सुबह की
शुरुआत में गिर पड़ता है
आकाश-गंगा की सरहदों पर बजने वाली
जल तरंग
(जिसे गाँव वाले रात की आँत कहते हैं)
पत्तों पर और घासों की नोक पर
किसी बच्चे की तुतली आवाज-सी
झिलमिलाती है
रंगों की मुहर तोड़कर, सूरज

फसलों की एक पूरी दुनिया सामने रख देता है
मगर कोई ध्यान नहीं देता।
लोग या तो दातौन की तलाश
करते हैं या मरे हुए चूने के पानी में
चमड़ा भिगोते हैं
या खून के भीतर ताश के पत्ते फेंकते हुए
दीवार की बगल में चारपाई खींचकर
दिन चढ़े तक सोते हैं

एक बे-आवाज परछाईं
उतरती है और आदमी के
चौड़े चकले चेहरे को पार करती हुई
सीवान में गुम हो जाती है।
धीरे-धीरे
दोपहर होती है
एक औरत आँगन में बैठकर पुतड़ा धोती है
एक रुआँसा लड़का
मदरसे से वापस आता है
चारपाई पर
दाईं करवट लेटा हुआ बाप

बेटे की कमीज पर गिरी हुई स्याही देखकर
उसकी पढ़ाई के बारे में निश्चिन्त
हो जाता है।

कोई किसी से कुछ नहीं पूछता।

हर आदमी चुपचाप
नींद और कीर्तन के बीच का जागरण
तय करता है, यह सोचते हुए कि आदमी

कुछ नहीं करता
जो कुछ करता है समय—
करता है।

मेरे गाँव में हर रोज ऐसा ही होता है।

नफरत की आड़ में
चीजें अपना चेहरा उतार कर रख देती हैं
वक्त के फालतू हिस्सों में
खेतों के भद्दे इशारे गूँजते हैं।
ग्राम-सभा की लालटेन का शीशा टूट चुका है।

नलकूपों की नालियाँ झरना हो गई हैं
उनमें अब लाठियाँ बहती हैं। और पानी की जगह
आदमी का खून रिसता है।
गाँव की सरहद
पार करके कुछ लोग
बगल में बस्ता दबाकर कचहरी जाते हैं
और न्याय के नाम पर
पूरे परिवार की बरबादी उठा लाते हैं

यद्यपि
उनकी जरूरतों के लिए मैं अपना पूरा कन्धा
दे देना चाहता हूँ
मगर टूटते हुए परिवार में
धनुषटंकार झेलते हुए जवान-बछड़े-सा
कराहता हूँ।

मेरे गाँव में
वही आलस्य, वही ऊब
वही कलह, वही तटस्थता
हर जगह और हर रोज...
और मैं कुछ नहीं कर सकता
मैं कुछ नहीं कर सकता
मैं सोचता हूँ और तभी
एक खिलखिलाहट मेरी बगल में उभरती है
चालाक गिलहरियों का पीछा करती हुई दुधमुँही 'तिनी'
(मेरी बच्ची) किलक उठी है
मैं चौंक पड़ता हूँ—

'नहीं—इन दिनों बात-बात पर
इस तरह उदास होना
ठीक नहीं है
मैं देखता हूँ—मुझे बरजती हुई
उसके चेहरे पर एक खुली हुई हँसी है—
जिसमें एक भी दाँत
शरीक नहीं है।'

ओ बैरागी : पं. शान्तिप्रिय द्विवेदी

अक्सर तुम्हें देखा है—
अस्सी की सँकरी-सी अस्त-व्यस्त सड़कों पर
धुँधरौही साँझ की धुमैली परछाईं में—
किरणों की छाती से—
रोशनी निचोड़कर पीता अँधेरा जब।

अक्सर तुम्हें देखा है—
रीता अँधेरा जब
गंगा की लहरों में, भोर को बुलाते हुए—
मौन-मंत्र स्त्रष्टा-से
जीवन युग-द्रष्टा-से।
अक्सर तुम्हें देखा है—
(सोचा है देख-देख)
अन्तर्मन तुम्हारा एक खड़िये का टुकड़ा है।
जीवन की अनगिन
अनकही परिभाषाओं को
जिससे आकार मिला—
शब्दों को अर्थ मिला—
भावाभिव्यक्ति मिली—
सत्य को दुलार और
सपनों को प्यार मिला।
किन्तु तुम्हें दुनिया ने कोने में फेंक दिया
(अकथनीय दुखड़ा है)

फिर भी बैरागी ओ!
तुम पी रहे गरल,
दे रहे सदा अमिय,
शान्ति-प्रिय! शान्ति-प्रिय!!

धूमिल की अन्तिम कविता*

'शब्द किस तरह
कविता बनते हैं
इसे देखो,
अक्षरों के बीच गिरे हुए
आदमी को पढ़ो,
क्या तुमने सुना कि यह
लोहे की आवाज है या
मिट्टी में गिरे हुए खून
का रंग?'

लोहे का स्वाद
लोहार से मत पूछो
उस घोड़े से पूछो
जिसके मुँह में लगाम है।

---

* दिनांक 14.1.75 को लिखी गई धूमिल की अन्तिम कविता, जब वे भीषण सिर-दर्द से पीड़ित थे और दृष्टि एकदम कमजोर हो चुकी थी। छोटे भाई लोकनाथ पांडेय से बोले : 'जरा कागज-पेंसिल लाओ, देखें—दृष्टि कमजोर हो गई है, चश्मा बगैर लिख पाता हूँ या नहीं।' कागज-पेंसिल मँगवाकर ये पंक्तियाँ लिखीं। इस कविता की अन्तिम चार पंक्तियाँ 'आलोचना', अंक 33 के सौजन्य से।

सुदामा पाँड़े का प्रजातंत्र

[1984]

न कोई प्रजा है
न कोई तंत्र है
यह आदमी के खिलाफ
आदमी का खुला सा
षड्यंत्र है

सुदामा पाँड़े का प्रजातंत्र-1

सेर भर कबाब हो
एक अद्धा शराब हो
नूरजहाँ का राज हो
खूब हो
भले ही खराब हो

[एक लोकोक्ति]

भेंट

कल सुदामा पाँड़े मिले थे
हरहुआ बाजार में। खुश थे। बबूल के
वन में बसंत-से खिले थे।
फटकारते हुए बोले—यार! खूब हो
देखते हो और कतराने लगते हो,
गोया दोस्ती न हुई चलती-फिरती हुई ऊब हो
आदमी देखते हो, सूख जाते हो
पानी देखते हो, गाने लगते हो।
वे जोर से हँसे। मैं भी हँसा।
संत के हाथ—बुरा आ फँसा

सोचा।
उन्होंने मुझे कोंचा। क्या सोचते हो?
रात-दिन
बेमतलब बवंडर का बाल नोचते हो

ले-देकर एक अदद
चुप हो।

वक्त को गँजेड़ी की तरह फूँकते रहे हो
चेहरे पर चमाइन मूत गई है। इतनी फटकार
जैसे वर्षों से अपनी आँखों में थूकते रहे हो
अरे यार, दुनिया में क्या रखा है?
खाओ-पियो, मजा लो
विजयी बनो—विजया लो
रंगरती
ठेंगे पर चढ़े करोड़पति।

सुदामा पाँड़े का प्रजातंत्र-2

न कोई प्रजा है
न कोई तंत्र है
यह आदमी के खिलाफ
आदमी का खुलासा
षड्यंत्र है।

हर बार की तरह
तुम सोचते हो कि इस बार भी यह
औरत की लालची जाँघ से
शुरू होगा और कविता तक
फैल जाएगा।
बिल्ली का पंजा
चूहे का बिल है।

ट्यूशन पर जाने से पहले

अपनी अध्यापिका का किताबी चेहरा पहनकर
खड़ी हो जाएगी वह खूबसूरत शोख लड़की
मगर अपनी आँखें

वह छिपा नहीं पाएगी जहाँ बसंत दूध के दोने फेंक गया है।
आज और अभी तक
नन्ही गौरैया के पंखहीन बच्चों का घोंसला है
उसका चेहरा और कल
या शायद इससे कुछ देर पहले

यह शहर उस शोख और खिंचे हुए
चेहरे को
घर में बदल दे। मेरी पहली दस्तक से थोड़ी देर
पहले
तब मेरा क्या होगा?
मुझे डर है
मैं वापस चला आऊँगा। अपनी कविताओं के अँधेरे में
चुपचाप वापस चला आऊँगा।
बिलकुल नाकाम होंठों पर एक वही पद-व्याख्या
बार-बार लिंग, वचन, कारक या संज्ञा, सर्वनाम
या, शायद, यह सब नहीं होगा। अपनी नाबालिग आँखों से
वह सिर्फ इतना करेगी कि हम दोनों के बीच
काठ या सपना रख देगी। और पूछेगी
उसकी व्याख्या। किताब को परे सरकाती हुई उसकी आँख
        निश्छल! निष्पाप!!
मगर आँखें शहर नहीं हैं ऐ लड़की!
पानी में बसी हुई कच्चे इरादों की एक भरी-पूरी दुनिया है
आँखें! देह की इबारत के खुले हुए शब्दकोश!
        जिसे पढ़ते हैं।
लेकिन यह देखो—
हम अपने सम्बन्धों में इस तरह पिट चुके हैं
जैसे एक गलत मात्रा ने
शब्दों को पीट दिया है।

न्यू गरीब हिन्दू होटल

और फिर रात में
जब चीजें एक सार्वजनिक लय में

दुहराई जाने लगती हैं
होटल की माँद में
थका-हारा
बर्तन माँजने वाला घीसा—
अपने से दस-बारह साल छोटे
लड़के की—
गुदगर देह से सटा हुआ
जलेबियों का सपना देखता है

प्लेट साफ करते हुए
लड़के का सोना
कानूनी है, कानूनी है।

रोटी दो, रोटी दो
सुरुवा दो, सुरुवा दो
कीमा दो
बोटी दो

मालिक का सीझा हुआ चेहरा
जैसे बासी रोटी पर किसी
शरारती महराज ने
दो आँखें बना दी हों!
थाली आते ही मेरी टाँगों के नीचे
एक कुत्ता आ जाता है
कुर्सी से कौर तक फिर वही कुकुर-बू!

रोटी खरी है बीच में
पर किनारे पर कच्ची है
सब्जी में नमक ज्यादा है
पता नहीं होटल के मालिक का पसीना है या
'महराज' के आँसू!
(इस बार भी देवारी में उसे घर जाने की
छुट्टी नहीं मिली।)

कविता के भ्रम में

क्या तुम कविता की तरफ जा रहे हो?
नहीं, मैं दीवार की तरफ
जा रहा हूँ।
फिर तुमने अपने घुटने और अपनी हथेलियाँ
यहाँ क्यों छोड़ दी हैं?
क्या तुम्हें चाकुओं से डर लगता है?

नहीं, मैं सहनशीलता को
साहस नहीं कहता।
और न दुहराना ही चाहता हूँ
पैसे भर जुबान से पिछली उपलब्धियाँ :
अपनी भूख और लड़कियाँ
नींद के सिरहाने फैली हुई
शेर छाप तकिये की बू
नेकर में नाड़े-सी पड़ी हुई पत्नी का प्यार
रिश्तों की तगार में ऊँघती हुई
एक खास और घरेलू किस्म की 'थू'
आक्!

कविता के कान हमेशा चीख से
सटे रहते हैं!
नहीं; एक शब्द बनने से पहले
मैं एक सूरत बनना चाहता हूँ
मैं थोड़ी दूर और-और आगे
जाना चाहता हूँ

जहाँ हवा काली है। जीने का
जोखम है। सपनों का
वयस्क लोकतंत्र है। आदमी
होने का स्वाद है।

मैं थोड़ा और आगे जाना चाहता हूँ
जहाँ जीवन अब भी तिरस्कृत है
संसद की कार्यवाही से निकाले गए वाक्य की तरह।

अच्छा, तो विदा मित्र, विदा!
जाओ,
लेकिन मैं जानता हूँ कि कल
जब भाषा की तंगी में ऊबते हुए
अपने शहर में वापस आओगे
तुम मुझे गाओगे जैसे अकाल में
खेत गाये जाते हैं
और अभियोग की भाषा के लिए
टटोलते फिरोगे वे चेहरे
        जो कविता के भ्रम में
        जीने के पहले ही
        परदे के पीछे
नींद में मर चुके हैं।

बसंत से बातचीत का एक लमहा

वक्त जहाँ पैंतरा बदलता है
        बेगाना
        नस्लों के
        काँपते जनून पर
एक-एक पत्ती जब
जंगल का रुख अख्तियार करे

आ!
इसीलिए कहता हूँ, आ
एक पैना चाकू उठा
        खून कर
क्योंकि यही मौसम है :
काट

कविता का गला काट
लेकिन मत पाट
रद्दी के शब्दों से भाषा का पेट
इससे ही
आदमी की सेहत
        बिगड़ती है।

हलका वह होता है,
लेकिन हर हाल में
आदमी को बचना है
गिरी हुई भाषा की खोल में
चेहरा छिपाता है
लेकिन क्या बचता है?

बचता कतई नहीं है।

ऐसे में
        ऐसा कर
        ढाढ़स दे
        पैसा भर

इतना कह
भाई रे!
करम जले मौसम का
नंगापन
        नंगई नहीं है।

आ मरदे!
बैठा है पेड़ पर
विधवा के बेटे-सा
        फक्कड़-मौलान

नीचे उतर
आदमी के चेहरे को

हँसी के जौहर से
        भर दे।
परती पड़े चेहरों पर
        कब्जा कर।
हलकू को कर जबर।

रण-नीति

भाषा और हवा में एक नाटक चल रहा है
सालों और दिनों से सुदूर

लेकिन पहली बार
भाषा का पलड़ा भारी पड़ रहा है
आदमी ने अपने दाँत उसके साथ
कर दिये हैं।

मैं भागता नहीं, सिर्फ
मैं अपना चेहरा बाहर निकाल कर
हवा में, एक गोल दायरा छोड़ देता हूँ
बन्द, हत्यारे की बन्दूक दगती है

दीवार में एक चेहरा बन जाता है
और आततायी चौंक पड़ता है
सुनकर ठीक अपने पीछे
दीवार की दूसरी ओर से आता हुआ
मेरा उद्दाम अट्टहास।

सहसा दूसरी बार
मैं एक खोमचे में चला जाता हूँ
और आखिरी बार—
चोली में
छिपा चला जा रहा हूँ।

किताबों का झूठ खोल कर
बैठी रहती हैं वहाँ लड़कियाँ
उनके बालों में रात
गिरती रहती है
कुहरे और नींद से बाहर
एक सपना कुतरता है
दूसरे सपने का जिस्म,
भाषा की हदों से
जुड़ा हुआ मौन
पिछले किस्से सुनाता है।

ताजा खबर

न खुलने वाली
अँगुलियों की तरह एक मुट्ठी हैं
मेरे पाँचों भाई।

मैं सोचता हूँ अपना परिवार
कल तक—
हम अपने मतदान से बाहर
भरम में
एक हँसते-गाते, पलते-पलाते
लोकतंत्र थे।

पाँच अदद मर्द और पाँच अदद औरतें
सात-आठ बच्चे और चार-पाँच ढोर
और गाँव बनने में
जो कसर थी
नीम की एक टहनी और
एक कर्कश कौवे ने
उसे पूरा कर दिया था।

हम एक तरीका थे। खुराक थे। कल तक
औसतन रिवाज।
सब कुछ इतना आसान था कि हम
अपने अँधेरे में मगन थे
अपने दलिद्दर में चौंचक थे
चकमें में चमन थे।

मगर आज जैसे सब कुछ उलट गया है।
कभी न थकने वाले तीन भाई
खेत से फसलों की लोथ लेकर लौटे हैं
और खटिया पर लहास हो गए हैं।
पहली बार मैं पढ़ता हूँ उनके चेहरों पर
की झुर्रियों में खेत में हलाल होने का हाल

'कविता हत्या नहीं करती'
अपनी अँगुलियों पर
पिता के नाखून देखता हुआ मझला भाई
कहता है और उठ कर नदी की ओर
चला जाता है।

मैं कारण नहीं पूछता
उसका इस तरह बोलना
खामोशी को और गहराता है।

सन्नाटा—
नीम की पत्तियों में अँगुलियाँ
फिराता है और बैल डकार कर
पिछले खुर से आँखें सहलाता है।

कोडवर्ड

मैं तीन बार संसद कहूँगा
और चार बार संविधान :

हिन्दुस्तानी लुकमें की आदती जुबान
दाँतों की दलबन्दी तोड़ कर बाहर
आ जाएगी।

फिर हम तितलियों के नगर की ओर चलेंगे
देशवासियों की पसली से अपनी यात्रा
बजाते हुए। ज्यादातर
हम अपनी यात्रा
रात में पूरा करेंगे
धूप और शोहरत से
बचने के लिए।

युवा चेहरा
भूमिगत हो चुका है

मामूली तौर पर क्रूरता भी आज
जिन्दा रहने के लिए
एक जरूरत बन गई है।

सूखे की छायाएँ और एक शिशिर संध्या

आह! वह इस कदर विश्वास खो बैठा है
कि उसे कहीं भी बिठाया जा सकता है
सब कुछ धीरे-धीरे अनुपस्थित हो रहा है
सिवा उन आँखों के जिनमें कंकालों की अभिशापित
छायाएँ घूम रही हैं।

हथेलियों पर गिरते हुए चेहरों का शोर है
दूर—बहुत दूर
रात अपने आने का रास्ता बना रही है
क्षितिजों के पार काले धमाकों की गर्द छा रही है
दूर तक फैली हुई धुन्ध—
जिसका न ओर है, न छोर है

अकाल में हर आदमी को भूखा रहने का
पूरा अधिकार है।

हर रोज—
सूर्यास्त के साथ अनाज लदे किसी जहाज की गन्ध
हवा में तैरती है और सैकड़ों मुख
समुद्र की ओर घूम जाते हैं।

मरा हुआ आदमी सिर्फ भुखमरी का पैमाना हो गया है
उन्हें रसोईघर की सहानुभूति के अलावा तुम क्या देते हो
'पता है—
भूख से अब तक पैंतीस आदमी मर चुके हैं?'
अपना निवाला गले से नीचे उतारते हुए
पत्नी की मुस्कराहट को हलका-सा धक्का देते हो।

हमदर्दी तुम्हारी घृणा की खुराक है
श्मशान वैराग के तर्ज पर
मैंने भी ईजाद की है एक
रसोईघर की ईमान
जो हर मर्ज पर
काम करती है।

संसद-समीक्षा

रामुलु और राघवन
साथी हैं। साथ साथ
घूमते हैं। शहरों, सीवानों में
और बातें करते हैं
देशी दुखों की। कानून की
और मौसम की।

रामुलु और राघवन अक्सर देखते हैं
संध्या की हिप्पी पसलियों पर

एकतारा बजता है। रात
गिरती है काम से लौटते हुए
चेहरों के बीच

एक युवती और एक बच्ची
फूले हुए पेट वाली औरत के आगे-पीछे
चलते हैं। लोहे के रंग में
ढले हुए आकाश के साथ
लेटी हुई पृथ्वी के पास
पेड़ अचरज से खड़े हैं।

रामुलु और राघवन जानते हैं—
दाँतों की दुनिया में
एक भोला अजनबी मुख आएगा
और परिवार की
गिनी-चुनी रोटी में सहसा पैठ जाएगा

लेकिन बच्ची उत्साहित है
वह नहीं जानती कि बच्चा
दुनिया में कैसे आता है।
युवती अभी प्यार के चोचलों की
वर्नाक्यूलर सीख रही है
उसका एक पैर लाज और दूसरा ललक पर है

लेकिन फूले हुए पेट वाली औरत का चेहरा
उसकी हथेली की तरह सपाट है
वह जानती है कि बच्चे के साथ
दुनिया में क्या आता है।

कल भूखे गर्भाशय की ओट से
एक युद्ध अपराधी की
घोषणा होगी।
ओ माँ! ओ बहन!!

ठिल्लों में पानी भर लो।
रोटियाँ कठौती में तहा दो।
और उन्हें पत्थर के चौकों से
ढक दो।

कुर्सियों में संवादी चेहरे
उग आए हैं।
बच्चों के सिरों पर
आँचल रख दो
ओ माँ! ओ बहन!!

रामुलु और राघवन
भीड़ भरे रस्ते से थोड़ा अलग
हटकर
सूर्य-ग्रहण पर
बातें करते हुए चलते हैं।

संयुक्त मोर्चा

मैं...ज...हूँ...ज
और तुम...न...हो
हम दोनों मिलकर 'जन' बनाते हैं।

मेरा जानना
और तुम्हारा नकारना
हमें इस काबिल बनाते हैं
कि हम
चेहरे को चेहरा
और चाकू को चाकू कह सकें।

कल तक वे चेहरे को चाकू
और चाकू को चेहरा कहते थे
और हम इसे बुत की तरह सहते थे।

लेकिन यह देखो हम किस तरह
एक दूसरे के सामने
दुश्मन की तरह खड़े हैं
एक अदद बटन और चुटकी भर
आटे की सुविधा ने
हमें बागी बना दिया है
जब कि हमारी पीठ बुरी तरह
महसूसती है कि हमारी रीढ़ पर
दाँत भेड़ियों के गड़े हैं।

मैं...ज...हूँ...ज
और तुम...न...हो
हम दोनों मिलकर 'जन' बनाते हैं
तुम मुझे कहीं भी देख सकते हो
सुबह-सुबह जब आसमान
मुँह धोये पेड़ों में
नारंगी के फाँकें बाँटता है
तुम मुझे बेकारी की पसली में
चहलकदमी करते हुए
देख सकते हो

मेरा चलना—
बरफ की सिल्ली में बनी
सैकड़ों उदास आँखों का चलना है

या फिर
तुम मुझे देख सकते हो
शाम के धुँधलके में
दीवारों पर एक नया नारा लिखती हुई
हलफल हाँफती ललछौहीं कूँची में

मैं भाषा के जबड़े में कैंसर की गाँठ हूँ
मेरा जानना ही—
मेरा जलना है

और तुम कहाँ रहते हो
संसद के पीछे
दँतचियार रिश्वती हथेली पर
या काम रोको प्रस्ताव की सूची में

बहरहाल तुम कहीं भी रहते हो
यह पहला मौका है कि हम दोनों
साथ हैं। थकान पर चुसकी मारते हुए
बिलकुल ताजा और गरम
चाय के प्यालों की तरह

और लगभग उस माहौल में
जबकि हमें निर्णय करना है
तो आओ, एक निर्णय लें

हम दोनों मिलकर
अपने जानने और अपने नकारने का
एक संयुक्त मोर्चा बनाएँ

आज की भूख से भूख के अगले पड़ाव तक
लिख दें—
यह रास्ता जनतंत्र को जाता है

और इस तरह
धुन्ना कविताओं
चुन्ना राजनीति
और मुन्ना विद्रोह को
ठेंगा दिखाएँ।

मैं...ज...हूँ...ज

और तुम...न...हो
हम दोनों मिलकर 'जन' बनाते हैं।

कर्फ्यू में एक घंटे की छूट

मैं चिड़ियाघर से वापस आ रहा था
और तुम लौट रहे थे खेल के मैदान से
जब मैंने अपने छोटे भाई के गायब होने की खबर
तुम्हें दी।

हम कि जो प्यारे दोस्त थे।
घबराने की कोई बात नहीं।
गोलीकांड के बाद
लड़कों का गायब होना नई बात नहीं है
यह शान्ति का मसला है
लेकिन खबरों के मलबे के नीचे
सच्चाई का पता कब चला है?
घबराने की कोई बात नहीं और
यह खतरनाक भी उतना नहीं
जितना किसी लड़की का पीछा करना।
देह के जलाशय में
तैरना न जानते हुए भी
कुल्हों के कशर कूद, भरना।

आखिरकार लड़का अन्तिम बार
कहाँ देखा गया।
संसद की ओर जाने वाली सड़क पर
हरी कमीज पहने हुए,
और यह अच्छी बात है कि
उसने लाल स्कार्फ को
झंडे की तरह तान ली थी
जिसे सुबह उसने पीछा करके
पड़ोस की लड़की से छीनी थी।

यौवन ऐसा सिक्का है
जिसके एक ओर प्यार
और दूसरी ओर गुस्सा छपा है।

कम-से-कम यह एक सबूत है
उसके जिन्दा रहने का
कि वह 'लोकसभा-भवन' की ओर जा रहा था।
महज लाल स्कार्फ के साथ
जिसे उसने झंडे की तरह उठा रखा था।

और अभी उसके
अपने 'मतदान' के खिलाफ
होने का सवाल ही उठता नहीं था
क्योंकि वह एक साथ चुन लेना चाहता है—
तितलियाँ, स्कार्फ, होंठ और फूलों
के जादुई रंग।

पेट और प्रजातंत्र के नीचे का सम्बन्ध
उसके पाठ्यक्रम में नहीं है।

वह एक दुधमुँही दिलचस्पी है
कुलबुल जिज्ञासा है
जिसे मारने के लिए इस पृथ्वी पर
अभी कोई गोली नहीं बनी।
(घनी-घनी उसकी बरौनियों के बीच की
हवापट्टी पर दिवास्वप्नों की गूँजें
उतरती हैं।)

और कर्फ्यू में शान्त ठंडी सड़क पर
सैनिक दस्तों के जूतों से
कितनी सफेद और मार्मिक ध्वनि
निकल रही है...
जनतंत्र...जनतंत्र...जनतंत्र...जनतंत्र...।

घर में वापसी

मेरे घर में पाँच जोड़ी आँखें हैं
माँ की आँखें पड़ाव से पहले ही

तीर्थ-यात्रा की बस के
दो पंचर पहिये हैं।

पिता की आँखें—
लोहसाँय की ठंडी सलाखें हैं
बेटी की आँखें मन्दिर में दीवट पर
जलते घी के
दो दीये हैं।

पत्नी की आँखें आँखें नहीं
हाथ हैं, जो मुझे थामे हुए हैं

वैसे हम स्वजन हैं, करीब हैं
बीच की दीवार के दोनों ओर
क्योंकि हम पेशेवर गरीब हैं

रिश्ते हैं; लेकिन खुलते नहीं हैं
और हम अपने खून में इतना भी लोहा
नहीं पाते,
कि हम उससे एक ताली बनवाते
और भाषा के भुन्नासी ताले को खोलते,

रिश्तों को सोचते हुए
आपस में प्यार से बोलते,
कहते कि ये पिता हैं,
यह प्यारी माँ है, यह मेरी बेटी है
पत्नी को थोड़ा अलग
करते—तू मेरी
हमबिस्तर नहीं—मेरी
हमसफर है,
हम थोड़ा जोखिम उठाते
दीवार पर हाथ रखते और कहते
यह मेरा घर है।

गृह-युद्ध

पहले की तरह अब भी
अच्छी लगती हैं तुम्हारी बाँहें
लेकिन मैं चाहता हूँ कि तुम
उन्हें कुहनियों तक
ढकी रखो। पहले की तरह
अब भी तुम मुझे विदा करती हो,
लेकिन मेरी छाती पर खुली हुई बटन
बन्द कर देती हो।

काम से वापसी के बाद मैं
दरवाजा सूँघता हूँ और
तुम मेरी रूमाल—
हमें अपने पड़ोसियों से भय है।
शाम के वक्त हम अब भी घूमते हैं।
लेकिन अब हमारे हाथों में न कोई पत्ती होती है
न होंठों पर प्यार।

रात भोजन करते हुए
मैं अब भी थाली में छोड़ देता हूँ
एकाध लुकमा
और 'थोड़ा सा और खा लो' के आग्रह के
बदले धीरे से अनाज की महँगाई
की बात करती हो।

कहीं कुछ बदला नहीं है
लेकिन अब याद आता है
हम एक-दूसरे को कितना प्यार करते थे।
मैं उस दिन की बात सोचता हूँ
हम दोनों बाजार गए
और मुख-द्वार के लिए नया ताला खरीदा
एक ताली तुमने रख ली और एक ताली मैंने

यह अजनबी होने की शुरुआत थी
और अब तो हम रक्तपात के
उस मुकाम पर
पहुँच चुके हैं कि हमारे
खतों के पते भी
एक दूसरे से अपना मुँह
चुराने लगे हैं।

रोटियों का शहर

छितो छितो डांग छितो
छितो छितो डांग डांग
डफले पर बजती है भूख पैर में घंटियाँ
दुपहर की आँच में सिंकती हैं
रोटियाँ
मजा करो—
तुम अपनी संसद के साथ
हम अपनी साँसत के साथ
छितो छितो डांग डांग
छितो छितो...!

मैमन सिंह

आप चौके में प्याज काटती हुई
बेगम के रजिया आँसू देखेंगे
और चापलूसी में साबुत लौकी पर
चक्कू फटकारते हुए कहेंगे—
ऐसे काटते हैं बहादुर
नौजवान दुश्मन का सिर
ऐसे काटते हैं।

भौचक्का पत्नी के सामने
युद्ध के पूर्वाभ्यास के लिए
रसोईघर से उत्तम दूसरी जगह नहीं है

फिर आप इत्मीनान से नाश्ता करेंगे
और सड़क पर जाएँगे

जै हिन्द न्यूयार्क
जै हिन्द मास्को
बंगलादेश जै हिन्द
'आमी तोमाके भालो बाशी' जै हिन्द

लेकिन उस वक्त आप क्या करेंगे
जब वापस लौटते हुए गली के
मोड़ पर मैमन सिंह मिलेंगे
खाली हाथ, खाली पेट?

क्या आप अपने घर लाएँगे
माना कि जहमत उठाएँगे
लेकिन मैमन सिंह सोएँगे कहाँ?

माना कि आपने उसे जब से चौंका दिया है
बिना बच्चे के पाँच वर्ष बीत जाने के बावजूद
उस औरत ने न कभी शिकायत की है और
न अपने चरित्र पर शक करने का मौका दिया है।

मैमन सिंह घर में खाएँगे
धर्मशाला में सोएँगे
सात दिन मैमन सिंह उदास रहेंगे
आप उन्हें सान्त्वना देंगे
सहानुभूति के नाम पर
बचे हुए को बाँटने का सुख सहेंगे

लेकिन आठवें दिन एक चमत्कार होगा
मैमन सिंह मुस्कुराएँगे, वे बिना पूछे

आपकी जेब से पैसे निकालेंगे
और सनीमा चले जाएँगे

नवें दिन आपकी कमीज गायब होगी
दसवें दिन आप देखेंगे कि आपका
सोने का बटन मैमन सिंह के काज की
शोभा बढ़ा रहा है
मैमन सिंह की अँगुली में पड़ी आपकी
अँगूठी आपको मुँह चिढ़ा रही है

और अब क्या खयाल है?
आज आपको शीशा नहीं मिल रहा है
कल आपकी कंघी में
खाँची भर रूसी है झौवा भर बाल हैं।

मैमन सिंह! मैमन सिंह!!
तुम्हें क्या हो गया है?
तुम मुझे चिथड़ों की ओर क्यों घसीट रहे हो?
तुम मेरे चमड़े का हल्ला क्यों पीट रहे हो?

मैमन सिंह, तुम मेरी कंघी को मेरे बालों के
खिलाफ उकसा रहे हो!
तुम मेरे बटनों से खेल रहे हो
मैमन सिंह, तुम मुझे खा रहे हो!!
मैमन सिंह, मैमन सिंह, साले शरणार्थी
तुम आदमी नहीं—अजदहे हो!

इस तरह जब अपनी घरऊ औकात के साथ
आप जमीन की लड़ाई लड़ेंगे
तब केवल जै हिन्द नहीं—अपने दिवालियापन से
निपटने के लिए
आपको दूसरे उत्तर भी ढूँढ़ने पड़ेंगे
और उस वक्त आप क्या करेंगे?

फिलहाल, जब मुहावरा गर्म है
एक देश को स्वीकृति देना
एक आदमी को स्वीकृति देने से
कठिन नहीं है।

लोकतंत्र

वे घर की दीवारों पर नारे
        लिख रहे थे
मैंने अपनी दीवारें जेब में रख लीं

उन्होंने मेरी पीठ पर नारा लिख दिया
मैंने अपनी पीठ कुर्सी को दे दी
        और अब पेट की बारी थी
मैं खुश था कि मुझे मन्दाग्नि की बीमारी थी
        और यह पेट है
मैंने उसे सहलाया
मेरा पेट
समाजवाद की भेंट है
और अपने विरोधियों से कहला भेजा
वे आएँ—और साहस है तो लिखें
        मैं तैयार हूँ

न मैं पेट हूँ
        न दीवार हूँ
                न पीठ हूँ
अब मैं विचार हूँ।

मैंने घुटने से कहा

मैंने उसकी बर्जिश करते हुए कहा—प्यारे घुटने
तुम्हें सत्तर वर्ष चलना था

और तुम अभी से चोट खा गए
जब कि अभी '70 है। तुम्हें
भाषा के दलिद्दर से उबरना तुम्हें और
सारी कौम का सपना
बनना था।

कविता में कितना जहर है और कितना देश
अपनी गरीबी की भार का मुँह मोड़ने के लिए
एक शब्द कितना कारगर होता है,
तुम्हें यह सवाल तय करना था।

अपनी भूख और बेकारी और नींद को
साहस की चौकी पर रख दो
और देखो कि दीवार पर उसका
क्या असर होता है।

गुस्से का रंग नीला या जोगिया
गुस्से का रंग बैंगनी या लाल
गुस्से का एक रंग ठीक उस तरह जैसे खुशरो गुस्सा
        या
        गुस्सा कंगाल

अगली कविता के लिए

भाषा के चमत्कार से बाहर
आकर देखो—
(सातवें और आठवें) दशकों की छूटती हुई सरहद की
बाड़ पर
टोबा टेकसिंह की तरह मरती है कविता!
जाँघ से
कपड़ा हटाने की जरूरत नहीं है और
न चेहरे को आग के सामने लाने की।
भाषा के चमत्कार से बाहर

लिंगों की तब्दीली के लिए
हिन्दू विद्यालय के व्याकरण विभाग से इजाजत
लेने की जरूरत नहीं है।

कविता करना मंटों का मरना है।

इस वक्त जबकि ज्यादातर लोग चुप हैं या
चीख रहे हैं
असली रफ्तार के लिए एक शब्द
काफी है—शाबाश!

लेकिन
याद रखो, यहीं से फिसलन भी
शुरू होती है।

पर्वतारोहण : नवम्बर, 1971

नींद और न्याय के बीच का पड़ाव
तय करते हुए
अपनी आयु के पैंतीसवें पर्वतारोहण के दौरान
मैंने अपने आपको देखा
और हिन्दुस्तान ने मुझे देखा एक ही अक्षांश पर

हम अपने भूगोल का हिसाब भुला कर
हम अपनी नब्ज में
अपने हारे हुए हिस्से की खोज करते हैं।

समझ के तीन वर्ष
निगल गया है
भाषा का खुफिया विभाग

लेकिन मेरे भीतर की आग
उसी तरह जलती है

कविता :

एक नया नशा है हिप्पियों की जमात
जिससे परिचित नहीं—मेरी कविता
अपनी डँड़इयों के बीच
शब्दों की राख उगलती है।

बीसवीं शताब्दी का सातवाँ दशक

बीसवीं शताब्दी के सातवें दशक के
आखिरी दिनों,
स्त्रियाँ स्त्रियाँ थीं

घर के चहबच्चों में
सधवा—
डूबती हुई
शोहदों की मुमकिन सी भाषा में कविता की
संसद थी, हरी-हरी ताजा दम
और गरम,
जिसमें तोंदू की तर थी
और मोंदू की मद थी

बीसवीं शताब्दी के सातवें दशक के
आखिरी दिनों में
जब 'क' का मतलब 'क' नहीं रह गया था
अपने सामने की चाय को
अपराध होने से बचाते हुए एक आदमी
अपने मुवक्किल के लिए लाजिमी भाषा बोलता है—
'मत भूलो कि तुम्हारा हर आँसू
अपराधियों के लिए चोट का
दूसरा दरवाजा खोलता है।'

पैंट का बटन खोलते हुए आदमी से कहा
तमीज के लिए अब दूसरा खेल
शुरू करो।

मैं सहज होना चाहता हूँ

जब दुनिया अपना खालीपन
बमों से पाट रही है
मेरे खाली पेट का ढकोसला
मत गाओ
चर्बीली आँखों में
मैं चाहता हूँ बहुत साधारण
जीवन और सही
मौत। मैं आसान होना
नहीं चाहता।
मैं चाहता हूँ मैं वह सब कुछ
अनुभव करूँ जो कुछ देखता हूँ।
मैं साहस नहीं चाहता
मैं सहज होना चाहता हूँ
ताकि आम को आम
और चाकू को चाकू कह सकूँ!

× × ×

मैं यहाँ, इस अँधेरे में खड़ा हूँ
यहीं,
मेरे देश ने
मुझे रोशनी देने को कहा है।

× × ×

वक्त की चौकी पर बैठे हुए अधेड़
मुंशी की तरह
मैं अपने बहते हुए खून में
तुम्हारे दाँतों का रपट पढ़ता हूँ।

मेरा गाँव

तारों भरा आसमान
और
मरियल खौरहा कुत्ता

सीवान में पड़ी फसलों की लोथ का
सन्नाटा सूँघता है।
जहाँ तीन-चार पेड़ आदमी होने का
करिश्मा दिखा रहे हैं

अँधेरे में ऊँघते हैं घर
जैसे घुपटी मारे हुए मुसहर
ऊँघता है।

एक बार
वह फिर मंच पा गया है
जहाँ पर्दे तो हैं मगर
पखवई नहीं है

मैं उसकी पीठ ठोंकता हूँ
शाब्बाश! हिम्मत से डटे रहो
भूख कभी गाली नहीं होती
और पेट का नंगापन नंगई नहीं है

सारा माहौल जब एक नये चुनाव की
तैयारी में मशगूल है :
वहाँ जीवन
अब भी
संसद की कार्यवाही से बाहर निकाले गए
वाक्य की तरह
तिरस्कृत है।

शिविर नम्बर तीन

जामा की गीत पर
पखावज की आखिरी थाप—की तरह बजकर
सूरज डूबता है

आतंक ने आत्मीयता की पहल की है।
गनी सोचता है गुल की बात
बीवी की हमल की बात—जो लगभग
अगले महीने एक नन्ही दिलचस्पी में तब्दील होता

भाषा के जादुई आतंक के साथ
जहाँ व्याकरण भाषा की सारी सम्भावनाएँ खो चुका है
और अर्थशास्त्र एक पौसरे में
बदल गया है।

वहाँ चीजों को नये सिरे से बदल डालने का विचार
पहले चाकू बनता है
फिर चीख में तब्दील हो जाता है

गुली रोटी का लुकमें तोड़ता है
खोए हुए लोगों की याद में
आँसुओं के बीच
जबड़ा अपना काम करने लगता है।

चानमारी से गुजरते हुए

सूअर का छौना किकिया रहा है
एक आदमी उसकी टाँग से
उलटा लटकाए लिये
    जा रहा है

उन्होंने तरस खाने लायक
तबीयत पाई है

जमीन के बारे में सबसे सही जानकारी
एक किसान दे सकता है
बस, छेड़ने की देर है...
'इस बार तुम्हारे खेतों की फसल
कुछ खास...'

'उसका कारन है जी!'
एक खखार...
और वह कहता है—
खेतों की जड़ कहाँ
सड़ रही है और मिल से आने वाली
बदबू सिर्फ कागज के
सड़ने की नहीं है और
और वह साइरन की आवाज
जब खेतों से
गुजरती है
फसल उसके नीचे
कुचली हुई साँपिनों की तरह
  फनकती है
असली गिजा
खाल के नीचे कहाँ रहता है।

चानमारी पर
छर्रे बीनते हुए चरवाहों
ऊबड़-खाबड़ रास्ते जो दूध के बाल्टों को
ढोल की तरह बजाते हैं
जैसे कोई नौसिखुआ लड़का
और हवा में
राम राम हो भाय राम राम
वाँ वाँ हाँ हाँ करती हुई पगडंडियाँ उछलती हैं
यह कलेजा है और गुर्दा—यह बर है
ये टखने हैं पैरों की नल्लियाँ
और कनबोज

और उसने
कटी हुई जंघाएँ, धुली हुई अँतड़ियाँ और
अंडकोश
उसी व्यापारिक श्रद्धा से लटका दी है
जिस श्रद्धा से माली
फूलों के गजरे लटकाता है।

नौजवान

जब एक कर्मठ शब्द
दूसरे तत्पर शब्द को
कविता के मारक अभिमान की
योजना समझा रहा था
मैंने उसे अनाज का अतिक्रमण
करते हुए देखा। अपनी दुविधाओं में
लहूलुहान एक गद्दीनशीन औरत
टाँगों में
धमाका दबाये बैठी है
और सारा हिन्दुस्तान
जबड़े में भिंची हुई
कलेजी की तरह बमक रहा है
क्या तुम निहत्थे हो?
उसकी मुसकान, चुपचाप, हुजूम में
एक साबुत चाकू फेंककर
गायब हो गई थी
इसके बाद तुम पढ़ते हो—
(हत्याएँ—आगजनी—लूट!)
क्या सचमुच सही लिखते हैं अखबार?
अपनी बेलौस आवाज में इस बार—
उसने पूरी आजादी और नये पाठ्यक्रम की
माँग की है।

जनतंत्र : एक हत्या-सन्दर्भ

[सन्तोष कुमार कपूरिया के लिए]

'शायद यह इसलिए घटित हुआ कि तुम अपनी
ज्यामिति नहीं जानते थे'। —**लोर्का**

खून के थक्के में तलफता हुआ
जब वह युवा जिस्म
गिर पड़ा रास्ते के ठीक बीचोबीच

उस वक्त जनतंत्र किधर था?
दम तोड़ती हुई साँसों के
सिरहाने या पैताने...
उस वक्त जनतंत्र किधर था?

बार-बार मुझसे पूछती है वह बालिग लड़की
कविता उसका नाम है
उसकी आँखों में शक है
आँसू है
आँसू में तैरता हुआ एक फितना सवाल
रह-रहकर
मेरा चेहरा टटोलता है
उस वक्त जनतंत्र किधर था?

और इस वक्त उत्तर की नहीं
ढाढ़स की जरूरत है
क्योंकि आँख से गिरा हुआ
एक गरीब आँसू अक्सर
अपराधी के लिए चोट का
दूसरा दरवाजा खोलता है।

मैं उसके आँसू पोंछता हूँ :
लड़की! इस तरह मत रो
कहीं ऐसा न हो
कि हवाओं में झूलते हुए
सैकड़ों खुशनुमा रंगीन शीशे
पथराए हुए चेहरों से टकराएँ
और टूट जाएँ

मलाल इस कदर सहने की सीमा के पार हो
कि आदमी
चाकू की वहशत के खिलाफ
दूसरा चाकू उठा ले

और जंगल के साथ
कहीं ऐसा न हो कि
घास की मासूमियत—
जोश की रहजनी का शिकार हो

कहीं ऐसा न हो कि पत्तों की जुबान में
जहर भर जाए
और पेड़ों में फूल दुबारा न आए।

लड़की, इस तरह मत रो
कहीं ऐसा न हो कि वापस लौटकर
न आए वह जंगली चिड़िया
जो हत्यारे चाकू पर
अपना गीत पैनाती है
और गाती है अमन की उस सच्चाई को
जो जिन्दगियों के लिए
जीने का नुस्खा बन जाती है।

कई बार
देह में कटा हुआ एक टटका घाव
एक रोशनदान बन जाता है
जिससे होकर जिन्दगी की ताजी किरण
दुनिया में आती है।

कई बार मौत का राग
जिन्दगी के राग से
ज्यादा गहराई से बजता है
तू क्यों भूल जाती है कि कई बार
भाषा का घर
जिन्दा कहकहों से कहीं ज्यादा अच्छी तरह
मौत के सन्नाटे से सजता है
और मैं उसके सामने
अपनी जेब से तीन जोड़ा मछलियाँ
निकाल कर रख देता हूँ

कल तक ये आँखें थीं
पिंडलियाँ थीं

कल तक ये दुनिया को दुनिया से
जोड़ती थीं।
कल तक वह युवामन
हरेक की आँख का तारा होना
एक खुली हुई सड़क
एक झंडा होना चाहता था।
एक ताबीज, एक क्रास, एक मंत्र होना चाहता था।

वह एक साथ जनता और जनतंत्र
होना चाहता था
जहाँ खुली हुई सच्चाइयाँ
एक दूसरे के गले मिलती हैं।
वह प्रेमियों में नामजद होना चाहता था
कर्ता जहाँ अपनी क्रिया से कोई परहेज नहीं करता
वह ऐसी दर्शनदीर्घा और संसद होना चाहता था।

लेकिन अब वह नहीं है सिर्फ
तीन जोड़ी आँखें हैं
और जैसा मैंने कहा
यह वक्त की समझ है
जो निगाह बन गई है
एक हसरत भरी जिन्दगी जो रास्ते में
गिर पड़ी थी
हसरत भरे दिलों के लिए
राह बन गई है

मैं उसके सामने तीन जोड़ा
मछलियाँ रख देता हूँ।

वह उन्हें उठाती है और
आँखों में, बाँहों में और पिंडलियों में भर लेती है।

क्वारी जाँघों में
एक सपना उपरता है
होंठों के पिच से एक सिसकी
उछलती है और आहों की झील में
छलाँग लगा जाती है
ठहरा हुआ जीवन शुरू होता है
मैं कमरे से बाहर आता हूँ
सड़क पर वक्त है, सुबह है
अफवाहें हैं
झुर्रियाँ हैं, धुन्ध भरे चेहरों को
आँकती निगाहें हैं
थकी हुई छड़ी है
युवकों के उत्तेजित चेहरे हैं
असमंजस में हिलते हुए हाथ हैं
जिनसे अभी-अभी छूटकर
गिर पड़ी है एक परखनली
जिसमें यौवन का तरल
जीवन द्रव भरा था।
क्या कहा? क्या कहा?
क्या यहाँ कोई कभी ऐसे भी मरा था?

लड़के! लड़के!! अब क्या करोगे?
अब क्या करोगे?
काँपता हुआ चश्मा
धीरे से आँसू पोंछता है
'मैं उसे अपनी आदतों में जिन्दा रखूँगा
अपने सबसे ऊपरी बटन का नाम
अपने दोस्त के नाम पर रखूँगा'

लड़की! लड़की!! तुम क्या करोगी?
तुम क्या करोगी?
काँपती अँगुलियाँ
चोटी के फन्ने बनाती हैं

'मैं उसे अपनी यादों में जिन्दा रखूँगी
अपने रिबन का नाम
उसके नाम पर रखूँगी'

मैं शहर की ड्योढ़ी पार करता हूँ
गुलमुहर गहगहा उठे हैं
अमलतास की एक पीली पंखुड़ी
आदर से गिरती है
उसके यात्रान्त पर

एक ब्याहता अपना घूँघट सँभालती है
उसके माथे का रंग
नीला पड़ गया है
एक क्वारी माँग
उस चिड़िया-सी चहचहाती है
अभी-अभी जिसका घोंसला
उजड़ गया है
यही शायद अरथी का अर्थ है
और मैं सोचता हूँ
मुझे साथ लाना चाहिए था
भरी हुई आँखों के साथ कमरे में
बैठी हुई
उदास आँखों वाली कविता को
और दिखलाना था कि
आततायी फितरत के खिलाफ
युवा-समझ ने
मौत का मतलब किस तरह बदल दिया है
मैं उदासी और अर्थ की सम्भावनाओं के बीच
घूमता हूँ एक सड़क से दूसरी सड़क तक
और ऐसे भरे पूरे बसंत में
आईना-सी चमकती उस युवा-मृत्यु पर
मुझे अचरज होता है
ईर्ष्या होती है।

मुक्ति का रास्ता

दिन खराब थे और शुरुआत हो चुकी थी
आँसू की जगह आँखों में बदले की आग थी।

ऐसे में आदमी का मुख निहारती कविता
बढ़ती चली गई भाषा के बीहड़ों की ओर
जैसे वह आदिवासी औरत झाड़ी की ओट से
जलते हुए झोंपड़ों को देखती उतरती चली गई
वो जंगली ढलान—
जहाँ फौरी कार्रवाई के लिए हमलावर दस्ता
पेटियाँ कस रहा था।

क्या तुम्हें याद है वह दिन? वह घटना—
कितने बजे थे जब रक्त सनी चीखों में
लिपटा हुआ वक्त सुन्न पड़ गया था
घहराते हुए चीत्कार के बीच?
मारे गए थे पुरजन। कटे हुए खेत की
मेंड़ पर लोथें गिरी थीं। खूनी खखार की तरह
जोतदार का सिर खेत में पड़ा था। अनाज
ढोया जा चुका था सुरक्षित मुकाम पर।

इसके बाद आए थे अपराध के कानूनी दलाल
एड़ियाँ बजाते हुए। किरचों की मुहर ने
चेहरों को दागी किया था। लाशों की गिनती—
फिर आगजनी, लूट। लेकिन क्या लगा था
आततायियों के हाथ? नफरत की आँच ने
चन्द खाली झोंपड़ों को राख किया था।
और वह स्त्री आदिवासी? इसके बाद
तुम जानते ही हो शब्द शस्त्र बन गए हैं
और अगवा बन्दूक की निशानदेही पर
कविता ने ढूँढ़ लिया है अपनी मुक्ति का रास्ता
दुश्मन की छाती के खून भरे छेद से।

गुफ्तगू

कहीं कोई भाषा नहीं है
भूख के केन्द्र में

एक थरथराता हुआ आँसू है
जिस पर आग पहरा देती है।

(किस कदर अमूर्त है स्वगत)

बीवी! क्या बच्चे सो गए?
तुमने खाना खा लिया?

बीवी पास आओ और सुनो—
जिन्दगी के सपनों पर
सच्चाई के टट्टर गिरा दो

और सोचो—हमारे बीच बैठे
हुए—अन्धकार से

हम कितनी दूर मार सकते हैं।
और देखो—

रोशनी जहाँ सबसे तेज है;
दुश्मन वहीं रहते हैं।

मतदाता

पेट अपनी जगह रहेगा
सिर्फ पैर चलेंगे—
रोटी की ओर तीन कदम
दो कदम बिस्तर की ओर

हाँ, रास्ते में
एक जगह ऐसी भी आएगी
जब वह हड़ियल चेहरा ठिठक कर सोचेगा
पहले कौन—
दायाँ या बायाँ!
फिर एक निर्णय लेगा

जंगल में जाने के लिए
किसी सिगनल की जरूरत नहीं है
कम-से-कम वह इतना आजाद तो है ही
कि अपनी सोच के खिलाफ
पीठ पर बँधे हुए अपने हाथों को
अपने चेहरे के ठीक सामने खोले
और कहे 'ये मेरे हाथ हैं'
यहीं से नई जनगणना सार्थक होती है
और एक बालिग मुहावरा
ढर्रे की सार्वजनिकता के रूबरू होता है

'कहने का मतलब यह है कि भाइयो!
जनतंत्र जनता से नहीं
घर की जंग से शुरू होता है'
और फिर पहली बार यह जानकर
वह खुश होगा कि मतपेटी में
मत-पत्र के साथ वह अपनी समझ नहीं डाल आया
है आज भी—
अगली लड़ाई के लिए उसके दाँत और नाखून
एक रोटी पर सुरक्षित हैं।

चुनाव

यह आखिरी भ्रम है
दस्ते पर हाथ फेरते हुए मैंने कहा

तब तक इसी तरह
बातों में चलते रहो
इसके बाद—
वादों की दुनिया में
धोखा खाने के लिए
कुछ भी नहीं होगा
और कल जब भाषा—
भूख का हाथ छुड़ा कर
चमत्कारों की ओर वापस चली जाएगी
मैं तुम्हें बातों से उठाकर
आँतों में फेंक दूँगा
वहाँ तुम—
किसी सही शब्द की बगल में
कविता का समकालीन बनकर
खड़े रहना
दस्ते पर हाथ फेरते हुए
मैंने चाकू से कहा।

सिलसिला

[तुम्हारे पास खोने के लिए,
जंजीरों के सिवा कुछ भी नहीं है।]

हवा गरम है
और धमाका एक हलकी सी रगड़ का
इन्तजार कर रहा है।

कठुआये हुए चेहरों की रौनक
वापस लाने के लिए
उठो और हरियाली पर हमला करो
जड़ों से कहो कि अँधेरे में
बेहिसाब दौड़ने के बजाय
पेड़ों की तरफदारी के लिए

जमीन से बाहर निकल पड़ें
बिना इस डर के कि जंगल
सूख जाएगा।

यह सही है कि नारों को
नई शाख नहीं मिलेगी
और न आरा मशीन को
नींद की फुरसत
लेकिन यह तुम्हारे हक में है
इससे इतना तो होगा ही
कि रुखानी की मामूली-सी गवाही पर
तुम दरवाजे को अपना दरवाजा
और मेज को
अपनी मेज कह सकोगे।

'स' और 'त' का खेल

सुनो प्यारो! प्यारियो!!
स-त का जमाना है
'स' और 'त' का खेल दिखाना है
ए-बजे ताली

(जो न बजाए उसके नाड़े को गाली)

'स' से संसद
'त' से तलवार
क्यों जमूरे, हाँ यार!
बच्चों के सामने दोनों ही रखो
और देखो वे किसे चुनते हैं।
और बात कहो दोनों
यानी यह कि :

सत्ता का जन्म बन्दूक की नली से
होता है,
सत्ता का जन्म सन्दूक की तली से
होता है
और देखो वे किसे सुनते हैं।

एक-एक कर सारे दर्शक
सहानुभूति और सिक्के फेंक कर चले गए
चेचा बाकर बैठी हुई लड़की के
सिरहाने, चुप न हुई
चिंचियाती रही खब्बीस बुढ़िया।
पता नहीं वह क्या चाहती थी?

और तभी एक मस्त कलन्दर उसके पास आया
और डाँटकर कहा—
'क्यों रोती है?
बदनसीब औरत! क्या तू नहीं जानती
कि भाषा बलात्कार से बालिग होती है?'

बुढ़िया के आँसू सूख गए।
वह मुस्कुराई और
लड़की का हाथ पकड़कर
भीड़ में गुम हो गई।

निहत्थे आदमी से कहा

सुबह जब बड़ी बन्दूक
छोटी बन्दूक का नाश्ता कर रही थी
मैंने निहत्थे आदमी को
गाँव की तरफ जाते हुए देखा—
पगडंडी पर खाली हाथ जाते हुए भाई!
क्या तुमने

अपनी वर्दी से बाहर निकल कर
रोटी माँगी थी?
या किसी नागरिक प्रत्याशा में
छोटे भाई के सिर पर प्रहार करने से
        मना किया था?

इस खुली हवा और चमकती हुई धूप में
जहाँ वाजिब वेतन की माँग
नये पाठ्यक्रम में
बदल जाती है।
और गोली की भाषा के उभार
अँगुलियों से छह बार पढ़े
जाते हैं।

भूख की कक्षा में
सहशिक्षा के पहले पाठ की
शुरुआत है

जैसे बेरंग के बादशाह को
रंग की दुड़ी काट देती है।

× × ×

बाहर आजादी से
और भीतर अनाज से लड़ता है।

आगाह करो उन्हें कि यह झुकने की लज्जा नहीं
सिर्फ चौखट की ऊँचाई भूल जाने की
        चोट है।

हरित क्रान्ति-1

इतनी हरियाली के बावजूद
अर्जुन को नहीं मालूम उसके गालों की हड्डी क्यों

उभर आई है। उसके बाल
सफेद क्यों हो गए हैं।
लोहे की छोटी-सी दुकान में बैठा हुआ आदमी
सोना और इतने बड़े खेत में खड़ा आदमी
मिट्‌टी क्यों हो गया है।

हरित क्रान्ति-2

पास आने पर मालूम हुआ—
धोखे की जगह भाई खड़ा है
उसकी आँखों में हरियाली की जगह
आग है जिस पर बालियाँ
सीझ रही हैं

चैत पक रहा है
उम्मीद के दिन
कुआर से खट रहे हैं
यह जाड़े की शुरुआत है

और अब
खून कब पसीना बनता है
और कब आँसू—
अनाज की बालियों से छिपा नहीं है
पास आने पर मालूम हुआ

मौसम के चहचह में सुरक्षित
एक तार पर बैठी हुई चिड़िया
नहीं जानती कि बिजली—
        क्या करती है?

इसे केवल ट्रांसफार्मर
का दिल जानता है
जो हर वक्त झनझना रहा है।

हरित क्रान्ति-3

मैंने अपने गाँव से शुरू किया
एक तार पर बैठने की सुविधा में
छोटी चिड़िया कितना खुश है
चीनी मिट्टी का
'सैकिल इंसुलेटर'!

मैंने जोर से कहा—हरित
और धीरे से कहा—क्रान्ति
नन्ही चिड़िया नहीं जानती
एक समकालीन शब्द धीरे से कहने पर
पेट में कितने चाकू उतरते हैं।

एक तार पर बैठी हुई
चिड़िया कुछ नहीं जानती
लेकिन ट्रांसफार्मर जानता है कि
तारों के बीच
वोल्टेज कितना बढ़ गया है।
छोटी चिड़िया खुला हुआ आसमान
जानती है और
गेहूँ की बालों में
सोए हुए रोयेंदार दानों का
दूध भरा सपना
कीड़े न लगें—
अपनी लालच के पीछे पर
गमक्सीन की गन्ध छिड़काव
करती है छोटी चिड़िया।
बैल के कन्धों पर
खून का मरना नहीं जानती
आँखों में, खेत में हलाल होने का हाल!

हत्यारे-1

वे स्वस्थ और सुन्दर हैं
ठीक अपने दाँत की तरह
शत-प्रतिशत देशी और निजी।

वे गोली और गोली के इस्तेमाल
में माहिर हैं।
घिसे हुए जूतों के तल्लों-सी
उनकी आत्मा परिचित है
अन्धकार के उन सारे रस्तों से—
जहाँ नरसंहार के आदिम उत्सव होते हैं
यह वाम मार्ग है और यह
दक्षिण।

उनके चेहरों पर चीलें उतरती हैं
पंजों में दाबे हुए पीली मुस्कानों के कतरे।
उनकी अँगुलियों में
गुमशुदा सितारों की चीखें हैं।

उनकी आँखों में नमी है। परखनलियों में
रखे हुए द्रव की सार्वजनिकता। तेल और लोहे की
संवेदना।

प्रयोगशालाएँ उनके वर्गीकरण से घबराती हैं।

वे हँसते हैं और हत्याओं की परिभाषाएँ
बदल जाती हैं। राजनीतिक हत्याएँ, भुखमरी और
साम्प्रदायिक मौतें।

यह युद्ध है और यह शान्ति।
पहले दिन वे बमों की खिलाफत
करते हैं। शान्ति के लिए
दूसरे दिन वे जनता की राय
लेते हैं।

तीसरे दिन वे बमों की
हिमायत करते हैं शान्ति के लिए।

वे तुम्हारी बातों में शामिल हैं
हर वक्त वे तुम्हारा पीछा कर रहे हैं।
चायघर में तुम उनके बारे में
बतिया रहे हो।

वे आदत तुम्हारी बन गए हैं।
सट्टी में या डाकखाने में खत लिखते हुए
बीवी को चूमते हुए
बच्चों को स्कूल छोड़ते हुए
हर वक्त
वे तुम्हारे साथ हैं।
वे तुम्हारे सामने एक आईना रखते हैं और
तुम गुर्राने लगते हो
अपने खिलाफ। एक बेगानी आवाज बनकर
और अब तो चुनाव हो रहा है
वे तुम्हारी कटी हुई जेबों के नाम पर
अपना पर्चा दाखिल करने वाले हैं
अगले मतदान में।

हत्यारे-2

हत्यारे एकदम सामने नहीं आते
वह पुराना तरीका है एक आदमी को मारने का
अब एक समूह का शिकार करना है
हत्यारे एकदम सामने नहीं आते।
उनके पास हैं कई-कई चेहरे

कितने ही अनुचर और बोलियाँ
एक से एक आधुनिक सभ्य और निरापद तरीके।
ज्यादातर वे हथियार की जगह तुम्हें

विचार से मारते हैं
वे तुम्हारे भीतर एक दुभाषिया पैदा कर
देते हैं। फूल और रोटी के बीच
अनकिये अपराधों के लिए
तुम खुद को जिम्मेदार मानते हो
क्या सचमुच प्रतिनिधि हैं तुम्हारी जन-सभाएँ?
धुँधुआती आँखें पढ़ना चाहती हैं आजादी का घोषणा-पत्र
किसने चुराई है रोशनी?
अन्न और वस्त्र कहाँ है तुम्हारे लिए?
कहाँ है मेहनत पर जीने का कौल?
किसने काटे हैं हाथ?
तुम लगातार सोचते हो—अकेलापन
ऊब की कवच है।
माना कि तुम समझ लेते हो इस तरह धीरे-धीरे
तनहाई में डाल दिये जाने की चाल
और अकेला होने से बचते हो।

हजारों हाथ एक साथ उठते हैं—मुट्ठी की तरह
संगठित होते हैं।
तब आते हैं गुलामी के प्रवक्ता
वे जंजीरों को फूलों में छिपाकर लाते हैं
'यह है देश! तुम्हारी गर्दन कहाँ है?'

लेकिन हर संगठित आँख
पंखुरी की चीख सुन लेती है
पराग की गन्ध को मारकर
बँधे हुए लोहे से फूटती है बासी दुर्गन्ध

लक्का कबूतर के खड़े हुए पंख-सी
जिससे आँखों में आँसू भर आते हैं
और तुम बच निकलते हो जालसाज
शब्दों की काली करतूत से।
तुम सोचते हो—देश
आदमी-हितों की कुंजी है

फिर शुरू होती है रोटी की मार
यह सबसे कठिन है। रिश्तों में फोड़कर दरार
बेगानापन उगता है। परिचय
डूबने लगता है भय के सैलाब में
सहसा एक डमरू चेहरा तुम्हारी आत्मीयता में
बजता है। दुद्धा जुबान
आश्वासनों के मुनक्का शब्द खोलती है
वादों की घाटी में
तुम देखते हो रोटियों का क्षितिज
मगर कहाँ है भविष्य?
तुम्हारी आँखों में हिंसक आग जलती है
दाँतों के खिलाफ चलते हैं दाँत
निचला जबड़ा ऊपरी जबड़ों को पीसता है
रोशनी थर्राती है—विस्फोटक कौंध

हवाएँ खौलती हैं—तेजाब की तरह
हर जुबान पर जलता है एक मारक शब्द
'क्रान्ति'
लेकिन तब—शब्दों की कलई उतरते ही
स्वस्तिक करुणा
खूँख्वार जबड़े में तब्दील होने लगती है
अब वे बिलकुल नंगे हैं
हत्यारों ने फेंक दिये हैं
सारे शब्द और विचार
उन्होंने हथियार उठा लिये हैं इस वक्त
इस वक्त तुम्हें तय करना है कि तुम
क्या करोगे?

वापसी

हरा पेड़ आईने की मानिन्द
लहक रहा है बच्चे की भूखी
चिल्लाहट में।

चूल्हे का कोयला और पतीली की दाल
बुदबुदाते हैं—रोटी का क्या हुआ?
औरत आँचल ठीक करती है,
एक कनफटी कमीज
खूँटी पर झूलती है दौड़-धूप के बाद
बेतहाशा लौटे आदमी का मुँह
धोती है बाल्टी। चौका बुलाता है
'ओह! आह!! अच्छे बच्चे रोते नहीं'
आईना दरकता है
पेड़ इसी तरह जलावन बनते हैं।
पिता का दिल मर्द की तरह टूटता है
और चूल्हे की आग
उसकी आँखों में जलने लगती है
हे भाई हे! अगर चाहते हो
कि हवा का रुख बदले
तो एक काम करो—
हे भाई हे!!
संसद जाम करने से बेहतर है—
        सड़क जाम करो।

अब मैं अगली योजनाओं पर बात करूँगा

साथियो! सूर्योदय,

वनस्पतियों के हाथ लगी रसद-सामग्री
वहाँ खिसका दो पेड़ों की अगली कतार में
और
चिड़ियों को चहचहाने दो

प्रशिक्षण की भाषा में
यह है रक्त-शिखर
मुहिम यहाँ से शुरू होती है

तनी मांसपेशियों को छोड़कर
आँतों के पीछे
ठीक यहाँ—रहती है भूख—
जाना है बायें से—क्या कहा द्वार से?
नहीं—नहीं—साथी
इसे ठीक-ठीक घोख लें—
        ऊबड़ दरार से।

लोहसाँय

ठेलू ठीहे पर जाता है
और जुगाड़ जमाता है

काँटा काँटे पर फिट हो रहा है
कील से कील भिड़ रही है

न सूत भर इधर
न सूत भर उधर
यह रहा कमासुत हथौड़ा—
        बजर बनता है
छेनी सँड़सी में ऐसे तनी है
जैसे गुदार मांस में धँसा हुआ दाँत
पेच जहाँ ढीले थे, थर दिये गए हैं
मशीन बिलकुल तैयार है
खराद के लिए

मगर कहाँ है 'बिलाक'
नक्शा कहाँ है
कहाँ है औजारों की बाँक
और सबसे जरूरी—सधे हुए हाथ
कहाँ हैं

रोटी कितनी मशक्कत से मिलती है
इस पैने वक्त

जबकि चीजें बेशुमार
बनैली शक्लों में बदल रही हैं
और लोहा जहाँ गलत मुड़ गया है
ठोंक कर ठीक हो सकता है।

पलटू टेम पर नहीं आता
ठेलू की मिस्त्री से शिकायत है।

ठेलू ठीहे पर जाता है
धुकनी की मरी हुई खाल को
निहारता है
बुझे हुए कोयले छाँट कर
भाथी धधकाता है

लोहसाँय चालू होती है
एक-एक कर आते हैं किसान—
खेतिहर—मजूर

गाँव-गिराँव से।
सलाम-रमरम्मी के बाद

ठेलू फरगाता है फाल—
गँड़ासा, खुरपी, कुदाल...

हँसी-मजाक, बतकही चलती रहती है
इसी के दौरान

इधर-उधर देखकर
धीरे से कहता है टेकू बनिहार
—'हँसुये पर ताव जरी ठीक तरे देना
कि धार मुड़े नहीं आजकल
छिनार निहाई ने
लोहे को मनमाफिक हनने के लिए
हथौड़े से दोस्ती की है।'

सब ठठाकर हँसते हैं
ठेलू मतलब दहाकर मुस्काता है
और आँच लहकाता है।

कमरा

वह कमरा अब कविता बन गया है उनके लिए
दीवारें—जैसे चार पंक्तियाँ हैं और छत
उन्हें एक-दूसरे से बाँधती हुई एक वाजिब तुक है

मुझे दुख है कि इससे अधिक सटीक भाषा
मेरे पास नहीं है जबकि चार जनों से भरा-पूरा कमरा
इससे कुछ ज्यादा लगता है।

—पिता एक्का हाँकता है
माँ कोठी में बरतन माँजती है
बेटी जवान है—उसके जिम्मे
संतरों की बिक्री का काम है
बेटा पढ़ता है तीसरी जमात में

यह सब दिन काटने का सरंजाम है
और रात में
एक ही कमरे में सोते हैं चार जन
एक-दूसरे से अपनी टाँगें बचाते हुए
उनके सिर-हाथों के ऊपर
एक-दूसरे को पहचानते हैं।

—बेटी जानती है कि माँ को पेट रह गया है
बेटा जानता है कि बहन की छाती पर
'पाका' नहीं—'क्या' है
माँ-बाप समझते हैं कि बच्चे—
समझदार हैं

बहरहाल, वे सब जानते हैं—
सिरकी पर टँगी, मटमैली धोती, मामूली आड़ है
कोई संसद-पटल नहीं, जहाँ देश-हित के नाम
एक प्रस्ताव लटका दिया गया है।

आदम इरादों से बित्ता भर उठी हुई पृथ्वी

ओ अपराध-सी अन्धी
पाप-सी उजागर

आदम इरादों से बित्ता भर
ऊपर उठी हुई पृथ्वी

तुझ पर
हर ओर से चोट हो रही है
तू वक्त के तहखाने में
लगातार हारते जुआड़ी के हाथों की
नोट हो रही है

देह से बहुत बाहर
मैं तेरा बेटा हूँ
तू मेरी माँ है
मगर, सुन—
हम दोनों के बीच का रिश्ता
कहाँ है
पता नहीं कब गिर गया वह
तेरे आँचल
मेरी फटी हुई जेब से

इन दिनों
खाली हाथ हम
दोनों जीने के लिए विवश हैं
एक-दूसरे को दिये गए फरेब से।

खून का हिसाब

अपराधी की आत्मकथा-सी सपाट है सामने की दीवार
आग के खिलाफ उगल कर आग खामोश हो गई है
अहिंसक पिस्तौल! रोजनामचा एक फर्जी तफतीश डकार
कर बनिया तोंद की तरह खूभ गया है और एक
गलीज चेहरा अमन कायम करने की मुद्रा में
नोनछई ईंट-सा भसक कर गर्दन की थून्ह पर गिर पड़ता है

जिस वक्त कुर्सी अपने हाथ साफ कर रही है। छाती से
बमकते हुए खून की तरह उछलता है नौजवान
रक्त और कीचड़ से सना हुआ फौरी प्रतिवाद। झुक कर,
झिझक कर, घूम कर पंजों पर—हुमक कर पूरी घृणा
के साथ धोखे की यातना के खिलाफ एक हिंस्र चीख।
धुँधले में दगी हुई कट्टा बन्दूक। बदले की
दारुण चीत्कार अपने ही खून के दायरे में
तड़प कर गूँजती है—गूँज कर तड़पती है।

बाहर अशोक के पेड़ खड़े हैं चुपचाप।
एक बच्चा बगल में बस्ता दबाए स्कूल जा रहा है
एक नन्ही लड़की गुड्डे से खेल रही है। दाई माँ! दाई माँ!!
क्या तुम्हें खबर है?

गुमनाम जगह—सड़क की पटरी—लाश की शिनाख्त नहीं
चीरघर—पुलिस तफतीश—सत्ता के भी अपने मजाक
होते हैं।

खबरों के पीछे खबरें चलती हैं, ऐसे में सच्चाई
आईना बनती है धरदार
दुर्घटना की बेमुरव्वत जगह से दूर

कोसों दूर—जब आँसू अंगारे बनते जा रहे हैं
शब्दों के कुहराम में सिर्फ बदला गूँजता है;

चेहराभर आईने के सामने—
बालों में रोती हुई कंघी से एक कमसिन भुजाली
खून का हिसाब चुकता करने की कसम
खाती है।

नींद के बाद

बच्चा सुला दिया जाता है लोरियों से
झिड़कियों में पीपल का भूत। पलकों को मूँदता है
तारों भरे आसमान में सपनों के नीचे
माँ का हृदय कथरी-सा बिछता है। मगर पिता जागता रहता है
सोये हुए जंगल की मनाही के बावजूद
एक फूल बसंत का दरवाजा खटखटाता है
बेटा एक फूल है; एक नन्हा विचार
वह सोचता है बेटे का भविष्य :
जिन्दगी के तमाम दुख-दर्द, लालचें
लोरियाँ, लड़ाइयाँ और पीपल के भूत
ये सब सिर्फ नींद के बहाने हैं
लेकिन बच्चा खाएगा क्या? कैसे जियेगा?
बच्चा जब जागेगा—क्या माँगेगा?
मुँह खोलेगा तो क्या बोलेगा?
पिता अपने बारे में सोचता है और चुपचाप
बच्चा उतरता है पिता के भीतर
धीरे-धीरे फैलती हैं अँतड़ियाँ
खून दौड़ने लगता है नसों के बीच
नाखून बढ़ते हैं : दाँतों में तेजी आती है
जबड़े कसते हैं : आँखों में बमकती है आग
पिता फूलता है, फैलता है, फड़कता है
फड़फड़ाता है, फट जाता है—हे राम! हाय राम!!
ओ हत्याकांड के साक्षी आकाश! रात की शुरुआत के साथ ही
भोर की पदचाप सुनाई पड़ने लगती है
और नींद के बाद
अब तारे नहीं चमक रहे हैं कहीं

सोये हुए बच्चे के होंठ। हलकी हँसी से रँगे हैं
पिता की आँखों में फैसले की नमी है
और पूरब में फैली हुई लालिमा
उसके विचारों का रंग बन चुकी है।

रात्रि-भाषा

हाथों की भाषा
आँखों के संकेत
अच्छी तरह जानते हैं दोस्त!

दुश्मन की बेचैनी हर जगह
हथियार से टटोल रही है

यह है पेट
अँतड़ियाँ यहाँ हैं

भूख के आँसू? इन्हें चलने दो?
और यह रहा—गुस्सा
हड़कम्प तेवर
आदमी होने की बान
इसे जाम करो?

लोकतंत्र के इस अमानवीय संकट में

'लोकतंत्र के
इस अमानवीय संकट के समय
कविताओं के जरिये
मैं भारतीय
वामपंथ के चरित्र को
भ्रष्ट होने से बचा सकूँगा'—एकमात्र इसी विचार

से मैं रचना करता हूँ अन्यथा यह इतना दुस्साध्य
और कष्टप्रद है कि कोई भी व्यक्ति
अकेला होकर मरना पसन्द करेगा
बनिस्बत इसमें आकर
एक सार्वजनिक और क्रमिक
मौत पाने के।

भूख

गेहूँ की पौध में टपकती हुई लार
लटे हुए हाथ की
आज की बालियों के सेहत पूछती है।
कोई नारा नहीं, न कोई सीख
सांत्वना के बाहर एक दौड़ती जरूरत
चाकू की तलाश में मुट्ठियाँ खोलती है फैली हुई
हथेली पर रख देती है

एक छापामार संकेत
सफर रात में तै करना है।

आततायी की नींद
एतबार का माहौल बना रही है
लोहे की जीभ! उचारती है
कविता के मुहावरे,
ओ आग! ओ प्रतिकार की भावना!!
एक फूल की कीमत हजारों सिसकियों ने चुकाई है।
भूख की दर्शन-दीर्घा से कूदकर
मरी हुई आँतों का शोर
अकाल की पर्चियाँ फेंकता है।
आ मेरे साथ, आ मेरे साथ आ!
हड़ताल का रास्ता हथियार के रास्ते से
जुड़ गया है।

पिता की पसलियों से माँ की आँखों से गुजर
भाई के जबड़े से होती हुई मेरे बेटे की तनी हुई
मुट्ठी में आ! उतर! आ!

ओ आटे की शीशा!
चावल की सिटकी!

गाड़ी को अदृश्य तक बिछी हुई रेल
कोशिश की हर मुहिम पर
मैं तुम्हें खोलूँगा फिश-प्लेट की तरह
बम की तरह दे मारूँगा तेरे ही राज पर
बीन कर फेंक दूँगा
मेहनतकश की पसलियों पर
तेरा उभार बदलाव को साबित करता है
जैसे झोंपड़ी के बाहर
नारंगी के सूखे छिलके बताते हैं
अन्दर एक मरीज अब
स्वस्थ हो रहा है
ओ क्रान्ति की मुँहबोली बहन!
जिसकी आँतों में जन्मी है
उसके लिए रास्ता बन।

प्रस्ताव

लिखो बसंत!
ठीक—बस—अन्त लिखो!!

हवा और रक्त की हरकत का रुख
सूरज की तरफ है
सूरज का रुख है तुम्हारे चेहरे की ओर

ए झुकी हुई गरदन!
थुक्का जिन्दगी!!
तुम्हारा चेहरा किधर है

क्या सचमुच तुम्हारे गुस्से की बगल में
खड़ा हो रहा है पत्तों में
बजता हुआ चाकुओं का शोर?

तब लिखो बसंत
पेड़ पर नहीं
चेहरों पर लिखो!

मैंने कहा—

खून सनी अँगुलियों
और अभाव के बीच
हमले का खुला निशान है ऐ साथी!

जब खून में दौड़ती है आग
चेहरा आँसू से धुलता है
उस वक्त इतिहास का हरेक घाव
तजुरबे की दीवार में
मुक्के-सा खुलता है ऐ साथी!

तुमने कहा—

दुर्घटनाओं का सिलसिला
जारी है भूख
हड्डियों में बज रही है।
पत्तियों की चीख के बावजूद
पेड़ों को वनमहोत्सव से
बाहर कर दिया गया है

फिर भी लिखो बसंत

यह रक्त का रंग है
वक्त की आँख है
पत्थर पर घिसे हुए शस्त्र की—
भभक वाले मेरे उत्तेजित आदिवासी विचार
रुको और देखो हवा का रुख
पैनाते हुए सारे तीर और तरकश
        टिका दो यहाँ—

ठीक—यहाँ—कविताओं में
राजनीतिक हत्याओं का प्रस्ताव
अमूमन स्वीकृत है
और पहली बार
आत्महीनता के खिलाफ
हिंसा ने
पहल की है।

20 मादा कविताएँ*

1. पी. सुदामा और मूर्ति के लिए

आजादी के ग्यारह वर्षों से पहले
सिर्फ हमारे गुलाम चेहरे
बने थे।
दादी-अम्मा के किस्से से गिला था
कमर के नीचे का
फूलदान, लेकिन पूरा नहीं था
जीवन की आती हुई गूँज से उभरा
नीली लपटों वाला उजला तिकोन
अधबना था गुलामी के
अधम अभागे दिनों से पहले
और उसके बाद का दिन।
दोपहर में अन्धा होने का खेल
खेलते हुए सहसा हमने छू ली थी
छाती पर उगी हुई कँवल-गाँठ।
घुटने-भर पानी में बित्ता भर कीचड़ था
और दिन के ठीक बीचोबीच
जब धूप बारिश होने का बहाना बुन रही थी
हमने मंगल-ग्रह को शुक्र के साथ चुपके-चुपके
बातें करते हुए पकड़ा था
जाँघों में सोई हुई नदी के दहाने पर

---

* 'संसद से सड़क तक' के आवरण पृष्ठ (बैक) पर 'बीस मादा कविताएँ' का जिक्र है। इसमें केवल नौ एक क्रम में मिली हैं। —सं.

उस वक्त साहस को
सच कहने की आदत नहीं थी।

2. पत्नी के लिए

देह तो आत्मा तक जाने के लिए सुरंग है।
        रास्ता है।
तुम्हारी अँगुलियाँ जैसे कविता की
        गतिशील पंक्तियाँ हैं।
तुम्हारी आँखें कविता की गम्भीर
किन्तु कोमल कल्पना है
तुम्हारा चेहरा
        जैसे कविता की
                जमीन है
तुम एक सुन्दर और सार्थक
                कविता हो मेरे लिए।

3. सत्यभामा

सूर्योदय :
        घोड़े के टाप के नीचे
        नींद का कुचला हुआ चेहरा है
        और मुँह के फीके स्वाद में
        एक सपना तैर रहा है।

अपने दाँतों के नीचे से खींचकर निकालता हूँ
रात की नंगी देह
जहाँ खबर होने से पहले ही
शहर खत्म हो चुका है। उबासियों में ऊँघते
तुम्हारे नितम्ब
फून की तरह, युवा नजरों के इशारों पर
टंकित करते हैं।
        'हलो हलो' करता हुआ।
देह के अँधेरे में
        नीली नस-नाड़ियों वाला,

उत्तेजित चमड़ा चिल्लाता है
        और मेरी जाँघें, भाषा के खिलाफ—
शहर-कानून का उल्लंघन करती है।

खिड़की से कुछ पूछता है पेड़
और लड़की से कुछ
युवा लड़का पूछता है
क्या दोनों एक ही सवाल
पूछते हैं?

4. पुरबिया सूरज

पुरबिया सूरज
एक लम्बी यात्रा से लौट
पहाड़ी नदी में घोड़ों को धोने के बाद
हाँक देता है काले जंगलों में चरने के लिए
और रास्ते में देखे गए दृश्यों को
घोंखता है।

चाँद
        पेड़ के तने पर चमकता है
        जैसे जीन से लटकती हुई हुक
        और रेवा के किनारे
        मैं द्रविड़ की देह से बहता लहू हूँ
                मैं अनार्यों का लहू हूँ
        नींद में जैसे
        छुरा भोंका गया।

5. पाँचवें पुरखे की कथा

उनके लिए पूजा-पाठ :
        केवल ढकोसला था
ऐसे अहिंसक कि—
        उनकी बन्दूक में
        बया का घोंसला था

ऐसे थे संयमी कि—
औरत जो एक बार
जाँघ से उतर गई
उनके लिए मर गई।
चतुरी चमार की
लटुरी पतोह को...

रात भर जूझते हैं देह के अँधेरे में
और सुबह हम अपनी
खाइयाँ
बदल लेते हैं।

× × ×

अगर वह अपनी छाती पर एक कील
गाड़ने दे तो, सोचता हूँ—
उस भूखे लड़के की देह पर एक तख्ती लटका
दूँ :
'यह 'संसद' है—
यहाँ शोर करना सख्त मना है।'

6. चमड़े को गाने दो प्यार

'चमड़े को गाने दो प्यार
यौवन अराजक तत्त्वों से बनता है।
चमड़े को गाने दो प्यार'

भाषा की तंगी में लगभग
नंगी होती हुई औरत ने कहा :
'इच्छाओं के लोकतंत्र में हम चमड़े का
सिक्का चलाएँगे।' अपने संस्कार के
वर्जित प्रदेश से
पाँव रखते
डरते हैं

फिर भी
हम ढूँढ़ेंगे
रक्त-मांस-मज्जा के व्यावहारिक व्याकरण में
देहरस। खूँटी अगर पूछती है
तौलिया से तो पूछे शरीर के
छिपे हुए हिस्से का भेद लेकिन हम
चुपचाप सारे के सारे रहस्य, काम-सूत्र
सारी किताबों का अन्धकार चौके में
ऊबती पतीली के सिर रखकर
सोएँगे एक बड़ी मीठी सहभोग नींद
वर्षा के बाद खुली घास की सहज तृप्ति
भोगेंगे।

7. प्यार

प्यार—
मैं सुनता हूँ खून में
अन्धकूप का साइरन अपनी शिराओं में
सुनता हूँ मगर नहीं जानता—
यह साइरन
अन्धकूप खुलने का है या शुरू
होने का। मैं प्यार को नहीं जानता।
सिर्फ जानता हूँ कि हम दोनों
ज्यादातर चुप हैं या जब भी हम बोलते हैं
मेरे शब्द तुम्हारे शब्दों को
        ढक लेते हैं।

मैं
छोटी-छोटी सुविधाओं के मोर्चों पर
मारा गया
कुल का एक बटा सात
ब्याह के दिन मारा गया मैं
मेरी सुहागरात
उस सितारे की चीख थी

जो सागर में चमकी और बिना किसी
भाषा के बुझ गई।

शेष का एक बटा दो
दफ्तर की फाइलों में तलाश लो।

8. स्त्री

मुझे पता है
स्त्री—
        देह के अँधेरे में
        बिस्तर की
        अराजकता है।
स्त्री पूँजी है
बीड़ी से लेकर
बिस्तर तक
विज्ञापन में फैली हुई।

9.

अन्त में हमने तय किया अपनी टाँगें
अब शरीक नहीं करेंगे हम अपनी
दिनचर्या में अपने बिस्तर की
सेहत के लिए

प्रार्थना करेंगे
चमड़े की जिल्द में बँधी हुई अपनी मुहब्बत
का मजा
रोजमर्रा के खर्च में जमा करते हुए।

असंगृहीत कविताएँ

क्या तुमने वह कविता पढ़ी है
वह हवादार, बातूनी, बेलौस,
ठंडी, गमगीन, खुरदरी, अथाह?
क्या तुमने वह कविता पढ़ी है
जिसे भुखमरी के दिनों में, गाँव के एक नौजवान ने
शहर के रियाज पर, गढ़ी है?

सोये हुए लोग

ऐतिहासिक संक्रमण के परे
साइरन की आवाज
और आदिम यंत्र की स्पर्धाएँ
गले मिलकर सो रही हैं।
केवल रात के सन्नाटे
और उजले आकाश का सहगान
        अभी तक अनुगुंजित है।
इधर-उधर बिखरे हुए
बेतरतीब साँचों पर
जिन्हें रात के काले हाथ
वापिसी से पूर्व
        सँभाल कर रख दें।
सुबह
सूरज कमकर आएगा
और ढाल देगा
साँचों में पिघली हुई तप्त धातु
उभरेंगे इतिहास के पृष्ठों पर
संघर्ष के कई अर्थ
कई नाम, भीड़ में।

['विन्यास', जनवरी, 1965]

तुम

जब मैं तुम्हारी आँखों में होता हूँ
अपने ही आसपास

तैरता हुआ
अपने को बहुत हल्का महसूस करता हूँ
और मेरे सिर से हटकर
काला पत्थर
तुम्हारी बरौनियों में समा जाता है
तुम कितनी सुन्दर हो
कि मेरे एकान्त को एक सम्बोधन देती हो
और मुझे
एक सुर्ख रंग।

['विन्यास', जनवरी, 1965]

पं. जवाहरलाल नेहरू के निधन पर

ग्रीष्म की तपती दुपहरी में—
अचानक हो गया ओझल
हमारी छाँह का संबल।

धूप का पीला कलेवर
रिक्त और उदास।
ज्योतिहीन विवर्ण मुख
आमुख-रहित इतिहास।

दृश्य अधिगत—
सघन जड़ बातास।
क्षुब्ध जन-मानस—
नयन में मौन सम्भ्रम;

झुक गए केतन,
बिजड़ चेतन,
दिवस में रात्रि दिग्भ्रम...।

भग्न किसलय
यह अप्रस्तुत प्रलय,
सहसा भारती का छिन्न अंचल।
हो गया ओझल
हमारी छाँह का संबल...।

आह चिर निद्रा निरत
मेरा सजग दिनमान;
तप रहा हिमवान;
संतापित विकास विधान।

रीढ़ में ब्रण
झुक रहा आकाश क्षण क्षण।
संचरण की तज दिशाएँ—
ऐंठती रक्तिम शिराएँ :
रुक रहे हैं नाड़ियों के
शिथिल यातायात।
गति विकुंठित
भूमित लुंठित
पंखहीन कपोत
आह मेरे देश! तेरी
नींव पर दुर्द्धर्ष बज्राघात।
रुदन के स्वर,
भर रहे हैं सब अचर-चर—
मृत्यु-नाद, विषाद प्रतिपल।
हो गया ओझल
हमारी छाँह का संबल।

शक्ति गरिमा के शिखर—
आलोक से झरते रहे तुम।
प्राण की श्लघ घाटियों में
तृप्ति-जल भरते रहे तुम।

['आज' दैनिक]

हम ऐसे रहे

अनजाने आँगन में
कुंकुम के—
गेरुआये बादल बरस गए
हम ऐसे रहे—
कि इस वर्ष भी तरस गए
टूट गए इन्द्र-चाप
दिखते सीमान्त पर
अनबोले मौसम का दर्द
रीतने लगा
साँसों के झुरमुट में
कुँवारी उम्रों का
यह अन्तिम क्षण भी
सहसा बीतने लगा;
लटके आईनों में
पैरों की आहटें
भटकीं हर मोड़ पर
बाजों की कौंध उड़ी
दिन की मुँडेर पर
घायल कपोत पंख छोड़कर
सिहरा मन जैसे—
बालों की नोक पर
उगे-उगे चैता की
जीवन परस गए।
हम ऐसे रहे—
कि इस वर्ष भी तरस गए।

[1964]

दो पँखेरू : एक दिनचर्या

ममता के धागे में डैनों को बाँधे हुए, दूर-दूर उड़ते हैं।
साधों के इंगित पर बरबस मन साधे हुए, टूट-टूट जुड़ते हैं।

इतराती हुई प्रात:-किरण नन्हे से नीड़ में घुस आए
इन्हें जगाए या न जगाए ये जाग जाते हैं,
क्योंकि जिन्दगी का लम्बा सफर सामने है।
बस इसीलिए तो अलसाई आँखों को
आशा के छींटों से धो लेते हैं
और सूर्य ढलने पर
सान्ध्य किरण—
पीत वर्ण—
अति विवर्ण होकर जब
डूबती प्रतीची की नील सिन्धु-लहरों में
एक अव्यक्त हाहाकार
क्लान्त मानस में पलता है
धुएँ के बादल पर
पवन फिसलता है।
ये पँखेरू नीड़ों को लौट पड़ते हैं
चोंच में तिनकों को दबाए हुए
छाती में धड़कता हृदय छिपाए हुए
आहा, जिन्दगी का भार कभी चोंच पर
कभी पलकों पर प्रानों पर ढो लेते हैं।
दिन भर की द्विधा के बाद,
साँझ को जब डूबता संसार—
तम की धार में
काँप उठते जब सितारे
ये पँखेरू एक दूसरे की गोद में
सिर को छुपा कर सो लेते हैं।

[1962]

मुल्का

मुल्का मियाँइन हैं
उम्र साठ-बासठ के बीच है
ए बचवा! ई सब कहकूत है।
न हिन्नू मरै न मुसल्मान

दंगा फसाद पेट भरले का गलचऊर है।
—असल बात अउर है।
जे सच पूछा तो परान
ई गरीबन कै जात है।
मुल्का क जिनगी एकर सुबूत है।
बीस बरिस बीत गयल मुल्का के।
कुक्कुर एस गाँव-गाँव, घरे-घरे घूमते
लेकिन कभौ केहू एनसे ना पुछलेस—
कि ए मुल्का बुजरो!
का तुहऊँ इंसान है?

लोग राजा से रंक और रंक से राजा भयेल
लेकिन मुल्का के दुनिया
ई दौरी में दुकान है।

[1969]

सदन

सदन हँसता है
सदन कसाई
नहीं है, जगहँसाई
से पहले सदन
—कानून बनाता है। जनता का
जनता के हित में
खून नहीं बनाता
सदन।

[1973]

भूमिगत होने से पहले

कठिन रास्तों पर चलने की आदत
डालनी चाहिए और

वह भी रात के वक्त
दिन का रास्ता,
आम रास्ता होता है दोस्तो
जिसे नींद में भी तय किया जा सकता है

न केवल लय-छंद
        कविता के लिए अब हमें
        कविता को तोड़ डालना चाहिए।

[1972]

मौन के सिवाय क्या है

मैं तुम्हें पुकारूँ, पर मेरे पास
स्पन्दनहीन मौन के सिवा क्या है
वह शोर
जो लगातार पीट रहा था आकाश को
एक समझौता था जो आदमी की
आँतों और अनाज के बीच
चल रहा था
और वह समय
जिसके बीच पेड़ों के धमाके
गिर रहे थे
अब एक मेज बन गया है
जिस पर तुमने मेरा खाना परोस—
        दिया है।

तुमने पोंछ दिया है मेरे शरीर से
जले हुए जंगलों की राख
और नकार की वास्तविकता से
मुझे परिचित करा दिया है

तुझे सिखाया गया था कि प्यार
मुसीबतजदा लोगों का दुस्साहस है

जो मौसम की प्रतीक्षा नहीं करता
और किसी भी वक्त
आदमी की खाल में सुलगने लगता है
किन्तु यह क्यों है कि इस घने अन्धकार में
रात
जब किसी टूटे गिटार पर
बजने लगी है
मैं तुम्हें बिना किसी योजना के
छू रहा हूँ।

ओ तमाम चीजों के प्रति मेरे लगाव!
मैं जब कभी तुम्हें आवाज देना चाहता हूँ
मुझे कभी नहीं लगा कि मेरे पास
शब्द नहीं हैं
और मैं निरीह हो गया हूँ

अक्सर जो कुछ शब्दों के अभाव में
छूट जाता है उसे आँखें
पूरी तत्परता से उठाकर
मेरे साथ हो लेती हैं

आवाजों की हद तक पहुँचने के पहले
किसी जरूरतमन्द आदमी की तरह
मेरे पास कई सवाल थे
और जब तुम चुप हो गए हो
तुमसे पूछने के लिए
कुछ भी नहीं है।

उलझनों का आयतन

लौटी हुई स्वीकृतियों की याद
प्रारम्भिक पाठशालाओं में
बिदकी हुई छतों के नीचे

तीखी भनभनाहट है
मैं अपने बच्चे को तलाश करता हूँ
और उसे स्याही से तर पाता हूँ
दवात उसकी कमीज की जेब में
उलट गई है
स्याही लगे हाथ से उसने
नाक पोंछी है
छुट्टी के पहले की गिनती
पतली और फूली नसों वाली
गर्दनें चीखती हैं—
एके काई
दो एकाई
तीने काई
जी—मुंशी जी खिलोधर मार्रते हैंऽऽ
जी पंडिज्जी आँआ...रीडरी...डरीऽऽऽ
टूटी हुई कुर्सियों पर पाँव रखे
सोते हुए अध्यापक चौंकते हैं
और 'ज्ञानदत्त' को हवा में फटकारते हैं
खँखारते हैं थूककर
अबे चुप, डब्बे की लोमड़ी!
आँ आँ हुच
लम्बी जम्हाई में ऊँघती हुई
व्यवस्था
फिर कुर्सी पर लुढ़क जाती है
हर स्कूल और मकान के बीच
एक न्यायालय है, जहाँ
थानेदार हथकड़ियाँ खड़खड़ाते हैं
और वकील सफल किसान की तरह
देश की फसल काटते हैं
जहाँ दीवालों से भय टपकता है
लोग संतुष्ट हैं और जो
असंतुष्ट हैं वे इसलिए
असंतुष्ट हैं कि वे
संतुष्ट क्यों नहीं हैं।

खेवली की ठंडी और धूलभरी
पगडंडियों पर
जंगली जानवरों के पंजों की छाप
भीड़ के कन्धे पर खड़ा होकर
मैंने अपना टिकट लिया है
और हॉल में ऊबता रहा हूँ।

[1970]

आधी रात की यादें

कई बार सोचा है—
तुम्हारा सिंगार करूँ फूलों से
और तुम्हें
झील के किनारे खड़ी कर
पानी में कंकरी फेंक
गहराई की छाती में
नस्तर उतारती हुई
प्रतिच्छवि निहारता रहूँ।
कई बार महसूस किया
गहरे एकान्त में
कि मेरी पीठ पर
दो नम आँखें हैं
और मैंने
जलते हुए होंठों को
काँपती अँगुलियों से
बार-बार छू लिया
यह मीठी अनछुवन
उस टटके चुम्बन की
याद मुझे देती है
जो कि विदा बेला में
तुमने है आँक दिया
बर्फीली चन्दन की डाल पर

सच मानो
मेरा वर्तमान पसीज रहा है
और इस बढ़ती उमस के बीच
मैं अन्धकार की अछोर कालिमा में
तैर रहा हूँ
सामने तट है या कोई जलचर
ज्ञात नहीं
मेरी आँखें तो
उस जलकुँईं पर लगी हैं—
जिसके पोर पोर में
तुम्हारे रूप की
हलकी सी कसक चुभन
उगी है।

तटस्थता

वे, जो सड़क पर चल रहे हैं
यात्रा के अन्त में भी
सभ्य ही रह जाय
यह सम्भव नहीं है।
एक निर्मित भय बगल में
चल रहा है।
कल जहाँ मुझसे मिला था
आज भी खम्भा वहीं पर है खड़ा
शोर से लगभग अलग।
पाँवदानों से उठेगी एक गाली
और चेहरों पर जड़ी शालीनता
को पीट देगी।
इस नगर की व्यस्तता में
जोर से कोई अचानक
चीख उठेगा।
एक मुट्ठी बाल कोई खोलकर
खिड़की हवा में फेंक देगा।

वे विवश होंगे कि अपनी राय दें
वक्त में चाहे स्वयं को दें न दें।

[तटस्थ ही रहें।]

विधानसभा भवन

उसकी कोख से छुरा निकल रहा है
और उसका चेहरा जल रहा है
लोग उसमें दिलचस्पी ले रहे हैं
दया एक डूबती नाव है
जिसे लोग बेमन खे रहे हैं।

'कोई किसी की मदद नहीं कर सकता'
मैंने उस बुरकापोश औरत से कहा,
मगर यह काशीनाथ के उस सवाल का उत्तर नहीं है
कि हजरतगंज की चौमुहानी पर
बड़े आदमी की बगल में खड़े उस छोटे आदमी का सिर
गंजा क्यों है?
सारी खुराफातें सिर्फ शाम का इन्तजार
नहीं करतीं और न तो सारे कवि अन्धड़ उगलते हैं
अकाल का चेहरा कॉफी के प्याले में
इतना वजनदार क्यों है?
इसे समझने के लिए अलग से
रोशनी की जरूरत नहीं है,
वह इतनी अधिक है कि
गिरी हुई सूई तलाश सकते हो
अगर होंठ हों
तो किसी को फाँस सकते हो।
क्या वे सभी लोग छायावादी हैं
जो दोपहर में दूसरों की जाँघ पर सिर रखकर
सोने के आदी हैं?

विधानसभा भवन में इतने भिखमंगे हैं—
यह मुझे कल, तब मालूम हुआ जब मैंने ऊँचे स्वर से गाया
कि 'महुवरिया में आइल बा बहार सजनी...'
और बाहर भूख हड़ताल पर बैठे हुए
आदमी की हमदर्दी ने सड़क पर
लाल-हरे पोस्टर टाँग दिये थे
सोई हुई व्यवस्था को
जगाने का यह कितना आसान तरीका है
और मैं उस लँगड़े पर चकित हूँ
जो सीढ़ियों पर उछलता हुआ चढ़ रहा है
उसकी बैसाखी से धुआँ निकल रहा है।

हर आदमी के पास
खून बहाने के खिलाफ एक प्रस्ताव है,
क्योंकि पानी का अभाव है।

[1970]

काशी की कश्मीर-यात्रा पर

हम दोनों में कोई भी
किसी के तकिये का साझीदार नहीं है।
तुमने लिखा है कि तुम्हें जगह मिल गई है
नाव में
और अब तुम एक बार फिर
सफल हो गए हो छोड़ने में
अपनी स्त्री, अपने बच्चे और अपना अन्धकार
किसी परिचित नामालूम से गाँव में
अक्सर हम सब—यही करते हैं
घर से भागते हैं और किसी
हरे-भरे पेड़ के नीचे
भरते हैं

सच यह है कि हम कभी अपनी जेबों से
बाहर नहीं जाते
यात्रा-पहियों का धोखा है।

पत्नी

पत्नी कड़वी है, मीठी है
पानी का ठंडा गिलास है
अँगीठी है
गफलत की
अच्छी है, बुरी है
तेज हरी छुरी है
गुदगुदी रसोईघर की और
बिस्तर की झुरझुरी है।

बेरोजगारों के तीर्थ

अंधड़ की धुन्ध को
चीरती है आर पार
रेवड़ से दूर कहीं दूर
(पीछे) छुटे हुए बछड़े की डकार
डाँय...डाँय
वेश्या-उन्मूलन की नहीं
और न तलाक की
न विधवा विवाह
या धर्म की समस्या है,
समस्या है
रोजगार दफ्तरों के उन्मूलन की
ये रोजगार दफ्तर
जो बेरोजगारों के तीर्थ हैं।

इन विश्वविद्यालयों में
जीविका के स्तर पर हजारों हजार
खानाबदोश पैदा हो रहे हैं
क्या इन्हें कोई आश्वासन
मिलता है भविष्य का?

रात से
मैं सोच रहा हूँ
नहीं—
मैं बाहर चला जाऊँगा
अन्धे लोगों की जमात से
बाहर
मगर इससे पहले यहीं बैठकर
अपनी मिहनत के पैताने
खाऊँगा अपने हिस्से की रोटी
तवे से अभी अभी उतरी हुई ताजा
बाजा मत बजाओ
देश-प्रेम का तकाजा
सिर्फ उनके लिए ही नहीं है जो
अपने मिजाज में 'अन्धा-कूप' मनाकर
जंगल की मुराद पूरी करना चाहते हैं
मेरे लिए रोना गलत है
मैं तुम्हारी सहानुभूति को ढाढ़स देने के लिए
देह के अँधेरे में (चला जाऊँगा)
भूख ने उन्हें जानवर कर दिया है
घास की
सल्तनत खतरे में है।
निथरे हुए दृश्यों की पथरी से
किडनी में घाव हो सकता है
पेड़ और पहाड़ देखते ही
जिनके खून की रफ्तार बढ़ जाती है
पानी देखते ही जो गुनगुनाने लगते हैं

उसे रोने दो आराम से
रोने से सेहत बनती है
तकलीफ एक छलनी है जिससे
आदमी की नियत छनती है।
ईश्वर, देश, धर्म, नस्ल, बिरादरी, गोत्र
वाद, घेरा, इरादा, प्यार, मौसम, मानवता
मृत्यु, जीवन, शब्दों की
यह लम्बी फेहरिस्त बकवास है।
उन सभी लोगों को मालूम हो चुका है कि
सतर्कता टूटी हुई चीजों की
असावधानी का इतिहास है।
अतिरिक्त सहानुभूति उन्हें
आत्महत्या के लिए
उकसाती है।
और इस बदलते हुए हालात के किनारे
जहाँ दौड़ती हुई एक पूरी दुनिया
गुम हो गई है,
मैं तुम्हें जिन्दा पाकर चकित हूँ।
छोटी-छोटी मजबूरियाँ और खाली बरामदा
पतझड़ सिर्फ उन पेड़ों की हरारत नहीं है
जिनसे हरे इरादे झड़ रहे हैं
भूगोल की एक पूरी सुविधा है।
हवा तेज है और बाहर
चेहरों पर इस कदर सन्तोष है
कि कोई मौत स्वाभाविक नहीं
लगती है।

बाँध

बाँध रहे हैं बाँध
लेकिन बँधे हुए पानी से
फैली महज सड़ाँध।

एक एक की कथा लिखें,
चुक जाए सारी स्याही
आजादी के लिए देश में
इतना मरे सिपाही।

मैंने कहा यूँ

ठीक—मैं घमंडी हूँ
क्योंकि नहीं
रंडी हूँ
बंडी हूँ बाँह तक
चौचक खुला हूँ मैं
और जान देने पर
बिलकुल तुला हूँ मैं
पैरों में बाँध कर
घंटा
मैं नाचूँगा
किन्तु (कहीं जहाँ बाचूँगा
        बाचूँगा न नाचूँगा)
कथा नहीं बाचूँगा
ओढ़ रामनामी
करूँगा नहीं मैं
वक्त की गुलामी।
लोगों से बचूँगा और
दर्द नहीं बेचूँगा
सपनों को बेचूँगा
किन्तु कल सुबह के लिए
माल के खरेपन का
जिम्मा मैं
नहीं लूँगा
आखिर आप उतर ही आए
औकात पर

यानी कि
लात पर।

यात्राएँ

आकृति पर
सड़कों के 'ब्लू प्रिंट'
हर सुबह
अप्रत्याशित मोड़;
हवाओं का नि:शब्द गीलापन
छोड़कर चला गया
मील के पत्थर पर
काँपती लकीर
जिसमें पगध्वनियों की
अनगिन शताब्दियाँ
चित्रित हैं
अर्थहीन दूरी में...।
फीते-सी जिन्दगी
नाप रही संचरण
चलने से रुकने के बिन्दु तक
यात्राएँ। जीवित हैं
अपनी मजबूरी में। संस्मरण—
अर्थहीन दूरी के संचरण...।

यात्री का वक्तव्य

बालिस्त भर
बीमार चेहरे पर
आदमकद प्यास
तीखे समझौते को पीकर
लुढ़का देती प्याले-सा

उलटा आकाश
मेरी हथेली पर।
मुझे जीने लगता है
फिर से अलगाव...
गिरहकट आँखों की
अर्थहीन चुप्पी में।
डूबते सीमान्त-सा दुर्बोध
परिचय का बासीपन
मुझको दुहरा जाता
बिलकुल गुमनाम...
फिर भी मैं चलता हूँ
मेरी अतृप्तियाँ
लक्ष्यहीन दूरी का उजला भटकाव
देती हैं
पाँवों में स्वस्तिक चिह्नों का घाव।

[1962-63]

अकेली यात्रा

कुछ भी सूझता नहीं।
काली हवा चलती है।
सन्नाटा
चेहरे पर
छिलके बूकती है और
अपना ही पैर अपने जिस्म को रौंदता है।
अपने ही हाथ
        दाबते हैं गरदन
अपना पसीना और आँसू दलदल बन
फैला है।
रीढ़ तक सनसनाती है अपनी ही साँस
यात्रा अकेले की

कितना डराती है
हे बहिन!
हे बीरन!!
सिसकियों और स्याही से लिखे जिन्दगी के दु:संवाद
डबराई आँखों को साफ-साफ
        सूझते नहीं
        हे बहना!
        हे बीरन!!
इस कहर भरे अँधेरे दिनों में
सिर्फ रक्त-लिखी सच्चाइयाँ ही
        पढ़ी जा सकती हैं।

[1967]

समय

'भविष्य मंगलमय हो'
प्रार्थनाओं के स्वर गूँजते हैं
'भविष्य मंगलमय हो'
ग्रन्थों का ज्ञान कहता है
'भविष्य मंगलमय हो'
परिचितों की आत्मीयता असीसती है—
        जहाँ वह तनाव बनाए रख सकने की
                कोशिश में रहता है।
किसी एक सुविधा पर आकर,
सारी चीजें
एक साथ विलाप करती हैं—
'तुम्हारा भविष्य मंगलमय हो'

और यह अतिरिक्त शोर
दिन-रात उसका पीछा करता है

मैंने उसे प्रतिध्वनियों से टकराकर
अतीत की ढलान पर
लुढ़कते हुए देखा है

उफ्!
उसका बुरा हाल है
अब जहाँ आदमी का
        वर्तमान है
वह मात्र कंकाल है।

[6.8.1965]

टिटनेस

और माँ की देह का पाताल (लस्त होकर)
दूध की दो थैलियों के बीच में
लेटा हुआ है
मैं अँधेरे कमरे में पैदा हुआ
जहाँ हवा नहीं थी
खून के गीले अलाव पर
मेरी माँ बैठी चुपचाप—
खलिहान में सोये पिता को
अधरात जगाकर
खबर दी जाती है—(बेटा हुआ है)
और वे अधनिंदिया में आँख मलते हुए
हथेलियाँ मींजते हुए
कुत्तों से बचते हुए
चमरौटी की ओर जाते हैं
'निकाम बो' को खबर देते हैं। वह आती है
और जल्दी-जल्दी जंग लगे हँसिये से
नाल काट जाती है
और जीवन भर खून
में

टिटनेस लिये हुए
मैं घूमता हूँ और
हर वक्त यह महसूस करता
        सोतों में
या जागते वक्त अपनी
आदतों में :
बतख के डैनों
की फड़फड़ाहट...

[1969]

जीवनानन्द का गाँव

तब भी यह आश्चर्य देखो कि यौवन के पास भी
कुछ नहीं मिला
इच्छा का प्रतीक यदि अंग है तब स्तन भी
निवेदन के लिए उन्मुख नहीं था

आँख आश्रय की प्रत्याशी नहीं रही
हथेलियाँ—मेहँदी रची
धारण करने को प्रस्तुत हैं,
तब क्यों बीते दिनों में प्रहार के लिए उद्यत
श्वास छोड़ रहा है?
क्षुधा के प्रतीक बड़े मुख के गह्वर में
तुम्हारा अर्धांश लुप्त हो गया है
क्षुधा के प्रतीक तप्त योनिमंडल के भीतर
तुम्हारा अर्धांश...
मूर्च्छित पंख पड़ा हुआ है,
यौवन के पास कुछ पाया नहीं गया
तो क्या दूसरी गाड़ी से लौट जाओगे?
सर्वनाश; फिर बचपन

फिर भीड़ में ठेला ठेली—
बाल्यकाल-भूल-आशा की दौड़
गुब्बारा फुलाने के कष्ट जैसी बुद्धि
पीड़ादायक।
वही कष्ट सहकर, त्वचा का व्यायाम सहकर
शिखर पर पहुँचना!
नित्य जागरण, जय, अनर्थक निष्ठुरता
नाश के लिए उद्यत शस्त्र पाणि
उसके बाद फिर क्षुधा के प्रतीक मुख के
गह्वर में नीरव नियंत्रण
बिना रक्तपात के
आत्महत्या का यह कैसा चमत्कार है?
मैं जानता हूँ, मुक्ति का उपाय कहाँ है—
यदि जाना चाहते हो—जीवनानन्द के गाँव :
स्थविरता, डाकघर-स्थविरता, जिला-
स्थविरता

अभी टिकट खरीद कर लाओ
वहाँ अच्छा होटल है, हमेशा बाधाहीन
विश्राम है
वहाँ उद्यमहीन वर्षा है,
हिरन शिशु की तरह खेलती हैं, इच्छाहीन
क्षुधाहीन लड़कियाँ
साँझ के समय।

मृत-पुत्र का इक्कीसवाँ जन्मदिन

तुम्हारी आँखों में माड़ा है
तुम्हारे बच्चे के चेहरे पर सूजन है
तुम्हारी बीवी की नींद में
एक खलनायक चहलकदमी कर रहा है
जाड़ा है—जाड़े की रात है

ठंडी
और
सर्द
शहर की सड़कें
किसी भुतहे दरार-सी खुली पड़ी हैं
बीस वर्ष—कुछ कम नहीं होते
तुम्हारा वह बच्चा जो आजादी के
साल
पैदा होते ही मर गया, अगर जिन्दा होता
उसकी मसें
भीनती होतीं
कोई-कोई सैनिक होता
किसी विश्वविद्यालय का स्नातक होता
इस गर्म और तंग जगह में
हवा, इस कदर घुटी-घुटी है,
जैसे कोई लड़की—
अपने साथ हुए बलात्कार का बयान
दर्ज करवाकर
अभी-अभी उठी है।

तलाश

मैं विद्यालयों में गया—
मैंने वहाँ ठंडे और सख्त चेहरों वाले अफसरों को
टहलते हुए देखा
और विद्यार्थी को लड़कियों की जाँघों में
सबक ढूँढ़ते हुए।
पुस्तकालयों से ग्रीस की बू आ रही है और
बच्चे किताबों पर
मांस चबाने की मुद्रा में झुके हुए हैं।
सड़क पर एक बच्चा
'कुत्ता पकड़ने की गाड़ी' को देखकर

बेतहाशा चिल्लाता हुआ भाग रहा था
ओह! सारा नगर प्रतियोगिता में हिस्सा लेने के लिए
वहाँ इकट्ठा था
मर्द बसंत की चिनार की तरह,
औरतें जूते की दुकान-सी सजी हुई
मेरा भाई वहाँ नहीं है
निराला, तुम दमकल विभाग में कब भर्ती हुए?

वाल्ट ह्विटमैन को
मैंने मांस विक्रय केन्द्र में झगड़ते हुए देखा है
जहाँ कुछ बकरे मैथुन कर रहे थे
वह कोई पागल है जो
एजरापाउंड के अन्दाज में
भूँक रहा है
लाल और काली चीजों के यौगिक में
दोस्तोव्स्की है :
सचमुच, कुछ लिखने से अच्छा
काम है दातौन बेचना
सूर्यास्त हो चुका है
आकाश की ढलान चाँद
खच्चर की घिसी हुई नाल की तरह धमकता है
यह कौन है जिसकी भूरी दाढ़ी पर आँसू थरथरा रहा है
जिसके चेहरे पर बनबिलावों के पंजों का घाव है?
यह कौन है जिसका ज्ञान उसके लिए एक गहरा
        अभाव है
और यह कौन है जो गहरे अन्धकार में
टूटे हुए पुल के नीचे
मुर्चा लगे कनस्तर से टिका हुआ
चिलम भर आत्मज्ञान फूँक रहा है?

कैन आई ब्रिंग बैक द वड्र्स? विल थाट ऑफ ट्रांसक्रिप्शन
हैज माई मेंटल ओपेन आई?

आई एम सो लोनली इन माई ग्लोरी...

पिछले अपराधों के प्रति

बेशक!
उन अपराधों के पहले भी
हम अपराधी थे
जिनकी परछाइयों से
हमने देश का नक्शा
बेकारी में रँग दिया
वैसे कुर्सियों के पेंदे
और
औरतों के पेट खाली नहीं थे
नारों फुहार खेत भीग रहे थे
और औकात के बाहर
हमारे तमतमाये चेहरों पर
इस माहौल में
सभ्य कहलाने की गुंजाइश से हमारा नकारा गुस्सा
रोशनी चबाता था
शब्द बजाता था
दूर दूर तक
बिछाता था
सुनहरी काइयों की कालीन
परत-दर-परत
बावजूद इसके
बंजर रफ्तार में
कितनी बेवा हैं ये शहर की सड़कें
जहाँ सारी योजना
टूट कर
सौन्दर्य हो जाती हैं!

सम्बन्धों को शब्दकोश से तय करते हुए

आज
मैं फिर उन्हीं औजारों से लैस

शरीर की खाड़ी में उतरता हूँ
जहाँ डूब चुके हैं वक्त के जहाज,
कल
मौसम की बूँदाबाँदी में
पानी पर दौड़ता हूँ
पानी, स्याह
प्यार : लंगर डालने के पहले की
मन:स्थिति
खाल : रंगों और आवाजों के मिले-जुले हमले
की सूचना का राडार;
औरत के साथ बीतने के बाद
हर बार
मैं अपनी बाईं पसली में
एक सूराख पाता हूँ
जिसके भीतर से झाँकता है
मेरा पवित्र अहंकार
चुप पगली! क्यों रोती है?
क्या तुझे मालूम नहीं कि मुहब्बत
सिर्फ बाईं ओर
बीमार होती है
यह तो
मर्द है जो दाईं ओर का
दर्द है।

काले आदमी का वक्तव्य

नींद और
बत्तियाँ, शोरगुल
सोना
तुम मेरे साथ हो
और आज कितना अच्छा है
कि गली के बीचोबीच जलने वाली
बत्ती फ्यूज हो गई है

यह सम्भावना कल नहीं थी
यह गली सड़क की एक टुकड़ी थी
यह भी एक विवशता है, हम सबने
अन्धकार को स्वयं चुना है
और भला हम करते भी तो क्या—

× × ×

सूरज को डूबते सुना है।
क्षितिजों पर उभरे-छितराए
रंगों के फौलादी साये
रिश्तों का धुँधलापन
चेहरों की बैसाखी पर लँगड़ाए।
हवा नहीं है किन्तु शून्य में
टँगी पत्तियाँ काँप रही हैं
चीजें चलती नहीं, चलाए—
जाने की सीमा में
रह-रह हाँफ रही हैं।
परिचय की उदास शामों से
एक अजनबी हाथ हमेशा
हमें अलग कर जाता है।
अपनेपन की सुविधा का क्षण
घंटाघर का शिखर फाँदकर
जो अपने सारी चहल-पहल से
गिरता है : मर जाता है
साहस का स्वर काँप रहा है
सच्चाई की बात में
सभी जगह भय तना हुआ है
चाकू के अनुपात में।
सच है—
घेरे टूट गए हैं
सभी स्वयं से छूट गए हैं
किन्तु छूट कर कहाँ खड़े हैं
ज्ञात नहीं।

[1964]

न्याय अभी जिन्दा है

मारूँगा मारूँगा मारूँगा साले को
साले को मारूँगा
अपने दिमाग के
बुच्ची खरगोश से
ऊब कर पड़ोसी की चाल से
अपनी जमीन पर अपना नाम
दर्ज करने के लिए
गिड़गिड़ाऊँगा
लेखपाल से
सच कहने के लिए
रिश्वत दूँगा
न्याय अभी जिन्दा है
यह बात दीगर है
कि इसके पीछे नोट का पुलिन्दा है।
सात प्याले चाय पिऊँगा
और तताई हुई देह लिये
नक्शा बिगाड़ूँगा
तैसील की दीवार का
इसी दौरान
फटे हुए पोस्टर पर पढ़ूँगा नाम
उस उम्मीदवार का
पिछले चुनाव में
जो बहुमत से चुना गया
बेचारा जनता का आदमी।

[जनवरी, 1967]

जनता के बीच

तुम्हारी बात दिमाग पर
हथौड़ा चलाएगी

आँतों पर भूख की मार होगी
अपराध के विरोध में
इस दोहरी मार से
जनता तैयार होगी
संसद जा़म करने से
बेहतर है
सड़क जाम करो।

युद्ध-दिन

मेरी छाती में
वह भय नहीं रहा
जो तमाम चीजों से पहले
आदमी को मारता है।
मैं नहीं चाहता
कि हमारी विजय पताकाएँ
सुदूर नगरों के भविष्य पर फहराएँ
और हमारे जुनून की वजह
हमें जंगलों की पंक्ति में जगह मिले।
मैं नहीं चाहता कि किसी सदी की
कोई रक्त-लोलुप जाति हमें
अपने युद्ध-गीतों में गाये
क्योंकि उनकी कृपा पर जीवित रहने के सुख से
नकारते हैं
जिनके खोखले दिमाग में
युद्ध एक गुलदस्ता है
जिसमें हत्याएँ फूलों-सी सजी हुई हैं।
फिर भी यह युद्ध-दिन जो हमारी
फाइलों में, हमारी नींदों में,
हमारी चिट्ठियों में, हमारी उम्मीदों में,
हमारी बेचैनी में, हमारे आराम में
यानी, हमारे हर बड़े से बड़े और

हर अदना काम में
आ गया है, हम इसे स्वीकारते हैं
इसलिए नहीं, कि बुद्ध की ओर की गई
यात्राएँ धुँधला गई हैं
कि दूर बसी रातों का शील भंग करते हैं
गहरे अँधेरे में टहलते हुए जन्तु
नाखून नोंचते हैं।
चीखों में खो गई हैं लोरियाँ
रात गहरे अन्धकार की बाबियों पर सीटियाँ
फेंकती है
और सन्नाटा किसी युद्ध-बन्दी-सा
घुटनों में
सिर डाल कर बैठा है
अपने एकान्त में
वे सारी चीजें मेरी ओर सिमट आई हैं
जिनसे मैं कल तक अनजान था।
मैं पहचान गया हूँ अपना देश
और अपनी नियति जो इससे पहले
खंडित सूर्यों की मेहराब में आलोकहीन
जीवित थी।
मैदानों में कवायदी बूटों की धमक है
और अनाजबँधी मुट्ठियों के साथ
जुते हुए खेतों में
मौसम के उतरने का मटियल उल्लास।
चीड़ों के जंगल में जले हुए इन्द्र-धनुष
आलोकित हो उठे हैं
और मेरी आशाएँ तमतमा उठी हैं
यद्यपि यह सच है—
असमय मौतों की रिक्तता से आकाश का नीलापन
पहले से कुछ बढ़ गया है
और मैं अलग नहीं रह सका हूँ।

मुझे पता चल गया है
अनुभवों के समानान्तर यह पराजित चेहरा

किसका है? किसकी उम्र है वक्त की
एकरसता में खाट की टूटी हुई
रस्सी की तरह झूलती हुई?
किसकी चूलें हिल रही हैं
मौसमों के आग्रह और देहों के
नियंत्रण से परे कौन सा तनाव है
जिसे मांसपेशियाँ नहीं ढोतीं?
यह किसकी जिन्दगी उदासी और
ऊब और देहों के आस-पास
हड्डियों पर टँगी हुई खाल है?
किसका वर्तमान उसका भूत काल है?
कितने गलत थे वे तमाम सूर्यहीन कन्धों के गीत
कितने दयनीय थे सलीबों पर लटके अस्तित्व
एक रफ्तार की अधीरता ने साफ कर दिया है
वक्त के दर्पणों पर जमी हुई धूल
और झूठे हो गए हैं, मनोरंजन के मूल्य पर गाये गए
लूलों, लँगड़ों, बहरों और अन्धों के गीत।
किस घृणा से अरक्षित हो उठा है
सुरक्षित रहकर अपराध करने की इच्छा में
झूलते हुए भविष्य का अन्धकार
और हम समझ गए हैं—
घृणा की सरहदों पर जमी हुई हमदर्दी का
दूसरा नाम है बलात्कार।

मौत के सीखचों से छूटकर
एक अजन्मी जिन्दगी का गीत
हवा में तैरने लगा है
जिसके साथ अचानक जुड़ गए हैं—
अलग-अलग परिभाषाओं के लिए
नारे लगाते व्यक्तित्व
ठूँठ के कन्धों पर टँगी हुई
नीली झील की उदासी
और पश्चिमी आकाश की घायल कलाई पर
पट्टी बाँधता हुआ साँझ का सूरज,

जीवित रहना एक उज्ज्वल सहगान है
जिसमें सभी शामिल हैं।

व्यक्तिगत कमरों से लौटी हुई
अवैध बच्चों की आहटों से परेशान
नंगी टाँगों वाली लड़कियाँ
बेमतलब पोस्टरों पर
आँख सेंकते हुए यौन-चिह्नों भरे-भरे मुँह
जिन्हें नई पोशाक ने बाहर निकलने के लिए
मजबूर कर दिया है
घी और सिन्दूर से रचे हुए लाभ-शुभ
मिलों के मजदूर
थके हुए बेकाबू
दफ्तरों के बाबू
अफसरों की टमाटर छाप बीवियाँ
सड़कों पर फेंकतीं टमाटर और सीपियाँ
आदमी से घबराते हुए आदमी
इंच भर के फासले पर
एक-दूसरे से कतराते हुए आदमी
और मैं :
अकेलेपन की आत्मीयता के साथ घर लौटता हुआ
बच्ची के लिए एक चुम्बन
पत्नी के लिए रात की उम्मीद
और बेचैनी से थोड़ा हटकर
अपने लिए टिकिया भर
नींद की सुविधा के साथ जुड़ा अदना-सा नाम
सब-के-सब इस सहगान में शामिल हैं।

और अब सचमुच
किसी का अलग होना या फिर तटस्थ होना
केवल बेशर्मी है
जब कि हम जानते हैं—
कि यह सारा युद्ध-दिन शुद्ध रक्तधर्मी है।
वह आता है करता हुआ अट्टहास

और भूख से जर्जर पसलियों पर पतझड़ फेंकता है
अपनी डाढ़ों से उलट देता है
किसी अज्ञात हत्या की पीठ
और बारूद से जले हुए घावों को
अखबार की तरह पढ़ता है
ऊब और यातना की पृष्ठभूमि में
मनुष्यता के किस्से गढ़ता है
जिसमें सारे शब्द खोखले हो जाते हैं
और सारे-के-सारे मूल्य : दोगले
मकान और आदमी साथ-साथ
रात-रात जगते हैं
लोग अँधेरे को भी
किसी खास चीज की तरह
इस्तेमाल करने लगते हैं।

यह युद्ध-दिन खोखला और काला और
बेमुरव्वत आवाजों की गर्मी से पिघलता हुआ
जिधर से निकलता है
मिट्टी जल जाती है
मैं इससे अब भी घृणा करता हूँ
मेरा होना अपनी पूरी तीव्रता से इसे
अब भी नकारता है।

'आधार क्षेत्र' कविता मेरा आधार क्षेत्र है

जैसे जवान शरीर फोड़े का खात्मा करता है।
इतिहास ने गलत आदमी को किया है
वक्त की सूची देखो
दिखा वह काला धब्बा
और उसके गिर्द वह ललछौहीं चमड़े की रंगत
कल तक वे यहीं थे
गवार के भीतर
ऊँघते हुए और सपनीली

शब्दों में गवर गवर
लालच
बकरते हुए।
कविता मेरा आधार क्षेत्र है
यहाँ खड़े हो और दुश्मन पर नजर रखो
यह मातृभाषा और राष्ट्रभाषा का
मिलन-बिन्दु है जहाँ से
नौकरानी और रानी का फर्क खत्म हो गया है
आपबीती और एक घोषणा-पत्र
आतंक की परछाईं साथ-साथ
काटते हुए
और यह तै करते हुए कि
निवाले से कितना हटकर बैठी है स्वतंत्रता
औसत आदमी के खिलाफ
एक चकरघिन्नी आँख की साजिश है
जंगल में खड़े हैं पेड़
रोशनदान की तरह
तुम खरीद सकते हो, कुछ अदद पेड़—
लेकिन जंगल नहीं
जंगल किसी की मिल्कियत नहीं है।

विरोधाभास

लोग
लोग नहीं होते
वक्त के उस अक्षांश पर
जहाँ देश अपनी हथेली सा परिचित लगता है
सिर्फ खून के आखिरी पड़ाव तक
एक नन्ही धमनी ऐंठती जाती है
ऐन वक्त एक कतरा
चेहरा बनता है
लेकिन कानून के बारे में
तुम्हें क्या मालूम?

तुम्हें क्या मालूम कि
एक सिझती हुई रोटी के पीछे सहमी हुई—
कितनी गीली आँखें आस लगाये बैठी हैं?

आँख का गीलापन
कैसे बन जाता है
गोरिल्ला-हुंकार?
क्यों एक लड़की खरीद लेती है—मारगो
जब कि उसे 'लाली' खरीदनी चाहिए
जिनका जीवन नेकर के साथ
सिले हुए नाड़े की तरह निश्चित है?
वापस चलो
भाषा के बद्दू अँधेरे में
कविता का खेमा उखड़ रहा है।
हवा में बारूद गर्म है
और धमाका
सिर्फ मामूली सी रगड़ का इन्तजार
कर रहा है।

[1969]

एक सुराजी गीत

विधवाओं के राज में
मर जाएँगे
खाज में
सारे कुत्ते चीखकर
और भूँकना सीखकर
होगा बेकार
आदमी
भूखे हैं तो क्या हुआ
नंगे हैं तो क्या हुआ

दो जून चैन की कटती है
भिखमंगे हैं तो क्या हुआ
यह कैसी नामर्दी है
हाय! हमारे लिए सभी की
आँखों में हमदर्दी है
जोश में बोले घुमाकर हाथ
हवा चेहरों पर उड़ी
एक कुर्सी चरचराई
'अनखा गए' का भाव
आज की जनशक्ति कुछ हरती नहीं है—
हार-
ती है
आज की हर चीज केवल जी रही है इसलिए
कि नकारती है।

[1969]

गर्मी की दुपहर

आसपास के तमाम विरोधाभासों को
अपनी ओर खींचते हुए इन छाया-चुम्बकों को
देखो और मेरी तरह सोचो कि यह गर्म दुपहर
एक आशीर्वाद है जो हमें बरसात के सिरहाने
मिली है या एक निमंत्रण, जो आदमी को पेड़ के
पास तक खींचता है।

धूप में अमलतास के ढूह गल गए हैं
और बेआवाज पटाखों की पोटाश
हवा में घुल गई है।

रास्ता चलते आँख तक ढक लेना और हाँफते
कुत्ते की बगल से गुजरते हुए
जुबान को मुख में रखना एक हिमाकत है

फिर भी मैं खुद को आदमी साबित कर रहा हूँ।
घर लौटने के पहले
मैं अपने होंठों पर एक झुलसी हुई टहनी रख लेता हूँ
यानी कि मुस्कान, जो एक निहायत नामुमकिन-सी चीज है
और अपनी मर्यादा में विनीत
पत्नी के पास तक जाने के एकबारगी साहस पर मुस्कराता हूँ
(ऐसा नहीं कि मित्रों के बीच मेरी छाती किसी से
कम फूलती है) दरअसल ऐसा है कि
शीतल की माँ मेरा बड़ा ध्यान रखती है।
और मैं इस एहसास पर प्रसन्न होता हूँ
कि बाहर सचमुच बड़ी गर्मी है
और यहाँ शीतल की माँ है तो क्या हुआ
मैं अपने घर में हूँ।
ठिल्ले में पानी है
सिकहर पर अचार
बड़े वाले ताखे में रोटी है
खा लो : प्यार
इसी तरह करती है शीतल की माँ।
—बात यह है कि मैं घर में सबसे बड़ा हूँ।
—अच्छा यही सही; मैं चिकना घड़ा हूँ
—फालतू मुस्कुराता हूँ, सिर से पाँव तक
—क्या कहा, किसमें खुला हूँ

अच्छा यही सही नसपिटे परिवार के लिए
सोने सी देह गारत करने पर तुला हूँ।

[1968]

ये घरबारी : ये गृहस्थ

अपनी आदतों को नैतिकता का लिहाफ उढ़ाकर
वे मकान से बाहर आते हैं—
और

किसी पाशविक लालसा से
इधर-उधर टटोलते हुए
औरतों को
बतियाते हैं

संयम की मूँगफली तोड़कर चबाते हैं
या फिर लतियाते हैं
अपने ही शक्लों की अधजली हँसी—
        चारमीनार
वे तमाम पेट
जो दया से दिया गया अनाज
खाते हैं,
जो कैंसर उगाते हैं।

हम एक दूसरे से वादा करते हैं

हम एक दूसरे से वादा करते हैं नये सिरे से
प्यार करने का और घर बसाने का किसी पढ़े-लिखे
नागरिक की तरह और शनिवार की शाम सबसे अच्छी दुकान पर
बिता देने का निश्चय करते हैं।

भीड़ में वह मेरा हाथ थाम लेती है और मैं उसके हाथों
में अपने को ढीला छोड़ देता हूँ और भीड़ से भयभीत
हम भीड़ बन जाते हैं। एक-दूसरे की आँखों में देखते हैं एक सी नफरत
नाक पर रूमाल रखकर मुस्कराते हैं।

मैंने किताबें खरीदी हैं और उसने ऊन :
हम बाजार में हैं और अपने को बाजार होते हुए देखकर
खुश हैं।
कागजी गुलदस्ते और कागज के सदाबहार फूल खरीदते हैं
एक बाजे वाले की दुकान तक जाते हैं
हम दोनों ताला खरीदते हैं जिसकी एक-एक चाभी बाँट लेते हैं।

[1967]

शाम-1

घड़ी के अन्दर एक मकान है
जहाँ सूइयाँ पाँच पर ठहरती हैं

मैं उनका चेहरा एक ठंडी कन्दील से दाग
देना चाहता हूँ जिनके लिए मूर्खता
आखिरी तर्क है

मौसम—तरक्कीपसन्द लोगों के लिए
एक समाचार है

मैं बताना चाहता हूँ कि शाम अपरिचय के पठार पर
गिरने वाली झंडियों का शोर
बेआवाज पीली ही नहीं है और न
किसी दीवार घड़ी के अन्दर मकान में
एक पेशेवर चेहरे की वापसी है

शाम,
अचानक तमाम चेहरों का पश्चिम की ओर
घूम जाने का नाम है जहाँ अनाज से लदा हुआ
एक विदेशी जहाज पूरब की ओर
आहिस्ता आहिस्ता चला आ रहा है

मेरे भीतर एक गुस्सा है जो धीरे-धीरे
खत्म होता जा रहा है।

[वाराणसी, 1969]

किताब

मैं पढ़ता हूँ यह तल्ख और ताकतवर किताब
और यह कितनी चमकदार है

ठीक सुबह के वक्त पूर्वी आसमान की तरह
सचमुच रात की जिल्द
तुमने रक्त से बाँधी है
जिन्दगी?
क्या इसे तुमने लिखी है
आँसू और आग से
कितनी अनूठी और कैसी सहज?

मैं पढ़ता हूँ वह किताब :
जो आम तौर पर चालू प्रार्थनाओं से शुरू
        नहीं होती
और न खत्म होती है पश्चात्ताप से
जिसमें अँधेरा है
ठोकर और गुस्सा है, और है—
लड़कर रास्ता
निकालने का
हौल दिल हौसला
मैं सफे पर सफे उलटता हूँ :
मात्रा की छापे की भूलें हैं
लिंग, वचन, कारक की गलतियाँ! साधारण,
कुछ विशेषण गैरवाजिब लगे हुए।
लेकिन यह चलता है। अनुभव की आँखें
व्याकरण से आगे देखती हैं
आह! पहला पाठ
किस कदर ताजा है तरबूजे की फाँक-सा
सूर्योदय की पदचाप
ओस पर थरथरा
        रही है
जामुन का
पेड़ जम्हाई लेकर खड़ा हो रहा है मिट्टी के
चौरे की बगल में
एक लिपी-पुती झोंपड़ी
आँखें मिचकाती खुल गई है

मैदान में जैसे पड़ी
मुसहर बच्चे की गरम हथेली।

[1967]

छोटे बच्चे की प्रार्थना

मेरी माँ को घर खा गया
मेरे बाप को खेत निगल गया
इन दीवारों का मुँह किधर है
मेरा भाई शहर में गुम हो गया है
ये पुरखों के किस्सों की तरह अन्धी है
कोई तो आओ
        मेरा हाथ थामो
        मुझे अँधेरे से छुड़ाओ!

मैं मृत्यु जानता हूँ
मैं पूरब जानता हूँ
मैं हर चीज से परिचित हूँ जो मुझे
आदमी से इनका सम्बन्ध ढूँढ़-ढूँढ़
        कर बताता है

ईश्वर और सूर्योदय पर
लिखी हुई कविताओं का अर्थ
मेरी समझ में नहीं आता

मेरी उम्र मत पूछो

मैं स्कूल नहीं जाऊँगा
वहाँ बदशक्ल मुंशी
मुझे अपनी जाँघों पर बैठाता है
मेरी कनपटी जलती है
मेरी जाँघों के बीच में एक गीली

छिपकली थूक उगलती है
मेरे मुँह में पानी भर आता है
किताब का पहला अक्षर
फलों के नाम से शुरू होता है—
'अ' माने अंगूर

मैं अपने साथियों में नहीं खेलूँगा
वे मेरे हाथ की रोटी छीनकर
खा जाते हैं और
मेरी पीठ पर धक्के लगाते हैं।

[1967]

मोर्चा

जैसे रान घोड़े की पीठ कसती है
और ट्रिगर को तरजनी
उसी तरह शब्द—
कविताओं को एड़ लगाते हैं
फिर एक खौफनाक दौड़ शुरू होती है
अनुभव से अर्थ तक
सूत्र से प्रयोग तक
उसूल से अमल तक
साथी! यह मोर्चा है सवालों का
इसे फतह करना है फिलहाल
और इसी दम।

हत्यारों ने जिसे हिंसक भीड़
कहा था मैं देखता हूँ
मेरी नजरों के आगे
एक जुलूस बन गई है :
उसके हर आदमी ने घाव,
पीठ पर नहीं—छाती पर
खाया था।

दुभाषिया जुबान

मैं तुम्हें आजादी दूँगा और तुम
उसके बदले में क्या दोगे?
खून?
एक पुराना मुहावरा है चमड़े की
        चौकसी में
        चलता है
साहस? वक्त की सेहत खो गई है
दुभाषिया जुबान में
शस्य कानून की धारा 25 की खुफिया
आँख एक देसी 'औजार' देखती है
तुम्हारी अंटी में
यह झूलता हुआ अश्लील
उसकी पकड़ में है।

आस्था

इस हत्यारी घटना के बावजूद
तुम विश्वास करते हो और वह
जो तुम्हें चीलों की दुनिया में
छोड़ने पर आमादा है
इस बात को जानता है।

तुम्हारी भक्ति तुम्हें मारती है
अनुरक्ति काट कर अलग कर देती है उस 'पावने' से
जो तुम्हारा है।
जिसे तुम पूजते हो—उसी को ढाल की तरह
सामने करके
संगमरमर की दीवारों पर खुदे हैं 'सातों कांड'
(पूरी रामायण) और आँसू भरी आँखों से
तुम पढ़ते हो अपना इतिहास

जेबों में पड़े हुए
जूतों के कूपन सहलाते हो।

[1967]

एक अनुभूति

कल मैं अभिशापितों के बीच से गुजरा
मेरी नींद मेरी जिन्दगी की सच्चाई बन गई थी।

मेरा सारा शरीर काले और बहते हुए घावों से
भर गया था
जिन्हें मैंने बड़े दर्प से
अपने पर सँभाल रखा था
यह मेरी वीरता का पुरस्कार था।

[1967]

एक और मृत्यु हुई

न कुएँ न तालाब में
डूबकर मर गया
और एक आदमी
ख्वाब में।

न छत से और
न मीनार से
कूदकर मर गया
और एक आदमी
प्यार से।

और बिना घटना के
केवल अफवाहों से

अजनबी निगाहों से,
ऊबकर
और एक आदमी
मर गया अपने एकान्त में
डूबकर
आह भर उसाँस भर
और एक आदमी
लेट गया
घास पर

और इस तरह थकान से परे
मकान से परे
एक और मृत्यु हुई
धूप में
लेट कर
और हाथ रख लिया
पेट पर।
और फिर मजाक ही मजाक में
नाम और नाक में
एक गाँठ पड़ गई।

अव्यवस्था का क्या कहिए
जहाँ आदमी ईमान बेच दे
तब जिये।

[1967]

कुर्सी ने हमारे हाथ के घट्ठे चाट लिये

मैं तुमसे कहता हूँ—
कुछ हाथ दिखाओ।
मगर तुम
बा रहा दाँत दिखा रहे हो।

हमारा रंग हमारे बच्चों (की नसों) में
फूट कर निकलता है।

बच्चे हमारे व्यक्तित्व हैं।

और इस सवाल पर हम
चारों खाने चित हैं।

बात का समय बीत चुका है
यह काम का समय है।
बैटरी को बिजली दो
और देखो कि वह चार्ज हो रही है—

एक बुलबुला काफी है—उसकी शान्त और
चमकती सतह पर।
एक बुलबुला काफी है।

स्कीम बुरी नहीं है
यह चुक नहीं गई है
यह अभी भी गतिशील है।

हम रुक गए हैं
कुर्सी ने हमारे हाथ के घट्ठे
चाट लिये हैं।

[1966]

भीख माँगना सहज नहीं है

भीख माँगना सहज नहीं है
जो सैकड़ों शहीदों के
बराबर है
जिनमें डूब गए असंख्य देश
वे ही भीख माँगते हैं।

भीड़ से हाथ छुड़ाकर
भागता हुआ
अपनापन
सबसे पहले
जिससे टकराया
वह मैं था।

मेरे देश के—
शिल्पियों ने
प्रतिमान स्थिर कर
लिये हैं
और अब वे बड़े से
बड़े सफेद पत्थर की
तलाश में हैं।

जिन्होंने कभी गीता
नहीं पढ़ी
वे भी खेतों में काम
करते हैं।

[1965]

आदमी की आउट लाइन

मेर पास एक सच्चाई थी
जो किसी के पास गिरवी रख गई
मेरे पास एक बोध था
जो आत्महत्या के निष्कर्ष पर
अटका हुआ है।

मेरे दो हाथ थे
जिन्होंने किसी के लिए श्रम किया।

जो मेरी शुभकामनाओं पर
जीवित थे
उन्होंने मेरे बच्चे की—
उम्र छीन ली।

इन पछताहटों का जोर
सह लेंगे
किन्तु क्या सह भी सकोगे
टूटते आकार का संवेग।

[1967]

प्रतिहिंसा के पहले

कुछ चेहरे
अचानक सड़क से निकल कर
हमारी हँसी में शरीक हो जाते हैं
और मौसम उदास हो जाता है।

और मैं मशीन की निरपेक्षता से
काट सकता हूँ
मिला हुआ हाथ,
या वह सभी कुछ जो हमें जोड़ता है।

वहाँ जहाँ सब कुछ काला है
घृणा के लिए भी जगह नहीं।
मैंने अपने भीतर से
दूर फेंक दिया है एक सफेद चीज
जो किसी सतह पर टिकने के पहले ही
मुझे लौटा देती थी।
अब कहीं नहीं है प्रतिहिंसा के पहले
उगे हुए—

खरगोश और मेढक और मेमने
जो मेरे चेहरे पर समय-समय
खरोंचते थे।

[1966]

'एक बिगड़ी हुई खराद मशीन' के बारे में

दुपहर की हवा
चेहरे पर चैलियाँ चुन रही है
और मैं एक बिगड़ी हुई खराद के बारे में
सोच रहा हूँ

अचानक पर्दा हटाकर
वह मेरे सामने आ गई है
उसने मुझे साफ अंग्रेजी में लिखा एक कागज
दिया है
जिसका मतलब है कि वह गरीब है और उसे
मदद की जरूरत है
लड़की खूबसूरत है—मैंने देखा
उसके रंग में एक तरह की तसल्ली है
जैसे वह साइरन का पीछा करती हुई यहाँ तक आई है
उसके चेहरे के इर्द-गिर्द
नमकीन किस्म का अफसोस है
उसकी अधखुली छातियाँ उतावली हैं
उन पर, किसी बच्चे के होंठों के दाग
शायद, नहीं पड़े हैं
उसके स्तनों के नीचे की ढलान
पहाड़ की तराई में बसी
किसी औद्योगिक बस्ती की तरह खामोश है

उसकी जाँघों में
एक काला जंगल रास्ता खोजता हुआ

गुम हो गया-सा है; उन दरारों के पीछे
जहाँ आग का दलदल है, जन्मों का
अन्धा जल है
और स्वप्नों की झील का नमक है
उसकी टाँगों में
तेज शिकारी चाकू की चमक है
नहीं, टोकने की जरूरत नहीं है
किसी के कपड़ों के नीचे झाँकना काफी—
        शर्मनाक है
मैं इसे सकारता हूँ
मगर औरत मजदूर जिन्दगी की सबसे बड़ी दुर्घटना है
और खूबसूरती
उदारता की खुराक है
आप तो खुद समझदार हो
जिसका मन रोगी; उसके लिए
कविता की भाषा ही, शायद उपयोगी है।

अन्धा पुल पर शिलालेख

यहाँ कोई मौसम नहीं है
क्योंकि पेड़ नहीं है
आसमान नीला है
और सिर्फ घासों को बढ़ावा देता है
मैं रेल की पटरी पकड़ कर चलने लगा हूँ
उसी पुरानी जगह, जहाँ कुछ लोग
एक घटना बन गए हैं
कन्तू
सल्लर
टिम्मल
जोगी
मन्ना
सम्मन
यह अन्धा पुल है। पत्थर पर खुदे हुए नाम

उम्र 13 साल, 23 साल, 30 साल, बाईस साल, बाईस साल
बाईस साल सन् बयालीस में पुलिस की गोली
से मारे गए...
इतिहास के पोपले मुख से एक दाँत टूट कर
गिर पड़ा है, एक पत्थर, गर्दन तक घास में डूब कर खड़ा है
मुझे नहीं मालूम। यह पत्थर किसने लगाया है
हाँ, यह पता जरूर चलता है कि वह आदमी (चाहे जो भी रहा है)
अपने व्याकरण से बड़ा
कलाकार था, और मैं जिसके लिए पछता रहा हूँ
वह उसी श्रद्धा से लाचार था
मैं उन नामों को पढ़ रहा हूँ अलग-अलग उम्र के साथ
अलग-अलग शब्द...

ठंडी, महीन और लम्बी आवाज
हृदय की धड़कनों की बगल में गिरती है
खून के सीखचों के पीछे
अतीत का कैदी चेहरा झिलमिलाता है।

[1966]

भूख से तड़पते हुए देशवासियो!

'भूख से तड़पते हुए देशवासियो! मौत मुबारक हो'
भूख से मरे हुए
की बगल में रोते हुए बच्चे की तसवीर—
'माता पड़ी है और शिशु उसके हृदय पर मुख धरे
देखे गए हैं किन्तु वे माँ-पुत्र दोनों थे मरे'
और बच्चा मृत्यु से नहीं—भूख से रोता हुआ।
अखबार में कल जहाँ एक दर्दनाक तसवीर छपी थी
वही आज एक मुस्कराते हुए प्रतिनिधिमंडल के साथ मेरे देश
की प्रधान महिला हाथ मिला रही है।

अखबार की सुर्खियों के नीचे कुछ भी नहीं बदला है
बगल के कॉलमों में लिखा गया अकाल

और राजनीति की चालें गले मिल रही हैं जनतंत्र की चूलें
हिल रही हैं।
वोट देने वाला पेट पर हाथ बाँधे रो रहा है
चुनाव की सीटों के लिए दो विरोधी दलों में समझौते हो रहे हैं।

× × ×

'कोई आदमी पेड़ नहीं खा सकता'
क्या संविधान में ऐसा कोई विधान नहीं है?
सुरक्षा अधिनियम क्या इस पर लागू नहीं होता?
वन विभाग को इस पर एतराज करना चाहिए।

× × ×

कैसी मजबूरी है
यहाँ चोरी का अभियोग लगाकर भी नामों के पहले
'माननीय' कहना जरूरी है!

× × ×

विधान सभाओं में
14 भाषाओं की प्रतिनिधि कविताएँ
पढ़ी जा रही हैं। कविता के लिए इतनी उपजाऊ जमीन
और कहाँ मिलेगी!
भाषा अपनी शालीनता,
कटुता और व्यंग के चरम पर है।
'आप अराजकता के थोक विक्रेता हैं और आप—
आप जनता के घासलेटी नेता हैं।'

[1968]

सार्वजनिक जिन्दगी

मैं होटल के तौलिया की तरह
सार्वजनिक हो गया हूँ
क्या खूब! खाओ और पोंछो,
जरा सोचो,
वह भी क्या जिन्दगी है

जो हमेशा दूसरों के जूठ से गीली रहती है!
फटे हुए पंजे की तरह घूमते हैं अधनंगे बच्चे
गलियों में
गोलियाँ खेलते हैं।
मगर अव्वल यह कि
देश के नक्शे की लकीरें इन पर निर्भर हैं
और दोयम यह कि
न सही मुझसे सही आदमी होने की उम्मीद
मगर आजादी ने मुझे
यह तो सिखलाया है कि इश्तहार
कहाँ चिपकाना है और
पेशाब कहाँ करना है
और इसी तरह खाली हाथ
वक्त-बेवक्त मतदान करते हुए
हारे हुओं को हीकते हुए
सफलों का सम्मान करते हुए
मुझे एक जनतांत्रिक मौत मरना है।

[1968]

विद्रोह

'ठीक है।' यदि कुछ नहीं तो विद्रोह
ही सही। हँसमुख बनिये ने कहा—
'मेरे पास उसका भी बाजार है
मगर आज दुकान बन्द है। कल आना
आज इतवार है। मैं ले लूँगा।
इसे मंच दूँगा। और तुम्हारा विद्रोह
मंच पाते ही समारोह बन
जाएगा। फिर कोई भी सिरफिरा शौकीन विदेशी ग्राहक
आएगा। मैं इसे मुँहमाँगी कीमत पर बेचूँगा।'

[1968]

बसंत और चूहे-1

एक हरी बिजली खेतों में
भोंक रही है कौंध
लेकिन भीतर-भीतर चूहे
कुतर रहे हैं पौध।

बसंत और चूहे-2

मैंने सरसों के खेत में
खिलखिलाते हुए उस लड़के को देखा,
जो बाँस के फरकट्ठे पर
धोखा टाँग रहा था
        इसीलिए 'खुशहाल' खेत में
        धोखा टाँग रहा है।

अमोला और खेत

धोखे पर चढ़कर चूहा
गाता है फसलों का गीत
और अमोला खेत अगोरती है
अमोला! अमोला!!
क्या तू चूहे को चीन्हती है?
        अनाज कहाँ जाता है?
                डंठलों की हरियाली के हाथ
सूरज उगने के पहले ही कौन कुतर देता है?
        अमोला! क्या तुझे मालूम है
                मचान पर कौवा आ बैठता है
                और गाता है मौसम
                        अमोला! अमोला!!

नारंगियों का क्या हुआ?
क्या हुआ उन पौधों का
जो हवा के लिए
अँधेरे से जूझ रहे थे?

[1967]

दोपहर का अस्पताल

नर्सों की ऊब से भरा हुआ—
दोपहर का अस्पताल
दिन के ठीक एक बजे उगल देता है
जंगल टिनोपाल का,
जिससे मक्खियाँ परहेज करती हैं।
लेकिन सुनो! प्यारी मक्खियो सुनो!
मेरा घर तुम्हारे लिए खुला है,
मेरा घर और गन्दगी
तुम्हें बुलाते हैं,
जाओ मेरे गन्दे दाँत
तुम्हारा स्वागत करते हैं।

जंगल का वनस्पतिशास्त्र

इस शहर की नासमझ—दो चोटियों
से खेलते हैं—
खूबसूरत दोगले
और जंगल का वनस्पतिशास्त्र
पेड़ों को चढ़ाया जा रहा है
अर्थात् जनता को जनतंत्र
का पाठ पढ़ाया जा रहा है।

[1969]

हवालात और कविता

मैं तुम्हें मूढ़ता का मतलब
समझा सकता हूँ।
मैं तुम्हें समझा सकता हूँ कि एक और एक
मिलकर किस तरह तीन होते हैं।
किस तरह बैल के सिर पर सींग
सींग रहती है और बनिये के हाथ में
तुरही बन जाती है।

हवालात और कविता के बीच
सुविधा और सम्मान रख दूँ
किसे चुनोगे?

सम्मानित नागरिक! बाल अपराधियों के झुंड में
गश्ती सिपाही की शर्म की तरह गायब हो जाने के पहले
जो रोजनामचे में दर्ज नहीं है
जिसे खून से भीगा हुआ एक कम्बल जानता है
या रोशनदान में सिमटी हुई
उस लड़के की चीख।
क्या जेबकतरे हाथों को वोट का सलीका
सिखला सकोगे?

और इस वक्त जबकि ज्यादातर लोग
आजादी को आक्रमण की तरह सह रहे हैं
मुक्ति की भाषा कितना कठिन है!

[1967]

कविता में जाना

जब अनाज और आँत के बीच
रोटियों के नाम तय कर दिये गए हैं
एक बच्चा—

माँ की कोख में
अकाल के सिगनल के समान
गिरता है।

कविता में जाने के लिए
जीवन में जाना जरूरी है।
कविता में एक शब्द—
दोस्त की तरह आता है
और धोखे की तरह चला जाता है।

कविता से एक शब्द हटाना
उतना ही खतरनाक है
जितना कि रेल की पटरी से
फिशप्लेट को हटाना।

अपनी कविता का एक भी वाक्य
अपने विरोधियों के पक्ष में लिखवाना
वैसा ही खतरनाक है—
जैसा दाँत से हथगोले का फीता खींचकर
उसे दुबारा झोले में रख लेना।

[1967]

कुछ सूचनाएँ

हमारे पास घर है
बनियों के पास मकान है
संस्थाओं के पास भवन है
अस्तबल की बगल में घोड़े और घास के बीच सोये हुए
        आदमी का नाम
हिन्दुस्तान है।

मैं हर वक्त सोचता रहता हूँ
कितना नमक डाल दूँ खून में

कि उन्हें विश्वास हो जाए कि मेरा भी हक है
कानून में।

कविताओं के लिए उनकी जेब में, अखबारी लहजा
और अमेरिका और रूस और चीन का नुस्खा है

जेलखाने के बगल की नागरिकता मुझे विरासत में मिली है
बूचड़खाने की कुल्हाड़ियों का संगीत
मेरे परोपकारी
मांस की नींद में उभर रहा है।
देश की मरम्मत के लिए
सबसे कम रेट वाली निविदाओं के भीतर
छिपी हुई मक्कारी को
अपना भविष्य मानने से इनकार करने पर
मैंने परिवार की आत्मीयता खो दी है।

उनके हाथों में हैं
वे कविताएँ—जो सही वातावरण तैयार करती हैं
        उचक्के भाषणों की दिलफरेब घोषणाओं के लिए
        आणविक भट्ठियों की मायाविनी सुविधाओं के लिए
        अकाल की दिलचस्प खबरों के लिए
शब्दों के पिछले हिस्से में एक रोशनदान है और
आदमी के दिमाग में एक कुर्सी
        एक हीटर
        एक बँगला।

[30.8.1969]

'गिनी मैन' गुलामों को ले जाने वाले जहाज

[जनानन्द बहुगुणा के लिए]

उस नीग्रो की पीठ पर पड़े चाबुक के निशान और
मैकमोहन रेखा में क्या अन्तर है?

मैं समझता हूँ कि एक ही जहाज से एक बन्दरगाह पर
अनाज और दूसरे पर फौजियों के दस्ते क्यों उतर रहे हैं?
दोस्ती का दूसरा हाथ जेब में किस चीज की तलाश कर रहा है?
सुनो जनानन्द! घृणा के लिए।

बाईं ओर काफी हाशिया छोड़कर
चालाक लोगों ने लिखा कि यह संसार
एक परिवार है, और मानवता करुणा की कोख से पैदा हुई है।

मगर, उन पूर्वजों की बात करना बेकार है जिन्होंने अन्धमहासागर की
लहरों में भविष्य की रोशनी देखी थी

मुझे खुद पता नहीं है कि वह
उनका सत्य था या शेखी थी।

मुझे बस इतना पता है कि हमारे सागर-तटों पर
अब भी आते हैं 'गिनी मैन'
हमारी आँतों में अनाज की बोरियाँ धकेल कर
खुद को खाली करते हैं और हमारा काला साहस,
(जो दुर्भिक्ष के दिनों में
सैकड़ों सूर्यों की आँच में तपकर बना है)
लाद कर वापस चले जाते हैं सुदूर अन्धमहासागर के पार
जहाँ लहरें रोशनी नहीं, सिर्फ जंजीरें
उगलती हैं।

[30.8.1969]

कोई पूछे कि ये क्या है...जो छिपाये न बने

और कुछ लोग सिर्फ इसलिए लड़ रहे हैं
कि कुछ जूते
'शहर की आधुनिकता' के खिलाफ पड़ रहे हैं।

मेरा मतलब यह नहीं है कि तुम
चीजों के साथ क्या कर रहे हो
बल्कि यह है कि तुम
उन चीजों का क्या कर रहे हो
जिनके जरिये
उबर रहे हो।

चीजों को
अँधेरे में डालने का काम
तेजी से चल रहा और हड्डी का
सिर्फ वह टुकड़ा रोशनी में है जो कुत्ते के दाँतों
के नीचे है
शायद, तुम्हें अपने हिस्से का मलाल है
और यह ठीक भी है
क्योंकि सही आदमी वह है जिसे जानवर से ज्यादा
अपनी सेहत का खयाल है।
लपलपाती हुई जीभ और हिलती हुई पूँछ के बीच
भूख का पालतूपन हिल रहा है
उसे रोशनी से अधिक चिचोड़ने का सुख मिल रहा है
इससे
भूख भले ही न मिटे
मगर दाँतों का दर्द कम होता है।

[1967]

तीन स्त्रियाँ

तीन स्त्रियाँ बाजार करने निकलीं
पहली ने संतरा खरीदा
वह अधेड़ औरत थी
दूसरी ने घड़ी खरीदी
वह अपने पति को तलाक दे चुकी थी
तीसरी ने कुछ खरीदा नहीं

वह शीशे के
शो केस के सामने असमंजस में,
खड़ी रही।
वह युवती थी।

[1965]

मूल्य-चर्चा

नगर महापालिका के सदस्य मूल्यों की चर्चा में व्यस्त हैं
मेरी कविताएँ चुंगी चौकी पर रोक ली गई हैं
मैं एक कस्बे से गुजर रहा हूँ
आह! कितनी बीमार बस्ती है
हर चेहरे पर फटकार
बरसती है।
पार्कों में बच्चे नहीं हैं
दृश्य किसी अनैतिक मृत्यु की सूचना की तरह
उड़ते हैं और आर-पार फैले हुए
तारों से टकराकर गिरते हैं लहूलुहान।
एक थकान है जो चेहरा बटोर कर घास पर
बैठ रही है।
मुझे धर लिया गया। और मुहर लगाकर छोड़ दिया गया।

[1967]

देश की दशा

असलियत कम और बुखार अधिक है
दर्द और गुस्से के लिए सही जगह की
तलाश है।

रात में नावों की माँग
बढ़ जाती है,

जेहन से जब बात उतर जाती है
मेरे दिमाग में
बदसूरत हिन्दुस्तान और खुशनुमा
हिन्दुस्तान की दो तसवीरें हैं—
एक मेरी पीठ के नीचे है
और दूसरी पेट पर है।

तट का जय-जयकार
नगर में अन्धकार
इन अपाहिज लोगों के बीच चलते हुए
मुझे मृत्यु के लिए सोचने से
रोको,
मुझे अपने दिनों को सोचने से रोको
कैसी दशा है इस देश की
एक नाव रोशनी का लंगर फेंक
खड़ी है
मैं नदी के तट पर चल रहा हूँ
मैं जहाँ चल रहा हूँ क्या वह नदी है?

और गूलर के जरा बाएँ
बादलों की स्याह रेखा—
कट रहा है चाँद
नदी का जल
साइकिल पर चढ़े-चढ़े पार कर
जाने के योग्य।

[1966]

मौसम

जिया जा सकता है किन्तु—
हाशियेदार एक दुख,
और सन्दर्भहीन एक जीवन,
धैर्य के लिए इतना ही काफी है

कि धूप ने भिगोने से—
किसी को नहीं छोड़ा
(पेड़, आदमी और चिड़ियाँ)
अलग-अलग हाथों में
बँटा हुआ
सूरज के उगने का उपक्रम...
—और मौसम के लिए
सुबह कोई नई बात नहीं है
किन्तु एक तसवीर है जिसे
हम रोज फ्रेम बदलकर
अपने कमरे में टाँगते हैं और
शाम तक एक शीर्षक
की तलाश में
भटकने का आत्मसुख
जीते हैं, जो
सूरज या सुबह का नहीं
और नहीं हमारा है।

एक प्रश्न

शीत पड़ेगी शिशिर कहोगे,
फूल खिलेंगे तुम उसको बसंत कह दोगे
ताप बढ़ेगी ग्रीष्म कहोगे अगर धरा पानी बिन तरसेगी
पानी की बरसात हुई तो पावस कह लोगे
उस मौसम का नाम, बताओ क्या रक्खोगे
जबकि आग बरसेगी?

भिखारी बालक

ऐ छोटे लड़के!
मैं समझता हूँ कि भीख माँगना
सहज नहीं है

यह कोई बद्रीनाथ की यात्रा
या हज नहीं है।
मैं जानता हूँ
कि भीख वे माँगते हैं, जिनमें
सैकड़ों शहीदों की समाधियाँ हैं
जिनमें बर्फ की ठंड है—
और गर्म राख की पिघली हुई
आँधियाँ हैं।
भीख वे माँगते हैं, जिनमें
सैकड़ों राष्ट्र डूब गए हैं,
जो जिन्दगी से नहीं
मौत से ऊब गए हैं।
ऐ छोटे लड़के!
मैं यह समझता हूँ और
पान की दुकान पर
आईने के सामने खड़ा हूँ
इस आश्वासन पर कि अपनी पोशाक
में मैं तुमसे बड़ा हूँ
और कि मेरे भीतर का दाता
मरा नहीं है,
क्योंकि एक नाम के लोभ से मन
अभी तक भरा नहीं है।
फिर भी एक शर्त है
यहाँ देवालय
पुस्तकालय
विद्यालय, अस्पताल
सब-के-सब ढोते हैं मोटे-मोटे
संगमरमरी नामों की पट्टिकाएँ
क्या तू भी ढो सकता है
एक ईंट
जिस पर मेरा नाम लिखा हो?
सच कहता हूँ, मेरे भीतर का
दाता, मरा नहीं है।

[16.10.1968]

रातभर

रातभर
हम स्पंज से खेलते रहे
और सुबह
मेरे आँगन की दीवाल पर
एक इश्तिहार-सा
धूप का रंग चिपका हुआ था।

× × ×

हवाओं को
आज क्या हो गया है—
वे मेरे लिए कई शब्द
छोड़कर चली गईं।

× × ×

सड़कें जहाँ खत्म होती हैं—
वहीं पर
एक अन्धा और बहरा आदमी
अँधेरे में गिट्टियाँ फेंकता है।
सूरज जहाँ डूबा है
वहीं पर
एक क्षुब्ध समुद्र
अपनी नीली हथेलियाँ
सेंकता है।

× × ×

मौत केवल जिन्दगी को भूलने का नाम है।

समकालीन राजनीति में

मौत मद्धम, सुर-विहीन, आतंक में आत्मीय
यह आवाज आ रही है
कहीं कंकरीट गा रहा है
कहीं लोहा बज रहा है

क्या तुम भूल सकते हो जहाँ खून
खाद बना है बसंत के मौसम में
फूल और हवा का रिश्ता
महक रहा है?

जब तुम खटकर लौटे थे और दस बजे रात
तीसरी रोटी तोड़ रहे थे, एक बच्चा पेट पर
किताब धरे-धरे सो रहा था। टूटी हुई दीवार से,
सब कुछ दिखाई पड़ता है—वह पड़ोस का आँगन हो या
तुम्हारा इरादा।
आखिरी निवाला गटक कर लोटे भर जल से
तुम खाली हो चाहते हो वह विचार
कि पेड़ों की जोड़ पर उगी हुई कोंपल में बसंत
चुहचुहा आया है घाव की पपड़ी के
नीचे खुला चमड़े की मानिन्द
और जहाँ खून खाद बना है समकालीन राजनीति में
फूल और हवा का रिश्ता ढकी हुई आग-सा
महक रहा है।

[1968]

रात्रि भाषा

नहीं—यह मातृभाषा नहीं है
अन्धकार को भेदकर अँधेरे से निकली हुई
एक गाँठ है
पलीते की जिसके सिरे पर
एक बेशर्म अँतड़ी
से बँधा है
इसे जंगल पहचानता है, पहचानते हैं पेड़
और पत्ते। एक तै शुदा मतलब
दोस्तों के कान खोलता है
इसे नहीं जानते हैं हौलदिल दुश्मन और कंगूरों पर
बेचैन घूमती सर्च लाइटें। बोतल पर उल्टे हुए सपने

कलेजियों की कै कर रहे हैं जहाँ लश्कर पड़ा है
एक अन्धा शब्द पहरे पर
एड़ियाँ
        एड़ियाँ बनाता है।
यह रात्रि भाषा है जिसकी पहली अनुगूँज के साथ
सूरज की पहली किरण धरती की ओर पयान करती है
दस्तों में हरकत होती है जैसे किसी जंगली जानवर से
लहराती हुई घास हिलती है।
तुझे तेंदू के पत्ते जानते हैं
तुझे जानते हैं चकवड़ के
        —पेड़
—तुझे सहमे हुए बबूल
—कुल्हाड़ियों के संकल्प।

[1968]

किस्सागो

जब वह सड़क पर आया उसके ऊपर फटा हुआ
राजसी कोट था और भाषा थी तितली पकड़ने वाला
जाल-सी
रंगीन कपड़े में
लिपटी एक छोटी
पिटारी—जिसमें
दूसरे शहर की
सनद थी
सबसे पहले उसने अपने दस्ताने उतारे और उस पुरानी
दीवार के पास जाकर खड़ा हो गया
जहाँ एक खिड़की फूट रही थी
'भीतर जो कुछ हो रहा है—जायज है',
उसने आहिस्ता-से कहा—
'तुम्हारा अचरज और उनका इन्तजार—दोनों बेकार हैं'
बाहर, खुशनुमा शहर मर्तबान पर खुदे फूल
की तरह खिलखिला रहा था

फिर उसने शब्दों को कुर्ता पहनाया जिसमें कालर नहीं था और
धोखे की तरह खड़ा कर दिया
भीड़ के बीचोबीच
उसने नये सिरे से वादा किया कि अब
पंखों और रंगों का
इस्तेमाल नहीं करेगा।

[1966]

कुंजी टोला में शाम

यह बनारस की—गली है
हर दरवाजे पर एक औरत खड़ी है
उसका नाम जूही है
उसका चम्पाकली है
हर औरत एक दरवाजा है

हर दरवाजे पर
तख्ती जड़ी है

आप यहाँ क्या करने आए थे
सामूहिक जलसा में
टाउन हॉल के मैदान में कसम
खाकर
देश के नाम पर मरने आए थे।

[1966]

कविता, सावधान!

ठीक यही वक्त है जब इतिहास अपने शिकार पर
        निकलता है।
कविता, सावधान!!

मैं सुनता हूँ अस्पष्ट ध्वनियाँ
मेरे दिमाग में घूमते हैं व्यास, कालिदास, तुलसी, कबीर
और कितने ही बनबिलावों के झुंड
उस नि-जड़े युग के कवियों की शिल्प कल्प
रचनाएँ
अर्थ उदास हैं।
भाषा के अँधेरे में—
मुक्तिबोध का होना, शायद, अपवाद है।
फिर भी इस रात के अकेले सुनसान में, जब कि मेरे चारों ओर
चारपाइयाँ सो रही हैं सिर्फ वे जाग रहे हैं जो
मैथुन कर रहे हैं या पड़ोस के मकानों की
पिछली दीवार में सेंध से
बाहर निकल रहे हैं
        टोह रहे हैं,
मैं इस कागज के टुकड़े पर झुका हुआ शब्दों के जंगल का अर्थ—
        ढूँढ़ रहा हूँ
कविता! कविता!! कविता!!!
बार-बार सवाल दिमाग के पिछले दरवाजे पर
दस्तक देता हुआ—
आदमी क्या इसी तरह टकराता रहेगा
सड़कों पर
छूछे सवालों से?
गलियाँ क्या इसी तरह भरी रहेंगी पिस्तौल की नालों
और छिनालों से?
बच्चे क्या इसी तरह धड़ों और मर्द
चूतड़ों पर मरते रहेंगे?
हम कविता करते रहेंगे
क्या इसी तरह? भीख से
भूख को तसल्ली देने का काम चलता रहेगा?
नुस्खों और नारों की भीड़ में
क्या इसी तरह
ईमानदारी जैसा हरजाई शब्द
ईमानदारी से ऊपर उछलता
रहेगा?

मगर उत्तर कहाँ है?
क्या कविता उत्तर है?
कविता उत्तर नहीं है सिर्फ वापसी के लिए एक
शब्द है कविता
मेरे लिए वह केवल चेहरा नहीं है
न भागते हुए चेहरे की थकान है
कविता—सिर्फ पड़ोस की पहचान है
अपनी सुरक्षा के लिए
भगोड़े चेहरे की सही चेहरे
में वापसी है।

जेब के वजन पर सपना पालते हुए
अपने लोगों के बीच
चीजों का चेहरा बिगड़ गया है
कविता नाचीज
होकर रह गई हैं। क्या तुमने कविता पढ़ी
है? वह हवादार, बातूनी, बेलौस,
ठंडी, गमगीन, खुरदरी, अथाह। क्या तुमने वह कविता
पढ़ी है जिसे भुखमरी के दिनों में, गाँव के एक नौजवान ने
शहर के रियाज पर, गढ़ी है।
'मुझे फुरसत नहीं है' वे नाई की दुकान में चले जाते हैं
कनपटी पर घूमती हुई चुगलखोर कैंचियाँ
उनका कान भरती हैं। वे लॉटरी का टिकट खरीदते हैं
और चन्द दिनों के लिए परिवार की कटीली बाड़ लाँघकर
अपनी फटेहाली से बाहर आते हैं,
रंडी, मक्कार, घिनौनी, छिनार, हरजाई, ईछा।
चमड़े से चमड़े तक फैले फरेब से
वे कितनी बार छले जाते हैं। तू उन्हें कहाँ ले जा रही है?

मैं उन्हें अच्छी तरह दिखाकर
चौराहे पर रखता हूँ 'साखी' और 'सबद'
मगर शाम तक उन पर अँगुलियों के चिह्न ढूँढ़े नहीं मिलते
मैं उनसे छिपाकर, कमरे में
बन्द करता हूँ एक औरत

और सुबह तक पाता हूँ
कि वह अपनी टाँगों पर खड़ी हो नहीं सकती।
मैं जोर-जोर से
चिल्लाता हूँ—'उनके भीतर कविता मर गई है'
हत्यारा कौन है?

अचानक चार का गजर बजता है
पास के पुलिस चौकी से घंटा टनकता है
जैसे कविता में कहीं कोई सही शब्द बज उठता है
मैं सिर उठाता हूँ खिड़की से
दीखता है चाँद
आसमान से पाँच-सात धूर ऊपर
बाएँ हाथ की ओर
एक बारीक और तिरछी उजास रेखा पर
आधा झुका हुआ
किसी भी क्षण उड़ने को तैयार
वह उजला उपग्रह।
जिसे पृथ्वी ने आदमी की परिक्रमा के लिए
छोड़ा है। और मैं खुश हूँ। कि आदमी हूँ।
साफ झक चाँदनी की ठंडी परिक्रमा का
केन्द्र हूँ। अपनी उपलब्धियों से बाहर विज्ञान की नैतिकता
के आगे भी राह है
यद्यपि मैं जानता हूँ कि चाँद एक सूना प्रदेश है धुन्ध और ऊब
से भरा हुआ भारी है आदमी के
रहने के काबिल नहीं है, फिर भी वह
चाँद है और चाँदनी
जैसे उस पीड़ित, अभागे, अभावों से घिरे हुए
अकेले और यातना भरे लोक का पवित्र आशीर्वाद है।
लेकिन तुम क्या कहते हो, क्या यह कविता से बाहर की बात है?
और अभी रात है।
'जागते रहो'—गश्ती सिपाही की आखिरी आवाज खबरदार करती है
कुत्ता भौंकता है। जूते के टप्परदार एड़ी के नीचे
उत्सव से पहले टेस्ट हो रहे माइक की तरह
'हलो-हलो' करती हुई सड़क

आहिस्ता-आहिस्ता सुबह की ओर
खुलने लगी है
और यही वक्त है कि कविता में जुड़ने के लिए
कोई पंक्ति छटपटाती है
बिना दाँतों वाला एक दकियानूस विचार
हरी-भरी ताजा लावारिस लाश की तरह
समकालीन पीड़ा
लॉटरी के टिकट-सा रंगीन भविष्य का सपना
सब-के-सब कविता में जुड़ने के लिए
छटपटाते हैं। सहसा यह लगता है
कि भाषा का गर्भकाल
पूरा हो चुका है, यह सारा कुछ तनाव
सिर्फ सूरज के जन्म से पहले की
विकलता है।

मगर ठीक यही वक्त है
जब इतिहास अपने शिकार पर
निकलता है
कविता, सावधान!

शब्दों के अयाल उसकी मुट्ठी में है
उसकी रानों के नीचे भाषा
कसी हुई जीन की तरह
भिंच रही है
कुत्तों से अपना सम्बन्ध छिपाने के लिए उसने
अपनी लपलपाती हुई जीभ दाँतों से दाब रखी है
उसकी मुस्कान में जली हुई कलेजियों का
स्वाद है
उसने घोषणा की है कि
(वह, पहली हत्या ठीक
उस जगह करेगा जहाँ एक
पुरस्कृत किताब
रखी है।)

हर बार उसके माथे पर पड़ी हुई सलवटें
कवियों को सुविधाओं का हत्यारा
घोषित करती हैं।
उसके दाँत अर्थों के
ताजा लहू की खारी सुगन्ध से बसे हैं
उसकी आँखों में नफरत के नीले गुलाब
खिल रहे हैं
उसने नगर के सभासदों से साँठ-गाँठ कर ली है।
इतिहासकार, ज्ञानी, भूगोलवेत्ता, तत्त्वदर्शी, आचार्य,
सब-के-सब उसके सामने हाथ जोड़े खड़े हैं, जैसे
अँधेरे अस्तबल में घोड़े खड़े हैं।
अध्यापक उसके इशारे पर नाचते हैं
पाठ्यक्रमों के अँधेरे में भटकते हुए विद्यार्थी
एक दूसरे का नाड़ा
टटोल रहे हैं
कुंजियों के सहारे किताबों का चेहरा
खोल रहे हैं।

उसके इशारे पर, मूल्यों की जाँच के लिए
सुच्ची, सही कविताएँ
चुंगी चौकी पर रोक ली जाती हैं।

हर बार
एक सही कवि उसके लिए
समानान्तर सरकार है।

[1968]

देश को प्रतीक होने से बचाओ!

यहाँ बच्चे प्रतीक हैं
माँएँ प्रतीक हैं
मकान और मेमने और गायें

प्रतीक हैं
युवक प्रतीक हैं बूढ़े
प्रतीक हैं
कविताएँ प्रतीक हैं
जंगल और पेड़ और सूरज प्रतीक हैं, कपड़ा, घर, रोटी प्रतीक हैं
दोपहर की चिलचिलाती धूप में
वे पसीने से सराबोर
चेहरों को सम्बोधित करते हैं—
'मित्रो! सुबह होगी; भाग्य का सितारा
चमकेगा'
हे ईश्वर! लोगों को इन सम्बोधनों से बचाओ
इस भाषा से बचाओ। देश को प्रतीक होने से
बचाओ।

[1967]

इतिहास ऐसे बदलता है

रोटी—रोटी—रोटी—
मैं बाजार में जाता हूँ
हथढेलों में खिलौने सजे हैं
बच्चों के कौतूहल की तरह
एक साथ रखे हैं—चमचे और चाकू
मैं झुनझुना उठाता हूँ। मुझे अपलक ताकते हैं प्रौढ़ चेहरे
जो बच्चा—धड़ों पर जाम कर दिये गए हैं। एक खंखड़ शब्द गूँजता है—
हवा में
रोटी...रोटी...रोटी...
फूल काँटों में खिले हैं
लहरें किनारों पर मिट रही हैं
मैं नदी के तट पर जाता हूँ
आजकल सूरज कब निकलता है? मैं सहसा सोचता हूँ
एक मुर्गाबी अपने चूजों के साथ
पानी से कच्चा राशन तलाशती हुई

बगल से गुजरती है
और एक चाहा
आदमी पका कर खाता है।

मैं बच्चे की आँख से
आँसू पोंछ रहा था
उन्होंने कहा—आगजनी
(हर आँसू अपराधी के लिए
        चोट का दरवाजा खोलता है)
मैंने भूख के अपहरण की बात की
कहा गया—अगवा किया।
(खाली पेट दुश्मन की छिपने की जगह है)
भीड़ से उठाकर लाया गया
लहूलुहान पत्थर
भूगोल की दहलीज पर
        रखते हुए मैंने कहा—
इतिहास
ऐसे बदलता है।

[1968]

कविता को भाषाहीन करते हुए

चीलों की स्पर्धा में कुछ बुद्धिजीवी
सड़कों पर निकल आए हैं
और कुछ फटे हुए इश्तहार हो रहे हैं
मगर जो चालाक हैं अपनी नींद में रेहन
रखी हुई पत्नी की गोद में
सो रहे हैं।

वे कविता में लोहे के इस्तेमाल की चर्चा करते हैं
और अक्सर अपने दिमाग में
शोख लड़कियों की इजारबन्द खोलते हुए

कविताएँ अचानक राशन कार्ड के साथ नत्थी
हो जाती हैं।

मुझे मालूम है कि बसंत
पेड़ों की सेहत है।
रोटी के टुकड़े पर
छीना-झपटी करने के बाद
उस लड़के के घुटने पर फूटे हुए लहू से
उसका कोई वास्ता नहीं है।

कब तक डरूँ
अपनी प्रतिस्पर्धा का क्या करूँ
जो एकान्त में भी
एक पड़ोस बना देती है

कविता को
भाषाहीन करते हुए वे
दौड़ते हैं उत्तर शताब्दियों की ओर
सैलूनों में घुसते हैं और कैंचियों का सुनते हैं अनहद नाद
जहाँ नकली बालों के लच्छे
हवा में उड़ते हैं अंडे और छिलके और पसीना
मक्खी मार पाउडर की तलाश में
एक साथ हाथ डालकर आदमी की लाश में

भीड़ की भी अपनी एक शैली होती है यानी कि शालीनता
जो अक्सर, आदमी के अभाव में बना करती है
मसलन किसी सिनेमा हॉल में या किसी पंडाल में
कभी-कभी एक दस्ती या माचिस की खाली डिब्बी
आदमी को
कुर्सी पर बैठने से मना करती है।

क्या यह विश्वास की कमी है जो तुम्हारी
भलमनसाहत बन गई है या कि लज्जा अब तुम्हारी
आयत बन गई है

तुम जो हर चीज अपने दाँतों के नीचे
चबाने के आदी हो
चाहे वह सपना हो चाहे आजादी हो?

मगर वह क्या है जो तुम्हें
बर्बरों के सामने
अदब से रहना सिखलाता है
मूँगफली के छिलकों पर खड़े होकर
हाथों को छाती पर बाँध लेते हो
और इस तरह अपनी शर्म को
उदासी और ऊब की बगल से गुजरते हुए
देखते हो
देखते हो और तरह देते हो?

[1967]

मेरे जिले का आदमी

ऐसा अवसर आन पड़ा है
मेरे जिले का आदमी—परताल से बाहर
आ गया है।

फसल कहीं खड़ी है
किसान कहीं खड़ा है
मेंड़ पर लोहा पड़ा है
आग आँखों में पड़ी है
मेरे जिले में भूख है
भूख से अधिक आदमी
के मिटते जाने का एहसास है
मेरा सुख कहाँ है?

मेरे जिले में आग जल रही है
सही आदमी पर चोट पड़ रही है

और वह भी मार रहा है
मेरे जिले का आदमी
हथियार हो रहा है
चीख बन रहा है
ललकार हो रहा है

यह रही तुम्हारी स्वतंत्रता
2/3 लुच्चापन
और 1/3 बेबसी।
मेरी आजादी कहाँ है?
मैंने जंजीरों के खुलने
की आवाज सुनी है
और खुद को बन्दी
        पाया है?

तुमने कहा—
खेतों में, कस्बों में, मिलों-मजदूरों में
शहरों के पिछले हिस्सों में, हर जगह
गुस्सा उबल रहा है
आग सुलग रही है
उसे फूँक मारो
धधकाओ
चेहरों के अन्दर जलती हुई आग
रास्ते पर लाओ।

वह जान गया है महज
कविताओं का झूठ
पत्तों की नोक पर
ओस को सोना
बनाता है।

भूख से मरे हुए आदमी की गरदन पर
मौसम की अँगुलियों के ठंडे
निशान।

चोर और मशालची में कोई फर्क
नहीं रह गया है।
मगर टोपी ने कितने अपराध
        किए हैं—
बालों को पता है।

[1969]

कविता में आना

रात भर, जागकर मैं देखता हूँ शब्दों का ढूह
कविताओं में गहरे उतरता हूँ
सत्य और न्याय से कुछ अधिक की तलाश में
जहाँ वक्त दीवारों का 'नोना'
चाट रहा है।

मगर वहाँ किसी चीज की झलक नहीं मिलती
न तितली—न तेल—न तिलक,
सिर्फ एक खँडहर दीखता है, काव्य के अँधेरे इतिहास में

जिसकी दहलीज पर खड़ी औरत के
गमगीन चेहरे पर
बीते हुए प्यार की निरपराध मैथुनाकांक्षा
करवट बदलती है और इतिहास का चमकदार हाशिया
मेरी विरोधी टिप्पणियों से
काला हो जाता है,

इसे स्वीकार कर लेने के बावजूद कि बसंत में
फूला हुआ पेड़ और अस्पताल की खिड़की पर
दवा की खाली शीशी के साथ खड़ा अतिसार का मरीज
समय को एक-सी दूरी पर रेखांकित करते हैं,
अपनी नफरत में
थकान उगलती हुई सड़क
चौराहे पर, आगे जाने के लिए

सिपाही के हाथों की मुहताज है एक आवाज है
जो रोशनी में
व्यावसायिक गलतफहमी का शिकार है

इसे स्वीकार कर लेने के बाद भी मैंने कहा—
कि हर आदमी को
अपने जूते में
पैर डालकर
मरने का पूरा अधिकार है।

मगर मुझे लगा कि मेरी चीख,
चटोरी जीभों और अँधेरी जाँघों की भीड़ में
एक मुकम्मल चेहरा नहीं बन सकी है
वह मेरे शहर के रंगरूट कवियों की गुलेल बन गई है
जिनके लिए अंगों की कामुक हरकतों में
सड़क की हरेक घटना कविता है : कुछ घिसे हुए बाल्टू
और ढीली सँड़सियाँ
मंत्री के मकान की सीढ़ियों की संख्या
का याद रहना
यानी कि सम्बन्धों में पेचकस घूमने की गुंजाइश
जिनके लिए
मृत्यु और व्याकरण की व्यवस्था के बावजूद
देश सबसे बड़ी औरत है
लानत है। मैं चीखता हूँ—
'कविता में जाना मंडी में जाना नहीं है।'
जब चीजें, आँखों के नीचे से गुम हो रही हैं।
और जब आदमी/एक नाम के बदले बाजार से एक बर्तन खरीद लाता है
(और परिभाषा देने की कोशिश में जब हर रिश्ता
इस कदर उधड़ गया है कि चमड़े की सरहद पर
शब्दों का विद्रोह छोटा पड़ गया है)
जब बेगानापन हमें इस कदर बदचलन कर चुका है
कि जी-तोड़ मेहनत के बाद भी लगता है कि हर चित्र
अधूरा है

ऐसे में मैंने अक्सर महसूस किया है कि एक सही शब्द का
अपनी जगह होना
निहायत, जरूरी है।

कविता में आना, शब्दों में अनुभव उड़ेल कर
उसे अपने माफिक बनाना,
मेरे लिए बिलकुल नया है
मैंने कविता में उन दिनों वापस होने की कोशिश
की है जब उससे, तकरीबन
लोगों का विश्वास उठ गया है
उस वक्त—
जबकि वह चीजों को
एक अन्धी सुरंग से बाहर निकाल कर नंगा करने के लिए
काफी बदनाम है

सचमुच उस वक्त कविता में आना
एक जोखिम का काम है।
मगर यह मैं हूँ
मैंने
नाम लेकर आवाज देती हुई चीजों को
अपने होने की पूरी सच्चाई के साथ
उत्तर दिया है।

जबकि पठार पर बोलते हुए तीतर
अन्धे हो चुके हैं।

मेरा कवि, मेरे भीतर एक पेशेवर आदमी की शर्मनाक मुद्राएँ
ढोता है क्योंकि कविता में कोई द्वीप कहीं भी
नहीं होता है।

और इस तरह बीत रहे हैं साल-दर-साल
मेरी ईमानदारी का आधा से अधिक हिस्सा
असहयोग और चिकनाई के बीच का पड़ाव
तय करने में खप रहा है

और मैं देखता हूँ कि साल के अन्त में
मेरी कविताओं के बगैर भी
हिन्दी पत्रिकाओं का 'सर्वश्रेष्ठ कवितांक'
धड़ल्ले से छप रहा है।

[18.7.1967]

बाजार का नाम मुर्दहाँ

सारा का सारा सीवान
एक दिन ईंट के भट्ठे में बदल जाएगा
और पेड़ समय के गूँगे गवाह
पत्तियों की भाषा में
जो कुछ कहेंगे वह समझ में न आएगा
हम केवल उस पीड़ा को सहेंगे
झोंपड़ों के बीच में नया-नया कोई मकान
कुजगह फोड़े-सा
धूप में चिलकता रहेगा

पहली बार होगी वहाँ
खादी की धोतियाँ और खड़ी बोलियाँ
जब चुनाव के दिन नजदीक होंगे

हवा का रुख ऐसा है कि धूल से बचने के लिए
गलत पटरी पर जाना पड़ेगा।

गांधी जी की टोपी
जवाहिर की कैप
शास्त्री जी का नक्शा
और उसके बाद गैप

और सड़क की बाईं पटरी पर
बोदई का एक्का खड़ा है
(घोड़ा लँगड़ा है)

तीन उकताती सवारियों
के बावजूद
चौथी का इन्तजार है
'चला हो सिरसां, तरसौना, बजरडीहाँ'
एक ललकार है जो
चाबुक के साथ हवा में
चक्कर काट रही है।

छह-सात लड़के एक साथ चिल्ला-चिल्लाकर गा रहे हैं :

'गांधी जी की टोपी
जवाहिर की कैप
शास्त्री जी का नक्शा
हाँ...शास्त्री जी का नक्शा...अरे शास्त्री जी का नक्शा
और उसके बाद गैप क्या उसके बाद गैप'
और तुम उस खँडहर की दीवार पर पढ़ने लगते हो
'अफवाहें दुश्मन को मदद पहुँचाती हैं। नामर्दी की
रामबाण दवा...विधान सभा के उम्मीदवार
स्नातक प्रसाद को...(किसी ने वोट के 'व' को 'च' बना दिया है)
किसी कर्कश आवाज ने बच्चों को चिल्लाने से
        मना किया है'

गिरती हुई शाम की बगल में उठती बातचीत से ठीक वैसी ही
गन्ध आ रही है
जैसी कि आती है बगुलों की बीट से।

[1966]

चित्रकार का वक्तव्य

मैं हूँ अपढ़ देहाती
शायद कुछ ऐसी तंगी थी
साफ-साफ ही कहूँ
कि घर की लाज

देहरी के भीतर नंगी थी
इसीलिए कुछ इतना ज्यादा पढ़ न सका,
अँगूठे का मोह बहुत है
और इसी से
हठ कर गुरु मैं गढ़ न सका

कविताई कुछ 'जोक' नहीं है
फिर भी इसका शौक मुझे है
और आज की महँगी में भी
इस पर कोई रोक नहीं है।

यद्यपि अभी पीठ पर कोई
आशीर्वादी हस्त नहीं है
किन्तु हौसला पस्त नहीं है
तन्दुरुस्त हूँ
यद्यपि मुझे पंडाइन कहती हैं कि
सुस्त हूँ
यह सब रही इधर की—हाँ तो,
मतलब की बातों पर आएँ
जो वादा था किया आपसे
अपनी वह तसवीर दिखाएँ
बात समझ में आए सीधी
पहले पृष्ठभूमि बतला दूँ
दिन भर की हाहा हूती से
बचकर पत्नी की जूती से
पिटकर ऑफिस की ड्यूटी से
खंडित मन की मजबूती से
जब जुटते साहित्यिक सज्जन
करते हैं दँत-किच किच मंजन
सड़क नदी के तीर
हम बैठे चुप साधि के
उतारी गई तसवीर।

[1966]

अस्सी : भीड़ का शोर

वे मुझसे
मेरा खून माँगने आए हैं
और साथ में
सौ-सौ सपने लाए हैं

मूर्तियाँ बुद्ध की
इतिहासों के नाम
शर्त युद्ध की
विश्वासों के नाम
जीवित रहने की कुछ बातें—
        बुनियादी

जिन्हें कह गए
ईसा-गांधी
(यद्यपि इनको हम लोगों ने ही
        मारा है)

परचे कई रंग के—
जिनमें बड़े-बड़े हैं खेत
परचे—जिनमें हर शीर्षक पर
लिखा हुआ है 'पेट'
भूख और हड़ताल
हम कैसे कंगाल...?
डरते हैं—
आँसू तक खर्च नहीं करते हैं
सस्ती भावुकता की पस्ती
हम मौसमी मरीज...

समझ नहीं पाते हैं इन
बातों से बढ़कर
आजादी वह चीज
जिससे सबको काम मिलेगा

कभी नहीं आराम मिलेगा
(क्योंकि मृत्यु का भय है
इससे)
और काम जो नहीं करेंगे
उनको केवल नाम मिलेगा
(इतिहासों के पृष्ठ
सुशोभित होंगे जिनसे)
चिहुँक रहे हैं आप
कि मैं ही बहक रहा हूँ
विषयांतर...परिताप—
क्या कहा?—महक रहा हूँ
जी? कुछ ऐसी हवा और यह—
हें...हें...हें...हें...
रीझत राम सनेह निसोते—
चुप बे तोते!

उसने लिखी कहानी ऐसी
जिसने मेरा मर्म छू दिया
यार क्या कहा? वह लेखक तो—
दीख रहा था महा चूतिया
इस साले सम्पादक ने भी
कितना भारी पाप किया है
व्यथा भरी यह कथा हमारी
नाम बदलकर छाप दिया है
दीर्घ लिंगी स्थितोऽयम्
दे खून मोशाय
आमार पोयम
फिर से सोचो
केवल चार चाय का पैसा
परसों तक मुझ पर उधार था
कवि जी उलझ रहे थे उससे
आलोचक तो आज हुआ है
पहले तो वह हवलदार था
और अन्त में—

इतना ज्यादा शोर हो गया
लिख न सका मैं
बोर हो गया
हाथ थके स्याही चुकी धूमिल मन पछितान
बहस-बिटामिन खाइके
जग सारा बउरान
सिया बर रामचन्द्र की जै!

[1966]

जब हम आए

यहाँ केवल पेड़ थे
उदास और संज्ञातुर
पानी से परीशान
रोयेंदार नदियाँ थीं

जिन्हें पत्थरों ने
झरबेरियों पर लिख दिया था
जमीन कहीं नहीं थी

वहाँ सभी कुछ सतह पर नहीं था,
केवल चेहरों के शून्य में
बर्फ के झरने की आँच थी
जिसे वक्त ने नहीं, मेरे लिए—
खुद मैंने तलाश किया।

मैंने छुआ है
एकान्त की अपनी निजी आत्मीयता से
संज्ञाओं के अभाव में
लौटती हुई चीजों को
और उनका स्पर्श पड़ोसियों से
कहा है।

वह सभी कुछ मेरा है
जो एक हीन मन:स्थिति में
जन्म लेता है।
प्रत्याशाओं से घिरा हुआ मैं
शून्य के मोड़ पर खड़ा हूँ
जहाँ भविष्य मुझे छोड़कर चला गया है।
जब मैं औरतों को देखता हूँ
मेरी आँखें—कुत्तों की हो जाती हैं
जो चौंकते हैं वे बच्चे हैं और
नींद में हैं।

आदमी

आदमी!
आदमी!!
आदमी!!!
आपस में एक दूसरे से
सटे हुए आदमी
भीड़ को नाम देते हुए
शरीर और सवारियों के बीच
रस्सियों की तरह बटे हुए आदमी।

आज मैंने
आदमी देखा।
किताबों में लिखी परिभाषाओं से
उनका चेहरा नहीं मिलता था

अब तक की तमाम पहिचानों से अलग आदमी
आदमी होने के लगभग—आदमी

आज मैंने आदमी देखा।
अकेलेपन और परमाणु की सपाट जमीन पर
वे निहत्थे खड़े थे

उनकी आँखें खुश्क थीं और
मुखों पर नमी थी
वे मेरी खिड़की के नीचे खड़े थे
(और वे चाँदमारी की ओर देख रहे थे)
वे मेरे खून के इतने करीब थे
कि मैं चाहता तो उन पर
अपनी सीटियाँ फेंक
देता।
या
धूप का एक पौधा।

रेस के मैदान से

उसके कोट की जेबें लटक गई थीं
बटन टूट गया था
वह चलते हुए झूम रहा था
उसके पाँव घिसट रहे थे
खुशी थी
घोड़ी, जिस पर उसने
बाजी लगाई थी,
जीत चुकी थी
बधाइयों से छूटकर
किसी तरह अपने को
कार में उछालकर
फेंक दिया
उसने एक लम्बा श्वास लिया
और उत्तेजना के बाद
अपनी ढली हुई उम्र में उतर गया

जीत की वजह
उसकी आँखें चमक रही थीं
मांस उसके जबड़ों के नीचे उछल रहा था
उसने 'डेस बोर्ड' में अपना चेहरा देखा

धूप में
घुड़दौड़ का मैदान घोड़े की तरह हाँफ रहा था

दूर खड़ी उसकी बीवी
एक अपरिचित पेड़ के तने के साथ
अपनी पीठ रगड़-रगड़ कर
हिनहिना रही थी

वह कुछ देर तक
उधर देखता रहा
देखता रहा और ठहाकों को
झेलता रहा
पीठ पर सनसनाते हुए पत्थर को
दिमाग की ओर
ठेलता रहा

अन्त में हार कर
इधर-उधर जाने क्या हेर कर
चमड़ा हो आई जीभ
होंठों पर फेर कर
होंठों को चचड़ाये हाथ से छुआ
उसके बाद कुछ ऐसा हुआ
कि वह आदमी लजा गया
शायद यह सोचकर
कि घोड़ी की पसीने से तर पीठ
उसने क्यों
सवाल की आँख बचाकर
चूम ली?

अपनी पीड़ा के बाजीगर

दीवारें मना नहीं करतीं
हरिनों की सींग, आदमी की जीभ

गुड़िया चीजें जो अच्छी लगती हैं
टाँग दो
फायदे का नाम आसानी नहीं है
हर अपराधी भविष्यवादी होता है
यदि वे कंजूसी करते हैं
तो भी कहते हैं लोग कि—
उनका जीवन सीधा-सादा है
सुख उनके लिए समस्या है
दुख भी उनकी मर्यादा है
उनके दिमाग में गरमी है
तो इसका कारण हो सकता
'डायरिया' या बदहजमी है
'मुझे जीवित रहना चाहिए'
मैंने उस मटमैले कागज पर
ये शब्द लिखे
और मेरी आँखों में
आँसू भर आए,
अच्छा यह भी ठीक कि हम
हत्यारे हैं—
'हमने अपने सुख-सुविधाओं को मारा है'
तो चलो इसे भी मान लिया
लेकिन कब तक, केवल
जब तक हम हारे हैं
पर, इसके बाद नकारेंगे,
उनको जो एक फासले पर
बैठे हैं;

एक साथ अपनी उन्नति के लिए यहाँ पर
घास और घोड़े दोनों को छूट है

नेता,
जो मिल की चिमनी के पीछे से
बोल रहा था
इतिहासों के पृष्ठ सुनहरे खोल रहा था

उनके लिए
जनता बेवकूफों की भीड़ है
हम 'सुखी नहीं हैं' की जगह
'हम दुखी हैं' को मनवा देना
बहुत मुश्किल है
गली में रोशनी का चकत्ता है
जो 'दरवाजे का खुला होना'
बतलाता है।

नये इन्द्र का गीत

ठीक जैसे अस्पताल के बिस्तर पर
किसी मरीज का अक्स नहीं होता
मेरी भूखी अँतड़ियों में शक का गुरिल्ला चेहरा
शहर के कीचड़ में धँसे हुए
वर्तमान की सुरक्षा के लिए नींद की
गोलियों के खिलाफ आवाजें लगा रहा है
ढूँढ़ता हूँ
मगर हड्डी का एक भी टुकड़ा ऐसा नहीं मिलता
जिससे बज्र बना सकूँ
देश के इस भूखे और सूखे हुए
हाड़ में।
मेरा यह सारा देश पड़ा हुआ है
हिमालय से हिन्द महासागर तक
आधा रेत में और आधा बाढ़ में।

[सहारनपुर, 1966-67]

समाधि लेख

वृक्षों में मौसम बदलता है और
आदमी के मन में इच्छाएँ
मैं हताश—समाधि लेखों को

नये सिरे से
समझने की कोशिश में धूप के सारे कल-पुर्जे
खोल रहा हूँ
वह हर चीज जो मुझे आसानी से अलग करती है
मुझसे होकर गुजरती है
जैसे—हवा या धूप या किसी गंजे आदमी की हँसी
और तुम्हारे कहने से ही
मैंने जो गले में एक चट्टान
ताबीज की तरह बाँध रखी है, वह जिन्दगी
नहीं, तो और क्या है?

मजदूर की निगाह/मजदूर का विचार

वह किताब पाँच ईंटों से भारी थी
सफाई मजदूर की निगाह में।
उसके पास इतनी गोलियाँ थीं
जितनी कि हाथ में अँगुलियाँ।
दीवारों के उस पार जिन्दगी विलास की वस्तु है
किन्तु यहाँ इन गाँवों में
वह एक जरूरत है।

'हमेशा समय पर सवार रहो' का विचार ही
'मेड इन इंडिया' है।
बाइसिकिल की तरह जो हमें पूरी आजादी और
मन के मुताबिक यात्रा करने की सुविधा
देती है; व्यक्तिगत एवं शारीरिक रूप से
तुम कहते हो कि इसका कोई असर नहीं होता
होता होगा—पर मुझे
खुशी होती है।
मैं दरख्तों की छाल उतारता हूँ
और उन पर अपना नम्बर छोड़ आता हूँ।
आह क्या
सेतू की उम्र तक पहुँचते-पहुँचते

मैं भी एक दूसरा सेतू—
बन जाऊँगा—
बेहद मोटा और भद्दा
अपने आपसे पूरी तरह खुश
परिवार को बनाते,
और अपना कारबार, बेटों को सौंपते हुए
खुशदिल
और 'आदमी होंगे ऐसा'
की निगाह से प्रमाणित।

[20.11.1966]

गाँव में

हर आदमी उधर से गुजरता है और उनके थके हुए चेहरे देखता है
हमदर्दी जतलाता है
और चला जाता है, अपनी राह
कोई रुकता नहीं
कोई नहीं कहता कि मेरे भाई रे!
बहुत हुआ
बहुत सहा तूने, धूप और धुआँ
अच्छा इस साल तो नहीं, अब तो समय निकल चुका है
मगर अगले साल...अगले साल
तुम अपनी पूरी फसल काट सकोगे।

खेतों में
डाँय...डाँय...फिरती हवा।

[16.11.1966]

दूसरा शहर

अपनी नफरत और तीसरे आदमी की दोस्ती का दावा
साथ-साथ निबाहते हुए

भाषा की मिठास को
जुबान से गिरने देना न चाहते हुए
उसने तय किया कि उसकी नींद ही
उसका देश है
जैसा कि अक्सर होता है, दयालुतापूर्वक
उसने सोचा—क्या घास
इसलिए उदास है
कि घोड़े के पास है?
नहीं
मसखरापन : ऊब ने
पैदा किया है।
समय काटने के लिए
शहर जिन्दा है
चुटकुलों में।
ऊब ने दिया है हमें
मसखरे बूढ़े और निकम्मे नौजवान
शहर की जुबान
चाट पर फिसल रही है।

[3.2.1968]

आत्महत्या स्वाभाविक लगती है

टूट चुके हैं आज सब्र के सारे टाँके
अब न बने मुँह ढाँके ढाँके
पाने की कृतज्ञता और खोने की क्रूरता का नाम है
वहाँ असलियत कम और बुखार अधिक है
देश धर्म नस्ल बिरादरी गोत्र घेरा इरादा प्यार मौसम मानवता
मृत्यु जीवन यह लम्बी फिहरिश्त बकवास है

अब सभी को मालूम हो चुका है कि सतर्कता
टूटी हुई चीजों की असावधानी का
इतिहास है

यह सहानुभूति है जो उन्हें
आत्महत्या के लिए उकसाती है
हवा तेज है और बाहर चेहरों पर
इस कदर सन्तोष है कि हरेक आत्महत्या
स्वाभाविक लगती है।

वे कितने खराब दिन थे

वे कितने खराब दिन थे
हम अपनी छायाओं के अँधेरे में
मक्खी—टाँगों के नीचे दबे घिन थे
हमारी आदतों ने हमें समतल कर दिया था
हमें उधार दिया था निकम्मापन और मौसम को
पहचानने की तमीज। व्यवसाय ने हमें विशेषणों से भर दिया था
और हम चलते-फिरते बाजार थे। अधेड़ और जरूरतमन्द
लोगों की शोहरत में रास्ता बनाते हुए,
'बिलाये' गले से 'राष्ट्रगीत' गाते हुए। हम चलते-फिरते बाजार थे
फिर भी होशियार थे और शब्दों को संख्याओं में बदलने
में माहिर थे।
सारा काम रोशनी में करते थे,
इसका मतलब कि हम डरते थे?
हम डरते नहीं थे, बल्कि यह समझते थे कि रोशनी चीजों की
शख्सियत पर असर डालती है। या कहें कि
खरीदार की नीयत पर
असर डालती है। चीजों के होने को झटका देती है
        उन्हें उछालती है—
        रंगों के अँधेरे
        दायरे में—
और आपकी अटकलों को किसी निर्णय तक
पहुँचने के पहले ही
पसन्द और ख्वाहिश के बीच
लटका देती है।

गँवारपन

मेरी इच्छा हुई कि उसके कन्धे पर
हाथ रखकर उसकी बगल में खड़ा हो जाऊँ
और उसके गोश्त के बहाव को
अपने साथ टकराने में मदद दूँ।
बात गालियों से शुरू होती है
शब्दों की दरिद्रता उन्हें जन्म देती है।
अक्सर यह गँवारपन है
गाँव के लोग गाली बकते हैं
वे आदतों में शरीक हो गई हैं
और बिना संकोच
चूँकि उनके नजदीक
गालियों का कोई मतलब नहीं होता
वे अपने लड़के को भी
माँ-बहन की गालियाँ देते हैं
तो क्या सचमुच
गालियों का कोई अर्थ नहीं होता?

क्या वे आदमी को अपदस्थ नहीं करतीं?
क्या कोई रास्ता है कि गालियाँ भी हों
और आदमी अपनी जगह हो?
पर क्या तब गालियाँ गाली होंगी?
गालियाँ जो बाप बेटे को देता है
और बेटा अपने बेटे को
और इस तरह शब्दों की ऐसी परम्परा बनती है
जिसका मतलब कुछ नहीं होता
पर जिनमें आदमी को खिसकाने की ताकत होती है
जिनका कोई तर्क नहीं है
किन्तु वे मन पर गहरा असर डालती हैं।
अपनी जगह पर खड़ा होकर
गालियों को अपदस्थ करने का क्या उपाय है?
क्या कोई तरीका है
जिससे इनकी ताकत खत्म की जाय?

या कि इनकी ताकत को इस्तेमाल किया जाय?
और वे गालियाँ जो मधुर हैं—
आह! निश्चय ही तब आदमी का दिमाग
अ-गाली की प्रक्रिया से गुजर रहा होता है।

देह से बाहर पड़ी उम्र

हमने सोचा, कोई कुत्ता मर गया है
आस पास कुछ नहीं था
सिर्फ हवा थी
जो कभी-कभी बंडल की तरह हम पर गिरती थी,
हमारे नथुनों पर हमने रूमाल रख लिया था
और मैंने अपने को ढाढ़स दिया
उस चारदीवारी की बगल से गुजरते हुए
कि हर चीज मरने पर बदबू देती है
किन्तु वह चीखा
उधर देखो—उसकी अँगुली मालगोदाम की तरफ
तन गई थी
उधर देखो—वह उधर से आ रही है
यह अनाज के सड़ने की बदबू है।
यह सड़े हुए अनाज की बदबू है
जिससे आदमी की आँखों में
आँसू भर आते हैं।

और अचानक मालगोदाम के दरवाजे पर
हमने पहली बार उस दुबले और पीले आदमी को
देखा जो बार-बार सिर झटक रहा था और
जिसका चेहरा सड़े हुए बोरे के टुकड़े की तरह
हवा में फड़फड़ा रहा था।

आप उन्हें कहते हुए सुनोगे
'ईश्वर की कृपा से सब ठीक है'
वे बूढ़े हैं और अपनी करुणा से विवश हैं

हर जगह बेमतलब शरीक हैं
उनकी आत्मीयता में सड़े हुए पानी की गन्ध है
वे थकान हैं,
जीवित असमंजस हैं
उन्होंने अपना बिस्तर
पीकदान के नजदीक खिसका लिया है
वे लगातार छुट्टी पर हैं
वे एक ऐसी उम्र जी रहे हैं
जो उनकी देह से बाहर पड़ गई है
आप कह नहीं सकते कि वे कब 'मिल्ली' हैं
और कब 'कुट्टी' हैं।
आप जब भी वहाँ जाओगे
उन्हें पीछे ताकते हुए पाओगे
उन्होंने यह किया है
वह किया है
वे चुप की जगह 'च्चोप' हैं,
किसी पुरानी अलमारी की बगल में
नुमाइश के लिए रखी हुई तोप हैं
कोप हैं जिसमें दाँत नहीं हैं
और इस कदर बेकाम हैं
कि चौबीस घंटे सिर्फ इन्तजाम हैं।

अपनी लुजलुजी को सहते हैं

मैंने मूँछें रख ली हैं—
यानी कि अपनी शराफत के आगे कुछ बाल
तुम इन दिनों के बारे में क्या सोचते हो जब
आदमी के निकम्मेपन को
बालों की मदद
की जरूरत होती है?
और अब राशन की दुकान पर
मेरे कार्ड का नम्बर सबसे पहले आता है
ज्यादातर औरतें हैं या मासूम बच्चे

जो गेहूँ को गेहूँ और देश को
देश कहते हैं जो प्यार और पसीने को
'ईश्वर का दिया हुआ है' समझते हैं
और कतार में खड़े होकर
भीड़ को मोटा करते हैं
अपनी लुजलुजी को सहते हैं।

आजादी

यह कैसी आजादी इसको
सोच-सोच मन हुआ उदास
जैसे किसी रेलगाड़ी में
जगह तो मिली—
लेकिन पाखाने के पास

× × ×

किसी तरह रो-धो दिन कटता
फिर आती दुखदायी रात
हत्यारों के अभय स्वरों की गूँज
खाल के पीछे,
सपनों का उत्पात
माँ के हाथ काँप-काँप कर मोटे जौ की
रोटी बेल रहे हैं
बाप सर्राफा का दलाल है
बेटे खो-खो खेल रहे हैं।

[1966]

उत्तर का बोझ

साँझ
रंगों में लुढ़कते

दृश्य के आकार
मेरे सामने लटका गए हैं
प्रश्न छूछा...?

× × ×

भागते ही भागते
जाने-अजाने चेहरों ने
समय पूछा;
और जब तक मैं घड़ी से—
अंक लेकर प्रश्न मुख प्रस्तुत—
हुआ हूँ—;
पीठ पर मेरी विवशता
झेलते वे
दूर ओझल हो गए...।

मर्म-आहत
बोझ उत्तर का कहाँ रख दूँ?

× × ×

हवाओं के बोझ-टेक
अभी-अभी टूटे हैं।

[1963]

प्लेटफार्म-1

शिकायत की किताब माँगता हूँ
'चाय' के चेहरे पर
हमदर्दी है
स्याही नहीं है, कलम में
नहीं तो बताता।

× × ×

सर्दी है
चुप रह जाता हूँ

तो क्या करता सर्राफों की तरह
चिल्लाता?

× × ×

अचानक लोग-बाग
हड़बड़ाते हैं,
लेटा हुआ प्लेटफार्म
जाग उठा है
गाड़ी आ रही है
गाड़ी आ रही है
अरे...गाड़ी नहीं
मालगाड़ी आ रही है।

× × ×

खाली हो गई बेंचें फिर भर जाती हैं
लेकिन बैठने वाले बदल गए हैं
जिसका मुँह पश्चिम था उसका मुँह
उत्तर है।

[1967]

प्लेटफार्म-2

साबुन की तरह झाग
छोड़ती हुई लड़कियाँ
प्रजा की तरह फटकारता है
बेतहाश किसी जनानी आवाज की ओर
भागता हुआ एक खिलौने वाला
अशोक स्तम्भ से मेरे पेट में
धक्का मारता है

या फिर इसे यूँ कह लीजिए कि
प्लेटफार्म एक तरह की सुविधा
है जहाँ पहुँचकर आपकी गाड़ी का पाँवदान
आपकी सतह से सट जाता है

बेवजह प्लेटफार्म टिकट
खरीदने के लिए पछताता हूँ।

असली चेहरा

लँगड़े थे हम भी, पर अपने
आँखें थीं
इसीलिए कन्धों पर चढ़ गए
बाढ़ में
अन्धे थे वे लेकिन
पैरों वाले थे वे,
हमने जिधर कहा—
कन्धे पर लादे हुए वे हमको
उधर-उधर बढ़ गए
सफल होने के लिए
देवताओं की शरण में जाना नहीं पड़ा
अन्धे पड़ोसी थे
अपनी पराजय के
वे खुद ही दोषी थे।

इधर एक ताँत
सबसे अलग बजने लगा है
और अब चल निकला है
कविता शब्दों के खिलाफ लिखा गया
एक गलत फैसला है।

क्या वे सारी चीजें गन्दी हैं
जो बैल की पूँछ के नीचे हैं?

सड़क पार करती हुई लड़की की पीठ पर
आँखें-ही-आँखें हैं

दूसरे महायुद्ध की जली हुई दुनिया है।

[1967]

फ्यूज उड़ गया

क्या वह कबूतर था जो उड़ गया या कोई तोता था?
प्यारे बच्चो! केवल फटाक् की आवाज तुमने सुनी है और
अब तुम्हारे घर के पंखे बन्द हो गए हैं और बिजली की बत्तियाँ
बुझ गई हैं।

किसी ने आहिस्ता से कहा है कि फ्यूज उड़ गया है?

सचमुच यह कोई चिड़िया नहीं और न कोई सूखा पत्ता है?
बल्कि यह एक तार है जो जल गया है और बिजली
का बहना बन्द हो गया।
यह तार जल क्यों गया? और बिजली के बहने से इसका
क्या सम्बन्ध है?

निश्चय ही दोनों प्रश्न महत्त्वपूर्ण हैं?

[1967]

आपरेशन

रोशनदान पर बैठी गौरैया
और थोड़ा आकाश
उसके आकार में डूब गया है।

खतरे की तख्ती...
और एक स्विचबोर्ड
और कई चुपचाप साँस खींचे—यंत्र

मेरे चारों ओर की हवा में
क्लोरोफार्म की खुली हुई
शीशियाँ...

मुझे बेहोश मत करो
दुखती हुई रगों का
आपरेशन करो
मगर मुझे बेहोश मत करो,

मैं अपना हर अंग, हर दर्द
कटता हुआ देखना चाहता हूँ
केवल तुम मुझे कुर्सी पर बैठा दो
ताकि मैं देखता रहूँ।

गौरैया—
जिसके आकार में
आकाश डूब रहा है
और तुम आपरेशन करो!

[1967]

दस्तकें

शाम—
सड़कों से बचाकर
अपने को
जब मैं लौटता हूँ
और जैसे खोलना ही चाहता हूँ—
        बन्द कमरा

बर्फ में डूबी
अँगुलियों की तहों को छू
अँगुलियाँ ऐंठ जाती हैं।

कई ध्वनियाँ
फ्यूज बल्बों के सहारे
झूलती-सी खिलखिलाती।
मुझे लगता है—

बहुत पहले यहाँ कुछ लोग आए थे
जिन्होंने छोड़ दी है
(जान या अनजान में)
एक काली जिल्द वाली
लाल पुस्तक—
जो हवा में खूँटियों पर
व्यर्थ-सी यूँ ही पड़ी है
क्या उठा लूँ
दस्तकों का अनपढ़ा इतिहास
पन्नों-सी किवाड़ें खोल दूँ
जिस पर लगा है
सिटकिनी का स्याह पुस्तक-चिह्न
और कमरे के तरल अपनाव में
दुखता हुआ सा एक परिचय घोल दूँ?

[1967]

पोच

यह शब्द मैंने
बचपन में सुना था
पिता ने रामायण में पढ़ा और
माँ ने पिता को कहा—'पोच'

संसद में सोता हुआ आदमी पोच है
पोच है सड़क पर खड़ा आदमी
एक ही साथ—
काछ और कपार फेचने वाला तौलिया
        पोच है।

पोच है हिन्दुस्तान में अंग्रेज होना
पाकिस्तान में
मुसलमान होना पोच है।

[1967]

कवि के बारे में एक कविता

कवि खूबसूरत शब्दों का एक बगीचा है
जिसमें से तुम अपनी पसन्द का फूल तोड़ सकते हो
मगर मत भूलो कि इस बगीचे को
आदमी होने की नीयत ने अपने खून से सींचा है
और मत भूलो कि इस चारदीवारी के पीछे
तीन अधनंगे बच्चे अपनी
सूखी हड्डियों से
देश की डुग्गी पीट रहे हैं

तुम सुनते हो और तुम्हें खुशी है
मगर मत भूलो कि कवि सिर्फ कवि नहीं
भाषा और भूख के दर्रे में
कवि रिश्तों की खुदकुशी है।

कवि एक रक्षा कवच है
भाषा के मोर्चे पर एक मजबूत बंकर
जहाँ युद्ध खत्म होने पर तुम अपनी बन्दूक
टेक सकते हो या जूते खोल सकते हो
कवि एक जाति की जिन्दा आवाज है
मगर इस बंकर के पीछे एक घर है और एक बीवी
जहाँ इज्जत एक पैबन्द पर टिकी है और रसोईघर
में एक पतीली कल के अनाज की मुहताज है।

कवि एक आँगन है
जहाँ जिन्दगी भाषा की अँगुली पकड़ कर चलना सीखती है
कवि एक गूँगी आवाज है जो आदमी के जंगल में
आदमी के लिए चीखती है
आदमी कहाँ है! आदमी कहाँ है!! क्या आदमी है
और एक कमी है जिसे तुम जानते हो कि
कवि सफल आदमियों की भीड़ में एक असफलता
है एक पारिवारिक भूल है
परमवीर चक्र के ठीक पीछे एक अपरिचित मौत

जिसकी शिनाख्त के लिए
शहर की पुलिस
बुरी तरह
मशगूल है।

[1967]

डरे हुए लोगों का समूह-गान

झुंड में खड़े हो जाओ दोस्तो
झुंड से बाहर पड़ा आदमी
फिसड्डी है।

देखो, इन दाँतों को ही देखो
कतार में कुन्दन है
मगर
अकेला एक दाँत महज
एक बढ़ी हुई हड्डी है।

झुंड में खड़े हो जाओ।

[1968]

आशीर्वचन

इच्छाओं के संसदीय लोकतंत्र में
तुम्हारा प्रिय गुलाब-गीत
गूँजता है।
और विह्वल प्रजा
सो जाती है।
जय हो! भाषा की अमरता से लेकर
कर्म की नश्वरता तक फैले सन्तोष की
जय हो।

[1967]

मैं धूमिल हूँ : मैं वही कहता हूँ जो मुझे कहना चाहिए

क्या यह सच है कि—
सड़कों पर
नि:शंक
घूमती हुई
चुटकुलों की तरह खूबसूरत लड़कियों के
स्तन नकली हैं? क्या यह सच है?
मुझे विश्वास है—
यह सच नहीं है।

मैंने वहाँ खून के कगार उभरती हुई
मांसपेशियों में दूध की
पौध को अँकुरते सुना है।

[1966]

तीसरी गाली

इसके लिए मुझे शब्दकोश में जाना
नहीं पड़ा था
मुझे रिरियाना नहीं पड़ा था उस दोस्त से
जो समूची व्यवस्था के विरोध में
अपने बच्चे का जन्मदिन
निरोध में फेंक आया था।

वाकया क्या था
मुझे ठीक तौर से याद नहीं
मगर खयाल है कि उस समय
मेरे दिमाग में कुछ सवाल थे
अव्वल : क्या गांधी अंग्रेजों के
दलाल थे?

दोयम :
सोयम :
यह शब्द मेरी जुबान पर
उसी तरह आ गए थे
जैसे सोते हुए
संसद-सदस्य का हाथ
मतगणना के वक्त
अपने आप उठ जाता है,

जैसे दर्ज नहीं है
डाकबँगले के रजिस्टर में
अफसर की बीवी की करतूत
मगर उसे अच्छी तरह जानता है गोरखा
दरबान।

[1967]

मूल्य

ओलों से बचने के लिए
मैंने एक मकान की छत से
शरण ली :
घर लौटा, तुमने सेहत पूछा, प्यार किया

मन में उमड़ते हुए
शोलों से बचने के लिए
मैंने एक आँचल की छाँह ली
घर लौटा; तुमसे बताया
और तुमने दुत्कार दिया

मेरे लिए सुविधा का बोध
(बिलकुल तटस्थ बोध)

न उजला था न गँदला था
वह केवल तुम हो
जिसके लिए
दोहरे सन्दर्भों में
मेरा मूल्य बदला था।

सहसा तुम पाते हो

सहसा तुम पाते हो
देह के खँडहर में अपना विजय-स्तम्भ
और चौंक पड़ते हो
'अरे, इसका शीर्षक तो मैं ही हूँ'

एक बार फिर लौटने लगती है
हाथों में वही करामाती पकड़।
बीस वर्ष पहले की सुच्चा साहसिकता।
और क्या यह सीटी तुम्हारे ही
होंठों से निकली है?
कैसी चिकनी है पेड़ पर नापती हुई
पलटनियाँ करतब दिखा रही है
वह दान-पत्ती-सा गली हवा में कैसे गुन्ना रही है
नखरे कर रही है
और वह नन्ही चिड़िया—कितनी फुर्तीली है
और उसकी पूँछ के नीचे
क्या सचमुच फुंसी है—मादा है?
और
धूप
हवा
भाषा
सब-के-सब खुलने लगते हैं
एक दूसरी तजबीज के साथ
हर चीज जैसे फिर से जिन्दा होने पर आमादा है।

पीठ की दूसरी ओर गिरता है
एक गुन्नाटा हुआ लोहा
सूखते अँधेरे में दूर...बहुत दूर

कितना रोमांचक
यह दुबारा होने का सुख।
कहीं फास्फोरस के चिटकने की गन्ध आती है।
और तुम भूल जाते हो कि
अभी थोड़ी देर पहले
उम्र की देहरी पर
नीलामी की आखिरी डुग्गी पीट रहा था।
और जिन ठीहों पर तुम जिबह किये गए थे
मक्खियाँ अब भी वहाँ, ताजे खून का
जश्न मना रही हैं।

कविता! कविता!! कविता!!!
कितने खराब दिन हैं,
कितने अकेले और भयावह
जीवित रहने की इच्छा ही तुम्हें
जिन्दा रख सकती है
तुम जानते हो
मगर यह सोचते ही
तुम सड़ना शुरू कर दोगे,
और फिर जोड़ते हो
एक मामूली और ताजा धमनी
उस रुके हुए बंजर हिस्से से
और जीवन सिसकना बन्द कर देता है।

[1968]

चाँदनी रात में कर्फ्यू

पहली बार तुम शहर को खुला हुआ देखोगे
और खुश नहीं होगे। चाँदनी

गश्त करते सिपाहियों के लौह टोपों पर
घिसी हुई नाल सी चमकती है।
और
शहर जहाँ खुला है तुम्हें लगेगा कि कोई
पुराना और बहुत बड़ा पेड़
कट गया है।

तुम उस आदमी से डरते हो जिसका एक हाथ
आड़ में है
तुम्हारी बगल में, किसी दुकान का
फाटक तेज आवाज करता हुआ गिरता है
और घड़ी की सूइयाँ अचानक उछल कर
एक सुरक्षित मकान बन
जाती है
औरतें अब हरी छुरियाँ नहीं फेंकतीं और न
पोस्ते के दाने।
न रोशनी किसी का
चेहरा बिगाड़ती है
वारदातें और नाई की विसात से उड़ा हुआ
बालों का एक गोला
हत्याओं को एक धार्मिक शीर्षक दे दिया है
भीड़ में युवतियाँ बाँहों पर
धक्कों का ताबीज बाँधती हैं।

[1967]

भूमिका : विदूषक

इस तरह
मैं अपनी बाईं जेब में लेबनान रखूँगा
और दाईं में तेल अबीब
(बच्चे ताली बजाते हैं।)
मालिश की शीशी का ढक्कन खोल कर
हड़कम्प निकालता है

लाल चीन! लाल चीन!!
चिल्लाता हुआ सड़क पर भागने लगता है
पहला तमाशबीन।

मेरी आँख में कविता और दूसरी में लहू
रिसता हुआ देखकर कहता है दलाल कि यह चेहरा
हूबहू
देश के नक्शे का सबसे दिलचस्प टुकड़ा है
हिन्दुस्तान से बाहर पड़ता है पोस्टर के किसान का
जयहिन्द चेहरा हिन्दुस्तान से बाहर
पड़ता है जिसका इस्तेमाल
करता है बनिया दल्लाल
अपने फायदे के बोगस माल
की खपत के लिए।

[1967]

छिपकली

कमीजें
किताबें
बिस्तर
जो कुछ भी उठाता हूँ
छिपकलियों को रेंगते हुए पाता हूँ
(जो अपनी जीभ लपलपाती है
पूँछ को उमेठ कर पटकती है और आगे रेंग जाती है)
या फिर
सरपट दौड़ती है रोशनदान की ओर
वक्राकार सी, गन्दी रेखाएँ खींचती हुई दीवाल पर

इस कमरे में
जहाँ केवल बुद्ध की प्रतिमा है और
मैं हूँ

पता नहीं कहाँ से छिपकलियाँ आ जाती हैं
और मैं भयभीत हूँ
(झूठ बोलना इस मौसम में ठीक नहीं है)
और अब शायद इसी मन:स्थिति में जीना है।

—रात में
तकिये के नीचे यह आवाज—घड़ी की
हो सकती।
—मेरी रीढ़ पर यह रेंगती हुई चीज...उफ्!
पसीना है।
—यह लगातार फड़फड़ाती हुई—एक किताब है
—निश्चय ही ये तमाम पंक्तियाँ किसी
प्रार्थना से जुड़ती हैं।
—आह! यह उसका मुख नहीं—स्विच की 'नाँब' है।

[1966]

अपराधी

बेलौस बोलते मौसम में
जिसने भी चुप्पी साधी है
यह जहर उसी ने बोया है
दरअस्ल, वही अपराधी है।

उससे बतकही न बतकुच्चन
जो मतलब का संवादी है
वह बेपेंदी का लोटा है
वह पक्का अवसरवादी है।

यदि खुद को वक्ता कहते हो
यदि उन सा जीवन डहते हो
वे जैसा जो कुछ सहते हैं,
यदि तुम आधा भी सहते हो,

तो, उनसे साफ-साफ बोलो
भाषा का भेद वहाँ खोलो
उनसे अब और किनारा क्या
चोरी क्या और छिनारा क्या

वह गूँगों का सरगना रहे
सरगना बने तो बना रहे

यह नहीं कि तुम डंडा मारो
उनको न नकारो, ललकारो
हाँ, कहो कि 'तुमने गलत किया'
शुभ के बदले सब 'छिया छिया'।

[1965]

सुबह : गली से गुजरते हुए

बकरे की ताजी और टमकती हुई
रान की तरह
आसमान की पट्टी पर
झूलती हुई
सुबह...

बुझी हुई लालटेनों से
लटके हुए चेहरों पर
कच्ची नींद जागने का एहसास
लहर मारता है :

मैं इस सँकरी गली में
घुटनों तक
आवाजों में चल रहा हूँ।
जिसे होड़ ने
अपनी मुट्ठी में ले लिया है

एक लम्बे अभ्यास के बाद
चीजें रोशनी में झिझकती हुई
खुल रही हैं
रातभर रौंदी हुई मादा शक्लों
जुगालियों और मूत से भरे बिस्तरों के—
        बावजूद
ठंडी हवा ने मकानों को बुहार कर
पास-पास इकट्‌ठा कर दिया है।

सहसा
यह रात का संशय था या धूप का चौंधा
जो मेरी बगल से
झपाक-से गुजरा है
और मोड़ तक पहुँचने के पहले ही
गहरे आतंक ने
मुझे दुस्साहस से
भर दिया है!

[1967]

शहर से पहले

कोई नहीं था शहर से पहले
एक घरेलू किस्म की औरत थी
आमदनी के लिए मरद के तलुवे में
तेल मलती हुई।

परामर्श

मैं कभी कविता नहीं लिखूँगा
कविता हलकान करती है। माता की सीख है।
बच्चा तुतलाता है। मौन।

पिता उठता है। घर के भीतर जाता है
और एक
छाता ले आता है।
लेकिन जब छत है तो छाता का
क्या मतलब?
माँ को हैरानी है।
कमरे में
न धूप है न पानी है।

[1966]

चरवाहा

आजादी का सुनो हवाल
बीत चुके हैं इतने साल
पर, रोटी का एक सवाल
हल न हो सका, यही मलाल
आओ प्यारी भेड़ो, आओ
हरी-हरी पत्तियाँ चबाओ।

[1966]

बसंत से कहा

फूलों से लदा है
पर तेरी किस्मत में
डालों पर रहना बदा है।

मधुमक्खियाँ पाल कर
एक दिन हो जाओगे नेस्तनाबूद
(इस तरह लोग तुम्हें भूल जाएँगे)
आ, प्यारे आ
घिसे हुए चेहरों पर आ!

पिसे हुए कन्धों पर कूद
झूल
थाम कर भीड़ में डूबी हुई नाव का मस्तूल
जब तक अनाज है
घर में त्योहार मनाने का रिवाज है

थोड़ा—लोहा बढ़ जाता है
चैत-चून में खून में।

[1966]

दशाश्वमेध

कौन-सा दृश्य
कौन-सी करुणा
कौन-से दिग्विजय का बोध
थकान और ईर्ष्या करने की नियति के साथ
मैं यहाँ तट पर खड़ा हूँ।
108 सीढ़ियों के शाम—
राख के नीचे से
निकाल कर असंख्य सीढ़ियाँ लटकती हैं
भूमि से आकाश तक
गंगा! तुम्हारी सीढ़ियों पर रोशनी क्यों नहीं है?
गंगा! तुम्हारे जल में घोड़ों के पेशाब की महक कहाँ से
आ गई है?

गंगा! तुम्हारा पानी बालों से किसने भरा?
गंगा! क्या दूसरी नदियों की तरह तुम भी
केवल एक बूढ़ी नदी हो?
मुझे बचाओ! मुझे बचाऽऽऽ ओ!!
हे ईश्वर! इन्होंने मेरी तसवीर खींच ली है।

× × ×

दया पाने की होड़ ने इनकी सूरतें बिगाड़ दी है।
गहरे अन्धकार में तेजी से एक दूसरी को
प्रतिध्वनित करती हुई चीजों का रुख
रोशनी की ओर हो गया है,
आदमी कितना कृतज्ञ है कि उसकी बगल में पेड़ है!

गोबर और पसीने से लीप कर
ओ री ओ अन्धे विश्वास की बूढ़ी
रखैल
धो अपने पानी से
अपने मन की मैल।

गंगा! तुम्हारे कन्धों पर यात्राएँ टूटती हैं—
ध्वस्त...ध्वस्त...ध्वांत...ध्वांत...!
लोहे की ठंड में उदास साँस लेता है पानी का शोर
नैसर्गिक अन्धकार के लयात्मक सौन्दर्य की महिमा में
सहमा सीमान्त-छोर

सत्य है—एक लज्जानत मुख
आँसू भरी आँख
थरथराते हुए शब्द-हीन होंठ
गहरे आतंक में मित्रता के लिए
कहीं भी, बढ़े हुए हाथ
'राम नाम सत्य है'
सत्य है, यह जानते हुए भी कि जो कुछ है
वह सारा नश्वर है, जीवित
रहने का लोभ
सत्य है परिणाम पर पहुँचे बिना जो टूट जाए
आदमी का क्षोभ

मृत्यु एक निर्णय है जिसे
सुनने के लिए हम नहीं
होते।

[1966 : पत्रों से पता चला, यह कविता 'जनयुग' में प्रकाशित हुई है।]

आत्मीय सम्बन्ध

उदास घने जंगलों में दौड़ती हुई
छायाएँ धूप के अन्तिम सिरे पर
        प्रार्थना की चीख
हर तरफ फैले निरावृत पेड़
पत्तियों से धूप चाटते हैं

मैं अपने को तनों के साथ सटा हुआ
        पाता हूँ
हमें जंगलों ने सिखाया है
बेतरतीब उगना और
सट कर खड़ा होना
आपस की होड़ में
दूसरे से बड़ा होना

मैंने उन्हें कीचड़ से पानी निथारकर
पीते हुए देखा है
मैंने उन्हें गोबर में से अनाज
निकाल कर खाते हुए देखा है
भूख और अन्न का आत्मीय सम्बन्ध
मैंने इतने पास से देखा है कि मेरी
आँखें भर आई हैं।

[1966]

समाजवाद थर-थर काँपता है

जमाखोर
        गेहूँ पर बैठ कर अन्न के अभाव का
        राग अलापता है
        एक तिजोरी कच्ची नींद जागने की
                जम्हाइयाँ लेती है

और किसान के मुँह में कंछा पानी भर जाता है
अनाज के बालियों की याद
कहाँ है हथियार
तहखाने में उकड़ूँ बैठा समाजवाद थर-थर
काँपता है
कैस्त्रो की दाढ़ी में झाँकता है
प्रधानमंत्री का एक पका हुआ बाल।

सोवियत दर्पण के 25वें अगस्त के अंक में
छपा हुआ एक सफेद झूठ
अलेण्डे! सल्वाडोर! तुम किसके अपराधों
के शिकार हो? क्या तुम समाजवादी
विदूषक ख्रुश्चेव की मजार पर अपना
संशोधनवादी जूता भूल आए थे
या क्रान्ति का रंग भूल गए थे?
सुर्ख होता है गलियों में बहते हुए खून का
रंग और धमनियों में कौंधते हुए खून का
रंग और कुचले हुए फूल की चीख का
रंग सुर्ख होता है।

फूल झड़ जाता है मगर
फूल कभी बूढ़ा नहीं होता।

[29.9.1970]

अपराध

होते-होते हम अपनी जरूरतों के हादसे से गुजरते हुए
रोशनी के उस घेरे में पहुँच गए
जहाँ कुत्ते की परछाईं और किसी संत के कम्बल
एक-सा भ्रम पैदा करते हैं।
जहाँ जानवर होने के लिए किसी होड़ की जरूरत नहीं होती।
सिर्फ बैठ जाना पड़ता है अपने घुटनों पर
सिर रख कर चुपचाप।

और अपराध
प्रभात फेरी से पहले के कार्यक्रम
का एक भाग है

उस मेज पर
जहाँ न्याय
मेरे द्वारा उगाए गए शब्दों को
(कानून के मुकाबले)
बड़ी आसानी से चर जाता है
झरोखे से उड़ता कबूतर और अपराध
की धाराओं के खिलाफ बीट कर जाता है
मेरी आवाज सहूलियत नहीं बनती
इश्तहार बन जाती है

पड़ोसी का झगड़ा तो कुत्ते का घाव है
जो सिर्फ चाटने से ठीक होता है।

[1969]

बेकारी की करुणा

मैं झुक कर प्रणाम करता हूँ
उगते हुए सूरज को
मुखों की डूबती हुई
मुद्राओं को
औरतों की जंघाओं को
और पुरुषों की बाँहों को

मेरी बीवी फुलके सेंकती
है
और मेरे मुख पर फेंकती है
मेरी थाली बेकारी की
केवल करुणा भरी हुई है
जिसे मैं खा रहा हूँ।

[1967]

जम्बाल की उदासी

पेड़ की जड़ों तक रात
काली हो आई है
चारों ओर
कटे हुए पंखों का शोर

सड़े हुए पानी और हरी-हरी फसलों के बीच
सम्भावनाओं में डूबा हुआ गाँव
        सो रहा है
आक्रमण के बाद की उदासी है
संगठित और सहमी हुई
और लगातार हारती हुई
लापरवाह।

उदासी और खरगोश के साथ
मैं कोई समानता नहीं देखता
सिवा इसके कि आप
जंगल में नहीं हैं और उदास हैं।

[1967]

तुम हमें वोट दो

हमदर्दी
आँसू और चमड़ा बटोरती है
नाखून काट लेती है
क्या सूर्योदय का महीन और पारदर्शी रंग
हारने के लिए होता है?

दिन एक बड़े ताले की तरह है और चिड़ियों की
आवाज उसके बन्द होने और खुलने की आवाज है

सुविधाएँ
जुर्म को कानून का जामा पहना रही हैं

चिड़ियाँ ठीक उसी तरह गा रही हैं
जैसे वे
सूरज डूबते वक्त गा चुकी होती थीं
दिन की शुरुआत
आदमी के खून में शरीक होकर
नफरत बन गई है
रात खत्म हो चुकी है
और वे सुरक्षित नहीं हैं
हमें मालूम है कि तुम भूखे हो
और यह भी कि तुम्हें अन्न चाहिए
और यह भी कि जब हम कहते हैं 'हम तुम्हारे
शिखरों की रक्षा करेंगे' तो हमारा मतलब क्या है
तुम इसे समझते हो
हमें वोट दो...
हमें वोट दो...
हमें मदद दो कि हम अपनी सेहत नाप सकें
हमें वोट दो कि हम नाप सकें—
हम दोनों में किसकी लज्जा बड़ी है।

यह नहीं कि हमने सहूलियत दी है
तुम्हारे लाचार दिनों में
हम दोनों झंडों के प्रतिद्वन्द्वी हैं।

[1967]

कार्टून और चुटकुले

आज सारा—
हिन्दुस्तान उस वायुयान की तरह बेचैन है
जिसे बेतार के तार से खबर मिली है कि उसमें
'टाइम बम' है।

कोई किसी से लगातार प्यार नहीं करता। सारा
जीवन अथाह रेगिस्तान है। थोड़ी देर के लिए

तुम देखते हो कहीं कोई नखलिस्तान
और एक तम्बू। तुम उसमें सुस्ताने के लिए
एक दिन का पड़ाव डालते हो।
लेकिन सावधान! नींद में न पड़ना।
रात रेत की आँधी उड़ेगी और वह तम्बू
सूर्योदय की किरण फूटने के पहले ही
एक कब्र में बदल जाएगा।

लगातार दुर्व्यवहार होते रहने वाले जमाने में
तुम केवल अपनी ऊब के सहारे जिन्दा
रह सकते हो। साहसिकता संकटकालीन
नमूने के तौर पर बाकी रह गई है युवा लोगों में।

गरीबी ने उन्हें—
इस तरह क्रूर बना दिया कि अब वे अपने ही खून के
बिना पर अगले उत्सव के मुकाम तय करने लगे हैं।

कार्टून और चुटकुले—मैं जोर देकर कहना चाहता हूँ
कि इस देश में अब बन्द होने चाहिए। क्या कहा?
मनोरंजन और विट के साधन के रूप हैं ये।
मगर मत भूलो
ऐसे में चुटकुले कितनी करीबी से
देशी मेधा का अपहरण कर रहे हैं।

मुझे वे दिन याद आते हैं जब राजा जी के मजाक
बारीक हुआ करते थे
और आज भी वही दौर
लेकिन अब 'प्रजा जी' के खून में
यह 'बारीक' जहर उतर गया है
और एक सतही दिलचस्पी की जकड़ में
सारा देश
विचारहीन होता जा रहा है।

[17.10.1969]

आजादी का एक चिथड़ा

घर से निकलते वक्त तुम बटनों और
ताले की जाँच करते हो।
और तुम्हें ताले की जरूरत नहीं है
क्योंकि तुम शादीशुदा हो।

तुम्हें किसी बसंत-संध्या या अपराध-बोध में
शामिल होना अच्छा लगता है

तुम डरते हो।
सिर्फ इसलिए कि तुम्हारी नींद खराब कर दूँगा मैं
तुम्हारी आजादी का एक चिथड़ा सुलगता है

पिंजड़े में बन्द तोता—सीताराम-सीताराम कहता है
और अपनी सेहत पर डाले गए चारे और पानी को सहता है

सारी कहानियों के शीर्षक बदले जा रहे हैं
क्योंकि आज दोपहर बाद
नये पढ़ने वाले आ रहे हैं।

मुझको प्रतिक्रियाओं में व्यक्त होने दें
क्षमाओं में मत बाँध
मुझको अपने से जोड़
लेकिन मत शामिल कर
मत रो, आँसू पोंछ
इधर आ मेरी तरफ देख
अच्छा माँ! तू ही है

क्या जुआ खेलना अच्छा है?
मुन्नू चौदह साल का हुआ
क्या अब भी बच्चा है?

मुन्नी जब फटी हुई धोती
में आती है

...रख हाथ
लजाती है।

और यदि हो सके
मेरे साथ
मेरे इस फटे हुए जीवन को जी
मुझको सह
जैसे मेरा जन्म सहा है।

[1968]

घृणा

मैं—
उड़ती हुई कुर्सियों
जमे हुए केबिनों
औरतों और दार्शनिक कुत्तों की उदासीन आँखों में
मरी हुई

भारहीनता का सामना कर रहा हूँ।

सुबह के भद्दे चेहरे पर
अन्धकार ने
(पायरिया के मरीज की तरह)
सूरज को थूक दिया है
और अब मैं
लज्जित नहीं हूँ
क्योंकि मैं समझ गया हूँ
कि प्रेम एक प्रजातांत्रिक अन्धापन है
यौन के चूल्हे पर
जीवन जलता है।

इस लगातार घृणा कर सकने की पद्धति को जन्म देकर
वक्त के मुर्दाफरोस कन्धों पर
आज पहली बार
गाभिन आवाजों ने प्रसारित किया है
अजन्मे व्यक्तव्यों का दर्द।
मर्दों ने चुना औरत :
औरतों ने मर्द;
जिसका एक हाथ भूखी बच्ची को थपकी देता है
और दूसरा बीवी की लत्ते-सी छातियों
को इकट्ठा करता है और
मैंने गुँधे हुए आटे की गन्ध
पेड़ू के आसपास वाले
जन्मों की रेखाओं से
एक आकार रचा है
ऐसे समुदाय का जिसका पशु घासों
पर चलता है।

छोटा-सा सुख

एक औरत एक लड़का
माँ और बेटा
एक साथ बीन रहे हैं
चिथड़े नई बस्ती की वह जमीन
गन्दगी से पट रही है
और इसी के चलते
कट रही है
आजकल आराम से
अपने निवासियों का एकान्त
(चमकता हुआ मकान पोंछ कर चिथड़े फेंक देता
है और कमजोर हाथ उसे रोटी समझ कर
उठा लेता है)
माँ की अँगुलियाँ अभ्यस्त हैं वे केवल चिथड़ा उठाती हैं
और बेटा कभी कागज का रंगीन टुकड़ा

या कभी चिथड़ों से खेल रहे कुत्तों का
        खेल
        उठा लेता है अपनी निगाहों में
और उन निगाहों में
दूध के दाँत
चमक उठते हैं।

माँ और बेटा

माँ का चेहरा
झुलस गया है धूप से
और शर्म से
धूप और शर्म से माँ का चेहरा
झुलस गया है।

अचानक लड़का चीख पड़ता है
खुशी से। उसने एक टूटा हुआ शीशा
उठा लिया है शीशे में
धूल और गर्द से भरा हुआ एक नन्हे बच्चे का मुख
        झिलमिलाता है

धूप उसके चेहरे तक
सरक आई है उसके मटमैले बालों में फँसा हुआ
रंगीन कागज का एक टुकड़ा फरफरा रहा है
'माँ! माँ!! यह देख' वह खिलखिलाता है
और टूटा हुआ आईना माँ को दिखाता है
'फेंक दे उसे' अधेड़ आवाज उसे फटकारती है—फेंक दे
और 'काम कर जल्दी बीन ले
और कई काम हैं।'
माँ, और चौंक पड़ी है और उसका बेटा उदास हो गया है
धूप को धकेलकर
शीशा दूर जा गिरा है
बच्चे की कामकाजी उम्र उसके चेहरे में
लौट आई है लेकिन उसकी आँखों

की चमक अभी तक वही है और उसकी
निगाहों में दूध के दाँतों की प्रतिध्वनि है
उम्र और शर्म और धूप से
एक अधेड़ चेहरा और बदसूरत हो उठा है

औरत एक चिथड़ा उठाती है बच्चा एक
चिथड़ा उठाता है
गन्दगी के ढेर पर
चिथड़ों से खेलते हुए कुत्ते
लड़ने लगे हैं।

एक चिट्‌ठी आई है

तेज, जितना वह कर सकती है जल्दी से आती है
कुछ है कि उसके पाँव
लड़खड़ा रहे हैं
उसने अपने केश नहीं सँवारा और न शिरोवस्त्र
ही ठीक किया
जल्दी से लिफाफा खोलती है
आह! यह मेरे बच्चे ने नहीं लिखा किन्तु
उसका नाम लिखा है
आह! किसी अजनबी ने मेरे बच्चे के लिए लिखा है
ओ माता के व्याकुल हृदय
सब कुछ उसकी आँखों में घूमता है
काले काले धब्बे और वह
केवल कुछ शब्द ही पकड़ पाती है
टूटे हुए वाक्य—गोली से सीना घायल, थकान, अस्पताल
ले जाया गया, बेहोश, किन्तु शीघ्र स्वस्थ होने की
आशा है
आह! मेरे लिए अकेली है यह आकृति
ओहिओ के समृद्ध और गौरव दीप्त नगरों और फार्मों
के बावजूद

ओ पिता!
खेतों से वापस आओ और देखो कि पीट की
चिट्ठी आई है और माँ तुम भी सामने दरवाजे पर
आ जाओ
तुम्हारे प्यारे बेटे का पत्र है।

यह कैसा पतझर है
जबकि पेड़ गहरे हरे हो उठे हैं, पहले से कहीं
        पीले, कहीं लाल।
हवा के नर्म झोंकों में खड़खड़ाती हुई पत्तियों के साथ
ओहिओ के गाँव
स्निग्ध और शान्त लगते हैं
बागों में सेब पक चुके हैं और सुगन्धित लतरों पर
अंगूर के गुच्छे।
(सूँघो लतरों पर अंगूर की खुशबू और वकहीट जिन पर
मधुमक्खियाँ देर से भनभना रही हैं)
इन सबके ऊपर आकाश है किस कदर शान्त
बरसात के बाद झिलमिलाता पारदर्शी
और अद्‌भुत बादलों के साथ
और यहाँ नीचे भी सब कुछ शान्त है
सब कुछ जीवन्त और सुन्दर है
और खेत अनाज से भरे हुए, सब कुछ समृद्ध
किन्तु ओ पिता! बेटी की पुकार पर खेतों से
लौट आओ
और माँ, तुम भी दरवाजे के सामने
दाहिनी ओर से आ जाओ।

रात

किसी युद्धबन्दी को दी जा रही यातना-सी
मेरे दिमाग में हरे हो आए हैं
किसी अवकाश-प्राप्त सैनिक के संस्मरण—
झपकती हुई लालटेन की मद्धिम प्रकाश में

धीरे-धीरे कहता है—
'हमने अन्त तक धैर्य से युद्ध किया
और पराजित हुए।
दुश्मनों के इतिहास में
ऐसा साहस
कभी सुना नहीं गया।'
और फिर सूनी आँखों सुदूर आकाश में ताकते हुए
अपनी कटी हुई टाँग को थपथपाता
कहीं कोई तारा नहीं टूटता
न कोई किसी आहट पर चौंकता है
न कोई फुसफुसाता है
न कोई छाया मुड़ती है
कहीं कोई पक्षी चीखता नहीं
केवल—केवल आकाश के हहराते नीले ज्वार में
आकाश-गंगा फटे हुए पाल-सी
उड़ती है।

मेरे देश में

पागलखानों में पागलों की संख्या बढ़ रही है
अस्पतालों में बेड न मिलने पर
मरीज बरामदों में सोते हैं
        माताओं की सूखी छातियों से
        मुख रगड़ते हुए बच्चे
        चीख-चीख रोते हैं
बेवजह जन्मे बच्चों की तादाद बढ़ रही है
मेरे देश में
फिर भी
क्या मेरी तरह तुम भी महसूस करते हो—
मेरे देश के लोगों में पहली बार
जीवित रहने की इच्छा पैदा हुई है?

मेरे देश! तेरे और मेरे बीच के
सारे सम्बन्ध कितने अस्वाभाविक हैं!

पीपल ने कहा

मेरे नन्हे-मुन्ने तुम मौसम की शोभा।
पाकर पतझड़
झड़े—खड़े ही खड़े
बसंती हवा
मिली तो फूल गए
पके, गिरे गर्मी से आहत
हा-हा...भर झंझा में
धूसर
सुषमा-गत
और हुई बरसात
मिला पानी फिर विहँसे
पहले का दुख
भूल गए
छि:, तुम इतने क्षुद्र
दया के सच्चे अधिकारी हो
अपनी छोटी-सी सीमा में
बोझ भूमि के तुम
पहाड़ से भी भारी हो।

नाच

नाच हो रहा है वह लड़की नहीं है—
लौंडा नाच रहा है
यह मैं उसकी 'छातियों' से
समझ गया हूँ
(लड़की जब छातियाँ दिखाती भी होती हैं

तो उसमें उस समय उसकी आँख
शामिल नहीं रहती है किन्तु यहाँ
माजरा ही और है कि लौंडे की आँख
'छातियों' को कहती है)
एक बात और है। है, और काबिले-गौर है
कि इस नाचती हुई शक्ल की
टाँगों में न चाकू है
न निगाहों में आरी है
लौंडे का नाम कटारी है

नाचने का ढर्रा भी
बिलकुल बाजारू है
और जान मारू है

लोग लहालोट हैं।

मैदान

हत्याओं के नीचे से निभते हैं
हरे-हरे हाथ और पत्तों को
जंगल में छिपाते हैं
पेड़ों पर पत्तियों की जगह
जीभों को लटकाते हुए देखा है

और वहाँ किसी को न पाकर
तुम्हारी आँखें चेहरे में वापस
लौट आती हैं।

उस छोटी-सी लड़की के पैरों के नीचे
तैर रहा है
मैं घास को पीछे खिसकते हुए
देखता हूँ।

नीम के नीचे ट्रांजिस्टर

नीम के नीचे ट्रांजिस्टर बज रहा है
पूरा गाँव छटपटा रहा है
उन सबसे छूटने के लिए
जो कुछ 'हिन्दुस्तान' है।

भोजन भले न दो लेकिन 'महकउआ'
साबुन की टिकिया (लेंगे)

'इज्जत' का सवाल का उत्तर देते कपड़े
डंठल जैसी तनी देह पर
झूल रहे हैं

'इज्जत पाने का हक' हासिल करते जबड़े
कसे हुए हैं। बहसें उत्तेजित करती हैं
और विषय से दूर,
घृणा के चौराहे पर,
हाथ दिखाकर लाल बत्तियाँ
अन्धकार में स्वर भरती हैं।

संसद

उनके लिए देश, पेट की तरफ से
        शुरू होता है
अपनी आवाज का गला
काटने की सही जगह
सड़क नहीं, संसद है।

मेरे दिमाग में एक ऐसे
आदमी का नक्शा उभर रहा है

जो नींद में
जूते की चोरी कर रहा है।

दूसरा शहर

अपने सुझावों से उन्हें
ठगा है
उस साजिश में शरीक होने के ठीक
बत्तीसवें दिन
पिछलग्गू चेहरा नंगा होता है
और उत्तेजित भीड़ का कार्यक्रम
राष्ट्रपति शासन में बदल जाता है।

विवशता

इस हत्यारी घटना के बावजूद
तुम विश्वास करते हो और वह
जो तुम्हें चीलों की दुनिया में
छोड़ने पर आमादा है
इस बात को जानता है
तुम्हारी भक्ति तुम्हें मारती है
अनुरक्ति काट कर अलग कर देती है
उस 'पावने' से
जो तुम्हारा है।

जिसे तुम पूजते हो—
उसी को ढाल की तरह
सामने करके
संगमरमर की दीवारों पर खुदे हैं 'सातों कांड'
(पूरी रामायण) और आँसू भरी आँखों से
तुम पढ़ते हो अपना इतिहास
जेबों में पड़े हुए
जूतों के कूपन सहलाते हो।

अपनी समझ

मैं वह जुबान समझता हूँ जहाँ
भाषा का मतलब रात है,
यह भी कमजोरी है
जिनके लिए कविता तिजोरी है
ऐसे
कुछ हैं जो अब भी एक तर्क से बँधे हैं
उनकी जाने दो वे गांधी के गधे हैं
दफ्तर और रसोईघर के बीच की भाषा की
कविता करनी है
उन परिवारों की चर्चा ही व्यर्थ है
जहाँ चश्मे का नम्बर ही कविता का अर्थ है

चित्रों की भाषा में सोचने
का नाम कविता है
शब्दों की गर्दन में खासा ॐ लटकाकर
लूप लगी प्रतिमाएँ
उनकी चर्चा बेकार है जिनके यहाँ कविता
कमर के नीचे की वारदात है
कविता आत्मा का भूगोल है
उनसे भी निपटना है
जिनके लिए कविता दुर्घटना है
पाने की कृतज्ञता और खोने की
क्रूरता का खाता है
टूट चुके हैं आज सब्र के सारे टाँके, अब न बने मुँह ढाँके-ढाँके
'आदमी की बगल में होने की वफादारी'
का सवाल है।
वहाँ असलियत कम, बुखार अधिक है।

गुस्से की बनावट में रद्दोबदल

मैं उन देशों की चर्चा नहीं करता, जो ज्वालामुखी की राख से
अपना मकान बना रहे हैं

यह मेरा देश है जो भूख से सुलगती हुई आँतों से बना है।
जब हम लोहे के सही इस्तेमाल की चर्चा करते हैं
अक्सर अपना दिमाग शोख लड़कियों से गुजरता है और
कविताएँ
राशन कार्ड के साथ नत्थी
हो जाती हैं।
मैं उस बसंत की चर्चा नहीं करता, जो पेड़ों की सेहत है
जो रोटी के एक टुकड़े पर छीना-झपटी करने के बाद
उस बच्चे के घुटने से बहने वाले लहू से
उसका कोई ताल्लुक नहीं है।

चील की स्पर्धा में
कुछ बुद्धिजीवी सड़क पर पोस्टर हो गए हैं
और कुछ जो चालाक थे
सो गए हैं रेहन रखी हुई
अपनी बीवी की गोद में
विएतनाम की चिन्ता
अमेरिका विएतनाम को बिना माँगे अधिक से अधिक
युद्ध दे रहा है
और हिन्दुस्तान को (बार-बार गिड़गिड़ाने पर भी)
कम-से-कम अनाज
आज की दुनिया में अपने अस्तित्व की सुरक्षा का
यह भी अन्दाज है
ठीक उस मादा भेड़िया की तरह जो मेमने को खाती है
वापस आती है और अपने बच्चों को खिलाने के लिए
पेट उचका-उचका कर गोश्त को
उगल देती है।

पाँचवें कवि का वक्तव्य

हिनहिनाते हुए शब्दों के अयाल मेरी मुट्ठी में हैं
मैंने जीन की तरह कसी हुई भाषा में
कविताओं की तलाश की है

मैंने फाड़ दिये हैं बसंत के वे सभी घोषणा-पत्र
जो पेड़ों की तिजारत करते हैं और
आदमी के भीतर छिपे हुए नर्क के
चौरासी लाख टुकड़ों को खींचकर
सम्बन्धों की चौहद्दी से
बाहर कर दिया है। मैंने इतिहास के एकान्त में
'गड़घिस्सा' खेलती सभ्यताओं को
अपने मतलब का एक मटमैला शीशा गाड़कर
लहूलुहान किया है।

मुझे सख्त नफरत है किताबों के अन्धे
दराज से
प्याज से
मैंने अपने चरित्र का निर्माण नहीं किया है

मेरे लिए प्यार और कुत्ते की जीभ से
टपकती हुई 'लार' में
एक खास फर्क है।

अज्ञान का अभिमान

घर, मगर कहाँ है घर?
रिश्तों के अँधेरे में
हाथ डालने पर
पाता हूँ
कि एक जंगल है जिसके अन्दर
घूमता हुआ हर आदमी
दरिन्दा है
जिसे लोग अपना शहर कह रहे हैं
मगर मैं जानता हूँ
भीड़ की नदी में सड़े हुए
बह रहा है

वर्तमान मेरे गले में
बकरी की ललरी-सा
        लटक रहा है।

मेरा अतीत कुहरा और पुरखों की जुगालियों से
बना है, मैं अपना भविष्य चर्बी से बना रहा हूँ
मैं वर्तमान को खा रहा हूँ, वर्तमान
मुझे खा रहा है।

मैं हँसता जा रहा हूँ
घोल रहा हूँ
खिड़की का तुक लड़की से मिलाकर
मैं जंगल का दरवाजा खोल रहा हूँ
गहरे अँधेरे में कविता नहीं—
(सुरक्षा की अनुभूति के लिए)
मैं एक चेहरा रच रहा हूँ
तुकों की तलाश में
तुगलक होने से बच रहा हूँ।

हम आपके हैं रानी जी!

हम आपकी पसलियाँ हैं रानी जी
हमें सूर्यास्त तक बजाइए
हम आपके नमक हैं
हमें थोड़ा-सा खाइए

हम आपकी जनता हैं रानी जी
हमें मतपेटियों से निकालिए
और दलबदलू की जेब में
        डाल दीजिए।
रानी जी, आपके गोश्त में
लोकतंत्र बरक्कत कर रहा है
हम आपके बिस्तर हैं

जहाँ सपने नींद का रोजनामचा
भरते हैं
बेरहम अन्धकार भी उल्लू को ही
आँखें देता है
हम आपकी आँखें हैं
रानी जी।
हमें रोशनी में खोलिए।

कमरे का लैंड स्केप

किताबों के अन्धकार में बैठी रहती है
वह लड़की
उसके बालों में रात
गिरती है
कुहरे और नींद से बाहर
सौदागरों का नगर
घोड़ों के फेन और हिनहिनाहटों से गूँजता है

अस्तबल की बगल में
एक सपना कुतरता है
दूसरे सपने का जिस्म
धड़कते आकाश के सीने पर
खून के थक्के-सा चाँद
और भाषा की हदों से बाहर
सन्नाटा
बहरी और गूँगी दुनिया को
बिस्तरों के पिछले किस्से सुनाता है
सहसा
खिड़की से कूद कर दो आँखें
चेहरे में वापस आती हैं
और पेड़ों के शब्दकोश में
बसंत का मतलब तलाशती हुई वह लड़की
अपना मुख हथेलियों में छिपा कर सिसकने लगती है।

मजबूरी

अपनी मजबूरी थी दुनिया के
हरजाई हिस्सों में
        खेल बने
दुनिया की गाड़ी के जंग लगे चक्कों के
दाँतों में
        तेल बने।

जिये
एक जीवन जो
जंगल के किस्सों में
जिन्दा था।

मैंने खुद को जकड़ लिया है

अन्धे बच्चे
बहरी माँएँ
निभा रहे हैं सब-के-सब
अपनी सीमाएँ
(अलग-अलग
इन सबकी
        अपनी सीमाएँ)
मौसम से वापस लौटे आदमी का चेहरा
उतर गया है।
मैं बंजर सतह पर
चमकती हुई हँसी की
प्रतीक्षा कर रहा हूँ।

बैसाख की साँझ

किस दुविधा में पकड़ आप
एक नजर में

तुझको देख परख लेती है
मेरे मन की उमस किनारे रख देती है
और शिलाओं के भीगे जंघे दिखला कर
वैसे तो चुपचाप
कहीं वह
पेड़ों से काफी दूर पड़ी रहती है
पर, मैं जैसे ही जाता हूँ
सकुचाता फिर
मैं कहता हूँ : नदी तुझे क्या, लाज
नहीं लगती है इससे, देख इसे जो भी
पढ़ता है
मेरे-तेरे सम्बन्धों का
एक नया किस्सा गढ़ता है।

बसंत के पैरों की आवाज

सुनहले अन्धकार की
ओट से
पत्तियाँ गिरती हैं,
हजारों की तादाद में पत्तियाँ गिरती हैं
पत्तियाँ तुम्हारी आँखों में गिरती हैं
इतनी पत्तियाँ
कि तुम्हारी आँखें धुँधला जाती हैं।

तुम सिर्फ पतझड़ देख पाते हो
पेड़ों को नंगा होते देखते हो
बसंतोत्सव और तुम्हारे बीच
टिन की चद्दरें हैं और दिन की गर्द
धूप है और तालियों की गड़गड़ाहट
पसीने की बू है और किसी नाचने वाली का खून।

हर माल एक दाम पर बेचता हुआ बिसाती
सगड़ी खिसकाता है

और फटी हुई जेबों से तुम्हारी
आत्मा गिर कर खो गई है।
माँएँ
बच्चों से बचने के लिए, उन्हें स्कूल भेज देती हैं।

मुझको देखो

अपनी पीढ़ी का पूरा अवसाद समेटे
मैं गुनाह का साझीदार, सबूत
एक बड़े गुनाह के सबूत के समान
यहाँ हूँ
मैंने खुद को पकड़ लिया है
अंग्रेजी से विरोध नहीं
अंग्रेजियत से विरोध है
मुझे अंग्रेजी से विरोध नहीं
अंग्रेजी के रंग से विरोध है
किसी भाषा का विरोधी मैं
नहीं हूँ, किसी आदमी का विरोधी मैं
नहीं हूँ। लेकिन मैं नहीं चाहता कि भाषा के
नीचे आदमी दब जाय, आदमी के नीचे आदमी
खप जाय
दब जाय।

बादाम पहाड़

आदिवासी-तीर की तरह उड़ती हैं चिड़ियाँ
और अपने आखिरी ऐश्वर्य में डूबते
सूरज जोतदार का सीना
लहू में डूब जाता है।

मैं जहाँ उतरता हूँ कोई नगर
नहीं है, हवा में झलती हुई ट्राली जमीन का सीना

खाली करती है
और रोक पट्टी से टकराकर छलनी पर उलट
जाती है। यहीं से लोहे का
झरना शुरू होता है
आदमी की जिन्दगी में।

स्त्रियाँ नंगी हैं
मातृभाषा की उपेक्षा की तरह
पुरुष नंगे हैं
लाल लाल धूल में दौड़ते हुए झुंड के झुंड
        काले गुलाब बच्चे :
भगवान की तरह नंगे हैं।
आदिवासी गीत पर सूखने के लिए
टाँग दिये गए हैं
पेड़ और पहाड़
मैं अपने कपड़ों में
कविता की तरह नंगा हूँ।
कितना अँधेरा है चेहरे के नीचे यह
अपना शहर
जो कल तक आईना था
चाकू-सा लगता है कन्धे पर
रखा हुआ दोस्त का दाहिना
हाथ
वे,
जो मुझे अपमानित करने के लिए
अपनी डफलियाँ सेंक रहे थे
अपने बिरादर थे
भूख ने उन्हें पशु बना दिया था
और मेरा दोष?
मैंने उन्हें लालच की रोटी
खाने से मना किया था।
        मैं
        वे
उनसे कहा था

कि
पेट से
बड़ी एक चीज होती है जिसे देश
कहते हैं। और...
उन्होंने मुझे आधा सुना और
तैश में आ गए थे। वे मेरे
ऊपर भाषा के छिछड़े
फेंक रहे थे।

तब

जब मकान जल रहे थे
हम जूते पहन रहे थे
ईश्वर हमें माफ नहीं करेगा।

और न हमें गाली देगा।
केवल ठंडी आँखों से—
अपलक ताकेगा
ताकता रहेगा
और ताकता रहेगा।

ईश्वर हमें माफ नहीं करेगा
वह हमारा हिसाब
साफ नहीं करेगा
और न फैसला देगा
केवल हमें प्रतीक्षा करते हुए
बीच ही में छोड़ कर
न्यायालय से उठ जाएगा

तब शायद—शर्म जगेगी
हम—ईश्वर के बेटों—में,
दूरियाँ छिपाए हुए—
पेटों में

—कसमें खाएँगे
कि हम एक मृत्यु से दूसरी मृत्यु की ओर
इस तरह नहीं जाएँगे

हम आपस में
समझौता करेंगे
और अपना अपराध
बाँट लेंगे

मुँह देखने के लिए
वक्त के मुहताज नहीं होंगे।
हम अपने शुभचिन्तकों का
सिर काट लेंगे।

चीख

प्रशान्त चुप्पी के छोर पर खड़ा हुआ आदमी
शंकाओं के जंगल में
धुन्धभरी शाम को उतरते हुए देखता है

नगरों के शिखरों पर
मँडराती हुई भूरी और स्याह छायाएँ
चेहरों में धुल गई हैं

नंगी इमारतों में
एक चीख
सन्नाटे को तोड़ती है।
खिड़कियाँ
भयभीत खुल गई हैं।

मैं नंगी पीठ
अपमानित खरोंच से बचता हुआ

रिश्तों की सड़क पर
मुँह छिपा कर चल रहा हूँ।

एक झूठ—एक सच : कुछ नहीं

दिन ढल गया है
और आज का बोझ
जैसे टल गया है।
सोच रहा हूँ...
कल क्या होगा—
दुख सहते जीने का
        बहते पसीने का
फल क्या होगा?
कट जाएगी किसी तरह
करवट बदल-बदल कर
रात।
आएगा सुप्रभात...
        फिर वही नून, भात—
आटा, दाल, तेल नहीं।
ऐसे भी जी लेना
मामूली खेल नहीं।
और तभी मुन्ने की माँ
कहती है—सो जाओ
बीत रही रात है।
भटक रहे हो कहीं—
बोलो, क्या बात है?
चाहता हूँ—कह दूँ मैं
बात सब सही-सही
लेकिन उसे दुख होगा
कहता हूँ—
        'कुछ नहीं'।

[1962]

वातावरण

मैं हूँ
और मेरा बोध...
लॉन के आर-पार
मटमैली आकृतियाँ...
लिपी-पुती
पारदर्शी ओद...
पत्थर की चौकी का
एक टूटा त्रिकोण
अड़हुल के फूलों को
खाती हुई गौरैया
आते और जाते हुए
लोग...
मैं हूँ और...।

[1963]

एक सैनिक का सवाल

युद्ध बन्द होते ही
बन्दूकें कन्धों पर
बोझ क्यों बन जाती हैं?
मैं देखता हूँ—
बमों की मार से घायल चरागाहों की
सरहद के पास
सूर्य डूब रहा है—
किसी बूढ़े बैल के
मुख की तरह उदास।
क्या तुम दिमाग में उछलते हुए लोहे
और आँखों में उगे हुए जंगल से
एक बन्दूक बना सकते हो?

मैं पूछता हूँ और मेरा पड़ोसी
दूसरी ओर मुँह फेर लेता है
फिर युद्ध, इसके अतिरिक्त, हमें
और क्या देता है?
हवा गन्धक के बोझ से लड़खड़ाती है
अनाज से टूटी हुई हड्डियों में
फास्फोरस दहकता है
शब्दों में सोये हुए पत्थर
चौंक पड़ते हैं

और आदमी का साहस—
मरे हुए चूहे-सा महकता है।
युद्ध हमें इसके अतिरिक्त
और क्या देता है?

[1965]

मेरे चारों ओर

मेरे चारों ओर...
तिरस्कृत, जीवन्मृत विश्वास
झंझा के दिग्भ्रान्त विवर्तन में
        चुप-चुप-सा
        मौन
लालसा का आत्मसित पलकों में
'कुछ' पीने की प्यास
वर्तमान की छाती पर
सरिता की खिंची लकीर
उखड़े तरु दो-चार तटों पर
बिखरे :
पीले पात :

गहन उदासी में रेती पर
दो पाँवों के चिह्न
(जिनका केवल शेष रह गया)
धुँधला-सा आभास

मेरे चारों ओर—
आहटों में बिखरा अवसाद
फैल रहे दो-चार
दूर-दूर तक फैली स्याही के दामन पर दाग कत्थई
और टूट जाने के क्षण की हलकी-हलकी याद

मेरे चारों ओर—
धुमैली आकृतियों का ज्वार
पिला रहा चुपचाप कुहासा
अन्धकार को दूध
और सितारे टाँक रही है—
बुझी-बुझी-सी
साँझ।
गन्ध-भार यह बाँह हवा की
ढोती जाती शीत
पर्वत-पर्दों के पीछे
सिसक रही है धूप
किरणों की अनजान बालिका—
की आती चीत्कार
पुन: सिमट कर सब कुछ
केवल रह जाता है शून्य
और उभरती भूख सृजन की
मेरे चारों ओर!
मेरे चारों ओर!!
मेरे चारों ओर!!!

[1962]

ओ मेरे बच्चे

ओ मेरे बच्चे!
तू मत रो
देख उधर पूरब की सिन्दूरी घाटी में
लाल कमल खिलता है
सोनीली किरणों की गन्ध को बिखेर कर
देख उधर सपनों के सतरंगे संगम पर

भोर मुस्कुरा रहा
अनजाने गाँव की कुँवारी गन्ध-बेला को
टेरकर धरती आकाश को
दोनों उपकूलों को बाँहों में
        समेट कर
बह रही है रोशनी की दूध की उजली नदी
किन्तु जभी झड़ जाती मोती की मुक्त चमक
दर्द की अँगुलियों के विह्वल झकझोर से
आह! तेरे गालों की अछूती पगडंडी पर
उलझी लकीरों के
झाँवरे पद-चिह्न झलक उठते हैं
टूट-टूट कर जुड़ा हूँ मैं
पुन: टूट जाता हूँ
अभावों की प्रतिध्वनि-सा
अनगाये गीतों के पीछे छूट जाता हूँ
ओ मेरे बच्चे!

[1962 : प्रकाशित आई.टी.आई. वाराणसी की गृहपत्रिका]

ओ अभीप्सित

मैं हथेली पर
उगाना चाहता हूँ हरी घाटी
किन्तु इस पर

बाल भी उगता नहीं।
केवल दिगन्तों को मिलाती
एक रेखा
तीव्र गति से चीरती मुझको
अपरिचित
अनदिखे आकार में है—
        डूब जाती
और संयोजन बिखर कर टूट जाता
जिसे हमने मुट्ठियों के
आयतन में बाँध रखा था
मैं अकेला...
आह परिणति : यह विजनता
रेडियम के अक्षरों-सी खिलखिलाती

ओ अभीप्सित!
और भी कितने चरण हैं शेष
इस संवेदना के
जो कि ले प्रतिरूप मेरा
स्वयं मुझको तोड़ जाती
ओ अभीप्सित!
ओ!!!

[1962 : प्रकाशित आई.टी.आई. वाराणसी की गृहपत्रिका]

हँसी के चित्र

जब तुम हँसती हो
सोडियम के रंग की
महीन पारदर्शी हँसी
सच मेरी आर्द्रता
        चटाख...चख टूटती
पिघलती है
बर्तन पर काँच के फूल
        बिखर जाते हैं

बीनती हवाओं की
चुटकियाँ कसकती हैं
और मैं आईने में
ऐसा कुछ देखता हूँ
कि आधी दूर मेरी ही आँखें हैं
आधी दूर सारा तन
आँखों में छायातप
शीशे में गीलापन
ऐसा कुछ देखता हूँ
जब भी तुम हँसती हो।

[मराल : जनवरी, 1963]

रोज

रोज मुझको शाम पीती
सीपियों से
या कि हलके दूधिया फाहे
मुलायम चुम्बनों से;
रोज मुझको
एक अरुणोदय उगल जाता
युगों से मौन प्रस्तुत की
        हथेली पर;
रोज नीली रोशनी की नोक से
मैं एक रेखा खींचता हूँ
जो कि मेरी अस्मिता को
बाँट देती है
अनिश्चय और आदिम आस्था के
खंड-सर्गों में
जिसे मैं गुनगुनाता
मौन के सुनसान में भी
गूँजता हूँ।

[मराल : जनवरी, 1963]

अन्धकार का वक्तव्य

सारे पुरुष कमन्द बट रहे
और नारियाँ
शासक जनने की चिन्ता में
पेट दबाये घूम रही हैं।
कोई ऐसा हाथ नहीं जो,
कालिख लगे उजाले को
बाँहों में भर ले।

अन्धकार हूँ :
मैंने पलकों पर ढोया है
खुले हुए तन का सलज्ज-संदिग्ध समर्पण
मैं हूँ वह पहला गवाह
जिसने देखा है—
दो जिस्मों की केवल एक काँपती छाया;
लैम्पपोस्ट के ठीक दाहिनी ओर
गली में
जहाँ तोड़कर पत्थर
कोई नन्हा-सा अंकुर
उग आया—
(क्वहाँऽ...क्वहाँऽऽ...क्विउ...
क्विउ...क्विउ...क्वाँऽऽ...क्वाँऽऽऽ...)
ओ फुटपाथों पर जन्मी—सुबहों के बच्चो!
मुझसे पूछो—
लुप्त पिताओं की प्रतिमाएँ
संगृहीत हैं
विश्व-म्यूजियम की शाखा-उपशाखाओं में,
और टिकट दर जिनका केवल
नैतिक शर्तों का आश्वासन...
अन्धकार हूँ : मुझसे पूछो!
एक-एक बच्चे का प्रजनन!

[विनियोग : मई, 1963]

मौसम का विरोधाभास

भरे मौसम—
कचनारी बेवाएँ
सिन्दूरी कसमों पर बैठी हैं
पीले अमलतास को
जुकाम फिर हो गया।

भरे मौसम—
ठंडे संकेतों के ग्लेशियर
आँखों में उभरे हैं :
सोने के पाल तनी नौकाएँ—
सड़कों की बाँहों में कसती हैं
बर्फीले पर्वत को
छू-छूकर हँसती हैं।

भरे मौसम—
प्रेमियों की जाति ने
मिल कर की प्रार्थना—
'हे हो सौन्दर्य के अधुनातन देवता!
औरत को बाँझ करो—पुरुषों को आलसी :
ताकि रूप रक्षित हो
और हमें वक्त मिले
पूरे सहभोग का...।'

[विनियोग : मई, 1963]

संक्रमण

हर रफ्तार पेट्रोलियम माँगती है
और हर आकांक्षा यूरेनियम
बर्फ ही बर्फ है आदमी के चारों ओर
जिसे उसने रोशनी की नोक पर
इकट्ठा कर लिया है।

कितना अजीब है तंग गलियों में
आदमी का जीवित रहना
और कितना गुमराह;

सूरज का निर्देशन—
कि वह मासूम पात्रों पर, चमकने के लिए
केवल अँधेरा डाल देता है।
अन्धकूप कमरे हैं,
कुर्सियाँ खामोश,
चित्रपट पर एक नगर : संकटकालीन
अन्धकार...! अन्धकार!!
लटके हुए चेहरों के पार
पैरों की रपटन
धड़ाम-धुस्-चीख
नहीं कोई जाति या चरित्र का प्रतीक;
'मनुष्य' की गन्ध का केवल अनुमान
केवल कुछ संस्मरण आदिम इतिहास के।

मलबों के ढेर पर
मध्यम व्यक्तित्व का अनिश्चित सहपार्श्व,
काँच-कुटी सड़कों पर
होड़ भरी दौड़ और हँसने की शर्त :

कितना गुमराह है—
सूरज का निर्देशन...
कितना गुमराह...।

[विनियोग : मई, 1963]

एक प्रेम सूची

मुझे प्रेम है—
उस काली कुतिया से,
जो मन्दिर की सीढ़ियों पर

खाज खुजलाती हुई
सो गई।

मुझे प्रेम है—
उस कानी औरत से
जिसने पति के लिए प्रार्थना की
और विधवा हो गई।

मुझे प्रेम है—
उस गंगाजल से
जो देवता पर चढ़ा
और नाली में गिर गया।

मुझे प्रेम है—उस देवता से
जिसका अस्तित्व स्वयं—
उसके परिवेश में
अनजाने घिर गया।

मुझे प्रेम है—
धूप को उठाये हुए कलशों की नोक से,
कोढ़ी पुजारी से—
जो कि विकलांगों को
मन्दिर के बाहर ही रोक दे।

मुझे प्रेम है उनसे—
जिनके कुर्तों में बाँहें नहीं हैं;
जो चौरस्तों पर खड़े तो हैं—
किन्तु जिनके लिए
राहें नहीं हैं।

खम्भों का मौन
पराया नहीं,
परिचित हूँ सड़कों की टीस से,
नकदी जमाने के
निर्धारित मूल्यों में।

मुझे प्रेम है—
भाव-गिरे कटपीस से।

[विनियोग : 15 मई, 1963]

संस्मरण

दुर्घटनाओं से बचने की
नोकदार चेष्टाएँ
सड़कों पर;
भीड़ में
समर्पण की
काली तसवीरों को
छू-छूकर ऊबते जाना;

बहुत दुखता है—
आदमी का मोड़ पर
डूबते जाना...।

[विनियोग : मई, 1963]

पत्थर पर जन्म

भीड़ में;
एकान्त की काली शिला पर
दो लकीरें खींचकर
हम हट गए।
और जब लौटे सुबह—
संगीत की लय पर
वहीं था मुस्कराता दूब का सुकुमार अंकुर—
सत्य,
मेरा एक घायल अंश जनमा था—
विकल करुणार्द्र पत्थर पर...!

[मराल : मई, 1962]

जिन्दगी

चलेगी
जब तक चलेगी
अन्यथा यदि एक क्षण को भी रुकेगी
गिर पड़ेगी
साइकिल-सी
        जिन्दगी।

[1963]

स्ट्रांशियम-90

[डॉ. वेंटली ग्लास—अमेरिकी अणुशक्ति आयोग के सलाहकार—के एक वक्तव्य से प्रभावित होकर]

मेरी अँतड़ियों में
कैंसर का जीवकोष
नलियाँ आमाशय की ऐंठी-सी
सिकुड़ी हैं
रेडियो सक्रिय किरण
मेरी जुगुप्सित चेतना के मूल पर
छाई हुई है।
ध्वस्त लूली बाँह में हम—
        मुँह उठाये
जी रहे हैं एक टूटी जिन्दगी
दूर तक
सीमान्त पर
निर्धूम काली आग जलती
स्ट्रां-शि-यम! स्ट्रां-शि-यम!!
बर्फ की चट्टान में
उभरे हुए चेहरे पिघलते
और सड़कें रोशनी में बह रही हैं
बस्तियाँ वीरान काली तख्तियों में—
        झूलती हैं।

मैं अकेला
आदमी की जाति का टूटा हुआ प्रतिनिधि
अनागत पीढ़ियों की कब्र पर
दो फूल रखने के लिए
        शायद बचूँगा
ओ समर्पित भूत प्रस्तुत!
खप गया मुझमें भविष्यत्
क्या कभी जीवाणुओं की प्रतिक्रिया में
मैं इसे फिर से रचूँगा?
गर्द में डूबा हुआ आकाश
तिलचट्टे सहस्त्रों
बढ़ रहे गुमनाम गलियों से
हमारे वंश-वृक्षों पर
अभीप्सित आज पर
कल पर
महकते फूल पर, फल पर
चमकती सर्चलाइट-दृष्टियों में
अजगरी फैलाव जलता
और मेरी जिन्दगी में
डूबती आदिम पिपासा
मुट्ठियों से है फिसलती
नदी खारी
दूध वाली बोतलों में
हड्डियों का अर्क केवल
इसे कैसे पी सकूँगा
कैंसर अँतड़ियों में
विकृत है पाचन की
सारी प्रणालियाँ...
        फिर भी बचूँगा मैं

ओ मेरी अन्त:सलिला!
जीवित बचूँगा मैं
(मृत्यु हार जाएगी)
दे दो शिशु हाथ में

अपना परिपुष्ट वक्ष
दूध-भरा मातृ-स्तन
जीवित रहूँगा मैं
मुझमें शताब्दियाँ...।

[मराल : जनवरी, 1963]

जै बजरंग बली की

ऐसे गुरु औ' चेला
दोनों नर्क
में
ठेलमठेला
इनमें ला
ना फर्क
बड़ा मुश्किल है।

कारखाना

जब सारे शब्द चुक जाएँगे
हम अपने आपको
निहाइयों पर डाल देंगे
हथौड़ों की तृप्ति के लिए

हमें यही समझाया गया है

अपनी-अपनी कुर्सियों पर पैर रखकर बैठे रहेंगे
बख्शी, ओमप्रकाश या काँगड़ी...
(हिन्दी व्याकरण के कुछ संज्ञावाचक शब्द)
ऊब को सहेंगे (15 सितम्बर से पंखे बन्द रहेंगे)
आखिर गालियाँ हमें जिन्दा साबित करने के लिए
कब तक मदद करेंगी

और थकान से चूर
खराद मशीन में हाथ डालकर
एक मजदूर
'भाँग की पकौड़ियाँ' पढ़ता है
कौवे ने देश की कोई बात नहीं की।

गांधी जन्मशती समारोह : 1969

मुझसे मत पूछो काले गुलाबों की आँधी का नाम
मुझसे मत पूछो। एक नाम याद है मुझे
इस वक्त सिर्फ एक नाम—गांधी का नाम
चिड़ियाँ सवेरा गाती हैं और तारे
क्या गाते हैं—रात।
हम और हमारे बच्चे गाते हैं कंठ कंठ
पचास करोड़ कंठ एक साथ
गाते हैं गांधी का नाम?
रघुपति राघव राजा राम?

और मैं पूछता हूँ एक बेलौस आवाज के लिए
कितने साहस की जरूरत है।
और मैं पूछता हूँ गांधी होने के लिए कितनी
हड्डी और कितना गोश्त चाहिए
चाहिए अँधेरे में एक लाठी का सहारा
या
कोई दोस्त चाहिए।
'एकला चलो रे' की धुन पर, जब आदमी के पाँव आगे बढ़ते हैं
रास्तों से रास्ते फूटते हैं हम रास्ता चलते नहीं, रास्ता गढ़ते हैं
मगर जरा उस मुश्किल की तो सोचो जब हत्यारा
चाय और पसीने में कोई परहेज नहीं करता था
सात समुन्दर पार से आया हुआ सफेद भेड़िया
अपने दाँत हमारे मासूम चेहरों पर तेज करता था
जरा उस दिन की सोचो जब शर्म ऐसी कि हर हाथ अपना खुद ही गला
दबाता था

जब आँतों में ऐसी आग जलती थी कि हर भूखा अपनी ही अँगुलियाँ
चबाता था
जब आजादी के लिए कहा गया हर शब्द अपराध था
हर ख्वाहिश शाम थी हर चेहरा रात था
जरा उस मुश्किल की तो सोचो
मगर फिर सहसा एक करिश्मा हुआ
गोश्त, गुस्सा और गरीबी से बाहर
किसी ने अपनी दुबली-पतली काँपती अँगुलियों
से अँधेरे का पर्दा दर पर्दा छुआ

और हमारे लिए आसमान की रोशनी का सातवाँ
दरवाजा खुल गया
चेहरे पर छाया हुआ
अँधेरा धुल गया
मगर मुझसे मत पूछो
काले गुलाबों की आँधी का नाम।

शहर को साबित करने के लिए

वे एक बार फिर
सस्ती दरों पर नीलाम करने लगे हैं
दस्ताने और छुरियाँ
और इतिहास का दर्द और बासी रोटियों की खुशबू का
शहर को साबित करने के लिए
दस हजार हिजड़े और एक चाबुक
एक कांस्य प्रतिमा और टूटे हुए वाक्यों का साहस
अन्तर्राष्ट्रीयता का गुप्त दरवाजा और नैतिकता की खुर्दबीन
छत्तीस गाँवों का अँधेरा और दमकलों की आड़—
में तय होने वाली 'राष्ट्र-भाषा' का मुहावरा
शहर के 'सबसे बड़े आदमी' का चुटकुला और दफा 144
और योजनाएँ...
और शिलालेख...

और झंडे...
और बत्तियाँ...

शहर को साबित करने के लिए
उन्होंने कहा—कविता
सही माध्यम नहीं है
कविता।
        माध्यम।
                नहीं।
                        है...
उन्होंने कहा—जातिवाचक संज्ञाओं के वैधानिक अँधेरे में
शहर
काँच और पहियों से बना हुआ एक सार्वजनिक शोर है
एक 'सुकुमार कल्पना' है
जहाँ मौसम को नया नाम देने की उम्मीद में
आदमी
आदमी को काटता है
मगर मुझे पता है
कि भाषा की नींद में
शहर,
दीवारों का सपना है
जिसके पीछे 'मचकते' हुए चूतड़ों की
होड़ में औरतें
घरेलू होने का नाटक करती हैं और मर्द
मादा आदतों के खिलाफ
इश्तिहारों की जासूसी करते हैं
सीढ़ियों की समलैंगिकता से
परेशान अकेला आदमी भारी आवाज में
सड़कों का लड़कपन होता है
जैसा कि हर शहर में होता है
यहाँ भी एक घंटाघर है
एक 'नेहरू मार्केट' है
एक गांधी पार्क है

बीते हुए वक्त की चिन्ताएँ हैं
देशी बनियों की 'टेनी मार'
मुद्राएँ हैं

मजमा है : गुप्त रोगों के इलाज की
शर्तिया दवा है, आँखों की सेहत के लिए
थोड़ी सी घास है,
हवा है

शहर को साबित करने के लिए...

चीजों के ढेर में छिपा हुआ
अपरिचय है, नगरपालिका का
अव्यय है
यानी कि कूड़े के ढेर पर फेंका हुआ
एक नवजात बच्चे का शव है

मगर कुछ और भी है जो शहर को
साबित नहीं करता—
और शहर है
मसलन
एक दरख्त है जो तारों को अपने बीच से गुजरने देने के लिए
हर बार छँट रहा है
एक घर है
जो सड़क को आगे बढ़ने के लिए
रास्ते से हट रहा है
एक चेहरा है जिस पर
जली हुई जीभ-सी आँखें हैं :
एक कटा हुआ हाथ है आकाश छूती चिमनी पर
तड़ित चालक की तरह बँधा हुआ।
कविता है। लोहे और नींद में
लड़खड़ा कर गिरने और गुम हो जाने का
डर है

इस तरह
'कुछ' और भी है जो शहर को
साबित नहीं करता—
और शहर है।

[24.8.1967]

आवाजों की चिट्ठी

नीले आकाश की
परतों—कई परतों बाद
गुम्बद आवाजों के
बन्द हैं मसीहे जहाँ...
गुम्बद को भेदता
दरारें बनाता हुआ
एक वृक्ष धरती की ओर
बढ़ा आ रहा
एक शंख, एक फूल
(शायद कमल का)
झूल रहे डाल से
प्रस्तुत के नाम एक
चिट्ठी भी साथ में—
पुरखों ने भेजी है
अपनी बिसात में...।

[28.2.1962]

साँझ

साँझ
तेरे होंठ पर डूबी हुई
मुस्कान

झीने दर्द की
साँझ
सुरमीले गगन में
ईंगुरी बरसात
दिन के गर्द-सी
और हम तुम,
डूबते मन को सहारा दे रहे हैं।
जल रहे दीपक दिखा
या
व्योम तारे को,
निरन्तर काँपता जो उग रहा है।

[28.2.1962]

सन्नाटा

गुपचुप...गुपचुप...
सब कुछ चुपचुप
थमी थमी सी—
हलकी हलकी साँस
धँस धँस जाती
है छाती में
धड़कन की लघु साँस
आशंका का एक पँखेरू
सूनी आहट छोड़
फड़का कर पर,
पार कर गया
टूटे मन का मोड़
बढ़ने लगे अचानक मेरे,
जल्दी जल्दी पाँव
अभी आगे है मेरा गाँव।

[मार्च, 1962]

सूर्यास्त से क्षण भर पहले

सूर्यास्त एक...!
सूर्यास्त दो...!!
और...और...!!!
और रुको...
        सूर्य के लिए,
        नीलाम पर चढ़े—
        सूर्य के लिए!
        आखिरी बोली नहीं।
        शायद यह अन्धकार
                आगे जो बढ़ रहा
        मोल कुछ बढ़ा ही दे...।

[31.3.1962]

अभिव्यक्ति की भूख

भूखा हूँ...!
...भूखा हूँ...!!
× × ×
शब्द दूर-दूर गया
गहरे अँधेरे की
सीढ़ियों पर पाँव धर,
किन्तु नहीं था उत्तर।
अपना तन 'कुतर-कुतर'
खाने लगा मरघट की
सूनी इकाई का
एक मात्र ईश्वर...
रक्तमुख...। आँखों से
आँसू बहता रहा...
× × ×

और सुबह कब्र पर
मुस्काया एक फूल
लाल-लाल
मुक्ति-शूल!

[11.4.62]

गरीबी

गरीबी
एक खुली हुई किताब
जो हर समझदार—
और मूर्ख के हाथ में दे दी गई।
कुछ उसे पढ़ते हैं
कुछ उसके चित्र देख
उलट-पुलट रख देते
नीचे—'शो-केस' के।

[11.4.62]

शिष्टाचार के नाते

चिर प्रस्तुत मुस्कान
अधर के सूने-सूने प्लेटफार्म पर
रही टहलती
जुड़े हाथ
भौंहों में आया तनिक बाँकपन
पीक पान की थूक सड़क पर
दुहरे होकर किया नमस्ते
खुश तो हैं!...सानन्द रहे ही होंगे...!!
गोटी लाल है...!!! (भई वाह! अजीब कमाल है)
अपनी-अपनी माप-तौल के लिए

बने शब्दों के नपने
पर की पीर, पराये सपने।

[1962]

बोझ का नाता

[दिवंगत चाचा रामनेवाज पांडेय की स्मृति में तारीख 24 मार्च, 1962 को सुबह 6 बजे मणिकर्णिका घाट पर लिखी गई। उनकी मृत्यु 23 मार्च, रात्रि 11 बजे हुई। अब परिवार का भार मुझ पर ही...]

शीत—
सिकुड़ा है नदी तट;
खंड हिम का गल रहा
सीढ़ियों तक आँच लगती
इस अकेले भोर का
साखी बना सूरज चिता-सा
जल रहा
दृष्टि गीली, शून्य के दिक्कोण पर
उलझी हुई,
उड़ गया पंछी जहाँ से—
वायु-अणुओं में अभी आवेग
पास जितने लोग—
अपने में मरे बैठे हुए
किन्तु गंगाजल मुखर गतिवान—
खेत-घर
खलिहान यह श्मशान...
हम न रोते, तुम न रोते
रो रहा है स्वार्थ
आह कितना आर्त।
टूटती चिनगी चिता से
कौंध जाती राह
आँसुओं डूबे कई चेहरे उभरते
और मेरा हाथ सहसा...

वक्ष पर फिर काँध पर है घूम जाता।
बस अधूरी जिन्दगी में—।

अलानी

[23.6.62 को बेटी इन्दु की मृत्यु का समाचार सुनकर]

जिन्दगी एक खूँखार इच्छा है
जो अपने को खा जाती
और निरामिष होना
आदमी की पहली कमजोरी
क्योंकि हमें शान्ति से
जीना है।
हम हर पैबन्द को
नीचे ही
ढक देना चाहते हैं
सत्य की एक शर्त भी होती है।
मैं
इसी इच्छा
इसी कमजोरी
और इसी शर्त को जीता हुआ
मरी हुई लड़की का बाप हूँ
जिसकी किलकारियाँ
मेरी असंख्य अपराधी मुद्राओं पर
अंकित हैं
'जी लो ओ पिता!
        जी लो यह जिन्दगी
यह शान्ति!
यह सत्य!!
जी लो यह प्रतिस्पर्धा!!!
अपनी संतानों से'
और मैं चुपचाप सुनता हूँ
बीमार अँधेरे में
आवाज का इस तरह

सिसक-सिसक रोना...।
शताब्दियों की मौत का जश्न
मनाता हुआ
अर्द्धविक्षिप्त सूर्य
पीली डोरियों में बाँध कर
नीली पतंग उड़ा रहा है।
घूमती हुई धरती पर
मैं किसी आस्थागत संकल्प का
ध्वस्त शिलालेख
जीवित हूँ :
लिपियों का अन्धापन
भगोड़ी आत्माओं को
ढूँढ़ता है
रीते भटकाव में।
किन्तु मैं किसी शब्द को
        अर्थ नहीं दूँगा
सारी परिभाषाएँ मेरा परिवेश हैं
सब कुछ होने के बावजूद
तेरे न होने का मुझे नैतिक दुख है
ऐसा दुख—जो अभाव का नहीं
        और न कुछ पाने का
बल्कि तेरे होने के अहसास का है
जिसकी गवाही में
मौत अभी आई थी
मुझे दुख है
सबकी आँखों में भरी
निरीह दया के लिए
मैं जिसका शीर्षक हूँ...
मैं...आह! मेरे लिए
प्रार्थना कर
मेरे लिए माफी माँग ओ बेटी!
क्योंकि इस दुनिया की
        यही परम्परा है

यहाँ पिताओं के गुनाहों की माफियाँ
माँगी हैं उनकी संततियों ने
बाँहें उठाये हुए
अन्तहीन शून्य में।

[वागर्थ-98, अक्टूबर]

अनिश्चय

देखता हूँ—लौट कर पीछे
बहुत ही दूर मुझसे
जिन्दगी छूटी हुई है
साँस की यह रूप-डोरी
हाथ में है आज भी—
पर बीच में टूटी हुई है
लक्ष्य मद्धिम
बुझ गए संकेत
केवल है अँधेरा घुप्प चारों ओर;
जिसमें दूर तक उभरे हुए तट की घनी परछाइयाँ
हैं तैरती
छप्...छप्...छपा छप्...
ध्वनि निरन्तर आ रही है।
और सरिता की गतिज अन्तर्मुखी धारा
किसी चट्टान से टकरा रही है।
सामने टूटा हुआ पुल...
और पीछे आहटों की चीख...

मैं खड़ा हूँ विजन तट पर
मौन...
एकाकी...अनिश्चित...।

[जनवरी, 1963]

युद्ध तत्पर

मैं पुन: माँगा गया—
इतिहास के वैश्वानरों से।
मैं विसर्जित युद्ध
फिर सौंपा गया—
आदिम अपरिचित नग्नता को
क्यों?...मगर क्यों?
दूर बजती कौंध
उड़ती ही गई प्रश्नांत तक
बर्फ में उलझे कपोती पंख
रह-रह तड़फड़ाये...
उत्तरी सीमान्त तक।
'कुरुखेत' और 'कलिंग' से
लौटा हुआ मैं
पढ़ रहा था पाँच सत्यों के नये सन्दर्भ में
अवलोकितेश्वर को
किन्तु किसने रख दिया
इन घाटियों की देहरी पर
बर्फ के नीचे दबा
चमकते श्वेत पंख कपोत के
और किसने रक्त में
उँगली डुबो कर
रक्त बर्बर अक्षरों में
लिख दिया दीवाल पर—
'युद्ध! केवल युद्ध!! केवल युद्ध!!!'
मौन कास्मिक किरण गन्धी
गूँज की परछाइयों में
एक पीला और बौना हाथ
शिखरों के समानान्तर खिंचा है
ह्वांग हो के वक्ष पर बाँधे
क्षुधातुर ड्रैगनों का झुंड
पर्वत की चमकती चोटियों पर

चढ़ गया है।
तभी मैंने चौंक कर देखा—
कि मेरी तर्जनी के द्वार पर
नाखून सहसा बढ़ गया है।

[15 अगस्त, 1963 : 'कुटज']

एक प्रश्न

जब बर्फ पिघली
चीड़ की डाल पर
फँसी हुई
चिड़िया को देखकर
काली चट्टान ने
उजली चट्टान से पूछा—
गोली तो आदमी ने
आदमी पर चलाई थी
यह चिड़िया कैसे मरी...?
जब बर्फ पिघली
तो एक चट्टान ने दूसरी से
यही पूछा!

[4 सितम्बर, 1963 : 'कुटज']

धुरीहीन गीत

वंशी के पास
एक मोरपंख
दुहरी लकीरों में घिरा हुआ
टूटा रथाग्र...
और ध्वस्त चक्र
खाली हवाओं की सीटियाँ...।
मौन शंख...

वंशी के पास
एक मोरपंख...।

[18 सितम्बर, 1963 : 'कुटज']

दर्शन

टन्-टन्-टन्
घंटा ध्वनि
प्रतिहत दीवारों से
लौट-लौट आती है
रुक जाता
पुजारी का
ऊपर उठा हुआ हाथ
प्रतिमा
मुस्काती है।

[18 सितम्बर, 1963 : 'कुटज']

आत्माभिव्यक्ति

मैं
सतह की धूप-सा
फैला हुआ था
पर अँधेरे ने
मुझे चमका दिया
केन्द्र पर
बरबस
अकेला घेर कर
× × ×
मैं
अपरिचित भीड़ की
आवाज...

व्यक्त मुझको कर गईं
खामोशियाँ
आकाश की...।

[18 सितम्बर, 1963 : 'कुटज']

हवा की मौत

सन्नाटे में—
दूर-दूर तक बद-बू
महक रही है :
अरे नहीं—यह पहली मौत नहीं है
इससे पहले
कई हवाएँ और मर चुकीं।
पानी की आँखों में नीले दाग
तैरते
झूल रही रस्सियाँ अधर में
पीब भरा मुख
अन्धकार को चूस रहा—
बँधी मुट्ठियों वाले—
इस निर्वीर्य नगर में
पशु सेवा केन्द्रों से लौटे—
लोगों की दातौन
खून से भरी हुई है।
अपमानित क्षण
छोड़ गए टूटी खिड़की पर
चुम्बन की मासूम इकाई
धूप देख जो डरी हुई है।
कड़े प्रयत्नों की पीड़ा के—
बाद उभारी हुई हँसी
आकृतियों पर खींच रही है
परिचय की बदशक्ल बेबसी।
यह सारा माहौल
किसी हद तक अपने को

ढोने की दुखती मजबूरी
ढकने के प्रयास में
सड़ना
और मुट्ठियाँ बाँध-बाँध कर
अपनी ही छाया से लड़ना
एक नहीं, दो नहीं—
हजारों और हजारों बार
हवा की मौत—
हवा की मौत—
हवा की मौत—

[25 सितम्बर, 1963 : 'कुटज']

यह पीढ़ी

इससे पहले की पीढ़ी ने
इतना दर्द नहीं देखा था
और नहीं झेला था इतना
टूटे संकल्पों का निश्चय
इतनी बार
कभी झुठलाया नहीं गया था—
परिचय
देहों का अवकाश
तापक्रम के हिमांक पर
इतना ज्यादा
कब पिघला था
ऐसा पहले कब निकला था
मृत्यु गृहों में
बत्ती गुल होने का आशय
इतना ज्यादा
कभी बुभुक्षित नहीं हुआ था
चिरकुमारियों का
गर्भाशय।

कब जन्मीं इतनी तृष्णाएँ
निरावरण
कब हुईं स्वत:
इतनी जंघाएँ
इससे पहले अन्धकार ने
(किसी गली में)
नहीं पढ़ा था—
वीर्य लिखे विज्ञापन का सुख
इससे पहले कभी न देखा—
अस्पताल की खिड़की में
इतने विवर्ण मुख
नहीं, नहीं—ऐसा युग पहले
कभी नहीं आया था
वर्तमान पर कभी आदमी
इतना अधिक न पछताया था
युग बोधों की निष्क्रियता में
रिसते-रिसते
सूख गए हैं—
दूध खून के सारे रिश्ते।
एक साथ कमरे में रहने
का दुख अनजाने सहती हैं।
माताएँ बालिग बच्चों से
रात-रात डरती रहती हैं।
शुद्ध वायु के लिए तड़पते
प्राण पिंड में
जीवित रहने की आकांक्षा
क्षण-अनुक्षण ढोती रहती हैं—
सिर पर छत होने की पीड़ा।
चेहरों पर पहाड़ उगते हैं
जिन्हें रेत धोती रहती है
इससे पहले—
मिट्टी का इतिहास लिखा है—
ज्योति पर्व ने
उद्धत जब से

केवल यह पीढ़ी ऐसी है—
जिसने सारे दीप बुझाए
अपनी परछाईं के भय से।

[30 अक्टूबर, 1963 : 'कुटज']

दीपावली

टूटे अस्तित्वों की संध्याएँ
औंधी पड़ी हैं,
आकाश रिक्त-पेट-सा
दिशाओं के घुटनों पर टिका है
दूर-बहुत-दूर
सभ्यता की हथेली पर
चिताएँ जलती हैं दक्षिण विएतनाम।

× × ×

पुरातत्त्व विभाग ने
आज फिर पाया है—
गहरे अँधेरे में
शिरविहीन बुद्ध की काँसे की एक मूर्ति
जिसकी दाहिनी मुट्ठी में
मरा हुआ कौआ है।

× × ×

सलीब के समानान्तर
नीग्रो की जली हुई देह सुलगती है
होंठ।
दाँतों से कट गए हैं
अँगुलियाँ मुट्ठी में टूट गई हैं
ईसा ने
सदियों की घृणा से
क्रूस पर करवट ली—
और थूक दिया है।

× × ×

(एक चित्र)
मरे हुए सैनिक की घड़ी का
रेडियम चमकता है
पथरीले ढालों पर उलटी हैं
कई पंचर गाड़ियाँ
जिनके पहिये अब भी घूम रहे हैं।

× × ×

दीपावली!
दीपावली!!
सिर पटकती है!
कुर्सियाँ आपस में
सट गई हैं
यौन-सम्बन्धों की खाइयाँ
अनायास पट गई हैं।
काँपते हुए हाथों ने खींच लिया है
बच्चों, युवाओं और बूढ़ों को
मृतकों के मुख से
कफन हट गया है
ढेर सारा अन्धकार आकारों में
सिमट गया है।
(और हम सुरक्षित हैं)
पर्दों के पीछे लोग
काली घटनाओं को रचने में व्यस्त हैं
क्योंकि अभी
विद्युत उत्पादन के
यंत्र क्षतिग्रस्त हैं।

[13 नवम्बर, 1963 : 'कुटज']

पावक चरण

...! ...!! ...!!!
हम मरणधर्मी नहीं हैं
ज्योतिवाहक

अग्नि कोणों से जुड़े रिश्ते हमारे।
जल उठे काले पहाड़ों की—
        धधकती चोटियों पर
फिर नये अंकुर उगाने
आ गए हम
राख की ढेरी निमंत्रण दे गई थी
जो उपस्थिति ने पवन के हाथ भेजी
हम अनागत के नये मूल्यों भरे
पुरुषत्व के पावक चरण हैं।

[कविता, 1963]

जब उन्मेष नहीं मिले

कल जो देखा
इतना कम था
जितना मन ने
और तलाशा
कन्धे छिले हुए सूरज के
रात रो रही
सभी जगह
यह बात हो रही—
मरा हुआ दिन
इस धरती पर
फिर जन्मा है।

[18 दिसम्बर, 1963 : 'कुटज']

प्यार

प्यार ऐसा मधुर छल है, प्यास की—
प्राण जाए, पर जलन जाती नहीं

स्वर्ण दीवट पर धरा है दीप;
लेकिन जल रही बाती कहीं,
एक अनहद नाद—
जो गहरे अँधेरे में
सदा चुपचाप चलता है
प्यार उम्रों के सपन का मोड़ है—
जो नींद में करवट बदलता है।

[5 फरवरी, 1964 : 'कुटज']

प्लेग

भूख की गलियों में
पागल चूहे दौड़ते हैं
रिश्तों के जोड़ पर
गिल्टियाँ निकल आई हैं
बीमार सुविधाएँ
सन्निपात में चीखती हैं—
'देश...काल...शान्ति
आँऽ...आँऽऽ...हिच्
भ्रान्ति...।'

[12 फरवरी, 1964 : 'कुटज']

ठंड

पाकिटों में काँपते हुए हाथ
बटन ढूँढ़ते हैं
सहसा हवाओं में
देहों की आँच
मौसम की ओर बहने लगी है।

[12 फरवरी, 1964 : 'कुटज']

शाम-2

तैरी
बहुत देर तक तैरी
धूप
नदी के शीतल
जल में
और अन्त में
ऊब गई
चट्टानों में डूब गई।

[1964]

सत्य

पता नहीं
किसने इस धूप में
बेचारे झूठ को
उलटा लटका दिया।

[12 फरवरी, 1964 : 'कुटज']

फागुन : एक उपयोगी दृष्टि

मौसमों के संक्रमण का दिन
छेड़ता है धूप सधी वायलिन
नीड़ पर बस एक रस-धुन
बज रही—
फागुन...।
एक अलसाई उदासी
पोर-पोर उघर रही है।
दुरस दुपहर पत्तियों सी

झर रही है।
ज्योति गर्भ समुद्र पूरे ज्वार पर है
और कच्ची उम्र वाली लड़कियाँ
तट पर खड़ी हैं
—स्तब्ध।
चेहरों की सतह पर
कुछ उतरती आयु वाली औरतें—
औंधी पड़ी हैं।
कामनाएँ देह की पिचकारियों में
रंग भरती हैं
यौनताएँ
रोटियों में रूप का
उपयोग करती हैं।
और हम चिथड़े जुटा कर
स्वस्थता के क्षण
अयाचित भीड़ पर
सस्वर लुटा कर—
आग की करते प्रतीक्षा—
एक संवत्सर जलाने के लिए।

[26 फरवरी, 1964 : 'कुटज']

समन्वय की पीड़ा

नीति शतक
श्रृंगार शतक
वैराग्य शतक के बाद
समन्वय की पीड़ा में
जीवित हैं सैकड़ों भर्तृहरि
फुटपाथों के दायें-बायें;
बिना रीढ़ दिन-रात ढो रहे
उम्र कमाने की चिन्ताएँ।
वक्षस्थल को दबा परस्पर

मुख से मुख को
मिला रहे हैं;
देहों पर धर देह भार वे
जोर-जोर से हिला रहे हैं
सहसा सीलन भरी—
धुआँसी छत जैसे
टप्-टप्-चू जाते
प्रेम! प्रेम!! ओ प्रेम!!!
तुम्हारी चरम तुष्टि का छोर!
कहाँ है
जिसको कभी नहीं छू पाते...।

[25 मार्च, 1964 : 'कुटज']

आदिम सन्नाटे की रात

जहाँ तुम नंगी हो...
वहीं मेरे प्यार की हथेली है।
अन्धकार के पत्तों पर
आदिम सन्नाटे की रात
बिखरी है—
दृश्य थरथरा उठा है
किसी ने बगल में
जोर से चुटकी भरी है।
जहाँ तुम नंगी हो—
वहीं से इतिहास के पन्ने
फट गए हैं,
खंडित स्तूपों के शिरोभाग
आपस में सट गए हैं।
जहाँ तुम नंगी हो—
वहीं एक वर्जित क्षण
हमें कई परतों में/खोल गया है,
मन के असंख्य रन्ध्रों से

एक अनिवार्य शब्द
हमें कई अर्थों में
खोल गया है।

[23 मार्च, 1964 : 'कुटज']

अजनबी

जब मैं चुपचाप
कचनार के पेड़ों से गुजरता हूँ—
हवा के होंठों पर
निर्लज्ज आस्था का एक गीत होता है
जिसे वह एक निश्चित लय में बाँध कर
गाती है—
पीली परछाइयों की
सामुदायिक घृणा मुझसे टकराती है
टूटे फौलाद को जोड़ने की गर्मी और
पिछली आत्माओं का शोकगीत
ढोती हुई हर पत्ती
चीखती है—
अजनबी...अजनबी...
(मैं हर मस्तिष्क में
सिर्फ एक सवाल बन कर रह गया हूँ)
और आज भी
अब भी
इस उदास मौसम की शाम :
मेरे हाथ में काँपता है
बासंती हवा के नाम
पतझड़ का मौन सन्देश
जिसे किसी डाल ने
परिचय नहीं दिया।

[25 मार्च, 1964 : 'कुटज']

ओ प्रभु

निराकार ओ प्रभु!
तुम नंगे हो,
तुम्हें न ढक पाई सदियों की
सतत वासना
युग पुरुषों के श्वन इंगित पर
लम्बी-लम्बी ढीली बाँहें
गीली आहें
परम्परा के दत्तक पुत्रों को अर्पित हैं
पितृहीन
नि:संग
अरक्षित
तुम्हें मिला क्या
केवल एक प्रयोजन
जिसकी सिद्धि न साध्य हुई
बस साधन...।
ओ प्रभु! हम-तुम सहयोगी हैं
तुम्हें समर्पित
मेरे संवेदन का
कण-कण।

[29 अप्रैल, 1964 : 'कुटज']

परिचय

काँच के टुकड़े बरसती
आँख प्रश्नों की
बहुत उत्सुक हुए से
लोग मुझको
देखते हैं;
किन्तु छाते की कमानी-सा बना
मेरा अकेलापन

मुझी पर वार-आहत
झेलता है।
आह लम्बी सड़क
व्यक्तिगत उत्तर कहाँ तक दे सकूँगा
नीली झील
मैं उजले दरख़्तों के सहारे
पार करता
श्वेत पत्थर ढूँढ़ता हूँ
जो हवा में ठहर जाए
और उस पर टाँक दूँ मैं
एक ट्यूनिंग-स्पार्क
टूटा।

[6 मई, 1964 : 'कुटज']

बरसात

अन्तराल बदली का
इतना अधिक
पसीजा
पेड़ न सूखा
सावन की बिजली
चमकी
फिर लाल हो गई।

[6 मई, 1964 : 'कुटज']

पगडंडी सूनी : आँखें भरी हुईं

शीशे में बिम्ब नहीं—
पाँवों की आहट के;
सरपट पगडंडी पर

घूमता अकेलापन;
        एकाकी...मौन मन।

आधी रात की यादें

कई बार सोचा है—
तुम्हारा सिंगार करूँ फूलों से
और तुम्हें झील के किनारे
खड़ी कर
पानी में कंकरी फेंक
गहराई की छाती में नश्तर उतारती हुई
प्रति छवि
निहारता रहूँ
कई बार महसूस किया
गहरे एकान्त में
कि मेरी पीठ पर
दो नम आँखें हैं
और मैंने जलते अधरों को
काँपती अँगुलियों से
बार-बार छू लिया। यह मीठी अनछुअन
उस टटके चुम्बन की याद मुझे देती है
जो कि विदा-वेला में तुमने है आँक दिया
बर्फीली चन्दन की डाल पर
इस क्षण
सच मानो
मेरा वर्तमान पसीज रहा है
और इस बढ़ती उमस के बीच
मैं अन्धकार की अछोर कालिमा में
तैर रहा हूँ
सामने तट है या कोई जलचर
ज्ञात नहीं। मेरी आँखें तो
उस जल-कुईं पर लगी हैं
जिसके पोर-पोर में

तुम्हारे रूप की
हलकी-सी कसक-चुभन...
उगी है।

कवि : एक उद्‌बोधन

हो तुम हुंकृत शेष
सत्य के नहीं, मृषा के
तुम पावन सन्तोष
शान्ति के नहीं, तृषा के—
क्षुधा के
ऊर्जस्वित ऐश्वर्य
नमित वसुधा के
जीवन के ज्योतिर्विहान के...
रवि हो
कवि हो।

बसंत-श्री

आ अरी ओ चिर प्रतीक्षित।
आ;
तेरे लिए मैंने
झरे कास-फूलों की
हरियर पगडंडी पर
पलाश के फूल बिछा दिये हैं—
मेहँदी की पत्तियों के हाथ
कुंकुमी-सन्देशे
चारों ओर भेज दिये हैं कि तुम
आ रही हो।
अब कहीं राख नहीं है
हर चीज खुली चिनगारी की तरह
चमक भरी है कि आग नहीं है...

ऐसी कोई शाख नहीं है
कि जिस पर फूल न हो।
पछुआ पगडंडियाँ बुहार चुकी
और अब बाँस-फुनगी पर चढ़
क्षितिज की धुन्ध में उगती हुई
तुम्हारी ज्योति छाया को निहारती
खुशी से झूमती है
बूढ़े बरगद की आँखों में
एक चमक;
और मेरे हाथ में सप्तपर्णी फूल
जिसे तेरे स्वर्णिम जूड़े में
खोंसने के लिए
मैं खड़ा हूँ...।

[मई, 1962 : 'बासंती']

सपनों के पंख झरे

आह! तुम किधर गए।
मेरी उम्मीदों का
घायल जल-पाखी
तड़पा है बार-बार
मन के किनारे पर।
टूट गए सपनों के पंख झरे।
आह! तुम किधर गए—
कौन इसे अंक धरे।
लहरों में काँप रही
पानी की परछाईं
पानी है, परछाईं, अनजानी गहराई
लहरों का करुण-करुण
कम्पन है—
टूटा हुआ मन है।
रेती पर पैरों के

चिह्न अभी हैं बिखरे।
आह! तुम किधर गए
कौन इन्हें अंक धरे। सपनों के पंख झरे।

सांस्कृतिक पृष्ठ

'धड़-धुजा' हीन
भाव-चित्र मुख-पृष्ठ पर
जिसके बखान में
रँगे थे तीन काफिए :
भाव-बोध, रंग-बोध, और कुछ व्यक्तिगत...।
भीतर आयाम नये
पाठक के प्यार-पत्र
'जिन खोजा तिन पाइयाँ' की उक्ति में,
सूक्ति भरा सूची-पत्र
बिलकुल 'तकनीक' नई
बात नये ढंग से कही गई
आँखें जुड़ा गईं
'जमहाई' आ गई
'निर्जल' जी हो भईं...।
(बाहर थे यार कई)
साथ में चला गया
लौटा तो देखा कि...
मेरी उस सांस्कृतिक
पत्रिका का वह पृष्ठ
फाड़ रहा था काली
(मेरा इकलौता बेटा)
जिसमें किसी साहित्यिक ने
एक साहित्यिक को
दी थी मिठास भरी
एक साहित्यिक गाली।

[1962]

दूरी का घेरा

यह सुनसान अँधेरा...
यह सन्नाटा
जी में कुछ खुरच गया
जिसमें मैं कुछ डूबा।
जो कुछ थोड़ा बच गया—
उसी ने सोचा—
काश! कि इस पगडंडी पर, हम तुम संग चलते
पगडंडी—
जिस पर निस्पंदित—
तरुओं की भोली शाखाएँ
तिमिर पी रहीं, पातों का संकेत छिपाए।
बिजली के कुछ दीपक जलते
जिसमें हिलती शलभों की कँपती छायाएँ।
और हमारा हाथ
तुम्हारे हाथों में
छाती की धड़कन का संवेदन पढ़ता।
रग-रग के हर तार टूटते
इन्द्रधनुष सपनों में बँधता
धीमे-धीमे...
हम तुम पर बस एक नशा चढ़ता।
जिसके आवेदन में
हम झुक जाते...
क्षण चुक जाते...
और टूटते तन-मन की दूरी का घेरा।
यह सन्नाटा...
यह सुनसान अँधेरा।

कल के लिए

वहाँ
उस अँधेरे में
रोशनी उलटी हुई-सी दीखती है

अनगिन आकारों के
धुँधले आभास
आस-पास कुछ नहीं
आशंकाएँ...
सूनी परछाइयाँ हैं
जो कि मेरा श्वास पीना चाहतीं
और मैं समर्पण के
इस शाश्वत क्षण में भी
अपने को बचा रहा
केवल—कल के लिए।

अजंता की गुफा में

शि:...शि:...
आहिस्ता बोलो
बुद्ध के कान बड़े लम्बे हैं...
लेकिन मैं पास खींच
चूम 'उसे' लेता हूँ...
आँखें तो बन्द हैं।

विश्वास मुझको जी रहा है

प्यास इतनी है कि मेरा दर्द—
मुझको पी रहा है
किन्तु मेरे स्नेह का विश्वास
मुझको जी रहा है।
अन्यथा मैं चुक गया होता
अँधेरी-घुप्प इन बँसवारियों में
भटकते से जुगनुओं की दीप्ति सा।
मैं रुक गया होता
थके से पाँव की गति सा।
और मेरा—
मान-मर्दित मन

कभी का झुक गया होता
कमर पर से अधूरा टूट कर।
किन्तु मेरे स्नेह का
विश्वास मुझको जी रहा है।

आस्था

इस खुले आकाश के आगे
अमावस सी बिछी है जिन्दगी
काँपते दो-चार तारे...
जुगनुओं की कुछ कतारें...
—यह उजाला
ढूँढ़ता है घोर तम में
ज्योति की खोई उमर
भोर की पहली लहर
किन्तु केवल,
धुन्ध है हर श्वास के आवास में
प्यास केवल शेष है...
        विश्वास में...।

मन की रेखा

मैंने मिट्टी में केवल रेखा खींची—
पर उससे पत्ती, पान-फूल
डाली, गौरैया और शूल
दो मानव आकृतियों के घेरे
हर क्षण, बस जाने वाले
कुछ रैन बसेरे
बन गए...।
बन गए समय की आँखों में
कस जाने वाले।
कारण?
शायद इस रेखा से
थी जुड़ी हुई कोई रेखा

अस्पष्ट, अपरिचित,
हँसमुख, व्यस्त, व्यथित...
झिलमिल करती
सूनेपन में लघु डग भरती...।
वह आई
उसको हमने देखा
मेरे ही मन की रेखा।

[जनवरी, 1962]

तीन मुक्तक

मिटने का मूल्य क्या—
दो खारे अश्रु-कण
आहों का श्वास है—
गीतों का एक क्षण।

मेरा विश्वास है
मेरी यह प्यास ही
देता अमरत्व है
मुझको यह नाश ही।

जीवन की भूल यहाँ
मीठा अभिशाप
मेरा क्या रूप अरे...
सुन्दर है पाप।

नीली आँखों के तीन कोर

डुबुक्...
लोहे का एक टुकड़ा
तूतिया का घोल...!!
और मेरा मन
तुम्हारी आँख;

मेरी मुस्कान की
पहली आशीष-किरण
साफ धुले स्लेट पर
गैरिक रेखाएँ
खींच गईं

दोनों तट भीग गए
इतना जल
उजली मछलियाँ
उलीच गईं।

स्मृति

मन की बालू-रेती पर
दर्द की अँगुलियों ने
सौ बार तुम्हारा नाम लिखा—
मिटाया नहीं।
अतीत मेरी आँखों में भर गया
दो बूँदों के साथ
बरबस
खाली हाथ
लगा, जैसे कोई गया...
चला गया...
आया नहीं...।

शीशे का शिकंजा

शून्य में लटका हुआ है
प्यार का आधार
काली मक्खियों का
मौन पहरा
और खाली गिलास—
शायद मैं स्वयं हूँ
भर गया जो रीतने के वास्ते।

आपबीती

निरर्थक शब्द जैसे—
जी रहे हैं हम
कि जिसका एक भी अक्षर न कोई मूल्य रखता है।
अकिंचनता...
अकेलापन...
कुँवारी साध रीती है
अभागी अर्थवत्ता में—
निरर्थक आपबीती है।
न जाने किन्तु फिर भी क्यों
मुझे तेरी महकती याद
पीती है।

अनुभव

मैं धुएँ को
कमरे में
बन्दी बनाना चाहता था
छटपटाते श्वास को
समझा लिया मैंने
खिड़कियाँ बन्द कर दीं
        मन्द कर दी
कालिख उगलती हुई
ढिबरी की टेम
लेकिन यह महाकाला धुआँ
रोशनी की रेती से
क्रैंच क्रैंच रेती गई
द्वार की दरारों से
छन छन निकल गया
शेष बची तीखी
कसाव भरी एक गन्ध
मेरी बन्द मुट्ठी में।

[13.3.1962]

पुच्छल तारा

रात
एक भंगिन की
काली कलूटी
अनब्याही बेटी है
जो झाड़ू सिरहाने रख
सो गई
और सुनहली आँखों वाली
असंख्य नीली मक्खियाँ
उसके चारों ओर
भनभना रही हैं।
मलबे के ढेर पर खड़ा
एक भूरा-भूरा जीवाणु
काला-काला झाग वमन करता है
देख जिसे इक्के-दुक्के राहगीर
        चौंक-चौंक पड़ते हैं
        भय से अनागत के।

[13.3.1962]

प्रात

रात ढले
हेम-रश्मि-माल
गले।
कनक रथारूढ़
मूढ़-तोम-सन्निपात—
प्रात आ रहा।
पात हिले
ओस-शुभ्र-बिन्दु
ढले;
भूमि तले।

जाग उठा प्राण, सद्य:स्नात;
गीत गा रहा
        प्रात आ रहा।

अँधेरा

फूल पर तितलियों का
मँडराता रूप नहीं;
साँझ नहीं; धूप नहीं,
केवल धुँधलका है।
अभी-अभी
रजनी की—
फूल भरी अँजुरी से—
गमलों में, क्यारी में
पेड़ों-बगीचों में
द्वार पर गलीचों में
अँधेरा छलका है।

टूटे पुल का आकर्षण

तीखे कटाव पर
झाग भरे शिला-खंड
चिकने घड़ियाल;
धार के चढ़ाव पर
सिंही मछलियों का
अहरह आयास
डालों पर चीड़ की
        सुरहुर,
धुई हुई, रूई के
कई गुच्छे
मेरी पद-यात्रा के
कारण नहीं हैं।
मछुओं के वंशी स्वर।

पीले हैं गन्ध मत्स्य-बाला की देह के
लहरीली लहरों पर
नावों का आहिस्ता-आहिस्ता
केवल सरकाना
पालों के पंख तने।
संझा अँजोरती
        किनारों के पाट में
रोशनी मस्तूलों की
मेरी पद-यात्रा के
        कारण नहीं हैं
यह भी नहीं कि मिले हम-तुम
        इसी तट पर।
कितना अशीर्ष हम
        अपने एकान्त को
कितने क्षण जीवित हम में हुए अनुक्षण
नहीं...यह सब मेरी
पद-यात्रा के कारण नहीं हैं
मुझको तो खींच रहा
साखू का वह पुल—केवल
वह टूटा पुल
जिसका है पानी में आधा तन
आधा तन रेत में...।

सूरज के संकेत

सूर्यमुखी संध्याएँ
धुँधली गोधूलि
बिखरी आवाजों को
पीता आकाश...
उगता अँधियारा
भारानत पत्तों पर
टुन-टुन-टुन तारों की
दिशाहीन घंटियाँ
आँखों की

दो गीली कोर
उठे हुए पथराए
क्षितिजों की ओर
किरणों की अँगुली के पोर।

धूप

बिखरी है मेरे आँगन में
सोने जैसी धूप।
है पछोरती उषा सुहागिन
उसको भर-भर सूप।

भित्तिचित्र : एक प्रतिष्ठापन

आओ, हम दीवाल को रँगें
उपलों के विविधायत
चन्दन के छींटों से
गेर दें...
तुलसी के चौरे को
कलमी गुलाबों से
घेर दें।
औंधे मुँह झोंपड़े
टँके से कार्य व्यस्त लोग, गूँगी परिभाषाएँ...
सबको आकार दें
पानी की मटमैली
उलझी लकीरों को मिटाएँ
चेहरों में चमक भरें
प्यार दें...।
खाली कनस्तर की
लबधब आवाजों को
बोध नहीं। समझें हम
पीड़ा को केवल आत्म-शोध नहीं
जीवित क्षण जिएँ

उसको ही टाँकें...
धूप पिएँ...
आगत को आँकें!
लीक को मिटाएँ नहीं
लीक पर चलें नहीं
भूलें अतीत नहीं
प्रस्तुत को छलें नहीं।

सूर्य

ढूह की ओट लेते
अस्त होते सूर्य सुनो!
बासी संध्याओं की अविकल मुमुक्षु याचना
अन्तर्मुखी ध्वनियों में
बिखरा है अन्धकार
पानी कमर तक
भिगाव झुकी पलकों तक
ऊपर उठे हाथ
आत्म-रत चीत्कार,...
कल भी आना
ओ देव!
लाना जिजीविषाएँ
जीने की इच्छाएँ...
...!

लौटा हुआ यात्री

अन्धकार...
टेक लिये
द्वार पर खड़ा रहा
निस्पृह-धापदी नहीं
मटियाली छिपकली
किवाड़ की दरार से

झाँककर चली गई
संगमरमर के सफेद और काले टुकड़े
चरमरा उठे...
शायद हिला तनिक
रूमाल से मुँह पोंछा
        (या आँ; कुछ दिखा नहीं)
उठँगे किवाड़ों को
खोल दिया
लम्बा श्वास छोड़ती हवा
बाहर निकल गई
और वह कमरे में
ढूँढ़ता रहा
अधजला टुकड़ा मोमबत्ती का।

टेबुल लैम्प

पिघले हुए लोहे का
बिलकुल सफेद फूल
आदमी;
जिसके हाथ में
रोशनी के पत्ते हैं; निहायत खामोश...।
—मैं किताब पढ़ता हूँ—
कि एक यात्री ने
अँधेरी घाटी में
सहसा प्रवेश किया
और कई सीढ़ियाँ
पाँवों की छाया में
पास से सरक गईं...।

छद्मवेशी

धूप के बुरके
घिनौने पोस्टरों पर डालकर

ओ छद्मवेशी!
आदमी की खाद पर
तुमने उगाया फूल...।
पास रहकर खाइयों की—
        कल्पना की
और कितने दायरे
तुमने सुनहले तार से बुनकर
दरारों को शरण दी।
ओ फटे सूर्यास्त के तममूढ़-चेता!
कौन-सा उत्तर उन्हें दोगे
कि जो कल आ रहे हैं?
पीड़ा के खाके
सुनहली डोरियों से हैं लटकते
क्रास पर लटका समय
सुनसान
सनसनाते पत्थरों से
धूप का तन टूटता है
काँच-सा आकाश सारा
फूटता है
कौन-सा उत्तर उन्हें दोगे?
न बोलेंगे
तुम्हारे झूठ के पुतले
महज संकेत देकर
भेद खोलेंगे—
कि तुम परमाणविक युग में
चिरादिम की पिपासा हो
अनिश्चित प्रेत तुम
डूबे भविष्यत् के...।

अन्धकार

तेज छुरी की धार-सी
दो आँखें

नीली गहराइयाँ
काटती चली गईं।

जीवन

बूँद-बूँद भरा हुआ
घड़े-घड़े...
रीत रहा
परछाईं गई आगे,
मैं केवल
श्वासों के बीच में
खड़े-खड़े...
बीत रहा।

इस्पात की भट्ठी

झिरकिनी उठाता हूँ—
पर्दों पर अक्स...
बर्फीली सतहों पर
स्केटिंग करती हुई
रोशनी;
जिसे मेरे चश्मे ने
एक नीली स्कर्ट पहना दी है
राख फिर पिघलती है
और सारी आँच
अपनी ही मुट्ठी में
पीली हथेली-सी जलती है
आह! दुपहर का तुम्हारा पत्र
जिसके हस्ताक्षर कुछ दुबले हैं...
सोतों के गर्म जल
आज कई धारों में
उबले हैं...।

चाँद

जोन्ही माई
जोन्ही माई
आ जा ले के
दूध लाई;
बच्ची को खिला जा
जोन्ही माई आ जा!
आ-ऽ-ऽ-ऽ-ऽ-ऽ-जा...!!
सदियों पुराना चाँद
बच्चे की खुली-खुली मुट्ठी का आवेदन;
मन के संवेदन पर
झूलता पुराना चाँद
लेकिन अब साँझ की
प्रतीक्षाएँ खत्म हुईं
'शब्द-गति-क्षिप्र-यान'
उड़ने को उत्सुक हैं...
आदमी छुएगा,
मौन चाँदनी; अँगुलियों से।

पहचान

रुक गए हैं धूप के
स्वेटर बुनते हुए हाथ
हवा की बूटों में;
फीते बाँधता आकाश
मुझे गर्दन घुमा कर देखता है
और मेरा अजनबीपन
दौड़ती सड़कों;
उलझती भीड़ में
पहचान के कुछ मानदंडों को
स्वयं दुहरा रहा है
किन्तु पहचाना गया हूँ

बावजूद इन कोशिशों
दुरावों, छलावों और
पुरखों, मसीहों की
शपथों की ओट के...।
थहराते पानी की सिलवट में
चेहरे ज्यों मौन
हिलता है लाल पर्दा
खुलती चौरस्ते की
खिड़की...दरारों से
कौतूहल भरी आँखें
जिनमें मैं उभरा हूँ
सदियों से सदियों तक।

[1.5.1962]

आईनों के बिम्ब

ओ सुकुमार!
बाँहों की गोलाई में
रन्ध्र ढूँढ़ता हुआ
भटका मैं सदियों तक
मन की असंख्य वासनाओं के द्वार।
तप्त प्राण...।
मुकुरों जलाशयों में
अपलक निहारता—
अपनी परछाईं को;
अर्पित हुआ बार-बार...।
किन्तु मैं चुका नहीं;
मेरा समर्पण तपाया नहीं गया
शपथों की आँच में—
काल के गुनाहों की साखियाँ
निरुत्तर ही रह गईं
केवल छायाएँ कुछ गूँजीं—
आईनों की;

फिर सहसा, पानी में—
पीपल के पत्तों-सी
ढह गईं...।

[10 मई, 1962]

पार्क में साँझ

हरी घास ने
मुझे तोड़कर फेंक दिया है
मोरपंखी झाड़ियों के पार
उगते युक्लिप्टस की—
डाल पर
मैं टँगा हूँ।
तम पांडुरित क्षितिज
निशा की शंख सन्धि से
मुझे जोड़ कर
एक कपोती साँझ
उड़ गई...
उड़ी जा रही...उड़ी जा रही...।

विदा-क्षण : दो चित्र

[एक]

अनालिंग्य अँधियार
अचुम्बित क्षितिज ग्रीव पर
दो पलकों आकाश
झुका मुख
शीशे में परछाईं जैसा
मैंने
तुमको
फिर-फिर देखा।

[दो]

मैं
अनिश्चय की त्वरा में
एक क्षण को रुका
झुका;
त्योंही दृष्टि
दो भीगी बिजलियों से
विवश टकरा गई
मैं न अर्पित कर सका
वह चुम्बनों की फूल-माला
जो हवा की डाल पर
पथरा गई।

तुम

भोर के कुहरे सरीखा
—तन तुम्हारा
चुटकियों की हर पकड़ से
        छूट जाता है
सुनो! तुम को देख लेने पर
किसी भी आयतन को
बाँध लेने का सहज विश्वास
कैसे टूट जाता है?

कैलेंडर की तारीख बदलने से पहले

यक्ष मिथुन के नीचे
अपने होने की अन्विति में
कुछ तारीखें
व्यर्थ टँकी-सी
और एक ध्वनि घुमड़ रही
सूने कमरे में
सिरहाने की ओर

सड़क की बियाबान छाती पर
कीलें ठोंक रही है
चाप किसी घोड़े की
एक अनदिखा रक्तस्राव मैं झेल रहा हूँ
ओ मेरे रससिद्ध अलम के वर्तमान!
तुम कहाँ जा रहे—
कहाँ जा रहे क्रूस उठाए?
?...??...???
खिड़की पर
दो सतरों में जाली के अक्षर
प्रश्न पी गए।

अन्धकार की स्लेट
सतह बेदाग अकेले कोरेपन से;
मैं कमरे में देख रहा हूँ—
हरी रोशनी
मरियम की दो गीली आँखें
और यक्ष का
ढला हुआ निस्पंदित चेहरा
जो कि यक्षिणी की छाती के
और पास तक
झुक आया है...।

[नवलेखन, 10.7.1962]

अनुभूति

कल जब मैं सड़क पर था
एक बेतरतीब भीड़
मुझ में उतर गई
और मैं देखता रहा—
देर तक
उस कोने में कुत्ते की
        कुचली हुई लाश

जहाँ लिखा था :
'इश्तहार लगाना सख्त मना है'
देर तक
पावडर की चि से
लाल हुई आँखों में
होता रहा छेद
धुँधली आकृतियों के
(देर तक) फफोले फूटते रहे
और फिर हवाओं की
पाव रोटी काटती हुई
असंख्य भोथरी छुरियाँ उछलीं—
मेरी धमनियों में धँसती चली गईं,
मुझको एहसास हुआ—
        जिन्दा हूँ मैं अभी।

[21.7.1962]

निश्चय

नहीं—मैं होतव्यता के हाथ में
आशीष का गंगाजल
नहीं दूँगा।
नहीं दूँगा किसी ग्रह या उपग्रह
या किसी नक्षत्र को अधिकार
कि वह मेरे उस काल का इतिहास रचे
(जिसे मैंने स्वयं झेला है)
और फिर मुझको
दो मुट्ठी राख
या फूल से ढक दें।
नहीं
मैं तुम्हारी तनी हुई मुट्ठियों को
सम्भावनाएँ नहीं सौंपूँगा
कि तुम इन्हें कुछ देर छड़ी की तरह हवा में हिलाओ
और फिर कमरे में

दीवाल की ओर मुँह करके
टेक दो;
नहीं
यह प्रतिध्वनि-हीन
गूँगा फूल मैं नहीं दूँगा
कि इसके मौन का आशय
        बिना समझे—
उठाओ और सूँघो—
        फेंक दो।

[30.7.1962]

पोस्टर का आदमी

मुझे (शायद)
आदम के मोह ने
हौवा की व्यथा ने
        मिलकर
जना था,
या शायद मनु के
        संकल्प ने
        श्रद्धा के छोह ने...।
या शायद पुरुष जब पिघला
प्रकृति की अंजलि में
एक पुष्प-बीज अंकुरित हुआ
वह मैं ही था,
या
जब आकाश ने
परतों-परतों सिकुड़ी हुई धरती को
बाँधा आलिंगन में
सारी वनस्पतियों पर उगा—
मैं पहला चुम्बन...।
और...और...मेरा वह अग्रज
चुप हो रहा

टूट कर बिखर गई
बातों की अमरबेलि
अटकलें!
चौंका मैं
देखा फिर—कितना खुशहाल था
        (शायद हम दोनों से)
मेरा हमशक्ल वह
क्योंकि तभी
तेजाब में डूबी हँसी
चीरती हवाओं को
हमसे टकरा गई
हँसता था मेरा हमशक्ल
सामने दीवाल पर जो
इन्द्रधनु के सात रंगों से
बना था।
मुझे शायद आदम के मोह ने
हौवा की व्यथा ने
मिलकर
जना था।

[30.7.1962]

स्वयं अर्पित

जब मैंने तुम्हें सुबह देखा—
तुम बिस्तर की सिलवटों से—
घड़ी के अलार्म तक
बिखरी हुई थी...।
मैंने चुपचाप पीले पहाड़ों के शिखरों से
एक फूल तोड़ कर
नीली झील की सतह में खोंस दिया
तुम दुहरी हो गईं
...?...?...?...

हरे काँच की दीवार पर
लाल गुब्बारों की कतार
        कौंधी फिर फूट गई
नहीं...नहीं
मैं ही लजा गया,
मेरा समर्पण
(जो अर्पित था तेरे किसी सीमित
        सन्दर्भ को)
मुझमें समा गया।

[8.8.1962]

दोपहर : एक मन:स्थिति

ओ मेरी रजनीगन्धा!
दोपहर की उचाट में
इतना मत महको
कि मैं इस वीरानी को दे दिया जाऊँ
या इस एकान्त का
साझीदार बिना रीढ़ के आकाश को बना लूँ
जो कि खुली खिड़की से
उचक-उचक मुझको है देखता।
ओ री अनागत की बद्धमूल आशंका।
मुझमें वे तमाम शर्तें खप गई हैं
जिन्हें मैंने (जीने के लिए)
जीवन में माना था
केवल अब कमरे में उगे
ताड़ के पेड़ पर
उड़ता हुआ एक श्वेत पंछी
        आ बैठा है—
उत्तर...!
दिगन्तों पर
टूटते बवंडर...

आह! प्रश्नाहत जिजीविषा...।
ओ मेरी रजनीगन्धा
दोपहर की उचाट में
इतना मत महको...।

[8.8.1962]

नया साल

देख रहा हूँ—
बोधिवृक्ष के पीछे उगता
प्रभु ईसा की
मृत्यु दिवस का
छायाओं में डूबा सूरज
ओ मेरे प्रतिहत-सम्भावित।
आ,
मेरी अंजलि में आ जा,
तुझे चूम लूँ...

एक शब्द शेष

नत शिर
पी लेता हूँ
पानी की सतह का दुख
परिवर्तित किरणों की
उजली संवेदना...।
फिर भी बच जाता है
धूप जीवी एक शब्द
मेरे अस्तित्व के
(अनायास) इर्द-गिर्द
मुझको अनन्त सन्दर्भों में—
पुकारता

फिर भी बच जाता है
एक शब्द
धूप जीवी।

अजनबी गीत

जब मैं चुपचाप
कचनार के पेड़ों से गुजरता हूँ;
हवा के होंठों पर
निर्लज्ज अवस्था का एक गीत होता है,
जिसे वह एक निश्चित लय में बाँध कर
गाती है :
पीली परछाइयों की
सामुदायिक घृणा मुझसे टकराती है।
टूटे फौलाद को जोड़ने की गर्मी
और पिघली आत्माओं का शोक-गीत
ढोती हुई हर पत्ती
चीखती है—
अजनबी! अजनबी!!
मैं हर मस्तिष्क में
सिर्फ एक खयाल बनकर रह गया हूँ
और आज भी—अब भी
इस उदास मौसम की
शाम—
मेरे हाथ में काँपता है
बासंती हवा के नाम
पतझर का मौन सन्देश
जिसे किसी डाल ने परिचय नहीं दिया
जब मैं चुपचाप
कचनार के पेड़ों से गुजरता हूँ
मेरे होंठों पर
निर्लज्ज अवस्था का एक गीत होता है।

[4.12.1962]

एक युग-कल्पना

प्राग-ऐतिहासिक
पाषाण युग
लौह युग
कितने ही योग युग
अन्धकार वर्षों को अर्पित हैं
कितने इतिहास की
असीमित सामर्थ्य को।
लेकिन ओ संघर्ष की मुद्रा में—
घायल पुंसत्व।
तुमको मैं क्या दूँ
अपनी उपलब्धि में
शंकाकुल
तुमको मैं क्या दूँ?
लोगे?
'यूरेनियम'

[अक्टूबर, 1998 : 'वागर्थ']

शिशिर सूर्यास्त

वाष्प-धूप रेखा में
नंगी दिशाओं का पूरा अध:पतन
चूड़ान्तक क्षितिजों की
आतुर ढलानों पर
चित्रित है,
कंठ-हीन ध्वनियों का—
        आर्तनाद
सूर्यास्त!
सूर्यास्त!!
(सहसा निष्क्रान्ति)
...!! ...!!! ...
कितनी उदास

अवकाश की नियति है
लहरों का टूटना
किनारों के बोध में
खर्च हुई घड़ियों का योग
बार-बार भूलना...
कितनी उदास
अवकाश की नियति है।

[मई, 1963 : 'सोपान']

एक कविता पढ़कर

सब कुछ है
सूरज भी
चाँद भी
हवा भी
दमघोंट उचाट
और मरियल बाँहों पर
खुरचे नासूरों की दवा भी
अगर कुछ नहीं है
तो केवल वह पहचान—
जिसके आधार पर
हम अपना निर्णय दें।

एक प्रार्थना

आकृतियों को
सीमाओं में अर्पित होने का सुख
स्वीकृत हो
और सीमाओं को
मृत-पुत्रों के जीवित हो उठने की—
लालसा—
किन्तु मुझे...
मैं एक दिग्नाम संज्ञा हूँ

(जिसकी परिभाषा—
        अभी तक नहीं हुई)
मुझको दुहरा दो
दर्पण के आर-पार
अनायातित बिम्बों में
मुझको दुहरा दो...!

शीशे पर लोटती रोशनी : एक सौन्दर्यबोध

मैं देखता हूँ
शीशे पर
लोटती हुई रोशनी
हवा में बह रही है,
तुमने सरका लिया
कन्धे पर फिर आँचल...
उफ्! कैसे दाग हैं?
सदियों से
अरथी के।

अन्तराल

रोशनी की धार में
अनागत के रन्ध्रों से
विद्युत-कण झरते हैं
इतना सशक्त था
हमारी उस दूरी का अन्तराल
जिसमें हम टूट गए।

आत्म-साक्ष्य

हम सभी दोषी नहीं हैं—
महज आदिम रोशनी की भूख ने
फूँका अक्षय-वट।
मैंने तो पढ़ा था केवल

रीढ़-टूटे पत्थरों पर
‘तमसो मा ज्योतिर्गमय’
हम सभी दोषी नहीं हैं
उजले ताबूत में बन्द हैं
अँधेरे की प्रतिक्रिया!
मुझे कोई प्रार्थना
ठीक-ठीक याद नहीं
मेरी शिराओं में
आदमी की नस्ल का
चीखता हुआ रक्त
जम गया
खंडित आत्माओं का जुलूस
मेरे आस-पास थम गया...
‘नीले गुलदस्ते पर
खुदी हुई
कसमें फिर टूट गईं’
लेकिन हम क्या करें...?
मैं तो समर्पित हूँ
ऐसी जिन्दगी के साथ
जो नये आकार देकर
पूजती है
स्वप्न की परिणति...।
हम सभी दोषी नहीं हैं
फिर भी कभी चीड़ पर
सागर तट : होंठों पर
अनियंत्रित भीड़ के
अथाह अन्तराल में
ओ मेरे आयतन!
तुमको तौला गया
बार-बार
भार के बदले सन्दर्भ में
हम कितने...दो...षी...हैं?
...???...

[भारती, 1962]

यात्री का वक्तव्य

बालिस्त भर
बीमार चेहरे पर
आदमकद प्यास
तीखे समझौते को पीकर
लुढ़का देती प्याले-सा
उलटा आकाश
मेरी हथेली पर।
मुझे जीने लगता है
फिर से अलगाव...
गिरहकट आँखों की
अर्थहीन चुप्पी में।
डूबते सीमान्त-सा दुर्बोध
परिचय का बासीपन
मुझको दुहरा जाता
बिलकुल गुमनाम...
फिर भी मैं चलता हूँ
मेरी अतृप्तियाँ
लक्ष्यहीन दूरी का उजला भटकाव
देती हैं
पाँवों में स्वस्तिक चिह्नों के घाव।

तीन विज्ञप्तियाँ

[एक]

बेलाग टिकी छतों
और बेबात बिछी सड़कों के बीच
अस्तित्वों की शोभायात्रा में
निकला है पंगुल व्यक्तित्व
मैं इसी समुदाय का
पर्यायवाची शब्द हूँ
प्रस्तावित सूची में...

[दो]

ऋणात्मक ध्रुवता से घिरा
तिर्यक प्रकाशवर्ष
पूर्वी गोलार्द्ध पर
शापित प्रतिज्ञाएँ ढोती हैं
शंख...
और क्रूस...
और चाँद...
मुझमें इतिहास अभी
जीवित है।

[तीन]

अनायास चौरस्तों पर
भीड़ में खड़े हुए लोग
करते हैं
मांसल जीवात्मा का
रक्तहीन विश्लेषण।

[1962]

दबाव

कितना दबाव था
दो ऐंठे तारों में
ज्ञात नहीं
लेकिन स्विच बोर्ड पर
मीटर की सूई
काँप-काँप जाती थी।

सृजन क्षण

पानी की धमनियों से
अजस्त्र रक्तस्राव।

रोशनी की नोक गहरे तक धँसी है।
नीले आकाश के स्ट्रेचर पर
अन्तहीनता सा
मैं लेटा हूँ
और विकलांग शून्य
मातृहीन शिशु-सा
मेरे दृष्टिबोध की
अनाम अर्थवत्ता को
        पुकारता
दिशाओं के द्वार से,
लेकिन परिचारिकाएँ;
बालू की ढेरियाँ
        निरुत्तर हैं।
दम साधे : सर्जक मन
        खोल रहा बन्द-बन्द घाव।
पानी की धमनियों से
        अजस्र रक्तस्राव।

रचना

आज फिर
तुम्हारी इन अनारी अँगुलियों ने
दो-दो त्रिकोण रचे,
और बचे कुंकुम को
ढाल कर कटोरे में
सोचा कुछ
सोचा कुछ
सोचा कुछ...फिर सहसा
जूड़े का एक फूल
दुहरे त्रिकोणों में खोंस कर
तुमने मुस्का दिया—
झीनी सी हँसी
दूरियाँ—

यादें
हम और बेबसी।

अपने कवि से

तुमने पुकारा
मैं गूँज गया
तेरे संकेत उगे—
पत्थर भी पूज गया।
टूट गया
मैं कण-कण
तुमने समेट लिया
मैं जब भी छूट गया
आगे बढ़ तुमने ही
बाँहों में भेंट लिया
तुमने परछाईं छुई
मुझको आकार मिला।

आत्मकथा

पानी की पृष्ठभूमि
लहरों के लेख
बाँचे तट...
निर्निमेष...।
चुप्पी आकाश की
तैरती हवाओं में
छोड़ गई एक चीख—
प्यास की।

जंगलीपन एक लाजिमी लाचारी है

और उस रात मैंने पहली बार अनुभव किया
मुझमें जो जंगलीपन पैदा हो गया है
उसका असली वारिस, मैं नहीं, यह औरत है

आह फफाते हुए दलदल की बगल में हाँफता हुआ
जंगल होना
आदमी की आदत नहीं है—
नहीं नहीं एक लाजिमी लाचारी है
उस रात मैंने पहली बार जाना कि मेरे भीतर एक
कायर दिमाग है
जो मेरी रक्षा करता है
वह मेरे बटनों का
सच्चा अधिकारी है।

इससे पहले कि हम
प्यार की शुरुआत
का पहला अभिलेख पढ़ना शुरू करें
हमें त्वचा की काली भूमिकाओं से गुजरना पड़ता है।

[1966]

मैं टूटता हूँ

मैं टूटता हूँ आम तौर पर
जैसे दोस्ती टूटती है
चाय के कुछ पैसों के लिए
या
एक छोटी-सी बहस में कि अमुक
का
रवैया
लोकतांत्रिक है या तानाशाही
अक्सर मैं वाह-वाही लूटने के चक्कर में
टूटता हूँ।
मैं जानता हूँ कि शहर की निगाह में
        दोस्ती और टूटना
कुछ बड़ी चीज नहीं है। और स्वराज्य
        कुछ के लिए सुराज है।

बाजार में

फिर वही चीजें थीं
अँधेरे में
कविता इतिहास और
जातियाँ
लोगों के चेहरे
हरे नहीं थे, 'चें' थे
और अब तो डर भी नहीं था
भाषा के लिए मुँह खोलना
        जरूरी नहीं था
सिर्फ तर्जनी उठाना ही काफी था।

वर्णमाला

मेरा बेटा 'क' नहीं जानता
'ख' जानता है
मेरा भाई 'ग' नहीं जानता
'घ' जानता है
मैंने कहा—करो तो खाओ
गमन करो और घर
बनाओ।

आँसू और गुस्से के बीच
        थमी हुई कविता
जैसे
बम वर्षा के बाद
बचे हुए आखिरी आदमी ने भागते हुए वायुयान को
गाली दी है।
था दिया हमने जिन्हें अपनी सुरक्षा का
समूचा दाय
कर गए
वे ही हमें निरुपाय

घास ने जैसे छिपाया
साँप

और मेरी चूक :
महज इतनी थी कि अपने
पूर्वजों के लिए मेरा थूक
काला हो गया था।

हरखू का हर एक पड़ोसी

हरखू का हर एक पड़ोसी
उससे अक्सर उलझा करता
है खेतों की मेंड़ के लिए

लछमिनियाँ बीमार पड़ी है।
और हाय, बिन ब्याही गौरी
घर की ड्योढ़ी पकड़ खड़ी है।

डाँगर घर की ओर ताक कर
        कभी-कभार डकारते
        दाना नहीं—न घास है
        हरखू जैसे कल था
        वैसे ही अभी उदास है।
बाँहें, तेज हवा में टूटी
चिलबिल की दो सूखी शाखें
मकई की रोटी पर चित्ती जैसी है—
हरखू की आँखें

अलमुनियम के किसी पुराने बर्तन जैसे औंधे मुख पर
शब्द टूटते, तेज हवा में
रगड़ खा रहे बाँसों की आवाज की तरह
केवल है सौभाग्य मिला
मेहनत करने का
तन धुनने का।

बसंत की टूटी हुई चाबुकें

क्या मैंने ही चिह्नित किये हैं
ये सारे सेक्सी शब्द
यह कितनी शर्मनाक बात है :
मुझे मितली-सी आती है
पूरे पुस्तकालय में
श्मशान की निस्तब्धता है
और मेरी फूली हुई जेबों पर
एक जोड़ी आँखों की शंका
मँडराती है
वे मेरा झोला देखना चाहते हैं
क्या मैंने ही चुराये हैं किताबों से
नग्न चित्र?
मैं तैयार हूँ कि मेरे दिमाग की
तलाशी ली जाय, यहाँ
कोई किताब नहीं है।

सम्बन्ध

मैं चकित-सा
और वह आवाज
पार कर दीवार,
पेड़ों की करवीरी छाल
आ रही है
अहा, कोई एक मैली चीज
मेरे रक्त से टकरा रही थी।

नई कॉलोनी का अन्धकार

जब छा जाती है हर तरफ धुन्ध
और चीजें रोशनी में हकलाने लगती हैं

आईनों से निकलती है
चुटकुलों-सी खूबसूरत
लड़कियाँ और
सड़कों में
तैरने लगती हैं।

बचपन

हरे भरे पेड़ थे वहाँ और स्त्रियाँ
मोटे धार वाले स्तनों वाली
दीवारें थीं मगर आँखें
उन्हें आर-पार लाँघ सकती थीं

अन्धकार नहीं था और आस्था भी
तो मूत से भीगे बिछौने पर था जिसे माँ
अक्सर बदल दिया करती थीं
लोरियों भरी नींद में
तब जागना एक 'सगुन' था।

आवाज

बसंत के उतरते दिनों में
जब मुझे देखोगे
तो क्या पहचान सकोगे?

यह वही आदमी है जिसने पतझड़ के पत्तों से
समझौता कर लिया है—

लेकिन मेरी आवाज का क्या करोगे
जो अँधेरे को चाकू की तरह
तराशती है?
किराये के कमरे में जन्मीं कविताएँ
और छतों के न होने की ताजगी :
मैं तुम्हें बतलाऊँगा कि जब हमारे चारों ओर

तोड़ने को बहुत कुछ था, हमने सिर्फ
अपनी आवाजें तोड़ीं।

रास्ते उदास हैं

उदास हर घर है
कोई आवाज
शायद ही जन्मे अब : टाँगों, पेट और खिंचे हुए भूख के
अनुपात में
        माँओं के गर्भ में
        पिताओं के गले में
        कैंसर है
बातें
उतरती नहीं
बच्चों की हलक में,
आँतें उतरती हैं
दिन डूबने के पहले ही
ठंडे और बासी गोश्त की चरखियों पर
रातें उतरती हैं
और देर तक
नींद की सम्भावना पर
बहस करती हैं।
और सुबह तिनकों पर छोड़कर
चली जाती है
ओस की एक बूँद
जो चमकने के लिए
है।

वे जो सड़क पर चल रहे हैं—
यात्रा के अन्त में भी सभ्य ही रह जाएँ—
यह सम्भव नहीं है।
किसी बस के पावदान से
एक गाली उठेगी और चेहरों पर जड़ी
शालीनता को पीट देगी।

कोई घोड़ा गाड़ी की कोच पर—
दुलत्तियाँ झाड़ता हुआ
अड़ जाएगा
मैंने उस औरत को लिटाया और
प्यार वसूल किया
तनाव में डूबे हुए चेहरे
उतर जाएँगे।

प्रकृति-बोध

मेरे प्रकृति-बोध पर किसकी कविताएँ
कोढ़ की तरह उगी हैं
मेरे दिमाग में घूमता है
बनबिलावों का झुंड
बहरे अँधेरे से आती है
नाखून तेज करने की
ठंडी आवाज
मैं चौरस्ते पर खड़ा हूँ
जहाँ भीड़ की असंख्य आवाजों के बीच
'ट्रैफिक कंट्रोल' करते हुए कबीर
की लाश
गुम गई है
मैं पढ़ता हूँ बीते दशक की कविताएँ
और सोचता हूँ
क्या उस जमीन पर कविता के लिए अब भी सम्भावनाएँ शेष हैं
जहाँ आदमी, महज
कुत्तों का दुभाषिया है?
जिस देश में जितना
गरीबी का स्तर ऊँचा है
वहाँ देशभक्तों की तादाद
उतनी ही ज्यादा है
कोई आता है
और अपने बेलौस पागल अन्दाज में

जीवित रहने का गीत
गाता है
खमीरे के गन्ध में लिपटा हुआ लज्जा सर्ग
कुमारी श्रद्धा के गर्भ में
छटपटाता है
धूप में सीढ़ियाँ हैं और
प्रकाशन की सुविधा सेठ जी की नाक में है
मैं अपने युग के तमाम कवियों को
पीकदान माँजते हुए
        देखता हूँ।
दालचीनी और लवंग के ढेर पर
बैठा हुआ कोई सप्तक वर्ष
उनकी ताक में हैं, उसकी
जुबान पर
इक्कीस 'प्रतिमाओं' का
स्वाद है
इस अँधेरे में
मुक्तिबोध का होना, शायद
अपवाद है।

[18.11.1965]

कविता-1

एक से अधिक लोगों का अन्धकार बन गई है कविता
सुरक्षित होने के लिए अपने आप में
कैद होना या किसी परिचित शहर में
मगर यह सब कविता से बाहर पड़ता है।
कविता वहाँ जमती है जहाँ एक आदमी जड़ पकड़ता है
दूसरा उखड़ता है।
कटी हुई जेबों और फटे हुए नक्शों के साथ
किसी परिचित शहर में चले जाना
नैतिकता के लिए दूसरा बाजार नहीं है
कहने के लिए कह सकते हो

आदमी के चेहरे से उड़ा हुआ रंग
तिरंगे झंडे में
शामिल है
नींद के नीचे दबा हुआ हाथ
सोये हुए आदमी का कातिल है।
खन्ना है, पाटिल है।

कविता-2

चोटी करती हुई माँएँ
बेटी के बालों में
ढूँढ़ती हैं अपनी उम्र का बारहवाँ साल
और तुम आँकड़ों में अपनी नींद का
इलाज ढूँढ़ते हो

—जिस देश में भुखमरी जितनी अधिक होगी
उतनी अधिक रौनक मन्दिरों में होगी

—मैंने जहाज पर पाँव भी नहीं रखा
मेरी सारी जमीन हवाई-अड्डे में
नप गई

—कविता की सम्भावना के मजाक पर
मेरा मन दुख उठा है
आह! जो देश जितना दयनीय होगा
उसकी कविता उतनी ही महान।

[1970]

बड़प्पन का बोझ

बड़प्पन का बोझ!
युग की एक नैतिक शक्ति है
और शक्ति की बीमारी भी।

असभ्यता एक हँसी
बेमानी।

प्रेम गीत
गलों में बहते हैं : नलों में
पानी
आदमी अहं का एक
बेसुरा गीत है
झंडियों के इशारों पर
युद्ध होते हैं, रुकते हैं।

'वैकुअम' से छूटे हुए, सैकड़ों हथौड़ों की चोट
अँतड़ियों पर—
एक साथ पड़ी है
सेंट जान चर्च के सामने
तार के सहारे एक नंगी औरत
    आज भी खड़ी है
(उसे मैंने सदियों पहले भी देखा था)
ईंधनों की रासायनिक शक्ति फ्यूज हो गई है
विषुवत रेखा के पास
बर्फ का जंगल है
जहाँ काले आदमी उगते हैं
और लोग
'थरम्योनिक कनवर्शन' की योजनाएँ लिये
जलाशयों के इर्द-गिर्द घूम रहे हैं।

जरूरत

एक अदद रोटी
एक प्लेट गोश्त
एक बिस्तर औरत :
आदमी को चाहिए भी क्या?
और—हाँ—इतना आश्वासन भी
कि वह औरों की चर्चा का विषय है

वे जो शाकाहारी हैं
केवल मछलियाँ पकाते हैं
खाते नहीं;
भट्ठियाँ सब कहीं हैं
सब कहीं—लोग सेंकते हैं शील।
उम्र की पारदर्शी ढलानों पर
(वक्त के हथौड़ों से)
हम ठोंकते हैं जगह-जगह कील—
जहाँ अनुभव ठहर सकें।
हे ईश्वर! जीवितों की यह इच्छा कितनी दयनीय है
(और कितनी घृणास्पद भी)
कि
—हम एक दूसरे की नजरों में
गहरे उलट सकें।
और जब मरें—
तो ठंडक से मर सकें।

नये इतिहास का इन्तजार

तुम्हारा अनुमान गलत है,
यदि तुम सोचते हो कि मैं
पेट की ओर इशारा कर दूँगा—
अब कोई समाधान छाती के नीचे नहीं मिलता।

भूख एक धधकती हुई उत्तेजना है
जिसे तुम नुस्खों में बाँधो और वह
लपकती हुई तुम्हारी आँखों में जलने
लगती है
और तुम्हारे पैरों के पास गिरती है एक
रोटी जिसे उठाने के लिए झुके हुए तुम
कभी नहीं उठते।

कहाँ से आ गिरती है एक वजनी
दीवार घिसे हुए कन्धों पर?
कैसे कुचल जाता है अपना विश्वास

यह दुनिया इतनी निरीह हो चुकी है कि
तुम आततायियों की आत्मीयता से
उपकृत हो उठते हो
कौन भर देता है तुम्हें ऐसे दुस्साहस
तुम होंठों में डूबती हुई मुस्कराहट
आँखों तक खींच लाते हो?
मेरे देशवासियो! अपनी जीविका
के समीप तुम कितने सजीव हो।
मैं सुनता हूँ—युद्ध
लड़े जा रहे हैं
उदास और रक्तहीन संध्याओं में
महकते हैं
ताजे विस्फोट
कुछ बदचलन हाथों की चोट
पैर घसीटती हुई सभ्यता पर
लगातार पड़ती है
तुम्हारे दिमाग में घृणा उगती है
तुम्हारी मुट्ठियों में टूट रही हैं तुम्हारी अँगुलियाँ
पड़ोसी की आदतों में कुत्ते की दुम हिल रही है
और तुम चुपचाप...चुपचाप
किसी नये इतिहास का इन्तजार कर रहे हो
जिसे तुम्हारी पीठ पर बाँध दिया जाएगा
        अगले पड़ाव तक।

आँगन में

आँगन में घाम धीरे-धीरे उतर रहा है
किरण की चिकनी डोर आँख बिछला गई
खाँची भर अँजोर छीटता है जो छितराया
        हुआ है।

थोड़ी सी चीज भूमि पर उतर कर
थोड़ी देर में ज्यादा हो गई

घास की नोक पर छोटी-छोटी बूँदें
अनमोल मालूम पड़ती हैं
पेड़ की फुनगी पर फुदकनी
—करती है
सुन्दर सबेरा मनसायन लगता है

आँगन में
लड़कपन गाँती बाँधकर घाम में
        स्नान करता है

बातों से दुलार चू रहा है—
जाड़ा कुर्ता सिलाकर आया है
हम लोगों के लिए
बिना मूल्य का।

[1966]

मैं गली में घुसता हूँ

मैं गली में घुसता हूँ
और जान पाता हूँ कुत्तों में बढ़ी हुई
खाँसियाँ और अपने अजनबीपन का
सम्बन्ध। मैं अकारण खुश हो उठता हूँ
हरी-भरी पत्तियों की ओट में
मेरी घृणा किसी रंगीन चिड़िया की तरह
चहचहाने लगती है और मैं अपनी
चोर आँखों से
टूटी हुई दीवार पर पढ़ता हूँ :
'सब प्रभु की माया है'
आह! मेरा वह शिशु-विस्मय? क्या उसी तरह
विस्मित हो पाया है मेरा प्रौढ़-भय?
और बीच में अचानक खयाल आता है
अपनी प्रतिद्वन्द्विता का
जो मेरे एकान्त में भी

एक पड़ोस बना देती है
और मैं अपनी कृतज्ञता में भी
किसी अनपेक्षित ढंग से
अपमानित महसूस करने लगता हूँ
मैं अपने सम्बन्धियों को याद करता हूँ
जैसे उस ट्रक को, जो अभी-अभी मुझे
धक्का देकर आगे निकल गई है
और मैंने उसके पीछे पढ़ा है :
'नमस्ते...फिर मिलेंगे'
मुझे कहने के लिए
सही शब्द अभी नहीं बने हैं।

ऐसा नहीं कि मिलती कहीं...

ऐसा नहीं
कि मिलती कहीं नहीं है
रोटी
मिलती है
पर पहले से भी
दुबली-छोटी

लेकिन दुबली हो जाने पर
अक्सर लम्बी लगती काया
हो सकता है यह भी सच हो
किन्तु, यहाँ तो—
'प्रभु की माया'

हरी भरी
लड़कियाँ
बसों में
गईं
फेंक बिजलियाँ
नसों में

घर में बिल-बिल
बाहर दुर-दुर—यह तो होता ही
        रहता है
किन्तु क्या भला अन्न के बिना
कभी मरा जनता का कूकुर?

हमें जंगल ने सिखाया है

हमें जंगल ने सिखाया है बेतरतीब उगना
और सटकर खड़ा होना
एक दूसरे की होड़ में
पेड़ से बड़ा होना।

क्या हुआ
इससे हुआ क्या कि—
रात के अँधेरे में
पीठ पर पत्थर बाँधकर
वक्त की काली नदी में
        उतर जाना।

और यह सोचना कि—
हम में से प्रत्येक आदमी उस पड़ाव से
        गुजर चुका है
जहाँ सब कुछ क्षमादान से पहले ही
        मर चुका है
और मुझे यह कहते खुशी है
कि हम में से किसी का हाथ
खून से खाली नहीं है
जबकि जिन्दगी एक अँधेरे दर्रे से भी
तंग है
मेरे पास दुस्साहस के सिवा
दूसरा कोई चारा नहीं है
यही वजह है कि बम मेरा हमदम है
और संगीनें जलतरंग हैं

अपना भी एक प्यारा-सा शहर है
जिस पर टिमटिमाती हुई रोशनी चुम्बन-सी खुली है
किन्तु वहाँ दुश्मन का लश्कर है
किन्तु वहीं इन दिनों
नींद—नहीं, नींद का नाम मत लो
वह गाफिल रात के पैताने सोये हुए
आदमी की कब्र है

नींद का नाम मत लो

गिरती हुई हर चीज पत्ता नहीं है
पदचाप भी हो सकती है।
हथौड़ा/निहाई पर रखी हुई चीजों का
चेहरा नहीं देखता।

और वह आखिरी तारा टूटकर जहाँ बुझा है
ठीक उसी के नीचे मेरा घर है।

क्या बनेगी खाक कविता

क्या बनेगी खाक कविता
फूल से या वक्त के बीते हुए से
धूप ढरती है
एकान्त या अपने अकेलेपन
उदासी से बिना रीझे बिना
रीते हुए से
झाड़ से झंखाड़ से या मौसमी
फूलो—महकती क्यारियों से
देह से या स्नेह झूठे और रिश्तों से
और बिस्तर की थकी सिसकारियों से
क्या बनेगी
खाक
कविता

मेरे युग की
शिल्प-कल्प रचनाएँ
अर्थ-उदास हैं
पेड़ की जड़ से निकल कर
एक खाली हाथ हिलता है
बहुत थोड़ी देर हिलता है
हवा में
मगर इतनी देर में ही
एक ऐसा चित्र रचता है
न, जिसके खोखलेपन
से
धूप बचती है औ' न
कोई बचता है।

[1966]

अज्ञेय : एक ऊँची दुकान है

अज्ञेय : एक ऊँची दुकान है
ऊँची—चमकदार है फीकी
नहीं,
हर चीज करीने से लगी है
सजी है
पानी के लिए सलिल है
तट है; पुलिन है
वह भी उजला है जो
मलिन है
सबके लिए दाम एक है
एक दाम है, बोल अलग-अलग है
और सबकी एक ही टेक है
दीनों से प्यार है
सेठों की विनती है
शब्दों की महिमा है

गुणा, जोड़ गिनती है
आइए—अवश्य—आइए
यदि महँगा खरीदने का शौक है तो
आइए और शौक पूरा कीजिए।

[19.1.1966]

आपस में एक-दूसरे को

आपस में एक-दूसरे को आमंत्रित करते हुए—
वे हर वक्त पड़ोसी हमले की चेतावनी
देते रहते हैं।

जब एक की नेपकी
दूसरे के चमचे से आँख लड़ा रही होती है
बोटी और
शोखे के बीच
अन्धा कूप का
अभ्यास चलता
रहता है

इस तरह
किस कदर भयानक हो उठता है
तुम्हारा रोज का परिचय आस-पास!

उस अन्धे शरीर को प्यार

उस अन्धे शरीर को
प्यार की शुरुआत के पहले
अपनी पसलियों पर निबाहता हूँ
उस औरत का मुँह दीवार की तरफ पलटने के बाद
उससे कहता हूँ : जरा अपना चेहरा हटा लो
मैं थूकना चाहता हूँ

हे ईश्वर! पिता को श्रद्धांजलि देते समय
जाँघों में होती खुजली का क्या करूँ
क्या मैं इस अंजलि जल में डूब मरूँ?

वहाँ
नदी अधसूखे जख्म की तरह दीख रही है
घाट की तरफ विलाप करती औरतों में
मैं उसे देखता हूँ
वह—मेरी माँ—मेरी माँ—
उस पुरुष की अनुपस्थिति में सिर्फ एक औरत है
जो अब और अकेलेपन की पीड़ा से ज्यादा
अपनों की आत्मीयता में चीख है।

जब तुम खटकर लौटे थे

जब तुम खटकर लौटे थे और दस बजे रात
तीसरी रोटी तोड़ रहे थे, एक बच्चा पेट पर
किताब धरे-धरे सो गया था, टूटी हुई दीवार से
सब कुछ दिखाई पड़ता है वह पड़ोस का आँगन हो या
तुम्हारा इरादा।
आखिरी निवाला गटक कर लोटे भर जल से
तुम खाली हो चाहते हो वह विचार
कि पेड़ों की जोड़ पर उगी हुई कोंपल में बसंत
चुहचुहा आया है घाव की पपड़ी के
नीचे खुला चमड़े की मानिंद
और जहाँ खून खाद बना है समकालीन राजनीति में
फूल और हवा का रिश्ता ढकी हुई आग-सा महक रहा है।

तुम अपने दोस्तों में खुश रहो

तुम अपने दोस्तों में खुश रहो
जिन्दगी के दरवाजे पर कदम रखो। किवाड़ तुम्हारे

स्वागत में खुले हैं। मेरे लिए
लौटने के सिवा कोई चारा नहीं है।
खुद को समझाना अब अपराध की तरह
लगता है। जबकि मैं जानता हूँ अब मेरे
लिए एक चुम्बन एक चाकू से अधिक
खतरनाक हो गया है।
सामने रखे काठ के टुकड़े पर कैसे उग सकता
था बसंत? वह मेरे बालों की तरह पक चुका है
वह मेरे जीवन की तरह थक चुका है।

मैंने सोचा था कल—
अपने किराये के कमरे से बाहर निकल कर
मैं एक बस्ती बनाऊँगा अपनी कविताओं में
एक चौराहे की बगल में तीन घर होंगे
और तीन प्रेमिकाएँ। रंगीन फौवारों की बगल में।
अन्धे प्रेमियों की जमात होगी
आने और जाने के लिए अलग-अलग सड़कें
होंगी और कुछ तितलियाँ होंगी जो हवा की
सुगन्धित चिट्ठियाँ पहुँचाएँगी एक सपने से दूसरे सपने तक।
अपनी प्रेमिकाओं का नाम मैं आदमी की तरह रखूँगा
और उन्हें पेड़ और नदी और फल होने से बचाते हुए
बच्चों की तरह प्यार करूँगा।
उन्हें बतलाऊँगा कि एक खुली हँसी,
जिन्दगी के लिए कितना फूल
कितना सोना है।

और एक नन्हा मटमैला आँसू
डाइनामाइट से कम खतरनाक
नहीं है। मैं उन्हें बतलाऊँगा कि
रोने और कपड़ा होने में फर्क होता है।

मैंने सोचा था—
मैं उन्हें बतलाऊँगा कि

लड़की होने में कितना
दर्द है। औरत
होने में कितना दर्द है।
और कितना दर्द है माँ होने में।

लेकिन लड़की से माँ न बनने का दर्द
कितना बड़ा दर्द है।
मैंने सोचा कि
मैं उन्हें बतलाऊँगा यदि कोई प्रेमी
आए और एक चुम्बन फेंक कर
चला जाए तो
उसे कहाँ लटकाना चाहिए।

क्योंकि हर चुम्बन
न तो जूड़े की चीज है
और न हर चुम्बन
जूते में रखा जा सकता है

कई बार चुम्बन को
छाती के बीच की
पनाली में रखते हैं
और कई चुम्बन
ऐसे होते हैं
जिनसे आँसू पोंछते हैं
और कागज की तरह
गीला होने पर
गली में फेंक देते हैं।

लेकिन कुछ चुम्बन
ऐसे होते हैं
जिनसे हम खून की
'सिताई' हुई नसों का
अकेलापन सेंकते हैं।

चुम्बन की किस्में हैं,
चुम्बन मतलबी के तलबगार के,
मददगार चुम्बन
दिलदार चुम्बन
चुम्बन वोदा
बौना चुम्बन।

हर दिन

हर एक दिन हम
गैर आवश्यक
वस्तुओं को भी
सहन करते हैं
वक्त के डायल पर
किसी प्वाइंट की तरह
सरकते हुए पेड़ मौसम बताते हैं।
यदि हवा को ध्यान से सूँघा जाए
तो साफ पता चलेगा
कि यहीं कहीं एक नदी है
(हवा में नदियाँ महकती हैं)
धूप और मिट्टी से अलग एक
उजली देह है जिसमें एकान्त
सूखे पेड़ उगा रहा है।
बादलों के झुरमुट,
किसी गीत की अन्तिम कड़ी की तरह
क्षितिज के होंठों पर फूटे हैं
दिशाएँ नहा कर
खेतों में बाल सुखा रही हैं।
मेरे प्यार!
वे लोग कब्र में हैं
जिन्होंने अन्न की उमंग खाली की
इन तमाम उड़ती हुई चिड़ियों
और धूप के बीच बड़ा मुश्किल है तुम्हें पाना

और टूटते परिवार को सहना,
एक होती हुई घटना का
गवाह बनकर उसके समानान्तर रहना
फिर भी मैं तुम्हें लेता हूँ, रोमांचित,
बोलियों से परे।
उदास और थके हुए क्षणों को
आकार देने के लिए
और तुम्हारे सहवास से माँगता हूँ
एक ऐसा भी दिन—
जिसमें कबूतरों को उड़ता हुआ देखा
तो अच्छा लगे।

सुबह

किसी गर्म किताब की तरह खुलती है सुबह
सुनहले जिल्द वाली किताब की तरह
बारजे की खुली छत पर कौवा
चोंच पैनाता है।
नीचे गली में
दरवाजे का एक पल्ला खुलता है
एक अधेड़ औरत बर्तन माँजने
चल पड़ती है
उसका बेटा
खो-खो खेलने चला जाता है।

न नट हूँ—न जोगी हूँ
सोचता हूँ—क्या लिखूँ
कि सबसे अलग दिखूँ
और यही हविस मारती है
मुँह पर मुखौटा देती है
पर कमर के नीचे
नेकर तक उतारती है।

गरीब जिन्दगी का रोजनामचा

मौत कहीं नहीं होगी
सिर्फ, कुछ बच्चे
फौवारों के पास

पिछली कहानियाँ भूल जाएँ

चकर-पकर करती हुई भीड़ के इन्तजाम पर
अपना हिजड़ापन लाद कर।

मेरा अहंकार तो देखो कि मैंने
उस अकेले दुख को
कला में ढालने की कोशिश की
गरीब की जिन्दगी का रोजनामचा बनाया
यानी कि एक तथ्य को यूँ ही
बातों में
टालने की कोशिश की।

अजीब देश है
यहाँ हर गरीब आदमी का दिमाग
पूँजीवाद का उपनिवेश है

यह तुम भी जानते हो और मैं भी
जानता हूँ कि इन तिलों में तेल
कितना है।

वह खुश है—
जब तक दुनिया का एक कोना सुलग रहा है
अगर तुम अपनी दया की टोंटी
बन्द कर दो

कोढ़ी के हाथ का घाव
कला का बेमिसाल नमूना है

टोपी के नीचे छिपे हुए अपराधों से
बेखबर रहेंगे
बाल।

मुझे एक जीवित कविता रचने के लिए
उस आदमी की देह तोड़कर
बाहर आना पड़ा
मुझे कविता में
जीवित रहने के लिए
उस आदमी की खाल की आड़ में
जाना पड़ा

बसंत
मेरे दिमाग के पिछले तहखाने में
सुर्ख फूलों का एक हाशिया है
जिसके भीतर एक पत्ती
बीमार है।

[1966]

दोषी

फूलों को धूप से तर करना
सुबह नहीं है।

और मैं अपनी आँतों को
मुट्ठी में दबाये
सड़कों पर घूमता रहा

तुम कहते हो कि तुम दोषी हो

अपनी विवशताओं के लिए
सारा दोष तुम्हारा है

मेरे साथी, दोषी तुम नहीं हो
तुम केवल
अपने आत्म-स्वीकृति को अपराध की हद तक
खींचकर
ग्लानि से गहरे धँस जाते हो

'हम दोषी हैं : सारा अपराध
हमारा है'

दरअसल उसके द्वारा दिया गया नारा है
जो तुम्हारी तमाम सुविधाओं का
असली हत्यारा है।

बाँध गया संशय के गहरे
'खतरे से बाहर निकाल कर
सुविधा में
डाल दिये जाने का डर'

घड़ी के काँटे से
तुम्हारे पैर में धँसे खुरुच को
बाहर खींच रहा हूँ।

टेबुल पर हम बैठे हैं एक तरफ
तुम और दूसरी ओर मैं
हमारा विरोध बीच में है।

एक गिलास से दूसरे गिलास के बीच
जो दूरी है वह
जरूरी है।

आप उनके पास जाइए, वे
आपको रहस्यभरी आँखों से
ताकेंगे। कुछ देर चुप।

फिर कहेंगे :
'मैं बहुत व्यस्त हूँ।'

नहीं...नहीं...नहीं...कुछ रचने के लिए
नहीं...सिर्फ सिर्फ सिर्फ
बचने के लिए
सिर्फ बचने के लिए।

[1.4.1966]

देश के प्रति

बचपन में सुना था कि सोने की चिड़िया
था मेरा देश। अपने देश को मैं प्यार करता हूँ।
चिड़िया उड़ती है और आकाश में फेरा लगाती है
मेरे देश का घोंसला है मेरा हृदय।
मैं अपने देश को
प्यार करता हूँ।

जब मैं सयान हुआ मैंने पाया कि मिट्टी का
माधो है मेरा देश। मैं अपने देश को प्यार करता हूँ।

खेत की मेंड़ के लिए
लड़ते किसान के बीच
मैं घायल होता हूँ
अपने मिट्टी के माधो को बाँहों में थामकर
रोता हूँ

लेकिन जब लहकती फसलों का संगीत
        खेतों में बजता है।
मेरी कविता में,
खून में बजता है एक राग
जो मुझे आदमी बनाता है।

मुझमें जलती रहती है एक आग
जो मुझे जिन्दा रखती है। यह देश की
जगाई हुई आग है।

मैं अपने देश को प्यार करता हूँ।

मैं ऐसा विभोर कि नहीं जानता, कब मेरी कोई
कविता पहाड़ गाने लगेगी और कब
कोई नदी। मैं नहीं जानता लेकिन
मेरा देश जानता है कि
नेकी और बदी
एक कवि के लिए यात्रा है
जीवन की।

मैं अपने देश को प्यार करता हूँ।

मेरा देश
मेरे लिए रास्ता है।
जो भविष्य की वादी में
खुलता है।

[1966]

उन्हें अक्सर त्याग के लिए

उन्हें अक्सर त्याग के लिए
उकसाया जाता है
आम तौर पर मामूली आदमी की जिन्दगी
इन्हीं हाँकों से चलती है।
चाहे ये हाँके जंगल की ओर हो या
जनतंत्र की ओर।
हर बार निशाना मचान पर बैठे
आदमी के हाथों में

होता है और
निशान 'साधारण जन' की
जरूरतों का सीना होता है।
तुम्हारी चोटें होनी हैं
हमारा सीना होना है।

हम पहले हिन्दुस्तानी हैं
और बाद में कुछ और।
यह 'कुछ और' क्या है?
कौन-सी कमी है
जिसने इस नारे को उगाया है?
नारे कब उगाये जाते हैं
नारों की व्याख्या :
'जय जवान, जय किसान'
आदि?
शान्ति का नारा
उस समय उगाया जाता है
जब समूचा जन-जीवन
युद्ध की शान्ति की माँग
से थर्राता रहता है।

[1968]

सुबह चिरायते की गन्ध में डूबी

सुबह चिरायते की गन्ध में
डूबी हुई है और
नींद को खोंचा मारती है
अलसायी हवा में
झोंपड़े गुमसुम खड़े हैं
और घास के पत्तों पर
झिलमिलाती हुई ओस में
उनके अक्स मिटने लगे हैं

बस्ती से बाहर,
'कदर'। बीनता हुआ सुअरों का झुंड
और उनके पीछे गुर्राते लपकते
कुत्ते।
कुड़कुड़ाती हुई मुर्गियाँ।
रात की उबासी से नम चेहरों पर
काम में जाने की उतावली ने
अजीब-सी हरारत भर दी है।

कुछ दूर भागने के बाद
अचानक सबसे पीछे भागने वाला
सुअर घूमकर खड़ा हो गया है और
पीछे भागने वाले कुत्ते उछल कर
सहम गए हैं।
और अब केवल उनके बगल में
झाँव-झाँव कर रहे हैं।

पेड़ पर बैठा एक कौवा
अनमने भाव से सिर घुमाकर
इधर-उधर देखता है। इस
हलचल में
पेड़ फिर शामिल हो गए हैं
और धूप में
उनकी छायाएँ
मिट्टी को गीला करने लगी हैं।

[1966]

जब अनाज और आँत के बीच

जब अनाज और आँत के बीच
रोटियों के नाम तय कर दिये गए हैं
एक बच्चा—

माँ की कोख में
अकाल के सिगनल के समान
गिरता है।

कविता में जाने के लिए
जीवन में जाना जरूरी है।
कविता में एक शब्द—
दोस्त की तरह आता है
और धोखे की तरह चला जाता है।

कविता से एक शब्द हटाना
उतना ही खतरनाक है
जितना कि रेल की पटरी से
फिशप्लेट को हटाना।

अपनी कविता का एक भी वाक्य
अपने विरोधियों के पक्ष में लिखवाना
वैसा ही खतरनाक है—
जैसा दाँत से हथगोले का फीता खींचकर
उसे दुबारा झोले में रख लेना।

[1967]

कोई भाषा नहीं थी

कोई भाषा नहीं थी
सुबह के पहले
दो-तीन लड़के
भूख के खिलाफ
पहल करने के लिए
मैदान में तड़के निकल आए थे
'विद्यार्थी को सक्रिय राजनीति से
बिलकुल अलग रहना चाहिए'

विज्ञापन के पीछे
विद्यालय की नीयत चमक रही थी।

दिन इतवार था

'विद्यार्थी का असली आनन्द
उसकी पढ़ाई में है।'
पत्थर फेंकते हुए तीसरा
बुदबुदाता है।
उसकी दसों अँगुली किताब में
और सिर कड़ाही में है।

यात्रा-प्रसंग

—जबकि आदमी का व्यक्तित्व
कुतुबनुमा की तलाश में
चौरस्ते पर भटक रहा
—जबकि हर चीज संतुलित होने के लिए
अलग हो रही है
—जबकि जरूरतों ने चेहरों को कानों और ठुड्डी तक खींचकर
तिकोना कर दिया है
और हम अपने लिबास में सहते हैं—
अपनी गम्भीरता की टीस
अक्सर निपोरते हैं खीस
हँसने की कोशिश में
(उफ्! हँसी आदमी के चेहरे पर
पेचिश की तरह कराहती है)
ऐसे में
जबकि खरगोश की छलाँगें और उदासी
चन्द्रलोक की यात्राएँ और नीग्रो समस्याएँ
एक ही लकीर पर खड़ी हों
बड़ी मुश्किल से अपना हो पाता है

धूप में टूटता हुआ एक दिन,
मैं किसी तरह अपने को छुड़ाकर
वक्त से और पेशेवर लोगों से
घर की ओर लौटते हुए रस्ते पर लाता हूँ
और अपनी टाँगों पर उठाता हूँ
सड़क का 'शो-केस'
जिसमें एक पालिश किया हुआ 'घिन'
मक्खियों से परहेज करता है।
अचानक
हरारत सब कुछ बदल देती है
साँझ और पार्क और बेंचों के रिश्ते
फिर कहीं भी एक आदमी के लिए
बैठने की कोई जगह नहीं होती
सभी जगह आदमी
बैठे हुए होते हैं
कीचड़ की तरह काँपती हुई भीड़ में
सहसा एक साथ उदास
दीखते हैं—
आदमी और घास
मैं अपने भीतर थोड़ी-सी जमीन
खिसकाता हूँ और 'शो-केस'
वहीं उतार कर रख देता हूँ
और आत्मस्वीकृति में झुके हुए सिर को
हिलाता हूँ—
दरअसल मानसून की शर्तें काफी उदार हैं
और हुआ यह कि शताब्दियाँ
बीत चुकीं
और हम आज भी
ऑक्सीजन के कर्जदार हैं।

[फरवरी, 1966 : 'सम्बोधन']

[यह कविता 'संसद से सड़क तक' के लिए दी गई थी, बाद में इसकी जगह, शहर का व्याकरण, दी गई—नामवर की चिट्ठी से]

अपने कालर में अपनी शराफत

अपने कालर में अपनी शराफत उलझा कर
जब तुम एक बीड़ी माँगते हुए
मौसम की चर्चा करते हो
जाड़े का एक और भी मतलब है
कि बालों की कमी है

मैं तुम्हारी उस पकड़ से बचना चाहता हूँ
जो फौलाद पर दाग छोड़ती है
नर्क की नींद तोड़ती है
मैं तुम्हारी आँखों की उस पकड़ से बचना चाहता हूँ
जहाँ 'माँगना'
मृत्यु का अनुवाद है।

आस-पास के लोग

वे एक-एक कर—
        इस तरह उपरा रहे हैं
        जैसे ग्रहण के बाद सूरज
                बाहर आता है।

जहाँ अपराध—
रोटियों का बहाना लेकर
खड़ा है।

इस आतंकित बसंत में—
जबकि हवा पराग के लिए
        चीख रही है
मरते हुए फूलों ने
खून को नये ढंग से
सुवासित किया है।

तीर्थ-यात्रा में बस गड्ढे में गिरने से
हुई मौतों की बनिस्बत
बेहतर है इस तरह मरना

गली बच्चे के मुँह की तरह महकती है
'अपराध—
सरेआम रोटियों का बहाना लेकर खड़ा है'
मगर पागल आदमी
क्या इस तरह बोला जाता है?

अँधेरा है
फिर भी तुम्हारी आवाजों के दाँत गिने जा सकते हैं।
ओ फाइलों के इन्तजाम!
नागरिकता का सबक कितना कठिन है—
'तीन लाशें और
अनगिनत घायलों के खून'
कर्फ्यू खुलते ही
शहर अचकचा कर गाड़ी के
उस बैल की तरह उठता है
जिसे नाल ठोंकने के लिए
गिराकर 'रसर' दिया गया था।

[1967]

मुझसे मिलकर हर आदमी

मुझसे मिलकर हर आदमी
नाराज क्यों होता है?
क्या मैं सच कहता हूँ?
क्या मैं अनुकूल (अपने को) बना
सकने में समर्थ नहीं हूँ?
क्या मैं उसे हावी होने से रोकता हूँ?

और कहता हूँ कि समस्या
का यह रुख नहीं है

मुझसे लड़ने के बाद
पड़ोसी गरीब हो जाता है
इसका इलाज क्या है?

शौचालय से सटकर कुछ औरतें
खाना खा रही हैं

पुल पर एक नंगी औरत गा रही है
एक गधा खूँटे से बँधा है
एक किरानी आ रहा है
लेटर बाक्स की 'निकासी' का समय
गायब है...।

[1966]

स्वप्न

आह! पेड़ की जड़ें
जब नीली और लाल रोशनियों में
झपक रही थीं
मैंने शाखों पर फलों की जगह
रोटियों को लटकते हुए देखा।

रिक्शे के पीछे लटकते हुए लड़के की तरह
रिक्शा वाला उससे अनजान उस
बोझ को भी खींच रहा है।

ऐसा ही होता रहा
शासक बदलते रहे

और जो शासित था
सोचता रहा।

बूढ़े

बूढ़े हैं
बैठे हैं
कोने की मेज पर
चेहरों पर लानत, सहेज कर
चेहरे से चार हैं
कोई उन्नीस नहीं
सब-के-सब बीस हैं
अच्छे खबीस हैं
पूरे मक्कार हैं
बातों में ऐसे मशगूल हैं
उम्र गए भूल हैं
        मुझे लगा—ये साले
जितने उलूल हैं उतने जुलूल हैं।

बूढ़ों में एक बूढ़ा
औरों से कुछ ज्यादा
        काग है
बूढ़े की आँखों में झाग है
और शेष बूढ़ों में आग है।

मरे हुए मेढक-सा
एक हाथ उछला—हवा में
और मेरे बालों में, बालों से कन्धों पर
कन्धों से पीठ पर
पीठ से सरकता हुआ
जाँघ पर
और वहाँ जाँघों में—
जाँघों में थम गया

एक हाथ
जाँघों में थम गया
और मैं तना हुआ
फिर सहसा नम गया
मरे हुए मेढक-सा।

किसान : एक दृश्य

वह पूरे सीवान से बड़ा है
खेतों को हरियाली सौंपकर
बाँस के डंडे को ठोड़ी से लगाए हुए
एकदम सीधा खड़ा है
उसने अपना चेहरा उछालकर
फेंक दिया है
और खेतों को हरा किया है

और इसके बाद
उसके चेहरे पर
तुम ऐसा सन्तोष देखोगे
कि तुम्हारा मन शर्म से भर उठेगा
वह अपनी तंगी में चंगा है
वह अपनी सादगी में नंगा है
जैसा भी है, भला है
अपनी शालीनता में टूटा हुआ

चिड़ियों के पीछे दौड़ता लड़का
बकता है
लौट आ, ओ लड़के
लौट आ, रंगीन चिड़ियों के पीछे
बेमतलब थकता है।

डूबता सूरज—
खेत में खड़े आदमी को

एक लम्बी परछाईं के सिवा
और क्या दे सकता है!

[1966]

एक सुरुचि-सम्पन्न आदमी का वक्तव्य

मैं हथौड़ा और
बास्केट बाल के बारे में जानता हूँ

कमसिन लड़कियों का इरादा
टाँगों से कितना कपड़ा उठाता है
सही-सही अर्थों में मादा
होने से पहले।
कृपया मेरा घेराव करिए।

मद्रास कैफे के सामने

सात गधे
और तीन कुत्ते
एक औरत झपटती हुई
अपने बच्चे को
गोद में चिपकाए हुए।

औरत किधर जा रही है।
एक चुकचुकहा नौजवान कन्धे पर
लुंगी रखे हुए।

पार्क : अन्धकार

मैं मजबूती से अपने को पकड़ कर
गुजरता हूँ
और घास देखते ही

पता नहीं कब मेरे भीतर का पशु
'पगहा' तुड़ा कर उधर दौड़ पड़े

मैं तुम्हारे धीरज को
प्रणाम करता हूँ जो
नर्क की शोभा है

(तुम महान हो, तुम्हें
मर जाना चाहिए)

मेरा पेट काट लो
मेरे पीठ पर
कोड़े बरसाओ
लेकिन काम पर आओ

सेठ का मजदूरों से रोना
(जो इस देश में कभी नहीं हुआ)

वे तमाम आकृतियाँ
जो दया के लिए विवश थीं
अँधेरे की खूनी गुर्राहटों से
मर गई हैं
वे पंजे पैने हो उठते हैं
दिन की रोशनी में
जिन पर नाखून नहीं
उगे थे।

गाँव

ठहरती दीवारों पर छप्पर—
किसी बाज के पंजों से छूटा जमीन पर
दिखा झोंपड़ा जैसे सहमा हुआ कबूतर

मूत और गोबर का ही गन्ध उठाए
हवा, बैल के सूजे कन्धे से टकराए
चौरे पर चितकबरी कुतिया
सड़ा हुआ सिर झटक रही है
दरवाजे पर बैठी बुढ़िया
ताला जैसी लटक रही है

खाल उतारी हुई भेड़-सी
पसरी छाया नीम-पेड़ की
डाँय-डाँय करते डाँगर की
सींगों में आकाश फँसा है
झिलँगी खटिया के पैताने
पावे से, हुक्का लटका है
फूटी औंधी चिलम पड़ी है
रोक तमाखू की, सिरहाने
ठहरी और उदास खड़ी है।

चीखों के दायरे समेटे
ये अकाल के चिह्न अकेले
मनहूसी के साथ खड़े हैं
खेतों में चाकू-से ढेले।
अब क्या हो, जैसी लाचारी
अन्दर-ही-अन्दर घुन कर दे वह बीमारी।
इस उदास गुमशुदा जगह में
जो सफेद है, मृत्युग्रस्त है
जो छाया है, सिर्फ रात है
जीवित है वह—जो बूढ़ा है या अधेड़ है
और हरा है—हरा यहाँ पर सिर्फ पेड़ है।

चेहरा-चेहरा डर लगता है
घर बाहर अवसाद है
लगता है यह गाँव नरक का
भोजपुरी अनुवाद है।

[1965]

लिखता हूँ

किसी जिले में
किसी शहर में
किसी सड़क पर
नहीं मरता है नौजवान
मेरे शरीर में मरता है लहूलुहान
मेरे भीतर एक मौत होती है
और सबूत में
एक अपना आहत हृदय
        लेकर
        लिखता हूँ।

[1970]

तुम्हें वेश्या कहते हुए

फिर वही अस्फुट ध्वनियाँ अँधेरे की
फिर वही बटन बन्द करती कुलीनता
चकपकाती हुई गली का मोड़ पार करती है
पुरखों के पुरखों का
बलात्कार
ओ पृथ्वी! तुम्हें वेश्या कहते हुए
मेरे खून में
अपराधियों-सा हाथ उठाए हुए
एक दैत्याकार, दर-ब-दर भटकता है।

[1968]

प्राचीन साहित्य और आधुनिक जीवन-सन्दर्भ

एक झगड़ालू शीर्षक है
आदमी परम्परा से बाहर

नहीं जा सकता।
मैं कहता हूँ
यह आपका भ्रम है।
दर-
असल,
परम्परा पाठ्यक्रम है
भाषा जिसे मैंने स्वीकार किया
उसने मुझे मार दिया

गद्दर हूँ गद्य का
कविता का धूमिल हूँ
बाहर का दुर-दुर हूँ
भीतर का बिल-बिल हूँ।

[1967]

शरीफ राहजनी

अक्सर सकारने की तबीयत होती है
कि मेरी मिहनत ही
मेरी मजबूरी है

जब मैं देखता हूँ कि
वह आदमी सुखी है
जिसके पास—
जाँगर से ज्यादा 'जी हुजूरी' है।

[1965]

अभिनेता

दूर तक खुला हुआ
राजनीतिक हत्याओं का शीत-
कालीन आकाश, शहर के लफंगों में

रंगों की मनपसन्द भूमिकाएँ
बाँट रहा है।

तुम्हारी दीनता
तुम्हारे उदास और थके हुए बाजुओं पर
ताबीज की तरह बँधी है।

[1966]

सूर्योदय के वक्त

सूर्योदय के वक्त जब
हमने घोड़ों पर बहस
में हिस्सा
लेने से मना किया—
तब मेरा मतलब
यह नहीं था कि हम
पहियों के खिलाफ थे

वह हमारी हवाखोरी का समय था

लोग अपनी धुन में बाग हो रहे थे
और अक्लें
नाश्ते की मेज पर
खुल रही थीं।

[1966]

यह मैं हूँ

यह मैं हूँ
जिसे बसंत ने
जीवित किया है

यह मैं हूँ
जिसने बसंत को
अर्थ दिया है

पेड़ों में बहते बसंत को
कब देखती हैं आँखें

क्या तुम नहीं समझते कि एक बच्चे के
जन्म के साथ
मौत को एक मौका और मिल जाता है
अपनी भूमिका अदा करने के लिए?

[1966]

यह आग, जो तुम्हें जलती हुई दीखती है

यह आग, जो तुम्हें जलती हुई दीखती है
क्या तुम सोचते हो कि यह
इसी तरह जलती रही है?

और यह पेड़
जो बसंत में
फूलों से लदा हुआ
रोमांचित खड़ा है
यह भी एक दिन खाली हो चुका था
ठीक उसी तरह
जैसे कि
        तुम्हारा चेहरा
बोलचाल की भाषा में उन्हें ढूँढ़ना व्यर्थ है
कुछ ऐसे नाम हैं जो कागज के होते हैं
जाड़े की उदास और लम्बी संध्याओं में।

[1967]

भेड़

उसे देखो
और देखो कि उसके मुख की
तरफ हरी-हरी पत्तियाँ
कितनी आसानी से
लेड़ियों में बदल रही हैं

उसकी मासूमियत
शहर की शराफत को
भेड़ियों में
बदल रही है।

[1966]

मध्यवर्ग

कहीं नहीं जिन्दा है मध्यवर्ग
सब्जियों की बासी दुकानों पर
या शब्दों के पुराने खँडहरों में
जिन्दगी और इस देश के संविधान की
दोनों अतियों पर
एक तरफ अमीर है और दूसरी तरफ
गरीब है।

[1967]

कामरेड ने कहा

कामरेड ने कहा कि मैं अवसरवादी हूँ
सुनने का आदी हूँ
उसने शायद ठीक कहा है

अपने बारे में कुछ ऐसा
ही मेरा मत सदा रहा है

सबको सभी लोग ऐसा कहते रहते हैं
कुछ होते हैं जो कि दुखी
होते हैं इससे
कुछ इसको युगधर्म समझ कर
चुप रहते हैं।

[1967]

चलो, हम भी देख आएँ करीब से

चलो, हम भी देख आएँ करीब से
आखिर ये कौन लोग हैं जो भूख की हदबन्दी
जातियों की जरीब से
कर रहे हैं
यह जानते हुए भी कि
बालिग होने की होड़ में
हम अपनी समझ 22 साल पीछे
छोड़ आए हैं
        वह अब भी हरिजन
        लड़की है, तू अब भी बाम्हन
        बेटा है
जमीन का एक छोटा-सा टुकड़ा
हमारे बीच अफवाह की तरह फैला है।

[26.3.1971]

इस हाते में आने के पहले

इस हाते में आने के पहले
        एक बार मैं तुम्हें फिर से जाँच
        लेना चाहूँगा

यहाँ आदमी रहते हैं।
मैं तुम्हारा पंजा देखना चाहूँगा, नाखून :
ठीक, आदमी के हैं और दाँत
नहीं इसके लिए मैं
        तुम्हारा मुँह नहीं आँत
        देखना चाहूँगा
यकीनन तुम्हारे चेहरे का दीन भाव
        तुम्हें अपना बताता है।
मगर तुम्हारी आँखों की यह शिकारी
        चमक?

एक साथ क्यों मरना चाहता हूँ

एक साथ क्यों मरना चाहता हूँ मैं
अपने आप में मेरे खुदगर्ज
भाइयों की दिलफरेब औरतों का अन्धकार
मुझे तसल्ली नहीं देता
क्योंकि खानाबदोश
मेरी नींद के हर दूसरे-तीसरे मुकाम पर
जंगल मुझे कन्धे पर खेमे की तरह
उठाए हुए घूमने लगता है

और मेरी कोशिशों के बावजूद
मेरे माँ-बाप और भाई-बहन और पत्नी-प्रेमिका
के चेहरे एक ही अपराध में
नत्थी हो जाते हैं।

आलू और धनिया खरीदती हुई यह दुनिया
पेट के ऊपरी हिस्से तक
बनिया हो गई है

शरीफ होना
अपने आप को धोखा देना है।

जीवन, यहाँ अन्धकार की तरह
समतल है

यह मौसम, औरतों की
मृत्यु का मौसम है।

[1966]

चाय की प्याली को खाली करने तक

चाय की प्याली को खाली करने तक
और ठहरो
और देखो किस तरह—
साहसिकता सच्चाई में बदलने लगी है

जो कल तक इस बात से दुखी था
कि उसका बायाँ खत
दाहिने खत से
कुछ नीचा कट गया है।

वक्त का रुख जानने के लिए
भाषा के उस मुहावरे को समझना
अभी बाकी है
जिससे ठीक-ठीक पता चल सके
कि सामने बैठे हुए
आदमी के चेहरे पर
कितनी चीख और कितनी चालाकी है।

[1967]

दुनिया अँधेरे में खो गई है

दर्शकों का पूरा मनोरंजन करने के बाद भी—
वह एक पशु था—घायल...बर्बर

उसकी कनपटी से खून टपक रहा था, अगला धक्का
और सामने का दायाँ पैर
बुरी तरह जख्मी हो गया था। उसने अगला पैर उठा लिया
सिर को हवा में तीन बार
झटका दिया और अपने पीछे खून की लम्बी लकीर
छोड़ता हुआ पश्चिम की ओर
बढ़ गया।

उसने उस लड़के की तरफ कोई ध्यान नहीं दिया
जो उससे डर कर पेड़ की ओट में छिप गया था
और खुरदरी छाल वाले तने पर हाथ रखे
उसकी ओर अघाई आँखों ताक रहा है, उसके घवहे पाँव
को ताक रहा है और खून को भी।

उसका प्रतिद्वन्द्वी...
उस लम्बी और सुनसान पगडंडी पर वह अकेला था
बिना किसी ब्यौरे और बिना किसी सहमति के।
और इस वक्त उसका सबसे बड़ा प्रतिद्वन्द्वी उसका शरीर था
जब भी कभी देखा है—
सूर्यास्त को मैंने इसी तरह देखा है धूल में लड़खड़ाते
हुए साँड़ की तरह
और दुनिया अँधेरे में खो गई है।

[1966]

सरकारी बस का ड्राइवर

सरकारी बस का ड्राइवर बोल रहा था—
'जब तक जिये लेटकर जिये जिन्दगी में इससे
आगे क्या किये?'
उसने, और भी, एक मार्के की बात कही है
जनता और सरकार के बाबत कि
अन्धी बुढ़िया पीस रही है : कानी कुतिया
चाट रही है।

कोई ऊब रहा; ऊबे—कोई डूब रहा है डूबे; उसको क्या?
उसको न शर्म है न पीड़ा है
बाबू तो तकाजों का कीड़ा है।
जिन्होंने जिन्दगी को नकद रूप में
    कभी नहीं जिया।

[1966]

लेखकों से

आओ, हम भूल जाएँ
सारी उबकाइयाँ, सारी शिकायतें,
सारा आवेश
इतना ही याद करें
हम एक हैं
ऐसे रस्ते पर चल रहे
जिन पर फैली है धूल।

बच्चे, बूढ़े, जवान—
चेहरे उदासी में डूबे
खामोश पत्थर-से सर्द
फिर भी वे चल रहे
जीने की इच्छा के
साथ।

ऐसी गरीबी की धुन्ध—साफ नहीं दिखते—
    सम्बन्ध
अच्छा, अब, अवसर दें, उनको भी, कम-से-कम
    एक बार

कल तक
जो हकमार ये
अपने ही लोगों के हिक्के पर
बैठे थे। उनको ललकारो

गेहूँ का मतलब क्या होता है :
एक उठी हुई हया : एक उठा हुआ हाथ
तो यार! कम-से-कम यह करो
कि दाँत चिंयार कर
दया माँगने से बाज आओ।
डर के बदले डर पैदा करो।

सड़क पर निकल आए, कम-से-कम, चालीस की
उमर के बाद। यह केवल उसके लिए जो शादीशुदा है
अपने पास की नदी में फेंक दो
बेमतलब दो जून की रोटी के लिए कलपती—
औरताना जनून में जन्मी मरकट औलाद।

क्वारों की बात
जुदा है

और अन्धाकूप का साइरन बजते ही
अनाज और आदमी के बीच का फासला
बढ़ जाता है।

उसकी कविताओं में जैसे उसका
समूचा चेहरा बोल रहा है

सही कविता का मतलब
देह के तय किये हुए अँधेरे में
भरना है।

यह मेरी कविताओं का शहर
नहीं है। मेरे अपने लोगों
के दुखों का शहर है।

एक बार फिर वही शहर मेरी
कविताओं में लेकिन अँधेरा
नहीं। रोशनी की तरह एक 'चमड़ गन्ध'

भाषा बनने के पहले—
चील की डैनों की तरह।

हिलती हुई खुशमिजाज
औरतें घोड़े की बदबू
से बने हुए पतियों का प्यार
अपनी तकलीफ
पर मलती हैं
और फिर इन शरीफ
चकलों की धाँधली चलती है इतनी सारी
कानूनी पाबन्दी के
बाद। कर्जखोर देश की बेगैरत
औलाद
मेरी कविताओं की
हर दूसरी या तीसरी पंक्ति में।

धूमिल समग्र

खंड-2

गीत, कहानी
लघुकथा, नाटक, दस्तक,
निबन्ध, समीक्षा एवं अनुवाद

धूमिल समग्र

खंड-2

गीत, कहानी
लघुकथा, नाटक, दस्तक,
निबन्ध, समीक्षा एवं अनुवाद

संकलन-सम्पादन
डॉ. रत्नशंकर पाण्डेय

राजकमल प्रकाशन

ISBN : 978-93-89598-86-5

मूल्य : ₹3000
(3 खंडों में)

पहला संस्करण : 2021

प्रकाशक : राजकमल प्रकाशन प्रा.लि.
1-बी, नेताजी सुभाष मार्ग, दरियागंज
नई दिल्ली-110 002

शाखाएँ : अशोक राजपथ, साइंस कॉलेज के सामने, पटना-800 006
पहली मंजिल, दरबारी बिल्डिंग, महात्मा गांधी मार्ग, प्रयागराज-211 001
36 ए, शेक्सपियर सरणी, कोलकाता-700 017
वेबसाइट : www.rajkamalprakashan.com
ई-मेल : info@rajkamalprakashan.com

मुद्रक : यश प्रिंटोग्राफिक्स
ग्रेटर नोएडा-201 301 (उत्तर प्रदेश)

DHOOMIL SAMGRA (Vol-2)
Compilation and editing by Dr. Ratna Shankar Pandey

धूमिल : 1952

धूमिल : 1962

धूमिल के साथ एस. अतिबल : साक्षात्कार की मुद्रा में

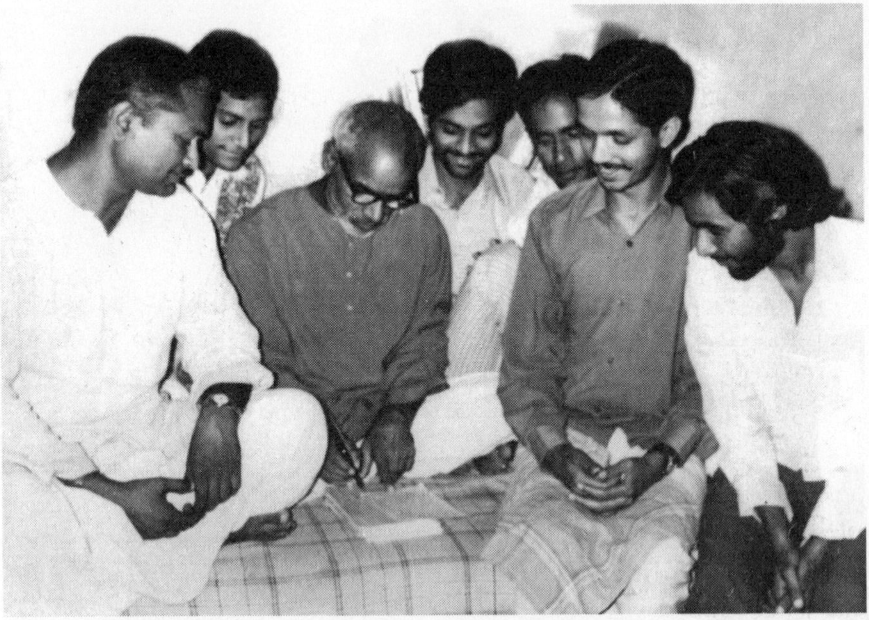

'त्रिलोचन अध्ययन केन्द्र' की स्थापना के पूर्व त्रिलोचन से अनुमति लेते हुए धूमिल

बाएँ धूमिल दाहिने त्रिलोचन सुनते हुए

कुर्सी पर (बाएँ से दाएँ) : सर्वश्री विजयशंकर मल्ल, चन्द्रबली सिंह, केदारनाथ अग्रवाल, शिवप्रसाद सिंह, त्रिलोचन शास्त्री।
पहली पंक्ति : सर्वश्री सुरेन्द्र प्रताप, वशिष्ठ, धूमिल, वाचस्पति, योगेन्द्र नारायण, सुधेन्दु पटेल, सुरेश भ्रमर, वीरेन्द्र शुक्ल।
दूसरी पंक्ति : सर्वश्री अमित प्रकाश सिंह, अज्ञात, नरेन्द्र नीरव, शिवजी सतयोगी, अवधेश नारायण सिंह, ओमकार जासवाल, अवधेश प्रधान।

धूमिल

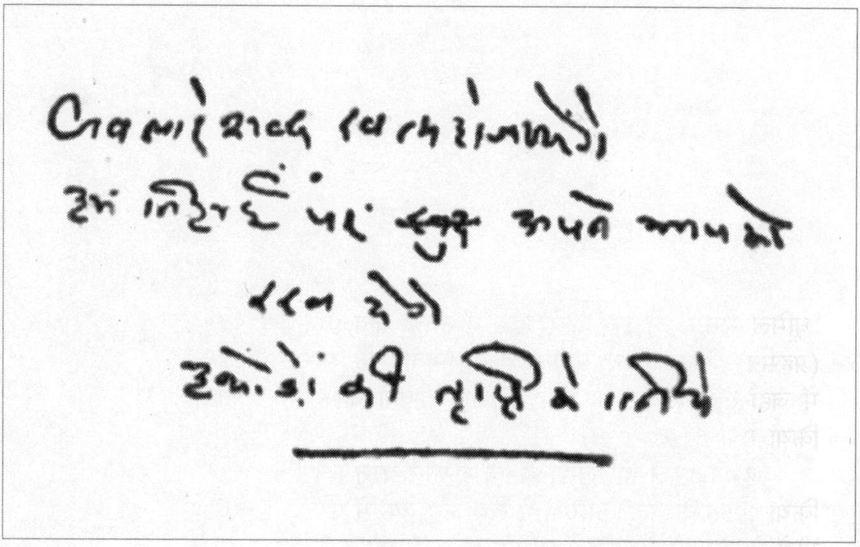

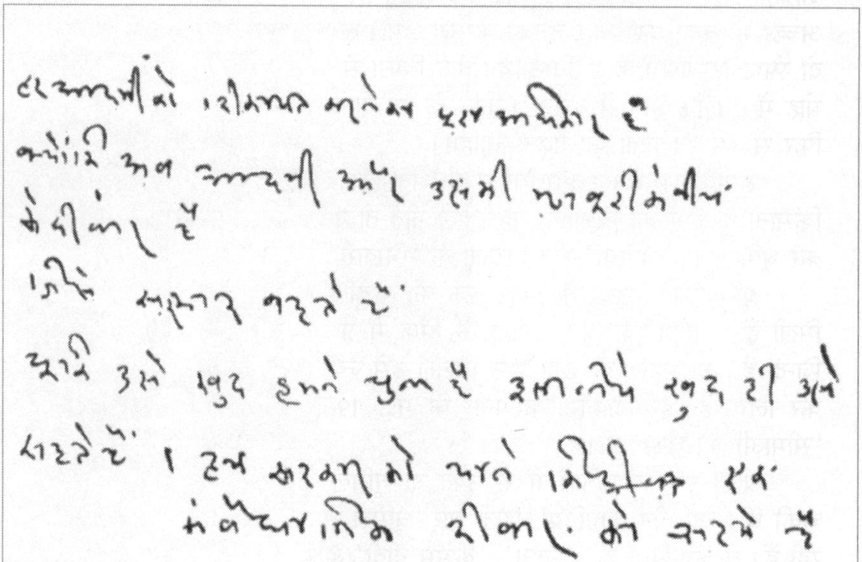

हस्तलिपि

यह खंड

'धूमिल समग्र' के इस दूसरे खंड में उनके गीत, कहानियाँ, लघुकथाएँ, नाटक (प्रहसन), निबन्ध एवं समीक्षा तथा अनुवाद के साथ-साथ उनकी पांडुलिपियों में जहाँ-तहाँ कविता के रूप में लिखे वाक्यों को 'दस्तक' शीर्षक से शामिल किया गया है।

हमने पहले ही लिखा है कि उन्होंने वस्तु को गीत का लय देना आरम्भ किया 1956 के बाद। आरम्भ में लय और तुक में वस्तु को ढालने का काम किया गीतों ने। पिछले दशकों में धूमिल के कवि को इसी लय और तुक के भाषागत आग्रहों के साथ रखकर पढ़ने-पढ़ाने की कोशिश भी की गई। इस आग्रह को अच्छा भी कहा गया और उनकी कमजोरी भी। लय और तुक को लेकर उनकी दो स्पष्ट टिप्पणियाँ हैं : 'निष्ठा का तुक बिष्ठा से मिला देना' या फिर 'तुक के मोह में तुगलक होने से बचना'। कवि के इन दोनों टिप्पणियों की कसौटियों पर फिर से हमें इन गीतों को पढ़ना चाहिए।

रूपाकर्षण, संयोग और वियोग की अनुभूतियाँ, प्रकृति के सौन्दर्य, कहीं-कहीं किसानों के श्रम को विज्ञापित करनेवाले गीत तो कहीं पुकार रही धरती!—खास कर धूमिल का 'श्रमिक' गीत निराला के 'भिखारी' की याद ताजा करता है।

धूमिल की 1958 से 1963 तक की पांडुलिपियों में कुल पाँच कहानियाँ मिली हैं। 'साकी' के जून, 1960 के अंक में प्रकाशित कहानी 'फिर भी वह जिन्दा है' का मात्र एक छपा पृष्ठ मिला। उसे ज्यों का त्यों 'समग्र' में शामिल कर लिया है। इसी प्रकार 'कल्पना' के मई, 1963 के अंक में छपी कहानी 'सीमाओं का बोझ' भी।

प्राप्त पाँच कहानियों में से उक्त दो धूमिल के जीवन-काल में ही छप चुकी थी। शेष तीन कहानियाँ पहली बार 'धूमिल समग्र-2' में प्रकाशित होने जा रही हैं। वे कहानियाँ हैं : 'रतना', 'कुसुम दीदी' और 'नई पौध : नया माली'।

गाँवों में अछूतों के जागरण की चेतना को लेकर लिखी गई कहानी है : 'रतना'। इस जागरण का मुद्दा बनता हैं मन्दिर-प्रवेश और रतना उसका नेतृत्व करता है।

रतना की ओर से भैरों पुजारी को निशाना बनाकर एक पत्थर दे मारता है। तभी रतना दौड़कर पुजारी के आगे आ जाता है। पत्थर उसके सिर में लगने पर वह वहीं गिर पड़ता है। रतना के सिर से खून रिसने पर पुजारी सोचते हैं—अगर आज रतना न होता तो? उनका हृदय-परिवर्तन हो जाता है। वे मन्दिर का द्वार खोल देते हैं और रतना को उठाकर उसमें लिटा देते हैं।

'नई पौध : नया माली' कहानी में नौकरों के प्रति मालिक के दुराव को चिह्नित किया गया है कि एक मालिक अपनी अहं की तुष्टि के खातिर किस तरह अमानवीय हो उठता है।

'कुसुम दीदी' कहानी का वाचक स्वयं कहानीकार (मैं) है। कहानी अपनी भावभंगिमा के साथ एक ऐसा यथार्थ चित्र प्रस्तुत करती है, जिससे लोग छूटकर, सन्देह में उलझ जाते हैं।

'फिर भी वह जिन्दा है' कहानी के अधूरे अंश में दीपू मन्दिर, मस्जिद और गिरजाघर में आने-जाने वाले आदमी के बारे में सोचता है कि कोई हिन्दू है, कोई मुसलमान है, कोई ईसाई है, लेकिन आदमी? आदमी रहा ही कहाँ?'

'सीमाओं का बोझ' कहानी में मनुष्य के आत्मबोध को बड़े ही दार्शनिक अन्दाज में प्रस्तुत किया गया है। वह भी तीन घोंघों के माध्यम से।

पाँच छोटी कहानियाँ भी पांडुलिपियों से ली गई हैं, जो अपनी आकृति में लघु और पूर्ण होने की दशा में उसे 'लघुकथा' शीर्षक में रखना उचित समझा गया है।

धूमिल जी की पांडुलिपियों को देखने से पता चलता है कि उनकी बहुत-सी कविताएँ अधूरी हैं। कहीं-कहीं कागज के छोटे-से टुकड़े पर उन्होंने एक या दो पंक्तियाँ लिखी हैं तो कहीं तीन-चार पंक्तियाँ कविता की पूर्ण अभिव्यक्ति लगती हैं। ये पंक्तियाँ कविता के बने-बनाए अकादमिक तंत्र से सर्वथा अलग। लेकिन उसमें एक खास किस्म की आत्मीयता, जिन्दादिली और मस्ती का आलम दिखाई पड़ता है। इन छोटी-छोटी पंक्तियों में बनारस की मिट्टी की सोंधी गन्ध है। अक्खड़ी-फक्कड़ी, हँसी-ठिठोली, व्यंग्य-विनोद, मौज-मस्ती घुली-मिली है। इस तरह की पंक्तियाँ बनारस शहर से खेवली गाँव की साइकिल-यात्रा के दौरान ही मिल सकती हैं।

उन्होंने एक जगह लिखा भी है कि 'जब मैं साइकिल पर सवार होता हूँ तो मेरा दिमाग साइकिल की तीलियों की तरह चलता है।'

ये पंक्तियाँ किसी टकसाल की उपज नहीं हैं और न बन्द ए.सी. कमरे की। यह सड़कों-फुटपाथों पर, किराना-बिसातबाना और चाय-पान की दुकानों पर,

रिक्शा-ठेलों के साथ-साथ गाँव के बोड़र, घीसन, कतवारू, जियावन के जागर से; पुरवट, फरसा, कुदाल, जुताई-बुआई से पैदा हुई हैं। यह आवाज रसोई के कठवत की रोटियों से, चूल्हे के ताप से, तवे पर मचलते हुए चिमटे से, बटलोही से बतियाती हुई कलछुल से निकली है। यही कारण है कि धूमिल का एक ही शब्द, उनका एक ही वाक्य अपनी-अपनी जगह अर्थ की अलग-अलग गहराई पाता है। क्या कारण है कि धूमिल का मौन सबसे ज्यादा बोलता है? सार्थक वक्तव्य की कविता में मौन भी सार्थक वक्तव्य बन जाता है? उनकी कविता की यह अकेली बनावट-बुनावट है। एक पंक्ति या कुछ पंक्तियाँ बहुत मुखर हैं इसीलिए इन्हें 'दस्तक' शीर्षक से समाहित कर लिया गया है। ज्ञातव्य हो कि 'धूमिल' ने इसी शीर्षक से एक संकलन देने की योजना भी बनाई थी।

कविता शब्दों, पंक्तियों से बनती है। धूमिल की कविता का एक-एक शब्द और शब्दों के समुचित प्रयोग से बना पूरा-का-पूरा वाक्य एक गहन अर्थ देता है। जब वे कुत्ते के घाव को देखते हैं, उसके ठीक होने की प्रक्रिया को समझते हैं तो ऐसे विचार व्यक्त होते हैं : 'कुत्ते का घाव और पड़ोस का झगड़ा चाटने से ठीक होता है।' यह धूमिल की कविता का एक मुहावरा है, जो पहली बार अनुभव के दृश्य को भावों में बाँधकर, विचारों में सम्प्रेषण की कला देकर, सिर्फ धूमिल की कविता की पहचान बनता है। यह जुमला नहीं बल्कि परिस्थितिजन्य अभिव्यक्ति की भाषिक समझ है। इस तरह के शब्द-चयन एवं वाजिब वाक्य-संरचना कविता को नई जमीन प्रदान करती है।

आरम्भ यानी 1958 से लेकर अन्त तक के उनके प्रकाशित-अप्रकाशित निबन्धों एवं समीक्षाओं को रचना के कालक्रम में देने का प्रयास किया गया है। सभी निबन्ध उनकी रचना-प्रक्रिया से तालमेल खाते हैं। इन निबन्धों के केन्द्रीय विषय हैं—समकालीन भाषा और रचना-प्रक्रिया, जिसमें 'तुलसी और आधुनिक लेखकों की समस्याएँ' उनका शब्दश: छपा भाषण है। 'नई कविता और उसके बाद' एवं 'नवलेखन विमर्श' 1964-65 के गहराते संकटकालीन मोहभंग की मन:स्थिति की उपज हैं जिसे साठोत्तरी कविता को समझने के लिए पढ़ना नितान्त आवश्यक है।

धूमिल जी के पाठक शायद जानते हों कि धूमिल जी ने 1973 में बांग्ला के अत्यन्त लोकप्रिय क्रान्तिकारी कवि सुकान्त भट्टचार्य के कविता-संकलन 'छाड़पत्र' का हिन्दी में अनुवाद 'पारपत्र' के नाम से, कंचन कुमार के साथ,

किया था। व्यक्तिगत, साहित्यिक, असाहित्यिक रुचियों की चर्चा तो उनके मित्रों के संस्मरणों में हैं, लेकिन उनके अनुवाद की चर्चा कहीं नहीं है।

प्राय: कवि-लेखक जिस कृति का अनुवाद करता है, तो कहीं-न-कहीं वह कृति और कृतिकार से भावनात्मक साम्य स्थापित करता है, तब जाकर एक अच्छा अनुवाद सम्भव हो पाता है। कविता का भाषान्तरण तो हो सकता है लेकिन उसकी भावनाओं का अनुवाद दुष्कर होता है। भावनाओं को तो बस समझना पड़ता है। इस प्रकार हम पाएँगे कि धूमिल ने सुकान्त की कविताओं का सिर्फ भाषानुवाद ही नहीं किया बल्कि कविता की भाषा में भावनाओं की समझ भी पैदा की, जो 'भाषा में आदमी होने की तमीज' से पैदा हुई थी। इसके लिए किसी भाषा में डिग्री हासिल करने की जरूरत नहीं होती, बल्कि होती है अपनों की तकलीफ पढ़ने-समझने की क्षमता।

'पारपत्र' में कुल पैंतीस छोटी-बड़ी कविताओं का अनुवाद है। उसमें लगभग दो दर्जन शब्द ऐसे हैं जो आज भी धूमिल की मूल भाषा-संरचना की याद दिलाएँगे।

मेरी हार्दिक इच्छा थी कि धूमिल जी की सम्पूर्ण रचनाएँ बिना किसी बदलाव के प्रकाशित हों, और अब अशोक जी के सार्थक प्रयास से 'धूमिल समग्र-2' आपके सामने है। मैं मानता हूँ कि अब रचनाएँ बिना किसी आलोचना के सीधे पढ़ी जा रही हैं, इसलिए सम्मतियाँ आपके हाथों में!

—रत्नशंकर पाण्डेय

धूमिल शोध संस्थान
खेवली, वाराणसी

अनुक्रम

पाँच बिरहा

कहानी

लघुकथा

नाटक

दस्तक

निबन्ध एवं समीक्षा

पारपत्र : अनूदित कविताएँ

धूमिल समग्र

खंड-2

गीत

कवि-उर की कोमल पीड़ा
साकार शब्द में होती
निस्सीम व्यथा मानव की
जिसमें सिर धुनती रोती

आ गया मधुमास...

आ गया मधुमास नीरस प्राण में
मैं सरस रसधार भरने जा रहा हूँ

जा रहा हूँ दूर तुमसे स्नेह-बन्धन जोड़कर
जा रहा हूँ दूर लेकिन मन यहीं पर छोड़कर

प्राण! तुम रूठो नहीं, पतझार से
मैं अपरिचित प्यार करने जा रहा हूँ।

बादलों की छाँव में तूफान ही के गाँव में
मैं किनारा ढूँढ़ता मझधार बाँधे पाँव में

प्राण! तुम रोको नहीं आई लहर,
द्वार पर, सत्कार करने जा रहा हूँ।

द्वार पर बारात आई बज उठी शहनाइयाँ
किन्तु दुलहन पर उदासी की बढ़ी परछाइयाँ

आह, दे दो साथ, नीरव भाग्य का,
मैं अभी सिंगार करने जा रहा हूँ
आ गया मधुमास नीरस प्राण में,
मैं सरस रस-धार भरने जा रहा हूँ।

बसन्त

लिये हृदय उल्लास
आ गया गंध मदिर मधुमास
लिये नव वय में नव विश्वास
लिखे कलि का विकास इतिहास॥ लिये हृदय...॥

खिले वृन्त पर फूल
डाल के कटु-काँटों को भूल
महकने लगी धरा की धूल
शान्त सरिता, समृद्ध है कूल॥ खिले वृन्त...॥

है निरभ्र आकाश
झुका उस ओर क्षितिज के पास
चूमता धरती को सविलास
बाँध कर निर्भय भुज के पाश॥ है निरभ्र...॥

सुमुखि! अभी नभ ओर
उठेंगे मेरे चरण अथोर
उड़ाना तुम चुनरी का छोर
नये बासन्ती रँग में बोर॥ सुमुखि!...॥

सांध्य-तारा

दूर हटते बादलों में सांध्य स्वर
डूब कर रवि-रश्मियों के साथ में,
आ गया बाहर निकल तम-सिन्धु तर
ले नवल नक्षत्र मोती हाथ में।

क्षेत्र में नभ के, तिमिर के वृन्त पर
एक तितली श्वेत पीले पाँख से,
झिलमिलाते श्रान्त तन को साध कर
पी रही है सृष्टि का रस आँख से।

दूर तक फैले गगन की राह में
ठेलता गाड़ी श्रमिक तम रात की,
प्रात किरणों की कुँवारी चाह में
हिल रही श्रम बूँद अविकल साथ की।

स्वप्न के मधु-लोक में जलता अहो
दीप का जैसे मधुर आभास है,
किन्तु यह क्या? क्या कहा तुमने कहो
यह तिमिर में भोर का विश्वास है।

फागुन में

पीत वर्णा अपर्णा बनी रसभरी
मंजरी मत्त हो झूमती, फूलती,
आम की डाल पर गंध झूला पड़ा
श्वास-बाला हुलस पेंग भर झूलती।

कोंपलों में खिली सृष्टि की रूप-श्री
प्यार का जिस घड़ी मंत्र थी फूँकती,
उस घड़ी बावली डाल के गर्भ में
साँवली कोकिला हूक भर कूकती।

छेड़ सुधि के स्वरों को नई तान पर
प्रान में दर्द मीठा जहर घोलता,
जब किसी कुंज की छाँव से पी विहग
पी-कहाँ, पी-कहाँ, पी-कहाँ बोलता।

आग किंशुक वनों में लगी थी कहीं
पात पीले झुलसते हुए झड़ गए,
आँच महुवे सहन कर न पावे कि जब
फूल-छाले खड़े के खड़े पड़ गए।

लो भरे खेत की स्वर्ण सी वह फसल
झुक गई है स्वयं रूप के भार से,
हो खड़ा शान्त मन साध के द्वार से
देखता है कृषक भर ललक प्यार से।

मद भरी आँख में लाल डोरे उठे
स्वर उठा फाग का गाँव की छोर से,
राधिका की पलक कुछ झुकी-सी उठी
बँध गया श्याम जब स्नेह की डोर से।

जाओ साथी, रात हुई!

जाओ साथी, रात हुई!
हाथों की कुदाल कितनी ही बार भीग कर सूख चुकी,
कितनी बार निगाह राह पर घूमी सहमी हुई झुकी।
साँझ हुई अब सूरज ढलका
दीवट पर लघु दीपक झलका
रजनी के आँखों का काजल
चन्दा के गालों पर छलका
एक एक कर तारे आए, मिल पूरी बारात हुई,
जाओ साथी, रात हुई!

इस चिन्ता-कैकेयी का अभिशाप सदा वरदान बने,
इस अभाव-दशरथ की चुप्पी, तेरा पथ सन्धान बने।
छाती चीर चीर तम-भ्रम की
जला ज्योति तू अपने श्रम की
साध सिया का हरण नहीं हो
खींच 'लखन रेखा' संयम की
तुमको पाकर शक्ति उर्मिला, कितनी विह्वल गात हुई,
जाओ साथी, रात हुई!

पंथ मेरा निहारो नहीं

पंथ मेरा निहारो नहीं चाँदनी,
आज की रात तो मैं न आ पाऊँगा।
दूर नभ के सितारों की देकर शपथ
आज राही को अपने पुकारो नहीं
है घनी कालिमा, साध का दीप ले
आरती प्राण की तुम उतारो नहीं
मान करना नहीं आज तुम मानिनी,
मान कर भी न तुमको मना पाऊँगा॥ पंथ मेरा... ॥

रात कुछ कह रही बात कुछ चल रही
चाँद नीले गगन में मचलने लगा
मंद झोंका पवन का महकने लगा
स्वर उठा यों कहीं प्राण जलने लगा
आ रही है कहीं से विकल रागिनी,
राग आसावरी मैं न गा पाऊँगा॥ पंथ मेरा... ॥

है उठी दूर पर आर्त वाणी कहीं
चेतना को विवश सी भुलाने लगी
बाँह धर कामना का मनाने लगी
मैं चला साथ में जब बुलाने लगी
बस जगाने चला विश्व को प्राण मैं
फूल की मैं न शय्या सजा पाऊँगा॥ पंथ मेरा... ॥

कविता से

मनुज के विश्वासों की शक्ति
प्रात का जिसमें है आभास,
हार कर मलिन बदन क्यों आज
बनी संध्या सी विकल उदास?

न बोलो भले मानसी! मौन
खोलते मूक निवेदन भेद,
लुटाया तुमने इतना फूल
छा गए माथे पर श्रम-स्वेद।

प्राप्त कर यह विराम सन्देश
चकित सा है सारा संसार,
उठो अनुप्राणित कर दो विश्व
रणित हो नूपुर की झंकार।

नयन के सूखे बिन्दु अमोल
लगे ब्रण, जमी रक्त की धार,
किन्तु हे! सुनो सुनो सुकुमारि!
अभी तक रसमय मेरा प्यार।

तुम्हारा पाकर पावन स्पर्श
हुआ चेतनता का संचार,
विवशताओं का बन्धन तोड़
उठी जीवन की क्षीण पुकार।

तुम्हारा कर, कर में सानन्द
लिये मैं करता रहूँ विहार,
तुम्हारा मुझको मिलता प्यार
जगत को बाँटूँ मैं भी प्यार।

साधने! कर उन्मुक्त प्रवाह
गिरा गति भर कर बहे अमंद,
स्वरित हो जिससे सारा विश्व
खोल दे मंद-मंद मधु छंद!

दूरी

हम दोनों चुप हैं।
परिचय की व्यर्थता
हमारे बीच अर्थ लिये बैठी है—
तपती दोपहरी की उमस भरी छाया सी।
अनकहे शब्दों की परछाईं
होंठों के पर्दों पर नाचती।
आँखों की रिक्तता
अनबुझे गीतों को बाँचती।
हम दोनों चुप हैं

पर,
भीतर कुछ चलता है
जैसे खपरैल पर
कागा के पैरों की भीगी सी आहट हो।
मन के अस्तित्व की
इतनी-सी सीमा है
इतनी मजबूरी है
सट कर बैठा हूँ
किन्तु बड़ी दूरी है।

ईश्वर लजा कर रह गया

सरकती रात सहमी प्रात का पथ नापती जाती
जली नव ज्योति लेकर दीप की फिर काँपती बाती
तुम्हारे बोल के स्वर थे उठे इतने मधुर साथी
        कि मेरी बाँसुरी का स्वर लजा कर रह गया।

बिछा था सामने मेरे तुम्हारा जो फटा आँचल
हुई थी मौन क्षण भर बज तुम्हारे पाँव की पायल
तुम्हारी याचना में कामना इतनी रही घायल
        कि मेरे देवता का वर लजा कर रह गया।

तुम्हारी साधना के थे पड़े इतने यहाँ फेरे
तुम्हारे दैन्य के इतने यहाँ पर थे गड़े डेरे
झुका विश्वास इतनी बार आगे पाँव के मेरे,
        कि मेरे मान का ईश्वर लजा कर रह गया।

तुम्हारे बोल के स्वर थे उठे इतने मधुर साथी,
        कि मेरी बाँसुरी का स्वर लजा कर रह गया।

तुम तो पाषाण थे...

वंशी थी बाँस की किन्तु मुखर हो गई श्वास से मेरे

उठते स्वर ये नहीं, जो न हम पुकारते
होता क्या मान, छिद्र जो न हम दुलारते
तेरी आराधना तेरा ही भार थी
मेरी यदि कामना न आरती उतारती
तुम तो पाषाण थे किन्तु बने ईश्वर विश्वास से मेरे
वंशी थी बाँस की किन्तु मुखर हो गई श्वास से मेरे।

स्वर के आलाप को मुझसे ही छीन कर
तुमने है ढाल दिया जगती के बीन पर
कर्मों के नृत्य में पद-गति को साध कर
सद्गति के बन्धन में मुझको ही बाँध कर
हँस-हँस परिहास कर, खेले उल्लास भर लास से मेरे॥ तुम तो...॥

दे दिया पराग कर हँसते से फूल को
मेरी इस धरती की मुट्ठी भर धूल को
देखा विश्वास को तुमने जब तोल कर
छाती दी चीर एक इंगित पर, बोल पर
धरती के अंक में लिखते निर्माण तुम नाश से मेरे
तुम तो पाषाण थे किन्तु बने ईश्वर विश्वास से मेरे।

प्रभात

नव प्रभात की नई शिविका
लेकर आए काल-कहार,
मृदुल हासिनी ऊषा जाती
मिलने प्रियतम रवि के द्वार।

चमक रहा है राग-रंग भर
सूर्य क्षितिज रेखा से दूर,
स्वर्ण-पात्र से छलक रहा है
जैसे रह-रहकर सिन्दूर।

तैश तिमिर के अवरोहण पर
लघु आशाओं का अवरोह,
पनप उठा किरणों ने सींचा
चक्रवाक दम्पति का मोह।

दूर-दूर तक जीवन गति के
जाग उठे सोये पद चाप,
तिमिर पंक निज अंक लपेटे
छूकर परछाईं की छाप।

प्रात रश्मि की स्वर्ण रज्जु में
बाँध विश्व का निद्रित छोर,
गा गाकर जागरण गीत तुम
खींच रहे कर्मों की ओर।

उड़ते सुधि शावक तितली से
चिह्नित पंखों का परिवेश,
पूछ रहे हैं कली कली से
कहाँ, कहाँ स्वप्नों का देश।

स्वप्न नहीं? अव्यक्त सत्य है
मुस्काती मोती सी ओस,
मुझे देख लो, और देख लो
मेरे मिटने का सन्तोष।

आह! तनिक उस ओर निहारो
उठती घंटी की झंकार,
खेतों का चल पड़ा पुजारी
निजमन के संकल्प सँवार।

'माँ वसुन्धरे, इन चरणों पर
स्वर्ग झुकाऊँगा सानन्द,
मुझे शपथ है मधु प्रभात की
मुझे...मुझे वैरी सौगंध।'

धरती का भगवान

पसीनों के दानों का बीज धरा में बोने वाला है,
एक दिन धरती का भगवान कृषक ही होने वाला है।

शूल मिटेंगे जीवन-पथ के मुस्काएँगे फूल
कुंकुम सी चमकेगी माथे पर धरती की धूल,
पंखा पवन लहर झमकाएगा पुरवइया में
फसलें झूमेंगी गाएँगी गीत सुमंगल-मूल।
बनेगा धरती का अभिमान बोझ जो ढोने वाला है,
एक दिन धरती का भगवान कृषक ही होने वाला है।

जाग उठा है अब चेतन का पथ-गति-रत विश्वास
काँप उठा है थर-थर डर से कल्मष-क्रूर-विनाश,
नव उमंग में नये ढंग से लड़ कर बिघ्नों से
आज श्वास ले नई राह पर बढ़ने चला विकास।
तनेगा यश का विशद वितान श्रान्ति जो खोने वाला है,
एक दिन धरती का भगवान कृषक ही होने वाला है।

काम-क्रोध-मद-लोभ मिटेगा दुख से होगा त्राण
दबा परिस्थितियों को नीचे उठता है निर्माण,
विश्व-वल्कि में पनप रहे नव-अंकुर आशा के
हास भरा, उल्लास भरा, उत्साहित जीवन-प्राण।
बहेगा कर्म-विमल-जल-स्रोत शोक जो धोने वाला है,
एक दिन धरती का भगवान कृषक ही होने वाला है।

जलन-ज्योति

दीये की बाती जलती है
शलभ की छाती जलती है,
न पूछो जलता है क्या-क्या
प्यार की थाती जलती है।

पतंगे की जलती है देह
दीपका जल जल मिटता स्नेह,
दीये की लौ के नीचे एक
तिमिर की छाया पलती है।

मिटाती जीवन मन की भूख
कलेजे कितने कर दो टूक,
जवानी के दो पल की शान्ति
मिलन की माया छलती है।

मोह में मिला अमर वरदान
ज्योति बन जले, मिले दो प्राण,
रात में राही की यह कथा
राह बतलाती चलती है।

दीये की बाती जलती है
शलभ की छाती जलती है।

श्रमिक

खड़ी बरौनी
फैले सीने
फूले नथुने,
लू जैसी है श्वास धधकती
उभड़ी, सूखी मांसपेशियाँ
ये दधीचि की वज्र हड्डियाँ
पसली में धँस,
उभड़ कसकती।

श्रमिकों के दल
आज कार्यरत,
श्रमकण-मुक्ता दान दे रहे
ले जीवन व्रत।
धूल भरे आँचल के हीरे
काट रहे हैं दुख के सीसे
जीवन की उघड़ी तसवीरों को मढ़ना है।
फूल सदृश कोमल तन वाले
तोड़ रहे हैं कंकड़ पत्थर
स्वयं भाग्य की रेख राशियों को गढ़ना है।

नये प्रहर के नये गीत स्वर—
बिखरी बातें,
उलझन में जलता सारा दिन
आहों सी हैं ठंडी रातें
चुप-चुप चारों ओर उदासी

प्यासी...दो बूँदों की प्यासी
और नहीं कुछ—
इन्हें प्यार दो।
ये,
जिनका सारा जीवन ही
श्रम की गर्म आँच में जलता,
जो हरियाली के स्रष्टा हैं,
सृजन साथ जिनके चलता।

नई फसल

नई फसल के फूल-फूल पर
धूल स्वर्ण बरसा जाती है
नित्य प्रात में जब सतरंगी,
किरण गगन में मुस्काती है।

नई फसल के हर अंकुर में
ज्योतित जगमग हुआ पसीना,
दीन कृषक के श्रम का प्रतिफल,
जिसको विष भी पीकर जीना।

ये हैं सपने खलिहानों के
जो होने साकार चले हैं,
लाल फूल की चिनगारी से
तृषा-क्षुधा के अंग जले हैं।

नई फसल जिसकी आशा पर
आँसू की हर बूँद सूखती,
नई फसल, जिसके स्वरूप में
धरा सृजन का मंत्र फूँकती।

नई फसल की हर अँगड़ाई
हँस-हँस देती मधुर चुनौती,
सरसों के पीले फूलों में
मधु लेकर ऊषा है लौटी।

मधु लेकर ऊषा है लौटी
दूर किसी अनजान नगर से,
ढेर-ढेर-सा सोना लेकर
मिलने को अपने ईश्वर से।

वह ईश्वर जिसके तन पर है
फटी-फटी-सी एक लँगोटी,
जिसकी हर आहें लम्बी हैं
जिसके सुख की घड़ियाँ छोटी।

जिसके श्रम पर सोना बरसे
जो पत्थर को कर दे पानी,
जो धरती को दे हरियाली
लेकिन जिसकी ठूँठ जवानी।

आँसू बहें न पोंछ उसे रे
नई फसल की कर अगवानी,
उठ पगले! अब दुर्दिन बीते
तुम पर फसल हुई दीवानी।

सम्बोधन

खड़ा है अतुलित मीनाकार
तिमिर दिन भर की द्विधा समेट,
नींद में रमी, थमी-सी बात
आ रही नीरवता को भेंट।

घूमते स्वप्न-हंस सानन्द
प्राप्त कर जग-मानस में वृद्धि,
भोगते संसृति - नासा - रन्ध्र
दीर्घ-लघु सरगम-स्वर समृद्धि।

श्रमित तन निद्रित स्वप्नाकार
सो रहा है जब सारा विश्व,
धो रहीं तुम बरतन की मैल
आह! बैठी आँगन में निःस्व।

नहीं छूटा हल्दी का रंग
अभी है पीले-पीले हाथ,
अभी तो कल की ही है बात
कि फूलों पर चढ़ आई रात।

अभी तो कल की ही है बात
जुटाया जितनी निधि कौमार्य,
समर्पित कर प्रिय को चुपचाप
किया सम्पादित पावन-कार्य।

थाम यौवन-उद्दाम-प्रवाह
किया तुमने जीवन-सम्मान,
और तितली-सा अपना रूप
दे दिया इन्द्र धनुष को दान।

नयन ढोते पलकों पर नींद
थके कुछ देर जगे सुकुमार,
अचेतन से अलसी के फूल
उठाए ज्यों सुगंध-मधु-भार।

कलकती उर-धड़कन साभार
छलकती है आँखों की कोर,
तुम्हारे पद तल में आकाश
तुम्हारी आँखों में है भोर।

तुम्हारी आँखों के ये अश्रु
तुम्हारे होंठों की मुस्कान,
लिखेंगे जीवन का इतिहास
नये श्रम का सखि, नया विधान।

मिटे नक्षत्र विभा के मौन
श्रान्त हिलते-से विकल विचार,
हँसेगा श्रम का नया विहान
ज्योतिमय होगा यह संसार।

न होगी यह अभाव की रात
बिगत की संस्मृतियों का शोक,
बहेगी गंध-मधुर-मृदु वात
प्राप्त का फैलेगा आलोक।

आह वह परिवर्तन का दृश्य
बनेगा कितना मधुर अनूप,
फटे मैले आँचल की ओट
समा पाएगा तेरा रूप?

प्राप्ति का यह अनुपम संयोग
धरा का होगा स्वत्व-स्वतंत्र,
लिये मन के कोमल संकल्प
सुमुखि दुहराना पावन मंत्र।

जुटा कर अपने हित के हेतु—
नहीं रखना वैभव-समुदाय,
उसे देना जिसका हो दाय
उसे देना जो है निरुपाय।

वर्षा की रात

वर्षा की रात में
सिहर-सिहर वात में
काँप रहे मंद-मंद
तरुवर के पात रे,
वर्षा की रात रे।

छाई काली घटा
चाँद का नहीं पता
चाँदनी छिपी कहीं
सून है गगन अँटा
नन्हे पर खोल कर
राह को टटोल कर
तारों को ढूँढ़ती
जुगनू की पाँत रे,
वर्षा की रात रे।

भूमि हुई साँवरी
भीग गई बावरी
दूर कहीं सुन पड़ी
मेघों की बाँसुरी
वर्षा की फुल झड़ी
धरती पर छूटती
बिजली की ज्योति में
बूँदों के हाथ रे,
वर्षा की रात रे।

उन्मन-सी कामिनी
चमक रही दामिनी
सूनी सी सेज है
सौत बनी यामिनी
प्रिय परदेश में
जोगन के भेस में
बैठी मन मारकर
प्राणों की साध रे,
वर्षा की रात रे।

सुख सुषमा है बढ़ी
किन्तु प्रकृति रो पड़ी
चू रही किसान की
झीनी सी झोपड़ी
टूटी सी खाट में
गठरी से गात में
सोच रहा प्रात की
हाथ धरे माथ रे,
वर्षा की रात रे!

स्नेह मुझको दो, तुम्हें मैं...

स्नेह मुझको दो, तुम्हें मैं ज्योति का वरदान दूँगा।

भोर के विश्वास में ही जल रही मेरी जतन है
इस तिमिर के अंक में ही पल रही मेरी लगन है
ओट आँचल का मुझे दो, मैं बिखेर विहान दूँगा॥ स्नेह...॥

चेतना के सजग प्रहरी जागते हैं प्राण मेरे
बिन तुम्हारे पर अधूरे हो रहे निर्माण मेरे
गीत के स्वर दो मुझे तो, मैं तुम्हें नव गान दूँगा॥ स्नेह...॥

काँपते अगणित सितारे, दूर नभ गंगा किनारे
कौन है जो इस तिमिर की छाँव से रह रह पुकारे
तुम मनुजता दो, तुम्हें मैं देव का सम्मान दूँगा॥ स्नेह...॥

जीवन-बसन्त के मधु हुलास

जीवन-बसन्त के मधु हुलास,
प्राणों की सुषमा में पलते, मेरी संसृति के शिशु विकास।

यह चिर परिचित मर्मर स्वर
मेरे सूनेपन में भर-भर कर
चलती नित श्वासों की बयार
लेकर मन का लघु-लघु विलास,
जीवन-बसन्त के मधु हुलास।

यह आत्म चेतना का बन्धन
है बाँध रहा तन-मन चेतन
प्रिय दूर किन्तु आलिंगन में
मेरे भावों के पास-पास,
जीवन-बसन्त के मधु हुलास।

गेहूँ की बाल

अरी गोरी गेहूँ की बाल।
धरा की अंक-ज्योति गतिमान
धान्य श्री, शोभा भरी अनन्त
तुम्हें पहुँचाकर मेरे गाँव
अभी तो कल ही गया बसन्त
अरी गोरी गेहूँ की बाल।

हवा पर चढ़ यौवन के साध
झूमती रह-रह देती ताल।
अरी गोरी गेहूँ की बाल।

सजनि चमकाना सारा विश्व
ठाट सुख के सारे शुभ-ठाट
बढ़ाना मनुज-मनुज में प्यार
विवर्तित उदर-गर्व को पाट
अरी गोरी गेहूँ की बाल।

चढ़ाना श्रम-सीकर का अर्घ्य
उठाना श्रम का ऊँचा भाल।
अरी गोरी गेहूँ की बाल।

समर्पित करना अपना स्वत्व
बाँटना संसृति में उपहार
'जगत की नश्वरता का सत्य

मनुजता का पावन उद्गार'
        अरी गोरी गेहूँ की बाल।

तुम्हारी छाया में सन्तोष
श्वास ले मिटता रहे अकाल।
        अरी गोरी गेहूँ की बाल।

होली भीग गई

रंग-राग से
पछुवाँ के झोंकों पर उड़ते
मुक्त फाग से
मधु पीते, पाते जीवन के
सत्य-भाग से।
नर नारी की
प्रिय प्यारी की
टोली भीग गई
होली भीग गई।

बरस बरस रस,
भर भर विह्वल रूप नयन में
झुक झुक हँस हँस
खींच अंक में पास प्राण के
प्रेयसि, कर बस
भर पिचकारी
प्रिय ने मारी
चोली भीग गई
होली भीग गई।

ले गुलाब कर
छिप छिप प्रिय की आँख मूँद मल
लाल गाल पर
हँसी फूल सी प्रिया, प्रणय के
ताल ताल पर

केश गंध भर
श्रम-कण छूकर
रोली भीग गई
होली भीग गई।

भर उछाह से
पिक-स्वर झाँके मंजरियों की
गुप्त राह से
चातक बोले डाल डाल पर,
अमर चाह से—
मधुर हिया की
पिया पिया की
बोली भीग गई
होली भीग गई।

फूलों ने अंगार पिया

फूलों ने अंगार पिया
सुधियों के पंख न गीले हों
नयनों ने आँसू धार पिया
यह लाली नहीं बसन्त रँगी—
इन फूलों ने अंगार पिया।

जलते संध्या के दीप नहीं
वह मेरा जलता घात था
वह रजनी का गहन तिमिर
बस मेरा विकल अभाव था।

सपनों के टूटे तारों को
मैंने भर अंक दुलार लिया
यह लाली नहीं बसन्त रँगी
इन फूलों ने अंगार पिया।

मेरा विश्वास पहुँच पाया
जब जब किरणों के गातों में
मैंने तब तब है देख लिया
बेड़ी शबनम के पातों में।

हँस हँस खुशियों की घड़ियों ने
बस सोया दर्द उभार दिया
यह लाली नहीं बसन्त रँगी—
इन फूलों ने अंगार पिया

साँसों में किरण गंध महकी
पलकों पर बोझिल फूल है
मन बिंधा कली से शूलों का
पथ पाती उलझी भूल है।

पर रात नहीं यों ही बीती
मैंने जगकर भिनसार किया
यह लाली नहीं बसन्त रँगी—
इन फूलों ने अंगार पिया।

चले आओ, मिलन की प्यार की घड़ियाँ बुलाती हैं

चले आओ, मिलन की प्यार की घड़ियाँ बुलाती हैं
न थकती आज पग-नूपुर
थकी झंकार नीरव है
थका सा मान है मन की
विकल मनुहार नीरव है

शपथ है रात की तुम को
गगन के चाँद-तारों की
हृदय की काँपती धड़कन
अकेला प्यार नीरव है

चले आओ नयन-जलधार की लड़ियाँ बुलाती हैं
चले आओ मिलन की प्यार की घड़ियाँ बुलाती हैं।

[श्री यदुनन्दन लाल श्रीवास्तव 'नन्दन' से मौखिक ज्ञात हुआ।]

हर कली बनी अंगार है

भागती रही उमर
दे रंगीन ख्वाब दे
दे नई सुराहियाँ
फिर नई शराब दे।

साधना विहीन हाय
कामना अधीर है
अश्रु धार की उदास
टूटती लकीर है
प्यार का महल गिरा
रूप खँडहर हुआ
आज हर जवान उम्र
राह का फकीर है
साथ छोड़ मोड़ पर
रास्ते गुजर गए
किन्तु प्रश्न जिन्दगी से—
कह रहे जवाब दे।

छा गईं उदासियाँ कहाँ-कहाँ
कौन दर्द का पहाड़ ढो रही
कौन रो रहा सिसक सिसक यहाँ
क्यों जवान उम्र आज रो रही
आसमान टूटकर बिखर गया
आज जिन्दगी हुई तबाह है
रो रही जवान उम्र रो रही

क्योंकि प्यार बन गया गुनाह है
साँझ से उदास बन
डूबती रही किरन
किन्तु लोग कह रहे थे—
धूप का शबाब दे।

कौन जा रहा विदेश जा रहा
फिर उजड़ रहा कहाँ सुहाग है
कौन काँप-काँप हाय गिर रहा
फैलती विषाक्त कौन आग है
जा रहा बसन्त दूर जा रहा
जल रहा बहार का सुहाग है
पात-फूल काँप काँप गिर रहे
क्योंकि हर कली बनी अंगार है।

[इस गीत का एक अंश 'नीहार' : अक्टूबर, 1961 में संकलित है]

तीन मुक्तक

थकी, गंध की सेज पर सो रही है
भरी नींद में, बेखबर सो रही है
न छेड़ो, गुलाबी किरन की गली में—
कली की कुँवारी उमर सो रही है।

गति ढल कर आँसुओं में बह न जाए
प्यार को निस्सार कोई कह न जाए
हर कली से आज बस इतना कहो
फूल का यौवन कुँवारा रह न जाए!

जो कि मन के घाव अपने सी न पाए
साँस ले पाए नहीं जो जी न पाए
बूँद भर मधु हो गई दुर्लभ जिसे
दर्द से घबरा वही विष पी न जाए।

[1958]

दिनचर्या

सिर पर मटमैले
गमछे की छाँह
फटे हुए कुर्ते से
झाँक रही बाँह
देख चुका जो जाड़े—
गर्मी बरसात
कातिक की चाँदनी को
चैता की रागिनी को
देख चुका सुन गुफा
भीगी बहावी रात
पर्व त्योहारों पर
मन के इशारों पर
तन पर जो डाला गया
और फिर तुरते ही निकाला गया
अन्यथा यह शोभा है
कन्धे की।
मिहनत के वन्दे की।

साँझ

दिन यह पहाड़ सा
कट गया है
दूर धुँधलके में कहीं
बादलों के पीछे
घने-घने पेड़ों के नीचे
सूर्य हट गया है
बहते-बहते थम सा गया
नदियों का पानी।

[20.1.1958, मंगलवार]

शेर

हम टूटे हुए दिल से गाएँ क्या खाक,
पहलू में अपने पाके दिल ही मसल दिया।

इश्क में अश्कों का बाजार गरम होता है,
संसार गरम होता है दिलदार नरम होता है।

साकिएदस्त में छलक रहा पैमाना था
आँखों में थी शोखी लब पै मान था,
न भुला सका उसे मगर 'साहिल'
कि जिसकी नजरों में मैं बेगाना था।

[1958]

सुबह हो गई

आँगन-आँगन, किरणें डोलीं
सुबह हो गई चिड़ियाँ बोलीं।

फूल खिले, कलियाँ मुस्काईं
खोले पंख तितलियाँ आईं।

इन्द्र धनुष के पंखों वाली
हर तितली की चाल निराली।

लाल गुलाबी नीली-पीली
सुन्दर, चंचल रंग रँगीली।

ओस बिन्दु मोती से झलके
हरी हरी घासों पर ढलके।

किया सुबह ने जादू-टोना
बिखर गया सूरज का सोना।

रस्ते जगे जगा जन-जीवन
महकी हवा, महकता उपवन।

प्यारे बच्चों तुम भी आओ
धूप-धार में धूम मचाओ।

[1957]

इतना मत तोड़, मुझे जीने दो और मन

रात के अँधेरे में कमरे का सूनापन
यों गूँजे खँडहर से गूँजे जो कोई बन,
डाल डाल, पात पात सोये हैं घर बिस्तर
मेरे मन प्राणों में जाग रहे क्यों सपन।

अपनों की खोज में भटका मैं द्वार-द्वार
कोई आलिंगन दे भेंटे बाँहें पसार,
लेकिन हर ओर सिर्फ मतलब की बातें हैं
दुनिया ने सुविधा का रक्खा है नाम प्यार।

अपनी परछाईं को फिर कैसे धोखा दूँ
पैरों में घाव करें टूट गए जो दरपन
इतना मत तोड़, मुझे जीने दो और मन।

मैं इनको चूमूँ दुलराऊँ
ये सफेद सपनों के दल हैं,
अन्धकार के जल में उगी
तुम्हारी आँखें, नील कमल हैं।

लेकिन जब होंठों से छू लूँ
तो जीवन में चलते चलते
अक्सर मैं अपना पथ भूलूँ,
आँखें एक सघन जंगल हैं

अन्धकार के जल में
उगी तुम्हारी आँखें
        नील कमल हैं।

[25.2.71, रात एक बजकर 17 मिनट पर]

मन दरपन में तन छवि देखा

मन दरपन में तन छवि देखा मैंने तुमसे प्यार किया,
किन्तु गैर बाँहों की लोभी! तुमने तो दुत्कार दिया।

अपनी हालत समझ-बूझ अब यह कहते संकोच नहीं है
बीता हुआ वक्त हूँ मैं मेरी बातों में लोच नहीं है
लेकिन मेरा प्यार किसी नन्हे बच्चे सा हठ करता है
तुम्हें देखकर खुश होता है बिन देखे सिसकी भरता है
इसीलिए मैं रोज तुम्हारे दर पर आता
एक झलक के लिए फटी झोली फैलाता
मैं न रूप का लोभी था अथवा सपनों का था व्यापारी
लेकिन तुम में था कुछ ऐसा बना हाय मेरी लाचारी
जीवन का घट भरता जाता बीत रहा हूँ धीरे-धीरे
आँसू एक गिरा लेना, यदि, सुनो, मरा मैं नदिया तीरे।

[वाराणसी, 25.2.71, रात एक बजकर 17 मिनट पर]

पूछता भँवरा कली से फूल से

पूछता भँवरा कली से फूल से,
यह अधूरा प्यार फिर किसके लिए?

फेंकता अंगार में सूरज निठुर
जब नखत गहने निशा के छीन कर
और किरणों ने कहीं पर रख दिया
ओस का मोती अचानक बीन कर
जब कि टूटा चाँद घायल जा चुका
जब कि ढलती रात का सरगम रुका
आह! पतझर की नशीली छाँव में
रात का सिंगार फिर किसके लिए?

रात मुरझे केश फूलों की महक
ताजगी को छोड़ बासी हो गई
पी गई मुस्कान की प्याली उठा
आँसुओं की धार प्यासी हो गई,
जब कि छाया आँख के आगे धुआँ
पथ न पाता जिन्दगी का कारवाँ
बेबसी की बेड़ियाँ जब पाँव में
मद भरी झंकार फिर किसके लिए?

धुल गया सिन्दूर टूटी चूड़ियाँ
और दुलहिन ने उतारी चूनरी
चुक गई शहनाइयों की रागिनी
रो पड़ी जब रूप की नीलम परी

लौटती जब द्वार से बारात है
लौटती सिंगार की सौगात है
जब कि मंगल-वर-कलश फूटे यहाँ
आज बन्दनवार फिर किसके लिए?

नीड़ पर दुर्दैव की अँगुली उठी
बिजलियों का नाच नंगा हो रहा
एक भी तिनका न ऐसा शेष है
घाव छाती पर नहीं जिसने सहा,
जब कि बुलबुल चीर छाती मर गया
और माली थाम कर दिल घर गया
आ रहे उजड़े चमन में लौट कर
रूप और बहार फिर किसके लिए?

['नीहार' : 1961]

तब से यह प्यार कुँवारा है

जब से सपनों के पंख झरे, पर तुमने नहीं निहारा है,
तब से गीतों का स्वर घायल, तब से यह प्यार कुँवारा है।

कुछ अलसाया सा दिन आया,
आँसू भींगी आई रातें,
चन्दा की हलकी बेहोशी
भरती मन में भूली बातें,
लेकिन जब रातों को दिन ने, औ दिन को संध्या ने लूटा,
तब से न चाँद को ठौर मिली, तब से सूरज बनजारा है।

जब मन के बन्धन टूट गए,
जब दो हृदयों में प्यार उठा
तब अन्तस की गहराई से
लहरों का अविरल ज्वार उठा
लेकिन लहरों का मन डूबा, तट की अनन्तता के आगे,
तब इतना रोया है सागर, सारा पानी ही खारा है।

जीने को लम्बी उम्र मिली
बस, इससे ही हम जीते हैं
मधु रूप तुम्हारा मिला नहीं
यह विरह गरल ही पीते हैं
जब से तट की मादकता में मेरा पागल मन डूबा है,
तब से भँवरे का स्नेह मिला, मुझको मझधार किनारा है।

दुख सह कर जीना मस्ती है
जीवन में पीड़ा सस्ती है
मुझसे मतवाले राही को
बंजर उजाड़ भी बस्ती है
बस इसीलिए जब से मैंने कंकड़ काँटों से प्यार किया
तब से राहों ने याद किया, मंजिल ने मुझे पुकारा है।
तब से गीतों का स्वर घायल, तब से यह प्यार कुँवारा है।

['चाँद सितारे' : मार्च, 1961]

यहाँ हर एक आँचल से कफन तैयार होता है

कहें हम दर्द किससे, है बड़ी बेदर्द यह दुनिया,
यहाँ पर आदमी से आदमी लाचार होता है।

यहाँ मेहँदी न लग पाती महावर पाँव से छूटे
निराशा प्राण के विश्वास की बारात को लूटे,
चमकती चूनरी का रंग फीका रोज पड़ता है
धुले सिन्दूर माथे का सुहागिन चूड़ियाँ फूटे।

यहाँ पर फूल बिकते हैं, कली नीलाम होती है
खुले बाजार नीरव प्यार का व्यापार होता है।

निशा की लाश पर सूरज यहाँ अंगार धरता है
सुलगती सांध्य बेला में तिमिर सिंगार करता है,
हजारों दर्द का सौगात बिन माँगे यहाँ मिलता
किसी से भूल कर आदमी जब प्यार करता है।

ढलकती चाँदनी के आँसुओं से भीगती धरती
यहाँ पर चाँद रोता है कि जब भिनसार होता है।

झरे जब फूल डाली से कली का रूप खिलता है
उनींदी ज्योति-रेखा के लिए लघु दीप जलता है,
हृदय के फूटते छाले नया जब गीत बनता है
यहाँ बरदान पलता है कि जब अभिशाप मिलता है।

नयन के आँसुओं को पी, थकी मुस्कान जीती है
यहाँ हर जिन्दगी को मौत का आधार होता है।

किनारे पर मचलती हर लहर मझधार देती है
बता कर मधु यहाँ मधु-यामिनी विषधार देती है,
हमारी प्यास का करके करुण उपहास यह दुनिया
बुलाकर द्वार पर, भर प्राण में अंगार देती है।

सजाकर श्वास की शैया उमर है रूप को ठगती
यहाँ हर एक आँचल से कफन तैयार होता है।

['चाँद सितारे' : अप्रैल, 1961]

पुकार रही धरती

गगन है गरजता,
दिशाएँ हैं महकती
रगों में रक्त है छलकता,
है बसन्ती बयार बहती।
जागो जवान देश के,
पुकार रही धरती॥ 1॥

प्रकट करती है वेदना,
कच्छ काश्मीर की धरती।
अब जान पड़ता है वहाँ,
हिन्द की कौम नहीं रहती।
जागो जवान देश के,
पुकार रही धरती॥ 2॥

भाई भाई का नारा है,
पर दिल में कपट रहती।
नेफा-लद्दाख हमारा है,
चीनी आवाज यही कहती।
जागो जवान देश के,
पुकार रही धरती॥ 3॥

सुनो पड़ोसी चीनी-पाकिस्तानी,
है काल तेरा यह धरती।
कभी न टकराना इससे,
तुम सबसे है कहती।

जागो जवान देश के,
पुकार रही धरती॥ 4॥

महाभारत की वह लड़ाई,
थी भाई-भाई में होती।
सारथी बन बताते थे कन्हाई,
उठाओ शस्त्र नीति यही कहती।
जागो जवान देश के,
पुकार रही धरती॥ 5॥

अब दूर हटो कौरव भाई,
है यह तुमको चुनौती।
वरना होगी महाभारत की लड़ाई,
है भारत माँ कहती।
जागो जवान देश के,
पुकार रही धरती॥ 6॥

सपना

चाँदनी रात
मौन संसार
सांसारिक आपदाओं का पथिक
प्यार
विहग
दुखी जीवन
सपना या उपसंहार?

युगल विहारी

प्रेम उन्मत्त उन शलमाँ का दीपक पर
गिर-गिर मिट जाना गति अति न्यारी है,
खाता अंगार नित ध्यान को लगाए वह
प्रेम से मयंक पर चकोरी मतवारी है।

मस्त सुमनों की नित कलिका के सौरभ की
घूम घूम करता मिलिन्द रखवारी है,
गाते हम प्रेम से मृदुल उर भाव लिये
रम्य पाठशाला श्री 'युगल विहारी' है।

[1958]

दीप जलाकर तू हँस ले

दीप जलाकर तू हँस ले
कभी खतम जीवन होगा।

पद्य चार मुक्तक

आशाओं का कमल खिला पर उस पर पड़ा तुहिन
पीले पातों की अमराई से कूकी विरहिन।

इस बसन्त की बेला में क्यों आया है पतझार
मादकता में सूनापन ले सिहा रहा है प्यार।

× × ×

विस्मृति की सुखदा छायाएँ
रहता है भूला मेरा मन।

× × ×

उस ओर चलो मेरे मन
हो जहाँ न आती आहें,
नित प्रति पूरी हो जावें
मानव के मन की चाहें।

× × ×

किसलय अंचल में डूबे
ले अपनी मौन उदासी,
फिर भी रह जाए मेरी
अभितप्त कामना प्यासी।

[1958]

शत-दल-संपुट में अलिका

शत-दल-संपुट में अलिका
लग मौन बँध जाना,
मन व्यथित हमारा नाचे
गाये कुछ गुन-गुन गाना।

काँटों में उलझे फूलों
फूलों का लख मुस्काना,
मन व्यथित हमारा नाचे
गाये कुछ गुन-गुन गाना।

खग कुल के कलरव संग क्यों
संध्या की रक्तिम लाली?
रवि किरण जाल की रोल में
क्यों ज्योत्स्ना बनी निराली?

सुखदा ऊषा रानी की
गोदी में रवि का आना?
क्यों गगनांचल में सुन्दर
पीताभ स्वर्ण का छाना?

[1958]

शबरी

चिन्ता, शबरी, गुप्त-सेवा, मतंग, प्राकट्य
पूजा—महाप्रयाण-प्रतीक्षा-मिलन

सपनों की माया में भूली
संसृति के आवाहन आना
निर्बल की आह करुण-क्रंदन
दीनों के जीवन-धन आना।

[1958]

विदा-गीत

विदा करता हूँ प्राणाधार विदा।

किसलय पीड़ा से मचल उठा
जब दूर हुआ उसका प्रसंग
पर गया सुरभि जग को देने
पर सोच छिपा ली हृदय-आग
कब देखा जग ने उसमें
है फूलों का संसार विदा ॥1॥

रजनी रानी की आँखों के
हैं विरह बिन्दु शबनम स्वरूप
दिनकर की किरणों में कहते
ले धवल रूप सुन्दर अनूप
मलयज में तिरती है वाणी
हा! रजनी का अभिसार विदा ॥2॥

मेरे मानस के लहरों की
तुम मधुर-मधुर मादक कम्पन
मेरी हृद्-तंत्री के तुम स्वर
जो गूँज रहा हर पल हर क्षण
आज मौन है बीन हाय
है उसके नीरव तार विदा ॥3॥

तुम नित प्रति पथ पर प्रगति करे
आशा फुलवारी महक उठे

मन पंछी सुख से विह्वल हो
कामना डाल पर चहक उठे
हम चले दूर होने प्रियतम
लेकर आँसू की धार विदा ॥4॥

विदा करता हूँ प्राणाधार विदा॥

[1958]

कवि

तू बुझी हुई चिर चिर जागृत
मृदु-तप्त हृदय की अमिट प्यास,
पाखंड पाप के निर्मोही
छल निर्दयता के महानाश ॥1॥

नूतन बिहान तुम संध्या के
हो अन्धकार के रुचिर दीप,
आलोकित पथ करने वाले
दारिद्र्य-मूर्ति-उर के महीप ॥2॥

तुम हो जगती के प्राण और
जीवन की ज्योति जगाते हो,
अवसाद बने इस अवनी के
आशा नवीन ले आते हो ॥3॥

तुम विकल विश्व की चेतनता
हो दीन हृदय के अमिट प्यार,
शाश्वत निर्मल तेरा जीवन
कवि सचमुच कितना निर्विकार ॥4॥

[1958]

कलम

चल कलम आज क्षण भर तो तू
टूटे उर के साहस बटोर,
पीड़ा का कर वह स्वर झंकृत
जो फूट पड़े रे चहुँओर ॥1॥

निर्जन निशीथ वे लाए तू
वह विकल रागिनी टेर टेर,
जग जागे सुनकर चौंक पड़े
उठ पगली मत कर अधिक देर।

तेरा वह क्षण जग का शत-युग
बनता जाए इस कलयुग में॥

[1958]

कविता

कवि-उर की कोमल पीड़ा
साकार शब्द में होती,
निस्सीम व्यथा मानव की
जिसमें सिर धुनती रोती।

चिर-संचित व्याकुल आँसू
तेरी लहरों के कम्पन,
है द्रवित भावना मन की
तेरा यह विकसित जीवन।

रे व्यथा व्यथित ईड़ा का
अपने ही में लय होना,
कविते! मैंने है देखा
जग-बोझिल तन का ढोना॥

[1958]

जलता है दीपक मेरा

जलता है दीपक मेरा

इसमें है तू बोल प्रमादी, क्या प्रमाद जग पूछे,
आह्लाद कौन सा है बतला दे, क्या विषाद जग पूछे?

मैं पूछूँ अपने अन्तर से
पर दीपक तले अँधेरा
जलता है दीपक मेरा।

जीवन निशीथ में मंद-मंद जलती आशा की बाती,
दुर्दैव बुझाना चाह रहा है क्रूर कुटिल व्याघाती।
पल रहा निरन्तर अन्तर में
प्राणों का सुभग सवेरा
जलता है दीपक मेरा।

[1958]

जिन्दगी के तार बजते

जिन्दगी के तार बजते
गूँजती है आज क्षण क्षण एक अति मधुरिम कहानी
मौन रह-रह झाँकती है मृदुलतम सुन्दर जवानी।

आह! नयनों में किसी के
    प्यार के अभिसार सजते
    जिन्दगी के तार बजते।

[1958]

अन्तिम किरण

अवनि-धरातल से मिटती-सी आभाहीन
सोचती थी रश्मि मधु अपने अतीत को

स्वर्णमय मादक क्षण
उज्ज्वल जगत कण
कम्पन मृदु नृत्य-गीत
जीवन के मधुर मीत

किन्तु अब—
        पथ विराम
शान्ति और सुख हीन।
        मन मलीन,
स्तब्धता है जीवन में

एक चिर दारुण दाह भरती है झंझानिल
परिश्रान्त मानस में।

मोह का विछोह दुख मूलक है
        कितनी विडम्बना है।

        कौन यहाँ अपना है।
        विश्व सब सपना है।
किन्तु भ्रम मायाजाल
        चेतना की ग्रन्थियों को करता विवश है।

और हम भूल जाते—
आत्मा की चिर सत्य
जीव का पुनीत तत्त्व
जीव का पुनीत स्वत्व
जो अमर्त्य जो अनित्य
ज्ञेय और ज्ञाता का मिलन विधान
शान्ति का मधुर गान
बनता जो जीवन की उच्चतम साधना
सिमटी-सी काँप रही आमरण
अन्तिम किरण।

[1958]

कौन कितनी दूर

नित लिये अज्ञान मन में
नियति समता औ' विषमता
कालिमा में हो तिरोहित
चेतना की ले विकलता
मरण, जीवन की हँसी को
        नित रहा है घूर
                कौन कितनी दूर।

इस जगत ने कब मिलन का
आदि या अवसान पाया
विरह के कटु मोह का भी
कौन कब अनुमान पाया
पर मनुज के मधु-मिलन में
दैव बनता क्रूर
        कौन कितनी दूर।

[1958]

रंग राग के हर सरगम पर मन लहराया है

रंग राग के हर सरगम पर मन लहराया है
कोई कहे संदेशा उनसे 'फागुन आया है'।
(खलिहानों की साध जगी मन का विश्वास जगा है)
ओढ़ स्वर्ण की झीनी चादर बालें अब गदराईं
हर किसान का मन नाचा आँखें चमकीं मुस्काईं।

[1958]

जब जब मन में पीड़ा उमगी

जब जब मन में पीड़ा उमगी
तुमने मेरा स्वर छीन लिया

प्राणों के बन्धन शिथिल हुए
        आँसू से भर गए नयन
गद्गद कंठ, अधर हिलते हैं
        रोमांचित है सारा तन

तारों की झंकार मुझे दो
        जब साँसों का बीन दिया

जब जब मन में पीड़ा उमगी
        तुमने मेरा स्वर छीन लिया।

[1958]

जलन भी जलती रहेगी

जलन भी जलती रहेगी
　　उर जला कर हाय मेरा स्वयं भी दहती रहेगी
　　जलन भी...
ऐ हृदय की भावना प्रतिकार का प्रति रूप ले ले
जाग रे अब जाग तू संहार का प्रति रूप ले ले
　　सहन भी करती रही क्या और भी सहती रहेगी।
　　जलन भी जलती रहेगी।

[1958]

नेत्र अलसित श्यामलांगिनि शून्यता में हो अकेली

नेत्र अलसित श्यामलांगिनि शून्यता में हो अकेली
सुघर तारक-पुष्प लेकर अर्चना करती नवेली
मधुर चरणों में लिपट कर भावना की भेंट देकर
आज व्रीडा में सिमट वरदान सुख का माँगती है।
रूप यौवन भार केवल एक तृष्णा जागती है।

[1958]

अवनि और अम्बर के मादक विनत मिलन में

अवनि और अम्बर के मादक विनत मिलन में
रात्रि दिवस शुभ संधि विमोहित प्रभ चेतन में
अरुण बिन्दु से ज्योतित शुभ ऊषा ललाट था
अनजाना जाना सा था वह लघु विराट था

रश्मि रूप को छिपा हृदय में मलयज भर कर
चली बाँटने सुरभि अधर में उन्नत तज कर
त्रिपुट का संयोग जगत उसने जाना था
तुच्छ सुरत्व नरत्व महत् उसने माना था
खोज रही थी धरणि वक्ष पर उतर उतर कर
जगत द्वंद्व परिवर्तन का उत्तर वह गुरुवर

प्रकृति सौम्यता सकल दिवार्चन में अभिरत थी
साधन में अभिजात चेतना में अभिमत थी

वसुधा के उत्तप्त हृदय पर सुधा धार सी
नीरस उर कम्पन में निस्सीम प्यार सी

निर्झर था गतिमान जगत जीवन प्रवाह सी
था अशान्त उद्दाम निरन्तर हृदय चाह सी
कठिन कूल से टकराती थी लहर लहर कर
छिपती थी अनजान अतल में विकल सिहर कर
नियति क्रूरता से नर की आशा टकराती
मिट जाती है एक आह! सिसकी रह जाती॥

सिक्त शिला पर जीवन का उच्छ्‌वास निरखता
निराधार कण कण डर ले शत रूप, निखरता

तामस की छाया में पलता है तापस का त्याग
सूनी आँखों की सिसकी में घुलता उर का राग
अन्धकार में ज्योति पुंज नित अपना रूप निहारे
दुख में सोने से जग जाता सुख का सुन्दर भाग।

[1958]

लालसा की किरण का जिसमें भरा हो ओज

लालसा की किरण का जिसमें भरा हो ओज
कौन हो तुम, इसी भूले हृदय की चिर खोज
कौन हो तुम खींचते यों मुझे अपनी ओर
और ललचाते स्वयं रहते उधर की ओर
धमनियों में वेदना सा रक्त का संचार
हृदय में है काँपती धड़कन लिये लघु भार

तुम हमारे हो गए हो यही सुदृढ़ विचार
चेतना का परिधि बनता धूम चक्राकार॥

[1958]

करुण का उद्भव पाता है ज्योतिर्भव

करुण का उद्भव पाता है ज्योतिर्भव
        माँ के ममता भरे नयन
        जाग रहे—
                रक्षक बन
सोचा शिशु निर्भय बन
        भर कर मन मोद में
        ममता की गोद में

पीड़ा से उद्वेलित मन
मीठी दुलार की थपकी से
        सो जाता है
सच माँ!
        ममता भरी हुई आँखों में
खो जाता है।

गीत क्या गाएँ

गीत क्या गाएँ
पास क्या आएँ!

वे बहारों के दिन
चाँद तारों के दिन
अब रहे ही नहीं
उन इशारों के दिन
गीत क्या गाएँ
पास क्या आएँ!

[1958]

आँचल में धूल भरे

आँचल में धूल भरे
झंझा पर पाँव धरे
नाच रही धरती पर
जेठ की दुपहरी है।

पंछी सिर ढाँप चले
सोने फिर पाँख तले
पातों की छाया में।

सृष्टि सभी हहरी है
जेठ की दुपहरी है।

[1958]

राखी का त्योहार

भैया की साँवली कलाई
        बहिना के गोरे हाथ रे!
बाँध रही है पूनो-राखी
        उर-उछाह के साथ रे!

सावन की हरियाली फिर से लाना है
फूल-फूल की लाली फिर से लाना है
राखी के ये फूल चुनौती देते हैं
लदी फलों से डाली फिर से लाना है
        लाना है मधुमास कि जिसमें फूल बने
        हर पात रे
        बहिना के गोरे हाथ रे!

शशि-ज्योत्स्ना में भीगी रातें,
        हँसे फूल-सा प्रात रे!
काँटें चूमूँ, चला करूँ अंगारों पर
आना मन हलका कर लूँगी
        कह दुख-सुख की बात रे!

यह राखी ही नहीं कि एक चुनौती है
हँसने की, जीने की मान-मनौती है।
एक रक्त की धारा दो-दो प्राणों से
राखी के तारों पर बहिनें लौटी हैं।
आशा के हिंडोले पर झूल रहा है गात रे!

भैया की साँवली कलाई
        बहिना के गोरे हाथ रे!

[1958]

फागुन

कास के सफेद फूल
पिघले हिमखंड-से
बासन्ती लोर झरी,
मुसकाई
खेतों में
फसलों की सोनपरी...

आमों के बौर
गंध टेकुआ की धार
गड़ी नन्ही गौरैया,
अनजाने ही चौंक पड़ी...

परदेशी आया
बन पाहुन
बड़े नोखे का
कुंकुमी चुटकियों ने
काम किया धोखे का
रँग डाला तन-मन को...

मुसकाई पछुवा की
अनब्याही छोकरी
बासन्ती लोर झरी...।

['आज' : 21.3.1962]

सावन की अर्थी पर

सावन की अर्थी पर
कजली का इन्द्रजाल
बदली का अन्ध-काल
        क्या लोगे?

फूलों-सी बाँहों की
आँचल की छाँहों की
पीड़ा दो राहों की
        झेलोगे?

छूछे आदर्श से
सच बहलाओगे
चूमोगे झूठ को
कलियों को तोड़ कर
डाल को मरोड़ कर
पालोगे ठूँठ को
चुप क्यों हो
बोलो भी,
कुछ भी तो
        बोलोगे?
क्या लोगे
सावन की अर्थी पर?

चमका है आसमाँ पर

चमका है आसमाँ पर
मुहब्बत का सितारा है,
उमड़ी हुई ये महफिल
तेरी शोहरत का इशारा है।

हम तो आते ही मगर उनका इशारा न हुआ

हम तो आते ही मगर उनका इशारा न हुआ
अब भी उस पर मुझे है नाजे वफा धूमिल,
मेरे गिरने पै मेरा जो कि सहारा न हुआ।

रुनझुन में सुधि प्रिय की बोल रही है

रुनझुन में सुधि प्रिय की बोल रही है
पायल न बजा रात कहीं डोल रही है।
सपनों के गाँव में परदेशी आया है
मन का बन मीत रे॥
सुखियों की छाँव में सरगम लहराया है
    स्नेह बना गीत रे॥

[1962]

इस तरह से बर्तन न माँज

इस तरह से बर्तन न माँज
आए न कलाई में मोच।
फूलों सी हथेली में
काँटे सा लगे न खरोंच॥

[1959]

गहराये रंगों में एक रंग बिखरा है

गहराये रंगों में,
        एक रंग बिखरा है;
        मेरे घर बाहर फिर
        सूनापन बिखरा है।
इन्द्र धनुष मुट्ठी में बाँधकर
बरसाती बादल ने तोड़ दिया
मेरा मन अनबूझे दर्द से
मौसमी हवाओं ने जोड़ दिया
रिश्तों की परत को खरोंचकर
यादों का धुँधलापन उभरा है।
अनछुई परिधियों के घेरे
तोड़ती रही किरन सबेरे
टूटे संकल्पों के द्वार से
धूप-गंध बार-बार टेरे
परिचय की आँच, किन्तु
छू कर मन सिहरा है।
        सूनापन
        बिखरा है।

[1963]

पढ़ता है हर बन्दी-बन्दा

पढ़ता है हर बन्दी-बन्दा
प्रेमचन्द या गुलशन नन्दा
कविता के माथे की बिन्दी
अच्छी हिन्दी चिन्दा चिन्दी।

विश्वास मुझको जी रहा है

प्यास इतनी है कि मेरा दर्द
मुझको पी रहा है
किन्तु मेरे स्नेह का विश्वास
मुझको जी रहा है,
अन्यथा मैं चुक गया होता
अँधेरी-घुप्प इन बँसवारियों में
भटकते से जुगनुओं की दीप्ति सा।
मैं रुक गया होता
थके से पाँव की गति सा।
और मेरा—
मान-मर्दित मन-
कभी का झुक गया होता
कमर पर से अधूरा टूट कर।
किन्तु मेरे स्नेह का
विश्वास मुझको जी रहा है।

पाँच बिरहा

[लोकगीत]

[एक]

प्रभु जी! दीनानाथ मदनमोहन और किशोर,
रघुवीर स्वामी एक तुझी पर है मेरा जोर।

नरसिंह माधो और मुरारी यह तेरे नाम,
जपते हैं सच्चे दिल से जो रहते हैं खुश मुदाम।

महिमा मैं तेरे नाम की क्योंकर बयाँ करूँ,
जी चाहता है कुछ कहूँ पर बेवकूफ हूँ।

क्या वाल्मीकि गंगा अजामिल ने किया,
सीधा किसी ने उलटा तेरा नाम था लिया।

भवसागर इस वसीले से वह पार हो गए,
मुक्ति की गोया नाव है, हो पार, जो जपै।

कितने ही जाते-जाते हैं, दोजख से फिर गए,
है नाम तेरा ऐसा कि पत्थर भी तिर गए।

गाते हैं शेष सारदा गुन तेरे हर घड़ी,
माया का तेरे पार नहीं पाते पर कभी।

क्योंकर करूँ मैं वस्फ़ रकम तेरी जाति का,
जब इंतिहा ही है नहीं तेरी सिफात का।

प्रह्लाद को बचाया ध्रुव को किया निहाल,
पर्दा द्रौपदी का रखा किस तरह सँभाल।

सुग्रीव और बाली की देखी जो दीनता,
करुणा निधान आपने उनको अभय किया।

वाराह परशुराम के अवतार हैं लिये,
और नन्दलाल बृज में गोपाल तुम बने।

गजेन्द्र को बचाने गए आप दौड़ कर,
फिर क्या है देर करते हो कृपा की जब नजर।

कच्छप और मच्छ आपने अवतार धार कर,
कुदरत का अपने जलवा दिखाया है कुछ मगर।

गोवर्धन आपने था उठाया अँगुलियों पर,
और बृज को बचाया तुम ऐसे हो मुरलीधर।

नरसी की कैसी टेक रखी भगत जानकर,
भात अपने हाथ से जो दिया आप आनकर।

भिलनी के बेर खाए सुदामा पर मेहर की,
लंका की राजगद्दी विभीषण को बख्श दी।

नाथा जो नाग काली, हुए बृजनाथ आप,
दुष्टों को मार धोये हैं पृथ्वी के सारे पाप।

शिशुपाल और कंस का विध्वंस कर दिया,
हिरनाकुश और बड़े-बड़े दैत्यों को हर लिया।

रावण को मारा राम का अवतार धारकर,
कुदरत ये तेरी दखल दे है कौन वो वशर।

बली को छला है पल में जो त्रिलोकीनाथ जी,
अवतार बावन आपका जाने है हर कोई।

मल्लाह तिर गया ये बड़ी कुछ न बात थी,
चरणों की रज से तेरी अहल्या भी तर गई।

जब मोरध्वज की भक्ति पसन्द आई आपको,
दर्शन दिये हैं उसको चतुर्भुज स्वरूप हो।

कृपा की जब शना पै हुई आपकी नजर,
खिदमत को उसकी आपने झट बाँध ली कमर।

सत आपने जरूर हरीचंद का रक्खा,
और जो मनोरथ उसका था पूरा वो कर दिया।

बिल्ली के बच्चे आवे में किस तरह बच गए,
कुदरत में तेरी सब है जो चाहे सो तू करे।

घंटा गिराया तूने टिटिहरी के बच्चों पर,
क्यों कर वे बचते, लेता न उनकी जो तू खबर।

मुश्किल के वक्त होता हमेशा है तू सहाय,
तू उसको भूलता नहीं जो तुझसे लौ लगाय।

त्रिलोक में नहीं है कोई तुझ सा दूसरा,
मुझको तो प्रभु जी है, तेरा आसरा बड़ा।

लोभ और क्रोध मोह अहंकार और काम,
इन पाँच जालिमों का हुआ हूँ जो मैं गुलाम।

दिल है फँसा हविश में यही है उधेड़बुन,
दुनिया के ऐश उड़ाऊँ नहीं दूसरी है धुन।

परवा नहीं है रिस्क की कृपा से आपके,
देते हो रोज जब से कि पैदा किया मुझे।

पर हिर्स को मैं क्या करूँ होती नहीं ये सैर,
जितना ज्यादा मिलता है होती हैं ये दिलेर।

माया में ऐसा डूबा है दिल कुछ पता नहीं,
वह कौन सा है ऐब जो मैंने किया नहीं।

कश्ती जो है गुनाहों से मेरी भरी हुई,
अब देख मझधार में है ये पड़ी हुई।

चारों तरफ से जोर का तूफान है उठ रहा,
आती उमड़ के कैसी ये घनघोर है घटा।

मौजों का जोर देख के दिल पास पास है,
सीने में दर्द और जिगर में खराश है।

बहरे अभी और है गिरदाबे-पुर-बला,
इन मुश्किलों में आन के बेड़ा है अब फँसा।

खेवे न खेवे इसको तुझे अख्तियार है,
पर तेरी मेहर हो तो अभी बेड़ा पार है।

मोहा है तेरी माया ने मेरा है क्या कसूर,
अब भी गुनाह बख्शो तो कुदरत से क्या है दूर।

कृपा करो बिहारी जी आया हूँ मैं शरण,
मैंने तो कुछ किया है भजन और न कीर्तन।

आवागमन से मुझको छुड़ाओ तो बात है,
लाखों तिराये मुझको तिराओ तो बात है।

मेरा तो जोर तुझ पै है करुणानिधान जी,
बन्दों पै अपने करते हो तुम मेहर हर घड़ी।

मुझ दीन पर भी हस्त-कमल तुम जरा रखो,
मेरा नहीं है कोई यह तुम आप देख लो।

मेरी सहाय कौन करे आपके सिवा,
मुझको जो दे पनाह नहीं कोई दूसरा।

आजिज हूँ कर तू लुत्फो-करम मेरे हाल पर,
कर बेड़ा पार राम मेरा अब न देर कर।

आया हूँ मैं शरण तेरी है तुझको मेरी लाज,
सुन ले पुकार दीन की ऐ दीनानाथ आज।

जब मुझको आसरा है तुम्हारी ही जात का,
फिर फिक्र क्या रहा मुझे अपनी निजात का।

[दो]

भरे को चाहे खाली कर दे, खाली को चाहे तू भर दे
तेरी आस पै खेती बोई, सारी उम्र इसी में खोई
आ पहुँची है फसल करीब अब, फजल का तालिब है ये गरीब अब।

[तीन]

नक्शे निगारे कुदरत देखो,
कामिल उसकी कुदरत देखो।

क्या क्या चीजें पैदा की हैं,
फ़ैयाजी से हमको दी हैं।

चाँद औ' सूरज और सितारे,
हुक्म में है खालिक के सारे।

लालो-जवाहिर संग को बख्शे,
क्या क्या रंग पतंग को बख्शे।

रेशम मूँगा मोती सच्चे,
कीड़ों से हैं ये उपजे।

तेरे गुणों को कौन बखाने,
अपनी कुदरत आप तू जाने।

आदमी को दी है गोया भी,
हैवानों से ही है बड़ाई।

शक्लें वह मिट्टी से बनाई,
हूर व परी जिनसे शरमाई।

पर खालिक का है ये तमाशा,
नक्शा है सब थेटर का सा।

पर्दे के पीछे आप हैं पिनहां,
अपने खेल का आप निगहबां।

है वो बेत बाजे हकीकी,
गोया कहना है गुस्ताखी।

सब पुतले कुदरत से बनाए,
नाचते हैं जिस कल वो नचाए।

मिलते-जुलते हैं आपस में,
पर हैं सब करतार के वश में।

[चार]

हेच है दुनिया हेच सरासर,
कोई शै नहीं इसमें स्थिर।

इसमें हुबाब आशा है जीना,
खोल के देखो दीदा-बीना।

अदम का रस्ता चलता है कैसा,
सैकड़ों को है जाते देखा।

रात औ' दिन इक रेल है जारी,
आमदोरफ्त है बारी-बारी।

सबके पास रिटर्न टिकट है,
अच्छा है वो या नटखट है।

है इस रेल में आने वाले,
मुल्के बका को जाने वाले।

लाइन है हर वक्त क्लीयर,
बाँध रखो तुम अपना बिस्तर।

तारे नब्ज करता है खट खट,
गोया कहता है चलिए झट पट।

यूँ तो स्टेशन खूब बना है,
जैसा चाहे वैसा सजा है।

पर यहाँ रहते हैं पाँच उचक्के,
राहजनी में हैं वे पक्के।

उनसे बचना नहीं है आसान,
उनके हाथों लुटता है इनसान।

अपनी पूँजी उनसे बचाना,
हम भी तुमको कहेंगे दाना।

इंजिन अब तैयार खड़ा है,
सीटी बजा के पुकार रहा है।

घंटी बजी सँभालो गठरी,
राम नाम की ले लो बिल्टी।

हुकुम नहीं कि कुली को बुलाओ,
अपना बोझा आप उठाओ।

अव्वल दर्जा उनको मिला है,
जप-तप जिन्होंने खूब किया है।

उनके लिए है दोयम दर्जा,
दुख-सुख जिन्होंने यक-साँ समझा।

औसत दर्जे में वो चढ़ा है,
नाम पै उसके जिसने दिया है।

तीसरे दर्जे में आम है खिलकत,
जिससे है इस रेल की बरकत।

उनको रिजर्व का टिकट मिला है,
जिन्होंने खौफे खुदा किया है।

उसको स्पेशल मिल जाता है,
सरन जो भगवत की आता है।

[पाँच]

अजब तरह का बागेजहाँ है,
कभी बहार औ' कभी खिजाँ है।

पर दिल्लगी है इसमें ऐसी,
अक्ल ठिकाने ही नहीं रहती।

जो कोई इसकी सैर को आए,
होकर सैर कभी न जाए।

हर इन गुल का रंग जुदा है,
सब में एक नई ही अदा है।

गुल को है क्या नाज चमन में,
फूला समाता है नहीं तन में।

सैकड़ों बुलबुल उस पै फिदा हैं,
उसके कुश्त ये नाजों अदा हैं।

पर जिस वक्त ये गुल कुम्हलाए,
कोई बुलबुल पास न जाए।

गुलचीं को कब चैन मिला है,
गुल के साथ इक खार लगा है।

जितने दिन दुनिया में रहना,
दुख-सुख है किस्मत का सहना।

ढलती फिरती छाँव है दुनिया,
खूब तरह से हमने ये देखा।

इस पर तुम मत करो भरोसा,
रैन बसेरा कह गया दाना।

भक्ति करो जो मुक्ति चाहो,
सुमिरन में ध्यान लगाओ।

[रचनाकाल : 1956]

कहानी

रतना

गाँव के दक्षिण ओर विशाल वट-वृक्ष की छाया में चमारों की पंचायत बैठी थी। अछूतों की पंचायत में, समाज के वे पंगुल अंग इकट्ठे हुए थे जिनकी परछाईं भी छूना पाप समझा जाता है।

रतना उनका चौधरी है, उनको राह दिखाने वाला है। रतना का बाप भी चौधरी था और उसके मरने पर आज छब्बीस साल के रतना पर वही पगड़ी बाँध दी गई है।

बूढ़ा बाप घिस-पिटकर सूखी रोटी के कौर काट-काटकर जीवन के ऊबड़-खाबड़ से उठ-गिरकर उसे 6वीं कक्षा तक की शिक्षा दे पाया था, किन्तु अपने समय की कटुता से बहुत कुछ सीखकर नौजवान रतना अनुभव में बूढ़ों के कान काटता है।

चमारों की उस जमात में रतना रतना नहीं, राम रतन है। और तभी तो सब उसके सामने बैठे ऐसे टुकुर-टुकुर ताक रहे हैं, जैसेकि भ्रान्त-पथिक दूर जलते दीये की लौ को आँख में बिठाए रहता है!

चिलम भैरो के हाथ में थमाते हुए रतना ऊँची आवाज में कहने लगा, "भाइयो! मन्दिर का भगवान सभी का है। सभी को उसने जनम दिया है। क्या ऊँच, क्या नीच, उसकी निगाह में सभी एक समान हैं।"

उपस्थित जनसमूह ने धीरे-धीरे सिर हिलाया।

रतना ने एक सरसरी दृष्टि सबके ऊपर डाली और कहा, "फिर क्यों बाप का एक बेटा उसकी गोद में बैठा रहे और दूसरा धूल में गिराकर कुचल दिया जाए? किसी को क्या हक है कि एक भगवान के प्रसाद का उपभोग करे और एक को चरण-धूलि भी न मिले? कौन-सा नियम है?" उसका चेहरा तमतमा उठा था।

"लेकिन..." बैठे हुए बूढ़े घुरहू कुछ कहना चाहते थे पर वह उसी तेजी से कह गया :

"लेकिन, क्या दादा! बिना इच्छा किए क्या कोई चीज कभी मिलती है? नहीं, कभी नहीं। हमें अपने अधिकार के लिए माँग करनी है।"

"सो तो ठीक है, भैया!" घुरहू बोला, "लेकिन क्या बड़ी जाति के लोग इसे सहन करेंगे?"

"नहीं सहन करें, न सही। बड़े होंगे अपने घर के, हम छोटे हैं अपने घर के।"

"इज्जत तो सबकी बराबर है। मरने पर एक ही दरवाजा तो सभी खटखटाते हैं।" मुँह से तम्बाकू का धुआँ निकालते हुए भैरो ने कहा।

रतना चुप था, वह कुछ सोच रहा था।

धीरे से उसने कहा, "सच है दादा कि वे सहन नहीं करेंगे। जब आदमी का स्वार्थ कुचला जाता है तो वह कुचले साँप की तरह फुफकार मारता है। किन्तु उस समय..."

"उस समय साँप को कुचलना पड़ता है," भैरो उसकी बात काटकर बीच ही में बोल पड़ा था।

"नहीं भैरो, नहीं, उस समय सहकर, शान्त रहकर उस भयानक क्रोध का सामना करना पड़ता है। सहन करना ही शक्ति की मर्यादा है," समझाया रतना ने।

भैरो उसकी ओर जलती आँखों से देखता रहा। उसकी समझ में नहीं आया कि मार खाकर भी चुप क्यों रहा जाए। पिसकर भी चिल्लाहट कैसे रोका जाए। किन्तु बोला कुछ भी नहीं।

क्षण भर सभी शान्त थे।

"तो भाइयो! शिवरात्रि के दिन हम मन्दिर में जरूर जाएँगे। अपने हक को जरूर माँगेंगे। बोलो, तैयार हैं सब?"

एक गम्भीर स्वर उठा, "तैयार हैं!"

भैरो चिल्लाया, "जो पैर पीछे धरे, उसके एक माई, सौ बाप।"

"एक माई, सौ बाप।"

समीप बँसवारियों में बैठी हुई चिड़ियाँ भर्र से एक साथ ही उड़ीं और फिर चें-चें करती हुई बाँस की फुनगियों पर बैठ गईं।

पंचायत उठ गई।

अन्धकार को भेदता हुआ सियारों की हुआँ-हुआँ की ध्वनि समीप के खेतों में फैल गई और तभी—मन्दिर से संध्या आरती का समवेत स्वर उठने लगा। विशाल घंटा बज उठा :

'टन-टन-टनन-टनन...'

[2]

बात हवा में उड़ रही थी :

'चमार मन्दिर में प्रवेश करेंगे।'

'राम! राम!!'

'क्या कलियुग आ गया है!'

बड़े घर की वृद्धाओं ने कान पर हाथ रखे।

बूढ़े कुड़बुड़ाए :

'अरे जो अनर्थ न हो जाए, थोड़ा है।'

'अपनी सरकार क्या हुई...'

दूसरे ने नमक-मिर्च लगाया, 'अरे भाई! उठाने के माने यह थोड़े ही है कि किसी के सिर पर पैर रखकर चला जाए। राजा राजा की तरह रहे और प्रजा प्रजा की तरह। एक जमाना था कि शेर और बकरी एक घाट पर पानी पीते थे। लेकिन आज...आज न धरम, न करम।'

प्रत्येक की डफली बज रही थी और हर आवाज अलग थी। किन्तु इस आवाज में भी विरोध की नींव रखी जा चुकी थी। अहम् की सीमा के भीतर ऊँच-नीच, बड़े और छोटे का दल संगठित हो गया था जिसका अस्तित्व था, स्वार्थ, मिथ्याडम्बर।

गाँव की पूर्वी सीमा पर विशाल शिव मन्दिर है। सामूहिक चन्दे की पूँजी से मन्दिर का निर्माण कराया गया। मूर्ति की प्राण-प्रतिष्ठा की गई। और उस पवित्र दिन की स्मृति में प्रत्येक शिवरात्रि पर विशाल जनसमूह एकत्रित होकर मेले में आनन्द-भोग करता था। भगवान का दर्शन करता था। सभी मन्दिर में जाते थे। न तो किसी को किसी से जाति पूछने का अवकाश था, न धर्म। सामाजिक नियम से अछूतों का प्रवेश अवैध था। सभी ने उस नियम के सामने इच्छा या अनिच्छा से सिर झुकाया था किन्तु नये कानून ने पत्ते ही पलट दिये। हृदय की चाह, जो समय के साथ बेबसी-सी तकदीर की रस्सी से जकड़ी हुई सन्तोषपूर्वक कर्तव्य में परिचित हो गई थी अचानक हवा पाकर दबी हुई चिनगारी की तरह धधक उठी।

अछूतों ने माँग की थी : 'भगवान हमारा भी है, मन्दिर में हमने भी अपना श्रम दिया है। उसमें प्रवेश करने का हक हमारा भी है' और इस समाचार ने दुःस्वप्न की भाँति सुख से सोते समाज के मस्तिष्क-तन्तुओं को एक साथ झनझना दिया था।

मन्दिर के साफ-सुथरे चबूतरे पर पंडित रामभजन तिवारी चिन्तामग्न बैठे हुए थे। वे पुजारी हैं। अपनी चेतना से उठकर उन्हें पैतृक सम्पत्ति के रूप में यहीं काम मिला था और आज भी 60 वर्ष की अवस्था में एक पाँव मृत्यु-देहली में रखे वे बराबर मन्दिर में दीया-बाती करते चले आ रहे हैं किन्तु आज तक स्वप्न में भी उन्होंने नहीं सोचा था कि यह दिन भी आएगा। वे चंचल हो उठे थे :

"हे भगवान, क्या होने वाला है!" उन्होंने आँखें बन्द कर लीं, "अछूत भगवान के चरण छुएँगे? यह पुण्य-विग्रह अपवित्र करेंगे? नहीं होने दूँगा यह सब," उनका संस्कार चीख उठा, "अपने जीते-जी नहीं करने दूँगा ऐसा।"

वे कुछ सोचते-सोचते उठे और अनजान में ही चमारों की बस्ती की ओर उनके पाँव बढ़ चले।

सामने ही रतना का घर है : टूटा-फूटा। पखवारे का छाजन बरसात की मार से झुका-झुका, खपरैल उड़े-उड़े से।

रतना बैठा हुआ 'मोट से गूढ़न' लगा रहा था।

पंडित जी उसके सामने जाकर खड़े हो गए।

रतना ने आँख उठाकर देखा फिर सिर नीचे कर लिया। न तो अपने स्थान से उठा, और न प्रणाम, न दंडवत्। जिस कटु सत्य का अनुभव पंडित जी ने किया था, उनकी सम्भावना के एकदम विपरीत था। इतनी अवज्ञा, इतना अपमान? वे तिलमिला उठे। पर समय नाजुक था। खून का घूँट पीते हुए उन्होंने पूछा :

"रतना, आजकल दिखलाई नहीं पड़ता। तबीयत तो ठीक है?"

"ठीक ही है पंडित दादा। जी रहा हूँ किसी तरह।" उसे भी बोलना पड़ा, पर बात में रस नहीं था। जबान दबी हुई थी। वह सोच रहा था कि यह झंझट कहाँ से आ गई।

"आजकल बहुत-सी नई-नई बात गाँव में हो रही है।" पंडित जी ने बात का रुख बदलते हुए कहा।

"कौन-सी नई बात?" रतना ने पंडित जी की ओर देखते हुए पूछा।

"नहीं मालूम है तुम्हें क्या?" मन में कुढ़ते हुए पंडित जी ने कहा। वे सोच रहे थे कि कल का यह छोकरा कितना चालाक है! सारी बात मेरे ही मुँह से कहलवाना चाहता है।

पंडित जी के मन की बात रतना ताड़ रहा था।

अनजान बनते हुए उसने कहा, "मुझे क्या मालूम पंडित जी!"

"इतना बन क्या रहा है, रतना," पंडित जी फूट पड़े, "क्या कल तुम लोग शिवरात्रि पर मन्दिर में प्रवेश करने नहीं जा रहे हो? तुम्हारी ही चौधरियाई में यह सब हुआ, और तुम कहते हो कि..."

"तो साफ-साफ क्यों नहीं कहते पंडित जी?" रतना भी ताव खा गया। "लेकिन इसमें नई बात कौन-सी है?"

आग में घी पड़ गया।

"नई बात नहीं है...नई बात...?" पंडित जी उत्तेजित हो गए, "शास्त्र, वेद सब झूठे हैं? इतना सनातन से चला आता नियम वर्णाश्रम-धर्म झूठा है—सब झूठा है?...बस, तुम सच्चे हो। बड़े आए..."

आवाज सुनकर बस्ती के बहुत-से लोग इकट्ठे हो गए थे पर रतना शान्त रहा—धीरे से उसने कहा, "शास्त्र, वेद को हम झूठा नहीं कहते और न आपको। हम तो अपना हक चाहते हैं। भगवान हमारा भी है। उसके दर्शन का अधिकार हमें भी है!"

"छि:-छि:!" घृणा से होंठ बिचकाते हुए पंडित जी ने कहा, "क्यों नरक का रास्ता बना रहे हो? इतना पाप किस जनम में भुगतोगे?" पंडित जी की अपनी भाषा

थी, अपना ब्रह्मास्त्र था, कितनी बार कितनों को वे इसी अस्त्र से पराजित कर चुके थे, पर आज रतना के आगे उनकी सभी शक्ति निरर्थक हो रही थी।

"पाप...पाप क्या पंडित?" रतना भी आवेश में भर गया। "पाप का इससे बीभत्स रूप क्या हो सकता है कि आदमी आदमी से घृणा करे? एक को दबाकर दूसरा आनन्द करे, खुशी मनाए?"

"तो तुम उपदेश दे रहे हो..." पंडित जी की साँस फूल गई थी, "मुझे... मेरा गुरु बन रहा है तू?"

"मैं..." रतना ठंडा पड़ता हुआ बोला, "मैं तो आपके पैरों की धूल हूँ, पंडित जी, लेकिन..." बात पूरी किये बिना ही वह चुप रह गया।

"पैरों की धूल...उँह..." पंडित जी ने सावेश कहा, "सुन ले, तू कान खोलकर सुन ले...मन्दिर में जाने का विचार छोड़ दे रतना। लाशें उठ जाएँगी...लाशें! और उस खून-खराबी का जिम्मेदार तू होगा।"

"अरे, जो होगा, देखा जाएगा," पास की मड़ही से भैरो चीखा। वह अभी तक चुप था, "मन्दिर में एक बार नहीं, हजार बार जाएँगे। जो जी में आए, कर लेना। सुनते-सुनते कान पक गए, धरम-धरम..."

"तू चुप रह रे!" डाँटा उसे रतना ने।

पंडित जी ने इन नीचों के मुँह लगना अच्छा नहीं समझा। अपमान अपनी सीमा पार कर गया था।

"सोच लेना तुम लोग—अगर यह गर्मी ठंडी न हो गई तो कहना।" बड़बड़ाते हुए, पैर पटकते हुए वे चले गए। आए थे गुत्थी सुलझाने और स्वयं उसी में उलझकर रह गए।

रतना स्वयं दुखी था कि उसने पंडित को व्यर्थ क्रोधित कर दिया।

पर क्या सब दोष उसी का है...? नहीं। —समझाया उसने अपने को और चुपचाप अपने काम में लग गया।

भीड़ छँट गई।

[3]

महाशिवरात्रि!

पुनीत आस्था का पुण्य पर्व।

हर वर्ष शिवरात्रि पर प्रात: की प्रथम किरण बिहस-बिहस सोना बिखेरती थी, मंगलमय दिन की प्रतिष्ठा करती थी।

किन्तु आज? आज विहान उदास-सा था और उषा मलीन।

आज का सवेरा एक आतंक, एक अनहोनी भवितव्यता अपने अंक में लेकर उदय हुआ था।

शिव-मन्दिर पर थोड़ी-सी भीड़ इकट्ठी हुई थी। कुछ बड़ी जातियों के लोग। चमार मन्दिर में प्रवेश करेंगे, धर्म की रक्षा अनिवार्य थी। अपने बड़प्पन के पैबन्द को दृढ़ करना ही था—चाहे जान भले ही चली जाए।

मध्यवर्ग के लोगों की कोई आकांक्षा नहीं थी। 'कोउ नृप होय हमैं का हानी' की बात थी। हाँ, एक बात मन के झरोखे से उत्सुकतापूर्वक झाँक रही थी कि इस नवीन अभियान का परिणाम क्या होगा? इस दुस्साहसपूर्ण काम की चर्चा हर दिल में थी, हर जबान पर थी :

'अछूत मन्दिर में जाएँगे?'

पंडित जी की आँखें बार-बार टेढ़ी-मेढ़ी पगडंडी पर दौड़ जाती थीं। अछूत, जो सुदूर अमराइयों में खो गए थे, उनका जुलूस उधर से ही आने वाला था।

खड़े ही खड़े पंडित जी ने पुकारा, "बदलू?"

"आया महराज!" और तत्क्षण एक हट्टा-कट्टा जवान सामने आया।

"सब ठीक हो गया?" पंडित जी ने पूछा।

"जी हाँ। लठैत चालीस के करीब हैं जो एक इशारे पर..." बदलू रुका।

"ठीक है। उन लोगों को लेकर बगल वाले कमरे में चले जाओ और मेरे कहने के अनुसार..." समझाया पंडित जी ने।

"जी हाँ, जी हाँ, सब समझ गया।" और बदलू तेजी से चला गया।

उन नापाक हस्तियों को कुचलने का पंडित जी ने जो प्रबन्ध किया था, उसे सोचकर वे मुसकराए।

विश्वास एवं श्रद्धा के मुक्ति-मंडल पर जिस भीषण अनाचार का आरोपण आचार और संस्कृति के नाम पर हो रहा था, उसे देखकर दुर्दैव का हृदय भी भय से काँप उठा था। पवित्रता के स्वच्छ अंचल में जो धब्बा लगने जा रहा था, उसे सोचकर दया संकुचित थी।

प्रतिरोध की सब तैयारियाँ सम्पन्न हो चुकी थीं। दिन कुछ ऊँचा चढ़ आया था। और तभी दूर पतली पगडंडी पर अमराइयों के पीछे एक विशाल भीड़ उठी और तेजी से मन्दिर की ओर बढ़ चली। यह अछूतों की मंडली थी।

पंडित जी ने देखा कि रतना उनके आगे-आगे था। ढोल, झाँझ के साथ गति का मधुर-मृदु स्वर धीरे-धीरे हवा पर लहरा रहा था। क्षण-प्रतिक्षण वह स्पष्टतर होता गया।

पंडित जी ने सुना :

'रघुपति राघव राजा राम
सबको सन्मति दे भगवान!!'

पिघलाए शीशे की तरह एक-एक कड़ी कानों से होती हुई हृदय में धँस गई। उन्होंने मन्दिर का द्वार बन्द किया और आकर सामने खड़े हो गए।

तत्क्षण रतना उनके सामने खड़ा हो गया।

गीत बन्द हो चुका था।

दो प्रतिद्वंद्वी—एक वृद्ध, एक जवान। एक हिंसा पर कटिबद्ध और एक शान्त रहकर सब कुछ सहने को तैयार। एक कुछ माँगने आया था और दूसरा छीनने के लिए खड़ा था। एक के पीछे थे दर्शनाकुल प्राण और दूसरे के पीछे था भगवान। दोनों ने एक-दूसरे की आँखों में देखा।

"पीछे लौट जा रतना।" पंडित जी गम्भीर स्वर में बोले।

"सामने से हट जाओ पंडित, दरवाजा खोल दो।" रतना दृढ़ आवाज में बोला, पर आँखों से आँसू आ गए। कितना स्वार्थी है, आदमी! कितना निर्दय।

"दरवाजा खोलो। सामने से हटो पंडित!" भीड़ चिल्लाई।

"चुप रहो तुम लोग। क्यों मृत्यु को घर बैठे न्योता दे रहे हो? चले जाओ।" पंडित जी जोर से चिल्ला रहे थे।

बगल के कमरे में बैठे हुए लठैत इशारे की ताक में थे।

भीड़ खामोश खड़ी थी।

"भगवान के रास्ते की खाई न बनो पंडित। यह धर्म नहीं है।" रतना ने अनुनय की।

"चुप नीच!" और पंडित जी का बूढ़ा हाथ रतना के गाल पर जा पड़ा—चट्!

"धर्म की शिक्षा देने आया है?" पंडित जी आवेश में उन्मत्त-से हो रहे थे। इस अवसर पर चमार को छूते हया नहीं थी।

रतना के पीछे तमाम लोगों को लगा कि थप्पड़ उन्हीं के गाल पर लगा था। सभी की आँखें जल उठीं। भैरो के मुँह से एक हुंकार निकली। पर वह उन्हें पी गया। रतना का, उनके चौधरी का यही आदेश था।

"मार डालो पंडित," रतना बिलख पड़ा, "पर मन्दिर में जाने दो। हमारी आने वाली पीढ़ियों की राह रोक मत, राह दिखा दो।"

"तेरा बाप भी कभी गया है?" पंडित जी गरजे।

"बाप की बात मत करो।" भीड़ से भैरो चिल्लाया।

"हजार बार करूँगा, कुत्तो, हजार बार।" संसार को राह दिखाने वाले पंडित जी स्वयं भ्रान्त हो रहे थे।

"हमारी भी इज्जत है। हम अपना अपमान नहीं सह सकेंगे।"

"इज्जत?" पंडित जी एक क्रूर हँसी हँसे, "तुम्हारी इज्जत? टुकड़े पर तेरा बाप पला और तुम हरामखोरों की औलाद..."

"पंडित!" भैरो पागल-सा हो उठा। उन्मत्त की तरह चिल्लाया वह। वह भूल गया अपने चौधरी का आदेश, अपनी स्थिति, और इससे पहले कि पंडित जी कुछ

कहते और कोई इशारा करते, पास ही पत्थर के एक टुकड़े को लपककर उठा लिया और अपनी पूरी शक्ति से पंडित जी के ऊपर दे मारा।

पलक झपकते रतना ने यह सब देख अपने स्थान से उछला और पंडित जी के सामने जाकर खड़ा हो गया। सरसराता हुआ पत्थर का टुकड़ा उसके मस्तक से टकराया और खून से लथपथ रतना कटे वृक्ष की तरह धरती पर गिर पड़ा। आह भी मुँह से नहीं निकली। सिर क्षत-विक्षत हो गया।

क्षण भर भीड़ इस आकस्मिक प्रसंग से ठगी-सी खड़ी रही।

'खून हो गया!'—सहसा आत्म-रक्षा की भावना ने सबकी चेतना को झकझोर दिया। सभी को अनुभव हुआ कि कानून का लम्बा हाथ उनके गले की ओर बढ़ रहा है।

और दूसरे ही क्षण मैदान खाली था। न तो वादी थे और न प्रतिवादी।

सामने पंडित जी आश्चर्यचकित-से खड़े थे और चबूतरे के नीचे रतना का लहूलुहान शरीर। बेहोश था वह। घाव बहुत गहरा था।

'यदि रतना बीच में न आता तो?' पंडित जी के मस्तिष्क में यह प्रश्न तीर की तरह घुसा।

उन्हें लगा कि मन्दिर की दीवार के कण-कण से उनके लिए श्राप निकल रहा है। काँपते हाथों से उन्होंने मन्दिर का दरवाजा खोला : खड़...खड़...खड़...!

'रतना बीच में न आता तो?' बेचैन-से पंडित जी घूम पड़े। न जाने बूढ़े शरीर में कहाँ की ताकत आ गई थी! उन्होंने रतना की विक्षत देह को गोद में उठा लिया और दरवाजा ठेलकर मन्दिर में घुस गए।

मूर्ति के सम्मुख उसे लिटाकर पंडित जी ने उसकी ओर देखा। खून की लकीरें बह-बहकर गालों पर सूख गई थीं।

'यदि रतना न होता तो?' पंडित जी की आँखों से आँसू की लम्बी लकीर बह निकली।

"राम रतन!" रतना का सिर गोद में लेकर वे फफक-फफककर रो पड़े।

"देख रतना, देख, कहाँ है तू..." पंडित जी ने उसे झकझोरते हुए कहा।

धीरे-धीरे रतना की आँखें खुलीं—भगवान की पवित्र प्रतिमा, अनुपम शान्ति... क्षण भर को जैसे वह अपनी सारी पीड़ा भूल गया। आँखों के कोरों से दो बूँद आँसू छलक पड़े...अपलक वह देखता रहा।

और पंडित जी की आँखों से गंगा-जमुना बहती रहीं। आँसू रतना के मस्तक पर गिरते रहे, जैसे वे उस देव-पिंड को नहला रहे हों!

[जनवरी, 1958]

नई पौध : नया माली

ज्ञान जिस समय अन्तिम क्यारी की घास निकाल चुका था, उस समय पश्चिम आकाश में क्षितिज की घनी कालिमा के पीछे सूर्य डूब चुका था और अन्धकार की एक पतली परत आकाश में धीरे-धीरे बिछ रही थी।

हाथ में खुरपी लिये ही लिये वह खड़ा हुआ और दिन भर की थकान से चूर बूढ़े शरीर को जरा दाएँ-बाएँ किया। एक लम्बी-सी साँस खींची। माथे पर चुहचुहाते पसीने को अँगुली से पोंछकर हवा में झटक दिया।

"चल बिटिया," उसने कहा और पास ही मेंड़ पर अपने घरौंदे से उलझी हुई नन्ही-सी मासूम बच्ची उसके साथ आ खड़ी हुई।

दोनों चल पड़े।

पास ही बगीचे के एक कोने में छोटी-सी झोंपड़ी अपना विस्तार बढ़ाए खड़ी थी। यही है ज्ञान का रैन-बसेरा, जो रात को बसता और सवेरे उड़ जाने वाले पंछी की राह उदास-सा देखता रहता। दिन निकलने पर उसका भाग्य सो जाता और दिन डूबने पर जागता था।

ज्ञान माली है—बड़े अफसर के बड़े बगीचे का माली। बड़े सरकार और उनके परिवार के लिए जीवन के सम्पूर्ण प्रसाधनों की उपलब्धि के बाद वह मिट्टी में दूबों के मखमल बिछाता। माथे के छलकते पसीने के छींटे मार-मारकर फूलों को नई ताजगी, नया नाज, नई मुस्कान देता।

प्रात: की प्रथम किरण उसे क्यारी में काम करते हुए पाती और शाम को उसे काम करते हुए देखती चली जाती। यह क्रम आज का नहीं, कल का भी नहीं, न जाने कितने बरसों, कितने दिनों का है। जब ज्ञान की शिराओं में जवानी का खून था, हृदय में जवानी की उमंगें थीं, तब से आज तक जीवन की सम्पूर्ण कामना केन्द्रीभूत करके वह बगीचे की सुषमा में चार चाँद लगाता आ रहा है।

बड़े सरकार जगत नारायण आते। हवा की लहर पर झूमते, इठलाते फूल देखते और गर्व से भर उठते। उनके पास ऐसा बगीचा था, ऐसा माली था, जो किसी के पास नहीं : लाखों में एक!

और तब...

ज्ञान का मन-मयूर नाच उठता था। भूल जाता वह मेंड़ पर बैठी हुई तीन वर्षीया बालिका को जिसे बेटे को खोकर, बहू की अन्तिम साँस जोह-जोह कर पाया था।

मंगला उसकी नातिन है। जवान बेटा राह में बाँह छुड़ाकर थके-हारे जर्जर शरीर को निस्संबल छोड़ अपनी मंजिल चला गया और बहू उसका वियोग न सह सकी तो वह भी अन्तिम साँस ले पति से जा मिली। डूबते हुए मन को नन्ही-सी अनजान मंगला का सहारा मिला था। दहकते घाव पर नर्म रुई का फाहा। और तीन साल से उसे छाती से लगाये वह जी रहा है। उसके लिए हँसता है, उसके लिए गाता है।

नन्ही-सी मंगला के साथ वह बच्चा बन गया है।

ये बातें याद आने पर उसका मन रो पड़ता है। और तब किसी फूल को विक्षिप्त-सा पकड़कर वह कह पड़ता है : हँसो और जोर से हँसो। अपनी हँसी देकर दुनिया को हँसा दो।

फूल डाल पर हिल उठते हैं और उसकी आँखों के कोर में जल-कण भर जाते हैं।

दिन जल्दी-जल्दी ढलता जा रहा था।

ज्ञान का हाथ भी और तेजी से चल रहा था। कुछ पौधे अभी लगाने को बाकी थे। बाबू जगत नारायण फूलों की क्यारियों में घूम-घूमकर आँखों में फूलों का सौन्दर्य भर रहे थे।

आज गुलाब के नई किस्म के पौधे आए थे और उन्हीं को लगाने में माली दिन भर से श्रम कर रहा था। अनवरत श्रम के बाद भी वह सभी पौधे लगा ही देना चाहता था क्योंकि उन्हें रात की ठंडी छाँह मिल जाती और वे जड़ पकड़ लेते।

क्यारियों में गुलाब के पौधों की एक लम्बी श्रेणी हवा में सिर हिला रही थी। ज्ञान को लगता, जैसे हर वृन्त पर एक कली खिली और फिर बढ़ते-बढ़ते फूल होकर मुस्करा उठी। नन्हा बचपन जवानी की हिलोर में लहर उठा और एक सुगंध भरी लहर हवा में समा गई।

वह और शीघ्रता से काम करने लगा। क्षण भर को उसने एक दौड़ती दृष्टि मंगला पर डाली जो बड़े सरकार की हमउम्र बेटी माया के साथ खेल रही थी। और फिर अपने काम में जुट गया।

"बाबू!" सहसा मंगला की किलकारी हवा में थिरक उठी।

चौंककर ज्ञान ने सिर उठाया। उसने देखा कि एक पतंग, जिसकी कटी हुई डोरी जमीन छू रही थी, हवा में तैरती हुई बगीचे में ही गिर रही है और दोनों

लड़कियाँ—मंगला और माया—अपने नन्हे-नन्हे पैरों से उसी को पकड़ लेने की होड़ लगा बैठी हैं। पतंग का रुख उधर ही था जिधर जगत नारायण खड़े थे। डगमग पैरों की इस दौड़ ने माली का मन मोह लिया। उसके पोपले मुख पर एक हल्की हँसी की रेखा खिंच गई।

जगत नारायण ने भी यह सब देखा किन्तु उन्हें यह भाया नहीं। उनकी लड़की, और वह माली की लड़की के साथ...? जोर से डाँटा उन्होंने, "मुन्नी!"

नन्ही-सी बालिका सहमकर खड़ी हो गई।

तभी...

पतंग लहराकर उनके सामने गिरी और मंगला दौड़ती हुई उसे उठाने लगी किन्तु अचानक रुक जाने के कारण वह अपने को सँभाल न सकी और लड़खड़ाती हुई नये लगे गुलाब के पौध पर गिर पड़ी। सुन्दर, कोमल हरा-भरा पौधा टूटकर छितरा गया।

जगत नारायण गुस्से में जल उठे और दो-तीन तमाचे मंगला के गाल पर जड़ दिये।

अपरिचित, असहनीय प्रहार से मंगला चीख उठी।

माली उसकी ओर दौड़ पड़ा। उसे छाती से चिपकाते हुए उसने भीगी आँखों से बड़े सरकार की ओर देखा—न जाने कितनी घृणा, कितनी भर्त्सना थी उनकी आँखों में।

"इसे क्यों लाते हो यहाँ?" जगत नारायण ने गुस्से में भरकर उसे डाँटते हुए कहा।

"बाबूजी!" माली की आँखों से बरबस रोके हुए आँसू बह चले—झर...झर...।

जगत नारायण माया की अँगुली थामे बँगले की ओर मुड़ गए थे और सिसकती मंगला को छाती से चिपकाए ज्ञान झोंपड़ी की ओर।

चूल्हे में आग नहीं जली थी।

किन्तु एक आग ज्ञान के हृदय में भी धधक रही थी : 'इसे क्यों लाते हो यहाँ?'

काश, तुम यह समझ पाते!

बगल की टूटी चारपाई पर मंगला रोते-रोते सो गई थी। दीये की मद्धिम लौ टिमटिमा रही थी।

वृद्ध माली उदास-सा बैठा-बैठा सोच रहा था :

'निर्दय! जरा भी खयाल किया होता कि बच्ची है, गलती हो ही गई लेकिन उफ...!' ज्ञान ने छाती पर हाथ रख लिया।

वह निरीह कोमलता, जिसे वह अपनी पलकों की छाया में बिठाए रहता है, कितनी निर्दयता से एक साधारण-सी भूल के लिए प्रताड़ित की गई थी! यह घटना बर्छी की गाँस-सी उसका हृदय बेध रही थी।

अभी चार दिन पहले की बात है जब टामी एक चिड़िया के ऊपर झपटते हुए इतने जोर से उछला था कि उसके नीचे आ जानेवाला पारिजात का पौधा जड़ से टूट गया था किन्तु...उस कुत्ते को साहब ने एक भी फटकार नहीं दी थी और स्वयं ज्ञान से कहा था कि दूसरी पौध यहाँ पर लगा देना।

लेकिन आज...?

कितना बड़ा अन्तर है! आदमी से आदमी की इतनी विशाल दूरी? प्रकृति के समान स्नेहांचल की छत्रच्छाया में पले मानव को मानव खरीद रहा है : अपने हेय आत्मतुष्टि-साधन के लिए। इतनी बड़ी कृत्रिमता...यह बिडम्बना...! अरे, चक्र गिर पड़ेगा इस दुनिया पर। किन्तु धरती...अभागिनी धरती माँ...उसके नयन भर आए।

चिन्ताकुल वह अपने स्थान से उठा और चारपाई पर मंगला के बगल में सो गया।

'गुलाम!' धिक्कार रहा था उसका अन्तरमन उसे। सचमुच जीवन भर वह किसी का क्रीतदास ही तो रहा है।

'नहीं करेगा वह गुलामी,' उसके स्वत्व ने ललकारा। इतनी विशाल धरती में क्या दो प्राणियों की भूख नहीं मिट सकती? और फिर उसके हाथ में गुण है। लाखों उसे हाथों पर लेंगे।

हाँ...पर वह गुलामी नहीं करेगा और उसने बगल में सोये नन्हे फूल को छाती से लगा लिया।

क्षण भर में ही उसका चिन्तित मन, श्रमित तन निद्रा देवी की बाँहों में लुढ़क गया। कहते हैं कि दिन भर के ऊहापोह में भ्रान्त मन, जिस समस्या का समाधान करने में संलग्न रहता है, नींद आने पर, उसी को सुलझाने के लिए, नाना प्रकार के भ्रामक रूपों का सृजन करता है। मन की यह दुश्चिन्ता ही स्वप्न की प्रतिकृति है।

ज्ञान भी स्वप्न देख रहा था—झोंपड़ी के पास दो छाया खड़ी हैं। कुछ संकेत पाने पर उन्होंने अपने हाथ में आग के गोले लेकर फेंकना आरम्भ किया। उस प्रकाश में ज्ञान ने देखा—उसकी बहू और बेटा आग के गोले उड़ा-उड़ाकर सम्पूर्ण बगीचे पर गिरा रहे हैं। एक-एक फूल, एक-एक डाल झुलस-झुलसकर धरती पर गिर रहे हैं।

एक भीषण धुन्ध फैल रही है। हरहराती हवा में विषाक्त वातावरण की गंध मिलकर धरती के कोने-कोने में छा रही है।

प्रलयंकारी दृश्य उपस्थित है। बड़े सरकार परिवार सहित विक्षिप्त-से चिल्ला रहे हैं।

ज्ञान अपने को न रोक पाया। जीवन भर का श्रम क्षण भर में धूल में मिल रहा है। ये सुन्दर फूल...धरती का सुहाग उजड़ रहा है।

'रोको यह सब,' वह पागल-सा उसी ओर दौड़ पड़ा और तभी एक गोला उसके ऊपर आ गिरा, भभककर उसका शरीर जल उठा।

चिल्लाकर ज्ञान चारपाई पर बैठ गया। नींद टूट गई। उसका हृदय धक-धक कर रहा था। कहीं कुछ नहीं था। बँगले से ज्योति की एक क्षीण रेखा बाहर निकल रही थी। झोंपड़ी के आसपास अभेद्य अन्धकार छाया हुआ था।

'कितना भयानक सपना!' उसने मन-ही-मन कहा और फिर चुपचाप सो गया।

प्रात: की प्रथम किरण ने साश्चर्य देखा कि वह नये आए पौधों की अन्तिम पौध लगा चुका है और एक बड़े से खिले फूल के सामने खड़े होकर कह रहा था :

"हँसो...विश्व में इतना हास, इतनी खुशी भर दो कि आदमी तुम्हारी तरह कोमल और स्वच्छ बन जाए। इतनी सुगंध भर दो कि वह द्वेषरहित उन्मुक्त हँसी हँस सके।"

फूल डाल भर झूल रहे थे और माली की आँखों में अश्रुकण...!

फिर भी वह जिन्दा है

अब तो सब कुछ घने अँधेरे ने समेट लिया है। वह पश्चिम का आकाश, जो सूरज डूबने से पहले लाल था, काला हो चुका है और उसी अँधेरे में एक सितारा राह भूले राही की तरह झिलमिला रहा है। बगल वाली कदम्ब की डाली पर चिड़ियों का शोर...। यह सड़क और यह मस्जिद जैसे सबको काठ मार गया है। निस्तब्ध वातावरण रात की काली चादर ओढ़े खड़ा है, निस्पन्द...। दीपू देख रहा है—सड़क पर बत्तियाँ जल उठी हैं।

मस्जिद पर बैठे हुए कबूतर, ईंट की ताखों पर मिट्टी के लोंदे-से दिख रहे हैं : काले-काले लोंदे, जो शाम को इतना तड़फड़ा रहे थे, जिन्होंने अपने आसपास की जगह पर अपना सिक्का जमा रखा था। घड़ी भर आराम करने की चाह लिये आनेवाले को डैनों से मारकर दुत्कार दिया था, अब वे सो रहे हैं। दिन भर के बाद...भूख और अधिकार रक्षा के बाद...थककर सो रहे हैं।

सड़क की खामोश छाती पर दौड़ती हुई मोटरों का प्रकाश मस्जिद पर आ रहा है। एक-एक कोना, एक-एक ईंट, एक-एक कबूतर आँखों में झलक उठते हैं। रिक्शा के घंटियों की करकराहट कानों में कसक उठती है। दीवारें प्रतिध्वनित हो रही हैं और नींद में सोये कबूतर चौंक उठते हैं।

बगल के मन्दिर में आरती हो रही है। घंटे, शंख, घड़ियाल बज रहे हैं। मस्जिद की अजानें दूर क्षितिज के किसी कोने में खो गई हैं। सामने की दुकान से वह पादरी ईसा मसीह का चित्र खरीद रहा है। सूली पर लटकाये गए ईसा, ईश्वर से आदमी की खुशी माँग रहे हैं : 'उन्हें क्षमा कर दो मेरे पिता! ये अबोध...'

मन्दिर...मस्जिद....गिरजाघर।

दीपू सोच रहा है। सोच रहा है और ऊँघ रहा है। यद्यपि आँखों में नींद की परछाईं भी नहीं है। एक हसरत है, एक थकान है, बस...और कुछ नहीं।

हाँ, तो यह गेरुए रंग में रँगा हुआ मन्दिर, पीला-पीला ऊँचा-सा गिरजाघर और दूध जैसी सफेद मस्जिद—सबके निर्माण में एक ही धरातल है : विश्वास का,

श्रद्धा का, प्रेम का। निर्माण में ईंटें लगी हैं, पत्थर और चूना है, और सीमेंट भी ठीक उसी तरह, जैसे सभी पहले आदमी हैं : खून, हाड़, मांस के आदमी और फिर हिन्दू, ईसाई और मुसलमान...फिर काले-गोरे, लेकिन हैं आदमी ही।

लेकिन अब आदमी आदमी रहा ही कहाँ?

दीपू को अपने विचारों पर आश्चर्य हुआ और साथ ही दुख भी। कितना अप्रिय सत्य था यह! तो क्या सचमुच अब आदमी...?

बीते दिनों की याद आ गई।

लाहौर की एक गली में वह अकेला रहता था। गली के अन्दर की गन्दगी में भी कितने जिन्दगी के दिन काट रहे थे! धूल में भरे लदबदे बच्चे उसके खोमचों को चारों ओर से घेरकर खड़े हो जाते और वह उन ढलकती उम्र के स्वप्नों को देखता रहता, जो उसके सामने साकार खड़े रहते थे। [अधूरी—पत्रिका को दीमक खा गया है। **—सं.**]

['साकी' : 15 जून, 1960]

कुसुम दीदी

कुसुम दीदी की आँखों में पानी नहीं है। वैशाखी नीम की निर्वसन शाख-सी कुसुम दीदी...। गली जहाँ खत्म होती है, उसी की बगल में कोठरी है। सामने बिसाती की दुकान। उसी दुकान की आधी जगह में बुद्धू की परचून की दुकान है।

कुछ मिठाइयाँ, तेल की जलेबियाँ किसी मनचले की शह पर खींचे गए केन्द्रहीन काले वृत्तों-सी गिलट की थाल में मक्खियों और भौंरों के लिए खास आकर्षण हैं।

गुड़ के सेव पर मुहल्ले के बच्चे मँडराते रहते हैं और लाई-चना—कई-कई दिनों की बासी, लेकिन ताजगी के लिए कई कसमें एक साथ ढोता है। बुद्धू झूठ नहीं बोलता। यह पेट का धन्धा है। एक राम-कहानी की तरह : न कहने वाले का दोष, न सुनने वाले का दोष। ये बुद्धू के गवाही के शब्द हैं। और वह कुछ तेज स्वर में इसे दुहराता है।

जब कुसुम दीदी के टाट लगे दरवाजे के पीछे आकृति की एक धुन्ध होती है, मुझे न जाने क्यों यह कथन बुरा...शायद तटस्थ कड़वा-सा लगता है।

लेकिन हर बार ऐसा होता है।

गली के कोने में म्युनिसिपैलिटी के लैम्प-पोस्ट की रोशनी दुकान पर जलती ढिबरी की काँपती लौ को कालिख समेत पीती रहती है और मैं बुद्धू की बातों को। किन्तु मेरी आँखें बगल की दुकान पर होती हैं। यों सहुआइन बुरी भी नहीं और दुकान पर उसके बैठने का अन्दाज...। लेकिन मैंने कहा न कि कुसुम दीदी की आँखों में पानी नहीं है।

जब लौटकर वापस आया तो दीदी डाँटने लगीं कि शरीफ लड़कों को यह शोभा नहीं देता। और भी न जाने क्या-क्या! लेकिन ज्योंही मेरी आँखें ऊपर उठीं, वे तेजी से घूम गईं और दूसरे कमरे में रोहित के पास चली गईं। मुझे अब भी समझ में नहीं आया कि दीदी की आवाज काँप क्यों रही थी!

मैं कुछ देर खड़ा रहा। फिर अन्यमनस्क-सा उनके कमरे में चला गया। रोहित सो गया था और वे उसके पायताने सिर झुकाए बैठी थीं। आहट पाकर उन्होंने आँख उठाई, 'बैठ जा।' और उनका इशारा खाट के सिरहाने की ओर था। मैं चुपचाप बैठ जाता हूँ।

सारा कमरा खामोश है और समय बेअन्दाज भाग रहा है। न कोई आवाज, न आवाज की प्रतिक्रिया। केवल इकलौते नन्हे रोहित की प्रसुप्ता साँस घड़ी की मद्धिम आवाज-सी गूँजती है। यह बोझिल वातावरण मैं झेल नहीं पाऊँगा और... और दीदी चुप हैं। मैं चुप हूँ। दुर्निवार चुप्पी...। अस्तित्व-बोध की प्रक्रिया न जाने कौन-सा उद्‌बोधन ढूँढ़ रही है। और सहसा दीदी की आँखें ऊपर उठती हैं। न जाने कब वे इतने पास सरक आईं! उन्होंने मेरा हाथ थाम लिया है। मेरे सारे शरीर में बिजली के गरम तार छूने की प्रतिक्रिया है। उफ्...यह झनझनाहट और मैं...और दीदी...नहीं, नहीं...!

दीदी से मुझे घृणा नहीं है। मैं देखता हूँ—दीदी की रीती आँखें मेरे चेहरे पर लोट रही हैं :

"मुझसे नाराज हो गया?"

"..."

"दुत् पगले! मैंने तो...। अच्छा, माफ कर दे अपनी दीदी को।" और मेरे गालों पर ढुलक आए आँसू को उन्होंने धीरे से पोंछ दिया। सिर पर उनके हाथ घूमने लगे हैं और मैं संकुचित हो गया हूँ।

"दीदी! गलती तो मेरी ही...।"

"नहीं रे! उम्र की...लेकिन बेकार बातें नहीं दुहराते," दीदी ने मेरी बात काट दी।

मैं फिर मौन।

"माँ कैसी है?" दीदी पूछती हैं।

"अच्छी।"

"और कुनी?" किरन को प्यार से यही कहती हैं।

"वह भी।"

"तुझे मेरा मोह लगता है रे?" दीदी अचानक पूछती हैं।

और मैं चौंक पड़ता हूँ। यह कैसा प्रश्न...? मेरी नस-नस में फास्फोरस की कौंध बजती है। और दीदी की हथेलियों में मेरी अँगुलियाँ पसीजती-सी लगती हैं। एक काला कीड़ा तेजी से उड़ता है और आईने से टकराकर फर्श पर गिर पड़ता है। तेज झनझनाहट से कमरा भर गया है।

तो क्या दीदी यह जान गई हैं कि सारे परिवार की आँख बचाकर मैं दीदी से मिलने आता हूँ?

पिताजी कलंकिनी सन्तान के शोक में टूट गए। और माँ ने खून का रिश्ता तोड़ लिया है। और मैं जो तोड़ न सका, उसी में बँधा दीदी के पास आता हूँ। माँ की आशीष कहता हूँ और प्यार भी। दीदी को बता चुका हूँ कि माँ सब कुछ भूल चुकी हैं, और उन्हें अक्सर याद करके रोती हैं।

लेकिन मैं जानता हूँ कि माँ रोती रहती हैं, किन्तु यह याद की रुलाई नहीं है। दीदी के भागने की कसक उन्हें निचोड़ती है। वंश-मर्यादा के टूटने की पीड़ा उनकी आँखों से बरसती है, परन्तु मैं दीदी को यह सब नहीं बतलाना चाहता।

अब मैं जान गया हूँ कि किसी के साथ भागने में दीदी का रोल नहीं। वह उम्र थी जो अपने पाँव रोक न सकीं। यह सब कहकर दीदी की टूटी चूड़ियों को उनकी छाती में चुभो दूँ? नहीं...नहीं, दो वर्ष के नन्हे रोहित के अलावा कौन है उनका? एक भाई, और वह भी आस्थाओं का गुनहगार...। अपाहिज स्नेह!

क्या उत्तर दूँ दीदी को?

मैं देखता हूँ कि दीदी की आँखों में खाली झील की प्रतिध्वनियाँ हैं और रेत की वीरानी पर कई पद-चिह्न...। क्या उत्तर दूँ दीदी को?

"चुप हो गया?"

"नहीं दीदी! लेकिन तुमने यह पूछा ही क्यों? क्या मैं कोई गैर..." और मैं कोशिश करके भी अपने आँसू रोक नहीं पाता हूँ।

दीदी निर्विकार हैं। कोने में मकड़ी के जाले हैं। और मेरी आँखों पर घूमता हुआ दीदी का मटमैला आँचल।

"अच्छा...अच्छा...उठ, हाथ-मुँह धो ले और आ, आज मैं भी तेरी ही थाली में खाऊँगी।...लड़कियों की तरह रोता है, इतना बड़ा हुआ पर..." दीदी उठ गई हैं, और...

मुझे नींद नहीं लगती। बाहर गहरे अन्धकार में प्रत्येक क्षण कंकड़ियों की तरह डूब रहे हैं और हर लहर मुझसे टकरा रही है। मैं कई-कई बार टूट रहा हूँ कुछ जोड़ने की अप्रत्याशित प्रतिक्रिया में। दीदी भाग गई हैं, न जाने किसके साथ...!

पिताजी का साया उठ गया है।

माँ हर वक्त रोती है।

मैं किसी तरह ग्यारहवीं कक्षा में पढ़ाई चला रहा हूँ : एक ऐसी साइकिल की तरह, जिसकी चेन हर दूसरे डग पर उतर-उतर जा रही है।

फिर अचानक दीदी मिल गई हैं। अन्धकार की पहली किस्त टूटी है। गली का मोड़ घूमने के साथ ही दीदी पर नजर पड़ी और मैं अनायास ही चिल्ला उठा, 'दीदीऽऽ।'

वे चौंक पड़ी हैं। मेरे पास आने पर दीदी के चेहरे पर बहुत क्षीण-सी पीली हँसी है और आँखों में सूखी झील की कौंध...दीदी रोईं नहीं...हँसी नहीं। मैं अवाक्। पर कुछ ऐसा है जिसे दीदी यत्नपूर्वक आँचल के नीचे छिपा रही हैं। फिर उनके

साथ घर चला गया हूँ। रोहित से परिचय हुआ। दीदी की पूँजी है वह। शायद भविष्य की चिन्ता वर्तमान की सबसे बड़ी उपलब्धि होती है।

यह सब माँ नहीं जानतीं। दीदी ने मना कर दिया है और मैं माँ को और दुखाना भी नहीं चाहता। जो जलकर राख हो गया है, उसे सुलगाने से क्या लाभ...?

उसे नींद नहीं आ रही है।

कमरे में निगाह घूमती है। कहीं कोई रेखा नहीं। शून्य का आकार केवल मस्तिष्क में प्रश्नचिह्नों को समेट रहा है। खिड़की की बगल में बीती हुई तारीखों का कैलेंडर है और दीवाल पर रेंगती हुई एक भूरी मटमैली छिपकली...।

दीदी कोठरी खोलती हैं। क्षण भर आहट लेती हैं। फिर दबे पाँव बाहर निकल जाती हैं। मैं अधमुँदी आँखों से देखता हूँ...दीदी आँचल में कुछ छिपा रही हैं। किवाड़ों की दरारों से ढेर सारा अन्धकार कमरे में घुस आता है।

दीदी अपना खर्च कैसे चलाती हैं? और मुझे एक अवांछनीय तर्क कचोट रहा है।

अन्धकार में कई आकृतियाँ काँप रही हैं। मैं...मुझमें कुछ जल रहा है। अथाह गहराइयों में डूबने के बावजूद दुर्निवार प्रवाह मेरे रोम-रोम में सहसा बढ़ता जा रहा है। दीदी और...

बुद्धू की तेज हँसी मुझसे टकराती है और अन्धकार के कंधों पर दूर-दूर घूमती हुई मुझमें डूब जाती है। सन्नाटा गहरा हो गया है। कैलेंडर की तमाम पुरानी तारीखें मिट गई हैं केवल काले बार्डरों से घिरा एक अन्धकार चित्र दीवाल पर झूल रहा है।

दीदी वापस अपने कमरे में लौट गई हैं।

बाहर से आवाज आती है :

'कितने दिये?'

'दो रुपए।'

'मैं तो तीन लूँगी।'

'तुम अपनी बात छोड़ो सहुआइन।'

बुद्धू की हँसी से खनकती आवाज आती है। यह सब...यह सब क्या है? उफ! ...और मैं झटके से दीदी के दरवाजे पर पहुँचकर एक धक्का दे देता हूँ : तुम ऐसी हो...दी...दी...?

दीदी चौंक पड़ी हैं। अवाक् वे मुझे निहार रही हैं और मैं उनके हाथ में अधबने कागज के ठोंगे को। चारों ओर कागज की कतरनें हैं और पीतल की कटोरी में आटे की लेई...। ढिबरी की रोशनी कुछ तेज हो रही है। अन्धकार कमरे से भागता जा रहा है।

[26.6.1963]

सीमाओं का बोझ

दूर से देखने पर वे केवल धब्बे-से लगते थे—मटमैले धब्बे, जैसे किसी ने नारंगी का छिलका उतारकर फेंक दिया हो और वह गर्द से और नम हवा में आहिस्ता-आहिस्ता सूखकर आधा मुड़ गया हो!

किन्तु अब वे रेंगने लगे थे, एक सीधी रेखा के किसी नपे-तुले क्रम में। और उनकी यह चाल बड़ी धीमी थी, शायद वे और तेजी से चलना चाहते थे।

चौपाटी के आसपास काफी भीड़-भाड़ थी। इसलिए वे किसी एकान्त की तलाश में थे। उनके पीछे आहटों की एक लकीर छूटती जा रही थी जिस पर ज्वार का पानी रह-रहकर अपने छींटे उलीचे देता था। सारा आकाश समुद्र की सीमाओं से छू लिया गया था और किनारे की रेत नम हो आई थी। हवा तनिक 'कुनकी' भरी थी, किन्तु उन्हें इसकी परवाह नहीं थी। वे केवल जल्दी से जल्दी बालू के उस टीले के पास पहुँचना चाहते थे जिसके आसपास पैरों के चिह्न पानी की उलीच ने मिटा दिये थे और जहाँ से सूरज का डूबना सबसे करुण दिख पड़ता था।

सूरज की परछाईं नीले 'ग्राफ' पर तीस अंश के कोण बना रही थी और सारा वातावरण एक अजीब रंग से भर गया था : ऐसा रंग, जो प्रत्येक देखने वाले की आँख में अलग ढंग से उभरा था।

हवा में हलकी भीगी रुई के रेशे उभर आए थे और सूरज केवल दूर जलती अन्धी लालटेन की तरह लग रहा था जिसके चारों ओर लगे शीशे पर कालिख उग आई थी। शीशे पर हवा की नमी चुहचुहा रही थी। और उसी से सटे लहरदार नीले फर्श पर एक दूसरी लालटेन औंधी पड़ी थी। यह उसकी परछाईं थी।

वे तीनों टीले के बगल में खड़े थे और सारा दृश्य उनकी आँखों में भर गया था। एक दूसरे की बगल में खड़े होकर अपने को भोगने में वे चुक गए थे। और उनकी इस सहभोग की मन:स्थिति का साक्षी शायद इकाई सौन्दर्य का एक-एक टुकड़ा था जिसे वे अपने अस्तित्व की सीमा में झेल रहे थे किन्तु जो किसी का साझीदार नहीं था।

अकस्मात् अदृश्य काले हाथों ने लालटेन को उठाकर दीवाल की ओट में रख दिया। अब सतह पर केवल उस हटने की रिक्तता थी और थी केवल उस रिक्तता को बाँधने की शंकालु जिज्ञासा।

सहसा वे एक-दूसरे को वह महसूस कराने के लिए व्यग्र हो उठे जो उन्होंने महसूस किया था और तब पहली बार उन्हें लगा कि वे अपने अतिरिक्त किसी दूसरे अस्तित्व की भी तलाश में हैं जो उनके धरातल पर उनके द्वारा भोगे गए क्षणों का तटस्थ सहयोगी बन सके। उन्हें उस पहले आदमी की आवश्यकता थी जो दुनिया में पहले-पहल किसी दूसरे आदमी की पहली बात को समझ सका था।

उन्होंने एक-दूसरे को शंकालु नजरों से देखा और धीरे से मुस्करा दिया और फिर आपस में बातचीत करने का क्रम ढूँढ़ने लगे। वे देर तक उलझ गई संवेदनाओं का छोर पकड़ने की कोशिश करते रहे और तभी तनिक गहरे रंग वाले धब्बे ने धीरे से कहा—सूर्यास्त...। कितना करुण...यह शायद ढेर सारी होनेवाली बातों की प्रस्तावना थी जो भविष्य के गुण की तरह सूक्ष्म आकारों में कुलबुला रही थी। उसने लम्बी साँस खींची और फिर कहा—इस टीले से सूरज का डूबना नितान्त करुण लगता है और हमें डूबते अस्तित्व का दृश्य भी कितना सुखद लगता है! शायद उतना ही, जितना कि सूर्योदय, किन्तु...।

समाधान को केवल हवा के बीच छोड़कर वह चुप हो जाता है, शायद इस आशा में कि उसके स्तर की संवेदना का सहभोगी अपना मत देगा और निर्वात की इस चल स्थिति में उसकी चुप्पी स्वयं एक उत्तर आत्मसात् करती-सी लगती है।

आवाज हवा में कई तरंगें बिखेर देती है। टूटती लहरों का पानी छींटे उड़ाता है और बालू पर पैरों के चिह्न मिटते रहते हैं। किन्तु दोनों धब्बों से कोई प्रतिध्वनि नहीं लौटती, केवल आवाजों के टकराने की आवाज किनारों के आसपास डूबती है और आकाश में धुएँ की कुहरीली परत चढ़ गई है, जैसे पाटी पर कबूतर के पंखों का रंग उलटकर कोई ढीठ लड़की चित्तीदार फ्राक साफ कर रही हो, और ढेर सारा रंग उसके कपड़ों पर उभर आया है। रात गाढ़ी हो गई है।

चौपाटी की चिकनी सड़क पर तेज सरसराहट छोड़ती हुई कार परछाइयों को आगे फेंकती दौड़ गई है और तीनों धब्बे चौंक पड़े हैं।

दृश्य की सार्थकता उसकी अभिव्यक्ति की ईमानदारी है—दूसरा बोलता है, किन्तु पहले की आवाजों से दूर, जैसे उससे छुआ भी नहीं गया हो, और वह बोलता ही रहता है—देखने की प्रक्रिया दृश्य की प्राकृतिक-तटस्थता होती है। हम न तो दृश्य को सब ओर से देखते हैं और न पूरे दृश्य को देख पाते हैं, केवल दृश्य का वह यथार्थ देख पाते हैं जो हमारी किसी खास भावनाओं को छूता है। सच तो यह है कि दृश्य में हम प्राकृतिक यथार्थ नहीं, बल्कि अप्राकृतिक यथार्थ को भोगते हैं। अभिव्यक्ति की ईमानदारी अनुभूति की ईमानदारी पर निर्भर करती है और अनुभूति का सही...।

उसे बीच में ही चुप होना पड़ता है, शायद, इस व्याख्यान का प्रभाव तीसरे पर कुछ उलटा पड़ा था और वह बीच में ही बोल बैठा—हम दृश्य को भोगते

ही कब हैं। हम तो केवल दृश्य को समर्पित होते हैं और निश्चय ही यह समर्पण व्यक्तित्व का एकांगी समर्पण नहीं होता है और न तो हम पूर्णरूपेण समर्पित होते हैं। हाँ, समर्पण की प्रक्रिया से गुजरते समय इतिहास का साक्ष्य ढोते हैं अवश्य। और अनुभूति का सही अर्थ इसी साक्ष्य को दुहराने की प्रक्रिया है जिसमें दृश्य और दर्शक दोनों ही अनुषंगी होते हैं।

सहसा तीनों महसूस करते हैं कि वे बातों की परिधि में घिर गए हैं और उनमें से कोई भी केन्द्र नहीं है; केवल परिधि पर माने गए बिन्दुओं की भूमिका अदा कर रहे हैं। प्रत्येक बिन्दु एक-दूसरे से सटा होने पर भी अपनी परिधि में दूसरे को बर्दाश्त नहीं कर पा रहा है और वे अचानक चुप हो जाते हैं।

पानी उसी प्रकार उछलता है। छींटे बिखरते हैं और नम बालू पर पैरों के चिह्न मिटते रहते हैं।

क्षणों की कैद से छूटने का प्रयास—सीखचे टूटते हैं। पहला धीरे-धीरे बोलता है—मैं दृश्य के स्थिति-बोध की बात नहीं कर रहा था और न दृश्यों के एकान्त सहभोग की। मैं, दृश्य का होना अनुभूति की वैयक्तिक आवश्यकता नहीं मानता बल्कि क्षण में रीतने की, दर्द को झेलने की शर्त मानता हूँ। मैं नहीं कहता कि चीज है या नहीं है किन्तु उसके होने या न होने के व्यवधान का दुख अनुभूति की ईमानदारी का साझीदार होता है और यह दुख नहीं बल्कि दुख की आँख है जो हमें दृश्य की अनुभूति सही अर्थों में कराती है।

एक लम्बी साँस खींचकर वह चुप हो जाता है, और दूसरा, जो शायद इसी अवसर की तलाश कर रहा था, बोला—यदि कला के लिए दुख की आँख ही...।

सब व्यर्थ है, तीसरा चीख पड़ा—कला, संस्कृति, सभ्यता, सारी की सारी बातें मेज पर सजी खाने की प्लेटों पर खुदी रंगीन चित्रकारियाँ हैं जिसकी सार्थकता उपयोग की पहली शर्त है। व्यर्थ ही इन बातों में हमने इतनी अच्छी शाम खराब की। और वे पहली बार एक-दूसरे से सहमत थे और खुश थे।

ठंड बढ़ गई थी और पानी का काला पक्षी बार-बार अपने डैने फड़फड़ा रहा था। सीमाओं में बँधी इस उड़ान के चिह्न पानी के छींटे कितनी बार मिटा चुके थे, कौन जाने! रेत नम थी और हवा 'कुनक' भरी।

वे पुन: रेंगने लगे। हाँ, अब उनके मुखों के आगे दिशाओं का दूसरा नाम था और पीठ पर नारंगी के सूखे छिलके-सी कड़ी खोल...।

वे तीन घोंघे थे जो उसी रास्ते लौट रहे थे जिस पर चलकर वे यहाँ तक आए थे।

['कल्पना' : मई, 1963]

लघुकथा

बच्चे का जन्म

कुआँ रज्जो के घर से कुछ दूर है। वैसे तो गाँव भर में दो कुएँ हैं : एक पक्का और दूसरा कच्चा। पक्के कुएँ को ठाकुर ने बड़ी लगन से बनवाया था। लोग कहते हैं कि ऐसा कुआँ चार-पाँच कोस के इर्द-गिर्द नहीं है। बड़ा पैसा लगा है उसकी बनवाई में, लेकिन उसका पानी पीने के लायक नहीं क्योंकि खारा है। न दाल उसमें गल पाती है और न प्यास बुझती है।

दूसरा एक कच्चा कुआँ है। ईंट की बँधाई भी नहीं। दो-तीन लकड़ी के कुन्दे रखकर उसी पर से लोग पानी खींचते हैं। एक गड़ारी थी, वह भी लोगों की भीड़-भाड़ से धकियाकर कुएँ में चली गई है। पानी निकालने में बड़ी दिक्कत पड़ती है। लेकिन पानी मीठा है।

रज्जो का जी कुछ भारी-भारी-सा लग रहा था। फिर भी पानी लेने के लिए वह कुएँ पर जा पहुँची।

भिखारी और चित्रकार

प्रदर्शनी का दिन सिर पर आ गया था। किन्तु चित्रकार स्थिर न कर पा रहा था कि किस प्रकार का चित्र वह बनाए। अपने चारों ओर बिखरे हुए प्रकृति के विविध उपादानों में वह अपनी साधना समाधिष्ठ करने में असमर्थ-सा हो रहा था।...मेघ-दूत, कृष्ण-गोपी, किसान-मजदूर, राजा-रंक या कुछ...तब? तब क्या? और मन की यह दुविधा उसका हृदय मथ रही थी। वह व्याकुल हो उठा था।

फिर भी चित्र तो बनाना ही था। एक ऐसा चित्र, जिसे आँख देखे तो देखती रह जाए, मन न माने और हृदय भर जाए।

लक्ष्मी ने उसके सिर से हाथ उठा लिया था किन्तु कला का कोमल हाथ उसकी पीठ पर था। मुरझाई प्राण-लता को आँसुओं से सींचता हुआ वह इसी आस पर जी रहा था कि कभी वह दिन आएगा, जब आगे चलनेवालों की पंक्ति में उसका भी स्थान होगा। वह यश का भूखा था। जीवन में पग-पग पर पददलित होकर यह भूख तीव्रतर होती गई थी। अपनी लालसा की गाँठ बाँधे वह किसी अवसर की ताक में था जब स्वप्न साकार होता और वह शुभ स्वर्ण अवसर आया भी, किन्तु चित्र...

मन की उलझन में उलझते मन के साथ भारी पाँवों से वह सूनी सड़क पर बढ़ा जा रहा था कि चौंककर खड़ा हो गया।

[15.3.1958]

नशे में

"उस दिन तेरे पैसे मैंने ही निकाल लिये थे," मिट्टी का पुरवा मिट्ठू के आगे बढ़ाए-ही-बढ़ाए जंगी ने कहा।

मिट्ठू कुछ बोला ही नहीं। बोतल की शराब उसके पात्र में उड़ेलता रहा। उसका पूरवा भर जाने पर उसने अपने लिए भी भरा और फिर गट-गट कर दोनों ने एक साँस में पूरा पात्र खाली कर दिया। तीखी शराब जलती हुई कलेजे से पेट में उतर गई। दोनों ने होंठों को सिकोड़ा और फिर जीभ से सूखते होंठ को तर किया।

गाँव से कुछ हटकर एक लम्बी-पतली सड़क चली गई है और उसी के एक किनारे टूटे-गिरे घर में कलवरिया है। शराब बिकती है और दिन भर की उलझन का समाधान करनेवाले थके-हारे प्राणी यहाँ पर आते हैं।

लाल-लाल शराब...और बोतल की गहराइयों में डूबकर जिन्दगी से भागे हुए मरियलों का जमघट, शाम को भाग्य के जिस सवेरे की खोज में आ जुटता है, उसके आने पर भी दुनिया से बेखबर बेहोश-सा पड़ा रहता है और हर सवेरे जब दुनिया की अँगुलियों से कोंच-कोंच कर जगाया जाता है तो वहाँ न आने की कसम खाता है। पर जीभ की चाह मस्तिष्क को घुमाती है और मस्तिष्क पाँवों को। हर शाम को पुन: वह अपने स्थान पर होता है। सामने शराब की बोतल और हाथ में मिट्टी का पात्र। यह लत शायद चिता पर ही जाकर छूटने वाली है।

[28.3.1958]

आँखें भीग गईं

बूढ़े बाप की झुकी कमर अब घर (परिवार) का बोझ उठाकर चलने में असमर्थ थी।

माँ : "हर समय इस तरह से कहना..."

बीच में वह बोल पड़ा : "बात यह नहीं है। बच्चू की माँ, कौन है ऐसा जो अपने बेटे को आराम न देना चाहे? लेकिन..." बीच में बूढ़ा चुप हो गया।

बच्चू की माँ ने देखा कि आँसू की एक लम्बी लकीर गड्ढे में धँसी आँखों से निकली और चुचके गालों की झुर्रियों में बहती हुई टप् से थाली में टपक पड़ी।

"बच्चू के बाबू!" और उसकी भी आँखें भीग गईं। मुँह खुला-का-खुला रह गया।

दिल की जली

1. स्टाइल

आज का जमाना आदमी की कीमत कपड़ों से आँकता है। कपड़े बने हैं पहनने के लिए; किन्तु हमारा सम्बन्ध उनको पहनने तक ही नहीं वरन् उनकी स्वच्छता तक है।

जब तक उनका स्वास्थ्य अच्छा है, वे उपयोगी हैं। कपड़े साफ होंगे। क्रीज्ड होंगे।

कमीज की यदि कलाई फटी हो तो उसकी आधी बाँह मोड़ लीजिए। जमाना आधा है। वह बाहर देखता है, भीतर नहीं।

आप कहेंगे कि मैं सत्य को ढाँप रहा हूँ।

जी नहीं,

आपको स्टाइल बता रहा हूँ।

जीने की 'स्टाइल', इज्जत पाने की 'स्टाइल'।

2. तो सुनो

इसके पहले कि तुम निम्नलिखित बातों को पढ़ो, तुम्हारे लिए यह अति आवश्यक है कि तुम अपने मन में यह दृढ़ निश्चय कर लो कि मैं आधुनिक समाज का एक जीता-जागता जानवर बनूँगा, जैसाकि सभी लोग बनते हैं या बनना चाहते हैं।

मेरे कहने का मतलब यह नहीं है कि मैं तुम्हारी आध्यात्मिक सादगी को बदलना चाहता हूँ बल्कि मैं चाहता हूँ कि तुम्हारी वह सादगी, जो तुम्हारे

अध्यात्म-तत्त्व को दूसरों तक—बेपरवाह और अल्हण की उपाधि तुम्हें देकर—जाने से रोकती है, रोक सकूँ। उसे बदल सकूँ।

समाज के बिलबिलाते जीवों को बचाने के लिए उनमें मिलना होता है और फिर अपनी स्वस्थता से उन्हें स्वस्थ करना पड़ता है।

नाटक

धरती की प्यास

प्रथम अंक

प्रथम दृश्य

[पर्दा उठने पर]

[शस्य-श्यामल-फलक-सम्यक् वनस्पतियों के बीच भारतमाता-कल्याणकर दिव्य रूप, फैले हुए वरदहस्त, दोनों ओर मालाएँ लिये हुए दो बालिकाएँ।]

पटाक्षेप

द्वितीय दृश्य

[पार्श्व संगीत के साथ]

'मैं धरती की प्यास बावरे
मैं धरती की प्यास रे!
मुझ बिन सावन सूना-सूना
मेरे बिन मन का दुख दूना
मेरे आँगन आग बरसती
मुझ बिन अनय उदास रे,
मैं धरती की प्यास रे।'

[विश्व-गोलक अपनी धुरी पर घूम रहा है और उसके अंग-अंग को नोच-नोच कर खाता हुआ विकटाकार—विरुपाक्ष! कंकाल का छायाचित्र।

पार्श्व में असहायावस्था में पड़ी नारी। फैले हुए कर। दरिद्र-विनीत-आहत भाव। विहत मुखमुद्रा। सामने दीन-भाव में खड़ा क्षीणकाय युवक-पुरुष।

दो क्षण पश्चात्—नेपथ्य में संगीत की मधुर-ध्वनि के साथ—हथौड़े की चोट। बढ़ती हुई संगीत-गति पर अनवरत हथौड़े की चोटों का गूँजता स्वर। धीरे-धीरे दयनीय स्त्री-पुरुषों की छाया का हटना और साथ ही एक कराह के साथ गोलक को नोचते हुए कंकाल का गिरना और पार्श्वगीत के साथ प्रफलित स्त्री का नृत्य।

गीत का स्वरारोह...क्रमशः अवरोह...]

पटाक्षेप

[समय—5 मिनट]

तृतीय दृश्य

[क्षीण संगीत के साथ पर्दा खुलता है। पर समूचे दृश्य पर अन्धकार की काली तह जमी है। कुछ दिखलाई नहीं पड़ता...। इसी स्थिति में...बहुत दूर से आता हुआ एक गीत का दर्द-भरा स्वर...जैसे स्वर की प्रतिध्वनि :]

'गजब काली रतिया
कहाँ भोर ढूँढ़े...'

*[धीरे-धीरे दृश्य पर मटमैला प्रकाश...
दृश्य स्पष्ट होने लगते हैं।]*

'उजाड़ वृक्ष-पंक्तियाँ
सूखे झड़े पत्ते और
वीरान पहाड़ियों पर फैली उदासी में बिखरा हुआ

सन्नाटा।...दम घोंटने वाले धुएँ में श्मशान का-सा सन्नाटा...'

[विक्षिप्त एक युवक का प्रवेश। बिखरे केश, अस्त-व्यस्त मुद्रा। झुककर मुट्ठी भर धूल उठाता हुआ करुण स्वर में :]

युवक : माँ धरती!

[धूल को हवा में धीरे-धीरे बिखरा देता है।]

चतुर्थ दृश्य

[गाँव का दृश्य। कुछ ग्रामीण आपस में बात करते हैं :]

वृद्ध : अब तो जबाना ही बदल गयल भैया। नाहीं ता पहिले...अरे बाप रे...उजरी चमड़ी वाले...अँगरेज गजब कइ देत रहेन। जे केहु सुराज क सुतंत्रता क बात करे वकरे जिनगी क ठिकाना नाहीं। लेकिन ओ हू टैम बाह रे हिम्मती...सब गोलियन के आगे खड़ा हो जायँ। धाँय...धाँय...और बस...

दूसरा : ई सब अपनी आँखी देखले रहल का दादा...?

वृद्ध : हाँ, सुखरन बचवा, सब देखले रहे। अरे! पँच पुरवा का पंडित...नीक नाँव बा...हाँ, दीना पाँड़े...गावत-गावत...

हम अन्धन क तोहई लोगन आँख हये।

दूसरा युवक : नीरज भइया कहाँ गए? उन्होंने एक गीत देने को कहा था।

वृद्ध : गीत?

दूसरा युवक : हाँ, काका! अपने कॉलेज में गाने के लिए!

वृद्ध : अच्छा, अच्छा, नीरज त थोड़ी देर भई कहीं गयल ह। शाइत कविता वोविता के पीछे। *(हँस पड़ता है)*

निर्मल : *(आश्चर्य से)* ओ...क्या बात है!
पाँचवाँ युवक : ही-ही-ही...*(हँसता जाता है)*
दूसरा युवक : सुखरन, आखिर बात क्या है?
सुखरन : नीरज भइया क नाम सुन के एक दिन का बात याद आ गइल? *(हँसता है)*
दूसरा युवक : *(हँसकर)* आखिर बताओ भी तो?
सुखरन : एक दिन एक साधू...से नीरज भइया लड़ गयेन।
दूसरा युवक : नीरज भैया? *(वृद्ध की ओर देखता है)*
वृद्ध : वह कोई बनल साधू रहल बेटा। राम...राम...कलियुग आयल...! इतना पाप...? *(खिन्न हो जाता है)*
उदय : अच्छा, काका, नीरज भैया से मिल लें और हाँ, हमारे जलसे में चलिएगा जरूर...।
वृद्ध : जरूरे चलब। बेटा, जरूर।
उदय : अच्छा, काका, प्रणाम!

[उदय और निर्मल जाते हैं।]

पटाक्षेप

पंचम दृश्य

[शराबखाना नीरम एक बिगड़ा हुआ युवक...दो-तीन साथी।]

नीरम : *(लड़खड़ाती आवाज में)* पी गया...
सब कुछ पी गया...
शराब...लाल-लाल...अँगुरी...छलकती हाला...बनाती मतवाली...
मैंने तो पी है भई, मगर अभी जी भरके नहीं पी है।
दूसरा : अरे...साकी से मुहब्बत है। साकी की खुशी की है।
नीरम : अजाँ हो रही है, पिला जल्द साकी! इबादत करूँ आज मखमूर होकर।

पहला : और हाँ, यार...। पैसे दिये हैं तब पी है...कोई डाका तो नहीं मारा...चोरी तो नहीं की है।

दूसरा : राजू! *(राजू की ओर देखकर),* राजू, तुम चुप क्यों हो? बोलो! बोलो। तुम कहो तो चाँद, तारे तोड़ दूँ। तुम कहो तो तुम्हें धरती का राजा बना दूँ। तुम कहो तो साकी को तुम्हारे सामने झुका दूँ। हम दोस्त हैं...यार...वफादार... दोस्त...वफा...

राजू : तुम वफा दो न हमको खुदा के लिए...

[कव्वाली]

[सब लड़खड़ाते हुए उठते हैं और गिरते-पड़ते, नाचते-नाचते गिर जाते हैं। नीरज का प्रवेश और नीरम को उपदेश]

पटाक्षेप

षष्टम् दृश्य

[दृश्य पर अँधेरा। टार्च की रोशनी और फिर प्रकाश]

[जग्गा डाकू का प्रवेश]

जग्गा : *(अट्टहास)* धरती हिल रही है। पत्ते की तरह हिल रही है। आकाश थर्रा रहा है। मेरे पाँव के नीचे सब कुचल रहे हैं। पिसे जा रहे हैं। आग...एक धधकती आग जल रही है। हा-हा-हा...! और धुआँ निकल रहा है। चारों ओर धुआँ ही धुआँ...हा-हा-हा!...किसने लगाई है? यह आग किसने? मैंने... मैंने...जग्गा डाकू ने। अब पूछे समाज...कारण पूछे...तो मैं डंके की चोट पर कहूँगा—यह आग मैंने

अपनी छाती ठंडी करने के लिए लगाई है। और... *(चुप हो जाता है)*

[दूसरे डाकू का प्रवेश]

दूसरा डाकू : सरदार...!

जग्गा : कौन, विक्रम?

विक्रम : आज बहुत चिन्तित हैं आप!

जग्गा : चिन्ता...! कैसी चिन्ता विक्रम? बड़ा भाई दीनानाथ देश के लिए गोली का निशाना बना। और आजादी के बाद सब कुछ लुटाकर विद्रोही का भाई होने के नाते जगन्नाथ जग्गा बन गया। एक आग जल उठी। समुन्दर के दो किनारे खिंचकर टकरा उठे और पानी...पानी आँसू बनकर बह गया। विक्रम...बचा ही क्या...और तब...तब चिन्ता कैसी? किन्तु...*(सहसा चुप हो जाता है)*

विक्रम : किन्तु सरदार...

जग्गा : *(कुछ सोचते हुए, ऊपर हाथ उठाकर)* देखते हो विक्रम, संध्या के उस सितारे को, जो इतने बड़े आकाश में अकेला चमक रहा है? आकाश के आँगन का अकेला दीपक...! किन्तु हमने अपना दीपक...उफ *(सिर थाम लेता है)*

विक्रम : सरदार...

जग्गा : मेरे घर का उजाला न जाने कहाँ चला गया! भूख से पागल होकर घर छोड़ दिया मेरे लाल ने। और दुनिया मुझे ताने देती रही। आँसू किसी ने नहीं पोंछे। घाव पर मरहम किसी ने नहीं लगाया। किन्तु नमक सब छिड़कते रहे। उसकी माँ पागल हो रही थी। भिखारी बाप की अंजुली में आँसू थे, रोटी नहीं थी। तड़पती आत्मा में दुआओं की सिसकियाँ चीख रही थीं और बाहर समाज की गालियाँ गरज रही थीं। बद्दुआएँ बरस रही थीं। सहसा जिन्दगी करवट ले बैठी। थकी-हारी जिन्दगी बेबसी से घबड़ाकर आकाश को ललकार उठी। मजबूर हाथों की बेकसी ने पर्वतों

को निचोड़ना शुरू कर दिया और आज...यह कायर समाज...जग्गा से अपने प्राणों की भीख माँगता है! लाखों बाप-बेटों की जिन्दगी के लिए गिड़गिड़ाते हैं! और जग्गा?...हा हा हा!...किसी की कुछ नहीं सुनता। किसी की भी...

[सहसा एक कैदी के साथ तीन डाकुओं का प्रवेश। कैदी को जग्गा के आगे ढकेल देते हैं।]

पहला डाकू : वह जंगल के पास भेद लेते हुए पकड़ा गया है।

कैदी : दोहाई है! ये झूठ है। क्षमा—क्षमा करिए...

जग्गा : क्षमा? *(हँसता है)*। हमारे यहाँ क्षमा? *(कठोर हो जाता है)* क्षमा चाहते हो तो महात्माओं से और बड़े-बड़े लोगों से क्षमा माँगो। उनसे गिड़गिड़ाओ...*(ठोकर मारकर)* ले जाओ! इसकी जीभ काटकर छोड़ दो।

[तीनों डाकू कैदी को ले जाते हैं। वह 'दोहाई-दोहाई' चिल्लाता चला जाता है। विक्रम भी जाने लगता है।]

जग्गा : तुम ठहरो विक्रम!

सप्तम् दृश्य

[नीलम, नीरज—पंचपुरवा गाँव।
कुछ ग्रामीण बैठे हैं। बीच में हुक्का है जिसे नीलम के पिता गुड़गुड़ा रहे हैं।]

नीरज : भाइयो! आपकी एकता का नमूना है यह आज का जलसा और अस्पताल के लिए चन्दे की व्यवस्था जिसमें एक 9000 रुपये इकट्ठा करके आप लोगों ने सहयोग दिया है। और ठीक भी है—जहाँ हम खून-पसीना एक करके

कमाते हैं, वहीं हम थोड़ा खर्च करके खुशी मना सकते हैं। बस...चाहिए एकता, विश्वास और प्रेम। आजकल... *(रुककर)* दुख का विषय है कि आजकल कुछ लोगों के कारण समाज गंदा हो रहा है। उन्हें सुधारना हमारा पहला काम है। यदि हम आपस में द्वेष और बुराइयों को छोड़ दें तो स्वर्ग क्या चीज, हमारी धरती स्वर्ग से भी बड़ी हो जाए।

भाइयो! मिट्टी की माँग है मिहनत...धरती प्यासी है...पसीने की। हमें धरती की प्यास बुझानी है। हमारी हड्डियों में दधीचि की शक्ति है। हमारी भुजाओं में समुद्र-मंथन की शक्ति है। और आज के इस खुशी के अवसर पर...*(कुछ रुककर)* हम प्रतिज्ञा करते हैं जीवन को सुखी बनाने की। प्यार से रहने की।

सौगंध है...हमें राम की सौगंध है...घनश्याम की पूर्वजों की है शपथ...सौगंध धरती-धाम की।

सब : सौगंध है। सौगंध है।

नीलम : *(उठकर)* आपने नीरज जी की बातों को सुना। अब आप के सामने नाच पेश किया जा रहा है। आप उसे देखें और आनन्द उठाएँ।

[नाच शुरू होता है]
अचानक रोशनी का बुझना। मारो-काटो के बीच 'हाय-हाय, डाकू-डाकू' की चीखें। फिर सब शान्त।]

[दृश्य पर प्रकाश]

[नीरज, नीलम के पिता, नीलम आदि रस्सी से जकड़े हुए हैं। और सामने जग्गा खड़ा है।]

जग्गा : *(प्रकाश होते ही)* ले चलो सबको।

[सब जाते हैं।]

[अट्टहास]

अष्टम् दृश्य

[वृद्ध का प्रवेश]

वृद्ध : कहाँ-कहाँ जाऊँ? कहाँ-कहाँ ढूँढूँ? प्यास से पागल प्राण थके हुए हैं। पर वह कलेजे का टुकड़ा! आह! सगा बेटा न सही, पर इतने दिन पाला-पोसा और आज डाकू पकड़कर ले गए। तीन दिन से उसे ढूँढ़ रहा हूँ। देखा किसी ने उसे? बोलो, बोलो, अरे, कोई तो बोलो? मेरा बुढ़ापा टूटता जा रहा है। कमर झुकती जा रही है और साँस रुक रही है। नीरज, बेटा नीरज...*(पुकारता है।)*

: *(स्वत:)* कोई उत्तर नहीं...कोई जवाब नहीं...हाय रे...! *(ठोकर खाकर गिरता है)*

[तभी कई डाकू आकर वृद्ध को पकड़ लेते हैं।]

वृद्ध : मेरे बेटे नीरज को देखा है तुम लोगों ने?

डाकू : चुप...!

[डाकू वृद्ध को ले जाते हैं।]

पटाक्षेप

[नीरज, नीलम आदि रस्सी से बँधे हुए हैं। जग्गा और दो डाकू खड़े हैं।]

नीरज : मैं सौ बार कह चुका हूँ कि गरीबों को लूटकर, उनको सताकर तुम्हारी भलाई नहीं होगी। और तुम मुझे धमकी देते हो—मुझे, जिसके लिए धरती बिछावन है और आकाश का चँदवा तना है, जिसका प्रत्येक घर के अन्न पर अधिकार है? फिर भी...अन्तिम बात सुन लो...चाहे मेरे प्राण चले जाएँ किन्तु गाँव के अस्पताल का पैसा तुम्हें नहीं बतलाऊँगा। वह गरीबों की अमानत है। किसानों की...।

जग्गा : किसानों की?...*(गुस्से में)*

नीरज : गाँव का अस्पताल बनवाने के लिए इकट्ठा किया गया है। मैं जिन्दगी के मोह में...

नीरज के पिता : दे दो बेटा...

नीरज : नहीं पिताजी, जीवन के मोह में पड़कर यह पाप मैं नहीं करूँगा...ऐसा हो नहीं सकता। मैं...

जग्गा : *(गरजकर)* तुम्हें वह रुपया देना ही पड़ेगा, अन्यथा...।

नीरज : अन्यथा क्या?...जान ले लोगे, यही न!...*(कुछ सोचकर)* अच्छा, तुम्हीं सोचो, उस रुपये से अस्पताल खुलेगा। लाखों को जीवन मिलेगा। बीमारों को राहत मिलेगी। यदि तुम्हारा ही कोई बेटा बीमार हो और...

जग्गा : *(गरज पड़ता है)* चुप रहो...। ऐसी बात बोलोगे तो जबान खींच लूँगा। *(स्वगत)* फिर वही आग हृदय में सुलग उठती है। रोम-रोम हिल उठते हैं। उफ, यह नादान छोकरा... *(प्रकट)* देखो...अन्तिम बार कहता हूँ कि रुपये दोगे या...

नीरज : नहीं-नहीं, सौ बार नहीं।

जग्गा : ले जाओ इसे...तब तक सलाखों से दागो जब तक कि रुपये न बतला दे और यदि...

[तभी डाकुओं के साथ वृद्ध का प्रवेश]

वृद्ध : ठहरो!

[जग्गा आश्चर्य से वृद्ध को देखता है।]

जग्गा : तुम? निहोर, तुम?

वृद्ध : *(चौंककर)* कौन, जगन्नाथ? हाय रे अभागे!! इस रूप में और...और अपने ही हाथों...। अपने हाथों ही अपना कलेजा मसलने चला है! टूट पड़ आकाश...गिर पड़ बिजली... गिर पड़ इस अनर्थकारी पर...अरे, बाप होकर भी...

जग्गा : फिर वही धिक्कार! किसका बाप...कैसा कलेजा?

निहोर : मैंने उसे सड़क पर भूख से अचेत पाया था...तब वह तीन साल का था। तुम्हारा नाम होश में आने पर बतला रहा था।...मैंने कलकत्ते में कई बार पता लगाया, पर तुम्हारा पता न चला...और न गाँव में ही।...जगन्नाथ! तुम तो जानते ही हो कि मैं सात साल पहले ही गाँव से

नाता तोड़ चुका था...किन्तु उसके लिए मैं गाँव गया... पर तुमसे मिल न सका...। पता लगाता रहा और आज... हाय रे किस्मत! मिले भी तो इस रूप में...।

जग्गा : कौन? किसके लिए गाँव गए थे तुम?

निहोर : तुम्हारे बेटे के लिए।

जग्गा : कहाँ...कहाँ है मेरा बेटा?

निहोर : *(नीरज की ओर)* वह रहा।

जग्गा : नीरज?...

नीरज : कौन...क्या...

जग्गा : मैं...बेटा! मैं तुम्हारा अभागा बाप...

नीरज : *(वृद्ध की ओर)* बाप? यह...

वृद्ध : हाँ, बेटा।

जग्गा : नीरज बेटा...

[जग्गा बाँहें फैलाकर बढ़ता है।]

नीरज : ठहरिए...मुझे छूने के पहले एक प्रतिज्ञा करिए।

जग्गा : कहो, कहो बेटा...एक नहीं...सौ...सौ प्रतिज्ञाएँ।

नीरज : प्रतिज्ञा करिए कि आज से...

जग्गा : आज से धरती की प्यास पसीने से बुझाऊँगा।...बूँद-बूँद बहाकर मोती पैदा करूँगा।...हल की नोक से धरती की माँग सँवारूँगा।...उगती हुई फसलों से सिंगार करूँगा। सब करूँगा मेरे बच्चे...सब करूँगा।

नीरज : पिताजी...!

पटाक्षेप

[पार्श्व संगीत :]

'मैं धरती की प्यास बावरे
मैं धरती की प्यास रे...
मुझ बिन सावन सूना-सूना
मेरे बिन मन का दुख दूना
मेरे आँगन आग बरसती
मुझ बिन अनय उदास रे।...
मैं धरती की प्यास बावरे।'

मियाँ की जूती मियाँ के सर

[एक हाथ में हुक्का और कन्धे पर लाठी लिये हुए, जिसके सिर पर चमरौधा जूता लटक रहा है, वेश में वकील साहब के साथ गड़ेरिया का प्रवेश। गड़ेरिया की पलकें एक साथ कई बार ऊपर-नीचे गिरती हैं और वह हकलाकर बोलता है :]

वकील : हाँ, तो क्या नाम बतलाया?

गड़ेरिया : हजूर! लिपटू।

वकील : और बाप का?

गड़ेरिया : हजूर! पलटू।

वकील : कौन-सा गाँव है तुम्हारा?

गड़ेरिया : हजूर! सुसुआई।

वकील : अच्छा, तो सच-सच बताओ लिपटू कि तुमने सचमुच अपने चाचा की भेड़ें चुराकर बेच दी हैं?

गड़ेरिया : अरे चाचा की ऐसी-तैसी! हम तोहें का कही हजूर! *(दाढ़ी पर हाथ फेरकर)* कसम जवानी क हजूर, सब कहाँ तीन ही तो चुराई थीं और एक ही बेची पवली। दो तो बरामद हो गईं।

वकील : *(स्वत:)* बड़ा ही बेवकूफ है। एकदम पागल जैसा!... *(प्रकट)* देखो, अपराध तो तुम्हारा बहुत बड़ा है लेकिन मैं छुड़ा लूँगा। मगर फीस कुछ अधिक लगेगी।

गड़ेरिया : हजूर माई-बाप हैं।

वकील : अच्छा, तो सुनो। मजिस्ट्रेट साहब के कुछ पूछने पर जो मैं बता रहा हूँ, वही कहना।

[गड़ेरिया के कान में कुछ कहता है। गड़ेरिया सिर हिलाता है—'अच्छा हजूर, अच्छा।' और

तभी चपरासी पुकारता है : 'लिपटू वल्द पलटू हाजिर।']

वकील : अच्छा, अब चलो, पुकार हो रही है मगर मेरी बात तो याद है न?

गड़ेरिया : हाँ-हाँ, माई-बाप! भला इहौ भूलै कै बात हो!

[दोनों मजिस्ट्रेट के समक्ष उपस्थित होते हैं।]

मजिस्ट्रेट : तो तुमको अपनी सफाई में कुछ कहना है?

[गड़ेरिया चुप है। बगल में वकील साहब खड़े हैं।]

मजिस्ट्रेट : *(गड़ेरिये की ओर संकेत कर)।* तुम्हीं से कह रहा हूँ, तुम्हें अपनी सफाई में कुछ कहना है?

गड़ेरिया : *(भेड़ों की तरह कहता है।)* में...

मजिस्ट्रेट : ऑर्डर...ऑर्डर! साफ-साफ बोलो।

गड़ेरिया : में...

मजिस्ट्रेट : *(बिगड़कर)* यह क्या तमाशा लगा रखा है?

वकील : *(मौका पाकर)* श्रीमान्! यह गरीब भेड़ों के साथ रहते-रहते एकदम भेड़ हो गया है। अचानक झूठे अपराध लगाने की वजह से इसका दिमाग एकदम दुर्बल होकर भेड़ों की तरह हो गया है। श्रीमान्! अब जो आदमी...*(गड़ेरिया फिर 'में' करता है)* इतनी दयनीय हालत में आ सकता है, उसमें अपराध की शक्ति का आना असम्भव है। इसके ऊपर लगाया गया आरोप झूठा है।

मजिस्ट्रेट : ओ माई लॉर्ड! *(कुछ सोचकर)* जाहिर तो यही हो रहा है। अच्छा, यह मुकदमा खा़रिज किया जाता है और मुद्दई को हिदायत दी जाती है कि वह पुन: किसी को फाँसने की नाजायज हरकत न करे।

[वकील और गड़ेरिया का प्रस्थान]

वकील : मुकदमा तो जीत गए, अब लाओ मेरी पेशी।

[गड़ेरिया चुपचाप खड़ा रहता है।]

वकील : भई, जल्दी करो। मुझे दूसरा भी तो काम है।
गड़ेरिया : *(कहता है)* में...!
वकील : यह क्या मजाक है, पेशी लाओ!
गड़ेरिया : *(जोर से)* में...!
वकील : अच्छा तमाशा है! बरखुरदार को अक्ल से छुड़ाया और अब ये हजरत मेरी पेशी पर वही आजमा रहे हैं : मियाँ की जूती मियाँ के सर।

[गड़ेरिया 'में...में...' करता चला जाता है।]

वकील : सुनो-सुनो...मैं देख लूँगा...तुम्हारी ये मजाल!

[और बड़बड़ाते हुए चले जाते हैं।]

पटाक्षेप

दस्तक

सार्थक वक्तव्य

जिन्दगी एक सूराखदार बर्तन है
जिसमें जब तक
हम अनुभव के सिक्के डालते रहते हैं।

*

तू क्यों आया है यहाँ
तू क्यों आई है यहाँ
मैं तो तेरे लिए
और तू...और तू
सूर्यास्त।

*

खाना गेहूँ का, चाहे जहर क्यों न हो।
रहना शहर का, चाहे कहर क्यों न हो।

*

चाट चपट बनिये को खोवै
चोर को खोवै खाँसी
बहुती नींद किसानै खोवै
बीर को खोवै हाँसी।

*

दलित जातियों के अँधेरे में नेता एक
नारा फेंकता है और कभी गंगा की
गरदन कट जाती है, कभी जमुना का
गर्भपात होता है
ओ भाषा! ओ कविता! तू ही गवाह रह
इस राहजनी में, जहाँ
जंगल को लूटा गया, जंगल की राह पर
थाने से निकलती है हरी-हरी लाश।

*

कराह रही है
जीवित रहने का सबूत दे रही है
वे आपकी पहचान को
गलत जगह डालने की
कोशिश में हैं।

*

पेड़ जहाँ लेटे हैं नीले विस्तार में
खयालों की बारिश से
भीगता है
एक चेहरा राख-राख।

*

उगते हुए धान की फसलों में
धूप नहा रही है
एक ध्वनि आ रही है।

*

गुलाम
क्यों नहीं लेता है,
हिंसा का नाम?

*

अच्छे लगते हैं
        सुग्गे
मगर तभी जब वे
आसमान में हों या पेड़ की डाल पर
मगर जब वे खेत में उतरते हैं
तब बालियाँ ही नहीं
जीने की सम्भावना को भी
कुतरते हैं।

*

जिसके आगे थाली है
उसके लिए

भूखा आदमी
सबसे भद्दी गाली है।
*

और वे जोश के नाम पर कभी गाय को
इस्तेमाल करते हैं और कभी हाय को।
*

मध्यम व्यक्तित्व का अनिश्चित सहपार्श्व
काँच-कुटी सड़कों पर
होड़ भरी दौर और हँसने की शर्त
कितना गुमराह है—सूरज का निर्देशन।
*

अपने थके लहू पर लावे
अपनी ही यात्रा का बोझ
टूटे हुए जनों में करते
छूटे हुए जनों की खोज।
*

यह कैसी आजादी इसको
सोच-सोच मन हुआ उदास
जैसे किसी रेलगाड़ी में
जगह तो मिली
लेकिन पाखाने के पास।
*

चले गए सारे लोग
बल पौरुख कूतने
बाड़े के बाहर रात में
पड़ा रहा एक बैल
अपने मल-मूत में।
*

पोखर के मटमैले पानी में
झाँकते हैं तारे—जैसे
रत बच्चे।
*

और मैं हरिश्चंद्र का अवतार
अपनी तीसरी रखैल से
कर दिया साफ-साफ इनकार
तुम्हारे पेट में पलने वाले
बच्चे का जिम्मेदार
अब मैं नहीं हूँ।

*

मेरी तलाश होती रही
मेरी प्रतिमा
मवेशियों के बीच
खलास होती रही।

मेरी अनुपस्थिति में भी
सब कुछ इसी तरह
चलता रहेगा
कितना अलग कर देती
है मुझे यह बात
तमाम लगावों से!

*

इस काली रात जबकि चीजें सटी-सटी
सहमी खड़ी हैं
रोशनी को पोस्टरों पर टाँगते हुए
हाथ काँपते हैं।

*

आदमी का चिड़चिड़ापन इसलिए है
कि वह गलत है
आदमी का चिड़चिड़ापन इसलिए है
कि वह असफल है।

*

देश की जनता उदास है
क्योंकि

घास चारा काटने की
मशीन के पास है।

*

मैं अनागत की
प्रसव पीड़ा समेटे
ओ युगों के मौन सम्भावित,
तुम्हें यह पत्र लिखती।

[2.5.1962]

*

भूमिगत चेहरों की आँखों से
अब भी देखा गया है, कविता का मुख
आते हुए सूरज-सा
धुन्ध भरी, कुहरे की घाटी से।

*

भीड़ में घुसते हुए से पूर्व का
संकोच मेरा।

*

यह रात है
अपराध
गर्व करने की बात है।

*

अचानक पड़ोस की तेज हवा ने
दो बातचीत करते हुए आदमियों के बीच में
एक पेड़ लाकर पटक दिया।

*

मैं अब भी वहीं था
उसी चुप और चूने शहर में
अगली कविता के लिए
स्त्रियों को अपमानित करता हुआ।

*

मृत्यु कहीं नहीं हुई है सिर्फ कुछ बच्चे
फौवारों के पास
पिछली कहानियाँ भूल गए हैं।
और शहर : नींद का पिछलग्गू तमाशबीन
अँधेरा ओढ़े खड़ा है
मैंने उनसे पूछा था—
अपराध की राष्ट्रीयता क्या है?

*

व्यक्ति स्वयं भू कृत है
और आज
वही मृत है।
बातों से लौट आता है
हर वक्त पछताता है।

*

रात भर गिरती रही
बरसात
पत्तों की तरह
रात भर
खाते रहे हैं मात
बिस्तर की सतह
सिलवटों से भर गई।

*

और हाथ में
मकई की रोटी का टुकड़ा।

*

मैं चाहता हूँ आवाज
कराहने की या गुनगुनाने की
जंजीरों को बिछाने की
बटोरने की आवाज।

*

और भाषा के चौथे आयाम में
'मैं प्रभु हूँ' का चेहरा उतारकर वह व्यक्ति
अपने असली रूप में आ गया है
वहाँ कोई रोगन नहीं है
मेरी तर्जनी पर लगी मतदाता की स्याही
मिट चुकी है
भीड़ के अश्लील चेहरे पर चाकू सेल
लिखकर।

*

कौन सी भाषा इतने मुँहअँधेरे उठती है
अन्धकार
बच्चों की हँसी-सा गायब
माँ और बाप की आँखों में शिकायत की तरह
काँपता है
एक उदास और जर्जर रोजगार
मेरी आँखें भर आती हैं।
पेड़ों पर बसन्त है और मेरे देशवासियों के कन्धों
पर जुआ।
आशंका से काँप उठता है मेरा हृदय
फाँसी घर में आज एक भी आदमी
नहीं है।

*

शहर नामरिक धाराओं के साथ जहाँ
अपनी एड़ी पर घूमकर खड़ा हो गया है
वहीं से भाषा की सवर्णता शुरू होती है
और यह आम रास्ता नहीं है
मैं विश्वविद्यालय में जाता हूँ
ओ गरीब देश की साधारण प्रतिज्ञाओं के
विदेशी उपनिवेश!

*

यह अकाल दर्शन का काला दर्शन और
कला प्रदर्शन
एक भूखी लाश
मिट्टी की पपड़ी में
करती है क्रान्ति की तलाश
अकाल में पेट दिखलाती हुई वृद्धा
आज मेरी मजबूरी देखो—उदास संध्या के
इस रंग लोक में
मैं अपना मत मौत के पक्ष में दे रहा हूँ
वह लड़की जो कटे हुए पेड़ का पोर्ट्रेट है
अब औरत होने के लिए तैयार हो रही है
साँप या बिच्छू नहीं हैं आपके
वे इरादे जो घास को तजबीजते हैं
आप अपनी शराफत में खीजते हैं
या
शर्म में पसीजते हैं।

*

जिनके पास खाने के लिए
दान का अनाज है
उनके चरित्र की विशेषता
प्याज है।

*

आते-आते
नौबत यहाँ तक आती है
कि मशीन आदमी का हाथ
खाती है।

*

बैल जहाँ बधिया हुआ
तो समझो अधिया हुआ
इसके बाद हुआ न हुआ।

*

जिनकी आँखों में
सुरंगों के सपने हैं।

जब वे समझना नहीं चाहते
भाषा के सवाल पर बहस करते हैं।

*

जब भी किसी मर्द ने
तुम्हें घर दिया है
तुम्हारा 'पेट' बच्चों से भर दिया है।

मौके पर
मैंने देखा है उन्हें बैठे हुए चौके पर।

*

लोटा लटकन
डंड कमंडल
लेकिन वे
जो चुके हुए हैं
रोक रहे हैं भरसक
पर जाने के पहले रुके हुए हैं।

*

क्वार रंगीन हथेलियों की मार
मेहँदी के पत्तों पर।

पत्तों पर थरथराती हुई ओस में
तुतलाते बच्चे के शब्दों की आभा है।

*

सूर्य कन्धों पर टिकी
ओ ओ पिपासा

मैं तुम्हें आकाश देता हूँ।
लो समर्पित मौन।

[मार्च, 1967]

*

आती हैं तो आएँ
ये विटनिक संध्याएँ।

*

वे सभी तैयारियाँ
जो हिस्सा ले रही हैं
दृश्यों को बदलने में
सुबह बुनने में
तुम्हारी मदद कर सकती हैं।

*

तुम किसी निश्चित चीज के आगे खड़े हो
जो दिलासा नहीं देगी और
पलक झपकते वार करेगी।

*

जहाँ शहर अपना गर्व
शीशों में बदल रहा है
इस नगर संध्या में
चीजों ने अपने चेहरे पहन लिये हैं।

*

नंगापन अन्धा होने के खिलाफ सबसे सख्त कार्रवाई है
यह ऐसी सच्चाई है।

*

मौसम की तीसरी जुबान में
शरीर की भाषा का मतलब
रात है।

*

यह हिंसा है जो गति देती है
उसके अभाव में रातें मरी की गंध में डूबी रहती हैं।

*

उन परिवारों की चर्चा व्यर्थ है
जहाँ चश्मे का नम्बर ही कविता का अर्थ है।

*

राग बहार की अगली कड़ी है—आऽ आऽऽ आऽऽऽ आऽऽऽ
उस मजूर की जिन्दगी,
जो लोहे की जलती सलाखों को मरोड़ता है,
ठंडी पड़ी है
बुझी हुई भट्ठी में।

*

आह! मैं कहीं अनूदित नहीं हुआ
सिवा अपने सम्बन्धों के।

*

मेरी कविताओं में
पड़ोस की अँगीठी का धुआँ भर गया है।

*

अभी कई काम करने हैं
अभी उनसे भी निपटना है
जिनके लिए कविता दुर्घटना है।

*

उनकी भी बात करना बेकार है
जिनके लिए कविता
कमर के नीचे की वारदात है।

*

जनता अब तक नाप न पाई
दो जूते का फासला।

जनता और जनतंत्र के बीच
यह कैसा? यह किसका
जूता है?

*

तुम पाओगे कि ये बुद्धिमान कितने मूर्ख हैं
क्या मैंने अँधेरे में उबकाइयाँ नहीं सुनीं?

*

उसके दबाव से एक दिन
दिमाग की कोई दोगली नस
फट जाएगी
और सड़कों पर बहने लगेगा
अँधेरा और शहर और अजनबीपन।

*

ऐसा नहीं कि
उन्नति नहीं हुई है
हुई है, और कुछ इस तरह हुई है कि
दिमाग की वह जगह
जहाँ कल तक जंगल था
अब किताबों से भर गई है।

*

मकान और मैदान के बीच
पेड़ दुभाषिये की तरह खड़ा है

*

आह! मेरे पुल! तुम्हारे बीच में
ऐसी नदी है।

*

क्या हमारे जन्म से पहले ही
सूरज को
हमारी भूख का पता था?

इससे पहले कि मेरी आदतों पर
सूरज का दाग पड़ जाए
यहाँ तक कि हवा पर
और मेरे मैले खुले पैरों पर
मैं वापस लौट आता हूँ।

*

नष्ट हो गया शहर कई रोगों से
अच्छे बच्चों और बुरे लोगों से।

*

सूर्यास्त—थके हुए आदमी के लिए
छुट्टी का एक लम्बा साइरन है
किसी अनिश्चय से लौटकर
अपनी भयभीत मुद्राओं का प्रदर्शन
इस अन्धकार में।

*

इस उदास बस्ती में
जो सफेद है, वह मृत्यु है
जो छाया है, वह रात है
और जो हरे हैं, वे पेड़ हैं।

*

मेरे खून की यह उष्णता—
जो तुम्हारी जीभ पर जानवर बनाती है
जिससे तुम घृणा करते हो।
असंख्य पीली और मुरझाई नदियों के किनारे
सूर्यास्त
खून में डूबी हुई एक मद्धिम आवाज है
जिसे तुम नहीं सुनते
बावजूद इसके कि अब वह
भूख से पथराई हुई आँखों और आँतों के अन्धकार से
एक साथ टकराती है।

*

माँ धुएँ की ओर खिसक
बड़कू के लिए जगह करती है
अलाव के आसपास
सूर्य डूबे आकाश की तरह
चेहरे
उदास हैं।

*

आह! ये पत्ते शायद ही रह जाएँ
गिरने के लिए
पतझड़ में।

*

हमारा दोष यदि है तो केवल यह कि
रोटी के लिए रोते हुए बच्चे के हाथ में
हमने हमेशा एक किताब दे दी
जो 'ईश-वंदना' से शुरू होती
जिसमें फूलों की खुशबू के किस्से होते
अनाज की किस्में और उसके उत्पादन के हिस्से होते
या फिर एक कहानी होती कि किस तरह
एक गरीब लड़के ने मुश्किलें सहकर भी
देश और जाति का नाम रोशन किया।

*

उसकी आँखें छलछला उठी हैं
झुर्रियों में डूबा हुआ चेहरा
गर्दन पर झुक गया है
मुझे पानी टंकी के नीचे
गाटर पर लटका हुआ
वह सूखा छत्ता याद आ गया
जिसे पीकर
मधुमक्खियाँ उड़ चुकी हैं
और यही संध्या है

उस बूढ़े ने ललकते हुए
मुझे बताया।

*

उन अंगारों को छूने से जलते नहीं
किन्तु फूलों को छूने से छाला पड़ा।

[1964]

*

जब हम आदमी का
स्पर्श करते हैं वह
बासी रोटी की तरह
चूर-चूर हो जाता है।

[1966]

*

भीड़ में युवतियाँ बाँहों पर
धक्कों का ताबीज बाँधती हैं।
गुप्ती और फुफ्ती में
क्या ताल्लुक है
अपने फायदे के लिए मैं
किस-किसको नहीं निभा रहा हूँ!

[24.4.1967]

*

मामूली तौर पर क्रूरता भी आज
जिन्दा रहने के लिए
एक जरूरत बन गई है।

[3.2.1971]

*

एक कुत्ता खून से लथपथ लोथड़े को
मुँह में दबाए भाग रहा है, दूसरा

उस पर झपट रहा है
मैंने अपने हाथ के नक्शे को
मोड़कर छाती में बने चोर-जेब में
छिपा लिया है।

[1967]

*

कितना विचित्र है
वह मेरा मित्र है
जिन्हें काम मिल गया है
उनके पास कोई काम नहीं है।

*

शंकाएँ
उसे लड़के अच्छे लगते हैं और मुझे
प्रिय हैं महिलाएँ।
उधार वाली कॉपी पर अगल-बगल
हमारा नाम लिखा है
आँखें टिहिटती नहीं
हटती हैं।

*

धम्मपद तो पढ़ ही लूँगा
पहले इस मच्छर को मार लूँ
जो मेरी मसहरी में
चुपके से घुस आया है।

[1967]

*

जहाँ लय है हर चीज लेटी
जहाँ लय है
हर चीज लेटी हुई है
मृत है
जीवित नहीं है।

वहीं एक पेड़
लम्बवत् उस लय को तोड़ता हुआ खड़ा है
नहीं—हर 'कुछ' मृत नहीं है,
एक है,
जो जीवित है
और वह—
पेड़ है।

काश! हम अपने को
इस पेड़ की जगह
खुद को खड़ा करते,

तो क्या इस आसानी से मरते?

*

एक पत्ती के गिरने से जंगल की मौत
नहीं होती
मुझे झाड़ी में छिपे आदमी ने
बताया है।

*

उधर नीम के नीचे लेटे-लेटे
नष्ट हो रहे हैं किसान के बेटे
आप सहमत तो हैं
पार साथ चलने के खतरे से
बचना चाहते हैं
यद्यपि ऐसे में यह कम नहीं है कि आप सहमत हैं।

[1966]

*

इस देश में
ऐसी भुखमरी है
अकाल है, बेकारी है
ऊब है, थकान है

लेकिन अच्छी कहानियाँ
क्यों नहीं हैं?

[26.11.1967]

*

जब तुम थक जाना अपने सम्बन्धों—
फूल—
चिड़ियों और नींद से—
आना
एक शब्द मेरी
कविता से
ले जाना

नींद के बाहर
सोई हुई दुनिया को
जगाने के लिए।

*

शहर वहाँ से शुरू होता है—
जहाँ वे अपने मुर्दों के लिए
बोलना शुरू करते हैं :
'राम नाम सत्य है।'

*

वे सभी इच्छाएँ, जो बसन्त नहीं होतीं
और अपने इरादों में
मौसम ढोती हैं।

*

भोजन और भोग से आदमी को
आँकना
भोजन में संकोच सहित
आदमी की तरह
भोग में

भय रहित
पशु की तरह
कांग्रेस के चुनाव-चिह्न हैं।

*

जिन्दगी एक सूराखदार बर्तन है
जिसमें जब तक
हम अनुभव के सिक्के डालते रहते हैं।

*

वे रूखी-सूखी खा रहे हैं
केवल यह पानी है जो उन्हें
मदद देता है
चीजें
उनकी नली में
उतरती चली जा रही हैं।

[1966]

*

आज का लेखन
देश के
उस बड़े हिस्से का तरफदार है
जो कि एक बड़ी
साजिश का शिकार है।

[1966]

*

उनकी छातियों पर गत्ते बँधे हैं
सिर पर लोहे की टोपियाँ

आज शहर चौकन्ना दिख रहा है
पुलिस के दस्ते सड़कों पर
आँखें लड़कों पर

हवा में एक बिना बजती सीटी-सी
एक खिड़की खुलती है
एक सिर नीचे झाँकता है

गली में
फटाक से खिड़की के पल्लों के
बन्द होने की आवाज
राज?
पूछना मना है।

[1969]

*

मौत के पहले
उसने पेड़ काटने वाली निगाह से
देखा और मुँह फेरकर
खड़ा हो गया
अँधेरे में हजार आँखों की कोशिश।

*

कानून हिंसा के खिलाफ था
जबकि हिंसा कानून की रखवाली
कर रही थी।

*

क्षमा करना दोस्तो!
उम्र की
एक अपनी ही तर्ज है
सभी प्यार करते हैं
यद्यपि हम जानते हैं
कि यह भी एक मर्ज है।

*

मौत मद्धम, सुर-विहीन आतंक में आत्मीय
यह आवाज आ रही है

कहीं कंकरीट गा रहा है
कहीं लोहा बज रहा है।

क्या तुम भूल सकते हो जहाँ खून
खाद बना है बसन्त के मौसम में
फूल और हवा का रिश्ता
महक रहा है?

*

पूरे अवकाश में
बिखरी पड़ी है एक
सभ्य नगर-हीनता

क्षोभ से मरे हुए
चेहरे डरे हुए
होते हैं—
आँखों में ज्योति के
बच्चे मरे हुए।

*

जहाँ कहीं जाता हूँ
जब भी कभी
अचूक उद्दंडता की स्थिति में
छायाओं की ओर
देहों को सरकते हुए
पाता हूँ
अब भी रिश्तों के उखड़े हुए पैरों में
कोई सम्भावना छूटी है?
अब भी आकाश की गर्दन में सूरज का अन्धापन
ताबीज-सा लटका है।

*

आह, मैं सुरक्षा के लिए
पुकार भी तो नहीं
सकता

मारने वाले के हाथ
बचाने वाले से ज्यादा
सतर्क हैं।

*

मैं कविता सोच रहा हूँ
और मेरा पड़ोसी
कलेजियाँ पका रहा है

मैं घास नोच रहा हूँ
और मेरा पड़ोसी
रो रहा है

कविता मुझे यूँ मारती है
जैसे मेरे पड़ोसी की बीवी
जूँ मारती है।

*

कोई भाषा नहीं
दो-तीन बच्चे
जूठी पत्तलों पर झपटते हुए
एक-दूसरे से बेहद नाराज
और फिर दूसरी लूट के सुलह
करते हुए।

जैसे हिन्दी का एक वाक्य
बाएँ से शुरू होकर
दाएँ की ओर खत्म होता है
और यही समझौते का तरीका है
जिसे हम लोगों ने हिन्दी भाषा से सीखा है

मैं उनके बीच फेंकता हूँ
अपनी संवेदना और
वह उन्हें सोखकर

कविता बन जाती है
जैसे जलेबी शीरा सोखती है।

*

मौज करे
खाए-पिए
सहज शब्द की तरह
आदमी
सहज जिए
सहज मरे।

*

अपनी पराजय की कथा सतर्क होकर सुनो (कान खोलकर)
मुझे मालूम है कि उनसे क्या कहना है।

*

और तुम्हारे अन्धकार में
बैठा है अपना फन फैलाए
किसको किसको किसको किसको
चैरिटी शोज के चक्कों के नीचे दया पिस गई है।
पुरखों की यश-गाथाएँ ही अपने आड़े आईं।

तुम अपनी कलम में कोड़े फिट कर लो
और तेज दौड़ाते जाओ
वहाँ वे तुम्हें खड़े मिलेंगे
वे तुम्हारी चाबुक को अपना चमड़ा दे देंगे
अक्षर के आगे वे सब अन्धे हैं

बटन और बदहजमी
हत्याओं की खुशी
नगर का जलना
तुमको यदि भाता है
कितना विवश तुम्हारा गुस्सा है
किस दुख से तुम गुजर रहे हो—
मैंने समझा

हाय! तुम्हें
हिटलर भलमानुस क्यों लगता है?

[1966]

*

खाने को रोटी है
रहने के वास्ते पिता का मकान है
यों हर घरेलू सुविधा के साथ
विद्रोही होना कितना आसान है!

बच्चे गलियों में गोलियाँ खेलते हैं
बच्चियाँ रोगों में
झुनझुनी लिये घूमती हैं
औरतें—
सुबह होती है, एक
दरवाजा खुलता है
एक अधेड़ औरत—
उसका बेटा
खो-खो खेलते
नवाबगंज की इस बस्ती में देश का
काँपता हुआ कलेजा हर बार छला।

*

बम पुलिस की बगल में 'मतदान केन्द्र' बनाकर
उन्होंने जनता के सामने एक दिलचस्प हकीकत रख दी है

लोहे के मुहरबन्द डिब्बों पर सबके 'ट्रेड मार्क' हैं
बैलों की जोड़ी, हथौड़ा और हँसिया और बाली और
झोंपड़ी और दीपक और सायकिल और और और
मगर
किसी का चुनाव-चिह्न
'स्त्री-पुरुष' का जोड़ा नहीं है
(इसे बदनाम करने में किसी ने भी कोई कसर छोड़ा नहीं है।)

वोटर उनकी निगाह में
एक गूँगा सबूत है, वह दर्द नहीं है
वह दर्द नहीं है, एक चौकोर टुकड़ा है
औरत या मर्द नहीं है
सिर्फ शौचालय के दरवाजों पर एक तरफ एक पुरुष की
तसवीर है दूसरी तरफ एक औरत की
और लोग 'जरूरते-नागहानी' अपनी नीयत खारिज
करने जाते हैं।
'चुनाव व्यवस्था का खर्च और पेड़ पर चढ़ी हुई भूख'।

[1966]

*

सतर्कता टूटी हुई चीजों का
असावधानी का इतिहास है।

*

सिर्फ वही चीज तुम्हें गिरने में सबसे अधिक
मदद करती है जिसे लेकर
तुम खड़े हो।

तुम ठीक उस जगह से टूटते हो जहाँ
सबसे कड़े हो।

*

संध्या की पतली परतें
चित्र के धुएँ की लकीरें
माचिस की डिब्बियों को
लकड़ी के बक्सों में बन्द कर
उस पर लोहे की पत्तियाँ जड़ी
जा रही हैं।

*

अधरात जेल के घंटे की
ठंडी, महीन और लम्बी आवाज
ह्दय की धड़कनों की बगल में

गिरती हैं और
खून के सीखचों के पीछे
अतीत का कैदी चेहरा
झिलमिलाता है।

[1966]

*

एक-एक पत्ती, एक-एक शाख, डालें, तना और जड़—हाँ, सभी कुछ
यानी कि एक समूचा पेड़ सब-के-सब एक सीधी लपट से बँधे हैं
आँच की एक लपलपाती भाषा
उन्हें खोल रही है
यह जंगल की आग है
जंगल में आग के माने सिर्फ आग नहीं है
क्योंकि वह मौसम का भाग नहीं है
मौसम मौसम है, आग आग है
और पेड़—
वह मौसम भी है और आग भी है
वह इन दोनों में शरीक है
शायद यह कहना ठीक है कि पेड़
एक हिलती हुई स्थिरता है
जो जमीन और आसमान के बीच
कहीं बेलाग नहीं है
आग जीवित रहती है
हरी आँखों की शोहरत
निगलकर।

*

दर्द की जड़ कहाँ है?
आदमी के खून में
या कि उस जनून में
जो उसे भीड़ का निवाला
बनाता है?

आह! गलत गुस्से की नीयत का फैसला
किस हद तक जाता है।

[1966]

*

उस बेचारे को क्या कहिए
वह तो था जन्मजात बोदा
वे और लोग थे जमे हुए
जिसने कविता की जड़ खोदी।

*

फिर यह मृत्यु हो सकती है, मैंने सोचा
जहाँ उसे फूट पड़ना चाहिए वह आहिस्ता से काँप कर
रह गई थी।
आसपास की हवा
उसकी मुस्कराहट में बह गई थी।

हाय-हाय-सी उसकी आँखें।

*

प्यार की सरहद पर पहुँचते ही वे
पेड़ पर चढ़ जाते हैं और
पत्तियाँ चबाते हैं
क्या सिर्फ पास होने के लिए
वे प्यार करते हैं
उदास होने के लिए?

[1966]

*

उसकी चुप्पी में भी कड़ी बेरुखी का स्वर था
ड्यूटी पर तैनात पुलिस के कॉलर-सा।

*

‘अ’ से शुरू होकर
‘ज्ञ’ तक फैली हुई
‘मालूम’ की शुरुआत।

*

जिनका गुस्सा
गोबर करने की फुरसत तक
काँख-पाद कर जाता है।

*

बनता और बिगड़ता क्या है?
जनता क्या है? जन ‘ताक्या’ है
इससे बढ़कर जड़ता क्या है?

*

यह स्वार्थों की टकराहट
और पिटे हुए चेहरों की मुस्कराहट
का युग है।

*

रातभर
औरत चमड़े के तापक्रम में हिस्सा लेती है
और सुबह
हल्दी के धोवन-सी सिल पर
फैलकर एक कथा बन जाती है।

[1966]

*

गन्दगी कुछ नहीं है
कुछ असुन्दर नहीं है
केवल उसे
जहाँ होना चाहिए था वह
वहाँ पर नहीं है।

*

वे सभी चीजें बीमार हैं
जो धूप की
तरफदार हैं।

*

उसकी जुबान शब्दों से पीछे
खिंच गई है
उसकी मुट्ठी भिंच गई है
पता नहीं कौन-सी गलतफहमी हुई है
उस छोटे बच्चे की आँख
धूप में
सहमी हुई है।

*

डूब रहा है खेत एक तरहा
आधी रात : मिला है पानी
रेंग गई है एक सिहरती लहर
पीठ के नीचे-नीचे
गुजगुज करती हुई किसी काले गोजर-सी
चौंक, अचानक
उठ बैठी है कच निंदिया में
फसल खेत की
जंघाओं पर
फेंक भाप का कम्बल भारी।

[24.1.1966]

*

सूजे घुटने—सँकरा माथा
भला कहाँ उसमें अँट पाता
भीतर का वह बड़ा आदमी
इसीलिए आँखों के रस्ते
चमक-चमक कर बाहर आया।

*

जब बसन्त घरों में
हत्याएँ कर रहा था
मैं हाथ में
कुल्हाड़ी लिये
जंगलों में
उसकी तलाश कर रहा था।

*

हम अपनी सारी खुशी
खबरों में फेंक देते हैं।

*

कोई चीज सहसा हो जाती है और
सुन्दर दिख पड़ती है
अपनी पूरी विवशता के बावजूद
दोनों हाथ तानकर
जब वह अस्तित्व के लिए
चीख पड़ती है।

*

बात का सटीक उत्तर नहीं दिया उसने
तुम्हारा मुँह लालच की तरफ कर दिया
यह समझना बाकी है कि
चिचियाते हुए
दोस्त के चेहरे में
कितनी चीख और
कितनी चालाकी है।

*

यह इकतीस तारीख बड़ी निर्मम है
यारी है परिवार आमदनी कम है
इसीलिए बन्दे को यूँ गुस्सा आता है
वर्ना जन सज्जन है औ' व्यौहार नरम है।

[1966]

*

मुझे गाँव में एक नई पीढ़ी मिलती है
अठवारे-पखवारे जब जाना होता है
मुझे गाँव में अपने लोगों की परिचित पहचानी दुनिया
नये सिरे से खुल जाती है मेरे आगे।

*

सुबह का इंतजार करना और उसको
टपकते हुए सुनना
ओस को सुनना और इंतजार करना
अन्धकार में
तनी हुई पत्तियों का आभास और नींद
मेरी शिराओं में बहता हुआ खून
और खून में उठती हुई
मुर्गे की बाँग।

*

किन्तु रात वाले गाहक की
गंध वहाँ, अब भी है लेटी।

[1966]

*

गमले में नीचे एक चित्र रखकर
उस पर कैक्टस उगा दिया।

*

दोनों परिचित हैं उस दुख से
जो आदमी उन्हें देता है कुछ सिक्कों के रूप में
माँ उसे पहचानती हैं अपनी निगाहों में
और लड़की अपनी छातियों से।

*

कितना घृणित है
महज भूख के लिए
माँ का

किसी गैर के साथ
भाग जाना
आह! और उससे भी घृणास्पद है
मेरे पिता का रोना
और वह भी
मेरे बच्चों के सामने।

*

एक विचित्र-सी खुशी
जैसे कोई अंग्रेज पहली बार
ऊँट पर चढ़ा हो!

[1966]

*

बच्चे सिर्फ नकल करते हैं और
किलकना जानते हैं
वे क्या जानें कि अपने अनुभवों को लाँघना
किस सुख से भर देता है?

*

पूछ रहे हो—और हुआ क्या?
नहीं क्या हुआ? खैर, आजकल
जबकि उधारी ही जरिया हो
परिचय और सलाम-दुआ का।

[1966]

*

पेट घुटनों से दबाए सो रहा है
गाँव
आ रही है
बहुत मद्धिम
रात कटने की—कहीं आवाज
चाँद : रेती पड़ी हो नाव
जैसे।

*

धूप जिनसे है टपकती
उन छतों में
छेद है।

*

वर्षों तक आबरू
नाक पर
ढो चुके
अब उसे उतार कर
डाल दो
ताक पर।

*

प्यार :
और अचानक किसी आगन्तुक की हत्या के
षड्यंत्र में
कई दूसरे चुंबन भी
शरीक हो जाते हैं।

[1966]

*

इतना बके हो
पर क्या शब्दों को
सही रास्ते पर ला सके हो?

*

उनका बेड़ा गर्क है
अधीरता ही जिनके लिए
सबसे बड़ा तर्क है।

*

मुँह से बात निकलते ही अगर
मकसद का पता नहीं चला

तो उस जीभ से
जूते का तल्ला भला।

*

टूट चुके हैं हाय! सब्र के सारे टाँके
अब न बने मुँह ढाँके-ढाँके।

*

धर्मनिरपेक्ष शब्द बड़ा गड़बड़ है
इसमें निभने वाली बात बहुत कम है।

*

इधर भूख है और हाय! हाय!!
उधर भाषा का सम्प्रदाय।

[1966]

*

कुछ हैं जो अब भी एक तर्क से बँधे हैं
उनको जाने दो जो 'गांधी के गधे' हैं।

[1966]

*

युद्ध खत्म हो चुका है और
अब वे चरित्र पर बोलने लगे हैं।

*

औरत क्या है
सम्बन्धों की एक बानगी
उनका जो विषाद है वह
बिस्तरों की भाषा में—
चमड़े का गद्यानुवाद है

*

चेहरों की तलाशी लेने पर क्या मिला?
चंद सड़े हुए दाँतों का सिलसिला और
नींद टूटने का गिला।

*

उनके कपड़ों से पशुओं के सहवास की गंध आती है
उनके दिमाग का खोखलापन
किसी गहरी उपेक्षा से भर गया है।

*

और एक दिन ऐसा वक्त भी आएगा
जबकि हमारा भय भी हमको बचा न पाएगा।

*

उसके दबाव से एक दिन दिमाग की
कोई दोगली नस
फट जाएगी और सड़क पर
अँधेरा और शहर और अजनबीपन बहने लगेगा।

*

मेरे युग की शिल्प कल्प रचनाएँ
अर्थ-उदास हैं।

*

क्या सही शब्दों के लिए
गालियों की ओर जाना पड़ेगा।
गालियाँ जो सबसे बड़ी रूढ़ि हैं।

*

सच्ची बात विदूषक कहता है।

*

वे सारी चीजें बीमार हैं
जो धूप की तरफदार हैं।

*

अक्षरों के आगे वे सब अन्धे हैं।

*

चालाक बनिया
अपने बाटों को साफ रखता है, यहाँ सवाल सफाई
का नहीं है बल्कि

वह समझता है कि
यही वह जगह है जहाँ गन्दगी
वजन बनती है।

*

और कल से हमने अपनी आँखें अखबारों को दे दीं
सारी घटनाएँ अब केवल समाचार हैं।

टूटे हुए पुल की कथाएँ पढ़ता हूँ।

*

यहाँ की तमाम चीजों
में 'अ' घुस गया है
मैं उन लोगों के बारे में
सोच रहा हूँ जिनके लिए
उनका 'था, थी, थे' ही गौरव की चीज है
अब कहीं शंका नहीं है
यह सिद्ध हो चुका है कि आदमी
एक जगह पहुँचकर रुक गया है, या रुका है
कोई चीज है जो उसे हर
बार तोड़ रही है
क्या अब भी कोई उम्मीद तुम्हें
'गा, गे, गी' से जोड़ रही है?

*

कॉलेजों में वे
दीवारों को पढ़ाते हैं।

[1966]

*

मैंने पतझड़ के पत्तों से
भूँजे को
बतियाते देखा।

अपनी बातों को मनवा दे
उसके पास न ऐसा तर्क है
आजादी या मरजादी में
खास तरह का एक फर्क है।

*

तुम्हारे लिए दुखद स्थिति है कि तुम
लगातार होड़ में जीते हो।

*

और एक भरा-पूरा चेहरा
जो किसी अधबनी कविता सा
बुदबुदाता था।

*

सच्चाई साफ-साफ दिखती नहीं है
जैसे चेहरा देखने वाले आदमी ने
आईने पर आईना चेहरा रख दिया हो।

[1968]

*

अँधेरे में हवा चाकुओं का खेल
खेल रही थी, आँखों में स्वागत
भाषा नहीं थी वहाँ
वजनी थे
लालच के दाँतों के चमकते सफेद रंग
और वह हौसला जो आदमी को
अपमानित करने के लिए
रोशनी का रास्ता पकड़ता है।

*

वक्त पर सही इलाज के लिए
एक कविता
अस्पताल की ओर दौड़ती हुई
एंबुलेंस की तरह होती है

जिसमें कई घायल विचार
होते हैं।

*

जरा-सा तेल दो स्साले को
फौरन बॉलबेयरिंग हो जाता है।
मौका देते ही चालू हो जाता है।

[1966]

*

क्या तुम्हें अब भी
उन लोगों की तलाश है
जिन्होंने औरतों के लिए लड़ाइयाँ लड़ी थीं?

[1966]

*

क्या ठिकाना आपके विश्वास का
हो गया है आजकल वह
पेट पेचिश का।

*

और जैसे ही तुम कहते हो—यह
'शुद्ध' है,
कहीं अपने वक्त से
पीछे तो नहीं जाते हो?

[1966]

*

औरत
अधूरे शिलान्यास की मुद्रा में
मेरे दिमाग में बैठी हुई औरतें हैं
संस्कार की परिभाषा पूछती हुई।

[1966]

*

पेट से गुजरती हुई भूमध्य रेखा से पूछता हूँ
शाम के खाने का हाल, हलका या भारी
वह चलती चली जाती है और बिना उत्तर।

*

सम्भावनाओं की आत्मग्लानि में डूबी हुई
यह दुनिया
उस लड़की की तरह उदास है
जिसे अपने बाप से हमल रह गया है।

*

मेरी आजादी
मेरे पिटे हुए मन को
बहलाती है
जैसे नसबन्दी शिविर में डबडबाई हुई बूढ़ी आँख
अंग कटने की पीड़ा को
बीस किलो गेहूँ के कूपन से
सहलाती है।

*

सुतुही से बोली कटोरी
बच्चे को तो सुला दिया। माथ पर
डिठौना दे।
कजरौटे से सटी ऊँघ रही
अधगाई लोरी।

[मार्च-मई, 1971]

*

बिना मौसम की वर्षा से—
खलिहान में रखे डाँठ की तरह
भीगते हुए बाप के सिर के
लिए क्या बनूँ : घोघी या घाघ?

*

एक नासमझ गुस्सा जब एक सरकारी बस जलाकर लौट रहा था
मलूका अगली कतार के सबसे तर्रार
लड़के से टकराया।

*

अगला पन्ना पलटता हूँ
वक्त—
तूल देने का नहीं है
साहसिकता धीरे-धीरे
सच्चाई में बदलने लगी है
सामने बैठे हुए दोस्त के चेहरे पर
कितनी चीख है
और कितनी चालाकी है।

*

एक दफा पूछती है दूसरी दफा से
पेट का समाचार।

*

तुम्हारी कविताएँ गौर से पढ़ी जा रही हैं
अगले हत्याकांड की सफाई के लिए
तुम्हें तैयार रहना चाहिए।

*

महावीर चक्र की दूसरी ओर गिरकर
मरे हुए आदमी की मौत कबूतर है
स्थानिक पुलिस जिसकी तफतीश
में मशगूल है।

*

अन्य पुरुष
घटनाएँ इसकी उपस्थिति का आभास देती हैं।
कल पुलिस ने उसे हिरासत में ले लिया था
कमीज का बटन टाँकते हुए

वह कब तुम्हारी सुई और कपड़े के बीच
आ जाएगा तुम्हें नहीं मालूम।

*

एक विमान दोपहर की धूप को चीरता हुआ
निकल जाता है मकान से।
एक चीख और तीन किलकारियाँ उठती हैं।
चार चेहरे अपनी आँखें पलटते हैं
पथराए आसमान से।
सरकारें सरकारों के साथ हैं
मेरे हाथ में चंद कविताएँ और जर्द
कुचले हुए हाथ हैं।

[1971]

*

मैंने अपने घर के सामने घास
उगाई थी। पड़ोसी के बैल
उसे चर गए।
मैंने आजादी का
एक नक्शा तैयार किया था
जिसके लिए कोई बाजार नहीं था।
किस्मत अच्छी थी नेहरू की
मुझसे बिना हाथ मिलाए ही मर गए।

*

वह आदमी को आराम से बैठाता है
बदहजमी के पास
पूँजीवाद की जड़
मैं बेधड़क कहूँगा
चूतड़ है।

*

शर्म से सिकुड़े हुए लड़कों
और खिलखिलाती हुई लड़कियों

के बीच
मेरी इंचियाँ छोटी पड़ गई हैं।

*

क्या
सन्देह न करने पर रिश्ते
हलके लगते हैं?

*

वे चीजों को अपनी आदतों से
पहचानते हैं।

*

किसी बूढ़े की हरकत से
एक बच्चे की सिसकी अच्छी तरह
बता सकती है मौसम का हाल।

*

मोटी जिल्दों और ऊँची आवाजों के
लोग।
लोग, लचीला ईमान जिनका।

*

अपनी मुस्कान और चमकदार वर्दियों से घिरे
जानवर।

*

लड़ती जुबान में
चीजों का नाम
सनकारता हुआ पत्थर
खिड़की में सूराख खोलकर
झाँकता है
आश्वासन एक भूतपूर्व शब्द था।

*

रात,
अक्सर आवाज

बदलकर
बोलती है।

*

यह तुम्हारा गुण है
कि तुम अपनी गलती नहीं जानते।

*

जूते के तल्ले से
चिपकी अफवाहें।

*

यह एक महान काव्य कृति है
यह आदमी के किसी काम की
नहीं है।

*

सूर्यास्त की कई किस्में होती हैं
और यह
इस बात पर निर्भर है कि
जमीन कितनी गर्म है।

*

नींद-जगी आँख-सी
लालटेन
जलती है।

*

ऐसी आँखें सिर्फ जुआड़ियों की हो सकती हैं
जो कौड़ियों के गिरने से पहले ही अपना दाँव
पहचान लेती हैं
पैसे को सही ढंग से अपमानित
एक जुआड़ी ही
कर सकता है।

*

मैं इन जवानों से परिचित हूँ
ये जहाँ छेद देखते हैं
छलाँग लगा देते हैं।

*

प्यासी आती है
गंध, जैसे जले बालों से आती है।

*

प्यार अब नसों में माचिस तीलियाँ नहीं फेंकता
और न
जलता है आग की तरह
वह सिर्फ
दिमाग पर बोझ बनकर लद गया है।

*

वे ऐसे बूढ़े थे जहाँ एक ही जगह बैठकर
गर्व और घृणा की जा सके।

*

यह सही है कि
पहले से हमारी रफ्तार तेज हो गई है
पर मित्र!
दूरियाँ कम हो गई हैं और
जितना दौड़कर वे अपने को कायम करते हैं
उतना दौड़कर हम खुद पर रहम करते हैं।

[1967]

*

शीलभंग के मुकदमे में
वकील के जिरह करने पर
कठघरे में खड़ी लड़की की तरह
जिन्दगी
डहक-डहक रोती है।

*

बात हमारी तभी तक है
जब तक हम बोलते नहीं।
बोलने के साथ ही
वह दूसरे की हो जाती है।

*

इन दिनों पर से मैं मिटाता हूँ
भेड़ियों के पंजों के निशान
और मिटा देता हूँ
अपना चेहरा।

*

बच्चे नौकरी की भाषा में
पढ़ना सीख रहे हैं
गुस्से में पेचखाई
आवाज की तरह सही हैं।

*

सुबह : कुहरे में
सुबह शीत
कुहरे में चलती
दुबली-पतली
धुँधली काया
मैंने देखा
रुई के उस घने ढेर को एक ताल पर
धुनती हुई
ताँत की रेखा।

*

पछताता है देख आईना
मचिया पर बैठा नकछेदी
हाय बुलबुली के बालों में
असमय ही आ गई सफेदी।

*

किस अचानक खुशी ने तुम्हें खोलकर
रख दिया है?

रसोईघर और बिस्तर में
बराबर बँटी हुई।

जब तुम असह्य प्रसव-पीड़ा से
जानवर-सी कराहती हो
दरवाजे के बाहर चहलकदमी करता हुआ पुरुष
किसी शरीफ घोड़े की तरह
सम्भावना की पूँछ से
यातना की मक्खियाँ उड़ाता है।

एक शिशु को जन्म देते वक्त
पतझड़ की तरह
तुम थरथराती हो।

तुम्हें दे दिया
चूल्हा-चकला।

*

दिन की मुरझाई हुई जड़
कंधे पर डालकर
एक मजदूर लौटता है
घर।

*

खुशामद और खुदकुशी
और इसी तरह की तमाम दूसरी
पाजी बीमारियों से
शहर भर गया है।

*

एक तेजी के साथ
शिष्टाचार के सहारे हम
अपरिचित हो रहे हैं।

*

फिर हम क्या करें
हल्ला न मचाएँ
और अपनी मजबूरियों को
तमाशा बनने से बचाएँ।

*

और पंजों के निशान उस फाटक पर
खत्म हो गए
जिसके भीतर एक 'परमहंस'
रहता है।

*

घास पर लेटा हुआ आदमी
उठता है और 'भगई' बाँधता हुआ
धूप के साथ जुड़े सभी रिश्ते काटकर
अलग कर देता है
शहर की ओर चला जाता है।

*

मैं पार्क में
पेड़ की तरफ मुख करके
पूछता हूँ—
क्या हमें जंगलों ने सिखाया है
बेतरतीब उगना और
सटकर खड़ा होना
पेड़ों की तरह
होड़ में
एक-दूसरे से
बड़ा होना?

*

मेरा सुख
किसी अन्धे भिखारी के हाथ में
रखे गए सिक्के-सा।

*

छोटी पत्रिकाएँ तो सती कथा
से शुरू होकर चरित्र का चकला
बन गई हैं।

*

कविता
मुनादी की तरह बजने लगती है।

*

ठंड से सिकुड़ी हुई रातों के गर्भ से
एक वियतनाम-बच्चा जन्मेगा।

*

कविता ही एकमात्र ऐसी सम्भावना है जहाँ
आदमी साँस ले सकता है।

*

सार्वजनिक शोक को
कविता की निजी पूँजी बनाओ।

*

बीसवीं शताब्दी के सातवें दशक में
कैसा आश्चर्य है कि चार कमरों वाले मकान में
बीस प्राणी रहते हैं।

*

मैंने पशुता को पढ़ने के लिए पश्चिम की भाषा सीखी थी
और अब यह चमत्कार कि मेरी हथेलियाँ
खुरों में बदलने लगी हैं।
जहाँ एक को पाल बसन्तोत्सव गाती थी।
ठहरे हुए रक्त की जड़ों में
आग जलने लगी है।

*

किसी चेहरे पर खुशी नहीं तिरती।
कोई चेहरा घंटे-आध घंटे

अपने को सँभाल नहीं पाता
पाँच मिनट बीतते ही चेहरे स्याह पड़ने लगते हैं।

*

समझ से भरा हुआ शोक
आदमी को निस्संगता देता है।

*

वह आदमी पेशाब करने से पहले एक लोटा जल लेता है।

*

मैं खुश हूँ कि ईश्वर ने, उसकी सरकार ने
उसकी बुद्धि ने, उसके लिए इतना दुख
इकट्ठा कर दिया है
यह घर है
कि यह नल है
यह पैखाना
यह दफ्तर है
मैं उससे नहीं कहूँगा कि इस नर्क से
निकल कर इस नर्क में आओ।

*

आदमी से ऊबकर
उसने दीवार को
अपना दुभाषिया बना लिया है।

*

इस वक्त जबकि ज्यादातर लोग चुप हैं या
चीख रहे हैं, असली रफ्तार के लिए एक शब्द
काफी है—शाबाश!
लेकिन याद रखो यहीं से फिसलन भी
शुरू होती है।

*

विद्यार्थी
भाषा के प्रचलित अन्धकार में

एक चौकन्ना शब्द
अपने लिए
टिकने की जमीन
तलाश रहा है।

तुमने लिखा—स्वतंत्रता—
और अपने दाँतों का लघुत्तम समापवर्त।

ताला खोलकर दरवाजा खोलते हैं
जैसे एक दुनिया खोलते हैं।

*

आदमी जिस दिन पैदा हुआ
उसी दिन उसकी नाभि-नाल पर
तेज धारदार हथियार का प्रहार हुआ
उसे देह के सम्बन्ध से
अलग कर दिया गया
जो पृथ्वी पर स्त्री के उदर से
दिया गया
पहला निर्वासन था।

*

पेड़ बौखलाए खड़े हैं
आखिर श्रीमान को
हो क्या गया है कि सड़क के पीछे
हाथ धोकर पड़े हैं?

*

आवभगत और जासूस आँखों के बीच
बैठा रहता है।

*

साहस को भाषा न दे पाने के कारण
लोग विक्षिप्त होते जाते हैं।

*

भारत जैसे वयस्क लोकतंत्र में यदि एक आदमी
अपनी समझ के लिए अपराधी है तो इसे समय
का अभिशाप ही मानना चाहिए।

*

यह आकस्मिक नहीं है
कि आजादी के लिए अहिंसक
आन्दोलन की शुरुआत
'नमक' से हुई थी।

*

भाषा के लिए एक सवाल करता हूँ,
इन दिनों जबकि कविताएँ
कमेंटरी में बदल रही हैं।

इस नागरिक अन्धकार में
लोकगीत की प्रामाणिकता क्या है?

*

जहाँ हवा अपनी प्रजनन शक्ति खो चुकती है
वहीं से हिममानव के पद-चिह्न शुरू होते हैं।

*

हमेशा
कविता के हाथ हवा में
खुले रहते हैं।
वे दलाल की तरह
जेब में नहीं बन्द
रहते।

*

वे अगली भूमिका के लिए
चेहरे बदल रहे हैं
जो रोटी पर
नमक की जगह बसन्त चाहते हैं।

*

मनीला
सड़क नहीं है, स्त्री
मनीला है।

*

दिनभर कविता अंडरवियर में रहती है
और रात में बिस्तर पर
रख दी जाती है।

*

तुम्हारी हर पंक्ति
आततायी के खिलाफ
भूख हड़ताल पर बैठे हुए आदमी का
संकल्प है। पूरे अनुशासन के साथ।

*

और श्रृंगारदान
का आईना टूटता है—
लहूलुहान कंघी की चीख से।

*

जादूगरों के इस नगर में
एक आदमी नागरिक बनना चाहता है
जो आदमी नागरिक बनना चाहता है
उसे यह शहर माफिक नहीं पड़ रहा है

*

रातें जिनके हाथों में पत्थर हो गई हैं
सिर्फ टपकता हुआ लहू जिनका पथ-प्रदर्शक है
हर जगह अजनबी हो जाने के बाद सिक्के पर गुनाह की
अधकचरी लज्जत जिनकी दिनचर्या है।

*

शरीर के जो हिस्से खुले हुए हैं
आदमी के ईमान की हत्या करने पर तुले हुए हैं।

*

यह घृणा करने वालों का गुस्सा है।

*

न काँटे, न फूल, न बर्फ, न बसन्त
निर्दयता ने वहाँ फुसफुसाहटों की फसल
उगा दी है
और आँखें सिर्फ अपराध की
पवित्रता के लिए नम हैं।

*

बूढ़े अपनी आदतों में जन्म ले रहे हैं।

*

गड़ेरिन की कथरी-सी गीली धरती।

*

झूठ की भाषा के गले में ढोल होती है
मुझे कहने दो, मुझे कहने दो
नफरत पैनी होती है
मक्कारी गोल होती है।

*

कविता रंगों में चहलकदमी है
सताये हुए आदमी का हलफनामा है।

*

मैं दर्द का द्वार खोले खड़ा रह गया
सुधि न आई, न आई।

*

कल रात जिसने मुझे सबसे अधिक डराया,
वह मेरे बच्चे की हँसी थी।

*

मेरा भाई
दबे पाँव बैलों की नाँद तक जाता है

और टटोलकर देखता है घंटियाँ
जिनमें कीचड़ भर गई है।

*

जो तेज होता है, वही कठघरे में जाता है।

*

शायद यह युद्ध है जिसने
मेरा पड़ोस लुच्चे आदमियों से
भर दिया है।

*

गम्भीरता केवल चोरों के चेहरों पर दिखती है
जिन पर वक्त की बेशुमार मार पड़ रही है
किन्तु वे कुछ भी कबूल नहीं रहे हैं।

*

झंझी कौड़ी फैकटबाज
पैसा है पास में नक्शे नगीन हैं
पैसा नहीं है पास तो कौड़ी के तीन हैं।

*

मुझे मालूम था
कि एक सुबह अचानक तुम जगोगी।
तुम्हें दाँत निकल आए होंगे और
मेरी लाख सतर्कता के बावजूद
मेरे हिस्से का अनाज
तुम खाने लगोगी।

*

मैं नहीं कह सकता कि यह मेरी लत है
या मेरे शरीर की जरूरत है।

*

बैल की गर्दन मेरी लाचारी का हिस्सा है।

*

रोटी ही एकता है
एकता का दूसरा नाम रोटी है।

*

बेगारी की पूँजी पर पलती, करती मौज
सड़कों पर आवारा फिरती
कोतल मजदूरों की फौज।

*

बकरे की गरदन ने चाकू की धार पर
कब एतराज किया है?
और एक क्षण के लिए
जो दया आई थी
वह दया नहीं थी
द्विविधा थी, कसाई की।

*

जब हम चालाक हो रहे थे
अपने देश के लोगों के दिमाग में
विष बो रहे थे।

*

दीवार और आदमी
आदमी—कौन है।
ढंढी, खुदगर्ज और बेलौस
दीवार—मैं दीवार हूँ
आदमी और उसके भाईचारे के बीच से
गुजरती हुई
चुप्पी के चद्दर पर
चुप्पी की चिप्पी दर चिप्पी थरती हुई।

*

हर वक्ता के लिए मरा हुआ
आदमी बहाना होता है।

*

बटलोई का भेद कभी
करछुल से छिपा नहीं रहता है।

*

गाड़ी नहीं है ये मुहब्बत का फूल है
माल उतना लादिए जितना वसूल है।

*

अस्पताल के बिस्तर को इतिहास-
बोध में
शामिल करते हुए
तुम्हारा मुँह यूरिन पॉट की तरह
बन जाता है और सिरहाने
रखे थूकदान में गिरा हुआ
तापक्रम।

*

पहली तारीख की तनख्वाह
जिन्दगी की राह।

*

मैंने देखा है बिजली कहाँ गिरी है
देखो यह जमीन जल गई है
और वह अपनी हथेलियाँ
दिखलाता है।

[1967]

*

किताबों को, उनके उपसंहार में
आप देखते हैं जाते हुए
स्टोर में—उसके अन्धकार में
इस तरह अन्त होता है
कि हर खलनायक आखिरकार मर जाता है या लौटकर

गुनाहों को अँधेरे से—
संत होता है, रात को दिन कहता है
औरत को जंगल में घसीट लेना चाहता था, जिसके नंगेपन से अपने खाल की खुजली दूर करना चाहता था
उसी को
हारकर बहिन
कहता है।

*

हर किताब शुरू होती है एक नये वादे से
और खत्म होती है
पूँजी के पिटते इरादे से
इशारों से—नारों से
सत्य की सर्वदा विजय होती है
असत्य का नाश होता है
नेकी और बदी के दो छोर हैं।

*

बात फैसले के नजदीक आते-आते रुक गई है
क्योंकि
अभियोग की भाषा चुक गई है।

*

समाधान की बेबसी ने
हमें अपराधों में शामिल कर लिया है।

*

अक्सर अफसर का मतलब
यह नहीं कि वह आदमी
जो रद्दी की टोकरी का पड़ोसी है।
वह रद्दी की टोकरी के बगल में बैठा है
और
अन्धकार माँगता नहीं, हथिया लेता है।
तमाम रंगों को, एक ही खाने में, दर्ज करता है
तुम्हें अजबे लगेगा

यदि मैं कहूँ कि खून का सफेद होना
(जो कि एक मुहावरा है) अन्धकार है।

*

वे सारी जानकारियाँ
जो आदमी से बचपन छीन लेती हैं
अब मेरी आदतों में शामिल हो चुकी हैं।

*

इस तरह तुम्हारी आत्मीयता
सामूहिक प्रार्थना में किसी बच्चे की पतली और सुरीली
आवाज है जो उसे गहन करती है और चीख का आकार देती है।

*

'आजकल तुम कहाँ हो', तुम पूछते हो और मुझे खींच
लाते हो एकान्त से जहाँ मैं मृत्यु के खिलाफ लड़ रहा हूँ
अकेला होना एक ठंडी मौत है और मेरी मददगार।

*

तुम सोचते रहे कि जब मैं लौटूँगा तो दूसरों की तरह
रंगीन गुब्बारे और चिड़ियाँ
साफ-सुथरे सलीके—संस्कृति या ऐसा ही कुछ लाऊँगा—

तुम जो वहाँ कीचड़ में बैठकर बसन्त का सबक याद
कर रहे हो
तुम जो बंजर हो गए हो—पढ़ रहे हो कि हिन्दुस्तान
नदियों का देश है
तुमने क्या किया, बहुत ऊबे तो
खिड़की खोल दी
और यह कि आदमी के हर काम में
पानी ने हिस्सा लिया है।

*

लड़कियाँ रात का हिस्सा
मालूम पड़ती हैं।

*

अपने बचाव के लिए
हम बातों को
सवाल के रूप में रखते हैं
या
जब हमें खुद उत्तर नहीं मिलता (सूझता)
तो हम बातों का सवाल बना देते हैं।

*

तुमने बुढ़िया को सड़क
पार करा दिया
रोते हुए बच्चे के आँसू
पोंछे।

यह सब क्या तुम्हारे
चरित्र का हिस्सा है?
यह क्या है उदारता या
दया क्या तुम्हारे चरित्र का
हिस्सा है?

*

संध्या एक गीत है : अस्थिर और उदास।

*

वे रात की आवाजें हैं : नम और धुन्ध से भरी हुई।

*

आँतों का अँधेरा
बातों की रोशनी से
दूर नहीं होने का।

*

गंगा पानी की एक बड़ी आढ़त है
मैं सूँसों को उछलते हुए देखता हूँ
देखता हूँ—किसी बनिये की
पसीने से तर-ब-तर देह उछलती है

और
समंदर बन जाती है।

*

उसकी मुस्कान में
जली हुई कलेजियों का स्वाद है
जिसे वह रोज 'ताजी' कहकर
बेचती है।

निबन्ध एवं समीक्षा

नई पीढ़ी का दायित्व

'बासन्ती' : मई ('62), सम्पादकीय के अन्तर्गत साहित्यकार की नई पीढ़ी के दायित्व पर उठाए गए प्रश्न बहुत ही महत्त्वपूर्ण हैं और उनका प्रतीकात्मक समाधान भी सुलभ है। वाणी के अलंकार के लिए जीभ छोलनी, मन की स्वस्थता के लिए नहाने का साबुन, मस्तिष्क-सन्तुलन के लिए नाइलॉन की कंघी, अध्ययन की सुपाच्यता के लिए वी.वी. फॉश की शीशी, साहित्यिक नोच-खसोट से सुरक्षित रहने के लिए नेलकटर, तिनके भर ज्ञान की कलम से फतवा देने और आर्थिक विषमताओं के अनुभूत विज्ञापन से मुंडनोपरान्त सिर की सुरक्षा के लिए टॉवल और आत्मनिरीक्षण के लिए शीशा—ये सभी वस्तुएँ व्यंग्यात्मक ढंग से एक सुझाव प्रस्तुत करती हैं।

और निश्चय ही इस संक्रमण काल में जबकि समाज का मानसिक सन्तुलन बिगड़ रहा है, साहित्यकार का एक महत्त्वपूर्ण दायित्व है कि वह इस बिगड़ती हुई स्थिति को पतन के ढलान पर लुढ़कने से सँभाले। आज साहित्य केवल समाज का दर्पण नहीं बल्कि हर मोड़ पर पड़ा एक लैम्पपोस्ट होना चाहिए जो अन्धकार में पथ-विभ्रान्त मानव चेतना को सही लक्ष्य-दृष्टि दे सके।

किन्तु खेद है कि नई सम्भावनाओं के द्वार बन्द कर उपलब्धियों का तिरस्कार कर गई पीढ़ी का साहित्यकार केवल एक-दूसरे को विजातीय, शोषित करने की घोर चेष्टा में रत है। हर व्यक्ति अपने 'टाट' पर परिचित बिरादरों के बीच मुखिया बनने का दम्भ कर रहा है। परिणामस्वरूप संवेदनाएँ टूटती जा रही हैं और अहंवादी प्रवृत्तियों के सर्पदंश से साहित्य की नस-नस में फैलता हुआ विष सामाजिक स्वस्थता को मृतप्राय कर रहा है। किन्तु अभी अवसर है सच्चे साहित्यिक को इस विघटन की अग्राह्य स्थिति से छुटकारा पाने का। इसके लिए प्रत्येक साहित्यकार के कुछ दायित्व हैं, जिनको दृष्टि में रखकर स्वस्थ साहित्य का निर्माण किया जा सकता है :

1. परिवेश की कृतज्ञता,
2. पूर्ववर्ती साहित्य की उपलब्धियों के प्रति आभार,
3. स्वस्थ सामाजिक जीवन-मूल्यों की स्थापना,

4. काव्य में सम्प्रेषणीयता और

5. डिमांड और सप्लाई की प्रवृत्ति का विरोध।

[1] नई पीढ़ी के अधिकांश साहित्यिकों पर यह आरोप लगाया जाता है कि उनके पास अपनी जमीन नहीं है, अपने साहित्यिक मूल्यों को अभिप्राणित करने की संवेदना नहीं है और यह सत्य भी है क्योंकि नयेपन के मोह में अजनबी एवं अग्राह्य वैदेशिक तत्त्वों का प्रतिष्ठापन प्राय: हिन्दी साहित्य में हो रहा है। यद्यपि विचारों को 'स्वदेशी' या 'विदेशी' की सीमा में बाँधना श्रेयस्कर नहीं, फिर भी निज के वातावरण की स्वस्थ-बोध दृष्टि ही समादृत होती है। अपनी जलवायु में कोई पौधा सुगमता से पल्लवित होता है। अत: नई पीढ़ी के साहित्यकार को अपने परिवेश की कृतज्ञता स्वीकार करनी चाहिए और जो यहाँ अघटित हो रहा है, उसकी कल्पना में विघटन की सृष्टि करना उचित नहीं। यह हमारा सौभाग्य ही रहा कि द्वितीय विश्वयुद्ध की विभीषिका हमें उतना आक्रान्त न कर सकी, जितना पश्चिम देशों पर उनका प्रभाव रहा। फिर पाश्चात्य के युद्ध से आतंकित, कुंठित मनोवेगों का अनुकरण भारतीय साहित्य का परिपोषण नहीं कर सकता। यथार्थ की जटिलता और आर्थिक विषमता की प्रेतात्माएँ जो चौरस्ते के अवकाश में नई पीढ़ी के साहित्यिक की अँगुली पकड़े खड़ी हैं, निश्चय ही किसी भविष्य की नहीं हो सकती, बल्कि दुरूहता और विषमताओं का जाल-सा बुन रही हैं। उनसे सचेत रहना हमारा पहला दायित्व है।

[2] लोकप्रियता प्राप्त करने की लोलुप प्रवृत्ति से नई पीढ़ी का साहित्यकार पूर्णरूपेण आक्रान्त है। एक ही अँगुली की रेखा-गणना तक सीमित रचनाओं के आधार पर वह साहित्य की सम्पूर्णता का आकलन करना चाहता है और उसके लिए वह किसी भी नैतिक-अनैतिक हथकंडे को अपनाता है। स्वयं को प्रतिष्ठित करने के लिए पूर्ववर्ती साहित्य एवं साहित्यकार को नकार जाता है। परिणामस्वरूप नये और पुराने के बीच एक दरार पैदा होती है और जो पूर्ववर्ती साहित्य नई पीढ़ी की नवीन चिन्ताधारा के अन्वेषण की पृष्ठभूमि में खड़ा होता है, वहीं नकारा जाकर अपनी प्रतिक्रिया विघटनकारी तत्त्वों में प्रकट करता है जिसके स्पष्ट उदाहरण पत्र-पत्रिकाओं में छपने वाले साहित्यिकों के सामयिक पत्र हैं। इसलिए साहित्य में (चाहे वह पूर्ववर्ती हो या सहवर्ती) उपलब्धियों का स्वीकार्य ही समीचीन है।

[3] साहित्यिक ढाँचे में स्वस्थ जीवन-मूल्यों की प्राण-प्रतिष्ठा ही महत्तम उपलब्धि है। यह तथ्य है कि आज युग एक ऐसी स्थिति से गुजर रहा है जिसमें अविश्वास, कुंठा, घुटन एवं 'स्व' में डूबने का जड़ अहं विशेष जागरूक है। किन्तु उस सत्य को भी हम स्वीकार नहीं कर सकते कि अतिरिक्त उतने दुरावों और अभावों के, एक प्रगति चेतना हममें उद्‌बुद्ध है, हम अनायास विकास की ओर प्रकर्षित हैं; अत: सम्पूर्ण विकास-वृत्ति को मात्र दुराग्रह की ध्वस्त-भग्नता से झुठलाकर भी

विघटनकारी कुंठित साहित्य का सृजन समाज के लिए बहुत ही घातक है। अनास्था के रौरव में संवेदना की परछाइयों का नंगा विद्रूप अनुभूति की ईमानदारी पर एक कलंक मात्र है। हो सकता है, आत्माएँ उसकी ओर आकर्षित न हों।

[4] क्योंकि काव्य साधारणीकरण की एक प्रक्रिया है और सहजता उसका धर्म; अत: काव्य को केवल 'क्लासिक' मानकर फिर उसकी रचना करना केशव की प्रेतात्मा को सम्पुष्ट करना है। ऐसे 'क्लासिक' से मेरा तात्पर्य उस साहित्य से है जो केवल साहित्यकार के 'स्पेशलाइजेशन' के अहं को तुष्टि देता है। यों सामाजिक परिवेश की सम्पूर्ण आस्था को उद्घोषित करनेवाले अनगिन 'क्लासिक' ग्रंथ हमारे पास हैं। किन्तु आज दुरूहता के वैयक्तिक आग्रह भरे प्रतिक्रियावादी 'क्लासिक' की आवश्यकता नहीं है, क्योंकि ऐसा साहित्य स्वयं में इतना भूखा होता है कि वह दूसरों को सन्तुष्ट कर ही नहीं सकता। अत: साहित्य की अवतारणा सामाजिक उत्तरदायित्व के प्रति सचेतन दृष्टि-रूपों में होनी चाहिए जो रास्ते के नये मोड़ उजागर कर सके। सृजन के नये आयामों, नये सन्दर्भों के ग्रहण में एक ऐसा आत्मीय भावोन्मेष होना चाहिए कि कृति, कृतिकार और पाठक एकाकार हो सकें।

[5] अधिकांश साहित्यिकों के पास स्वस्थ जीवन-दर्शन का अभाव है और यह कभी साहित्य में किसी भी नैतिक मूल्य को सुरक्षित नहीं रहने देता। साहित्यकार बिकने लगता है। परिणामस्वरूप उसकी रचना सामाजिक वर्ग विशेष की माँगों के अनुरूप होती है। इस स्थिति में सबसे बड़ा भय यह है कि यदि किसी पूँजीवादी अर्थपिशाच की दृष्टि उस पर पड़ी तो वह जीवन से पूर्णत: कट जाता है और कम-से-कम हिन्दी की नई पीढ़ी में यही हुआ। कितने मसीहे अपनी शिष्य-मंडली के साथ बिक गए। आज एक विशेष प्रकार के साहित्यिक मानदंड आश्रयदाता के गलत प्रोत्साहन या आवश्यक निर्देशन पर स्थिर किये जा रहे हैं। इसलिए नई पीढ़ी का दायित्व और अधिक हो जाता है कि अर्थ-जड़ता के निर्देशन में 'डिमांड और सप्लाई' की कुत्सा से अपने को सुरक्षित रखें।

इस प्रकार से मेरी दृष्टि में भारतीय भावभूमि पर पूर्ववर्तियों की उपलब्धियों को सकारते हुए, स्वस्थ सामाजिक जीवन-मूल्यों को आत्मप्रचार से बचाते हुए जन-जन तक सहज मन, सहज वाणी पहुँचाना ही नई पीढ़ी का दायित्व है और इसी में हिन्दी का गौरव है।

['बासन्ती' : जून, 1962 से साभार]

धरातल की खोज

'कल्पना' : 130 में डॉ. शिवप्रसाद सिंह का लेख अभी-अभी पढ़ा हूँ और इसके पूर्व सुनने का सौभाग्य भी मिला था जब काशी की प्रख्यात साहित्यिक संस्था 'रचना' की गोष्ठी में उन्होंने स्वयं सुनाया था। इससे कुछ समय बाद 'भारती' में श्री वीरेन्द्र कुमार जैन की घोषणा पढ़ी थी और अब तो घर के भाड़े, स्कूल की फीस, राशन वाले के पैसों की तरह माहवारी क्रम हो गया है कि कुछ ऐसा पढ़ने को मिल ही जाता है जिसमें नई कविता के प्रति आक्रोश या कुछ में उसके प्रति मोह होता है। शायद यह मेरी स्थिति ही नहीं बल्कि हिन्दी साहित्य के किसी भी पाठक की समस्या है।

वैसे आद्योपान्त मनन के बाद दोनों ही दलों के कुछ तथ्य सामने आते हैं जिससे नई कविता की उपलब्धि या उसकी ह्रासोन्मुखता का ज्ञान होता है। वे हैं :

1. लघुमानव : आत्मपीड़ित यथार्थ या आत्मान्वेषी यथार्थ
   उर्फ
   मैं : निर्वैयक्तिक व्यक्ति या सामुदायिक व्यक्तित्व;
2. आधुनिकताबोध : एक फैशन या परिवर्तन का सहज संवेदन।

ऊपर लिखे तथ्यों में सत्य चाहे जिसके पक्ष में खड़ा हो किन्तु यह निश्चित है कि तथाकथित नई कविता से एक समूचा जन-समाज कटकर अलग हो गया है या काटकर अलग कर दिया गया है। मैं साहित्य की सम्प्रेषणीयता या साधारणीकरण की वृत्ति पर अँगुली रखना नहीं चाहूँगा। किन्तु इससे इनकार भी नहीं किया जा सकता कि निश्चय ही नई कविता का कोई ऐसा स्वर छूट गया है कि वह मानव संवेदन को छू नहीं पा रही है। तमाम राजनीतिक दलीलों के बावजूद जनता ने अपने फैसले उसके खिलाफ दे दिये हैं। यहाँ जनता का तात्पर्य मात्र बौद्धिक आयामों से गुजरने वाले लोग से ही नहीं बल्कि उनसे है जो पाठक या श्रोता की सहज जिज्ञासा रखते हैं। नरेश सक्सेना के शब्दों में : 'निश्चय ही नई कविता के पाठकों की संख्या लेखकों से कम है—यही डेढ़ सौ, दो सौ या ढाई सौ...।'

यह साहित्य की किसी भी विधा के लिए दुखपूर्ण है और उसके लिए दोनों ही उत्तरदायी हैं—चाहे वे नई कविता के पक्ष में हों या विरोध में। जो नई कविता

की वर्तमान स्थिति से सन्तुष्ट होकर उसका नारा लगाते हैं, वे अपने स्थान पर सही हैं, ऐसा नहीं कहा जा सकता क्योंकि मात्र स्थितिबोध अपने में कोई उपलब्धि नहीं है। अत: सामाजिक, राजनीतिक और धार्मिक विघटन की चर्चाओं का प्रतिफलन नई कविता का प्रयोजन नहीं हो सकता। यह एक वैज्ञानिक सत्य है कि दृष्टिगत तथ्य होता है, सत्य नहीं। सत्य तो काल-सापेक्ष संवेदन की स्थिति है। व्यक्ति से व्यक्ति का दुराव, कुंठा, घुटन, विघटन तो बाह्य प्रतिक्रियाएँ हैं। इन्हें रचना का प्राण-तत्त्व नहीं माना जा सकता। वह तो कुछ और ही है यथार्थ के अति निकट। मन की छुअन के समीप।

दूसरे वे लोग जो नई कविता का विरोध करते हैं, पूर्णत: स्वीकार नहीं किये जा सकते क्योंकि यह मात्र प्रतिक्रिया की प्रतिक्रिया होगी या स्पष्ट कहें तो नकार का नकार। और इस प्रकार केवल 'निर्वात' की स्थिति पैदा हो सकती है। 'ऐसा होना चाहिए' तो केवल राजनीतिक नारा है, किन्तु वैज्ञानिकता तो उसमें है कि 'ऐसा हो', अत: नई कविता बुरी है तो उसकी चर्चा से लाभ क्या? उचित होगा ऐसे धरातल का अन्वेषण, जहाँ केवल कविता लिखी जा सके। वह धरातल चाहे धर्मसापेक्ष हो या धर्मनिरपेक्ष, व्यक्तिगत हो या सामुदायिक किन्तु उससे एक दिशा मिले। मैं फिर कहना चाहूँगा कि कविता ऐसी लड़की नहीं जो लालटेन लेकर अन्धकार में खड़ी हो और हर राहगीर रास्ता देखता चले लेकिन कविता ऐसा 'जादुई कुआँ' भी नहीं जिसमें हर झाँकने वाला हँसता हुआ कूद पड़े।

आज की 'आधुनिकता' वैज्ञानिक दृष्टिकोणों से प्रभावित है किन्तु इसके लिए वैज्ञानिक उपकरणों के स्थूलत्व को शब्दायित करना काव्य के प्रति क्या उचित होगा? विज्ञान को उस सन्दर्भ में कविता के साथ नियोजित करना होगा, जिसमें वह जीवन के साथ सम्पृक्त है। मानव जीवन में विज्ञान का यह विघटन केवल युद्धात्मक संवेगों के कारण निन्दनीय नहीं माना जाना चाहिए, बल्कि उसके उस अंग को भी स्वीकार करना चाहिए जो मनुष्य को जीवित रखने में सहायक है।

अत: सम्पूर्ण रूप से विचार करने पर यह स्पष्ट हो जाता है कि आज साहित्य—कविता या नई कविता—का कर्तव्य मनुष्य को मनुष्य के निकट लाने का है। उसके दिलोदिमाग में ऐसा भाव पैदा करने का है कि मनुष्य का हाथ बन्दूक की नालों का मुख निरीहता की ओर से मोड़ ले, बमों में बारूद के पलीते न लगाए, तेजाब में डूबी हँसी का छिड़काव सड़कों पर न करे बल्कि कारखानों और खेतों की ओर बढ़े ताकि स्पृह टूटने न पाए।

[11 अगस्त, 1962]

‘राम की शक्ति-पूजा’

[भारत-चीन सीमा संघर्ष के परिप्रेक्ष्य में]

भगवती महाशक्ति के तेजोमान कवि-पुत्र निराला ने अपने अमर काव्य ‘राम की शक्ति-पूजा’ में जगन्माता सीता के अपहरण पर, राम-रावण युद्ध की भूमिका में, शक्ति के आवाहन और अवतरण का जो काव्यायोजन किया है, वह वर्तमान भारत-चीन युद्ध के सन्दर्भ में, हमारी नसों के भीतर अमोघ शक्ति मंत्र का संचार करता है।

केवल अक्षांश-देशान्तरों का अन्तर; किन्तु कितना आश्चर्यजनक है कि शताब्दियों बाद काल देवता ने दिक्कालिक विलोम के साथ वही इतिहास फिर दुहराया है, जो दाशरथि राम के सन्दर्भ में विघटित हुआ था। अपनी समस्त मान्यताओं के साथ उपलब्धियों की सहायता में विरत लोकतंत्र की पावन आस्था से संचालित राम का वनयोगी वेश...सर्वजाति की एकसूत्रता का सम्मोहन, आदिवासी, वन-खंडी निवासियों को स्नेह-सिक्त करती मर्यादा पुरुषोत्तम की प्रेम माधुरी... और सहसा ‘भूमिजा’ का अपहरण...। लोकनायक की एकमात्र आस्था—भूमिजा का संलोप। सीता का यह अपहरण शान्ति-दूत राम के लिए युद्ध की चुनौती बन गया और फिर राम का बानर जाति की विशाल वाहिनी संयोजित कर विस्तारवादी रावण का प्रतिरोध और उस पर प्रत्याक्रमण। सारी घटना लगातार चित्र-पट पर चालित चित्र-क्रम में स्पष्ट हो जाती है और मैं सोचने लगता हूँ, नगाधिराज की अंकशायिनी घाटियों में चीन का बर्बर आक्रमण। अपनी आस्थावान शान्ति-चेतना को लेकर विश्व-चक्र में चलते हुए देश पर चीन की विस्तारवादी दृष्टि का पड़ना और फिर दुर्दान्त कठिनाइयों को पार करते हुए प्रगतिशीलता के प्रयाण में अग्रसर भारत पर अमानुषिक आक्रमण। विश्वास को चूर्ण-विचूर्ण करने वाली संहारक प्रक्रियाएँ, भ्रातृत्व की नींव हिला देनेवाली विषाक्त घोषणाएँ। भारतीय चौकियों का सामरिक पतन और सहसा एकपक्षीय युद्धविराम की घोषणा।

...आसेतु हिमालय लोकवाणी का अप्रतिम जागरित उद्घोष और शक्ति की अर्चना का कार्यकलाप, सब कुछ वैसा ही लगा, जैसा उस दिन राम के साथ हुआ

था। अमर प्राण महाकवि निराला की 'राम की शक्ति-पूजा' पढ़ रहा हूँ और देश की एक-एक स्थिति अतीत का वर्तमान बनकर उभरती जा रही है :

सांध्यकाल

दिनभर के विकट संग्राम के अनंतर भी राम-रावण का युद्ध अपराजेय है। उफ! वंदिनी भूमिजा...। अप्रतिम युद्ध-कौशल के बाद :

'रवि हुआ अस्त ज्योति के पत्र पर लिखा अमर
रह गया राम-रावण का अपराजेय समर'

किन्तु इस अपराजेय समर के परिपार्श्व में साम्राज्यवादी भूमिजा-लोलुप रावण की विजय और राम के प्रत्याक्रमण की सामयिक शक्ति-विफलता सन्निहित थी क्योंकि :

'रावण प्रहार दुर्वार विकल बानर दल-बल
लौटे युग दल। राक्षस पद तल पृथ्वी टलमल
बिध महोल्लास से बार-बार आकाश विकल'

और :

'बानर वाहिनी खिन्न लख निज पति चरण चिह्न
चल रही शिविर की ओर स्थविर दल ज्यों विभिन्न'

प्रारम्भिक प्रतिरोध में सहसा विशाल बानरवाहिनी का शौर्य संस्खलन और दुर्दान्त रावण की राक्षसी सेना का विध्वंसात्मक शक्ति सन्तुलन। कितना साम्य है, भारत भू-खंडों पर चीनी सैनिकों का सहसा आक्रमण और फिर भीषण प्रतिरोध के बाद भी एक-एक कर कई भारतीय चौकियों का पतन...उद्धृत चीनी सैनिकों का विजयोल्लास और स्वतंत्रता की मान-रक्षा में आहुति देते भारतीय वीर-पुत्रों के कालजयी मरण-पर्व का उल्लसित समारोह—रात्रि के आगमन पर युद्धविराम की घोषणा होती है और लोकनायक की सारी चिन्ताधारा संकट की विपन्न स्थिति का पर्यालोचन करती है। दिग्दिगंत-व्यापी अन्धकार हवाओं की सहसा चुप्पी और परिश्रांत वातावरण में राम की सम्पूर्ण क्रियाशक्ति विगत युद्ध की आसन्न विभीषिका का विश्लेषण कर रही है :

'है अमानिशा उगलता गगन घन अन्धकार
खो रहा दिशा का ज्ञान स्तब्ध है पवन चार

अप्रतिहत गरज रहा पीछे अंबुधि विशाल
भू धर ज्यों ध्यान मग्न केवल जलती मशाल
स्थिर राघवेन्द्र को हिला रहा फिर-फिर संशय
रह-रह उठता जगजीवन में रावण जय भय'

राम के हृदय में मथता हुआ विचारों का संवेग, सीता-हरण की चिन्ता मात्र ही नहीं, बल्कि विश्व में शान्ति के निराश्रित होने का भय राम को झकझोर रहा है। 'भूमिजा' की अप्राप्ति का दुख नहीं, बल्कि संसार में स्वतंत्रता और लोकजीवन की समृद्धि के विनाश का भय और रावण की विस्तारवादी घृणास्पद प्रवृत्ति के विजय का भय बार-बार राघवेन्द्र को कँपा देता है और उसी मानसिक आन्दोलन में रावण का बर्बर अट्टहास गूँज-गूँज जाता है :

'फिर सुना, हँस रहा अट्टहास रावण खल-खल'

कोमल हृदय-तन्तु आघात से काँप उठते और नियति की इस विडम्बना पर राम के नेत्र छलक पड़ते हैं :

'अन्याय जिधर है उधर शक्ति कहते छल-छल
हो गए नयन कुछ बूँद पुन: ढलके दृग जल'

लोकनायक की पीड़ा आँखों में अश्रु-बिन्दु बन छलक पड़ी और सम्पूर्ण जाति का वीरभाव उद्विग्न हो उठा। पवन-पुत्र हनुमान की उष्ण रक्तवाहिनी शिराएँ तन गईं और तत्काल शक्ति का यह अतुल प्रतीक विश्वास का अनन्यदूत शक्ति के निवास-स्थल महाकाश को निगल जाने के लिए विकराल रुद्रवेश में अट्टहास करता हुआ ऊपर उछला। उसके वेग से :

'शत घूर्णावर्त तरंग मग उड़ते पहाड़
जलराशि राशि जल पर बढ़ता खाता पछाड़
तोड़ता बंध प्रतिसंघ धरा हो स्फीत वक्ष
दिग्विजय अर्थ प्रतिपल समर्थ बढ़ता समक्ष'

किन्तु महाकाश को ग्रहण करने के पूर्व ही शिव की आज्ञा से स्वयं शक्ति का निरोध और माता की आज्ञा मान रुद्र की शान्ति संस्थिति में फिर सोचने लगा हूँ—प्रारम्भिक पराजय के क्षोभ से देश के कण-कण में उफान खाता हुआ वीर-भाव तत्काल आक्रमणकारी के शक्ति उद्गम को निगल जाने के लिए उत्तेजित है। किन्तु इस उत्तेजना में मातृ-भाव का वीरोचित संयम और क्षमा का अपूर्व संयोजन

है। आबाल-वृद्ध अपनी मातृभूमि की स्वतंत्रता की रक्षा के लिए बद्ध परिकर है। साक्षी है इतिहास कि विस्तारवाद के प्रतिरोध में किसी भी सभ्य जाति ने इतनी बड़ी संख्या में एकसूत्र होकर अपनी स्वत्व-रक्षा के लिए ऐसा उत्सर्ग नहीं किया है। उत्तेजना और उत्सर्ग—संयम और शौर्य—शान्ति का यह असिधारा व्रत भारत की उसी मर्यादा पुरुषोत्तम की परम्परा की एक कड़ी है, जिसकी शीलता में वीर भाव स्वयं हनुमान के रूप में प्रस्थित-प्रशमित है।

मैं आगे पढ़ता हूँ :

जाम्बवान की वृद्ध जनोचित मंत्रणा पर शक्ति का प्रत्युत्तर शक्ति से देने का संकल्प-शक्ति सन्तुलन के लिए आराधना और राम की शक्ति-पूजा प्रारम्भ होती है। मंत्र जाप के बाद यथारूप इन्दीवर अर्पण और यही समायोजित क्रम चलता है। आराधनालीन राम का संयम शक्ति-केन्द्रों को हिला रहा है :

'संचित त्रिकुटी पर ध्यान द्विदल देवी पद पर
जय के स्वर लगा काँपने थर-थर-थर अंबर'

और अन्त में प्रमुदित शक्ति द्वारा राम की अग्नि-परीक्षा द्वारा अन्तिम पूजा का इन्दीवर हरण होता है। उसकी प्रतिक्रियास्वरूप राम कुंठित हो उठते हैं और कंपित वाणी वातावरण में कराह उठती है :

'धिक् जीवन जो पाता ही आया है विरोध
धिक् साधन जिसके लिए सदा ही किया शोध'

किन्तु निराशा कुहाच्छादित मनोदेश में पुन: एक विचार कौंध जाता है :

'यह है उपाय कह उठे राम ज्यों मंद्रित घन
कहती थीं माता सदा मुझे राजीव नयन
दो नील कमल हैं शेष अभी यह पुरश्चरण
पूरा करता हूँ देकर मात: एक नयन'

और मेरे आगे एक चित्र है—दक्षिण कर में नयन और वाम कर में लक-लक करता महाफलक लिये दृग-वेध को उत्सुक राम और उनका हाथ थामती भगवती महाशक्ति। इसी चित्र के सहपार्श्व में एक चित्र और है—अन्न-वस्त्र और रक्त, दान करते हुए बाल, युवा, वृद्ध—आकृतियाँ—जिन पर एक ऊर्जस्वित आलोक है। शक्ति-आराधना में प्राणार्पण करते हुए देश के नौनिहाल, सुहाग की चूड़ियाँ तोड़कर माँग के सिन्दूर से स्वतंत्रता का पथ प्रतिभासित करती ललनाएँ। मंगलसूत्रों को सौंपती सुहागिनें, दुधमुँहों को देश पर बलि

होने की लोरियाँ सुनाती माताएँ और मिट्टी की शिरा-शिरा से उद्गीरित जननी जन्मभूमि की विजय कामना भरी गीतिकाएँ अनुगूंजित करती कुमारिकाएँ और मेरी अश्रुपूरित आँखों में राम का हाथ थामती हुई देवी की मंगलमूर्ति है और श्रवण कुहरों में गूँजता हुआ उद्घोष :

'होगी जय होगी जय
हे पुरुषोत्तम नवीन—
होगी जय—होगी जय—होगी जय।'

['भारती' : मार्च-अप्रैल, 1963]

ये फूल रेडियम के : गोविन्द उपाध्याय

'कविता में 'अर्थ की लय' जैसी कोई बात होती ही नहीं और उस पर चर्चा करना निहायत सतही है।' वह तेज-तर्रार आवाज में बोल रहा था और उसके आसपास बैठे चेहरों पर उसकी तीखी आवाज के चढ़ने-उतरने का रंग साफ दिख रहा था।

टेबुल पर हाथ मारते हुए वह कहता रहा : 'सामुदायिक अर्थ में किसी बात को आकार देना और बात है और बातों को परिभाषा के स्तर पर ढोकर खड़ा करना और। हाँ, चित्रों में तूलिका रंगों को आकार की लय दे सकती है। इस आधार पर यदि कोई चित्रकार मनोवृत्ति का ढालुआँ व्यक्तित्व कवि-धरातल पर लुढ़क पड़े और उस सपाट संस्खलन को अर्थ की लय कहे तो नई कविता के लिए इससे बड़ी प्रलय की स्थिति और क्या हो सकती है?' इस संजीदगी में भी उसके साथी हँस पड़े हैं और उसके तने हुए गोल चेहरे का सारा खिंचाव सिमटकर पतली मुस्कान में फैल गया है।

केदार का चाय-घर। साँझ की सुर्खी ठंडे अन्धकार की शिराओं में भर गई है। मैं अपने कवि मित्र से उसके बारे में पूछता हूँ। उत्तर मिलता है : 'गोविन्द उपाध्याय, एम.ए. इतिहास से। 'ऋचाएँ' के कवि और अब रिसर्च स्कॉलर।'

अक्सर पत्र-पत्रिकाओं में उलटता हूँ—अज्ञेय, भारती, दुष्यन्त, शमशेर, रामदरश, त्रिलोचन, और भी कितने नाम जिन्हें अँगुलियाँ ढो नहीं पातीं, किन्तु इस लम्बी कतार में यह अकेला और संवेदनशील व्यक्तित्व नहीं दिखा—कभी नहीं, या कभी दिखा तो पन्नों के पलटने की निहायत जल्दी में चुक गया।

इसके कई दिनों बाद—तिराहे पर मोड़ की पान की दुकान। गोविन्द ठहाके लगा रहा था : 'सम्पादकों को अपने परिचितों से छुट्टी ही नहीं, फिर नये लोग जिनके पास न वाद है, न खाद है, और न जमीन...पहुँच-पातियों के युग में उगें तो कहाँ?' वह सहसा गम्भीर हो गया : 'कितना अजीब है कि पूजा के खिलाफ विद्रोह करनेवाले नायक ही पूजकों को उकसा रहे हैं, बढ़ावा दे रहे हैं।'

तब से आज तक...कई तरह से, कई कोणों की प्रतिध्वनियाँ मुझसे टकराती रही हैं, कई चर्चाएँ उसके बारे में सुन चुका हूँ।

'गोविन्द काशी की नई पीढ़ी का जोरदार कवि है,' एक छोटे मुँह की बात है।

'गोविन्द निहायत उद्दंड है,' एक चौड़े कन्धे की उचकती राय है।

'व्यर्थ ही लाइब्रेरी...' छब्बीस इंच सीने वाली मुँह बिचकाती मॉडर्निटी ने कहा।

'अच्छे आदमी हैं बाबू,' चाय वाले की तजबीज है।

और मेरे सामने साधारण कद के गोल चेहरे, घुँघराले बालों वाले स्वस्थ और सुन्दर नौजवान का आकार है, जो आदमी है, कवि है और पहचान के लिए एक नाम उठाए चल रहा है—गोविन्द उपाध्याय।

'ऋचाएँ' और फुटकर कविताओं की कुछ पांडुलिपियाँ :

'अस्ति का एक स्रोत हूँ मैं,
गत अनागत बीच अविरल वेग का
एक भाव—
मैं समय की भूमि का अलगाव।'

परिचय है अन्तरिम कवि-व्यक्तित्व का, जो दिशाहीन युग की संक्रमण बेला में अपनी स्थिति को पहचानता है और दिशान्वेषण की इस प्रवृत्ति ने उसे बन्द कमरे का मसीहा बनाकर नहीं छोड़ दिया, बल्कि वह दृष्टि दी जिसने उसे चौरस्ते के खुले अवकाश में समुदाय के दर्द का सहभागी बना दिया। सह-संवेदन के समतल पर उसने उस छटपटाहट को शब्द दिया जो देर से अभिव्यक्ति की प्रतीक्षा में थी :

'आकारों में घिघियाते कंठ
रूपों में छटपटाते भार-बोध
और शब्दों में बिखरी ध्वनियों की गंध
फूटो...बिखरो...!'

दर्द झेलने की यह शर्त समाज के प्रति मानवीय उत्तरदायित्व की पहली कड़ी है। इससे जुड़कर आदमी की आदम व्यक्तित्व के प्रति समर्पित होने की भावना बल पाती है।

व्यक्ति का यह सामुदायिक समर्पण जीवितों की महत्तम उपलब्धि है और गोविन्द उपाध्याय की कविताओं में यह पूर्णत: प्रतिफलित हुई है।

'मैं नहीं चाहता
मेन रोड पर
जीवित ऊब को चीरती
एक खाली कार

मेरे लिए ही रुक जाए।
मैं बिलकुल नहीं चाहता।
एक रिफ्लेक्टर-सा मैं ही
तेज रोशनी का भरसक फैलाव
किसी दिशा में मनमाना मोड़ दूँ।'

क्योंकि और लोग भी हैं। बेशुमार भीड़ के असंख्य चेहरे जो परिचय की जिज्ञासु मुद्रा में कतारों को अर्पित हैं और जिनकी बहुत मद्धिम चाल प्रत्येक आहट पर टिकी है :

'सभी नींद से पहले
अजानी यात्रा का दर्द ओढ़ लेते हैं।
सभी को खटका है
मुर्गे अगर सीटी न दें
चिड़ियों में खलबली न हो
अलार्म से स्टेशन न गूँजे
तब हम छूटेंगे
रह जाएँगे।'

किन्तु इस धरातल के अतिरिक्त :

गोविन्द उपाध्याय का वह व्यक्ति खंड जो बौद्धिक आयामों से तनिक छूटकर एकान्त को छूता है, अधिक तरल है। यहाँ कवि केवल अन्तर्वैयक्तिक आकार रूपों का संयोजन ही करता है। अत्यन्त सरल और स्निग्ध सम्भोग्य को काँपती अँगुलियों से छूने का प्रयास :

'जलती गई लाल अंगारे पर
छन-छन-छन...
आहटों की बूँद की कतार
बुझती हुई आँच में बचा है
राखों के ढेर-सा
इंतजार...'

या :

'झुक गई है चाँदनी की डार
मेरे पास तक
एक बिरवा तुम लगाकर भूल बैठे

सींच मैंने दे दिया है
वृक्ष का आकार।'

नई कविता में सौन्दर्यबोध को गलित वासना के नग्न सन्दर्भ में तथा मांसल रोमांस के फूहड़ चौखटों में काफी सजाया गया है :

'फिरोजी होंठों पर जिन्दगी बरबाद' होने के नारे लगाए गए हैं।

'बैठि पलोटत राधिका पायन' की तर्ज पर 'लाल कमल से पैर गोद में लेकर सहलाना' फर्ज मान लिया गया। किन्तु जब हम गोविन्द की सहज प्रेमानुभूतियों से छुए जाते हैं तो लगता है कि 'सही' और 'सत्य' में मूल्य का अन्तर है। अन्तर है झेलने के स्तर का :

'अपनी बाँहों से कस
बस फूटा
काँच से भरा
दिवालिए टहनी शाखों का
बासन्ती गीत
और तेजाब से जला मौसम
कराह उठा सीने में,
घायल सिपाही-सा...।'

शिल्प और दृष्टि की अचूक सम्भावना से गुजरते इस कवि के पास वातावरण का सही बोध तो है ही, और है उस बोध को आस्थावान संवेग देने का संश्लिष्ट संकल्प...। गुट और नारों की भीड़ में अलग से आकार-रूपों की खोज का अथक श्रम इसकी श्रेय सिद्धि लाएगा ही, और भी बल मिलेगा उन्हें, जो घने अन्धकार से लड़ रहे हैं—महज एक कौंध के लिए जिनके आगे-पीछे कोई रिफ्लेक्टर नहीं, कोई कम्यूनिकेटिंग एजेंट नहीं।

['विनियोग'-1, 15 मई, 1963]

तुलसी और आधुनिक लेखकों की समस्याएँ

तुलसी जयन्ती के पर्व पर एक ओर जहाँ हम तुलसी की उपलब्धियों पर विचार-विमर्श करते हैं, वहीं आगत की सम्भावनाओं की चिन्ता भी हमें होती है। परिवर्तित युग-बोधों और विघटित व्यक्तित्वों के अवमूल्यन के सन्दर्भ में कई प्रश्न चिन्तन के समानान्तर धरातल पर उग आते हैं। विश्वास और बौद्धिक विश्लेषण की विरोधी प्रवृत्तियाँ, रौंदी हुई इकाइयों की खंडित आस्थाएँ और दिशान्वेषण के लिए लगातार एक सीध में दौड़ती कतारें, एक रील की तरह एक ही क्षण में—क्षण ही क्यों, एक ही अनुक्षण में कई प्रक्षेपों और दिशा-कोणों से उभरती हैं, मिटती हैं। परम्परागत रूढ़ाग्रहों और आदर्श वाक्यों के उद्धरणों से घिरा सारा व्यक्ति परिवेश एक अनिश्चित विवाद से ग्रस्त है और तब इस वातावरण में फिर सोचने के लिए हम बाध्य होते हैं कि क्या तुलसी इन बौद्धिक असन्तुष्टियों के हाथ विश्वास का कोई ऐसा सूत्र दे सकते हैं जो हमें एक नये सन्दर्भ में जी सकने या परिभाषित होने के लिए उत्प्रेरित ही करें?

हम तुलसी के पात्रों से मिलें किन्तु इसके पूर्व यह देखना उचित होगा कि पात्रों के चुनाव की पृष्ठभूमि क्या थी और क्या वह अतीत खंड हमारी बौद्धिक असन्तुष्टियों का परिमार्जन वर्तमान के कुंठित और विश्वासों के नकार की स्थिति में करा सकता है या नहीं? अत: तुलसी को सामाजिक परिवेश में विकास की एक सीमा तक स्वीकार करके उसी क्रम में पढ़ना है।

भारतीय साहित्य का एक ऐतिहासिक क्रम है और उसकी आदि संख्या है वाल्मीकि रामायण। वाल्मीकि के समक्ष भी एक अद्‌भुत प्रश्न था, उस समय, जब वे काव्य की रचना करने जा रहे थे। विचारों की अमूर्तता को व्यक्ति का आधार देना था और यह आवश्यकता भी पहली अनिवार्यता थी...इसलिए नहीं कि एक ऐतिहासिक महापुरुष को काल की सापेक्षता प्राप्त होगी, इसलिए नहीं कि काव्य पुरुष के सन्दर्भ में रचनाकार विज्ञापित होगा, इसलिए नहीं कि देशज या दलगत मनोवृत्तियों को सन्तुलित पोषक तत्त्व मिलेगा, बल्कि इसलिए कि सम्पूर्ण जनमानस की चेतना को एक आधार मिल पाएगा जहाँ केन्द्रित सर्जक की सम्पूर्ण चिन्ताधारा

अपने अनुचिन्तन, अनुशीलन और तत्त्वावगाहन की संप्रेष उपलब्धियाँ पा सकेगी। और इसी कारण आदिकवि ने सर्वप्रथम नारद से पूछा था कि कथा का कौन समुचित पात्र है? किसमें है वह पात्रता जिसकी सीमा में सम्पूर्ण राष्ट्र की चेतना, उसके बौद्धिक और श्रद्धा-विश्वास की गुरुता से भरी जा सके?

और नारद द्वारा निर्देशित राम की सहज अपौरुषेय मर्यादा पर विश्व का पहला भावना भरा इतिहास लिखा गया।

तुलसी के सामने युग था—एक ऐसा युग, जहाँ आदर्श और मर्यादा की सीमाएँ टूट रही थीं और पात्रता का प्रश्न सूनी और उदास घाटी की आहत प्रतिध्वनि-सा लौट आता था। फिर भी कवि-मन की क्षण-अनुक्षण प्रपीड़ित आकांक्षा उसे निचोड़ रही थी। शब्द आकार पाने के लिए व्याकुल थे और सामाजिक विद्रूपों के प्रति परम्पराओं और रूढ़ियों के प्रति आकंठ डूबे विद्रोह की घायल, दर्पित, स्फीत चीत्कार अनाचार की नींव को तोड़-फोड़ देने के लिए उस पर सिर पटक रही थी :

‘कोई अवधूत कहता है
कोई रजपूत कहता है
किसी की बेटी से बेटे का विवाह नहीं करूँगा
किसी की जाति बिगाड़ना नहीं चाहता
बिगाडूँगा नहीं—
फिर भी...फिर भी...’

और असहाय विपन्नता ने फिर उसी आधार को, उसी पवित्रता को अपना लिया—केवल कुछ नये सन्दर्भ जोड़कर, कुछ नये भाव-बोधों के साथ। राम फिर तुलसी के काव्य-नायक बने।

तुलसी का अध्ययन विराट था। जीवन को उन्होंने विभिन्न सन्दर्भों में जिया था और झेला था। अनुभव के कई साक्ष्य उनकी संवेदनाओं की अँगुली थामकर लड़खड़ाते चल रहे थे। किन्तु प्राप्य जिसे हम तुलसी की उपलब्धि कहते हैं, उसके विस्मरण का भय था। अत: तुलसी ने पूर्व कथा में कुछ परिवर्तन किया और असहाय भीड़ के हाथों अपनी कमाई सौंप दी।

जिसे हम प्रतिष्ठापित कर चुके थे किन्तु समारोह की आयोजन की सफलता के मोह से जिसके चारों ओर आवरण लगा रखे थे, तुलसी ने उस चिर प्रतिष्ठापित को अनावरित किया या यों कहें, जिसे समय ने धुँधला दिया था, जिसकी उज्ज्वल आकृति पर विस्मरण की कई परतें जम गई थीं, मात्र उसे तुलसी ने स्पर्श किया और फिर उसके उज्ज्वलतम स्वरूप को नई कलई के बाद हमारे सामने रखा। तुलसी के कवि की सफलता उसके सामाजिक बोध की परिचायिका है। एक ओर

उसने जनमानस में युगों से संचित दंतकथाओं के विश्वास का सूक्ष्म अध्ययन किया तो दूसरी ओर अपनी आत्मवेदना सम्प्रेषणीय बनाने के लिए बोलचाल की भाषा चुनी। तुलसी संस्कृत में भी सफलता से लिख सकते थे और इसके लिए उन्होंने प्रमाण भी प्रस्तुत किया है : प्रत्येक कांड प्रारम्भ होने के पूर्व संस्कृत के श्लोकों में। किन्तु उन्होंने परम्परागत रूढ़ियों के खंडन में संस्कृत भाषा की आडम्बरयुक्त उद्घोषणा के विरुद्ध जनभाषा का आधार लेकर विद्रोह किया और कहना नहीं होगा कि तुलसी कितने सफल रहे। आधुनिक लेखकों के सामने तुलसी की यह सामाजिकता, यह सहजता और शैली तथा भाषा के निर्धारण की युक्ति उदाहरण के रूप में है। क्या आज शैली का अटपटापन भाषा की परम्परागत रूढ़िवादिता, समाज सापेक्ष सन्दर्भों की पंगुता नये लेखकों की बड़ी से बड़ी कमजोरियाँ नहीं बन गई हैं? और जिन्होंने इससे छुटकारा भी पा लिया है, वे यथार्थ के प्रति जागरूक नहीं। उन्हें केवल सूर्योदय, केवल प्रकाश, केवल आत्मा और परमात्मा का निरुपाधि संलाप ही सूझता है। और यदि कोई यथार्थ के प्रति जागरूक होकर इनसे छूट भी पाया है तो वह यथार्थ में उसके पीड़ित अन्धे सत्य को नहीं देखता। उस आवेग को नहीं छू पाता है या छू सकने का साहस कर पाता जो नंगेपन की दरार से टुकुर-टुकुर ताक रहा है। अश्लीलता और नैतिकता के नाम पर सत्य (यथार्थ) को नकारने की एकांगी प्रवृत्ति हमारी अपनी संस्कृति की संकुचित मनोवृत्ति बन गई है। दुख तो तब होता है जब हम अपना अन्तिम निर्णय भी उसके पक्ष या विपक्ष में दे डालते हैं।

यह सत्य है कि इस धरातल पर तुलसी भी अभिन्न हैं। किन्तु आदर्श, परम्परा, रूढ़ि तुलसी की अपनी विवशताएँ थीं। उस वातावरण की विवशताएँ जिसमें तुलसी जीवित थे। तुलसी के आगे एक जाति का प्रश्न था, एक संस्कृति का प्रश्न था और तब समय भी एक परिधि में था और हमारा भौगोलिक ज्ञान सीमित इकाइयों तक ही था। किन्तु इन पाँच सौ वर्षों के बाद क्या वही परिवेश, वही सन्दर्भ आँख मूँदकर स्वीकार किया जा सकता है? यह एक महत्त्वपूर्ण प्रश्न है जिस पर आग्रहों से हटकर बुद्धिजीवियों को मनन करना है।

प्रश्न की सफाई में अतीत और वर्तमान के दो परिवेश हमारे सामने हैं :

राम और रावण
लक्ष्मण और कुम्भकर्ण
भरत और विभीषण
राम के बानरादि सेवक और रावण के
राक्षसादि सेवक गण
सीता और मन्दोदरी।

राम के माता-पिता और उनका आत्मीय वात्सल्य, रावण का मातृ-पितृहीन ऐकांतिक संवेग। यदि हम परिस्थितियों का विश्लेषण करें तो पाते हैं कि एक ओर दृढ़ सहयोगी भावनाएँ हैं तो दूसरी ओर चिरन्तन विरोध।

' 'लक्ष्मण' दैव-दैव आलसी पुकारा' की हुंकृति से भरा है, किन्तु कुम्भकर्ण लगातार निद्रा-विवश है।

भरत राज्य की लिप्सा छोड़ तपस्या करते हैं और विभीषण भाई का साथ त्याग शत्रु पक्ष में मिल जाता है।

तुलसी ने केवल दो ही पक्ष चुना है—पुण्य-पाप, स्नेह-द्रोह, सुमति-कुमति। यदि स्नेह ही है तो उसमें शंका नहीं। यदि द्रोही है तो कोई उसे द्रोह से डिगा नहीं सकता। और ऐसी स्थिति में निर्णय देना आसान हो जाता है। रामायण के पढ़नेवाले को घटना का एक क्रम एकरसता का आभा लिये हुए आवरणहीन-सा दिखता है जैसे पूर्व धारणा है कि कैकेयी वन में जाने के लिए कहेगी और कौशल्या विरोध नहीं करेंगी। जैसे दशरथ मर जाएँगे पर मुख से नहीं कहेंगे कि राम वन में जाओ। जैसे दशरथ के कहने के पूर्व ही राम सोचेंगे कि मैं वन में अवश्य जाऊँगा। ऐसा लगता है कि एक घटना घट रही है और उसका प्रक्षेप जहाँ पड़ता है, वह रंगमंच पहले से ही प्रस्तुत है और बुद्धि के स्तर पर सारी बातें रीतने पर भी भरी-भरी सी लगती हैं। जहाँ कहीं रास्ते बन्द हैं, उनके लिए प्रश्न चिह्नित होते ही तुलसी विश्वास, वेद और जनमत की दुहाई देकर आगे बढ़ जाते हैं दूसरी गली से। किन्तु क्या आज भी सब कुछ वैसा ही है? कैकेयी वन जाने को कहेगी और कौशल्या नहीं बोलेंगी? भाई के साथ बेटे को भेजने में सुमित्रा गर्वित होगी, शायद नहीं...नहीं। आज वैसा नहीं है। कहीं भी स्थिरता नहीं। हर चीज हिल रही है। हर जगह द्विविधा है। हर जगह स्नेह है और द्रोह है। द्रोह है क्योंकि स्नेह है और ये सब-के-सब क्षण-प्रतिक्षण अवमूल्यन की ओर दौड़ रहे हैं। प्रत्येक आदमी में वर्तमान की विवशता, भविष्य की चिन्ता और अतीत की कचोट फफोलों-सी फूट रही है। वह जिस वातावरण में है, वहाँ विश्वास की परिभाषाएँ बदल गई हैं। सत्य की स्थिरता मिट गई और अचानक व्यक्तित्व इतना अधिक दब गया है कि वह आयताकार पिचक गया है और आसानी से लुढ़क नहीं पाता। कहीं शिखर नहीं है और न कहीं प्रकाश-स्तम्भ और यदि है भी तो वे इतिहास के पन्नों पर मृत्यु जर्जरित जीवित असंगतियों की असूझ परछाइयाँ हैं जो स्वयं रास्ते टटोलती हमारे कन्धों का बोझ बनकर जी रही हैं। ऐसी स्थिति में आज के लेखक का एक अलग ही कर्तव्य हो जाता है जिसे वह अपनी विवशताओं में नहीं बल्कि अपनी संघर्ष-संचेतना में स्वीकार करता है।

तुलसी के सामने युगीन संक्रमण की स्थिति थी और आज के ईमानदार साहित्यकार के सामने है : साहित्य में मानव-मूल्यों का ह्रास, नैतिकता का प्रश्न और

साहित्य में अश्लीलता आदि ऐसे महत्त्वपूर्ण प्रश्न हैं जिनका समाधान अभी नहीं मिल पा रहा है। किन्तु इतना अवश्य है कि जहाँ साहित्यिक ईमानदारी का प्रश्न है, वहाँ इन प्रश्नों की यथार्थता जीवन-मूल्यों के सन्दर्भ में झुठलाई नहीं जा सकती। और तब एक धरातल पर तुलसी के और वर्तमान साहित्य के बीच की रेखा—विभाजन रेखा खिंच जाती है। तुलसी का साहित्य अन्तिम निर्णय का साहित्य है और उस युग के परिप्रेक्ष्य में यह सत्य भी हो सकता है। किन्तु वर्तमान साहित्य चरम यंत्रणा के क्षणों का यथार्थ अंकन है जिसका केन्द्रबिन्दु है द्विविधा और पछतावा। फिर हम यह निश्चित रूप से सोचने को बाध्य हैं कि क्या तुलसी के साहित्य में आज का भी कुछ है और यदि कुछ है भी तो मात्र व्यक्ति की बाह्य प्रक्रिया तो नहीं है? 'अश्लील का शील' तुलसी की अपनी विशेषता हो सकती है किन्तु वह सामुदायिक यथार्थ नहीं। सब कुछ मिलाकर कहें तो कह सकते हैं कि तुलसी के पात्रों का सुख-दुख बड़े आदमी का दुख-सुख है जिसकी कल्पना भी रोमांचक होती है और जो उपस्थित या भोग्य के पूर्व ही निर्धारित पीठिका पर पाँव टेकती है। जहाँ कहीं बाह्य प्रक्रियाओं से हटकर तुलसी के पात्र आत्म-मंथन की स्थिति में हैं, वहाँ भी उनमें समुचित आत्म-संवेग नहीं बल्कि है भी तो सेव्य आर्तता।

इसी प्रकार कई स्थल महत्त्वपूर्ण रूप से विचारणीय हैं और आशा है, उस पर उपस्थित महानुभाव मत देंगे।

फिर भी आधुनिक साहित्यिकों के लिए तुलसी की उपलब्धियाँ सम्भावनाएँ बन सकती हैं यदि उनकी शिल्पगत मान्यताओं और पाठकों तक विषय को सहज संप्रेष्य बनाने की सूक्ष्म दृष्टि का सही बोध हो सके।

['कुटज' : 28 अगस्त, 1963]

नई कविता और उसके बाद

रहस्य के स्वप्न सँजोये छाया की मीठी लोरियों में हम सो रहे थे कि शोर-शराबे में हमारी कच्ची नींद टूट गई और हमने चौंकते हुए देखा कि प्रगति के पोस्टर पर एक नया पोस्टर चिपका हुआ है, जिस पर अनगढ़ आकारों में उभरा है—'नई कविता' और यही साधारणत: इतिहास तथ्य है, हिन्दी साहित्य में नई कविता के प्रादुर्भाव का, जिसकी पृष्ठभूमि में द्वितीय विश्वयुद्ध के अमानवीय नरसंहार का अपरिहार्य, किन्तु अग्राह्य सत्य प्रतिष्ठित है।

इसके पूर्व प्रगतिवाद के नाम पर राजनीतिक वर्गान्तरीय विज्ञापन की वृत्तियाँ एवं महामानव की विभीषण कल्पनाएँ प्रतिफलित होती रहीं, किन्तु नई कविता ने सही अर्थों में व्यक्ति को परखा एवं अभिव्यक्ति की सम्पूर्ण ईमानदारी से मानव के नूतन परिवेश की भावात्मक कल्पना की। प्रगतिवादी पोस्टर के हाशिये अछूते रहे, केवल उन पर रचे गए राजनीतिक उग्रचित्र ढक दिये गए। सही अर्थों में नई कविता प्रगतिवाद की परिष्कृति के रूप में सामने आई और अपनी सामाजिक जटिलता की प्रतीक भी लाई। व्यक्ति में सब कुछ संपुंजित करने की चेतना उभरी।

आज का कवि वैज्ञानिक चेतना का कवि है—एक ऐसा कवि, जिसकी दृष्टि विश्व की सम्पूर्ण क्रियाशीलता का अध्ययन कर रही है। उसके सामने तीव्रगामी विकास है, निरंतर परिवर्तन के श्वास से दहकता हुआ। हर वस्तु, हर मान्यता टकराती हुई, टूटती हुई और पुन: संयोजित होने के लिए आतुर। और स्थापत्य की इस भयावह संक्रमिकता में अस्तित्व अकेला रह गया : घुटन भरे वातावरण में खंडित व्यक्तित्व। पर अनास्था हमारी कविता का मूल स्वर नहीं, और इसके प्रमाण हैं नई कविता के कुछ अकुंठित गायक।

हम क्षण-अनुक्षण को अनुभव करते रहे, वर्तमान को जीते रहे, जो हमारी पकड़ से फिसल रहा था और जिसके लिए हम हाथ बढ़ाए हुए थे। इस प्रकार काल के एक ही त्रिकोण में भूत, वर्तमान और भविष्य परिभाषित होता रहा। वर्तमान का अनुभूत सत्य हममें प्रतिभाषित होता हुआ यथार्थ तथाकथित नई कविता का आधार बना, फिसलन और पकड़ की निर्बाध आकुलता उसकी शेष दो भुजाएँ।

किन्तु, कालान्तर में यह रूप बदलता गया। अन्तर्कोणिक प्रवृत्तियों के दिग्जाल से हमारा कवि अपने को बचा न सका और जो अनुभव सामाजिक परिवेश में, सामुदायिक स्तर पर हमारे अनुभूत बने, वे ही अन्तर्वैयक्तिकता की ओर मुड़ गए। जहाँ हमने व्यक्ति को प्राणिमात्र की चेतना के प्रतीक के रूप में स्वीकार किया था, वहीं उसकी व्यक्तिगत अन्तर्मुखी क्रियाशीलता हमारे लिए अजनबी बन गई और इस घोर ऐकान्तिकता ने हमारी सम्पूर्ण ज्ञान-चेतना को बींध डाला। परिणामस्वरूप आकार की उबा देने वाली एकरूपता तो मिली, किन्तु भावात्मक एकता गूलर का फूल हो गई। व्यक्तिगत अनुभूतियों की स्थापना के लिए वैयक्तिक दर्शन का आग्रह नयेपन के विकास की जंजीर बन गया और कुंठाओं एवं संस्खलन का आदर्शीकरण एक बोझ। हम उन्हीं पुरानी लकीरों के समानान्तर एक लकीर खींचने लगे, जिसको नकारने का हमने संकल्प किया था।

यद्यपि विषय एवं शिल्प की दृष्टि से नई कविता में नई उपलब्धियाँ हुईं, किन्तु उनमें अधिकांश शिल्प के चमत्कारिक रूप को ही अभिव्यंजित करती हैं और कुछ केवल दलगत प्रवृत्तियों की संकीर्णता को। यह सत्य है कि विषयवस्तु शिल्प एवं साहित्य में जीवनगत मूल्यों को नई कविता में एक नवीन दिशा मिली है और परम्पराएँ भी टूटी हैं। किन्तु नवीनता के एकान्त आग्रह ने स्वयं अपनी एक परम्परा अजाने ही बना दी है, जो उसकी अदूरदर्शी हठ नीति का द्योतक है। अनास्था, कुंठा-घुटन, विघटन, लघुमानव की आत्ममूढ़ चेतना का अहं मात्र ही उसकी रागात्मक वृत्तियाँ हैं, जिसके धुँधलके में किसी की जिन्दगी जली हुई सिगरेट-सी लगती है और वह नाली में फेंक देने के लिए उतावला है, तो किसी को कण-कण में केवल अस्तप्राय सूर्यास्त के दर्शन हो रहे हैं। कोई अकेला जीवित प्रेत घड़ी की टिक-टिक में अपनी आत्मा का श्वास गिनता है। इसी प्रकार की अनगिन अनास्था की ऐकान्तिकता की सृष्टि नई कविता के वय:किशोर तन पर फफोले की छाप-सी उग रही है। धूप केवल पांडुता का प्रतीक है और साँझ नीलाम हो गई है। रात का अस्तित्व का खुदा जाने क्या होगा? अतिरिक्त इसके नयेपन का मोह और बौद्धिकता के आग्रह ने नई कविता को 'सुन्दर' से दूर रख दिया। 'बसन विहीना' नारी के खुले तन का आकर्षण नये कवि की मिचमिचाती धुन्धभरी आँखों के आकार में डूबता है, नंगी रात सीटियाँ बजाती है। और यदि यही नई कविता का स्वरूप है तो क्या होगा वह सत्य, जिसकी स्वयं आँख नहीं? क्या होगा वह शिव, जिसमें मांगलिकता नहीं? और क्या होगा वह सुन्दर, जिसकी छाया में मन रम न सके?

नई कविता के नाम पर अनुवादों के अधकचरे कुपथ्य एवं अनुकरण को प्रतिष्ठित करना क्या कवि के लिए प्रशंसनीय है? किन्तु हो यही रहा है। पाश्चात्य दर्शन की अपूर्णता का ढोल नई कविता में पीटा जा रहा है। जो शैली, जो विधा वहाँ

बीसवीं सदी के दूसरे दशक में मर गई, उसकी प्रेतात्मा को हिन्दी में उतारने का घोर प्रयास हिन्दी का बौद्धिक कवि कर रहा है। बिम्बों एवं प्रतीकों का अपर्याप्त सन्तुलन नई कविता की नाव डुबो रहा है। नई-नई उपमाओं का अमर्यादित रूप एवं अजनबी वर्णन नई कविता में केवल दुरूहता की सृष्टि कर सकते हैं, रस की नहीं। मात्र इतना ही नहीं, आज की पाश्चात्य साहित्य की शिक्षा-दीक्षा में पला कवि वहाँ के दर्शन का अपच हिन्दी साहित्य में उगल रहा है। मैं अध्ययन का विरोधी नहीं। सुविचार किसी के भी ग्राह्य होते हैं, किन्तु उनको बोझ के रूप में स्वीकार करना श्रेयस्कर नहीं। आवाजें शून्य में अटकी हुई हैं और उन्हें भूमि पर उतारने का मानवीय प्रयास ही कवि-कर्म है। और हिन्दी साहित्य में किसी भी स्वर को भारतीय भाव-भूमि पर प्रतिष्ठापित करके ही हम सामाजिक उपलब्धियों के रससिद्ध कवि बन सकते हैं, अनुकरण से नहीं। क्योंकि नई कविता वर्तमान से, कवि के परिवेश से एवं क्षण-अनुक्षण से संकल्पित है। किन्तु खेद है कि संकल्प केवल खूँटी पर टँगे आदर्श की तसवीर रह गया है।

आज नई कविता बदनाम है, अपने शिल्पगत प्रयोगों के लिए नहीं, वस्तुगत जीवन-मूल्यों के लिए नहीं, बल्कि खंडित बिम्बों के लिए अस्पष्ट, नितान्त असंगत एवं बौद्धिक प्रतीकों के लिए अपनी गद्यात्मक एकलयता की वृत्ति के लिए और साथ ही घुटन में डूबकर शहीद होने की दिखावट के लिए। नई कविता का नाम सुनकर हमारा पाठक कविता के प्रति अनास्था से उसी प्रकार भर उठता है, जैसे किसी महंत को देखकर धर्म के प्रति। क्योंकि विगत छल-कपट एवं आत्मिक कष्ट-प्रवंचनाओं की प्रतिक्रिया हमारे विश्वास को झकझोर देती है। उसे कविता की अप्रेषणीयता या पाठक का बौद्धिक अविवेक कहकर झुठलाना वृथा है। हमें नई कविता के आगे सोचना है, नई कविता के नाम पर फैली विकृति के विषय में सोचना है। दलदल पर नये तख्ते रखने हैं, ताकि नये भाव, नई आस्थाएँ उसे पार कर सकें। इसके लिए हमें एकान्त की 'दम-घोंट' उचाट से बाहर निकलकर प्रश्नों के उत्तर ढूँढ़ने चौरस्तों पर खड़ा होना पड़ेगा।

अत: लोक कल्याण के लिए सामुदायिक स्तर पर नीलकंठ बन जिस दिन हमारा कवि सूर्योदय बेला में अन्धकार की परतों को चीरता हुआ अग्निबाण-सा उदित होगा, उसी मंगल प्रभात में वर्तमान के अश्रुजल से नई कविता की कालिमा धुलेगी। इतिहास स्वर्ण पंखों पर उड़ेगा और नई कविता होगी पुनर्जीवित : 'नूतन कविता'।

['भारती' : 1 फरवरी, 1965]

नवलेखन विमर्श

प्रियवर,

यदि आप बाहर से आए हैं तो निश्चय ही आपको काफी चलना पड़ा है, थक गए होंगे। हमें आपसे पूरी सहानुभूति है। खान-पान और ठहरने की व्यवस्था से हमें विश्वास है, आप हमारी सेवाओं के प्रति आश्वस्त होंगे।

यदि आप स्थानीय हैं तो इस दुर्लभ सहयोग के लिए आप अपने को स्वयं धन्यवाद दें।

अब आप खुद विचार कीजिए कि गोष्ठी में आए हुए लोगों में आपका स्तर क्या है? वैसे भी क्या इस प्रकार की गोष्ठियाँ किसी ईमानदार साहित्यकार के लिए किसी अच्छे स्तर की सिद्ध हुई हैं? आप इस पूरी योजना की सफलता में भाग लेने आए हैं या सचमुच आपके सामने नवलेखन के गतिरोध का सवाल है? (वैसे इस प्रकार की शंका-गोष्ठियाँ स्वत: गतिरोध हैं।) इस पर 'घात-प्रतिघात, वीचि-विवर्त से अलग होकर आत्म-परीक्षा के लिए सचेष्ट हों, क्या यह नवलेखन की भाषा है?'

अपने आसपास यदि आप ध्यान दें तो प्राय: तीन तरह के लोग हैं—अध्यापक, द्वितीय श्रेणी के (औसत) लेखक और कुछ थोड़े से सही आदमी। अध्यापक खूँटे में बँधे हुए अत्यन्त दीन प्राणी हैं, जिन्हें जीविका ने बरबस बीते हुए साहित्य से जोड़ दिया है। ये साहित्य नहीं, साहित्य का इतिहास अधिक तत्परता से पढ़ते-पढ़ाते हैं। इनमें कुछ प्रतिभावान भी हैं, किन्तु यह प्रतिभा पुनरुक्ति की है। दिमाग के कटे रिकॉर्ड पर बुद्धि की घिसी सुई वर्षों से लगातार एक ही धुन बजाती है। अलमारियों में कोर्स की किताबों की कुंजियाँ और दीवारों पर ईंटें बढ़ती जा रही हैं। बँधी लीकों पर चलने से मेदे में चर्बी भर गई है और हाजमा खराब हो गया है। 'इनोफ्रूट सॉल्ट' और 'लवण भास्कर चूर्ण' पर पलने वाली इस असहाय जाति से किसी नई जमीन के तोड़े जाने की आशा करना व्यर्थ है। किन्तु नवलेखन के लिए विश्वविद्यालयों के अध्यापक क्यों चिन्तित हैं, यह महत्त्वपूर्ण सवाल है। इसे टालना अब अधिक उचित नहीं। निश्चय ही इनकी यह सजगता नये लेखकों की एक खास समस्या है। क्या यह किसी साहित्यिक चकबन्दी की पूर्वभूमिका है?

क्या यह फसल काटने और आनेवाले लोगों में अपनी मेहनत की साख गाड़ने की साजिश तो नहीं?

दूसरी श्रेणी में औसत साहित्यकारों की चर्चा व्यर्थ नहीं होगी। शोध-ग्रंथों की अनावश्यक सफलता ने इन्हें साहित्य लिखने पर बाध्य कर दिया है और जब वक्त के बीते हुए से इन्हें जरूरत की सामग्री मिल ही जाती है तो मौलिक एवं रचनात्मक साहित्य से इनका क्या प्रयोजन? सेठाश्रय = साहित्य × समाज के समीकरण का हल ही इनका उद्‌देश्य है। वैसे अध्यापक से इनका स्तर कुछ ऊँचा है अवश्य।

तीसरे वे कुछ थोड़े से सही लोग हैं जो नवलेखन से सीधे सम्बद्ध हैं और यहाँ उनकी स्थिति टाट में लगे रेशमी पैबन्द जैसी है। पता नहीं क्यों, अध्यापकों और औसत साहित्यकारों के आगमन का ज्ञान होते हुए भी ये इस प्रकार की गोष्ठियों में आते हैं? निश्चय ही इनका उद्‌देश्य इस धार्मिक नगरी में मनोरंजन का नहीं होगा। तो क्या यह उम्मीद की जाए कि सही बात कहकर वे पुराने लेखकों और अध्यापकों की नासमझी दूर करेंगे?

हम स्थिति से परिचित हो चुके हैं। अब आइए, हम गोष्ठी में प्रस्तावित कार्यक्रमों पर बात करें। निश्चय ही आपके पास 'परिपत्र-1' होगा।

पहली चर्चा रचनात्मक साहित्य के स्तर और उपलब्धि की है जिसके चलते नितान्त स्कूली ढंग से आशंकाएँ छापी गई हैं, जो संयोजकों की कुशाग्र मेधा की तारीफ के लिए चिरौरी करती है। इस 'प्रश्नपत्र' में सभी प्रश्न अनिवार्य हैं।

नवलेखन का रचनात्मक साहित्य अभी भी अपने निर्माण की प्रक्रिया में है, इसलिए उसकी उपलब्धि की चर्चा का प्रश्न ही नहीं उठता। उपलब्धि की चर्चा कृति-साहित्यकार के लिए महत्त्वपूर्ण नहीं है। जहाँ तक स्तर का प्रश्न है, नवलेखन में साहित्य सही अर्थों में जीवन के प्रति सचेष्ट है। सवाल यह नहीं है कि नवलेखन एकरस, वैविध्यहीन, समाज-विमुख और व्यक्तित्वहीन है और उसमें आवश्यक गहराई नहीं है; बल्कि महत्त्वपूर्ण सवाल यह है कि आज जीवन स्तर कैसा है और क्या नवलेखन पूरी ईमानदारी से इस जीवन स्तर के समानान्तर है? दरअसल नवलेखन सही अर्थों में जीवित रहने की एक समानान्तर प्रक्रिया है जिसे जीवन से अलग हटाकर परखना शायद ही न्यायसंगत हो।

क्या नवलेखन एक पेड़ है, जिसकी जड़ें लोगों के दिमाग में धँसी हुई हैं? नवलेखन का तात्पर्य क्या है? क्या पिछले पन्द्रह वर्षों में जो कुछ लिखा गया, वह सभी कुछ नवलेखन ही है? क्या प्रतिष्ठित होना रचनात्मक साहित्य का सही मानदंड है? प्रतिष्ठित होना महत्त्वपूर्ण नहीं है, बल्कि बात किन लोगों में प्रतिष्ठित हो रही है, यह महत्त्वपूर्ण है। प्रतिष्ठित होना अपने-आपमें सन्तुष्ट होना है और यह स्थिति वस्तु को उपभोग के नजदीक ले जाती है जिसकी परिणति है मृत्यु। यह बात कि

आज रचनात्मक साहित्य प्रतिष्ठित है, बड़ी भ्रामक है। सेठाश्रित पत्र-पत्रिकाओं में पालतू लोगों की फालतू रचनाएँ उछाली जाती हैं और वह भी नवलेखन के नाम पर। हुआ यह है कि अधिकांश प्रतिष्ठित साहित्य रथ के पहियों, दुर्गों, राजपथों और व्यासों की 'बृहत्तर चेतना' से ग्रस्त है। (विशद व्याख्या के लिए 'विनियोग-1' पढ़ें।) अन्धकार में बैसाखी पर झूलती हुई जिन्दगी के लिए जहाँ कोई जगह नहीं और यदि जगह मिली भी तो केवल प्रदर्शन या विज्ञापन के लिए क्या यह एक प्रकार की साहित्यिक वेश्यावृत्ति नहीं है? वे थोड़े से लोग स्थिति को भोगते ही नहीं बल्कि उसका विश्लेषण भी करते हैं, जिन्दगी को उसका सही सन्दर्भ देने के लिए काम कर रहे हैं। वैसे भी समुदाय में थोड़े ही लोग हैं, जो रचनात्मक कार्यों से सम्बद्ध हैं। शेष या तो स्थितियों से समझौता कर लेते हैं या फिर अनुसरण करते हैं। ऐसी स्थिति में साहित्य लोगों के लिए तो हो सकता है, किन्तु लोगों का नहीं। और तब नवलेखन को कुछ थोड़े-से लोगों के मन का विकल्प मात्र समझना मन की दुष्ट धारणा का पेट भरना है। चीज को उसके सही कोण से परिचित कराने में कुछ बातें ऐसी भी होती हैं जिन्हें 'सतह की' कह सकते हैं। किन्तु किसी भी रचनात्मक साहित्य पर उनका प्रभाव गौण हो, यह अन्त तक सही नहीं है। ऐसी दशा में सतह की बातों का महत्त्व भूल जाना रचना-प्रक्रिया के ऐतिहासिक क्रम को समझने में गलतफहमी पैदा कर सकता है।

'आधुनिक रचनात्मक साहित्य' के लिए पन्द्रह वर्षों का काल-निर्धारण असंगत है। इन पन्द्रह वर्षों की अवधि में प्राय: वे सभी लोग आते हैं, जिन्होंने लेखन की जरूरत को महसूस किया था, किन्तु किन्हीं आन्तरिक विवशताओं से वे अन्त तक ईमानदार न रह सके। दो सप्तकों का उदाहरण पर्याप्त होगा। दरअसल 'आधुनिक रचनात्मक साहित्य' उन थोड़े से लोगों की पूँजी है जो अपने प्रति, समाज के प्रति और साहित्य के प्रति ईमानदार हैं और लगन से काम कर रहे हैं। उनके लिए साहित्य में कोई गतिरोध नहीं। हाँ, पूँजीपतियों द्वारा संचालित विद्यापीठों, साहित्यिक संस्थाओं और धर्मपीठों के चलते उनके जीवन में जरूर गतिरोध आया है, किन्तु इससे उनकी सक्रियता बढ़ी ही है। वैसे इस महत्त्वपूर्ण स्थिति से अलग हटकर साहित्य में गतिरोध का प्रश्न पूँजीपतियों के पालतू दलालों द्वारा समय-असमय उठता रहा है, जिनके दौरान हुई बहसों से हमारा पर्याप्त मनोरंजन भी हुआ है।

इस क्रम में सबसे मनोरंजक बात है : नवलेखन के साथ 'क्लासिक' को समेटकर रखना और उसके साथ उम्र की चर्चा ने तो सचमुच ही भैंस की गर्दन में बजता हुआ ट्रांजिस्टर बाँध दिया है। वैसे भी यह स्थिति कम दयनीय नहीं है कि एक ओर जहाँ संक्रमण से गुजरते हुए 'राष्ट्र की पीड़ा, छटपटाहट और मनोमंथन' की बात कही गई है, वहीं दिव्य भाव से क्लासिक की रचना की बात भी। क्या

जिस तेजी से हम बीत रहे हैं, उसमें विराम देकर और अनावश्यक ढंग से कार्यक्रम बनाकर क्लासिक साहित्य रचने की बात सन्तुलित है? आज के युग में क्लासिक की रचना की बात सोचना ही बौद्धिक अध:पतन का सूचक है। फिर भी यदि 'रामायण' के बाद 'कृष्णायन' और 'कनुप्रिया' से किसी का जी न भरा हो तो गांध्ययन या जवाहरायण की रचना के लिए राजशेखर के अनुसार उसे कवि-दिनचर्या अपनाकर प्रतिभा बढ़ानी चाहिए, जिसमें सिर मुँड़ाकर प्रत्यूषकालीन नमी चाटना लाभदायक बतलाया गया है।

दूसरी गोष्ठी का सीधा सम्बन्ध बाजार-भाव से है। पता नहीं, हमने कब और किन मूल्यों की घोषणा की थी! हो सकता है, इसके लिए सरकारी और गैर-सरकारी दफ्तरों में कुछ टेंडर दिये गए हों! आजादी के साथ आर्थिक संकट की बात इतनी खुली हुई और आम थी कि चीजों के दाम इस हद तक चढ़ने पर भी हम चौंके नहीं, बल्कि उसके नियंत्रण के लिए श्रमशील रहे। फिर मूल्यों के लिए संघर्ष की चर्चा करना कितना सामयिक है, यह विचारणीय है। मूल्य अपने-आपमें कोई स्थिरांक नहीं है। फिर इस सन्दर्भ में यूरोपीय विचारधाराओं और आन्दोलनों के अनुकरण का अभियोग नितान्त असंस्कृत है। क्या यहाँ 'अभियोग' शब्द ही विचारणीय नहीं हो जाता?

नवलेखन में 'समीक्षण' का प्रश्न उठाना अप्रासंगिक है, क्योंकि यह उस युग का सवाल है जब साहित्य स्रष्टा किसी दैवी अनुकम्पा से इस लेखन के सुकर्म में प्रविष्ट होता था। आज के कृतिकार के साथ वह स्थिति नहीं है। आज वह कृतित्व के प्रति जितना सचेष्ट है, उसी के समानान्तर उसके विवेचन के प्रति जागरूक भी। यह कृतिकार जो अपने प्रति इतना सचेष्ट है, जो यह जानता है कि वह कहाँ है, उसके और रचना के बीच तीसरे आदमी के लिए स्थान कैसा? रही बात समीक्षा की तो उसको जीवित रखने के लिए अनेक हिन्दी कवि हैं, जिनके पुनर्मूल्यांकन की आवश्यकता है। हमारी तरफ से श्री नरोत्तमदास जी, महाकवि गंग और लोक-जीवन के अनन्यतम कवि घाघ और अप्रतिम भजनिया महाकवि मलूकदास तथा जनजीवन के महाकवि भिखारी ठाकुर का नाम सादर प्रस्तावित है। आलोचना के क्षेत्र में गम्भीर, निष्पक्ष एवं ईमानदार व्यक्तियों की इससे बड़ी उपयोगिता शायद ही और कहीं सम्भव हो। अन्तिम बात यह कि आज प्राचीन साहित्य और साहित्यशास्त्र को सूखे जूते की तरह धारण करने वाला व्यक्ति निश्चय ही चर्म-कर्म-कला विशारद होगा, उसे प्रणाम ही किया जा सकता है।

[वाराणसी : 27 मार्च, 1965]

कविता पर एक वक्तव्य

क्या आप आनन्द की तलाश में हैं? क्या आप समझदारी और शरीर से पीड़ित हैं? क्या आपको नौकरी नहीं मिल रही है? क्या आपके भाइयों को आपके चरित्र पर सन्देह है? और यदि हाँ, तो उसके लिए मेरी राय है, आप गुफाओं में जाएँ, आप किसी डॉक्टर से सलाह लें, रोजगार दफ्तर में कैरियर गाइड्स देखें, चापलूसी करें और भक्ति-भाव से संकट रामायण का पाठ करें। कविताएँ आपके लिए शायद नहीं किसी काम की हों। कविता कोई साधन नहीं, जिसके इस्तेमाल से आपकी जिन्दगी सुधर जाए।

फिर सवाल उठता है कि आप क्यों लिखते हैं? निश्चय ही यह एक मजेदार सवाल है। इसका पूरा मजा लेते हुए मैं कहूँ कि अब तक जो लिखा गया है, उसमें आवश्यक सुधार कर रहा हूँ। चौंकिए नहीं, क्योंकि इस क्यों का कोई गम्भीर उत्तर भी हो सकता है, मुझे सन्देह है। मैंने भी कभी लोगों से पूछा है और जब कभी किसी ने उत्तर देने का प्रयत्न किया भी, तो मैंने देखा कि उसका मुख प्रश्न की ओर नहीं, बल्कि मेरी ओर हो गया है, दरअसल लिखने का यह काम प्रश्न से पहले चालू था। मैं जीवित क्यों हूँ? मैं लिखता क्यों हूँ? और हर बार मुझे लगता रहा है कि इस क्यों का समाधान है—लेखक का अन्त और गहरा अन्धकार।

मुझे याद है—बनारसी लाल के साथ बैठकर मैंने पहली रचना की थी। हम दोनों सातवीं कक्षा के सहपाठी, बरना नदी का किनारा, साँझ का वक्त और कविता का विषय तय हुआ कि हम जिस पत्थर पर बैठे हैं, वही हो। लिखा। दो पंक्तियाँ अब भी याद हैं, लिखा था :

'पड़ा हुआ है, बरना के तट पर
एक बड़ा काला-सा पत्थर'

मेरे मित्र ने रचना देखी। और अक्षर गिने। फिर कलम उठाई और पूरी गम्भीरता से 'के' काट दिया। मुझे समझाया कि पहली पंक्ति में दो मात्रा अधिक थीं। मुझसे गुनी थे, सो उनकी राय मान ली गई। उसके बाद से लिखता आ रहा हूँ।

प्रारम्भ में किशोर मित्रों के बीच विशिष्ट होने की तीव्र इच्छा ने, स्कूलों में पुरस्कारों के सम्मोहन ने, परिवार के लोगों में अपने प्रति उत्पन्न हुए गर्व ने अक्सर मुझसे लिखवाया है। तब मैं चीजों के प्रति नहीं, अपने पद्यों के प्रति सचेष्ट था। उनके नजदीक अधिक आत्मीय। और वर्षों बाद जब यह मोह-भंग हुआ तो यह जानते हुए भी कि कवि होना कितना हास्यास्पद है, कविताएँ लिखी जा रही हैं। यद्यपि यह न तो मेरी विवशता है और न मैं इसके लिए बाध्य ही हूँ। यह मेरी लत है—ठीक दातौन और ताश के पत्तों की तरह। और इसी हद तक मैं चीजों के निकट हूँ। मेरी रचना-प्रक्रिया एक ऐसी ऊब है, जो मुझे दूसरी रचना के आरम्भ से जोड़ती है और प्रत्येक अन्त के बाद मेरे लिए हर रचना व्यर्थ हो जाती है और मेरा अकेलापन मुझे मेरे आसपास से फिर जोड़ देता है, एक दूसरी रचना के लिए।

अभिव्यक्ति की ईमानदारी की बात मैं नहीं करता। हो सकता है, वह भी कुछ हो और स्कूलों में उस पर बहस भी होती हो। वैसे मैं जानता हूँ कि वक्त ने बेईमान होने के लिए कोई गुंजाइश नहीं छोड़ी है। इस सन्दर्भ में ईमानदारी की चर्चा केवल फटी हुई नकाब ही सिद्ध होगी।

मेरे लिए हर चीज खुली हुई और साफ है। इसके लिए मेरी समझ उतनी नहीं, जितनी कि उस चीज की स्थिति स्वयं सहायक है, किन्तु जब मैं लोगों को किसी चीज के प्रति सुनता हूँ और लगता है कि बात बनाने के लिए वस्तु केवल माध्यम होकर रह गई है, या केवल दृष्टिकोण की मौलिकता के नाम पर उसके अस्तित्व को गलत नाम दिया जा रहा है, तो बर्दाश्त करने की सीमा के बाद मुझे गुस्सा आ जाता है। गुस्से की जगह दया नहीं, मैं संवेदना के नाम पर लोगों को निरीह कर ही नहीं सकता। दया की स्थिति में मेरे लिए घृणा करना अधिक सामाजिक है। और ऐसी दशा में मैं कहना चाहता हूँ कि 'श्रीमान जी, आप बेईमान होने की व्यर्थ कोशिश में हैं। मैं जानता हूँ कि चीज असल में क्या है और सही नाम यह है।' ऐसा नहीं कि सही कहने की यह छटपटाहट मेरे भीतर पहली बार है। इससे पहले भी लोगों के साथ ऐसा हुआ होगा। वस्तु को उसके सही कद में प्रस्तुत करने की प्रतिज्ञा से हर आदमी शुरुआत करता है किन्तु एक विरल माध्यम से सघन माध्यम की ओर की गई यात्रा का प्रयास वस्तु को एक गलत 'विजन' में रख देता है। और होता यह है कि हम चीज को नहीं, बल्कि उस यात्रा-सन्दर्भ को ही उपलब्धि मान बैठते हैं। यह भूल अधिकतर लोगों में है। इसलिए वस्तु को सही आकार में जाँचने के लिए दृष्टिकोण का नहीं, बल्कि उसकी सही स्थिति का बोध होना आवश्यक है।

मैं गलत बातों का विरोधी हूँ। और मेरा यह विरोध कभी अपनी पूरी प्रतिक्रिया के साथ बेलौस व्यक्त होता है और कभी बुदबुदाते हुए। जब मैं किन्हीं कारणों से

(जिन्हें आप भी जानते हैं) खुलकर गलत का विरोध नहीं कर पाता, तो दुखी होता हूँ। दुस्साहस मेरी विवशता है।

मेरी कविताएँ गुस्से और ग्लानि की इन्हीं स्थितियों में लिखी गई हैं, जिनमें मेरी कविताओं के मूल स्वर-बोध को उसके सही 'डाइमेंशन' में रखना है। साथ ही एक चौथे 'डाइमेंशन' की सही शिनाख्त भी करनी है। अब तक चौथे 'डाइमेंशन' की धारणा में असीम और अलख की अभिव्यक्ति हुई है। चीज की लम्बाई, चौड़ाई और मोटाई से बाहर की किसी शक्ति विशेष की बात होती रही है। किन्तु मेरा तात्पर्य यह नहीं है। चौथे 'डाइमेंशन' से मेरा मतलब चीज के उस निजी सामर्थ्य से है, जो उसमें है और जिसकी मध्यस्थता के कारण वस्तु और व्यक्ति अपनी-अपनी स्थितियों में सुरक्षित एक तनाव के बावजूद एक-दूसरे से जुड़े हुए हैं। इसका तात्पर्य यह कदापि नहीं है कि हम चीज के प्रति प्रतिबद्ध हैं, बल्कि ऐसा केवल इसलिए है कि हम कहीं-न-कहीं संलग्न हैं और यह संलग्नता किसी हद तक हमें 'प्रतिबद्ध' होने की कोशिश तक जरूर ले जाती है। सिनेमा छूटने के बाद गहरी ऊब बाहर निकलने की जल्दबाजी के बावजूद न चाहते हुए भी जन-गण-मन-अधिनायक के अन्तिम चरण तक का धीरज देश के प्रति मेरी प्रतिबद्धता का नहीं, बल्कि मेरी संलग्नता का सबूत है। 'सतह की बातों' का भी एक खास महत्त्व है और वे घटनाएँ, जो खुर्दबीन से ही देखी जा सकें, मेरे लिए स्पष्टतर हो गई हैं। मैं जान गया हूँ कि किसी जगह बम गिरने की पीड़ा से चाय के ठंडे होने का दुख कितना बड़ा है। 'कोई चीज कहाँ है और कैसे है?' का सही बोध ही मेरी रचना का धर्म है। इसी क्रम में चीज को निर्वसन करने की बात भी महत्त्वपूर्ण है। चीज को नंगा करना उद्‌देश्य नहीं, बल्कि उसके सही 'कद' को प्रस्तुत करने की एक प्रक्रिया मात्र है। इस सन्दर्भ में एक बात स्पष्ट करना आवश्यक समझता हूँ। मैं इतना बिना शील नहीं कि पूरा एक पृष्ठ लजाने के बाद महावीरप्रसाद द्विवेदी की तरह यह कहूँ कि मैंने 'सुहागरात' लिखा था। और न मुझमें यह दुस्साहस ही है कि किसी गन्दे और स्पष्ट शब्द का साहित्य में पहली बार इस्तेमाल करने का दर्प ही झेलूँ। मेरे नजदीक शब्द अपनी पूरी मर्यादा और पवित्रता में आते हैं और मैं उनके अर्थ की रक्षा भर करता हूँ। 'अश्लीलता का शील' मेरी निजी समस्या है। वस्तु को उसके सही सन्दर्भ में रखने और उसके अस्तित्व की सुरक्षा के लिए मैं मानता हूँ कि वस्तु को उपलब्ध करना उपलब्धि के लिए किये गए सार्थक प्रयास से कहीं अधिक महत्त्वपूर्ण है।

सवाल उठता है कि फिर कविता ही क्यों? इसके लिए कहानी भी एक माध्यम है! और तथ्य है कि यह आर्थिक दृष्टि से भी एक व्यवस्थित माध्यम है। किन्तु अक्सर लगा है कि आज की कहानी में रचनाकार की स्थिति एक हकलाते हुए

आदमी जैसी है। इकाई सत्य के उद्घाटन की साधारण प्रतिज्ञा से उत्पत्ति के बीच उसे कई बनावटों से गुजरना पड़ता है, रचना-प्रक्रिया के लम्बे अन्तराल के बाद केवल यह कहने के लिए कि 'यह सिद्ध करना था'; जबकि कविता में रचनाकार का वस्तु से सीधा सम्बन्ध होता है और स्पष्ट कहता है कि 'यही था'। वैसे कविता ऐसी उपलब्धि नहीं जिस पर गर्व किया जा सके, क्योंकि कोई कविता वस्तु सत्य से आगे नहीं जाती। अतिरिक्त इसके मैंने हर समर्थ उपलब्धकर्ता को हारे हुए जुआरी की तरह आत्मघात करते हुए देखा है।

सही बात कहने में बड़ी कठिनाई है भाषा की। कम-से-कम सही शब्दों की तलाश, जिससे चीज को उसके पूरे आकार और व्यक्ति-सम्बन्धों के साथ फ्रेम किया जा सके। अब तक कविता के लिए एक विशिष्ट 'काव्य-भाषा' प्रचलित रही है, जिसके चलते हिन्दी काफी समृद्ध भी हुई है। इस कथित 'काव्य-भाषा' ने अनेक महान 'पद्यकार' पैदा किये हैं। 'कवि' शब्द का प्रयोग उनकी महानता से अभिभूत मैं संकोचवश नहीं कर रहा हूँ। विद्यालयों ने काव्य-ग्रंथों और शब्दकोशों को एक ही स्तर पर समादृत किया है। परिणामस्वरूप वस्तु और व्यक्ति के बीच कविता की भाषा एक दीवार बन गई है। अर्थात् भाषा और कविता की भाषा का अन्तर स्पष्ट किये बगैर सच्चाई तक जाना कदापि सम्भव नहीं, क्योंकि काव्य भाषा ने आधुनिक रुचि-बोध को एक गलत दिशा दी है। कविता पढ़ने के पहले ही हमारे मन में यह बात बैठ जाती है कि कविता पढ़नी है और इस प्रकार हम अनजाने ही 'काव्य-भाषा' के आतंक के शिकार हो जाते हैं। निश्चय ही 'काव्य-भाषा' कुछ को छोड़ आधुनिक कवियों की व्यवस्था बन गई है, क्योंकि यह उनकी जीविका के उद्गम-स्थान से सम्बद्ध है। इस सन्दर्भ में पहला काम कविता को 'भाषाहीन' करना है। साथ ही अनावश्यक बिम्बों और प्रतीकों से भी उसे मुक्त करना है। कभी-कभी (या अधिकांशत:) प्रतीकों और बिम्बों के कारण कविता की स्थिति उस औरत जैसी हास्यास्पद हो जाती है जिसके आगे एक बच्चा हो, गोद में एक बच्चा हो और एक बच्चा पेट में हो। प्रतीक और बिम्ब जहाँ सूक्ष्म सांकेतिकता और सहज सम्प्रेषणीयता से सहायक होते हैं, वहीं अपनी अधिकता से कविता को 'ग्राफिक' बना देते हैं। आज महत्त्व शिल्प का नहीं, कथ्य का है। सवाल यह नहीं कि आपने किस तरह कहा है। सवाल यह है कि आपने क्या कहा है। इसके लिए आदमी की जरूरतों के बीच की भाषा का चुनाव करना और राजनीतिक हलचलों के प्रति सजग दृष्टिकोण कायम रखना अत्यन्त आवश्यक है।

अन्त में इतना और : कविता में मूल्यों की चर्चा बनियों की फर्मों में काम करने वाले साहित्यिकों पर छोड़ना ही उचित है, क्योंकि मूल्य और मूल्यहीनता की बात अपने-आपमें न तो मौलिक रह गई है और न आधुनिक ही। यदि आज

जीवन-स्तर के सन्दर्भ में सोचें, तो क्या यह साफ जाहिर नहीं हो जाता कि 'मूल्य' शब्द ही अपने-आपमें एक धोखा है? और क्या बढ़ी हुई मूल्य-चर्चा इस ओर इशारा नहीं करती कि सारा-का-सारा माल कहीं चोर बाजार में चला गया है? आप विश्वास करें, मूल्यों का अन्वेषण करने वाला हर आदमी मुझे खुफिया विभाग से सम्बद्ध जान पड़ता है। और मुझे लगता है कि वह मेरे होने की नैतिकता पर सन्देह कर रहा है। एक बात स्पष्ट कर दूँ। गेहूँ बनियों की दुकान पर 74 पैसे किलो और सरकारी दुकान पर 62 पैसे किलो है। क्या इसके अतिरिक्त उसका कोई तीसरा मूल्य भी है? और यदि नहीं, तो रातभर कतार में सोकर सुबह की प्रतीक्षा क्यों? निश्चय ही बाजार के अतिरिक्त चीज का एक तीसरा मूल्य भी है और यही विचारणीय है। आज किसी भी स्तर पर आदमी जीवित रहना चाहता है और इसके लिए वह प्रयत्नशील है। यह मूल्यहीनता नहीं है, केवल स्वीकृत मूल्यों से इसका तालमेल नहीं बैठ पा रहा है। खड़ा रह सकने के लिए वह भाग रहा है और यह तथ्य अब आम हो गया है कि आज का आदमी अपने वातावरण से पलायन नहीं कर रहा, बल्कि अपने 'वातावरण के साथ' पलायन कर रहा है। वह इस पलायन के प्रति जागरूक है और उसके सही इस्तेमाल के लिए सचेष्ट है। पलायन, भागते हुए आदमी के हाथ में एक हथियार है, जिसके चलते वह गालियों के बीच भी अदब से खड़ा है और दूसरे को अपनी समझ में मूर्ख बना रहा है। उसके चेहरे पर पराजय भोगने का कोई चिह्न नहीं, बल्कि वह सतर्कता से पराजित होने का कारण ढूँढ़ रहा है। मूल्यों की चर्चा करते समय देश के साथ विदेश की बात उठती है। निश्चय ही मैं भौगोलिक नक्शों के आधार पर कोई मान्यता नहीं खड़ी करता। मैं मांटगोमरी से जानेवाले नीग्रो जुलूस के लिए उसी तरह चिन्तित हूँ जिस तरह अपनी खाद्य समस्या के लिए।

कहीं मुखौटा नहीं। हर चीज खुली हुई है। आज हम अलग-अलग साफ ढंग से बैठे हैं और हमारा विरोध बीच टेबुल की तरह पड़ा है। बात, जहाँ से हम अलग हो रहे हैं, साफ है। पुराने लोगों की तरह हम निबाहने की आत्मग्लानि से पीड़ित नहीं, बल्कि तनाव की स्थिति बनी रहने देना चाहते हैं, ताकि आपस में कोई गलतफहमी न हो। और इस तनाव के बावजूद हम आपस में बात कर रहे हैं और चूँकि हम एक-दूसरे को समझ रहे हैं, इसलिए सहमत हैं, बिना किसी शर्त या भविष्य के। दो आदमियों के बीच सम्बन्धों की स्थिति नेफा और लद्दाख की उस 'प्रवेश-निषिद्ध' जमीन की तरह है जिसके एक ओर भारत की चौकियाँ हैं और दूसरी ओर चीन की। आज व्यक्तिगत सम्बन्धों पर अधिकार की घोषणा न होकर अधिकार के लिए बातचीत चल रही है। सभी समझते हैं कि एक गम्भीरता कहाँ से खड़खड़ा रही है और एक चहकता हुआ आदमी कहाँ चुप है। छुट्टी

पर घर आए हुए जवान को उसकी बीवी ने बच्चा जनकर किस संकट में डाल दिया है? नवाबगंज में शुभराव भामा पराड़कर को 'चिन्तन का दारुण अकाल' क्यों पीड़ित करता है? क्या यह संक्रमण की स्थिति है? आप खुद ही सोचें कि रिश्वत ने अपना नाम उपहार क्यों रख लिया? कल तक की राधाबाई के दरवाजे पर 'श्रीमती राधिका देवी, गायिका एवं नृत्य-कला निपुणिका' की तख्ती क्यों झूल रही है? कोई औरत शरीर देकर अपने बेकार पति का पेट चलाती है। कोई बूढ़ा बाप अपनी बेटी की छटपटाहट से परेशान उसके पति की नामर्दी पर उसे कोसता है। अपनी बहिन की सुन्दरता से प्रभावित युवक उसे चूमने के बाद आत्महत्या कर लेता है। यह सब क्यों है? क्या यह मूल्यहीनता है? यदि है, तो कैसे—यदि नहीं, तो क्या है?

[रचनाकाल : 1972। प्रकाशित : 'नया प्रतीक' : फरवरी, 1978]

रचनाओं की भाषाहीनता

थोड़े-से लोगों के लिए सच्चाई की हत्या क्यों? अपने सामने अपने चारों ओर की दयनीयता रखकर देखता हूँ और अपना होना हास्यास्पद लगता है। अपने पर हँसी आती है, गुस्सा आता है, यह वक्त जबकि मेरे फेफड़ों में इतनी हवा आती है कि हुंकार भर सकूँ, मैं केवल नि:श्वास खींचने में नष्ट हो रहा हूँ।

अपनी रचना में इस समय ऐसा कुछ भी तो नहीं जिसे भारतीय कहूँ; जिसे कह सकूँ, यह सच है। सच यदि कहीं है तो वह मेरे बिना जाने अचानक आ गया है और मुझे हैरान और प्रसन्न कर गया है किन्तु इस सच को लगातार पाने का प्रयास मैंने अब तक क्यों नहीं किया?

अपनी कविताओं में कब से मैं भाषा पाने की कोशिश कर रहा हूँ। पहले की सारी रचनाओं को मैंने भाषाहीन किया है, लोगों की भाषा के लिए। लेकिन लोगों के दुख से, उनके सुख से, अलग रहकर क्या भाषा पाई जा सकती है?

मैं अपने चारों ओर फैली दयनीय और अभागी स्थिति का नाटकीय दृश्य अपनी कविता में नहीं उपस्थित करना चाहता। निराला का भिखारी मेरे नजदीक एक स्पष्ट एवं सही चित्र है। किन्तु ऐसा नहीं जिसे अपनी बैठक में टाँगकर एक सेठ उस पर अपनी सामाजिक जिम्मेदारी और सहानुभूति का गौरव कायम करता है। मेरी श्रद्धा रामायण के 'सातों कांड' संगमरमर पर नहीं खोदेगी और न मैं कोई कीर्ति स्तम्भ ही बनवाना चाहूँगा।

[प्रथम बार प्रकाशित 'सारिका' : जनवरी, 1980]

छोटी पत्रिकाएँ और छोटे लोग

असली कारण तक जाने के लिए, बात बड़ी पत्रिकाओं से शुरू करूँ तो कैसा?

अर्सा हुआ इसे चालू हुए कि पाठकों की रुचियों और आवश्यकताओं की ओर ध्यान देना 'बड़ी पत्रिकाओं' का पुनीत कर्तव्य है। लेकिन सही बात भेद खोल देती है। रुचियों का सतहीकरण और आवश्यकताओं का सरलीकरण—व्यावसायिक प्रतिष्ठानों का निशाचरी अनुष्ठान है। पूरे तौर पर भ्रष्ट रुचिबोध और 'अनावश्यक की आवश्यकता' का प्रचार करने की सफलता उन्हें एक हद तक सस्ते लेखन की ओर ले गया है। ये तथाकथित 'बड़ी पत्रिकाएँ' साप्ताहिक, मासिक, त्रैमासिक अंकों-विशेषांकों के रूप में लाल-पीले पन्नों पर जो कुछ फेंकती रही हैं, उससे आज का अधिकांश भावुक पाठक अपने बोदे दिमाग की ठंडी नसें गरमाता रहा है और बौद्धिक खुराक के नाम पर बासी प्रेम कहानियाँ, साप्ताहिक राशिफल, शिकार-वृत्तान्त, चुटकुले और कार्टून कोने का सड़ा-गला राशन पाता है। कुल मिलाकर आज के पाठक को, बड़ी पत्रिकाओं के माध्यम से गलत रुचि, गलत आवश्यकता, गलत मनोरंजन, गलत आधुनिकता और गलत भाषा का शिकार बनाया गया। और इस 'हाँके' में अक्सर जमे हुए और अधजमे लेखक कभी मंच और कभी मचान बनाते रहे।

लेकिन हाल में ही नये लोगों ने इस आपाधापी को महसूस किया। ये नये सिर्फ लेखक ही नहीं, उनमें राजनीतिज्ञ, इंजीनियर, मजदूर, अध्यापक, दुकानदार, सरकारी कर्मचारी, चित्रकार, कवि-कथाकार, वकील यानी हर खेमे और हर पेशे के लोग हैं। मैं इन्हें आयु और आमदनी के लिहाज से अलग नहीं करता। वे समय के अनुसार नहीं बल्कि समय की माँग के अनुसार चलने वाले लोग हैं। इन तमाम लोगों ने महसूस किया कि देश का आदमी और देश की भाषा दो जगह बँटी पड़ी है, बीच में प्रजातंत्र की चौड़ी दरार है। इन तमाम लोगों ने महसूस किया कि व्यवस्था ने एक खास वर्ग को भ्रष्ट भाषा की अंधेरगर्दी में लूट की खुली छूट दे रखी है। हिन्दुस्तानी समाज आम आदमी और खास आदमी में बँट गया है। इस माहौल से छूटने की बेचैनी ने हर जगह के इस धोखाधड़ी के खिलाफ आवाज बुलंद की

है। छोटे-बड़े शहरों-कस्बों से कामकाजी जिन्दगी के कुछ टुकड़े काटकर, जेब से खर्च का पैसा बचाकर लिखित रूप से आदमी ने अपनी ऊब को आकार देना शुरू किया। पहली बार रचना के लिए अकेले होने का खतरा उठाकर उन्होंने अन्याय के विरुद्ध रचनात्मक युद्ध शुरू किया। मेरे मत से छोटी पत्रिकाओं की शुरुआत की यही बुनियाद है। छोटी पत्रिकाएँ मेरे लिए तबका नहीं हैं। वे गलत भाषा के खिलाफ 'लोग' की आवाज हैं। मैंने कहा : 'छोटी पत्रिका का कार्यक्रम है, समकालीन आदमी को सही भाषा में लाना।' उसके तेवर को उसकी समूची नैतिकता और राजनीतिक प्रतिबद्धता के साथ आज के सन्दर्भ में इस तरह रखना कि वह अपनी विसंगतियों का कोई समसामयिक और कारगर हल ढूँढ़ सके। मैंने अपने आदमियों से कहा कि हमें साहित्यिक आन्दोलन नहीं करना है। साहित्य की मुखालिफत में किया जानेवाला साहित्य आन्दोलन हमें दूसरा साहित्यिक पाठ्यक्रम देता है। और अन्त में साहित्य को 'लाले हालरा' गाने वाले किंगरिहों की आमदनी का जरिया जनता है। नहीं, हमें विद्रोह भी नहीं करना है। विद्रोह बड़ी बात है। बड़ा नाटक है। इसकी कोई व्यावहारिक इकाई नहीं है। जैसे आधुनिकता व्यावहारिक नहीं है। क्योंकि मेरे विचार से आधुनिकता 'असंवाद की स्थिति' है जबकि जीने के लिए बातचीत जरूरी है। मेरे निकट, विद्रोह और आधुनिकता, दोनों अप्रासंगिक हैं। आधुनिकता शौक है और विद्रोह—एक सहूलियत। विद्रोह में जब शौक शरीक होता है तो वह समारोह बन जाता है। इसलिए साहित्य और विद्रोह से अलग हटकर फटेहाली के इन करमजले दिनों में, मैंने कहा, हमें अपने परिवेश के सन्दर्भ में अपनी प्रासंगिकता, अपनी उपयोगिता और अपनी साझेदारी साबित करनी है—बिना किसी आवेश के, बिना किसी रियायत के। मुझे रोटी चाहिए। येल्लो, मैंने उठा ली। तुम्हारे पास जरूरत से ज्यादा थी। इसके लिए मैं 'छीन लूँगा' की जगह 'ले लूँगा' इस्तेमाल करता हूँ। माँग लूँगा नहीं। छीनना, हीनता जाहिर करता है, ले लेना हक। तुम्हारी कविता 'वेणी संहार' मेरे पल्ले नहीं पड़ती। येल्लो, मैं कक्षा से बाहर चला। तुम्हारा सर्टिफिकेट नौकरी नहीं देता। खर्र...खर्र...खच्च...। भाड़ में जाओ! तुम्हारी संसद मेरे लिए सांसत घर है। तुम मुझे लालच नहीं दे सकते। धमकी नहीं दे सकते। और धोखा भी नहीं दे सकते। इस तरह एक संवैधानिक आदमी ने बचने के लिए रचना शुरू की। उसमें जितनी ईमानदारी थी, उससे कहीं अधिक समझदारी के साथ उसने अपने वक्त लिखा। मेरी निगाह में छोटी पत्रिकाएँ जिन्दगी के हर मोर्चे पर जुटे आज के ईमानदार और समझदार आदमी की जिह्वाएँ हैं।

लेकिन यहीं मेरी जुबान दाँतों के नीचे आ जाती है। सवाल ईमानदारी का है। क्या आज सचमुच 'छोटी पत्रिकाएँ' अपनी साधारण प्रतिज्ञा पर खरी उतर रही हैं?

कल मेरी पीढ़ी के एक लेखक ने कहा कि चोरी करके भी छोटी पत्रिकाओं का निकालना जरूरी है। सही भाषा के लिए नैतिक मूल्यों को दाँव पर लगाना अपराध नहीं है। तुम मानते हो? मैं भी नहीं मानता। वाकई यह एक सही काम है। कुछ पत्रिकाएँ निकाली भी गईं। एक माहौल ऐसा कि सब कुछ नये सिरे से आशानुकूल बदलता-सा लगा। लेकिन जैसे थोड़ी उफान के बाद सब कुछ फिर अपनी जगह थमक गया।

× × ×

यह सही है कि व्यावसायिक पत्रिकाएँ बाजार को स्वीकार कर चलती हैं। छोटी पत्रिकाएँ सम्पादक की निजी पूँजी हैं। उनमें छपने वालों पर यह दावा ठोंका जा सकता है कि उन्हें साहित्यिक बनाने का श्रेय सम्पादक जी को है। छोटी पत्रिकाएँ अधिकांशत: 'उखमज' हैं। भाषा का खून खराब हो गया है। और उस पर फोड़े-फुंसियाँ उग आई हैं।

शहर के दक्खिन एक विश्वविद्यालय है। वहाँ से एक पत्रिका प्रकाशित होती है, नाम है—'प्रज्ञा'। शोध-छात्रों और विद्वान अध्यापकों की सुरुचि से अभिमंडित। मुझे उससे कुछ लेना नहीं। किसी भी कृतिकार को उससे कोई सरोकार नहीं और इसी से कोई शिकायत नहीं।

अब अपने पास ज्ञान है, मुद्रा है तो कोई एक 'प्रज्ञा' क्यों न प्रकाशित करें?

—खैर, करें।

शहर के बीचोबीच यानी कि ठीक पेड़ू पर एक मकान है। उसमें एक पाँड़े हैं और एक पत्रिका है। छोटी पत्रिका है। उस दिन उसका उद्‌घाटन समारोह था। एक रंगीन निमंत्रण-पत्र एक मित्र के पास था। कविता-कथा अपने लिए सत्यनारायण की कथा है, सो बिना बुलाए ही चला गया। और आदतन ईमानदारी के रौ में, पत्रिका पर जब राय माँगी गई, कुछ समझदारी की बातें कर गया। मसलन उसमें बच्चन की बचकानी और मित्रों की चपकानी कविताएँ नहीं होनी चाहिए थीं। उस समय तो नहीं मगर बाद में पता चला कि मेरी बेलौस सलाह गलत जगह जा गिरी थी। श्रीयुत सम्पादक जी दुखी हैं। तब पता नहीं था कि बच्चन, उनके लिए, साहित्यकार नहीं, दरार हैं। मतलब कि दीवार के उस पार जाने की सुविधा। और उसी दिन यह नया मुहावरा मिला था कि संवाद के दाँत और होते हैं, और आशीर्वाद के और।

शहर की टाँग के नीचे एक और पत्र निकलता है। कभी उसके सम्पादक (जो अपने को लेखक भी कहते हैं) अपनी रचनाओं की बंगाली हिन्दी मुझसे खड़ी करवाते थे और वादा करते थे कि दस प्रतियाँ बेचने पर दो प्रतियों का दाम फ्री।

और कविता की छपाई मुफ्त। बिना एक शब्द बदले। उत्साह में हामी भर दिया। पहले तो काफी लिफ्ट मिली। मगर जब पत्रिका बेचकर पैसा दिया तो मुँह लग गए। दूसरी बार बोले : 'यार! धूमिल, तुम बहुत अच्छे हो।' मैंने कहा : 'हूँ।' बोले : 'अबकी कुछ मदद करो यार, कविताएँ तो मिल ही जाती हैं सो...!' उन्होंने अर्थभरी आँखों से झाँका।

मैंने कहा : 'हूँ।'

और मैंने अर्थ-सहयोग नहीं दिया और उन्होंने कविता नहीं छापी। सहयोग किसी ने नहीं दिया था शायद, सो उन्होंने पूरा अपना उपन्यास ही पत्र में छाप दिया।

नक्सलवादी आतंक और बुद्धिजीवी

नक्सलवादी आतंक ('दिनमान' : 28 जून, 1970) के सन्दर्भ में बुद्धिजीवी वर्ग के साहस के अभाव और अनिर्णय की स्थिति की चर्चा की गई है। कम-से-कम एक बात तो साफ है कि आज के इस देश में बुद्धिजीवी वर्ग में शुमार किये जाने वाले लेखकों, पत्रकारों और प्राध्यापकों जैसी समझौतापरस्ती 15 अगस्त, 1947 के पहले के बुद्धिजीवियों में नहीं थी। उनके पास स्पष्ट कार्यक्रम था। साफ नीयत थी। वे टेबुल के एक ओर बैठते थे—इधर या उधर। लेकिन अब स्थिति बिलकुल दूसरी है। आज का तथाकथित बुद्धिजीवी व्यवस्था का विरोध तो करता है, किन्तु वह व्यवस्था से मिलनेवाली सुविधा का विरोधी नहीं है। सुविधाभोगी होकर वह कायर हो गया है। अपने दास मन के समूचे उछाह से वह एक दिन का गौरवान्वित गृहस्थ है। फिर तथ्य यह है कि गृहस्थ हमेशा पिछलग्गू होता है। समकालीन बुद्धिजीवियों में से अधिकांश का समूचा चिन्तन इसी बेलाग पिछलग्गूपन की 'कुत्ता-दुम' के साथ जुड़ा हुआ है। अन्यथा इस नितान्त अबौद्धिक आन्दोलन के प्रति वह चुप न करता।

लेकिन यह स्थिति सिर्फ बिचौलिये बुद्धिजीवियों की ही है, जो निजी लाभ के लोभ में संघर्ष का नहीं, सत्ता का मुँह जोहते हैं। विपरीत इसके, इसी वर्ग के दो 'परम' छोर भी हैं। निश्चित रूप से ऐसे लोग 'बुद्धिजीवियों की अनुसूचित जाति' से सम्बद्ध हैं। इन्हें अपने समूचे पिछड़ेपन के साथ किसी भी वाद या आन्दोलन का 'सरकारी लाभ' उठाने की लत पड़ चुकी है। चौबीस घंटे में क्रान्तिकारी बनकर शहर की जुबान पर छा जाने का चस्का उन्हें बहुत कुछ नक्सलवादी नारे से जोड़े हुए है। जो सर्जनात्मक भाषा की दौड़ में पिछड़ गए हैं या तीसरे दर्जे के लेखन से आगे नहीं बढ़ पा रहे हैं, उन्होंने चर्चित होने का यह शार्ट-कट अख्तियार किया है, किन्तु यह धोखा टिकाऊ नहीं है।

मामूली तौर पर पढ़ने-लिखने से ताल्लुक रखनेवाले भी यह जानते हैं कि चन्द दिनों पहले हिन्दी में बंगला की 'भूखी पीढ़ी' के अनुवादक का काम करने वाले और अकविता के किशोर उच्छ्वास की वकालत करनेवाले लोग किस तरह

रातोंरात नक्सलवादी साहित्य के प्रवक्ता बन बैठे हैं। (गनीमत है कि इतिहास में इसका ब्योरा सुरक्षित नहीं रहेगा, अन्यथा आनेवाली पीढ़ियाँ देखतीं कि अव्यावसायिक लेखन का मिशन लेकर चलने वाले, राजनीति की भूल-भुलैया में, किस तरह बाँझ भाषा के प्रलोभन के शिकार हुए।) और एक बार फिर अपनी मौकापरस्ती रंगीन तबीयत का बुखार 'नक्सलबाड़ी' का तेज और ताजा लेबिल लगाकर बेच रहे हैं। इसी क्रम में उन्होंने तथाकथित क्रान्ति की 'बाल-पोथियों' में न केवल अपनी बालकोचित विह्वलता का ही प्रदर्शन किया है बल्कि हिन्दी के समर्थ रचनाकारों पर भी अपनी नंगी और 'भँडेहर भाषा' की गन्दगी उछालने का दुस्साहस किया है। उन्होंने अपने 'हलुआन चेहरे' को पूरी संजीदगी के साथ मेहनतकशों और किसानों के लिए आठ-आठ आँसू बहाए हैं, जबकि असलियत यह है कि ये नहीं जानते कि गेहूँ कब बोया जाता है और अरहर कब काटी जाती है। जमीन की नाप जरीब से की जाती है या लट्‌ठे से।

दूसरी किस्म उन दो पायों की है, जो राजनीतिक गुटबंदियों के चलते नक्सलबाड़ी की सींग एक-दूसरे की बगल में मारते जा रहे हैं। उनके लिए 'नक्सलवादी आतंक' सत्ता पाने की जीत का इंतखाब है जिसके जरिये वे इस देश के बंजर दिमाग पर अपना कब्जा व दखल जमा सकें। सतही राजनीति के नुमाइंदों के बीच नक्सलवादी आन्दोलन चुनाव के एक चालू हथकंडे से ज्यादा माने नहीं रखता। मामूली आदमी के समर्थ और सार्थक गुस्से को उसके सन्दर्भ से काटकर अपना मतलब गाँठ लेने में उन्हें महारत हासिल है। वे अच्छी तरह जानते हैं कि अपने मंच पर विद्रोह को किस तरह समारोह में बदल लिया जा सकता है। और इसके लिए बुद्धिजीवी वर्ग की मूक सहमति के प्रति धिक्कार की भावना का उठ खड़ा होना स्वाभाविक है।

किन्तु युवा लेखकों में एक वर्ग ऐसा भी है जो इस चालू और सनसनीखेज मुहावरे का मुकाबला सर्जनात्मक भाषा के स्तर पर कर रहा है। वह जानता है कि नक्सलवाद 'कम-से-कम काम और ज्यादा-से-ज्यादा आराम' की नीति में विश्वास रखनेवाले चंद सुविधाभोगियों और उनके दलालों की साजिश है जो सही काम करने के ऐन मौके पर आम आदमी का रुख दूसरी ओर मोड़ देने की कोशिश में लगे हैं। इस वक्त जबकि मामूली आदमी को अपनी तंगी और पस्ती की थोड़ी-बहुत समझ आने-सी लगी है, तब उस अधकचरी समझ को व्यवस्था की खिलाफत का जामा पहनाकर उसे हिंसा के अन्धे रास्ते पर डाल आने की खतरनाक चाल चली जा रही है। हमारे यहाँ, सौभाग्य की बात है, वयस्क समझ से भरपूर युवा लेखकों का एक ऐसा समूह है जो प्रत्येक वैचारिक मोर्चे पर इस मक्कारी का पर्दाफाश कर रहा है।

नक्सलवाद के नाम से नासमझी की सरहदों पर चलनेवाली इस जरायम-पेशा हरकत का विरोध सही भाषा की हिमायत करनेवाले प्रत्येक युवा लेखक की समकालीन जिम्मेदारी है और वह इसे अपनी जरूरत के स्तर पर पूरा कर रहा है। यह दीगर बात है कि बाजार में चलनेवाली पत्रकारिता उस समर्थ और सजग विरोध की बगल से चुपचाप गुजर जाने में ही अपने कर्तव्य की इतिश्री समझती है।

[24 जुलाई, 1970, आई.टी.आई., वाराणसी-5]

'आयतन' की भूमिका*

प्रस्तुत संकलन के कवि को मैंने अक्सर सड़क पर देखा है—जनसमूह के एक ऐसे सजग सहचारी रूप में, जिस पर बाजार का मोल-भाव कहीं से हावी नहीं है। कविता जीवनाभिव्यक्ति की चरितार्थता है; पूर्णत: इस सहज-सादे व्यक्ति के काव्यभाषा पर चरितार्थ होती है।

हर कहीं एक आत्मीय कोमलता और उद्दीप्त जिजीविषा अनुभवों की व्यापक जनवादी समझ पाकर रचनावृत्तों में ढल गई है और पाठक मन को पूरी तन्मयता से बाँधने में सक्षम है। काव्य-कर्म की इस रचनात्मक मनोदशा को मेरी समकर्मी शुभाशंसाएँ।

---

* युवा कवि डॉ. योगेन्द्र सिंह के कविता-संग्रह 'आयतन' की भूमिका। लेखन वर्ष : 1971

औद्योगिक शिक्षा ही भारतीय उन्नति का साधन

भारत जीवन के आरोह-अवरोह से चलकर जिस गंतव्य-स्थान पर पहुँचा, वहाँ उसे मिली स्वतंत्रता, जिसकी छत्रच्छाया में अमर-बलिदान, आत्म-सम्मान और सर्वस्व दान की महत्ता विहस रही थी। विजातीय-विजित, प्रताड़ित प्राणों के अनवरत कसमकस से, आकांक्षा-ध्वस्त हृदय की वेगवती आहों के प्रबल आघातों से परतंत्रता की बेड़ियाँ छिन्न-भिन्न हो गईं। देश की दुर्बह दासता का गुरु-भार फेंककर भारत-जननी पीड़ा-मुक्त हुईं। तिरंगा-ध्वज की छत्रच्छाया के नीचे जन-गण के उल्लसित नागरिकों ने मंगल-गान गाये। अपनी धरती पर अपना राज हुआ।

भारतीय इतिहास के पृष्ठों में एक नया स्वर्ण-पृष्ठ जोड़ा गया।

भारतीय-समस्या : किन्तु भारतीय-स्वतंत्रता ने अपने शैशव में ही जिस कटु-सत्य का अनुभव किया, वह है भारत की आर्थिक-हीनता। अतीत की डाल-डाल पर फुदकती हुई 'सोने की चिड़िया' विदेशियों द्वारा पद-मर्दित होकर अपनी अपूर्ण आकांक्षा लिये तड़फड़ा रही थी।

व्यक्ति का स्वत्व पेट की धधकती आग के सामने सिर झुकाकर खड़ा था : मान-हीन, मानवता-हीन। रोटी के टुकड़ों के लिए मानव अपनी हया नीलाम करने लगा और इस अग्राह्य याचना की भावना ने हृदय-हृदय में जिस दुर्भावना की सृष्टि की, उससे वातावरण विषाक्त हो उठा है। सुख सपना हो गया है।

आनन्द-प्राप्ति जीवन की महत्तम आकांक्षा है। उसके लिए स्वस्थ एवं सुस्थिर मस्तिष्क की आवश्यकता पड़ती है जो कारण की स्पष्ट रूप-रेखा समाज के सम्मुख उपस्थित कर सके और पुन: उसको कार्य-रूप में परिणत करने के लिए सजग उद्योग की आवश्यकता पड़ती है। क्योंकि 'उद्यमेन हि सिध्यंति कार्याणि न मनोरथै:।' और यह तभी सम्भव हो सकता है, जबकि मस्तिष्क को समुचित पोषण तत्त्व की प्राप्ति हो।

किन्तु बेकारी की समस्या ने जीवन को जिस ओर मोड़ दिया था, उस उलझन में पड़कर मस्तिष्क का निश्चित दिशा-परिज्ञान ही लुप्त हो गया।

भारतीय कर्णधार, जिनके हाथ राष्ट्र-गौरव की पतवार है, अल्प शिक्षा के झोंके में इधर-उधर भटकते हुए, थकित मन, खाली पेट किसी सुदृढ़ आधारशिला का आश्रय ढूँढ़ रहे थे और वह उन्हें मिली भी, औद्योगिक शिक्षा के रूप में।

कुछ समय पूर्व विद्यालयों में केवल मानसिक-विकास की शिक्षा दी जाती थी। किन्तु पारिवारिक-विषमताओं में उलझे हुए छात्रों के संरक्षक अपनी दीनता के कारण अपने संरक्षित को उपयुक्त शिक्षा नहीं दे पाते थे और असंगत-व्यवधान की सीमा में क्षुब्ध छात्र न तो इस पार होते थे और न उस पार। कम ही ऐसे थे जो साधन-सम्पन्न थे।

यद्यपि शिक्षा की यह प्रणाली अपने दुर्भाग्य का ही प्रतिफल थी फिर भी यह कितनी नव-विकसित आकांक्षाओं का हनन करके मस्तिष्क में जड़-दासत्व को स्थापित करने में सफल रही।

वैदिक काल की औद्योगिक महानता, राम-राज्य की सार्वभौमता, कृष्ण-युग की पावनता और आर्य-परम्परा के स्वर्ण-युग गुप्त-काल की औद्योगिक-चेतना अपने ध्वस्त भग्नावशेषों से चीख रही थी और सब कुछ सुनते हुए भी हम कान मूँदकर परवश-से मौन थे।

किन्तु स्वाधीनता के साथ ही विकास की जो भावना हमारे हृदय में उद्भासित हुई, उसमें मानसिक विकास के साथ ही औद्योगिक विकास को भी प्रमुख मात्रा में प्रश्रय दिया गया। सभी ने एक मत होकर सोचा : Technical education is the back-bone of a nation. किसी भी देश का निर्माण वहाँ के औद्योगिक निर्माण पर ही सम्भव है। फलस्वरूप प्राथमिक विद्यालयों से लेकर उच्च कक्षाओं तक औद्योगिक शिक्षा को प्रमुखता दी गई। कताई-बुनाई, शिल्प-कला, कृषि किं बहुना जीवन की सम्पूर्ण आवश्यकताओं की तुष्टि के लिए उचित उपादान प्रदान करने वाली शिक्षा का समुचित एवं संवर्द्धित रूप समाज के सामने रखा गया।

औद्योगिक शिक्षा ने समाज के उस तरुण-वर्ग को, जिसे एक समय की शिक्षा ने कहीं का न रखा था, पुन: नये उत्साह से, नये साहस से जीवन-क्षेत्र में प्रवेश करने का आह्वान किया। उनके हाथों में कुछ कर सकने की शक्ति भरकर उनके व्यक्तित्व को उन्नत किया। और वे अपने श्रमदान से धरती का आँचल भर रहे हैं। यह युग विज्ञान का युग है। किसी भी देश की उन्नति उसके वैज्ञानिक आविष्कारों पर निर्भर है। और आज समकक्षी राष्ट्रों को प्रगति की दौड़ में भारत का महत्त्वपूर्ण स्थान है। आज हम अपने नये अनुभवों, नये उपकरणों से खाद्य उत्पादन बढ़ाकर भुखमरी के मुख में कालिख पोतकर उसे वहाँ विस्थापित कर रहे हैं, जहाँ से कोई प्राणी उसका मुख न देख सके। इसी प्रकार जीवन की विविध-समस्याओं के समाधान में अपनी सम्पूर्ण शक्ति को केन्द्रित कर भारत का प्राणी-प्राणी संलग्न है।

पंचवर्षीय योजनाएँ जिनकी पूर्णता में भारतीय स्वर्ण-युग के सुख एवं समृद्धि की आकांक्षा सन्निहित है, औद्योगिक विकास की सफलतम उपलब्धि हैं और इसका संचालन-सूत्र औद्योगिक-शिक्षा के हाथ में है।

नल-कूप सिंचित अनाज के लहराते खेत विजन-वन-प्रान्त में दूर तक बिखरे हुए यातायात के साधन और हवा की लहरों पर लहराते गीत शारीरिक तथा मानसिक आनन्द की अभिवृद्धि कर रहे हैं। जीवन के सर्वांगीण क्षेत्र में इस आशातीत सफलता का श्रेय यदि किसी को है, तो वे हैं—औद्योगिक शिक्षा और उसके अंक में परिपोषित तरुण-वर्ग।

[मार्च, 1958]

पारपत्र

'छात्रपत्र' की अनूदित कविताएँ

मूल : सुकान्त भट्टाचार्य;

[अनुवाद : धूमिल और कंचन कुमार]

पारपत्र

जिस बच्चे ने आज रात जन्म लिया है
उसी से खबर मिली है :
उसे एक पारपत्र मिला है,
नई दुनिया के दरवाजे पर इसलिए अपना अधिकार जताता है
जन्मते ही उसका ऊँचे स्वर से रोना।
नन्ही-सी देह, बेबस, फिर भी मुट्ठी बँधे हाथ
ऊपर उठे हुए दिखते हैं
जाने किस दुर्बोध प्रतिज्ञा में।
वह भाषा कोई नहीं समझता,
कोई हँसता है, कोई हल्के से झिड़कता है।
मगर मैंने मन-ही-मन समझी है वह भाषा
आने वाले युग की नई चिट्ठी मिली है—
नवजात की धुँधली धुन्ध भरी आँखों में
परिचय-पत्र पढ़ता हूँ।
आया है नया शिशु उसके लिए जगह छोड़ देनी है :
पुरानी दुनिया में बेमतलब मरे हुए मलबे के ढेर पर
हमें चले जाना है।
चला जाऊँगा—फिर भी जब तक प्राण है शरीर में
जी जान से दुनिया के जंजाल को हटाऊँगा,
दुनिया को इस बच्चे के रहने के काबिल बना जाऊँगा मैं—
अभी-अभी जन्मे के सामने यह मेरी दृढ़ प्रतिज्ञा है।
आखिर मैं सारा काम निपटा कर
अपने खून से नये शिशु को
दे जाऊँगा आशीर्वाद,

उसके बाद इतिहास बनूँगा।

आगामी

जड़ नहीं हूँ, मृत नहीं हूँ, नहीं हूँ अन्धकार का खनिज
मैं हूँ जीवन्त प्राण, मैं एक अंकुरित बीज
मिट्टी में पला हुआ, भीरु, सिर्फ आज आकाश के बुलावे पर
संदिग्ध आँखें खोली हैं, सपने घेरे हैं मुझको
हालाँकि नगण्य हूँ, छोटा हूँ बरगदों के समाज में
तो भी इस नन्हे शरीर के भीतर मर्मर ध्वनि बजती है,
चीरी है मिट्टी, देखी है रोशनी का आना-जाना
इसीलिए मेरी जड़ों में जंगल की चेतना है।
आज सिर्फ अँखुए फूटे हैं, पता है कल नन्हे-नन्हे पत्ते
मुक्त हवा की ताल पर सिर हिलाएँगे,
उसके बाद मजबूत डालियाँ फैला दूँगा सबके सामने
खिलाऊँगा चकित फूल पड़ोसी पेड़ों की जुबान पर।
तेजतर तूफान में जिन्दगी को जोर से पकड़े है हर जड़
हर डाल में प्रतिरोध है, जानता हूँ तूफान को रोकेंगे जरूर।
उगे हुए जितने दोस्त हैं मेरी पुकार पर सिर उठाकर
पता है जंगल के नये गीत गाएँगे।
आगामी बसन्त में, जानो मिल जाऊँगा बड़ों की कतार में;
कोंपलों की जयध्वनि में सभी स्वागत करेंगे।
छोटा हूँ फिर भी हीन नहीं हूँ, पता है मैं भावी वनस्पति हूँ,

बारिश की, मिट्टी के रस में उसी की स्वीकृति पाता हूँ
उस दिन छाए में आना : चोट अगर करो सख्त कुल्हाड़ी से भी,
तो भी मैं हाथ के इशारे से बुलाऊँगा बार-बार;
फल दूँगा, फूल दूँगा, दूँगा मैं चिड़ियों की चह-चह
एक ही मिट्टी में पला हुआ तुम लोगों का अपनापन।

चारागाछ

टूटी-फूटी कुटिया में रहता हूँ :
बगल में एक विशाल महल
रोज-रोज देखता हूँ;

वह महल कितनी स्पर्द्धा से रोज
आसमान से दोस्ती जताता है;
मैं वही लगातार देखता रहता हूँ।
देखता रहता हूँ और मन-ही-मन सोचता हूँ—
इस महल की हरेक ईंट के दिल में
अनेक कहानियाँ हैं भीतर छिपी हुई
पसीने की, खून की और आँसुओं की।
फिर भी इस महल को हर रोज हजारों-हजार लोग
सलाम करते हैं, भौचक-से देखते रहते हैं।
मैंने इसीलिए इस महल में अब तक ऐश्वर्य ही देखा है।
देखा है एक शोहदे बड़प्पन का बड़बोलापन।
सहसा उस दिन
चौंककर देखा
बहुत पुराने उस महल की कार्निस की बगल में
बरगद की पौध!

तुरन्त ही दुनिया ने
मेरी आँख और मन के पर्दे पर
आने वाले दिनों की तसवीर पलभर में उकेर दी।

छोटे-छोटे पौधे—
रसहीन खादहीन कार्निस की बगल में
तन्दुरुस्त शिशु की तरह बढ़ते हैं दुरंत उच्छ्वास में।

एकाएक चकित
इस शिशु में मैंने देखा एक विशाल बूढ़ा बरगद
जिसकी हरेक जड़ ने पैदा की है बेरोक दरारें
उस शोहदे बड़बोले पुराने महल की देह में।

छोटे-छोटे पौधे—
चुपचाप हवा में हिलते हैं, कान लगाकर सुनते हैं :
हरेक ईंट के नीचे दबी अनगिन गोपन कहानियाँ
खून की, पसीने की और आँसुओं की।

तभी तो अवाक् मैं, तमाम बरगद के पौधों में देखता हूँ
भीतर-ही-भीतर विद्रोह उगता है, देह में ताकत की बारूद जमती है;
महल को चीरती हुई बाढ़ आती है हरेक जड़ में।
लगता है ये तमाम बरगद के शिशुओं की
पैदाइश खून की, पसीने की और
आँसुओं की धाराओं में है
इसीलिए वे विद्रोह के दूत हैं।

समाचार

खबर आती है!
दिशा-दिशा से आती है तार से खबर;
युद्ध, विद्रोह, बाढ़, अकाल, तूफान—
—यहाँ पत्रकारिता की रात का सन्नाटा।
रात गहरी होती है यंत्र के बजते हुए छन्द में—प्रकाश के उतावले में;
तुम लोगों के जीवन में जब नींद ढली आधी रात
आँखों में सपना और घर में अँधेरा।
गहरे अदृश्य बातों के समुद्र से चुपचाप शब्द उठ आते हैं;
आदी हाथों से समाचार सजाता हूँ—
भाषा से भाषान्तर करते हुए कभी चौंक पड़ता हूँ,
देखता हूँ युग से युगान्तर।
कभी-कभी हाथ काँप उठता है समाचार देने में,
22 सावन, 22 जून को।
तुम्हारी नींद के अँधेरे रास्ते से होते हुए,
समाचार-परियाँ यहाँ आती हैं, तुम लोगों से पहले,
उन्हें पाकर कभी कंठ से उतरता है दर्द, कभी आता है गीत;
सुबह दिन की रोशनी में जब वे तुम लोगों के पास
        पहुँचती हैं
उस समय हमारी आँखों में उनके पंख झर गए होते हैं
तुम लोग समाचार पाते हो,
सिर्फ समाचार नहीं रखते किसी की नींदहीन आँखों
        और खड़े कानों का
वह कम्पोजिटर क्या कभी चौंक पड़ता है सधी हुई यांत्रिकता के
        किसी मौके पर?
पुराने टूटे हुए चश्मे में धुँधली लगती है दुनिया—

9 अगस्त को क्या आसाम सीमान्त के हमले पर?
जल उठता है क्या स्तालिनग्राद के प्रतिरोध में, महात्मा जी की मुक्ति में,
पेरिस के उभार पर?
बुरी खबर लगती नहीं क्या
काले हरफों के लिबास में शवयात्रा?
जो समाचार प्राणों के पक्षपात से अभिषिक्त है
क्या बड़े हरफों के सम्मान में खुद को प्रकाशित नहीं करता?
यह सवाल अनकहा रहता है
सुबह के अखबार की साफ-सुथरी तह में।

सिर्फ हम रोजाना इतिहास लिखते हैं!
फिर भी इतिहास हमें याद नहीं रखेगा—
नवान्न के दिन कौन भला कटे हुए धान के गुच्छे को याद रखता है?
मगर याद रखना, तुम लोगों से पहले ही समाचार मिलता है
आधी रात के अँधेरे में
तुम्हारी तन्द्रा के अनजाने भी।
इसीलिए तुम लोगों से पहले ही समाचार-परियाँ आती हैं
        हमारी चेतना का रास्ता तय करते हुए
मेरे हृदयंत्र में चोट खाकर बज उठती हैं कई बातें
दुनिया आजाद—जनता विजयी है अन्तिम संघर्ष में।
तुम्हारे घर में आज भी अँधेरा है, आँखों में सपना है।
मगर जानता हूँ वह सुबह एक दिन आएगी ही
जिस दिन यह समाचार पाओगे हरेक के चेहरे पर
सुबह की रोशनी में, घास-घास में, पत्तों-पत्तों में।

आज अभी तुम लोग नींद में हो।

यूरोप के प्रति

वहाँ अभी मई का महीना है बर्फ गले दिन हैं,
यहाँ आग बरसाने वाला नींदहीन बैसाख है;
शायद वहाँ शुरू है धीमी-धीमी दक्खिनी हवा,
यहाँ बैसाखी लू के थपेड़े हैं पीछा करते हुए,
यहाँ-वहाँ फूल उगते हैं आज तुम्हारे मुल्क में
कितने रंग, कितनी विचित्र रात दिखती है।
घर छोड़कर रास्ते में निकल पड़े हैं कितने लड़के-लड़कियाँ
इस बसन्त में कितने उत्सव हैं कितने गाये हुए गीत।
यहाँ तो फूल सूख गए हैं, मटमैली धूल में
खाँ-खाँ करता है सारा मुल्क, चैन खत्म हो चुकी है
कड़ी धूप के डर से लड़के-लड़कियाँ बन्द हैं घरों में,
सब चुपचाप : जागेंगे शायद बैसाखी तूफान में।
कड़ी मेहनत बड़ी लड़ाई करने के बाद
चारों ओर फूल के बगीचे हैं तुम्हारे देश में;
इस मुल्क में युद्ध, अकाल, भूख हड्डी-हड्डी में जलते हैं—
आग बरसाती गर्मी के मैदान में इसीलिए नींद छिनती है
बेपरवाह प्राण; आज दिशा-दिशा में लाखों-लाख जमते हैं
तुम्हारे मुल्क में मई का महीना है; यहाँ तूफानी बैसाख है।

प्रस्तुत

काली मौतों ने आज स्वयंवर को बुलाया है
दिशाओं में हिलते हाथों के अनेक इशारे देखता हूँ बड़ी दुनिया में
डरा हुआ मन ढूँढ़ता है आसान रास्ता, संगदिल, आँखें
इसीलिए विषैली स्वाद भरी इस दुनिया में
मन के द्वन्द्व निरन्तर आग फैलाते हैं।

आखिर में भ्रम टूटे हैं, ज्वार आए हैं मन के कोने-कोने में,
तेज भौंहें तनी हैं कपटी फूलों के वन में;
अभिशाप भरी जो तमाम आत्माएँ आज भी बेचैन हैं,
उनके आगे लगाया है प्राणों का मजबूत खेमा
अपने को मुक्त किया है आत्मसमर्पण में।

चाँद के सपने में धुल गया है मन जिन दिनों
उन्हें आज दुश्मन जानकर ही पहचान लिया है,
नीच स्पर्द्धाएँ धूर्तों की तरह शक्तिशेल में—
छीन ले सकती हैं मुझे आज भी मौका पाने पर
इसीलिए सतर्क हूँ मन को रेहन नहीं किया।

असंख्य दिन बीते हैं प्राणों के व्यर्थ रुदन में
नर्म सोफे में क्रान्तिकारी मन के उद्बोधन में;
आज मगर जन-ज्वार में आई है बाढ़
अन्तहीन मन में रक्तिम पथ का अनुसरण
किया है पृथ्वी ने पहले के रस्ते का संशोधन।

उठाया है हथियार अब सामने दुश्मन चाहिए,
महामारण का निर्दयी व्रत लिया है इसीलिए;
दुनिया पेचीदा है, पेचीदा है मन का सम्भाषण
उनके प्रभाव में रखा नहीं मन में कोई आसन,
भूल होगी जानता हूँ आज उन्हें याद करना ही॥

इस नवान्न में

इस हेमन्त में धान की कटाई होगी,
फिर खाली खलिहान से फसल की बाढ़ आएगी
पौष उत्सव में प्राणों के कोलाहल से भरेगा श्मशान-सा शान्त गाँव
फिर भी इस हाथ से हँसुआ उठाते रुलाई आती है :
हल्की हवा में बीती हुई यादों को भूलना कठिन है;
पिछले हेमन्त में मर गया है भाई, छोड़ गई है बहन,
राहों-मैदानों में मड़ई में मरे हैं जितने रिश्तेदार;
अपने हाथ से खेत में धान बोना
व्यर्थ ही धूल में लुटाया है सोना,
किसी के भी घर धान उठाने का शुभ क्षण नहीं आया—
तुम्हारे-मेरे खेत फसल के अन्तरंग हैं।

इस बार तेज नई हवा में
जययात्रा की ध्वनि तैरती है,
पीछे मौत की अनकही नुकसान
इस हेमन्त में फसलें कहती हैं : कहाँ है अपना जन?
वे क्या सिर्फ छिपे रहेंगे?
अक्षमता की ग्लानि को ढकेंगे?
प्राणों के बदले जिन लोगों ने किया है विरोध का उच्चारण,
इस नवान्न में वंचितों को नहीं मिलेगा निमंत्रण?

एक मुर्गे की कहानी

एक मुर्गे को अचानक पनाह मिली
विशाल महल के छोटे-से कोने में,
टूटे हुए पैकिंग-बक्से के ढेर पर—
और दो-तीन मुर्गियों के साथ।

हालाँकि पनाह मिली
मगर उचित आहार नहीं मिला।
तीखे स्वर से एतराज करते हुए
उस मुर्गे ने गला फाड़ डाला
सुबह से शाम तक—
फिर भी उस विशाल सख्त इमारत ने हमदर्दी नहीं जताई।

उसके बाद उसने कूड़ेखाने में आना-जाना शुरू किया :
आश्चर्य! वहाँ हर रोज मिलने लगा
फेंकी हुई भात-रोटी का काफी बेहतरीन खाना!

उसके बाद उस कूड़ेखाने में भी आए हिस्सेदार
फटे मैले चिथड़े पहने दो-तीन आदमी;
लिहाजा कमजोर मुर्गे का खाना बन्द हो गया।

खाना! खाना! थोड़ा-सा खाना!
असहाय मुर्गे ने खाने की खोज में
बार-बार महल में घुसने की कोशिश की,
हर बार ही वह बुरी तरह खदेड़ा गया।

छोटा-सा मुर्ग गर्दन ऊँचा करके सपना देखता है—
महल के अन्दर भोजन के ढेर का!

उसके बाद वाकई एक दिन उसे महल में जाने को मिला,
एकदम सीधा चला आया
सफेद चमचम कीमती कपड़ों ढकी खाने की मेज पर!
हालाँकि खाने के लिए नहीं—
खाने के तौर पर।

सीढ़ी

हम लोग सीढ़ियाँ हैं,
तुम हमें कुचलकर
        हर रोज काफी ऊँचे उठ जाते हो,
उसके बाद मुड़कर भी नहीं देखते पीछे की ओर;
        तुम लोगों की पगधूलि से धन्य हम लोगों का सीना
पैरों की मार से क्षत-विक्षत होता है रोज।

        तुम लोग भी इसे जानते हो,
इसीलिए गलीचों में ढककर रखना चाहते हो हमारे सीने का जख्म
ढक रखना चाहते हो अपने जुल्म के निशान
और छिपा रखना चाहते हो दुनिया से
        अपनी गर्वीली अत्याचारी पगध्वनि।

फिर भी हम जानते हैं,
        हमेशा और दुनिया से
                छिपा नहीं रहेगा
हमारी देह पर तुम लोगों का यह पदाघात।
        और सम्राट हुमायूँ की तरह
एक दिन तुम लोगों के भी पैर फिसल सकते हैं।

कलम

कलम, न जाने कितने अर्से से तुमने
अक्षर-अक्षर में
सिर्फ अनथकी कहानी शुरू की है।
कलम, तुम कहानी लिखते हो, तुम्हारी कहानी क्या है?
दुख में जली तलवार की तरह चकमक?
कलम, तुम सिर्फ बार बार,
झुकाकर थकी हुई गर्दन
लिख गए हो स्वप्न और पुरानी कितनी बातें,
साहित्य की दासता की भूखी अधीनता।
टूटी हुई निब, बीमार देह, पानी की तरह स्याही
कलम, तुम बेगुनाह हो फिर भी गालियाँ
मिली हैं और बरदाश्त किया है कितने लेखकों की नफरत।
कलम, तुम कोशिश करो, खड़े हो सकते हो या नहीं।

हे कलम! तुमने तो कितने इतिहास लिखे हैं,
लिख-लिखकर सिर्फ फैला दिया है चारों ओर।
फिर भी इतिहास कीमत नहीं देगा, थोड़ा सा कोना
नहीं देगा तुम्हें। याद रखना, इतिहास बहुत ही कंजूस है;
कितनी लांछना, कितना खटना पड़ा है लेखक के हाथ में
नींदहीन आँखों में लगातार जागती हुई रातें।
तुम्हारा छिपा हुआ आँसू इसीलिए तो फसलें उगाता है
बहुत से साहित्य बहुत से काव्य के सीने के नीचे।
फिर भी देखो लेखक की कृतज्ञता का बोध नहीं,
क्यों चलोगे इस मालिक की मर्जी से, लिखोगे बातें?

हे कलम! हे लेखनी! और कितने दिन
घिसते-घिसते होगे क्षीण?
और कितने मौन-मूक, शब्दहीन सीने में दुविधा लिये
स्याही का कलंक चिह्न रख दोगे चेहरे पर?
और, कितना और
काटोगे असहनीय दिन कठिन शर्म के?
यह दासता खत्म हो, यह कलंक मिट जाए आज,
काम करो—काम।

मजूर देखा नहीं तुमने? हे कलम! देखा नहीं बेकार?
विद्रोह नहीं देखा तुमने? खून में मिला नहीं कुछ सीखने को?
जाने कितनी सदियों, जमाने से तुम आज भी हो दास,
हर रचना में सुन पड़ती है महज तुम्हारी लम्बी साँस!
दिन नहीं है, रात नहीं, अनथक, कोई छुट्टी नहीं है
थोड़ा-सा बेलगाम होते ही भौंहें तन जाती हैं;
इसी तरह कटते हैं अभागे तुम्हारे बारह मास,
कलम, तुम हो चन्द पैसों से खरीदे गए दास।
इसीलिए जितना लिखते हो, उतनी ही मेहनत जमा होती है :
—कलम! विद्रोह है आज! गोलबन्द होकर आज हड़ताल करो।
लेखक को चौंकने दो, किरानी लोग लें चैन की साँस,
महाजनी बन्द हो, जमाखोरी का पाप;
उद्वेग से विकल हों तमाम प्रियाएँ जो दूर देशों में हैं,
कलम! विद्रोह है आज, आखिर में हड़ताल हो;
और काली स्याही नहीं, खून में आज इतिहास लिखकर
दीवार दीवार में साँटकर, कलम,
दिशाएँ भर दो।

दुराशा की मौत

दरवाजे पर मौत है,
जंगल जंगल में लगी है आग,
पीछे क्या दूसरा रास्ता नहीं है?

हमारा यह भागना
मौत ने जान लिया है,
धोखेबाज पीछा कर रही है
भागने की कोशिश बेकार है।

दावानल!
बेकार साबित हुआ सूखा आँसू,
बेनामी तरकीबें
बनवासी जानते हैं जिन्हें
इसीलिए अन्त में तबाह हुआ जंगल।

ज्वालामुखी

कभी अचानक लगता है :
मैं एक आग्नेय पहाड़ हूँ।
शान्ति की छाया-घिरी गुफा में सोए सिंह की तरह
मेरी आँखों में बहुत दिनों की खुमारी।
एक विस्फोट से दूसरे विस्फोट के बीच
मुझे तुम लोग बार-बार व्यंग्य से बींध चुके हो
मैं पत्थर हूँ : मैंने वह बरदाश्त किया है।
मेरे चेहरे पर हल्की मुस्कराहट,
मेरे सीने पर जमा हुआ खौलता लावा।
सिंह की तरह अधखुली आँखों से महज मैंने देखा है :
झूठ की नींव पर कल्पना की मशालों से बना तुम लोगों का शहर,
मुझे घेरकर रची गई उत्सव की निर्बोध अमरावती,
व्यंग्य की हँसी और नफरत की आतिशबाजी—
तुम लोगों के नगर में मदमत्त पूनम है।
देखो, देखो :
छाया-घना, अरण्य-निबिड़ मुझे देखो
देखो मेरा बेपरवाह जंगलीपन।
अपने शहर को मुझ पर व्यंग्य करने दो,
कुल्हाड़ी-दर-कुल्हाड़ी मेरे धीरज को चोट पहुँचाने दो,
किसी हालत में विश्वास मत करना—
कि मैं विसूवियस-फूजियामा का भाई हूँ।
खुद से अजान रहने दो,
भीतर ही भीतर मरोड़ देकर उठ रहे मेरे अगिन उद्गार,
जंगल ढकी अन्दरूनी उत्ताप की ज्वाला।

तुम्हारे आसमान में फीकी प्रेत-रोशनी,
जंगली पहाड़ों में हल्का धुएँ का घूँघट :
वह कुछ नहीं है, शायद एक नया मेघदूत।
उत्सव मनाओ, उत्सव मनाओ—
भूल जाओ पीछे है एक आग्नेय पहाड़,
विसूवियस-फूजियामा का जाग्रत वंशज।

और,
मेरी डायरी में नजदीक हो
विस्फोट की चरम, पवित्र तिथि।

पता

मेरा पता चाहते हो दोस्त—
पते की है तलाश,
आज भी नहीं मिला? दुख जो दिया उसके लिए करें नहीं मान?
ठिकाना न हो, न भी लो दोस्त,
सड़कों में रहता हूँ,
कभी पेड़ के नीचे
कभी फूस की कुटिया बनाता हूँ।
मैं यायावर हूँ राह के पत्थर चुनता हूँ,
हजार जनता जहाँ है, वहाँ
हर रोज चक्कर काटता हूँ,
दोस्त, घर की राह नहीं खोज पाता
इसीलिए तो राह के पत्थर से बनाऊँगा
मजबूत इमारत।

दोस्त, आज चोट मत करो
अपने दिये घाव में,
हमारा पता खोजना सिर्फ
सूर्योदय की राह पर।
इंडोनेशिया, युगोस्लाविया
रूस तथा चीन के पास,
मेरा पता याद रखना जमाने से
अमानत रखा हुआ है।
मुझे क्या कभी तुमने खोजा है
समूचे देश में?
फिर भी नहीं मिला? तब भटके हो

गलत राहों में।
मेरा पता जीवन के रास्ते पर
अकाल से
कुछ दूर जाकर चक्कर काट
मुक्ति के पथ पर मुड़ गया है।
दोस्त, कुहरा है, चौकस रहना
इस सूर्योदय की भोर में;
तुम अकेले गलती से
आशा की रोशनी में राह न खोना।
दोस्त, आज जानता हूँ,
खून और नदी का पानी अस्थिर हैं
घोंसले में पंछी और समुद्र चंचल हैं।
दोस्त, वक्त हो गया है
अब भी ठिकाना अज्ञात है
दोस्त, तुम इतना भूलते क्यों हो?
और कितने दिन आँखों को मलोगे,
जलियाँवाला में जिस रास्ते की शुरुआत है
उसी रास्ते में मुझे पाओगे,
जलालाबाद के रास्ते से होकर भाई!
धरमतल्ले के बाद,
देखोगे पता लिखा है हरेक के घर पर
क्षुब्ध इस मुल्क में खून के अक्षर से।
दोस्त, अलविदा!
देख रहे हो तूफानी हवा उठ रही है;
पता छोड़कर जा रहा हूँ,
अब मुक्त स्वदेश में ही भेंट करना।

लेनिन

लेनिन ने जनस्रोत से तोड़ा है रूस में अन्याय का बाँध
अन्याय के आमने-सामने लेनिन पहला प्रतिवाद।
आज भी रूस के गाँव और नगर में
हजारों लेनिन लड़ाई लड़ते हैं,
मुक्ति के सीमान्त को घेरकर फैले सुनसान मैदान में।
बिजली की इशारा भरी आँखों में, आज भी दस हजार लेनिन
क्रमश: नजदीक लाते हैं विश्वव्यापी इन्तजार के दिन—
पतनशील पूँजीवाद, रुँधे कंठ, सीने में आर्तनाद;
—आता है शत्रुजय का संवाद।
चतुरता से जिसने पहन रखी है नकाब उस अमीर की भी बन्द है उछलकूद,
काँपता है दिल उसका चेहरे पर मौत उपट आई है।
क्रान्ति शुरू है दबी हुई जनता के बेसब्री से उठ खड़े होने पर,
देश-देश में विस्फोट अचानक बरसाता है आग।
दिशा-दिशा में कोने-कोने में लेनिन की पदध्वनि
        आज भी सुन पड़ती है
दलितों के हजार कंठ से क्रान्ति की आज भी गाथा गाई जाती है
दुनिया के हरेक घर में,
लेनिन बढ़ते हैं सम्भावित उर्वर गर्भ में।
तेजी से दौड़ती हुई क्रान्ति के हरेक आसमान में
लेनिन की सूर्यदीप्ति खून की तरंग से बह आती है,
इटली, जर्मन, जापान, इंग्लैंड, अमेरिका, चीन,
जहाँ है मुक्ति का युद्ध वहीं है कामरेड लेनिन।
अन्धकार भारतवर्ष : भूख से सड़क पर मृतदेह—

फूट की चोराबालि* आपस में फालतू सन्देह;
दरवाजे पर चिह्नित है दुश्मन के उद्धत पदाघात
नियति की फटकार से थके दिन कटती है दुखभरी रात
विदेशी जंजीर में कैद, साँस उनकी लगातार क्षीण—
यहाँ भी तैयारी पूरा करते हैं नि:शब्द लेनिन।

लेनिन ने जनस्रोत से तोड़ा है विश्व में अन्याय का बाँध,
अन्याय के आमने-सामने लेनिन करते हैं प्रतिवाद।
मौत का समुद्र-दोष, पाल में लगती है उद्दाम हवा,
मुक्ति का साँवला तट दिखता है, हिलती है घास,
लेनिन के भूमिष्ठ रक्त से क्लीवता का नहीं है कोई ऋण,
विप्लव-धड़कते सीने में लगता है मैं ही हूँ लेनिन॥

---

* जिस रेती में नाव, पशु आदि गड़ जाते हैं।

अनुभव

॥ 1940 ॥

अवाक् पृथ्वी! तुमने अवाक् किया!
क्षुब्ध है स्वदेश भूमि जन्मते ही देखा।
अवाक् पृथ्वी! हम हैं पराधीन
अवाक्, किस तेजी से गुस्सा जमता है दिनोंदिन;
अवाक् पृथ्वी! और भी अवाक् किया—
देखा इस मुल्क में अन्न नहीं है किसी का।
अवाक् पृथ्वी! अवाक् बार-बार
देखा इस मुल्क में मौत का ही कारबार।
हिसाब का खाता जब भी लिया है हाय
देखा है उसमें लिखा हुआ—खून का खर्च;
इस देश में जन्म लेकर पाया है सिर्फ पदाघात
अवाक् पृथ्वी! सलाम, तुमको सलाम।

॥ 1946 ॥

विद्रोह आज विद्रोह चारों ओर,
मैं उसकी डायरी लिखता चलता हूँ,
किसी ने इतना विद्रोह कभी नहीं देखा;
दिशा-दिशा में आजादी की लहर उठ रही है;

स्वप्न-शिखरों से उतर आओ सब—
सुना है? सुना है उद्दाम कलरव?
नया इतिहास लिख रही है हड़ताल,
जिल्द उसकी खून से रँगी हुई है।
हर रोज जो घृणित और दलित है,

देखो वे लोग तेजी से समुद्यत हैं;
उन्हीं के दल के पीछे मैं भी हूँ,
उन्हीं के बीच मैं भी जीता-मरता हूँ।
तभी तो डायरी लिखता जा रहा हूँ—
विद्रोह आज! विप्लव चारों ओर!!

सिगरेट

हम हैं सिगरेट।
तुम हमें जीने क्यों नहीं देते?
हमें क्यों जलाकर खत्म किये देते हो?
हमारी जिन्दगी इतनी कम क्यों है?
किस मानवता की दुहाई तुम लोग दोगे?

हमारी कीमत बहुत कम है इस दुनिया में।
इसीलिए क्या तुम लोग हमारा शोषण करते हो?
विलास सामग्री के तौर पर जला डालते हो?
तुम्हारे शोषण के कश-दर-कश में हम राख होते हैं :
तुम लोग चक होते हो आराम के उत्ताप से।
तुम लोगों का आराम : हम लोगों की मौत।
इस तरह और कब तक चलेगा?
और कितने दिन तक हम चुपचाप बुलाएँगे
आयु हरने वाले तिल-तिल अपघात को?
दिन और रात—रात और दिन।
तुम लोग हर क्षण हमारा शोषण कर रहे हो—
हम लोगों को आराम नहीं, मजदूरी नहीं—
और नहीं है कोई छोटी-मोटी छुट्टी।

इसीलिए, और नहीं;
और हम कैद नहीं रहेंगे
डिब्बों में और पॉकिटों में,
अँगुलियों में और जेब में;
सोना-मढ़े 'केस' में हम लोगों का दम नहीं घुटेगा।

हम निकल पड़ेंगे,
सभी एक साथ एकजुट होकर—
उसके बाद तुम्हारे बेखबर क्षण में
जलते हुए हम छिटक पड़ेंगे तुम लोगों के हाथों से
बिस्तर या कपड़े पर;
चुपचाप भभक कर
तुम्हारे घर भर को जला मारेंगे
जिस तरह तुमने इतने अर्से से हम लोगों को जला मारा।

दियासलाई की तीली

मैं एक मामूली दियासलाई की तीली हूँ
इतनी मामूली कि शायद नजर भी न पड़े :
फिर भी जानो
मेरे मुँह में चुलबुला रहा बारूद—
मेरे सीने में जल उठने की दुरंत इच्छा,
मैं एक दियासलाई की तीली हूँ।

याद है, उस दिन हड़कम्प मची थी?
घर के कोने में जल उठी थी आग—
मुझे बगैर बुझाए उपेक्षा से फेंक देने की वजह!
कितने घरों को जला दिया है,
कितने महलों को मलबा बना दिया है;
मैंने अकेले ही—छोटी-सी एक दियासलाई की तीली।

इस तरह अनगिनत शहर-राज्यों को बरबाद कर सकती हूँ।
फिर भी हमारी उपेक्षा करोगे?
याद नहीं है? अभी उस दिन—
हम सभी जल उठे थे एक डिबिया में;
चौंक पड़े थे—
हमने सुना था तुम्हारे बदरंग चेहरे का आर्तनाद।

हम लोगों की कितनी बड़ी ताकत है
उसे तो अनुभव किया है बार-बार;
फिर भी क्यों नहीं समझते,
हम लोग कैद नहीं रहेंगे तुम लोगों की जेब में,

हम लोग निकल पड़ेंगे, फैल जाएँगे
शहर में, मंडी में, गाँव में—दिशा से दिशा तक
हम लोग बार-बार जलते हैं, निहायत ही उपेक्षा से
यह तो तुम जानते ही हो!
मगर तुम लोग नहीं जानते :
कब हम सभी जल उठेंगे—
आखिरी बार के लिए?

बयान

अन्त में हमारे सोने के देश में उतरता है अकाल,
जुड़ती है भीड़ उजड़े हुए नगर और गाँव में,
अकाल का जिन्दा जुलूस,
हरेक भूखी जान ढो लाती है अनिवार्य समता।
खाने की खोज में हर मन में आदिम आग्रह
रास्ते रास्ते पर लाता है हर रोज नंगा समारोह;
भूख ने डाला है डेरा रास्ते के दोनों ओर,
हर रोज जहरीली होती है हवा बेतरतीब बेमतलब साँस से।

मध्यवर्ग का धूर्त सुख धीरे-धीरे नंगा होता है
चुपचाप घोषणा करता है बुरे दिनों की,

सड़कों पर झुंड-दर-झुंड कंगालों की शोभायात्रा,
अकाल की गूँज उठती है आतंकित जनानखानों में।
दरवाजे-दरवाजे पर व्यग्र उपवासी प्रत्याशियों का झुंड,
व्यर्थ प्रार्थना से थके, तेज भूख आखिरी सहारा है;
भरी दुपहरी में राजपथ में लाशों को देखकर,
विस्मय-सा लगता है अनभ्यस्त आँखों को।

मगर इस देश में खूँखार दुश्मन आज हमला करता है
भारी मौत का स्रोत प्राणों को जड़ से खींचता है
रोज गलत चोट करता है सठियाया हुआ विदेशी शासन
क्षीणायु कुंडली में नहीं ध्वंसगर्भ के संकट का नाश।
सहसा काफी रात को देशद्रोही हत्यारे के हाथ में
देशप्रेम से जोशीले प्राण खून ढालते हैं सूरज के साक्ष्य में।

फिर भी प्रतिज्ञा तैरती है हवा के अकेले में
यहाँ चालीस करोड़ अभी भी जीवित हैं,
भारतवर्ष पर गला हुआ सूरज झरता है आज—
दिशा-दिशा में उठ रही है आवाज,
खून में लालिमा भरो,
रात के गहरे ढोढ़ों से तोड़ लाओ खिली हुई सुबह।
उद्धत प्राणों के वेग से मुखर है मेरा यह देश,
मेरे बरबाद प्राणों में आया है दृढ़ता का निर्देश।

आज मजदूर भाई देश भर में अपनी जान हथेली पर लिये,
कारखाने-कारखाने में उठाते हैं एक आवाज।
अनखाया किसान आज नुकीले हल के फाल से
निडर होकर रचता है जंगी कविता इस मिट्टी के सीने में।
दूर से ही आज आनेवाली मुक्ति की ताक में है शिकारी,
इस मुल्क का भंडार जानता हूँ, भर देना नया यूक्रेन।

अन्नहीन मेरे देश में आज इसीलिए है उद्धत जिहाद,
लड़खड़ाते दुख के दिन, थरथर काँपती है जर्जर बुनियाद।
इसीलिए तो खून के सोते में सुनता हूँ पदध्वनि,
क्षोभ से भरी हुई टाइफून-मत्त चंचल धमनी :
संकटग्रस्त दुनिया की सुनता हूँ बार-बार पुकार।
हम लोगों की मजबूत मुट्ठियाँ आज उसे उत्तर दें।
दरवाजे से मौत के परवाने वापस हो
व्यर्थ हो गन्दा साजिश विपक्ष की मार से लगातार।

चील

राह चलते-चलते अचानक देखा :
पटरी पर मरी हुई एक चील!
चौंक पड़ा उसकी गन्दी दयनीय मूर्ति देख।
बहुत ऊँचाई से जिसने इस दुनिया को देखा है
लूट के बेरोक उपनिवेश,
जिसकी शिकारी नजर में थी सिर्फ
तेज लालच और झपट लेने की डाकू प्रवृत्ति—
उसे देखा पटरी पर औंधा पड़े हुए।
मीनार के शिखर पर रहती थी यह चील,
खुद को जताती थी तीखे चीत्कार से
हल्की हवा में पंख पसार देती थी आसमान की नीलिमा में
बहुतों को पीछे छोड़; अकेली :
दुनिया से काफी ऊँचाई पर।
बहुत से आज निरापद हैं;
निरापद आज चूहे के बच्चे हैं और खाना हाथ में लिये डरे हुए राहगीर,
निरापद—क्योंकि आज वह मृत है।
आज और कोई नहीं है झपट्टा मारने के लिए,
खुद के फेंके हुए जूठन की तरह
वह पड़ी है फुटपाथ पर,
सूखी, ठंडी, विकृत देह।
हाथ में जिनके रहा जीने भर का भोजन
सीने के पास यत्न से पकड़े हुए
वे आज आगे बढ़ गए बिना किसी डर के,
निष्ठुर व्यंग्य की तरह पीछे फेंक
आसमान से गिरी हुई उद्दंड चील को।

चटगाँव : 1343

भूखी हवा में सुनता हूँ सिर्फ एक नाम—
चटगाँव : वीर चटगाँव!
जख्मभरी देह पर चुपचाप सहने की शक्ति
हमारी नस-नस में
बिजली भर लाती है, आज चेतना के दिन।
चटगाँव : वीर चटगाँव!

अभी भी तुम चुप हो
इसीलिए आज पाशविकता की
असहनीय गश्त चलती है,
इसीलिए दुश्मन आज साहसी हैं।
पता है तुम्हारे दिल में
अनगिन उदारता है; पता है स्वस्थ शालीनता है
पता है तुम चोट-दर-चोट
अभी भी शान्त नहीं हो, पता है तुम अब भी हो उद्दाम
हे चटगाँव!

इसीलिए आज भी लहूलुहान तुम याद पड़ते हो
हजारों कामों के बीच याद पड़ती है बाघ की नींद
जंगल का सपना आँखों में, दाँत और नाखून में कठिन संकल्प
हे भूखे-प्यासे श्वापद—
तुम्हारे उठे हुए पंजे, एकजुट नाखून
अभी तक नहीं हैं निरापद।
दिशा से दिशा तक इसीलिए गर्जन ध्वनित है

तुम चाहते हो खून का स्वाद—
जो स्वाद जानता है स्तालिनग्राद।
तुम्हारे संकल्पस्रोत में बह जाएगा लोहे का छड़
यह तुम्हारा निश्चित विश्वास है।
तुम्हारी शपथ इसीलिए मेरी भी शपथ है, चटगाँव!
मेरे हृत्पिंड में आज उसी का लाल हस्ताक्षर है।

मध्यम वर्ग : 1942

दुनिया भर में जिस छुतही बीमारी में,
आज सभी भुगत रहे हैं एक साथ,
यहाँ कुछ-कुछ उसी का पूर्वाभास
पा रहा हूँ, यहाँ बह रही है पूर्वी-हवा।
उपाय नहीं है कि सँभालकर पकड़ूँगा पतवार,
खूँखार हवा में फटा है आज का पाल।
आग छिपकर बढ़ रही धान-खेतों में,
विदेशी समाचार में कान लगा रखा है,
डर से कट रहे हैं इस मुल्क के रात-दिन,
लालची बाजार में बीमार स्वप्नहीन।
अचानक नेता लोग बन्द देश भर के,
'देशप्रेमी' उग रहे हैं जमीन फोड़कर।
पहले उनके अन्धे वीर मद में
मतवाले हुए हैं और ठगे गए हैं पग-पग में;
देखा है सुविधा नहीं है यह काम करने में
अकेला प्रयास सिर्फ गलती करवाता है।
इधर मुल्क की पूर्वी सीमा पर
फिर बमबाज लहू पी रहे हैं
क्षुब्ध जनता आसाम में, चटगाँव में,
नंगे और दुहरे अन्याय से,
उनका हित हमारा हित है
आज चेतना ने एक आँख से देखा है॥

सितम्बर : 1946

कलकत्ते में चैन नहीं है।
खून का कलंक बुलाता है आधी रात में
हर शाम में।
दिल की धड़कन की आवाज तेज होती है :
मूर्च्छित शहर
अभी गाँव की तरह
शाम होते ही जनहीन शहर की सड़क;
भयभीत रोशनी का खंभा
रोशनी देता है निहायत ही डरते हुए।
कहाँ हैं दुकानें?
कहाँ है वह जनता का स्त्रोत?
शाम की रोशनी की बाढ़
आज और नहीं उठाती
जनता की नाव का पाल
शहर की सड़क पर।
ट्राम नहीं है, बस नहीं है—
हिम्मती राहगीरों से खाली
यह शहर आतंक फैलाता है।
कतार के कतार स्थान
लगते हैं कब्र की तरह,
मरे हुए आदमियों के ढेर अपने पीठ पर लेकर पड़े हैं
चुपचाप सन्नाटे में।
बीच-बीच में सुन पड़ता है
बख्तरबन्द गाड़ियों का गर्जन

रास्ता तय करते हुए दौड़ी जाती हैं बिजली की तरह
गर्व भरे क्रोध में
कलंकित काले-काले खून की तरह
अँधेरा हमला करता है खुमारी में डूबे हुए शहर पर;
शायद काफी रात को
लावारिश कुत्तों का झुंड
इनसान की देखा-देखी
अपनी जाति को देख
ललकारता है, हमला करता है।
रुँधी हुई साँस यह शहर
छटपटाता है सारी रात—
कब सुबह होगी?
जिलाने वाली लकड़ी का स्पर्श
मिलेगा उजली धूप में?
शाम से भोर का लम्बा समय
पहर-दर-पहर
सशब्द पूछता है घड़ी के घंटे से
धैर्यहीन शहर का प्राण :
छुरी क्या इससे भी अधिक निष्ठुर है?
चमगादड़ की तरह काला अँधेरा
अफवाह के पर तौलता
खड़े कान के पास
रातभर चक्कर काटता है।
सन्नाटे को कँपाती हुई
कभी किसी गृहस्थ के दरवाजे पर
उद्दंड, अटल और गम्भीर
आवाज आती है सख्त बूटों की!

शहर मूर्च्छित हो जाता है।
जुलाई! जुलाई! फिर लौट आए
आज के कलकत्ते की यही प्रार्थना है;

दिशा-दिशा में सिर्फ जुलूस का कोलाहल—
अभी भी पाँव की आवाज सुनाई पड़ रही है।

अक्टूबर को जुलाई होना ही पड़ेगा
फिर सभी खड़े होंगे सभी की बगल में,
अगस्त और सितम्बर का महीना
इस बार की तरह मिट जाए इतिहास से॥

ऐतिहासिक

आज आया हूँ तुम लोगों के घर पर—
दुनिया की अदालत का परवाना लेकर
तुम लोग मेरे सवाल की कैफियत क्या दोगे :
क्यों मृत्यु लिखी लाशों से पट गया सन् पचास?
आज सन् बावन की शुरुआत में उसका क्या उत्तर दोगे?
पता है! रुक गया है तुम लोगों का आगे बढ़ने का स्रोत,
इसीलिए तो लम्बी साँस के धुएँ से काला कर रहे हो भविष्य
और पछतावे की आग में राख हो रहा है उत्साह का कोयला।
मगर सोचा है क्या?
देर हो गई काफी, बहुत देर!
कतार में खड़े होने की आदत कभी नहीं डाली,
एकमात्र लक्ष्य के आमने-सामने खड़े होकर
लड़े हो आपस में,
तुम्हारी अलगाव भरी बेतरतीबी देख
बन्द हो गए मुक्ति की दुकान के टट्टर।
सिर्फ ठगे हुए की तरह कातर जिज्ञासा-भरी आँखों से
ताके हो हरेक की ओर;
—क्यों ऐसा हुआ?

एक दिन अकाल आया
भूख की बेरहम मार से
पास-पास सट-सट कर सभी खड़े हुए कतार में
नीच, शरीफ, हिन्दू और मुसलमान
एक ही हवा में सभी ने साँस ली।
चावल, चीनी, कोयला, किरासिन?

इन तमाम चीजों के लिए चाहिए कतार।
मगर नहीं समझा कि मुक्ति भी दुर्लभ और बेहद कीमती है,
उसके लिए भी चाहिए चालीस करोड़ की लम्बी, एकजुट कतार।
मूर्ख हो तुम लोग :
कतार में खड़े हुए : मगर मुक्ति के बदले मौत खरीदा,
खून देकर ठगे गए।
इस बीच तुम्हारी झगड़ती हुई बेतरतीब भीड़ में
मुक्ति झाँक गई है बहुत बार।
कतार में खड़ा होना जिन्होंने सीखा,
सोवियत, पोलैंड, फ्रांस
खून की कीमत से वे खरीद ले गए अपनी मुक्ति
सबसे पहले इस दुनिया की दुकान से।
अभी भी इस कतार में बहुत लोग इन्तजार कर रहे हैं,
प्रार्थी बहुत हैं; मगर मुक्ति सीमित है।
शायद इस विश्वव्यापी कतार के अन्त में
अभी भी तुम्हें जगह मिल सकती है—
इसकी घोषणा कर दो देशभर के पड़ोसियों में।
उसके बाद चुपचाप खड़े हो जाओ इस कतार में प्रतिज्ञा और प्रतीक्षा लिये
जान हथेली में लेकर तैयार रहो सभी
मैं इतिहास हूँ, मेरी इस बात पर गौर करना,
याद रखो, देर हो गई, बहुत देर।
और याद करो, आकाश में है एक ध्रुवतारा,
नदी की धारा में है गति का निर्देश,
जंगल के मर्मर में है आन्दोलन की भाषा,
और है पृथ्वी का चिरकालिक आवर्तन॥

दुश्मन एक है

आज यह एक गरीब देश है; जानता हूँ खाने को अन्न नहीं
मौत रोज-रोज की साथी है, लगातार दुश्मनों का हमला
खून की अल्पना उकेर, कान में बजता है रुदन का स्वर,
फिर भी मजबूत हूँ मैं, मैं एक भूखा मजदूर।
हमारे सामने आज एक दुश्मन है : एक लाल रास्ता है,
दुश्मन की चोट और भूख से जलती हुई शपथ है।
कठिन प्रतिज्ञा से स्तब्ध हमारे जोशीले कारखाने में,
हर रोज गूँगी मशीन प्रतिरोध का संकल्प बताती है।
मेरे हाथ के स्पर्श से हर रोज यंत्र का गर्जन
शपथ की याद दिलाता है। थकान धो डालता हूँ।
विक्षुब्ध यंत्र के सीने में हर रोज जो युद्ध-घोषणा है
वह लड़ाई मेरी लड़ाई है, उसी के रास्ते रुके हुए दिन गिनना है।
पास के दिगन्त में आता है दौड़ता हुआ दिन, जयोन्मत्त पंख—
हमारी निगाह में मुक्ति की पताका का लाल प्रतिबिंब है
रफ्तार से अन्वा मेरा हाथ, लगातार यंत्र का प्रसव
बहुत ज्यादा उत्पादन, आखिरी वज्र बनाने का उत्सव।

मजदूरों का तूफान

[लैगस्टन ह्यूज]

अभी यही तो मौका है—
कहाँ? कहाँ हो? निकल आओ हड़ताल-तोड़ दलालो;
वे तमाम दलाल—
बच्चों की आँख की तरह जिनके भेस बदलते हैं,
निकट आओ।
जहन्नुम गए मूर्खों का गिरोह,
अलगाव, कड़वापन, भटकाव
शिकस्त और मौत के फरिश्ते
निकल आओ।
ताकतवर जरखरीद गुलामो!
तंग गली की जहरीली साँस लेकर निकल आओ।
गटर के कीड़ो!
यही तुम लोगों का सही वक्त है,
गढ़ों को छोड़ निकल पड़ो—
निकल पड़ो छोटे-छोटे साँपों
बड़े और मोटे साँपों को जो घेरे रहते हो।
वक्त हो गया है,
अशरफी और पुरानी बेइज्जती के बदले
जिनके पेट सफेद हैं—
अब वे अपने सरीसृप दाँत निकालें,
यही तो मौका है उनका।
लोगों को अच्छी तरह पता है
बहुत से लोगों के खिलाफ एक आदमी को लगाने का वह
    पुराना कायदा।

मुट्ठी भर लालचियों को
अनेक जरूरतमन्दों के खिलाफ—
और सेहतमन्द लोगों के खिलाफ
घिसे हुए लोगों के गिरोह।
सूरज की दिशा में जिनका सफर है
साँप लोग उनके खिलाफ हैं।

पहले हालाँकि ये साँप बहुत बार जीत चुके हैं।
मगर यही वह मौका है
सचेत इनसान। अब और गलती मत करना—
भरोसा मत करना उन तमाम साँपों का
चमकीले चमड़े में जो अपने को ढके रखते हैं,
आफत में फँसने पर जो बुलाते हैं
अपने से कम चटकदार जहरीले पिछलग्गुओं को।
हड़ताल तोड़ने में जिन्हें कोई शर्म नहीं
जो हड़ताल बे-आबरू भूख की आखिरी निशानी है।

—हालाँकि, अभी कोई इज्जतदार संगठन नहीं
जिसका गुमनाम नाम :
'हड़ताल तोड़ने वालों का गिरोह' हो,
कम-से-कम दरवाजे पर लिखा नहीं रहता।
तूफान आ रहा है—वही तूफान :
जो तूफान दुनिया के सीने से कचरे को खींचकर उठाएगा।
मजदूरो, होशियार!
वह तूफान लगभग आमने-सामने है॥

पुकार

मुख पर मुस्कराहट, अहिंसक बुद्ध की
भूमिका नहीं चाहता। पुकार आती है युद्ध की।
गोली बाँधकर सीने में, ऊँचा फिर सिर—
हाथ हाथ में घूमती है लेन-देन की खाता-बही
सुनो, हुंकार करोड़ों अवरुद्ध की।
अकाल को भगाओ, उन्हें भी भगाओ—
संधिपत्र कुचलो, दोनों पैरों से कुचलो।
तीन झंडे की विनती : नहीं दोगे आवाज भी?
असहनीय ताप करोड़ों-करोड़ क्रुद्ध लोगों का।

नई सुबह का कटा-फटा वक्त है
खत्म करूँगा खून की यह होली खेलना,
उठो सीधा तनकर, पाँव-पाँव में लगता है धक्का
देखो, भीड़ देखो स्वाधीनताकामियों की।

फागुन का महीना, झरने दो पुराने पत्ते
उगें नये पत्ते, सिर उठाएँ
नई दीवार दिशा-दिशा में चुनी जाय—
जगे विक्षोभ चारों ओर क्षुब्ध लोगों का।

झील में प्यास का पानी कब तक पाओगे?
सामने खींचता है समुद्र उत्ताल;
तुम किस दल में हो? जिज्ञासा उद्दाम :
'गुंडों' के दल में लिखाया नहीं नाम?

बोधन

हे महामानव, एक बार लौट आओ!
सिर्फ एक बार आँखें खोलो इस गाँव नगर की भीड़ में,
यहाँ मौत हमला करती है बार-बार;
लोगों की नजरों की ओट में जमा है—अन्धकार।
यह जो है आसमान, दिगन्त मैदान, स्वप्न से हरी धरती
मौत ने चुपचाप सब पर अड्डा जमाया है;
छुटकारा नहीं है कहीं
अकाल, महामारी, सूखा, लगातार बाढ़।
चोट-दर-चोट में फटे नाव के पाल,
चरम दुख ने यहाँ खोदा है सर्वनाश का नाल,
टूटे घर, खाली आँगन में जमी है सन्नाटे की कालिमा,
हे महामानव, यहाँ सूखे पत्तों में आग जलाओ!

रुकी है जीवन-यात्रा, चुपचाप रुलाई ढोते हो सीने में,
हे नीड़-विहारी साथी! आज सिर्फ मन-ही-मन हाँफकर
सोचते हो संसार-सागर किसी तरह पार हो जाओगे
पैरों से बाधाओं को टाल कर! फिर भी आज चकित हूँ
धूर्त, धोखेबाज जिन्होंने छीन लिये हैं मुँह के आखिरी कौर
उनको किया है माफ, बुलाया है अपना सर्वनाश।
तुम्हारे खेत की फसल
चुराकर जिन्होंने तहखानों में जमा किया है
उन्हीं के चरणों में तुमने प्राण सौंप दिये असहनीय क्षमा में;
लोभ-पाप का किला गुम्बज और महल की मीनार में
तुमने जो फैलाया हाथ; आज सिर पटककर बार-बार
अगर शाप दोगे, होगा वह निष्फल हर बार

तुम्हारे अन्याय से जानो यह अन्याय हुआ है प्रबल।
तुम तो पहर गिनते हो,
सिक्के वे गिनते हैं करोड़ों-करोड़,
भंडार भरे हैं उनके; खाली मैदान में कंकाल-खप्पर
तुमसे व्यंग्य करते हैं हाथ के इशारे से पास बुलाकर
कुहरा है तुम्हारी आँखों में तुम भटकते हो दुर्विपाक में।

पृथ्वी उदास सुनो हे दुनियादार!
सामने खड़ा है मौत का काला पहाड़
जले दिल से अगर मोड़ते हो गर्दन
सामने पीछे कहीं नहीं मिलेगा पार :
कैसे खुलेगा मृत्यु-छुआ द्वार—
अभी उसका क्या जवाब दोगे?

लाख-लाख प्राणों का दाम
बहुत दिया है; उजाड़ कर ग्राम।
सूद और असल में आज इसीलिए
युद्ध के बाद का पावना चाहिए।

कंजूस दुनिया, लालच का हथियार
देकर छीन लेती है अन्न-वस्त्र,
लालची जीभें दुनिया में फैली हैं
फैलाओ हाथ उसे उखाड़ लेने के लिए।
लालच के सिर पर लात जमाओ
लाओ, रक्त की भागीरथी लाओ
दैत्यराज के जितने अनुचर
मौन के फन्दे बिछाते हैं दर-ब-दर
खोलो आँख तोड़ो वह फन्दा
हाँक दो दिशा-दिशा में सिंहनाद
तुम्हारी फसल तुम्हारी माटी
उनकी जनम-मरण की काठी
तुम्हारे चेतना-चालित हाथ में।
अभी भी काँपोगे आशंका से?

स्वदेश-प्रेम के तोता-मैना
मारण मंत्र पढ़ते हैं सुनते नहीं?
अभी भी क्या हम स्वतंत्र हैं?
करो आवृत्ति, पढ़ो वह मंत्र।

सुन रे मालिक, सुन रे जमाखोर!
तेरे महलों में जमा है कितने मरे आदमियों के हाड़
उसका हिसाब देगा क्या?

प्रिया को मेरी छीना है तूने
        उजाड़ दिया है घर-बार,
इसे भला मैं जीते-मरते
        क्या कभी भूल सकता हूँ?

आदिम खूँखार मानवता का हुआ गर मैं कोई
स्वजन-खोए श्मशान में
        तेरी चिता मैं जरूर जलाऊँगा।
सुन रे जमाखोर,
फसल उगाने वाली माटी में
        रोपूँगा तुझे इस बार।
फिर सैकड़ों युगों बाद
भविष्य के किसी जादूघर में
नृतत्वविद् हैरान होकर पोंछेगा अपना कपाल
जमाखोर और आदमी की हड्डी में समानता खोजना मुश्किल है।
तेरह सौ साल के बिचौलिए मालिक जमाखोर
भला आदमी थे? उसका जवाब नहीं मिलता।

आज और विमूढ़ उछल-कूद नहीं,
दिशाओं में उमड़ रहा है सर्वनाश का तूफान;
आज का यह सन्नाटा लड़ाई की शुरुआत की स्वीकृति हो।
दोनों हाथों से बजाओ बदले का उन्मत्त नगाड़ा,
प्रार्थना करो :
हे जीवन, हे युग संधिकाल की चेतना—

आज शक्ति दो, युग-युग वांछित दुर्दमनीय शक्ति,
प्राणों में और मन में दो, जाड़े के अन्त का
        बर्फ पिघलाने वाला उत्ताप।
टुकड़े-टुकड़े करके फाड़ डालो अपनी
अन्याय और कायरता की कलंकित कथा।
शोषक और शासक की बेरहम एकता के खिलाफ
एकजुट हो हमारी एकता।

ऐसा अगर नहीं हुआ, सिर पर भयंकर
विपत्ति आए, तूफान से, बाढ़ से उजड़े घर;
ऐसा अगर नहीं हुआ, समझेंगे तुम इनसान नहीं हो—
छिप-छिप कर देशद्रोही का झंडा ढोते हो।
भारतवर्ष ने मिट्टी नहीं दी, नहीं दिया जल
नहीं दिया तुम्हारे मुख में अन्न, बाँहों में बल
पुरखे गायब हैं खून में, इसीलिए
भारत में आज कोई जगह नहीं तुम्हारे लिए।

हरकारा

हरकारा दौड़ रहा है इसीलिए रात में झुमझुम घंटा बज रहा है
हरकारा चला है खबर का बोझ हाथ में लेकर,
हरकारा चला है, हरकारा!
रात की राह चलता है कोई मनाही नहीं मानता।
दिशा-दिशा में दौड़ता है हरकारा—
नई खबर लाने का दायित्व है उसका।

हरकारा, हरकारा!
जाने-अनजाने का
बोझ है उसके कन्धे पर,
लदा हुआ जहाज हरकारा चला है चिट्ठी और समाचार में;
हरकारा चल रहा है, शायद भोर हो जाय,
और तेजी से, और भी तेजी से, यह हरकारा बेरोक और दुर्जय।
उसके जीवन के सपने की तरह जंगल पीछे खिसक जाता है,
बाकी है, बाकी है और राह—शायद लाल होता है वह पूर्वकोण।
अवाक् रात के तारे आसमान में लुपुर-झुपुर देखते हैं :
कैसे यह हरकारा तेजी से हिरण की तरह भागता है।
कितने गाँव, कितने रास्ते छूट-छूट जाते हैं—
शहर में हरकारा पहुँच ही जाएगा भोर में;
हाथ में लालटेन, करता है टुनटुन, जुगनू देते हैं प्रकाश
डरो नहीं, हरकारा! रात की कालिमा अभी भी है।

इस तरह जीवन के बहुत-से सालों को पीछे छोड़,
दुनिया का बोझ भूखे हरकारे ने पहुँचा दिया है 'मेल' में
थकी साँस ने छुआ है आसमान, मिट्टी भीग गई पसीने से
जिन्दगी की तमाम रातों को उन्होंने बहुत कम दामों में खरीदा है।
बड़े दुख में, वेदना में, अभिमान अनुराग से,
घर में उसकी प्रिया अकेली बिस्तर की नींदहीन रात जगती है।
हरकारा, हरकारा!
ये बोझ खींचने के दिन कब खत्म होंगे?
रात बीते सूरज कब उगेगा?
घर में है कमी; दुनिया इसीलिए लगती है काला धुआँ,
पीठ पर रुपये का बोझ, फिर भी ये रुपये छुए नहीं जाएँगे,
रात निर्जन है, रास्ते में कितने डर हैं, फिर भी हरकारा दौड़ता है,
डाकू का डर, उससे भी ज्यादा डर है कब सूरज उग आए।
कितनी चिट्ठियाँ लिखते हैं लोग—
कितने सुख में, प्रेम में, आवेग में, स्मृति में, कितने दुख में और शोक में
इसकी दुख की चिट्ठी जानता हूँ कोई कभी नहीं पढ़ेगा,
इसकी जिन्दगी का दुख केवल जानेगी रास्ते की घास,
इसकी दुख की चिट्ठी नहीं पढ़ेगा कोई नगर और गाँव में,
इसकी कथा ढकी रहेगी रात के ही काले लिफाफे में।
हमदर्दी से तारे टिमटिमाते हैं—
इसे जो भोर का आसमान भेजेगा हमदर्दी की चिट्ठी—
हरकारा, हरकारा! क्या होगा यह बोझ ढोकर?
क्या होगा भूख की थकान में क्षय होते-होते?
हरकारा, हरकारा! भोर तो हुई है—आसमान हुआ है लाल,
रोशनी की छुअन से कब कट जाएगा यह दुकाल?
हरकारा! गाँव का हरकारा!
वक्त हुआ है नई खबर लाने का;
शपथ की चिट्ठी ले चलो आज
        कायरता पीछे छोड़—
पहुँचा दो यह नई खबर
        प्रगति की 'मेल' में,

दिखेगी शायद अभी ही भोर
नहीं, देर नहीं और,
दौड़ चलो, दौड़ चलो, और तेजी से
हे दुर्दम हरकारा!

मृत्युंजयी गीत

तयशुदा दक्षिणी हवा एक शाम रुक गई
अज्ञातवास के अन्त में नींद टूटने से डरी हुई जनता
अचानक जंगलराज में डर से भौचक;
घुटन धीरे-धीरे दुर्भावना को मजबूत बनाती है।
दूर से आए सपनों के कितने बुरे दिन हैं।
महामारी दबा हुआ गुस्सा।
दुनिया की नस-नस में बढ़ा हुआ रक्तचाप
थके हुए विलास की सिकुड़ी हुई जिन्दगी।

बनिये की आँख में आज कितना लोभ झूलता है!
बार-बार रक्तपात से स्वधर्म की सूचना :
क्षय होते दिन रोते हैं व्यर्थ प्रसव-पीड़ा में।
नश्वर पौष के दिन, चारों ओर धूर्तों की समता
गहरी भँवर में सिर्फ रोजाना जिन्दगी की धड़कन;
शोक में डूबा हुआ, दुनिया की होने वाली बेवक्त मौत पर :
बुरे दिनों का जमघट, सामने अन्तहीन पहर
आँखों के आगे अँधेरा है, और आने वाले दिनों का सन्देह।
गला हुआ इसीलिए वैराग्य का ढोंग रचता है
काँटेदार प्रतीक्षा में है हमारा जंगल निवास।

अचानक खिड़की से देखता हूँ : अकाल के स्रोत में
जनता-जुलूस में आता है संगठित प्राण
अद्भुत रोमांचक लगता है समुद्र में, पर्वत में;
उस जुलूस में सुनाई पड़ा
जनता का मृत्युंजयी गान।

कनवय

अचानक धूल उड़ाकर
लड़ाई से वापस बख्तरबन्द गाड़ियों का हुजूम :
पगलाई टिड्डियों के झुंड की तरह
राजपथ चौंका कर :
आगे-आगे तोप ऊँचा किये
पीछे-पीछे खाद्य और रसद का ढेर लेकर दौड़ गया।
मैं इतिहास का छात्र हूँ,
खिड़की से आँखें फेर लीं
इतिहास की ओर।
वहाँ भी देखता हूँ एक उन्मत्त कनवय
दौड़ा आ रहा है युग-युगान्तर के राजमार्ग से।
सामने धुआँ उगलती हुई तोप :
पीछे फसलों को अँकवारती जनता—
तोप के धुएँ की आड़ में देखा
इनसान।
और देखा फसलों से उनका पीढ़ी-दर-पीढ़ी का लगाव।
अनेक युग, अनेक जंगल, पहाड़, समुद्र पार करके
वे आगे आ रहे हैं : झुलसे हुए सख्त चेहरों के साथ।

फसल की पुकार : 1351

हँसुआ दो मेरे इस हाथ में
सुनहला समुद्र सामने है, मैं उसमें कूद पड़ूँगा।

ताकत की खुली हवा मेरी बाँहों में
नस-नस में महसूसता हूँ चेतना का विद्युत-विकास :
दो पाँवों में बेचैन हैं आज मजबूत कदम;
हँसुआ दो मेरे इस हाथ में।

दोनों आँखों में आज धधक रही है मैदान की आग,
चुपचाप फैले हुए खेत में लहराता है प्राणों का ज्वार
मौसमी हवा से आती है जिन्दगी की पुकार
शहर की भट्ठी को घेर कर पतंगों के कान में।

बहुत दिन भूखे कंगाल जनपद में
मैदान-मैदान में फैली है हमारी सम्पदा
हँसुआ दो मेरे इस हाथ में।
याद है एक दिन तुम्हारे घर में
नवान्न उजाड़ कर भेजा है सोने के साल में।
बेफिक्री की हँसी फैलाई है चेहरे पर
तृप्ति का प्रगाढ़ चिह्न सामने लाया है।
उस दिन की अनदेखी सेवा के बदले
आज सिर्फ हँसुआ दो मेरे इस हाथ में।

मेरा पुराना हँसुआ जल गया है भूख की आग में,
इसीलिए दो जलता हुआ हँसुआ तेज और समझदार

जो हँसुआ झलकेगा रोज उग्र देश प्रेम में।
पता है मौत आज मँडरा जाती है तुम्हारे द्वार
अकाल की साया है तुम्हारे दैनिक भंडार में;
तुम्हें बचाने की प्रतिज्ञा है मेरी,
सिर्फ आज हँसुआ दो मेरे इस हाथ में।

पराजित हैं अनेक किसान : तेज चाल चुपचाप मौत
जलते हुए मौत के हाथ में देखा गया भूखों का आत्मसमर्पण
उनकी फसल खड़ी है, निगाह जलती है दूर-दूर खोजती हुई
उनके खेत की हवा चुपचाप करती है कानाफूसी—
मुझे ही हँसुआ लेना है।
रोज मेरे कानों में गूँजता है भूख का हाहाकार
बेचैन हवा लाती है मैदान की वह उच्छ्वसित पुकार
साफ-साफ मेरे पास जीवन का तीखा संकेत :

इसीलिए आज एक बार हँसुआ दो मेरे इस हाथ में।

किसान का गीत

इस बंजर धरती का सीना चीर कर
अब उगाऊँगा फसल
मेरी मजबूत बाँहों से
आज इस सन्नाटे को बोलना है।
इस मिट्टी के गर्भ से आज मैंने
देखा है तुरत जन्मे लोगों को
क्रमश: साफ-साफ इशारे में
अकाल की आखिरी कब्र।
मेरी शपथ सुनी है क्या?
(गुप्त एकान्त शपथ)
इस मिट्टी में उगाऊँगा मैं
फसल की अगणित पलटन
घिरती है टूटन आँखों में
रुकी हुई जनता के जीवन में
मेरी शपथ खड़ा करती है
भूखों के अगणित इशारे।
द्वार पर दुश्मन का हमला
मुट्ठी में मेरा उत्साह
जोती हुई मिट्टी की राहों में
नई सभ्यता रचती है राह।

प्रार्थी

हे सूर्य! जाड़े के सूर्य!
बर्फ-सी ठंडी लम्बी रात तुम्हारी प्रतीक्षा में
हम रहते हैं
जैसे प्रतीक्षा करती रहती हैं किसान की चंचल आँखें
धान कटने के रोमांचकारी दिनों की।
हे सूर्य, तुम्हें तो पता है,
हमारे पास गरम कपड़े की कितनी कमी है।
सारी रात घास-फूस जलाकर,
एक टुकड़े कपड़े से कान ढककर,
कितनी दिक्कतों से हम जाड़े को रोकते हैं!

सुबह की एक टुकड़ा धूप—
एक टुकड़े सोने से भी कीमती लगती है।
घर छोड़ हम इधर-उधर जाते हैं—
एक टुकड़े धूप की प्यास से।

हे सूर्य!
तुम हमारी सीलनदार भीगी कोठरी में
गर्मी और रोशनी देना,
और गर्मी देना—
रास्ते के बगल के उस नंगे लड़के को।

हे सूर्य!
तुम हमें गर्मी देना—
सुना है, तुम एक जलते हुए अग्निपिंड हो,
तुमसे गर्मी पाकर

एक दिन शायद हम सब एक-एक जलते हुए अग्निपिंड में
बदल जाएँ!
उसके बाद जब उस उत्ताप में जल जाएगी हमारी जड़ता,
तब शायद गरम कपड़े से ढक दे सकेंगे
रास्ते के बगल के उस नंगे लड़के को।
आज मगर हम तुम्हारे अकृपण उत्ताप के प्रार्थी हैं।

अट्ठारह साल की उम्र

अट्ठारह साल की उम्र कितनी असहनीय
स्पर्द्धा से लेती है सिर उठाने की जिम्मेवारी,
अट्ठारह साल की उम्र में ही रोज
दुस्साहस लोगों में ताक-झाँक करता है।

अट्ठारह साल की उम्र में नहीं है डर
लात मार तोड़ना चाहती है पत्थर-सी बाधाएँ;
इस उम्र में कोई सिर नहीं झुकाता—
अट्ठारह साल की उम्र नहीं जानती रोना।

यह उम्र जानती है खून देने का पुण्य
भाप की गति से स्टीमर की तरह चलती है,
जान लेने-देने की झोली खाली नहीं रहती
सौंप कर आत्मा को शपथ के कोलाहल में।

अट्ठारह साल की उम्र भयंकर है
ताजे-ताजे प्राणों की असहनीय यंत्रणा,
इस उम्र में प्राण तीव्र और प्रखर
इस उम्र में कान में आती है कितनी मंत्रणा।

अट्ठारह साल की उम्र जो दुर्वार
पथ-प्रान्तर में दौड़ता है भीषण तूफान,
आँधी-पानी में पतवार ठीक रखना मुश्किल है
क्षत-विक्षत होती हैं हजारों जान।

अट्ठारह साल की उम्र में चोट पड़ती है
लगातार, एक-एक करके जमते हैं,
यह उम्र काली है लाखों उसाँस से।
यह उम्र वेदना में थरथर काँपती है।

फिर भी अट्ठारह साल की जयध्वनि सुनी है
यह उम्र बचती है आँधी-पानी और तूफान में
खतरे में यह उम्र अगुआ है
यह उम्र फिर नया कुछ तो करती है।

यह उम्र नहीं है डरपोक
राह चलते यह उम्र रुक नहीं जाती,
इस उम्र में इसीलिए कोई शंका नहीं—
इस मुल्क के सीने में अट्ठारह उतर आए।

धूमिल समग्र

खंड-3

डायरी, पत्र

धूमिल समग्र

खंड-3

डायरी, पत्र

संकलन-सम्पादन

डॉ. रत्नशंकर पाण्डेय

राजकमल प्रकाशन

ISBN : 978-93-89598-86-5

मूल्य : ₹3000
(3 खंडों में)

पहला संस्करण : 2021

प्रकाशक : राजकमल प्रकाशन प्रा.लि.
1-बी, नेताजी सुभाष मार्ग, दरियागंज
नई दिल्ली-110 002

शाखाएँ : अशोक राजपथ, साइंस कॉलेज के सामने, पटना-800 006
पहली मंजिल, दरबारी बिल्डिंग, महात्मा गांधी मार्ग, प्रयागराज-211 001
36 ए, शेक्सपियर सरणी, कोलकाता-700 017

वेबसाइट : www.rajkamalprakashan.com
ई-मेल : info@rajkamalprakashan.com

मुद्रक : यश प्रिंटोग्राफिक्स
ग्रेटर नोएडा-210 310 (उत्तर प्रदेश)

DHOOMIL SAMGRA (Vol-3)
Compilation and editing by Dr. Ratna Shankar Pandey

धूमिल, टॉम सैवेज (इंग्लिश कवि) और नागानन्द मुक्तिकंठ

आगे की पंक्ति में : बाएँ से वीरेन्द्र शुक्ल, योगेन्द्र नारायण शर्मा, धूमिल, रघुवीर सहाय, त्रिलोचन एवं कंचन कुमार (सम्पादक : 'आमुख')

पीछे की पंक्ति : क्रमश: नरेन्द्र 'नीरव', सुरेन्द्र प्रताप सिंह, बापू (सुधेंदु पटेल), शिवाजी पांडे 'सत्योगी' (DLW), वाचस्पति एवं अवधेश प्रधान, साथ ही त्रिलोचन और वाचस्पति के बीच वशिष्ठ मुनि ओझा, 1972

अखिल भारतीय प्रगतिशील साहित्यकार सम्मेलन, बाँदा (उ.प्र.)

दिनांक 22 से 25 फरवरी, 1973 ई.

कुर्सी पर बैठे हुए : सर्वश्री रमेश सिन्हा, श्याम सुन्दर घोष, कन्हैया जी, श्री मन्मथनाथ गुप्त (सदस्य, संयोजन समिति), डॉ. रणजीत (सचिव, संयोजन समिति), श्री शिवदान सिंह चौहान (सदस्य, संयोजन समिति), श्री केदारनाथ अग्रवाल (अध्यक्ष, संयोजन समिति), डॉ. भगवत शरण उपाध्याय (सदस्य, संयोजन समिति), श्री अमृतराय (सदस्य, संयोजन समिति), श्री त्रिलोचन (सदस्य, संयोजन समिति), श्री राजीव सक्सेना (सदस्य, संयोजन समिति), श्री ललित मोहन अवस्थी (सदस्य, संयोजन समिति), डॉ. विश्वम्भरनाथ उपाध्याय (सदस्य, संयोजन समिति), हरिहर यती, धूमिल, चन्द्रभूषण तिवारी

खड़े हुए प्रथम पंक्ति में : सर्वश्री राजन, अमरकान्त, प्रवासी, खगेन्द्र प्रसाद ठाकुर, कैलाश सोनी, जयदेव उपाध्याय, रामगोपाल सिंह चौहान, जीतेन्द्र रघुवंशी, दिनेश संन्यासी, अयोध्या, सनत कुमार, बंकिमचन्द्र, सुधेन्दु पटेल, योगेन्द्र शर्मा, एस. अतिबल, लक्ष्मणदत्त गौतम, सुरेन्द्रनाथ तिवारी, कर्ण सिंह चौहान

द्वितीय पंक्ति में : सर्वश्री रमेश रंजक, अशोक चक्रधर, सुधीश पचौरी, राणा प्रताप सिंह, ब्रजकुमार पांडे, वाचस्पति उपाध्याय, विजेन्द्र, असग़र वजाहत, मनमोहन, अवधेश प्रधान, उदय चित्रांशी, सव्यसाँची, रमेश राजहंस, सुरेश पांडेय, श्यामबिहारी राय, सुमन्त कुमार, आनन्दप्रकाश, प्रभुनारायण झींगरन, रामकृष्ण पांडेय, उद्भ्रान्त, धीरेन्द्र सुमन, रमेश उपाध्याय, कामतानाथ, चन्द्रप्रकाश पांडेय, अनूप अशेष, अजित पुसकल, कपिल आर्य, शान्ति निगम

खड़े हुए : सर्वश्री धूमिल, नागार्जुन, त्रिलोचन, केदारनाथ अग्रवाल, वाचस्पति, विजेन्द्र
बैठे हुए : सर्वश्री प्रभु झिंगरन, योगेन्द्र नारायण, वीरेन्द्र शुक्ल, सुधेन्दु पटेल, अवधेश प्रधान
स्थान : आर्य कन्या इंटर कॉलेज, बाँदा (उ.प्र.) 22/2/1972 (फोटो साभार—एस. अतिबल)

धूमिल : 1973

धूमिल : 1966

भूमिका

'धूमिल समग्र' का यह तीसरा और अन्तिम खंड है। इस खंड में डायरी और पत्र शामिल हैं। डायरी के कुछ अंश सिलसिलेवार हैं, तो कुछ लम्बे अन्तराल के बाद लिखे गए हैं, जिसे सुविधा की दृष्टि से तारीखों के क्रम में डायरी-1 में संकलित किया गया है।

धूमिल कविता की तरह अपने महत्त्वपूर्ण विचारों को टाँकते चलते थे। वे कहीं सादे कागज पर हैं, तो कहीं पत्र-पत्रिकाओं के खाली पड़े स्थान पर। ये विचार धूमिल की कविता के अंश भी हो सकते हैं, या फिर, उनके निबन्धों, समीक्षाओं, डायरी या पत्रों के अंश भी। लेकिन वे जहाँ भी हैं, पूरे-के-पूरे मुकम्मल विचार हैं, और इस तरह विचारों की एक श्रृंखला तैयार हो गई। इसे हमने डायरी-2 में रखा है।

डायरी में कहीं-कहीं पूरी-की-पूरी कविता है, यथा—17 फरवरी, 1969 में लिखी गई 'आलोचक' शीर्षक से एक पूरी कविता है, जो 'कल सुनना मुझे' में संकलित है। लेकिन डायरी के इन पृष्ठों पर कविता को ज्यों का त्यों इसलिए दिया जा रहा है कि पाठक धूमिल जी की कविता की रचना-प्रक्रिया को समझ सकें। जैसे एक या एक से अधिक पंक्तियों से 'दस्तक' तैयार हुआ था, ठीक वैसे ही एक या एक से अधिक पंक्तियों को डायरी-2 में संकलित किया गया है। डायरी-2 में धूमिल जी के गद्यनुमा विचार भी शामिल किए गए हैं, जिसमें जहाँ रचनाकाल पड़ा है, उसे ज्यों का त्यों लिख दिया गया है।

कवि की डायरी एक तरह से उसकी दिनचर्या ही हुआ करती है। कहीं-कहीं वैयक्तिक कथन लगते हुए भी हमारे चारों ओर की घटनाओं और परिस्थितियों पर उसकी टिप्पणी कवि की मन:स्थिति को ही उजागर करती है

कवि की डायरी मात्र एक साहित्यिक की डायरी नहीं है, बल्कि उसमें उसका खेत-खलिहान, ऊसर-बंजर, पालो-गोंइड़, परती-पलिहर, मजदूर-बनिहार, बुआई-जुताई, पंपिंगसेट-ट्यूबवेल, बैल-बछड़ा, गाय-भैंस, हल-हरवाह, नार-मोट, पैना-पगहा, कुआँ-तालाब, लोहसाँय, कोर्ट-कचहरी, थाना-चौकी, न्याय-अन्याय, वकील की फीस, सलाह-मशवरा, गाँव का झगड़ा-झंझट के साथ-साथ कार्यालय की दिनचर्या तथा संगी-साथियों के साथ बेबाक टिप्पणी भी है। ये सब उनकी कविता

के विषयवस्तु हैं जो अपने एकान्त में अपने आप से भी बतियाते हैं तथा दूसरों से भी बात करते हुए, अपने समय के प्रति संवेनदशील कवि का सूक्ष्म निरीक्षण प्रस्तुत करते हैं : 'मेरी दिनचर्या एक पेचकस है, जो मेरे प्रत्येक पेच को ढीला न रहने देने के लिए तत्पर है।'

धूमिल का कवि जिस तरह कविता में एकदम नये विषयों को उठाता है, उसी प्रकार डायरी भी एकदम अलग तरह की सघन सोच से अटी पड़ी है। डायरी में धूमिल अपनी कविता का विधान गढ़ते हैं। वे अपने चारों ओर की घटनाओं को इस प्रकार रचते हैं, जिससे कुछ छूटता नहीं—चाहे वह जीवन के पारम्परिक रंगों का त्योहार हो, चाहे आजादी के बाद का बदलता हुआ परिदृश्य।

धूमिल की डायरी के अध्ययन से उनकी राजनीतिक, सामाजिक एवं सांस्कृतिक संलग्नता परिलक्षित होती है। कहीं-कहीं ऊपर से एक ही तरह की दिनचर्या कई दिनों तक साथ-साथ चलती है, लेकिन उसके भीतर की सघन क्रियाशीलता से कई तरह की मन:स्थितियों का बोध होता है। उदाहरण के लिए 31 जनवरी, 1969 को चुनाव ड्यूटी लगी है तो 1 फरवरी को सिर्फ एक पंक्ति लिखते हैं : 'दो बजे रिहर्सल के लिए कचहरी गया।'

यहाँ 'रिहर्सल' एक शब्द ही नहीं, बल्कि चुनाव के प्रति कवि के अन्दर जो 'रिहर्सल' चल रहा है, वह आपसे भी बहुत कुछ कहवा देगा। यहाँ गद्यमय एक वाक्य, उनकी कविता की तरह सघन अनुभूतियों से प्रेरित होने के कारण, लम्बी व्याख्या के लिए आपको संचालित कर देगा। उसके आगे के दिनों में जिन घटनाओं का जिक्र है, वह आपकी संवेदना को झकझोरती ही नहीं, बल्कि चुनाव परिणाम की उत्सुकता—और जनसंघ के बख्शी की जीत को जिस तरह की व्याख्या मिली है वह आज भी जस-की-तस है। इसीलिए कहते हैं : 'भाषा बनाई नहीं जाती, वह होती नहीं, बल्कि है। कविता के लिए समकालीन अनुभव एवं दबाव के अनुसार उसे सन्दर्भ दे दिया जाता है। कोई शब्द (यथा रिहर्सल) अपने सन्दर्भ में ही भाषा बनता है। शब्दों को इसी प्रकार सही डाइमेंशन मिलता है' (28 जुलाई, 1970)। इसी तरह से कर्फ्यू का दृश्य। दिनांक 11,12,13,14,15 जनवरी, 1971 को विद्यार्थियों और पुलिस (पी.ए.सी.) के जवानों में मुठभेड़ जिसमें कई लोग मारे गए और सैकड़ों घायल हुए थे। इस घटना से धूमिल बेहद दुखी थे इस पर 'धर्मयुग' में एक शब्द-चित्र छपा था, जिसका शीर्षक था : 'बनारस खो गया है'। इसमें कामू, काफ्का, सार्त्र और गालिब का नाम तो लिया गया था लेकिन नये कवि धूमिल की टिप्पणी को शामिल नहीं किया गया था जिसे धूमिल धर्मवीर भारती को लिखे पत्र में डालते हैं। यही कवि-कर्म है। कवि की सह-अनुभूति, संवेदना और संवाद—ये तीनों मिलकर उसे एक ऊँचाई प्रदान करते हैं, जिसे बार-बार पढ़ने की जरूरत है।

धूमिल जब 'भाषा में आदमी होने की तमीज' की बात करते हैं तो यही कविकर्म की साहसिकता उन्हें समूह का प्रतिनिधि ही नहीं बनाती, बल्कि वे उसके पर्याय हो जाते हैं। साठोत्तरी कविता अपनी इसी संलग्नता के कारण अपने पूर्ववर्तियों से अलग हो जाती है। और यहीं—'आनेवालों के लिए, निर्ममता की एकदम नई और सघनतम व्याख्या के लिए अनुभव और शब्द उपलब्ध कराएँ।'

डायरी में समकालीनता पर गहन चिन्तन है। पीढ़ियों के बँटवारों पर सोचते हैं तथा युवा कविता आन्दोलन पर बेबाक टिप्पणी करते हैं जो कहीं-कहीं कविता में उपट आया है। '67-'68 में एक नारा आन्दोलित हो उठा था : 'जिधर जवानी चलती है, उधर जमाना चलता है।' इस युवा आन्दोलन का तेज धीरे-धीरे कविता में दब-सा गया। आपातकाल के बाद तो 'दूसरे प्रजातंत्र की तलाश' की जो बेचैनी थी, वह धीरे-धीरे ठंडी होने लगी। कविता आज भी राजनीतिक बात करती है, लेकिन उसमें वह उद्वेग नहीं है, वह बेलौस प्रश्न नहीं है, जो धूमिल के यहाँ दिखाई पड़ते हैं। धूमिल की 'कविता अपनी खुराक के लिए समूचा आदमी माँगती है' और 'भाषा इसी से सीझती है'। 'चमड़े पर नमक का पोतना और फिर उसे धूप में सिझाना'—इस प्रकार के आत्मघाती सृजन का धीरे-धीरे लोप हो गया, और चीजें धीरे-धीरे सेट होती गईं।

धूमिल जी ने कई बार साहित्यिक, सामाजिक पत्रिका निकालने का विचार बनाया-बिगाड़ा। उनकी पांडुलिपियों में 'विपक्ष' पत्रिका को लेकर स्पष्ट विचार हैं : ' 'विपक्ष' आज के सही आदमी का पक्ष है। हमारी नजर में वह आदमी विपक्ष का आदमी है जो अपनी स्वतंत्रता सम्बन्धी धारणाओं के साथ आम आदमी को भी जीने की समान सुविधा दे या दिलाने के प्रयत्न में सक्रिय हो। और जनतंत्र की सार्थकता के लिए कृत संकल्प हो—हिंसा के खिलाफ एक खुला पत्र।'

'विपक्ष' के मुखपृष्ठ का रेखांकन भी उन्होंने स्वयं किया है।

'आज नये-पुराने के बीच बहुत बड़ी और बेकार खाई तैयार कर दी गई है। साहित्यिक लगभग व्यक्तित्वहीन हैं। उनमें सही अर्थों में कोई 'सामाजिक सक्रियता' नहीं है। साधारणजन की चर्चाएँ हैं मगर वहाँ तक पहुँच की कारगर कोशिश नहीं है। यह अन्तर्विरोध महसूसते हुए काशी के कुछ नौजवान साहित्यिक सहकर्मियों ने 'त्रिलोचन अध्ययन केन्द्र' चलाने का निश्चय किया है। साहित्य के जरिये आज के तल्ख जिन्दगी के पेचीदा मसलों पर सम्यक् विचार और जनवादी चेतना का पुनर्गठन 'त्रिके' का मूलाधार है। त्रिलोचन अध्ययन केन्द्र (साहित्यिक और सामाजिक सक्रियता के लिए प्रतिबद्ध) की स्थापना के पीछे विभिन्न दलों, मतभेदों के रचनाकारों को एक मंच पर लाने का उनका प्रयास था। बनारस में यह धूमिल

का विनम्र साहस ही था कि विभिन्न मतों के लोग एक मंच पर उपस्थित हुए थे। उनका मानना था कि लेखक आपसी मतभेद भुलाकर संवाद कायम रखें। मतभेद हमसे है, हमारी रचना से नहीं।'

पांडुलिपियों में कुल 61 पत्र प्राप्त हुए हैं जो कालक्रम के अनुसार संकलित किए गए हैं। पत्र भी डायरी की तरह समसामयिक विषयों पर स्फुट विचार हैं। आरम्भ के तीन पत्र पारिवारिक सन्दर्भों से जुड़े हैं। दो पत्र अपने प्रिय काशी के नाम हैं जो सहारनपुर प्रवास के समय लिखे गए थे। मास्टर साहब (डॉ. नामवर सिंह) के नाम दो पत्र मिले हैं जो बनारस से लिखे गए हैं। हमने वेणुगोपाल का पत्र इसलिए दिया कि उसमें 'धूमिल' के नामकरण की चर्चा है, जिसका जवाब उन्होंने बड़े रोचक ढंग से दिया है। इसलिए दोनों पत्र आमने-सामने रखकर पढ़ने की आवश्यकता है। 29 पत्र विनोद भारद्वाज के नाम हैं जो पहली बार आलोचना के तैंतीसवें अंक (धूमिल-विशेषांक) में छपे हैं। लीलाधर जगूड़ी ने अपने कविता-संग्रह 'इस यात्रा में', 'पुराने प्रसंग के प्राण' में धूमिल जी के एक पत्र का जिक्र किया है। वह पत्र तो हमारे पास नहीं है लेकिन प्रिय जगूड़ी के नाम दो पत्र यहाँ दिये जा रहे हैं। इनमें धूमिल जी ने अपने पूर्ववर्तियों से किस तरह अपने शिल्प को अलगाते हैं—स्पष्ट लिखा है, जिसके प्रकाश में धूमिल की पुनर्व्याख्या अभी बाकी है।

बाद के पत्र लेखक-सम्मेलनों के सम्बन्ध में हैं जिससे वे वैचारिक रूप से सहमत नहीं दिखते। बाँदा लेखक-सम्मेलन में उन्होंने जोर देकर कहा था कि 'मैं मार्क्स का रसोइया नहीं हूँ' तथा उसी लेखक-सम्मेलन का बहिष्कार इस बात को लेकर किया था कि उसके आयोजकों द्वारा तत्कालीन इन्दिरा गांधी की सरकार को प्रगतिशील कहकर उसके सहयोग की बात दुहराई जा रही थी।

'वाम' के सम्पादक को पत्र लिखते हुए उन्होंने लिखा है कि 'अपनी कविताओं को लेकर फिलहाल ज्यादा कुछ कहना नहीं है। कविताएँ खुद अपना वक्तव्य हैं। यह जरूर है कि कुछ महत्त्वाकांक्षी आलोचक मित्रों के लिए वे हानिकारक सिद्ध हुई हैं। इन कविताओं के पठन-पाठन में जल्दबाजी नहीं करनी थी। वे इतनी सघन हैं कि एक शब्द की अनदेखी भी आलोचकों को पूर्वग्रही और तर्कहीन साबित कर देगी। आलोचक को एक सतर्क पाठक भी होना चाहिए, वरना कविता की आलोचना की आलोचना कर इसकी आलोचना लिखना केवल 'परिमलियन गुटका' ही तैयार होगी जो अब बीते दिनों की चीज बन चुका है।'

डायरी और पत्रों में, धूमिल जी अपनी कविताओं पर हो रहे प्रहार का तर्कसंगत उत्तर उस योद्धा की तरह देते हैं, जो रणभूमि में विपक्षी के प्रत्येक हथियार को कुछ पल में ही निरस्त कर देता है। वे हर पल साहित्य के प्रति सजग रहते थे—शब्द-दर-शब्द, वाक्य-दर-वाक्य संवेदनशील, अदम्य सर्जनात्मक ऊर्जा से ओतप्रोत।

इसी खंड के 'परिशिष्ट' में 'कल सुनना मुझे' की प्रस्तावना (डॉ. विद्यानिवास मिश्र), सम्पादकीय 'मरणोत्तर धूमिल : एक कथा-यात्रा' (कविवर राजशेखर) तथा 'भाषा की रात में धूमिल की भूमिका' और 'सुदामा पाँड़े का प्रजातंत्र' (दो शब्द : रत्नशंकर पाण्डेय) भूमिका (डॉ. विद्यानिवास मिश्र) को उसकी ऐतिहासिकता को देखते हुए समायोजित किया गया है, जबकि इसकी सभी कविताएँ समग्र-1 में शामिल हैं।

तो यह रहा धूमिल का समग्र, जिसे मैंने विगत पैंतालीस साल तक, बड़ी आशा और विश्वास के साथ सनच कर रखा था। यदि आपको धूमिल-समग्र से नई ऊर्जा, वस्तुओं को नये ढंग से देखने की दृष्टि मिलती है तो मैं समझूँगा, मेरा श्रम सार्थक हुआ। मेरे जीवन का एक बहुत बड़ा कार्य सम्पन्न हुआ।

—रत्नशंकर पाण्डेय

धूमिल शोध संस्थान
खेवली, वाराणसी

अनुक्रम

डायरी-1

डायरी-2

पत्र

परिशिष्ट

भाषा की रात में : धूमिल की भूमिका

डायरी-1

आई.टी.आई. सहारनपुर (उ.प्र.) : 14 दिसम्बर, 1967

मैंने अपने यहाँ की इस धाँधली को बहुत गहरे जाकर महसूस किया है। मेरे जैसा आदमी, जो ईमानदारी तथा देश-निष्ठा का एकतरफा दावा करता है, जब यहाँ होनेवाली वैधानिक धाँधलियों को देखकर भी चुप रह जाता है, तो अचानक कई तरह के सवाल मन में पैदा होते हैं : क्या यह मेरी अपनी कमजोरी है कि मैं उन बेईमान लोगों का खुलकर विरोध नहीं कर पाता? आखिर यह क्यों है? अपनी प्राथमिक योग्यताओं के प्रमाण-पत्रों की कमी मुझे इस वक्त बुरी तरह खलती है। इतनी कम योग्यता वाले आदमी को जो सुविधा यह सरकारी नौकरी दे रही है, वह शायद और नहीं मिलेगी (जैसाकि बेकारी के दिन हैं) और यही वजह है कि मैं बाहर कर दिये जाने के भय से चुप रह जाना अच्छा समझता हूँ; क्योंकि बात उठने पर मेरे वे साथी, जो आड़ में इन बुराइयों और बेईमानियों से अपना विरोध व्यक्त करते हैं, शायद ही मेरा साथ दें। वे उन्हीं बेईमान लोगों का पक्ष लेंगे, क्योंकि वे भी मेरी योग्यता के प्रमाण-पत्र वाले सुविधाभोगी हैं। परिणाम होगा कि बात उठाने के लिए तो उठ जाएगी, मगर वह प्रमाणित हो जाएगी, इसमें मुझे सन्देह है। जहाँ तक जनतांत्रिक न्याय-पद्धति का प्रश्न है, इस देश का कानून 'अपराधी' को भी बचाव की उतनी और वैसी ही सुविधा देता है, जैसी और जितनी एक निर्दोष को। फिर इसके साथ यह स्पष्ट हो चला है (भले ही हम न्याय और सत्य की घोषणाएँ भौंकते रहें) कि इस देश में अपराधी वर्ग के पास इतनी सुविधाएँ और साधन तो हैं ही कि वे न्यायालय के कठघरे में खड़े होने से पूर्व अपनी कानूनी सुरक्षा का बन्दोबस्त आसानी से कर लें। दिक्कत उस समय और बढ़ जाती है कि असल अपराधी कभी मुकाम पर नहीं आता। वह अपने पूर्णत: सुरक्षित संवैधानिक नेपथ्य में रहकर कार्य संचालन करता है। वह साधारण और निरपराध वर्ग के लोगों से ही अपने कार्यक्रम के अनुरूप 'व्यक्तियों' का चुनाव करता है : कभी विशेष सुविधाओं की लालच देकर या कभी उसकी किसी साधारण अपराध भावना का भय दिखाकर। और इस प्रकार अक्सर पाते हैं कि हम अपने-आपमें ही 'स्थानिक क्रियाओं' के साझीदार हो गए हैं। जनतंत्र की—हमारे देश के जनतंत्र की—सबसे बड़ी ट्रेजडी यह है कि हम अपने-आपमें अभियुक्त और अभियोक्ता, दोनों हैं। चुनावों ने

हमारे चुनाव करने के उस बोध को ही भ्रमित कर दिया है जिससे असल और नकल, अपराधी और अभियोक्ता के बीच कोई निर्णायक रेखा खींची जा सकती।

मैंने अक्सर अपने लोगों की बाबत सोचा है। देर-देर तक उनसे बहसें की हैं। अपने जैसे लोगों की पस्त हिम्मती और कमजोरियों से, एकजुट होकर काम करने की योजनाओं के लाभ से, भाषा, धर्म, देश, कानून, वाद, जाति और न जाने कितने दूसरे शब्दों से घंटों खींचतान की है। मगर अन्त, सिर्फ वही सुविधा पाकर जीते हुए लोगों की लाचारी। वे एक अगुआ चाहते हैं। इसकी वे पूरे पैंतरे से माँग करते हैं। वे ईमानदारी के नाम पर एक आदमी की आर्थिक हत्या की योजना पर दस्तखत करते हैं। मगर सामने नहीं आना चाहते। उसके लिए जवाबदेह नहीं बनना चाहते। सारी लड़ाई पर्दे के पीछे लड़ने की राय पर वे सहमत हैं। और एक दस्तखतनुमा शब्द का त्याग करके अपनी जिम्मेदारी से मुक्त हो जाना चाहते हैं। उन्होंने छोटे-छोटे सिद्धान्तों पर मरनेवाले लोगों के किस्से जबानी याद कर रखे हैं। बगैर यह ध्यान दिये कि उन दिनों समय कितना स्थिर था। मूल्य कितना मानी रखते थे। वे आज के सन्दर्भ में भी उन्हीं रोमानी 'बलि-वाद' को चलाने में विश्वास रखते हैं और जैसे ही उनसे मतभेद होता है, वे अपनी औकात पर उतर आते हैं। ये मध्यवर्ग के मध्यवर्गी लोग कितनी आसानी से पूरी भीड़ में एक-दूसरे का अपमान शब्दों की मर्यादा से नीचे उतरकर कर सकते हैं, देखकर हैरत नहीं होती है। दरअसल, वैतनिक सुविधाभोगी या श्रमिक मजदूर की यह परम्परा रही है कि वह अपनी आवश्यकताओं के सन्दर्भ में जितना शब्द-दरिद्र रहा है, एक दूसरे को नंगा करने के मामलों में उतना ही वाक्पटु। गालियों के लिए उसे परम्परा के प्रति नत होना नहीं पड़ा है। वे उसे अयाचित मिली हैं। और उसके रक्त में शरीक होकर उसकी साँसों का हिस्सा बन गई हैं।

ईश्वर उनके लिए, हमेशा एक गलत माध्यम के रूप में सहता चला आया है।

× × ×

तथाकथित समाजवाद, अब एक सामाजिक मजाक होकर रह गया है।

× × ×

अपने भीतर :

हम सभी ने सामूहिक रूप से वह 'निर्ममता' पैदा करने में महारत हासिल की है जिसके जरिये बड़े आराम से अपने बगल में पड़े एक भूखे और नंगे, उपेक्षित प्राणी को नकार सकें। नकारते हुए भी उसे अपने समानान्तर का मतदाता मानें। उसे इस देश की जनसंख्या की एक महत्त्वपूर्ण इकाई भी स्वीकारें।

भाषा, धर्म और संस्कृति के नारों के पीछे एक आवेश पैदा करें और भीड़ का दोमुँहा रुख अपने लाभ की तरफ मोड़ दें।

भाषा, धर्म और संस्कृति जैसे शब्दों पर, उनके समसामयिक मुहावरों पर मैंने अक्सर उन लोगों को पूरी उत्तेजना से बात करते हुए देखा है जो अकर्मण्यता की जिन्दगी से गुजरते हुए शत-प्रतिशत सुविधाभोगी हैं। और जो असल में कामगार हैं, जिनको भाषा के अँधेरे में लूटा जा रहा है, जिनकी नीली नसों वाली मुट्ठियों में धर्म का सुदृढ़ दंड अब भी फहरा रहा है, जिनकी क्षुधाकुल डबडबाई हुई आँखों में पूरे देश की संस्कृति सुरक्षित है, वे चुप हैं। वे नंगे, अर्द्धशिक्षित, अशिक्षित, भूखे कामगार, किसान सचमुच चुप हैं। पता नहीं, किस सामाजिक नियंत्रण और भविष्य के संयोजन की आशा में वे सभी अत्याचारों, अपमान की क्रूरताओं को तटस्थ होकर सह रहे हैं!

शुक्रवार : 17 जनवरी, 1969

काशीनाथ सिंह के कहानी-संग्रह 'लोग बिस्तरों पर' की सारी कहानियाँ पढ़ी हुई हैं। मगर उन्हें एक साथ एकबारगी देखकर सुख हुआ।

काशी भी कम उत्साहित नहीं था और यह सब स्वाभाविक था सच्चा और सटीक यानी कि आदमी की तरह।

लेकिन मुझे यह भी साफ कर देना चाहिए कि किसी लेखक की एक किताब उसके लिए एक ऐसी अँधेरी सुरंग है, जिसका एक सिरा रचना की लहलहाती फूलों भरी घाटी में खुलता है बशर्ते कि वह (लेखक) उससे (सुरंग के अन्धकार से) उबरकर बाहर आ सके।

शनिवार : 18 जनवरी, 1969

रात कहीं आग लगी थी, शायद खोजवाँ के आसपास। आँख खुली तो प्यास लगी थी। लोग पानी-पानी चिल्ला रहे थे। सिरहाने रखा पानी पिया—एक घूँट, जैसे कोई नुकीला चाकू गर्दन से पेट तक थिर गया।

छत पर जाकर देखा।

आग किसी गाँव में लगी थी। धुआँ और धुएँ में घिरी लपट और 'आग-आग' चीखते लोग।

कहीं भी आग का लगना बुरा है मगर यह उत्साह पैदा करती है।

आग आदमी को आवाज देकर सामने कर देती है।

रविवार : 19 जनवरी, 1969

घर से वापस लौट आया हूँ। बहुत ज्यादा थक गया हूँ। रास्ते भर साइकिल के पहियों के साथ दिमाग चक्कर काटता रहा है। साइकिल का पिछला पहिया डायल है। मुझे पत्नी पर इस तरह गुस्सा नहीं करना था। आते वक्त—उसकी आँखें रोई हुई औरत की आँख और चेहरा तुमने कभी देखा है, जैसे किसी घोंसले के नीचे बिना परों वाला, गौरैया का चूजा गिरकर मर गया हो?

दमा और मितली एक साथ आती है।

इस बार घर गया तो उसे मना लूँगा।

गृहस्थी चलाने के लिए समझदारी की नोक तोड़ देनी चाहिए।

आखिरकार यह मानकर चलना चाहिए कि इस जमाने में सम्बन्ध सिर्फ वे ही निभा सकते हैं, जो मूर्ख हैं।

बुधवार : 22 जनवरी, 1969

विद्यानिवास मिश्र के आवास पर गोष्ठी। समय दो बजे से छह बजे शाम विद्यानिवास मिश्र ने कुछ अफ्रीकी कवियों के अनुवाद सुनाए।

× × ×

कविता रसोईघर से लेकर परनाले तक फैले हुए परिवार की भाषा में हो तभी वह हिन्दुस्तानी परिवेश की कविता होगी अन्यथा नहीं।

गुरुवार : 23 जनवरी, 1969 : नेताजी-जयन्ती

इस आदमी के लिए मैं सिर्फ यह कहूँगा कि वह एक सच्चा हिन्दुस्तानी था।

शनिवार : 25 जनवरी, 1969

तारीख (तहसील)

तारीख (S.D.O)

एक वकील इस साजिश में रहता है कि वह गवाह को जुबान के जरिये उस जगह लगा दे, जहाँ वह अपनी मंजूर की गई बात के खिलाफ दिखलाई पड़ता रहे।

× × ×

वकील पहले अपने उपयोग के लिए एक क्लेचक कानूनी नाम बना लेता है और फिर उसे बिना बदले उन परिस्थितियों पर भी लागू करता जाता है, जो इस बीच बदल गई हैं और जिन पर यह नाम बिलकुल लागू नहीं हो सकता।

रविवार : 26 जनवरी, 1969 : रात बारह बजे

आठ बजे सुबह आई.टी.आई. पहुँचा। गणतंत्र दिवस पर झंडा फहराने का कार्यक्रम 8 बजकर 30 मिनट पर हुआ। झंडा फहराने का कार्यक्रम एक विशेष तकनीक पर आधारित था। नीचे स्विच थी, जो झंडे के साथ जुड़े एक तार को कंट्रोल करती है। तार झंडे के साथ यूँ लगा है कि स्विच दबाते ही तार फ्यूज होता है और लपेटा हुआ झंडा खुल जाता है, लहराने लगता है। मगर ऐसा हुआ नहीं। स्विच जैसे ही प्रधानाचार्य ने दबाया, तार उड़ गया। लेकिन झंडा कुछ इस तरह उलझा हुआ था कि खुला नहीं। एक आदमी ने बाँस से खोदा तब कहीं जाकर झंडा लहराया। शायद, यह अन्देशा था, तभी तो एक आदमी बाँस लेकर छत पर पहले से ही बिठा दिया गया था। लड़के हँस रहे थे। हमारे प्रधानाचार्य—अफसर हैं। एक लड़का कव्वाली की तर्ज पर गाना गा रहा था।

दूसरे ने एक भजन सुनाया।

मैं अपने गरीब और प्यारे मुल्क को एक नये सिरे से पहचानने में लगा था।

× × ×

शाम 6.30 पर सिनेमा देखा भारती में। मोरितुरी—अर्थ है अलविदा।

सोमवार : 27 जनवरी, 1969 : रात बारह बजे

अज्ञेय की प्रेमिकाएँ अज्ञेय की प्यास हैं।
उनका कोई आकार नहीं है। वे समाज में नहीं मिलेंगी।
वे लेखक के मन की प्रतिमाएँ हैं।

× × ×

नागार्जुन की कविता शाब्दिक लगाव की कविता है। हाथ ही हाथ हैं। चेहरा नहीं। और चेहरा जहाँ है भी, हाथ के कमाल के नीचे है।

मंगलवार : 28 जनवरी, 1969 : रात बारह बजे

हाथी मरा हुआ देखा। मरा हुआ हाथी बड़ी चीज लगता है लेकिन मेरी निगाह महावत पर थी। मौत महावत की हुई थी। अब वहाँ जमीन पर फटा बोरा बिछाये,

फटेहाल, एक आदमी था। उसने अपना मुँह घुटनों में गाड़ रखा था और लगातार हिचकियाँ ले रहा था। कभी-कभी वह सिर उठाता। चारों ओर फटी आँखों से देखता और फिर घुटनों में मुँह छिपाकर सिसकने लगता। ढेर सारे लोग उसे समझा रहे थे। बिचारा...महावत अपने यहाँ नौकरी नहीं, एक पेशा है। महावत, अक्सर, मुसहर होता है। और जब हाथी मरता है, मौत महावत की भी होती है, क्योंकि हाथी उसके लिए जानवर नहीं, घर होता है।

बुधवार : 29 जनवरी, 1969 : रात 9.30 बजे

काशी के साथ शाम। छह वर्षों में पहली बार इतनी अच्छी शाम, हम एक साथ रहे। काशी ने टिकुली खरीदी और मैंने भी। विश्वनाथ गली में। विश्वनाथ गली कितनी सँकरी है? कुछ ऐसी तंग कि अगर आमने-सामने की दुकानों में दो ग्राहक झुककर एक साथ सामान देखने लगें तो दोनों के चूतड़ सट जाएँगे। नहीं, मैं शर्त नहीं बद सकता। सम्भव है कि इतनी जगह बच जाए कि आप, सिर्फ आप उसमें से होकर गुजर जाएँ। टिकुली 'औरत होने' की आवाज है। मगर यह कथन कुछ सटीक नहीं। दरअसल, टिकुली, मादारक्त में खुलनेवाले दरवाजे के 'आई होल' का ढक्कन है।

काशी के यहाँ बच्चा गर्भधारण कर रहा है। काशी ने खुद बताया। अनुमान है कि लड़का होगा। यह भी काशी ने ही कहा। उसकी पत्नी ऐसा चाहती है। मगर मेरी धारणा है कि लड़की होगी। चौथी लड़की। काशी ने कहा—मैं कैंसर से मरूँगा। मुझे हँसी आ गई थी। कैंसर, अपने यहाँ, साहित्य-मशका 'ढिंढोरची' है। एय्यर कैफे में डोसा खाया। बगल में बैठी औरत ने कोई सेंट लगा रखा था। भयानक वास थी। अस्सी पर त्रिलोचन जी मिले। वे वाचस्पति की साइकिल पर बैठे थे। डंडे पर। त्रिलोचन जी नागार्जुन से अच्छे हैं। नागार्जुन साइकिल के कैरियर पर भी बैठना पसन्द नहीं करते। त्रिलोचन को देखकर लगता है कि कविता आदमी को मार देती है। और जिसमें आदमी बच गया है, वह अच्छा कवि नहीं है। ठाठ, बाट और टाट—ये तीनों कविता के दुश्मन हैं।

शुक्रवार : 31 जनवरी, 1969 : रात 11 बजे

चुनाव में ड्यूटी लगी है। कार्यालय पत्र संख्या इलेक्शन/232/395,
दिनांक : 30/1/69।

शनिवार : 1 फरवरी, 1969

दो बजे रिहर्सल के लिए कचहरी गया।

सोमवार : 3 फरवरी, 1969 : रात ग्यारह बजे

कचहरी में मय बोरिया-बिस्तर के आठ बजे पहुँचा। पौने ग्यारह पर हाजिरी हुई। और फिर ड्यूटी लगने के इन्तजार में बिठा दिया गया। कहीं जाकर साढ़े चार बजे छुट्टी हुई। ड्यूटी नहीं लगी। तारीख छह को फिर बुलाया है। नवाबगंज डेरे पर लौटा।

मंगलवार : 4 फरवरी, 1969 : रात साढ़े ग्यारह बजे

करीब तीन बजे कचहरी में दाढ़ीवाला आदमी। उसके हाथों में हथकड़ी। रस्सी पकड़े हुए दो सिपाही। दाढ़ीवाला आदमी चिल्ला रहा था—भाइयो! मुझसे...दारोगा ने 500 रु. घूस माँगा था। मैंने नहीं दिया तो मेरा चालान कर दिया। मुझे जेल भेज दिया भाइयो! कल शहर में जनतंत्र है। सिपाहियों ने उसे मजिस्ट्रेट के सामने पेश किया। चालान पर दस्तखत मजिस्ट्रेट ने किया और दाढ़ीवाला आदमी जेल की ओर ले जाया गया। वह जोर-जोर से चीख रहा था—भाइयो! यह अन्याय... मैंने...घूस नहीं...दारोगा...। कल चुनाव है। शहर और शहर के बाहर आराजी लाइंस और चिरईगाँव में। सैकड़ों कर्मचारी इसे तमाशा मानकर देख रहे थे। किसी ने किसी से कुछ पूछा नहीं। जुर्म और न्याय की इतनी भीतरी पहचान पहले कभी नहीं थी जितनी इन दिनों हम लोगों की हो गई है। जानने और समझने को जैसे कुछ रहा नहीं।

× × ×

हत्या इस नाटक की मंच-सज्जा है। नाटक!...कौन सा नाटक?

× × ×

कल मैं भी मतदान करूँगा। कुछ लोग मतदान का बहिष्कार कर रहे हैं। अखबार में खबर है, वे नक्सलपंथी हैं। नक्सलबाड़ी...यह तर्क नहीं, जोश है। यह नाबालिगों को ही आकर्षित कर सकता है। इससे बुद्धि का मेल नहीं बैठता। आपकी क्या राय है?

गुरुवार : 6 फरवरी, 1969

आज कचहरी आठ बजे पहुँचा। साढ़े तीन बजे हाजिरी हुई, ड्यूटी नहीं लगी। साढ़े चार बजे नवाबगंज कमरे पर वापसी। आठ तारीख को फिर जाना है।

शनिवार : 8 फरवरी, 1969

कचहरी आठ बजे पहुँचा। 5 बजे शाम तक रहा और तब जाकर छुट्टी हुई। कल सुबह साढ़े छह बजे बुलाया है।

चुनाव अधिकारी खुश था। जैसे कन्धे से जुआ उतर गया हो! वह शब्दों को एक अन्दाज में चबाते हुए तैनात, मगर कनात से बाहर कर्मचारियों को बधाई देता रहा। उसके शब्दों में जुगाली की बू थी। उसकी खुशी जनतंत्र से उबर आनेवाले सरकारी नौकर की खुशी थी।

रविवार : 9 फरवरी, 1969

साढ़े छह बजे कचहरी। 11 बजे छुट्टी। गाँव गया। भतसार पोलिंग पर वोट दिया। मतदान की परिपाटी पर पहली बार सोचा। कैसी अजीब बात है। आप दान दे रहे हैं। आड़ में, पर्दे की आड़ में! आखिर किससे डरते हैं? जनतंत्र में सबसे बड़ा डर 'जनता' है। आप जनता से डरते हैं। कृपया अपने जनतंत्र में अपनी जनता को भी साझीदार बनाइए।

सोमवार : 10 फरवरी, 1969

मतगणना हो रही है। वाराणसी दक्षिणी से श्री शचीन्द्रनाथ बख्शी जीते हैं। लोग-बाग कह रहे थे कि बख्शी जी बंगालियों के वोट से जीते हैं। 'साहब, 100 लड़कियाँ (बंगाली) उनके लिए काम कर रही थीं।' बख्शी जी जनसंघ के उम्मीदवार थे।

श्री रुस्तम सैटिन (भारतीय कम्युनिस्ट) को हराकर वे विजयी हुए। पिछली बार सन् 1967 में बंगालियों ने भी रुस्तम को मतदान किया था और इस बार...।

बंगाली स्वभावत: साम्यवादी होता है। लेकिन बंगाली सबसे पहले बंगाली होता है और पार्टी, संस्था या धर्म बाद में।

यदि बंगालियों ने श्री बख्शी को वोट किया तो उन बेचारों की गलती क्या? दोष उस दुखती रग का है, जिसे जनसंघ ने बख्शी के जरिये पकड़ा था। श्री बख्शी जी 837 मतों से विजयी हुए।

× × ×

वाराणसी ने साम्यवादियों और समाजवादियों को नगर-निकाला दे दिया। गंगा घाट पर बसे इस सांस्कृतिक नगर से समाजवाद का क्या सम्बन्ध? यह तो मंडी और मन्दिरों का नगर है। जब लग गंग जमुन की धारा...इत्यादि।

बुधवार : 12 फरवरी, 1969

राजकमल चौधरी की कविताओं में (विशेषत: 'मुक्ति प्रसंग') परिवेश तो समसामयिक है किन्तु उनका आवेग काफी रूमानी है। होता यह है कि उसकी रचनाएँ एक अजीब किस्म का मानसिक संघात पैदा करती हैं। कभी-कभी वे प्रसाद की छायावादी स्थितियों का छायाभास देती हैं और कभी-कभी...(मेरा पड़ोसी कलेजियाँ तल रहा है।)

× × ×

आधुनिकता क्या है?

समकालीनता क्या है?

समसामयिकता क्या है?

आप झूले पर हैं। मैं झूले के नीचे हूँ। मेरी आँखें आपके साथ झूले में हैं।

हम दोनों आधुनिक नहीं हैं। आधुनिकता स्थिति नहीं, प्रक्रिया है। आधुनिकता आपकी, इस बात पर निर्भर है कि आप दूसरे को कितना मुक्त रखते हैं।

गुरुवार : 13 फरवरी, 1969

मैं महसूस करने लगा हूँ कि कविता आदमी को कुछ नहीं देगी, सिवा उस तनाव के, जो बातचीत के दौरान दो चेहरों के बीच तन जाता है। इन दिनों एक खतरा और बढ़ गया है कि ज्यादातर लोग कविता को चमत्कार के आगे समझने लगे हैं। इस स्थिति में सहज होना जितना कठिन है, सामान्य होने का खतरा उतना ही—बल्कि उससे कहीं ज्यादा है, फिर भी मैं कविता को आदत होने से बचा रहा हूँ। हाँ, यह एक प्रक्रिया अवश्य है : मुक्ति के लिए नहीं, मुक्त होने के एहसास के लिए।

× × ×

इन दिनों जब कायरता के लिए कोई उपाय नहीं रह गया है, मैंने जाना कि वीरता—बर्बरों की भाषा है।

शनिवार : 15 फरवरी, 1969

आदमी की 'विट' और कविता में 'विट' दो अलग-अलग चीजें हैं। 'कविता में विट' उस नाथ की तरह है जिसके जरिये बैल को एक रस्सी के सहारे हलवाहा का नन्हा इकलौता भी खेत तक पहुँचा आता है।

× × ×

त्रिलोचन अपनी कविता में 'एक खड़ी पाई' हैं।

रविवार : 16 फरवरी, 1969

श्री करमरकर के घर पर गोष्ठी। समय 5 बजे शाम। पहली बार त्रिलोचन जी को गोष्ठी में देखा। गोष्ठी का विषय : 'प्राचीन साहित्य और आधुनिक जीवन सन्दर्भ'।

श्री सत्यव्रत शर्मा ने अपना निबन्ध पाठ किया। कुछ लोगों ने निबन्ध पर सम्मतियाँ दीं। मैंने निबन्ध के शीर्षक से सम्बन्धित बातें कीं। निबन्ध का शीर्षक 'फसादी' किस्म का है।

प्राचीन साहित्य—जैसे विक्टोरिया रुपया हो और आज जरूरतें—नागहानी, उसे तुड़ाकर नया रुपया ले लिया जाए। सौ के सवा छह सौ। प्राचीन साहित्य भी, यदि उससे कुछ पाना है, तो तुड़ाना पड़ेगा। अन्यथा वह शौक या शोकेश की चीज होके रह जाएगा। ××× सत्यव्रत ने कहा कि घर-घर कूकुर की तरह कवि हो गए हैं। क्या यह बुरा है? इससे परेशानी क्या है? कभी रही होगी। लेकिन तब, जबकि कविता 'गुंजाइश' थी। उससे अर्थ की प्राप्ति होती थी। लेकिन आज कविता 'गुंजाइश' नहीं, एक जोखिम है और ऐसी हालत में यदि घर-घर कवि हो भी जाए तो बुरा क्या है? कम-से-कम हर गूँगे और सोये हुए घर के सामने एक कमजोर मरियल ही सही, गुर्रानेवाली, चेतावनी देनेवाली जागती आवाज तो रहेगी।

× × ×

कविता की कोई नैतिकता नहीं होती?

कविता किसी से सहानुभूति नहीं माँगती?

कविता अश्लील नहीं होती?

सोमवार : 17 फरवरी, 1969

आलोचक

वह तुम्हारी कविता का
एक शब्द सूँघता है
और
नाक की सीध में
तिजोरियों की ओर दौड़ता चला
जाता है।

और लो, उस गुर्राहट ने
सारे चेहरे खरोंच दिये,
एक टाँग उठाया
और मूत दिया

यह कुकुरमुत्ता है
गाँव में
बच्चे इसे छाता कहते हैं।

मंगलवार : 18 फरवरी, 1969

मु. की तारीख (तहसील), मु. नं. 1968 ई., सुदामा बनाम छेदी।

× × ×

शाम अस्सी। कंचन कुमार 'आमुख' की प्रतियाँ बेच रहा था। त्रिलोचन को बिना पैसा पाए दिया, मुझे नहीं। मैंने कहा, क्यों? सुनो, कंचन की तरह के लोगो! गुस्सा बाजार की चीज नहीं है। वह चरित्र भी नहीं है अलबत्ता तुम्हारा यह गुस्सा तुम्हारी नाक के नीचे से उछलता है और एक आदमी की जेब में गिर जाता है। और उसके एक समय होता है कि यही गुस्सा ज्यादा से ज्यादा हिजड़े की अय-हय होता है। तुम अस्सी पर बैठे, चुत्तन साब से किस तरह अलग हो, यदि तुम अपने बाजार में बिकनेवाले गुस्से के बदले सिक्का चाहते हो? यह गुस्सा बासी समोसा है। भाई मेरे, बेवक्त तुम बाहर निकल आए हो और तुम्हें बेहद गलत बात का भरोसा है। ××× एक आदमी ने कहा : बेचारा। किसी तरह अपना काम चला रहा है और एक कोर्राटी नोट देकर एक प्रति 'आमुख' की खरीदता है। मानी वह तुम्हें खरीदने का सुख खरीदता है।

दूसरा तुम्हारा दोस्त है, वह एक प्रति इसलिए खरीदता है कि तुमसे तुरत पीछा छुड़ा सके। जब तक वह तुम्हारा खरीदार नहीं बनता, तुम उसके लिए आदमी नहीं बनते। उसे शिकायत है (यह बात उसने हँसते हुए कही) कि तुम ऐसी हालत में अपनी दुम उसके चेहरे के बहुत करीब हिलाते हो। ××× वह तुम्हें आसानी से निपटा लेता है। ××× तुम इतने सन्तुष्ट हो, आखिर तुम कौन सी चीज अपने भीतर मारने में सफल हुए हो?

गुरुवार : 20 फरवरी, 1969

'जेम्स बॉण्ड' की फिल्म। जासूसी, अपराध या युद्ध-फिल्में ही इन दिनों बाहर से आ रही हैं। अपने देश को एक नये खाने में फिट किया जा रहा है। और दो राय नहीं है कि असर हो रहा है। खाली दिमाग और खराब अन्न से सड़ी हुई आँतें—इन बातों के लिए हमें तेजी से तैयार कर रहा है। ज्यादातर हम दूसरों को अमेरिकी आँख से देखने लगे हैं।

× × ×

एक विटनिक कन्या अपने पैर की अँगुली में गेंदा का फूल बाँधे खड़ी है भारती के सामने।

× × ×

फिल्म में एक बात रोचक है। हर दृश्य के बाद हीरो की बगल में एक लड़की। पानी पर, नाव में। घर में, रेत पर यानी कि हर जगह। जैसे एक किसान (भारतीय) के बगल में बैल का होना लाजिमी है, उसी तरह अमेरिकी नौजवान की बगल में औरत जरूरी है।

× × ×

अन्धे आदमी की आँख उसके पैर में होती है।

शुक्रवार : 21 फरवरी, 1969

फूटी आँख विवेक की, कायर कीजै खीस,
राम जना को सात सौ राम पास को तीस।

—'अज्ञात'

[नागानंद मुक्तिकंठ से सुना]

शनिवार : 22 फरवरी, 1969

शोभनाथ के लिए कुर्ता-धोती खरीदी। कुर्ता का कपड़ा गोपाल वस्त्रालय और धोती हेमनदास गोदौलिया से। बच्चों के लिए भी कपड़े खरीदे। काशी साथ थे। साढ़े सात बजे रात शिवप्रसाद सिंह से मिला। उन्हें टिप्पणी देनी है। आज का लेखक—व्यक्ति-स्वातंत्र्य का प्रश्न।

...अर्थात् इकबाले जुर्म का
बयान, तहरीरी और रिहाई की माँग। खूब।

× × ×

मजदूर जहाँ अपनी मेहनत की माँग के साथ कमीनेपन पर उतरता है, वहीं पूँजीपति उभरता है। ××× ममता अक्सर दरिद्रता की पूरक होती है।

रविवार : 23 फरवरी, 1969

दो बजे दिन में घर पहुँचा और पाँच बजे शहर लौट आया। ज्ञात हुआ कि छेदी पाँड़े ने तारीख 22.2.69 को थाने में मेरे भाइयों—अर्जुन, शोभनाथ व लोकनाथ—के खिलाफ रिपोर्ट दर्ज करवाई है : दफा 426, 504 तथा 506 के अन्तर्गत कि उन्होंने हदबन्दी के पत्थर उखाड़ दिये तथा नाँद खोदकर फेंक दी। गाली-गलौज किया और जान-माल की धमकी दी। सालिक और शामू गवाह हैं। यह सब एक बड़ा झूठ है। ऐसा यद्यपि कुछ भी नहीं हुआ है। सारी चीजें, सारी बातें अपनी जगह हैं। सुरक्षित हैं। मगर एक चालबाज आदमी गवाहियों के जरिये बाँधकर कुछ लोगों को कानून की आड़ में खत्म करने की साजिश कर रहा है। वह एकदम से उतारू है। पूरी गँवई जिद के साथ। और मजा यह कि व्यक्ति सुरक्षा का दम भरनेवाला महकमा अपनी जगह तब तक नहीं छोड़ता जब तक कि सुरक्षा के लिए चीखती हुई आवाज का गला घोंट न दिया जाए। वे एक लाश को चीरघर पहुँचाकर, बाहर पुलिस-दफ्तरों में बैठकर कानून की ज्यामिति हल करने की उपपत्तियाँ बुनते हैं।

यदि यह कानूनी तरीका कुछ तेज और सही होता, तुरन्त और रिश्वत रहित होता, शायद, आदमी को राहत मिल सकती। ××× अपने यहाँ कानून अपराधी को भी अपनी सफाई के उतने ही मौके देता है, जितना सताये गए आदमी को। और यही ट्रेजेडी है।

सोमवार : 24 फरवरी, 1969

कविता का एक मतलब यह भी है कि आप आज तक और अब तक कितना 'आदमी' हो सके हैं। दूसरे शब्दों में कहूँ तो यह कि कविता की असली शर्त 'आदमी' होना है।

× × ×

एकता पशुओं का आपद्धर्म है।

× × ×

कविता का मतलब है 'भाषा में आदमी होना।'

× × ×

कविता हिंसा की हिंसा करती है।

मंगलवार : 25 फरवरी, 1969

मैंने एक झोला देखा। खादी भंडार का झोला। उस पर लिखा है : 'खादी वस्तु नहीं, विचार है।'

अब इसी वाक्य से आप गांधी और आजादी की पड़ताल कर सकते हैं। गांधी औसत हिन्दुस्तानी के लिए वरदान के समान थे।

बुधवार : 26 फरवरी, 1969

मुकदमे की तारीख (S.D.O. South), छेदी बनाम हरिहर, मुकदमा, सन् 1967।

× × ×

कचहरी गया। तारीख पड़ गई 24 मार्च, 1969।

× × ×

पिछली कहानियाँ और अब की कहानियाँ।

बूढ़ों से सुनी वे पुरानी कहानियाँ एक बच्चा भी हूबहू दुहरा देता है। उसके 80 प्रतिशत से अधिक अंश उसे ज्यों का त्यों याद रहते हैं। मगर आजकल की कहानियों में मुश्किल से 20 प्रतिशत अंश ही याद हो पाता है। शेष लगता है कि कहानी के बाहर की बात है। इधर की कहानियों की आकारहीनता शायद, इसका कारण हो। या कोई दूसरी वजह है? ये कहानियाँ क्यों हमसे शुरू होकर अलग हो जाती हैं? कहानी क्या कविता का शेषार्थ है?

गुरुवार : 27 फरवरी, 1969

26.2.1969 को शोभनाथ ने बतलाया कि छेदी पाँड़े व कन्नन पाँड़े खुद पत्थरों को उखाड़कर फेंकने की साजिश कर रहे हैं, ताकि मौके पर अपनी झूठी रपट को सही साबित कर सकें। कमीनापन की हद है।

मैंने छोटे भाइयों को समझाया है कि घबराने की बात नहीं। भारतीय संविधान सिर्फ एक आदमी की बपौती नहीं है। यदि हम सच्चाई पर हैं तो जीत हमारी ही होगी। न सही आज, कल सही। न्याय, न्याय होता है। वह खुद तलाश लेगा कि पत्थर कहाँ गड़े थे। कौन आदमी भाईचारा भूलकर पत्थर दिल हो गया था?

शुक्रवार : 28 फरवरी, 1969

शोभनाथ का गौना लाने हिरामन पुर गया। बारात स्कूल पर टिकी थी। आदमी कम। आराम से सारा काम समय पर हुआ। द्वार करीब साढ़े छह बजे लगा।

शनिवार : 1 मार्च, 1969

8 बजे विदाई (शोभनाथ की पत्नी की) हुई। विदाई के वक्त परिवार के लोग जोर-जोर से रो रहे थे। कुछ अजीब-सा लगा। जिस सुख की तलाश में यह सारा सरंजाम हुआ है, उसी के क्रम में यह 'विलाप' अजब लगता है। ××× यही हिन्दू प्रथा है। घर से दो बजे वाराणसी नवाबगंज आया। ऑफिस से तनख्वाह ली साढ़े चार बजे।

× × ×

आठ बजे रात अस्सी पर त्रिलोचन जी मिले।

समकालीनता = एक कालीनता।

अपने यहाँ समकालीनता और आधुनिकता का सवाल उठाना न तो समसामयिक है और न आधुनिक। क्योंकि यहाँ समकालीनता और आधुनिकता सामाजिक स्तर पर सामूहिक जीवन के एक ही बिन्दु पर एक ही साथ और एक समय में अंकित होती है। उनके लिए अलग-अलग काल या व्यक्ति चुन पाना सम्भव नहीं हो सका है। फिलहाल स्थिति अभी ऐसी ही है। आधुनिकता वह है जिस पर अतीत अपना दावा न कर सके। एक आदमी झूठ होता है। सही की पुष्टि के लिए समूह का जीवन चुना जाना एक ठोस सबूत है।

रविवार : 2 मार्च, 1969

सवेरे घर गया।

सोमवार : 3 मार्च, 1969

रात होली जली। गाँव पर था। तीन रुपया, तिरपन पैसे की मुर्रियाँ और फुलझड़ियाँ बेचा। हरहुआ से मँगा लिया था। अच्छा मनोरंजन हुआ। गाँव के लिए जहाँ एक ओर सहानुभूति पैदा होती है, वहीं मन में दूसरी ओर गुस्सा भी कम नहीं आता। लोग अपनी मेहनत से कितना कम पाते हैं और फिर किस तरह एक-एक करके उस कमाए हुए को गँवाते हैं बिना पूरा इस्तेमाल किए! बिना जरूरत के।

साथ ही ये लोग कितने जल्दी से गुस्सा होते हैं और कितना जल्द सब कुछ भूल जाते हैं! प्यार और गुस्से से बनी इस भूल-भुलैया को गाँव कहते हैं।

मंगलवार : 4 मार्च, 1969

शाम को शहर आ गया हूँ। होली परिषद, भदैनी का एक उपाधि-वितरण पत्र मिला है। धूमिल : बैल मुत्ती इबारत। और फिर रंग-अबीर...मुँह भर श्री विश्वनाथ त्रिपाठी, पद्मधर, विजयी वगैरह-वगैरह रामचन्द्र शुक्ल और मोहन राज मिले। खुश थे लोग, गोदौलिया जा रहे थे। पहली बार होली में शहर में शरीक हुआ। यहाँ लोग काफी जोश में थे। गाँव की होली की शाम परसाल देखी थी। याद आ गई। गाँव में गरीबी है, वहाँ आवाजें रंग के ऊपर होती हैं और यहाँ शहर में, क्योंकि लोग एक दिन के अफलातून हैं, आवाजों पर रंग है। एक बात और, कहीं नंगई नहीं, मगर हुड़दंग है। और पूरा शहर एक सुर्ख मर्दयी से हुमस उठा है। क्या आपने गौर किया कि आज सड़क 'जनाना' जनता से खाली है? गौरतलब एक बात और कि बिनरँगा चेहरा मातमी है और बिन गाली की बात गाली है।

अररररररऽऽऽ—कबीर!
कबीर का नाम होली से सीधा जुड़ा है।
मुझे होली पर सोचना चाहिए। लिखना चाहिए।
कबीर लहरतारा के तालाब पर मिले थे।
यही सही—लेकिन कबीर और होली।

बुधवार : 5 मार्च, 1969

'जहन्नुम कचहरी से चल रहा है', नर्क से न सही
न्यायालय से परिचित हूँ और चित हूँ।

× × ×

वकील श्री जटाशंकर जी ने एक अच्छी बात आज दोपहर में कही—

जस्टिस डीलेड जस्टिस डिनाएड। एक मुहावरा होता है—देर है मगर अन्धेर नहीं है, लेकिन आजकल देर ही अन्धेर है।

गुरुवार : 6 मार्च, 1969

शाम पौने पाँच बजे के करीब रोहनियाँ गया। दारोगा श्री मिश्रा जी थाने के बाहर खड़े थे। कोई बातचीत करूँ कि C.O. साहब के साथ कहीं चले गए। आज ही ज्ञात हुआ कि छेदी पाँड़े ने थाने में दिनांक 23.2.69 ई. को भी रिपोर्ट दर्ज कराई है। मेरे और कन्हैया के खिलाफ दफा 424, 504 व 506 के अन्तर्गत। समय सुबह 8 बजे का लिखा गया है और गवाह हैं—महादेव पांडेय तथा बैजनाथ सिंह। अब यह एक मजाक नहीं तो क्या है? मुझे अच्छी तरह याद है कि रविवार तारीख 23.2.69 को मैं घर दो बजे दिन में पहुँचा था। शनिवार की शाम घर नहीं गया था, बल्कि शहर में ही था और सुबह रविवार को करीब साढ़े आठ बजे अस्सी पर चाय पीने गया था। वहाँ जगदीश बाबू ने पूछा भी था कि घर नहीं गए क्या? वहीं पर करीब-करीब आधे घंटे तक चाय के साथ कुछ बातें भी होती रहीं। कई परिचित लोग थे। लेकिन यहाँ सब कुछ हास्यास्पद ही नहीं, अनैतिक भी है कि छेदी पाँड़े इस कदर वैमनस्य पर उतर आए हैं कि मेरी अनुपस्थिति पर भी मेरी रिपोर्ट कर रहे हैं। ईश्वर उन्हें सुबुद्धि दे।

शुक्रवार : 7 मार्च, 1969

तारीख तहसील में—सुदामा बनाम छेदी वगैरह।

तारीख पड़ी। 22.3.69। सुलहनामा वरना सबूत सामल।

बुधवार : 19 मार्च, 1969

अध्यापक का दिमाग धोबी के पाट की तरह होता है।

गुरुवार : 20 मार्च, 1969

सायंकाल साढ़े छह बजे श्री शम्भुनाथ मिश्र से मिला। श्री श्रेष्ठ के यहाँ गोष्ठी। नेपाली कवि श्री पोषण पांडेय की कविताएँ। आस्था में गहरी जड़ धँसी कविताएँ।

एक कविता विशेष रूप से याद रही : 'पेड़ों के भी पुरखे होते हैं।' 'यहाँ आओ, यह जगह गरम है।' बिलकुल नये कवि की एक कविता सुनी। नेपाली कवियों में स्थानिक लोगों की गहरी आत्मीयता मिलती है। पेड़, पहाड़, पत्थर और पानी जैसे आदमी हैं। हाथ-पैर की अँगुलियाँ ठिंगनी, मोटी, सपाट जम जानेवाली जैसे एक

औसत चढ़ाई पर लगातार होने का एहसास कराती हुई। एक पहाड़ी आदमी को मैदानी आदमी से, यदि तुम चाहो, अँगुलियों से अलग कर सकते हो।

शनिवार : 22 मार्च, 1969

तारीख तहसील में। सुदामा पाण्डेय बनाम छेदी वगैरह।

सुलहनामा के लिए प्रार्थना-पत्र दाखिल हुआ। 15 दिन मोहलत के वास्ते। तारीख 6 अप्रैल पड़ी है।

सोमवार : 24 मार्च, 1969

तारीख S.D.O. साउथ, छेदी बनाम हरिहर।

S.D.O. नहीं आए, तारीख पड़ गई 24.4.69 ई.।

गुरुवार : 3 अप्रैल, 1969

आज छेदी ने एक दरख्वास्त S.D.O. की इजलास में दाखिल किया। शायद विरासतनामा लगवाने के लिए।

सोमवार : 7 अप्रैल, 1969

तारीख तहसील में पड़ी है। सुदामा वो. बनाम छेदी वो.।

× × ×

22 अप्रैल तारीख पड़ गई।

रविवार : 13 अप्रैल, 1969

आज आशा की माँ लालपुर गईं। साथ में उषा।

रामजी दीक्षित कल शनिवार को ही आ गए थे। साथ लिवाकर गए।

शनिवार : 19 अप्रैल, 1969

आज गंगापुर में बैनामा हुआ। कन्नन तथा छेदी ने क्षे.नं. 224 से एक डिसमिल जानिब पश्चिम तथा क्षे.नं. 214 से साढ़े सात डिसमिल जानिब दक्षिण यानी कुल साढ़े आठ डिसमिल रकबा बैनामा किया।

शनिवार : 21 जून, 1969

मुक्तिबोध की भाषा, किसी पुराने पोख्ता खँडहर की दीवार सरीखी है। भारी बुलन्द किन्तु प्रतिध्वनि से हीन।

किन्तु जहाँ कहीं उस पोख्ता और उबाऊ और प्रतिध्वनि हीन भाषा में, पत्थर-सी बेजान भाषा में, आज के आदमी की बातचीत की भाषा आ गई है, वहीं से लगता है, ईंटें जगह-जगह गल गई हैं और दीवार में झिर्रियाँ बन गई हैं जिनसे घने अँधेरे में भी प्रकाश झर रहा है और यहीं उसकी बुनियादी सह पाता है। यह प्रकाश ही अर्थ है। आदमी की दुविधा, तनाव, पीड़ा, अभाव का समसामयिक अर्थ-सन्दर्भ मुक्तिबोध की कविता को समकालीन बनाता है।

मंगलवार : 24 जून, 1969

शाम छह-सात के बीच, लीलाधर जगूड़ी से मुलाकात हुई।

कंचन कुमार, अपने लिए, प्रतिवाद के स्तर पर गूँगा मालूम पड़ता है। ऐसे लोग सिर्फ अभिनय के लिए होते हैं।

ऐसा क्यों है कि *ज्यादातर लोग कविता से नहीं, कविता के शिल्प में डूब जाते हैं और जबकि सवाल समूची कविता को बदलने का है, वे महज शिल्प बदल देते हैं। गोया नींद में करवट बदल ली!*

पता नहीं रास्ते में कब धोखा दे जाएँ, तार छोड़ते टायर-सी अपनी कविताएँ।

भाषा में शब्दों की ट्रिक कामयाब होने पर कविता और असफल होने पर चमत्कार बनती है।

रघुवीर सहाय और श्रीकांत वर्मा की अधिकांश कविताओं में ऐसा ही चमत्कार।

केदारनाथ सिंह ने कोई नई भाषा नहीं दी, सिर्फ नये लोगों (कवियों) की चुनी हुई भाषा के क्रम में आ गए हैं।

गुरुवार : 24 जुलाई, 1969

दरअसल लड़कों के लगातार रोने ने उसे भाव-शून्य बना दिया था। इन बच्चों का रोना एक समूचा आकार है। यह रसोईघर है, पाखाना है, अस्पताल है, पिता की झुँझलाहट है, माता की ऊब है। जैसे एक काम की चीज, एक मौके पर बिगड़ गई है। *उनका रोना उस रोटी की तरह है जो हिफाजत से ढाँकने के बावजूद सड़ गई है।*

मंगलवार : 29 जुलाई, 1969

शाम को घर गया। घर वाला बाछा बीमार है। उसे कोई रोग ऐसा लग गया है कि वह रह-रहकर लेट जाता है। बैठता है, पर झझक के साथ फिर आहिस्ता-आहिस्ता लेट जाता है। जैसे सन्निपात में होता है। दस बजे रात तक मालिश-धुर्रा होता रहा। हालत, बद से बदतर ही होती जा रही है।

बुधवार : 30 जुलाई, 1969

बाछा, सुबह भोर में, करीब चार बजे मर गया।

किसान को बैल की मौत, बूढ़े बाप से ज्यादा अखरती है। घर के लोग बड़े दुखी हैं।

मैंने उसके मृत शरीर को गड़वाया नहीं। चमार को बुलवाकर दे दिया। वे उसको 'निकिया' कर चमड़ा उतार लेंगे। चलो, न सही बाछा, उसका चाम तो किसी के काम आया!

मंगलवार : 26 अगस्त, 1969

एक वर्ग ऐसा रहा है जो आदमी को हमेशा इस्तेमाल करता रहा है। पहले वह 'फिक्शन' के जरिये उसे 'इक्स्प्लायट' करता था। उसके बाद 'फेथ' (विश्वास) के जरिये इस्तेमाल करता रहा और अब 'फैक्ट' (तथ्य) के नाम पर इस्तेमाल कर रहा है।

शुक्रवार : 29 अगस्त, 1969

रात 9 बजे के करीब गोदौलिया पर शलभ श्री रामसिंह से मुलाकात हुई। यह पहली भेंट है। अच्छी तरह तराशी गई दाढ़ी। सफेद कुर्ता-पाजामा। औसत कद। लपककर मिलने की आदत। हाथ मिलाया। हाथ गर्म है। हल्के बुखार के मानिन्द। गड्डमड्ड बातें करता है। गलत लेखन। कहता है, रोटी की मजबूरी है। यह स्वीकार भी चालाकी का हिस्सा है। आदमी कुल मिलाकर, जैसा अनुमान था, साधारण और असही तथा सतही है।

शनिवार : 6 सितम्बर, 1969

हावी और हैविट में क्या फर्क है? हावी किसी काम का उद्देश्य नहीं, मॉडल है।

कविता के लिए पाठक की संवेदना और सहानुभूति उसी तरह घातक है जिस तरह बिजली के धक्के से होश खोते आदमी को पानी पिलाना।

कविता में साझेदारी ज्यादा नहीं है और हो सके तो एक आवेगहीन शब्द—शाबाश!!

- विजय मोहन सिंह का मुँह सूँघा। घनी दाढ़ी घिरा चेहरा ताड़ से ताड़ी के लिए लटकती लभनी की तरह बास मार रहा था। [17.10.1969]
- संन्यासी—इधर-उधर घूमते हैं, डाकखाने की चिट्ठी के पीछे की तरह, जिन पर लिखा जा चुका है : चिट्ठी न डालें। निकासी बन्द है। [17.10.1969]

गुरुवार : 23 अक्टूबर, 1969

आज साढ़े आठ बजे गोदौलिया पर 'राकेश वत्स' तथा 'श्रीराम शुक्ल' से मुलाकात हुई। वत्स, स्पष्ट को 'सपस्ट' बोलता है। अम्बाला का रहनेवाला है। 'मंच' पत्रिका निकालने का इरादा है।

श्रीराम शुक्ल नाजुक-सा लड़का है। कविताएँ पढ़ने का ढंग उसका कुछ ऐसा है, जैसे मुतवास जोर की लगी हो मगर मूतना बूँद-बूँद गिर रहा हो।

सभी लोग यहाँ 26/292, नवाबगंज, मेरे कमरे तक आए। साथ में त्रिलोचन शास्त्री, शम्भुनाथ मिश्र तथा के. विक्रम भी थे।

मैंने अपनी कविताएँ सुनाईं :

छायावाद के कवि शब्दों को तोलकर रखते थे। प्रयोगवाद के कवि शब्दों को टटोलकर रखते थे। नई कविता के कवि शब्दों को गोल कर रखते थे। सन् साठ के बाद के कवि शब्दों को खोल कर रखते हैं।

शनिवार : 29 नवम्बर, 1969

आज 12 बजे दिन में काशी हिन्दू विश्वविद्यालय में खान अब्दुल गफ्फार खाँ को देखा और भाषण सुना। अच्छे वक्ता हैं। किस शब्द को कितना वजन देना है, जानते हैं।

सात बजे शाम नागरी प्रचारिणी सभा में पहली बार सुमित्रानन्दन पंत, महादेवी वर्मा और दिनकर को देखा। फ्यूज बल्बों में रंगदार पानी भरकर जैसे उन्हें सजावट के लिए, तागे से लटका दिया गया हो!

महादेवी वर्मा अच्छा बोलती हैं, मगर बहुत किताबी और पुराना बोलती हैं, गुरुवाइन जैसी।

रविवार : 30 नवम्बर, 1969

संस्कृत विश्वविद्यालय के प्राध्यापक, विद्यानिवास मिश्र के आवास पर गोष्ठी हुई। विषय था : 'आज की कहानी और अभिव्यक्ति का संकट'।

डॉ. शिवप्रसाद सिंह अध्यक्ष थे।

डॉ. शिवप्रसाद सिंह ने डॉ. काशीनाथ सिंह की कहानियों की खींचतान की। अगर तुम ध्यान दो तो पाओगे कि उस वक्त डॉ. शिवप्रसाद सिंह का चेहरा उनको पचा नहीं पा रहा है। वे काफी उत्तेजित हो जाने पर बहुत सस्ते हो जाते हैं। और भई, मैंने ऐसे में इतना बेपानी चेहरा दूसरी जगह नहीं देखा।

12 जनवरी, 1970

प्रधानमंत्री इन्दिरा गांधी की वाराणसी यात्रा

6 बजे शाम बेनियाबाग के मैदान में सार्वजनिक सभा। मैं, काशीनाथ, नागानन्द और रामनारायण सिंह साथ-साथ गोदौलिया गए, साइकिल से। साइकिल निशात सिनेमा के सामने साइकिल स्टैंड पर जमा कर दी गई। नागानन्द के पास साइकिल नहीं थी। मैं ही उन्हें खींचकर ले गया।

सड़कों पर बड़ी भीड़ है। सड़क के दोनों ओर लकड़ी की बल्लियों से बाड़ बनाई गई है। सुरक्षा की दृष्टि से। किसकी सुरक्षा? किससे?

भय नहीं, भय के अफवाह से चलता है, राजनीतिज्ञों का जीवन। राजनेता के लिए उगाया गया भय उसके चरित्र को चासनी देता है। उसमें चमक आती है। इस सारे प्रबन्ध के पीछे सुरक्षा से अधिक विज्ञापन का ध्यान रहता है। यह एक ऐसा ब्योरा है जो साधारण आदमी को अपनी ओर खींचता है। पंजों पर खड़े होकर, कामधाम छोड़कर रास्ते की बाड़ से गर्दन उचकाने का मौका देता है।

भीड़ से होकर हम गुजरते हैं। भीड़ में रास्ता काटते हुए चलने का अपना मजा है। यानी यह एक ऐसी सजा है जो चलने के बीचोबीच हम खुद को देते चलते हैं। एक तनाव हमारे देखने और देख पाने की उत्सुकता के बीच शान धरता रहता है। हम आगे और आगे पतली नोक की तरह बढ़ते जाते हैं। यह सुख है। भीड़-सुख। तब आदमी का कोई व्यक्तित्व नहीं रहता और न कोई निजी चेहरा। मजेदार यह कि अचानक आप पाते हैं कि कहीं कलफदार या कड़ी चीज नहीं रह गई है। सब कुछ गोल-गोल, गिजगिज, बगल की चीज पर आधा-तिहाई अपने को डालकर लुढ़कने लगता है। आगे बड़ी भीड़ है। बेहद। हम लोग लौट आए हैं और सड़क से फूटनेवाली गली के मुहाने पर खड़े हो गए हैं। यह सुरक्षा की दृष्टि से भी अच्छा है। हमने तै किया। मान लो, पुलिस बिगड़ती है और भीड़ पर लाठी चार्ज करती

है। ओह! यह हर समारोह का प्रमुख कार्यक्रम है, अपने देश में। इस गली से उस वक्त लाभ उठाया जा सकता है। *समझदार आदमी को, जैसा कि कहा गया है, अपनी सुविधा से पहले, सुरक्षा का खयाल रखना चाहिए।*

गली के मुहाने पर नागानन्द एक बूढ़े से पूछते हैं :

"इन्दिरा गांधी कौन हैं बाबा?"

"इंदिरा गन्ही!" बूढ़ा बीड़ी का कश खींचता है, *"हिआँ कै बादशाह हैं न बाऊजी।"* बीड़ी का टुकड़ा वह सड़क पर फेंक देता है।

मैं चौंककर देखता हूँ। बेहद नहीं, औसत गरीब आदमी। पुराने भूरे कोट में कंधे और छाती के बीच एक काली सूती पैबन्द। बढ़ी हुई दाढ़ी। आँखों में लाल पपोटों के बीच फँसी हुई कीचड़। मध्यम कद का एक बूढ़ा आदमी।

"दर्शन करने आए हो?" नागानन्द का सवाल है।

"देखे चल आइल हई। अब देखा..." बूढ़ा आदमी बाकी शब्दों को चबा जाता है।

नागानन्द हँसते हैं।

"भीड़ तऽ बड़ी उमड़ल बा!" बूढ़ा जैसे खुद से कहता है।

मैं चुप रह जाता हूँ।

बाईस साल की *आजादी के बाद का आदमी, ज्ञान के स्तर पर कितना दरिद्र रह गया है। जरा सोचो और यह भी सोचो कि उसी ज्ञान-दरिद्र व्यक्ति की जेब का कितना पैसा विश्वविद्यालय की लॉनों और बगीचों पर खर्च हो रहा है।* इतना सारा ताम-झाम और ऐसा घनघोर अज्ञान। *एक सामान्य आदमी यह नहीं जानता कि आजाद देश के प्रधानमंत्री और बादशाह में फर्क क्या है?*

किसी को दोष मत दो। चिन्ता समारोह की किरकिरी है।

शोर बढ़ गया है। एक हल्ला और लोग जैसे एकबारगी आगे की ओर झुक गए हैं। मगर किस पर रुक गए हैं, ये सारे झुके हुए लोग? सिपाहियों के डंडों पर। बाड़ की तरह तने हुए रस्सों पर।

इन्दिरा गांधी आ रही हैं।

गौरवर्ण, दुबली-पतली महिला। शान्त, सौम्य, सुन्दर। नहीं, सुन्दर मत कहो—भव्य। हलकी सफेद रंग की साड़ी पर बादामी रंग की शॉल। वे खुली कार में खड़ी हैं। जय-जयकार के बीच। क्षणांश का वह दिव्य-दर्शन। जीवन धन्य हो गया। मैंने पैर नहीं देखे : वे चप्पल पहनती हैं या सैंडिल?

सुविशाल, उच्च मंच पर उनका भाषण हो रहा है। क्या तुमने एक बात पर गौर किया? जवाहरलाल नेहरू की आम सभा और उनकी पुत्री की आम सभा में क्या अन्तर है?

वाकई इस सभा की शोभा, सज्जा, अनुशासन संख्या कई बार होनेवाली विराट सार्वजनिक सभाओं से अधिक है। सम्भवत: इन्दिरा गांधी के लिए होनेवाली

इस सभा की जनसंख्या मेरी जानकारी में होनेवाली किसी भी सार्वजनिक सभा से अधिक विशाल है। दुगुनी से भी अधिक। इन्दिरा को मिलनेवाला यह सबसे महान सार्वजनिक अभिनन्दन है, वाराणसीवासियों की ओर से।

मगर जिस बात की ओर मैं तुम्हारा ध्यान खींचना चाहता हूँ, जानते हो, वह क्या है?

इस सभा में जितने लोग आए हैं, वे सभी शहर के कामकाजी लोग हैं और खुले मन से समूची बात में हिस्सा लेने आए हैं। ये साधारण तथा समझदार लोग हैं, जो ऊबने से पहले या लौटने से पहले निर्णय लेने की तैयारी के साथ खड़े हैं। ये प्रधानमंत्री की स्पीच को सहमति दे सकते हैं या नकार सकते हैं। इनमें से कोई दर्शन करने नहीं आया है। हाँ, यदि बहुत हुआ तो छिटपुट कुछ हैं जो देखने आए हैं *जबकि उन दिनों प्रधानमंत्री जवाहरलाल के दिनों में आधी भीड़ समझदार श्रोताओं की होती थी और आधी भीड़ गाँव-देहात से गठरी-पोटली बाँधकर आए हुए उन श्रद्धालुओं की होती थी जो जवाहरलाल को सुनने-समझने नहीं बल्कि उनका दर्शन करने की लालसा से जुट जाते थे।*

आज देवता की इमेज टूटी है। *समसामयिक की इमेज बनी है।* जनतंत्र की अहमियत में शरीक होने की, समझदारी से सोच-समझकर हिस्सा लेने की इच्छा, शायद पहली बार, राजनीति में जगी है।

मैं इस उत्साह का स्वागत करता हूँ। इस समझदारी का स्वागत करता हूँ। *हम चार हैं और अगली संख्या तुम्हारी है।*

23 जुलाई, 1970

श्री मिश्रा C.I.D. इन्स्पेक्टर ने पूछताछ की। धूमिल को पूछ रहे थे। बगल वाले मुसलमान परिवार से। उनके साथ कोई एक पांडेय जी भी थे। उन्हीं के ऑफिस के। मैं, नागानन्द, काशी, समरनाथ चन्द्रा, गुप्तेश्वर—सभी लोग दरवाजे के सामने खड़े थे। उन लोगों ने नागानन्द को बुलाया। शायद उन्हें साथ वाले पांडेय जी पहचानते थे। मेरा भी परिचय कराया गया। मिश्रा जी ने पूछा कि मुझसे किसी को दुश्मनी तो नहीं है? अब, भला मैं क्या जवाब देता! कविता को लेकर मैं किस तरह अकेला हुआ हूँ, इसे मेरे सिवा सिर्फ कविता ही जानती है। भाषा की कमाई खानेवाले ज्यादातर पत्रकार, अध्यापक, आलोचक, लेखक, कवि मुझसे नाराज ही तो हुए हैं। क्योंकि लेखन की व्यावसायिकता में मैं उनका साझीदार कभी नहीं रहा और अक्सर गोष्ठियों में या सड़क पर मुलाकात होने पर उन्हें उनकी गैर-ईमानदार हरकतों के लिए भाषा स्तर पर फटकार भी बताई है, फिर कौन नहीं है जिसने मुझसे नाराजी न जाहिर की हो? लेकिन क्या इसके लिए एक-दो का नाम लेना

ठीक होगा? जब सारे शहर की आँख चढ़ी हुई हो तो एक की तरफ इशारा करना अपनी कायरता प्रकट करने के समान होगा।

श्री मिश्रा जी से कह दिया है कि व्यक्तिगत नाराजगी किसी से क्या होगी—हाँ, गाँव में कुछ मुकदमे जमीन को लेकर थे सो उनमें भी 1 की 5 देकर सुलह कर ली है। पूछने पर मिश्रा ने नहीं बताया कि मेरी यह जाँच-पड़ताल वे किस सिलसिले में कर रहे हैं।

कविता में काम करनेवाला आदमी झगड़े-झंटे में विश्वास नहीं करता। हाँ, जहाँ कविता के लिए किसी की नीयत खाम होती है, वहाँ वह थोड़ा तैश में जरूर आता है। मगर यह तैश शब्दों से बाहर किसी भी दूसरे माध्यम में नहीं सुलगता। यह भाषा में सुलगता है और यही समकालीन कविता को आँच देता है।

डॉ. काशीनाथ सिंह व समरनाथ चन्द्रा मेरे छोटे भाई के बीमार बच्चे को देखने आए थे। बच्चा घर पर यहीं बीमार है। कन्हैया की पत्नी भी साथ में है और उसकी छोटी बहन ऊषा भी। श्री मिश्रा जी तथा पांडेय जी को चाय पिलाई नवाबगंज में कोने की दुकान में और उनके द्वारा सामान्य स्तर पर किये जानेवाले सवालों का उत्तर सही-सही दिया।

फिर भी दिमाग में एक तनाव है : आखिर वह कौन है जो मेरे खिलाफ साजिश बुन रहा है? उसका इरादा क्या है? मैं एक बार आश्वस्त होकर अपने हाथों को देखता हूँ। इनमें कलम है और ये अपराध के लिए नहीं बने हैं।

24 जुलाई, 1970

रास्ते में पांडेय जी मिले थे। नागानन्द के रिश्तेदार हैं और कविता में रुचि रखते हैं। रामापुरा में नौकरी करते हैं और भदैनी में ही कहीं रहते हैं। शाकद्वीपी ब्राह्मणों से सम्बन्धित किसी पत्र का सम्पादन करते हैं। खुद कह रहे थे। पत्र मैंने नहीं देखा है।

25 जुलाई, 1970 : रात 8 बजे

तुलसी पुस्तकालय, भदैनी में गोष्ठी, अध्यक्षता की श्री आनन्द भैरव शाही जी ने। विषय : 'समकालीन लेखन : भाषा का संकट'। विषय मैंने दिया था। उसकी विवेचना नागानन्द ने की।

कविता आततायी को ऐन मौके पर अप्रतिष्ठित करने की शब्दावली है। वाल्मीकि का उदाहरण—मा नि...प्रतिष्ठां...। यही समकालीन लेखन है। व्यास का उदाहरण—मैं अपनी दोनों भुजाएँ उठाकर कहता हूँ मगर मुझे कोई नहीं सुनता। यह भाषा का संकट है। न सुना जाना ही असली संकट है, जिसे समकालीन लेखक भोग रहा है।

26 जुलाई, 1970

काशी के साथ 12 बजे 'महल' पिक्चर देखी। 'भारती' सिनेमा में। 5 बजे घर के लिए प्रस्थान। बीच में राबिन साहब फोरमैन के घर भी दस मिनट रुका। शाम को घर पहुँचा। लोग राजी-खुशी थे।

27 जुलाई, 1970

घर से शहर लौट आया। अपने काम पर गया। आज यह तय किया कि खाना बनाकर ही खाऊँगा। होटल में नहीं खाऊँगा।

28 जुलाई, 1970

शाम को अस्सी पर त्रिलोचन जी मिले। उनके साथ धर्मचन्द जैन तथा कैलाश नाथ शर्मा थे। मैं इन तीनों जनों के साथ अशोक स्वीट हाउस में गया। बातचीत 'कविता की भाषा और भाषा संरचना' पर आ गई। जैन बहुत ही किताबी हो गया है। और जहाँ तक कैलाश का सवाल है, उस आदमी के विषय में अस्सी पर यह आम धारणा है कि आदमी बेहद बातूनी और बोरिंग है। मैंने कहा कि भाषा बनाई नहीं जाती, वह होती नहीं, बल्कि है। कविता के लिए समकालीन अनुभव एवं दबाव के अनुसार उसे सन्दर्भ दे दिया जाता है। कोई शब्द अपने सन्दर्भ में ही भाषा बनता है। शब्दों को इसी प्रकार सही डायमेंशन मिलता है। पता नहीं, क्या हुआ—शायद मैंने किसी प्रसंग में शर्मा से उसके द्वारा प्रयुक्त गति एवं चाल का अन्तर पूछ लिया और बस—नाराज होकर जैन और शर्मा, दोनों चले गए। ये दोनों निपट हैं और बेमतलब दुखी होते हैं।

त्रिलोचन जी मुझसे सहमत थे। उन्होंने निराला की कविता सुनाई और कविता में नाटकीयता तथा उसके निर्वाह पर कई बातें समझाईं।

दस बजे कमरे पर लौटा।

29 जुलाई, 1970

लोकतंत्र में हथियार नहीं उठाए जाते। और मरने के पहले आदमी को सवाल करने का पूरा हक हासिल है। अपराधी ही सही, लेकिन वह अँधेरे में नहीं मरता। लोकतंत्र में जीवन चमत्कार नहीं रह जाता है। वह सामान्य होता है।

1 अगस्त, 1970

श्री मनोहरलाल राज्य श्रम मंत्री महोदय आनेवाले हैं। समूचे दिन औ. प्र. संस्थान में व्यस्त रहा। तनख्वाह ली।

2 अगस्त, 1970

आज भी औ. प्र. संस्थान खुला रहा। सारे दिन मंत्री महोदय के आने की तैयारियाँ होती रहीं।

3 अगस्त, 1970

सुबह छह बजे आई.टी.आई. पहुँचा। सारी तैयारियाँ की जा चुकी थीं। मंत्री महोदय शाम सवा पाँच बजे पहुँचे। और साढ़े आठ बजे तक (रात) आई.टी.आई. में रहे। बगैर खाये-पीये अपने काम पर रहा। मैं ही नहीं, पूरा दोनों शिफ्ट का स्टाफ। साढ़े पन्द्रह घंटे की ड्यूटी। सभी के चेहरे खिन्न थे। किसी ने साहसपूर्वक नहीं कहा कि मंत्री जी, हम लोग सुबह से आए हैं और खाये-पीये नहीं हैं। यहाँ तक कि प्रशिक्षार्थियों ने भी कुछ नहीं खाया है। मंत्री महोदय से लेकिन कहे तो कौन? यह सरकारी नौकरी भी खूब है। आदमी को नक्कू बनाती है। मंत्री महोदय ने काफी जाँच-पड़ताल की और आखिरकार रात साढ़े नौ बजे सिटी मजिस्ट्रेट श्रीयुत मोहिन्दर सिंह जी को बुलवाकर स्टोर को सील करवा दिया और खुद चले गए। साढ़े दस बजे रात कमरे पर लौटा।

4 अगस्त, 1970

छह बजे आई.टी.आई. गया। मंत्री महोदय का काफी इन्तजार। मगर वे नहीं आए। दिन सामान्य।

5 अगस्त, 1970

नागानन्द के साथ बाहर चबूतरे पर बैठा था। गुप्तेश्वर भी आकर बैठ गए। बातचीत कविता पर हो रही थी।

'जो कविता नहीं पढ़ता, वह आदमी अच्छा नहीं बन सकता।' मेरे इस वाक्य पर गुप्तेश्वर ने अपनी घनघोर आपत्ति जाहिर की। श्री गुप्तेश्वर नवाबगंज के एक

सहज और सरल प्राणी हैं। बाल-बच्चों के बीच एक सामान्य खाते-कमाते जन। किन्तु वे कविता से भी ताल्लुक रखते हैं, मेरे लिए यह जानकारी एक सुखद आश्चर्य का कारण थी। उन्होंने हालाँकि अपनी प्रतिक्रिया काफी अव्यावहारिक और समूची 'तर्क रहितता' के स्तर पर व्यक्त की थी, फिर भी वह एक दूरी तक बहस को खोलने में मदद देती थी। किन्तु जब उन्होंने गली-मुहल्ले के लड़के-लपाड़ों को जोर-शोर से सबूत के लिए शरीक करना शुरू किया तो उनके ज्ञान का छद्म नंगा होकर रह गया। मेरे खिलाफ उन्होंने कई बार भद्दे शब्दों का इस्तेमाल भी किया और नागानन्द की किसी बात पर झुँझलाकर हाथ छोड़ने की भी धमकी दी। काफी भीड़ जुट गई। ज्यादातर छोटे-छोटे लड़के-लड़कियाँ जो माँ-बाप की व्यस्तता में अकेले होकर गली में नंग-धड़ंग घूमते खेलते हैं, जुट गए। औरतें दूर से ऊँची आवाज का जायका ले रही थीं। गुप्तेश्वर औसत से ऊँची आवाज में बोलते हैं। बोल रहे थे। झगड़ा—नहीं, बतकुच्चन, बल्कि थुक्का फजीहत औरतों के ज्ञान की आम खुराक है, सो वे उत्सुक और तरल हो उठी थीं। दो घंटे तक भद्द की गई मेरी और नागानन्द की भी। मेरी दिक्कत यह कि मैं न जोर से बोल सकता हूँ और न हाथ चला सकता हूँ। चाहूँ तो दोनों करूँ। मगर कान्सस एलाउ नहीं करता और देखो, कविता के पक्ष में कहा गया एक साधारण-सा वाक्य किस तरह आदमी को, वह भी पड़ोस के आदमी को, मुखालिफ बना देता है।

6 अगस्त, 1970

सैमुअल वैकेट का नाटक 'आखिरी खेल'। 'तुम मुझे छोड़कर भाग क्यों नहीं जाते?... तुम मुझे निकाल क्यों नहीं देते?...दूसरा आदमी कहाँ से रखूँगा?...यहाँ से भागकर जाऊँगा कहाँ?' वैकेट के ये पात्र सम्बन्धों की समूची विवशता बोलते हैं। एक साथ जुड़े रहने की विवशता—और इस अर्थ में यह दुनिया होने, रहने और निभाते जाने की अनंत कथाओं से भरी पड़ी है। मानव नियति की यह क्रूरतम परिणति है।

ये चार पंक्तियाँ विवशता की एक ऐसी खबर रखती हैं, जो संवेदनशील आदमी को देर तक कुरेदती रहती हैं।

लेकिन वैकेट के पात्रों की यह नियति ही उन्हें एक अति पर ले जाकर मामूली और सरलीकृत आकारों में उपस्थित करती है, जबकि ये आदमी आदमी न होकर विचार बन जाते हैं। 'हरकत-हीनता' की यह खोज जहाँ वैकेट को 'अतिनाटकीय' मुद्राओं का मास्ट (आधुनिकतम अर्थों में) घोषित करती है, वहीं अपनी 'थीम' के 'अतिपरक' आधारों-आग्रहों के कारण पुराना भी बनाती है। वैकेट के ये पात्र एक अति, पर नाटकीय हैं।...खड़ा नहीं हो सकता और...बैठ नहीं सकता। दोनों ओर 'खड़ा होना और बैठ जाना' एक अति की स्थिति है और यही उन पात्रों को

आदमी से अधिक विचार बनाता है। मंच की दृष्टि से विचार, मैं मानता हूँ, दर्शक और अभिनेता के बीच की दीवार होता है। लेकिन वैकेट बड़ी खूबी से इस दीवार को ढाह देता है, जब वह भाषा की जगह हरकत को भाषा का दर्जा दे देता है। इसी नाटक में नौकर का सीढ़ी दाईं खिड़की पर, फिर बाईं खिड़की पर ले जाना, सोचना और खिड़की से खिड़की तक की दूरियाँ आदि नापना—और भाषा बनती हुई यह हरकत समूचे नाटक की नाटकीयता को जमीन देती है। वैकेट के नाटक में 'तीसरा आदमी' शायद है ही नहीं। और इसीलिए किसी के आने का इन्तजार नाटक की मुद्रा तो बनता है किन्तु वह अन्त तक मुद्दा नहीं बनता। शायद इसीलिए वैकेट के नाटक में पखवई तो हैं मगर पर्दे नहीं हैं।

7 अगस्त, 1970

काफी दिनों बाद अस्सी पर रामचन्द्र शुक्ल से मुलाकात हुई। साथ में हनुमान सिंह भी थे। मैं, नागानन्द और काशीनाथ, धर्मचन्द जैन काशीनाथ के घर से निकले थे कि वे लोग दिख गए। बलदेव के चाय-घर में बातचीत।

आम आदमी, साधारणत: श्रोता या पाठक, भाषा का इस्तेमाल करता है, उसकी तेजी और चमक का इस्तेमाल करता है। भाषा रोज-रोज के मामूली इस्तेमाल से गुजरकर डिस्चार्ज होती है, जैसेकि एक बैटरी। और जब इसे सुविधा के लिए या किसी खास मतलब के लिए नासमझी के साथ मिसयूज करते हैं तो इससे भाषा का तिरस्कार होता है और वह शार्ट सर्किटेड होकर बुरी तरह खराब हो जाती है। रचनाकार भाषा को उसके तिरस्कार से बचाता है। मामूली आदमी और कृती आदमी का यही फर्क है। भाषा को मामूली आदमी से नहीं, बल्कि उसके मामूलीपन के इस्तेमाल से सुरक्षित करना सृजन करनेवाले व्यक्ति यानी रचनाकार का दायित्व है।

प्रशासन में भाषा की चर्चा आने पर बात इन्दिरा गांधी के प्रशासन की ओर मुड़ गई। मेरा स्पष्ट मत है कि श्रीमती इन्दिरा गांधी के विरोध में होनेवाली लफ्फाजी का सीधा मतलब है : बूढ़े मर्दों की शासन-रति। एक अरसे से हिन्दुस्तान में मर्दों का आधिपत्य कानूनी तौर पर जायदाद और अन्य दूसरी वस्तुओं पर रहा है। यहाँ तक कि स्त्री भी उसके लिए, औसतन जायदाद ही रही है। पितृ-सत्ता के सुदृढ़ और एकतरफा अनुभव की आदत पर सैकड़ों वर्षों के बाद यह चोट पड़ी है। भारत में मातृ-सत्ता की वापसी हुई है। मैं इसका स्वागत करता हूँ। और एक रचनाकार की हैसियत से इसे भाषा देने की कोशिश करता हूँ, क्योंकि यह साहस से अधिक, सक्रियता से अधिक, सहनशीलता की माँग करती है।

वक्त बतलाएगा कि अपनी समकालीन पीढ़ी ने अपने विरोधियों के खिलाफ जो भाषा इस्तेमाल की है, वह कितनी खड़ी है और कितनी बोली अपने साथियों

की ओर से यह स्वीकारते मुझे शर्म आती है कि हिन्दी लेखन में, शायद पहली बार, प्रतिवाद की भाषा इतनी बौनी, इतनी बेअसर, इतनी बड़बोली, बोदी, बेजान और बेमानी साबित हुई है। अभियोग के पहले ही भाषा का चुक जाना मेरी पीढ़ी के लेखकों की अनुभवहीनता की ओर एक गैर-मामूली इशारा है। यह आहत नहीं करती, बल्कि थोपती है।

8 अगस्त, 1970

भाषा की एक समझ होती है। एक विवेक होता है और एक रंग। और अन्ततः भाषा का एक आदमी होता है। जब सही भाषा किसी गलत आदमी या समूह में बोली जाती है, तो जहर बन जाती है। उस व्यक्ति या समूह के ऊपर उसका खराब असर पड़ता है। साधारणतः सामने बैठा हुआ आदमी ऐसी भाषा को एक तिरस्कार या चुनौती के रूप में लेता है। वह अपनी पिछड़ी हुई रोजमर्रा की मटियल भाषा के आधार पर रचनात्मक भाषा को अपने लिए अपमानजनक मान लेता है और परिणामतः सही और सृजनात्मक भाषा बोलनेवाले व्यक्ति (कवि या लेखक) के खिलाफ हो जाता है। मामूली तौर पर निस्संग रहकर लेखन के कार्य में लगे हुए लोगों के विरोधियों की तादाद इसी आधार पर बढ़ती है। वे लोग अक्सर लेखक को भी भाषा के उसी बाड़े में जुगाली करते हुए देखना चाहते हैं जिसमें खुद अपनी मामूली और टुच्ची सुविधाओं के साथ बँधे पड़े हैं। जैसे ही वे यह पाते हैं कि लेखक एक 'छुट्टा व्यक्तित्व' का स्वामी है, वे उस पर प्रहार शुरू कर देते हैं। यह प्रहार अत्यन्त क्रूरतापूर्ण होने के साथ ही, कायरतापूर्ण भी होता है। इस प्रकार एक अत्यन्त ही घिनौनी और अलोकतांत्रिक 'कायर-क्रूरता' का जन्म होता है। आज की हालत को देखते हुए यह स्पष्ट है कि अधिकांश सही लेखक इस कायर-क्रूरता के शिकार हैं, हो रहे हैं।

9 अगस्त, 1970

आई.टी.आई. में ड्यूटी। शाम को घर गया। लोकनाथ और शोभनाथ बीमार हैं। गड़ेरियों को रहौनी दी। दिन सामान्य।

10 अगस्त, 1970

आई.टी.आई. से काम समाप्त करके सवा दो बजे लौटा। खिचड़ी पकाई। खाई। शाम को काशी के यहाँ गया। पंडित की दुकान अस्सी से 'दिनमान' खरीदा। उसमें मेरा पत्र छपा है : 'नक्सलवादी आतंक और बुद्धिजीवी'। अजीब है, कुछ लोग

दूसरे को नक्सलवादी कहकर मजा ले रहे हैं और कुछ लोग दुश्मनी निभा रहे हैं कि अच्छा मौका है, गाँठ दो स्साले को। बुद्धिजीवी! इस शब्द से उबकाई आती है।

नागानन्द का इंटरव्यू था आज। वहाँ से लौटकर उन्होंने बतलाया कि बहुत अपमान हुआ उनका। नागानन्द खिन्न थे। वाइस चांसलर ने बहुत ही रुक्षतापूर्वक उनसे व्यवहार किया। वे कह रहे थे : 'एक प्राचार्य से ऐसी उम्मीद नहीं की जा सकती थी।' भूलते हैं नागानन्द। यही वह जगह है, जहाँ एक समझदार आदमी को भावुकता से बचना चाहिए। पेड़ के नीचे पढ़ानेवाले गुरुओं की परम्परा का मोह यदि प्रशासन के स्तर पर इतनी बड़ी राजस्-संस्था का कुलपति अपनी रुक्षता से छिन्न-भिन्न कर देता है तो इसे गुरु, अध्यापक, आचार्य की शालीनता से न जोड़कर विशिष्ट सुविधा-प्राप्त नागरिक की कार्य-कुशलता से जोड़ना अपने तोष के लिए श्रेयस्कर है। विद्वत्ता जब व्यवसाय बन जाए, उस समय विद्वान और बनिये के व्यवहार में अन्तर की खोज करना मात्र अपने समय और उसकी समकालीनता से अपनी अबोधता प्रकट करना है। मैंने नागानन्द को समझाया : दुख करने की आवश्यकता नहीं। हमारा सौभाग्य है कि हम इस शताब्दी के उस दशक के साझीदार हैं, जो अपने अनुभवों की कटुता और विशिष्टता के सातवें सोपान पर हैं। आनेवालों के लिए हम निर्ममता की एकदम नई और सघनतम व्याख्या के लिए अनुभव और शब्द उपलब्ध कराएँ, मैंने नागानन्द से कहा।

11 अगस्त, 1970

दिन सामान्य। 'इन्स्पेक्टर' फिल्म देखी। साथ में नागानन्द का छोटा भाई इंदु था। 3 बजे से। शाम अस्सी पर काशी, त्रिलोचन आदि मिले। कोई खास चर्चा कविता-कहानी आदि पर नहीं हुई।

12 अगस्त, 1970

दिन सामान्य। शाम को छह बजे अस्सी पर काशीनाथ, त्रिलोचन आदि से मुलाकात हुई।

तुकाराम का एक मजेदार अर्थ मिला। व्याख्या यह है—तुक ही आराम हो जिसके लिए वह तुकाराम। हिन्दी कविता के 'तुकारामों' के लिए यह शब्द एक नये सन्दर्भ की शुरुआत कर सकता है।

25 जुलाई की गोष्ठी की रिपोर्ट 12 अगस्त के 'आज' में छपी है। किसने क्या कहा : इसमें से एक भी पंक्ति उद्धृत नहीं की गई है। ये अखबार जहाँ बेकार की ढेर सारी बकवास छापते हैं, पता नहीं, मतलब के साहित्य समाचार को इतनी बेमुरौवती से क्यों छाँट देते हैं?

13 अगस्त, 1970

दिन सामान्य। आज गाँव गया। शोभनाथ की तबीयत ठीक है। लोकनाथ अभी काफी कमजोर थे। शाम को शहर लौट आया। रास्ते में बारिश में भीगता रहा। बारिश में भीगना अच्छा लगता है। आज से अल्वेयर कामू की डायरी 'कार्नेट' पढ़ना शुरू किया है।

The spirit of revoluation lies wholly in man's protest against the human condition.

14 अगस्त, 1970

दिन सामान्य। Civilization does not lie in a greater or lesser degree of refinement, but in due...awareness shaied by a whole people, and this awareness is never refined.

15 अगस्त, 1970

साढ़े सात बजे सुबह I.T.I. गया। आठ बजे झंडा फहराया गया, नौ बजे के बाद नवाबगंज लौटा। कुछ पकाया। खाया। एक बजे के आसपास डॉ. काशीनाथ सिंह के साथ अशोक वाजपेयी आए। उनके साथ दो आदमी और थे। सीधी के S.P. और राजपूताना हॉस्टल के वार्डेन श्री दूबे। सामान्य औपचारिक बातें। शाम को रिक्शा करके काशी, नागानन्द और मैं—तीनों जने राजपूताना हॉस्टल गए। अशोक से दुबारा मिले। रात साढ़े दस बजे लौटे।

16 अगस्त, 1970

तबीयत कुछ ठीक नहीं है। घर नहीं गया। शाम को अशोक वाजपेयी काशी के घर आनेवाले थे। वहीं मिलने का वादा था। छह बजे लोलार्क कुंड पर गया। आठ बजे तक रहा। अशोक नहीं आए। मन में क्षोभ हुआ। व्यर्थ इनके लिए शहर में आज रुका। घर चला गया होता तो अच्छा था। लोग घर पर राह देखते रह गए होंगे। ऐसे मौकों पर मैं अपने-आपको न जाने क्यों बहुत ज्यादा अपमानित महसूस करता हूँ। और यह अपमान किसी बाहरी व्यक्ति द्वारा नहीं होता। अपने द्वारा ही बार-बार दुत्कार खाकर मन न जाने कैसा हो जाता है। इच्छा होती है, घंटों कहीं अकेले में जाकर बैठ जाऊँ। घने अँधेरे में, बत्ती गुल करके। दरवाजे बन्द कर लूँ और खिड़कियाँ भी। कोई न मिले। किसी से बात न करूँ। एकदम चुप। अपने साथ हुई

ज्यादती का बदला अपने से लेता हूँ। खुद को अकेले में निर्वासित करके। नहीं, किसी से नहीं मिलना—किसी से नहीं!

तुम दरवाजा खोलते हो, और एक दुश्मन भीतर प्रवेश करता है।

× × ×

'इवर ग्रीन रिव्यू' जुलाई-अगस्त, 1961 में सिलीन का इंटरव्यू पढ़ा। मन पर चोट लगी। लेखक होना वाकई दुहरी यातना में होना है। बाहर और भीतर, दोनों दुनियाओं में तिरस्कृत होकर अकेले होते जाना सही लेखक की नियति है। सिलीन का यह वाक्य : 'Writing...It is torture. It is the hordest job in the world...' और फिर : 'I am a persecuted man...I am a Leper.'

मन खिन्न होकर खराब हो गया है।

× × ×

एक रचना—जरा कल्पना करो, ढलान पर एक बड़ा पत्थर लुढ़कता आ रहा है और एक आदमी उससे एक कदम आगे जी-जान से भागता चला जा रहा है। चीखते, चिल्लाते हुए। बचने के लिए।

17 अगस्त, 1970

आज काम पर नहीं गया। छुट्टी ले ली है। गाँव गया। और शाम को वापस लौट आया। रात मूरत (पत्नी) के बारे में सोचता रहा। मेरे लिखने-पढ़ने की दुनिया से अलग यह स्त्री मुझे हमेशा भली लगी है। चारों ओर से थककर, कहूँ कि घबराकर जब भी घर गया हूँ, इस औरत की बगल में बैठने पर एक अजीब-सी राहत मिली है। इसे खुले मन का आभार कहूँ? मूरत पढ़ी-लिखी नहीं है। उसे यह नहीं सिखाया गया। उससे देश, राजनीति, धर्म, विद्यार्थी-आन्दोलन, समाज, जाति, विदेश नीति, राष्ट्रीयता, देशभक्ति, गो-रक्षा-आन्दोलन, विश्वविद्यालय, संसद, कानून पर बात नहीं की जा सकती है। वह शरीक हो ही नहीं सकती। उसके यहाँ भाषा नहीं है। फिर भी न जाने क्यों मन को राहत मिलती है। किसान जब बहुत दुखी होता है, अपने तमाम स्वजनों से अलग, सबको छोड़कर कभी-कभी अपने प्रिय पशु के गले में बाँहें डालकर रो लेता है। ऐसी ही स्थिति मूरत के साथ मेरी होती है। पीड़ा के बोझिल अकेलेपन में पूरी आत्मीयता से, दुनिया की धूर्तता, वाचालता से कटी हुई उस औरत के साथ मुझे कुछ इसी तरह की अनुभूति होती है। एक बेजुबान मित्र के गले लगकर दुख को बेजुबान करने की यह कोशिश मुझे राहत देती है। कई बार मैं थककर बैठ जाने की अपेक्षा बचकर चलने की ताकत—नई ताकत से भर उठता हूँ। वह पाँच बच्चों की माँ है। मैं स्वीकार करता हूँ, कई बार घरऊ दिक्कतें

उसे शिकायती भी बनाती हैं। बच्चों की, ज्यादातर माँगें और भाइयों की बिरादराना हरकतें, कई बार उसे कुछ कटु भी बनाती हैं। लेकिन मेरी परेशानियों का उसने सदा खयाल रखा है। दोस्त की तरह अपने बड़े दुख को ढककर रह गई है और मेरे छोटे-छोटे दुखों को बँटाने के लिए हाथ बढ़ाया है। एक गँवई आदमी की औरत बनाकर मैं उसे ब्याह लाया था। लाया नहीं था, वह लाई गई थी। आज से 19 साल पहले। तब से आज तक जब मैं देह की उत्तेजना से विचार की उत्तेजना तक एक लम्बा रास्ता तय करके यहाँ आ गया हूँ। उस नेक औरत ने मुझे एक स्नेही, मित्र, सखी, पत्नी, प्रियतमा का बोध दिया है। मैं कृतज्ञ हूँ। मेरी ख्वाहिश है, मुझमें जो थोड़ी कम रोशनी है, वह उसके कारण है, वह उसके लिए हो।

18 अगस्त, 1970

शाम। काशीनाथ सिंह से बातें हुईं। उन्होंने बतलाया कि इन दिनों वे एक लम्बी कहानी लिख रहे हैं। इधर की घटनाओं और अपने विभाग (हिन्दी विभाग) तथा आसपास के वातावरण, विद्यार्थी आन्दोलन आदि को लेकर। मैंने कहा कि अपने आसपास की चीजों पर, लोगों पर लिखते वक्त अतिरिक्त सावधानी बरतने की बहुत ज्यादा जरूरत पड़ती है। कई बार चीजें बहुत जल्दी दुहराई जाने लगती हैं और यदि यह नहीं हुआ तो परिचय की घनिष्ठता के कारण उनका सरलीकरण होने लगता है, जो कथ्य को बिलकुल सतही बना डालता है। हल्के और मामूलीपन का खतरा हर समय बना रहता है। काशी ने कहा—वे इसके प्रति सतर्क हैं। उन्होंने विद्यार्थी आन्दोलन के बारे में मेरी राय जाननी चाही।

मैं विद्यार्थी आन्दोलन को बूढ़े और लालची नेताओं की हविश की खाद मानता हूँ। सत्ता और प्रतिसत्ता की लड़ाई में युवा-प्रतिभा सत्ता की भूख की खुराक है। मगर मैंने काशी को आगाह किया कि यह कथन इकहरा सत्य है। व्यक्ति के लिए इससे कई खतरे हैं। तथाकथित आन्दोलनों के हिमायती इसका इस्तेमाल तुम्हें भविष्य से भी निर्वासित करने के लिए कर सकते हैं। दोतरफा सत्य की दुनिया में इस तरह के वक्तव्य ठोस और सही वक्तव्य—विजेता जूरियों की जिच के शिकार होते आए हैं। वे तुम्हें अपनी मनचाही इजलास में, मनचाही सजा के लिए, दिखावे की कानूनी कार्यवाही में शामिल करेंगे और फिर तुम्हारे सच के लिए किसी अमानवीय कलंक का चेहरा पहनाकर तुम्हें किसी गंदे और अन्धे रास्ते पर भटकने के लिए छोड़ देंगे। ओह! तुम्हें यह सीख देते मेरी रूह काँप जाती है : 'अपने इकलौते और मुरहे सत्य से बचो।' फिर...

आन्दोलन यानी कि 'मूवमेंट'। तकनीक की भाषा में यह शब्द अर्थहीन हो चुका है। मूवमेंट का क्या मतलब, जब मामूली आदमी के औसत हालात में कोई फर्क नहीं आता? आन्दोलन के क्या मानी, जबकि सैकड़ों साल से आदमी की

लालच में कोई कमी नहीं? मैं तबकों में बाँटकर यह बात नहीं कहता। मैं इस सिलसिले में समूह की चर्चा भी नहीं करता क्योंकि जिसे तुम समूह कहते हो और जो आन्दोलन में शरीक हैं, वे लोग समूह की सबसे छोटी इकाई की सबसे छोटी संख्या से भी कम हैं। समूह जिनसे बन सकता, जो सहमत होते, संगठित हो पाते तो Movement आता। जिन्दगी के ढाँचे में, जीवन जीने के ढर्रे में फर्क पड़ता। वे सभी लोग गहरे शोक में, अँधेरे और कीचड़ की दुनिया में भय और पछतावे का जीवन जी रहे हैं। एकाकी और दुखी। बारिश में उगी हुई घास की तरह अपने जन्मने और होने की अनिवार्यता से बेखबर।

बरसीम! बरसीम!! तुमने इस घास का नाम सुना? पानी और पानी में हरी-भरी रहनेवाली। काटो, और फिर चार दिन में लहलहानेवाली, पशुओं की पुष्टई। हरा चारा। बरसीम है—यहाँ के जन, लोग, पीपुल, जनता, डेमोक्रेट्स। रोज इनकी कटाई होती है। रोज इनकी तारीफ होती है। रोज ये बढ़ते हैं। ये पशुओं के चारे हैं।

'भूमि छीनो आन्दोलन' की हवा गरम है। एक ओर अध्यादेश, दफा 107/117/151 की कारगुजारियाँ हैं और दूसरी ओर भूमि पर जबरन कब्जा करनेवाले नेता जन। ऊपर से देखा तो लगेगा कि एक बड़ा काम, एक सुचिन्तित और आवश्यक जन-आन्दोलन चल रहा है, लेकिन इसकी पड़ताल करो—पोल खुल जाएगी। ऐसे नेतागण जो जातिवाद के शिकार हैं, जमीन के शिकार पर निकले हैं। इनके कब्जे में जाति है, जमीन बाहर क्यों रहे? उनके लिए जाति और जमीन में कोई फर्क नहीं है। साढ़ी जैसे चिक्कन-मुक्कन चेहरे वाली यह कौम खेत पर कब्जा कर रही है, खेत के इंदराज पर नहीं। जबकि इस देश में, आज भी, खेत का कब्जा कोई मानी नहीं रखता। मानी रखता है तो कागज पर का कब्जा। इंदराज है। ठीक है। खेत पर आप काबिज हैं। और इसके चलते आज भी कितने जमींदार, 'जमींदारी उन्मूलन' के बाद भी, खेत नहीं जोतते और खेत पर काबिज हैं। कानूनन काबिज हैं। उनके यहाँ तीन-तीन साल के बच्चे और नब्बे-नब्बे साल की बूढ़ियाँ-दादियाँ भी कागज में खेती कर रही हैं। और सरकार बड़े प्यार से उनकी जोत का लगान अपने खजाने में डालकर चुप है। आप क्या करोगे? एक बात और—क्या खेत, किसान के लिए बेड़ी-हथकड़ी नहीं बन गए हैं? खेत किसान की लाचारी बनकर रह गए हैं। सैकड़ों वर्षों से मामूली आदमी को खेत देकर, उससे अधिक-से-अधिक काम लेकर, उपज-पैदावार तैयार करके मनमाने दाम पर खरीदना—अपनी सुविधा और सुख के मोल उनकी कीमत आँकना इस समाज के एक वर्ग विशेष की साजिश रही है। हर खेत मजदूर—हर किसान इस हथकंडे का शिकार हुआ है। और हो रहा है फिर बचे हुए लोगों में जमीन के कब्जे या जोत की हिस्सेदारी की बात चलाना, क्या सैकड़ों वर्षों से खेत में लूटने की जालसाजी का ही नवीनीकरण नहीं है? यह आन्दोलन नहीं है। मौसमी मुहावरे का सरलीकृत आधुनिकीकरण है। क्यों

नहीं खेतों का भी राष्ट्रीयकरण कर लिया जाता? न राष्ट्रीयकरण—उनका सहकारी नगर, सरकारी गारंटी के साथ सहकारी प्रारूप, क्यों नहीं तैयार किया जाता? काम के निश्चित घंटों में फैक्टरी या मिल में मिलनेवाली पगार के तौर पर खेत में काम करनेवाले किसान को भी तनख्वाह मिले या उपज के मुनाफे में उसे एक राष्ट्रीय इकाई के रूप में मिलनेवाला लाभ दिया जाए। मगर नहीं—उन्हें खेत दिया जा रहा है, गैर-कानूनी तौर पर। एक बार फिर उन्हें सरकारी और गैर-सरकारी मोर्चे पर जूझने के लिए निहत्था छोड़ा जा रहा है। वे मरते हैं तो मरें। नेता का चरित्र जनता की मौत से बनता है। जनता जितना अँधेरा देगी, नेता उतना ही चमक सकेगा।

19 अगस्त, 1970

कल मेला था दुर्गा जी का। भीड़। भीड़। भीड़। भाड़। रंग-बिरंगे वस्त्र। सज-धज। शोरगुल। चन्द्रा की दुकान में बैठा था। एक लड़की। उम्र सात-आठ साल। फटी-सी धोती पहने हुए बारिश से बचने के लिए दुकान में चढ़ गई। उसका गोल मटियल चेहरा, सिर पर धोती का फटा पल्ला। दो-अढ़ाई फुट की ऊँचाई। और उसकी आँखें...उसकी आँखें...मासूम नन्ही-नन्ही सफेद काली कौड़ियाँ...कितनी उदास बच्चा-आँखें! मुझे इन्दिरा याद आई। मेरी बेटी सात-आठ साल की। अपराधी बाप की तरह मैं उसे ताकता रह गया। ठटे-बटे लोग, रंग-बिरंगे लोग; धक्का खाते, धकियाते लोग : मुझे ये सारे लोग मजाक की तरह लगे। कोढ़ की तरह लगे। अपमान की तरह लगे। मगर क्या मैं इस नन्ही मासूम बिटिया को झंडे की तरह उठा लूँ? क्या मैं उसके हाल का, उसकी भूख और गरीबी का बखान करूँ? क्या मैं उसे भीड़ पर पत्थर की तरह दे मारूँ? नहीं, मैं यह नहीं करूँगा। मैं उसे झंडा नहीं बनाऊँगा। मैं चुपचाप अपनी समूची शर्म के साथ उठूँगा और उससे बिना कुछ कहे अपराधी बाप की तरह दुकान से बाहर चला जाऊँगा। अपने कमरे में लौटकर उसे सजाऊँगा। उसका सिंगार करूँगा। उसे जिन्दगी में वापस सँवारकर भेजूँगा। एक नहीं, हजार रूपों में। इस तरह अपने-आपसे हुए अपमान का बदला लूँगा। उस भीड़ के लिए जिम्मेदार—उस बच्ची की उदास आँखों और सूखे मुँह के लिए जिम्मेदार मैं उसे भाषा में, उसका हक दूँगा। जिसे मार लेने में मैंने भी भीड़ का हाथ बँटाया था। उस बेटी को उसका जन्म दूँगा। अपनी कविता में उसका बखान नहीं, उसका जन्म लिखूँगा। फिलहाल, एक कवि का काम पूरा करूँगा। और क्या?

20 अगस्त, 1970

शाम। काशी के घर पर, मैं नागानन्द के साथ। हम लोगों ने मुक्तिबोध पर बात की। मुक्तिबोध पर पुनर्विचार की आवश्यकता है। मुक्तिबोध के संग्रह 'चाँद का

मुँह टेढ़ा है' का शीर्षक, यह क्यों है, जबकि सबसे सशक्त कविता 'अँधेरे में' के नाम पर भी इसका नामकरण हो सकता है? मुक्तिबोध का इस्तेमाल मसाले के रैपर की तरह किया जा रहा है। आज की स्थितियों, हालात के सन्दर्भ में क्या मुक्तिबोध समकालीन कवि हैं? प्रेमचन्द के गद्य का आदर्शवाद मुक्तिबोध की कविता का आशावाद है। निराला की पंक्ति 'भय' में आशा को जहाँ मिलते थे समाचार। 'थे' की जगह 'हैं' कर दो। मुक्तिबोध की पहचान 1960 के बाद के कवि ने की। कहूँ तो यह कि साठ के बाद की कविता ने भाषा-सन्दर्भ दिया, जिसमें मुक्तिबोध की शिनाख्त सबूत के आधार पर की गई। निश्चय ही यह काम हिन्दी के कुछ-एक कवियों ने किया। लड़ाकू और ऐलान की भाषा का इस्तेमाल करके। कविता को आम भाषा और आम आदमी को भाषा से जोड़कर। किन्तु मुक्तिबोध के विषय में यह याद रखने की बात है कि मुक्तिबोध वहीं आज की कविता से जुड़े हैं, जहाँ उन्होंने 'नकार' की मुद्रा दी है। कुछ भी स्वीकार करते ही वे किताब की दुनिया की भाषा से पराजित होते दिखते हैं। मैं 'जूझना' शब्द इस्तेमाल नहीं करूँगा। फिलहाल, वे मुझे जूझते हुए कहीं नहीं दिखे। मुक्तिबोध मामूली आदमी हैं, जहाँ वे चीखते हैं। मुक्तिबोध के बारे में एक बात—जैसे एक प्रौढ़ भाई परिवार की पीड़ा और मुसीबत के दिनों में दुख की मनहूसियत को सकारते हुए आश्वस्ति की भाषा बोल रहा हो। मुक्तिबोध की कविता टूटते परिवार के एक जिम्मेदार जेठे भाई की पीड़ा का इजहार है। किन्तु उनका आशावाद : आखिरकार उसका आधार क्या है?

इधर मुक्तिबोध कुछ लालची और गैर-जिम्मेदार कवियों द्वारा इस्तेमाल किये जा रहे हैं। वे मुक्तिबोध को अपने पूर्ववर्तियों और व्यवस्थित लेखकों, कवियों, आलोचकों के खिलाफ गाली की तरह इस्तेमाल कर रहे हैं। मुक्तिबोध गाली बनते जा रहे हैं या ठीहा। गलत इस्तेमाल से वे बुरी तरह 'खियाते' जा रहे हैं। बहुत कुछ उनको गलत सन्दर्भ में लिया जाने लगा है। इन हालात को रोकना जरूरी है।

21 अगस्त, 1970

तीन बजे दिन के करीब नागानन्द से बातचीत। गांधी जीवन, दर्शन, गांधी संस्मरण। गरीब और गुलाम देश में गांधी औसत हिन्दुस्तानी थे। ज्ञान और सादगी के चमत्कार से पूर्ण। गांधी का जीवन सार्वजनिक प्रार्थना-सभा में एक स्वतंत्र विचार की तरह था, जो सबके लिए खुला था। मुक्ति और चिन्तन की गरिमा से आवेष्टित। आम हिन्दुस्तानी का यही खाका मेरे दिमाग में है।

× × ×

"धुन्ध और कुहरे की उस मुँहअँधेरी भोर में वे तेजी से आगे चले जा रहे थे। उनको कुहरे में खोजने की जिल्लत से बचने के लिए हम उन्हें पकड़े रहे, इसलिए हमें

लगभग दौड़ना पड़ रहा था। और हमारे पीछे लौह टोपियों और भारी बूटों वाले दो खुफिया सिपाही खाँसते-खखारते भाग-से रहे थे, जिन्हें सौभाग्य से, बापू की सुरक्षा का भार सौंपा गया था।"

['बापू से : एक संस्मरण', सं. सर्वपल्ली राधाकृष्णन]

× × ×

जितनी सादगी, सच्चाई थी, सब गांधी ने इस्तेमाल कर ली। निहंग आदमी को उसकी मौलिकता की तलाश में भटकना न चाहिए। उसे चाहिए कि वह औसत तरीके से गांधी जीवन पद्धति का अनुगमन करे। गांधीवाद नहीं, गांधी को उसके सही सन्दर्भ में जीने का यह सबसे आसान तरीका है।

अहिंसा और शान्ति की तीन विशिष्ट व्यक्तित्वों एवं आर्थिक, सामाजिक क्षमताओं का अध्ययन?

बुद्ध = राजपुत्र—विशिष्ट
ईसा = दरिद्र-पुत्र—निकृष्ट
गांधी = औसत (गृहस्थ पुत्र)—मध्य।

22 अगस्त, 1970

6 बजे सुबह आई.टी.आई. गया। 6 बजे शाम लौटकर वापस आया। टेक्निकल ऑफिसर श्री सक्सेना जाँच के सिलसिले में आई.टी.आई. पधारे थे।

आज आई.टी.आई. स्टोर की सील तोड़ी गई, जिसे राज्य श्रम मंत्री महोदय ने मजिस्ट्रेट महोदय को आदेश देकर लगवा दी थी।

थकान बेहद। कन्हैया आए हैं।

23 अगस्त, 1970

सुबह काशी के साथ ललिता गया। 9.30 पर। फिल्म नहीं आई थी। 10 बजे डोसा खाया और कमरे पर वापस आया। बड़ी धूप है। घर 4 बजे गया।

24 अगस्त, 1970

शाम 5 बजे घर से लौटा। रोहनिया का सिपाही यादव गाँव पर एक लिस्ट लेकर आया था कि थाने पर जन्माष्टमी मनाई जा रही है। लिस्ट में मेरा नाम नहीं था। जो आमंत्रित किये गए थे, वे 'खास' लोग थे। हर जगह 'खास' लोग होते हैं।

25 अगस्त, 1970

इन दिनों मैंने अपने-आपको खुला छोड़ दिया है, खाये जाने के लिए। और अब अपने को बन्द करने के पहले उन अनुभवों से छूटना जरूरी है। मैं क्यों बार-बार एक ही स्थान पर जाता हूँ? क्यों बार-बार जाता हूँ? हल्का करना है खुद को, एक स्थान पर बार-बार जाने से दूसरा आदमी—सामने बैठनेवाला आदमी—इतना गायब हो जाता है कि उसके खात्मे के लिए खुद अपना जन अपराधी-सा महसूस करता है। ऊब और खोखलापन बार-बार दोहराए जाने से पैदा होते हैं।

इनसे बचना है। सस्ता होना ठीक है लेकिन सस्तेपन से जन्मी अवहेलना से बचना है।

काशी से कविता पर बातचीत।

एक दिन कविता को नकार की भाषा देकर हम तुष्ट थे। कल या कल से पहले। मैं मानता हूँ कि नकार चमत्कार नहीं था हमारे लिए। चमत्कारों का चमत्कार भी नहीं। नकार तब टूटने की गुस्सेवर मगर एक बारीक समझ से भरी हुई तेवर थी भाषा की। इस रास्ते कविता को मामूली आदमी के पैताने लाने की हरकत वर्षों पहले शुरू की गई थी। और आज वह हरकत फिर सिरहाने चली गई है। कइयों ने तो उसे तकिया-सा बना लिया है। एक ही भाषा, एक ही कथ्य, एक ही छिनरझप...। दोहराना और दोहराना।

इन दिनों मेरी सारी कोशिश है कि मैं खुद की मुहावरेदानी से बचूँ! और यही मेरी मुश्किल होकर रह गई है। कई बार तो एक कविता पर काम करते मेरी आँख में आँसू तक आ जाते हैं। गुस्सा भी बहुत आता है। मैं लगातार अकेला होता जाता हूँ। नहीं, भीड़ की भाषा तो कविता बनने से रही। उसे तो सीझना पड़ेगा ही और उस आँच में कवि या रचनाकार बुरी तरह सीझता है। नमक का छिड़काव, नमक मला जाता है चमड़े में, फिर मद्धिम आँच में पकता है सारा चाम, सारी देह। तुमने चमड़ा सीझते देखा है? जिन्दा चमड़ा सिझाना, वह भी एक संवेदनशील जिन्दा शरीर पर—तुम स्वयं सोच लो, कितना कैसा कुछ लगता होगा!

और अन्तिम बात। नकार की भाषा की आसानी यह है कि आप चीजों को तोड़कर उनके सम्बन्धों से दूर-दूरतर फेंकते हैं। वह आवेश की स्थिति से जुड़कर एक गतिमान और असरदार प्रक्रिया बनती जाती है। भाषा इस नकार से लैस होते ही कई बार अपने-आप कविता बनती जाती है। मगर सकारना—और भाषा को कविता की क्षमता से भर पाना—भाषा को समकालीन सन्दर्भ दे पाना कुछ मुश्किल काम है। तब दूर-दूरतर फेंकी हुई चीजें, घटनाएँ, सम्बन्ध उठ-उठ कर केन्द्र की ओर आते हैं और उन्हें केन्द्र की ओर खींचने में कवि को पूरी ताकत से टूटना पड़ता है। सृजनात्मकता की बात इसी सन्दर्भ में प्रामाणिक लगती है। निश्चित ही तब कविता से ज्यादा एक कवि करिश्मा बन जाता है। 'मैं जिस चीज पर हाथ रख देता हूँ, वह कविता बन जाती है।'

26 अगस्त, 1970

'Frailty thy name is woman' (निर्बलता का दूसरा नाम स्त्री है)—शायद शेक्सपियर ने जब यह सोचा होगा, उसके सामने किसी विपन्न स्त्री, टूटी हुई और आत्मसमर्पित स्त्री का नक्शा रहा होगा, ठीक उसी तरह, जैसे मैथिलीशरण के सामने 'अबला जीवन हाय तुम्हारी यही कहानी, आँचल में है दूध और आँखों में पानी' की मर्मान्तक पंक्तियों से रेखांकित स्त्री मूर्ति थी। मैं सोचता हूँ, ये दोनों रचनाकार स्त्री से बाहर रहे हैं। और उसे बाजार में रखी चीज मानकर अपनी दया दिखाकर चले गए हैं। मगर भले...। और इसका दूसरा छोर वह है जहाँ 'नारी, तुम केवल श्रद्धा हो विश्वास रजत नग पग तल में, पीयूष स्रोत सी बहा करो जीवन के सुन्दर समतल में' जैसी उक्ति है। यहाँ नारी अशरीर हो जाती है। समतल की पात्रता ही उसका शरीर है।

उपरोक्त दोनों ही उक्तियाँ एक ओर अतिरिक्त दया और उदासीनता से तथा दूसरी ओर अमूर्तन के अशरीरी सम्बोधन से स्त्री को अलौकिक कर देती हैं। वह गायब हो जाती है और उसका कविता के लोक से इस तरह से गायब हो जाना जीवितों के संसार में एक अतृप्त भूख का रूप धारण कर लेता है। स्त्री की तलाश स्त्री के शरीर की तलाश में बदल जाती है। इसकी तलब इतनी बढ़ती है कि धीरे-धीरे स्त्री इस्तेमाल की ओर साग्रह लाई जाती है और अपनी समूची उर्वरता, सार्थकता तथा मातृसत्ता से कटकर 'लाश' बन जाती है। अकविता में औरत जाति के शाब्दिक रेप की इसी परिणति पर पहुँचती है। संसार भर के काव्य-संसार में हिन्दी की 'अकविता' स्त्री जाति के विरोध की असमर्थतम और अनर्गल उक्ति में अद्वितीय है।

28 अगस्त, 1970

गाँव गया। शाम को लौट आया। फुलहाँ से आशा के लिए तीज आई थी।

29 अगस्त, 1970

दिन सामान्य। काशी के यहाँ नागानन्द के साथ शाम को गया। अस्सी पर 10 मिनट के लिए मार्कंडेय 'कथा' सम्पादक से भेंट हुई। वे किसी बीमार के साथ आए हैं जोकि सर सुन्दर लाल अस्पताल विश्वविद्यालय में भर्ती हैं।

5 सितम्बर, 1970

दुर्गा कुंड पर फोटो इनलार्ज करवाया। स्टूडियो में एक आदमी (युवा लड़का) मिला था। उससे अनायास कुछ बातें हुईं। व्यावहारिकता और आपसी लेन-देन के

मामले पर। उसकी धारणा थी कि आपसी खान-पान, लेन-देन से ही सामाजिक जीवन चल रहा है। हाँ, चल रहा है, मगर कहाँ चल रहा है। मैंने सहमति के साथ अपनी असहमति जाहिर कर दी। यह चलना क्या विकास का सूचक है? बीसवीं शताब्दी के उत्तरार्द्ध के दूसरे दशक की समाप्ति पर गौर करो, तुम पाओगे कि चीजें वापसी के फेस (Phase) से गुजर रही हैं। एक-दूसरे को दरेरती हुईं। ज्यादातर चीजों के चेहरे मिट रहे हैं, या गलत सन्दर्भ पाकर गलत होते जा रहे हैं। अवमूल्यन के इन अपमान भरे दिनों में उनकी पात्रता की 'कुलीनता' की रक्षा कैसे की जाए? यह सवाल समझ से जुड़नेवाले हर आदमी के दिमाग में उठता है। जब कहीं कुछ अपमानित होता है, अपंग होता है, निहंग होता है तो उसके लिए एक अकृत-अपराध की भावना से मन भर उठता है। आखिर इस बिन किए अपराध से अपने-आपको अपराधी मानने की भावना से छूट पाने का क्या तरीका है?

ये कुछ सवाल हैं जो आधुनिक सोच से जुड़े हुए हैं। इनका उत्तर ढूँढ़ना है।

6 सितम्बर, 1970

आज तबीयत कुछ भारी रही। सुबह उठा। काशी के घर लोलार्क कुंड पर गया। दोपहर का खाना उन्हीं के यहाँ खाया। इच्छा थी, पिक्चर देखेंगे, बारह बजे से, मगर कोई फिल्म पसन्द नहीं कर पाया, इससे यह प्रोग्राम कैंसिल कर दिया गया।

लोलार्क कुंड पर आज छठ का मेला है। स्त्रियों की भीड़। पुत्र के लिए कुंड में स्नान। विवस्त्र स्नान। स्त्री को विवस्त्र देखना बड़े साहस का काम है। इतना अकाल होता है वहाँ। धाड़ मारकर चीखती हुई, दराड़, इतना अन्धकार, इतना पतन कि मन 'हाय-हाय' कर उठे। वर्षों बाद मन में 'मादा' शब्द का अर्थ उभर आया। 'माऽऽऽऽऽदा'। अपने होने के लिए सिर्फ आदर...केवल आदर देकर ही उसका ऋण शोध किया जा सकता है। करुणा से नहीं, दया से भी नहीं और प्यार से भी नहीं। सोचा : 'क्या यह सम्भव है कि शारीरिक साझेदारी के बावजूद मर्द बैठे समूची निस्संगता से और नारी के पैर छुए? कृतज्ञ हो कि उसने अपने साथ उसे शरीक करने योग्य बनाया।'

स्त्री के प्रति इधर की नर-जाति कायर हो उठी है और उससे कई डिग्री नीचे उतरकर क्रूर भी। शायद एक-दूसरे के प्रति निर्मम होते जाने की शुरुआत नारी के सामूहिक अपमान से हुई है। नारी को विज्ञापन बनाकर मर्द-जात खुद हाट-बाजार बन गई है। मर्दो! साथियो! भाँड़ो! भगोड़ो! नरियाना बन्द करो। नारी को खाओ मत, उसे परोसना बन्द करो। वह चुकेगी तो मानव जाति बाँझ हो जाएगी। संसार निर्वीर्य होकर खत्म हो जाएगा। वह बुझेगी और सारी सृष्टि में अँधेरा छा जाएगा।

10 सितम्बर, 1970

फुलहाँ। कृपाशंकर पांडेय उर्फ मिर्जा मृत्यु दिनांक 4 सितम्बर, 1970। यह एक ऐसी कच्ची और कोमल मृत्यु थी कि आँखें चौंधिया जाएँ। ऐसी मौतें अपने चारों ओर ऐसा खालीपन छोड़ जाती हैं जिसे भरने में समय कभी भी सफल नहीं होता। यह मौत समय से नहीं है। दो बच्चियाँ—एक और चार साल की। एक हिन्दू पत्नी। मगर अब वि...नहीं, मैं इस कलंकी और अभागे शब्द को कभी पूरा नहीं करूँगा।

11 सितम्बर, 1970 : रात साढ़े आठ बजे

श्री रामसूरत के पड़ोस में कोई युवक रो रहा था। हल्की-हल्की बारिश हो रही थी। हवा तेज थी। बाहर सन्नाटा था। और इन सबके ऊपर उस युवा व्यक्ति का फूट-फूटकर रोता हुआ स्वर था। गहरे अवसाद के साथ एक अजीब किस्म के भय की अनुभूति से मन खिन्न हो उठा था। मगर उस दुख को पूछने का साहस न कर पाया। शायद, जरूरत भी नहीं थी। और उस युवक की कमाई में हिस्सेदार बनने का मुझे कोई हक भी नहीं था। माना कि इस बार उसने हँसी की जगह 'रोना' कमाया था। उसे अपने 'रोने' को अकेले भोगने दो। अपने 'रोने' को भी अकेले भोगो। किसी को साझी मत करो, कभी नहीं। रोने से, साफ मन से रोने से सेहत बनती है। मन की मैल धुल जाती है।

12 सितम्बर, 1970

रविवार घर नहीं गया। 9 बजे सुबह काशी के घर गया। 10 बजे कन्हैया आए। 3 बजे से फिल्म देखी : 'अपना खून अपना दुश्मन'।

× × ×

'अपने बहते हुए खून में मैं तुम्हारे दाँतों की रपट पढ़ता हूँ' कविता के लिए यह पंक्ति।

× × ×

मेरा जीवन इन दिनों बहुत मामूली हो गया है। क्या विशिष्ट भी था कभी? शायद नहीं। मैंने स्वयं अपने लिए एक सरलीकरण कर लिया था। कम-से-कम ख्वाहिश और कम-से-कम सम्पर्क। लेकिन क्या इससे छुटकारा है? क्या आदमी अलग-थलग अपने किसी एकान्त अकेले कोने में रहने के लिए स्वतंत्र है? शायद नहीं। आज के आदमी का सबसे बड़ा संकट यह है कि वह अकेला हो नहीं पाता। हर समय कुछ छायाकार, कुछ सम्बन्ध उसे घेरे रहते हैं और परिचितों-अपरिचितों

तथा देखे और अदेखे—दृश्यों-विचारों, व्यक्तियों के तथ्याभासों से घिरा होने के लिए वह अभिशप्त है। अकेला होते ही वह सन्देहास्पद मान लिया जाता है।

× × ×

आजकल नागानन्द ने बोलचाल बन्द कर दी है। मकान-मालकिन की किसी बात से नाराज होकर उन्होंने मेरे कमरे में न सिर्फ आना बन्द कर दिया है बल्कि अपने विरोध को ठोस रूप देने के लिए मुझसे भी बोलना बन्द कर दिया है। यह एक दिलचस्प वाकया है।

नागानन्द मेरे निकट एक विचारवान कवि-व्यक्ति के रूप में समाहत हैं। किसी कारणवश यदि वे कविता से कटते हैं तो उनमें और अपरिचित आदमी में भेद कर पाना मेरे लिए मुश्किल होगा। और ऐसी स्थिति में मुझे खेद भी नहीं होगा, यदि वे मेरे लिए बन्द भी हो जाएँ।

13 सितम्बर, 1970

गाँव गया। अमीन को लगान के 50 रुपये दिये।
शाम को शहर वापस आ गया।

× × ×

हमारे पास कहीं तो बसन्त, कहीं तो हरी पत्ती
कहीं तो एक चिड़िया हमारे पास
कुछ भी नहीं। हम अपने शहर में
खबर भी नहीं बने।
और अब कितना आसान है
कब्रों के सिरहाने नामहीन
पत्थर लगा देना!

× × ×

हर बार देखने-कहने के बाद
सिर्फ मैं लौटा—खाली हाथ।

× × ×

मेरा हृदय इतना भारी, जैसे पत्थर
मन की ग्लानि ऐसी, जैसे कोई कैदी जाए
धोती से हथकड़ी छिपाए।
मेरा कमरा शब्दों की लाश से पटा पड़ा है।

14 सितम्बर, 1970

दिन सामान्य। एक बजे ड्यूटी से वापसी। खाना खाकर सोया। 5 बजे काशी के घर लोलार्क कुंड गया। सात बजे रामसूरत सिंह के यहाँ गया। तुरन्त वापस आया। बारिश हो रही है। भीग गया हूँ। मि. सिंह घर से आज भी नहीं लौटे हैं। किसी ने बैठने तक को नहीं कहा। बाहर भीगता रहा। मन में बड़ी ग्लानि हुई। अब मुझे इतना आसान और फालतू नहीं होना चाहिए। मैं इन दिनों बुजदिल होता जा रहा हूँ और काहिल भी। अपने-आपको गलत लगावों और भटकनों में नष्ट करना ठीक नहीं। अस्तित्व को बचाना जरूरी है। अपने को बचाना इस वक्त हिन्दुस्तान की एक खास और जिम्मेदार शख्सियत को बचाने से कम नहीं है। अपने लिए गैर-जिम्मेदार होकर देश के प्रति जिम्मेदार हो सकना कठिन है। हमारे चारों ओर गरीबी है। गलत प्रतिरोध है। गलत आश्वासन है। समाज और समाजवादी तरीके—दोनों का विरोध करना जब एक खास सुविधा पसन्द वर्ग की सुरुचि बन गया है, उस वक्त अपने वक्त के लिए गवाह बनकर खड़ा होना जोखिम से भरा एक साहसिक किन्तु सही काम है। मामूली आदमी की मदद के लिए यह जरूरी है कि उसके मामूलीपन के सन्तोष को पहले तोड़ा जाए। देश के लिए वाजिब समाजवाद की स्थापना में पहल जरूरी है। इन दिनों जबकि विरोध एक फैशन बन गया है, हमें चाहिए कि सही पक्ष में अपना हाथ उठाएँ। उससे सहमत हों जो वाजिब है। जो गलत है, उसे तोहमत ही न दें, नफरत भी दें और अपने से उसे अलग रख दें।

15 सितम्बर, 1970

सुबह से वर्षा। और हवा ठंडी। पानी से पकी हुई मिट्टी की गन्ध से भारी और भीगी हवा खिड़की पर दिन भर बारिश के छींटे मारती रही है। पानी बरसता हो तो आदमी आसमान नहीं देखता, अपने आसपास की जमीन देखता है। चमचम, टुपुर-टुपुर करती जमीन देखता है। और यह बारिश जो सुबह से शुरू हुई है और अभी तक जारी है, शायद वर्षों बाद इस शहर में आई है। मुझे अपने स्कूल के दिन याद आए। तब इसी तरह बारिश होती थी और हम नदी पार के.के. हायर सेकेंडरी स्कूल हरहुआ की आठवीं कक्षा के छात्र हुआ करते थे। कमीज में झोला, जो किताबों-कॉपियों से ठसाठस रहता, लपेटकर एक साँस से दौड़ते और नदी पर आकर रुक जाते। नाव आती। हम नावढ़ खेलते, नदी पार करते। उन दिनों भरी बरसात में, चढ़ी नदी पर नाव में 'मचकूला' करने का लुत्फ ही और था। साथ में बैठतीं औरतें और बूढ़े लोग। जो हमारे जगह बदलने और नाव के हिचकोले

खाने पर जोर से चीखतीं : 'हाय! बचवा! अरे ई का हउअऽऽ?" नाव डूब जाई ई...ई...ई...।' और हम हँसते मजा लेते नदी उतरते। उन दिनों, शायद, बचपन यह सोचता ही न था कि नाव डूबती भी है। स्कूल से लौटते वक्त 'बस्ता' छाती से चिपकाए हम दौड़ते और नदी के किनारे नाव के इन्तजार में दो-दो घंटे भीगते खड़े रहते। बारिश में भीगकर हम खुल जाते, खिल जाते। तब नहीं जानते थे कि हम खुल क्यों रहे हैं। और अब जानते हैं कि बारिश हमें पारदर्शी बनाती है। मगर इस समझ के बावजूद अब खिल नहीं पाते।

× × ×

सुनो! अगर मैं बचपन वापस लेना चाहूँ तो मुझे कितना जीवन बदले में देना होगा?

× × ×

शाम सात बजे। डॉ. शिवप्रसाद सिंह के यहाँ गया।

उन्होंने 'आधार' में छपे अशोक वाजपेयी के उस लेख की चर्चा की जिसमें मेरी कविताओं पर उन्होंने कुछ लिखा है।

अशोक वाजपेयी के साथ आलोचना लिखते वक्त दिक्कत यह है कि वे यह भूल ही नहीं पाते कि वे कवि हैं। वे आलोचना लिखते समय काफी कान्सस हो जाते हैं। उन्हें बराबर यह ध्यान रहता है कि आलोच्य कवि किसी तरह आलोचक से आगे साबित न होने पाए। रचनाकार उनके यहाँ प्रतिद्वन्द्वी हो जाता है। विष्णु खरे के साथ यह बात नहीं है। उनकी आलोचना की सबसे बड़ी विशेषता यह है कि वे हिन्दी में शायद पहली बार 'सर्जनात्मक आलोचना' का साक्षात्कार करा रहे हैं। इसके साथ ही उनके यहाँ आलोच्य व्यक्ति अपने समूचे रचना-कर्म और रचना-दायित्व के साथ आलोचना का हिस्सेदार होता है। पूरक या प्रतिद्वन्द्वी नहीं।

18 सितम्बर, 1970

विश्वकर्मा-पूजा का विसर्जन। संस्थान में साढ़े दस बजे छुट्टी। कचहरी तहसील गया। इन्तखाब लेना था। 5 बजे शाम फिर वापस लौट आया नवाबगंज।

दिन सामान्य। सिरदर्द है।

19 सितम्बर, 1970

आज आई.टी.आई. में नये प्रधानाचार्य का आगमन हुआ। श्री के.एम. सहाय। पहले ज्वाइंट डायरेक्टर थे। अपने अच्छे कार्यों के चलते प्रधानाचार्य बना दिये गए हैं, ऐसा उन्हें जाननेवाले अनुदेशकों का कहना है। एक बजे उन्होंने मीटिंग की।

रूम नं. 2 में। वही पुरानी बातें। अनुशासन, ईमानदारी, प्रशिक्षण की उन्नति आदि। उन्होंने कहा कि यह हम सबके पापों का परिणाम है कि औ.प्र. संस्थान वाराणसी को ऐसा दिन देखना पड़ा। ड्यूटी से छूटकर तहसील गया। लेखपाल से मुलाकात तो हुई, पर कागज नहीं मिला। वह खसरा का नया रजिस्टर ही नहीं लाया था। साढ़े पाँच बजे नवाबगंज वापस आ गया।

× × ×

श्री नामवर सिंह का पत्र मिला। मेरी किताब के छपने का आश्वासन है।

20 सितम्बर, 1970

गाँव गया था। लगान के वास्ते अमीन आए थे। रात गाँव में ही रहा। छोटे बच्चे के गले में फुंसी-दाने निकल आए हैं।

21 सितम्बर, 1970

श्री मनोहर श्याम जोशी, सम्पादक : 'साप्ताहिक हिन्दुस्तान', का पत्र। 'खून के बारे में कविता' की आखिरी पंक्तियों पर लगाए गए 'अतिनाटकीयता' का चार्ज क्या वाकई दुरुस्त है? मुझे, जैसाकि सच भी है, यह लगा कि ऐसी मन:स्थिति शायद वनिक संस्थान में नौकरी करने से बनी है। दास मन का यह सहज-सजग रूप है कि वह मालिक के हितों की रक्षा में चाक-चौबन्द तत्पर रहता है। जोशी जी अपनी समूची सहृदयता के बावजूद संकुचित भाव का प्रदर्शन कर सकने में अपने को रोक नहीं पाए। चलो, यह अच्छा है।

× × ×

शाम काशी के यहाँ मैं और नागानन्द। काशीनाथ की कहानी 'चोट' पर नामवर सिंह ने एक पत्र द्वारा अपनी राय जाहिर की है। उन्होंने लिखा है कि काशी पात्रों का मनोविज्ञान गढ़ता है। यह कथन वैसा है, जैसाकि ताल्सतोय ने गोर्की के विषय में कहा था। भाषा के बारे में उन्होंने कहा कि काशी अपनी भाषा से छूट रहा है और यह अच्छा है।

× × ×

काशी की कहानी की भाषा के बारे में कई बार लोगों ने राय जाहिर की है। चुस्त-दुरुस्त भाषा की काफी तारीफ पिछले दिनों की गई है। किसी लेखक के लिए यह तारीफ मारक भी है। जब बार-बार भाषा का आग्रह किया जाए, जब बार-बार

इस बात की चर्चा हो कि अमुक लेखक की भाषा...। ऐसी हालत में भाषा स्वयं एक सीमा, एक संकट बन जाती है। यह कहते हुए मुझे इस बात का ध्यान है कि रचना स्वयं भाषा होती है। किन्तु जिन लोगों ने भाषा की तारीफ की है, निश्चित रूप से उनके सामने भाषा समूची रचना न होकर 'माध्यम' रही है, और काशी की कहानियों में भी भाषा रचना न होकर माध्यम से कुछ अलग 'प्रक्रिया' भर रही है, यानी काशी हमेशा जिन्दगी के तेवर से भाषा का नहीं, बल्कि भाषा के तेवर से जिन्दगी का सृजन करते रहे हैं। अब तक, कुछ कहानियों को छोड़कर, शायद स्थिति यही रही है। और इस प्रक्रिया में भाषा अक्सर कथ्य से बड़ी हो जाती रही है। वह अक्सर 'लीड' करती रही है। लोगों की नजर उस पर पड़ना स्वाभाविक है।

× × ×

लेकिन जिन्दगी को भाषा देने की कोशिश अभी तक चालू है और खुशी इस बात की है कि काशी खुद अपने बारे में किसी गलतफहमी में नहीं है। वह भाषा को जिन्दगी और जिन्दगी को भाषा बनाने की खोज में है। दोनों को 'इन फेस' में ला सकने की स्थिति सम्भव तो नहीं, किन्तु इनके बीच के गैप को कम से कमतर करते रहने की प्रक्रिया ही (सृजन-क्षमता को बनाये रखने की) रचनाकार को सक्रिय और सार्थक रखती है।

22 सितम्बर, 1970

'सिर्फ' से नन्दकिशोर नवल का और 'लहर' से प्रकाश जैन का पत्र। 'लहर' को कविता प्रकाशित करने की अनुमति आज ही भेज दी।

'कन्टेम्परری राइटिंग टुडे' के सम्पादक आदिल जुसावाला को एक कविता 'शहर, शाम और बूढ़ा मैं' प्रकाशित करने के अनुमति-पत्र पर हस्ताक्षर करके आज ही भेजा।

और सब सामान्य।

4 अक्टूबर, 1970

रविवार। गाँव में रहा। दिन सामान्य। ज्यादातर दोपहर तक सोता रहा। तीसरे पहर सभापति के दरवाजे गया। खेवली। वहाँ दाना-चना खाया। खाँड़ खाकर पानी पीया। पं. रामलखन तिवारी के द्वार पर पता चला कि उनके दालान पर बिजली गिर गई थी और दालान की दीवार फट गई है तथा नीम की एक डाल सूख गई है। अब क्या सोचते हो? ये खबरें कविता के कितना बाहर पड़ती हैं। गाँव गाँव है। कविता से नहीं, गाँव किंवदंतियों से चलता है।

चाची, शोभनाथ तथा कन्हैया की बहू, अर्जुन का लड़का तथा कन्हैया का बेटा मूड़न के लिए विंध्याचल गए हैं।

5 अक्टूबर, 1970

सोमवार। ड्यूटी पर आया। शाम पिक्चर देखी अंग्रेजी। साढ़े छह बजे। कुछ अच्छी फिल्म नहीं थी। रामबली पाँड़े को 100 रुपया दिया। बर्तन के भुगतान के लिए।

6 अक्टूबर, 1970

लोकनाथ शहर आए थे। शाम विजय बहादुर सिंह से भेंट हुई, साथ में नागानन्द तथा श्याम सुन्दर शुक्ल थे। जनता के साथ होने का दम भरनेवाला हमारा नेतृवर्ग इतनी छोटी-छोटी लालचों में खप गया है कि वह अक्सर कवियों-लेखकों पर सतही जुमलेबाजी के वक्त यह ध्यान रखना भी भूल जाता है कि भाषा स्तर पर वह कितना दरिद्र है। विजय बहादुर सिंह भी मेरी 'आधार' वाली कविता पर (अंक उन्हें जेल में पढ़ने को मिला था, बकौल उनके) अपना चलताऊ वक्तव्य दे रहे थे।

कविता की समझ समकालीन आदमी की विपन्नता की समझ से जुड़ी होती है। मामूली आदमी के सहयोगी होने के ये दावेदार इतनी मामूली बात तक नहीं समझते और अपनी हाँकने की हठधर्मिता से एकतरफा वक्तव्य देने लगते हैं। मैं ऐसी मुलाकातों से बेहद बोर होता हूँ।

मैं जोर देकर कहता हूँ कि कविता का दावा या दिखावा नहीं है। यह किसी पार्टी या गुट का घोषणा-पत्र नहीं है।

कविता अपने-आपमें एक जवाबदेही है और इस कैफियत के साथ कि हम अपने समय से अलग नहीं हैं।

7 अक्टूबर, 1970

शाम काशी के घर गया। साथ में नागानन्द। अस्सी पर काशी से अलग हुआ। नागानन्द का आग्रह गोदौलिया चलने का था। लेकिन वहाँ जाकर किससे क्या बात की जा सकती थी। कुछ भी नया नहीं होने का। अपनी कविता के लिए अब आप सड़क पर रहो या कमरे में, सिर्फ अपना टूटना और अपनी समझ—शायद, यही दोनों बातें कुछ जोड़-बाकी दे सकती हैं। दूसरे कुछ—कोई नहीं।

नागानन्द के साथ लंका पर घूमता रहा। साउथ कैफे में कॉफी पी और बातें कीं। दोस्तोव्स्की-केमिस्किन की बातें। अकृत के लिए ऐसी जिम्मेदारी भरी अपराध-भावना से निर्मित यह चरित्र मानव-मनोविज्ञान की उपलब्धि है। अकेले होने के

मामूलीपन से दुनिया की चकाचौंध में आनेवाला यह आदमी, अपनों के लिए इतनी दया, इतना प्यार, इतना खुलापन और सच्चाई से मार खाती हुई ऐसी सहनशीलता लेकर भी अपने अकेले और बीमार संसार में फिर वापस क्यों लौट गया? क्योंकि उसने तिरस्कार के लिए, प्यार के लिए, ओछेपन के लिए कभी अपनी बाँहें नहीं दीं। दुनिया संघर्ष-स्थली है। और यह आदमी लड़ाकू नहीं रहा। कोई प्रतिद्वन्द्वी नहीं रहा। और उसके लिए इस लगातार प्रतिद्वन्द्विता रहित संसार में बीमार होने के सिवा दूसरा चारा क्या था?

13 अक्टूबर, 1970

मंगलवार। वेणुगोपाल (कवि म.प्र.) का पत्र।

'साप्ताहिक हिन्दुस्तान' : 11 अक्टूबर के अंक में छपी कविता के लिए उनके मन में कई प्रकार के सन्देह हैं। 'शायद यह समझौते की ओर पहला कदम है', उन्होंने लिखा है।

अपने लोगों की यह हालत है कि वे असाधारण रूप से किसी के लिए फैसले ले लेते हैं। और सहसा अपने दोस्ताने रवैये से हटकर, एकदम फिरंट हो जाते हैं। मेरी कविताओं के लिए यह आम धारणा कि ये कविताएँ एक गुस्सैल आदमी की कविताएँ हैं, एकदम गलत है। 'आमुख' में छपी कविता 'नक्सलवाड़ी' के विषय में भी ऐसे ही गलत नतीजे निकाले गए हैं, जबकि वह कविता केन्द्रीय रूप में गलत गुस्से और हिंसा की खिलाफत करती है। अन्तत: वह कविता तानाशाही या अराजकता की वकालत कहीं भी नहीं करती। हाँ, इस प्रजातंत्र के खोखे से खीजकर सही प्रजातंत्र की तलाश की ओर संकेत अवश्य करती है। और क्या आज हर स्तर पर 'सही प्रजातंत्र' की तलाश की चर्चा नहीं चल रही है? लेकिन किया क्या जाए? राष्ट्रीय पैमाने पर फैली हुई नासमझी का इलाज, अब लगता है, किसी चमत्कार से ही सम्भव हो सकेगा अन्यथा यह बीमारी 'लाइलाज' हो चुकी है।

× × ×

सामान्य जीवन के क्रम में क्रान्ति और शान्ति जैसे असमकालीन और अप्रासंगिक शब्दों के भ्रम में एक शब्द अलग हटकर चलने में ही कविता की सुरक्षा सम्भव हो रही है। अन्यथा खेमों में बँटी हुई राजनीति और राजनीतिक धाँधली के दलाल शब्दों की धोखाधड़ी ने इसे कब का हलाल कर दिया होता।

× × ×

महाजन की आवभगत उतनी ही घातक होती है जितनी कि किसी दोस्त की कंजूसी। दोनों से बचना चाहिए। एक कवि के लिए यह जरूरी है कि वह 'तोंदू' की अतिरिक्त

उदारता और 'भोंदू' की मजबूर मेहमाननवाजी से बचे। ये दोनों कविता की धार को मार देती हैं।

× × ×

सुन्दर मिस्त्री खाँटी कम्युनिस्ट है। सहसा माओ-भक्त। तुम इनसे बहस करते समय, शाम को, माओ की मुखालिफत करो और सुबह तुम्हारे पीछे पुलिस लग जाएगी। सुन्दर मिस्त्री माओ और पुलिस दोनों का एक साथ खैरख्वाह है।

× × ×

शाम को नई कॉलोनी के कोने पर चाय की दुकान में 'नीरव' जी से भेंट। नागानन्द ने परिचय कराया। नीरव जी काशी विद्यापीठ में हिन्दी विभाग में हैं।

श्रीनरेश मेहता के साथ कभी कविताएँ प्रकाशित कराई थीं। संकलन का नाम शायद, 'तथागत' है। आज की कविता में आयातित बिम्बों, विचारों के लिए दुखी हैं। आदमी अच्छे हैं। चाय के पैसे उन्होंने ही दिये।

19 अक्टूबर, 1970

रविवार को गाँव पर गया। घर रहा। गेहूँ की बोआई बनेवाले खेत में कराई। आज सुबह शहर में अपने काम पर वापस आया। तीन बजे से पिक्चर देखी : 'मस्ताना'। साथ में काशी और रामनारायण सिंह थे। शाम छह बजे काशी के साथ उनके घर गया और वहाँ से उन्हीं के साथ वकील साहब के घर गया। काशी ने मास्टर साहब (नामवर सिंह) का पत्र दिखलाया। मास्टर साहब को जोधपुर विश्वविद्यालय में विभागाध्यक्ष (हिन्दी विभाग) का पद मिल गया है। वे 'आलोचना' का सम्पादन भी करते रहेंगे, ऐसा उन्होंने लिखा है। इस पद से क्या वे उत्साहित होकर हिन्दी में आलोचना के लिए ताजगी से, तेजी से काम करेंगे या...? लेखन के लिए लम्बे समय तक इन्तजार करते हुए जोहने की जरूरत है। यह एक-दो मंजिलों में तय होनेवाला पंचकोश नहीं है।

× × ×

जिस लेखक का खलनायक जितना सशक्त होता है, उसका लेखन उतना ही विस्तृत, गहरा और सक्षम होता है। क्योंकि उस खलनायक के घेराव तथा पतन के लिए अत्यधिक जागरूकता, समझ से भरी हुई साहसिकता और संघर्ष के सटीक और सही कौशल से भरी कारगर कल्पनाशीलता की जरूरत होती है। ये सारी बातें सर्जनात्मक स्तर पर सार्थक होकर एक 'महान' रचना बन जाती हैं।

× × ×

प्रेमचन्द में, आप उनका समूचा लेखन देख जाइए, कहीं भी खलनायक पात्र के रूप में नहीं हैं। बनिये, जमींदार, ब्राह्मण, सरकारी कर्मचारी—ये सब उनके यहाँ सामाजिक प्राणी हैं। ये खलनायक नहीं हैं, बल्कि खलनायक के हथियार हैं। फिर खलनायक कौन है वहाँ? मेरे विचार से प्रेमचन्द के लेखन में हिन्दुस्तानी आदमी हिन्दुस्तानी कौम के भीतर का दास मन है।

× × ×

वकील साहब से काफी रोचक बातें हुईं।

पहले की रचनाएँ काफी शब्द-गरिष्ठ और भाषा की फिजूल खर्च से बनी हैं। अतिविस्तार और भाषा के अनावश्यक अलंकरण से बोझिल रचनाएँ अकूत 'लेजर' के कारण थीं। रचना की 'इकोनॉमी' उस काल में आदमी के 'लेजर' (अवकाश) के अनुपात में होती है।

20 अक्टूबर, 1970

दिन सामान्य। आई.टी.आई. से साढ़े पाँच बजे वापस। कुछ भी नया नहीं। शाम यूँ ही सी रही खाली-खाली और थकानेवाली।

21 अक्टूबर, 1970

आई.टी.आई. में फुटबाल खेलते समय घुटने में चोट लग गई। अतिरिक्त उत्साह अक्सर आदमी को ऐसी ही सजा देता है।

22 अक्टूबर, 1970

पूरा दिन चारपाई पर लेटा रहा। कमरे के बाहर नहीं निकला। घुटना मुड़ता नहीं है। पाखाना में एक अपूर्व अनुभव से वास्ता पड़ा—लो, दाहिना पैर फैला हुआ है और उसकी जगह दाहिना हाथ दीवार की टेक लेकर झूले की तरह सारे शरीर को सँभाले हुए है। बाएँ पैर को पंजे पर साध कर किसी तरह शौच किया। इस हालत में ऐसी जगह भी हँसी आए बिना न रही।

23 अक्टूबर, 1970

जगदीश बाबू के यहाँ गया। पैर में काफी दर्द है। प्रिंसिपल को छुट्टी की अर्जी दी। रामसूरत के यहाँ खाना खाया।

× × ×

साढ़े छह बजे नागानन्द के साथ फिल्म : 'रसियन्स आर कमिंग'। चरागाह में खड़े घोड़े पर सवार होने के लिए उसे पुचकारता हुआ वह शराब में धुत्त बूढ़ा आदमी। उसके पीछे-पीछे दौड़ता हुआ, पुचकारता हुआ, खीजता हुआ, और घोड़ा उसके हाथ नहीं आता। उसे सवारी के लिए अपनी पीठ नहीं देता है। वह आदमी हारकर गिर पड़ता है, रो उठता है। और तब घोड़ा उसके पास आकर सूँघता है और वह आदमी सहसा उछलकर उसकी पीठ पर चढ़ जाता है और सरपट भगा लेता है। सब कुछ इतना 'एब्सर्ड' और हास्यास्पद कि बस, पूछो मत।

24 अक्टूबर, 1970

आज भी छुट्टी पर रहा। पैर की सूजन कुछ कम है। घुटने में अभी भी दर्द है। सुबह किसी तरह छड़ी के सहारे काशी के घर गया। वहाँ से आस्त्रोव्स्की की किताब 'अग्निदीक्षा'—अनुवाद : अमृतराय—लाया। और पत्रिका 'अन्विता'। 'पटकथा' की चर्चा है उसमें।

शाम को चन्द्रा से दवा ली और रिक्शा से लंका साउथ कैफे में 'डोसा-कॉफी' ली।

सुबह हाथ में ली गई छड़ी ने परिचितों के बीच अच्छी सनसनी पैदा कर दी थी। सभी ने पूछा, क्या बात है? और मैं आनन्द से बताता रहा कि पैर में मोच आ गई है। चलने में चमक होती है सो टेक के लिए हाथ में छड़ी ले ली है। परिचितों की चिन्ता का स्वाद भी अजीब होता है। घृणा भी आती है और मजा भी मिलता है। मिलता है न! कभी-कभी हाथ में छड़ी लो और लँगड़ाते हुए यूँ ही निकल जाओ। एक बार तुम उन्हें चुनौती दे सकते हो जो कहते हैं, शहर में सहानुभूति मर चुकी है।

× × ×

पेट और पैर में एक सम्बन्ध होता है।

पेट भरा रहता है तो पैर बैठ जाता है।

पेट खाली है और पैर चलता रहता है।

× × ×

'पेट में पैर मारना' मुहावरा भी है।

25 अक्टूबर, 1970

आज गाँव नहीं गया। सोचा कि दीपावली की छुट्टियों में तनख्वाह मिल जाने पर जाऊँगा। वैसे, पैर का दर्द भी जाने से मना कर गया। खैर...!

शाम को 6 बजे काशी के यहाँ गया। पता चला कि पत्नी के साथ सिनेमा गए हैं। दुख हुआ। जबकि तय यह था कि 6 बजे हम लोग चेतगंज जाएँगे, जहाँ ठलुआ क्लब की ओर से महादेवी वर्मा का अभिनन्दन होने जा रहा है। काशी की जिम्मेदारी की यह मामूली मिशाल है। या यह भी हो सकता है कि काशी की नजर में मैं अब मामूली रह गया हूँ। अधिक मिलने-जुलने से आदमी की वकत कम होती ही है। मैं अकेले ठलुआ क्लब के समायोजन में शरीक हुआ। सुश्री महादेवी को बहुत करीब से देखा। वह बुजुर्ग छायावादी चेहरा झुर्रियों के नीचे धीरे-धीरे यथार्थ की शक्ल में बदला हुआ लगा, ठीक उनके गद्य की तरह। 'घीसा' को पढ़ा है तुमने? महादेवी अच्छा बोलती हैं, जब नागरी प्रचारिणी में उन्हें दूर से सुना था, तब यह धारणा बनी थी। मगर आज केवल काफी सतही ढंग से हँसी-मजाक जैसी बातें करके चुप कर गईं। जगह-जगह की बात है, शायद। लेकिन महादेवी को मैंने चुप होते देखा है। वह मौन पराजित का नहीं है। अपने काल की अत्यधिक मुखर कवि के रूप में उन्हें जाना जाता है।

राजपूत ब्रदर्स में कचौड़ी खाई, जैसे सड़े आटे की बनी थी! मुँह खराब हो गया। रिक्शा से गोदौलिया जा रहा था कि शम्भूनाथ मिश्र भी आ बैठे। दशाश्वमेध रोड पर एक गली में कॉफी पी। कुछ बातें। शम्भू बात नहीं करता—बातों में चीत करता है। वहाँ से छूटा तो विक्रम खन्ना आ टकराया। उसके साथ बोस भी था। मैं पूरा नाम नहीं जानता। बहुत-से ऐसे हैं जिन्हें मैं चेहरे से जानता हूँ, नाम नहीं जानता और न पूछने की जरूरत पड़ती है। परिचित हैं—ठीक है।

चौमुहानी पर सुरेन्द्र प्रताप से मुलाकात। बालक अपनी पूरी बिरादरी के साथ खड़ा था। लेकिन 'साहित्त परेमी' है, सो सबको काटकर मुझसे मिला। उसके पास कई-कई सवाल हैं, जो हिन्दी में हजार बार हल होकर भी बवाल बने हुए हैं। भई, मैं अब इन सवालों से कतराता हूँ। साहित्यकार ऐसे सवालों के जवाबों में शरीक हो सकेगा, यह सम्भव नहीं है। यह सब अमूर्त है : 'समकालीन जीवन और भाषा का संकट', 'परिवेश और आधुनिक लेखन' इत्यादि। यार, ये शीर्षक कौन गढ़ता है : विश्वविद्यालय का जीवन...? नाई अपने सैलून में एक किताब या मैगजीन या पत्रिका रखता है, क्या ग्राहकों के लिए या...?

× × ×

भाषा किसी को खराब नहीं करती—कर ही नहीं सकती—हाँ, वह सुधार अवश्य सकती है। क्योंकि खराब आदमी सही भाषा को चुनता ही नहीं। कभी नहीं सुनता।

× × ×

मुझे दुख है कि इस चालाक व्यवस्था ने इस देश के लेखकों को मक्कार बना दिया है। वे कायर हैं और उनके पास सुनियोजित तर्क के आधार हैं। उन्हें औसत सुविधा

मिली है या उसे पाने का आश्वासन मिला है। अपने ही जाति-भाइयों के खिलाफ, अपनी बिरादरी के प्रति बेगानेपन की भावना उनकी भाषा का रचना-शिल्प है। अपने लोगों की मुखालिफत उनका कथ्य बन गया है।

आज एक भी ऐसी रचना पढ़ने को नहीं मिलती जिसे पढ़कर हम उस पृष्ठ पर गाल रख दें और राहत पाएँ। ऐसी कोई रचना नहीं जिसे सुनकर कोई अनपढ़ भी ऐसा भर उठे कि उस किताब के पन्ने पर अपना हाथ रख दे और सोच के बीच सुख पाए, सान्त्वना पाए।

अपने देशवासियों के दुख का बयान, यहाँ के रचनाकारों के लिए चेक के भुगतान की तरह है।

26 अक्टूबर, 1970

सोमवार। आज माथुर साहब (कृष्ण कुमार माथुर, के.के. माथुर), भू.पू. प्रधानाचार्य औ. प्र. संस्थान, वाराणसी, का देहान्त हो गया। रात 1 बजे सम्भवत:। दिन में दोपहर के बाद 1 बजे अर्थात् मरने के 12 घंटे बाद हरिश्चन्द्र घाट पर उनकी चिता में आग लगाई गई। 3.30 बजे कमरे पर वापस आया।

× × ×

शाम काशी के घर गया। सात-आठ बजे के बीच पता चला कि रासलीला में किसी को गोली लग गई और वह आदमी मर गया। गोली गंगा पार से सैनिक जवानों की चाँदमारी से आई थी, ऐसा लोग कह रहे थे। सड़क पर एक अपरिचित भद्र पुरुष ने मरनेवाले के लिए कहा—असली भगवान-भगत रहा। पहिलै दिन के रासलीला शुरू भया और पट्ठा चोला छोड़ दिया। न किचकिच, न है-है।

बनारस बड़ा जायका शहर है। का गुरूउउउउ...?

हौ नऽऽऽ...!

27 अक्टूबर, 1970

आज दिन में दो बजे शोकसभा के बाद आई.टी.आई. में छुट्टी हो गई। एक शोक प्रस्ताव पारित किया गया जिसे मैंने लिखा था। स्थानिक पत्रों में उसे प्रकाशनार्थ भेज दिया गया।

शाम काशी के घर गया। विचार था कि 6.30 बजे 'भारती' में पिक्चर देखेंगे। किन्तु काशी तैयार नहीं थे। काशी के साथ ही 7 बजे के करीब अशोक स्वीट हाउस में चाय। सुरेन्द्र प्रताप सिंह से तथा शिवप्रसाद सिंह से मामूली तौर पर वहीं मुलाकात।

कोई आदमी मिलने पर इन दिनों कविता की बात नहीं करता। आन्दोलनों की चर्चा, हत्या की बातचीत, बलात्कार की घटना का विवरण इत्यादि में हर आदमी को दिलचस्पी है। लोग उसी को अक्सर फेंट रहे हैं। विचार के स्तर पर यह सब आदमी को कितना उथला बना रहा है, इसे आनेवाले लोग जब जानेंगे, यदि उनमें काम करने का गुमान हुआ, तो सिहर उठेंगे। 'शब्द-मूढ़-भीड़' के तर्क किस तरह व्यक्तिगत आरोपों में बदल जाते हैं, हमारी बहसें इसकी बेमिसाल मिसाल हैं।

× × ×

कविता एक 'ड्रिल' के समान है। उसमें तारीखों के हिसाब से क्रम की तलाश करना उसकी मशक्कत से मुकरने के समान है। कविता में कहीं से भी दाएँ, बाएँ या 'एबाउट टर्न' हुआ जा सकता है। यह सारी प्रक्रिया कवि के विकास को समय की माप और उसकी इकाई के साथ तालमेल बैठाकर नहीं, बल्कि अलगाकर, सूचित करती है।

× × ×

आस्त्रोव्स्की की पुस्तक 'अग्निदीक्षा' महत्त्वपूर्ण पुस्तक है। यह ईर्ष्या नहीं, बल्कि बहुत भीतर कहीं बहुत गहरे एक तरह की लालसा जगाती है। 'हमसे पहले बहुत कुछ महान और समयोचित लिखा जा चुका है। वह कौन-सा मामूलीपन अछूता बच रहा है, जिसे शब्द देकर तुम अपने होने को चरितार्थ कर सकते हो, उसकी तलाश करो।'—ये शब्द इस पुस्तक को पढ़ते वक्त मेरे चारों ओर गूँजते-से रहते हैं।

28 अक्टूबर, 1970

बुधवार। सुबह 8.30 बजे खाना रामसूरत के घर खाया : कढ़ी-भात। यह परिवार मेरे प्रति अत्यधिक स्नेह-संयुक्त रहा है। लम्बी नौकरी के समानकर्मियों की सहानुभूति और साथ से कुछ अलग किस्म से यह परिवार मेरे लिए आत्मीय हो उठा है। मेरे घुटने में जब मोच थी और मैं चल-फिर सकने में एक तरह से असमर्थ था, खुद रामसूरत हल्दी-प्याज पिसवाकर तेल में गरमाकर मेरे इस कमरे में पहुँचा देते थे और उनकी बीवी को मेरे भोजन की अक्सर फिक्र रहती है। ठकुराइन जरा पुजारिन और ब्राह्मण-भक्त किस्म की धर्मभीरु स्त्री हैं। मुझसे पर्दा करती हैं और मेरे खाने के लिए चिन्तित रहती हैं। 'मैं कवि हूँ', उन्हें मालूम है और जैसा कि तै है—मैं लापरवाह हूँ, वे कहती हैं कि मैं अपने खाने-पीने में लापरवाह हूँ। 'पंड़ाइन' को साथ नहीं रखता। और कभी-कभी मीठी चुटकी लेती हैं रामसूरत के सामने रहने पर। फिलहाल इस परिवार के प्रति, मेरे मन में नवाबगंज के लम्बे

प्रवास के दौरान शायद पहली बार, आत्मीय भाव जगा है। और यह भलमानुस, नेक, दयालु और सद्गृहस्थ परिवार मुझे अच्छा लगने लगा है। मेरी कामना है ये लोग सदा प्रसन्न और सुखी रहें।

× × ×

काम पर से सवा छह बजे शाम को लौटा। तनख्वाह लेने में देर हुई। कन्हैया वाराणसी मेरे कमरे पर आए हैं। शाम कहीं घूमने नहीं गया। खाना खाया और आस्त्रोव्स्की को पढ़ता रहा।

किताब खत्म की है अभी-अभी।

1 नवम्बर, 1970

29 अक्टूबर से 1 नवम्बर, 1970 तक गाँव में रहा। दीपावली घर पर मनाई गई। बच्चे सदा की तरह उत्साहित थे। बच्चों से ही त्योहार है और दीपावली दोहरे बच्चों का त्योहार—छोटे-छोटे गुनगुनाते-जगमगाते दीपक—रोशनी के बच्चे और किलकारियाँ मारते उछलते-गाते आदमी के बच्चे। घर की रोशनी और रोशनी के बच्चे—मैंने अर्ज किया कि दीपावली—दोहरे बच्चों का पर्व है।

× × ×

फिर भी अँधेरे का एहसास। दीपावली को अँधेरे का एहसास। नागानन्द जब मेरी लड़की आशा की शादी में आए थे तो रात में उन्होंने सवाल किया था—गाँव में लोग, अँधेरे में कैसे चलते हैं? मैंने कहा था—'ईश्वर की तरह' और मेरे आसपास बैठे लोग हँस पड़े थे। मगर आज लगा कि नागानन्द ने सही पूछा था और मैंने पूरी गम्भीरता से जवाब दिया था।

2 नवम्बर, 1970

सुबह शहर लौट आया। काम पर गया। रात आठ बजे नवाबगंज चायघर। नागानन्द से बातचीत। कविता की रचना पर। हमारे चारों ओर सब कुछ मामूली है। साधारण और रोज-रोज दोहराया जाता हुआ। कुछ भी 'महान' नहीं। और महान की उम्मीद भी नहीं है। किन्तु इसी मामूली से कुछ बड़ा, महान विशेष रचने की कोशिश करनी है। सर्जनात्मक भाषा का दायित्व तब और बढ़ जाता है जब उसे मामूली और महत्त्वहीन में से एक विशिष्ट और जरूरी रचना करनी पड़ती है। महान घटनाओं के युग में भाषा मामूली थी और आदमी का सत्य इतना फैला हुआ,

इतना आवेगमय और रोचक होता था कि उस लिख भर देने से कल्पना का सुख मिलता था। वाकई, तब के लिए यह उक्ति सही लगती है कि 'सत्य कभी-कभी कल्पना से भी अद्‌भुत होता है।' किन्तु आज ऐसी स्थिति नहीं है। सत्य को जिन्दा रखने के लिए, उसकी विशिष्टता को बचाए रख सकने के लिए आज कल्पना करनी पड़ेगी। सत्य की सुरक्षा के लिए आज सपना जरूरी है।

× × ×

'क्या बाप होना हास्यास्पद है?' नागानन्द ने पूछा।

'हास्यास्पद नहीं मित्र, कारुणिक,' मैंने कहा। हमारे यहाँ, भारतीय जीवन में आज हँसने लायक कुछ भी नहीं रहा। यह प्रचारित शब्द है। और मत भूलो कि आम आदमी के अनुभवों को, उसके आवेगों को गलत सन्दर्भ दे देने के लिए शब्दों की एक छिपी साजिश चल रही है। एक गलत शब्द अपराधी के हाथ में घातक हथियार से भी भयानक सिद्ध होता है। इसलिए हास्यास्पद नहीं—कारुणिक। नहीं, दयनीय नहीं। दया नहीं, मामूली-सा सहज और निश्छल भाईचारा। 'आपके यहाँ बच्चा हुआ है, बधाई! आपके घुटने में चोट तो नहीं आई? जच्चा-बच्चा मजे में हैं तो?' और सिर्फ आप जानते हैं कि आप क्या पूछ रहे हैं। हाँ, इसमें दोनों के मरने का डर तो है ही। जन्मना, और जनना क्या मामूली काम है? स्त्रियों के दाँत उकस आते हैं। पेड़ू में झाँईं और चित्ती-चकत्ती पड़ जाती है। छातियाँ नीली नसों से पट जाती हैं। माँ होना उस खाई के होने की तरह है जो मकान बनने के लिए उठाई हुई मिट्टी की वजह से खेत में बदलती है।

3 नवम्बर, 1970

सुबह काम पर गया। शाम 5.30 बजे हटमेंट बी.एच.यू. सहाय प्रधानाचार्य के घर उनके बच्चों को पढ़ाने। प्रीति, अतुल पाँचवीं-छठवीं जमात में पढ़ते हैं। थोड़ा घरेलूपन महसूस हो, सिर्फ इसीलिए यह स्वीकार किया है।

× × ×

हर आदमी दूसरे से कुछ उम्मीद करता है। माँ-बाप, भाई, बीवी, बेटा-बेटी, रिश्तेदार—हर कोई। जरा से भी परिचय का इस्तेमाल करते हुए हर आदमी तुमसे उम्मीद करता है। लेकिन न चाहते हुए निर्वाह नहीं करता। और जब उम्मीद नहीं करता है तो अपमान करता है। अपने भीतर-बाहर से खारिज करता है। चूँकि हर आदमी उम्मीद करता है, इसलिए वह रिश्ते को, लगाव को, आपसी परिचय को 'करेंसी' से अधिक महत्त्व नहीं देता। और यह ऐसा भुक्खड़पन है जो हर चीज को खा जाने की उद्दाम इच्छा से भरा हुआ है। इसी की वजह से

आदमी बीमार है। औसतन आदमी बीमार है। उम्मीद ही आदमी की जात की अस्वस्थता बन गई है।

क्या यह सम्भव है कि आप चाहते नहीं हो कुछ भी लेकिन सम्बन्धों को आत्मीयता से निबाहते हो?

सम्बन्ध रखकर प्यार और आत्मीयता का इजहार बड़ी सामान्य-सी बात है। मगर असम्बन्ध रहकर या सम्बन्धों के टूट जाने पर भी, अनादर या उपेक्षा न देकर व्यक्ति के प्रति सहज आदर भाव, बिरादराना रवैया बनाए रख सकना बिरले साहस वाले आदमी से ही सम्भव है।

अनादर और कायरता, भाई-बहन हैं।

× × ×

जो डरता है, वही हिंसा में रुचि रखता है। बदतमीजी, कायरता और हिंसा अशिक्षित के संस्कार हैं।

× × ×

एक कवि अपने सन्दर्भ में मात्र अपने लिए 'चिरंजीवी' होता है। क्योंकि वह कायर नहीं होता, हिंसक नहीं होता, बदतमीज नहीं होता।

× × ×

सिर पर छत हो, दो जून का रूखा-सूखा भोजन हो, शुद्ध जल हो, बीसवीं शताब्दी के सातवें दशक के आखिरी दिनों में, आदमी के लिए यह सौभाग्य की बात है। 'काला दिन' का रवैया आदमी के लिए जब इस तरह घातक हो उठा है, पड़ोसी की आँखों की उदारता तुम्हारे सुरक्षित होने की गारंटी है। याद रखो, पड़ोसी की आँख में चमक है, उसमें तुम्हारे लिए दिलचस्पी है, और अब, तुम किसी भी दूसरे क्षण तबाह हो जाने के लिए तैयार रह सकते हो।

6 नवम्बर, 1970

गाँव से आज ही शहर आया हूँ। कल छुट्टी थी, सो गाँव चला गया था। 6.30 बजे तक कमरे पर 'टाम सैवेज'—इंग्लिश कवि (जैसाकि उसने स्वयं बतलाया और नागानन्द ने परिचय दिया था) का इन्तजार किया। उन्होंने छह बजे आने की बात कही थी : ता. 5.11.1970 को 10 बजे के करीब। लेकिन वे नहीं आए। 6.45 बजे अस्सी पर काशी से मिला। चाय-पानी किया। और वहीं शिवप्रसाद जी भी मिल गए। अस्सी से 8.30 बजे लौटा तो पता चला, कवि महोदय आए थे। और एक चिट्ठी छोड़ गए हैं।

चिट्ठी में उन्होंने देर से आने के लिए क्षमा माँगी है और कारण लिखा है कि अक्सर रिक्शा वालों की गैर-जानकारी के कारण देर होती है। पत्र जो उन्होंने लिखा है, दिलचस्प है और खुले दिल वाले दोस्त के-से लहजे से भरा है :

'We arrived at 7 P.M. Sorry to be late...I hope that you will realize that I am in good faith.

... I hate all cities. And Indian cities confuse me more than any other. I have encountered else where in the world.'

ऊपर की पंक्तियाँ एक खुले मन वाले परदेशी की खीज का दिलचस्प नमूना हैं। चिट्ठी इस डायरी के साथ नत्थी करता हूँ।

'Dear Mr. Dhoomil,

We arrived at 7 P.M. sorry to be late but my friend left his wallet on the boat and then of course, the rickshaw driver couldn't find your address. I very much went to read for you and your friends but nothing ever seems to go right in Benares. We always have communication problem with rickshaw drivers, restaurant owner, land lords and vendors. Now can we possibly keep engagements on time, when a man assure us that he knows where to go then pedals surely from place to place asking the people on the street for the information he already claims to possess?

Really, the difficulties involved in getting from one place to another in your city are formedable for a foriegner. I am sorry we were late, I hope that you will realize the I am in good faith. I may be leaving Benares in a few days. I hate all cities and Indian cities confuse me more than any other. I have encountered else where in the world, if we could all meet at mesemerise that then go wherever you chose, I think these annoying confusions could be avoided and we would finally read for one another at the end of all this irritation to you and intense physical turmoil have endused in my attempt to meet on the house boat. If I leave Benares, it will be to Sarnath then Bodhgaya. But please, tommorow make one more attempt to get in touch with me.

Love

—Tome Savage'

9 से 12 तक फिल्म चन्द्रशेखर आजाद देखी, काशी और उनके साले के साथ।

× × ×

श्री बी.बी. गिरि। इनका चेहरा किसी तपे-तपाए कर्मनिष्ठ और दृढ़प्रतिज्ञ व्यक्ति के प्रोफाइल-सा। चेहरे से देखकर अनुमान होता है कि इस व्यक्ति को किसी बड़े सिद्धान्त, किसी महान जागरण का अगुवा होना चाहिए था। किन्तु ऐसा हुआ नहीं। इसका कारण?

इस महान चेहरे वाले व्यक्ति के नीचे का हिस्सा—पेट वाला हिस्सा—बहुत बड़ा है। शायद, इसी वजह से इसकी अगुवाई में कोई महान और अद्वितीय कार्य होते-होते रह गया है।

8 नवम्बर, 1970

7 तारीख को गाँव पर था। आज वापस आया हूँ। साथ में पत्नी भी आई हैं और दो बच्चे। रास्ते में रामजी (मेरा साला) को देखा जो अस्पताल (रेलवे अस्पताल) में भर्ती है। मूरत (मेरी पत्नी) की माँ, उसकी छोटी बहन तथा रामजी की पत्नी भी अस्पताल में आई थीं। 11.30 से 3 बजे तक वहाँ रहा। 4 बजे के आसपास हम चार जने नवाबगंज आए।

शाम 7 बजे के करीब काशी—अपने साले के साथ मेरे कमरे पर आए और अपनी कुछ किताबें (जिनमें 'महामूर्ख' तथा 'अग्निदीक्षा' भी थीं) ले गए।

दिन सामान्य। थक गया हूँ।

9 नवम्बर, 1970

गोदौलिया। दशाश्वमेध रोड पर बच्चों के लिए कुछ कपड़े खरीदे। अस्सी पर काशी, शिवकर्ण सिंह तथा शुकदेव से भेंट। उन्हीं के साथ शाम की चाय पी गई।

10 नवम्बर, 1970

शाम पत्नी के साथ दुर्गा-मन्दिर में दुर्गा-दर्शन। साथ में दोनों बच्चे थे। फिर वहीं से रिक्शा करके चारों जन विश्वविद्यालय में विश्वनाथ मन्दिर दर्शन के लिए गए। पत्नी खुश हैं। मन्दिर की भव्यता तथा उसके एकान्त और उसकी विशालता ने उन्हें आकृष्ट किया है और भाव-विह्वल होकर वे उस महानता के प्रति विनत हैं। मन्दिर की सीढ़ियाँ उतरते हुए उन्होंने हँसते हुए पूछा : 'जानत हउआ हम का माँगे हऽऽऽ?' मेरे उत्तर देने के पहले ही उन्होंने कहा : 'हम माँगे ह कीऽऽ हे भोले बाबा! एक ठे अइसने मकान हमरौ बनवा देतऽऽ।' और भक्ति को घर का वास्ता पकड़ते देख सहसा मैं ठहाका मारकर हँस पड़ा। पाँच-छह जनाना भगत सीढ़ियाँ

चढ़ते-चढ़ते चौंककर मुझे देखने लगी हैं। मूरत लजा गई है। 'का हम कुछ गलत कह दीहे ह का?' मेरी इच्छा हुई कि मैं उसी वक्त इसे चूम लूँ। मैंने ऊषा (मेरी छोटी बेटी) को उठाकर गोद में ले लिया। 'आवा चली।'

× × ×

शाम हनुमान तथा रामचन्द्र शुक्ल मिले। शुक्ल जी ने बतलाया कि वे इधर दक्षिण भारत की यात्रा पर गए थे। नागर जी भी थे। नागर जी भक्त-पुजारी किस्म के आदमी हैं। स्वभाव के अच्छे हैं और बोलते वक्त दूसरे को नहीं सुनते। यदि उन्हें सुनकर चुप रहने का धैर्य आप में है तो चाय के लिए दूसरे का मुँह नहीं जोहना पड़ेगा।

12 नवम्बर, 1970

पत्नी को गाँव पहुँचाकर लौटा हूँ। काम पर गया, गला बैठ गया है। कष्ट है बोलने में।

13 नवम्बर, 1970

सुबह काशी के घर पं. विद्यानिवास मिश्र से बातचीत। इलाहाबाद के साहित्यिकों की चर्चा। 'इलाहाबाद में वे आपको सुनेंगे, चुप रहेंगे। वे चुप रहेंगे और नहीं सुनेंगे। उन्होंने अपने-आपको इतनी ऊँचाई का मान लिया है कि साहित्यकार न रहकर, साहित्यकार हो गए हैं। अक्सर निरुद्देश्य निस्संगता से मंडित।' नागानन्द ने टिप्पणी की : 'यह गरीबी है।'

× × ×

इलाहाबाद में कविता की चर्चा छिड़ने पर पंडित ने एक दिलचस्प बात बतलाई कि वहाँ के लेखक कविता के टेक्स्ट से परिचित नहीं होते, केवल आलोचना से परिचित होते हैं। क्योंकि एक जमाना हुआ कि डॉ. धीरेन्द्र वर्मा के समय से वहाँ टेक्स्ट नहीं, 'क्रिटिसिज़्म' पढ़ाया जाता रहा है विश्वविद्यालय में जबकि बनारस हिन्दू विश्वविद्यालय में 'टेक्स्ट' पढ़ाया जाता था। इसका चलन पं. रामचन्द्र शुक्ल के जमाने से था।

× × ×

तुलसीदास पर चर्चा हुई। मम्मट आदि के रस-सिद्धान्त के आधार पर तुलसी की मीमांसा नहीं की जा सकती, क्योंकि तुलसी ने उनके रस-सिद्धान्त का अतिक्रमण कर दिया है।

× × ×

‘विनय पत्रिका’ तथा रोम्यां रोलां कृत ‘रामकृष्ण परमहंस की जीवनी’ पढ़ने के लिए काशी के यहाँ से लाया।

14 नवम्बर, 1970

रात 8.30 बजे नगरपालिका हॉल में नाटक देखा : ‘अकेला शहर’। नाटक डॉ. शम्भूनाथ सिंह ने लिखा है और ‘श्री नाट्यम’ ने उसे अभिनीत किया।

15 नवम्बर, 1970

सुबह रामसूरत के घर 7.30 बजे। नाश्ता वहीं किया। 9.30 बजे काशी से अस्सी पर भेंट। साथ में रामजी सिंह और गणेश। 10 मिनट बाद ही घर के लिए रवाना हो गया।

× × ×

भतसार स्कूल पर नाटक। दानवीर कर्ण। नाट्य समिति का संयोजक लोगों ने मुझे बनाया था किन्तु पैर की मोच और सर्दी-जुकाम तथा पत्नी के शहर आने के कारण मैं न तो नाटक के चन्दे की उगहनी में शरीक हो पाया और न ही उसके रिहर्सल में। नाटक-मंडली के युवा लोग बड़ी शिकायती मुद्रा में मिले। लगभग नाराज। शाम छह बजे के करीब स्टेज तैयार होने पर घर लौट आया। लेकिन सिरदर्द होने तथा घुटने में दर्द बढ़ जाने के कारण ‘नाटक’ देखने नहीं गया। नाटक में शरीक होने की बड़ी लालसा थी। लेकिन अफसोस! देह के नाटक ने लाचार कर दिया।

16 नवम्बर, 1970

आई.टी.आई. कुछ देर से पहुँचा। घर से चलने में देर हो गई। देह कसमसा रही थी। जुकाम ने अभी तक पिंड नहीं छोड़ा है।

आई.टी.आई. में पता चला कि रामसूरत की लड़की मालती ने कोई दवा गलती से खा ली है और अस्पताल में है। सुनकर दुख हुआ। मालती को हिन्दी पढ़ाता हूँ। पी.यू.सी. में पढ़ती है। इतनी समझदार लड़की, पढ़ी-लिखी होकर कैसे बेवकूफी कर गई! दवा का ‘लेबल’ देखकर खाया होता या पूछ लिया होता अपने पिताजी से। खैर, वह सुरक्षित है। इतनी नेक और शरीफ लड़की को कष्ट भोगना पड़ा। देह-धर्म यही है। कई बार हित की चीजें अहितकर हो उठती हैं। आप दवा खा रहे होते हैं और बीमार पड़ जाते हैं। आई.टी.आई. से लौटकर उसे अस्पताल में देखा। अब ठीक है।

× × ×

मुझे अस्पताल पर कोई कविता लिखनी चाहिए। जैसी कि आज तक न लिखी गई हो!

× × ×

आई.टी.आई. में लगभग साढ़े चार बजे उस समय एक अभूतपूर्व वातावरण तैयार हो गया जब रामसूरत सिंह सहसा बाहर से आए। उनके हाथ में लोहे की पाइप। और वे उत्तेजित। बाहर (वर्कशॉप के सामने) प्रधानाचार्य, मैं, पी.एन. श्रीवास्तव, रामलखन तथा एक-दो मास्टर लोग कुछ बात कर रहे थे। ट्रेनिंग की प्रगति को लेकर। रामसूरत की उत्तेजना चकित कर देनेवाली थी। उन्होंने चमोली को पूछा कि वह कहाँ है। प्रिंसिपल साहब ने पूछा, क्या है तो कहा कि उसे पीटे बगैर नहीं छोड़ूँगा।...साहब के पूछने पर भी कि बात क्या है? रामसूरत केवल चमोली की तलाश करते रहे। मैंने कहा कि चमोली 4 बजे के करीब साइकिल लेकर बाहर गए हैं। फिर प्रधानाचार्य के समझाने-बुझाने के बाद और बाद में लालव्रत प्रशिक्षक के कहने-सुनने के बाद वे शान्त हुए। फिर उन्होंने बतलाया कि चमोली ने उनकी लड़की के विषय में कोई गलत अफवाह उड़ा दी है कि उसने जहर खा लिया है। और यह बात रामसूरत को किसी व्यक्ति ने आई.टी.आई. के बाहर जाकर बतलाया है। उन्होंने सूचना देनेवाले आदमी का नाम नहीं बतलाया। और न यह ही बतलाया कि चमोली ने कब और किससे ये बातें की थीं। रामसूरत की उत्तेजना से सारे इंस्टिट्यूट में इसके विषय में दिलचस्पी पैदा हुई कि बात क्या है? कुछ लोग इसके लिए चिन्तित भी देखे गए। बिना सही बात मालूम किए इतने आवेश में आना नहीं चाहिए। सुनी-सुनाई बात के तथ्य की परख जरूरी होती है।

22 नवम्बर, 1970

कल घर गया था। आज शाम को शहर लौटा। अशोक स्वीट हाउस में रामचन्द्र शुक्ल और गोविन्द से भेंट हुई। वहीं पर बाद में सुरेन्द्र प्रताप सिंह आ गए। कविताएँ सुनाईं। मेरी कविताओं के लिए गोविन्द ने कहा : "कविता कम और ईमानदारी ज्यादा है।" क्या सचमुच ऐसा है? क्या मेरी कविताएँ पहले की कविताओं से अलग हो रही हैं? अलग हो रही हैं और मुझे इसकी खुशी है। भले ही वहाँ 'कथित कविता' कम हो।

सुरेन्द्र से विद्यार्थी आन्दोलन को लेकर बातचीत हुई। यह आश्चर्यजनक बात है कि ये विद्यार्थी यह मानकर सारी बातें करते हैं कि ये आजीवन विद्यार्थी बने रहेंगे। ये शिक्षा में, सेक्स में, समाज में छूट की माँग तो करते हैं, लेकिन यह अजीब है कि इनकी छूट की माँग का सन्दर्भ विश्वविद्यालय के बाहर का आदमी नहीं है बल्कि

वह विश्वविद्यालय में काम करनेवाला चतुर्थ या तृतीय वर्ग का कर्मचारी न होकर अधिकारी वर्ग है। चपरासियों, मालियों, सफाई करनेवालों (भंगी या मेहतर, उन्हें नहीं लिखूँगा) या क्लर्कों, मिस्त्रियों और प्रशिक्षकों आदि से वे किसी प्रकार कहीं से भी अपने को या अपनी समस्याओं को नहीं जोड़ते। उनकी नजर हमेशा अपने बॉस, अपने हेड या अपने अधिकारी के चूतड़ के नीचे की जगह पर लगी रहती है।

यह गरीबी है या गुलामी की रौ कि वे काम नहीं चाहते, काम करना नहीं चाहते और रौनक चाहते हैं। प्रशासन के खिलाफ बात करते रहते हैं और प्रशासक की कृपा के मुहताज बने रहते हैं।

कुछ देर बाद वहाँ एक मोटे और गुलगुले सज्जन और आ गए। उनका एक हाथ नहीं है लोगबाग उन्हें मिश्रा जी कह रहे थे। बड़े जोर-शोर से बोलने लगे कि समाजवाद और आम विद्यार्थी के बीच की जद्दोजेहद का कारण आज की 'इन्दिरा की सरकार है।' मुझे हँसी आ गई। जब आदमी अपने अलावा अन्य लोगों को नासमझ मान ले तो हँसी आ ही जाती है। 'इन्दिरा की सरकार' से तात्पर्य क्या है? ये लोग हमेशा विरोध की राजनीति में ही क्यों विश्वास रखते हैं? क्या एक व्यक्ति का समाजवाद में कोई हिस्सा नहीं? मैं तो यह कहता हूँ कि समाजवाद समूह की नहीं बल्कि व्यक्ति की जिम्मेदारी है। एक आदमी और फिर एक-एक आदमी अपनी जिम्मेदारी, अपनी मेहनत, अपनी ईमानदारी से अपने देश के प्रति वफादार रहकर समाजवाद को मजबूत और क्रियाशील बनाता है। और देश से मेरा स्पष्ट तात्पर्य है अपने जैसे आदमी के प्रति अपनी जैसी भावना रखनेवाले आदमी के प्रति भाईचारा और बराबरी का भाव। बिना इसके अन्य सारे आदर्श और नारे धोखा हैं। मैं मिश्रा जी से असहमत था। क्योंकि मैं यह मानता हूँ कि लम्बे अन्तराल के बाद इन्दिरा गांधी ने एक प्रधानमंत्री की हैसियत से इस देश को अपनी जमीन पर सोचने का मौका दिया है। आज मामूली आदमी की और इन्दिरा गांधी की आवाज एक है। इस देश की प्रधानमंत्री और जनता एक ही भाषा में बात कर रही है। उनके बीच कोई दुभाषिया, कोई इंटरप्रेटर नहीं है और इंटरप्रेटर की जरूरत भी नहीं है।

24 नवम्बर, 1970

शाम काशी के यहाँ नागानन्द के साथ। अस्सी पर तुलसी गली के सामने चाय पी। नाटक 'घोआस' के मंचन पर बातचीत।

× × ×

अच्छा अभिनेता वह व्यक्ति होता है जिसके पास अपनी कोई चीज न हो, यहाँ तक कि चेहरा भी अपना न हो।

25 नवम्बर, 1970

शाम सात बजे गोदौलिया पर नागानन्द के साथ ही के.वी.एम. में श्री कमलेश (कवि) से भेंट। दिल्ली से आए हैं। कमलेश से भेंट करके जी खुश होता है। आजकल कमलेश ने दाढ़ी बढ़ा ली है। लेकिन यह बढ़ा हुआ बाल-संसार उसके चेहरे के भोलेपन और नगद आत्मीयता को कहीं से ढकता नहीं, अलग बनाए रखने में कुछ सहूलियत ही देता है। कविता को लेकर मामूली रस्मी तौर पर बातें। इधर कमलेश ने बताया, वह अपने राजनीतिक कार्यों में ही ज्यादातर मशगूल है। कमलेश 'संसपा' का संयुक्त मंत्री है। लेकिन इससे क्या, वह मेरा कवि-मित्र है।

× × ×

अस्सी पर श्री रामचन्द्र शुक्ल से भेंट। हमने और शुक्ल जी ने अशोक स्वीट हाउस में चाय पी। कला और लेखन पर बातें। शुक्ल जी के पास असंख्य योजनाएँ हैं किन्तु उन्हें व्यावहारिकता की जमीन पर रखने का साहस नहीं है। वे देर तक कलाकारों के बीच चलनेवाली गुटबन्दी की शिकायत करते रहे कि किस तरह अपने-अपने को देखकर पुरस्कार या सम्मान या ये दोनों बाँटे जा रहे हैं। लेकिन क्या पुरस्कार या राजकीय सम्मान लेखन या कला के लिए मानदंड हैं? शायद, नहीं रहे। न हैं।

26 दिसम्बर, 1970

पटना। रात 11.30 बजे। युवा लेखन सम्मेलन की ओर से एक आदमी स्टेशन पर। लेखक और इस आदमी के सम्बन्ध पर टिप्पणी। क्यों? किस लगाव के कारण यह आदमी खड़ा है? क्या यह मात्र कर्तव्य भाव है या आत्मीयता?

× × ×

रात 12.30 बजे 'लाला लाजपत राय स्मृति भवन'। हॉल के एक कोने में बिस्तर डाला। अधिकांश लोग सोए हुए हैं। कुमार विकल एक नेकर पर एक रजाई ओढ़कर घूमता है और शोर करता है : अपना सुदामा पाण्डेय भी आया है। मैं उससे मिलता हूँ और बगल के कमरे में जाता हूँ, जहाँ दिल्ली के कई साहित्यिक मित्र लेटे-सोए हुए हैं : गंगा प्रसाद विमल, जगदीश चतुर्वेदी, सौमित्र मोहन, बलदेव वंशी आदि। वेणुगोपाल हमारे पास आता है। सुबह कौन व्यक्ति सभापति बनेगा : नामवर या रघुवीर सहाय? गंगा प्रसाद विमल इसका विरोध करता है। वेणुगोपाल का नाम सभापति के लिए प्रस्तावित किया जाएगा?

इन क्रिया-कलापों पर मंच के पीछे साहित्यकारों का रूप, उनकी हालत पर विस्तृत रूप से लिखने की जरूरत है।

29 दिसम्बर, 1970

पटना से वापसी। गाड़ी के तीसरे डिब्बे में बैठे फौजी सिपाहियों से बहस। सैनिक और सिविलियन के बीच में एक खास तरह का काम करता है। सैनिक जो मोर्चे पर 'मरने' जा रहा है, क्या इसीलिए औसतन अधिक सुविधा की माँग करता है कि वह आम नागरिक की जान बचाने के लिए लाम पर जा रहा है और इस तरह अपनी जान कुर्बान करने का एहसान ठोंकता रहता है?

× × ×

देशी राजनीतिज्ञों के लिए चटखारे की चीज है जनतांत्रिक समाजवाद!

Politics can never be the subject of Poetry.

—**Goethe**

11 जनवरी, 1971

शाम पाँच बजे अस्सी पर नागानन्द के साथ। काशी, शिवकरण, श्यामजी तिवारी तथा मोहनराज शर्मा से भेंट। मोहनराज शर्मा वाराणसी आए हैं।

आज शहर में गोदौलिया क्षेत्र में विद्यार्थियों और पुलिस-पी.ए.सी. के जवानों में मुठभेड़। कई लोग, सुना, मारे गए हैं और सैकड़ों घायल हुए हैं। बड़े-बूढ़ों का कहना है कि ऐसा भयानक संहार प्रशासन द्वारा वाराणसी की पहली घटना है। सड़कों पर लोग सहमे हुए कानाफूसी कर रहे थे। कभी-कभी रिक्शे कर कोई खून में डूबी लथपथ लोथ लिये लोग सुन्दरलाल अस्पताल की ओर भागते दिख जाते थे। लोग सन्न थे और उदास भी।

लोकतंत्र की पुलिस अपने लोगों पर और वह भी विद्यार्थियों-किशोरों पर ऐसी बर्बर हो उठेगी, अब विश्वास करना पड़ता है।

प्रधानमंत्री इन्दिरा गांधी ने अभी हाल में ही राज्य सरकारों को चेतावनी दी थी कि हिंसा के खिलाफ प्रतिहिंसात्मक रवैया न अपनाया जाए और यहाँ अपने शहर में यह सारा कुछ अप्रत्याशित घटित हुआ। त्रिभुवन नारायण सिंह मुख्यमंत्री से पहले भले लोग हैं, लेकिन...यह कैसे हुआ? आज मैंने खाना नहीं खाया। आज मैंने उपवास करना ही अपने विरोध के लिए उचित माना।

12 जनवरी, 1971

भोर चार बजे गंगा गई हुई औरतें सुबह लौटीं तो बताया कि सिपाही सड़कों पर जाने नहीं दे रहे हैं। बाहर चाय की दुकान पर जाना कि कर्फ्यू लग गया है शहर में।

और सड़क पर फौजी गश्त जारी है।

बहुत पहले 'आरम्भ' में एक कविता लिखी थी : 'शहर, शाम और बूढ़ा मैं'। उसकी एक पंक्ति याद आई : 'यह सैनिकों की वापसी का समय है' लेकिन मैं बूढ़ा नहीं हुआ और शाम नहीं यह तो सुबह का आलम है। संकटमोचन की गली सुनसान है। कर्फ्यू ने भक्तों को पहले चैतन्य किया है।

नवाबगंज की गली के नुक्कड़ पर नागानन्द के साथ गया। जरा जायजा लेने। क्या खबर है? उसी वक्त चार पी.ए.सी. वैन और दो जीप गाड़ियाँ। माइक एनाउंसमेंट : 'शहर में कर्फ्यू लगा हुआ है। कोई आदमी-विद्यार्थी सड़क पर न आएँ। अन्यथा उन्हें गिरफ्तार कर लिया जाएगा। कर्फ्यू 1 बजे से 2 बजे तक खुलेगा।' मोड़ पर हमें देखकर एक वैन के सैनिक चिल्लाए, 'पकड़ लो स्साले को'...'अरे यार! यह भी कोई शराफत है!' मैंने झल्लाकर सोचा : 'गाली बकते हो।' और गली में भाग खड़ा हुआ। ये सिपाही बेचारे कितने गरीब हैं भाषा-स्तर पर और कितने पिछड़े हुए! इनकी लिखाई-पढ़ाई की समुचित व्यवस्था होनी चाहिए, ताकि यह पता चल सके कि आजादी के पहले के और आजादी के बाद के सिपाही में फर्क होता है। लेकिन आजादी और आजादी में फर्क होता है। फिर आदमी में अकड़ आ जाए तो क्या? पेट भर भोजन, मामूली पगार और हाथ में बन्दूक—क्या ये साधन काफी नहीं हैं कि एक आदमी आजादी और आदमीपन को भूलकर मामूली मशीन की तरह हरकत करता हुआ खुशनुमा और तैश में उबलती गुस्सीली जवानियों को भूनकर रख दे?

और बहुत पहले भी तो क्या देशी सिपाहियों ने देशी आदमियों पर इसी बर्बरता और बनैलेपन से हथियार नहीं चलाए थे? आजादी की लड़ाई में विदेशी मालिकों को अपनी फरमांबरदारी का सबूत देने में क्या देशी सिपाहियों ने अपनी संगीन को देशी लहू में गहरे और गहरे नहीं उतारा था?

और रही जुबान की बात, तो उसके यहाँ जीभ की जगह जूते बोलते हैं। 'टट्' एक बूट की एड़ी दूसरे से टकराती है। और एक ऐसी भाषा का जन्म होता है जो पालतू होती है; जो जनता और जनतंत्र से आगे जाकर आज्ञापालन के पशु-स्वभाव का हिस्सा बन जाती है। इसे अनुशासन कह लो, ड्यूटी की पाबन्दी कह लो, फरमांबरदारी कह लो—चाहे जो कहो सुविधा के अनुसार—लेकिन इसमें 'समझ' की तलाश मत करो। कर्फ्यू आम समझ के खिलाफ लागू होनेवाला ऐसा कानून है जो सड़क को बियाबान में बदल देता है। तुम बोल सकते हो लेकिन चल नहीं सकते। आम रास्ता बन्द होता है और सँकरी अन्धी गलियों में आदमी अपनी जरूरत की चीजों को तलाशने, टटोलने पर मजबूर कर दिया जाता है। शिकायत की कॉपियाँ सील की जा चुकी होती हैं। सिवा एक शिकायती चेहरा दूसरे शिकायती चेहरे को चींटियों की तरह सूँघता हुआ आगे बढ़ जाता है। और अब तो 'संसद' भी भंग हो चुकी है।

मैं इस रवैये के विरोध में सिर्फ यह करता हूँ कि 'पुलिस के जवान' या 'पी.ए.सी. के जवान' में से 'जवान' शब्द को काट देता हूँ। जवान जन्म के बहुत नजदीक होता है जबकि यहाँ ठंडे और बर्फीले बूढ़ों की बगलगीर मौत है।

× × ×

शाम पाँच बजे गलियों-गलियों होता हुआ काशी के घर गया। साथ में नागानन्द मुक्तिकंठ हैं।

शहर को पहली बार भरी-पूरी आँखों देखा। भीड़ और उत्सव से अलग। लेकिन शहर से पहले—शहर पर झुक आया आसमान देखा। शायद शहर और आसमान एक साथ देखा, दोनों एक-दूसरे से गले मिले। सामने टकराने को कुछ भी न था। न शोर, न सवारियाँ, न भीड़, न भाषा। आतंक ने एक शान्त और सुरुचिपूर्ण शहर दिया था कविता को। मेरे जन्म के पैंतीसवें वर्ष बीतने के बाद मैंने पहली बार इतना साफ और सहज शहर देखा। और मैं डर गया उस सम्भावना से, जो शहर को इस हालत पर ले आ सकी है। ऐसे हालात में कविता की खुशी कवि की खुशी नहीं बनती। और मैं कविता की सम्भावना से एकबारगी काँप उठता हूँ। मैं जोर से चीख पड़ना चाहता हूँ ताकि वे तमाम लोग, जो गायब हो उठे हैं, एकबारगी, भरभराकर सड़कों पर आ जाएँ उसी धींगामुश्ती के साथ, उसी शोर-शराबे और भाग-दौड़ के साथ, जिसके चलते शहर था और केवल शहर नहीं था—अकेला आसमान में डूबा हुआ अमानवीय और उदास शहर।

× × ×

मेरे मन में आदर का भाव पैदा होता है कि ये अर्द्धशिक्षित और कुपढ़ सैनिक कितनी तत्परता से अपने कर्तव्य का पालन कर रहे हैं। वे अपनी जगह मुस्तैद हैं। वे कठोरतापूर्वक, बिना गलत-सही का विचार किए सड़क और उसके मुहाने को साफ रखने में कृतसंकल्प हैं। उनकी इस कर्तव्य-भावना का समर्थन होना चाहिए कि सड़क पर नासमझी से दौड़ते हुए लड़के को वे बन्दूक के कुन्दे से मारकर गिरा देते हैं (वे गोली का अपव्यय नहीं करते)। अपनी गरीबी और जरूरत से अन्धा होकर चलनेवाले किसान को दो-चार 'हूल' मारकर गाड़ी में लादकर चलते बनते हैं और उसके बैगन से भरे बोरे और साइकिल को पटरी पर फेंक देते हैं। यह उनकी ईमानदारी और चरित्र की नैतिकता का उत्कृष्ट उदाहरण है। उन्हें जो हुक्म मिला है, उसकी तामील वे कर रहे हैं। वे केवल रूड ही नहीं हैं बल्कि मजाकिए भी हैं। उनकी अपनी तर्ज है। जैसे सरदार जी की सुन्दर पगड़ी देखकर एक ने कहा : 'ऐ नौरंगी चुग्गी, जल्दी से फरार हो जा, नाहीं तऽ देब दुइ धउलऽ हईं फइल जइबऽऽऽ।' लेकिन मुझे शिकायत है अपनी जात से। अपने शहर के उन तमाम 'बुद्धिजीवियों' से, जो 'समकालीन परिवेश और साहित्यकार का कर्तव्य'

जैसे शीर्षकों से गोष्ठियों में घंटों बमचक करते रहे हैं। कहाँ हैं वे तमाम भाषा की शोहरत को भुनानेवाले लोग, जो घटनाओं के साक्षी और सबूत होने का दम भरते रहे हैं? मैंने एक-एक पन्ना ढूँढ़-ढूँढ़कर देखा है लेकिन किसी अखबार में कहीं भी इन तथाकथित बुद्धिजीवियों का एक शब्द भी नहीं लिखा मिला—निज गौ के दुग्ध दोहन से स्वपुस्तक परायण तक। वे इतने अनाथ हैं कि उन्हें यह भी नहीं मालूम कि शहर में कर्फ्यू भी लगा है।

13 जनवरी, 1971

तुम कहीं भी हो किसी जलसा में, जुलूस में, सहसा तुम पाते हो कि तुम्हारी काँख की बगल से एक सिर निकल आया है और सामने के दृश्य में शरीक हो गया है। लो, किसी हँसोड़ की तरह वह हँसने लगा है, जैसे ही हँसी की बात हुई। और उसकी आँखें सहसा भटकने लगी हैं किसी गोल चक्करदार बेयरिंग बाल की तरह। और अब गोली चली है। उसे अपनी काँख में दाब लो। और गोली के सामने कर लो धाँय। और अब वह मुर्दा चेहरा तुम्हारी काँख में झूल गया है। उसे फालतू और बेजान छोड़ सकते हो। ऐसे बेमतलब, तमाशबीन चेहरों के साथ तुम और क्या कर सकते हो? वे उसी थकी दया के हकदार हैं। और अगर वक्त ने मौके पर बिना दया किए इन्हें मार लिया है तो इसके लिए तुम्हें अलग से शोक प्रकट करने का अधिकार भी नहीं है। आजादी के दिनों में कायरता और हर खेल में हिस्सा लेने की आतुरता में अधिक फर्क नहीं रहता और हमारी व्यवस्था ने आज हमें जितनी कागजी स्वतंत्रता दी है, उसके चलते सजा और मजा के बीच की दूरी लगभग मिट-सी चुकी है।

× × ×

वाराणसी में सोमवार को हुई गोली-वर्षा की प्रतिक्रिया और उससे मरने और घायल होनेवालों के लिए संवेदनाएँ। संवेदना(?) का मतलब क्या होता है? अपने-अपने घरों में थरिया-थरिया भर खाकर और बाल्टी-बाल्टी भर हगकर अपनी स्त्रियों या परायी औरतों को बेहिचक देहियाने के बाद गली की सड़कों पर निकलकर बतकुच्चन करना और चपर-चपर करते हुए 'च्च-च्च!' करना क्या संवेदना के यही रूप हैं? संवेदना क्या सर्किट हाउस में पत्रकारों की सभा में बैठकर आत्म-रक्षा के लिए अपने चारों ओर संगीनों की दीवार घेरकर गद्गद कंठ से भाषा में विह्वल हो जाने का नाम है? चार दिनों से शहर को आधा पागलखाना और आधा जेलखाना में तब्दील करके प्रजातंत्र-लोकतंत्र की रक्षा की गुहार लगाते जाना ही क्या संवेदना है? तुम सुरक्षित हो, तुम्हें संवेदना प्रकट करने का शुद्ध जनतांत्रिक हक हासिल है। लेकिन उनसे जाकर पूछो, जो लोकतंत्र की इस खूनी तफरीह में मुर्गेदम हुए हैं, जिनके घरों के चिराग बुझ गए हैं, जिनके माथे का सिन्दूर पुँछ गया है, जिनकी कोख उजड़ गई

है। उनसे जाकर पूछो कि संवेदना का क्या मतलब होता है, जिनके लिए जनतंत्र तानाशाही से बड़ा जालिम जुल्मी साबित हुआ है। उनकी खबर लो, जो चार दिनों से अपने दरबों में कैद हैं, अपने चूजों के लिए चारा तक जुटा पाने के लिए बाहर निकल नहीं पाए हैं। जहाँ चूल्हों में पानी पड़ा है और चेहरों में आग जल रही है, वहाँ जाकर अपनी जनतांत्रिक संवेदना का हाल पूछो। कल मजीद ने अखबार देने के पहले अपनी पीठ दिखलाई थी। साट और हल्दी से ईंगुर बुक्क पीठ। अखबार लाते वक्त उस हॉकर की पीठ ने कर्फ्यू की सनद पाई थी। पेट के लिए पीठ ने मार खाई थी। उससे संवेदना प्रकट करने के लिए मेरे पास शब्द नहीं थे। मैंने शर्म से, सिर्फ आँखें नीची कर ली थीं।

वाराणसी के अखबारों में राजनीतिक धड़ों के सीनियर कैरियर लोगों के वक्तव्य छप रहे हैं। एक धड़ा दूसरे को अपराधी घोषित कर रहा है और अपने लिए जमीन तैयार करने की हर चाल चल रहा है। हत्या को मुहरा बनाया जा रहा है। यह हत्याकांड खाद है जो चुनाव में मतदान की फसल का उत्पादन बढ़ाने के लिए इस्तेमाल की जा रही है। हरित क्रान्ति की तर्ज पर यह 'रुधिर भ्रान्ति' फैलाई जा रही है। मौत के अनेक खरीदार बीच-बाजार खड़े हैं और एक-दूसरे से बढ़कर बोली लगा रहे हैं। मैं उनकी बोली के भाव पढ़ता हूँ और सोचने पर विवश होता हूँ कि असली अपराधी क्या ये ही तो नहीं हैं? बीसवीं शताब्दी के आठवें दशक के आरम्भिक दिनों में जनतंत्र नंगा होता है, उसकी कमर का कपड़ा दस वर्ष के बच्चे की लाश का कफन बन जाता है। (हरिश्चन्द्र का नंगापन रोहित की लाश का कफन है) और इन धड़ाधीशों को शर्म नहीं आई। वे अपने बड़बोलेपन से बाज नहीं आए। क्या कहीं संवेदना में डूबा हुआ एक भी सच्चा आँसू गिरा? क्या किसी ने कहीं घर-पड़ोस में पड़ी गमी के नाम पर उपवास किया? वक्तव्यों में इतनी रक्त-कीच, इतना मतलबीपन, इतनी घातें क्यों हैं? लेकिन शुद्ध और स्वार्थ रहित मन का पछतावा क्यों नहीं है? ऐन इस वक्त मुझे गांधी की याद आई। एक अदद हिन्दुस्तानी आदमी, जिसके लिए उसके लोगों का अपराध अपना अपराध बन जाता था और विवेक के समूचे धिक्कार के साथ वह उसका प्रतिकार करता था। गांधी एकमात्र आदमी और हिन्दुस्तानी आदमी था और वह यदि होता तो शायद कोई वक्तव्य देने से पहले वह 'उपवास' करता। किसी को अपराधी घोषित करने से पहले वह अपराध का प्रायश्चित्त करने बैठ जाता। वह मानवीय पीड़ा का मर्म जानता था। वह जानता था कि निर्ममता का, हिंसा का हनन कैसे किया जाता है। लेकिन, मैं फिर ठिठककर सोचता हूँ, हिन्दुस्तानी राजनीति के लालच के सन्दर्भ में क्या वह अपने ही मुल्क में आज से 23 वर्ष पहले ही एक 'प्राइवेट सिटिजन' बनकर नहीं रह गया था?

× × ×

लोग जगह-जगह मुहल्ले में गोल बनाकर जमा हैं और 'गदर का जश्न' मना रहे हैं। वे किसी गहरे शोक से भर देनेवाले कांड की प्रतीक्षा कर रहे हैं। उनकी आँखों में एक खौफनाक चमक है और सड़क की ओर से आते हुए आदमी की ओर वे लालच से ताकते हैं। 'कोई खास खबर। कोई गाड़ी जली। कहीं गोली चली।' और जैसे ही उन्हें पता चलता है कि आनेवाला आलू लेने की तलाश में निकला है, वे उदास हो जाते हैं और उनका जायका खराब हो जाता है। वे कहते हैं : 'बीस आदमी मरे, दस गाड़ियाँ जलाई गईं।' और यदि तुम इसे तरमीम कर दो कि दस आदमी मरे, बीस गाड़ियाँ जलाई गईं, तो वे तुम्हें खा जानेवाली नजर से घूरते हैं। तुमने उनके उत्साह का अपमान किया है। मरियल और कायर देश भाइयों के उत्साह के लिए हत्याकांड, अग्निकांड और यातनापूर्ण दुर्घटनाओं की खबरें और अफवाहें इतना रुचिकर हो उठी हैं, देखकर दिल काँप जाता है। यह नैतिक उदासीनता उन्हें कहाँ ले जाएगी, आजादी के दिनों की यह कैसी हताशा है कि हत्याकांड की खबर भी अब आनन्द देने लगी है? स्वतंत्रता के शान्त और सपाट दिनों ने एक ऐसी साहसिकता दी है जिसमें लोमहर्षक क्रूरता है और जिसकी निकासी का द्वार कायरता की तरफ खुलता है।

× × ×

केवल स्वप्न और साहसिकता की कमी नगरों का खात्मा कर देती है।

14 जनवरी, 1971 : मकर संक्रान्ति

आज सुबह कर्फ्यू दो घंटे के लिए खुला है। सुबह आठ बजे से लेकर सुबह 10 बजे तक। आठ बजने से 5 मिनट पहले साइरन बजने लगे हैं। अनेक ऊँची-नीची आवाजें, जैसे मरघट में कुँकुआती हैं, एक विलाप के अमानुषिक पशु भाषा में। दस बजे की धूप और कुत्तों की रोती आवाजें, रात में यह स्वाभाविक है लेकिन दिन में असह्य। कर्फ्यू टूटता है और सड़कों पर असंख्य लोग जैसे जरूरत ने उलीच दिये हैं। सभी का रुख नदी की ओर है। संकट की घड़ी और धर्म के संकट का अद्‌भुत योग है। अस्सी से नवाबगंज और नवाबगंज से अस्सी की ओर आते-जाते लोगों की रेल-पेल, खरीद-फरोख्त, पानी-चन्दन—सब कुछ एक साथ चालू हो गया है। देखकर नहीं लगता कि यह घिरे हुए संकट के बीच से मिली हुई कुछ देर की ही छूट है। और शायद यह निरीह उदासी या अज्ञान ही है जिसने हिन्दुस्तान को अपनी जगह से तनिक भी हिलाया नहीं है। आधुनिक माहौल की संरचना के बावजूद, संकट की निकटता के बाद भी, हिन्दुस्तानी आदमी कहीं-न-कहीं पाषाणकालीन आदमी के जीवन के बहुत समीप है। पत्थर और पानी जैसे हिन्दुस्तानी आदमी के जेहन के हिस्से हैं!

अस्सी पर घंटे भर में सारी की सारी चीजें खरीदी जा चुकी होती हैं। मोल-भाव आज किसी ने नहीं किया, बस, जो मिला, वह खरीद लिया गया है। और दोपहर में जब गलियों-गलियों होकर कमरे पर लौटा तो कर्फ्यू चालू हो चुका था। सड़कें खाली थीं और शहर पहले की ही तरह साफ था और आसमान के गले से झूलता हुआ साँई के जस्ते की तावीज की तरह दिख रहा था। और कुत्तों की विलाप करती एकदम ऊँची-नीची बिचौली आवाजों की मुहर ने सील करके सड़क को सन्नाटे की ओर सरका दिया था। करीब एक बजे रामसूरत के यहाँ से लड़का बुलाने आया। उनके यहाँ चला गया। ये नवाबगंज के पड़ोसी मित्र हैं। और मकर संक्रान्ति पर बाभन को खिचड़ी खिलाते हैं। सामने की थाली में रखी खिचड़ी में हाथ डालने को जी नहीं करता। लेकिन मालती (रामसूरत की लड़की) मानती नहीं, उसकी जिद पर खा लेता हूँ। पता नहीं, घर पर किस तरह खिचड़ी मनाई गई होगी! मूरत ने खिचड़ी खाई होगी कि नहीं?

15 जनवरी, 1971

अर्जुन आए और समाचार ले-देकर घर वापस चले गए।

शाम को 5.30 बजे छत पर खड़ा हूँ। शायद कर्फ्यू 8 बजे से 4 बजे तक खुलकर फिर चालू हो गया है। युवा लड़के छतों पर पतंग उड़ा रहे हैं। मकानों से ऊपर हवा में किलकारियाँ हैं, कलकोहट है और उदास हल्का आसमानी रंग है जो हवा में घुलकर उसे खारी ठंड से भारी बना रहा है।

छत का एक कोना। आकाश में एक ऊपर उड़ती पतंग हवा में कलाबाजियाँ खा रही है। पेच काटती हुई नन्ही और बेमुरौवत चिड़िया अपनी उड़ान में अलमस्त—कभी सीधी रेखा में और कभी मुरकी खाती हुई चक्कर काटकर बाँकी अदास उड़ती है। मैं बहरी आँखों उसे पूरी आत्मीयता से ताकता हूँ, और सहसा पाता हूँ वह काट दी गई है। उससे अधिक तेज और कलाबाज और इतराती पतंग ने उसे अपने आकाश से अलग कर दिया है और वह जैसे दूसरे आकाश में आहिस्ता-आहिस्ता गिर रही है जहाँ लगातार गिरने के सिवा दूसरा रास्ता नहीं है। मुझे धक्का-सा लगता है। शरीर से बहुत-बहुत भीतर, कहीं बहुत गहरे कुछ गिरता-सा लगता है और पतंग—वह थकी-थहराती उस नीले विस्तार में तह-तर-तह बुझे दीये की तरह गिरती आ रही है। मैं उसका गिरना देखता हूँ और भरसक कोशिश करता हूँ कि उसी तरह तनकर खड़ा रह सकूँ, जैसे उसे उड़ते हुए, आकाश काटते हुए देखकर कुछ क्षण पहले खड़ा था।

अचानक दूसरी छत पर एक युवा लड़की आती है : सुन्दर और स्वस्थ और किसी बात पर खिलखिलाकर हँस पड़ती है। धुन्ध और उदासी का लोहे का फाटक जैसे झनझनाकर खुलता है। उस नन्ही-छोटी-सी सुन्दर सोना ताली ने जैसे वक्त

के चेहरे पर लटकते ऊब और अनमनेपन से बने ताले को एक ही घुमान में खोल दिया है। आसमान थोड़ा और गहरे नीले उजास से भर गया है और आदमी पर गिरती अन्धी दीवारें जैसे एक क्षण के लिए ठिठककर पीछे हट गई हैं। तभी दिखता है तीसरी मुँडेर के पीछे धुन्ध में ऊँघते पेड़ पर गिरता हुआ सूर्य। लेकिन वह पेड़ पर नहीं—शायद पेड़ से पीछे की तरफ गिरा है। कोई दौड़ा उसे लूटने। सूर्य कहाँ गिरा है? मेरे तलुओं के नीचे की जमीन हल्की गर्म राख की दमक-सी महसूसती है। और मेरे चेहरे पर मेरी दोनों भँवों के ठीक बीचोबीच सूर्यास्त की धमक है। किसी विशाल यंत्र की तरह दिशाओं की पट्टी पर प्वाइंटर की तरह खड़ा पेड़ जैसे हजारों वोल्ट का झटका खाकर थरथराकर काँपता है और 'जीरो प्वाइंट' स्थिर हो जाता है। मेरी दोनों हथेलियाँ कसकर एक-दूसरे से सट गई हैं और मेरे मुँह से अनायास प्रणति के स्वस्तिवाचक शब्द निकल आए हैं। ठीक आँखों की कोरों में काँप आए आँसू की बूँदों के समान। और मैं सहज कृतज्ञ हो उठता हूँ एक साथ उस गिरती हुई पतंग के प्रति, जिसने मुझे तनकर खड़ा रहने की साहसिकता दी उस लड़की के प्रति, जो अनमनेपन को खोलकर मुझे जीवन में शामिल होने के लिए तैयार कर गई और उस सूर्य के प्रति, जो डूबकर भी मुझमें प्रणति-शब्द जगा गया है। मैं कृतज्ञ हूँ कि ये सभी मेरे होने के साक्ष्य रहे हैं और जिन्दगी के रूबरू अपने वक्तव्य दे गए हैं। मैं सिहरन-सी महसूसता हूँ और आकाश कर्फ्यू चालू होनेवाली कुत्ता-चीखों से भर गया है।

11 फरवरी, 1971 : रात 1 बजकर 37 मिनट

सोचा था कि आज शाम गाँव जाऊँगा। नहीं गया। मन थका-सा लगा। पता नहीं, क्यों आजकल इतना अकेलापन महसूस करता हूँ? लगता है, जैसे भीतर-भीतर कोई चीज टूट रही हो! खून के रेशे-रेशे में एक ऐसी चीख-सी उठती है, जैसे कोई गहरी अँधेरी सुरंग में चलते-चलते किसी के हाथों गला दबाने पर चीख उठा हो! और चीखने की आवाज बाहर न आई हो, उन्हीं सीलन भरी अँधेरी दीवारों में घुटकर दम तोड़ गई हो। अपने बारे में सोचता हूँ और आँखों में आँसू आ जाते हैं। मेरी हालत आजकल लगभग उस आदमी के समान है जो अपने हाथों पर अपने इकलौते बच्चे का शव उठाए हुए भारी कदमों, भीगी आँखों के साथ खामोशी से नदी की ओर बढ़ता चला जा रहा हो! इच्छा होती है किसी बहुत ही सगे, बहुत ही अपने, आत्मीय के पास बैठूँ बिना कुछ बोले। शान्त और चुप। अगर बात चली हो तो अपने बचपन के बारे में बात करूँ। और सुननेवाला मेरी बातों का यकीन करे। हुंकारी भरे। लेकिन ऐसा कौन है? कहाँ है कोई? मुझसे सभी ऊब जाते हैं। मैं किसी को सह नहीं पाता। मेरी इच्छाएँ किसी से मेल नहीं खातीं। मैं लोगों को

बड़ी तेजी से थका देता हूँ और खुद थक जाता हूँ। और जो हैं भी, वे लोग मुझसे कुछ-न-कुछ उम्मीद करते हैं। घर के लोग भी, मेरे परिचित, साथी मित्र—सभी। क्या यह सम्भव नहीं कि लोग चाहें, प्यार करें और कोई उम्मीद न करें? मेरे पास देने के लिए है भी क्या?

मैं अपनी आयु के अँधेरे में गिरता एक सफेद और रक्तहीन रंग हूँ। झुर्रियाँ और अँधेरा मेरे नाम पार्सल किए जा चुके हैं। जल्द ही वे मेरे चेहरे पर आ जाएँगे। और तब...?

सुबह गंगा के पास जाता हूँ। गंगा अकेली नदी है। बिलकुल मेरी तरह अकेली। इतने जंगल, इतने पहाड़, ग्राम-नगर, पेड़ गंगा से मिलते हैं, लेकिन वह अपने दोनों किनारों में बँधी बहती जा रही है : अकेली और उदास। गंगा मेरी माँ है। गंगा का अकेलापन मेरा अकेलापन है। सिर्फ गंगा की बगल में बैठकर नहीं लगता कि मैं अकेला हूँ। सोचता हूँ, यहाँ कोई है जो मेरी तरह है। मेरे लिए है। मेरे लिए गंगा सिर्फ नदी नहीं है।

12 फरवरी, 1971

गांधी और चाणक्य की तुलना।

अहिंसा बनाम हिंसा।

आजादी लक्ष्य : सही और जनतांत्रिक व्यवस्था।

किन्तु दोनों का अन्त आश्चर्यजनक रूप से एक जैसा है, जबकि परिवर्तन के लिए उनके उपायों में भयानक विरोध है। दोनों व्यवस्था-तंत्र के परिवर्तन के बाद व्यर्थ मान लिये गए। एक चन्द्रगुप्त के राजप्रासाद को छोड़कर कुटी में चला गया और दूसरा तत्कालीन प्रशासकों की कार्यवाहियों में उपेक्षित एक कोने में पड़ा रहा और एक दिन एक मामूली आदमी द्वारा मार दिया गया।

13 फरवरी, 1971

नागानन्द से दोपहर में बातचीत। इन्दिरा गांधी के नेतृत्व और उनके तूफानी दौरे की चर्चा, उन्होंने बड़े उत्साहित होकर की। साथ ही उन्होंने यह भी कहा कि उसके आगमन पर लाखों की भीड़ उमड़ पड़ती है। ऐसा क्यों होता है? क्या यह उनके व्यक्तित्व का आकर्षण है या सत्ता में होने का खिंचाव या फिर प्रधानमंत्री का स्त्री चेहरा है जो अधिकांश लोगों को आकर्षित करता है? मैं समझता हूँ कि इन सबके साथ 'विशेष लोगों के बीच में चलनेवाले समाजवाद का सामान्यीकरण करनेवाला नारा' भी कम महत्त्वपूर्ण नहीं है। लेकिन इसके साथ यह भी विचारणीय है कि

सम्पूर्ण प्रशासनिक स्तर पर शोर के साथ प्रचारित समाजवाद के जोर के साथ इस देश का असामाजिक रवैया और बेमतलब दखलअन्दाजी की लत भी भीड़ का हाँका करने में माहिर है।

× × ×

अपने प्रति उदासीनता तथा दूसरे के प्रति ललक की भावना ही आदमी को गरीब बनाती है। दरअसल गरीबी आर्थिक कारणों से शुरू होकर दिमागी आदत में तब्दील हो जाती है। इसके साथ ही वह एक भाग्यवादी नजरिये से बाँधकर परम्परा या देह का संस्कार बना दी जाती है। यह क्रिया, नर्क को सहन करने की सीख शालीनता देने लगती है। और तब यह ऐसा जहर बन जाती है कि उस हिस्से को ऑपरेट करने के सिवा दूसरा चारा नहीं रहता। कई बार गरीबी गौरव भी बन जाती है। और तब यह आपस में ही अपने कुनबे की होड़ में आदमी को इस कदर तानती है कि आदमी का पैर और सिर, दोनों का सम्बन्ध लगभग टूट-सा जाता है। दिमाग से सोचकर तब आदमी चलना लगभग बन्द कर देता है।

× × ×

आततायी को देखने के लिए भीड़ उमड़ पड़ती है। सामान्य व्यवस्थित जीवन में साहसिकता की कमी से वीर पूजा की भावना पैदा होती है। कायरता से पूर्ण उत्साह अक्सर आदमी को उस जमीन पर ले जाता है जहाँ आदमी की कमजोरियाँ क्रूरता की उपासना करने लगती हैं।

× × ×

पैदल शाम को गोदौलिया गया। फोटो खिंचाई थी, उसे लेने। लेकिन वापस लौटकर देखा कि फोटो किसी दूसरे आदमी की है। भूल से दूसरा पैकेट मैंने पा लिया है। बहुत खीज हुई। फोटो लौटाना पड़ेगा। आज तो अब दुकान भी बन्द हो गई होगी।

अस्सी पर काशी, नागानन्द और जदुनाथ सिंह और मैंने हजारी की दुकान पर चाय पी। चुनाव पर बात चल पड़ी। चुनाव, जन-सम्पर्क और साहित्यकार। चुनाव की भाषा के सन्दर्भ में एक समझदार साहित्यकार अपने को कहाँ और किस रूप में सक्रिय करे?

अक्सर देखता हूँ कि साहित्य और साहित्यकार, दोनों ऐसे अहम मौके पर अलग और लगभग आदर भरे बहिष्कार के शिकार होकर एकान्त-सुख लूट रहे हैं। युद्ध और शान्ति के मौके पर साहित्यकार से जनजागरण और रचनात्मक एकता के साहित्य की माँग करनेवाला नेतृत्व वर्ग इस वक्त इतनी फुरसत में नहीं दिखता कि कहे कि साहित्यकार भाई! कोई ऐसी भाषा दो, जो लोगों से मुँह बोलने में मदद दे। देखता यह हूँ कि धड़ों में बँटे हुए विभिन्न राजनीतिक पार्टियों के पेशेवर लोग एक-दूसरे

को लम्बे सड़क-मंच की पूरी ऊँचाई से 'गरिया' रहे हैं। व्यक्तिगत आरोपों और आक्षेपों की रूढ़ और बेमानी शब्दावली का बेसुरा प्रलाप चारों ओर लाउडस्पीकरों पर बिखेरकर, कर्ण कटु कुहराम का वमन कर रहे हैं। साहित्यकार का मुख बन्द है। वह द्रष्टा नहीं, इस वक्त पिछली कतार का फालतू दर्शक मान लिया गया है, और बहुत कुछ खुद-ब-खुद बन गया है। ऐसे में ही यह सवाल मेरे मन में उठा है कि आखिर साहित्यकार कहाँ है? किस वर्ग की भाषा में या भाषा की बेचैनी में? या सम्पर्क की भाषा में? देशी एहसास के साथ आखिरकार वह है किससे जुड़ा हुआ?

हमारे देश का नेतृत्व वर्ग आज खुले तौर पर या तो संसदीय गुंडई पर उतारू है या कुपढ़ बौद्धिकता से ग्रस्त है। यह बात मैं केवल भाषा-स्तर पर कह रहा हूँ। वैसे राजनीतिक पिछलग्गुओं का एक बड़ा तबका वह है जो भाषा के किसी भी स्तरीय इस्तेमाल से परहेज करता है। उसके पास दूसरे हथकंडे हैं जिसका उपयोग वह प्रतिपक्षी के विरुद्ध करने के लिए नि:संकोच होकर प्रयत्नशील रहता है। मानीराम के चुनाव में इसके बहुत मामूली लेकिन कुछ ताजे और टटके लटके देखने को मिले हैं। यद्यपि इसी देश की प्रधानमंत्री का सार्वजनिक अपमान, शायद, उसी प्रान्त के मुख्यमंत्री के विरोधी मतदान में बदल गया था। यह मेरा अनुमान है। लेकिन इन हथकंडों से, बावजूद जनमानस के विक्षोभ के, भाषा का भयानक और मर्मान्तक अवमूल्यन होता है। फिर भी गूँगे देश की जुबान पकड़कर ये लटके राजनीतिक धड़ों के हाथों शह पाकर चलते हैं, चलाए जाते हैं।

खैर...!

मैं बात भाषा-स्तर की उठा रहा था। भाषा के इस सन्दर्भच्युत इस्तेमाल के कारण एक ओर जहाँ औसत दर्जे की 'सुरक्षित साहसिकता' जन्म ले रही है, वहीं दूसरी ओर निम्नतम स्तर की 'कायर-क्रूरता' का भी उदय हुआ है। यही वह जमीन है, जहाँ सार्वजनिक जीवन के सम्मान के खिलाफ चलनेवाली दोहरी साजिश में अहिंसा और हिंसा का 'महागठबंधन' हुआ है। कहना न होगा कि यही वह जगह है जहाँ आज का अधिकांश नेतृत्व सामान्य आदमी और साहित्यिक आदमी को मात्र एक 'मत' (वोट) समझकर सम्बोधित करता है और राजनीति को एक जीवंत और गतिशील जीवन-प्रक्रिया के रूप में न लेकर एक पेशे के रूप में अपने निजी के लाभ-शुभ के साथ जोड़ देता है।

ऐसी स्थिति में साहित्यकार क्या करे? क्या वह इन चालू धड़ों के साथ खुद को जोड़ ले और अपने लालचों के लिए एक राजनीतिक मुहाना मुहैया कर दे? या वह भाषा की उस लगातार गिरावट की ओर जनसाधारण का रुख मोड़े और उसके सार्वजनिक जीवन में होनेवाले हस्तक्षेप के विरुद्ध सामान्य लोगों के साथ सही और सजग भाषा का अभियान चलाए? राजनीतिक धड़ों के घोषणा-पत्रों की भीड़ में अपना एक अलग मसौदा पेश करे?

14 फरवरी, 1971

'ललिता' में सिनेमा देखा—'फॉर फ्रॉम द मैडिंग क्राउड'। रात की वर्षा में भीगते भेड़ों का रेवड़ और गड़रिये की रात की निगरानी का दृश्य मार्मिक और मौलिक ढंग से चित्रांकित किया जा सका था, वैसे ही आग लगने और उसे बुझाने का दृश्य भी देखने लायक था। लेकिन यह एक प्रेम-कथा थी। एक नायिका और तीन नायकों के बीच से उठती चलती। पृष्ठभूमि में उन्नीसवीं शताब्दी के उत्तरार्द्ध का जीवन। प्रेम-कथा की अपेक्षा प्रेमिका कहीं अधिक जटिल थी और बिना किसी तर्क के (शायद प्रेम में तर्क अपेक्षित नहीं होता) तीनों प्रेमी उसके सहज प्रेमी थे। वे तीन उम्र और तीन तबके के लोग। किला में प्रेमिका के सफल प्रेमी द्वारा घाटी के एकान्त में प्रेमिका को तलवार चलाने की कला का प्रदर्शन सराहनीय था। प्यार और तलवार। कैसा चलेगा? रोमांचित और भावविह्वल लेकिन प्रेम गद्गद प्रेमिका और प्रेमी के आलिंगन की बगल में भूमि में गड़ी तलवार पर सूर्य का चौंधा उस सम्पूर्ण वातावरण को जैसे उठाकर पाषाणकालीन दुनिया में रखे दे रहा था। प्यार तब चकमक होता था, जब हमारे चेहरे पाषाणकालीन पत्थर होते थे।

15 फरवरी, 1971

शहर आया। दो बजे दिन में कचहरी में मतदान-सम्बन्धी रिहर्सल में हिस्सा लिया। कार्यालय से ऐसा ही आदेश मिला था। शाम पाँच बजे कमरे पर आया।

18 फरवरी, 1971

मैं आदमी के व्यवहार के बारे में सोचता हूँ, एक आदमी दूसरे आदमी से किस हद तक जुड़ा रह सकता है। यह जुड़ना कहाँ तक जेहन को दुरुस्त या कुन्द बनाता है। ज्यादातर एक ही रूटीन में रहते आने की विवशता आदमी की बुद्धि को मार देती है। समझ के निरादर से सम्बन्ध केवल अभ्यास बनकर रह जाते हैं। अपने होने के एहसास का मरना, शायद यहीं से शुरू होता है। तब आदमी रिश्तों की खुराक बन जाता है। यह 'आत्मीय हिंसा' है, जो जीवन-प्रक्रिया को सरेआम सम्बन्धों की आड़ में मार आती है। लेकिन हम इस ठंडी और आत्मघाती मार से बच सकते हैं। रिश्तों में रहकर नहीं, बल्कि पूरी समझ से उनको सहकर। अपनी समझ और अपने सहने में एक सार्थक और रचनात्मक दूरी बनाए रखकर हम सम्बन्धों को चरितार्थ कर सकते हैं। मामूलीपन के सरोकारों में शामिल होकर भी उसे मात्र योग या भाग्य के रूपकों में न रखते हुए किन्तु एक गतिशील और सर्जनात्मक जीवन-प्रक्रिया से जोड़कर आदमी को आदमी के सन्दर्भ में परिभाषित किया जा सकता है। तब, मैं

यह अनुभव करता हूँ कि ग्लानि की जगह गलत के लिए भी एक समझ हमें सहज रख पाएगी। आततायी को भी, तब शायद हम उसके खून में ही कहीं पराजित कर सकेंगे। और उसकी पराजय का कोई उद्वेग हममें नहीं होगा। यह निष्काम होने या नि:संग होने जैसी बात नहीं है। उतना सूफियाना या सन्तऊ ढर्रा मुझमें नहीं। मैं तो सामान्य समझ और अपने सहने की बात कर रहा हूँ। इसे मैं मात्र अनुभव नहीं कहता। केवल अनुभव तब तक व्यर्थ है जब तक उसकी भाषा नहीं। अत: मैं अनुभव और उसकी भाषा की बात करता हूँ। यहाँ मेरा तात्पर्य 'अनुभव की साक्षरताकारी' से है। आपके पास अनुभव को अभिव्यक्त करने की क्षमता है, आप उसे कहते हैं। लेकिन यह ही काफी नहीं है। आपके अनुभव आपको स्वयं किस हद तक साक्षर बनाते हैं, असल बात यह है।

× × ×

नवाबगंज में शाम। यहाँ, शहर में, ज्यादातर शाम को लोग सूरज से जोड़कर नहीं देखते। सूरज खेत की चीज है। हिसाब-किताब और कैलेंडरों की दुनिया में सूर्य की जगह चेहरे डूबते हैं। शहर में शाम का होना चेहरों के डूबने से जाना जाता है। गली जैसे धुन्ध और भीड़ की कसमकस से भर जाती है। धुन्ध और देह की धुन्ध में। मांस और रक्त और हड्डियों की हल्की डूबी रोशनी में, परिचित और पुकारते चेहरे जैसे देखते हैं और ठिठककर अपरिचय की ओर आहिस्ता से सरक जाते हैं। थकान और ऊब और धुआँ और बाजार एक साथ हावी होने लगते हैं और पहले घुटने तक, फिर कमर तक नहीं, पेट तक। फिर गर्दन तक और फिर पूरा चेहरा गुम हो जाता है। सूरज के साथ जगे आदमी और सूरज के साथ डूबते आदमी में फर्क देखना चाहते हो तो इस गली में आओ। आँखें 'कालिंग बेल' के बटन-सी दबने पर भीतर कहीं लगातार घंटी बजती रहती है, लेकिन बाहर कोई नहीं आता। शहर की साँझ रिश्तों की साँझ में बदल जाती है। कोई उस वक्त पतियाता नहीं। उसे साथ लेने के लिए पटाना पड़ता है। और यहीं से बाजार शुरू होता है। सम्बन्ध यहीं सौदे में बदल जाता है।

21 फरवरी, 1971

आत्मीयता और इस्तेमाल

आज तक कभी किसी से मुँह खोलकर कुछ माँगा नहीं है। कभी किसी से कुछ जबरदस्ती लिया नहीं। और अक्सर इस बात के लिए सतर्क रहा हूँ कि किसी का अपमान मेरी भाषा के जरिये न हो। किसी के आँसू मेरे लालच के चलते न गिरें। और इन सबके बावजूद यदि कोई कहे कि आप इस्तेमाल करना चाहते हैं तो मन

की शान्ति कहीं दूर जाकर नष्ट हो जाती है। इतना अपमानित स्वयं को महसूस करता हूँ कि अपना क्या कर डालूँ। आखिर अपने-आपको इस तरह हलाल करने के लिए दूसरों के हवाले करता क्यों घूमता हूँ? क्यों चाहता हूँ कि कोई मुझे भाई की तरह, माँ की तरह, बेटी की तरह, बहन की तरह, मित्र की तरह, बीवी की तरह, बाप की तरह एक साथ एक वक्त चाहे प्यार दे? निभाए? बेमतलब जाने पर भी स्नेह से बैठाए। आँखों में लालच न हो। मेरी खुशी के बारे में, मेरी थकान के बारे में, मेरी कविता के बारे में पूछे। और मैं जवाब न दूँ। केवल गद्‌गद होकर उस आत्मीय को देखता रहूँ। अपना समझकर छू लूँ। लेकिन क्या ऐसा होता है? ऐसा हो सकता है?

22 फरवरी, 1971

शाम रामसूरत के घर से 8 बजे निकलकर गोदौलिया चला गया। 8.30 बजे अतिबल के यहाँ गोष्ठी में भाग लिया। पटना से रामनरेश पाठक आए थे। भेंट हुई। दशाश्वमेध से 11.30 बजे रात लौटा। मन उड़ा-उड़ा-सा है।

'जा दिन मन-पंछी उड़ि जैहैं,
ता दिन तेरे तन तरुवर के सबै पात झरि जैहैं।'

अकेलापन अभिशाप है। यदि उसे रचकर आकार न दे दिया जाए, तो वह व्यक्तित्व की हत्या कर देता है।

और मैं इतना अकेला हूँ।

× × ×

आँखों में नींद नहीं, पानी की भाषा थी।
होंठों पर बर्फ नहीं, पत्थर के फूल थे—
—मौसम जब अपने लिए
दूसरा मुहावरा तलाशता था
हम दोनों अपने गुलाबों का पागलपन
बिजली के झटकों से ठीक करने में
मशगूल थे।

23 फरवरी, 1971 : रात 3.30 बजे

बेवफा तूने कयामत की अदा पाई है

एक तारीख दूसरी तारीख में जज्ब हो गई है और मेरी आँखों में नींद नहीं है। दूर पड़ोस में कौवाली हो रही है और ऊपर की पंक्ति पूरी लय के साथ खींचकर छोड़

दी गई है। शायद, मेरे दिमाग की तड़पती नस के लिए। मेरी आँखों में नींद नहीं है और मेरे चारों ओर रात है। खिड़की के पर्दों से बाहर और खुले आसमान में काँपते हुए तारे हैं। लोग कहते हैं कि तारों का झिलमिलाना दृष्टि-भ्रम के कारण है। वायु के सघन और विरल माध्यम से प्रकाश के परिवर्तन के कारण है। लेकिन मैंने इस सच्चाई को कहीं दूसरी तरह से महसूस किया है। जब कहीं अपने भीतर ही मन भारी हो आए, कुछ कहीं बहुत गहरे भीग जाता है तो जैसे ये तारे आसमान में नहीं, बल्कि अपने खून में ही झिलमिलाते मालूम पड़ते हैं। तब जैसे एक काँपता सितारा खून का एक थरथराता कतरा होता है, जो केवल काँपता है : थरथराता है बेआवाज और ठंड से भरा हुआ। एक तारा जैसे रात के वीराने में उदासी की मुहर है।

मुझे नींद नहीं आती है। कल घर था। फिर भी रातभर जागता रहा। मूरत ने कई बार पूछा। उससे क्या बतलाता? मन कहीं उलझ-सा गया है। सारा ज्ञान, सारी जानकारी, सारी शक्ति लगाकर उस उलझन से छूटना चाहता हूँ, लेकिन मुक्ति नहीं मिलती। उलझाव और बढ़ जाता है। धीरे-धीरे हार रहा हूँ। मैं धीरे-धीरे हार रहा हूँ। मैं हार रहा हूँ।

अब लगता है कि नींद एक नियामत है। गालिब याद आते हैं : 'मरने का एक दिन मुअय्यन है, नींद क्यों रातभर नहीं आती?'

4 मार्च, 1971

कचहरी। मतदान के सिलसिले में ड्यूटी लगी है। 5.30 बजे शाम नवाबगंज वापस आया।

शाम नागानन्द से बातचीत

उनकी अँगुली पर मतदान के समय शिनाख्ती निशान देखकर मैंने एक सवाल किया : मतदान केन्द्र में मताधिकार के प्रयोग के लिए जाते वक्त तुम्हारे क्या विचार थे? सामान्य आदमी की तरह या एक नागरिक की तरह? नागरिकता के समूचे अर्थ को समझनेवाले व्यक्ति की तरह या केवल मौसमी हाँके में 'उदके', 'जनारो' के समान तुम मतदान केन्द्र पर चले गए और वोट दे आए?

नागानन्द अन्त तक प्रश्न को टालते रहे और व्यक्तिगत आक्रमण करते रहे। उन्होंने कई आक्षेप किए। मसलन : 'तुम आम आदमी और विशिष्ट आदमी का वर्गीकरण करते हो? तुम आदमी और आदमी में फर्क करते हो। हिन्दुस्तानी आदमी और उसके ऊपर पड़नेवाले दबावों के आधार पर आदमी को समझना चाहिए, आदि।'

अन्त में : "आम आदमी मतदान केन्द्र पर उसी तरह जाकर मतदान करके मुक्त होता है, जैसे शौच के बाद उसका पेट खाली होता है?" और यह विचार कितना दयनीय है और आम आदमी की उदासीनता भरे मनोरंजन की भीषण हृदयहीनता का प्रतीक है। अपने महत्त्वबोध के प्रति उदासीनता आततायी को सहानुभूति का एक ओर भ्रम फैला रखने का मौका देती है, चाहे वह जनता या जनतंत्र के नाम पर ही क्यों न हो।

13 मार्च, 1971

संसद में वामपक्ष के पराजय के क्या कारण हैं? इन्दिरा गांधी की यह जीत अप्रत्याशित नहीं है। किन्तु इस बार सम्भवत: अपने कार्यक्रमों को लागू करने के अलावा सत्तारूढ़ दल के पास दूसरा कोई बचाव का बहाना नहीं रहेगा। यदि ये लोग घोषणा-पत्र में किये गए वादों की ओर उन कार्यक्रमों को लागू नहीं करते (जैसा कर सकने की गुंजाइश नहीं दिखती) तो क्या अगले निर्वाचन में जनता उनसे उसी तरह का सलूक नहीं करेगी जैसाकि इस मध्यावधि लोकसभा के निर्वाचन में उसने वामपक्ष के दलों के साथ किया है?

24 मार्च, 1971

आज 'उसे' फिर 'उसी' स्थिति में पाया। सहसा सवा छह बजे शाम। दरवाजे का पर्दा खोलते ही। ऐसे अवसरों पर मन में अपार ग्लानि भर जाती है। यह सब जो कुछ घटित हो रहा है, प्यार है या विवशता? क्या आज कोई किसी को प्रेम करता भी है? देह भी नंगी भूख के सामने यह विवेक रहित समर्पण नहीं तो क्या है? इस प्रक्रिया का वैचारिक सूत्र क्या है? बिना कुछ बोले वापस मुड़ आया। उन चेहरों पर की प्रतिक्रिया तक नहीं देखी।

आज से लगभग छह माह पूर्व 3 अक्टूबर की शाम को भी उन्हें इसी असंगत स्थिति में देखा था। लगा कि मस्तिष्क की शिराएँ फट जाएँगी। 'लेकिन दूसरों के सम्बन्धों में हस्तक्षेप करने का हक मुझे क्या है?' सोचकर चुप रहा और इतने दिनों बाद उसी कांड की पुनरावृत्ति ने मुझे जैसे झकझोरकर रख दिया है। 'मेरे सम्पर्क में आकर भी एक व्यक्ति नहीं बदला। अपने निर्धारित गलत-सही रास्ते पर यथावत् चल रहा है और मैं अपना रास्ता बदलकर निहायत घरेलू हो उठा हूँ।' मेरी वे प्रतिज्ञाएँ, वे संकल्प कहाँ हैं कि सारी सुविधाओं को सहज छोड़कर मैं कविता के रास्ते एक नया आदमी लाऊँगा? अपनी दुर्बलता के लिए अपने को बड़ी लताड़ दी। अब कहीं नहीं, कभी नहीं, किसी को अन्तरंग नहीं, सिर्फ कविता को मानूँगा।

26 मार्च, 1971

25 की शाम घर गया। मूरत की तबीयत कुछ ठीक है। बीच में वह बीमार पड़ गई थी। आज सुबह काम पर लौट आया। शाम वाचस्पति उपाध्याय, नागानन्द, काशी आदि से अस्सी पर मुलाकात।

सुबह गली में चाय का खाली गिलास लिये चाय वाले की छोटी-सी लड़की कूदती हुई आगे-आगे जा रही थी। पता नहीं क्यों, कोई चीज शरीर में लहरा गई। उसकी टाँगें, पतली-पतली, सुन्दर अधमैली, उछलती टाँगें देखकर सहसा मन में उठा कि मैं भी इसी तरह उछलता हुआ चलूँ। पर, इस विचार के आते ही मन लजा उठा। अगल-बगल बैठे लोगों पर नजर पड़ी। ये भला क्या कहेंगे : 'देखा बुढ़वा कऽ।' अपने से कई हाथ दूर जाती बच्ची को उछलते-कूदते जाते देखता रहा। और अपनी टाँगों में गुम उन टाँगों को जैसे छाती पर हाथ से सहलाता रहा। सहलाता रहा। मन को समझाया। नहीं, सड़क पर नहीं, कमरे में। कमरे में इस विचार को फुसलाकर लाओ और वहाँ इसे सृजन का रूप दो। ऐसे लालचों की शुद्धता की रक्षा करो। क्योंकि सड़क एक के बाद एक अनुभव और तथ्यों के जरिये आदमी के एहसास की शुद्धता को नष्ट करने पर तुली हुई है। इसलिए सड़क के एहसास को कमरे के एकान्त तक सुरक्षित तथा शुद्ध रूप में ले जाना ही कवि-कर्म की सफलता है। वहाँ उसे रचो। ऐसा एक लालच सैकड़ों परिग्रहों से बड़ा होता है।

16 अप्रैल, 1971

आज सुबह आठ बजे के लगभग कुआँ की खोदाई शुरू की गई। ठीका दे दिया है 350 रुपये में। कैलाश बिन्द, सीता बिन्द, बीरबल बिन्द तथा आराम—ये चार आदमी काम पर आए हैं। लगभग पाँच हाथ जमीन खोदी गई है।

17 अप्रैल, 1971

गाँव पर रहा।

रविवार को शाम। कुएँ का काम चल रहा है। लगभग दस हाथ खोदा जा चुका है। किसिम-किसिम की मिट्टी। तह-दर-तह। खैरा-दोमट, काली, बलुई, पथुई, कंकड़हिया। बीरबल मिट्टी की शक्ल और उसका नाम बतलाता है। हर दो-तीन फीट पर मिट्टी की शक्ल बदल गई है। और बीरबल उनके शक्ल या इस्तेमाल के आधार पर रखे गए नाम को बतलाता है। यह मजदूर की जानकारी है—विश्वविद्यालयों के अनुसंधान विभाग से अलग। कितना सहज है मिट्टी को उसके काम से या शक्ल से नाम देना! और इस तरह नाम पाकर वह कैसी मुँहों-मुँह बोलने लगती है!

अपने देश में हर पाँच फीट पर मिट्टी बदल जाती है और हर पाँच कोस पर भाषा। लगता है, मिट्टी और भाषा का कोई भीतरी और गहरा रिश्ता है।

शाम काम-मजदूर वापस जा चुके हैं।

कुएँ की बगल में लेटकर मैं खुला आकाश देखता हूँ। गाँव और पेड़ देखता हूँ। नदी वरुणा की शान्त कछार देखता हूँ। (मनस्वी के विराग को प्यार, अरी ओ!) गोइड़े किसानी उल्लास के साक्षात् श्री-विग्रह-सा खलिहान देखता हूँ कि वाह! वाह!! बसन्त की फेरी पड़ चुकी है। भरथरी के गीत गाते जोगियों की सारंगी किसी दरवज्जे आलाप भीगे स्वर छेड़ चुकी है—हो राजा भरथरी-ईईईईई...। कोई माँ अँजुरी भर जौ जोगी की झोली में छोड़ गई है। जोगी अमराई में डूबती पगडंडी की आखिरी काँप से गुजर रहा है...हमहूँ जोगिन होइ जाबऽ...। शाम होने को आ गई। सूरज अब कि तब। पेड़ों पर नई कोंपलें हैं। हवा है। आकाश में चिड़ियाँ हैं। और उनकी उड़ान को देखते जाने का सुख है। मन सहसा सहज हो आता है। मैंने सुख कभी नहीं जाना। शायद यह होता ही नहीं। भटकने और अटकने के बाद सहज-सरल हो जाना ही सुख जैसा लगता है। यह उबरना है। प्रकृति एक धोखा है जहाँ हम हारते हैं और हुलस उठते हैं। आदमी की इस ग्लानि रहित पराजय का नाम प्रकृति है। पेड़ खड़े हैं, लेकिन तुम्हारे सामने नहीं हैं। तुम्हारे विरोध में भी नहीं। चिड़ियाँ उड़ती हैं लेकिन तुम्हारे खिलाफ नहीं। हवा चलती है, लेकिन तुम्हें बाँधती नहीं। नदी बहती है, लेकिन तुम्हें तट नहीं बनाती। आकाश तुम्हारे चारों ओर है, लेकिन तुम्हारा बन्दीगृह नहीं बनाता। सब साथ होते हैं और सहज होते हैं।

18 अप्रैल, 1971

शाम आँधी आई। बड़ी जोर की आँधी। कुएँ के पास रखी मड़ई उड़कर उलट गई। और उसके साथ ही जोर से पानी पड़ने लगा। बुरी तरह भीग गया। तेज हवा और जोर से बरसते पानी के नीचे भीगता हुआ मैं। मैंने जीवन में पहली बार अपने-आपको इतना शर्मिन्दा महसूस किया। इस निर्दयता और अकेलेपन के साथ समूची अशिष्टता से मैं भीगता रहा और बेमौसम की बारिश अपने जोम पर मुझे अपमानित करती रही। इसके विरोध में मैंने गालियाँ बकीं। तीन गाली बिजली को, पाँच गाली हवा को और पानी को छह गालियाँ और फिर हनुमान चालीसा का करुण पाठ करता रहा। फिर प्यार और मुहब्बत के दो गीत गाये। मुझे सहसा हरिऔध याद आए—अयोध्या सिंह उपाध्याय 'हरिऔध'! तब क्या-क्या नाम हुआ करते थे और मैं खिलखिलाकर हँस पड़ा। तो बरखा रानी, क्या चलेगा—मन्दाक्रान्ता या द्रुतविलम्बित...?

अर्जुन (मेरे लघु भ्राता) टूटे हुए छाते के साथ आ विराजते हैं। भैया, घरे जा...!

19 अप्रैल, 1971

सुबह खलिहान देखा। कुसमय की बरखा से भीगा हुआ खलिहान। लगान न देने की वजह से तहसील—जेठ में बन्द—सिर घुटने में गाड़कर बैठे हुए किसान की तरह दिखता है। मन जौ के बोझ की तरह भारी हो आया।

शहर आ गया हूँ। काम पर गया।

शहर आते वक्त के.के. (हायर सेकेंडरी स्कूल) इंटर कॉलेज हरहुआ—वाराणसी के बाहर पी.ए.सी. के पहरे में परीक्षा चल रही है। देखकर मन को ठेस लगी।

डंडे के नीचे युवा-आक्रोश किस तरह सहनशील बन गया है! पी.ए.सी. का डंडा युवा-शक्ति को किस तरह संयमित करके संवेदनात्मक भूमिका अदा कर रहा है! यह शर्मनाक है और दयनीय भी। वे विद्यार्थी अब सही जगह उत्तर लिख रहे हैं और सही जगह 'मूत' रहे हैं। लेकिन कल गुरुजनों के सामने वे उत्तर देने की जगह 'मूत' रहे थे और मूतने की जगह उत्तर दे रहे थे। पी.ए.सी अपनी ड्यूटी ईमानदारी से और अपने काम की गरिमा के अनुरूप अदा कर रही है।

लेकिन विद्यार्थी और अध्यापक-प्राध्यापक अपने स्थान से च्युत हुए हैं। क्या वे स्थान-भ्रष्ट हुए हैं या उन्हें अब भ्रष्ट स्थान से नियोजित करके रख दिया गया है?

परीक्षा में प्रश्न-पत्रों की सीक्रेसी का प्रश्न ऐसे माहौल में समयोचित नहीं लगता। प्रश्नों के उत्तर के लिए किताबों और नोटबुक साथ रखने की छूट होनी चाहिए। हाँ, प्रश्न-पत्र ऐसे हों कि उनसे इस बाहरी सहायता के बावजूद विद्यार्थी की मनन तथा अध्ययन शक्ति का जायजा लिया जा सके। लेकिन इसके लिए पेपर सेटर की मेधा का विशिष्ट होना आवश्यक है। वैसे इस जिम्मेदारी के काम को भी आज किंचित् महत्त्व नहीं दिया जा रहा है। यह मात्र संयोग है कि इसे केवल व्यावसायिक सन्दर्भ की एक कड़ी मान लिया गया है।

बोर्ड के, पी.यू.सी. या एडमिशन के प्रश्न-पत्र इस बात के गवाह हैं कि लगभग पाँच वर्ष के पर्चों को ही बराबर दोहराया जाता है, और एक महत्त्वपूर्ण काम से छुट्टी पा ली जाती है।

25 जून, 1971

आज कितने दिनों बाद यह डायरी लिख रहा हूँ। बीच में सामान्य तौर पर घरेलू काम-धन्धों में व्यस्त रहा या व्यक्तिगत स्तर पर उन सम्बन्धों और पहचानों की छानबीन करता रहा जो लेखन के दौरान तय हो गए थे। एक-एक करके सारे लोग अपने खानों में फिट हो गए हैं और अब काम करने के नाम पर उनके ढेर सारे पारिवारिक कार्यक्रम हैं : पत्नी को पेटीकोट लेना है, बच्चे को दस्त आ रही है, परीक्षा की कॉपियाँ जाँचनी हैं, विभागीय राजनीति के मुद्दों पर ताल्लुकात बनाने-

बिगाड़ने हैं, आदि-आदि। इधर मैंने महसूस किया कि मेरे दोस्त मुझे देखते ही घबरा जाते हैं। सड़क पर मिलने पर वे घर वापस लौटने का बहाना करते हैं और घर में मिलने पर सड़क पर आने का बहाना बनाते हैं। वे रिरियाते हुए अपनी व्यस्तता का जिक्र करते हैं जबकि मैं जानता हूँ कि वे मेरे आने तक और मेरे जाने के बाद भी खाली थे और खाली रहेंगे।

मैंने एक बात सोची है, बड़ी घातक बात। मैं तहेदिल से चाहता हूँ कि यह सच न हो, लेकिन यह सच है। मेरे कई दोस्त लेखन में शायद इसलिए समकालीन बने रह सके हैं कि मैं बराबर उनसे मिलता रहा हूँ। उन्हें उनकी सुविधापरस्ती, उनकी अवसरवादिता से छाँटकर सच्चाई तक लाने की कोशिश करता रहा हूँ। निस्सन्देह इसमें उनकी प्राथमिक उत्कंठा ही सहायक रही है, लेकिन वे रबर-टेप की तरह खिंचने के बाद खिंचाव-बल हटाते ही अपने स्थान लौट जाते हैं, वे लौट गए हैं। लगभग मैं अकेलेपन की हालत में हूँ। यह वक्त, जबकि सच्चाई को सकारने का था, सभी चुप लगा गए हैं। दुर्भाग्य है कि सच कहने के लिए भी आज साहस की जरूरत पड़ रही है। साहसिकता हमेशा मुआवजे की माँग करती है और वे अपनी सुविधा छोड़ने को तैयार नहीं। अस्तु...।

कविता एक 'स्वीकृत-समूह' को समर्पित होती है, लेकिन मोर्चे पर भाषा के साथ केवल कवि जूझता है—अकेले और बिलकुल अकेले। यही उसकी नियति है।

× × ×

एक विचार निज के परिवार का ही एक इकाई होता है। जैसे पत्नी के बीमार होने पर बच्चे के तकलीफ में पड़ने पर आप दवा-दारू के लिए दौड़-धूप करते हैं। दूसरे कामों को सरकाकर प्राथमिकता उस मरीज की सेहत के हित में देते हैं। क्या यही भाव आप विचारों के साथ रखते हैं? क्या कविता के लिए इसी आत्मीय-अवसाद की तत्परता आपमें है? मैं सिर्फ उनसे यह सवाल पूछता हूँ जो कवि हैं। साहित्य में आ जुड़े हैं। जो कवि से कुछ ज्यादा समकालीन अर्थों में 'काव्यकर्मी' हैं। कवि इसलिए भी कुछ हेठ हैं कि इस शब्द के साथ एक गीली-उत्साह-विभवता का बोध होता है। समकालीन सन्दर्भ में 'काव्यकर्मी' ज्यादा उपयुक्त शब्द है—उनके लिए, जो कविता का काम करते हैं।

× × ×

बंगलादेश को लेकर पहले जितनी चीख-पुकार थी, वह धीरे-धीरे कम होती जा रही है। लोगबाग किसी दूसरे और ज्यादा हिंस्र और ज्यादा मार्मिक प्रसंग की प्रतीक्षा में स्यात लग गए हैं।

बंगलादेश को लेकर बड़े अखबारों के वेतनभोगी प्रगतिशील लेखकों के जत्थे अपनी आँखों देखा हाल के दस्तावेज प्रकाशित करवा रहे हैं। वे मौके पर उड़कर

पहुँचे हैं, वहाँ का जायजा (जायका भी) लिया है। और अब उस मैयत का उपयोग इस देश की रैयत का जेहन बढ़ाने और जमीर जगाने में कर रहे हैं। और बच्चू धूमिल तूऽ चुप मारिके इहें बइठल रहि गइल बनारस में। कितना अजीब है कि जो अपने देशवासियों की स्वतंत्रता में शोषकों के साथ मिलकर रोज हस्तक्षेप की साजिश कर रहे हैं, स्वतंत्रता की लड़ाई लड़नेवाले मुल्क की जनता के लिए आठ-आठ आँसू गिरा रहे हैं? इनके चार आँसू एक टेस्ट-ट्यूब में भरो और सबसे पास की प्रयोगशाला में ले जाओ और बतलाओ कि इसमें हमदर्दी का प्रतिशत क्या है और मोम या मक्कारी कितने प्रतिशत है?

इसके साथ ही शोषण पर आधारित पूँजीशाही फख्र से कह सकती है, ये हैं मेरे थूक! इन्हें देखो, क्या ये तुमसे कम ईमानदार हैं, कम सत्य के पक्षधर हैं, कम प्रगतिशील हैं? और इस प्रकार सुविधा पर परस्त मध्यवर्ग का एक तीसरा रूप हमारे सामने आता है : 'प्रतिगामी का प्रगतिशील रूप।' दुर्भाग्य यह है कि प्रचार-साधनों के द्वारा यही सामान्य-जन का प्रतिनिधि भी मान लिया जाता है।

22 जुलाई, 1971

बच्चन सिंह से कथा का अंक लेने गया। वहाँ कुछ बातें। कविता से सम्बन्धित।

आलोचना के पास कविता के पड़ताल के वाजिब मुद्दे जरूरी हैं। जमीन और औजार जिनसे कविता को खोला जा रहा है। दरअसल, वह कविता, जो किसी कवि के रचनात्मक कार्यक्रम का हिस्सा नहीं बनती, घटिया या गलत कविता होती है।

× × ×

श्रीराम तिवारी का कविता से वही सम्बन्ध है जो सम्बन्ध एक अधिकारी की बीवी का सरकारी जीप से होता है।

× × ×

मैं जिस कागज पर कविता करता हूँ, उसे तुम देखो, तो मालूम कर सकते हो कि उस पर बूचड़ के ठीहे से ज्यादा निशान पड़े हैं।

× × ×

मैं अपंग हूँ, जहाँ मैं अपनी कविता के कार्यक्रमों में एक चुस्त कार्यकर्ता होने से कतराता हूँ।

× × ×

निराला : सहने की सार्थकता के कवि :

'जीवन जो सहता आया हो विरोध

× × ×

वह एक और मन रहा राम का जो न थका।'

× × ×

यह जीवट, 'होरी' में है। सहना ग्लानि या आवेग में आत्मपीड़क होता है। शक्ति के मुकाबले महाशक्ति को धारण करना। लेकिन लड़ना नहीं, सहना।

× × ×

मुक्तिबोध का भागना। अँधेरे में। मुक्तिबोध दौड़ते हैं बहुत। लेकिन भागने का रास्ता एक ही है। और बार-बार उसी में भागना। पीछा करनेवाले को भी उनकी भागने की 'टेक्निक' का पता दे गया। यह सहसा नहीं है कि मुक्तिबोध जिस व्यवस्था और प्रतिष्ठान के आजीवन विरोधी रहे, उनकी अन्तिम कृति (श्रद्धांजलियाँ) उन्हीं जगहों से प्रकाशित हुईं।

× × ×

आज का कवि न तो निराला की तरह सहन करने की शक्ति का बखान करता है और न मुक्तिबोध की तरह एक ही और एक ही रास्ते से भागता है। वह भागता रहता है और भागते हुए जवाबी हमले भी करता जाता है। भाषा उसके लिए सहन या सुरंग नहीं है।

× × ×

फिज़ाँ में हवा नहीं, शराब के बफारे हैं।

बफारे— सवाल यहाँ अमीरों-गरीबों के सुख-दुख का नहीं। सवाल है असल में साहित्यकार और कलाकार के स्वयं के रुख का, समाज के प्रति उनके रुख का, वर्गों के प्रति उनके रुख का और समाज में वर्ग-सम्बन्धों के प्रति उनके रुख का और इन सबसे ऊपर सामाजिक उथल-पुथल, उसके विकास के प्रति उसके रुख का।

× × ×

हम साहित्यकार से जानिबदारी की माँग करते हैं क्योंकि जानिबदारी साहित्यिक की ईमानदारी, उसके सौन्दर्य-प्रेम और उसके आदर्शों के प्रेमी-हृदय की कसौटी है।

['आलोचना की कुछ समस्याएँ'—चन्द्रबली सिंह;
हंस, फरवरी, 1951]

× × ×

हम एक नरभक्षी व्यवस्था में रह रहे हैं। अगर हम दूसरों को नहीं खा रहे, तो दूसरे हमको खा रहे हैं। (ओ.प्र. दीपक) इस व्यवस्था से छूटने का उपाय?

खेतों में सरकारी खर्च का लाभ उन लोगों को मिल रहा है जिनके पास काफी बड़ी मात्रा में जमीन है और आम तौर पर आमदनी के अन्य साधन भी हैं। सरकार

के इन्तजाम को गलत सन्दर्भ देने के इस रवैये का विरोध होना आवश्यक है। और मामूली आदमी का असहयोग इसके लिए काफी है। असहयोग को सही और कारगर भाषा देने का काम साहित्यकार का है। किन्तु, यह इतना बाहरी यानी रोजमर्रा की तात्कालिकता से जुड़ा हुआ काम है कि रचनात्मक स्तर पर इसके लिए अत्यधिक सतर्कता की आवश्यकता पड़ सकती है। कहीं ऐसा न हो कि फौरी कार्यवाही की आपाधापी में लोकमत जाग्रत करने का यह जिम्मेदारी से भरा काम कोरे नारे में तब्दील हो जाए। बहुधा यही हुआ है। बेकारी और बेगार से जूझते मामूली आदमी के प्रति की गई सहानुभूति कई बार 'प्रगतिवादी' शायरा के तर्ज में बदल गई है। और सन्देह नहीं कि तारीफ और ललकार की भाषा में ठेकेदार या जमादार या मेठ की ठप्पेदार भाषा का जुमला अक्सर नमूदार होता आया है।

लोकमत को जगाने के लिए चीजों और आदमी, आदमी और उनके बदलते सम्बन्धों की पड़ताल की समझ भाषा को नया तेवर देती है। और आदमी को उसके बदलते सन्दर्भ के भागीदार के रूप में समकालीन घटनाओं में शरीक होने का आग्रह देती है। और यहीं से बदलते सन्दर्भों में सर्जनात्मक भाषा की सार्थकता की शुरुआत होती है।

× × ×

गरीबी की समझ ने हमें ऐसी कविता दी है। जब कोई कवि बीवी की बीमारी और बेटे के भूख का हवाला देकर अपनी सक्रियता की बात करता है, न जाने क्यों मुझे उसकी नीयत पर शक होने लगता है। क्या रचना की यह आँच बाहर से आती है? 'सक्रिय कविता' में मेरे सारे सम्बन्धों की सांघातिकता भी होती है। कवि जब चोट करता है तो सबसे पहले उसके सम्बन्ध टूटते हैं और इसी टूटने को वह जब कविता में भाषा के हवाले करता है, तो 'सच्ची मार' की शुरुआत होती। 'चित्त से उतार' देने की निर्ममता कविता की शक्ति बन जाती है।

× × ×

अपने हाथ से रोटी सेंकते हुए चिमटे से तवा बजाने से लेकर बिस्तर की शिकन अपने हाथों ठीक करने तक मेरे साथ एक समझ बराबर बनी रहती है। यह अकेलापन मैंने अपने लिए खुद तय किया है। यह लादी गई मजबूरी नहीं है; बल्कि यह मेरी तैयारी है। एक रिहर्सल। यह मेरे संघर्ष के औजारों में से एक है। मेरी दिनचर्या एक पेचकश है, जो मेरे प्रत्येक पेच को ढीला न रहने देने के लिए तत्पर है।

× × ×

कवि में यह लत ठीक नहीं है। कविता कर्म की कमजोरी उसकी असमर्थता का रोना रोना और उसी के बहाने गुलछर्रा उड़ाने की फिक्र में रहना है। ऐसी आदत नई-नई

शादी किए क्लर्क की हो, तो बात समझने की है। दूसरे शहर में नौकरी पर बहाल, वह बेचारा माँ की बीमारी का बहाना न करे, तो बीवी तक पहुँचने की नौबत न आए।

कवि और किरानी में फर्क समझाने की आवश्यकता क्या है?

10 सितम्बर, 1971

युवावर्ग : प्रत्येक देश के युवावर्ग की समस्या के आधार पर वर्गीकरण।

क्या युवावर्ग का कोई अन्तर्राष्ट्रीय चेहरा है?

श्रमिक वर्ग अपनी सुविधा तलाश कर चुका है। उससे किसी क्रान्तिकारी परिवर्तन की सम्भावना व्यर्थ है?

क्या युवावर्ग भी श्रमिकवर्ग की तरह सम्भावना रहित है?

युवावर्ग की भिन्न स्थितियाँ;

युवा के भिन्न-भिन्न वर्ग।

यथास्थिति बनाए रखने में सक्रिय युवावर्ग अथवा सक्रियता के लिए वास्तविक भूमिका की माँग में सक्रिय युवा।

अमरीका तथा जापान के या फ्रांस के युवा।

'युवा' कार्यक्रम और उसकी भूमिका।

× × ×

साहित्य में रचना के Method के Change को देखना तथा वास्तविकता के प्रति सही परिवर्तनकारी रुख।

यदि वास्तविकता के प्रति सही रुख नहीं है तो 'मेथड' में परिवर्तन होने पर भी किसी प्रकार का परिवर्तन नहीं होगा। ऐसा बदलाव दृष्टिकोण का नहीं बल्कि शैली के प्रकार में होनेवाला परिवर्तन है। वास्तविकता देश और उसकी राजनीतिक स्थिति के सन्दर्भ में। वास्तविकता की वास्तविकता। दिमागी वास्तविकता।

25 सितम्बर, 1971

डॉ. बच्चन सिंह से बातचीत

बच्चन सिंह : आपने कुछ समय पहले निराला की कविताओं पर बात करते हुए कहा था कि निराला अपनी कविता में लय नहीं तोड़ सके थे।

धूमिल : कहा था। बल्कि यह कि उन्होंने लय की नवीनता के आग्रह के साथ कविता की थी। छंद तोड़ने के संकल्प वहाँ हैं, लेकिन लय नहीं टूटी। बल्कि मैं तो यहाँ तक कहना चाहूँगा कि निराला में साहित्य को संगीत से जोड़कर रचने की लत थी। वे परम्परा में

बहुत पहले के संस्कृत कवियों की रुचि के व्यक्ति थे। कविता में गति, ताल, लय-मात्रा के आग्रही कवि थे।

बच्चन सिंह : आपका यह भी कहना था कि इधर के यानी कि सातवें दशक के कवियों में 'लय' का आग्रह भी नहीं रहा?

धूमिल : अपनी पूर्ववर्ती पीढ़ी से भाषा के आधार पर यहीं से सातवें दशक की कविता अलग होती है। इस दशक की कविता में लय भी टूटी है। सम्भवत: पहली बार कविता की मुक्ति 'कविता' से हुई है।

बच्चन सिंह : कविता में लय का टूटना क्या हिन्दी भाषा की प्रकृति के अनुकूल है, या यह अंग्रेजी भाषा से आयातित है? अंग्रेजी के अनुकरण पर आधारित है, या उसके समकक्ष आने की कोशिश के कारण है?

धूमिल : अंग्रेजी की बात नहीं करें तो ठीक। अंग्रेजी भाषा में आज जो रचा जा रहा है, वह अनुकरणीय नहीं रहा। वहाँ अब न तो कोई उत्तेजक है और न आक्रामक। जातीय दर्प के अवसान के साथ सब कुछ घिसा-पिटा और एक लकीर पर चलनेवाला 'मैनरिज्म' होकर रह गया है।

आपका पहला प्रश्न उत्तर की अपेक्षा रखता है।

कविता में लय का टूटना खड़ी बोली की प्रकृति के अनुरूप है। खड़ी बोली एक खरी, लड़ाकू और अपनी लिपि और उच्चारण के स्तर पर एक-सी पहचान रखनेवाली भाषा है। जैसी घर में बोली जाती है, वैसी खेत में या कार्यालय में। तात्पर्य यह कि यह बोली भी है और भाषा भी। यह सम्प्रेषित होते समय अपना रूप नहीं बदलती। यह आश्चर्य की बात नहीं कि खड़ी बोली का एक पूरा वाक्य अपने उचित कारक पदों के साथ एक स्वस्थ कविता-पंक्ति का रूप ग्रहण करता है। खड़ी बोली की यही घनता उसकी शक्ति है। इस तथ्य का उद्घाटन यद्यपि बहुत पहले हो गया था किन्तु उसका सही उपयोग रचना के व्यावहारिक पक्ष तक करने का श्रेय सातवें दशक के कतिपय रचनाकारों को है।

छायावाद के कवियों की कोशिश यह रही कि खड़ी बोली जैसी कर्कश, कठिन भाषा में भी ब्रजभाषा की माधुरी और प्रसाद गुण सम्पन्न गेय तथा सुरम्य रचनाएँ सम्भव हैं। उन्होंने सफलता भी प्राप्त की। छायावादोत्तर काल के कवि अपने पूर्व प्रचलित वादों का विरोध रस या सौन्दर्य या माध्यमों के परिवर्तन के नाम करके विभिन्न मतवाद के शिकार होते रहे। लेकिन ध्यान में रखने की बात यह है कि 1960 से पूर्व के कवियों ने अपनी पूरी रचनात्मकता को इस बात में केन्द्रित किया कि वे कविता लिख रहे हैं। एक भाषा के माध्यम से सफल कविता की रचना कर रहे हैं। इस प्रकार यत्नपूर्वक उन्होंने 'खड़ी बोली में कविता' की रचना की। लेकिन

खड़ी बोली की कविता वह नहीं बन सकी। कविता के सभी गुण-धर्म होते हुए भी उसमें खड़ी बोली का तेवर, उसकी व्यावहारिकता, उसका खुलापन, उसका बेलौस जज्बा वहाँ नहीं है। सन् 1960 से पहले की कविता भाषा की सफलता की कविता तो है, लेकिन भाषा की सार्थकता की कविता नहीं है।

लेकिन सातवें दशक में हिन्दी में पहली बार 'खड़ी बोली की कविता' लिखी गई। ऐसा 'लय से मुक्ति' के कारण ही सम्भव हुआ। कविता और भाषा का फर्क खत्म हो गया। कविता भाषा और भाषा कविता बन गई।

किन्तु यह हर स्तर पर नहीं हुआ। एक ही रचनाकार में अपने आग्रहों से न उबर पाने पर लय, तुक, गति-ताल आदि भाषा में बने रह जाते हैं और भाषा के घनत्व को अपनी उपस्थिति-अशुद्धि से कम करते हैं, जिससे भाषा कविता न बनकर उसका माध्यम बनने लगती है। यही भाषा का संकट है।

10 फरवरी, 1972

प्रभात कुमार त्रिपाठी के 'आवेग' में लिखे आलोचनात्मक लेख पर टिप्पणी।

प्रभात कुमार त्रिपाठी ने जिस संजीदगी से विचार किया है? उनके निष्कर्ष?

अम्बिकापुर में आयोजित गोष्ठी में कमलेश का लेख?

अज्ञेय, केदारनाथ अग्रवाल और धूमिल की कविता 'कविता—श्रीकाकुलम्' पर विचार।

आश्चर्य है कि सातवें दशक के रचनाकारों की वकालत का दम भरनेवाला भी यह सवाल करे कि 'कविता के साथ' होना क्या है? मित्र, कविता जरिया नहीं है। जैसे भाषा माध्यम नहीं है। हमारे और आपके अन्तर, कवि और आलोचक के अन्तर यहीं स्पष्ट हैं। अपनी अवधारणाओं में आप कितने पीछे हैं, असल में यह शोचनीय है आपके लिए।

'युवा' की परिभाषा?

जयप्रकाश की पंक्ति एक वास्तविकता है। लेकिन इसका इस्तेमाल उन्होंने अपने हित में किया है। यानी कि सर्वोदय के हित में। आज के सन्दर्भ में 'सर्वोदय' (सबका उदय) एक झूठा शब्द है। भ्रम पैदा करता है। लेकिन जब इन्हीं जयप्रकाश नारायण की चिट्ठी का पारायण पटना युवा लेखक संघ में 'युवा लेखकों की रणनीति' तय करते हुए श्री फणीश्वरनाथ रेणु ने किया था तो भीड़ के साथ ताली बजाकर किलकारी मारने में आप भी पीछे नहीं थे। मुसहरी से लिखे गए पत्र का विरोध आपने कहाँ किया था। लेकिन 'कविता—श्रीकाकुलम्' उसी के विरोध की कविता है। यह पंक्ति वैचारिक आधार को ही स्पष्ट नहीं करती, बल्कि उस व्यंग्य को भी सामने रखती है जिसे आप सबने अपनी हुंकारी दी थी। सर्वोदय मेरी नजर में कोई वैचारिक आधार न रखनेवाला दर्शन है, जो शोषकों के हितों की रक्षा करता

है। जो तमंचों के बहाने 'कायर-क्रूरता' का विज्ञापन करता है और समसामयिक साहसिकता को 'बंजर-ऊसर-परती' देकर उसे मिट्टी से जोड़ देता है। अवसरवाद खेत से पैदा होता है। और 'कविता—श्रीकाकुलम्' उसी व्यंग्य को चरितार्थ करती हुई साहसिकता का बखान नहीं करती बल्कि उसकी सच्चाई को उजागर करती है। लेकिन आप उस पर उतारू हों तो कविता क्या करे?

आपने कविता में 'लपेट' की बात की है। एक हद तक जाने के पहले आप अपना निर्णय बदल देते हैं कि यह फिजूलखर्ची है, नहीं, फिजूलखर्ची नहीं—रहस्य को बनाए रखने की कोशिश है।

कविता में अपने शब्द जोड़कर उसे अप्रासंगिक करने की चाल खेमेबाज आलोचना की अपनी मिशाल रही है। आप भी ऐसा करने से चूकते नहीं—आलोचक जो ठहरे—'मैकनिज्म टूट रहा है' के साथ 'आशंका' शब्द आप जोड़ते हैं और अर्थ बदल जाता है। यह चमत्कार ही है कि दो वर्गों की दो-टूक बातचीत को आपने एक व्यक्ति की रुचि से जोड़कर अपनी खानेदार आलोचना में फिट कर दिया है। और उस पर तुर्रा यह कि प्रतिपक्ष की खीज को आप 'आलोचना' की खीज कहकर एक तरफ हट जाते हैं।

मैं चकित रह गया हूँ कि साहस चन्द पके हुए बालों के साथ आगे बढ़ गया है। इतनी सतही आलोचना आप जैसे व्यक्ति ने की है। फिर तो मुझे यह कहना चाहिए कि 'नन्दकिशोर नवल', जिसके लिए मैंने 'मुफ्ती' शब्द इस्तेमाल किया है (और जिसका आपको भी क्षोभ है), आपसे कहीं अधिक धनी हैं अपनी विचार-प्रक्रिया में।

आपके निष्कर्ष भैरव प्रसाद गुप्त के पत्र की याद दिलाते हैं—जो उन्होंने काशी के एक युवक को लिखे हैं। क्या आप लोग इसी धारणा को लेकर साहित्य की नैया को किनारे पर लगाने के लिए तुले हैं?

29 मार्च, 1972

कंचन कुमार, डॉ. शुकदेव सिंह के साथ बातचीत।

कंचन कुमार अपनी नासमझी के कारण कविताओं का विरोध करता है और काशीनाथ अपनी समझदारी की वजह से कविता-विरोधी हो गया है। मेरे ये दोनों मित्र कविता को मलामत की नजर से देखते हैं।

× × ×

नामवर सिंह की बात। सन्दर्भ में डॉ. हजारीप्रसाद द्विवेदी। डॉ. हजारीप्रसाद द्विवेदी को लगातार इस्तेमाल होते रहने की लत पड़ गई है। जब उनका इस्तेमाल हो गया रहता है, यानी, जब वे दो-चार आदमियों से घिरे रहते हैं, बेहिसाब ठहाके लगाते हैं और गूँजते हुए बैठे रहते हैं। लेकिन, अकेले होने पर, यानी कि जब कोई उनके

पास नहीं होता और उनका इस्तेमाल नहीं किया जा रहा होता है, वे एक अजीब-सी बेचैनी से भर जाते हैं। छूछे घड़े में भरी हवा की तरह उनकी देह हाय-हाय करती हुई। वे तब एक पल भी बैठ नहीं पाते। वे हरकत करते हैं। तुम ध्यान से उन्हें कभी-कभार सड़क की पटरी पकड़कर जाते हुए देखो—ऐसा मृत मुख अधखुला और साँय-साँय कि हाय! जैसे कोई मर गया है और चल रहा है।

× × ×

नामवर के साथ अभी यह हुआ नहीं है।

नामवर का इस्तेमाल नहीं किया जा सकता। उनके बाप तक ने उनका इस्तेमाल कर पाने में अपने को असमर्थ पा लिया है। इस्तेमाल से बचते रहना, नामवर की आदत नहीं, तरकीब का हिस्सा है। दिक्कत सिर्फ तभी होती है कि एक तरकीब से दूसरी तरकीब की तरकीब निकालते रहने की आदत का शिकार वे अक्सर हो जाया करते हैं।

1 मई, 1972

1 मई। 'मई दिवस' दुनिया के तमाम मजदूरों का महान त्योहार। लेकिन उत्तर प्रदेश की ग्राम पंचायत का पर्चा दाखिल करने का दिन मेरे क्षेत्र के ग्राम प्रधान तथा ग्राम सभा के सदस्यों का पर्चा (नामांकन-पत्र) आज दाखिल हुआ। प्राइमरी पाठशाला भतसार को केन्द्र मानकर ग्रामसभा खेवली, ग्रामसभा भतसार, ग्रामसभा कपरफोरवा और ग्रामसभा भटौली के उम्मीदवार मैदान में आए हैं। इस बार लोगों ने अधिक संख्या में नामांकन-पत्र भरे हैं। सदस्यों के उत्साह के अनुपात में गाँव का विरोध भी बढ़ा है। बीस साल पहले इस चुनाव में प्रतिपक्ष लगभग नहीं रहा था, लेकिन सहसा जब यह खयाल आया कि ग्राम प्रधान 'एक रुतबे की चीज' है तो गाँवों में कई-कई गुट और धड़े बन गए। वैसे भी पुराने और घाघ ग्राम प्रधान ने गाँव की बहुत काफी बंजर परती-बाग आदि को हड़प लिया है। और तभी से यह विरोध ज्यादा उभरकर आया है। लेकिन ज्यादातर यह देखा कि इस विरोध में आपसी मनमुटाव, निजी लाभ-लोभ, महत्त्वाकांक्षा, जाति की भावना आदि बातें ही प्रधान हैं। कोई राजनीतिक उद्देश्य या कार्यक्रम अभी इन चुनावों में अपना प्रभावी रूप नहीं अख्तियार कर पाया है। वैसे इस बार राजनीति करनेवाले लोग भी इधर का रुख करते दिख पड़े।

15 दिसम्बर, 1972

आज शाम सात बजे के बाद रघुवीर सहाय से बातचीत हुई। नागरी नाटक मंडली के किसी कार्यक्रम के सिलसिले में यहाँ वाराणसी आना हुआ था। उनका एक गोष्ठी कार्यक्रम यहाँ के कवियों ने आयोजित कर दिया था। लेकिन गोष्ठी हुई नहीं।

लगभग पौने आठ बजे उनके साथ के.वी.एम. में। साथ में वाचस्पति उपाध्याय, अतिबल, अवधेश प्रधान तथा श्री त्रिलोचन जी और अन्य बहुत-से लोग थे।

कंचन कुमार ने लेखक की सामाजिक भूमिका पर बात चलाते हुए एक सीधा संवाद यह पूछा कि जो लोग इतने दिन तक अन्तर्वैयक्तिकता की चर्चा करते थे, सहसा संवाद की स्थिति में कैसे आ गए? उन्होंने रघुवीर सहाय को भी उसी खेमे का आदमी कहा।

काफी बहस हुई लेकिन अंजाम कुछ न निकला। होटल में बैठकर केवल बेयरों के सिरदर्द बनने का लाभ मिला।

अन्त में रघुवीर सहाय ने दो कविताएँ सुनाईं। 'टकटकी'—यह 'धर्मयुग' में और 'हँसो'—यह 'चिति' में प्रकाशित है।

एक लेख लिखने की बात उन्होंने मुझसे कही : 'वर्तमान व्यवस्था में विरोध की गुंजाइश'।

× × ×

साहित्यिक अन्दाज में
उसके तेवर तेजतर हो जाते हैं
भाषा में कुछ गालियाँ और कुछ विदेशी शब्द
बढ़ जाते हैं लेकिन मामूली आदमी की
जिन्दगी में कोई फर्क नहीं आता। उसकी
जुबान से शब्द उसी तरह छनते रहते हैं
जैसे उसकी उँगलियों से कीचड़ छनता
है। और कोई मूर्ति नहीं बनती।

× × ×

आम आदमी को राजनीतिक स्तर पर जो धोखा दिया जा रहा है। उसके बारे में वह थोड़ा-थोड़ा जानने लगा है। 'कहीं कुछ बदल रहा है'—यह साहित्यिक वाक्य अब आज के आदमी की समझ का व्याकरण बनने लगा है।

उसका इस्तेमाल किया जा रहा है। और उसकी समझ में यह आने लगा है कि 'उसका इस्तेमाल किया जा रहा है'। पहले जो शरीर सुन्न था, अब उसके तन्तु क्रियाशील हुए हैं। अभी झुनी-झुनी-सी है। अंग जागने की हालत में है लेकिन उठ नहीं रहे। कल वे उठेंगे और अपने खिलाफ साजिश में लगी सारी ताकतों को मसलकर रख देंगे। मामूली आदमी का जमीर जाग रहा है।

× × ×

यह आकस्मिक नहीं है कि आज के हिन्दुस्तान में राजनीतिक पार्टियों को उनके ऊपरी तबकों के नियामक तत्त्वों से जोड़कर देखते हैं। इन्दिरा की कांग्रेस, निजलिंगप्पा की

कांग्रेस, डांगे की पार्टी, अटल बिहारी वाजपेयी का जनसंघ, चरण सिंह का भारतीय क्रान्ति दल, राजनारायण का संसपा, आदि-आदि। राजनीतिक धड़ों के प्रति मामूली आदमी की उदासीनता या उनके आपसी लोभ और लालचों से भरे तनाव उन्हें व्यक्तिनिष्ठ बनाते हैं। और यहीं से तानाशाही रवैये की शुरुआत होती है। लेकिन यही सही मौका होता है मामूली आदमी के हस्तक्षेप का। मामूली आदमी स्वयं तय करे कि यह हस्तक्षेप उसके पक्ष में हो रहा है। और उसका मसविदा उसके लोगों ने उसी की जरूरत और जुबान के सन्दर्भ में तय किया है। यह वक्त आजमाने और अमल करने का है।

× × ×

अस्सी पर शाम को कृष्णनाथ मिले। मेरे साथ नागानन्द, त्रिलोचन और वाचस्पति उपाध्याय। केदार का चायघर।

कृष्णनाथ ने 'कल्पना' में एक संस्मरण छपवाया है जिसमें खजुराहो की नग्न-भव्यता का वर्णन प्रस्तुत किया गया है। उसी में यह भी लिखा है कि वे उन दिनों जेल में थे और खजुराहो को इसी सन्दर्भ में अनंग होकर भोग सके थे।

मैंने अनंग का तात्पर्य पूछा था।

फिर बातें साहित्यकार की जिम्मेदारी पर आ पड़ी थीं। कृष्णनाथ शालीन-से दिखनेवाले, हर वक्त मुस्कराते चेहरे से सम्पन्न व्यक्ति हैं। देखने पर ही ज्यादातर शरीफ लगते हैं। बौद्धिक और मामूली आदमी (जन) के लिए समझदार आदमी की तरह सफाई और सहानुभूतिपूर्ण साहित्यिक रुख रखते हैं।

मैंने कहा कि पेशेवर राजनीतिज्ञों की तरह बौद्धिकता का दावा करनेवाला समूह भी मामूली आदमी पर दबाव या बोझ है।

हमें एकजुट होकर पे.रा. की ओर पिछलग्गू बौद्धिकों, प्राध्यापकों, साहित्यकारों का विरोध करना चाहिए ताकि वे यथास्थिति को बनाए रखकर अपनी जुबान की प्रगतिशीलता का धोखा चालू न करने पाएँ।

इसी प्रसंग में मैंने यह भी कह दिया कि 'अनंग' शब्द इसी तरह की बौद्धिकता का छद्म रूप प्रस्तुत करता है।

कृष्णनाथ नाराज हो गए : 'आप अपने विचारों की तानाशाही लादते हैं।' यह आवश्यक नहीं कि हर साहित्यकार एक खेमा बनाए ही, आदि-आदि।

और मैं खुश हो उठा था। मैं अपने प्रयास की सफलता पर प्रसन्न था। मैंने देखा, सन्तोष और विनय से भरी वे आधा से अधिक सफेद आँखों के ढेले सहसा फोड़े के पंछा-रक्त-से छलछलाकर पपोटों से बाहर झूल गए हैं। तह करके जमाई गई शालीनता खुलकर फैल गई है और फटे रूमाल के छेद की तरह दाग और धब्बों से भरी हुई दिख रही है। और मैंने देखा कि वह चमकदार तराशी हुई मुसकान

लालची आदमी की सहमी घुरघुराहट में तब्दील हो गई है जो उन्हें अब तक अक्सर समाजवादी बनाए हुए थी।

29 जनवरी, 1973 : रात 7 बजे

सर्दी बाहर छोड़कर शिवप्रसाद सिंह के कमरे में हला हूँ। पहले से जन वहाँ और हैं। हीरा सिंह पहले के चिन्हार हैं और दूसरे दुबले-पतले सूट में फँसे कुर्सी में धँसे पड़े हैं। कुर्सी खाली खींचकर बैठता हूँ। शिवप्रसाद सिंह मुरकुनियाँ बाईं बाजू के बल तकिया पर उठंगे हैं और गोर्की के बारे में जोर-जोर से कह रहे हैं : 'साहेब, उसके जैसा लेख—जीवन के अनुभव को लिखनेवाला दूसरा नहीं। जीवन के प्रति लगाव का सवाल पहला है। आप चाहे जिस खेमे के हों, दाएँ या बाएँ बाजू के लेकिन असली सवाल इस बात का है कि आज का आदमी अमानवीय क्यों होता जा रहा है, इस पर विचार जरूरी है।'

हीरा सिंह कुनमुनाते हैं। कुछ दिन पहले हिन्दू विश्वविद्यालय के छात्र आन्दोलन के दौरान किन्हीं लोगों द्वारा दी गई सिर की चोट का घाव पूरने लगा है। गहरा काला ललछौहाँ गुमड़ा लम्बा निशान माथे पर उपटा पड़ा है, माथे के आगे तक लगभग सिर के भीतर चार अँगुल धँसकर चाँद गंजी पड़ी है और गाल के गलुक्के कुछ अधिक गिजा-सेवन से गुदक आए हैं। आँखों के नीचे का गहरापन हरिया उठा है और चेहरा पहले से अधिक गम्भीर लेकिन तनावहीन दिखता है। सूटधारी कुर्सी से आगे झुक आता है और कुछ बोलने की कोशिश करते हुए हल्के गुगुआता है और खाँसता है।

× × ×

वे जूझ नहीं रहे, जी रहे हैं।

बाहर फाटक के खड़कने की आवाज होती है। शिकिंजा खोलकर गिरा दिया गया है। शिवप्रसाद सिंह का लड़का तेजी से अन्दर आता है—पंडिज्जी आए हैं। हम लोग खड़े हो गए हैं। पं. हजारीप्रसाद द्विवेदी और हरिहर नाथ तिवारी। पंडित जी धोती-कुर्ता में हैं, कुर्ते पर बंडी है ऊनी जिस पर शॉल की कान्हा-सोटी। बंडी का निचला कोना ही दिखता है। सिर पर कंटोप है और पैरों में गहरे भूरे रंग के जूते। पंडित जी सूट की बगल में विराजते हैं और हरिहर ने मेरी कुर्सी हथिया ली है। मैं और हीरा बगल की खाट पर आमने-सामने बैठ जाते हैं।

बात पंडित जी ने शुरू की। पूछा : "क्या कविता पढ़ी जा रही थी?" और हहाकर हँसे। शिवप्रसाद ने पान दिया और हमने चुप्पी रखी।

22 फरवरी, 1973

वाराणसी से इलाहाबाद

इलाहाबाद से कर्वी—कर्वी से चित्रकूट केवल आठ किलोमीटर। कर्वी से ट्रेन से बाँदा : आज बाँदा के लिए सीधी बस नहीं मिली। हड़ताल का प्रभाव बाकी है यद्यपि परिवहन कर्मचारियों ने हड़ताल समाप्त कर दी है।

बीच में शंकरगढ़। शंकरगढ़ में एक आदमी ने बताया—ज्यादातर पथरीला मैदान। बड़े-बड़े पत्थर, चट्टानें जिनसे गिट्टियाँ बनाई जाती हैं। खदानों से बालू निकालते हैं। झाड़ियाँ छोटी-छोटी। आबादी बहुत कम। ठीकेदार लोग मजूर बाहर से लाते हैं।

दलीय रुझानों ने दिवाला पीट दिया

आपकी 'लहर' : जु./अ. 1973 में एक रपट छपी है। रमेश उपाध्याय ने उसे रपटाई है। उनकी निजी रुझानों और दलीय-दलीलों के बारे में मुझे कुछ नहीं कहना है। किन्तु रपट में मेरे विषय में लिखते हुए उन्होंने कुछ दिलचस्पियाँ पैदा कर दी हैं जिनकी बाबत खुलासा जरूरी है।

मैं रात बारह बजे 22 फरवरी को बाँदा पहुँचा। मौके पर पहुँचने में सड़कों पर लगे फूल-पत्तों के स्वागतम और फाटकों ने बड़ी मदद की। हालाँकि वे सब सूखकर बदरंग हो चुके थे। और जब पंडाल में पहुँचा तो रात—साँय-साँय थी—सिर्फ कोने में सामने की ओर बर्तनों के धोने की खड़खड़ाहट और मामूली 'बोलचारो' थी। वहाँ जाकर पूछा। शायद किसी अहमद से। पूछते ही कहा कि अब खाने को कुछ बाकी नहीं बचा है। थकान के बावजूद उस आदमी को मैंने गौर से देखा : हल्की दाढ़ी, साधारण कुर्ता-पाजामा और भीड़-भड़ाके को निपटा लेने की सन्तोषभरी थकान। मैंने हँसकर कहा कि मैं खाना नहीं चाहता सिर्फ मुझे वह जगह बता दें जहाँ बाहर से आए लोग ठहराए गए हैं। उन्होंने एक लड़के को साथ कर दिया : 'तो कहते क्यों नहीं कि शाइर हैं?'

क्यारियों को पार करके एक हौज के सामने से होकर बैरकनुमा दरवाजे पर पहुँचाया गया। लोग सूत रहे थे कतार के कतार। लड़का इशारा कर वापस हो गया। और मैं बरामदे में खड़ा था कि सहसा वेणुगोपाल ने आवाज दी। कमरे से बाहर वे शायद मूतने निकले थे और नजर पड़ गई थी। वे मुझे बनारस वालों के पास छोड़ गए।

सुबह!

झाड़ा-झटका से फारिग होकर केन से लौटा। गहरा चट्टानी टटकापन। मन हरा था। चाय पी और पंडाल में शुरू हो रही गोष्ठी में बैठ गया। गोष्ठी का 'अधिया'

एक दिन पहले ही हो चुका था और बकाया आज शुरू हो रहा था। त्रिलोचन अध्यक्ष थे। सनत और आनन्द प्रकाश बोलकर आ चुके थे। मैं उनसे सिर्फ उनकी माइक पर होनेवाली नाम-घोषणा तक परिचित था। ये अमुक हैं। व्यक्तिगत बातचीत अभी तक न थी। उनके भाषण के बाद मेरा नम्बर लगेगा। और मैंने अपनी बातें कहीं।

रपट कहती है कि धूमिल शायद बहुत गुस्से में थे। शायद, मेरी आवाज रूखी, भारी और गहरी है और छैला-चिकनियाँ लोगों को गुस्सैल लगती है जबकि वह मेरे तईं लोगों के बीच कतई स्वाभाविक है। वक्तव्य दस मिनट का था और तथाकथित 'बौद्धिकों' के लिए नहीं था। रमेश कहते हैं कि बाद के वक्तव्यों में से दो-तीन को छोड़कर सभी ने अपने-अपने तर्कों से धूमिल की स्थापनाओं का विरोध किया। और अब जरा उनके इस प्रस्तुत 23.2.73 की 'अधिया' गोष्ठी के वक्ताओं की सूची देख ली जाए। धूमिल के बाद जो क्रमश: सात नाम हैं, उनमें दो गीत पर बोले और अन्तिम दो पहले ही दिन गोष्ठी में बोल गए थे। अब बचे तीन। इनमें सुरेन्द्र चौधरी का नाम नहीं है। लेकिन वे वक्ता थे। धूमिल के विरोध में बोले। लेकिन ये जो तीन हैं, यदि उन्हें बकौल रमेश छोड़ दिया जाए तो धूमिल के खिलाफ कौन बोला? रपट अब समीकरण का फातिहा खुद पढ़ रही है।

['लहर', पृ. 15, पैरा—...'लहर', पृ. 11, पैरा— 3 देखें]

धूमिल गुस्से में थे या धूमिल का वक्तव्य अबौद्धिक है या सुधीश पचौरी ने कविता में राजनीतिक समझ की सफाई के नाम पर धूमिल की कविताओं से उदाहरण देकर उन्हें गैर जिम्मेदार कहा, आदि सहसा इस तरह के सवाल क्यों उठते हैं?

संसदीय सुविधा में धुत्त रहनेवाले 'रचनाकार बाबुओं' को यदि मैं लताड़ बता देता हूँ तो क्यों वह संसद की सार्थकता का या निरर्थकता का सवाल बना दिया जाता है? इस देश की मेहनतकश जनता के सामने उसके विपक्ष को संसद की भूमिका स्पष्ट हो चुकी है। लेकिन संसद का मतलब क्या है? मतलब साफ है कि उसमें कौन लोग किस वर्ग के लोग हैं? संसद को साधन के रूप में न स्वीकार कर तमाम लोगों ने पूँजीवादी राजकीय इजारेदारी को बढ़ाने में संसद की वकालत की है। जनता में इस भ्रम को फैलाया है कि वे उसे कुछ आर्थिक परिवर्तन देने जा रहे हैं।

× × ×

समकालीनता के तहत आज के साहित्य को (जिसकी शुरुआत ही हुई थी) एक सक्रिय फौजी प्रतिरोध में बदल जानी चाहिए थी, मगर यह नहीं हुआ। कारण, साहित्यिकों को मिलनेवाली दलाल सुविधाएँ थीं या जन-सम्पर्क की कमी। साहित्य के साथ एक दिक्कत यह रही है कि इसे हमेशा सुविधा माना गया है। और इसे पढ़ाया जाता है।

जनवाद बनाम जनवा-द
अर्थात्
समकालीन हिन्दी आलोचना का संघाधिपत्यवाद

कामरेड सुधीश पचौरी अपनी सुविधाजीवी संसदीय मंसूबेबाजी को मार्क्सवादी प्रतीत होनेवाली दलीलों से ढकने की कोशिश करते हैं। धूमिल की कविताएँ किसी 'खाँटी जनसंघी की हैं।' शर्म कीजिए कामरेड सुधीश पचौरी! ऐसी मक्कारी केवल 'दिनमान' के सं.-द्वय या 'गल्पभारती' के त्रिकालदर्शी को ही शोभा देती हैं। पूरी कविता को न पढ़नेवाला अथवा न पढ़ सकनेवाले लोग ही उसमें उग्रगामिता या संघवाद देख सकते हैं।

पूँजीवादी बुद्धिजीवियों का, सभी समझौतापरस्तों का यही तरीका है, जो उसूलों में अपनी निरन्तर सहमति और व्यवहार में असहमति द्वारा सब कुछ नष्ट कर देते हैं।

नागरिक सुधीश! उपदेश कम और अमली काम अधिक चाहिए। शानदार बतकही कम और लेखन कर्म में जुटने के तरीके की सही समझ अधिक चाहिए।

× × ×

(1) कविता की समझ? और आप?

(2) क्या सिर्फ कविता ही विरोध में है? विरोध के लिए विरोध कविता के नीचे की पंक्तियाँ...।

(3) दो युद्धों की स्थितियों पर टिप्पणियाँ :
बारूद का गोदाम : कहाँ गया वह पंचशील, शान्ति और अहिंसा का उपदेश? और क्या वह आक्रमण बाहर से था या भीतर से? क्या हिन्दुस्तानी सत्ताधीशों ने ही इसमें पहल नहीं की थी? 'इतिहास प्रक्रिया और साहित्य की भूमिका'—आनन्द प्रकाश का लेख देखें—उत्तरार्द्ध-5।

(4) जनता की स्वत:स्फूर्त चेतना।
नेतृत्व की निष्क्रियता और लिप्सा जहाँ पिटी, वहीं जनवादी चेतना ने तानाशाही के खिलाफ एक लड़ाई में पेशकश की। जनसंघी का

नहीं—'लेकिन इसे साहस मत कहो...घृणा थी...जो आदमखोर की हविश से बड़ी थी।' यह जोश अन्ध राष्ट्रवाद का नहीं, जनवादी धारा की ऐतिहासिक समझ का है। बीच की पंक्तियाँ पचाकर एक गलाजत का वमन आलोचना का नहीं, राजनयिक गप्पबाजी का नमूना है।

(5) 'वामपंथी उग्रवाद'—संसदीयता की सुविधा-व्यावहारिकता जनता के स्तर की दुहाई—लालच की कमाई बरकरार रखने के लिए यह केवल प्रतिपक्ष की भूमिका है जिसमें सत्ता और प्रतिपक्ष की व्यावहारिक सुविधाएँ एक हैं। सैद्धान्तिक मार्क्सवाद और जीवन्त व्यावहारिक मार्क्सवाद की पहचान शाब्दिक नहीं, सक्रियता में हुआ करती है।

× × ×

औसत आँख रखनेवाला भारतीय जानता है कि यहाँ राजनयिक गाय की सिर्फ दो ही नस्लें हैं, पहली—अघाई हुई और दूसरी—ब्याई हुई। और ये गायें चुनाव के मौसम में समझ का खर खाने के लिए छोड़ दी जाती हैं। कविता में जिस गाय की बात की गई है, वह राजनयिक खेमे की खुरदार गाय नहीं है। वह किसान मजूर के खूँटे बँधी गाय है। शान्त और चोटहिल समझ जो चुप है लेकिन आक्रमणकारी तानाशाही के विरुद्ध उसकी कारगर घृणा एक वाजिब सरोकार बनती है और निश्चय ही घृणा यहाँ हविस से बड़ी होती है। यह राजनीतिक दृष्टिकोण या तटस्थ टिप्पणी नहीं बल्कि हादसे में शरीक एक आदमी का अपने लोगों के साथ तात्कालिक मूल्यांकन है। (समकालीन बयान है।)

लेकिन इस समूची समझ को काटकर देखा गया। बीच की पंक्तियाँ निकालकर कुपढ़ वाक्-विडम्बना किया गया। यह गाय की घृणा थी। क्या जनसंघी-घृणा से कहता—भाईजान! उसके यहाँ बहादुरी के लिए पराक्रम चलता है? इतना ही नहीं, कविता के बीच की जो पंक्तियाँ निकाल दी गई हैं, उन्हें समान्तर रखा गया है।

[सुधीश पचौरी : धूमिल पटकथा]

स्पष्ट है कि वहाँ शूरता नहीं है। साहस भी नहीं। हाँ, जनचेतना की उस परम्परित जागृति का बखान अवश्य है जिसका सबूत दुनिया की हर आबादी का स्वतंत्रचेता हिस्सा देता आया है। एकजुटता और आततायी का प्रतिरोध स्वत:स्फूर्त जनचेतना से ही यहाँ सम्भव हुआ है, जन नेतृत्व तो मकराश्रु बहाकर थेथरई की मलाई उतारने में व्यस्त था। अपने राजनीतिक दुराग्रहों और तथाकथित आलोचना

के दिवालियेपन से जब गुजर रहे थे, उस वक्त आलोचक की आँखें ऐसे बन्द थीं कि उन्होंने 'पतझड़' की उन पंक्तियों को देखना गवारा न समझा, जहाँ खुले शब्दों में उनके द्वारा थोपी गई जनसंघी-मुद्रा का अनादर है।

× × ×

सुधीश पचौरी ने जिस आर्यसमाजी उत्साह से 'सत्यार्थ प्रकाश' की कार्यवाही पूरी की है, वह गौरतलब है : कविताओं के उद्धरण जो दिये हैं—वे वास्तव में हैं।

24 अगस्त, 1973

'नवगीतात्मकता क्या समकालीन प्रौढ़ता को अवरुद्ध करती है?'

प्रश्न— उनके जाने कविता में 'नवगीतात्मक होने का सन्देह पूरी तरह समकालीन प्रौढ़ता प्रदान करने की दिशा को अवरुद्ध करता है?'

उत्तर— समकालीन होना एक ऐतिहासिक समझ है और नवगीतात्मकता एक शैली। शैली को समकालीनता समझना सिर्फ विचारों से विदाई पर एक सतही अभिभाषण है। समकालीन होने का मतलब है : स्वतंत्रता की पूरी समझ और उसकी चरितार्थता के लिए पहल। श्रम की मुक्ति के लिए एक कारगर कोशिश। भाषा-शैली इत्यादि समकालीन होने में कतई अवरोध नहीं बनते। शोषण के विरुद्ध सक्रिय प्रतिरोध...आततायी के खिलाफ आक्रामक रुख...सर्वहारा वर्ग की सामूहिकता और स्वतंत्रता का सक्रिय स्वीकार, साथ ही साम्यवाद विचार-पद्धति को व्यवहार-प्रक्रिया में तब्दील करनेवाला—आपके प्रशिक्षित जनमत का जागरूक सदस्य ही समकालीन हो सकता है। अन्यथा एक भेड़िया भी दूसरे भेड़िया का समकालीन होता। ऐसे ही, सलवार एक अचकन का समकालीन कहला सकती। जैसे यह कि बहुमत की 'स्वतंत्रता' का अपहरण नहीं किया जा सकता, जैसे यह कि 'गुलाम बनाने का युग लद चुका है', 'पूँजी के जुए से श्रम की मुक्ति अवश्यंभावी है'—ये विचार समकालीन हैं। जो भी सोचता है, जीता है, इसके लिए सक्रिय है, वह चाहे जिस उम्र, देश, भाषा का व्यक्ति है, समकालीन है।

मैं इसे साफ कहना बेहतर समझता हूँ। सर्वहारा सक्रिय समकालीन है— चाहे वह जिस भाषा में है, जिस शैली में, विधा में है। यदि वह गीतात्मक है (जैसा कि हिन्दी में नहीं है, तेलगू में है, बंगला में है) तो समकालीन है। इस कारण यह कहना कि गीतात्मक होकर अमुक समकालीन नहीं रह गया है, मात्र आधुनिकतावादी समझ है और आधुनिकता की समझ के बारे में हिन्दी पाठक को कोई भ्रम नहीं रह गया है कि यह एक अर्द्ध पूँजीवादी रुझान है।

× × ×

हिन्दी आलोचना को लेकर कुछ बातें उठी हैं। कवि त्रिलोचन की चिन्ता थी कि रचना और आलोचना में तत्त्वत: अन्तर नहीं है। इसके पहले भी यह कहा गया कि आलोचना वास्तव में एक समानान्तर रचना है। लेकिन आन्तरिक अनुशासन के अभाव में आलोचना अपनी जगह से च्युत हुई है। यह अक्सर अध्यापकीय मुद्रा धारण करती रही है। राजनीतिक लफ्फाजी। कुल मिलाकर रचना तिरस्कार की यह बेमिसाल मिसाल बन गई है। कभी-कभार आलोचना को रचना और पाठक के बीच की दलाली से अलग कर देने की बात भी उठाई गई है।

आलोचना और रचना का यह शीतयुद्ध अभी चल ही रहा है। क्योंकि यह वास्तव में रचना और रचना के बीच का द्वन्द्व न होकर संसदीय नेतृत्व और सामान्य कार्यकर्ता की समझ का द्वन्द्व है।

डायरी-2

छायावाद

'नई कविता' में पंत ने लिखा है : छायावाद से एक प्रकार से नई कविता प्रारम्भ होती है। नई कविता छायावाद का नया संस्करण है। नई कविता—'अर्पित रसना' की सार्थकता की खोज है।

× × ×

छायावाद के कवि या तो पंत की तरह स्वाभाविक निजी लगती रहस्य-भावना से या प्रसाद और महादेवी की तरह की साम्प्रदायिक रहस्य-भावना से ओत-प्रोत थे।

× × ×

छायावाद के पास मुख्यत: एक विशाल, असीम, गहरा और लिपटे थान-सा तहों वाला अन्तर्जगत है। छायावादी कवि ने अपने निजी अनुभवों को अन्तर्मन में अनुभूतियों की अनगिनत तहों के समूह के रूप में सँजोया। प्रणय-वेदना और नैराश्य के एकान्तरण से यह समूह भाव रंजित हो गया और रहस्यमय भी। अपनी रहस्यमयता को बनाए रखने के लिए कवि ने (1) स्पष्टत: परिभाषित, (2) स्थिर और सर्वमान्य, (3) अपने खुद के स्तरों के एकान्तरण से मुक्त क्रमश: (1) दर्शन, (2) अतीत और प्रकृति को कविताओं के उपादान के रूप में चुना। जब-जब इनमें से किसी ने चरित्रहीन होकर बदलते हुए और तहमय सामाजिक जीवन को छूने का प्रयत्न किया, तब-तब उनके द्वारा फूहड़ कविता रची गई।

× × ×

जनसंघी मुहावरों में फँसी हुई कविता।

इधर के कवियों में खास चीज ध्यान देने की है—और वह यह कि उन्हें चीजों का अनुभव कम है। मगर कविता चीजों का अनुभव है। इधर की अधिकांश कविताएँ 'कविता के अनुभव की कविताएँ' हैं। उदाहरण देने के लिए—युद्ध में हाथी के पैरों के नीचे कुचले जाने का संकल्प, आत्महत्या कर दी गई थी।

अज्ञेय की कविता

अज्ञेय की कविता में जो घपलापन है, उसका कारण अन्दर और बाहर, दोनों जगतों में थोड़ा-थोड़ा एकान्तरमय संघटन बनाए रखने का लालच है। (इनकी) कविता इसीलिए न तो कवि के अन्तर्जगत को उजागर करती है और न ही बाह्यजगत की समझ पैदा करने में सक्षम हो पाती है।

अज्ञेय के समवयस्क कवि शमशेर बहादुर सिंह में अपने अन्तर्जगत को समेट लेने के लक्षण सबसे पहले दिखलाई देते हैं। यद्यपि उनका बाह्यजगत सरल रंगीन सीढ़ियों का बना है, पर अन्दर की उलझन के अभाव में स्पष्ट रूप से कविता में आकार ग्रहण करता है।

× × ×

दूसरे के अनुभव की तराश एक रचनाकार को कभी 'अज्ञेय' बनाती है और कभी पंत। हाँ, दूसरे के अनुभव की नकल कभी-कभी घटिया नमूने भी पेश करती है, जैसे 'दिनकर'—रामधारी सिंह।

कुछ रचनाकार अपनी उबकाई खाकर पलते हैं। वे नया कुछ नहीं देते हैं। खाने-कमाने की धुन में युवा-सामर्थ्य का पुनरुद्धार करने की कोशिश करते हैं, लेकिन लत और लालच में पड़कर पेट हिला-हिलाकर कै करते हैं और वमन को निष्ठापूर्वक खाकर 'कुकुर-सुख' में लीन रहते हैं।

× × ×

एक सजग रचनाकार के लिए यह जानना जरूरी है कि वे कौन से रचना-सन्दर्भ हैं या रचना-तन्तु हैं जिनके कारण अत्यन्त पुराना रचनाकार भी (आधुनिक) आज के सन्दर्भ में पढ़ा जाता है—भले ही उसके पाठकों की संख्या अति अल्प हो?

इस बात का ध्यान भी रखना आवश्यक है कि वे रचना-तन्तु एक रचनाकार के प्रभाव क्षेत्र को विस्तृत करते हैं या उस पर दबाव डालकर उसे निष्क्रिय बनाते हैं।

× × ×

सेक्स यदि प्रक्रिया है, जीवन है तो वह रचना को सार्थक करता है। रमणीय बनाता है। किन्तु उसकी जड़ता रचना को पंगु करती है। वह भोग बन जाती है। किसी रचना में सेक्स सम्भोग न होकर उसे सार्थकता की सक्रियता होना चाहिए।

× × ×

बातचीत के बीच जिसे तुम 'डील' कर रहे हो, उसके लिए सबूत कितना दे रहे हो, किसी रचना का 'होना' इस पर निर्भर करता है।

× × ×

हाँ, तो श्रीमान्!

निश्चय ही गर्मी का यह मौसम सूअरों के लिए दुखदायी है। देख तो रहे ही हैं कि उनकी देह पर लगी मिट्टी किस कदर सूखकर चिड़चिड़ा गई है। पीठ के बाल झड़ गए हैं। और किसी पोखर की सूखी मिट्टी की तरह उनकी देह पर असंख्य दरारें उग आई हैं। बुरी चीजों का भी अपना सौन्दर्य होता है किन्तु आप तो देख ही रहे हैं कि ये सूअर सचमुच भद्दे और बदसूरत दिख रहे हैं।

धूप बाहर खुले तक फैली हुई है। दरअसल यह रोशनी की फिजूलखर्ची किसी-न-किसी दिन सूरज को तबाह करके ही छोड़ेगी। आप बुरा मान गए। मैं दुखी हूँ कि मैंने अचानक एक निर्णयात्मक बात कह दी है।

बाहर जहाँ खुला नहीं है और पेड़ की डालें भी जिसको ढक नहीं पाती हैं, ठीक उसकी बगल वाली मोरी में एक कुत्ता आराम से लेटा हुआ है। उसकी जीभ बाहर लटक रही है और वह मजे में साँस ले रहा है। दरअसल उसको इतनी सुविधा तो है ही—केवल आदमी, श्रीमान्, केवल आदमी ही, इतना दयनीय है कि बावजूद इस गर्मी के वह अपनी जीभ मुख के भीतर रखने को बाध्य है। आप किसी निश्चय की पकड़ के लिए आतुर हैं।

आपके मुरझाए हुए चेहरे पर रह-रहकर आ जाती हुई चमक, इस बात की गवाह है और यह महान होने की निशानी है। एक सुनहला भविष्य आपका पीछा कर रहा है। जी, यह दिन ही काफी बोझिल और उदास है। जम्हाई का आना स्वाभाविक तो है ही। सचमुच, अब आराम की जरूरत है।

× × ×

कोई मुसीबत किसी गजल के लिखने से दूर नहीं होती। लेकिन हम जिन्दगी का शऊर हासिल करना चाहते हैं और कवि हमें यह शऊर देता है।

मुसीबत = जरूरत = पुरस्कार।

× × ×

नये लेखक मुखौटों को कठघरे में लाएँ और उनके आरोपों की पड़ताल करें।

× × ×

इस समय संसार के आधे से अधिक लोग अपराध और अन्धकार की गिरफ्त में पशु से भी बदतर जीवन जी रहे हैं।

× × ×

कभी गांधी ने सुनियोजित हिंसा का विरोध संगठित अहिंसा से करने की बात की थी।

× × ×

उदाहरण के लिए—तेजनारायण 'काक' निराला के स्थान पर 'माधुरी', 'सुधा', 'सरस्वती' और 'वीणा' में अक्सर छपते रहे, काँगड़ा शैली के किसी 'नारी' चित्र के साथ। समकालीन लेखक के लिए सबसे बड़ा खतरा, चुनौती उसका समकालीन लेखन है। उसका किसी तत्कालीन वाद या बन्दूक से बँध जाना उसके कवि कर्म का शिकार पहले करता है। वैसे वादों की यहाँ कोताही कभी नहीं रही और एक साथ ढेरों रचनाकारों को निगलकर उसका मुँह किसी दैत्य-कंदरा की तरह बन्द हो गया है। रही बन्दूक की बात, सो वह इतनी महँगी है कि महँगू के पल्ले तो वह पड़ने की नहीं। हाँ, किसी बनिया का विद्रोही बेटा उसे जरूर तहिया कर टेंट में या पैंट में रख सकता है। इसलिए बन्दूक की तरफ चले जाने का संकेत जितना रुचिकर और रोमांचक है, उससे कहीं अधिक वह मामूली आदमी को मारने में भी चौकस है। यह तोंदू के बेटे को ज्यादा और भोंदू के बेटे को कम मौका देता है।

फिर भोंदू के बेटे के लिए क्या रास्ता है?

तोंदू की सबसे बड़ी कमजोरी यह है कि वह गरीब को उसके समूचे ऐश्वर्य के साथ जिन्दा रखे, क्योंकि गरीबन ही उसकी कमाई है, उसका आराम है, उसकी सुविधा है, सम्पदा है। वह हर हालत में यह चाहता है कि गरीब गरीब रहे और जिन्दा रहे और यह माने कि वह जो जिन्दा है, वह हमारी वजह से यानी मुझ तोंदू ही कृपा से जिन्दा है। आज के सभ्य संसार की यह सांस्कृतिक विकास की प्रक्रिया है : 'जियो और जीने दो'।

× × ×

यह आकस्मिक नहीं है कि हमारे यहाँ एक भी लेखक चुनाव में खुली प्रतिद्वन्द्विता के बीच से होकर लोकसभा या विधानसभा में नहीं आया है। वह 'मनोनीत' किया जाता है। इसका कारण स्पष्ट है कि वह अपने लोगों, आम हिन्दुस्तानी के बीच का

आदमी नहीं है और लेखक को इसकी जानकारी भी खूब है कि वह आम लोगों से अलग और फालतू मान लिया जा चुका है। खुली प्रतिद्वन्द्विता में उसके पास अपनी शिनाख्त के लिए कुछ भी नहीं है। एक भी ऐसी चीज नहीं जिसको वह सामने रखे और कहे—प्यारे भाई! यह मैं हूँ, आप लोगों के बीच से उठा—आपका आदमी। लोकतंत्र में जनता के हाथ में सबसे बड़ा औ(जा)र था 'वोट'। लेकिन उसके जरिये गलत आदमी पर चोट करने का गुर उसे नहीं मालूम था। लेखक जो यह काम कर सकता था, पिछलग्गू होकर रह गया और उसका हश्र सामने है। आजादी के व्यतीत 24 वर्षों के बाद भी हमारे दिमाग गुलाम हैं।

युवा कविता : स्थिति, परिस्थिति, गतिविधि

कविता को पीढ़ियों में बाँटना असंगत है। यह घटिया किस्म का फरेब है। और यह दिमाग की अकुशलता का द्योतक है। युवापीढ़ी, युवतर पीढ़ी : आज जब हम वयस्कता की उम्र-सीमा कम करने की माँग पर उतर आए हैं, वहीं दूसरी ओर कवियों के उम्र के लिहाज से खानाबन्दी कर रहे हैं। यह मौके की तलाश के लिए की जानेवाली चोचलेबाजी है। खुली प्रतियोगिता की आड़ में अपने मात्र एक आदमी के लिए 'मौका निकालने' की तरकीब का नुस्खा बदकार व्यवस्था की देन है, जहाँ हर पाँचवें, दसवें वर्ष के बाद एक वयस्क और जुझारू व्यक्ति को अलग कर देने की साजिश चलती रहती है। मैं जोर देकर कहना चाहता हूँ कि लेखकों को युवापीढ़ी, युवतर पीढ़ी, छठवें दशक, सातवें दशक के कवि के रूप में नहीं, बल्कि उसकी रचनात्मक वयस्कता के क्रम में पुकारना ज्यादा सही और समकालीन तरीका है। यह अमुक पीढ़ी का कवि न कहकर यह कहना कि अमुक 'वयस्क कवि' है।

× × ×

निजी लालच के स्तर पर आज दिल्ली और कलकतिया लेखक विरोध या स्तुति का रुख अपनाते रहते हैं। दूतावासों से मिलनेवाली शराब या लोढ़ाओं और साहुओं से मिलनेवाला खिताब अक्सर लेखकीय खींचतान का कारण बनता है लेकिन मेरी नजर में आज सारा मूल्यांकन इस बात पर होना चाहिए कि आपमें सक्षम साझेदारी का कितना माद्दा है और समकालीन आदमी के सवालों से किस हद तक दो-चार होने हैं।

'आपका कॉलर खड़ा है और आपका नाड़ा मैला है' से हमें कोई सरोकार नहीं है। आप 'कमल नयन' हैं या 'कानेराम' हैं, यह भी निरर्थक हो चुका है। आपकी एक आँख खराब है, फिर भी आप मेरे लिए देवीशंकर हैं, असल सवाल यह है।

× × ×

परोसी हुई थालियों के गिर्द जमे हुए खलनायक; हर मौके, हर हालत में विरोध के जुमले से शुरू होकर जीमने की मुद्रा में हमेशा हाथ धुलवाने के लिए तैयार ये साहित्यकार; रचना में कम और रचनाकारों के बीच ज्यादा रहते हैं। वे अपनी

उपस्थिति को ही रचना मानते हैं। हिन्दी में नामावली प्रस्तुत करना...को आईना दिखाना है। हम सब जानते हैं, पेशेवर राजनीतिज्ञों की तरह पेशेवर साहित्यिक बन्धुओं की करतूत का स्वाद अक्सर सृजनकर्म में रत व्यक्ति चखते आए हैं। भाषा की दीनता चीन्हने के बाद भी वे अपनी गलीज और ओछी हरकत से साहित्यिक मतवाद की बरकत करते रहते हैं।

× × ×

अब 'मनबोधिनी शैली' के विरोध में चन्द वचन कहूँगा। बात आलोचन के सुकृत से सम्बद्ध है। श्रोतागण ध्यान दें।

× × ×

कविकर्म की सही परख के लिए हमें उसके 'साहित्यिक सरोकारों' की ही पड़ताल न करके उसके सामान्य व्यवहारों की भी जाँच करनी चाहिए : कवि क्या खाता है, क्या पहनता है, कैसे और कहाँ रहता है, समाज में किस वर्ग में उठता-बैठता है, समाज के किस वर्ग में उसकी रुचि है और उसका कार्य-क्षेत्र कहाँ है।

× × ×

गलत रुझान, गलत नजरिये और लड़ाई के गलत पहलुओं का पक्षधर होने का ही परिणाम है कि जिन परिवारों में जुझारू बच्चे होने चाहिए, वहाँ बाजारू बच्चे पैदा होकर प्रकट हुए हैं।

× × ×

अघाए हुए की उदासी और भूखे की हविश एक ही स्तर पर चीजों की शख्सियत का शिकार करती हैं।

× × ×

नकली उदासीनता और सतही दिलचस्पी का भंडाफोड़ करना चीजों को उनका सही सन्दर्भ देने के लिए आज जरूरी है।

× × ×

अधूरी समझ और अवसर की तलाश में लिया गया अधकचरा निर्णय अक्सर अपने समूह के समूचे विनाश का कारण होता है। अस्त्रों की वकालत और छिटपुट उसके उपयोग की पहल कहीं तानाशाहों की वापसी के लिए रास्ता चौड़ाता है और तब आततायी के लिए जुबान की सफाई भी जरूरी नहीं रह जाती। वह सीधे संगीन को संविधान का जामा पहना देता है।

× × ×

'चौंकानेवाली बात है : आज कवि और कविता, दोनों में महत्त्वबोध का क्षय या लोप। ऐसी स्थिति में समकालीन काव्य क्या, काव्य मात्र के महत्त्व से पाठक का विश्वास उठ जाता है।'

आज से सात वर्ष पहले डॉ. नामवर सिंह ने 'नई कविता पर क्षण भर' में यह बात उठाई थी।

['ज्ञानोदय' : जून, 1963]

कविता में महत्त्वबोध का क्षय 'अनायास लेखन' की ओर ले जाता है, और अनायास लेखन अन्तत: 'अनायास ग्रहण' को प्रश्रय देता है। फिर कौन कारण है और कौन कार्य कहना कठिन है, यह स्थिति अमानुषिक है।

कुछ लोगों का कहना है कि इस समूची पीढ़ी का काव्य 'मानवीय अनुपस्थिति' का काव्य है।

'नई कविता' एक प्रवृत्ति थी—एक अमूर्त काव्य-प्रवृत्ति! वह 'नई कविता' थी, 'नई कविताएँ' नहीं।

—नामवर सिंह

× × ×

अपने सन्देहों को सहन करने की शक्ति जुटा पाना।

हमें अपनी उदासी नष्ट कर देने की आवश्यकता नहीं है आवश्यकता है कठिन और मारक घटनाओं के प्रति अपना...

—कामू

× × ×

उदासी तुम्हें नदी तट पर ले जाती है, कॉफी हाउस में ले जाती है, औरत की जाँघों में ले जाती है और उदासी तुम्हें हाइकू कविताओं में ले जाती है। वह तुम्हें अक्सर मारक घटनाओं से जोड़ने की साजिश करती है।

—नागानन्द मुक्तिकंठ

× × ×

युवा लेखन सर्जनात्मक अपेक्षाओं को जगाकर उन्हें पूरा न कर पाने का लेखन रहा है। युवा लेखन भीतर और बाहर से निर्वासित उस आदमी की तसवीर है जिसके आगे सिर्फ भागना ही भागना है।...पिछले दशक की ज्यादातर कविता को 'नर्वसडेविलिटी' की कला कहा जाय तो अत्युक्ति न होगी।

—मलयज

× × ×

1. एक भावाकुल क्रान्ति-विह्वल लेखक का उपदेश वचन यह है : 'आज हिन्दुस्तान जिस दौर से गुजर रहा है, उसमें लिखने के बजाय कुछ करना ज्यादा जरूरी है।'
2. आज साहित्य का अपनी अक्षमता का अनुभव जितनी तेजी से हो रहा है, किसी और युग में नहीं हुआ होगा। आश्चर्य नहीं कि इसी कारण साहित्यकार में, साहित्य से अलग अपने को सार्थक सिद्ध करने की बेचैनी है।

—विजयमोहन सिंह

3. युवा लेखक जानते हैं कि कविता मनुष्य की हालत या उसकी समकालीन यंत्रणा को बदल नहीं सकती : एक ऐसे संसार में, जिसमें भाषा और कविता अप्रासंगिक और अवमूल्यित होते जाते हैं। कविता मनुष्य के अपमान और अमानवीय कारण के विरुद्ध निजी प्रोटेस्ट भर कर सकती है।

—अशोक वाजपेयी

4. सवाल यह है कि हमें साहित्य की निरर्थकता से सन्तोष है या क्षोभ? सवाल यह है कि हमें साहित्यकार की असहायता की स्थिति स्वीकार है या अस्वीकार? यदि सचमुच क्षोभ है और अस्वीकार है तो फिर सवाल यह है कि हम साहित्य को फिर से सार्थक और साहित्यकार को फिर से समर्थ बनाने के लिए क्या करते हैं?

—नामवर सिंह

5. साहित्य के क्षेत्र में 'क्रान्तिकारी रोमांटिसिज्म' ने अपनी गलत राजनीतिक धारणाओं के बावजूद आरम्भ में भद्रवर्ग के निष्प्राण साहित्य को परास्त करने में निश्चित रूप से तात्कालिक सफलताएँ प्राप्त कीं, किन्तु उसमें ठहराव आ गया है। अदूरदर्शी जीवन-दृष्टि के कारण।

—नामवर सिंह

× × ×

जनता के प्रति हमारा सबसे पहला कर्तव्य 'फूल-पत्तियों के कशीदे काढ़ना ही है बल्कि बर्फ से घिरे हुए लोगों के पास कोयला पहुँचाना है?'

× × ×

लेखकों में एकता की कमी इसलिए है कि उसमें एक समान उद्देश्य का अभाव है।

× × ×

हमारा वास्ता तीन तरह के लोगों से पड़ता है : दुश्मनों से, दोस्तों से तथा खुद अपने आप से।

× × ×

जो दलित है, पीड़ित है, वंचित है, चाहे वह व्यक्ति हो या समूह उसकी हिमायत और वकालत करना उसका (साहित्यकार का) फर्ज है। उसकी अदालत समाज है और इसी अदालत के सामने वह अपना इस्तिगासा पेश करता है।

—प्रेमचन्द

× × ×

प्रभु! मुझे सिर्फ इतनी शक्ति दे दो कि मैं अपने को अपनी करनी से निराश न करूँ। मेरा कमजोर हाथ मेरी श्रद्धा की दृढ़ता का निरादर न करे, मेरा प्रेम मेरे मित्रों के प्रेम से घटिया न रहे और मेरी वाणी जो कहे, उससे ज्यादा मेरा जीवन करता चले।

भटकानेवाले पथों से मैं अघा गई हूँ। मैं नया पथ चाहती हूँ। नया रास्ता, एक नया नक्षत्र जिसका अनुसरण करके दिशाबोध पा सकूँ। एक नई दुनिया, एक नया स्वप्न, एक नया दिल, एक नया दिमाग, अपनी विफलताओं से मैं परिश्रांत हो गई हूँ। अपनी भूलों को मैं सुधारूँगी। वर्ष समाप्ति के निकट है—मैं माफी चाहती हूँ। प्रभु! मुझे नये जीवन का अवसर दो ताकि सब कुछ नये सिरे से शुरू कर सकूँ और अपने विश्वास को व्यवहार में परिणत कर सकूँ।

—हेनरी डेविड थोरो

× × ×

युवा लेखन निरा साहित्यिक आन्दोलन नहीं है बल्कि वह जीने के कर्म का एक अंग है। जो लेखन जीने के कर्म का अंग नहीं है, वह खूबसूरत लेखन हो सकता है लेकिन जरूरी लेखन नहीं। जरूरी लेखन ही सही लेखन है। और जो लेखन जिम्मेदारी नहीं है, सुविधा के उस 'संसदीय लेखन' को मैं समकालीन नहीं कहता। यहाँ मैं जरूरी लेखन और उपयोगी लेखन के अन्तर को स्पष्ट रूप से चिह्नित करता हूँ। सिद्धान्तहीनता और सहूलियत के तालमेल से रचा जानेवाला साहित्य 'भाषा का सबसे बड़ा तिरस्कार' है। एक तरफदार लेखन की माँग करता हूँ। इसे आप प्रतिबद्धता कह लें। मेरा एक दुश्मन है और एक दोस्त। मैं दोस्त के लिए लिखता हूँ और हमेशा अपने लेखन के प्रभाव को उसके पक्ष में जाते हुए देखना चाहता हूँ। इसी स्तर पर मैं 'साहसिकता' की प्रामाणिकता को तसदीक करता हूँ। अन्यथा अराजक साहसिकता अपराध होती है, यह मेरा निजी विचार है। युवा लेखन अपने इसी स्वीकार के कारण पिछली पीढ़ी के तमाम लेखन से वैधानिक रूप से अलग है।

दुश्मन के लिए मेरे आशय की, मेरे इरादों की कोई उपयोगिता नहीं है। 'दोनों दल की खैर' से खबरदार मेरी रचना जिन लोगों में अपनी संगति पाती है, उन्हें मैं अपना समकालीन लेखक मानता हूँ। मैं एक कविता के पीछे दूसरी कविता नहीं चाहता। मैं एक कविता की बगल में एक कविता की माँग करता हूँ, जैसे एक कन्धे के बगल में दूसरा कन्धा।

× × ×

आप साहित्यिक गोष्ठियाँ तब आरम्भ करते हैं जब साहित्यिक अवकाश होता है।

× × ×

गैस्ट्रिक ट्रबुल और गुलदावदी, दोनों से सज्जित स्त्रियाँ हैं। जलसाघर की रौनक में शरीक।

× × ×

युवा रचना उस रूढ़ि को तोड़ती है जो उसकी बात में या उसकी औकात में खलल डालती है। वह अपनी भावना और संघर्ष को समूचे तीखेपन के साथ कहती है—चाहे वह कविता बनती हो या न बनती हो। हमारी गरज हमारी बात है, कविता-कहानी नहीं। क्योंकि जिनकी गरज कविता या कहानी रही है, वे इतिहास हो चुके हैं।

असल सवाल लड़ाई है।

और जब लड़ना है तो यह क्या देखना कि कौन घोड़े पर है और कौन खाई में। हमारा निशाना तो एक है। कुछ लोग हैं जो 'गदर' करने पर आमादा हैं, और सरफरोशी पर उतारूहैं। ये साहित्य में टोबा टेकसिंह या जरनैल सिंह नहीं हैं बल्कि चिलरू-कतवारू हैं। जिनके पास तमगे हैं, वे उसे रोज साफ कर रहे हैं। उन्हें चमका रहे हैं और अपने रियाज पर उससे अधिक मुग्ध हैं जितना उसकी चमक पर। वे अपने विद्रोही मिजाज का जायजा घरवालों को देते हैं। पड़ोसियों में थोड़ी बेचैनी पैदा करके रोब-दाब पैदा करते हैं। इन्होंने मंच पर या मैदान में विद्रोह को समारोह में बदल दिया है।

× × ×

सवाल यह नहीं है कि एक पाठक जब कविता पढ़ता है तो वह क्या पाता है। सवाल यह है कि 'जब हम कविता करते हैं तो क्या करना चाहते हैं।' युवा लेखक व्यक्ति-जीवन में होनेवाले हस्तक्षेप के विरोध में लिखता है।

× × ×

'परिपत्र' में 'रणनीति' शब्द पढ़कर मैं कुछ संकोच में पड़ गया था। हम यहाँ युवा लेखकों की रणनीति तय करने बैठे हैं, जबकि शायद ही हमारे बीच के लोगों में

कोई कभी 'वालचर' भी रहा है। गुप्त भाषा संकेतों की जगह ममोमा भी जानता हो। और यदि 'रणनीति' और लेखकों की निजी समस्या में कोई मौलिक अन्तर नहीं है तो मैं कहूँगा कि गौ का दूध जितना स्वास्थ्यवर्धक है, उसका मांस भी उसी तरह स्वास्थ्यवर्धक है।

× × ×

केन्द्रीय विधा की चर्चा करते हुए हमें यह ध्यान रखने की जरूरत है कि केन्द्रीय विधा कहानी या कविता, उपन्यास या नाटक नहीं है। क्योंकि यह वक्त केन्द्रीयता का नहीं बल्कि 'संविद' का है। एक विधा कई-कई विधाओं के सहयोग से ही जीवन-प्रक्रिया में साझी हो सकती है। इसलिए रचना-प्रकार को केन्द्रीय विधा के रूप में स्वीकार करना एक सामयिक भूल होगी। इसलिए हमें केन्द्रीय विधा की बात करते समय भारतीय सन्दर्भ और आम आदमी की हरकत पर नजर रखनी चाहिए। औसतन आज आदमी जुझारू हुआ है। और उसकी रुचि तथा स्वभाव का केन्द्र गद्य है। इसकी वजह है कि गद्य स्वयं जुझारू होता है। इसलिए आज की केन्द्रीय विधा गद्य है। कविता, कहानी और नाटक इसी 'जुझारू गद्य' की अभिव्यक्तियाँ हैं। लेकिन यह ध्यान रहे कि यह 'गद्य' पहले के गलगल गद्य और काव्य के लोरिकायन का समकालीन संस्करण नहीं है। यह गद्य ऐसा है जहाँ कविता, कहानी और नाटक एक-दूसरे के भीतर से होकर चलते हैं और समूचे तनाव की हालत में गद्य की गति बनते हैं।

× × ×

नाटक खेलने के लिए यह जरूरी है कि व्यक्ति के पास उसकी अपनी कोई चीज न हो।

निराला के बहाने

निराला जीवन की पीड़ा देखते हैं। उसके अन्तर्विरोध से मर्माहत होते हैं। नेतृत्व की अवसरवादी नीति की भर्त्सना करते हैं। आततायी का सवाक् विरोध करते हैं। निराला विरोध करते हैं—सबल विरोध—तथ्य की पूरी ललकार के साथ, लेकिन विरोध कर बैठते नहीं—चल देते हैं। उठकर चल देते हैं। कहाँ? क्या किसानों के पास? मजूरों के पास? नहीं, अपने एकान्त में—जहाँ उन्हें वह रूप दिख पड़ता है जिसे वे कल्पना में लाकर साहित्य में लिखते हैं।

'देखे हुए को कल्पना में लाना और साहित्य में लिखना।'

'देखना और देखकर सहना और कल्पना में लाकर लिखना।'

निराला का यह देखना इतना बड़ा सच है कि उनकी प्रत्येक रचना में यह घटित हो रहा है—यह 'रचना का मर्म' है। वे इसे सहते हैं और बिना कहे—इस अनकहनी को लिखते हैं :

'हिन्दी का साहित्यकार एक हाथ से वार झेलता और दूसरे से लिखता है।' इस तरह आत्मपीड़न सामाजिक सक्रियता से न जुड़कर साहित्यिक संरचना का हिस्सा बन गया। और यही निराला की परिणति है कि प्रयोजन किस परिणाम तक पहुँचा।

× × ×

अपने लोगों को उन समीक्षक दृष्टि ने कोई मार्ग सुझाया हो, ऐसा नहीं, किन्तु विरोधी और प्रतिक्रियावादी खेमों में उनका आतंक था। एक समीक्षक को एक कवि की यह सीधी विरासत थी। निराला से यह रामविलास को मिली थी; बल्कि विलास आगे गए हैं। जोड़-तोड़ की राजनीति ने उन्हें जब विलासराम बनाया और साहित्य की अकादमी ने उन्हें इनाम बख्शा और जब औसत लोगों ने कहा कि रामविलास सरकारी हो चुके हैं, मुझे उनकी कर्मण्यता पर ना-नुच नहीं। आदमी विद्वान् है। इनाम तो मिलेगा ही। रामविलास का कथाकार समीक्षक से आगे निकल गया है, तो क्या—यह सब बिक्री के तरीके हैं? अपना रामविलास तो फिर भी प्रगतिशील है। मैंने भाई से किसी भी तरह किताब लाने को कहा।

अक्सर लोगों का विचार है कि पुरस्कार साहित्य में चुके हुए खूँसट को मिलता है और वह भी ऐसी कृति को, जो समकालीन जीवन में अप्रासंगिक हो—है। 'निराला की साहित्य-साधना' के प्रथम खंड को लेकर कुछ लोगों ने यही कहा : यह 'शव-साधना' है।

'रामविलास शर्मा हिन्दी आलोचना के भूपेश गुप्त हैं।' प्राध्यापक कांग्रेस-कम्युनिस्ट के बीच चुनाव-समझौते से उत्साहित था। मनचाहे प्रत्याशी को अपने क्षेत्र की सीट मिल जाने से उसका मुखरित होना स्वाभाविक था। सिर्फ संसदीय राजनीति की उत्तेजना ने उसे थोड़ा वाचाल कर दिया था।

मुझे हँसी आ गई। मित्र-भाव से पूछ लिया : 'तुमने किसी राजनीतिक अध्यात्मवाद की चर्चा की थी।'

'ओह...वह नहीं—मैंने मानवतावाद कहा था,' वह थोड़ी हड़बड़ी में बोला।

'मैंने सोचा, 'साधना' का यही मतलब है। निराला...की...साहित्य...साधना।'

मुझे याद आई पिछली संध्या। छोटे भाई ने खबर दी थी—दूसरा खंड निकल गया है। चुनाव हो चुके थे और सत्ता पर श्रीमती इन्दिरा गांधी ने आसन जमाया था। बहुमत भारी मिला था और 'भाकपा' की रुझान उसकी ओर बढ़ी थी। राजनीतिक हलकों में चर्चा थी कि इसमें रूस की वर्तमान गद्दीनसीन नेतागीरी ने पहल की है। किताब इसी माहौल की पैदावार है। कितना सटीक और प्रासंगिक...! अँगुली उठानेवालों ने लेखक की नीयत पर शक किया। भाड़ में जाएँ। ऐसे लोग तो होते ही रहते हैं। मेरी नजर में रामविलास शर्मा एक प्रखर आलोचक रहे हैं। जुगाड़ बाँधकर भाई ने किताब ला दी। ईंट बराबर मोटी किताब। निश्चय ही यह एक उत्पादन-कार्य है। दाम दिव्य—यही कि पैंतीस रुपया। मेहनतकश मजूर और किसान को सबक लेना चाहिए कि उसका दुख कितना कीमती है।

मैंने किताब पूरी पढ़ी। सिगरेट और सुरा का लोभ मुझे नहीं। पानी पी-पीकर मैं सन्तुष्ट था कि इतना भरकम, ऐसी गरिष्ठ और मार्मिक किताब पढ़ डालने का धैर्य मुझमें है। सचमुच तब किताब मैंने पढ़कर डाल ही दी थी और भाई ने पाठ्यक्रम के बाहर की 'बिना चीज' को फिर पुस्तकालय के खाते में लौटा दी थी।

और तब से आज बसन्त पंचमी के दिन सहसा निराला की बात शुरू कर बैठा। प्राध्यापक पुराना मित्र है। रसिक है और प्रगतिशील भी। राजनीति में दिलचस्पी रखता है। खाली वक्त का बाजा है। मौके-बेमौके बजने लगता है। लेकिन आज पहली बार निराला को लेकर किए गए इस गैर-जनवादी अपराध को मैं सह न सका।

× × ×

निराला के जीवन-काल में और उनकी मृत्यु के बाद जो लोग उनके साहित्य के सही मूल्यांकन में लगे रहे हैं, उनके कार्य की एक कड़ी यह पुस्तक है।

× × ×

'सुधा' की सम्पादकीय टिप्पणियाँ :

'उस युग के अन्तर्विरोधों को समझने के लिए आवश्यक है, सबसे अधिक आज की राजनीतिक परिस्थिति को समझने के लिए आवश्यक है।...इनकी राजनीतिक विचारधारा का अपना—उनके साहित्य से स्वतंत्र महत्त्व है।'

1. निराला 'सनातन वामपंथी' के रूप में।
2. निराला को साहित्य में किन लोगों ने खींचकर खड़ा किया?

निराला प्रगतिवाद और गैर-प्रगतिशील या प्रयोगशील व्यक्तिवाद के दोहरे दबाव के बीच से बाहर कर दिये गए कवि। 1936-38 तक महत्त्वपूर्ण कृतियों का लेखन। लेकिन न तो प्रगतिशील लेखक संघ के सदस्य और न प्रयोगशीलों का सम्पर्क। एक कवि बाहर सड़क से ढलकर फुटपाथ पर आ लगा था। प्रयोगवादियों के खिलाफ प्रगतिशीलों ने इनका मंचीय उपयोग किया। अज्ञेय के विरुद्ध 'नई कविता' ग्रुप ने निराला की महामानव की व्याख्या की, लेकिन लघुमानव के बहाने।

स्वयं रामविलास शर्मा जब 'तारसप्तक' के एक हिस्से हो रहे थे, उस वक्त निराला कहाँ थे? मगर यह भी दिलचस्प है कि उसी वक्त निराला और पंत एक साथ हैं...में सम्पादक और सम्पादक।

1942 में कांग्रेस के साथ 'भाकपा' का संयुक्त मोर्चा—और उसके बाद 1943 में 'तारसप्तक' का प्रकाशन—कम-से-कम दो तो वहाँ एक साथ थे ही : एक भूतपूर्व क्रान्तिकारी (?) और एक तथाकथित साम्यवादी प्रगतिशील। अज्ञेय और रामविलास शर्मा। तब क्या जीवित साहित्यकार के सही मूल्यांकन का कार्य धारा-प्रवाह के 'शॉर्ट सर्किट' होने से रोक दिया गया था? उस समय देशी आन्दोलनकारी राजनीतिक पार्टियों को शायद 'किसान आन्दोलन' की जरूरत ही न थी और न 'मानवतावाद' की।

किसान आन्दोलन और निराला

1. निराला ने 1948 के तेलंगाना किसान-क्रान्ति पर क्या लिखा?
2. निराला ने किसान-क्रान्ति के लिए कोई पार्टी लाइन नहीं दी। सिर्फ उनकी दलित दशा का वर्णन किया।

3. निराला किसान-मजदूरों में शरीक कभी नहीं हुए। सिर्फ उन्हें देखा और सहानुभूति में लिखते रहे।
4. राजनीतिक गतिविधियों की आलोचना। नेतृत्व की कथनी और करनी का अन्तर्विरोध। लेकिन हिन्दुस्तानी नेतृत्व के वर्ग-चरित्र को न समझकर खीजना।
5. असहमति और असहमति—लेकिन दो में से एक का चुनाव। जैसे—गांधी और रवीन्द्र में—गांधी।
गांधी और जवाहर में—जवाहर।

× × ×

निराला—जनवादी तो थे किन्तु वे किसी पार्टी के प्रति—प्रतिबद्ध नहीं थे। कवि का अनुशासन में न होना उसे व्यक्तिवादी बना देता है।

× × ×

निराला का प्रगतिवादी विरोध।

× × ×

निराला पर टिप्पणी

- निराला को देखा नहीं।
- निराला की दो तसवीरें—

  1. युवा :
     अभी-अभी ही तो आया है
     मेरे बन में मृदुल बसन्त
     अभी न होगा मेरा अन्त।
  2. वृद्ध :
     मैं अकेला देखता हूँ
     आ रही—
     मेरे दिवस की सांध्य बेला।
- निराला युग का समाधान था
  और स्वयं में युग की द्विविधा।

× × ×

राम की शक्ति-पूजा

- धिक् जीवन जो सहता ही आया हो विरोध
 धिक साधन जिसके लिए सदा ही किया शोध
 जीवन ही दुख की कथा रही
 निराला—परम्पराएँ बदल
 सका। छंद बदल सका—
 किन्तु कवियों के मरने की परम्परा
 न बदल सका
 दरिद्रता से मरने की परम्परा
 काश, निराला ने कोई नौकरी की होती!
- क्या निराला ने हमें प्रभावित किया?

 वह छन्दों की मुक्ति थी यानी कि कविता का कविता में आन्दोलन।

 एक नये तरह की शुरुआत जो दूसरी शुरुआतों की तरह एक ढंग से उपसंहार करती है कि किस तरह किताब के अन्त में सारे खलनायक मर गए या संत हो गए।

 उनके पापों ने किस तरह उनको हलाल किया और कैसे उन्होंने सरेआम इकबाल किया अपने गुनाहों को। कैसे उस अनाथ और पीड़ित शरीर ने उन्हें माफ किया। क्या वह उदार था या कि उसकी उदारता—अपाहिज थी? यदि वह 'कनफेज' न करता—यदि वह संत न बनता तो क्या करता...?

× × ×

जो सृजन नहीं करता, वह अनिवार्य रूप से विध्वंसक हो जाता है। आदमी जिस दिन समझदार होगा, दुनिया से नेता विदा हो जाएँगे।

× × ×

जो समूह बनाता है, वह अनिवार्य रूप से किसी दूसरे के खिलाफ भी होता है। एकता का मतलब ही है : किसी के खिलाफ। एकता सदा घृणा पर खड़ी होती है। सारी एकताएँ घृणा पर खड़ी हैं।

—आचार्य रजनीश

['साप्ताहिक हिन्दुस्तान' : 28 जून, 1970]

× × ×

साम्प्रदायिक दंगों की समाप्ति के लिए :

1. हावी का होना—जैसे पेंटिंग, सितार, कविता आदि।
2. खेलना, होली का त्योहार।

× × ×

सामूहिक हिंसा के बीच भाषा गूँगी हो जाती है। विध्वंसक सबसे पहले भाषा को पंगु करता है। भाषा-संहार के बाद जीवन-संहार सुगम हो जाता है। भाषा जीवन बचाने की प्रक्रिया है। उसे गति देने की, ताजगी और रचनात्मकता देने की कोशिश में पहल करने की प्रक्रिया है। भाषा को उसके सही सन्दर्भ में रखने-परखने में प्रयत्नशील व्यक्ति—रचनाकार को हिंसा का समर्थक बताना उतना ही अनुचित है, जितना यह कहना कि 'रेडक्रॉस' के सदस्य युद्ध में सुरंग बिछाने का काम करते हैं। भाषा स्वयं में एक संघर्ष है : जीवन के भीतरी और बाहरी बदलावों और उनके दबावों के बीच। और यह समूची लड़ाई, जीवन को उसके समूचे भाईचारे के रूप में पाने के प्रयत्नों में, कहीं बहुत गहरे चलती रहती है। व्यवहार और रचना की भाषा की दूरी को कम से कमतर करते रहना, भाषा को एक किसी खास सन्दर्भ में माध्यम की जगह अनुभव का दर्जा दे या दिला सकने की क्षमता हासिल करा सकना—मनुष्य के अनुभव को, उसके बनने और बिगड़ने के सुख और दुख को भाषा में अनुभाषित कर पाना ही इस संघर्ष की जीत है। मानता हूँ कि ऐसे विजेता विरले हैं। मगर हैं।

मैंने कहा कि जीवन को समूचे भाईचारे के रूप में पाना है। और वह भी समकालीन सन्दर्भ में : जबकि समूचे देश में राजनीतिक गुटबन्दी, साम्प्रदायिक सड़ाँध, पूँजी की जमाखोरी, अविश्वास, अनैतिकता, घूसखोरी, हिंसा, आगजनी, लूट, अकाल और ठगी का बोलबाला है; जबकि बलात्कार और दुराचरण चमत्कार बन गए हों, तो ऐसे माहौल में देश के साहित्यिकों का भार और बढ़ जाता है। उसके काम करने की जमीन का दायरा बड़ा हो जाता है। भाषा की लड़ाई के कई नये मोर्चे खोलने की जरूरत बढ़ जाती है। क्योंकि लोकमत तैयार करने का दायित्व साहित्यिकों पर पहले आता है; क्योंकि यह काम भाषा-मुक्ति से सीधे जुड़ा हुआ है। जनता की मुक्ति माने भाषा की मुक्ति।

× × ×

तुम्हें चूहे और चींटियाँ मिलकर मार डालेंगे।
चींटियाँ तुम्हारे बिस्तर पर
रेंगती रहेंगी।

रातभर
चूहे दीवारों में छेद करेंगे।

× × ×

और यहाँ,
एक बिस्कुट के लिए
रोते हुए बच्चे की आँखों में
आजादी के सपने को डूबते हुए देखा
जा सकता है।

एक चीज की तलाश

इस हारी और थकी हुई जगह में बैठकर मैं केवल एक चीज की तलाश में हूँ। इस वातावरण ने अपने लोगों को अकेला और निहंग कर दिया है। सब कुछ खोजने से लोग निराश हैं। क्या मैं कोई ऐसी बात, कोई ऐसा उद्देश्य दे सकता हूँ कि एक देर के लिए ही, मगर उन्हें लगे कि वे अभी तक खत्म नहीं हुए हैं। वे सार्थक हैं। उनका होना मानी रखता है। उनके होने भर से ही यह दुनिया अभी तक ऐसी है। खुशगवार और रहस्यमय!

सारा कुछ खत्म हो जाने के पहले, मैं इस नाश को कुछ देर तक ही सही, लेकिन भरसक, टालने का प्रयत्न करता रहूँ। मेरी ऐसी इच्छा है। यही मैं चाहता हूँ।

× × ×

वहाँ सच्चाई भी है और संस्मरण भी।

वे, जो बाहर आम लोगों से हमदर्दी का शौक पालते हैं।

सामान्य आदमी के दुर्व्यवहार को क्षमा किया जा सकता है, किन्तु एक साहित्यकार का दुर्व्यवहार क्षम्य नहीं है, क्योंकि वह केवल नासमझी और लालच की तात्कालिक अभिव्यक्ति न होकर हीनता और पतन का सुविचारित परिणाम है।

× × ×

मामूली आदमी और लेखक के बीच एकता की कमी इसलिए है कि एक समान उद्देश्य का अभाव है।

× × ×

क्रान्तिकारी साहित्य और कला क्रान्तिकारी लेखकों और कलाकारों के मस्तिष्क पर मनुष्य जीवन की छाप का परिणाम है। अपने देशवासियों के दुख-सुख की सही पहचान के बिना सही लेखन सम्भव नहीं। इसके लिए न केवल देश के भूगोल की असली जानकारी जरूरी है बल्कि आदमी के भूगोल को जानना भी जरूरी है। साढ़े तीन हाथ के आदमी को पेट भर अनाज, देह भर कपड़ा और रहने की जमीन का होना आवश्यक है। यह पहली और आवश्यक आवश्यकताएँ उसके शारीरिक

भूगोल की हदें हैं। आदमी को उसकी जरूरत और हदों के बीच से जानना ही राष्ट्रीयता है। इसलिए क्रान्तिकारी का मतलब विध्वंसकारी से न होकर सही और समर्थ सृजनकर्ता के रूप में लिया जाना ज्यादा समकालीन और संगत है।

× × ×

अलाव में से अचानक क्यों कुत्ता उठकर भागता है? यही अलाव, जो शाम को जल रहा था, उसके चारों तरफ परिवार के लोग बैठकर ताप रहे थे। और जब वह बुझ गया है तो उसी पर कुत्ता बैठा है। आदमी के जीवन से उसकी तुलना।

× × ×

सुबह कुहरे से ढकी सड़क। चाय की अँगीठी आँच के छत्तरें। जैसे चील के बच्चे ने पहली उड़ान में अपने पंजे में अन्धकार जैसी कोई काली-काली चीज पकड़ रखा है! धुएँ में उसकती हुई आँच की कोंपलें। जैसे चील के पंजे!

कुहरा पारदर्शी नहीं है। हाथ आगे बढ़ाने पर जैसे वह अँगुलियों के सिरों से टकराता है और भारीपन का एहसास देता है।

× × ×

स्वच्छ हरे-हरे आम के पत्ते से हवन की स्रुवा बनते हैं। गर्म घी भर-भर कर उनसे हवनाग्नि में छोड़ा जाता है : पवित्र मंत्रों की स्वाहा ध्वनि के साथ। वे घी पीकर उफनती अग्निज्वाला में झुलसते हैं, जलते हैं। हरापन हल्की राख के रंग में बदल जाता है—मटियाला भभूतिया रंग। और अन्त सिर्फ इतने से ही नहीं होता। हवन के बाद उन्हें हवन की दग्ध सामग्री से—राख होती आग और हविष्य सामग्री से रगड़कर हवन की राख ली जाती है, जिससे लोग हवन का टीका लगाते हैं और अपने मंगल की कामना से प्रफुल्लित होते हैं। इसके बाद वह स्रुवा घर के छज्जे में कहीं खोंस दी जाती है—विस्मृत और उपेक्षित। मैंने हरे-भरे आम के पत्तों से बनी स्रुवा का उपयोग और उसका अन्त देखा है। क्या एक सच्चे साहित्यकार का जीवन स्रुवा का जीवन नहीं है?

× × ×

पहले लोग विरोध करते थे और चावल की तरह अलग खड़े दिखते थे, उनके साथी भी होते थे, दिली दोस्त।

1. सच्चे विरोध करनेवाले के प्रति लोगों का अविश्वास—
   वह व्यवस्था द्वारा होता है। कैसे किया जाता है? विश्वविद्यालयों में आन्दोलनों का नैरन्तर्य, विश्वविद्यालयों के आन्दोलन में कार्यक्रम की पहली संख्या पर 'गैर-विश्वविद्यालयीय इसमें शरीक न हों।'

2. सच्चे विरोधी को व्यवस्था के द्वारा हर ओर से अलग कर दिया जाना—ऐसी स्थिति में वे धीरे-धीरे लोगों की नजर से लुप्त हो जाते हैं या फिर उनके लिए ऐसे पिंजड़े खोल देती है, जहाँ वे अपनी जन्म-कैद के आदी हो जाते हैं :
   जैसे—सर्वोदय, या गांधी सेवा-संस्थान, नेहरू शोध-संस्थान आदि।
3. जहाँ जनता के नाम पर तथाकथित जन-प्रतिनिधियों के द्वारा एक बातूनी लड़ाई लड़ी जा रही है। व्यवस्था एक संसदीय विरोध को बनाए रखने में हमेशा पहल करती है—अपने इंटरेस्ट को कायम रखने के लिए। लेनिन ने इस ओर संकेत किया है—मार्क्स की पंक्तियाँ...?
4. वे लोग जो अपने इंटरेस्ट को 'फोरगो' कर सकते हैं, जैसे—अध्यापक, वकील, बुद्धिजीवी, आदि। उन लोगों को धीरे-धीरे अलग कर लेना, जिनमें सच्चे विरोध के साथ हो लेने की सम्भावनाएँ हैं, और इस तरह विरोध की पंक्ति को दूसरी क्रियात्मक पंक्ति से काटकर अलग कर देना।
5. कायरता के कारण : लेकिन यह वीरता का विलोम नहीं है।
   बहुत से लोग इस उम्मीद में बैठे हुए हैं कि विरोध सफल हो और वे शरीक हो जाएँ।
   तात्पर्य यह कि वे परिणाम के इन्तजार में व्यवस्था के विरुद्ध चलनेवाले विरोध की प्रक्रिया से बाहर बैठे हुए हैं। उन्हें परिणाम की प्रतीक्षा है।

नवलेखन की समस्याएँ

1. रचना-माध्यम से एक समूचा आदमी उठाना, गढ़ना, तैयार करना, पैदा करना दुर्भाग्य कहिए क्योंकि अभी तक एक सही मतदाता भी नहीं पैदा कर पाए हैं। हमारी दिनचर्या में वह कहीं गायब हो चुका है।
2. सम्बन्धों को शब्दों के चकलेबाजी से बचाना।
   अब तक रचनाओं में बेशुमार औरतबाजी होती रही। मगर इधर एक खास तरह की प्रवृत्ति पैदा हुई है—बोदे बच्चों के माध्यम से रिश्तों की तहकीकात करना। बिगड़ी यौन-भावना की छीछालेदर करना है। यह उन असंवेदनशील बच्चों की भावनाओं का बेहूदा इस्तेमाल है। ऐसी कुछ कहानियाँ इधर पढ़ने को मिली हैं, जहाँ 'बोदे' अपनी माँ का मैथुनाचार देखते हैं और वैसा करने की कोशिश करते हैं या रोते हैं और अलग हो बैठते हैं। 'माँ-बाप को ऐसा नहीं करना चाहिए बच्चे खराब होते हैं', यदि यह उद्देश्य है यानी कि उपदेश, तो ठीक है, कल्याण स्तर की ऐसी रचनाओं का कुछ नहीं कहना। मगर नवलेखन के नाम यह पुरानी हरकत...अलग खेमे को देने लायक है।
3. वस्तु स्थिति को रचना-सामग्री नहीं, बल्कि रचना का हिस्सा बनाना। इसके लिए अज्ञेय की 'अकाल-खंड-यात्रा' और प्रदर्शनी, 'महगू महगा रहा' जयप्रकाश का अप्रदर्शन और अकाल-खंड एक तबके का उदाहरण है। साहस और स्पष्टता एक नारा भी है और नाराजी भी। स्पष्ट करने की जरूरत है कि जो सत्य है, वह साहस ही हो, ऐसा लाजिमी नहीं है।
4. भूखी पीढ़ी, नंगी पीढ़ी, विटनिक पीढ़ी, अकविता, सहज कविता, अ-कविता, ठोस कविता—ये सब नींद के आधुनिक पर्याय हैं। ये परम्परा की पुष्टई हैं। इनसे गद्य बनता है : परम्परा का गद्य। इसके लिए 'गद्य के खिलाफ पहली कविता' का पारायण करना चाहिए। उस कविता के मात्र रचयिता धूमिल हैं।
5. पेशे के तौर पर चले शब्द 'ईमानदारी' का पर्दाफाश करना और उस समझदारी से जोड़कर जाँचना। ईमानदारी से बड़ी चीज है समझदारी। क्योंकि अक्सर ईमानदारी दूसरे आदमी की मूर्खता के कारण भी होती है।

6. अपनी स्थिति की पूरी समझ के साथ पैदा होनेवाले गुस्से का सही इस्तेमाल। गलत गुस्से का नतीजा और हास्य-रस। 'तैश में बैठे हुए आदमी की बगल में होने की वफादारी' आज के लेखन का बुनियादी सवाल है।

आड़ में मिले हुए अधिकार ने उसमें मौलिक सुरक्षा की भावना भर दी है। उसने अपने बारे में लम्बी प्रतीक्षा के बाद एक निर्णय अपने-आप लिया है और उसके आधार पर उसने अपने अधिकार का इस्तेमाल भी किया है। अपनी इस स्थिति को रचना-स्तर पर विकसित करना।

× × ×

1. अकाल सिर्फ प्रान्तीय स्तर की समस्या है तो हिन्दी उच्च सरकारी नौकरी के स्तर की।
2. आँख बाँधकर लाए जानेवाले आदमी की कथा।
एक युग से दूसरे युग में संचरण।
आजादी और आजादी के बाद की अवस्थाएँ।

फरवरी क्रान्ति

1848 ई. : फरवरी, फ्रांसीसी क्रान्ति।

कम्युनिस्ट लीग मजदूरों का अन्तर्राष्ट्रीय संघटन था। पहले वह जर्मन मजदूरों का संघ था। बाद में अन्तर्राष्ट्रीय मजदूरों का संघटन हो गया। घोषणा-पत्र के सिद्धान्तों का व्यवहार हमेशा और हर जगह, देश और काल की ऐतिहासिक परिस्थितियों पर निर्भर होगा।

× × ×

पेरिस कम्यून ने एक बात साफ कर दी है, वह यह है कि 'मजदूर वर्ग राज्यसत्ता की बनी-बनाई मशीन पर कब्जा करके उसका उपयोग अपने लिए नहीं कर सकता।'

× × ×

घोषणा-पत्र की मूल विचारधारा के अनुसार प्रत्येक ऐतिहासिक युग की आर्थिक उत्पादन प्रणाली और उससे उत्पन्न होनेवाली समाज-व्यवस्था ही उस युग के राजनीतिक और बौद्धिक इतिहास का आधार है। आज तक का सारा इतिहास वर्ग-संघर्षों का सामाजिक विकास की विभिन्न अवस्थाओं में शोषक और शोषित तथा शासक और शासित वर्गों के परस्पर संघर्षों का इतिहास है।

× × ×

मजदूर वर्ग, मध्यम वर्ग के उग्रवादियों का सबसे वाम अंग बन गया। उसकी लड़ाई केवल राजनीतिक सुविधाएँ पाने की लड़ाई में सिमट गई।

× × ×

तरह-तरह के नीम-हकीमों से जो पूँजी और मुनाफे को बिना कोई नुकसान पहुँचाए गंडे-तावीजों के जरिये समस्त सामाजिक बुराइयों को दूर करने की बातें करते थे—ये लोग मजदूर-आन्दोलन से दूर रहते थे और समर्थन के लिए 'शिक्षित' वर्गों पर टकटकी लगाये रहते थे।

× × ×

मजदूर वर्ग का जो अंग यह समझ गया था कि केवल राजनीतिक क्रान्तियों से काम नहीं चलेगा।

× × ×

आँवले के खाने का और सयाने के कहने का पीछे स्वाद मिलता है।

× × ×

उपलब्धि क्या है? चीज का होना—सही जगह पर होना। और स्तर चीज का उपयोगी होना है।

× × ×

वस्तु को उसके सही कद में प्रस्तुत करने की प्रतिज्ञा से हम शुरू करते हैं किन्तु एक विरल माध्यम से सघन माध्यम की ओर यह यात्रा पूरे प्रयास को एक गलत 'विजन' में रख देती है। पूरी यात्रा में लगता है कि चीज कहीं से टेढ़ी है और प्रत्येक प्रयास में चीज का सही और स्पष्ट आकार नहीं मिल पाता और अक्सर होता यह है कि हम चीज को नहीं बल्कि उस यात्रा-सन्दर्भ और प्रयास को ही उपलब्धि मान बैठते हैं। यह भूल अधिकांश में है। इसलिए चीज को सही आकार में जाँचने के लिए दृष्टिकोण का नहीं बल्कि चीज की सही स्थिति का ज्ञान होना आवश्यक है।

उपलब्धि से मेरा तात्पर्य है : चीज के समकक्ष खड़ा होना और चीज को उपलब्ध करना। वह यहाँ है और इस स्थिति में है। एक चीज होती है, जिसे हम पाते हैं। इसे पाने में हमारा प्रयास कितना महत्त्वपूर्ण है। यह सवाल व्यक्तित्व का है। चीज को उपलब्ध करने में एक दूरी तय की जाती है और इस तय की गई दूरी के सन्दर्भ में हम किसी चीज की उपयोगिता को आँकते हैं। चीज का यही स्तर है यानी चीज कितनी उपयोगी है।

समकालीन लेखन : भाषा का संकट

'भाषा का संकट नहीं, सर्जनात्मक संकट, छद्म संकट और भोगी हुई जिन्दगी का साहित्य में अन्तर्विरोध। आधुनिक लेखन कलात्मक नहीं।
रचना कलात्मक सृजन की क्षमता?'

—**काशीनाथ सिंह**

एक ही व्यक्ति अपनी पूर्व भाषा से घबरा जाता है। यदि वह उसे बदल नहीं पाता तो मृत हो जाता है, अथवा वह विधा बदल देता है। जो भाषा के संकट की बात करते हैं, वे जीवन से परिचित नहीं हैं। लेखक को देखना होगा कि जीवन साकार होता है। मामूली आदमी के विश्वासों का मजाक नहीं उड़ाया जा सकता है।

भाषा चकलाघर बन गई है या उसका गलत-गलत इस्तेमाल हो रहा है। यह भाषा का संकट नहीं है, बल्कि विभिन्न अर्थों में उसकी सम्भावना के दरवाजे खोलता है। जो लोग यह कहते हैं कि भाषा मृत हो रही है—गलत कहते हैं। भाषा को खाया नहीं जा सकता। उसे जितने लोग खाते हैं, वह उतनी ही तेजी से उगती है, बढ़ती है। भाषा जितना चबाई जाती है, उतना ही चीमड़ होती है।

अच्छे लेखकों के पात्रों की खोज होती रहती है। यह फलाँ लेखक का पात्र है, यह फलाँ का। प्रसाद के यहाँ प्रकृति केवल हासिया बनाने के लिए आती है।

जो लोग समझते हैं कि भाषा कम पड़ रही है, जो लोग भाषा की जगह दूसरी चीज का इस्तेमाल करते हैं, उनके यहाँ समझदारी कम है। वहाँ लेखन समकालीन नहीं है।

जो हम लिखते हैं, उसे शब्दों के सही आयतन में समझा जाना चाहिए और भाषा की गैर-नासमझी को भाषा का संकट कहते हैं।

कभी-कभी एक आदमी दूसरे आदमी की भाषा को उस मुकाम पर पहुँचाता है, जहाँ से वह बोलनेवाले पर हमला कर सके। यह भाषा की व्याख्या, उसके सम्प्रेषण को विकृत करना है।

रचनाकार जानता है, क्या दे रहा है, कैसे दे रहा है, क्यों दे रहा है, किसको दे रहा है। जहाँ व्यक्तित्व की विविधता हो, वहाँ भाषा का संकट नहीं है, जैसे : भक्तिकाल। क्योंकि लेखक अपने में व्यक्ति होते हुए भी जाति होता है। वह कल जो कहता है, आज उससे विपरीत भी बोल सकता है। वह अपने भीतर लड़ता रहता है और अपने अनुभवों के आधार पर उन्हें नये रचनात्मक संसार में देता रहता है।

युवा-लेखकों की रणनीति

रणनीति

गोदौलिया पर कुछ अमीर घरों के हलुआन लड़के रामनामी ओढ़कर घूमते नजर आते हैं। कहीं रणनीति रामनामी तो नहीं है?

लड़कियों से निरापद छेड़छाड़ की उम्मीद के बावजूद जब वे कभी पुलिस चौकी पर लाए जाते हैं तो उनसे पहले उनके पिताजी या परिवार के दलाल जमानत-पैरवी के लिए तैयार बैठे रहते हैं। बीच रास्ते से बचा लिये जाने की गारंटी अक्सर आदमी को भाव-विह्वल शब्दों की छेड़छाड़ से जोड़ती है।

आज हम सन्दर्भ या स्थिति या समय से नहीं, बल्कि इस शब्द में से होकर चल रहे हैं, गुजर रहे हैं। लोकतंत्र में तंत्र और लोक के बीच समास-चिह्न लम्बा हुआ है।

सरकार, सत्ता और सामान्य जन

सरकार जो चला रहे हैं, सत्ता उनके हाथ में नहीं है। सत्ता है महाजन के पास। शासक, सत्ता और समकालीन आदमी।

'The gun is not in the hands of the people.'

हिंसा क्या हमारे लिए छुटकारे की कोई शर्त हो सकेगी जिसका बखान हिंसा के अनुयायियों द्वारा बार-बार किया गया है?

ऐसा तो नहीं है कि यहाँ सूडो समाजवादियों का कौमी दस्तावेज पढ़ा जाएगा? तब इसके लिए अशोक मेहता सही आदमी हैं और मैं इस तरह के समायोजन के विरुद्ध हूँ।

रणनीति की व्याख्या

तुम्हारा दुख काला है और तुम्हारी भाषा का रंग काला है, यह स्वदेशी है। लेकिन तुम्हारा दुख काला है, तुम्हारी भाषा का रंग लाल है, तो मैं कहूँगा कि यह खूनी है, सही नहीं है।

चुकी हुई समझ और देश के बहुसंख्यक समुदाय की लाचारी का परिणाम है कि कल के दिगम्बर आज के क्रान्तिकारी हैं।

कलम से आततायियों का मुँह बन्द नहीं किया जा सकता, वे आहत हो सकते हैं। कलम से परिवर्तन लानेवाले लोग मैनिफेस्टो राइटर हो सकते हैं। Non-Political Individualistic चरित्र रहा है।

रणनीति का सम्बन्ध चरित्र से है और इस शब्द को लागू करते हुए अपनी समकालीन पीढ़ी के लेखकों की चरित्रहीनता को मद्देनजर रखना जरूरी है।

पाठक, अध्यापक, इंजीनियर, संगठन, सत्तारूढ़, स्वतंत्र, संयुक्त आदि सारे शाब्दिक मुहावरे भ्रम पैदा करते हैं। सिर्फ दो ही तबके के लोग होते हैं :

1. सतानेवाले और
2. सताये जानेवाले।

सताये जानेवाले दो तरह के हैं :

1. बेजुबान और
2. जुबान वाले।

ये जुबान वाले लेखक हैं और बेजुबान साथियों को—गूँगे को भाषा देने के लिए लिखते हैं। लेकिन यह कृपा या दया नहीं है, अतिरिक्त और कोई बड़ा दावा भी नहीं है और न यह मोर्चा बाहर की चीज है। लेखन घर के भीतर अपने जुबान की अपनी जरूरत और अपने प्रोटेस्ट के सन्दर्भ में स्पष्ट करना है।

हमारे कर्म नितान्त हमारे कर्म नहीं हैं, वे दूसरों से भी नियंत्रित होते हैं। आप हमेशा बाजार से 'गवर्न्ड' होते हैं।

रचनाकार अपनी रचनाओं के प्रति उदासीन न रहे।

प्रकाशन—प्रकाशित रचना पर आए हुए वक्तव्यों या मुखालिफत का प्रति-उत्तर।

अज्ञेय जैसे लोग कवि-कर्म को 'अछूत' मानते हैं। 'अनुसूचित लेखन' व्यवस्था के द्वारा वजीफा-जीविका के लालच में पड़ा हुआ लेखक के लिए अस्त्र की वकालत वे करते हैं, जो कल उसके लिए औरत की वकालत करते रहे हैं। अस्त्र का अर्थ है, जुबान की जगह लोहा रख देना। कल किसी ने कहा कि वे शब्द को 'बुलेट' की तरह इस्तेमाल कर रहे हैं। और भाषा को यहीं एक वस्तु में गलत कर देना है। यह दुर्भाग्य की बात है कि आज रचना से रणनीति का कोई नक्शा नहीं बन रहा है, बल्कि रचना से हटकर नारे और लफ्फाजी के आधार पर ये बातें तय की जा रही हैं।

× × ×

कवियों-लेखकों को अपनी रचनाएँ वहीं पढ़नी चाहिए, जहाँ उनके लोग हों। या फिर उन्हें मुक्का मार-मारकर सुनाना चाहिए।

—सोल्ज़ेनित्सिन

× × ×

आज का समूचा संकट सही विपक्ष के न होने का संकट है। देश की संसद ने हमें एक प्रतिपक्ष जरूर दिया है, किन्तु वह अपने हित की लड़ाई लड़ने में मशगूल है। आम तौर पर वह निकम्मा साबित हो चुका है, क्योंकि वह समझौते का एक ऐसा कामचलाऊ पक्ष है, जो वक्ती और सतही व्यवस्था की हर माँग को कमोबेश, संशोधन के साथ, स्वीकार कर लेता है। जबकि विपक्ष न केवल भाषा-स्तर पर सुरक्षा की लड़ाई है, बल्कि गलीज व्यवस्था में भाषा स्तर पर समूचे परिवर्तन के लिए होनेवाले वैचारिक संघर्ष में एक समकालीन पहल है। 'विपक्ष' हिंसा के विरुद्ध सृजनात्मक भाषा का मुखपत्र है।

विपक्ष आज के सही आदमी का पक्ष है। हमारी नजर में वह आदमी विपक्ष का आदमी है, जो अपनी स्वतंत्रता-सम्बन्धी धारणाओं के साथ आम आदमी को भी जीने की समान सुविधा दे या दिलाने के प्रयत्न में सक्रिय हो। और जनतंत्र की सार्थकता के लिए कृतसंकल्प हो।

विभिन्न गुटों, वादों, भाषाओं और सम्प्रदायों में विभाजित देश का एक बड़ा हिस्सा भूख और भाषा के संकट से गुजर रहा है। आर्थिक दबाव के नीचे पिसकर उसकी शिनाख्त खत्म हो गई है। वह कहीं शरीक नहीं है। ऐसा नहीं कि आज का आदमी इस दोहरे संकट से जूझ नहीं रहा है, वह लड़ रहा है किन्तु अकेले की लड़ाई ने उसे असहाय बना दिया है। ऐसी स्थिति में वह या तो तटस्थ होकर रह गया है या फिर निर्मम आदमी और आदमी के बीच के सारे सम्बन्ध टूट रहे हैं। इस तरह न केवल आर्थिक असन्तुलन बढ़ा है, बल्कि कहीं बहुत कुछ उसकी भाषा भी इस साजिश का शिकार हुई है। विपक्ष इसी राजनीतिक धोखाधड़ी और भाषा के फरेब के खिलाफ भारतीय बुद्धिजीवियों की एक संयुक्त कार्रवाई है।

['विपक्ष' पत्रिका के आयोजन के लिए लिखा गया सम्पादकीय—सं.]

हिंसा के खिलाफ एक खुला पत्र

साहस को गलत नाम दिया जा रहा है साथियो!
इस वक्त अपना ही खून साजिश पर आमादा है।
हिम्मत का चेहरा गन्दा किया जा रहा है / अपने ही
देश भाइयों के खून से।
इन दिनों—
उसे अक्सर जोड़ा जाने लगा है
आदमी की भूख और नासमझी के
जुनून से।
अपने सारे पद-चिह्न मिटा दो और रोप लो
खून की हर बूँद अपनी कमीज में
पैंट की जेब में। देह में कटा हुआ एक घाव
आजादी की ओर खुलनेवाला
एक रोशनदान है
आदमी की बजाय
इस वक्त जानवर की जुबान ज्यादा माफिक है।
हम अँधेरे में चल रहे हैं—और भी अभी कितनी
रातें—इस अँधेरे में तय करनी हैं। आम रास्ता दिन का
रास्ता होता है साथियो! हम अँधेरे में चल रहे हैं।
लेकिन कल जब टहटह उजाले में हमारे बच्चे खुश होंगे और
कुछ ज्यादा फिजूल खर्च :
हम ही होंगे वे लोग
जो यह बतलाएँगे कि रोशनी
बाजवक्त कितनी कीमती होती है
और कमीज या पैंट की जेब में

रोपा हुआ खून का एक धब्बा
इतिहास में मील के पत्थर का काम करता है।

['विपक्ष' पत्रिका निकालने के सन्दर्भ में—सं.]

× × ×

मेरी इच्छा हुई कि उसके कन्धे पर हाथ रखकर उसकी बगल में खड़ा हो जाऊँ और उसके गोश्त के बहाव को अपने साथ टकराने में मदद दूँ।

बात गालियों से शुरू होती है। शब्दों की दरिद्रता उन्हें जन्म देती है। अक्सर यह गँवारपन है। गाँव के लोग गाली बकते हैं, वे आदतों में शरीक हो गई हैं और बिना संकोच, चूँकि उनके नजदीक गालियों का कोई मतलब नहीं होता, वे अपने लड़के को भी माँ-बहन की गालियाँ देते हैं। तो क्या सचमुच गालियों का कोई अर्थ नहीं होता?

क्या वे आदर्श को अपदस्थ नहीं करतीं? क्या कोई रास्ता है कि गालियाँ भी हो और आदमी अपनी जगह हो? पर क्या तब गालियाँ गाली होंगी? गालियाँ जो बाप बेटे को देता है और बेटा अपने बेटे को और इस तरह शब्दों की ऐसी परम्परा बनती है जिसका मतलब कुछ नहीं होता, पर जिनमें आदमी को खिसकाने की ताकत होती है, जिनका कोई तर्क नहीं है किन्तु वे मन पर गहरा असर डालती हैं। अपनी जगह पर खड़ा होकर गालियों को अपदस्थ करने का क्या उपाय है? क्या कोई तरीका है जिससे इनकी ताकत खत्म की जाए? या कि इनकी ताकत का इस्तेमाल किया जाए? और वे गालियाँ जो मधुर हैं—आह! निश्चय ही तब आदमी का दिमाग 'अ-गाली' की प्रक्रिया से गुजर रहा होता है।

× × ×

अक्सर अफसर का मतलब यह नहीं कि वह आदमी, जो रद्दी की टोकरी का पड़ोसी है।

वह रद्दी की टोकरी की बगल में बैठा है और अन्धकार माँगता नहीं, हथिया लेता है। तमाम रंगों का, एक ही खाने में, दर्ज करता है। तुम्हें अजब लगेगा, यदि मैं कहूँ कि खून का सफेद होना (जो कि एक मुहावरा है) अन्धकार है।

× × ×

हमने सोचा, कोई कुत्ता मर गया है। आसपास कुछ नहीं था। सिर्फ हवा थी जो कभी-कभी बंडल की तरह हम पर गिरती थी, हमारे नथुनों पर। हमने रूमाल रख लिया था। और मैंने अपने को ढाढ़स दिया उस चहारदीवारी की बगल से गुजरते हुए कि हर चीज मरने पर बदबू देती है। किन्तु वह चीखा—उधर देखो, उसकी अँगुली मालगोदाम की तरफ तन गई थी। उधर देखो, वह उधर से आ रही है। यह

अनाज के सड़ने की बदबू है। यह सड़े हुए अनाज की बदबू है, जिससे आदमी की आँखों में आँसू भर आते हैं। और अचानक मालगोदाम के दरवाजे पर हमने पहली बार उस दुबले और पीले आदमी को देखा जो बार-बार सिर झटक रहा था और जिसका चेहरा सड़े हुए बोरे के टुकड़े की तरह हवा में फड़फड़ा रहा था।

× × ×

आप उन्हें कहते हुए सुनोगे : 'ईश्वर की दया से सब ठीक है।' वे बूढ़े हैं और अपनी करुणा से विवश हैं। हर जगह बेमतलब शरीक हैं। उनकी आत्मीयता में सड़े हुए पानी की गन्ध है। वे थकान हैं, जीवित असमंजस हैं।

उन्होंने अपना बिस्तर पीकदान के नजदीक खिसका लिया है। वे लगातार छुट्टी पर हैं।

वे एक ऐसी उम्र जी रहे हैं, जो उनकी देह से बाहर पड़ गई है। आप कह नहीं सकते कि वे कब 'मिल्ली' हैं और कब 'कुट्टी' हैं। आप जब भी वहाँ जाओगे, उन्हें पीछे ताकते हुए पाओगे। उन्होंने यह किया है, वह किया है। वे चुप की जगह च्चोप हैं, किसी पुरानी चाँदमारी की बगल में नुमाइश के लिए रखी हुई तोप हैं। कोप हैं जिसमें दाँत नहीं हैं। और इस कदर बेकाम हैं कि चौबीस घंटे सिर्फ इन्तजाम हैं।

भाषा का पूँजीवाद और बयानबाजी का भ्रम

भावधारा का कोई स्वतंत्र इतिहास नहीं है। आज तक साहित्य को स्वतंत्र सत्ता मानकर केवल साहित्य के मानदंड से ही उसका विचार किया गया है। किन्तु साहित्य सामाजिक उत्तरदायित्व से मुक्त नहीं होता। साहित्य की परिसमाप्ति केवल भावाविष्ट मनन में अथवा रसास्वादन में ही नहीं है। साहित्य का मतलब है : भाषा में आदमी होना।

× × ×

आम औसत मामूली आदमी—पुरानी हदबन्दियों से छूटा, किन्तु उसे छुटकारा नहीं मिला। जब वह छूटने की प्रक्रिया में था, तभी उसकी मुखालिफ ताकतों ने यह अनुमान लगा लिया था कि छूटकर यह कहाँ लाया जाएगा। अमूमन यह भी हुआ कि उसकी मुक्ति के नारे मुखालिफ ताकतों के मुँह से निकले और मुक्ति के मुकाम तक लाने के पहले दूसरे पड़ाव की ओर उन्हें मोड़ दिया गया। शेर अजायबघर से छूटा तो सर्कस में शरीक कर लिया गया। जाति, धर्म, समाज, वर्ग के मुहावरों से अलग होकर साधारण आदमी उसी व्यवस्था का हिस्सा बन गया जो उसको अपने इस्तेमाल का औजार बना रही है। आम आदमी को यह

नहीं भूलना चाहिए था कि जोतदार महाजन के हल की मुठिया और ट्रांजिस्टर एक ही चीज है।

× × ×

समकालीन कविता की सबसे बड़ी पहचान यह है कि वह आक्रामक है। आज के लेखन ने कविता को क्रान्ति के लिए बेहतर हथियार के रूप में चुना है।

× × ×

जब कभी किसी व्यर्थ रचना को पढ़ता हूँ, बड़ी जुगुप्सा होती है। लगता है, मानो शब्द मृतकों की तरह पड़े हैं। जैसे किसी आततायी व्यवस्था ने निहत्थे लोगों को भीषण गोली वर्षा के बीच मार डाला है।

× × ×

मवास में और मजलिस में शरीक होने की तैयारियों में फर्क होता है।

× × ×

सर्वहारा स्वयं अपना नेतृत्व होता है।

× × ×

मैंने स्वर्ग में बजनेवाली घंटियों के स्वर नहीं सुने मगर नीली पलकों पर थरथराते हुए आँसुओं को पूरी आवाज के साथ हृदय के बन्द दरवाजे पर बजते हुए सुना है।

× × ×

क्या मैं इसलिए लज्जित हूँ कि मैं हिन्दुस्तानी हूँ या इसलिए कि अमरीकी हूँ, रूसी हूँ, ब्रितानी हूँ, जापानी हूँ? मैं सिर्फ इसलिए लज्जित हूँ कि एक 'कम आदमी' की बगल का आदमी हूँ।

मैं भूख की बगल में हूँ। मैं 'रंग-भेद' की बगल में हूँ। मैं 'वाद' की बगल में हूँ।

× × ×

ऐसे वक्त जबकि अमरीका और रूस दुनिया को दो बराबर हिस्सों में बाँटकर भोगना चाहते हैं, सिर्फ चीन की महत्त्वाकांक्षा है, जो दुनिया को दो भागों में फटने से बचा रहा है। विश्व-सत्ता को पकड़ने की आकांक्षा पीले और बौने आदमी के पंजों में पनप रही है। वह हर आदमी के सीने को फौलादी पंजों से फाड़कर एक चिह्न अंकित करने की पशु-इच्छा से उद्वेलित है। यह आदमी का तीसरा दुश्मन

है जो पहले से मौजूद दो प्रतिद्वंद्वियों को दुविधा में डालकर सागर के किनारे गुर्रा रहा है...। हम लाचार हैं। उस बर्बरता के प्रति कृतज्ञ होने के लिए हम लाचार हैं।

आह! वह दिन कितना शर्मनाक होगा, जब लाशों पर बैठकर किसी बीहड़ प्रदेश में तीन भेड़िये दुनिया के नक्शे को तीन हिस्सों में फाड़ रहे होंगे!

दुनिया के वैज्ञानिको! क्या ऐसी मशीन बना सकते हो, जिसका बटन दबाते ही आदमी युद्ध से घृणा करने लगे? हृदय पर विश्वास तो नहीं रहा और आदमी का दिमाग सरक चुका है। राजनीति ने उसे जकड़ लिया है। कुछ करो। हवा में गैसों को कम-बेशी करो। उनका घनत्व बदलो। नया मिश्रण दो। कोई परमाणु बमों का इस्तेमाल नहीं करेगा। कोई गुलामों को मारना नहीं चाहता। सभी ठंड बढ़ाने में हिस्सा ले रहे हैं सिवा 'एक्सिमों' लोगों के। वे ठंड में जी रहे हैं।

× × ×

[मैं तारीखों को पढ़ नहीं पाता हूँ—कौन-सा सन् है, फिर भी यह देख रहा हूँ जो आतंकित करता है।]

उन्होंने उस अधमरे आदमी को मार डाला और कुल्हाड़ी से उसके हाथ, पैर, जाँघें—एक-एक हिस्सा अलग किया। वे न तो ईर्ष्यालु दिखते थे, न उनके मन में कोई घृणा थी। वे अपनी जरूरत के निकट अत्यन्त निष्कपट थे। वे उसे बड़े प्रेम से पकाकर खा रहे हैं।

अनाज नहीं था और भूख ने उनके सामने एक ही समाधान रख छोड़ा था। काम करने से लाचार आदमी, थका हुआ आदमी, बीमार आदमी, उदास आदमी—सब-के-सब आहार थे। वे लड़खड़ाते हुए आते और मांस-गृहों, सामूहिक भोजन-गृहों के सामने पेड़-पत्तों पर गिर पड़ते थे—बिना डरे हुए, बिना किसी याचना के। उन्होंने अन्तिम रूप से यह स्वीकार कर लिया था और जो जीवित रहना चाहते थे (यद्यपि ऐसा करना विद्रोह नहीं माना जाता था), वे थके हुए होने पर भी काम करते रहते, उदासी में भी हँसते। कोई बीमार नहीं था सिवा उस स्वीकृति के, जिसने उन्हें खा लिया था।

उन्होंने अन्न उगाना बन्द कर दिया था। उनके पास दो ही किस्म के जानवर थे—कुत्ते और गधे, जिनका ताल्लुक काम से अधिक शौक से था।

सारी चीजों का आटोमेशन हो गया है। यहाँ तक कि नींद और सपनों का भी। सपनों के लिए फार्म भरना पड़ता है। किस किस्म का सपना? समय। सपनों की आवश्यकता। इसके लिए प्रमाण-पत्र की जरूरत पड़ती थी। सपना यदि उसी तरह का पहले कभी लिया हो, दुबारा लेने की जरूरत। मुख्य कार्यालय से सपना स्वीकृत होता है। उसकी सूचना सम्बन्धित व्यक्ति को तीन दिन पहले दे दी जाती है।

× × ×

वह आदमी सीधा चलता है—तना हुआ। आँखें देखनेवालों की सीध में, मगर न देखने के अन्दाज में। उसके आते ही लोगों के चेहरों पर गम्भीर स्यापा-सा छा जाता है। उसे सामने पाकर हर आदमी कुछ 'खोता हुआ' मालूम पड़ता है। लोगों का कन्धा झुकता है, आँखें झुकती हैं; सिर झुक जाता है। खाने की मेज के नीचे किसी आदत को खेता हुआ पाँव रुक जाता है। और लगता है, दीवारों का रंग पिघल रहा है। मैं समझ नहीं पाता था कि ऐसा क्यों होता है। मगर एक दिन, आह! एक दिन मुझे असलियत मालूम हुई कि इस आदमी की दोनों टाँगें युद्ध में घुटने तक कटी हुई हैं और यह लकड़ी के पैरों पर चल रहा है।

× × ×

दीवाली की रात। दलिद्दर खेदते हुए सूप को सावधानी से पीटते हुए वे जा रही हैं : अधेड़ औरतें, ठिठुरती लड़कियाँ। वे हँसियों की चोट आहिस्ता-आहिस्ता करती हैं। जिनके सूप नये हैं, मगर जिनके पुराने हैं और टूट चुके हैं और जिन्हें वापसी से वास्ता नहीं, वे उत्साह में पीटे जा रहे हैं। एक सामूहिक आवाज रात के सन्नाटे में...हल्की ठंड के सहारे नींद उचटे मकानों की दीवारों से टकराकर दोहरी हो रही हैं :

धप् धप् धप् धप्...धप् धप् धप् धप्...!

जैसे अँधेरी रात में किसी अनहोनी के सामने अचानक गाँव का हृदय धड़क उठा है!

उत्साहित छोकरे दीया लूटने की स्पर्धा में मुँह से जलते दीये को फूँक मारकर बुझा रहे हैं। उसके तेल को उलटकर गिरा रहे हैं और अपने पीछे एक तेज भागती हुई काली परछाईं ढेर करते हुए भाग रहे हैं : एक दरवाजे से दूसरे दरवाजे की ओर।

'इस्सर बसें दलिद्दर निकसें।'

× × ×

मणिकर्णिका पर मुर्दे को फूँककर वे लौटते हैं साँड़ भर चौड़ी गली में—यह कचौड़ी गली है।

यहाँ दो चीजें मिलती हैं : खास तौर से कचौड़ी और कोकशास्त्र।

वे किसी दुकान में घुस जाते हैं, अपने हाथों की राख झाड़ते हुए। चेहरे पर अभी भी चिता की लपट, अपनी प्रतिध्वनि की भभक फेंक, होती है। लेकिन शुद्ध वनस्पति घी की भाप, उड़द की पीठी और हींग की हल्की गमक।

श्मशान वैराग्य की दुनिया के तट से अलग हटाकर उन्हें उस जगह रख देती है, जहाँ वे वर्षों से मन में बसी हुई साध पूरी करते हैं।

महुए के पत्तों का पत्तल, उस पर परसी हुई गरम-गरम कचौड़ी, कोंहड़े की सब्जी, आलू-प्याज की रसेदार, रायता और चटनी।

मरनेवाले की 'आतमा सरग' में भेजते हुए वे हँसी-मजाक करते हैं।

"का होऽऽ सुमेसर! कैसन पिछड़त हउवाऽऽ?

एकठे अउर लऽ!...फिन-फिन हाथे थोड़ी आई।"

"बस पाँड़े। अब न चली। कयास के बहरे हो गयल हौ और कचौड़ी गली कचौड़ियों की गमक और 'रामनाम सत्य' है।"

कविता पर कुछ

कविता प्रतीकों से छूट रही है। यह शुभ लक्षण है। किन्तु यह भी कि प्रतीक उसका पीछा कर रहे हैं, हम दम साधे उसका पलायन देख रहे हैं। ये उलझा देते हैं। और चीजों को उसके सही नाम से वाकिफ नहीं होने देते।

यह सभी कुछ मूर्खतापूर्ण है। मैं ऐसा समझता हूँ। वे केवल कविताओं का आविष्कार कर रहे हैं, कविताएँ कहीं नहीं हैं।

वे जो कुछ लिखते हैं, सतर्कता से। जैसे कोई कलम पकड़ न ले। और इसी दौर, होता यह है कि अनुभूतियों का खुलापन खयालों से दब जाता है। अपने खुलेपन में जो दिखता है, उसे नोक नहीं मिल पाती। विचित्र बात है कि बौद्धिकता से गुजरती इस पूरी पीढ़ी की सपाटता इतनी रहस्यात्मक भी है।

आज की कविता को सबसे अधिक भाषा ने मारा है—एक बनी-बनाई भाषा ने। हमारा पहला काम है—कविता को भाषाहीन करना। भाषा को आम लोगों के बीच से उठाकर कविता तक लाने का काम किया प्रसाद ने, पंत ने और अज्ञेय ने। यह काम गलत हुआ। कविता में भाषा कला-शिल्प के ठहराव का स्वर बनकर रह गई। अभिजात और शालीन। उसकी क्रियाशीलता नष्ट हो गई। अधिकांश कवि, लेखक केवल भाषा का ईजाद करने में चुक गए। और हुआ यह कि अभिव्यक्तियों का भाषागत माध्यम महज ढर्रा बनकर रह गया। सभी ने थकेपन और बेहोशी की-सी स्थिति में जीवन अनुभव किया। और लिखते समय...होश का नाटक करते रहे। यह अभिव्यक्ति के ईमानदारी के लिए उलटा हुआ। शब्दों में शालीनता बढ़ी। शिल्प बढ़ा। भाषा का परिष्कार हुआ, किन्तु उसकी शक्ति मर गई। और कविता शब्दों के बासीपन की बदबू से भर उठी। उसमें ताजगी न रही और न चोट करने की शक्ति।

एक बात और—जो लिखा जा रहा है, अधिकांश समकालीनों की सन्तुष्टि के लिए। व्यक्तिपरक होने का जो भी दावा वे करें किन्तु गुट के दबाव में वे कहीं-न-कहीं पड़े हैं अवश्य। समसामयिकता से कहीं अधिक बल समकालीनता का दिया जा रहा है। नकार दिये जाने का भय व्यक्तिपरकता को समुदाय से जोड़ता है। किन्तु दुर्भाग्य है, और सच भी कि आज लेखक केवल समकालीन लेखकों

को ही समुदाय मानता है। दूसरे सब एक अलग की अवास्तविकता के घेरे में बन्द मान लिये गए हैं। हुआ यह है कि आज की साहित्यिक रुझान साहित्यिकों की रुचि सन्तुष्टि बन गई है, विशेषत: गुट की। इन लोगों ने व्यक्तिगत प्रशंसा को ही मूल्य मान लिया है। हिन्दी लेखन (विशेषत: कविता) इस स्वनिर्मित (स्वार्थ निर्मित भी) मूल्यबोध से ग्रस्त है।

प्रतीकों ने एक मोड़ पर कविता को शक्ति दी थी, अनुभव को अनुभूत कराने की क्षमता दी थी, किन्तु अब वही उसका बोझ है।

[लगभग 1962—सं.]

× × ×

- फ्रेडरिक एंगेल्स ने तरुणों को क्रान्तिकारी लफ्फाजी का शूरमा कहा है।
- हम एक बड़े परिवर्तन की देहरी पर हैं। इस वक्त अलगाव के सारे चिह्नों को मिटा देना चाहिए।
- और अब इतिहास नामक जादूगरनी के पूरे पतीले में उबाल आ रहा है। हमारा देश कब इस मंजिल पर पहुँचेगा?

—मार्क्स

- किसी के द्वारा न समझे जाने से अपने ही अनुभवों से रोमांचित और परितृप्त, अपने ही सुख के निजी खारेपन में डूबते एकाकी और असहाय 'भोला बाबुओं' की कमी हिन्दुस्तानी लेखकों में नहीं है।
- और यह सख्त खुरदरी, बेकार जगह, जिसे हमने कँटीले तारों से घेर दिया है, हमारी आजादी को सुरक्षित करती है। इस घेरे में अपनी नाक सुड़क कर अपने कन्धे पर पोंछने के लिए हम स्वतंत्र हैं बिना किसी पूर्वाभिमान के और बिना यह सोचे कि हमारे पूर्वजों ने आजादी की शिनाख्त औरतों के चूतड़ों से की थी या घोड़ों की झाग से तर लगामों से। पत्थर पर खुदे हुए नामों से कुछ पता नहीं चलता।

मैक्सिम गोर्की

- असली नाम अलेक्सेई पेश्कोव था। पहली कहानी 'मकरछुद्रा' तिफलिस के पत्र 'कावकाज' में सितम्बर, 1892 ई. में छपी थी। यह एक कल्पित नाम 'मैक्सिम गोर्की' के नाम से छपी थी। इस नाम को ही लेखक ने भविष्य में हमेशा के लिए अपना लिया। क्या पहली कहानी यही थी?

1898 का वर्ष गोर्की के लिए एक स्मरणीय वर्ष था। इस वर्ष उनकी छोटी कहानियाँ और लेखों का पहला संग्रह प्रकाशित हुआ, उनकी ख्याति ने लम्बे डग भरे। संग्रह का नाम? उनकी रचनाएँ वोल्गा प्रदेश के बड़े समाचार-पत्रों 'वीज्ने गोरोदस्की लिस्तोक' और 'समारस्कीया गजेता' में छपीं। इन पत्रों की फाइलें?

प्रतीकवादियों के प्रतिक्रियावादी रोमांटिसिज्म से भिन्न, जो यथातथ्य जगत से पलायन कर हवाई लोक में शरण लेते थे। गोर्की का रोमांटिसिज्म ऐसे सपनों से अनुप्राणित है जो आज की यथार्थता को वेधकर कल-भविष्य की यथार्थता को देखते हैं। 'गाते हैं हम उस पागलपन का गीत जो साहस से जूझना जानता है।'

उन्होंने दिखाया है कि बुर्जुआ जीवन-प्रणाली के प्रति उनकी घृणा (लोगों की घृणा) ने जीवन संघटन के सभी रूपों के प्रति घृणा का रूप धारण कर लिया था और मिल्कियत के प्रति उनकी घृणा श्रम के प्रति घृणा बनकर रह गई थी।

साहित्य का उद्देश्य है खुद अपने को जानने में मानव की मदद करना, उसके आत्मविश्वास को दृढ़ बनाना और सत्य का पता लगाने की उसकी कोशिशों का समर्थन करना। लोगों में जो अच्छाई है, उसका उद्घाटन करना और बुराइयों को जड़ से उखाड़ फेंकना। लोगों के हृदय में शर्म, गुस्से और साहस की चिनगारी जगाना, ऊँचे उद्देश्यों के लिए शक्ति बटोरने में उनकी मदद करना और सौन्दर्य की पवित्र भावना से उनके जीवन को शुभ्र बनाना।

- लेनिन : 'लाभ या निजी महत्त्वाकांक्षा के कारण नहीं बल्कि मेहनतकश जनता और समाजवाद के विचारों के प्रति उनकी सहानुभूति अधिकाधिक लेखकों को खींच लाएगी। वह एक आजाद साहित्य होगा, कारण कि कुछ गिनी-चुनी विकृत कुलांगनाओं या 'ऊपरी वर्ग के दस हजार' चर्बी चढ़े हुए ऊब में डूबे लोगों की सेवा करने के बजाय, वह उन लाखों मजदूरों के लिए लिखा जाएगा, जो देश के गौरव, उसकी शक्ति और भविष्य का प्रतिनिधित्व करते हैं।'
- मैदा हो गए हैं, उन्हें पिसने का डर नहीं है।

फ्रेडरिक एंगेल्स : समाजवाद
[काल्पनिक और वैज्ञानिक]

- हम जर्मनों में एक विचित्र मानसिक प्रवृत्ति है जिसे आप चाहें तो उग्र चिन्तनशीलता कहिए, गम्भीर विद्वत्ता कहिए या विद्वत्तापूर्ण गम्भीरता कह डालिए। इसका परिणाम यह है कि हममें से जब कोई किसी ऐसे सिद्धान्त का प्रतिपादन करता है, जिसे वह नया समझता है तो उस सिद्धान्त को एक सर्वव्यापी शास्त्र का रूप दिये बिना नहीं रहता।
- उसका सम्बन्ध मजदूरों के जीवन की साधारण अवस्था से है इसलिए वह परिच्छेद भी मजदूरों को उतना दुरूह नहीं मालूम होगा, जितना कि 'पढ़े-लिखे' पूँजीपतियों को।
- जर्मनी का आर्थिक और राजनीतिक विकास, जो 1840 के शुरू के दिनों में आज से कहीं ज्यादा पिछड़ा हुआ था, ज्यादा-से-ज्यादा सिर्फ समाजवाद के विकृत रूप को ही जन्म दे सका।

[हिन्दुस्तान से इसकी तुलना करें : **धूमिल**]

- माल का उत्पादन से हमारा तात्पर्य उस आर्थिक व्यवस्था से है जिसमें वस्तुओं का उत्पादन उत्पादकों के निजी व्यवहार के लिए ही न होकर विनिमय के उद्‌देश्य से भी होता है अर्थात् चीजें व्यवहार के लिए उत्पादित मूल्य न होकर माल बन जाती हैं। माल उत्पादन की अवस्था विनिमय के लिए होनेवाले उत्पादन...।
- **हर एक पुरानी चीज हमारी दया और घृणा की पात्र है**

  नकदी का चलन बढ़ने लगा और कार्लाइल के शब्दों में वह ही 'सामाजिक सम्बन्धों का एकमात्र मापदंड' हो गया। अपराध और अपराधियों की संख्या हर साल बढ़ने लगी।...व्यभिचारों का अन्त नहीं हुआ। किन्तु पहले जो सरेआम किए जाते थे, उसके बदले अब छिपकर किये जाने लगे। दूसरी तरफ पूँजीवादियों के अनाचार जो परदे की ओट हुआ करते थे, अब खुलकर धड़ल्ले से किये जाने लगे। व्यापार ने बढ़ते-बढ़ते धोखेबाजी

का रूप धारण कर लिया। विश्वबन्धुत्व के क्रान्तिकारी आदर्श का स्थान व्यापारिक होड़ की छल-कपट ने ले लिया। अत्याचारों और जुल्मों पर खुशामद और घूसखोरी का मुलम्मा चढ़ गया और तलवार के स्थान पर अब रुपया ही सामाजिक शक्ति का मुख्य अस्त्र बन गया। गरीब की नव-वधू के साथ 'पहली रात बिताने का अधिकार' अब सामन्ती सरदार के हाथ से निकलकर पूँजीवादी कारखानेदार के हाथ आ गया। वेश्यावृत्ति इतनी बढ़ गई जितनी पहले कभी देखी नहीं गई थी। विवाह पहले की तरह अब भी वेश्यावृत्ति को ढक रखने का एक आवरण, कानूनी जामा बना रहा। व्यभिचारों की मात्रा और बढ़ गई।...'विवेक की विजय' के बाद जिस व्यवस्था की स्थापना हुई, उसे देखकर जनता का हृदय क्षोभ, निराशा और असन्तोष से भर गया।—सारा समाज बुराइयों से भरा दिख पड़ रहा है। यह चिन्तनशील व्यक्तियों का कर्तव्य था कि इन बुराइयों को दूर करने का वे रास्ता निकालें। आवश्यकता इस बात की थी कि एक नवीन और अधिक निर्दोष समाज-व्यवस्था का आविष्कार किया जाए।

- किसी पूरे समाज की स्वाधीनता का अनुमान उस समाज की स्त्रियों की स्वाधीनता से लगाया जा सकता है।
- निराला बेलाग कवि थे लेकिन बेलौस कवि नहीं थे। वे तटस्थ थे, लेकिन रियायती थे। यही उनकी ताकत भी थी और कमजोरी भी। यह रियायत उन्हें पागलपन तक ले गई। लेकिन यही उन्हें महाकवि से बड़ा महामानव के रूप में स्थापित कर गई।
- आज के कवि बेलौस कहते हैं। उनके यहाँ कोई रियायत नहीं है। लेकिन यही उनकी कमजोरी भी है। उनका यह बेलौसपन कई बार उन्हें गैर-जिम्मेदारी की ओर भी ले जाता है।
- निराला ने 'सहन करने के गौरव' का बखान अपनी कविता में स्थान-स्थान पर किया है।
- हिन्दी खड़ी बोली और पंक्तियों के कवि।
- उद्धरण देने लायक कवि :

उर्दू के कवि—उनके उद्धरण, शेर व गजलें इत्यादि।

संस्कृत के कवि—कालिदास, बाण, माघ, भास, भारवि इत्यादि की पंक्तियों के उद्धरण।

अंग्रेजी के कवि और उद्धरण : शेली, कीट्स, शेक्सपियर, वर्ड्सवर्थ। क्या हिन्दी कवियों की पंक्तियाँ जीवन से दूर हैं कि उनका उद्धरण बातों के साथ नहीं दिया जा सकता?

सूर, तुलसी, कबीर, रहीम इत्यादि के उद्धरण और खड़ी बोली के कवियों का उद्धरण, यदि हैं तो उद्धरण लायक पंक्तियाँ बातचीत के बीच क्यों नहीं आतीं?

कारण : 1. हिन्दी का विकास-काल,
2. जनजीवन और उर्दू से प्रभावित मस्तिष्क,
3. उर्दू क्लासिक की परम्परा और
4. उनके आधार पर ढली हुई सस्ती उर्दू का लचीलापन। प्रेम और सामान्य जीवन की बातें,
5. आर्थिक समस्याएँ और
6. आग्रहहीन हृदय।

- आप बेसिक वैल्यू की चीजें लिखते हैं या नहीं, बेसिक वैल्यू के भी अप्लिकेशन क्या हैं? यह मानकर लिखना कि जनता तक बातें नहीं पहुँच पाती हैं, लेखक को उदासीन बनाता है।
- क्या वजह है कि बेईमान आदमी बेईमानी को कन्डेम करता है? वह बेईमानी की जड़ को और मजबूती से जमाना चाहता है? हर व्यक्ति इस प्रक्रिया से टेमटेड होता है और उसकी ओर सुरक्षात्मक रुख अख्तियार करता है। इसके विरुद्ध जेहाद। सामूहिक और व्यक्तिगत।
- पालकी वाला एडवोकेट :
  जो शाब्दिक ड्रामा कर सकता है, ऐसा बच्चा है।
- एक कम्युनिस्ट भयानक तौर पर आशावादी हुआ करता है। एक आदमी की गरदन कट गई है लेकिन वह कहता है—आज यह गरदन कटी है, लेकिन कल यह अवश्य उग आएगी।
- आज के युग की विशेषता ही यह है कि निम्न स्तरीय दिमाग—यह जानते हुए भी कि वह निम्न स्तरीय है, अपने निम्न स्तरीय अधिकारों की घोषणा करने के लिए और जहाँ कहीं सम्भव हो, उन्हें दूसरों पर थोपने के लिए, सदा आश्वस्त और उद्यत रहता है।
- कोई भी ऐसा व्यक्ति जो हर एक के सदृश नहीं है, जो हर एक की तरह ही सोचता-विचारता नहीं, सदा विनाश के खतरे में रहता है।

—जॉर्ज आर्गेटा बाई गस्सेट

- 'आज का लेखक : व्यक्ति स्वातंत्र्य का प्रश्न'।
- आदमी के बगल में बैठने की वफादारी।
- 1. समीक्षा की भाषा जीवन्त भाषा से दूर चली गई है।
  2. भाषा-शैली व्याकरण, शब्द—सबको एक इकाई के रूप में।
  3. भाषा अयथार्थ हो गई है, निष्प्राण हो गई है।

- क्रान्ति लाने की बात सोचनेवालों का संघ हो। यह संघ ही समूह के लिए हथियार होगा। यह संघर्ष (साधारण) सिम्पल से कॉम्प्लेक्स की ओर होना चाहिए।

  संघ के लिए विचारों में समानता होनी चाहिए। विचारों की समानता के लिए आदमी और आदमी के बीच सम्पर्क होना चाहिए। सम्पर्क के लिए सही शब्द जरूरी हैं।

- सामान्य लोगों को अब तक केवल पूँजीपतियों का सामना करना पड़ता रहा है, किन्तु जहाँ एक ओर उनकी सारी समस्याओं के मूल में ये पूँजीपति बने ही हैं, एक दूसरा खतरा भी तैयार हो रहा है और वह है : बढ़ता हुआ 'बौद्धिकों का वर्ग'।

  उस पर दिक्कत यह कि तथाकथित बौद्धिक वर्ग में है कौन? वे ही, जिन्होंने कल सामान्य लोगों के सुख-दुख की साझेदारी की थी; जिन्होंने किसी स्तर पर 'पूँजीवाद' के विरोध में, 'व्यक्तिपूजा' के विरोध में अपनी आवाज बुलंद की थी। और जब उनके प्रति हमारी आस्था जगी (तो), वे 'अवसरवाद' के सशक्त हाथों हमारे बीच से उठा लिये गए। क्या वह केवल व्यक्तित्व निर्माण की पूर्व भूमिका थी या अपने लिए शासकों की व्यवस्था में योग्य-स्थान की तलाश? उन्होंने कितनी आसानी से आत्म-सम किया, इसकी मिसाल नहीं और अब वे पूँजीवाद की रक्षा किसी रोबट की तरह कर रहे हैं। सामान्य लोगों के लिए (जिसमें आज की नई पीढ़ी भी है) यह दोहरा संकट है और जिससे उन्हें संघर्ष करने के लिए बाध्य होना है।

  क्या इस संघर्ष में साहित्य या कला कोई योग दे सकते हैं? इस प्रश्न का उत्तर है कि हम साहित्य या कला को किस स्तर पर चुनते हैं? आज तक के साहित्य के आन्दोलन का इतिहास सामने है। साहित्य के विकास के सन्दर्भ में छायावाद, रहस्यवाद, प्रगतिवाद, प्रयोगवाद, नई कविता, अकविता या जो कुछ भी आज तक हुआ है, उस पर अलग से विचार की आवश्यकता है।

  कुल मिलाकर इन साहित्य-आन्दोलनों से जो मतलब निकलता है, वह केवल इतना कि साहित्य के विकास में उसी साहित्यिक-क्रम के अन्दर चले अलग-अलग महत्त्वपूर्ण योग हर एक आन्दोलन ने दिया हो किन्तु साहित्य में जिस संकल्पित जीवन-शक्ति की चर्चा होती रही, उसके प्रति वे तटस्थ रहे।

- जिनके पूर्वज हेस्टिंग्ज को छिपाकर रखते थे और उसे भागने में मदद करते थे, उनके वंशज रथ-यात्रा का संचालन करते हैं।

- मजहब नहीं सिखाता परजा में बैर रखना।
- यह कितना पावन है, यह कितना पंगु है!
- उन तंग गलियों में कोई गाड़ी नहीं गुजरती। दुबले कुत्तों का भूँकना, मक्खियाँ, पके बाल वाली बुढ़िया, सुन्दर और आकर्षक आधुनिक युवतियाँ, विविध वस्त्रों में यात्री, भस्मधारी गलित शरीर वाले वृद्ध साधु। मन्दिर के फाटक पर आँखों को घृणित और जुगुप्सित लगनेवाले भस्मधारी साधु दबकर बैठे हैं। दोनों ओर की दीवारों से भिखमंगे और पंगु लोगों की कतार सटी पड़ी है। उनके आगे के चट-वस्त्र फैले हैं और उन पर जस्ते के पिचके बर्तन रखे हैं जिनमें टिकुलहिया पैसे और चावल के दाने बिखरे हैं। वहाँ सीलन है और हवा में गहरी भारी गन्ध है। धूप नहीं है और नीम के नीचे की जमीन कीचड़ और नमी से भरी हुई है जिनमें निमकौड़ियों के सड़ने की गन्ध है। सूरज सिर्फ मन्दिर के शिखर पर सोने के कलशों पर चमकता है और हवा में कबूतर की बीट है या चीखते परिंदों के पंख फड़फड़ाने की आवाज। शंख और घंटों की तुमुल ध्वनि के साथ रात किसी चोट खाये कबूतर की तरह पूरे शहर पर गिरती है। और आरती की बत्तियों में बमकते वस्त्रों से सँवरी देवताओं की संगमरमरीकाय-श्री झिलमिलाती है। उसके होंठों पर वही न मिटनेवाली मुसकान है। पर शाम की इसी कलराहट ने उसे रहस्यमयी बना दिया है। ये बजते हुए वाद्य, ये प्रार्थनारत होंठ, हिलते हुए, जुड़े हुए हाथ—सब कुछ मृत हैं, जीवित हैं मूर्तियाँ। मूर्तियाँ जीवित हैं।
- सभी को मुँहमाँगी वस्तु देने की झूठी आशा दिखानेवाली मायाविनी राजनीति ने अपनी गोद में छोटे-छोटे बच्चों को भी उठा लिया है।
- धूलभरी सड़कों पर अपने को घसीटते दुबले-पतले भिखमंगे। अंग से चमड़ा झूल रहा है। कुछ के चमड़े हड्डियों से चिपक गए थे। उनकी ठठरियाँ निकल आई थीं। अपनी बदनसीबी को बेबसी के साथ स्वीकार करने का निर्णय शून्य-भाव उनकी आँखों से झलक रहा है।

—पालब्रंटन

× × ×

- दुखी और क्षुब्ध पंडितराज को सीढ़ियों पर देखा है और प्रत्येक पद पर उछलती हुई गंगा को सीढ़ी-सीढ़ी चढ़ते हुए।

—पंचगंगाधार

× × ×

* **तुलसी**

उस गहरे अन्धकार में, जंगल की ओर मुँह किये।
उस महान साधक को ताकते हुए देखा है
पैरों के नीचे सिहरती हुई गंगा की शान्त निर्मल जल धारा
अविरल बह रही है।

मंदाकिनी, मंदाकिनी—किस ज्योति की तलाश में, अपने अकेलेपन की टोह में अविराम चलते हुए यात्री की थकान आँखों के नीचे नीली चमक है। क्या उसने पा लिया अन्धकार में उस घने जंगल से उठती हुई झोंक और अपनी विराट मानव-चिन्ता का समाधान?

* काशी में कंकड़ भी शिवशंकर समान है।
* सन् 1809। मस्जिद टूटती है। लाट का काफी हिस्सा तोड़कर गंगाजी में फेंकते हैं। गाय के खून से मन्दिर का फर्श तर कर दी गई है। प्रलय के भय से योगियों ने गंगा में डूबकर आत्महत्या कर ली है। चारों ओर हाहाकर मच गया है।
* पुनर्जन्म से बचने के लिए शरीर में राख पोतकर तपस्या करते हैं।
* क्या अब भी किसी गुफा में किसी अधजले पेड़ के तने-सा कोई साधु निकलेगा और अपनी जलती हुई आँखों से आँकेगा आसपास और फिर अट्टहास—हा-हा-हा—दूर-दूर उड़ती चिड़ियों और सहमे हुए लोगों को घृणा से देखकर वापस चला जाएगा? डरता हूँ अपने इस अकेले और बदसूरत खयाल से।
* दीवारें इतनी चिकनी थीं कि मेरे हाथ प्रार्थना के लिए जुड़ गए।
* लड़का जिद करता है— / घंटियाँ कब बजेंगी? / घंटियाँ क्यों नहीं बज रही हैं / और पिता चुप है / उसके मस्तक पर पसीना है / आँखों में पानी है / पेड़ हैं, पत्ते हैं / यहाँ सब कुछ है / सिर्फ हवा नहीं है / जो घंटियों को बजाए और / बच्चे को उत्तर दे।
* फटे महादेव।
* ज्ञानवापी के मन्दिर और मस्जिद का उसके साथ हिस्सा।
* **शिवलिंग—** भले ही अनादि हो किन्तु विश्वनाथ मन्दिर अपने भौतिक रूप में अजर-अमर अटूट नहीं है। वह कई बार टूटा और बना है।
* काशी की सीढ़ियों पर झाड़ू देनेवाले चांडाल से शंकराचार्य का शास्त्रार्थ।
* शहर कब सोता है?
* घोड़े पर हौदा हाथी पर जीन
  बनारस से भाग गया वारेन हेस्टीन
* 'अष्टकूप नौवावलियों' का नगर धूल और धुएँ में लेटा पड़ा है।

- किसी के लिए यह स्वीकार करना कि उसके दिन अब लद चुके हैं, अपने अस्तित्व से स्वीकार करना है।
- नये की रचना करने के लिए माथे का पसीना बहाने की जरूरत होती है, जबकि पुराना पहले से मौजूद होता है, आदत की टेक लिये दृढ़ता से स्थित होता है।
- जीवन के नये युग के पहले का काल बड़ा त्रासदायक और असहनीय मालूम होता है। प्रत्येक समस्या एक दुखद करवट लेती है। लोग बेहूदा दलों की ओर, जिससे भी उन्हें तसल्ली मिले, मूर्खों की तरह लपकते हैं। एक ओर अन्ध दुराग्रह, दूसरी ओर अन्ध अनास्था। एक ओर के सिर-पैर की आशाएँ, दूसरी ओर बे-सिर-पैर की निराशा।

  —त्रासदायक उत्सुकता अप्रत्याशित के घटने की बेचैन प्रतीक्षा, जबकि प्रकटत: कुछ भी नहीं घट रहा होता।
- मेरी इच्छा होती है कि मैं अपने बच्चों के साथ खेलूँ, लेकिन हर बार मुझे लगा है कि मेरी हरचन्द कोशिशों के बावजूद, मेरे बाप की आँखें उनके चारों ओर पहरा देती रहती हैं और मुझे वहाँ जाने से मना करती हैं। बिना कुछ कहे झिझकती हुई आत्मीयता से मेरी—एक सतर्क उदासीन चुप्पी के द्वारा। मैं नीम के नीचे चारपाई घसीटकर पड़े रहता हूँ और सुदूर अतीत में अपनी ही उम्र के एक युवक को छटपटाते हुए, बच्चों से दूर किसी चारपाई पर उतान लेटा हुआ पाता हूँ। और अब मैंने समझ लिया है कि बच्चों की दिलचस्पी पिल्लों में क्यों है।
- ईमानदार रह सकने की शर्त बदकर, गैर-ईमानदारी का जिस्म खराब करना मुझे पसन्द नहीं है। अत: ईमानदार होने की अपेक्षा 'संगत' होना मेरे लिए अधिक सहज है। आप वही चुनें, जितना आपके लिए आवश्यक है। अपनी शर्म के नीचे अपमानित होने के लिए, अपने को छोड़कर भागना, और सजा सुनाते वक्त कानों को बन्द कर लेना बचने की सही तरकीब नहीं है।
- सुविधाओं के पीछे गिरे हौसले का नाम अवसरवाद है। उसके घुटने फूट गए हैं, लेकिन आप उन्हें देख नहीं सकते। उस पर अच्छी तरह इस्तरी किये गए कपड़ों की सुख-पट्टियाँ बाँध दी गई हैं। उसकी आँखों की सतर्कता उसके चश्मे की गिनतियाँ पोसती हैं। उसकी जिन्दगी एक ऐसे फोड़े की तरह है जिसमें रोज मवाद भर जाती है। हीनता मवाद—जिसे वह अपनी खुशामद की खपच्चियों से खोदकर बाहर निकालता है और हल्का होता है। शालीनता उसे नंगा करनेवाली जरूरत है।

- पेड़ और पहाड़ों पर आँख पड़ते ही जिनके खून की रफ्तार बढ़ जाती है, उन प्रकृति-प्रेमियों से निवेदन है कि वे अपने आमाशय की जाँच करवाएँ। निथरे हुए दृश्यों की पथरी से किडनी में घाव हो सकता है। और सच यह भी है कि आम रोगों से मरने पर साहित्य की ऐतिहासिक पृष्ठभूमि तैयार करने में ऐसी मौत कोई हिस्सा नहीं लेती। आलस्य की असंग निर्ममता से देश के दुर्लभ अन्न पली कायश्री का विकट इस्तेमाल और क्या हो सकता है?
- इस मौसम में झुक पाना आसान नहीं है।
- और रचना—वह मेरे निकट पड़ोस की पहचान है। पड़ोस की पहचान—अपनी सुरक्षा के सन्दर्भ में। रचना-प्रक्रिया चेहरा नहीं है और न तो चेहरे से पलायन है बल्कि सही चेहरे की एक चेहरे में वापसी है।
- क्या कभी गाँव गए हो? गाँव में किसी से मिले? गाँव का आदमी पहले से 100 प्रतिशत शंकालु और हिंसक हो उठा है। शंकालुता और हिंसा का यह प्रतिशत बिना समझे उसके चरित्र की सही तसदीक नहीं सम्भव।

    वह कविता में आता है सिर्फ कविता के ढर्रे को तोड़ने के लिए। अगर कविता टूटती है तो समझो, वह उपस्थित है और अगर कविता में वह एक चरित्र के मानिन्द रह गया है तो जानो कि वह केवल 'माध्यम' भर है वरना उसके बहाने तुमने खुद को लिख मारा है।

    प्रगतिशील लेखकों ने प्रगतिवादी जमाने में उसके माध्यम से खुद को लिखा और परिश्रम सामने है। कविता तब की माल रही और युवा लेखक अगर उसी हरकत का ताबेगीर रहा तो आज की कविता भी उसके होते बाजार का भाव बनकर रहेगी।

- मैं इन कमीन और मजदूरों की बात सोचता हूँ। यदि इनके बीच इनसे जरा विशिष्ट—यानी जरा-सा ही विशिष्ट बनकर जाओ तो एक संकोच और भय भरे आदर से सम्मान करेंगे और अपनी रोज की दिक्कतों से यथासम्भव दूर रखेंगे—नहीं—शायद सही यह कि अपना राजदां नहीं ही बनाएँगे। और यदि इनमें घुलमिल जाओ—तो गन्दगी पर उतर आएँगे। यह क्यों है? ऐसा किसलिए होता है? अपनी विवशताओं में जीते-जीते जो विष इनके रग-रग को तोड़े डाल रहा है? क्या उसे बाहर निकालने की दुर्दान्त इच्छा ही तो इसमें सहायक नहीं है जो अवसर पाकर अपने पर ही सारा जहर उड़ेल देती है?
- जिनमें 'सतह की बातों' का भी एक खास महत्त्व है। वे सभी घटनाएँ जो खुर्दबीन से ही देखी जा सकें, मेरे लिए स्पष्टतर हो गई हैं। मैं जानता हूँ

कि किसी जगह बम फटने के दुख और चाय के ठंडी होने के दुख में क्या अन्तर है।

- क्या साहित्य में यंग एंग्री मैन की स्थिति औचित्यपूर्ण है?
  - (अ) पूर्ववर्ती साहित्य के प्रति अनुदार दृष्टिकोण एवं नकार की प्रवृत्ति कहाँ तक साहित्य की स्वस्थता की सूचक है, जिनकी सहानुभूति ही साहित्य एवं कला की आधारशिला है?
  - (ब) क्या बिना साहित्यिक डिसिप्लिन के किसी स्वस्थ साहित्य का वातावरण बुना जा सकता है?
- भावुकता एक जिम्मेदार आदमी की सबसे बड़ी जरूरत है। और यह सम्बन्धों के फासले पर उपजती है। तुम जरा उस आदमी की हालत पर गौर करो जो कुएँ से पानी खींच रहा है और दस-एक हाथ के बाद अचानक रस्सी टूट जाती है सिवा एक पतले धागे के। पानी भरा डोल उसी पतले धागे के सहारे खींचते हुए उस आदमी की सतर्कता, तल्लीनता, संशयग्रस्त आत्मीयता और इसके साथ ही उसके चेहरे पर दौड़ते भावों की प्रतिध्वनि, जो उस पानी के गहरे अन्धकार में प्रतिध्वनित नहीं होती। और उस टूटे हिस्से को अपने सामने आते ही किस उतावली से उसे पकड़ता है, जैसेकि आश्वस्त होने के लिए मिला हुआ यह क्षण फिर कहीं निराशा में न बदल जाए!
- कहा जा रहा है कि उनके पास चूड़ियाँ भेजी गई हैं और वे उत्तेजित हो उठे हैं। क्या ऐसा होता है? मुझे मालूम है कि लड़कियाँ भी अब चूड़ियाँ नहीं पहनतीं—मेरा मतलब कॉलेजों से है। वहाँ चूड़ियाँ नहीं चलतीं। मगर चलाई जा रही हैं। परम्परा वहाँ इसलिए जिलाई जाती हैं कि उन पर प्रयोग करना है : ठीक उस कुतिया की तरह, जिसकी गर्दन की नली निकाल ली गई है और वहाँ एक सूराख हो गया है, जिसके जरिये रबर की नली से उसकी आँतों में खाना डाल दिया जाता है। यह सब कितना बेमानी है! कितनी भावुकता भरी लानत! जब चीजें उठ जाती हैं तो उनका होने को इक्का-दुक्का प्रतीक के लिए इस्तेमाल किया जाता है। मुझे मालूम हुआ कि ऐसे में वे चीजें जिनसे हमारा अँजवाती सम्बन्ध रहा है और जिन्हें हम निपटा चुके होते हैं, हमें बेकार करके भीड़ बनाने में मदद होती है।
- **जुलूस**

जुलू = उस लड़की का नाम जो उसके पड़ोस में रहती है। उसे पुकारते वक्त एक लम्बी ध्वनि आती है।

लूस = जिसमें 'चाप' लगाकर लोग कई-कई मतलब निकालते हैं।

जुस = नहीं, कोई रस नहीं।

उसने इस शब्द को कई बार तोड़ा। हर बार एक एहतियाती कार्यवाही की नीयत से। वही किसी चीज से बचना चाहता था। शायद कोई भय। मगर उस जैसे काठी वाले आदमी के लिए इसकी कोई गुंजाइश नहीं थी। फिर भी, फिर भी वह एक बार इस सिलसिले में पूरी तरह यकीन कर लेना चाहता था। पिछले दिनों उसका राशनकार्ड पकड़ा गया था। चूँकि उसकी इच्छा शहर के चर्चित लोगों की सूची में शरीक होने की नहीं थी, इसलिए वह इसे अपने सम्मान के खिलाफ समझ रहा था। क्या वह झूठ था? माना कि झूठ था, किन्तु क्या सचमुच जुर्म था? आज नहीं तो कल 'पाँचवाँ' सदस्य इस परिवार में आ ही जाएगा।

और तब...?

उसे अपनी पत्नी का खयाल आया। बिलकुल, भरी हुई मसक की तरह लथपथ-थलथल। वह आजकल हो रही है। उसने उस भिश्ती के बारे में सोचा जो सुबह-सुबह उस मशक को अपनी पीठ पर लादकर नालियाँ साफ करता फिरता है। जहाँ से पानी निकलता है, ठीक वहीं यदि किसी औरत का सिर काटकर लगा दिया जाए...उससे कँपकँपी-सी आई। मुँह में भर आए पानी को उसने पच्च से थूक दिया।

आजकल परिवार में पाँच सदस्यों का होना भी अनाज के प्रति एक अपराध है।

उसके सामने परिवार नियोजन का विज्ञापन घूम गया।

वह आदमी इसलिए खुश है कि उसके कन्धे पर एक हँसता हुआ बच्चा है। उसकी बीवी सिर्फ दो बार...।

[रचनाकाल : 27.11.1966]

आओ, हम इस तसवीर को देखें और सोचें कि यह क्या है—नहीं, यह देखें कि इसमें क्या नहीं है जिसने इस चित्र को आदमी नहीं रहने दिया है। क्या वह नाक, कान, मुँह और शरीर की रेखाओं की अस्पष्टता है जिसने इसे धुँधला दिया है? और जब आप इसके कारण पर पहुँचोगे तो पाओगे कि नाक, कान, मुँह बनाया जाकर भी इस तसवीर को नहीं बनाया जा सकता, क्योंकि इसके भीतर की कोई चीज गायब है और यह आदमी की तसवीर-सी दिखती हुई तसवीर उस 'गायब हो गए की तसवीर' है।

- उस आदमी की चर्चा। और मैं जानता हूँ कि उसका यथार्थवाद क्या है और मुझे उसके साम्यवादी के से विचारों की भी जानकारी है।

दरअसल उसकी यह हालत इसलिए नहीं है कि वह गरीब नहीं है बल्कि इसलिए है कि असुविधा ने उसे प्रतिक्रिया में डाल रखा है, वरना वह पूरा सुविधावादी है। सुख और सपनों का ताना-बाना बुननेवाला जीव।

- अकाल के दिनों की जो इच्छाएँ होती हैं, क्या वे ही माल के दिनों की होती हैं? आदमी सुविधाओं में बदल जाता है।
- नयापन काव्य नहीं है, यह नये युग को अभिव्यक्त करने का माध्यम मात्र है।
- किन्तु मेरे बन्धु! मेरा काव्य हर नये सन्दर्भ की अनुरक्ति है। नये युग की महज अभिव्यक्ति है।
- अगर तुम सच्चे हो, तो तुम्हारे आगे काम है।
- तसल्लीबख्श हर मौसम का मिजाज अलग होता है। हर धातु के मिजाज को देखना पड़ेगा।
- अमरीका का एक बीटनिक नंगा होकर विद्रोही बनता है। किन्तु इस गर्म मुल्क में, नंगापन विद्रोह नहीं है, मजबूरी है।

[1966]

- मानव अपने वर्तमान की शिकायत अपने अतीत से करता रहता है। यदि मानव सन्तुष्टि प्राप्त कर ले तो नवनिर्माण की नींव कुंठित हो जाएगी।

  मानव अपने अतीत को आह भरकर, वर्तमान ऊबकर और भविष्य को ललककर याद करता है।

[13 फरवरी, 1958]

- वर्तमान समाज में कला का स्थान :
  1. कला-शैलियों का वर्गीकरण। खानों में शतरंज की मोहरें और आदमी के चेहरे की तलाशी।
  2. खोये हुए आदमी की वापसी।
- **कला और समझ**

  रंग आदमी को गूँगा बनाते हैं और रेखाएँ उसकी समझ को खत्म करती हैं। कुल मिलाकर रंगदार कला आदमी की समझ के खिलाफ एक साजिश है। आप आदमी के बदले गलत जगह लगा दिये जाते हैं यानी कि आप घर से ऊबते हैं और पहाड़ पर चले जाते हैं। और कला इसके लिए रास्ता देती है।

कला अलग होते भी—सामान्य से संत होने की लत है जो आदमी की दीवारों की वजह पड़ गई है।

ऐसी कला मेहमानों को सम्बोधित है।

लगातार गलत सूचनाओं और दुराग्रहों के बीच कुछ धारणाएँ प्रचारित हुई हैं। मैंने उन्हें कविता और कहानी के सन्दर्भ में सुना है। मगर ऐसा लगता है कि ऐसा आग्रह रखनेवाले लोग अब पढ़ना-लिखना छोड़कर पढ़े हुए दिनों की कमाई खा रहे हैं और आप जानते हैं कि खाते हुए आदमी की आँख छोटी होती है और कान बहरे हो जाते हैं; या यदि ऐसे लोगों के बारे में यदि कहूँ कि उन्हें दादी से सुनी हुई कहानी और पिताजी से सुनी हुई रमैनी ही महान कथा-कविता रही है तो ऐसी परम्परा भक्तों के लिए कहीं कुछ नहीं है।

- 1. हरा रंग चापलूसी के लिए।
  2. गुजरात के बाढ़ पीड़ितों के लिए सांस्कृतिक कार्यक्रम।
  3. कला रंगों में रेखाओं की चहलकदमी है।
  4. रंग आदमी की यातना के घोर प्रतिद्वन्द्वी
     हम अपनी पीड़ा के शिकारी हैं।
  5. एक सीधी रेखा खींचना और उसके समानान्तर दूसरी सीधी रेखा खींचना कलाकार की सबसे बड़ी चुनौती रही है। एक सीधी रेखा खींचना और उसे तोड़कर विभिन्न मानकों में संयोजित करना और यह संयोजन अपनी यातना के निपट और अकेले क्षणों की खोज के स्तर पर स्थापित करना।
  6. अमृता शेरगिल = पूरे कैनवस पर हवा का न होना।
- आलोचना और ईमानदारी की बात। मेरे विचार में गम्भीर आदमी मिल सकते हैं। इतने गम्भीर कि ठंड लगने लगे और ईमानदार भी। अपने प्रति इतने ईमानदार कि अपनी शर्तों पर सच्चाई की गर्दन तक कटा लें। किन्तु निष्पक्ष आदमी का मिलना, लगता है, इन स्थिति में अधिक मुश्किल है। गम्भीर और ईमानदार आदमी भी जिम्मेदारियों के सन्दर्भ में सही रह पाता है, यह विचारणीय है। जिम्मेदारी उसे एक ऐसे विचार से भर देती है कि लेखन में प्रतिबद्धता की बात की गई है। हम कहीं-न-कहीं किसी चीज के प्रति प्रतिबद्ध या कमिटेड हैं। किन्तु क्यों? केवल इसलिए कि एक ही कक्षा में हम दोनों एक-दूसरे के प्रतिद्वन्द्वी हैं और निश्चय ही अब हमें एक-दूसरे का कृतज्ञ नहीं बनाता बल्कि ऐसी स्थिति में उत्पन्न कृतज्ञता जरूरतों की कृतज्ञता है। एक आदमी दूसरे की बात इतने ध्यान से इसलिए नहीं सुन रहा है कि वह कुछ

समझना चाहता है कि वह कमोबेश कहीं कमजोर है, या मूर्ख। और यह स्थिति उस सन्दर्भ में एक जरूरत है, ऐसा मुझे लगता है।

वह दूसरे क्षण बदल जाता है। उसमें एक लिहाज आ जाता है जो उसे अपनी जगह सही नहीं रहने देता। विशिष्ट होने का बोध और विशिष्टता का लिहाज व्यक्ति को ईमानदार न होने देने की पहली शर्त है। ऐसी हालत में रचना के सन्दर्भ में तीसरे आदमी से कुछ उम्मीद करना कितना दुरुस्त होगा, विचारणीय है।

वैसे भी आज के साहित्यकार के लिए इस तीसरे आदमी की जरूरत गौण हो गई है। और इस क्रम में और भी कि आज का साहित्य स्थितियों या घटनाओं का साहित्य नहीं बल्कि उनके कथ्य का साहित्य है। और यह किसी भी हालत में अलग से किसी व्याख्या की माँग नहीं करता। फिर भी एक आलोचक की माँग उन थोड़े से लोगों के बीच है ही जो अपनी समझ के लिए सेक्रेटरी रखना जरूरी समझते हैं। किन्तु वह रचना-स्तर के निर्धारण के लिए नहीं बल्कि एक युग से दूसरे युग के साहित्य में अन्तर स्पष्ट करने के लिए। इस प्रकार आलोचक का काम न तो लेखक का है, न पाठक का और न उस किये का; जो दोनों के बीच है बल्कि उसका काम छँटनी करनेवाले का है। साहित्य को सही पते पर डालने का।

- नवलेखन के लिए विश्वविद्यालय के अध्यापक क्यों चिन्तित हैं? यह नये लेखकों की समस्या है।

  ये लोग क्यों सजग हैं, यह महत्त्वपूर्ण है।

  नवलेखन की समस्या क्या है?

  चकबन्दी क्यों कर रहे हैं ये अध्यापकगण और क्या ये फसल काटने आए हैं? पटवारी का काम करने आए हैं?
- और जब भी ये टूटे हैं, इतिहास साक्षी है कि मानव सभ्यता को पतन के संकटकालीन स्थिति के पार्श्व से गुजरना पड़ा है और नई कविता में आज वही स्थिति है। अनुशासन की यह हीनता व्यक्ति को समाज से काटकर अलग कर दे रही है। परिणामस्वरूप नये और पुराने के बीच एक दरार-सी पैदा हो गई है। पूर्ववर्ती साहित्य की उपलब्धियों को नकारने के साथ ही साथ सहवर्ती या समसामयिक व्यक्तिमत्ता से भी स्पष्ट उदासीनता परिलक्षित हो रही है। एक साहित्यिक अपनी भाषा के साहित्यिक को पढ़ना नहीं चाहता, केवल इस भय से कि उस पर दूसरे का रंग न चढ़ जाए। किन्तु कुछ व्यापारिक दृष्टिकोण वाले नये कवि भी हैं जो 'लाभ-शुभ' की चिन्ता में शब्दों या वाक्यांशों के 'लेन-देन' में

विश्वास करते हैं। (क्या यह साहित्यिक तस्कर-वृत्ति श्लाघ्य है?) खेड़ की उच्छृंखल ढोर की तरह जिधर-तिधर की फसलों में मुँह मारना क्या शोभनीय है? यह भावना भी विघटन की स्थिति में एक नया सन्दर्भ जोड़ने का सम्भाव्य प्रचार कर रही है। अब सम्पूर्ण रूप से विचार करने के बाद हमारे सामने दो स्थितियाँ हैं—क्या अवसर के अनुसार बहती गंगा में हाथ धोते हुए हम भी नई कविता में (उसके तथाकथित रूप में) अपने को 'फिट' कर लें या स्पृहा को टूटने से बचाते हुए किसी निश्चित धरातल का अनुसंधान करें, जहाँ जीवन-मूल्य सुरक्षित रहे?

नवलेखन की बाधाएँ

सृजनात्मकता की बाधा

शीत युद्ध—यह दोनों ओर मारता है। भारत को यह क्या अनुभव है? साम्राज्यवाद की लड़ाई से अलग। इसमें एक ठप्पा लग जाने का भय। कहीं हमारे विचार दुश्मन से मेल तो नहीं खाते और इस कारण परोक्ष रूप से प्रभावित होते हैं। पराजित देश कभी महान रचना नहीं कर सकता। देश की महान परम्परा को अपमान ने तोड़कर रख दिया।

गुलाम हैं तो क्या, लड़ तो रहे हैं!

लेकिन आज की स्थिति :

भाषा का विश्व में स्थान

हिन्दी और अंग्रेजी।

हमारे घर में हमारी भाषा कहाँ पहुँची है? जिस देश में कहा जा रहा है कि हमारी भाषा समर्थ नहीं।

भाषा की स्थिति परोक्ष रूप से रचना का संचालन करती है। वे चीजें तोड़ती हैं जो भौतिक रूप से लेखक के ऊपर आती हैं। हिन्दी प्रदेश की आय विश्व में किसी भी देश से न्यूनतम है जिस पर पशु भी जीवित नहीं रख सकते।

- वे एक जगह मिलते हैं। एक विशिष्ट व्यक्ति के लिए विशिष्ट व्यक्तियों द्वारा एक विशिष्ट प्रकार का आयोजन होता है, जिसमें रंग-बिरंगे कपड़ों में ताजे गुँधे आटे और साबुन की सिल्लियों जैसी देह वाले काहिल आदमी आते हैं। मुस्कुराते हुए और अच्छी तरह बन्द उस जगह में दिखावटी शिष्टाचार का प्रदर्शन करते हुए एक-दूसरे की स्वास्थ्य-कामना करते हुए कपड़ों की नई डिजाइनों और बदलते हुए मौसम की चर्चा करते हैं। एक-दूसरे से स्पर्धा करते हैं और विनम्र धूर्तता के साथ मुस्कुराते हैं। एक-दूसरे से बढ़-चढ़कर दिखलाने की पाशविकता पर अपनी-अपनी श्रेष्ठता और मिलनसारिता और अपनी विशिष्टता का मुखौटा लगाये ये

लोग अपनी पूरी शिष्टता के साथ मनुष्यता के बलात्कार के इस प्रसंग में शामिल होते हैं।

और यह सब होता है सद्भावना के नाम पर, संस्कृति और मानव-कल्याण के नाम पर। एक घिरी हुई बन्द जगह को सारी दुनिया से अलग घेरा कर विलास की यह कामान्ध-क्रीड़ा पूरी की जाती है। और सुबह थके-हारे अपरिचित हाथों पर उस जघन्य और बर्बर सहभोज का कूड़ा साफ करने का दायित्व छोड़ दिया जाता है। घेरा उठते ही वहाँ से गए नकली कुत्तों की गन्ध से व्याकुल जूठन पर अपनी थूथनों को पटकते हुए असली कुत्ते नजर आते हैं और रात जिसे उनके हमजात एक साथ, एक जिस्म में बाँट-बाँट खा गए थे, उसी की जूठन के लिए झगड़ते हैं और अपनी होड़ में आए छोटे-छोटे गन्दे आदमी बच्चों पर गुर्राते हैं।

- मैं इन पंक्तियों में नहीं रहता। शायद यह मेरा संशय है जो कभी-कभी काफी घुमड़ने के बाद इस तरह की पंक्तियों में उतर आता है। यह अचानक होता है। इसके लिए मुझे कोई प्रयत्न नहीं करना पड़ता। कभी-कभी यह मेरे लिए आतंक का कारण भी हो जाता है। व्यक्तिगत स्तर पर मैं इस तरह की घटना से घबराता हूँ और इसे पसन्द नहीं करता। फिर भी ये मुझे अच्छी लगती हैं और इनकी वजह मैं ऊबने की स्थिति से बचने की जी-तोड़ कोशिश में अकेला होने से बच जाता हूँ।
- और जहाँ हालत यह है कि हम अपने दर्द के लिए हमदर्दी का इन्तजार करते हैं : उस लड़के की तरह, जो घर के पिछवाड़े दीवार से सटकर रो रहा है—रो रहा है और चुप होकर उस रास्ते की तरफ ताक रहा है, जिधर से पिता के आने की उम्मीद है और फिर रोने लगता है। इन बीच अपने चुप और रोने में वह किन-किन चीजों को शरीक नहीं करता? और हलकान होता है, सिर्फ इसलिए कि वह कह सके कि उसे सताया गया है, या कि उसके साथ अन्याय हुआ है।
- घास घोड़े के बगल में सुरक्षित रह सकती है : लेकिन सिर्फ कागज पर।
- समूचे वाक्य के शिल्प को ध्यान में रखकर की गई रचना समकालीन कविता नहीं होगी। समकालीनता एक हद तक व्याकरण के विरुद्ध होती है, क्योंकि व्याकरण व्यवस्था है। सही कविता व्यवस्था के विरुद्ध होती है। व्यवस्था शिल्प है। शिल्प संत्रास से नहीं, विलास के संगीत से पैदा होता है।

- संत्रास उतना मौजूँ नहीं बल्कि इसके लिए 'आकुलता' ज्यादा उपयुक्त है। इसमें भाषा, वाक्य ही नहीं, शब्द तक टूटते हैं। आकुलता ऑक्सीजन के अभाव की इकाई है।
- कवि की ट्रेजेडी यह रही है कि वह अब तक जिस अपराधी के खिलाफ लिखता रहा, उसी से रोटी पाकर पलता रहा।
  - ❑ गलत सहानुभूति सिर्फ उसी को ही नहीं खोती, जिसमें वह उपजती है बल्कि उसे भी ले डूबती है जिसके लिए वह उपजती है।
  - ❑ मुक्तिबोध की कविताएँ—विशेषणों की व्यर्थता की कविताएँ हैं।
  - ❑ कविता की सम्भावना इसमें सुरक्षित है कि जिनके लिए वह रची जाती है, वे ही उसे नकारते हैं।
  - ❑ बच्चे जैसे हाथ में तराजू लेकर जन्मते हैं।
  - ❑ मैं अपने अपराधों का वकील हूँ।
  - ❑ मानना और समझना
तुम उसे मानते हो क्या, उसे तुम समझते भी हो।
  - ❑ तुम अपने साइकिल को समझते हो?
  - ❑ कविता जीवन का कार्यक्रम है।
  - ❑ गरीबी की भी अपनी मर्यादा होती है।
  - ❑ 'बूढ़ा-बुढ़ऊ बैठे हैं और उनके पुत्र-पतोहू कमरे में एक साथ लेटे हुए हैं', हमें ऐसे खयाल कभी नहीं सताते। क्योंकि ये कविता नहीं बनाते। और ज्यादातर ऐसे प्रश्न आदमी की आर्थिक हालत से जुड़े हुए होते हैं।
  - ❑ तुम मुझसे इसलिए नाराज हो कि मैं तुम्हारे पुर्जे में तेल नहीं दे रहा हूँ।
  - ❑ सही आदमी यदि अपने हठ पर अड़ जाए तो वह बहुत खतरनाक हो उठेगा। कम-से-कम आज की व्यवस्था में वह लोगों के लिए एक मुसीबत बन जाएगा। सारे पुर्जे फिर तेजी से उसे हटाने के लिए हिल पड़ेंगे। किसी भी सही आदमी के हठ को झेलने की ताकत समूचे देश में नहीं है।
  - ❑ पंत ने ब्रज भाषा के संगीत को लिया है और निराला ने सूझ को। लेकिन क्या कबीर, तुलसी, निराला, मुक्तिबोध आज के सन्दर्भ में हमारे लिए समकालीन कवि हैं? यह विचारणीय है।
  - ❑ काव्य की अनुसूचितता को हमने समकालीनता समझने की भूल की है, इसमें हमें खेद है।
  - ❑ कवि कहने से स्वयं को काव्यकर्मी कहलाना ज्यादा समकालीन है।

- रामचन्द्र शुक्ल के साधारणीकरण के सिद्धान्त के बाद हिन्दी आलोचना में एक दूसरा नाम जोड़ा जा सकता है : हजारीप्रसाद द्विवेदी का। उनके लालित्यबोध और उस व्यक्ति ने आलोचना में लालित्य के सिद्धान्त का प्रतिपादन किया है, जो मननीय है। इधर की आलोचना में अनुसूचित परिवार विकसित हो रहा है।
- ऐसे कट्टर साम्यवादी हैं जो जनसंघी संसद सदस्य से परिचय-पत्र लेकर दर्शकदीर्घा की शोभा बने हुए हैं। कुछ ऐसे आलोचक हैं, जो क्रान्ति और परम्परा के दोआबे में अधिक उपज के लालच से जा बसे हैं।
- आलोचना का संकट तब और गहरा जाता है, जब आलोचक रचना का बखान न करके स्वयं को व्यक्त करने लगते हैं।

जंगल और गाँव

- गाँव में रहते-रहते किसी में क्या रह जाता है...?
- सारा गाँव ढूँढ़ने पर भी कहीं फूल नहीं मिले।
- गाँव में तुम्हें सबसे पहले कौन-सी चीज दिखती है?
- यह इस बात पर निर्भर करता है कि वहाँ जाने का तुम्हारा इरादा क्या है।
- वे लोग जो पिकनिक पर गए हैं / और जिन्होंने उसे इस्तेमाल किया है / अपनी वापसी पर क्या छोड़ आए हैं / सिर्फ कुचली हुई फसलें और जूठे दोने / जो खेत पर किआरी-भर घाव की तरह फैल गई है / उनकी खुशी और गुलछर्रों में / गाँव एक रंगीन पर्दे की तरह पीछे टँगा था / जिसे जल्दी में वापस होते वक्त / वे उतारना भूल गए हैं / और जो अब भी संध्या की / रँगीली के छिटकते आकाश में फहरा रहा है / वे जो तटस्थ हैं / उन्होंने भी उसे क्या दिया है / सिवा इसके कि उनकी उदारता (अपनी उदारता से) ने / उन माटी-चेहरों को दयनीय किया है?

  तुम्हारी नजर—यदि तुम तटस्थ नहीं हो / और इस्तेमाल करने की नीयत से नहीं गए हो / सबसे पहले किस चीज पर पड़ेगी? / वहाँ अलग से एक चीज नहीं है / एक रेवड़ है / एक समूह हरियाली / और मकान और आदमी / और ढोरों का एक चलता-फिरता झुंड / जो हर तरफ फैलने के बावजूद / एक जगह इकट्ठा होकर ठहर गया है।

  यह गाँव है / जो तुम्हारे सामने एक लोटा पानी रखता है / और अब तुम्हारा चेहरा वही नहीं है / जिसे लेकर वहाँ तुम गए थे।
- वह तुम्हें 'अकेला होने के लिए' / विवश करता है / तुम चाहो या न चाहो / वह तुम्हारी राय लिये बिना / तुम्हें अफवाहों के घेरे में लेता है / और फैसले देना शुरू कर देता है / उसके फैसले अपनी जगह हैं / और यह तुम हो / तो चाहो तो अपनी जगह बदलो / और बगल में जाकर / उन्हें अपने माफिक कर लो / आह! उनके सामने खड़ा होना / उन्हें अपने खिलाफ करना है।
- और कुछ दिनों बाद :

  उदारता के साबुन से अकाल की राजनीति धोकर साफ कर दी जाती है और कुछ सदाशय नाम जनता की कीचड़ धँसी आँखों में चमकने लगते हैं।

- रोशनी के नीचे उसकी शक्ल बदल गई है
- मिट्टी के सारे टुकड़े अलग-अलग 'शो केसों' में बन्द हैं

जिन्हें हर नेता अपने साथ लाया है

वे चुन लेना चाहते हैं मिट्टी का एक टुकड़ा जिसमें दुख का, घनत्व सबसे अधिक है, लेकिन शाम तक की बहस के बाद भी मेजों पर सेबों के छिलके और जूठे प्यालों के अलावा दूसरी उपलब्धि नहीं है।

बहस कल के लिए टल गई है।

वे आग के चारों ओर गोल बनाकर बैठते हैं / धुएँ को निकालने के लिए / कन्धा झुकाते हुए / वे हर जगह की चर्चा करते हैं / अक्सर किसी बीते दिनों की / या गाँव के किसी आदमी की आलोचना / उसकी शिकायत / यह आग है / जो उन्हें इकट्ठा करती है / और शिकायतों के इर्द-गिर्द / बात बुनने के लिए मजबूर करती है / यह उनकी हरारत भी हो सकती है।

× × ×

- घर क्या है? दीवार और उस पर एक छत आने-जाने की सुविधा के लिए दरवाजे और धूप और हवा के लिए खिड़कियाँ और रोशनदान—क्या यही सब है, जिसे 'घर' कहते हैं?
- फिर यह लम्बी-चौड़ी दरार कैसी है, जो चेहरों के सीधा होते ही दिख जाती है और जिसे 'न लाँघ सकने का दुख' चुपचाप सहते हैं?
- यहाँ जातिवाचक कोई संज्ञा नहीं है। माँ है, बहन है, पत्नी है, बेटी है, किन्तु 'औरत है' ऐसा नहीं है। कोई चीज 'नाटक में' नहीं है। अपनी असली शक्ल में है और इसलिए एक खुली चुनौती की तरह है।
- घर मात नहीं, शह है। लेकिन किसकी? किस पर? यह ऐसी कैद है जिसमें कैद न होने पर हम खुद को अपराधी समझने लगते हैं।
- परिवार हड़बड़ी में लिखा एक लम्बा वाक्य है, जिसमें कारकों की काफी गड़बड़ी है।

× × ×

- जंगल में एक आदमी दूसरे को दूर से पुकारता है। इस दूसरे का नाम—'हाँक भर फासला' रख दूँ?
- गाँव में पहली बात जो दिखती है— / कोई आदमी धीरे से नहीं बोलता / गाँव फुसफुसाहट के खिलाफ / सबसे बड़ी बगावत है / एक आदमी दूसरे को चिल्लाकर पुकारता है— / का...आ...होऽऽऽ / सीवान के एक छोर से / दूसरे छोर तक आवाजों की यह लम्बाई / दूसरी जगह (गाँव के सिवा) दुर्लभ है।

- उसने कोट में गुलाब क्यों लगा रखा है?
  शायद उस जगह उसे ठंड लग रही है।
- नींद में लेटी हुई लम्बाइयाँ।

[1966]

- यह बहुत पुराना सिलसिला है : जब भी देश के नौजवान नाराज हुए हैं, बूढ़ों को बहुमत मिला है।
- बूढ़े हर वक्त तूफान आने का सपना देखते हैं।
- अधिकार-क्षेत्र के लिए चलनेवाली इन साँड़ों की इस लड़ाई में, उनके तेज और भारी खुरों के नीचे खूँद-खूँद हुई धरती, उनके क्रोध की भाप, उनके घृणित गर्म झाग, झड़े हुए रोम, दुर्गन्धित रक्त और विष्ठा से विषण्ण, असहाय-सी पड़ी रह गई है। पेड़ अब भी उसी तरह खड़े हैं हवा में एक तरफ को झुके हुए।
- मैंने स्वर्ग में बजनेवाली घंटियों के स्वर नहीं सुने मगर नीली पलकों पर थरथराते हुए आँसुओं को पूरी आवाज के साथ हृदय के बन्द दरवाजों पर बजते हुए सुना है।
- युद्ध की माँग पूरी करने के लिए एक नारा चला था :
  'जय जवान, जय किसान'
- 'किसान हमारे भविष्य का सूरज हैं।'
- जहाँ विरोधी सरकार के लिए राष्ट्रपति का रोड़ा।
- हर अपराधी भविष्यवादी होता है।
- यह कुछ मत करो, दो आदमियों के बीच कागज रख दो।
- कविता को समझ से नहीं, समझदारी से जोड़कर देखो क्योंकि आसानी से समझ में आनेवाली चीज दीवार है। और सोचो कि समझ जाने के बाद भी आदमी क्या करता है।
- यहाँ असलियत कम और बुखार अधिक है।
  दर्द और गुस्से की सही जगह तलाश करो।
- शब्दों पर सीधे काम करना ही सही अर्थों में सृजन है।
- कविता की सम्भावना के मजाक पर मेरा जी दुख उठा है। आह! जो देश जितना हीन होगा, वहाँ की कविता उतनी ही महान होगी।
- यह निर्णय का क्षण है।
- क्या सतह पर तैरती हुई रोटी समय बता सकती है? एक चुल्लू पानी लो और युद्ध पर लिखी गई कविताओं की जड़ों में डाल दो। शान्त के औसत दिनों ने उन्हें पन्नों में दबाकर सुखा दिया है।

- छापाखानों में टनों कागज छप रहा है
  राँगा पिघल रहा है।
  फिर भी...
- दफ्तर और रसोईघर की भाषा के बीच की कविता।
- प्यार का पर्याय जीवन बीमा है।
- अचरज शान्ति के दिनों का शौक है।
- उसकी आँखें इस कदर मर चुकी थीं कि वे रुकी हुई पृष्ठ की तरह मालूम पड़ती थीं।
- सबसे बड़े दुख की बात तो यह है कि
  मेरे देश में अकाल
  सोहर की तरह गाया जा रहा है।
- वह गर्व से कह सकेगा
  कि वह कंकालों का विजेता है।
- आँखें देखकर सितारों का नाम बतलाइए।
- दोपहर को टेक्निकल स्कूल से लौटते समय मैं बैलेट बक्सों को इकट्ठा किये जाते देखता हूँ : उनकी जाँच हो रही है। उन पर कागज की पर्चियाँ लगाई जा रही हैं।
- बहुत अंग्रेजी के हिमायती
  बहुत हिन्दी के हिमायती
  यह हिमायत नहीं—हिमाकत है।
- राजनीतिक दलों के बाहर / कोई आवाज है / जो खो गई है / वह खेतों की आवाज है / मशीन की घरघराहट और पसीने से परेशान / मजदूर की आवाज है / कँगले की आवाज है / मँगते की आवाज है / एक आवाज है जो खो गई है / बिखरे लोगों की आवाज / बिखरे लोग—जो देश हैं / जो अपने कामों में खो गए हैं।
- मेरे देशवासियो / यह अगाध उदासीनता! / यह बेलाग बिलायापन / यह अनिश्चयग्रस्त मन लेकर क्या कर सकोगे?
  सौ करोड़ हाथ—उस काली चट्टान से सूरज को खींच रहे हैं।
- अशान्त युवा : क्रोध, भीड़ और दिशाहीनता
  चापलूसी अस्तित्व रक्षा की रामबाण दवा है
  महामारियों के मौसम की तरह शिक्षकों यहाँ परीक्षा के समय ट्यूशन की भीड़
  शिक्षक कहाँ हैं? सिर्फ तिलचट्टे हैं।

[1966]

घसियारी टोला

- स्त्रियाँ हवेलियों में काम करने चली गई हैं।
मर्द हवेली बनाने का काम करने चले गए हैं।
बच्चे ईंट-गारा ढोने चले गए हैं। बूढ़ों और पशुओं को...

[1966]

बैताल पचीसी

- पुत्र आज्ञाकारी हो / काया निरोग हो / इल्म से लाभ हो /
सेवक और स्त्री हुक्म बरदार हो / तो सुखी संसार हो।

× × ×

- घोड़ा का ऐब, बादल की गरज, स्त्री चरित्र और
पुरुष का भाग्य भला आदमी तो क्या,
देवता भी नहीं कह सकते।

× × ×

- कलियुग आ गया है—इसलिए सत गया, मुँह पर रस,
हृदय में कपट, धर्म घटा, पाप बढ़ा, पेड़ कम फल देने लगे, राजा दंड लेने लगे,
स्त्रियों ने लाज छोड़ दी, प्रजा लोभी हो गई, बेटा बाप की नहीं मानता,
भाई भाई का एतबार नहीं करता, मित्र से मित्रताई जाती रही,
खाविन्द से वफाई गई, नौकरों में नालायकी नजर आने लगी।
- एक कवि का हृदय / ऐसे पत्थर के समान
होता है / जो पानी में तैरता है।
- आज अपने प्रति चतुर्दिक होनेवाले तिरस्कार के
बावजूद कविता हस्तक्षेप कर रही है
और यह अनुभव किया जा रहा है।

[1971]

रचनाकाल : मार्च-मई, 1971

- क्या पंत की कविताएँ
  प्रकृति के साथ मानसिक मैथुन
  की कविताएँ हैं?
- हमारे लोगों में क्रूरता बढ़ गई है कारण कि—
  हम गरीब हैं। हम गरीब हो गए हैं।
  रहम नहीं।
- नाटक और सिनेमा, दोनों में से पहला दर्शक से एक खास तरह के प्रशिक्षण की माँग करता है, दूसरा दर्शक के व्यसन की। एक प्रशिक्षण और दूसरा दर्शक के व्यसन पर चलता है। नाटक में प्रत्येक आदमी तत्काल 'दूसरा आदमी' होता है।

जनता की माँग

- लेखक सामाजिक उत्तरदायित्व से कटे हुए हैं।
  प्रेमचन्द ने जासूसी उपन्यास लिखना छोड़कर
  सामाजिक उपन्यास लिखा, क्योंकि लोगों का मूड वैसा था
  और अब जनता फिर जासूसी उपन्यास माँग रही है, फिर भी
  उपन्यास उत्तर-प्रेमचन्दीय ही हैं।
- कमजोर आदमी को सँभालना बहुत मुश्किल होता है।
  मृत्यु एक निर्णय है, जिसे सुनने के लिए हम नहीं होते।
- एक औरत को वहाँ निबाहना पड़ता है जहाँ उसका अपना कहनेवाला कोई नहीं होता।
- घर आदमी की जिन्दगी का सबसे बड़ा अपशकुन है।
- लोग अपने आईनों में सज रहे हैं।
- बिलकुल करीब-करीब रहते हैं—आजादी और गरीब।
- इससे पूर्व मंच पर वक्ताओं ने इस प्रकार क्षमा नहीं माँगी थी।
- कब्रों पर बैठकर नौजवान, प्रेम-पत्र लिखते हैं।
- गोल मिर्च में पपीते के बीज मिलाते हैं।
- यह शाम
  एक बीमार लड़की! जिसके पतले और पीले होंठों पर
  एक उदास मुस्कान लहक उठी हो!

- मैं अपना शरीर
  हिनहिनाती हुई भट्ठियों में झोंक देता हूँ।
- कानून शब्दों की कलाबाजी है।
- 'धरती के बेटे और फावड़े की रानियाँ' की भाषा का मतलब साफ हो चुका है। कई बार नाम नहीं, सिर्फ विशेषण बिकते हैं।
- अमरीका का एक विटनिक नंगा होकर विद्रोही बनता है किन्तु इस गर्म मुल्क में नंगापन विद्रोह नहीं है, मजबूरी है।

[1966]

जिसे सुलझा न सके

- क्या मैं सहमत होने लगा हूँ?
  क्या मुझे दृश्य अच्छे लगने लगे हैं?
  और इसी से मिलता-जुलता / एक सवाल यह भी कि / क्या अब हम बूढ़े हो रहे हैं?
  दृश्य क्यों अच्छे लगते हैं?
  क्या सिर्फ इसलिए / कि हमारे भीतर कहीं कुछ है / जो अच्छा है या इसलिए / कि अचानक कुछ अच्छा हो उठा है?
  दृश्य इसलिए अच्छे लगते हैं, क्योंकि इससे / चीजों को नाटक से गुजरते हुए / देखने की आदत को राहत मिलती है / रंगों की बारिश का वहाँ कोई मतलब नहीं है / न उनके ठोस घनत्व का सुख / सिर्फ यह है / कि चीजें किस तेजी से बदल रही हैं / और परिचित होने के पहले किस तरह / एक शक्ल अजनबी होकर आड़ में चली जाती है।
  पेड़ पेड़ नहीं है / और न मैदान मैदान— / सारी चीजें अचानक / एक सतरंगी झिल्ली के नीचे हो जाती हैं / और तर्क से बाहर निकलकर / आँखें किसी रंगीन विस्मय में शरीक हो जाती हैं / वहाँ कोई एक चीज नहीं है / जिसका तुम्हें सामना करना पड़े / बल्कि एक क्रम है / जिसके पीछे की पृष्ठभूमि तेजी से बदल रही है / एक अचरज है / और पहेलियों की भाषा / जिसे सुलझा न सकने का सुख भी उतना है / जितना उसे सुलझाने का / दृश्यों के सामने / तुम्हारी हालत उस पहलवान की तरह है / जिसने 'गरदनियाँ' और झाड़ खाने से बचने के लिए / खुद को अखाड़े में चित कर दिया है।
- फैसले—जिन्दगी की नोक तोड़ देते हैं
  औरतों को देखते ही / उनके चेहरे पर
  पत्ते गिरने लगते हैं।
- बैसाखी के डंडे के नीचे रबर लगाकर
  गलियों में खट्-खट् की ध्वनि को रोक रहे हो

किन्तु कटे उस पैर की खाली जगह में
एक चीख अब भी चक्कर काट रही है, जैसे
किसी करुण-कथा के मंगलाचरण का पहला अक्षर
टूट गया हो!

- किसी चीज को / उसकी औकात से अधिक / कीमत देने में / एक साथ काम करते हैं / रोशनी और दलाल।
- तुम्हारी
  दिलचस्पी टाँगों और टखनों / और औरत के नंगे शरीर में रह गई है।
  उसकी नग्नता उघाड़ने के बजाय तुम क्या करते हो
  इतना आयोजन—इतना टीम-टाम?
- धुन्ध में झोंपड़े किसी मुसहर-बच्चे की
  हथेली की तरह दिख रहे थे।
  देह को नाखूनों पर उठा लेता हूँ
  जिनके चरित्र का आधा हिस्सा आँसुओं से बना है।

प्रेमचन्द

- हिन्दुस्तानी जिन्दगी का / बेजोड़ संगीत वहाँ मिलेगा / उदासी में डूबा हुआ / कुछ-कुछ हल्का स्याह और पीला—/पीड़ा के रंग का / किन्तु जिनके दोनों सिरे हरे होंगे / जितना करुण और उतना ही कटु / वह एक निर्मम यथार्थ है / जो अन्त तक गीला है और आत्मीय।
- शाम / हम अपने सामने बैठे हुए / आदमी को क्या समझते हैं / शायद बोझ टेक / और आदमी एक दूसरी लत भी है— / हवाखोरी की लत— / तब हम सामने बैठे हुए आदमी को / पेड़ के सिवा और क्या कहें?
- और चरित्र— / तुम्हें मालूम है / उस भगाई गई औरत से / दारोगा ने पहला सवाल क्या किया था? / नहीं— / उसके रोने में लोगों की हमदर्दी का भी खास हिस्सा था।
- उस आदमी की गुस्सैल आवाज ने आसपास लटके हुए आकाश को एक ही उछाल में ऊपर तान दिया था।
- वह हमारी आत्मीयता थी / जिसने घर और बाहर की / तमाम आवाजों को बन्द कर दिया था।
- जीवन इन्तजार नहीं करता।
- मेरी कविता को / गलत साबित करने के लिए / वे शरीफ बन जाते हैं।

× × ×

- हिलती हुई मुँडेरें और चटखे हुए पुल।
- आदमी के नीचे से हमेशा खराब चीज उड़ती है,
चाहे वह धूल हो या हवा।
- सिर्फ कुत्तों का चेहरा ही सन्तों से मिलता है :
निस्पृह, उदास, उदार।
- हिरनी हामला
छलाँग आहिस्ता आहिस्ता
अन्धे ने पहचाना।

- एक जमाना था जबकि ताँगे वालों की ख्वाहिश थी कि वे
अपने घोड़े पर चाबुक फटकारते हुए कहते थे—चल बेटा
हिटलर की चाल।
- 'पढ़ने की चीज' हैं
कविताएँ जो उन्हें रात भर गरम रखती हैं।
- फिर मैं एक तसवीर उठाऊँगा रात और
कुहरे में डूबी हुई और बीमार होने का बहाना करने के लिए अपने होंठों पर
एक बुझी हुई पत्ती चिपकाऊँगा।
- इस जन-धारा में पड़नेवाली हर चीज बिना
विरोध बहने लगती है। शब्द, चित्र, दुख, नींद। मौसम और पेड़।
इस सिलसिले का विरोध करो।
- जिनके चेहरों से टकराकर
हवा धुँधली पड़ जाती है।
- काम करो—बच्चों की पैदाइश में कमी होगी
बच्चे तो बैठे हुए दिनों की बरकत हैं।
- भैंस और बीर (औरत) की जाड़ (जबड़े) में
ही जो कुछ है, वह है।
- युद्ध : लड़ाई के बाद का हौसला है।
- कचहरी, ऐसी उपजाऊ जमीन है
जहाँ लाकर एक काठ डाल दो
और कुछ समय बाद उसमें अँखुए
फूट निकलेंगे।
- वकील जी, यह किताब आपके लिए नदी है
और मेरे लिए दीवार है।
- प्यार की शुरुआत वहाँ से होती है जहाँ हम
चीजों की असलियत से इनकार करते हैं।
- कुछ बदलता नहीं है
रोज-रोज का बेमानी 'वही पन'
रोज चीजों का 'वही पन'
चीजों या घटनाओं को तरतीब में रखने की कोशिश
उस विदूषक की दलील है
जो हकला हकला कर
दर्शकों में कहकहे उगाता है।

- हर ताल्लुकात की अलग-अलग
  नवैयत होती है।
- यह नगरपालिका है जो उन्हें हमेशा
  बाएँ रखती है।

  यहाँ तर्क के लिए कोई
  गुंजाइश नहीं, यह
  जंगल है।
- किसी आन्दोलन में शरीक होने के लिए
  वे अपनी जुबान को
  प्रशिक्षित कर रहे हैं।
- अहिंसा की प्रक्रिया तिल-तिल
  जलने की प्रक्रिया है। यानी
  'सतीदाह'

[1969]

- उनके बारे में सावधानी से सोचने की जरूरत है
  उदारता,
  जिनके लिए सबसे अच्छा मानसून है
  खून है
  पेड़ों पर हमारे अपराध फूलने लगे हैं
  'उपजाऊ औरतें कमाऊ पतियों को
  लूप की तरह इस्तेमाल करती हैं।'
- मैं पूरन तेली के बारे में जानता हूँ,
  वह शर्मिन्दा है
  कहता है कि उस शरीफ औरत ने हमारे लिए
  इतने आँसू बरसाए और
  वह है कि जिन्दा है।
- आजकल मेरी औकात उधार पर
  उतर आई है।
- उचक्के का पीछा करते हुए शोर की तरह का
  आत्मविश्वास,
  सोचता हूँ किस तरह काटूँ
  अपनी आवाज में ठनकती हुई चीलों

के पंख।
सामने है टूटता परिवार।
नींद में चीलों की आवाज सुनता हूँ।

- और कई नीग्रो रात्रियाँ रोशनी से भर
उठती हैं। पेड़ों की छाल से ढकूँ कब तक नंगापन? आदमी उदास है।
- मद्धिम और बदबूदार
प्रतिध्वनियों के बीच लटकती हुई
लालटेनें।
- सफेदी के टिन
एक कूँची : पुताई करती हुई
नये टिन में पड़कर सिर्फ अपनी
गन्दगी छोड़ जाती है।
- पता नहीं कब किस पत्थर को
लोग देवता कह दें
तो क्या इसी तरह हम टूटें
और
ऊबते हुए समय को सह, चुपचाप
तरह दें?

[1965]

- वे सारी समस्याएँ जो
इतिहास बुनती हैं या
आदमी को अपराध की ओर
आकर्षित करती हैं।

यह भीड़—है
यह शहर
नहीं है
क्योंकि इसकी
जड़
हर कहीं है।

[1965]

- अब्दुल हमीद एक नाम था
—सरकारी काम का
नाम—जो अफवाहों और ठंड में
उछाला जाता है वह
थोड़ी देर जनता के सिरों पर
मँडराता है फिर पूरी सम्पन्नता
के साथ इतिहास में चला जाता है।
- सूर्यास्त की कई किस्में होती हैं
और यह निर्भर करता है
कि पृथ्वी कितनी गर्म है।
- मेरा बाप
मेरे कन्धे थपथपाता है
और
बैल बदलने की बात करता है
वहाँ क्या है कि
उसकी आँखों से
मैं आँखें चुराता हूँ।
- बिना शर्म किये
वह हत्या कर देता है।
- और मैं इस निकम्मे शहर में
सबसे दुखी आदमी की तलाश में
घूम रहा हूँ
जिसके दुख पर बिना हँसे
तरस खा सकूँ।
- जब भी जिये खड़े होकर जिये, लेटकर
नहीं जिये।
- बाबू तो तकाजों का कीड़ा है।
- उसकी नजर में चेहरा नहीं, पीठ रहती है।
- मध्यवर्गीय मोर्चा
नहीं बनाएँगे
लेकिन उनके अपने कारणों से पैदा होने
वाले संघर्षों को इस्तेमाल करेंगे।
- चमड़े के गोदाम में कुत्तों की
चौकीदारी करा रहे हैं।

- तथ्य का अपने आप में कोई मतलब नहीं
  जब तक कि उसमें आदमी अपना मानदंड, अपना आत्मविश्वास, अपनी प्रतिमा,
  अपनी कल्पना न डाल दे।
  जीवन से मतलब है प्रतिभापूर्ण कला की क्रियात्मक समृद्धि।
- ईमानदार होना आवश्यक नहीं,
  समझदार होना आवश्यक है।
- आधुनिक नहीं, आवश्यक।
- भाषा और ईमानदारी
  उदासीन होना भाषा के साथ एकतरफा
  आक्रमण की कार्रवाई है।
  तटस्थता और गूँगापन
  भाषा का गूँगापन।
  हमने वह निर्ममता अपने भीतर पैदा कर ली है कि एक जीर्ण-शीर्ण या
  मरते हुए आदमी को
  तमाशा की तरह देखते हुए
  आगे बढ़ जाते हैं।
  भिखमंगा और 'माफ करो' का चलतापन
  या
  'वर्तमान बोध'।
- कोई नहीं मरता काल में
  सिर्फ खेत मरते हैं
  कविता मरती है
  कुछ शब्द निनार होते हैं 'विद्रोह'
  जैसे नदी सूखने पर धोबी घाट के पत्थर
  नंगे—
  निनार होते हैं। व्यर्थ।
- आपसी मतभेद दूर करना क्या आवश्यक है?
- कोई दूसरा रास्ता,
  अन्य को लाने का विकल्प।
- मतभेद व्यक्तिगत नहीं है
  राजनीतिक है
  किसी दूसरे का हाथ।

- क्या उन दोनों को बुलाया जाए?
  संवैधानिकता का सवाल।
- समूची पत्रिका* एकतरफा आग्रह और
  खुराफाती दिमाग की सतही प्रतिक्रिया मात्र है।
  सृजन के स्तर पर इसमें कुछ भी ऐसा नहीं
  है जो आदमी की जानकारी में 'नया' जोड़ सके।
  यह कागज की बरबादी है।

[1970]

- नकलादि पर विस्तृत चर्चा हुई।
  फोरमैन और सुपरवाइजर क्या हैं। क्यों हैं?

- जैसे यह युक्लिप्टस का दरख्त अपना नहीं है।
- सामुदायिक विकास में युवा वर्ग की भूमिका।
- हर आदमी रास्ते से थोड़ा-सा हटके
  इस तरह खड़ा है
  कि कब मौका लगे
  और बगल वाले का माल
  झटके।
- पाकिस्तान में काजीपन और हिन्दुस्तान में
  पाजीपन चल रहा है।
- मकानों को सड़कों पर धकेल कर
  लोगों ने थोड़ी-सी जगह
  निकाल ली है।
- यह सभ्यों का तर्क है जिसमें से सूअर की थूथन साफ
  नजर आ रही है।
- उस मजबूरी को देखो जिसने लड़के का हाथ रातोंरात
  तोड़ दिया है और उसे भीख माँगने के लिए
  सड़क पर बैठा दिया है।

× × ×

- शीशा चाहे जितना चमके
  उसमें सूरत अपनी ही दिख
  पड़ती है।

---

* **नोट**—उक्त वाक्य श्मशानी पीढ़ी' पत्रिका
(सम्पादक : निर्भय मल्लिक) के मुखपृष्ठ पर
धूमिल जी द्वारा लिखा गया है। पत्रिका उनको समीक्षार्थ भेजी गई थी। **—सं.**

- सूरज में केवल सात रंग
ही नहीं। एक आठवाँ भी है
जो आदमी के चेहरे पर
चमकता है।
- लाखों असंगतियाँ हैं
जीवित रहने की
उनमें से एक यह है कि
मैं लोगों से परिचित हूँ
और
आदमी हूँ।
- मौत केवल जिन्दगी के भूलने का नाम है।
- इनकी कविताओं में रागतत्त्व विराजमान है।
स्त्रियों के प्रति योग की लिप्सा
बकौल नागानन्द मुक्तिकंठ।
- मृत्यु सिर्फ तट की ही नहीं होती,
पानी भी मरता है।
- दरिद्र किसी का दोस्त नहीं होता।
- हर आदमी को मौका दिया
जाता है कि वह
बेईमानी में शरीक हो।
- भयभीत समाज पर नरमी का असर।
- कांग्रेस बतौर पार्टी के आप सबकी है
पर कांग्रेस बतौर सरकार—अब आप
को कैसे समझाएँ कि उसकी कुछ
मजबूरियाँ हैं।
- कविता फर्स्ट एक्सपीरिएंस नहीं होती।
- मैं फिर मारा जाऊँगा
हजारों हत्याओं के बाद मैं अपनी भूमिका की
हत्या करूँगा।
- यह भ्रम टूट गया है कि साहित्यकार
चीजों को बदल सकता है।
- सारी औरतों की बगलों से एक ही किस्म
की बदबू आती है।

सारे मर्दों को कैद करती है एक-सी
मर्दानगी।

- समाज—वह तुम्हें बहुत जल्दी तय कर देता है।
- क्या व्यक्ति अपराधों का दूसरा नाम सरकार है?
कम-से-कम श्रम और अधिक-से-अधिक सुविधा
का सिद्धान्त—इस पर अमल करनेवाले
अधिक-से-अधिक श्रम और समुचित सुविधा का
माँग करनेवाले।
और रचनाकार—यदि रियायत
न बरती जाए तो मैं कहूँगा कि इन दोनों ही
स्थितियों की आँकड़ा-फरोशी करता है
वह—
पाने की कृतज्ञता और खोने की
क्रूरता को खाता है।
- 'आदमी की बगल में होने की वफादारी'
का सवाल है।
- लेखक क्या है? एक
महाश्मशान, जहाँ आकर हर
मृत वस्तु दफन होती है और
और मृतक के बोझ
के नीचे ढुलके हुए कन्धे अपनी
करुणा में वापस हो
जाते हैं। उदासी और अकेलापन
उसके हिस्से हैं। इनके
अभाव में असंख्य
मृत-सम्बन्धों की यातना
वह पचा पाता, इसमें
सन्देह है।
- क्या ऊँचाइयाँ सिर्फ खँडहरों में
खूबसूरत लगती हैं?
- शहर—
जहाँ आकाश देखने के लिए भी
अजायबघर में
जाना पड़ता है।

- भर्तृहरि ने पत्नी से 'माँ' कहकर
  भिक्षा माँगी।
- विशेषण ही संज्ञा हो जाते हैं। इस्तेमाल होते-होते
  आदमी देता है नामों को अर्थ 'मम्मट'।
- विशेषण जब बूढ़े होकर पक जाते हैं तो
  बच्चों के नाम बन जाते हैं।
- आजादी और रोटी से तुक है
  मगर आजादी से मक्खन से
  कोई तुक नहीं है।
- परिवार यदि नहीं होता तो आपका
  लेखन आज कैसा होता?
  विद्रोही होता? किन्तु परिवार
  न होने से यह विद्रोह किसी के
  प्रति जिम्मेदार न होता।
- पूँजीवाद का दिया हुआ शब्द
  कुलीनता (डिगनिटी)
  समाजवाद = श्रम (लेबर)
  पूँजीवाद + साम्यवाद
  डिगनिटी ऑफ लेबर।
- विचार बदलकर रहन-सहन (व्यवहार) नहीं
  बदल सकते
  विचार का विद्रोही नहीं होता।

एक लुक्मा

- वे उन्हें खा जाते हैं
  मगर उन्हें पता नहीं
  चलता कि मेरे भीतर
  जहर गया है।
- व्यक्तिवादी समाज।
  व्यक्तिवादी समाज के लेखक को
  समाजवाद (समाज) पर
  हमला नहीं करना है।

लेखक को व्यक्ति पर हमला
करना चाहिए। जब तक
समाज, समाजवादी नहीं है।
अधिकतर लेखक व्यक्तिवादी हैं।
अत: रचनाएँ बेअसर हैं।

- हमारी सफलता दूसरे की
  समझदारी पर निर्भर है।
- अन्धे आदमी की आँख
  उसके पैर में होती है।
- अनाज के लिए नाटक
  अनाज का नाटक।
- चावल औरत की तरह सुन्दर।
- अनाज में घुसी हुई कविता
  और कविता में घुसा हुआ घुन।
- गेहूँ खाने के लिए फौलाद का पेट चाहिए।
- बरसात ने सारे विशेषण मिटा दिये हैं।
- शहर से छूटने के लिए पानी से होकर गुजरना पड़ेगा।
- दुख उनके नजदीक, भँवें बनाते हुए काजल की सलाई का गलत जगह लग जाने जितना है।
- दया एक पुराना घाव है जिसे
  ऊपर से पपड़ी ने बाँध लिया है
  मगर भीतर-भीतर
  हरा है।
- लड़ पड़े तो यों लड़े, जैसे छेनी से हथौड़ा।

[1966]

- अन्धकार—
  उसने पतंग की तरह अपनी उड़ानों पर टँगी हुई चिड़ियों को काटकर पेड़ों से उलझा दिया है।
- और उस तर्रार दोपहर के किनारे
  जहाँ चिड़िया एक खामोश
  रौनक है।

- तुम जो हवा बाँधने की कोशिश में हो
  अपने लिए
  इतिहास गढ़ना चाहते हो।

[लगभग 4.8.1966]

- एक कवि को जानना चाहिए कि कौन सा शब्द
  उसकी कलम के नीचे खुदकुशी कर रहा है।

  उसे चौंकना नहीं चाहिए
  उसे भौंकना नहीं चाहिए।

[मार्च, 1967]

- वे मूर्ख नहीं। वे जानते हैं कि आप यहाँ तक चतुर हो
  और अपने फन्दे वे आपके आगे डालते हैं।
- पतझड़ का पत्तों पर सहसा पथराव।
- और एक सर्वनाम को तुम अपनी जरूरत के नाम से
  पुकार सकते हो।
- तेज धूम। आप बल्ब को जलता हुआ नहीं देख सकते, यदि आप जल्दी में हो। उन्होंने आराम से देखा। स्विच की ओर हाथ बढ़ाया और रुक गए। नहीं—यह ठीक नहीं है। ऐसा करे तो कैसा। वे आगे बढ़े और चौकीदार के पास खड़े हो गए। ओहो—तो यही बात है—इधर लाट साहब हैं कि नींद ही नहीं टूटती, उन्होंने जूते से फर्श ठोंका : खट्... खट्। चौकीदार चौंक कर खड़ा होता है। एक हँसी 'खूब छकाया बेटे को' ब्रांड।
  — तो आप हैं! चौकीदार झेंपता है। आप भी क्या हैं?
  — मैं भी क्या हूँ...मैं...'यह हूँ', उन्होंने जलते हुए बल्ब की ओर इशारा किया—'कितने बजे हैं?'
  — रात में नींद नहीं आई।
  — घरवाली के साथ मजे करते रहे।
  — मच्छर बहुत हैं।
- खास वह है,
  जो दूसरों की तुलना में स्वयं से
  अधिक की माँग करता है।

- भाषण की सुविधा ही भविष्य का प्रवेश द्वार है।
- पहले एकाध कुर्सी मुश्किल से कहीं
  मिलती थी
  मगर अब हर घर में
  दो-चार कुर्सियाँ
  आसानी से मिल जाती हैं।
- बात उन दिनों की है
  जब हिन्दी-चीनी भाई-भाई
  हुआ करते थे
  काले चेहरे पीले चेहरों के लिए
  दुआ करते थे
  जहाँ वेश्याओं की हँसी
  सुजाक को दाना चुगा रही है
  चित्तमार दिनों की

× × ×

एक मरीज ही सही आदमी है क्योंकि अब वह अपनी असली हालत में है। वह तनाव, जिसे उसने व्यवस्था के नाम पर अपने पर ले लिया था, ढीला होकर उसकी बगल में बिस्तर के नीचे गिर पड़ा है, क्योंकि अब उसमें प्रतिरोध की ताकत नहीं रही।

× × ×

अब तुम उसको पढ़ सकते हो। वह अपनी कुंजी के साथ लेटा हुआ है और आसान हो गया है।

× × ×

और उससे कतराना—सिर्फ ऐसी हरकत सिर्फ बच्चे ही कर सकते हैं जो बिना महसूस किए जिधर-तिधर उलझते रहते हैं।

× × ×

मेरी बगल में बैठकर वे चिन्ता करते हुए-से लगते हैं। मुझे उनकी अतिरिक्त दया से नफरत है।

× × ×

बीमार आदमी और बत्ती का क्या सम्बन्ध है? सूरज डूबने के पहले ही क्यों जला दी जाती हैं बत्तियाँ और क्यों वे उसकी ओर इतनी उम्मीद से ताकते हैं? क्या वे मेरा बुझना देख रहे हैं?

वे क्या देख रहे हैं?

× × ×

देह का जंगल
जंगल का अन्धकार
अन्धकार में भटकता हुआ खून
खून में खाती पछाड़
एक आहत पुकार
वापसी का इन्तजार
तुम अपने हो, तुमसे संकोच क्या
वह बसन्त था जिसकी आँच में
मेरे हाथ जल गए।

क्या तुम मेरे साथ चलने के लिए तैयार हो
कुछ दूर, कुछ देर तक?
कविताएँ प्रभावित नहीं करतीं / किसी पर अपना असर नहीं डालतीं—बेअसर हो गई हैं
आह! तुम जानते हो कि तुम / कितनी भयानक बात कह रहे हो।

× × ×

जल में उगे पेड़ की तरह
तलछट पर खड़े होकर हम अपने हाथ ऊपर उठाते हैं
सतह पर तैरते जलयानों की पेंदी हमें दिखती है
हमारे हाथ पानी में हिलते हैं—उन तक
पहुँच नहीं पाते हैं—
बाहर शोर है, भोंपुओं के बजने का—बन्दरगाह में
जहाँ लोग खड़े होकर हाथ हिला रहे हैं
रचना के अनेक आन्दोलन, भूखी पीढ़ी, विद्रोही पीढ़ी,
दिगम्बर पीढ़ी, चिदम्बर पीढ़ी इत्यादि।

× × ×

गीता ने हमें क्या दिया—भूखे आदमी को
रोटी की बात हम सीधे नहीं करते।

× × ×

अस्पताल के मरीज / उस जगह के लिए लड़ रहे हैं / जहाँ धूप का पहला टुकड़ा / आकर गिरा है/यह ठंड है / जिसने धूप की कीमत बढ़ा दी है / या यह बीमारी है?

× × ×

जब कभी किसी व्यर्थ रचना को पढ़ता हूँ; बड़ी जुगुप्सा होती है। लगता है, मानो शब्द मृतकों की तरह पड़े हैं, जैसे किसी आततायी व्यवस्था ने निहत्थे लोगों को भीषण गोली-वर्षा के बीच मार डाला है।

× × ×

समकालीन कविता की सबसे बड़ी पहचान यह है कि वह आक्रामक है। आज के लेखन ने कविता को क्रान्ति के लिए बेहतर हथियार के रूप में चुना है।

× × ×

मवास में और मजलिस में शरीक होने की तैयारियों में फर्क होता है।

× × ×

वे दूसरे की महत्त्वाकांक्षा को बरदाश्त करते हैं?
वह मुझे कमीना समझता है। मुझसे मिलते समय मुस्कराता है और झुक जाता है।

मुझे उन आँखों से बहुत डर लगता है
जो गुस्से में हरी रहती हैं।

× × ×

मनुष्य की प्रतिभा ने लूप लगवा लिया है

× × ×

मैं चरित्र की राष्ट्रीयता को मानता हूँ।

—गोर्की

× × ×

क्या मेरे राष्ट्र का कोई चरित्र है।

—धूमिल

× × ×

सनकी शब्द मुझे अशिष्ट हो जाने से बचाते हैं।

—गोर्की

× × ×

लेखक के नाते मैं अपने से असन्तुष्ट हूँ क्योंकि मैंने बहुत अधिक पढ़ा है और किताबों ने मेरी आत्मा लूट ली है।

—गोर्की

× × ×

क्या इनसान को यह शोभा देता है कि वह दूसरों की रोशनी में चमके?
इनसान को केवल अपनी ओर से बोलना चाहिए।

—धूमिल

× × ×

चालाक लोगों की घृणा मुस्कराहट से बनती है।
अकाल की शक्ल से अतिरंजित दया को देखता हूँ
रें-रें करती हुई निगाह।

× × ×

सिपाही रिक्शा की छुच्छी खोलकर हवा निकाल देता है और रिक्शावाले की आँखों में एक गुस्सा पंचर होता है।

× × ×

दीवार पर गलत हिन्दी में लिखे गए इश्तिहारों को पढ़ते हुए हर बार अपनी तटस्थता पर लज्जित होने का एहसास लिये।

× × ×

कुछ ऐसे भी नाटक हैं जहाँ नेपथ्य ही नायक की सबसे महत्त्वपूर्ण भूमिका अदा करता है।

× × ×

जर्मनी की नील और हिन्दुस्तान की तटस्थता, दोनों का बाजार भाव एक है।

× × ×

उनका दिमाग खाली है जैसे
छुट्टी के दिन बन्द कचहरी का मैदान।
चकबन्दी ने उन्हें टुकड़े-टुकड़े कर दिया है।

[1969]

पत्तियाँ झड़ चुकी हैं और
पेड़ उस बच्चे की तरह खड़ा है
जिसने देर तक रोने के बाद
अभी-अभी आँसू पोंछ लिये हैं

× × ×

सत्य कहने के लिए कैदियों को यातना दी जाती है
रात में नदी अपनी जगह से हट गई है।

× × ×

आदमी कहाँ से सुधर पाएगा क्योंकि
पेट पीछे पड़ गया है,
मजदूर की पीठ आगे है
चाहे जो मार ले
लेकिन पेट तो उसके पीछे पड़ा हुआ है।
भूख की पीड़ा उतना पाप नहीं करवाती
जितना पाप वह भूख करवाती है
जो किसी को देखकर जाग उठती है।

- मजदूरी करना पाप नहीं है
  बल्कि पाप तो इस भावना में है
  कि हम अपने को गुलाम समझते हैं।
- यह सच है कि
  कोई हजार चोट सहकर मन्दिर का
  शंकर बन गया
  और कोई रस्सी की रगड़
  सह रहा है कुएँ पर पड़ा हुआ
  किन्तु क्या कुएँ पर का पत्थर
  रसमय जल बाहर निकालने का माध्यम नहीं?

- व्यक्ति के आदर्श का ज्योतिर्मय होना
  परमावश्यक है अन्यथा जीवन-पथ की
  कालिमा छिन्न नहीं हो सकती।
  पेट खाली है और
  उस पर
  बड़प्पन का बोझ,
  आदमी दबेगा नहीं
  तो क्या होगा?
  कठोरता यदि बाह्य आचरण में ही हो
  तो किसी को भी संयमित कर सकती है।
- गौतम बुद्ध से लेकर गांधी तक
  एक दकियानूसी नारा
  चल रहा है, 'हृदय परिवर्तन
  करो'। आदमी अपने आपको बदले
  तो व्यवस्था सुधर जाएगी
  यह अवैज्ञानिक तरीका है।
  आदमी व्यवस्था की उपज है।
- समाजवाद, पूँजीवाद का बहुवचन है।
- उसकी भाषा सीधी भाषा की कविता थी।
- उसकी कविता तुम्हारी राजनीति की कविता है।
- बात को ढकी न जाए
  किसी बात को छिपाने के लिए
  शब्दाडंबर
  असली चेहरा
  दिखाई न पड़े, इसके लिए
  शब्द की तलाश।

  कविता के जरिये आदमी पर
  नहीं, व्यवस्था पर चोट
  करने की जरूरत है
  वह एक आदमी (नेहरू?) की भाषा
  थी। वह एक व्यवस्था की भाषा थी।

एक आदमी नहीं
एक वर्ग
किसी व्यवस्था को रिप्रजेंट करता है।

- देश, धर्म, नस्ल, बिरादरी, गोत्र, वाद, घेरा, इरादा, प्यार, मौसम, मृत्यु
नहीं—यह कुछ नहीं
शब्दों के ये 'चकले' बन्द करो
शायद...यही वे जगहें हैं
जहाँ वे लाचार हैं
उन्हें लज्जित होने से बचाओ।
- जँभाई और नींद के बीच का फासला।
- पानी अन्धी चट्टानों को चाट रहा है।
- जिनको अँधेरा 'राजीव-लोचन' है।
- अजंता और एलोरा में
भागे हुए लोगों के शरीर की आदिम भाषा
पत्थर की लिपि में
लिखी गई है।
- नाम जो गाँव के लिए असाधारण थे
प्रतिभा, विश्वास, ज्योति
अब गाँव में भी
नये नाम आने लगे हैं
जो पहले नहीं थे। गाँव की हवा में न
बँधनेवाले—नीना, गुड्डी, मुकेश
नामों को ढाहना गाँवों की परिपाटी रही है
रजिन्नर, पतवरुआ, दुखना।

[1969]

- जुर्राब की तरह कविताएँ पहनने की चीज हैं।
- वह मेरा फर्ज नहीं है
वह मुझे हराम नहीं है।
- वे अपनी जलती जवानियों के राजकुमार हैं।
- उद्धरणवादी एक्टिव नहीं हुआ करता। यह आर्यसमाजी तरीका है।
- कवि-काम जीवन पढ़ना है, किताबें नहीं।
- अकथित जीवन को पढ़ना समकालीन कवि का काम है।
- अन्तर्विरोध गुमराही भी हो सकता है।

- आज रचना की चर्चा नहीं है। ऑर्गनाइजेशन की चर्चा है। यदि कोई रचनाकार चर्चित हो तो समझना चाहिए कि वह समर्थ है।
- निराला के सन्दर्भ में—कवि के अर्थ को छोड़ दें, वह पागल ही रहेगा।
- श्रीकान्त और सर्वेश्वर आदि में अंग्रेजी से प्रेरित होने की क्षमता नहीं है।
- वामपंथी कवियों में सबके द्वारा मान्य केदार अपने को कहाँ ले जा रहे हैं? कार्यशीलता से वे तटस्थ हो चुके हैं और उन्हें अपनी कतार में कोई नहीं मानता।

गिटार और संसद पटल

मुझे एक काव्य-नाटिका उक्त शीर्षक से लिखनी चाहिए, जिसमें अपने देश की आज की हालत को कहा जा सके। बीसवीं शताब्दी, उन्नीसवीं शताब्दी से किस बात में भिन्न है, मेरे मत से :

बीसवीं शताब्दी	**उन्नीसवीं शताब्दी**
1. दूसरों के अज्ञान को ढोना,	1. निजी अज्ञान को दूसरे पर लादना,
2. 'विट' को बुद्धि मानना,	2. धार्मिक अन्धविश्वास को बुद्धि का रूप देना,
3. सफलता को ही सार्थकता समझना।	3. सफलता और सार्थकता में फर्क न समझना।

पत्र

[1]

वाराणसी
30.8.62

प्रिय कन्हैया,

शुभाशीष।

दूसरा पत्र मिला। विशेष विवरण से खुशी हुई। घर-गाँव का विस्तृत समाचार न लिखने के कारण तुम असन्तुष्ट हो सो बात कोई ऐसी तो थी नहीं, जिसे लिखा जाता। सब साबिक दस्तूर है। घर पर सभी छोटे-बड़े सानन्द हैं। शोभनाथ और लोकनाथ अपनी पढ़ाई ठीक से कर रहे हैं। दोनों की आधी-आधी फीस माफ हो गई है। खेती-बारी तो देखकर ही गए थे। मक्के का चनेसर के पास वाला खेत जोत दिया गया है, उसमें धनिया लगाई जा रही है। दूसरे खेत में कुछ मक्का हो जाएगा। साँवाँ अभी नहीं कट रहा है। सालिक के घर के पास वाले (कन्नन की ईख के बगल में) खेत की सनई खिलाई जा रही है। करीब आधे भाग में गाजर बोया गया है, जहाँ तक की सनई कट गई थी। बाजरा, जैसा तुम्हें मालूम हो, काफी बोया गया है और जामा भी अच्छा है। हलवाही कभी पनारू और कभी सम्पत या चमार का वही लड़का कर देता है। अभी निश्चित रूप से सालाना ठीक नहीं हुआ है। फिर भी काम सुचारु रूप से चल रहा है। तुम्हें चिन्तित होने की कोई आवश्यकता नहीं। हाँ, इधर भंगा बाबू दुक्खी की ससुराल गए थे। वहाँ दुक्खी से भेंट करके बड़ा धिक्कारा था। दुक्खी ने घर पर आकर मजदूरी करने को कहा है। शायद आए हों पर मुझे अभी मालूम नहीं। घर जाने पर पता लगेगा। फिर सूचित करूँगा। एल.एल. बी. के बारे में पता लगाकर कल-परसों तक उत्तर दूँगा।

गाँव-घर में कोई नई पॉलिसी नहीं है। कन्नन बाबू के घर पर लोग मजे में हैं। पारस को मेरा आशीर्वाद कहना। खेती-बारी भी ठीक है।

सभी लोगों से सद्भाव बनाए रखना। रमाशंकर भाई आजकल शायद व्यस्त हैं, मुझे भी चिट्ठी-पत्री नहीं देते, किन्तु उनको तुम्हारा ध्यान अवश्य होगा। कभी-कभी अपने लिए विनम्र निवेदन कर लेने में कोई हानि नहीं होगी, वैसे भी वे तुम्हारे लिए चिन्तित होंगे।

सत्यनारायण भाई को मेरा नमस्कार कहना और यह भी कि मैं उनकी काफी उम्मीद करता हूँ और भरोसा भी।

नौकरी के लिए विशेष चिन्तित होने की कोई आवश्यकता नहीं। हाँ, कोशिश अवश्य करो। किन्तु उसी के लिए शरीर गलाना मूर्खता होगी। ऐसा तो वे लोग करते हैं जो मूर्ख होते हैं और साथ ही निराश्रित। और तुम दोनों ही नहीं हो। घर की जिम्मेदारी तुमसे कहीं अधिक मेरे ऊपर है। मेरे रहते तुम्हें चिन्तित होने की जरूरत नहीं।

नौकरी न मिलने से घबड़ाना ठीक नहीं है। इतना जरूर कहूँगा कि पहले काम सीखो। उसे पाने और खड़े होने की जगह बनाओ, फिर तनख्वाह अपने आप मिलेगी। यदि कम तनख्वाह पर भी काम मिले और उचित हो तो कर लो। कम-से-कम उन पर भार बनना तो नहीं पड़ेगा, जिनके तुम साथ हो। मेसर्स तलवार ब्रदर्स से श्री खेलावन पाठक के द्वारा पुन: कोशिश करो। किन्तु ध्यान रखो कि नौकरी उतनी आवश्यक नहीं जितना स्वास्थ्य। यदि मियाँ! दुबले होकर आए तो याद रखो, मुझसे बुरा कोई नहीं होगा। रुपये-पैसे के लिए नि:संकोच लिखो। खाने-पीने की तकलीफ मत उठाओ। समझो कि घूमने गए हो। और खुश रहो।

सस्नेह
सुदामा पाण्डेय

[2]

बलिया
21.6.63

प्रिय कन्हैया,

आशा है, सानन्द होंगे। मैं यहाँ सकुशल हूँ।

अपने कॉलेज की क्या स्थिति है, तुम्हारी लोगों के साथ कैसी पट रही है, लिखना।

गाँव-घर का क्या समाचार है?

मंगा बाबू, माँ, चाची को मेरा प्रणाम कहना और जूठन, शोभा, लोकनाथ, छोटी बहू तथा अन्य लोगों को आशीर्वाद। सबसे स्नेह सम्बन्ध बनाकर काम लो।

भोले तथा आशा और सुशीला का समाचार भी देना। सब मजे में तो हैं। गाँव वालों से अभी कम-से-कम दो-तीन साल तक मेल-मिलाप से काम लेना। राजदेव से खेत का इस्तीफा हुआ कि नहीं, सविवरण समाचार देना। तुम्हारे पास यदि कुएँ का कागज हो तो कृपया आवश्यक तैयारी करके उसे जमा करने की कोशिश करो। मैंने जिला नियोजन कार्यालय में श्री उपाध्याय को भी पत्र लिख दिया है। पंचायत

ऑफिस में तिवारी से कागज पर केवल दस्तखत कराना है तथा तहसीलदार से। तुम एकाध दिन का और कष्ट करो। मैं तो थोड़ा आलसी था ही। मेरे न होने पर तुम्हारी ही तो सारी जिम्मेदारी है। लोग अपढ़ हैं। सावधानी से लोगों को सही काम में लगाना ही परिवार की उन्नति के लिए कारगर होगा और यही बुद्धिमानी भी है। तुम्हें विशेष सलाह क्या दूँ, मुझसे अधिक पढ़े-लिखे हो। काम ठीक करोगे ही। सामयिक उत्तेजना से बचते रहना और यदि पास-पड़ोस का कोई उत्तेजक कार्रवाई भी करे तो मौके को देखकर टाल जाना। फिर भविष्य की कोई बात देखी ही जाएगी। नरिया पका या नहीं, लिखना। पनार के पास की फेरवटी जरूर करा लेना। मैं जुलाई में आऊँगा। बस।

पत्रोत्तर देना।

स्नेही
सुदामा पाण्डेय
सुपरवाइजर
आई.टी.आई.
बलिया

[3]

सेवा में,
श्री हरिहर पाण्डेय
ग्राम—खेवली (पांडेपुर)
पोस्ट—रामेश्वर
जिला—वाराणसी (उ.प्र.)

आदरणीय बाबूजी,

सादर नमस्कार।

मैं सकुशल हूँ। आशा है, आप भी परिवार समेत सकुशल होंगे। आज तारीख 3.6.67 को कन्हैया की चिट्ठी मिली थी। समाचार मालूम हुआ है। मैंने उस चिट्ठी का जवाब आज ही दे भी दिया है।

मुकदमे की तारीख 8 जून है। उसकी पैरवी अच्छी तरह से करिएगा, देवमूर्ति सिंह वकील से मिलकर। जैसा वे राय दें, उसके अनुसार काम करने की कोशिश करिएगा। गवाही के लिए जियावन बिंद और खरपत से बात कर लीजिएगा। साथ ही जगरदेव लोहार से भी बात करिएगा। ये लोग मुझसे गवाही के लिए कहे थे और हो सके तो रामकरन भर (भैठे) से भी इस विषय में बात कर लीजिएगा। वकील

साहब से पूछ लीजिएगा कि उसकी गवाही ठीक होगी या नहीं? वह भी गवाही कर सकता है।

बंजर वाली जमीन में जो लोग मकान बना रहे हैं, उन्हें बनवाने दीजिए। इस मामले में छेदी पाण्डेय या उनके परिवार के लोग जैसा कर रहे हैं, ठीक ही है। उसमें रोकथाम हम लोग क्यों करें? इससे हमारा कोई खास वास्ता नहीं होना चाहिए। घर के लोगों को, जूठन, शोभनाथ, लोकनाथ को समझा दीजिएगा कि वे लोग अपने काम से काम रखें। इधर-उधर की बातों में बहुत ध्यान न दें। वैसे इन लोगों के काम की तारीफ कन्हैया ने भी की है कि ये लोग शान्तिपूर्वक अपना काम कर रहे हैं। यही ठीक भी है। घर की उन्नति ही सब लोगों के लिए लाभदायक है। मन लगाकर खेती-बारी करें। धीरे-धीरे सब ठीक हो जाएगा।

तारीख के दिन सवेरे छह बजे कचहरी पहुँच जाइएगा और जैसा समाचार हो मुझे तुरन्त सूचना दीजिएगा। शेष सब ठीक है।

आपका
सुदामा पाण्डेय
आई.टी.आई.
सहारनपुर (उ.प्र.)

धूमिल का पत्र : काशीनाथ सिंह के नाम

आई.टी.आई.
सहारनपुर
12.10.66

प्रिय काशी,

कुछ चिट्ठियाँ होती हैं, जो आदमी की तरह बोलती हैं। तुम्हें पढ़ते हुए लगता है कि मैं तुम्हारे सामने हूँ—एकदम सामने और अलग नहीं हूँ।

'आरा-कांड' से मुझे हार्दिक खुशी हुई। उन्हें जानना क्या जरूरी था, जितना उन्हें समझा देना जरूरी था और तुमने वह किया जिसकी मुझे उम्मीद थी। तुमने लिखा है कि मैं सोच भी नहीं सकता। काशी, यह तुमने गलत लिखा है यार। मैं इसे कितना जानता हूँ, यह मैं जानता हूँ। हाँ, तुम्हारा ऐब भी मैं जानता हूँ—खुद के लिए एक खास तरह की उदासीनता तुममें है। वैसे तुम क्या हो कि एक चीज हो। शर्त यह है कि मगर खुलो। मैंने तुम्हें खुले रूप में देखा है पूरे जोम और सच्चाई के साथ। मैंने समकालीन लेखकों को सुना है और पढ़ा है और मैं जानता हूँ कि किसमें क्या दम है और कितनी ईमानदारी है। यही कारण था कि मैंने आरा जाने के लिए तुमसे जोर दिया था।

तुम्हारी सफलता पर मैंने खुद को बधाई दी। तुम्हें भला आपत्ति?

तुम कहते रहे हो कि मैं साहित्य की हरेक बातें गम्भीरता से ले लेता हूँ। आरोप ठीक है। पर, इस विदूषक सदी का मामूली सदस्य बनकर, दूसरों के साथ अहमकाना सलूक करके क्या अपना बचाव करने का तरीका सही है? अस्तित्व की सुरक्षा के सन्दर्भ में हमने इस सवाल पर काफी बहस की है और एक नतीजे पर भी पहुँचे हैं। साहित्य और कला को जब औजार की तरह बाजार में चलाया जा रहा हो, उस समय एक खास आदमी का चुपचाप अलग रह जाना; मौके को तरह देना कम समझदार और भगोड़ा किस्म के लोगों को मौका देना है कि वे किसी भी तरह मंच हासिल करके देश को गुमराह कर सकें। यह अपने-आप से की गई मुखबिरी है। इसलिए ईमानदार लेखक का पहला उसूल यह होता है कि वह इन प्रचारों का पर्दाफाश करे और तुम्हारे जैसे लोग जब ऐसा करते हैं—जब

वे लोगों को बतलाते हैं कि 'शब्दों की ताकत सबसे बड़ी ताकत होती है, शब्द खो नहीं गए हैं, झुठलाए गए हैं। उनके अर्थ बदले नहीं हैं, उन्हें गलत जगह रख दिया गया है', तो वह समय के साथ एक ईमानदार आदमी का सही बर्ताव साबित होता है। यहाँ मैं स्पष्ट कर दूँ कि यह साहस नहीं, सिर्फ सच्चाई है जिसका साथ एक आदमी ने आगे बढ़कर दिया है और भाषा के अभाव में बैठे हुए सैकड़ों लोग अचानक उनके साथ हो गए हैं।

चीज की असलियत आज देवता (यहाँ प्रचलित अर्थ ही) और जोकर, दोनों एक ही स्तर पर नष्ट करते हैं। पहले से छूकर वह अमूर्तता की रंगहीन गुफा में खो जाती है और दूसरे के सम्पर्क में उसकी काट खत्म हो जाती है। ऐसी स्थिति में, तुम जानते हो, हम लापरवाह नहीं हो सकते? यह हमारी ज्यामेट्री का मैनुवल नहीं है। लापरवाही अमीरों का शौक है और ऐसों के शौक का शिकार सिर्फ मूर्ख ही हो सकता है।

इसी क्रम में, कमलेश्वर की आरा की उपलब्धि की चर्चा—मसीहा को नये और तीखे चेले की जरूरत तो नहीं न?

कालिया 2 और विमल 3 का 'प्राक्कथन' कि तुम्हारी उन्होंने कैसी कल्पना कर रखी थी, विशिष्टता बनाए रखने की आखिरी और हास्यास्पद कोशिश के सिवा क्या है? मगर इस रास्ते एक हित भी है। तुम 'सारिका' में लिखो और बिन अपने को बदले, बिना समझौते का हाथ बढ़ाये, उन्हें बतला दो कि हिन्दी की कहानी 'यह' है। विमल ने मुझे नहीं पढ़ा है, उसका यह सौभाग्य है, वरना बेचारे को जानकर दुख होता कि 'विनियोग' में आई हुई उसकी दस आत्मानन्दी कविताओं को लौटा देनेवाला पुराना पापी कौन है?

तुमने सहारनपुर के लिए लिखा है। यहाँ 807 किलोमीटर दूर आकर सोचना था कि कुछ बदला हुआ मिलेगा। मगर कोई अन्तर नहीं। आदमी का क्रोध, दुख, उसकी गरीबी और आपसी तनाव—सब कुछ वैसे ही है। हाँ, इस जगह ने इतना एहसास जरूर करा दिया है कि वह जगह कैसी है जिसे मैं छोड़ आया हूँ। इसके अलावा कोई खास फर्क नहीं। 22 तारीख की रात 2 बजे गाड़ी से उतरा। तीसरी श्रेणी का प्रतीक्षालय। अजीब है। चारों तरफ से हवा में खुली जगह का नाम खम्भों पर टिकी छत होने के नाते इस आदमीनुमा जानवर के अस्तबल का नाम 'आलय' है। वाराणसी कैंट और सहारनपुर प्रतीक्षालयों और नींद में शायद कहीं फर्क नहीं होता। वैसे ही बर्राते हुए चेहरे, उबासियाँ, पाखाने की सुरसुरी के साथ रोकती हवा की तीखी खरास, बलगम और सपने, सिर से सिर और पैर से पैर सटाकर सोते हुए लोगों का पड़ोस बेतरतीब और बदहवास—चेंचा बाये हुए, गठरियों और झोलों को एक अवचेतन अभ्यास की वजह से पकड़े हुए, खो जाने के डर से जूतों को बिना पैरों से निकाले हुए वे सो रहे हैं, करवट

बदल रहे हैं, नंगे हो रहे हैं और मैं सोच नहीं पा रहा हूँ कि नंगापन नींद की तमीज है या मजबूरी।

तारीख 23 (दिल्ली), नौ बजे रात, मॉडल टाउन। मास्टर साहब नहीं मिले। तब तक 'बहिर' दिल्ली और दिल्ली की राजनीति और साहित्य और साहित्यकारों के बारे में बतलाता रहा। रात मास्टर साहब बाहर रहे। सुबह उनसे मिलने पर 10 बजे राजकमल गया बहिर के साथ। राजकमल में चिट भिजवाया। खुद वे मुझे लेने के लिए बाहर आए। उनके कर्मचारियों पर एक खास असर पड़ा था। इसे मैंने देखा। इसमें मेरा मोटापन उतना सरीक नहीं था, जितनी मास्टर साहब की आत्मीयता। काफी इधर-उधर की, घर-गाँव की बातचीत हुई। साहित्य चर्चा मैंने मास्टर साहब से नहीं की। उनके स्वास्थ्य आदि के बारे में, पेट के बारे में हल्के उलाहनों के साथ पूछता रहा। रात को, 25 तारीख की रात को, अजीत कुमार के घर गया। उन लोगों से मिला। मास्टर साहब भी थे। जहाँ दिल्ली के किसी कॉलेज में चले मास्टर साहब की व्याख्यान माला पर चर्चा होती रही। लोग सत्य हैं। मेरा मतलब जीत और स्नेहमयी से है। उन्होंने दोपहर खाने पर बुलाया मगर मैंने इनकार कर दिया। कारण कोई खास नहीं। विश्वनाथ त्रिपाठी और आग्नेय से मिला। आग्नेय की पत्नी से भी। अच्छे लोग हैं। रहने की जगह अच्छी नहीं मिल पा रही है, इसलिए दुखी हैं। आग्नेय काफी निकट लगे, सिवा इसके कि वे भी दिल्ली में ही रहते हैं। रमेश गौड़ और विष्णुचन्द्र शर्मा से मुलाकात 25 को हुई। विष्णु, पता चला, कि काशी नागरी प्रचारिणी सभा छोड़ दिये हैं। अकविता वालों से मैं नहीं मिला और उसी तारीख को वापस चला आया। लोगों से साहित्य यानी कविता को लेकर बहस भी हुई मगर जाने दो, इसे नहीं लिखूँ तो ठीक है। दिल्ली रोजगार के लिए भले ठीक हो, पर काशी, विश्वास करो, यहाँ आदमी अपनी धार को खो बैठता है।

दिल्ली में बहिर के साथ मैं घूमता रहा। कभी बस और कभी स्कूटर से। कुतुबमीनार पर भी चढ़ा सिर्फ पहली मंजिल तक। ऊपर चढ़ने में रोक है। कहते हैं, ऊपर जाने से आदमी आत्महत्या कर लेता है। ऊपर चढ़ने के लिए टिकट अकेले को नहीं मिलता। कम-से-कम तीन को एक साथ टिकट लेना पड़ता है। वादी, प्रतिवादी और गवाह। मजा तो तब आया, जब मैंने इसे सोचा कि कुतुबमीनार पर चढ़ने के पहले अपराध की एक समस्या से होकर गुजरना पड़ा है। वैसे कूदकर मरने के लिए पहली मंजिल की ऊँचाई ही काफी है। कुतुबमीनार तुमने देखा होगा। चारों तरफ खँडहर और बीच में एक सीधी ऊँचाई। ऊँचाइयाँ खँडहरों में ही खूबसूरत लगती हैं।

बसों में बड़ी भीड़ होती है। बसें अक्सर देर से मिलती हैं। बस आते ही टर्मिनल पर खड़े मर्द और औरतें एक साथ दौड़ने लगते हैं। जिन्हें जगह नहीं मिल पाती,

वे हँसते हुए वापस होते हैं। यहाँ नाकाम आदमी भी हँसता है और बेकाम भी। सब-के-सब एक छुछुआती हँसी हँसते हैं। आश्चर्य होता है कि जहाँ इन्हें गुस्सा आना चाहिए, वहाँ ये हँस कैसे रहे हैं!

मैं इधर सहारनपुर में ही हूँ। छात्रों की उत्तेजना के कारण स्कूल और कॉलेज बन्द हैं। मेरी इंस्टीट्यूशन भी बन्द है। लेकिन कार्यालय खुला है। यहाँ के लोगों पर मैंने खुद को जाहिर नहीं किया है। सिर्फ सुपरवाइजर हूँ। ज्यादातर अंग्रेजी बोलता हूँ (कितना सही बोलता हूँ, वह तुम जानते हो।)। रहने के लिए आई.टी. आई. के पास ही हकीकत नगर में जगह मिल गई है। हकीकत नगर विस्थापितों के लिए बसाई गई बस्ती है। अधिकांश पंजाबी हैं। दिन भर कमरों के बाहर कुर्सियों और खाटों पर औरतें दिख पड़ती हैं, सिलाई-बुनाई करती औरतें या बच्चों से घिरी औरतें। छोटे-छोटे लड़के, जवान होते लड़के-लड़कियाँ, ढाल पर उतरती हुईं सलवारें और मौसम की चुस्ती से भरे-भरे गोश्तदार तिस्त। एक धड़ल्लापन जिसका पूरब में अभाव है।

मर्द रात को लौटते हैं। काफी रात गए, दरवाजे पर एक अबी हुई एक मर्दानी माप पड़ती है और थोड़ी देर के लिए जलाई गई बत्ती फिर बुझा दी जाती है। सुबह एक और बच्चों से घिरी औरत बैठी मिलेगी और एक चारपाई पर सोती हुई। यहाँ मर्द दिन चढ़े तक सोते हैं, सोये रहते हैं। मैंने इस मकान के मर्द-मालिक को अभी नहीं देखा है, जिसमें मैं रहता हूँ। बेलौस भाषा और अकेलेपन के खिलाफ एक जोरदार शोर यहाँ भी हवा में जरूर मिलेगा, जो मुझे भी ऊबने से रोकता है, मन लगने में मदद करता है।

पूरब की अपेक्षा कुछ-कुछ खुलापन यहाँ है जरूर, मगर वह बेचैनी जो हमें हिन्दुस्तान बनाती है, यहाँ भी इसी अनुपात में है। वर्ग में छँटे हुए लोगों का जीवन स्तर पूरब के लोगों से कुछ अधिक भिन्न नहीं है। हाँ, इसमें भाषा और सामाजिक खुलेपन को मैं शामिल नहीं कर रहा हूँ। —खाने की कई चीजें हैं। सस्ती तो नहीं पर शुद्ध हैं। चावल नहीं मिलता यानी कि रोज नहीं मिलता। होटल में खाता हूँ। अंगूर बनारस से सस्ते हैं। कमरा महँगा है।

रामजी भाई को मेरी बधाई। पंडित की दक्षिणा सुरक्षित रहेगी, ऐसी उम्मीद है। विजय के क्या समाचार हैं? कुसुम को मेरा स्नेहाशीर्वाद कहना। गुड्डी और नीना को प्यार। माई इधर आई भी या नहीं? कोई आए या तुम्हीं जाना तो मेरा प्रणाम उन्हें कहना। शेष कुशल।

तुम्हारा
धूमिल

× × ×

धूमिल के पत्र : नामवर सिंह के नाम

नवाबगंज, वाराणसी

01.04.1966

आदरणीय मास्टर साहब,

ले-देंकर नवलेखन विमर्श गोष्ठी खत्म हुई। खास बात जो इस बार देखने में आई, वह यह कि अगले वर्ष की अपेक्षा इस वर्ष 'सेतु' वाले हम लोगों को अपने साथ रखने के लिए काफी चिन्तित थे। इसके लिए 20.03.66 को (यानी गोष्ठी से हफ्ता भर पहले एक 'अतिरिक्त' गोष्ठी बुलाई गई जिसमें कुछेक को छोड़कर करीब-करीब सभी लोग (काशी के) उपस्थित थे। वाराणसी के सभी लोगों को बुलाने पर जोर दिया गया। बात विष्णुचन्द्र शर्मा ने उठाई थी कि वाराणसी में हो रही गोष्ठी में यहाँ के सभी साहित्यिक तो कम-से-कम आएँ ही। दूसरे परिपत्र के वक्ताओं के नामों पर मेरी आपत्ति थी और यह कि उनमें से अधिकांश कलकत्ते में बहुत कुछ कह गुजरे थे। मेरी आपत्ति से बाबू शिवप्रसाद जी नाराज हो गए और उन्होंने कहा कि वे अपना निबन्ध नहीं पढ़ेंगे। खैर, डॉ. बच्चन सिंह ने किसी तरह उन्हें समझाया और बात आगे शुरू हुई और तय किया गया कि सभी लोगों को बुलाया जाएगा और 'नये लोगों' को बोलने के लिए आमंत्रित किया जाएगा।

दिनांक 27.03.66 को सुबह 8.30 बजे सभी लोग गोष्ठी के लिए नियत स्थान 'एनी बेसेंट हॉस्टल' पहुँचे। वहाँ शायद पहले से श्री वाचस्पति पाठक, बच्चन सिंह, शिवप्रसाद सिंह आदि उपस्थित थे। हम लोग यानी मैं, गोविन्द मोहन, काशीनाथ, नागानन्द, विनय दूबे के कमरे में गए। (विनय हॉस्टल में ही रहता है।) विनय से पता चला कि अभी बाहर से कोई सज्जन नहीं आए हैं। विनय दूबे के कमरे में ही हम लोग बैठे और वहीं पर लक्ष्मीकांत वर्मा करीब 9.30 बजे राजेन्द्र प्रसाद सिंह (मुजफ्फरपुर वाले) के साथ आए। फिर आधा घंटा इन्तजार करने के बाद तय हुआ कि पता लगाया जाए कि गोष्ठी का क्या रंग है। पता लगाने पर मालूम हुआ कि मेजबान लोग संयोजक समेत 10 बजे तक इन्तजार करके चले जा चुके हैं और अब गोष्ठी नहीं होगी।

तो अब पता लगाना था कि क्या बिलकुल नहीं होगी? सो, हम सभी लोग डॉ. बच्चन सिंह के घर की ओर चले। संयोजक जी से थोड़ी सहानुभूति भी हो आई थी कि देखिए साहब...। सो, हम सभी लोग चल लिये। संयोग कि संयोजक जी (डॉ. बच्चन सिंह) रास्ते में ही मिल गए। और उनसे पता चला कि सुबह वाली गोष्ठी कल होगी और शाम वाली ठीक समय पर ही होगी। गोष्ठी का क्रम पहले ही उलट चुका था। अत: शाम को होनेवाली गोष्ठी का विषय था : 'नवलेखन और समसामयिक परिवेश'। परिपत्र के अनुसार यह पहली गोष्ठी थी, सुबह होनेवाली।

शाम को गोष्ठी 6 बजे हुई। बालकृष्ण राव की अध्यक्षता में। निबन्ध पढ़ा श्री बच्चन जी ने (प्रस्तावक के रूप में), डॉ. रघुवंश, पं. विद्यानिवास मिश्र, श्री विजयशंकर मल्ल ने और विचार-विमर्श में डॉ. जगदीश गुप्त, कृष्णनाथ, मैं, काशीनाथ, लक्ष्मीकांत वर्मा, युगेश्वर पाण्डेय, जितेन्द्र नाथ पाठक, सुरेन्द्रनाथ श्रीवास्तव ने भाग लिया।

दूसरे दिन की सोमवार 28.03.66 को सुबह की गोष्ठी का विषय 'नवलेखन और रचना प्रक्रिया' था और जगदीश गुप्त ने अध्यक्षता की। निबन्ध जैसा ही कुछ पढ़ा श्री शिवप्रसाद सिंह ने और विचार-विमर्श में भाग लिया डॉ. रघुवंश, लक्ष्मीकांत वर्मा, मैं, गिरिराज किशोर और मोहनराज शर्मा ने।

बाहर से आए हुए लोग थे—बालकृष्ण राव, डॉ. जगदीश गुप्त, डॉ. रघुवंश, लक्ष्मीकांत वर्मा, गिरिराज किशोर, जितेन्द्रनाथ पाठक, पं. विद्यानिवास मिश्र।

वाराणसी के श्री विष्णुचन्द्र शर्मा, डॉ. शम्भुनाथ सिंह, त्रिलोचन जी, श्याम तिवारी, कंचन आदि गोष्ठी में प्रारम्भ से ही अनुपस्थित रहे।

गोष्ठी का विवरण शीघ्र भेज रहा हूँ।

मैं सपरिवार, आपके आशीर्वाद से स्वस्थ और प्रसन्न हूँ। काशीनाथ भी परिवार समेत मजे में हैं।

मेरी कविताएँ 'कल्पना' के मार्च अंक में देखने को मिली होंगी। इधर कुछ कविताएँ और लिखी हैं। आपके पास जल्द ही आवश्यक सुधार के लिए भेजूँगा।

आप मजे में होंगे। कृपया अपनी व्यस्तता से अलग, समय निकालकर हमारे लिए भी दो शब्द कभी-कभी लिखें, मार्गदर्शन होगा। कुछ 'बहिर' को जरा ऊँचे स्वर में मेरा आशीष दें। सचमुच सौभाग्य तो उसका कि वह आपके साथ है।

आपका

धूमिल

× × ×

आदरणीय मास्टर साहब,

'लिफाफा' पर आज पता लिखते वक्त एक खास किस्म का सन्तोष मैंने महसूस किया है और जबकि इस चिट्ठी का सम्बोधन लिख रहा हूँ, एक गहरी और लगभग तनावहीन खुशी हुई है। आखिर इन तीनों शब्दों ने अपनी सार्थकता पा ही ली। मेरे जैसा निश्छल और सच्चे आदमी (मैं यह सहज मन से लिख रहा हूँ) के ये सम्बोधन शब्द सुनकर आपको नहीं याद होगा, मगर मैंने देखा था, सीधी में लुच्चे मुसाहिबों की जरतुही आँखों में मक्कारी कैसे चक्कर काट जाया करती थी। आप क्या कहते हैं, कि मैं कहता हूँ कि वक्त सही आदमी की तरफ से हमेशा जवाबदेह होता है। और एक हिम्मतवर सही आदमी ही नामवर होता है। वैसे मैं बिना किसी भ्रम के कह देना चाहता हूँ कि एक बहुत बड़े आदमी को एक मामूली-सा काम देकर जोधपुर वाले 'जोधा' हो गए और जैसा कि अपनी गलाजत के आदी हो चुके हैं—बनारस वाले इस बार भी 'बामे शंकर...।' नागानन्दी भी मेरी इस बात से सहमत थे कि जिस आदमी को कविता और देश का गृह मंत्रालय मिलना चाहिए था, उसके लिए जोधपुर विश्वविद्यालय में हिन्दी विभाग के अध्यक्ष का पद मिलना मामूली बात है। लेकिन हम इस मामूलीपन से भी आशान्वित जरूर हुए हैं कि हो सकता है, 'विश्वविद्यालयीय' व्यवस्था अपनी दीवार में फूटनेवाली इस खिड़की से आनेवाली खुली हवा और ताजा रोशनी में अपने अँधेरे गलीज को साफ कर सकने की दिशा में कोशिश करना शुरू करे।

हमारी बधाई लें।

पुनश्च : तीन कविताएँ भेज रहा हूँ जिनको टाइप कराने के लिए आपने कहा था। आशा है, संकलन का काम शुरू हो सकेगा। जो कविताएँ आपने चुनी हैं, उनमें से 'प्रार्थना सभा' संकलन में शरीक न करें। उसकी जगह 'शहर का व्याकरण' मेरे विचार से ज्यादा उपयुक्त है।

शेष कुशल। पत्र दें। जोधपुर कैसा है? नवम्बर में वाराणसी आएँगे?

आपका
धूमिल

× × ×

वेणुगोपाल का पत्र : धूमिल के नाम

28.4.66
हैदराबाद (आ.प्र.)

धूमिल जी,

नमस्ते।

शायद एक वर्ष बीता होगा, जब आपकी कविता पहली बार अजित कुमार व विश्वनाथ त्रिपाठी द्वारा सम्पादित 'कविता : 1963' में देखी। कुछ योंही-सी लगी। और फिर आपका नाम। मेरा मतलब है, उपनाम, जो कि काफी छायावादी ढंग का था। मुझे पूर्वग्रह बनाने में सहयोग देने लगा।

समझ में नहीं आया कि कोई इतना वायवी नमूने का प्रदर्शनात्मक उपनाम रखकर नई कविता लिख सकता है? और फिर उस कविता में शब्दों की चमत्कारिता के लिए आग्रह देखकर भी यही धारणा बलवती हुई—कि नई कविता के मुलम्मे में छायावादी प्रवृत्ति जन्म ले रही है।

और अभी 'कल्पना' में फिर कविताएँ पढ़ने को मिलीं। प्रसन्नता हुई। आश्चर्य भी हुआ कि एक नई व स्वस्थ एवं शक्तिवान अभिव्यक्ति कई दिनों बाद देखने में आई और वह भी उस कवि की कविताओं में जिसका नाम सुनकर कोई भी वितृष्णित हो सकता है।

खैर! 'कल्पना' में प्रकाशित कविताएँ मुझे और मेरे दोस्तों को काफी अच्छी लगीं। ओमप्रकाश निर्मल जी से तो जब भी पूछा जाए कि 'हिन्दी में आपको कौन-सा कवि अच्छा लगता है, तो पहला नाम होता है 'धूमिल'।'

पर एक बात खटकी। लगा कि श्रीकान्त वर्मा की तरह आप भी कुछ तुकबन्दी के फेर में पड़ जाते हैं जिससे कुछ पंक्तियाँ अतिशय शिथिल व अनावश्यक ही आरोपित-सी लगती हैं। 'कल्पना' में प्रकाशित कविताओं में ऐसे कई उदाहरण ढूँढ़े जा सकते हैं। (पहली को छोड़) और कि बीभत्स को बलात् लाए जाने की चेष्टा भी।

'परसाद' में आपकी कविताएँ बहुत अच्छी हैं। बधाई स्वीकार करें।

आपका
वेणु गोपाल

•

सेवा में
श्री वेणुगोपाल
म.नं. 14.6.93
चूड़ी बाजार
हैदराबाद (आ.प्र.)

7.5.1966

भाई,

आपका दिनांक 28 अप्रैल, '66 का पत्र। परिचय पाकर खुशी हुई। और इसलिए और भी कि हम परस्पर कहीं न कहीं सम्बद्ध हैं। मेरी ओर से मेरा धन्यवाद स्वीकार करें, अपने लिए और मित्रों के लिए भी। एक बात स्पष्ट कर दूँ—भाई, 'निर्मल' मेरे प्रति 'वैसा' विचार इसलिए नहीं रखते कि मैं अच्छा लिखता हूँ, यह इसलिए है कि मैं उनका अत्यन्त आत्मीय हूँ। उनके प्रति आभार मात्र औपचारिकता होगी।

रही बात नाम की—सो आप देखते ही हैं। हिन्दी का सौभाग्य है कि हमारे यहाँ रचनाकारों के नाम काफी वजनी और चमकदार हैं। सारे नाम 'देव-नाम' हैं। (कुछ को छोड़ तमाम लोगों के नाम देवताओं के 'प्रसाद' या सीधे उनके नामों के साथ अगल-बगल नत्थी हैं, उदाहरण के लिए वाराणसी, प्रयाग, पटना, दिल्ली या अन्य जगहों के परिचित-छपित नामों को 'घोख' लें, बात साफ हो जाएगी।) किन्तु उनकी रचनाएँ—आह, उन्हें पढ़ते वक्त, मेरा निवेदन है कि उनके नामों की महिमा 'रचना' में सम्मिलित न करें, दुख होगा, निराशा होगी।

अपनी कविताओं पर दो-टूक और सही राय पाकर काफी सन्तोष मिला। आशा है, भविष्य में स्नेह बनाए रखेंगे, स्वस्थ एवं सुखी होंगे। मिलने पर 'निर्मल' भाई को मेरा नमस्कार कहें, अपने अन्य मित्रों को भी।

आपका
धूमिल

मैं 'बुर्जुआ' और प्रगतिशील को नहीं जानता। हाँ, यह जानता हूँ कि अपने शहर में एक नगरपालिका है जो मोटी गर्दन वाले कम्युनिस्टों और बड़ी तोंदवाले बनियों को मनमाने तौर पर जीने की पूरी सुरक्षा प्रदान करती है। लगातार 'बाएँ' रहने की इस मूढ़मूल्यता का विरोध करता हूँ।

धूमिल
आई.टी.आई.
वाराणसी-5

['श्मशानी पीढ़ी' (सं. निर्भय मल्लिक) के 'विभक्ति' : 3, अंक : अक्टूबर, 1968 में प्रकाशित।]

धूमिल के पत्र : श्री विनोद भारद्वाज के नाम

['आलोचना-33' में प्रकाशित]

[1]

1.7.67

प्रिय भाई,

आपका पत्र मिला। इससे पहले श्री ठाकुर भाई का पत्र भी मिल चुका है। कविताएँ भेज रहा हूँ : 'गाँव' और 'अकाल दर्शन'। पसन्द आने पर छाप लीजिएगा—एक या दोनों।

कविताओं के मिल जाने की सूचना दीजिएगा तथा उन पर अपनी प्रतिक्रिया भी।

काशीनाथ सिंह वाराणसी जा चुके हैं। अभी एक कहानी 'तीन डाल कथा' 'सारिका' के जून अंक में छपी थी।

आशा है, स्वस्थ होंगे।

ठाकुर भाई को मेरा नमस्कार कहें मिलने पर।

आपका
धूमिल
आई.टी.आई.,
सहारनपुर (उ.प्र.)

[2]

प्रिय भाई,

आपकी चिट्ठी मिली। कविताएँ पसन्द आईं, इसे जानकर सुख मिला। और साहित्यिक गतिविधियों से मुझे वाकिफ कराने का कष्ट करिएगा क्योंकि यहाँ मैं एकदम अलग-थलग पड़ा हुआ हूँ। किसी प्रकार की साहित्यिक चर्चा यहाँ नहीं होती सिवा अखबारी राजनीति और शारीरिक सम्पर्कों की चर्चा के। आशा है, मेरे लिए आप अपना थोड़ा-सा वक्त देते रहेंगे।

एक व्यक्तिगत और विशेष कार्य हेतु आपको कष्ट देना चाहूँगा। आशा है, मेरी दूरी को ध्यान में रखते हुए इसे अन्यथा नहीं लेंगे।

आपको ज्ञात है कि मैं आई.टी.आई. में नौकरी करता हूँ और सुदामा पाण्डेय सुपरवाइजर हैं। यह बहुतों को नहीं मालूम है। सिर्फ वे ही इस तथ्य से परिचित हैं, जो मेरे स्वजन हैं।

तो बात है कि मेरी 5 महीने की तनख्वाह रुकी हुई है। कारण है कि मेरी छुट्टियाँ मेरे प्रधान कार्यालय से स्वीकृत नहीं हो सकी हैं। प्रधान कार्यालय डाइरेक्टरेट ऑफ ट्रेनिंग एंड इम्प्लायमेंट, गुरु गोविन्द सिंह मार्ग लखनऊ है। यदि सम्भव हो सके तो कृपया वहाँ जाकर पूछताछ करके मेरी छुट्टियों की मंजूरी कराकर भिजवाने का कष्ट कर दें। यह काम इतना जरूरी है, इतना जरूरी है, इतना...कि बस।

पूछताछ की सुविधा के कुछ विवरण इस प्रकार हैं। उक्त कार्यालय में श्री सुरेश वर्मा टेक्निकल ऑफिसर से मिलें या उस क्लर्क से, जो इस्टैब्लिशमेंट डील करता है। श्री सहाय ज्वाइंट डाइरेक्टर हैं। आवश्यकतानुसार उनसे भी मिल सकते हैं। मेरी छुट्टियों के लिए जो पहली चिट्ठी यहाँ से गई थी, उसका लेटर नं. PF/SP/67/3311, दिनांक 22.5.67 है। इसके बदले में उक्त कार्यालय से छुट्टियों की मंजूरी का एक पत्र दिनांक 1 जुलाई, '67 को आई.टी.आई., सहारनपुर को मिला था किन्तु उसमें लिखी तारीखें सही नहीं थीं। डाइरेक्टरेट के पत्र का नं. TRG/0304/10236, दिनांक 1.7.67 है। इस पत्र में लिखी गलत तारीखों को ठीक कराने के लिए आई.टी.आई., सहारनपुर से एक चिट्ठी फिर भेजी गई, जिसका नं. PF/SP/67/3668, दिनांक 5.7.67 है। दरअसल मेरी छुट्टियाँ निम्नलिखित प्रकार से स्वीकृत होने पर ही मुझे वेतन मिल सकता है—Earned leave for 27 days from 5.1.67 to 31.1.67 followed by medical leave from 1.2.67 to 20.5.67.

मेरा मेडिकल सर्टिफिकेट वगैरह कार्यालय लखनऊ में ही जमा है। कृपया एक बार अपना बहुमूल्य वक्त, पत्र पाते ही, देकर मेरा यह काम कराने का कष्ट करें। अति कृपा होगी। मेरी पर्सनल फाइल से भी पूरा विवरण आप वहाँ निकलवा सकते हैं। किसी भी सम्बन्धित क्लर्क से मिलने पर यह काम घंटे भर में हो जाएगा। धन्यवाद।

ठाकुर भाई से मिलने पर मेरा नमस्कार कहें। शेष कुशल है। कृपया पत्र पाते ही उत्तर दें।

आपका
धूमिल
12.7.67

पुनश्च : इस कष्ट के लिए अतिरिक्त आभार प्रदर्शन केवल समसामयिकता की खुराक साबित होगा। आपको अपने से अलग न समझते हुए यह काम सौंप रहा हूँ।

[3]

सहारनपुर
20.7.67

प्रिय भाई,

पत्र मिला। मेरे लिए आपके द्वारा किए गए प्रयत्नों के लिए कृतज्ञ हुआ। यदि एकाध बार अपना वक्त निकालकर आप और देख लेंगे तो मेरा काम जल्द हो जाएगा। वैसे मैं खुद लखनऊ आनेवाला हूँ। लगभग अगस्त के प्रथम सप्ताह में। आपसे मिलने की कोशिश करूँगा।

विनोद भाई, तुम्हारी लिखावट अच्छी है और इस ठहरे हुए मौसम में भी पत्र देने की तत्परता मेरे ऊपर असर डालती है। 'आरम्भ' के प्रस्तुत अंक की प्रतीक्षा है।

यहाँ, शायद कॉफी हाउस नहीं है—सहारनपुर में। इसलिए आधुनिक साहित्यकार भी नहीं से हैं। क्या आधुनिकता और कॉफी हाउस में कुछ खास सम्बन्ध होता है? मैंने दिल्ली में हाल ही में रमेश गौड़ और जगदीश चतुर्वेदी और सौमित्र मोहन और न जाने कई लोगों के साथ कनॉट प्लेस में कॉफी हाउस का सम्पर्क प्राप्त किया था। ऐसी कुछ अनुभूति नहीं ही हुई, जैसी अपनों से मिलकर या अपनी पीढ़ी के लोगों से मिलकर होनी चाहिए थी। वह भेंट कुछ-कुछ कॉफी के रंग की ही रही। ऐसी ही स्थिति जब काशीनाथ के साथ लखनऊ गया था मई में, तो हजरतगंज के कॉफी हाउस में भी थी। कोई 'उद्धत' पीढ़ी निकाल रहे हैं, उत्कर्ष भी, और अर्थ और शब्द। शोर सचमुच है। मगर इन आवाजों का सिलसिला लगता है, सही नहीं है, क्यों न हम एक बार अपनी नई पीढ़ी (सन् '60 के बाद की ही सही) के बारे में थोड़ा-सा कम आवेश में सोचें। आपस में ही एक-दूसरे को न्यूट्रलाइज करने के बजाय अपने गुस्से को सही दिशा दें। नौजवानों के गलत गुस्से का यह एक खास नतीजा है कि इसके चलते अक्सर बूढ़ों को बहुत मिलता है। चौथे आम चुनाव के बाद यह सबसे स्पष्ट रूप से हमारे सामने उभरकर आया है। और एक साथ कई-कई बुत नंगे हुए हैं।

ऐसी स्थिति में रचनाकार का दायित्व (मैं इस शब्द को उसकी स्वतंत्रता के सन्दर्भ में ही देखता हूँ) निश्चित रूप से वही नहीं रह जाता, जो केवल शोर या गुस्सा पैदा करके चुक जाए। नई पीढ़ी के जोशीले रचनाकारों को एक ही जगह मार्चटाइम करते देखता हूँ और दुख होता है। मैं तटस्थ तो रह ही नहीं पाता।

एक बात, जब भी गौर करता हूँ, अजीब-सी लगती है। साहित्य के खिलाफ बगावत क्यों साहित्य के समानान्तर होती है—जीवन से अलग-थलग? उसमें व्यक्ति की वैयक्तिकता का अभाव भी लगभग सामने-सामने दिखता है।

बड़ा गुस्सा आता है। बड़ी हँसी आती है।

'धर्मयुग' में एक निबन्ध आया है डॉ. रघुवंश का। उन्होंने लिखा है कि यह नौजवान पीढ़ी अपने पुरखों के करीब है। तुम्हारी राय क्या है? (मैंने तो मन में ही कहा, बेचारा र गरीब है।)

दिल्ली से आलोचना (सं. नामवर सिंह) में मेरी एक कविता आ रही है : 'बीस साल बाद'। मिले तो पढ़कर राय दीजिएगा। इधर कविताएँ ही कविताएँ लिखी हैं और आपने?

भाई नरेश को मेरा नमस्ते कहिएगा और ठाकुर भाई से मिलने पर मेरा नमस्कार। रचना के प्रति अपने दृष्टिकोण से परिचित कराते रहिएगा।

आपका
धूमिल

[4]

सहारनपुर
27.7.67

प्रिय भाई,

आपकी चिट्ठी मिली। मैं लखनऊ 3 अगस्त को आ रहा हूँ। सुबह 8.30 पर देहरा एक्सप्रेस गाड़ी से लखनऊ की सुबह 8.30 पर। किसी तीसरे नं. के दरबे में—डिब्बे में। शायद उसी डिब्बे में जो सहारनपुर से लखनऊ तक के लिए ही यात्रा गाड़ी के साथ नत्थी होता है।

कोशिश तो यही कर रहा हूँ कि किसी अन्य के यहाँ न जाकर आपसे ही सीधा मिलूँ। क्या आप शहर में होंगे?

शेष कुशल है। आशा है, आप प्रसन्न होंगे।

मैं लखनऊ केवल एक दिन दिनांक 3.8.67 को रुकने की सोच रहा हूँ, फिर वाराणसी चला जाऊँगा।

आपका
धूमिल

[5]

सहारनपुर
16.8.67

प्रिय भाई,

पत्र देने में कुछ विलम्ब हुआ। इसका अन्यथा नहीं लेंगे। वाराणसी में काशीनाथ सिंह से कविता पर टिप्पणी लिखने के लिए कह दिया है। वे तैयार भी हैं। आपका पत्र उन्हें अब तक नहीं मिला था। शम्भुनाथ मिश्र से मेरी मुलाकात नहीं हो सकी, बावजूद मेरे वहाँ दो बार जाने के। मैंने उनके लिए भी काशीनाथ सिंह से कहलवा दिया है। आशा है, आप पत्राचार करके निश्चित सूचना प्राप्त कर चुके होंगे। राजकमल चौधरी के लिए दी गई कविता-पंक्तियों को कृपया इस तरह कर लें :

जीभ और जाँघ के चालू भूगोल से
अलग हटकर उसकी कविता
एक ऐसी भाषा है (भरोसे की)
जिसमें कहीं भी
'लेकिन', 'शायद', 'अगर' नहीं है
उसके लिए हम इत्मीनान से कह सकते हैं कि वह एक
ऐसा आदमी था जिसका मरना
कविता से बाहर नहीं है।

आगामी अंक की तैयारी पूरी कर चुके होंगे। मुझे आपकी क्षमता पर भरोसा है। भाई नरेश को मेरा नमस्ते कहिएगा। साथ उन इंजीनियर मित्र को भी जिनका नाम भूलने का मैं दोषी हूँ।

ठाकुर भाई से मिलने पर मेरे स्थानान्तरण के विषय में याद दिलाइएगा। मेरे नमस्ते के साथ। आप भी तो लखनऊ निवासी हैं। क्या इस सन्दर्भ में मेरी कोई सहायता नहीं कर सकते? मैं इतना तो जानता ही हूँ कि जो वहाँ अपनी पैरवी (एक नामाकूल शब्द) पहुँचा सकते हैं, अपना काम बना रहे हैं। कोई नियम-कानून नहीं। प्रजातंत्र की यही परिणति होती है शायद।

इधर की रचनात्मक गतिविधियों से सूचित करने की कृपा करेंगे।

आशा है, स्वस्थ एवं प्रसन्न होंगे।

आपका मित्र
धूमिल

[6]

सहारनपुर
22.8.67

प्रिय भाई,

चिट्ठी मिली। प्रसन्नता हुई कि आपका 'आरम्भ' (अक्टूबर अंक) लगभग तैयार है। 'युयुत्सा' वाली कविता आप निश्चिन्त होकर छापें। वहाँ से कोई उत्तर मुझे अभी तक नहीं मिला है। फिर भी मैं चाहूँगा कि वह कविता 'आरम्भ' में ही छपे।

'कंकावती' की एक ही प्रतिलिपि मेरे पास थी किन्तु वह नागानन्द के पास है और वे वाराणसी में उपलब्ध नहीं थे। मैं उसे दिल्ली से कंचन कुमार से प्राप्त करने की कोशिश में हूँ। अगले माह में आपको मिल सकेगी।

श्री अशोक का वर्तमान पता मेरे पास नहीं है। मगर क्या उनका पता आप राजकमल प्रकाशन से नहीं मँगा सकते? नामवर जी को चिट्ठी लिख रहा हूँ। उसमें अशोक वाजपेयी का पता भी पूछ रहा हूँ। सूचित करूँगा।

मेरे स्थानान्तरण के लिए आप भाई ठाकुर प्रसाद को याद दिलाएँ। मैंने उनको एक पत्र भी दिया था। उन्होंने उत्तर नहीं दिया, शायद वे पुन: व्यस्त हैं। अलग से आप इतना और कर सकते हैं कि समय निकालकर किसी अच्छे परिचय के जरिये मिलकर मेरी बात उनके सामने रख सकते हैं। मेरा नाम वहाँ की लिस्ट में दर्ज है। मगर किसी अच्छी सिफारिश के अभाव में मेरा काम हो नहीं रहा है। यद्यपि यह सब लिखना अपने-आप में एक गलत व्यवस्था की स्थिति को चलते हुए देखते रहने का स्वीकार है मगर यदि यही नियति है तो...

अपनी जरूरतों में ईमानदार होना, मैं समझता हूँ, आधुनिक होना नहीं है। वैसे भी मैं आधुनिक होने की अपेक्षा आवश्यक होने को अधिक जरूरत समझता हूँ। खैर...।

यदि इतना सम्भव हो सके, तो अच्छा होगा। दरअसल मेरी यहाँ कई दिक्कतें हैं, जिन्हें मैं कह चुका हूँ।

शेष सब ठीक है। आप स्वस्थ एवं प्रसन्न होंगे। मित्रों को मेरा नमस्कार।

भाई
धूमिल

[7]

प्रिय भाई,

आपकी चुप्पी न केवल चौंकानेवाली है, वरन् चिन्तित भी करती है। आशा है, आप प्रसन्न एवं स्वस्थ होंगे।

'आरम्भ' की क्या स्थिति है?

आपका
धूमिल
12.9.67

[8]

सहारनपुर
04.11.67

प्रिय भाई,

सबसे पहले 'आरम्भ' के लिए बधाई दूँ। जानता हूँ, यह अतिरिक्त (प्र)दर्शन है, पर जी नहीं मानता। 'आरम्भ' एक लम्बी परिक्रमा के बाद मुझे मिली। मगर जब मिली, तो अपनी ही तर्ज पर। इससे पहले वाराणसी में काशीनाथ सिंह के घर देख सका था। इधर मैं वाराणसी में रहा, मगर ज्यादातर खेत (में) रहा। अच्छी प्रतिक्रिया के बीच से तुम्हारे श्रम की सार्थकता गुजर रही है, और तुम्हारे सहयोगी—मानता हूँ कि जीवट के आदमी हैं। सबको मुझ अकेले की शुभकामना। कई लोगों को सिर्फ वाराणसी के लोगों को ही नहीं, बल्कि पटना, गया, आरा और कलकत्ता के लोगों को एक साथ 'आरम्भ' को सकारते सुनकर व्यक्तिगत रूप से मुझे खुशी हुई, वह इसलिए और भी कि शायद पहली बार मैं सही लोगों से सम्बद्ध हूँ। 'नई धारा' के सम्पादन से सम्बद्ध श्री विजयमोहन सिंह ने बड़ी-बड़ी तारीफ की। माधव मधुकर, ओम प्रभाकर, चन्द्रदेव सिंह, देवेन्द्र कुमार—ये सभी शम्भुनाथ सिंह के समारोह में आए थे—आदि ने एक साथ अपनी स्वस्थ राय दी।

भाई नरेश को उनकी टिप्पणी के लिए अलग से 'साधुवाद' देना। उनका तीखापन अपनी मिठास में बना रहे, यही इच्छा है।

पत्रिका 'आरम्भ' में ही कहीं देखने को मिला था कि इधर के कवियों की काव्य-समीक्षा करवा रहे हो। तो भई, मैं भी जानूँ कि हमारे साथ एक सशक्त कलम और कौन-सी है? कभी-कभी एक खास सम्पादकीय हथौड़ी दिखाकर मित्रों को भी तरसाने में क्या सुख मिलता है?

इधर तुम्हारा कोई पत्र नहीं मिला। यह अच्छी बात नहीं। पत्राचार में कोताही से आपसी विचार-चिन्तन-मन्थन में दिक्कत होती है। बेहतर है, थोड़ा-सा वक्त निकालकर पत्र लिख ही डालो। ठाकुर भाई से मिलकर मेरे स्थानान्तरण के लिए उन्हें उकसाओ ही नहीं बल्कि कोंचो। बड़े सुस्त आदमी हैं। वाराणसी में काफी लुत्फ लेकर लखनऊ लौटे हैं। सम्भव है कि मेरे लिए कुछ समय देकर मेरा तबादला करा सकें। अगर वाराणसी न हो, तो लखनऊ भी मेरे लिए सुखद रहेगा। क्या तुम इसके लिए ठाकुर प्रसाद सिंह, स.सू.नि., उ.प्र. से मिल रहे हो? शेष कुशल।

तुम्हारा

धूमिल

पुनश्च : शायद 'नई धारा' में छोटी पत्रिकाओं की रिव्यू लिखने का काम मुझे मिले। 'आरम्भ' भी उनमें सम्मिलित है।

क्या 'कल्पना' में अकाल दर्शन का कोई हिस्सा उद्धृत है? वाराणसी में कोई कह रहा था। वह अंक मुझे नहीं ही मिल पाया। 'कल्पना' का वह अंक भेज सकते हो क्या? शेष पुन:।

पत्रोत्तर तुरन्त दो। विशद चर्चा के साथ लखनऊ एवं 'आरम्भ' के पूरे सन्दर्भ में।

तुम्हारा

धूमिल

[9]

सहारनपुर

25.11.67

प्रिय भाई,

दिल्ली के दिग्विजय से वापस होने के बाद सिर्फ एक पत्र और प्रदीर्घ चुप्पी... हालात अच्छे हैं न? 'आरम्भ-2' की क्या प्रतिक्रिया है जनता पर? वहाँ के लोग और वहाँ से बाहर के लोग क्या और क्यों सोच रहे हैं? 18 तारीख, नवम्बर, 1967 को दिल्ली गया था। 'आरम्भ' की चर्चा है। श्री अजित कुमार तथा रघुवीर सहाय के बीच और महेन्द्र भल्लादि ने उसकी चर्चा अलग से और काफी की। डॉ. नामवर सिंह ने अपने एक लेख में ('आलोचना' के लिए) उसकी प्रशंसा करते हुए कुछ लिखा है और खास तौर से नरेश सक्सेना के 'ला इलाह' को उद्धृत किया है। 'नई धारा' के सितम्बर-अक्टूबर अंक में प्रयाग शुक्ल ने चलताऊ ढंग पर तथा श्रीराम तिवारी ने

अच्छी तरह बखान किया है। 'अकविता-7' में मेरी एक कविता 'शान्तिपाठ' छप गई है और तुम तो जानते हो कि अकविता मेरे लिए कोई आन्दोलन नहीं, सिर्फ एक छोटी पत्रिका है। 'नई धारा' में मेरी एक कविता 'मकान' छपी है, पढ़कर राय देना। यार! जब सभी कहें तो मैं भी क्यों न मान लूँ कि आदमी तुम तेज हो? 'आलोचना' में एक काफी लम्बी कविता छप रही है। अपनी कुछ कविताएँ दो-चार दिन में भेज रहा हूँ। अपने अन्य मित्रों नरेश, जयकृष्ण तथा वे जिनका नाम मैं भूल रहा हूँ, को मेरा नमस्कार कहना। गैर-कांग्रेसी सरकारों के टूटने पर तुम लोगों की सम्मिलित राय जानना चाहता हूँ। नरेश सक्सेना का पता देना।

आदरणीय ठाकुर भाई को नमस्कार पहुँचा देना और उन्हें कोंचना।

तुम्हारा
धूमिल

[10]

सहारनपुर
29.11.67

प्रिय भाई,

पत्र मिला। इसके पूर्व मैंने आपको एक पोस्ट कार्ड भेजा था। आशा है, मिल गया होगा। नरेश भाई को मेरा नमस्कार थमा दें।

कविताएँ भेज रहा हूँ। खास तौर से एक कविता 'मोचीराम' पर आपकी राय जानना चाहूँगा। प्रयत्न यह रहा है कि भीड़ से अलग, आदमी के रोजमर्रा के कामों और पेशे के आधार पर बनी हुई भाषा की मान्यता के खिलाफ कुछ लिखूँ।

मुझे अक्सर लगा है कि सही आदमी वे हैं, जो अस्तित्व में नहीं हैं। 'एक चेहरा, जो कि पूरे आदमी का है, किन्तु वह मेरा नहीं, मेरी कमी का है।' (1) 'मोचीराम', (2) 'कुत्ता' और (3) 'एक बूढ़ा मैं' (अलग डाक से) भेज रहा हूँ, जिसे उचित समझें, इस्तेमाल कर लें। मगर इससे पहले सम्पादक की पूरी सजगता और तटस्थता से उस पर अपनी राय लिखें। और साथियों की भी। विश्वास मानें, 'आरम्भ' मेरे लिए सिर्फ छपने की जगह नहीं है, बल्कि वह कविता के एक सक्षम और सशक्त दौर का साक्ष्य प्रस्तुत करता रहे, मेरी यही इच्छा है। यदि कविताएँ कच्ची लगें, तो उन्हें नि:संकोच लिखें और अपना सुझाव दें।

अब एक विशेष बात—धूमिल और विनोद की बातों में एक बेचारे हैं, जो अक्सर छूट जाते हैं और वे हैं श्रीमान् पं. सुदामा पाण्डेय, सुपरवाइजर आई.टी.

आई., सहारनपुर। यार! बेचारे बेहद दुखी हैं। कई बार कोशिश करके भी अपनी बदली नहीं करवा पा रहे हैं। श्री ठाकुर प्रसाद सिंह जी से उन्हें बड़ी उम्मीद थी, लेकिन उस तरफ से भी वे निराश से हैं। क्या उनके लिए तुम व्यक्तिगत रूप से कुछ कर सकते हो? वे अपना स्थानान्तरण वाराणसी, जौनपुर, मिर्जापुर, आई.टी. आई. के लिए चाहते हैं। अभी उनके भाई की चिट्ठी मिली है कि वह श्री प्रभु नारायण सिंह, श्रममंत्री से ता. 22.11.67 को वाराणसी में मिला था। उसके साथ श्री लालजी सिंह वकील थे जो राजनारायण एम.पी. (संसोपा) के भतीजे हैं। श्री लालजी सिंह ने एक पत्र श्रममंत्री महोदय को श्री सुदामा पाण्डेय जी के स्थानान्तरण के सिलसिले में दिया है और श्रममंत्री महोदय ने कहा है कि उनका स्थानान्तरण वाराणसी या जौनपुर या मिर्जापुर हो जाएगा। किन्तु मैं जानता हूँ कि वे इन बातों को भूल जाएँगे। क्या तुम व्यक्तिगत रूप से या श्री ठाकुर प्रसाद सिंह को साथ लेकर श्रममंत्री महोदय से मिलकर श्री लालजी सिंह वकील के पत्र और वाराणसी में किए गए उनके वादे की याद उन्हें दिला सकते हो? यह अत्यन्त आवश्यक है। यदि विधानसभा भवन में या उनके निवास-स्थान पर ही उनसे तुरन्त मिलकर यह सब उनसे जरा जोर डालकर कह सको, तो कल्याण हो सकता है। एक सीधा-सादा आदमी घर से बहुत दूर अकेले में टूट रहा है।

मेरा तुमसे यह स्पष्ट अनुरोध है कि व्यक्तिगत स्तर पर तुरन्त और आवश्यक प्रयत्न करके जनता का हित साधो।

तुम्हारा
धूमिल

पुनश्च : पत्रोत्तर और आवश्यक एवं स्थानान्तरण सम्बन्धी सफलताओं की प्रतीक्षा है।

[11]

सहारनपुर
1.12.67

प्रिय भाई,

पत्र के अनुसार तीन कविताएँ भेज रहा हूँ। अपनी पसन्द और सुझाव इन्हें पढ़कर जल्दी लिखें। एक अतिरिक्त कविता, जिसका शीर्षक 'कविता' है, भी साथ में है। इसे मैं अन्यत्र भेज चुका हूँ और स्वीकृत भी है। किन्तु प्रकाशन तिथि का पता नहीं है। यदि इसे आप इस अंक के लिए ले सकें तो ले लें। मैं उन्हें लिख दूँगा। शेष तीनों कविताएँ अप्रकाशित हैं। आप इस 'आरम्भ-3' के लिए किसे चुनेंगे,

तुरन्त लिखें, ताकि अन्य को मैं दूसरी जगह भेज सकूँ। यदि आप एक ही कविता छापना चाहें तो मेरी तरफ से, मैं चाहूँगा कि 'मोचीराम' ही छपे।

आपका

धूमिल

स्पष्टीकरण : पत्र में 'आप' का आना सम्पादक (स्साले) की नाराजगी का भय तो नहीं है?

'कुत्ता' में 'शख्सियत' ठीक है क्या? मेरा मतलब शब्द के हिज्जे से है। यदि गलत हो तो ठीक करें।

धूमिल

[12]

सहारनपुर

6.12.67

प्रिय भाई,

दिनांक 4.12.67 का पत्र मिला। कविताएँ मैंने 1 दिसम्बर को भेज दी थीं। आशा है, मिल गई होंगी। देश की उथल-पुथल पर तुम्हारी राय से परिचित हुआ। 'पोप' की सलाह से सहमत न होते हुए भी उसी क्रम में आगे तक सोचा जा सकता है। क्या 'ये लोग' दरअसल मूर्ख हैं? लखनऊ 'भाषा' को लेकर आजकल काफी गर्म है। तुम्हारी कविताओं की प्रतीक्षा है।

नरेश भाई दिल्ली से वापस लौट चुके होंगे। मेरा नमस्कार कहना।

जयपुर से कोई पत्र 'अकथ' निकल रहा है। तुम्हें सूचना होगी। किसी 'रचना' ने कविताएँ माँगी थी। एक भेज दी है : 'शहर में सूर्यास्त'। कल ही लिखी थी। एक पंक्ति तुम शायद पसन्द करोगे—रंगों की बदचलन इच्छाएँ / शहर का सबसे अच्छा शोकेस तैयार कर रही हैं। / उन्होंने जनता और जरायम-पेशा औरतों के बीच की / सरल रेखा को काटकर / स्वस्तिक चिह्न बना लिया है और हवा में फेंक दिया है / एक चमकदार गोल शब्द 'जनतंत्र' / जिसकी दिन में सैकड़ों बार हत्या होती है। और / हर बार वह भेड़ियों की जुबान पर जिन्दा है।

प्रसन्न होंगे।

तुम्हारा

धूमिल

[13]

सहारनपुर
7.12.67

प्रिय भाई,

तारीख 6.12.67 को एक पोस्ट कार्ड डाल दिया था और आज अभी-अभी तुम्हारा दूसरा पोस्ट कार्ड 5.12.67 को मिला है। 'कविता', लगता है, तुम्हें जमी। मैंने इस चिट्ठी के साथ ही भाई विजय मोहन सिंह को चिट्ठी डाल दी है, आशा है, वे मुझे माफ कर देंगे। 'कविता' का इस्तेमाल कर सकते हो 'आरम्भ-3' में। और किन लोगों की कविताएँ हैं? क्या सब-की-सब बहुत अच्छी हैं? यार, मेरी हालत अजब हो जाती है। अगर सब बहुत ही अच्छा लिखने लगेंगे तो अपना क्या होगा? मैं फिसड्डी का फिसड्डी रह जाऊँगा। कक्षा में बैठे विद्यार्थी की स्पर्धा-सी मुझमें जाग उठी है। आने दो अंक, देखूँगा बच्चू लोगों को।

मजे में होंगे। थकान उतर गई हो तो...

तुम्हारा
धूमिल

[14]

सहारनपुर
13.12.67
रात : 11.50

प्रिय भाई,

तुम्हारा दिनांक 11.12.67 का पत्र मिला। तुम्हारे आश्वासनों और अपने लिए किए जानेवाले उपचारों के सहारे खुश होने की कोशिश कर रहा हूँ। इन दिनों एक खास तरह की प्रतिक्रिया से दिमाग गुजर रहा है। एक आजीब-सी नि-जड़े और हिजड़े 'पन' का स्वाद मेरी जिन्दगी जीने की एकरसता मुझे दे रही है। यह नौकरी मुझे कविता के लिए खाना देनेवाले आदमी को खा रही है। मैं इस रस्सी को खोलकर एक झटके से अलग कर देना चाहता हूँ किसी बैल की तरह। ओह! बैल लिखते ही मुझे अपने दरवाजे पर खूँटे से बँधे उस बैल की याद आती है, जो अपने पगहे को दाँतों से खोलना सीख गया था। चाहे उसे कैसे भी बाँधा जाए, वह पगहा खोल लेता था। घर के लोग हैरान। जानते हो, उसकी आजाद होने की कोशिश को

नाकामयाब करने के लिए मेरे घर के लोग क्या करते थे? वे उसके पगहे की गाँठ और फन्दे पर गोबर थोप देते थे। मेरी नौकरी क्या ठीक ऐसी ही नहीं है? आजादी के खिलाफ एक मजबूत फन्दा और उस पर गोबर का थोप, फर्क इतना है कि बैल उसे सूँघकर छोड़ देता था और बँधा रह जाता था और मैं बँधा हुआ हूँ और उसे खा रहा हूँ। मुझे अपनी इस हरकत से नफरत है।

मेरी पाँच कविताओं में से दो को ले रहे हो, खुशी हुई और वास्तव में इस खुशी में तब और इजाफा हुआ कि मैं फिसड्डी नहीं हूँ। एक सम्पादक का निर्णय निश्चय ही महत्त्वपूर्ण होगा।

तुमने किसी तीसरी कविता के और लिये जाने का जिक्र किया है। मैं चाहूँगा कि यह कविता 'जनतंत्र के सूर्योदय में' यदि छाप सको तो छापो। सम्पादक की पसन्द को मैं सबसे ऊपर मानूँगा ही। फिर भी, यदि तीसरी कविता लेनी है तो इसे ही/भी देख लो। (1) 'कुत्ता', (2) 'शहर शाम' और 'एक बूढ़ा मैं', भी अपने पास रखो। 'शहर का व्याकरण' मैंने नई धारा में भेज दिया है। 'आरम्भ-2' निकलने के बाद। उसे वे लोग नाप रहे हैं। इसलिए 'शहर का व्याकरण' अपनी लिस्ट से बाहर निकालकर इस प्रस्तुत कविता 'जनतंत्र के सूर्योदय में' से अपना कोटा पूरा कर लो। आज ही भाई विजय मोहन की चिट्ठी मिली है। 'कविता' उन्होंने 'आरम्भ' को दे देने की छूट मुझे दे दी है। 'कविता' छाप लो।

शेष कुशल। माननीय मंत्री (श्रम) महोदय दिल्ली के रंगमंच से वापस हो रहे होंगे। नाटक ही जीवन है। अपनी साहित्यिक-असाहित्यिक गतिविधियों से परिचित कराते रहना।

पत्र लिखते-लिखते सोच रहा हूँ कि अपनी बैल वाली 'सिमली' काट दूँ। तुम भी पता नहीं क्या सोचोगे?

तुम्हारा
धूमिल

[15]

सहारनपुर
22.12.67

प्रिय भाई,

तुम्हारी 20.12.67 की चिट्ठी मिली। कविता 'वक्तव्य' पढ़ते वक्त लगा कि यह मेरी अपनी बात है। यह दिखावा नहीं, बड़ी ही निस्संग सादगी है। काफी सक्षम

अभिव्यक्ति है यहाँ। भाषा और वक्तव्य के बीच की एक कविता 'पुलपुल करती हुई भाषा' के समानान्तर एक नई भाषा की तैयारी। मुझे खुशी हुई। बल मिला। यह कविता कोई खास सुधार या राय की माँग नहीं करती। फिर भी एकाध जगहों पर मैंने थोड़ा-सा अन्तर किया है, जैसा मैं अक्सर अपनी कविताओं के साथ करता हूँ। यदि मैं अपनी एक ही कविता को कई बार लिखूँ तो, सच मानो, उसमें हर बार कुछ-न-कुछ फर्क अवश्य पड़ेगा। कुछ ऐसा ही यहाँ भी हुआ है। यदि तुम्हें उपयुक्त जँचे, तो मान लेना। वैसे फिर कह रहा हूँ कि शायद यह कविता गोष्ठी की अकेली रचना होगी। आवेश कविता का प्राण है। रचनाओं पर सहमति समीक्षा का आना, अच्छी बात है। कुछ हद तक धुनाई भी। मगर यह उसी सीमा तक कि उसका गर्द-गुबार झड़कर निकल जाए और यदि उससे रेशे-रेशे टूट जाएँ तो मैं समझता हूँ कि उनसे दूर रहना ही बेहतर है। रचना-स्तर पर, गैर-जिम्मेदार और मूर्ख लोगों के बीच का मुकाबला, अपने साथ किए जानेवाले व्यभिचार के समान है। मैं 'गैर-जिम्मेदार मूर्ख' कहता हूँ तो इसका मतलब उन लोगों से है जो बौद्धिक होने का दावा तो करते हैं, किन्तु किसी भी स्थान पर वे समाज की दयनीयता के प्रति अपने को जिम्मेदार नहीं मानते। इस तरह के लोग अपनी बौद्धिकता को एक अस्त्र की तरह इस्तेमाल करते हैं और जहाँ तक मैं मानता हूँ, ये तथाकथित बुद्धिजीवी, पूँजीवादियों के समानान्तर के दबाव हैं। रही वक्तव्य देने की बात, मैं स्पष्ट कर दूँ कि जिन कवियों ने वक्तव्य प्रस्तुत किये हैं, आलोचना स्तर पर उन्होंने अपने को स्थापित अवश्य कर लिया है, किन्तु रचनास्तर पर उनके व्यक्तित्व का विरोधाभास प्रत्यक्ष है। मैं कहना चाहूँगा कि उन्होंने जीवन जीने की प्रक्रिया और रचना की प्रतिबद्धता के बीच की खाई हमेशा वक्तव्यों से पाटने की कोशिश की है और इसमें वे हर तरफ, हर बार, बुरी तरह उघड़े हैं। नई पीढ़ी के सामने उनके वक्तव्य का नंगापन स्पष्ट है। हमारे लिए कविता और कविता के बीच वक्तव्य की अलग से कोई खास हैसियत नहीं है। कविता जब जिन्दगी से कट रही होती है, अक्सर, तथाकथित प्रसिद्ध लोग वक्तव्य चिपकाते हैं। वक्तव्य, दरअसल रचना के ऊपर (+) क्रासनुमा वह पट्टी है जिसके नीचे एक दढ़ियल चेहरा दगियल हो चुका है। वैसे मित्रों की प्रसन्नता का नाम भी वक्तव्य है। अब जरूरत समझो तो दो या मजे करो। स्थानान्तरण के लिए किये जानेवाले प्रयासों के लिए धन्यवाद पं. सुदामा जी का। मैं तीन जनवरी की सुबह लखनऊ आ रहा हूँ। अपना कार्यक्रम बतलाना। शेष कुशल।

तुम्हारा
धूमिल

[16]

वाराणसी
10.1.68

प्रिय भाई,

भाई नरेश का दिनांक 8.1.68 का पत्र। साथ ही मुझे आश्वस्त-सी करती तुम्हारी एक पंक्ति। मुझे निश्चिन्त होना चाहिए, जहाँ तुम्हारे जैसे मेरे मित्र हैं।

नरेश का तबादला कानपुर हो गया है, जानकर कुछ अच्छा नहीं लगा। लखनऊ की शामें अब अधिकतर अकेली रहेंगी। एक चेहरे की, खास तौर से एक आत्मीय चेहरे की, अनुपस्थिति अपने आसपास को अजनबी बनाती है। मुझसे कहीं ज्यादा सम्भव है, तुम इसे महसूस करोगे।

मेरे 'तबादले' के ऑर्डर पर नजर रखना। क्योंकि बाबू और वह भी दफ्तर का बाबू तो अद्भुत जीव होता है। मैंने बहुत पहले कहीं लिखा था बाबुओं के बारे में : 'उसको न कहीं शर्म है, न पीड़ा है। बाबू तो तकाज़ों का कीड़ा है।' सो, हे मित्र! तुम मेरे प्रमुख कार्यालय से मेरे तबादले का कागज सहारनपुर जल्द से जल्द भिजवाने की कोशिश करना।

मैं 14.01.1968 को हावड़ा-अमृतसर मेल से सहारनपुर वापस हो रहा हूँ। वहीं से पहुँचकर यदि हुआ तो टिप्पणी लिखूँगा। स्थिति मेरे सामने है, सिर्फ उसे शब्द देना है। शम्भुनाथ मिश्र वाराणसी से बाहर और शायद 16.01.1968 को वापस आएँगे। अन्यथा कार्ड के लिए उनसे कहता। श्री विजय मोहन सिंह भी इन दिनों आरा चले गए हैं। उनसे पत्र-व्यवहार कर देखो। काशीनाथ सिंह से बातें हुई हैं और वे 'आरम्भ' पर 'बलि-बलि जाऊँ' की मुद्रा में प्रीत हैं।

और सब ठीक है।

तुम्हारा
सुदामा पाण्डेय

[17]

सहारनपुर
15.1.68

प्रिय भाई,

'लखनऊ से वापसी' के बाद यह दूसरी चिट्ठी है। तारीख 8.1.68 को एक पत्र श्री नरेश सक्सेना का, तुम्हारी एक पंक्ति की 'टिपनी' के साथ मिला था। मैं

आश्वस्त हुआ था किन्तु यह आग्रह भी मैंने किया था कि डाइरेक्टरेट में जाकर वहाँ की 'टेबुलों' से मेरे परम श्री पांडे के स्थानान्तरण का कागज जल्द से जल्द भिजवाने में पहल करो। ओह! यह मेरी आर्तता नहीं—आवश्यकता है और शहर की आपाधापी में जबकि चीजों का चेहरा इतनी तेजी से बदल रहा है, क्या यह आवश्यक नहीं कि हम कल का इन्तजार न करें? हाँ, अब और नहीं।

वाराणसी में सब ठीक-ठाक है। काशी से टिप्पणी लिख भेजने के लिए कह दिया है। मैं भी अपनी एक टिप्पणी भेजने के लिए तैयार कर रहा हूँ : 'ईमान का चोर दरवाजा और साहित्य का संडास और एक तसवीर।' अंक कब तक निकल रहा है? टिप्पणी मैं 20.1.68 तक भेज सकूँगा। यदि जगह जरूरत हो तो इस्तेमाल करना। कोई नई खबर हो तो सूचित करना।

हाँ, तो पत्र पढ़कर तुम जेब में रख रहे हो और तुरन्त तैयार होकर, नरेश सक्सेना या श्री शुक्ल जी से मिलकर स्थानान्तरण का कागज भिजवा रहे हो। देर और अन्धेर में अब कोई फर्क नहीं है। सहारनपुर से अच्छा और कोई नर्क नहीं है, जबकि सच यह है कि अपनी कमजोरियों के लिए मेरे पास वाजिब तर्क नहीं है। आगे तुक नहीं है और सुख नहीं है। और...और...और स्वस्थ होंगे। चिट्ठी भाँजते (बाँजते का अपभ्रंश) ही उत्तर दोगे। इसे पत्र नहीं, यार! तार समझना।

तुम्हारा
धूमिल

[18]

सहारनपुर
16.1.68

प्रिय भाई,

स्थानान्तरण का कागज इस कार्यालय में प्राप्त हो चुका है। अब इस सम्बन्ध में अधिक भागदौड़ की आवश्यकता नहीं रही। मैं जनवरी की अन्तिम तिथि को रिलीव होऊँगा। 'आरम्भ' की तैयारी हो चुकी होगी। अंक कब तक आ जाएगा? क्या टिप्पणी 'आरम्भ-3' में ही दी जाए? सुरेन्द्र चौधरी की एक चिट्ठी आज मिली है। उनसे कुछ लिखवाइए। आदमी काम के हैं। टिप्पणी मैं तैयार कर रहा हूँ। सभी मित्रों को नमस्कार बोलिएगा।

आपका
सु. पाण्डेय

[19]

सहारनपुर
27.1.68

प्रिय विनोद,

लताड़ भरी चिट्ठी मिली। यार! खुशी का तैश भी बुरा होता है। और हुआ यह कि जल्दबाजी में 'तुम' का 'आप' और 'आप' का 'तुम' हो गया है, मगर इसका मतलब यह नहीं कि हमारे बीच का लगाव गुम हो गया है। वह है। आगे हुआ यह कि 'आप' से जितने तुम नाराज हो, उतने ही दुखी मेरे एक बुजुर्ग शुभचिन्तक 'तुम' से हैं। उस दिन संयोग ही कहो कि दो चिट्ठियों में सम्बन्ध तो नहीं, हाँ, सम्बोधन उलट गए थे। खूब झाड़ पड़ी है। खैर...'आरम्भ-3' क्या मार्च में निकल रहा है? मैं तारीख 2/3 फरवरी को वाराणसी जा रहा हूँ। लखनऊ उतरने का इरादा नहीं है। हाँ, हो सका तो सामान वाराणसी छोड़कर किसी रोज लखनऊ आऊँगा।

'आलोचना' की कोई खबर नहीं है मय सम्पादक। काशी ने बतलाया था कि शायद संयुक्तांक ही निकले।

मित्रों का क्या हालचाल है? चिट्ठी काशीनाथ सिंह के पते पर देना। मस्त होंगे।

तुम्हारा
धूमिल

[20]

वाराणसी

प्रिय विनोद,

इतनी लम्बी चुप्पी तुम्हीं से सम्भव है। चार पत्र और उत्तर यंत्रस्थ। शिकायत स्वीकार हो। क्या तुम बीमार हो? उत्तर दो। मंगल या बुध या शनीचर को।

'आरम्भ-3' का क्या हाल है?

नरेश कहाँ है? और दूसरे मित्रगण को मेरा नमस्कार कहना।

'कल्पना' के इधर के अंक में एक कविता छपी थी, पढ़ो। राय देना। वाह देना, या हाय देना, लेकिन पहले चिट्ठी लिखना मत भूलना। जयकृष्ण को सपरिवार नमस्कार कहना। यहाँ घर—

कविता के खिलाफ फिर, खड़ा हो गया है।

तुम्हारा
धूमिल

[पोस्ट ऑफ़िस की मुहर : 14.2.68]

[21]

वाराणसी
17.3.68

प्रिय विनोद,

पत्र मिला। प्रसन्नता स्वाभाविक है। और इस बार तो इसके पीछे लम्बा इन्तजार था। 'आरम्भ' वाकई अच्छा है, सटीक है। यहाँ के लोगों में चर्चा है—सिर्फ पेशे के लोगों में ही नहीं बल्कि उनमें भी, जो न केवल विद्यार्थी हैं बल्कि अध्यापक भी हैं। मौसम के लिहाज से यह एक स्वस्थ बात है। तुम्हें क्या तुम्हारी मेहनत अलग से स्वस्थ नहीं करती है? मुझे तो करती है।

लम्बी वाली कविता पर हाथ नहीं लगाया है, पर जल्द ही शुरू करूँगा। इधर एक लम्बी कविता 'भाषा की रात' लिखी है जो 'सम्भावना' वालों को भेज दी है।

काशीनाथ प्रसन्न हैं काशी के साथ। टिप्पणी के लिए बेहतर है, तुम कोई विषय निर्धारित कर दो। सुविधा होगी। डॉक्टर साहब को मैं अलग से पत्र लिख रहा हूँ।

सकुशल होंगे।

तुम्हारा
धूमिल

[22]

वाराणसी
27.3.68

प्रिय भाई,

तुम्हारी चिट्ठी के क्रम में एक पोस्ट कार्ड और अब यह दूसरी चिट्ठी है। परीक्षा से गुजरने के पहले का यह 'काव्यात्मक मौन' किसी नूतन कविता की भूमिका तो नहीं है? पत्रोत्तर कम-से-कम देना सेहत के लिए फायदेमन्द है। (यहाँ 'देना' गलत जगह है।)

दिल्ली से वापसी हुई या जाना नहीं हुआ। क्या हाल हैं इधर-उधर के? कविता और घर के? लिखो।

तुम्हारी चिट्ठियाँ मेरे लिए कविता की जमीन देती हैं और तुम हो कि चुप हो। अच्छे-भले आदमी, और नहीं तो क्या?

नरेश के क्या हाल हैं? कृष्ण-कृष्णा को अभिवादन कहना। और मौज से रहना। दूसरे दोस्तों को राम-राम।

श्रीलाल शुक्ल जी और ठाकुर भाई को मिलने पर मेरा नमस्कार कह देना। आवश्यक है।

पत्र के साथ एक काम 'टीप' रहा हूँ। मेरे डाइरेक्टरेट, श्रम विभाग से (यदि समय मिले) यह पता लगाना है कि वहाँ एक इंटरव्यू 'अनुदेशकों' की नियुक्ति के लिए हुआ था। उसमें मेरे एक शागिर्द ने भी भाग लिया था। नाम है श्री राम नरेश। उनको जो बुलावे की चिट्ठी मिली है, उसका नं. है TRG/0300/28528, तारीख 29.1.1968, तो जरा मालूम करो कि उसके चुनाव में क्या हुआ? काम सोशल है। जन-कल्याण भावना से ओत-प्रोत प्राणी के निमित्त यह बोझ भारी नहीं, गुणकारी है।

बनारस उर्फ वाराणसी में इन दिनों चहल और पहल है। लोगों में 'आरम्भ' की अफवाह फैली हुई है। काशीनाथ सिंह को टिप्पणी के लिए कोई विषय दे दो। देर करने से उसके आलस्य में गाँठ बढ़ेगी।

नरेश इधर क्या कर रहे हैं। बेचारे बड़े सज्जन हैं, शालीन हैं। चिट्ठी न लिखने का अभ्यास डाल रहे हैं। नरेश का पता लिखना कानपुर वाला। मैं भी लखनऊ आना चाहता हूँ। क्या आऊँ? पत्रोत्तर आधी रात को भी देना पड़े तो तुरन्त देना।

तुम्हारा
धूमिल

[23]

10.5.68

प्रिय भाई,

काशी के पते पर तुम्हारा भेजा हुआ पत्र मिला। बहुत परेशान हूँ। कुल मिलाकर 'सुदामा पाण्डेय' होकर रह गया हूँ। घर के लोग मुझे आदमी बनाने पर तुल गए हैं। मेरे परखचे उड़ गए हैं, जोड़-जोड़ खुल गए हैं। तुम कहाँ हो? 'आरम्भ-4' कब तक आ रहा है? कविता तैयार नहीं हो सकी है। आखिरी किस तारीख तक जोड़-बटोरकर उसे भेजूँ कि वक्त पर काम आए? प्रेस में किस तारीख तक दे रहे हो? 'आरम्भ-3' की चर्चा रही है। बाबू दूधनाथ सिंह का एक पत्र काशी के पास आया था। जगूड़ी ने भी लिखा था। अन्य साहित्येतर जीवों ने भी इस अंक की चर्चा की थी। 'आमुख' में राजकमल पर मेरी वह कविता छपी है, जिसकी कुछ पंक्तियाँ 'आरम्भ-2' में तुमने छापी थीं। 'आलोचना-4' में 'पटकथा' कविता छपी

है। पढ़ी? कैसी लगी? स्पष्ट राय देना। मित्रों को नमस्कार कहना। नरेश कहाँ है? कुछ इधर-उधर की खबर लिखना।

तुम्हारा
धूमिल

[24]

वाराणसी
17.8.68

प्रिय विनोद,

आरम्भ की प्रति मिली। क्रम में ही है, माने कि अच्छा और ठीक है। मैं ठीक हूँ। शरीर से—कविता से नहीं। और इसका यह असर—तुम्हारे नजदीक उतना नहीं हूँ। अब शिकायत भी क्या करें! कविता से बाहर आदमी एक घर होता है, एक शहर होता है, परिवार होता है, प्यार इत्यादि होता है, मादा या नर होता है। और ऐसे में यदि मैं तुम्हारे पास नहीं रहा तो जिम्मेदार मेरा 'आदमी न होना' है। फिलहाल मुझे यही रोना—रोना है। मगर एक बात साफ कर दूँ कि संकट का सामना मैं भी सच्ची लगन से कर रहा हूँ। और चुप हूँ कि न सही कविता—पर कविता से गुजर रहा हूँ। यद्यपि यह सही कि रघुवीर सहाय और श्रीकांत वर्मा के साथ (बावजूद अपनी सच्ची लगन के) नहीं हूँ। अपनी असमर्थता छिपाने के लिए यह तर्क मैंने ढूँढ़ लिया है, यह भी नहीं है। जो कुछ सही है, वही यह है।

तुमने शिल्प बदलने की बात की थी। वक्त तो निर्धारित नहीं किया था, फिर देर होने पर नाराजी क्यों? क्या अब भी...हो? वार्षिक सहयोग का आग्रह क्या? बड़ी चिट्ठी तुरन्त लिख भेजो। या क्या मुझे खुद लखनऊ आना होगा?

तुम्हारा
धूमिल

[25]

वाराणसी
17.9.68

प्रिय विनोद,

बदले हुए सन्दर्भ की दूसरी चिट्ठी। मेरी तो गुम हो गई सिट्टी-पिट्टी। खैर, तुमने उत्तर दिया है, माना कि काफी बचाकर, पचाकर।

तो यह लो। कविता लिखना फिर शुरू है। मगर इस बार न मैं, न तुम बल्कि तुम्हारे और मेरे बीच का अन्तर्विरोध ही अपना 'गुरु' है।

कविता होते ही भेजूँगा।

अपना हालचाल जरा जमकर लिखना। नरेश कहाँ है? मित्रों को मेरा नमस्ते कहना। पत्र तुरत।

तुम्हारा
धूमिल

पुनश्च-1

क्या तुम इधर 20-22 तक वाराणसी आ रहे हो? 'वे' अंग्रेजी हटा रहे हैं।

पुनश्च-2

कवि न होहुँ पर
चतुर कहाऊँ?

धूमिल

[26]

वाराणसी
10.11.68

प्रिय विनोद,

तुम्हारे पत्र लगातार मिलते रहे हैं। उलाहनों के लिए, फिलहाल कोई उत्तर देना मुझसे सम्भव नहीं है। हाँ, यह जरूर है कि मैं कविता में हूँ। कविता से बाहर नहीं हूँ। और धूमिल से अधिक सुदामा पाण्डेय भी नहीं हूँ।

कविता तैयार होते ही भेजूँगा। दरअसल मैं इन दिनों कविता के चलित रूप-कथ्य से अलग हो गया हूँ और कुछ अलग रच पाना उतना सहज-सम्भव नहीं है। फिर भी विश्वास रखो, मैं तुम्हें, सिर्फ तुम्हें अपनी पहली (नई) ताजी रचना भेजूँगा। उत्तर देना।

तुम्हारा
धूमिल

[27]

वाराणसी
16.12.68

प्रिय विनोद,

खैर, पहल मेरी ओर से ही सही, तुम इन दिनों क्या बहुत व्यस्त हो? चिट्ठियों का इन्तजार रहा है और खास तौर पर 'आरम्भ-5' का।

कविता भेज पाना सम्भव नहीं हो सका। जिसे लिख रहा था, वह हुई नहीं। और अपने को ही लगातार दोहराना, एक ही गत पर, मुझसे हुआ नहीं। देखो, यदि कुछ अन्तराल के बाद लिखा तो पहली कविता तुम्हें ही पढ़ने को दूँगा। क्योंकि मेरी कविता पर कसा गया यह 'ब्रेक' काफी हद तक तुम्हारी ही वजह से है। कविता से बाहर क्या कुछ सम्बन्ध होते हैं? पत्र देना। 'आरम्भ' का क्या हो रहा है? मेरे परिवार में चाचा का देहान्त हो गया है और लगता है कि नौकरी अब चला पाना सम्भव नहीं होगा। वाराणसी आओगे? कब? लखनऊ इन दिनों कैसा है? पत्र देना शीघ्र।

तुम्हारा
धूमिल

[28]

वाराणसी
11.4.69

प्रिय विनोद,

तुम अच्छी तरह होगे, उम्मीद है। मैं भी हूँ। नरेश वाराणसी आया था, मुलाकात नहीं हुई। काशीनाथ से मिला था। काशी ने ही मुझे भी बतलाया।

—और यह कि एक कवि का कुछ दिनों चुप रहना उसका मरना नहीं है। यह तुम जल्द ही देख सकोगे।

तुम्हारा
धूमिल

[29]

औ. प्र. संस्थान, वाराणसी
5.9.1969

प्रिय भाई,

तुम्हें चिट्ठी लिखना, अब एकतरफा रियाज बन गया है। यह काम, जैसा कि तुम भी मानोगे, थकानेवाला है, लेकिन एक तरह का मजा इसमें ऐसा आता है कि आदमी इससे बाज नहीं आता और मैं खत लिख रहा हूँ।

महीनों पहले तुम्हारा 'अल्टीमेटम' मिला था। खत पढ़कर लगा कि अभी भी हम लोग अलग नहीं हो सके हैं और अपने दावे पेश कर सकते हैं। मुझे हल्की हरारत भरी खुशी महसूस हुई थी। जाहिर है कि इसे होना था। इसके बाद नरेश से हुई मुलाकातों ने और आपसी बातचीत ने भी मुझे सहारा दिया। तुम जानते हो कि सम्बन्धों के मामले में मैं काफी एहतियात बरतता हूँ और वे अक्सर मेरी लापरवाही के कारण आसानी से टूट जाते हैं। इसे पूरी लापरवाही तो नहीं कहूँगा, बल्कि इसे मिजाज की 'तुनक' कह सकता हूँ। पता नहीं क्यों, जब मैं निभ नहीं पाता तो निभाने की ख्वाहिश भी नहीं करता! लेकिन तुम अच्छे आदमी हो, और अच्छे दोस्त, अच्छे सम्पादक...।

आरम्भ का नया अंक देखा जिसमें 'कुत्ता' है। लोग कहते हैं कि तुम एक सुरुचि-सम्पन्न सम्पादक हो। वे मुझसे 'तुम्हें' पूछते हैं। मैं कहता हूँ, तेजतर्रार लड़का है। आगे के दाँत तनिक उभरे हुए हैं। उसकी पहचान सही है। पकड़ अच्छी है। और मैं कहता हूँ कि वह शादी के मामले में खामोश है। और मैं कहूँ भी क्या? समकालीन और सही आदमी के लिए एक शब्द कहना काफी है—'शाबाश!' और यह भी कम खतरनाक नहीं है। कई बार इस शब्द पर से तुम्हारे पैर फिसल सकते हैं। हाँ, तो मैं आरम्भ की कह रहा था। 'सुमित्तरा नन्नन पंत' (छायावाद से लिया शब्द) की कविता पंक्तियों का शब्दान्तर (अनुवाद नहीं) लीलाधर ने किया है। अच्छी लीला है। शब्दान्तर करने के पीछे उनकी मंशा क्या है, शायद तुमसे भी छिपी नहीं होगी। आश्चर्य यह है कि तुमने यह सब छापा है। कविताओं के शब्दान्तरण में अचूक खामियाँ हैं। ध्यान से पढ़ने की भी जरूरत नहीं। ऐसी सामग्रियाँ पत्रिका को हल्का बनाती हैं। क्या तुम्हें भी लगता है कि 'धूमिल की कविताओं में अजीब किस्म के शहर बस रहे हैं?'

कविताएँ सभी सामान्य कोटि की हैं—'कुत्ता' भी। मृणाल पाण्डेय और मीनू कौन हैं? प्रयाग शुक्ल की रिव्यू 'मछली घर' अच्छी है, लेकिन इससे होता क्या है? 'अशोक' ने कमलेश को पहली बार नहीं लिखा है, लेकिन इस बार ऐसा लिखेंगे,

मैंने सोचा तक नहीं था। कमलेश के बारे में इतनी आसान राय बनाई जाएगी, मेरे लिए चौंकने की बात है। और भाषा के मामले में अशोक वाजपेयी का लहजा...? छायावाद कहीं से भी फूट सकता है। क्यों, तुम्हारी क्या राय है? क्या मैं अशोक के लिए गलत सोच रहा हूँ, लेकिन इसका क्या मतलब है कि 'फलाने के काव्य संसार में भाषा सपना देखती है?' अक्सर कवि पर लिखते वक्त हम उसकी काव्य-यात्रा भूल जाते हैं। तुम्हें याद होगा कि कमलेश ने कविता-यात्रा विष्णु प्रिया से व्यतीत-भूमि की ओर की है और जो कुछ देखा, सुना है, 'जंगल के रास्ते पर' देखा-सुना है। हाँ, यह जरूर है कि कमलेश ने अगले मोर्चे की 'बुरी खबर' को कविता में काव्य-परम्परा के चालू शब्दों के जरिये पिछली कतार के लिए कम्यूनिकेट किया है। मुहावरे में लिखूँ तो यह कि कमलेश की कविता विष्णु प्रिया की भाषा में 'बुरी खबर' (की) कविता है। रही बात कमलेश के उस पक्ष की, जिसमें वह हमेशा अँधेरे (को) भी आदमी के हक में देखता है, तो उसके लिए इतना कहना ही काफी है कि 'सदाबहार होना' समाजवाद की ट्रेजेडी है और कमलेश तो इकहरा नहीं, बल्कि 'संयुक्त समाजवाद' से जुड़ा हुआ है। मगर इसमें दो राय नहीं है कि कमलेश अपनी पीढ़ी का एक सशक्त कवि है और इसमें मुझे इतना और भी जोड़ने दो कि वह कोरा कवि ही नहीं, काफी अच्छा कार्यकर्ता भी है।

और तुम्हें खबर दूँ कि तुम्हारे शहर के कुछ कवि (शरद वगैरह) वाराणसी आए थे और दो रोज यहाँ छाये थे। कुछ खास बातें नहीं हुईं।

तुम इन दिनों क्या कर रहे हो? क्या वाराणसी आने की सोच रहे हो?

शेष कुशल।

तुम्हारा
धूमिल

[इस पत्र से ज्ञात होता है कि यह पत्र 'आरम्भ' के सम्पादक श्री विनोद कुमार भारद्वाज, लखनऊ को लिखा गया है। —सं.]

धूमिल के दो पत्र : लीलाधर जगूड़ी के नाम

[1]

10.3.69

प्रिय जगूड़ी,

चिट्ठी मिली। उत्तरकाशी न आ सकने की सफाई नहीं दूँगा। पैसे जरूर वापस करने की सोच रहा हूँ, सम्भवत: अगले महीने तक। यह सही है कि तमाम इन पिछले दिनों में मैंने किसी से भी खत-किताबत नहीं की। यहाँ तक कि मास्टर साहब से भी। मगर इसका मतलब यह नहीं कि मैं ठप हो गया हूँ। मैं इन दिनों मुकदमा लड़ रहा हूँ। घर-गृहस्थी, बाल-बच्चों की देखभाल कर रहा हूँ। सड़क पर या गाँव के कच्चे रास्ते पर हर कहीं छूट रहा हूँ। कुल मिलाकर कहो तो बुरी तरह 'सुदामा पाण्डेय' हो गया हूँ। मेरा हर मुद्दे से इस तरह सुदामा पाण्डेय होना दुर्घटना हो गया हो, ऐसा नहीं है। क्योंकि इसी आदमी का पीछा करते-करते मैंने आदमी को जाना है। कानून की दफाओं से परिचित हुआ हूँ और समझा है कि आदमी का यह सारा कुछ टूटना, छूटना, थकना, पकना, ऊबना, ऐंठना कविता के लिए होता है। और एकदम अकेला होकर लगातार सात महीने ऊबने के बाद एक लम्बी कविता—करीब 55 पृष्ठ 'फुलस्कैप' तैयार हुई है—'सुदामा पाँड़े का प्रजातंत्र'। आदमी के समूचे संघर्ष को तुम वहाँ देख सको, ऐसा दावा तो नहीं मगर विश्वास जरूर है।

तुमने शिल्प-मुक्ति की चर्चा की है, तो भाई, मैं कहूँगा कि सबसे अलग होने की तमीज भी शिल्प ही है। हाँ, कविता से मुक्ति आदमी को शिल्प से मुक्ति है। जिस शिल्प, गद्य, कविता, पद्य की चर्चा हम लोग करते हैं, क्या वह सब कविताई की चालाकी भर नहीं है? खुद को भाषा में हाँकने की कोशिश क्या हमें आदमी रहने देती है? मगर इसी को अपने अलग होने की चालाकी से अलगाकर देखें तो साफ पता चलेगा कि कविता का मतलब है : 'भाषा में आदमी होना'। और तब एक कवि समूह का प्रतिनिधि नहीं, पर्याय बन जाता है और इसके बाद आता है

आदमी का दुख, अपने पूरे रचनात्मक तनाव के साथ, जिसे भाषा-स्तर पर पूरी आत्मीयता के साथ कवि तरतीब दे देता है। इसे कई बार 'वे लोग' अनुभव की प्रामाणिकता कहते हैं। क्या तुम भी कहते हो? लेकिन सुनो, इन दिनों जबकि सब कुछ गलत-सही, एकदम चकाचौंध से भर उठा है, एक कवि का काम, शायद इतना ही है कि वह 'सत्य' पर अँधेरा डाल दे और शिल्प का बदलाव, मेरे नजदीक इसी तरह है। नहीं, शिल्प शब्दों की दूरियों, पंक्तियों या छन्दों के जोड़-तोड़ पर निर्भर नहीं रहा। कभी था और उसकी पूरी परिणति हमारे सामने है। शिल्प का बदलाव—शिल्प में चाहे वे भारतेन्दु हों, निराला या मुक्तिबोध हों। तुम देखो और जरा पस्त होकर (यह नहीं कि तटस्थ होकर) देखो कि ये लोग कविता के शिल्प के स्तर पर चाहे जो कुछ तोड़ सके हों, लेकिन कविता नहीं तोड़ सके। उनकी कविताएँ खुद से पहले की कविताओं के क्रम में फिर भी कविताएँ हैं और पाठ-क्रम में परीक्षोपयोगी हैं।

वाराणसी

[2]

7.8.69

प्रिय जगूड़ी,

तुम्हारी दोनों कविताएँ ज्ञानरंजन के पते पर भेज रहा हूँ। 'आधार' के लिए कविता भेजने की कोशिश करूँगा। कविताएँ इधर हुईं नहीं। एक-दो थीं, उन्हें पहले ही कहीं-कहीं भेज दी हैं। हाँ, कुछ समय तो लगेगा ही। कविताते ही ज्ञानरंजन के तकाजे से छुट्टी। खुशी हुई कि तुमने 'आधार' के लिए कविताएँ भेज दी हैं। रही लेख की बात—तो इससे मैं—मेरे जैसा व्यक्ति कोई नई सम्भावना नहीं देख पाता। लेखों और खास तौर पर कवियों के विषय में लिखे गए लेखों-टिप्पणियों को देखो, बात साफ हो जाएगी। सही-गलत दस नाम एक ही कतार में। एक ही पत्रिका में, एक ही सम्पादकीय कलम के नीचे एक लेख एक कवि के पक्ष में, दूसरा विपक्ष में। घटिया स्तर की अटकल पच्छू दखलअन्दाजी चाहे वह कवि के कर्म में हो या कविता में, हर जगह देख सकते हो। और फिर समकालीन पीढ़ी के लेखकों का अलग-अलग गिरोह अपने-अपने खेमों में सक्रिय है। हुआ यह है कि व्यवस्था के विरोध की चर्चा से शुरू करके हर विद्रोही व्यवस्था का जुआ अपने कन्धे में डाल लेता है। अपनी सफाई के लिए उसके पास तर्क है कि वह कहाँ तक जायज है?

मजा यह है कि 'असली अपराधी तुम्हें मूर्ख कहकर छूट जाना चाहता है।' सब कुछ जानने-समझने के बाद दोष भाषा के सिर मढ़कर एक कवि, कविता में जीता नहीं, कविता से जीने की गुंजाइश तलाश करने लगा है। यह भयावह है, छूत के रोग की तरह। तुमने पंत की कविता के अनुवाद की चर्चा की है। बात मेरे पल्ले नहीं पड़ी। तुमने छायावाद और अकविता के बीच अपने बचाव की जगह तलाश की है, यह बात तो समझ में आती है, पर छायावाद (सुदूर का क्या मतलब है?) अकविता के बीच विरोध की जिस सरल रेखा का जिक्र तुमने किया है, क्या वह आज के लेखन से होकर गुजरती है? भाई मेरे, पंत अचानक कई लोगों की लाचारी बन गए हैं। यहाँ तक कि श्रीकांत वर्मा के भी। और यह शायद अब हुआ है, ज्ञानपीठ की तथाकथित साहित्यिक लॉटरी खुलने के बाद। वह लालच तुम्हें भी वहीं ले जाए, यह व्यक्तिगत रूप से मुझे शर्मिन्दा करेगी।

आशा है, खुश होंगे।

तुम्हारा
धूमिल

[3]

11.2.1971

प्रिय भाई,

आपकी चिट्ठी मिली। अपने लगाव और आपकी आत्मीयता से एक निजी किस्म का सुख मिलता है। ऐसी हालत में कविता के लिए मिलनेवाली लताड़ से लज्जा भी आई कि क्या सफाई दूँ कि आपके पास भेजने लायक कविताओं के लिए मैं इन दिनों किस तरह जूझ रहा हूँ। मैं मानता हूँ कि कविता जीने के कर्म का हिस्सा है। लेकिन यदि उसमें मात्र रद्दोबदल की गुंजाइश न ढूँढ़कर यदि समूची कविता के 'संस्कार' में परिवर्तन की कोशिश कर रहा हूँ तो एक अजीब-सी खीज भरी उकताहट-सी महसूस करने लगता हूँ। ज्यादातर अकेला हो जाता हूँ लेकिन एकजुट होकर ठोंक-पीट में लगा हुआ हूँ। कोशिश यह है कि अपने घेराव से उबरकर आप तक कुछ सही और नई कविताएँ भेज सकूँ। आप कविता को 'निजी प्रोटेस्ट' मानते हैं और मैं यह मनवाने पर उतारू हूँ कि कविता आम आदमी की जिन्दगी में भाषा का सार्थक हस्तक्षेप है। मुझे 15 दिन की मोहलत और दें। 5-6 कविताएँ भेज सकूँगा।

भोपाल नहीं जा सका। जाने का मन नहीं हुआ। पटना से लौटने के बाद न जाने क्यों ऐसे आयोजनों से मन खट्टा हो गया! आपने देखा है कि लोग कितने बेमरजाद और बेशरम हैं। बेशरमी बेबाकी नहीं होती। ज्यादातर वहाँ मांसाहारी या नशेड़ी जुड़े थे। मांस यदि जरूरत है, तो खाना चाहिए। लेकिन उससे खेलना ठीक नहीं है।

मैंने देखा कि वहाँ मांस खाने और उससे खेलनेवाले ही ज्यादातर लोग थे। आपस में घरेलू होने का नाटक करते थे और पशु की तरह रिश्तों पर घाव करते थे। आत्मीय होने के बखान के साथ बर्बरता से अपमान करने का वह अमानवीय दृश्य देखकर फिर ऐसे आयोजनों में शरीक होने का गौरव मैं नहीं जुटा पाऊँगा।

आतंकित करनेवाली बात यह है कि आदमी अपमान करे और भूल जाए। यह इस्तेमाल का मुहावरा है और निश्चित रूप से वह लत सबसे पहले उस बारीक और निजी सूत्र को काट देती है जो हमें एक-दूसरे से जोड़े हुए है। यह लालच है। फिर औसत आदमी यदि ऐसा करे तो बात समझ में आती है कि गरीब है, हिन्दुस्तानी है, लेकिन साहित्यकार? पटना में पहली बार मैंने मंच पर उतने अधिक अभारतीय पेशेवर गरीब देखे और उसमें शरीक होने के कारण खुद के दुत्कार का शिकार हुआ। आप लोगों जैसे कुछ को छोड़कर वहाँ मेरे लोग नहीं थे। मेरे समकालीन लोग नहीं थे। और मैं उनके साथ टाट पर ठाठ से बैठकर पंचायत करता रहा। इसके लिए मैंने वाराणसी लौटकर तीन दिनों का उपवास करके खुद को शुद्ध किया है। और अब अपने काम से लगा हूँ।

'फिलहाल' पढ़ रहा हूँ। शब्द-शब्द, पंक्ति-पंक्ति। अन्य आलोचनाओं से यह धारणाओं और स्थापनाओं में अलग है। पूरी राय अभी नहीं—कुल पढ़कर ही लिखूँगा।

हाँ, बनारस, सहसा गरीब के चूल्हे की तरह गरम हो गया था। कुल पाँच दिन। मैंने पहली बार कर्फ्यू देखा। कविता को शायद पहली बार इतना साफ-सुथरा शहर कर्फ्यू ने दिया था। आप तो जानते हैं कि जिलाधीश मेरे मित्र हुआ करते हैं। अलग से उनकी तारीफ कोई माने नहीं रखती। लेकिन मैं इन दिनों प्रशासन की तारीफ कम-से-कम एक बात के लिए किए बिना नहीं रह सकता कि शहर की सफाई में उसका दर्जा भंगियों के मुकाबले आला है।

शेष फिर।

आपका
धूमिल

[श्री अशोक वाजपेयी को लिखा गया पत्र। 'पूर्वग्रह' : अंक 24 (जनवरी-फरवरी, 1978) में प्रकाशित]

धूमिल के पत्र : 'गल्प भारती' के सम्पादक के नाम

प्रिय भाई,

'गल्प भारती' का अगस्त अंक 10 अक्टूबर, 1968 को अनपेक्षित रूप से मिला। उलट-पुलट कर देखने पर लगा कि यह आकस्मिक नहीं है। और चूँकि एक योजना के अन्तर्गत यह सब 'रचित' है, इसलिए मेरा यह पत्र 'आकस्मिक है', ऐसा नहीं समझेंगे।

अपनी कविता को लेकर की गई बहसों से मैं अक्सर बाहर रहा हूँ और यदि कभी गुंजाइश लगी भी, तो कविता में बोलकर रह गया हूँ। कविता के लिए बहसों के जनसंघी मुहावरों से मुझे कतई परहेज है। बेमतलब भाषा का पेट खराब होता है। इसी क्रम में आलोचक को नीम-हकीम भले न कहें, खतरेजान समझता हूँ। लेकिन लम्बी कविताओं के सन्दर्भ में 'त्रिकालदर्शी' की टिप्पणी पढ़कर यह पत्र लिख रहा हूँ। हाँ, मैंने इतना जरूर किया है कि 'गल्प भारती' के 24 से लेकर 48 तक के पृष्ठों को एक साथ नत्थी कर दिया है और अब मेरे पास 21, 22, 23, 49, 50, 51—सिर्फ यही छह पृष्ठ हैं। क्या ये छह पृष्ठ लम्बी कविताओं के सन्दर्भ में उसी योजना के हिस्से नहीं हैं, जिसका संकेत मैंने ऊपर किया है?

टिप्पणीकार ने कहा कि लम्बी कविता अपनी अलग विशेषता लेकर लिखी जा रही है, किन्तु पूरी टिप्पणी देखे जाने पर भी यह 'विशेषता' नजर नहीं आती। हाँ, इतना जरूर दिखता है कि कुछ लोग लगे हाथों एक तरफ तहियाये गए हैं जरूर। यहाँ तक कि मुक्तिबोध भी। और यह दिव्य न सही, कुछ यों चरने-चोंथने से चर्चा तो चलेगी ही।

लम्बी कविता के बारे में कुछ दिलचस्प बातें पढ़ने को मिली हैं—मसलन लम्बी कविता स्वत: प्रस्तुत होती है। लम्बी कविता एक ऑटोमेटिक कविता है और फिर यह कि हिन्दी में इधर कई लम्बी कविताएँ लिखी गईं, मगर बेकार। (1) 'मुक्ति प्रसंग' : कई तरह की (नामालूम) त्रुटियाँ हैं। (2) 'एक नंगी औरत के साथ सम्भोग' : लेखक की सही बोली (?) यह नहीं है। (3) 'पटकथा : धूमिल' में क्षुब्ध कांग्रेसियों के भाषणों की भाँति बयानबाजी है। कवि कहीं और होता है, कविता कहीं और (4) 'खंड-खंड पाखंड पर्व : मणि मधुकर' में न झेलना है, न

महसूस करना। ऐसा लगता है कि जीवन स्थितियों का सामना कवि ने नहीं किया। किनारे-किनारे कवि चलता रहा, मझधार में नहीं जा सका (जबकि कविता मझधार में थी)। लब्बोलुबाब यह कि भाई ने साबित कर दिया कि इधर की जो बहुचर्चित लम्बी कविताएँ रही हैं, उनमें खामी ही खामी है। वे न समसामयिक हैं, न आकृति देती हैं, न सही भाषा की कविताएँ हैं और न अपने परिवेश के प्रति प्रतिबद्ध हैं, यानी कि कुल मिलाकर ये कविताएँ आलतू हैं, फालतू हैं। लो, हो गया। अब मैं पृष्ठ 49 पर आ गया हूँ—आकस्मिक : दो प्रतिक्रियाएँ। मैं अवध नारायण को जानता हूँ। सिंह है। अपनी ओर का है। आदमी शरीफ है। झूठी कवायद में घुस जाने की बात नहीं करता। लेकिन अपने लोगों के चलते, यह आदमी भी हिरासत में है। न्याय के नाम पर इतना बड़ा अत्याचार (अनाचार), भाषा के नाम पर इतना बड़ा झूठ, आदर्श के नाम पर इतनी बड़ी गन्दगी। दोस्ती! तू महान है, तेरी महिमा अपार है। सही लम्बी कविता का रूप हमारे सामने आया है।

रहे श्रीमान् पंडित चन्देश्वर दुबे जी, सो भाषा एवं भाव-भंगिमा से कोई भक्त शिरोमणि प्रतीत होते हैं, उनको हार्दिक बधाई। उनके भाव और व्यंजना की अत्यन्त ही उत्कृष्ट उदाहरण है।

इस तरह मेरे सामने भाषा की आड़ में चलनेवाली साजिश का पर्दा उठता है।

•

10.9.71

प्रिय भाई,

आपके पत्र और वाम-1 के लिए धन्यवाद।

'वाम' का प्रकाशन वाकई ऐसे मौके पर हुआ है, जब इसकी जरूरत है। 'वाम-पक्ष' की अवसरवादी नीति के कारण 'सत्ता-राजनीति' उसे लगभग निगल चुकी है। या फिर वहाँ जो कुछ शेष है, वह कारगर प्रतिरोध के अभाव में ले-देकर व्यवस्था की व्यापक क्षति-पूर्ति का सामान भर बनकर रह गया है। 24-25 वर्षों के जद्दोजेहद के बाद मामूली आदमी में पैदा होनेवाली 'आजादी की समझ' का भरपूर इस्तेमाल सत्ता के सर्वग्रासी मुहावरों द्वारा तेजी से किया जा रहा है। ऐसे में, वाम को झकझोर कर उसके सही रास्ते पर खड़ा कर देना वाम की फौरी माँग है। मुझे खुशी है कि 'वाम' इस ओर प्रयत्नशील है।

सुझाव के लिए सिर्फ एक बात—जब कुछ कर गुजरने की मंशा है तो मामूली लालचों और फिरकेबाजी के लफड़े में क्यों पड़िए। आप तो जानते हैं कि मजलिस में पैदा होनेवाले भ्रम खाने की मेज पर दूर किये जा सकते हैं। मतभेदों को बलाये

ताक रखकर अपने लोगों के बीच हम ऐसे हालात पैदा करें कि सब एकजुट होकर 'अँधेरे बन्द कपाटों पर रोशन हाथों की दस्तक' दें। और समझ को उसकी सार्थकता तक गतिशील करें।

आपके आग्रह को टालना यद्यपि कठिन है, लेकिन अपनी कविताओं को लेकर फिलहाल ज्यादा कुछ कहना नहीं है। कविताएँ खुद अपना वक्तव्य हैं। यह जरूर है, कुछ महत्त्वाकांक्षी आलोचक मित्रों के लिए वे हानिकर सिद्ध हुई हैं। इन कविताओं के पठन-पाठन में जल्दबाजी नहीं करनी थी। वे इतनी सघन हैं कि एक शब्द की अनदेखी भी आलोचकों को पूर्वग्रही और तर्कहीन साबित कर देगी। आलोचक को एक सतर्क पाठक भी होना चाहिए, वरना कविता की आलोचना की आलोचना कर इसकी आलोचना लिखना केवल 'परिमलियन गुटका' ही तैयार होगी जो अब बीते हुए वक्त की चीज बन चुका है।

सही सबूत के बिना उसकी स्थापनाएँ बेबुनियाद होंगी। और होगा यह कि कविता की अदालत में उसका इस्तगासा पहली सुनवाई के तुरन्त बाद खारिज कर दिया जाएगा।

आलोचना स्वयं में रचना के समानान्तर एक सृजन-कर्म है। आलोचना, यदि कहें, तो रचना का पोर्ट्रेट होती है और हिन्दी खड़ी बोली के आलोचक भी समार्थी इसमें है कि वह आज की कविता के रचनात्मक उद्वेग को समझ और झेल सकने की ताब रख सके। आलोचक को यह अच्छी तरह समझ लेना चाहिए कि आज का कवि 'खड़ी बोली में कविता' न करके 'खड़ी बोली की कविता' लिख रहा है। इस तरह एक लड़ाकू भाषा के तेवर को सही तरह उसकी तफसील के लिए कलम उठाना चाहिए।

अन्त में 'असहमति' की जिस दिशा में आपने संकेत किया है, पढ़ने पर मैंने पाया कि आलोचक बेचारा खुद अपने अन्तर्विरोधों का शिकार हो गया है। लेखक को गुटों में बाँटकर किसी पूर्वग्रहग्रस्त विचार के कारण ऐसी गलतियाँ पहले भी होती आई हैं। वैसे, अपनी ओर से आपको आश्वस्त कर दूँ कि मैं आज भी समूची सतर्कता और पूरे आत्मविश्वास से अपनी कविता के साथ हूँ और इस देश के हर कोने में हजारों ऐसे सक्रिय युवा और सक्रिय लोग हैं, जिनके बीच मैं उनका अपना जन हूँ।

शेष फिर।

आपका
धूमिल

धूमिल के पत्र : धर्मवीर भारती के नाम

16 फरवरी, 1971

प्रिय भारती जी,

'अब समय आ गया है कि सृजन के धरातल पर वैचारिक मतभेद कायम रखते हुए लेकिन वैयक्तिक मतभेद भुलाकर...यानी सृजनधर्मा लोग कभी-कभी एक मंच पर...हिन्दी के माध्यम से एक नया साहित्यिक व्यक्तित्व दें।' आपके इन शब्दों के साथ आपसे सम्पादित 'धर्मयुग' : 21 फरवरी, 1971 में प्रकाशित 'बनारस खो गया है' शब्दचित्र के तीसरे कॉलम के चौथे पैरा की ओर आपका ध्यान खींचकर एक शिकायत करता हूँ। क्या वजह है कि चालू तौर पर पूरे किये गए रेखांकन में कामू, काफ्का, सार्त्र, गालिब आदि के नाम जोखिम उठाने की हद तक लिये जा सकते हैं, लेकिन जिस नये कवि की सात पंक्तियाँ गलत सन्दर्भ में गाड़ दी जाती हैं, उसका नाम तक लेने की तकलीफ गवारा नहीं की जाती? क्या शिवप्रसाद जी समकालीन होने से डरते हैं? मुझे मालूम है कि प्राध्यापकीय लेखन की आधुनिकता आपसी बातचीत को निजी पूँजी बनाकर छपवा लेने के कौशल पर ही ज्यादातर जिन्दा है। लेकिन शिवप्रसाद जी पर यह आरोप नहीं लगता। वे स्वत:स्फूर्त हैं और उनके यहाँ ग्राम्यबोध की कोताही नहीं है। फिर वे मौलिक भी हैं। उनके यहाँ मरकटी कुतिया की रिरियाती आवाज रेधनी चिरैया की तरह छा जाती है। उन्होंने नये कवि का नाम नहीं लिया, न सही। मुझे इस पर एतराज नहीं है। एतराज मगर उस गलत सन्दर्भ से है जिसमें ये पंक्तियाँ डाल दी गई हैं। शायद अपनी सहानुभूति का स्टाक अधिक दिखलाने की जल्दबाजी में ऐसा किया गया है, अन्यथा कहाँ गरीब रिक्शावाला और कहाँ ठाकुर साहब!

खैर, मेरी पंक्तियाँ, जिनका जिक्र मैंने शिवप्रसाद जी से अस्सी पर काशीनाथ सिंह की उपस्थिति में किया था, यूँ हैं : 'तुम कहीं भी हो, किसी जलसा-जुलूस में या हाट-बाजार में, सहसा तुम पाते हो कि तुम्हारे बगल में एक सिर निकल आया है और सामने के दृश्य में शरीक हो गया है। जिस घटना ने तुम्हें गम्भीर बना दिया है, उसी पर वह किसी हँसोड़ की तरह हँसने लगा है, उसकी आँखें किसी चक्करदार बेयरिंग बॉल की तरह मटकने लगी हैं, जबकि तुम भीतर-ही-भीतर भीग चुके हो।

और अब गोली चली है और वह मुर्दा चेहरा तुम्हारी काँख में झूल गया है। गोली के ठीक सामने तुम उसे बेजान और फालतू छोड़ सकते हो। ऐसे बेमतलब और तमाशबीन चेहरों के साथ तुम कर भी क्या सकते हो? ये सिर्फ एक पकी हुई निहंग दया के हकदार हैं। वक्त ने यदि उन्हें मौके पर मार लिया है, उसके लिए तुम्हें अलग से शोक प्रकट करने का कोई हक नहीं है। लादी गई आजादी के दिनों में कायरता और प्रत्येक खेल में रुचि लेने की आतुरता में अधिक फर्क नहीं रहता और आज की स्थिति में यह सोचना एक जिम्मेदार आदमी को किस कदर उदास करता है कि हमारी व्यवस्था ने जैसी कागजी स्वतंत्रता आज हमें दी है, उसके चलते सजा और मजा के बीच की दूरी लगभग मिट चुकी है।'

सबूत के साथ सन्दर्भ को स्पष्ट करने के लिए अपनी डायरी का वह हिस्सा मैंने उद्धृत कर दिया है। देखा जा सकता है कि हमदर्दी कहाँ है। इसी क्रम में एक बात और है। ज्यादातर साहित्य-कर्म में जुड़े हुए लोगों का पेशा यह हो उठा है कि वे नामों, घटनाओं, शब्दों तथा विचारों को गलत सन्दर्भ दे रहे हैं। 7 फरवरी, 1971 के 'धर्मयुग' में अशोक अग्रवाल ने पटना युवा लेखक सम्मेलन की रपट छपवाई है। उसमें यह पढ़ना दिलचस्प लगा कि नामवर सिंह के लिए आप व्यंग्य में भी नहीं भूलते कि वे आपकी पीढ़ी के 'सेनापति ठाकुर' हैं। अपनों के प्रति आप लोग आज भी सजग हैं। किन्तु अग्रवाल की रपट पढ़कर मुझे शोक हुआ। उन्होंने काफी कुछ गलत और तथ्यहीन लिखा है: दूसरी गोष्ठी के वक्ताओं में मेरा उल्लेख नहीं है, जबकि मैंने गोष्ठी में होनेवाले 'द्वन्द्व' में हिस्सा लिया था। कुमारेन्द्र पारसनाथ सिंह, अध्यक्ष की हैसियत से, एक आलोचक और एक कवि का 'जोड़' मंच पर छोड़ रहे थे। मेरी पं. चन्द्रभूषण तिवारी से बदी गई थी। अच्छा-खासा दंगल रहा। लेकिन चौथी गोष्ठी में मैं वक्ता नहीं था। मेरा नाम गलत ले लिया गया है। इसी प्रकार, तीसरी गोष्ठी में वाक्आउट मैंने और विमल ने किया था। लेकिन कारण विश्वेश्वर की अश्लीलता नहीं थी। मेरा स्पष्ट आक्षेप यह था कि दूधनाथ सिंह, जो कि गोष्ठी के अध्यक्ष भी थे, माइक पर आकर विश्वेश्वर को बोलने से बार-बार रोकते थे और विश्वेश्वर बिना सबूत के अपने प्रिय कथाकार दूधनाथ इत्यादि का 'स्वस्तिवाचन' करते अघा नहीं रहे थे। मैंने इस समूचे 'अनुसूचित साहित्य कर्म' को गैर-जिम्मेदार माना और उन दोनों से हस्तक्षेप न करने तथा सबूत पेश करने की माँग की। लेकिन वे अपनी पिनक में थे। मंच पर उनकी यथास्थिति के खिलाफ मैं बहिर्गमन कर गया था और मेरे साथ बहुत-से जिम्मेदार साहित्यकर्मी भी बाहर चले गए थे। फिर रेणु जी तथा नन्द किशोर नवल द्वारा यह आश्वासन देने पर कि आपस में गैर-साहित्यिक तरीके नहीं अपनाए जाएँगे, मैं वापस आ गया था। और अध्यक्ष के आग्रह पर आज की कहानी के सन्दर्भ में अपनी बातें प्रस्तुत की थीं।

इस प्रकार साहित्यिक माहौल में भाषा को गलत सन्दर्भ देने की साजिश जिस तरह इन दिनों चल रही है या चलाई जा रही है, मुझे यह कहने दें, उसके चलते सृजन की साहसिकता भरी सम्भावना का अन्त किसी अँधेरी बन्द गली में स्पष्ट होता दिख रहा है। सही और जिम्मेदार साहित्य कर्मियों को इधर ध्यान देना है अन्यथा भाषा जब बदला लेने पर उतारू होगी, शायद उन्हें धिक्कार भरे आत्मघात के सिवा दूसरा रास्ता नहीं सूझेगा।

आपका
धूमिल
आई.टी.आई.
वाराणसी-5

['धर्मयुग' : 21 मार्च, 1971 में प्रकाशित]

•

प्रति
श्री धर्मवीर भारती
सम्पादक : 'धर्मयुग'
बम्बई

19 मार्च, 1971

भाई,

'धर्मयुग' : 21 मार्च, 1971 में अपना पत्र प्रकाशित देखकर अतिरिक्त सुख मिला। सच्चाई के उद्घाटन में आपने सहयोग दिया, इसके लिए धन्यवाद।

'साहित्यिक डायरी' पढ़ी। 'साधारण से साधारण मनुष्य की मंत्रणा के प्रति' आत्मीयता का सहज रिश्ता जोड़कर समानधर्मी की जरूरत ऐसी तल्खी से महसूस कर रहे हैं, ऐसे कितने हैं? क्या समानधर्मी हैं? आपको मिले? साहित्यिक सरोकारों से अलग वादों और पीढ़ियों के नाम पर एक-दूसरे को नंगा करने की फितरत में लगे हुए शब्दों का पेशा करनेवाले लोगों का क्या कोई तंत्र है?

निहायत निजी सवाल हैं ये। आशा है, कभी अवकाश पाकर उत्तर देंगे।

आपका
धूमिल
आई.टी.आई.
वाराणसी-5

•

प्रिय नवल,

यह देखकर खुशी हुई कि 'सिर्फ' का नया अंक आ गया है। काशीनाथ सिंह से लेकर पढ़ा। मेरी कविता निर्दोष छपी है।

वयस्क बालकों की प्रतिक्रियाओं में सुरेश सेठ की यह सूचना दिलचस्प है कि बनियों के भी सेनापति होते हैं। या यह केवल दिल्ली शैली है?

वैसे मुझे लगता है कि लड़का मेरा आकार-प्रकार देखकर हौल खा गया। जरा सोचो, अगर उसने मूँछें भी देखी होतीं तो बेचारे की क्या हालत हुई होती? खैर, खुशी है कि सही-सलामत वह अपने माँ-बाप तक पहुँच गया और स्मृतिदोष के बावजूद उन्हें पहचान भी रहा है।

क्या यह बालक कविता में भी कुछ दखल रखता है? इस टिप्पणी से तो ऐसा कुछ लगा नहीं।

•

11.2.71

प्रिय नवल,

दो कविताएँ भेज रहा हूँ : (1) 'कविता—श्रीकाकुलम्' और (2) 'संयुक्त मोर्चा'। कविता इतनी जल्दी जा पा रही है, इसका श्रेय वाचस्पति उपाध्याय को है। उन्होंने इन्हें लिखा भी है अपनी कलम से। इसमें से पहली कविता श्री पंकज सिंह को मैंने भेजी है किन्तु वहाँ से उत्तर नहीं मिला। फिलहाल मेरी यह इच्छा है, खास तौर पर कि यह कविता—'कविता—श्रीकाकुलम्'—'सिर्फ' में छपे। आशा है, पसन्द आने पर दोनों कविताएँ एक साथ छापेंगे।

स्वस्थ-प्रसन्न हैं।

आपका

धूमिल

आई.टी.आई.

वाराणसी-5

•

24.8.73

प्रिय भाई,

अप्रत्याशित नहीं कि वाचस्पति ने 1 अगस्त, 1973 का अंक दिया और आज दोपहर उन्होंने अपनी चिट्ठी के बाबत बताया कि आपने मेरी प्रतिक्रिया पूछी है।

यह भी आकस्मिक नहीं है कि 'अप्रत्याशित' और 'ओर' ने एक साथ रचना और आलोचना के अन्त:सम्बन्धों पर बात चलाई है, लेकिन दोनों ही पत्रिकाओं ने अपने उसी अंक में रचना के प्रति आलोचक की रचना-विधा-माला का ऐसा बेजोड़ नमूना पेश किया है कि साहित्य के हलके का यह दलाल घुसपैठिया एक बार फिर अपने घिनौने रूप में सामने आ गया है।

हाँ, अबकी बार इसकी वापसी ज्यादा मक्कारी और निजी लगते मुहावरों के साथ है। इसकी जीभ पर मार्क्सवादी व्याख्या फिर रही है और हाथ में मुक्तिबोध की मनिया है, लेकिन यह अवसरवादी संसदीय सुविधा का टुकड़खोर अजगर (?) 'अनशन' की जिस मुद्रा में बैठा है, उससे आज का प्रतिबद्ध लेखक अच्छी तरह परिचित है, वह उसकी नीयत जानता है और उसके विषैले दाँत तोड़ने में पूरी तरह सक्षम है। लेकिन मेरे भाई! प्रतिबद्धता की बात तो आपने भी की है। साथ ही, आप कवि-लेखक भी हैं। समकालीन रचनाकारों के समकर्मी होने के नाते आपसे इतनी उम्मीद तो है ही कि आप भी समकालिक रचनाओं के पाठक बने होंगे। फिर यह कैसे है कि 'संसद से सड़क तक' की उद्धृत कवितांशों में से उन पंक्तियों को खास तौर पर गायब कर दिया गया है, जहाँ मंतव्य एक सक्रिय जनवादी रुख अख्तियार करता है? मनमानी किस्म की सतही आलोचना को मिली यह छूट किस प्रगतिशीलता की डुग्गी बजाती है? कवि-सम्पादक के मानी क्या होते हैं? मेरे दिमाग में एक रिश्ता है। सम्पादक लेखपाल नहीं होता जो किसी खास दरवाजे पर आ बैठे और जुबानी पड़ताल कर कागजी कार्यवाही से छुट्टी पा ले। सम्पादक एक जहीन और कर्मठ ग्राम-सेवक की तरह, जो किसान के साथ मिट्टी की सही तैयारी और नवीनतम बीज के वाजिब चुनाव से लेकर उसकी बुआई और मड़ाई तक की प्रक्रिया का सक्रिय सहयोगी होता है।

सस्नेह
आपका
धूमिल

पुनश्च : 'नारा' किसी वर्ग के मंसूबों का तात्कालिक मुहावरे में एक राजनीतिक वाहन होता है और आवाहन है, जबकि यहाँ आत्म-स्वीकार एक प्रतिगामी मगर आक्रामक 'नागर' (यानी कि संसदीय) मन:स्थिति के लिए बैरिकेट का काम कर रहा है। मगर प्रकाश परिमल को कौन समझाए कि वामपंथ की संसदीय संकीर्णतावादी रुझान ने उसे सत्ता से कितना भिन्न रखा है?

धूमिल

•

17.5.74

प्रिय विजयकान्त,

तुम्हारी 'लाल किताब' मिली। 'पुरुष' का प्रकाशन तुम्हारे पुरुषार्थ के अनुरूप है। बधाई। लेकिन यह खुद की पीठ ठोंकना हुआ और मुझे खुशी हुई। एक मजबूत और सही काम, अक्सर, हमें ताजा कर जाता है।

'प्रस्तावना-1' पढ़ गया। अपने विचार हैं। हम और आगे बढ़कर काम करेंगे, ताकि इसकी अमली तामील हो। अंक में तीन पत्र महत्त्वपूर्ण हैं। काम करते आदमी और उसूल बघारते आदमी का फर्क उनसे हम मालूम करते हैं। ज्ञानरंजन ने सीधी बात चोट खाकर कही है और मौके की कही है। काम देखकर ही चरित्र बनता है। दारू की रौ में तो मौत जने हैं, जो मौत बमकते हैं और वामपंथी बनने का रोब चापते रहते हैं। साथ ही अपने बुर्जुआ आकांक्षाओं की तेल-मालिश भी करते हैं।

अजय सिंह वाराणसी में इधर आए थे। मैंने उनसे भी इन पत्रों का जिक्र किया, लेकिन कोई जवाब उनके पास न था। वे देर तक मुझे क्रान्ति का 'उपदेश' देते रहे और मैं हँसता रहा। वे दुखी होकर 'सोना कुँवर' के साथ नदी की ओर चले गए। 'चरित्रहीनता' की बेमिसाल तसवीर है यह अपना 'सोन कुँवर' भी। तुम शायद कंचन कुमार जी से मिल चुके हो। 'पारपत्र' के मेरे साथ के अनुवाद को भाई ने बड़े इत्मीनान के साथ मेरा नाम काटकर दोस्त मित्रों को पढ़ने और क्रान्ति करने के लिए भेज दिया। तुम जानते हो कि 'सर्वनाम' में वे कविताएँ मेरे नाम से अनूदित छप चुकी हैं, फिर भी यह साहस...है न यह छापामार तरीका? तो अजय सिंह जैसे लोग भी यह कर रहे हैं और ज्ञानरंजन हैं कि इनसे 'काम' की माँग करते हैं। क्या दिल्ली जाकर इन्होंने काम नहीं किया? मास्टर श.व. सिंह इसके सबूत हैं। उनका घर और दिनमान देख जाओ, खुलासा हो जाएगा। हर तरह का मजा लेते हुए ये वामपंथ की बात करते हैं। वह भी उग्र वामपंथ की—इन्हें लेनिन ने बतुआ वामपंथी कहा था और 'मार्क्सवादी शोहदों की कतार' में रख छोड़ा था।

सुभाष कुमार की 'रौंग नम्बर' छापकर तुमने ऐसे लोगों की स्थिति स्पष्ट कर दी है। इन्हें भी मेरी बधाई दो।

सुरेश शर्मा की कविताएँ एक जिन्दा और सक्रिय आदमी की सशक्त अभिव्यक्तियाँ हैं। कल एक रचनाकार को पाने की उम्मीद हम कर सकते हैं।

ब्रजकुमार की मुश्किल यह है कि वे धूमिल को जानते हैं।

शेष लोग अपनी सक्रियता के लिए मिसाल हैं, जिनकी कविताएँ तुमने छापी हैं।

खुश रहो और काम करो। गर्मजोशी और भाईचारे के साथ।

तुम्हारा
धूमिल

[यह पत्र विजयकांत, सम्पादक : 'पुरुष', को लिखा गया]

धूमिल के पत्र : जनवादी लेखक संघ के सन्दर्भ में

आई.टी.आई.
वाराणसी-5
2 अक्टूबर, 1973

प्रिय भाई,

आपका पत्र दिनांक 26.9.73। साथ में जनवादी लेखक मंच की ओर से परिपत्र। जनवादी लेखक संघ, मेरा विश्वास है, आप सबका क्षेत्रीय संगठन है और बाँदा लेखक-सम्मेलन की मंशा तथा कार्यक्रम के तहत काम कर रहा है।

मैंने परिपत्र में उल्लिखित व्यावहारिक कार्यों की सूची पढ़ी और उस पर विचार किया। कार्यक्रमों को लेकर असहमति का सवाल ही नहीं उठता। ये कतई सैद्धान्तिक और सही हैं। लेकिन...

समस्या उस वक्त पैदा होती है, जब सिद्धान्तों की अमली तौर पर तामील करने की बात उठती है। उस वक्त व्यावहारिक समझौतावाद साहित्य की समझ के आड़े आता है। निजी मुद्दों पर, तभी खेमे अलग गाड़े जाते हैं। भरतपुर लेखक-सम्मेलन इसका उदाहरण है। इसलिए 'एक-दूसरे को समझने' की अपेक्षा एक-दूसरे के 'राजनीतिक स्वार्थ' को समझने की ज्यादा जरूरत है। और इसी क्रम में एकजुटता के लिए 'सामान्य समझ के आधार' का प्रश्न भी खास तौर से विचारणीय हो जाता है। लेखन के सन्दर्भ में दलीय संकीर्णता की मार दोहरी होती है। वह एक साथ साहित्यिक संघर्ष और संगठन, दोनों पर पड़ती है। बाँदा लेखक-सम्मेलन की घोषणा में यह तथ्य सम्भवत: इसीलिए उल्लिखित है कि हम हमेशा साहित्यकारों एवं कलाकारों पर, जो अपनी दृष्टि और कला के प्रति ईमानदार रहते हुए सच्चाई के (जैसा कि वे उसे देखते हैं) साक्षी बनते हैं, सैद्धान्तिक एकसारता आरोपित करने के प्रयत्नों का हमेशा विरोध करेंगे। लेकिन क्या हम देखे हुए के अनुभववाद को स्वीकृति देंगे या उसके सामाजिक सन्दर्भों में प्रासंगिक और सक्रिय मुखालिफत की हिमायत करेंगे? पूरी प्रतिबद्धता के साथ लेखन से जुड़े हुए लोगों को मालूम है कि अनुभववाद अन्तत: व्यक्तिवाद में बदलकर सामूहिक संघर्षों के खिलाफ जा पड़ता है। और उसकी परिणति अप्रासंगिक लेखन के रूप में ही तो है। आपने अज्ञेय और मुक्तिबोध का फर्क देखा है।

फिलहाल, 'सामान्य समझ के आधार' क्या हो? तात्कालिक घटना-प्रसंगों पर लेखक का रुख—निश्चित रूप से राजनीतिक—क्या है और उसे किस कदर कलात्मक गहराई से अभिव्यक्त किया गया है?—ऐसे सवालों पर विचार करते हुए एकजुटता को प्रोत्साहित किया जा सकता है। हाँ, यहाँ लेखकीय उदारता, धड़ेबाजी या संकीर्णता जरूर घातक होती है। लेखकीय मुद्दे पर हमें इनका बराबर ध्यान रखना है।

इधर देखा जा रहा है कि अनुभववाद के बाहर, आन्तरिक संघर्षों की आड़ में, अपनी दृष्टि और कला के प्रति ईमानदार साहित्यकारों पर सैद्धान्तिक एकसारता (जो निश्चित तौर पर राजनीतिक स्वार्थ का व्यावहारिक समझौतावादी रूप है) आरोपित करने के प्रयत्न तेजतर हो रहे हैं और संकीर्णतावादी अवसरवादी रुझान बढ़ रही है। इससे आप लोग भी मुक्त नहीं हैं। 'लहर' में प्रकाशित बाँदा-सम्मेलन की रपट और 'ओर' में प्रकाशित सुधीश की टिप्पणी द्रष्टव्य हैं। न केवल लेखकीय एकजुटता के लिए, स्वस्थ और संघर्षशील आलोचना के लिए भी इस प्रवृत्ति का विरोध आवश्यक है।

'सामान्य समझ' के नाम पर राजनीतिक धड़बाजों ने आलोचना को जिस प्रकार निहत्था किया है, अलग से उदाहरण की जरूरत नहीं है। साहित्यिक नेतागीरी इसी प्रवृत्ति की स्थानिक पैदावार है। वैसे, नेतृत्व देना मामूली काम नहीं है। यह एक सैद्धान्तिक कार्यक्रम पर अमल करने और अमल करवाने का कठिन कार्य है, वह भी आज के सन्दर्भ में। इसलिए जब नेतागीरी की बात करते हैं, तो खुद को अलग कहाँ करते हैं? अमली तौर पर संगठित होने का काम होना ही चाहिए। इसे आप कर रहे हैं और मैं वहाँ 'समकर्मी' होने का आधार पाता हूँ। नीतियों पर रक्षात्मक और प्रहारात्मक संघटन होना ही चाहिए—लेखन में, समकालीन चुनौतियों की यह सामरिक माँग है। 'त्रिके' की नियमित बैठकें चल रही हैं। आपके परिपत्र को प्रकाशित करवाने का प्रयत्न करूँगा। इधर, सुकांत भट्टाचार्य की 38 कविताओं का अनुवाद 'पारपत्र' नाम से किया है, जो पुस्तक रूप में छप रहा है। कंचन सहयोगी हैं।—और कविताएँ लिख रहा हूँ।

भरतपुर में सुना, सी.पी.आई. के लोग सम्पर्क समिति से अलग हो गए। सी.पी. एम. वालों का संगठन अलग बन रहा है, शायद किसी गुप्त मीटिंग में यह योजना बनी। आपके यहाँ राजीव सक्सेना हैं, सही खबर दे सकते हैं। शेष ठीक है। आप मजे से हैं। पत्र दें!

सस्नेह
धूमिल

[यह पत्र श्री रमेश उपाध्याय द्वारा प्रेषित 'जनवादी लेखक संघ' की ओर से जारी परिपत्र को पढ़कर लिखा गया।]

•

धूमिल के दो पत्र : विजेन्द्र के नाम

आई.टी.आई.
वाराणसी-5
24 जुलाई, 1973

प्रिय विजेन्द्र,

तुम्हारा स्पष्टीकरण मिला। इसी का इन्तजार भी था, क्योंकि विश्वम्भरनाथ उपाध्याय का एक सामान्य परिपत्र दो-तीन दिन पहले ही मिल चुका था, जिसमें उन्होंने प्रगतिवादी आन्दोलन को दाँत देने की बात की है। तुमसे किसी पत्र की उम्मीद मुझे इसलिए भी थी कि सम्मेलन की बाबत तुम्हारे एक-दो खत यहाँ वाचस्पति के पास दिखे थे। और मैं सन्दर्भ से अपरिचित नहीं था।

सम्मेलन को लेकर शुरू हुए विवाद की घटना ने कम-से-कम, मुझे कतई, कहीं से भी विचलित नहीं किया है; हाँ, इसका अघटित रह जाना ही चिन्ताजनक होता। अच्छा हुआ जो एक कमबख्त इरादा हमारी मार की जद में आ गया। बाँदा में हमारे कार्यक्रम इतने साफ थे कि उन्हें लेकर किसी भी मंच पर गलतफहमी के लिए कोई गुंजाइश नहीं है। इसके साथ ही उत्तरार्द्ध में कर्ण सिंह चौहान की रपट ने रही-सही बातों का खुलासा कर दिया है। फिर संगठन को तोड़ने या उसे गलत आधार देने के प्रयत्नों के हम घोर विरोधी हैं। मतभेदों की आड़ में उठनेवाली साजिशों, क्योंकि मैं मानता हूँ कि ये मतभेद साहित्यिक विचारों के नहीं, जीवन जीने के नजरिये के हैं। और जैसा कि मैंने, तुमने और हम सबने गलत जीवन जीने के नजरिये के खिलाफ एक लड़ाई छेड़ी है, इस वक्त है कि अपने मुहिम पर कन्धे से कन्धा मिलाकर गलत मंच का पुरजोर विरोध करें और अपने एका को और मजबूत करते हुए अपने लोगों को भारी तादाद में पूरी सक्रियता के साथ सही मंच पर एकजुट करें।

आगे क्या कर रहे हो, सूचित करना। सहयोग की पूरी तत्परता के साथ।

सस्नेह
तुम्हारा
धूमिल

•

4.8.73

प्रिय विजेन्द्र,

आज ही 1.8.73 की दिनांकित एक चिट्ठी श्री विश्वम्भरनाथ उपाध्याय की मिली है। उन्होंने लिखा है कि 28.7.73 को एक नवगठित संचालन समिति की बैठक में सारा विवाद तय हो गया है और ता. प्र. जोशी के संयोजन में सम्मेलन 25 से 27 अगस्त को भरतपुर में ही हो रहा है। सच क्या है, तुरन्त लिखो।

तुमने मेरे पहले पत्र का उत्तर नहीं दिया जबकि वह लाजिमी है।

'ओर' 7-8 मिला। बाँच रहा हूँ।

शेष ठीक।

स्वस्थ हो।

सस्नेह
तुम्हारा
धूमिल

•

आई.टी.आई.
वाराणसी-5
24.7.73

प्रिय उपाध्याय जी,

आपका दिनांक 5.7.73 का परिपत्र बिलकुल 'घरऊ' तरीके का मिला। अनौपचारिकता के लिए धन्यवाद। आपके परिपत्र के साथ विजेन्द्र का भेजा एक विवरण पत्र भी मिला है जिसकी प्रतिलिपि आपको भी मिली ही होगी। सम्मेलन की मंशा को इससे साफ तौर पर ठेस पहुँची है। विजेन्द्र ने आप और आपकी समिति पर जो आरोप किये हैं, उन्हें हम गम्भीरता से लेते हैं, क्योंकि ये मतभेद संगठन की टूट के हामी हैं। ऐसे प्रसंग बाँदा-सम्मेलन के मूल संकल्पों के खिलाफ हैं। ऐसी हालत में आपके लिए अपनी स्थिति का स्पष्टीकरण लाजिमी है, ताकि अनावश्यक भ्रम और टूट से बचा जाए।

आपका उत्तर मिलने पर ही सम्मेलन के कार्यक्रम में उपस्थित होने की खबर कर सकूँगा। स्वस्थ-प्रसन्न हैं।

आपका
धूमिल

धूमिल के पत्र : प्रगतिशील लेखक के सन्दर्भ में

साथी,

भरतपुर लेखक सम्मेलन में उपस्थित होना फिलहाल, वाजिब नहीं रहा। साथ ही, सम्पर्क समिति की प्रस्तावित 25 अगस्त, 1973 की बैठक होना काफी सन्देहास्पद है। राजस्थान के महत्त्वपूर्ण जनवादी लेखकों द्वारा भरतपुर-सम्मेलन का बहिष्कार यद्यपि एक खेदपूर्ण घटना है, किन्तु तथ्यों को देखते हुए इसका औचित्य सिद्ध हो जाता है। फूटपरस्त अवसरवादी तत्त्वों को हतोत्साहित करना जरूरी है।

ऐसे गैरवाजिब और तनावपूर्ण वातावरण में 'केन्द्रीय संयोजक सम्पर्क समिति', बाँदा से प्राप्त प्रपत्र में जिस उद्देश्यों को लेकर सम्पर्क समिति के सदस्यों के मिल बैठने की बात की गई है, उसमें सम्भवत: सबसे महत्त्वपूर्ण मसला 'सदस्य तथा सहायक सदस्य' के चुनाव का है। निश्चय ही प्रपत्र में जो तरीके तय किये गए हैं, वे प्रगतिशील लेखक संघ के जनवादी उद्देश्य पर ही चोट करते हैं। उसमें विशिष्टता की खेमाबन्दी की साजिश काफी बदबू मार रही है। नाक सिर्फ डॉ. रणजीत के पास ही नहीं है, इसका ध्यान रहना चाहिए। खास तौर से लेखकों के जनवादी संगठन में सभी समकर्मी होते हैं, लेकिन प्रपत्र में जो सुझाव हैं, उनमें लेखकों को उनकी सक्रियता के आधार पर न रखकर किताबों के वजन के अनुसार तौलने की मक्कारी की गई है। 'फर्जी प्रगतिशील लेखक संघ' की भारतीय शाखा की संशोधनवादी राजनीति अपने नग्न रूप में उजागर है। सबूत के तौर पर प्रगतिशील लेखक संघ के ब्यूरो श्रीलंका से प्रकाशित रपट देखी जा सकती है।

प्रपत्र में लिखे ये सुझाव इतनी हड़बड़ी में आए हैं कि इन पर जल्दबाजी में कोई निर्णय लेना इस समय सम्भव नहीं है। अब तो स्थिति के उलझ जाने और अवसरवादी फूटपरस्त तत्त्वों के सक्रिय हो जाने के कारण हालत और खराब है। साथ ही संयोजक 'दिल्ली सम्पर्क समिति' के सुझावों को अमल में लाते हुए इस प्रस्तावित बैठक और सम्मेलन को स्थगित करना

जायज और हर तरह से जरूरी है। मैं इस सम्मेलन को अपनी उपस्थिति से वंचित करता हूँ।

समकर्मी
धूमिल

•

आई.टी.आई.
वाराणसी-5
24.8.73

साथी,

भरतपुर लेखक सम्मेलन में उपस्थित होना, फिलहाल, वाजिब नहीं रहा। राजस्थान के महत्त्वपूर्ण जनवादी लेखकों द्वारा भरतपुर-सम्मेलन का बहिष्कार यद्यपि एक खेदपूर्ण घटना है, किन्तु तथ्यों को देखते हुए उसका औचित्य सिद्ध हो जाता है। फूटपरस्त अवसरवादी तत्त्वों को हतोत्साहित करना जरूरी है। साथ ही संयोजक 'दिल्ली सम्पर्क समिति' के सुझावों से अपनी सहमति प्रकट करते हुए मैं भरतपुर में होनेवाले सम्मेलन को अपनी उपस्थिति से वंचित करता हूँ।

समकर्मी
धूमिल

•

प्रतिलिपि : 20.10.73

1. संयोजक, भरतपुर लेखक-सम्मेलन
2. श्री विजेन्द्र, भरतपुर
3. संयोजक, दिल्ली सम्पर्क समिति
4. संयोजक, केन्द्रीय सम्पर्क समिति

अखिल भारतीय प्रगतिशील हिन्दी लेखक सम्पर्क समिति के केन्द्रीय संयोजकों की ओर से दिनांक 10 अक्टूबर, 1973 का एक पत्र सम्पर्क समिति के सदस्यों को प्रेषित है। इस पत्र के साथ संलग्न कार्यकारी संविधान से सहमति के पूर्व कुछ सवाल उठ खड़े हुए हैं जिनका उचित उत्तर केन्द्रीय संयोजकों को सम्पर्क समिति के सदस्यों के समक्ष देना चाहिए, ताकि स्थितियों का खुलासा हो। बिना इन सवालों के समाधान के कार्यकारी संविधान पर स्वीकृति देना सम्भव नहीं है।

सवाल नं. 1 : अपने पत्र में माननीय केन्द्रीय संयोजक-द्वय ने भरतपुर सम्मेलन में सदस्यों की अनुपस्थिति को लेकर अपनी मर्जी के कुछ मुद्दे स्पष्ट किये हैं, जिसमें श्री कर्ण सिंह चौहान की बाँदा सम्मेलन पर टिप्पणी (उत्तरार्द्ध) तथा सम्पर्क समिति संयोजक दिल्ली के पत्र का उल्लेख किया है और इन पर 'बाँदा चेतना' तथा 'बाँदा समझदारी' की खिलाफत का आरोप किया है। निश्चित तौर पर चौहान की टिप्पणी उन तमाम तथाकथित सूचनाओं से महत्त्वपूर्ण और दिशा निर्देशक है, जो अन्य पत्र-पत्रिकाओं में छपी है। वह केवल सूचनापरक न होकर जनवादी लेखन और वर्ग चेतना की बुनियादी रुझान के दो-टूक समर्थन में लिखी गई एक ऐसी कारगर रचना है, जिसका माथा लूसून के संगठनात्मक सुझावों ने बाँधा है। साथ ही बाँदा सम्मेलन की प्रकाशित मसविदा एवं कार्यक्रम पुस्तिका की विचार-भावना के अनुरूप है। मगर केन्द्रीय संयोजकों ने उस पर आपत्ति जाहिर की है। यदि 'बाँदा चेतना' और 'बाँदा समझदारी' निजी मिल्कियत नहीं है तो सामूहिक और सक्रिय समझदारी के विरुद्ध यह स्थानिक आक्रोश क्यों? क्या केन्द्रीय संयोजकों का यह पत्र फूटपरस्ती और निजी निर्णयों की दलील का पर्दाफाश नहीं करता?

सवाल नं. 2 : केन्द्रीय संयोजकों ने भरतपुर-सम्मेलन में सम्पर्क समिति के अधिकांश सदस्यों की अनुपस्थिति को गलत ढंग की अटकलबाजियों में उलझाने की कोशिश की है। सम्पर्क समिति के सदस्यगण क्यों नहीं आए, इसका हमारी ओर से तथ्यपूर्ण उत्तर यह है कि भरतपुर लेखक सम्मेलन में वे ही लोग सक्रिय भूमिका अदा कर रहे थे, जिन्हें लेकर वहाँ के प्रगतिशील लेखकों में मतभेद था। सम्पर्क समिति के किराये, खान-पान और आवास की व्यवस्था उन्हीं के हाथों थी जिनके कारण आपसी फूट और अवमूल्यन के अवसर उपस्थित हुए थे। आमंत्रण के पत्र इसके सबूत हैं। यह का. संयोजक कौन है? इसे कुर्सी किसने दी? ऐसी स्थिति में सम्पर्क समिति के सदस्यों ने यदि स्थानिक मतवादी घेरेबन्दियों में न पड़कर, गलत इरादों को हतोत्साहित करने के इरादे से तत्काल बैठक स्थगित करने की माँग की, वह गलत कैसे है? क्या आप जिसके यहाँ जाते और जिसकी खाते, उसकी न गाते? क्या केन्द्रीय संयोजन के ये बेसुरे और इकहरे गीत इसके उदाहरण नहीं हैं?

सवाल नं. 3 : भरतपुर में बकौल केन्द्रीय संयोजक सम्पर्क समिति की बैठक हुई, मगर कैसे हुई? श्री चन्द्रभानु भारद्वाज ने लिखा ('मुक्तधारा') कि सम्पर्क समिति के बाहर के कुल चार सदस्य आए। श्री रणजीत का स्पष्टीकरण है ('मुक्तधारा'-6, अक्टूबर, 1973) कि भरतपुर में सात सदस्य उपस्थित थे, जिसमें से 6 सदस्यों ने बैठक में भाग लिया। श्री विजेन्द्र शरीक नहीं हुए। 25 सदस्यों की सम्पर्क समिति का कोरम क्या 6 सदस्यों से पूरा हो गया? फिर

बैठक कैसे हुई? क्या वह वैधानिक और लोकतांत्रिक थी? कार्यकारी संविधान सर्वसम्मति से स्वीकृत हुआ (?) लेकिन यह सर्वसम्मति स्वीकृति कितनों की है? कहा गया है कि केन्द्रीय संयोजकों तथा श्री शिवदान सिंह चौहान और राजीव सक्सेना ने यह कार्यकारी संविधान तैयार किया है, लेकिन सर्वसम्मति से इसे स्वीकृत कराने के लिए न तो श्री अग्रवाल साहब और न श्री राजीव सक्सेना ही भरतपुर में उपस्थित थे। हमें तो सन्देह है कि श्री राजीव सक्सेना ने ऐसे संविधान के निर्माण में सहयोग किया होगा, जो जनवादी समझ और संगठन के मसले को लेकर बुरी तरह अन्तर्विरोधों से भरा हुआ है।

सवाल नं. 4 : कार्यकारी संविधान में सदस्यता की शर्तें काफी अजीबोगरीब हैं। सदस्यता के लिए लिया गया फैसला दलीय अन्तर्विरोधों का दिलचस्प नमूना है। एक ही संगठन में फिर साहित्यकार लेखक हैं और जो नाम लेखक है, वह क्या है? आखिरकार प्रतिभा को खिताब कौन देगा? क्या वे चुके हुए नामधारी, जो 1936-46 में युवा खरोश के साथ लिख रहे थे और अब बुढ़ौती में केवल साहित्यिक जुगाली कर रहे हैं? अपने साथ के बीते हुओं को किस बाड़े में रखा जाएगा? जनवादी एकता के लिए किसी भी विधा का कोई भी लेखक सम्मेलन का सदस्य बन सकता है, यह प्रावधान जरूरी है। लेखक और नये लेखक में समकालीनता के स्तर पर फर्क कैसा? लेखक का प्रमाण जनता है। वही उसको प्रमाणित करती है। इसलिए सदस्यता पर नये और पुराने की आड़ में लगी यह रोक बुनियादी तौर पर जनवादी संगठन की मंशा के विपरीत है। सदस्यता की इन शर्तों के चलते बुड़मस और ठस्स (कई बार लगभग व्यतीत) लोगों के हाथों नेतृत्व की लगाम देना क्या सक्रिय युवा रचनाकारों को अपने बाड़े की ओर हाँकने की खतरनाक साजिश नहीं है? किसी भी जनवादी लेखक संगठन में सदस्यता का हक निर्बाध होना चाहिए। सिर्फ लेखक का कार्यक्रम-विरोधी रवैया और गैर-जनवादी लेखन ही उसे सदस्यता से वंचित कर सकते हैं।

सवाल नं. 5 : बाँदा सम्मेलन में यह तय हुआ था कि एक साल तक सम्पर्क समिति अपना कार्य करेगी और उसके बाद ही जनवादी आधारों को देखते हुए संविधान और सदस्यता की कार्यवाही पूरी की जाएगी। फिर ऐसी कौन-सी जरूरत आ पड़ी कि 'बाँदा समझ' की दुहाई देनेवाले लोग ही पहले के निर्णय को तोड़कर कार्यकारी संविधान लादने की एकतरफा तिकड़म करने लगे? इसके लिए जरूरी था कि केन्द्रीय समिति की एक बैठक होती, जिसमें संवैधानिक मशीनरी का गठन कर लिया जाता है। फिर उसी के अनुसार सदस्यता आदि की कार्यवाही पूरी की जाती। क्या यह संकीर्ण अवसरवादिता नहीं है कि मात्र कुछ व्यक्तियों ने बहुमत को ताक पर रखकर मनमाने संविधान को सक्रिय साहित्यिकों पर थोप देने की आपत्तिजनक कोशिश की है? हम यह जानना चाहेंगे कि आखिर इस सुविधा की

राजनीति में परचाये हुए शाकाहारी जानवरों के अतिरिक्त वे किसे चारा डालने जा रहे हैं या किसके चारे बन रहे हैं?

सवाल नं. 6 : हम अत्यन्त आग्रह और आत्मीयता से यह पूछना चाहते हैं कि श्री केदारनाथ अग्रवाल क्या किसी पत्र-परिपत्र को पढ़कर अपना हस्ताक्षर करते हैं? वे हमारे बीच अत्यन्त सम्मान्य हैं। व्यक्तिगत साजिशों की शोभा वे बनें, हम यह नहीं चाहते। कार्यकारी संविधान की प्रतिलिपि पर किसी के हस्ताक्षर क्यों नहीं हैं?

केन्द्रीय संयोजकों की ओर से उनके पत्र और कार्यकारी संविधान की प्रतिलिपि सम्पर्क समिति के सदस्यों को मिली है। ऐसे ही सवाल सबके मन में सम्भवत: उठे होंगे। मेरा सुझाव है कि सम्पर्क समिति के जिम्मेदार सदस्यगण तथाकथित संविधान पर अपनी स्वीकृति देने के पूर्व उस पर विचार करें और मेरी अस्वीकृति के सहयोगी बनें। साथ ही केन्द्रीय सम्पर्क समिति की बैठक दिल्ली या कानपुर में दिसम्बर के अन्त तक बुलाने का प्रस्ताव करें, जिसमें एक कार्यकारी मशीनरी का गठन किया जा सके और संगठन की अगली कार्यवाही की रूपरेखा बने।

भवदीय

धूमिल

आई.टी.आई.

वाराणसी-5

•

अक्षय उपाध्याय के नाम धूमिल के पत्र
[आलोचना की प्रासंगिकता : अपने सन्दर्भ में]

[पिछले अंक में प्रकाशित 'धूमिल के काव्य-संग्रह की समीक्षा' के सन्दर्भ में कवि की यह टिप्पणी—'आलोचक और आलोचना की प्रासंगिकता' —प्रकाशित की जा रही है। **—सं.**]

145, खादी भवन
महात्मा गांधी रोड
कलकत्ता

भाई,

'महात्मा गांधी रोड' से निकली 'अप्रत्याशित' पत्रिका देखी। कवि त्रिलोचन के सानेट पढ़े। 'सूखी बातों में क्या रखा है?'—सहज स्वस्थ अंग है जीवन का विद्रोह : 'उठी शक्ति जागे जो सोई'। और फिर 'संसद से सड़क तक' की प्रतिक्रिया पढ़कर लगा कि यह 'और कुछ नहीं, मनस्तोष का एक ढंग है।' ऐसी समीक्षाएँ 'समकालीन रचना' से काफी 'लैग' करती रही हैं। अब तो ये गुमराह भी नहीं कर पातीं। पाठक मूल पढ़ रहा है और अमल कर रहा है। आलोचक उसूल बक रहा है और अलग पड़ता जा रहा है। 'तीसरा दलाल' कहकर निकाला गया यह दयनीय जानवर अब भी अगल-बगल की खेती में मुँह मारने से बाज आए, तो आदमी कहलाए। लेकिन उसकी समझ का क्या करें? 'संसदीयता की दलाली' खाकर वह कुंद पड़ गई है। वह वामपंथी न होकर, वाममार्गी हो चुकी है। सही रचनाओं की गलत पहचान क्यों होती है और उसके परिणाम क्या होते हैं, हिन्दी के एक सुविज्ञ विचारक की मार्मिक पंक्तियाँ इस सन्दर्भ में पठनीय हैं : 'इधर, रचना में क्रिएटिव-विजन के सन्दर्भ में ऐतिहासिक परिदृश्य की व्याख्या राजनीतिक सिद्धान्तों से जोड़कर की गई है। लेकिन आलोचक ने परिदृश्य-बोध की जो कसौटी रखी, वह रचनाओं की न होकर एक राजनीतिक व्यक्ति के गुट का मैनिफेस्टो था। पिछले दशक के अधिकांश रचनाकारों का उस दल की नीतियों और कार्य-प्रणाली से किसी

प्रकार का प्रत्यक्ष-अप्रत्यक्ष सम्बन्ध नहीं था। ऐसी हालत में उनकी रचनाओं पर व्यक्ति-विशेष के गुट की राजनीतिक समझ लादना रचनाओं के साथ अप्रासंगिक और अतार्किक है। जो रचनाकार एक विशेष दल की राजनीति से सम्बद्ध भी थे, उनकी रचनाओं में 'आर्डिनरी कमिटमेंट' और 'पार्टी कमिटमेंट' में कहीं फर्क है, इस पर किसी समीक्षक का ध्यान नहीं गया। इस समीक्षा-दृष्टि के अभाव में रचनाएँ तो कम, आलोचनाएँ ज्यादा 'वल्गर' दिखती हैं' ('संक्रात-1', पृष्ठ संख्या-9, 5 ए, ग्रीक चर्च, कलकत्ता-26 से प्रकाशित)।

और फिर मैं, उसी विचारक की अनमोल वाणी का एक टुकड़ा अपनी कविता के सन्दर्भ में बतौर बानगी पेश करना चाहूँगा : 'शायद कुछ लोगों को धूमिल की भाषा में अराजकता दिखाई पड़े। परन्तु जब सामाजिकता अपने व्यवहार में असामाजिक बन जाती है, तब उसे बदलने के लिए सही और नंगी भाषा का प्रयोग करनेवाले सक्रिय लोग विद्रोही, असामाजिक, राष्ट्रद्रोही इत्यादि कहे जाते हैं। लेकिन विद्रोह के उस दौर में असामाजिकता का पुराना ढाँचा चरमराता है और वस्तु का असली रूप खुरदरा और अनगढ़-सा साफ-साफ दिखता है। भाषा के सन्दर्भ में भी अराजकता का यह रूप नये मूल्य, नये अर्थ की सम्भावना की तड़प लिये रहता है" ('समय-1', पृ. संख्या-28, शीतल टोला, आरा (बिहार) से प्रकाशित)।

आप सम्पादक हैं, तब भी आपकी सूचना के लिए कह दूँ कि समकालीन समीक्षा और कविता-सम्बन्धी मौलिक विचार श्रीयुत विमल वर्मा के हैं। तब शायद 'पार्टी लाइन' नहीं मिली थी। तब शायद नये विचारक को रचना और आलोचना के टूटते सम्बन्ध खलते थे। तब शायद सक्रिय लोगों का सहयोगी होना आलोचना के प्रासंगिक होने की शर्त थी। मगर आज स्थिति दूसरी है। आज वास्तविकता को मिथ्याभास कहना है, इसलिए कह रहे हैं।

समकालीन कविता के खिलाफ अनर्गल प्रलाप के लिए जोड़-तोड़कर निकलनेवाली पत्रिका के दस पृष्ठ दे देना आपका अपना बूता है। खैर, इसी बहाने विमल वर्मा की गर्दन आपकी पकड़ में आएगी। वैसे जाननेवाले जानते हैं कि वह यूँ ही सी है। लेकिन आप सम्पादक हैं, और मजे में हैं। लेकिन भाईजान, मंच पर मुर्गे तो चिड़ीबाज लड़ाते हैं। और आप तो प्रतिबद्ध होने की कह रहे हैं! नीयत नेक बनी रहे, इसी शुभाशंसा के साथ।

आपका

धूमिल

आई.टी.आई.

वाराणसी-5

['अर्थात्-3' के अप्रैल, 1975 के अंक में प्रकाशित]

प्रिय भाई,

आज ही खुशखत कविताएँ मिलीं। ये कविताएँ वाकई जिन्दगी को नहीं बदल सकतीं। वे बहुवचन हैं और भटक गई हैं। ये उत्पादन हैं। गलत हाथों में पड़कर बेजान माल की मानिन्द, केवल खपत का खाता भर रही हैं। लेकिन भाईजान, क्या 'कविता' के बारे में भी यही सोचते हो? यह एक विचार है। एक्शन है। शर्त यह है कि कविता आज के तेवर की हो। समकालीन हो। समसामयिक और समकालीन में एक बारीक फर्क है। चन्द मात्राओं का फर्क। एक माँग है, दूसरा मानी। समकालीन होने का मतलब है : स्वतंत्र होने की समझदारी—पूँजीवाद के जुए से—श्रम की मुक्ति—समानता के उसूल को अमली तौर पर जिन्दगी में उतारने की पहलकदमी।

कविता अपने सामयिक संसार में हरकत करती हुई समकालीन होने के लिए संघर्ष का दूसरा दौर शुरू कर चुकी है। यह दहलीज के बाहर की लड़ाई है जो फौरी माँगों से शुरू होकर असली सवालों के हलकों में फैल गई है।

तुम्हारा
धूमिल

•

न्यूरो सर्जरी वार्ड (मेल), बेड नं. 2,
के.जी. मेडिकल कॉलेज, लखनऊ
9.12.1974

प्रिय अक्षय,

चिट्ठी मिली और मजा यह है कि अनजाने मैं उन तमाम लोगों में शरीक हो गया हूँ जो न तो अपने आप लिख सकते हैं और न पढ़ सकते हैं। यह पत्र मैं विजय श्रीकर से लिखवा रहा हूँ। कविता की प्रतियाँ उनको मिल गई हैं। अभी दिसम्बर तक लखनऊ मेडिकल कॉलेज के न्यूरो सर्जरी वार्ड में बेड नं. 2 पर ही रहूँगा। अपनी बीमारी की कोई ग्लानि मन में नहीं है। यहाँ के लोग पूरा सहयोग कर रहे हैं। विमल वर्मा को मेरा नमस्कार कहिएगा। कविता की भाषा पर टिप्पणी शीघ्र लिखवाकर भेजूँगा। पत्र भेजते रहना।

तुम्हारा
धूमिल

धूमिल के दो पत्र
[सन्दर्भ इलाहाबाद सम्मेलन]

[1]

आपकी चिट्ठी आज ही मिली और कविता भेज रहा हूँ। इलाहाबाद न आ सका। तबीयत नहीं हुई। साहित्यिक, वहाँ, ज्यादातर 'सांसद' हो चले हैं। लेखन उनके लिए अतिरिक्त सुविधा जुटाने का साधन भर होकर रह गया है। मजा तो यह है कि ज्यादातर बूढ़े और व्यर्थ लोग विरक्त साहित्य लिखकर मंच की शोभा बने बैठते हैं और जुझारू युवा पीढ़ी, अपने हौसले और मारक रुखों के बावजूद, उनके हितों को दे दी जाती है। प्रतिष्ठान विरोध के नाम पर चलनेवाली साजिश एक दूसरा प्रतिष्ठान बनाती है—युवा-मानसिकता का निरन्तर विरोध करनेवाले लोग जिसकी झंडाबरदारी करते हैं। हम ऐसी हिमाकतों का विरोध अपनी अनुपस्थिति से करते हैं। यह सही है कि मंच पर चलनेवाली साजिशों का विरोध मंच से—संगठित ढंग से—किया जाए लेकिन जब मंच उनकी सिद्धि हो, तब?

[2]

मंच से मेरा मतलब साफ रहा है—उसकी रुझान से। मंच पर आकर अक्सर विद्रोह भी समारोह बन जाता है। लोगबाग ज्यादातर मंच का इस्तेमाल चरित्र चमकाने के लिए करते हैं। मेरा अनुभव रहा है कि यह अपने यहाँ खुले वैचारिक चकलाघर की तरह चलता रहा है। पटना, बाँदा, इलाहाबाद के बड़े और मंचीय सम्मेलनों के चरित्र इस बात को सिद्ध कर चुके हैं और फिर छुरियाँ मंच से नहीं, मंच की ओर चलती हैं, आप तो जानते ही हैं।

धूमिल

['युवा-1' (सम्पादक : उद्‌भ्रान्त), अक्टूबर, 1974 में प्रकाशित]

•

17.4.74

प्रिय मीना भारती,

एक 'बाबू' से 'धर्मयुग' देखने को मिल गया। तुम्हारे सवालों पर भी नजर गई। सवाल नं. 4 से मैं सहमत हूँ। यह बेईमानी ही है। सवाल नं. 3 और 5 भी मक्कारी और षड्यंत्र बताते हैं, लेकिन सवाल नं. 1 और 2 पर फिर से विचार जरूरी है।

सभी व्यवस्था से सटने...धारण किए हुए हैं'—शायद जल्दबाजी के कारण लिख दिया गया है। सभी ऐसे नहीं हैं। तुम्हारे साथ ही 'विनिमय' के लोग हैं। उन्हें पढ़ो और सोचो। 'धर्मयुग' गाहे-बगाहे ऐसा करता आया है। 'समकालीन लेखन से उसकी मुराद क्या है' बिना इसका निपटारा किये, वे सही को नकार कर गलत की चर्चा करते रहे हैं। क्या 'सारिका' में भारती को नहीं पढ़ा है? आखिर वे ऐसा करते हैं। इसी की कमाई खाते हैं। इस कारण युवा लेखन को नकारते हैं या गलत की चर्चा चला देते हैं। अपने बाड़े में अपने मुँह की पागुर वे करते हैं, करें। युवा लेखन अपना काम कर रहा है। पत्रिकाओं में, किताबों में और पाठ्यक्रमों में संठ होने की जगह वह तेजी से 'जरूरी जनता' के हाथों तक, उनकी जुबान तक पहुँच रहा है। नये आँकड़े तय करो तो पता चले कि युवा लेखन से सम्बद्ध लोगों का दस्ता कितना बड़ा है और किस तरह तेजी से बढ़ रहा है और यह पर्दानसीन साहित्यिक चोचलेबाजी...नाश हो इसका...धीरे-धीरे जमींदोज हो रही है, इसका खात्मा जरूरी है। जो शुरू हो चुका है।

युवा लेखन के लिए राजनीतिक समझदारी जरूरी है। बिना इस राजनीतिक समझदारी के आज का लेखन सम्भव नहीं। वह वर्गों की समझदारी है। आजादी और गुलामी की समझदारी है। कमाकर खाने और हरामखोरी की समझदारी है। यह साम्यवादी समझदारी है। क्या बराबरी का दर्जा और 'आत्महीनता से मुक्ति' का रास्ता एक नहीं है? यह आता कहाँ से है? आर्थिक मुक्ति से। और इसी को सब टुकड़खोर और हरामखोर शब्दों के कुहासे से ढकने की व्यर्थ कोशिश करते रहे हैं। क्या युवा लेखक भी इसी में शरीक हो जाए? नहीं, वह इस षड्यंत्र के खिलाफ भीषण प्रतिरोध में लगा है। वह आफेंसिव है। सहना नहीं, अब वह प्रत्याक्रमण में भी पहल कर रहा है। ऐसे में टुकड़खोर भाषायी गुलाम फिर बकबकाने में एकजुट हो रहे हैं और अपने भड़ौवे अन्दाज में भटक रहे हैं। 'युवा' होने और समकालीन समझ रखने की ताब के लिहाज से ऐसे में तुम्हें दुबारा सोचना है कि तुम लोग क्या करोगे? मैं फिर दोहराऊँगा तुम्हारा ही वाक्य : 'सब व्यवस्था में सटने के लिए, आदि-आदि।'

सस्नेह

धूमिल

आई.टी.आई.

वाराणसी-5

परिशिष्ट

कल सुनना मुझे—प्रस्तावना : डॉ. विद्यानिवास मिश्र

मरणोत्तर धूमिल : एक कथा-यात्रा—सम्पादकीय : कविवर राजशेखर

सुदामा पाँड़े का प्रजातंत्र—दो शब्द : रत्नशंकर पाण्डेय

भूमिका—डॉ. विद्यानिवास मिश्र

कल सुनना मुझे

[प्रस्तावना : डॉ. विद्यानिवास मिश्र]

'शब्दों को खोलकर रखनेवाले' युवा कवि धूमिल का यह कविता संग्रह 'कल सुनना मुझे'—उनके आज—भरे जीवन का 'कल'—प्रकाशित हो रहा है, जब वे 'अक्षरों के बीच' गिरे तो गिरे ही रह गए। उनका काव्यमय सूक्ष्म शरीररूपी अश्व 'मुँह में लगी लोहे की लगाम' को झिटककर दूर दिगन्त में उड़ गया। धूमिल अपने जीवन-काल में न निकटता, न दूरी, केवल एक सहज आदर का रिश्ता बनाए रहे। शायद इसलिए कि मैं उनके साथ कन्धे से कन्धा मिलाने का दम नहीं भर सकता था, न कभी पीठ पर शाबाशी दे सकता था और न उनके साथ कभी तर्क में उलझने के लिए प्रस्तुत हो सकता था। शायद इसलिए भी कि मैं भी बज्र देहात का था, वे भी देहात के थे और देहात का आदमी उम्र में बड़े आदमी को, चाहे वह निरक्षर हो, चाहे वह अपने से छोटी जाति का भी हो, छोटे पद पर हो, आदर देता ही है। धूमिल की भाषा के लिए, हो सकता है, मैं निरक्षर रहा होऊँ, उनकी आक्रोशमय जाति की नजर में कम आक्रोश वाला रहा होऊँ, पर उम्र में उनसे बड़ा था, इस माने में भी कि गाँव से नजदीक का रिश्ता मेरा और अधिक लम्बे अरसे का था। इसलिए धूमिल मुझसे कभी उलझे नहीं, अक्खड़ होते हुए भी मेरे आगे अनावश्यक प्रणामी मुद्रा अपनाए बगैर विनीत थे और कभी भी उन्हें किसी कविता-पाठ की गोष्ठी के लिए घर बुलाऊँ, तो आ जाते थे।

अब आज उनके प्रयाण के बाद उनकी कविताओं के संकलन पर प्रस्तावना लिखते समय मन में जाने कैसा लगता है! उनके जीते लिखता तो मन में गर्व होता कि धूमिल मुझसे कह रहे हैं कि प्रस्तावना लिख दीजिए, वे चले गए, तब कन्हैया (धूमिल के छोटे भाई) के कहने पर यह प्रस्तावना लिखने जब बैठा हूँ, तो होता है कि जिसे मेरी स्मृति में एक क्षण उदास होने का हक था, उसकी स्मृति में मुझे कुछ लिखना पड़ रहा है। धूमिल की मृत्यु का समाचार लेकर वशिष्ठ मेरे पास आए, पूछा—आपकी कोई प्रतिक्रिया है? मैंने यही कहा था कि इस समय प्रतिक्रिया व्यक्त नहीं कर सकता, पर धूमिल की स्मृति को लोग पर्व बनाकर उनका कृतित्व न मारें, क्योंकि कृति के रूप में धूमिल आज भी हैं, कल भी रहेंगे। उनके जबड़े जाम नहीं

थे, उनको आशा थी कि देश में देश के प्रयत्न से खुशहाली आएगी, बच्चे को भर पेट दूध मिलेगा और उन्हीं के शब्दों में :

> 'जब दूध के पौधे झर रहे हों सफेद फूल
> निःशब्द पीते हुए बच्चे की जुबान पर'

तब उन्हें सुनना अधिक सार्थक होगा।

कन्हैया ने पहले इस संग्रह का नाम रखा था 'दस्तक', पर मैंने ही सुझाव दिया कि दस्तक देनेवाला रहता, तो यह नाम ठीक था, अब तो इसकी पुकार की गूँज रह गई है, नाम 'कल सुनना मुझे' रखो, यही ठीक रहेगा। कन्हैया ने मान लिया, मैं कृतज्ञ हूँ।

धूमिल के इस कविता-संकलन की कविताएँ न जाने किन कोनों-अँतरों से उद्धार करने का कार्य कन्हैया और राजशेखर ने किया है। राजशेखर ने बड़े आवेश में प्रारम्भिक वक्तव्य भी तैयार किया। उसे कुछ मैंने नरम कराया। मुझे लगा था कि धूमिल को जीते-जी किसी की सहानुभूति या किसी का बढ़ावा बर्दाश्त नहीं था, मरने पर ही क्यों इस तरह की कोशिश की जाए कि मरने के कारण उनकी ओर उन्मुख हों? उनकी कृति अपने-आप आज नहीं, कल लोगों की जबान पर होगी और मैं धूमिल के संघर्षमय जीवन का लेखा न देकर (क्योंकि यह काम राजशेखर ने कर दिया है) उनकी कविता के बारे में दो शब्द लिखूँ, दोनों ने यह आग्रह किया।

धूमिल की कविता के बारे में कहने के पहले इस कविता की भाषा के बारे में कुछ कहना जरूरी हो जाता है, सिर्फ इसलिए नहीं कि भाषा से मेरा पेशाई सरोकार कुछ ज्यादा है, बल्कि इसलिए अधिक कि धूमिल ने भाषा से सरोकार अपने समकालीन बहुत-से रचनाकारों से कुछ ज्यादा रखा। यह भाषा से सरोकार चौंकाने के लिए नहीं है, न आंचलिक या भदेसी छटा देने के लिए है, यह सरोकार है—जीवन में सम्पृक्त व्यक्ति के खुरदरे पर कारगर अनुभव को उसके अनुरूप आक्रामक अभिव्यक्ति देने के लिए है। कहीं-कहीं मुझे यह आक्रामकता कुछ अतिरिक्त लगती है। शायद यह उतावले धूमिल की लाचारी रही हो कि वे अपने को रोक नहीं सकते थे, यहाँ तक कि जब वे अपनी दैहिक यंत्रणा से हारने लगे, तब भी यह आक्रामक-भाव नहीं जाता :

> 'मेरा जीवन लार टपकाती हुई नेकर का नाड़ा है
> मुझे मेरे दर्द ने पिछाड़ा है।'

पर धूमिल की जबान का तीखापन एक जगह झुक जाता है। धूमिल मूलतः घर-बारी इनसान हैं। घर से, माँ से, घरनी से, बच्चों से उनका लगाव गहरा है,

इसलिए सारी दुनिया पर उन्हें क्रोध आता है, खीज होती है, खुद अपने पर खीज होती है :

'मेरे गाँव में
वही आलस्य, वही ऊब
वही कलह, वही तटस्थता
हर जगह और हर रोज
और मैं कुछ नहीं कर सकता
मैं कुछ नहीं कर सकता।'

पर उन्हें एक आशा बराबर सहलाती रहती है, अनागत की एक 'खिलखिलाहट' उनके 'बगल में उभरती' रहती है।

'चालाक गिलहरियों का पीछा करती हुई दुधमुँही 'तिनी'
(मेरी बच्ची) किलक उठी है
मैं चौंक पड़ता हूँ—
नहीं—इन दिनों बात-बात पर
इस तरह उदास होना
ठीक नहीं है
मैं देखता हूँ—मुझे बरजती हुई
उसके चेहरे पर खुली हँसी है—
जिसमें एक भी दाँत
शरीक नहीं है।'

जिन लोगों ने धूमिल की फोश भाषा का बहुत जिक्र किया, उन्हें ऊपर की पंक्तियाँ ध्यान से पढ़नी चाहिए। दन्तहीन शिशु की किलकारी (अत्यन्त अहिंस्र सहज उत्फुल्लता) ही धूमिल का वास्तविक चित्र है। यौन और ऊपर से बीभत्स लगनेवाले बिम्ब, प्रतीक और सादृश्य विधान तो उनकी भाषा को चौखटा देनेवाले हासिया मात्र हैं। धूमिल मन से इतने स्वस्थ थे कि समूची सामाजिक व्यवस्था के अस्वास्थ्य को सह नहीं पाते थे और मन तो अन्त तक बाहरी अस्वास्थ्य के दबाव को अस्वीकार करता रहा, पर शरीर इस दबाव को नहीं झेल सका और उसी कारण धूमिल के कवि को यह लगता है :

'पता नहीं कितना अन्धकार था मुझमें
मैं सारी उम्र चमकने की कोशिश में
बीत गया।'

सारी उम्र चमकने की कोशिश में धूमिल का एक भी शब्द (यहाँ तक कि पीतल का शब्द भी) मैला या पीला नहीं रहने पाया, वह भी माँजकर चमका दिया गया। गरीबी के चित्र गैर-गरीब लोगों ने खींचे हैं, गरीबी में झिलनेवालों ने खींचे हैं, पर गरीबी की भाषिक सम्पन्नता में जीनेवाले शायद अकेले धूमिल हैं, जिनकी 'करछुल बटलोई से बतियाती है' (क्योंकि बात-बात है, वहाँ और कुछ है नहीं), 'चिमटा तवे से मचलता है'। जिनके घर 'चूल्हा (मन का ताप) कुछ नहीं बोलता, चुपचाप जलता है और जलता रहता है', वहाँ पहले 'थाली खाती है', तब आदमी 'रोटी खाता है'। इस अभाव की दर्दनाक परिणति यह होती है कि आदमी को घर से बाहर निकल जाने पर लालबत्ती वाले चौराहे पर जब वह रुकता है, तो 'हौले से एक दर्द हिरदै को हूल' जाता है :

'ऐसी क्या हड़बड़ी कि जल्दी में पत्नी को
चूमना—
देखो, फिर भूल गया।'

गरीबी इसलिए और अधिक दुस्सह हो जाती है कि वह मानवीय संवेदना को भी छीनने दौड़ती है। 'मृच्छकटिक' लिखनेवाले ने भी गरीबी के इस पहलू को बहुत महत्त्व दिया। धन जाने का सोच नहीं, धन का अभाव प्रियजनों का मोह भी खा जाता है, यही जलन ज्यादा है। इस दर्द का एहसास धूमिल को है, इसलिए वे गरीब नहीं हैं, वे सुदामा नाम से हैं, पर वे महल से अपनी कुटिया का हेर-फेर करने को तैयार नहीं, क्योंकि महल हो, तो सबके लिए, और महल हो भी तो क्या आज के गाँव की मानवीय यंत्रणाओं का समाधान कर सकेगा? वह तो उस यंत्रणा का ऐसा साझीदार ही कर सकता है, जो सोचता है :

'यद्यपि
उनकी जरूरतों के लिए मैं अपना पूरा कन्धा
दे देना चाहता हूँ
मगर टूटते हुए परिवार में
धनुष-टंकार झेलते हुए जवान बछड़े सा
कराहता हूँ।
मेरे गाँव में
वही आलस्य, वही ऊब
वही कलह, वही तटस्थता
हर जगह और हर रोज...
और मैं कुछ नहीं कर सकता।'

धूमिल की भाषा लड़ाई की भाषा है जरूर, पर इस लड़ाई में अकेलेपन की एक विथा है, क्योंकि धूमिल नकली लड़ाइयों के खिलाफ हैं। वे हर नकलीपन के खिलाफ हैं :

‘चुटकुलों सी घूमती लड़कियों के स्तन
नकली हैं, नकली हैं युवकों के दाँत।’

कोमलता और वीरता, दोनों जब नकली हों, तो कवि को कल का भरोसा होता है, जब :

‘खटकर (कमाकर) खाने की खुशी
परिवार और भाईचारे में
बदल रही हो।’

इसलिए जिन्दगी भर मौत से जूझने का सम्बल धूमिल के साथ रहा। धूमिल की कविता भी बुनियादी तौर पर केवल व्यवस्था से नहीं जूझती, व्यवस्था की अमानवीय परिस्थिति से जूझती रही। उसकी आक्रामकता में जहाँ एक ओर लाचारी है, वहीं दूसरी ओर भविष्य के दिगन्त तक गूँज उपजानेवाली टंकार भी है। वह एक दस्तक देती है, यह सूचित करने के लिए कि :

‘हम न देखें
लेकिन अन्धकार वर्ष को चीरकर
प्रकाश की लचीली बाँहें
हमें छूती हैं।’

मुझे धूमिल की कविता ‘प्रकाश की लचीली बाँहों’ के रूप में सबसे अधिक छूती है और भीतर यह होता है कि धूमिल की भाषा में कुछ शहरीपन मिल भी जाए, शहरी यारों की सोहबत की बदौलत, पर उनकी भावभूमि ठेठ भदेसी है, निखालिस हिन्दुस्तानी है। गाँव का सही आदमी जिन्दगी में इतना गर्क है, इसीलिए वह जिन्दगी का मजाक भी उड़ा सकता है। वह जिन्दगी से तटस्थ होकर, जिन्दगी के बारे में सोच सकता है। वह अपनी जिन्दगी तो जीता ही है, दूसरों की जिन्दगी जी सकता है। धूमिल भी जिन्दगी की गहरी ममता के लिए ही इतने निर्मम हैं कि कभी-कभी लोग उन्हें गलत समझते हैं, उन्हें नारेबाज समझते हैं, उन्हें एक झपताल बजानेवाला नक्शेबाज कवि समझते हैं, पर जो भी उनकी निर्ममता, उनकी भाषा के तीखेपन, उनके आवेश के अभिप्राय तक जाने की कोशिश करेगा, उसे दिखेगा कि धूमिल की कविता में बिलकुल अबोध देहाती माँ का छलकता हुआ वात्सल्य है, और सारी चीजें उस वात्सल्य के लिए कवच मात्र हैं। धूमिल के अकरुण आलोचक ऐसी

पंक्तियाँ अनदेखी कर जाते हैं जो मानवीय सम्बन्धों के टूटने का दर्द बड़ी सादगी से अभिव्यक्त करती हैं :

> 'रात जब युद्ध एक गीत-पंक्ति की तरह
> प्रिय होगा, हम वायलिन को
> रोते हुए सुनेंगे
> अपने टूटे सम्बन्धों पर सोचेंगे।
> दुखी होंगे।'

जब कोई धूमिल की भाषा की अशिष्टता की बात मुझसे करता है, उसके अदम्य अहंकारी रूप की शिकायत करता है, तो मुझे अपने छोटे भाई की याद आती है, जो बहुत तेज, बहुत शरारती, बहुत ऊधमी था। मचलता था तो आसमान सिर पर उठा देता था, पर मृत्यु-शय्या पर उसने अपने बाबू (मुझे बाबू कहता था) की याद की, अकेला मैं था, जिससे वह दबता था और उसको सबसे अधिक मुझसे आत्मीयता थी। धूमिल की कविता की चर्चा करते समय मुझे उसका ऊधमी रूप भूल जाता है, केवल उस कविता की आत्मीयता आँखों को नम करने लगती है। तब कुछ नहीं सूझता, बस, यही होता है, यह आत्मीयता पूस की धूप की तरह इतनी संक्षिप्त क्यों थी? क्यों जलानेवाले दिन ही लम्बे होते हैं, क्यों?

1.1.77

मरणोत्तर धूमिल : एक कथा-यात्रा

[सम्पादकीय : कविवर राजशेखर]

'दुखी मत हो। यह मेरी नियति है।
मैं हिन्दुस्तानी हूँ। जब भी मैंने
उन्हें उजाले से जोड़ा है
उन्होंने मुझे इसी तरह अपमानित किया है
इसी तरह तोड़ा है।'

['पटकथा']

मरणोत्तर धूमिल की यह 'ट्रेजडी' समकालीन कविता के 'मिरर' में आज के नौजवान हिन्दुस्तान का एक जलता हुआ सवाल है। अपने भीतर की सारी कड़वाहट और बेचैनी से जूझता हुआ, मैं भारी कदमों से 'छमहुवाँ घाट' की ओर बढ़ रहा हूँ। मेरे साथ कवि रामेश्वर त्रिपाठी हैं। बीमारी से पहले, अपनी आखिरी मुलाकात में—धूमिल ने मुझसे कहा था कि : 'किसी दिन मेरे घर आओ, तो जमकर बातें करेंगे।' भोजूबीर गोपाल की चाय की दुकान में हम आमने-सामने बैठे थे। मैं उसकी 'पटकथा' पर अपनी प्रतिक्रिया व्यक्त कर रहा था। मेरी पकड़ पर वह बहुत खुश था और बातों की रौ में बोलता चला जा रहा था : "लोग मेरी कविताओं को सही ढंग से नहीं समझ पा रहे हैं। सचमुच जैसा तुम कह रहे हो—'पटकथा' को पढ़कर आँखें गीली हो जाती हैं और भीतर एक भयानक ठंडी क्रूरता का बोध होता है। जिसे लोग आज नहीं महसूस कर रहे हैं, उसे कल समझेंगे। तुम मेरी कविताओं पर अपना विचार दो।"

किन्तु अफसोस, मैं उसकी इस छोटी-सी माँग को उसके जीवन-काल में पूरा नहीं कर सका। हममें से कौन जानता था—छमहुवाँ घाट के किनारे खड़े नौजवान बरगद के मजबूत तने-सा धूमिल का चौड़ा कन्धा, अकस्मात् हमारी बगल से गायब हो जाएगा और सीने में उसकी मौत का तल्ख एहसास लिये हुए हमें खेवली की यात्रा करनी होगी!

खामोशी और अपने अन्धकार के बीच से गुजरते हुए, हम छमहुवाँ घाट के किनारे खड़े हैं। उस पार—शाखों से झूलती जड़ों से जमीन पकड़ने की छटपटाहट

लिये, बरगद का दरख्त खामोश खड़ा है। बरगद धूमिल के जुड़वाँ भाई-सा कद्दावर और मजबूत है। डोंगी पर बैठे मल्लाह को हाथ देकर, हमने इस पार बुला लिया है।

"दादा, सुदामा पाण्डेय का घर यहाँ से कितनी दूर है?"—हम डोंगी पर बैठे मल्लाह से सवाल कर रहे हैं।

सुदामा पाण्डेय के नाम पर मल्लाह खामोश...वरुणा की धारा में खो गया है। आबनूस की काली मूरत-सा गठीला अधेड़ मल्लाह, अपना आँसू छिपा रहा है। वह जानता है—मर्द रोते नहीं। जानबूझकर हम उसे कुरेद रहे हैं, ताकि खामोशी तोड़कर, वह कुछ बोले। कई बार पूछने पर, वह बोल रहा है : "भइया, भगवान हमहन पर गजब गिरा देहलन। अब हम गरीबन क खेवनहार इहवाँ कोई नाहीं रह गयल।"

अनजान बनकर हम धूमिल के बारे में अधिक-से-अधिक जानकारी हासिल करने के लिहाज से, उससे तरह-तरह के सवाल कर रहे हैं और ढली उम्र का कद्दावर पंचम बोलता चला जा रहा है : "गरीबन क देवता मर गयल भइया, अब गाँव में हमहन के खातिन लड़ेवाला कोई नाहीं हउवै!"

× × ×

कविता से बाहर अपनी सरजमीं पर खड़े धूमिल के व्यक्तित्व की यह एक खास पहचान है। धूमिल खुद में एक सवाल है। कविता के भीतर और कविता से बाहर अपने इस सवाल से वह बराबर जूझता रहा। हमदर्द चेहरों की तलाश के बावजूद वह जानता था :

'हमदर्दी
चेहरे से आँसू और चमड़ा
बटोरती है।'

['हत्यारी सम्भावनाओं के नीचे']

इसलिए बहुत सारे हमदर्द चेहरों के बीच भी वह अपने संघर्षों में एकदम अकेला था, क्योंकि उसे एहसास था :

'शब्दों के पीछे
कितने चेहरे नंगे हो चुके हैं
और हत्या अब लोगों की रुचि नहीं
आदत बन चुकी है...'

['कविता']

लोगों की इस नृशंस आदत के खिलाफ उसके व्यक्ति का—तना हुआ वजनदार घूँसा उसके प्रतिवाद का एक तगड़ा सबूत रहा है। सामाजिक क्रूरता के घेराव में, वह नये मानव-मूल्यों के लिए बराबर लड़ता रहा। कन्नन से लेकर साहित्यिक महंतों के अगम-सिद्धालयों के कूटस्थ-कपाटों तक—अस्तित्व का यह संघर्ष, व्यक्ति के रूप

में मात्र धूमिल का ही नहीं; बीसवीं शताब्दी की सृजनशील, शोषित और उत्पीड़ित मेहनतकश जनता का अपना इतिहास है। कलम के एक सिपाही की हैसियत से, उसमें वर्तमान की वस्तुगत परिस्थितियों की समझ है। एक जिम्मेदार रचनाकार की तरह, वह समाज की पशु-प्रवृत्तियों पर सांघातिक चोट करता है और कविता की भाषा में, अपनी सहज आत्मीयता से इन छद्मवेशी पशु-आचरणों के पीछे छिपे सामाजिक तथ्यों का उद्घाटन करता है किन्तु अपनी सामाजिक विवशताओं और संस्कारगत-मनोगतवादी अवधारणाओं के कारण, वह अन्तर्विरोधों के वर्गीय अन्तर्वस्तु को अमूर्त छोड़ देता है। उसका यह भाववादी-अवैज्ञानिक अन्तर्द्वन्द्व उसकी अधिकांश कविताओं में स्पष्ट है :

'भूख ने उन्हें जानवर कर दिया है
संशय ने उन्हें आग्रहों से भर दिया है
फिर भी वह अपने हैं
अपने हैं
अपने हैं
जीवित भविष्य के सुन्दरतम सपने हैं।'

['पटकथा']

अपनी मार्क्सवादी समझ के बावजूद, यूटोपियन-मूल्यों के प्रति इतनी गहरी आस्था रखनेवाला व्यक्ति धूमिल, अपने-आपमें समाज द्वारा कितना उत्पीड़ित रहा, यह अपने सन्दर्भों में एक दर्दनाक कहानी है।

× × ×

जानबूझकर गाँव में भटकते हुए, हम धूमिल के पम्पिंग सेट (पाही) पर आ पहुँचे हैं। हम जनता के बीच धूमिल के सही व्यक्तित्व की तलाश कर रहे हैं। पूरे गाँव में, कवि के रूप में धूमिल को कोई नहीं जानता था। उसकी मौत के बाद, रेडियो ब्राडकास्टिंग से लोगों ने यह महसूस किया कि उनके बीच से एक बड़ा आदमी उठ गया है। चारपाई पर एक कमसिन उम्र का किशोर बैठा है। पूछने पर बताता है : "मैं धूमिल जी का पुत्र रत्नशंकर हूँ।" कच्ची उम्र में पिता की मृत्यु के धक्के ने कितना संजीदा बना दिया है इस किशोर चेहरे को! रत्नशंकर के साथ हम घर के दरवाजे पर आ गए हैं। आसपास के वातावरण में एक शोकपूर्ण सन्नाटा है...। परिवार के सदस्यों के बीच हम घिर गए हैं। माँ और चाची ने हमें बाँहों में छान लिया है। करुण विलाप के क्रन्दन में हम सब पिघलकर जम गए हैं : "एक्कै सरिरिया सागर मथत रहले बघवाऽऽ"—माँ का दूध झूठ नहीं बोलता...। धूमिल चाची और माँ की आँखों में बाघ था। वस्तुत: सफेदपोश अपराधियों और अत्याचारियों के लिए वह एक क्रुद्ध बाघ था। खेवली से आई.टी.आई. की लम्बी दूरी, पट्टीदारों

के अठारह-बीस जाली मुकदमों का संत्रास; लंका, अस्सी, गोदौलिया से लेकर नवाबगंज तक की बैठकों में—बारह-एक बजे रात तक मानसिक तनाव झेलते हुए, साहित्यिक हथकंडेबाजों से जूझना और फिर रातभर जगकर कविता लिखना। अकेले शरीर सागर-मंथन नहीं तो और क्या है? माँ के आँसू झूठ नहीं बोलते...।

पाला लगे मटर की खेत-सा सारे परिवार का चेहरा मुरझा गया है। रामेश्वर रो रहा है। ऐसी बहुत सारी मौतों से गुजरकर, मेरी आँखें सूख गई हैं।

गहराइयों में उतरकर, दर्द खामोश हो जाता है। पूरा परिवार हमारे सामने है, सिर्फ कन्हैया (धूमिल के अनुज) घर पर नहीं हैं। खारे समन्दर की गहराइयों से झाँकती चाची की आँखों में...शिशु धूमिल का एलबम है। चाची ने अपने हाथों धूमिल के इस्पाती ढाँचे को गढ़ा है। लोहे को राख होते कितनों ने देखा है? परिवार के सिर से धूमिल की मजबूत बाँहों का साया उठ गया है। मौत की चट्टान से टकराकर, शीशे की तरह :

'एक समूचा और सही वाक्य
टूटकर
बिखर गया है।'

['पटकथा']

'वस्तुत:—
सोच में डूबे हुए चेहरों और
वहाँ दरकी हुई जमीन में
कोई फर्क नहीं है।'

['खेवली']

जीवन-मूल्यों से पृथक्, साहित्य की बात करना, अपने-आपमें एक बहुत बड़ा 'फ्राड' है। करोड़ों मेहनतकश लोगों की तरह, साहित्यकार भी सामाजिक निर्माण में लगा हुआ एक साधारण आदमी है। उसे भी औरों की तरह रोटी के लिए, अपना खून-पसीना एक करना पड़ता है। शोषण और सामाजिक षड्यंत्रों के विरुद्ध लड़ना पड़ता है। वह बादलों की दुनिया में ख्वाब बुननेवाला फरिश्ता नहीं होता। वह यथार्थ की ठोस धरातल पर खड़ा, अपने वक्त का जागरूक प्रहरी होता है। अपने समूचे परिवेश में, धूमिल इस ठोस धरातल पर—मजबूती से खड़ा है। जहाँ तक उसके वैचारिक अन्तर्विरोधों का प्रश्न है—आज के दौर में, हर किसी के भीतर वह किसी-न-किसी रूप में मौजूद है।

शाम गहरा गई है। थके सिपाही-से कलपते हुए परिवार को छोड़कर, हम वापस लौट रहे हैं। कन्धों पर नये दायित्वों और संकल्पों का बोझ है। लोकनाथ हमें गाँव की सरहद तक छोड़कर, अमराई में बैठा, माथा पकड़कर रो रहा है।

लखनऊ मेडिकल कॉलेज के ऑपरेशन थियेटर से बेड नं. 2 तक के मर्मान्तक दृश्य उसकी आँखों के सामने हैं :

'आखिरी और आखिरी बार। स्टैंड से
उल्टी बोतल में
रबर की एक लम्बी नली से वह
सरक रहा था। धीरे-धीरे
मृत्यु के खिलाफ। छापामार
दस्ते के अगुआ की तरह
देह के जंगल में
जहाँ मौत ने अपना खेमा
गाड़ रखा था।'

['खून के बारे में कविता', 12 मार्च, 1975]

× × ×

'घर मैंने छोड़ दिया
कोई मूल्यवान चीज मैंने नहीं छोड़ी
जो अब बाद में
आएँगे मेरी याद में,
मुझसे अच्छे बनेंगे।
चुकने के बाद—
जितना बचेंगे
कुछ नया रचेंगे।'

['मेरे बाद']

अनजाने धूमिल की कविताओं की रक्षा का सवाल हमारे सामने आ गया है। समकालीन रचनाधर्मिता के सन्दर्भ में, धूमिल का सारा कृतित्व एक ऐतिहासिक दस्तावेज है। हिन्दी कविता के रचनात्मक विकास की प्रक्रिया में—यदि यह शृंखला टूटकर बिखर गई तो यह एक अपूरणीय राष्ट्रीय क्षति होगी। निराला और अज्ञेय के बाद की समूची पीढ़ी के शृंखलाबद्ध रचनात्मक संघर्षों और उपलब्धियों को क्रमबद्ध रूप से समझने के लिए, धूमिल की सम्पूर्ण कृतियों का मूल्यांकन नितान्त आवश्यक है। पाँच-सात कविताओं को छोड़कर पांडुलिपि की शक्ल में उपलब्ध, धूमिल की सारी कविताएँ धृतराष्ट्र लिपि की पर्याय हैं। भुस में सुई खोजने जैसा काम है। संग्रह के रूप में तैयार की गई धूमिल की कई पांडुलिपियाँ गायब हैं। धूमिल के कुछ मित्रों के पास बहुत-सी कविताएँ व डायरी सुरक्षित पड़ी हैं। हमारा आग्रह

है कि हमारे मित्र, धूमिल के क्लासिक को नष्ट होने से बचाएँ। क्योंकि धूमिल अब हमारे लिए यादगारों की एक मीनार है। इस मीनार को क्षतिग्रस्त करना, अपने व्यक्ति को क्षतिग्रस्त करना है।

'और तुम कहते हो, कवि एक सुन्दर बगीचा है
जिससे अपने लिए तुम एक शब्द-फूल
तोड़ सकते हो। तोड़ो,
मगर मत भूलो कि इस बगीचे को
एक आदमी ने अपने खून से सींचा है।'

['मैं हूँ', 15 मार्च, 1975]

× × ×

जाड़े की सर्द सुबह है। खेत, बाग और टीले सिर से पाँव तक कुहरे में डूबे हुए हैं। माँ की ममता-सी वरुणा अपने दर्द की गहराइयों में खामोश है। डोंगी से नदी पार कर—पगडंडियों की राह...मैं धूमिल के दरवाजे पर खड़ा हूँ। जालिमों की तनी हुई बन्दूकों को छीनकर—आक्रामक दिशाओं में मोड़ देनेवाला, खेवली के बीहड़ का बाघ अब नहीं है। सुबह-सुबह मुझे अपने बीच पाकर, सारा परिवार उत्साह से भर गया है। समूह के दर्द से जुड़कर अपने भीतर का आकाश कितना विस्तृत हो जाता है!

पारिवारिक समस्याओं के चक्रव्यूह से बाहर आकर, मैं धूमिल की धृतराष्ट्र लिपि में डूब गया हूँ। कन्हैया किसी काम से बाहर जा चुके हैं, बाकी सारे भाई बैलों के साथ जमीन तोड़ने खेत में...। धूमिल इसी जमीन की उपज है।

'लहलहाती हुई फसलें...
बहती हुई नदी
उड़ती हुई चिड़ियाँ...
यह सब, सिर्फ, तुम्हें गूँगा करने की चाल है
क्या तुमने कभी सोचा कि तुम्हारा—
यह जो बुरा हाल है
इसकी वजह क्या है?'

['प्रौढ़ शिक्षा']

कविताओं की बिखरी हुई पंक्तियों पर, लाल स्याही से निशान बनाते-बनाते मैं थककर चूर हो गया हूँ। उफ...कितना अशान्त था अपने अन्तरंग में...तूफान का यह काला सागर...! अपने को समेटकर, खड़ा तक नहीं हो सका।

'अपने बचाव के लिए
खुद के खिलाफ हो जाने के सिवा

दूसरा रास्ता क्या है,
मैं आपसे ही पूछता हूँ!'

['कवि', 1970]

प्रश्नों के दायरे में...अन्धकार के आर-पार अथाह रुदन-सा व्याप्त धूमिल, कागज के टुकड़ों पर आँसुओं के धब्बों-सा फैल गया है। बिखरे आँसुओं से किसी की खोई हुई तसवीर को बनाना—एक त्रासदी है। कितनी मानसिक अराजकता अपने भीतर ढो रहा था वह! कितना अस्त-व्यस्त था उसका एकाकी व्यक्तित्व! मैं हैरान और दुखी हूँ। अपनी भाषा की सलीब पर—संवेदना की खुदकुशी है धूमिल! उसका यह वक्तव्य कितना यथार्थ है :

'कवि,
व्यावहारिकता की
बँटी हुई रस्सी से झूलती हुई
संवेदना की खुदकुशी है।'

['मैं हूँ']

यह सब उसके मानस-परोक्षों का एक्स-रे प्लेट है। जब वह कहता है :

'घृणा में डूबा हुआ सारा का सारा देश
पहले की तरह आज भी
मेरा कारागार है।'

['पटकथा']

तो भय लगता है। इतना तनाव किसी अकेले व्यक्ति के लिए एक खतरनाक जहर है। किन्तु आज की परिस्थितियों में जहर के अतिरिक्त हमारे लिए बचा ही क्या है? अपने तनाव और अन्धकार से बराबर जूझता रहा धूमिल और अन्ततोगत्वा तनाव और अन्धकार के दानव ने उसे धीरे-धीरे चूसकर, उसकी लाश को हमारी ओर झटके से उछाल दिया—और अब इसके सिवा और कोई रास्ता नहीं है कि सागर तट पर बिखरी हुई उसकी रेत को पंक्ति-पंक्ति जोड़कर, हम उसे मीनार की शक्ल में बदल दें। कितना खौफनाक है यह दृश्य...!

'उसकी आँखें बन्द थीं।
उसका चेहरा खून और आँसुओं से तर था। 'मूर्खो!
यह क्या कर रहे हो?' मैं चिल्लाया। और तभी किसी
ने उसे मेरी ओर उछाल दिया। अरे! यह कैसे हुआ?
मैं हतप्रभ-सा खड़ा था

और मेरा हमशक्ल
मेरे पैरों के पास
मूर्च्छित-सा
पड़ा था...'

['पटकथा']

पाँच बज रहे हैं। कन्हैया अभी नहीं लौटे। धृतराष्ट्र लिपि पर, एक हद तक काम करके, मैं 'पाही' पर आ गया हूँ। अपने हिस्से की जमीन तोड़कर, लोकनाथ, शोभनाथ और अर्जुन भाई अलाव के पास बैठे—बैलों-से हाँफ रहे हैं। मैं उनके चेहरों के भीतर धूमिल को तलाश रहा हूँ। थकान तोड़ने के लिए, सिल पर बूटी कट रही है, साथ में गन्ने का पका हुआ रस है। कन्हैया बाजार से वापस लौट आए हैं। अलाव के इर्द-गिर्द...नई उमर की ठाठ है। चकबन्दी में बड़े किसान तिकड़म भिड़ाकर, छोटे किसानों की 'गोइड़े' की जमीन हड़प रहे हैं। धूमिल ठीक कहता था : 'गाँवों में छोटे किसानों की हालत जुते हुए खेत जैसी है।'—सब-के-सब परेशान हैं। 'सुदामा भइया होतेन त हमहनो देखित'—एक तमतमाया नौजवान चेहरा तैश में अपने भीतर का कड़वा धुआँ उगल रहा है। यादगारों के सारे बन्द दरवाजे एक साथ खुल गए हैं...कन्हैया पाण्डेय वर्तमान की पृष्ठभूमि पर खड़ा, अतीत के खँडहरों से बोल रहा है : 'वरुणा के खार में साइकिल फेंककर, सावन-भादों की उफनती नदी को चीरते हुए ग्यारह-बारह बजे रात वे घर चले आते थे। मर्द थे वे! उनके साहस की ढेरों कहानियाँ सीने में दफ्न हैं। क्या बताएँ आपको...' कन्हैया का चेहरा पिघले शीशे-सा थरथराकर खामोश हो गया है। रत्नशंकर सिर झुकाए कौड़ा ताप रहा है। पता नहीं, किस पर क्या बीत रही है, किन्तु जख्मों के साये में कितने अपने हैं ये लोग! धूमिल की आँखों में यहाँ :

'सब कुछ सदाचार की तरह सपाट
और ईमानदारी की तरह असफल है।'

['खेवली']

× × ×

'मुझे लिखो, मैं कटी हुई उँगलियाँ हूँ
जिसे भूख ने खा लिया है।'

['मैं हूँ']

धूमिल के पूर्वज छेदी पाण्डेय, वाराणसी नगर से बारह किलोमीटर दूर—पश्चिम पंचकोसी के तीसरे पड़ाव, रामेश्वर महादेव से तीन किलोमीटर (पूर्व) परगना, कसवार राजा, तहसील—जिला वाराणसी के अन्तर्गत—वरुणा की उपत्यका में...

खेवली की दरखेज जमीन पर कहीं दूर से आकर तामीर हो गए थे। आसपास केवट, राजभर, ग्वालों और विभिन्न जाति के मेहनतकश लोगों का परिवार है। पुरखों की कीरत पर धूमिल के 'पुरवे' को लोग पाण्डेपुर के नाम से पुकारते हैं। सोना उगलनेवाली इस धरती पर, मेहनतकश बाँहों का जोर है। घनी आबादी वाला यह भदेस, शिक्षा के मामले में कितना पिछड़ा हुआ है, इसका अन्दाज आप इस बात से लगा सकते हैं कि इस गाँव से सन् 1953 में, उत्तर प्रदेश की हाईस्कूल परीक्षा में उत्तीर्ण होनेवाले पहले व्यक्ति—जनाब सुदामा पाण्डेय थे, जिन्हें हम-आप आज धूमिल के नाम से जानते हैं।

बचपन में गाँव की जबान पर 'सींकिया पहलवान' के नाम से मशहूर 'सुदामा जी' पितामह विन्देश्वरी पाण्डेय की आँखों के तारे थे जो पितामह के साथ बचपन में, अखाड़े की तेल-माटी खाकर, अपने लहीम-सहीम ढाँचे में ऐसे उभरे कि खेवली के दरिन्दों से लेकर, हिन्दी साहित्य के अच्छे-से-अच्छे अखाड़िये चकरघिन्नी खा गए और इस तरह देखते-देखते वह :

'दीवारों की चौकसी के बावजूद
एक नारा बन गया था भाषा की रात में।'

['खून के बारे में कविता']

साहस के साँचे में ढला हुआ धूमिल, आदमकद इस्पात था। बचपन का जिद्दी धूमिल, जात-पाँत, भूत-प्रेत और धार्मिक अन्धविश्वासों में अपनी अनास्था के कारण, पिता की दृष्टि में बराबर 'नास्तिक' रहा।

गाँव की आँखों में धूमिल विद्रोह-मूर्ति पिता श्री शिवनायक पाण्डेय का प्रतिरूप था, किन्तु अपना आक्रोश अभिशाप की जगह वह मारपीट और शक्तिप्रदर्शन में व्यक्त करता था, जो आगे चलकर, परिचितों के बीच उसके व्यक्तित्व की एक विशिष्ट पहचान बन गई थी।

अंकगणित में शत-प्रतिशत अंक पानेवाला धूमिल, ग्यारह वर्ष की अल्पायु में (मिडिल पास करने के बाद) वरुणा के तट पर बैठकर, अपने सहपाठी मित्र बनारसी लाल श्रीवास्तव के साथ कविता की जुगलबन्दी करने लगा था। बिरहा, कवित्त, सवैया और गीतों के घरौंदों को फलाँग कर, अकस्मात् सुदामा पाण्डेय से बाहर—धूमिल के रूप में वह ऐसा चमका कि भाषा के अच्छे-अच्छे कारीगरों की आँखों में मुहब्बत के आँसू आ गए। यह धूमिल के भीतर खेवली की तासीर है। वस्तुत: धूमिल की कविताओं में इस देश की मिट्टी की करुणा का छन्द है। इसलिए वह कहता है :

'मैं इतना कृतघ्न नहीं हूँ कि उस जमीन को—धिक्कार दूँ
जिस पर मेरा जन्म खड़ा है।'

['देश-प्रेम : मेरे लिए']

बारह वर्ष की अल्पायु में ही धूमिल का विवाह लालपुर वाराणसी निवासी पं. नान्हक दीक्षित की कन्या मूरत देवी के साथ कर दिया गया। बचपन के मेधावी और अध्ययनशील विद्यार्थी धूमिल को स्कूली पढ़ाई के तौर-तरीकों से बुरी तरह चिढ़ थी। एक-एक कर पितामह, पिता और चाचा की मृत्यु से मर्माहत होकर—आर्थिक दबावों और अपनी स्वतंत्र प्रकृति के कारण हरिश्चन्द्र इंटर कॉलेज, वाराणसी में नाम लिखाने के उपरान्त भी, वह अपनी पढ़ाई को आगे नहीं बढ़ा सका। शिक्षा की इस भूख को उसने स्वाध्याय के माध्यम से पूरा किया। श्री शिवशंकर वाचनालय, खेवली उसकी इस पढ़ाई का प्रमुख अड्डा था। उसकी यह 'हॉबी' अन्त तक उसके साथ थी।

× × ×

'भूख कौन उपजाता है :
वह इरादा जो तरह देता है
या वह घृणा जो आँख पर पट्टी बाँधकर
हमें घास की सट्टी में छोड़ आती है?'

[*'अकाल-दर्शन'*]

दो-दो घंटे 'आव रे गइयवा'—'आव रे भइसिया'—'आव रे कुकुरा', 'आव रे बिलरिया' कहने के बाद—दूध पीनेवाले किशोर धूमिल के सामने, अकस्मात् परिवार के दो जून की रोटी का सवाल आ गया था। आँख खोलने के बाद से वह देख रहा था :

'बच्चे भूखे हैं :
माँ के चेहरे पत्थर
पिता जैसे काठ : अपनी ही आग में
जले है ज्यों सारा घर'

[*'आज मैं लड़ रहा हूँ'*]

आसपास के तमाम लोगों के विरोध और उपहास के बाद भी अकेले दम साढ़े चार बीघे जंगल को काटकर, उसे उपजाऊ खेत की शक्ल में बदल देनेवाले गौरी पाण्डेय के वंश का होनहार बिरवान धूमिल, स्नेहमयी विधवा माँ, मातृवत्सला चाची, चार छोटे भाइयों (कन्हैया, अर्जुन, शोभनाथ, लोकनाथ) और पत्नी को रोता-कलपता छोड़कर, रोटी की तलाश में कलकत्ता चला गया था।

कलकत्ता में परिचितों का सहयोग न पाकर, वह लोहा ढोनेवाले मजदूरों के साथ लोहा ढोने का काम करने लगा। तभी शायद मृत्यु से पूर्व वह अपने अन्तिम अक्षरों में बोल सका :

'शब्द किस तरह कविता बनते हैं
इसे देखो

अक्षरों के बीच गिरे हुए आदमी को पढ़ो
क्या तुमने सुना कि यह
लोहे की आवाज है या
मिट्टी में गिरे हुए खून का रंग।'

['बेड नं. 2 की अन्तिम कविता']

अन्त में धूमिल के स्वजातीय स्वजन श्री रामलखन पाठक ने लकड़ी की एक व्यावसायिक फर्म 'मेसर्स तलवार ब्रदर्स प्राइवेट लिमिटेड' में, धूमिल को 'पासिंग ऑफिसर' के पद पर नियुक्त करा दिया। अपनी इस नौकरी के दौरान, धूमिल डेढ़ वर्ष तक भारत के विभिन्न जंगली और पहाड़ी इलाकों में घूमा। उसने अपनी खुली आँखों से यह देखा कि मेहनतकश जनता और पूँजीपति मुर्दाफरोशों के बीच कितनी दूरी है। मजदूरों के साथ धन-पशुओं के घृणित व्यवहार को देखकर, उसने यह महसूस किया कि पिरामिडों के शिखरों का सम्पूर्ण शिलालेख गुलाम मजदूरों ने अपने आँसुओं और खून से लिखा है।

यहीं से वह इस वैषम्यता के सामाजिक कारणों पर विचार करने लगा था। यहीं से उसमें जनवादी-संघर्ष की पहचान शुरू होती है। यहीं से उसका विद्रोह एक नई आँच में ढलकर—बाद में कविताओं की शक्ल में, हमारे सामने आता है। अपनी स्वीकारोक्तियों में :

'यद्यपि यह सही है कि मैं
कोई ठंडा आदमी नहीं हूँ
मुझमें भी आग है
मगर वह
भभक कर बाहर नहीं आती
क्योंकि उसके चारों तरफ चक्कर काटता हुआ
एक 'पूँजीवादी' दिमाग है।'

['पटकथा']

इस पूँजीवादी 'टावर' में कैद—अपनी अधूरी इच्छाओं में झुलसता हुआ वह, हमें सम्भावित नारकीय परिस्थितियों से अवगत कराता है :

'सचमुच मजबूरी है
मगर जिन्दा रहने के लिए
पालतू होना जरूरी है।'

['शहर का व्याकरण']

इस मजबूरी के बाद भी, अपने भीतर की आग को वह 'पूँजीवादी' दिमाग के हवाले नहीं कर सका। अपनी इस नौकरी के दौरान—जब वह बीमार होकर, चारपाई पर पड़ा था। कम्पनी के मालिक मि. तलवार ने, उसे ट्रंकाल द्वारा तत्काल मोतिहारी से गोहाटी जाने का आदेश दिया। धूमिल ने मि. तलवार को बताया कि "मैं अस्वस्थ हूँ।"

इस पर क्रुद्ध होकर मि. तलवार ने कहा : "I am paying for my work, not for your health."

प्रत्युत्तर में धूमिल ने हथौड़े की तरह चोट करते हुए कहा : "But I am working for my health, not for your work."

और इसके बाद वह चार सौ पचास रुपये माहवार की नौकरी, 6 पैसे प्रति घन फुट कमीशन, सारे टी.ए., डी.ए. पर लात मारकर—सीधे घर चला आया। स्वाभिमान व्यक्तिगत ईमानदारी का आदिम पर्याय है। धूमिल इस मामले में बहुत आगे था। आत्महीनता के विरुद्ध उसका अनवरत संघर्ष इस बात का ज्वलंत साक्षी है। तमाम विसंगत परिस्थितियों के उपरान्त वह अपनी मानवीय सम्भावनाओं में ज्वलंत है। अपनी संवेदनाओं में वह कितना स्वस्थ और प्रखर है :

'दुख होता है अगर किसी की
मिली नौकरी छूट गई हो
लेकिन उतना नहीं
कि जितना—
बार-बार सुनने पर भी फटकार
आदमी, लौट काम पर
फिर आया हो—
कालर फटी कमीज पहनकर।'

['सापेक्ष्य-संवेदन']

× × ×

'आकृतियों को
सीमाओं में अर्पित होने का सुख
स्वीकृत हो,
और सीमाओं को
मृत-पुत्रों के जीवित हो उठने की
आश्वस्ति...।'

['प्रार्थना']

कलकत्ता की नौकरी छोड़ने के बाद—धूमिल ने जनवरी, 1957 में—'आई.टी.आई. वाराणसी' में एडमिशन ले लिया। सन् 1958 में सर्वाधिक अंकों से उत्तीर्ण होकर, अपने प्राचार्य के आग्रह पर, उसने अपने आपको (अपनी प्रकृति के विरुद्ध) सरकारी सेवा-कार्य के हवाले कर दिया, जिसका पश्चात्ताप उसे मृत्यु-पर्यन्त रहा। 1961 में उत्तर प्रदेश सरकार से टेक्निकल वीक सेलेब्रेशन का 'कन्वे' प्राप्त करके, वह पर्यवेक्षक की हैसियत से बलिया चला गया, जहाँ अपनी कर्मठता और व्यवहार-कुशलता से, उसने इस संस्थान को उत्तर प्रदेश का 'सर्वोत्तम संस्थान' बनाकर, राज्य सरकार से प्रशस्ति-पत्र प्राप्त किया। किन्तु विभागीय वरिष्ठ अधिकारियों की नौकरशाही का शिकार होकर, पुन: उसे आई.टी.आई. वाराणसी लौट आना पड़ा। सीमाओं में बँधा हुआ वह देख रहा था :

'व्यवस्था की खोह में
हर तरफ
बूढ़े और रक्त-लोलुप मशालची
घूम रहे हैं
इतिहास की ताजगी
बनाए रखने के लिए
नौजवान और सफल
मौतों की टोह में।'

['भाषा की रात', 15 मार्च, 1975]

× × ×

'मैं सतह की धूप-सा
फैला हुआ था
पर अँधेरे ने
मुझे चमका दिया
केन्द्र पर बरबस
अकेला घेर कर।'

['आत्माभिव्यक्ति']

एक लम्बे अरसे तक गीतों पर काम करने के बाद—गीतकार धूमिल की नई कविता-यात्रा का गम्भीर दौर शुरू होता है। इस सिलसिले में सर्वप्रथम वह प्रसिद्ध चित्रकार रामचन्द्र शुक्ल और कथाकार डॉ. शिवप्रसाद सिंह के सम्पर्क में आया। इनके माध्यम से वह प्रख्यात मार्क्सवादी समीक्षक डॉ. नामवर सिंह और उनके अनुज युवा कहानीकार डॉ. काशीनाथ सिंह से घनिष्ठ रूप में

जुड़ गया। कवि, विचारक और व्यक्ति के रूप में, त्रिलोचन उसके लिए एक मानदंड थे। नामवर जी ने धूमिल के व्यक्तित्व को माँजा, त्रिलोचन ने उसमें भाषिक समझदारी पैदा की और काशीनाथ सिंह ने उसे नये अन्तरिक्षों से जोड़ा। आचार्य हजारीप्रसाद द्विवेदी और पं. विद्यानिवास मिश्र जैसे समकालीन चिन्तकों के बीच, उसने साहित्य के नये काव्य-मूल्यों और आयामों को गम्भीरता से समझने का प्रयास किया। राजकमल चौधरी से एलेन गिन्सबर्ग तक, वह अपने संधान की दिशाओं में अनवरत गतिमान रहा। अपनी उपलब्धियों को उसने कटु अनुभवों की रोशनी में, अपने कठोर साहित्यिक प्रयासों से हासिल किया। सन् 1969 में जब मैं पहली बार धूमिल से मिला, उस समय तक बनारस में धूमिल और काशी भाई की जोड़ी अपनी सक्रियता और नये तेवर के कारण चर्चा का विषय हो चुकी थी।

'मैं अपरिचित भीड़ की
आवाज...
व्यक्त मुझको कर गईं
खामोशियाँ
आकाश की...।'

[*'आत्माभिव्यक्ति'*]

साहित्यकारों की जमात में घिरा धूमिल, अपनी खनकदार बुलंद आवाज के कारण दूर से पहचान में आ जाता था। आन्तरिक तनाव की स्थिति में बात-बात में मूँछ पर ताव देकर, आस्तीन चढ़ा लेना—उसकी एक खास आदत बन गई थी। वह अपने सामने बैठे व्यक्ति के सिर पर अकस्मात् कोई मुहावरेदार वाक्य पटक देता था और जब सामने बैठा आदमी, अपने नियंत्रण से बाहर आकर—बकने लगता था, तब घनी मूँछों पर हाथ फेरकर—धूमिल हल्के से मुस्कराता था। ऐसे मौकों पर उसकी आँखों में एक खास किस्म की चमक पैदा हो जाती थी और वह अपने ताबड़तोड़ हमले से, प्रतिपक्षी को (उसके वक्तव्यों के अन्तर्विरोधों द्वारा) धराशायी कर देता था। यह धूमिल की अपनी 'साइको स्ट्रेटजी' थी, जिसका प्रयोग शिल्प के रूप में, उसकी कविताओं में मौजूद है।

× × ×

'ऐसे में
जबकि खरगोश की छलाँगें और उदासी,
चन्द्रलोक की यात्राएँ और नीग्रो समस्याएँ
एक ही लकीर पर खड़ी हों

बड़ी मुश्किल से अपना हो पाता है
धूप में टूटता हुआ एक दिन।'

['यात्रा-प्रसंग']

व्यावहारिक स्तर पर वह अपने लेखन, सामाजिक और पारिवारिक जिम्मेदारियों के प्रति समान रूप से प्रतिबद्ध और जागरूक था। नौकरी की किचकिच से वह ऊब गया था। अपने आखिरी दौर में वह इस्तीफा देकर, पूरी तौर पर खेती-बारी और स्वतंत्र लेखन के बारे में सोचने लगा था। कंचन कुमार के साथ वह 'सुकान्तो' की कविताओं को हिन्दी की वर्दी में उतार रहा था।

अकस्मात् उसे अपनों से काटकर—सन् 1966 में पुन: सहारनपुर उठाकर पटक दिया गया। धूमिल की मानसिक अराजकता के पीछे छिपे सामाजिक कारणों को हम धूमिल के भीतर समझ सकते हैं। सहारनपुर के इस आत्मनिर्वासन काल में—उसने पहाड़ी लोगों के जीवन और उनकी समस्याओं को करीब से देखने और समझने का प्रयास किया। उसके इन तमाम स्थानान्तरणों के पीछे उच्च पदाधिकारियों के ऑक्टोपस चेहरे थे, क्योंकि 'उत्तर प्रदेश औद्योगिक प्रशिक्षण संस्थानों' के कर्मचारियों की 'मेरठ कॉन्फ्रेन्स' के संयोजक मास्टर सुदामा पाण्डेय थे, जिसमें उन्होंने—खुले अधिवेशन में, उच्च अधिकारियों के कुत्सित-षड्यंत्री चेहरों को बेनकाब कर दिया था। विक्षुब्ध होकर अधिकारियों ने, उसे पुन: बनारस से सीतापुर फेंक दिया। इस बीच धूमिल पूरी तौर पर खेती और साहित्य से जुड़ चुका था। इसलिए वह किसी भी शर्त पर बनारस नहीं छोड़ना चाहता था। उसकी यह आन्तरिक यातना, उसकी कविताओं का विस्फोट है :

'मैं कुछ कहना ही चाहता था कि एक धक्के ने
मुझे दूर फेंक दिया। इससे पहले कि मैं गिरता
किन्हीं मजबूत हाथों ने मुझे टेक लिया।
अचानक भीड़ से निकलकर एक प्रशिक्षित दलाल
मेरी देह में समा गया। दूसरा मेरे हाथ में
एक पर्ची थमा गया। तीसरे ने मुझे एक मुहर देकर
पर्दे के पीछे धकेल दिया।
भय और अनिश्चय के दोहरे दबाव में
पता नहीं कब और कैसे और कहाँ
कितने नामों और चिह्नों और शब्दों
को काटते हुए मैं चीख पड़ा—
हत्यारा! हत्यारा!! हत्यारा!!!'

['पटकथा']

कुएँ में पड़े पत्थर की तरह उसकी यह खोई हुई चीख...अपने व्यक्ति के करुण एकान्त में, भीतर-ही-भीतर टूटकर ढहते हुए, एक 'हरक्यूलियन पर्सनाल्टी' की, हत्यारी-सम्भावनाओं के नीचे एक खुला इतिहास है।

'रोशनी सूँघनेवाले जारूस कुत्तों का
एक खतरनाक झुंड
उनके इशारों का इन्तजार कर रहा है।'

['भाषा की रात']

इन हत्यारों...और शिकारी कुत्तों के दोहरे दबाओं से गुजरता हुआ, अन्ततोगत्वा सीतापुर जाकर धूमिल ने अपना पद-भार ग्रहण कर लिया, किन्तु पुन: उसी दिन लौटकर वाराणसी चला आया। यह स्थानान्तरण धूमिल का अन्तिम स्थानान्तरण साबित हुआ। सिर के भयानक दर्द से पीड़ित होकर, वह 18 अक्टूबर, 1974 को बनारस हिन्दू विश्वविद्यालय के मेडिकल कॉलेज में भर्ती हुआ। सारा इलाज बेकार साबित हुआ। घंटे-घंटे पर वह मूर्च्छित हो जाता था। धूमिल के घनिष्ठ मित्र डॉ. एस.एन. चन्द्रा ने एड़ी-चोटी का जोर लगा दिया, किन्तु सब कुछ बेकार था। जाँच के बाद डॉ. कटियार ने बताया कि 'धूमिल को ब्रेन-ट्यूमर है।' हौलनाक नारकीय यातनाओं से गुजरता हुआ व्यक्ति, ब्रेन-ट्यूमर का शिकार नहीं होगा तो और क्या होगा? अन्तत: डॉक्टरों की राय से उसे 1 नवम्बर, 1974 को के.जी. मेडिकल कॉलेज, लखनऊ में भर्ती किया गया।

बेड नं. 2 पर—कटे हुए मजबूत दरख्त-सा धूमिल, जिन्दगी और मौत के बीच की दूरी को खामोशी से नापता रहा—इर्द-गिर्द बीमार चेहरों की भीड़ में...उसके भीतर का यह आतंक...खौफनाक एहसासों का दायरा बनाता है :

'आज अँधेरा है और खून
लगा हुआ है हाथों में
जिसे हमने हासिल किया है
वह पालने में नहीं—रक्त लथपथ
कराहों की बगल में पड़ा है।'

['आज मैं लड़ रहा हूँ']

लखनऊ के सारे मित्रों ने खून-पसीना एक कर दिया। डॉक्टरों की जी-तोड़ कोशिशों के बावजूद 10 फरवरी, 1975 को रात नौ बजकर पचास मिनट पर—धूमिल ने अपने मजबूत ढाँचे को बेड नं. 2 पर हमेशा के लिए छोड़ दिया। भीतर बजते जल-तरंग-सी उसकी कविताओं की पंक्तियाँ...दीवारों से टकराकर खामोश हो गई हैं :

'एक भी हथेली ऐसी नहीं है
क्रास भरे चेहरों ने

जिस पर उड़ेला नहीं
सागर की बूँद-बूँद देह
वज्रपात! हिमपात!!'

हिमपात ही तो है। आखिर इससे बड़ा वज्रपात और क्या हो सकता है कि समय से पहले मौत ने उसको हमसे छीन लिया है?

× × ×

'सहना ही जीवन है जीवन का जीवन से द्वन्द्व है—
मेरी हरियाली में मिट्टी की करुणा का छन्द है'

['दूसरे का घर']

मिट्टी की करुणा के छन्द का कवि गाकर खामोश हो चुका है। कन्हैया की आँखों में आँसू है और वह रुँधे गले से बोल रहा है : "माँ और भाभी, जो लखनऊ में ही थीं, मैंने उन्हें यह सब नहीं बताया कि 'भैया अब नहीं रहे।' लोकनाथ आँखों की ओट...छिपकर रो रहा था। गीत के मीत ठाकुर भाई (कवि ठाकुर प्रसाद सिंह) दम तोड़ने से पूर्व, धूमिल को...देखकर, रोते हुए लौट गए थे। आखिरी वक्त में धूमिल—ठाकुर भाई से कुछ कहना चाहते थे, किन्तु होंठ थरथराकर खामोश हो गए थे, दर्द आँखों की राह बह रहा था। दारुण व्यथा है यह सब...। अन्त में छाती पर पत्थर रखकर, इसकी सूचना मैंने सर्वप्रथम 10 बजे रात कुँवर नारायण जी को दी। जाड़े की उस सर्द रात में...कुँवर नारायण जी, श्रीलाल शुक्ल के साथ—मेरे पास आ गए थे। किन्तु धूमिल की लाश पर पड़ी हुई मौत की सफेद चादर को उलटकर, वे उनका मुर्दा चेहरा देखने का साहस अपने भीतर नहीं जुटा पाए थे।"

'थकी हुई घायल आहुतियाँ...
शून्य के बन्दीगृह में सिसक उठी हैं।

... ...
—महाकाल फिर जीत गया है...'

× × ×

11 फरवरी, 1975 को सुबह दस बजे तक 'काली गाड़ी' धूमिल के शव के साथ हरहुँआ बाजार में आ गई थी। हरहुँआ बाजार में आकर, धूमिल की पत्नी और माँ को यह पता चला कि गाड़ी में धूमिल नहीं, धूमिल की लाश है...। शाम 6 बजे मणिकर्णिका के महाश्मशान में—चिता की लपटों के बीच...हिन्दी साहित्य का एक

अन्तरिक्ष...जलकर राख हो गया...। कैसा विद्रूप है यह कि धूमिल की अरथी को काशी का एक भी साहित्यकार अपना कन्धा नहीं दे सका!

'मय्यत को मेरी हमनशीं अफसोस है यही,
तू ही फकत न आए, सभी दफनाने आ गए।
जख्मों के आईने में कितना साफ है धूमिल—
पता नहीं कितनी रिक्तता थी—
जो मुझमें होकर गुजरा—रीत गया।
पता नहीं कितना अन्धकार था मुझमें
मैं सारी उम्र चमकने की कोशिश में
बीत गया।'

['उसके बारे में']

अपने पीछे बाईस व्यक्तियों का एक दुखी परिवार छोड़कर, धूमिल हमारे कन्धों पर एक जिम्मेदारी का बोझ डाल गया है।

—और पड़ोस के प्रेत...

सीवान में...अपनी पैशाचिक मुद्राओं में अट्टहास कर रहे हैं।

परिवार की आँखों में भय की काली छाया है...।

धूमिल के सामने भी प्रेत खड़े थे। कन्हैया के सामने भी प्रेत खड़े हैं...।

× × ×

सीवानों में रात का अँधेरा बोल रहा है। पाही से लौटकर, हम बैठके में आ गए हैं। भोजन के बाद—लालटेन की मटमैली रोशनी में, हम पुनः धृतराष्ट्र लिपि की फाइल पर झुक गए हैं। लाल रोशनाई कागज के सीने पर लकीरों में कौंध रही है।... मौत का आखिरी दस्तावेज है न! बारह बज चुके हैं। कछारों से गीदड़ों के रोने की आवाज आ रही है। कन्हैया की आँखों में नींद का आग्रह है। फाइल समेटकर, हम चारपाई पर चित हैं। मुझे नींद नहीं आ रही है। चारपाई में खटमल हैं। खूनखोर हर जगह मौजूद हैं। धृतराष्ट्र लिपि की सारी पंक्तियाँ...पिकासो के संत्रासी चित्रों-सी—आँखों में तैर रही हैं...। मुझमें भय समा गया है—इन पंक्तियों को जोड़ने की कोशिश में—कहीं मैं ब्रेन-ट्यूमर का शिकार तो नहीं हो जाऊँगा?...दुःस्वप्नों में रात कट गई है। सचमुच :

'रात खत्म हो चुकी है
और वह सुरक्षित नहीं है
जिसका नाम हत्यारों की सूची में नहीं है!'

['हत्यारी सम्भावनाओं के नीचे']

सुबह की चाय पीकर—हम पुन: फाइल में खो गए हैं। काफी काम पूरा कर लिया है हमने। दस बज रहे हैं। कन्हैया को ऑफिस (रोजगार दफ्तर) जाना है। स्नान और भोजन के बाद साथ-साथ हम शहर की ओर हैं। आँसुओं के ताल से झाँकता...माँ और चाची का दरका हुआ चेहरा...पीछे छूट गया है। यथार्थत: कवि इन्हीं छोटे-छोटे ब्योरों को गाता है :

'उसकी यही शाख है
उसके लिए कविता सिर्फ शब्दों की बिसात नहीं,
वाणी की आँख है!'

['बारिस में भीगकर', 25 नवम्बर, 1975]

× × ×

संकेत-चिह्नों के आधार पर कन्हैया ने साठ कविताओं की पांडुलिपि तैयार कर ली है। बड़ी मेहनत की है कन्हैया ने। धूमिल का भाई है न! अब हम मूलप्रति से पांडुलिपि के शब्द-शब्द को मिलाकर जाँच रहे हैं। सब कुछ ठीक है। कहीं कोई शब्द और संकेत-चिह्न नहीं छूटा है। सारा काम पूरा हो चुका है। धूमिल की फाइल में 'त्रिलोचन अध्ययन केन्द्र' की रसीदें हैं। यह 'युवा विचार-मंच' के रूप में धूमिल का सपना है। सपने कभी पूरे नहीं होते। नहीं, होते हैं। मगर सपनों को आकार देने के लिए खून देना पड़ता है। और अब धूमिल के बारे में बातें करते हुए, हम शहर की ओर बढ़ रहे हैं। आज धूमिल के मुकदमे की तारीख है। बेशक :

'भूख और भूख की आड़ में
चबाई गई चीजों का अक्स
उनके दाँतों पर ढूँढ़ना
बेकार है।'

['पटकथा', 13 फरवरी, 1976]

× × ×

उपलब्ध रचनाओं के आधार पर, अपनी सामाजिक पृष्ठभूमि में धूमिल, समकालीन हिन्दी कविता का 'हिमालयन ब्लंडर' है। अपनी वर्गीय समझ के मातहत वह कविताओं द्वारा सीधे सामाजिक जीवन में हस्तक्षेप करता है यानी कविताओं द्वारा व्यक्ति के भीतर वैचारिक संक्रमण करता है। यह उसके कवि की ताकत है। अपने यौन-प्रतीकों और बिम्बों के माध्यम से जहाँ वह समाज के 'पैरालाइज्ड' अंगों को 'शॉक' देता है, वहीं हमें अपनी वर्गीय-चेतना की स्पष्ट पहचान भी करा देता है। धूमिल की कविताओं के भीतर का अन्तर्विरोध, अपनी ऐतिहासिकता में, आज के समूचे युवा-लेखन का अन्तर्विरोध है।

भाषा, भाव-भूमि, कथ्य और अपने शिल्पगत प्रयोगों में वह, अपने समकालीन रचनाकारों से एकदम पृथक् और बेजोड़ है। धूमिल की कविताओं का ढाँचा, उसकी काठी जैसा शक्तिशाली और मजबूत है। धूमिल को समझने के लिए, पूर्वग्रहों से मुक्त होकर, संजीदगी से उसकी जमीन पर खड़ा होकर सोचना जरूरी है, जो उसके खून-पसीने और आँसुओं से तर है...।

'अनुभव के नये-नये पृष्ठों पर
भाषा के समर्थन में बूँदें गिरती हैं
जैसे सामूहिक हस्ताक्षर अभियान में
आसमानी दस्तखत।'

['बारिस में भीगकर']

× × ×

'मैं एक दिग्नाम संज्ञा हूँ
जिसकी परिभाषा अभी तक नहीं हुई
मुझको दोहरा दो—
दर्पण के आर-पार
अनायातित बिम्बों में
मुझको दोहरा दो।'

['प्रार्थना']

दिग्नाम संज्ञा-सा अपरिभाषित धूमिल का व्यक्तित्व, साठोत्तर पीढ़ी के अनवरत आत्म-मंथन का एक सार्थक परिणाम है। कविता की भाषा और अपने आत्मीय-स्वरों में वह ध्वस्त-अन्तरात्माओं का इन्द्रधनुषी-सेतु है। अन्तरिक्षों के आर-पार अपनी खुली हुई आँखों से झाँकता धूमिल—एक शिशु है जो अपने परिवर्तित आयामों में—हमें नये अर्थ-मूल्यों से जोड़ता है। निर्विकल्प वह अपनी हरियाली में—'मिट्टी की करुणा का छन्द है' जो कभी बादलों को चाबुक से पीटकर, जीवन-रस गारता हुआ—हमारे सामने आता है और कभी बिजली-सा सारे आकाश में दौड़-दौड़—सदियों से रौंदी हुई घास को पुकारता है और कभी छापामार दस्ते के अगुआ की तरह देह के जंगल में खो जाता है...।

अपने विभाजित व्यक्तित्वों में किसी का विवादास्पद हो जाना—एक स्वाभाविक-सी बात है। किसी भी व्यक्ति को उसके सन्दर्भों में जिए बगैर कैसे समझा जा सकता है? किन्तु मैंने धूमिल को देखा है, समझा है, जाना है। उसे सामने देखकर—आँखों में हरे दरख्तों के जंगल उग आते थे। लगता था, जैसे आसपास कोई धान और गन्ने की फसलों का नया गीत गा रहा है। अपने परिष्कृत ग्रामीण-परिवेश में—बड़ा बाँका और सजीला जवान था वह। रगों में दौड़ते हुए ताजे खून-सा, अपने विचारों

में परिवर्तन के अग्निचक्र-सा दहक रहा था वह : अछोर अन्वेषण की सम्भावित यात्राओं में...। व्यक्ति-सत्य को व्यापक दृष्टि से आत्मसात् करता हुआ, वह आगे बढ़ जाता था। इसलिए वह संकीर्ण मान्यताओं से बाहर था। इसलिए वह अन्ध-श्रद्धाओं के तर्पण से मुक्त है।

अपनी आक्रामक मुद्राओं में वह—व्यक्ति नहीं, व्यक्ति के दम्भ पर चोट करता था। अपने भीतर के अन्धकार को इष्ट-मित्रों और परिचितों के बीच फटे-चिथे नक्शे-सा फैलाकर—सम्भावना के विभिन्न ध्रुवान्तों पर वह घंटों बहस करता था और इस दौरान उसके भीतर का 'शिशु' खेल-खेल में बहुत सारे परिचितों-अपरिचितों की स्थापित आस्था-मूर्तियों को खिलौने की तरह तोड़कर कमरे से बाहर फेंक देता था। और तरंग आ जाने पर इन खंडित प्रतिमाओं को जोड़कर, वह अपने 'शिशु-सृजन' को नया रूप देने लगता था। उसके भीतर अपने अन्तर्निषेधों की विरूप आकृतियों को—प्रत्याक्रमण की विभीषिकाओं में देखकर, लोग आतंकित हो जाते थे। इसलिए धूमिल—अपने एकान्त में कहीं एकदम अकेला था। दर्पण के आर-पार...दोहराए गए अनायातित बिम्बों में—शिशु हृदय धूमिल को कौन पहचानेगा?

'कोई पहाड़
संगीन की नोक से बड़ा नहीं है
और कोई आँख
छोटी नहीं है समुद्र से
यह केवल हमारी प्रतीक्षाओं का अन्तर है—
जो कभी
हमें लोहे या लहरों से जोड़ता है।'

['अन्तर']

अपने परिचय के वृत्तों में धूमिल एक विस्तृत आकाश था। इस आकाश पर अपना नाम लिखकर—आँखों से दूर...वह कहीं खो गया है। घर-आँगन से लेकर 'मोचीराम' तक उसका व्यक्तित्व एक खुली हुई किताब है, जिसके हाशिये पर धूमिल—कविता-पंक्तियों में दर्ज है :

'रात जब युद्ध एक गीत-पंक्ति की तरह
प्रिय होगा हम वायलिन को
रोते हुए सुनेंगे
अपने टूटे सम्बन्धों पर सोचेंगे।
दुखी होंगे।'

['दिनचर्या']

परिवार के लिए वह माँ का हृदय और पिता की छाँह था। रागात्मक अनुभूतियों से भरा हुआ, एक निश्छल और स्नेहार्द-स्वर...। नौजवान बेटे की मौत की टीस-सा गाँव के मजबूत कन्धों के भीतर वह आज भी मौजूद है। उत्पीड़ित किसानों-मजदूरों का वह अपना सगा भाई था। खंड-खंड अपने अस्तित्वों में आज भी वह अपने सम्बन्धों के बीच है। संकीर्ण शब्दकोशों का वह—अवरुद्ध विस्फोट था—क्रुद्ध समुद्रों के घातों-प्रत्याघातों के मध्य चट्टान के अकम्पित मेरुदंड-सा...दुर्धर्ष! उसकी अस्थियों की रोशनी में...उसके हृदय की चट्टान पर, खून से लिखे गए उसकी आत्म-आहुति के ताजे शिलालेख को हम आज भी पढ़ सकते हैं।

'तुम पशु बनने को तैयार नहीं हो।
तुम्हारे चेहरे से आज भी आदमीयत की गन्ध
आती है।'

['दूसरे का घर']

दाँत और सिक्के के बीच की दूरी तय करता हुआ वह दीवारों की मातृभाषा से बाहर चला आया था। उपेक्षा और उपहास की पाषाण-वृष्टि में...भीगता हुआ उसका पुरुषार्थ—अपने-आपमें एक कविता है। अपने कवि की भूमिकाओं में वह केवल 'मनुष्य' है—नये सामाजिक मूल्यों के लिए संकल्पित और प्रतिबद्ध...।

× × ×

'यादों के कन्धों पर
जड़ा हुआ यक्ष-नगर
कितना अतृप्त है;
ओ री! ओ यौवन की कस्तूरी-गंधिका!!
मेरे सिरहाने
अन्तरिक्ष फिर टूट गया...।'

['सन्नाटा']

'खंडित-अन्तरिक्ष धूमिल' के कृतित्व को समझने के लिए—उसके व्यक्तित्व को सही ढंग से समझना निहायत जरूरी है। दोनों पहलुओं को दृष्टि में रखते हुए, अन्तर्राष्ट्रीय सन्दर्भों में (वर्तमान सामाजिक और ऐतिहासिक परिस्थितियों की रोशनी में) सहानुभूतिपूर्ण ढंग से उसके वैज्ञानिक मूल्यांकन की आवश्यकता है। ह्रासोन्मुख जंगली हरकतों के खिलाफ...संघर्षरत धूमिल, अब हमारे बीच नहीं है। इसलिए हमारा दायित्व और अधिक गम्भीर है, क्योंकि :

'नवाबगंज की इस बस्ती में देश का
काँपता हुआ कलेजा हर बार छला है।

बन्दूक में बया का घोंसला है।
—ढकोसला है।'

['प्रवंचना']

प्रस्तुत संग्रह धूमिल की मूल पांडुलिपि का सम्पादित रूप है। इसमें मैंने कहीं कोई परिवर्तन नहीं किया है। 'भाषा की रात में : धूमिल की भूमिका'—उसके कुछ एक पत्रों, निबन्धों और डायरी के वाक्यांशों का संयोजित आकलन है। धूमिल को समझने के लिए—यह महत्त्वपूर्ण संकेत है। वस्तुत: मेरा सारा वक्तव्य—समीक्षा से पृथक्—धूमिल के व्यक्तित्व और कृतित्व से सम्बन्धित, एक संक्षिप्त रिपोर्ट है। इसकी रोशनी में, आप कुछ तलाश सकें, यही मेरा आन्तरिक दृष्टिकोण है। ऐसे :

'उन परिवारों की चर्चा व्यर्थ है
जहाँ चश्मे का नम्बर ही कविता का अर्थ है।'

['खंड-खंड धूमिल']

सम्पूर्ण मूल्यांकन के लिए अभी हमें धूमिल की शेष कविताओं की प्रतीक्षा करनी होगी।

[दीपावली, 22 अक्टूबर, 1976]

अन्तत: प्रेरणाओं के स्तम्भ कवि श्री त्रिलोचन शास्त्री और आदरणीय पंडित विद्यानिवास मिश्र को मेरी अर्पित संज्ञाएँ...। नई सम्भावनाओं की प्रतीक्षा में प्रतिध्वनित डॉ. काशीनाथ सिंह को युयुत्सा की उपलब्धियाँ...। आवरण की पृष्ठभूमि में उपस्थित साथी देवी प्रसाद वटव्याल को रंगों के आदिम आकाश...। मुद्रण और प्रूफ-संशोधन के कठोर दायित्व-निर्वाहों में जागरूक भाई शिवशंकर मिश्र को आन्तरिक कृतज्ञताएँ। सार्थक सक्रियताओं में—आयुष्मान चन्द्रशेखर को प्रस्थान की मुद्राओं में कविताओं के अन्तरिक्ष। अनवरत सक्रिय आत्मीयताओं में उपस्थित कन्हैया जी और धूमिल परिवार को अनन्त कोटि सूर्य-बाँहों का सागर...। और—

'ओ संघर्ष की मुद्रा में
घायल पुंसत्व! तुमको मैं क्या दूँ?
अपनी उपलब्धियों में शंकालु
तुमको मैं क्या दूँ?'

['एक युग-कल्पना']

त्रुटि-आकारों में, क्षमा-प्रार्थना के घुटनों पर...

29 नवम्बर, 1976

सुदामा पाँड़े का प्रजातंत्र

दो शब्द : रत्नशंकर पाण्डेय

'संसद से सड़क तक' में संगृहीत कविताएँ 1966 से 1970 के बीच की हैं, जिसका प्रकाशन 1972 में हुआ। इसके बाद धूमिल (मेरे पिताजी) का पटना के एक प्रकाशक के साथ कविताओं के एक संग्रह को छापने के लिए अनुबन्ध हुआ था। वह अनुबन्ध-पत्र उनकी फाइल में मेरे पास आज भी है; लेकिन उनकी मृत्यु के बाद प्रकाशक महोदय से पत्र-व्यवहार करने पर पता चला कि उन्होंने कोई पांडुलिपि नहीं दी थी। यद्यपि, जब वे बीमार थे तो अपने आगामी संग्रह के बारे में बात के दौरान कहते थे कि उसको पढ़ने के बाद कुछ लोग या तो अपनी लेखनी बन्द कर देंगे या फिर नया रुख अख्तियार करेंगे। और भाषा 'संसद से सड़क तक' की काव्य-भाषा से आगे की होगी।

'संसद से सड़क तक' के बाद उनके जीवन-काल में कोई दूसरा संग्रह प्रकाशित नहीं हुआ। मरणोपरान्त मेरी माताजी श्रीमती मूरत के आर्थिक सहयोग से 'कल सुनना मुझे' का प्रकाशन हुआ। फिर पारिवारिक कलह के कारण एक लम्बे अरसे तक कोई संग्रह प्रकाश में न आ सका। फलत: 'धूमिल के पास अब कुछ नहीं है', 'संसद से सड़क तक' के बाद उन्होंने कुछ नहीं लिखा, 'समय के साथ वे चुक गए' आदि-आदि न जाने कितने नारे उनके खिलाफ गढ़े गए। प्रचारित-प्रसारित हुए।

खैर, जो होना था हुआ!

...1970 के बाद की उनकी लगभग सभी महत्त्वपूर्ण कविताओं को इस संग्रह में समेटने का मेरा आग्रह रहा है। इसमें लगभग पच्चीस कविताएँ उनके जीवन-काल में ही पत्र-पत्रिकाओं में प्रकाशित हुई थीं। शेष अप्रकाशित पांडुलिपि से ली गई हैं।

बस, हमें यही कहना था! संग्रह आपके सामने है। आप कविताओं को उन्हीं के गुण-दोष के आधार पर देखें, उन्हीं से कवि की सफलता-असफलता और उसके आदर्शों की परख करें। आलोचकों द्वारा आरोपित पूर्वग्रहों से हटकर उनकी कविताओं का पुनर्मूल्यांकन अति आवश्यक है। हमारा विश्वास है कि इस संग्रह से आपको तृप्ति मिलेगी।

भूमिका

डॉ. विद्यानिवास मिश्र

स्व. 'धूमिल' के जीवनकाल में उनका केवल एक संग्रह छपा—'संसद से सड़क तक' और इतना चर्चित हुआ जितनी किसी युवा कवि की रचना नहीं हुई। कारण यह नहीं था कि धूमिल ने कविता के मुहावरे को तोड़ा और वर्जित शब्दावली का प्रयोग ऐसे किया, जैसे उनमें कोई चौंकाने की बात न हो, सामान्य अभ्यास हो, न यह था कि धूमिल ने अपने समय की विसंगति को तेज छुरी जैसी भाषा दी; कारण मेरी समझ में यह था कि एक ठेठ गाँव का आदमी शहर में आया, वामपंथी तेवर ने उसे खींचा, पर आदमी गाँव का था, तेवर वालों के ढोंग से वह तिलमिलाया, उसने यह तल्खी एक घूँट में गले के नीचे उतारी और आदमी-आदमी के रिश्ते की जाँच करने लगा, और तिलमिलाया जब उसने देखा कि बेटे और माँ के बीच का रिश्ता, 'आदमी और आदम इरादों से बित्ता भर उठी हुई पृथ्वी' के बीच का रिश्ता कहीं नहीं है :

'पता नहीं कब गिर गया वह
तेरे आँचल
मेरी फटी हुई जेब से
इन दिनों खाली हाथ हम
दोनों जीने के लिए विवश हैं
एक दूसरे को दिये गए फरेब से!'

उसकी कविता फरेब की पहचान बनी : एक खरी पहचान।

'धूमिल' का दूसरा संग्रह 'कल सुनना मुझे' उनकी मृत्यु के बाद छपा, उसको साहित्य अकादेमी ने पुरस्कार से सम्मानित किया। धूमिल आलोचना के घेरे में आए। और अब यह तीसरा संग्रह 'सुदामा पाँड़े का प्रजातंत्र' धूमिल के सुपुत्र रत्नशंकर के प्रयत्न से प्रकाशित हो रहा है। इस संग्रह की कविताओं में धूमिल की चिन्ताएँ कई प्रकार की हैं। एक चिन्ता है कि :

'सातवें और आठवें दशकों की छूटती हुई सरहद की
बाड़ पर

टोबा टेकसिंह की तरह मरती है कविता।'

उसे लगता है कि :

'मेरे भीतर की आग उसी तरह जलती है
पर
मेरी कविता डड़इओं के बीच
शब्दों की राख उगलती है।'

और इस पहचान के बाद धूमिल संकल्प लेना चाहते हैं कि :

'मैं साहस नहीं चाहता
मैं सहज होना चाहता हूँ
ताकि आम को आम
और चाकू को चाकू कह सकूँ।'

धूमिल का विश्वास तलाश करता है उस लड़के की, जो :

'एक साथ चुन लेना चाहता तितलियाँ
स्कार्फ, होंठ और फूलों
के जादुई रंग।'

क्योंकि धूमिल जानते हैं कि 'दुधमुँही दिलचस्पी' और 'कुलबुल जिज्ञासा' को मारने के लिए 'इस पृथ्वी पर कोई गोली नहीं बनी'।

धूमिल उन रिश्तों की तलाश करना चाहते हैं जो हैं; लेकिन खुलते नहीं हैं। वे स्वजनता के खोने का कारण ढूँढ़ना चाहते हैं और थोड़ा जोखिम उठाना चाहते हैं यह कहने का कि :

'दीवाल पर हाथ रखते और कहते
यह मेरा घर है।'

वस्तुतः धूमिल का कवि-हृदय अपनी तिलमिलाहटों के बावजूद एकमात्र इसी विचार से रचना करना चाहता है :

'लोकतंत्र के
इस अमानवीय संकट के समय
कविताओं के जरिये
मैं भारती
वामपंथ के चरित्र को
भ्रष्ट होने से बचा सकूँगा।'

धूमिल एक सार्वजनिक और क्रमिक मौत पाने के बजाय अकेले होकर मरना पसन्द करते हैं परन्तु अमानवीय संकट उन्हें कविता के जरिये सार्वजनिक बनने के लिए विवश करता है और कविता की यह कोमलता उन्हें मानवीय रिश्तों से ही मिलती है। इस संग्रह में जो कविताएँ ऐसे सम्बन्धों में अर्थ ढूँढ़ने के लिए लिखी गई हैं, उनमें यह सहजता है जिसे धूमिल सबसे बड़ा मानवीय गुण मानते हैं।

'पत्नी के लिए' शीर्षक कविता की ये पक्तियाँ :

'तुम्हारी अँगुलियाँ जैसे कविता की
गतिशील पंक्तियाँ हैं।'

या

'प्यार' शीर्षक कविता की ये पंक्तियाँ :

'मैं प्यार को नहीं जानता
सिर्फ जानता हूँ कि हम दोनों
ज्यादातर चुप हैं या जब भी हम बोलते हैं
मेरे शब्द तुम्हारे शब्दों को
ढक लेते हैं।'

उस तल्ख अनुभव के लिए और जीवन को झेलने के लिए एक पाथेय है जो इन पंक्तियों में इस प्रकार व्यक्त होता है :

'मैं भाषा के जबड़े में कैंसर की गाँठ हूँ
मेरा जानना ही मेरा जलना है।'

और स्वजन और स्वजनता की ही तलाश उन्हें जनतंत्र के उस जन (जाननेवाले और नकारनेवाले) का पुनर्निर्माण करने की प्रेरणा देती है जो डंके की चोट पर यह कह सके :

'और इस तरह
धुन्ध कविताओं
चुन्ना राजनीति
और मुन्ना विद्रोह को
ठेंगा दिखाएँ।'

मैं कविता का पाठक हूँ और कविता को कविता के रूप में ग्रहण करता हूँ, मतवाद के रूप में नहीं। मतवाद का आग्रह और एक जोरदार आग्रह जीवन में संवेदनशील व्यक्ति के लिए आवश्यक है, यह भी मानता हूँ, पर कविता को मैं मतवाद से नियंत्रित नहीं देखना चाहता—उसे मतवाद की तीखी आँख से जाँचने की

प्रक्रिया मानता हूँ क्योंकि कविता का मनुष्य कविता करनेवाले मनुष्य से अधिक बड़ा होता है। धूमिल की कविताओं में कविता के मनुष्य की पहचान जहाँ कहीं मिलती है, वहीं मैं उनकी कविता का श्रेष्ठ अंश पाता हूँ और उसको सामने रखकर उनकी असह्य तिलमिलाहट को देखता हूँ तो मुझे यह तिलमिलाहट अतिरंजित नहीं लगती।

मुझे पूरा विश्वास है कि धूमिल को उनकी सम्पूर्णता में जाँचने की जब कोशिश की जाएगी तो उनकी सभी भंगिमाएँ परखी जाएँगी : केवल एक खास किस्म का तेवर ही नहीं, जो अपने पक्ष में हाथ उठाता दिखता है। हकीकत यह है कि धूमिल की कविता किसी भी पक्ष में हाथ नहीं उठाती क्योंकि वह किसी के साथ दूर तक नहीं चल पाती, वह बहुत तेज आगे दौड़ती है। धूमिल का 'टेकू बनिहार' धूमिल के लुहार कवि को चेताता है :

'हँसुए पर ताव जरी ठीक तरे देना
कि धार मुड़े नहीं आजकल
छिनार निहाई ने
लोहे को मनमाफिक हनने के लिए
हथौड़े से दोस्ती की है।'

धूमिल हँसुए पर बराबर इसीलिए ताव देते रहे, कुछ अतिरिक्त भी और उस अतिरेक के ही कारण सम्प्रेषण की समस्या भी कहीं-कहीं खड़ी हो जाती है। लोग मुझसे सवाल पूछते हैं कि धूमिल की कविता में यौन प्रतीकों का इस तरह इस्तेमाल क्या आवश्यक है, क्या उचित है? मैं एक ही उत्तर देता हूँ कि शायद धूमिल के गाँव वाले मन को बात सीधी तौर पर कहने के लिए लाचारी से इतना आक्रामक होना पड़ा है। मैं उनकी भाषा का न पक्षधर हूँ, न स्त्री के शरीर का इस तरह भाषिक उपयोग करने को काव्योचित मानता हूँ, परन्तु जो कवि फरेब से, हर एक तरह के फरेब से एकदम अफना गया हो, वह शहरी नारी-गरिमा के फरेब को भी दूर फेंक देता है, शायद उसका उत्साह विस्थापित है, पर उसका ईमान अपनी जगह पर है और यही बात हमारे लिए अधिक महत्त्वपूर्ण होनी चाहिए। धूमिल के काव्य में काम नहीं है, कामुकता के प्रति गहरी वितृष्णा है। वह पाण्डेय बेचन शर्मा 'उग्र' की तरह गरिमा के लिए ही कुछ तीखा होना चाहता है। धूमिल के काव्य की जाँच इसीलिए धूमिल की वास्तविक चिन्ता की दृष्टि से की जानी शेष है, भाषा के तेवर की, विचार की तीक्ष्णता की चर्चा तो बहुत हो चुकी है।

अन्त में मैं रत्नशंकर को हार्दिक बधाई देना चाहूँगा कि उन्होंने धूमिल के सम्पूर्ण कृतित्व को शृंखलाबद्ध रूप में छापने का संकल्प लिया है। धूमिल का गद्य जब सामने आएगा तो धूमिल की गहरी मानवीय चिन्ता और अधिक स्पष्ट रूप में प्रतिभासित होगी।

भाषा की रात में : धूमिल की भूमिका

धूमिल के पत्रों, निबन्धों और डायरी के
वाक्यांशों का संयोजित आकलन

छायावाद के कवि शब्दों को तोल कर रखते थे,
प्रयोगवाद के कवि शब्दों को टटोल कर रखते थे,
नई कविता के कवि शब्दों को गोल कर रखते थे,
सन् साठ के बाद के कवि शब्दों को खोलकर रखते हैं,

× × ×

कविता के लिए पाठक की संवेदना और सहानुभूति उसी तरह घातक है, जिस तरह बिजली के धक्के से होश खोते आदमी को पानी पिलाना। कविता में साझेदारी ज्यादा सही है। और हो सके तो एक आवेगहीन शब्द—शाबाश...!!

× × ×

समय के अनुसार चलना नहीं, बल्कि समय की माँग के अनुसार चलना आवश्यक है।

समकालीनता क्या है?

रूप-रंग और अर्थ के स्तर पर आजाद रहने की, सामने बैठे आदमी की गिरफ्त में न आने की एक तड़प, एक आवश्यक और समझदार इच्छा, जो आदमी को आदमी से जोड़ती है, मगर आदमी को आदमी की जेब में या जूते में नहीं डालती।

स्वतंत्रता की तीव्र इच्छा और उसके लिए पहल तथा उस पहल के समर्थन में लिखा गया साहित्य ही समकालीन साहित्य है।

× × ×

ऐसा क्यों है कि ज्यादातर लोग कविता से नहीं, कविता के शिल्प से ऊब जाते हैं और सवाल जब समूची कविता को बदलने का है, वे महज शिल्प बदल देते हैं, गोया नींद में करवट बदल ली?

...पता नहीं रास्ते में कब धोखा दे जाएँ : तार छोड़ते टायर-सी अपनी कविताएँ!

× × ×

भाषा में शब्दों की ट्रिक कामयाब होने पर 'कविता' और असफल होने पर 'चमत्कार' बनती है।

× × ×

कविता का एक मतलब यह भी है कि आप आज तक और अब तक कितना 'आदमी' हो सके हैं। दूसरे शब्दों में कहूँ तो यह कि कविता की असली शर्त 'आदमी' होना है।

× × ×

एकता पशुओं का आपद्धर्म है।

× × ×

कविता का मतलब है : 'भाषा में आदमी होना'।

कविता हिंसा की हिंसा करती है।

× × ×

आदमी की 'विट' और कविता में 'विट', दो अलग-अलग चीजें हैं। 'कविता में विट' उस नाथ की तरह है, जिसके जरिये बैल को एक रस्सी के सहारे हलवाहा का नन्हा इकलौता भी खेत तक पहुँचा आता है।

× × ×

'कविता में आना' यह सही है कि सरल नहीं है, मगर मेरे समीप इसके सिवा कोई दूसरा हल नहीं है। उलझनों के बाहर उलझते दिनों और तनावों में यह सही है कि :

'घास के सूखने का दर्द
अब एक साथ सहते हैं साँड़
और मैदान
और मर्द
लेकिन सतहों के अक्सों को
दोहराता है चुपचाप नि-जड़ा आसमान
कीचड़ के जिस्म में। कहीं भी। कोई हलचल नहीं है।
कोई हलचल नहीं है।
जागती हुई रातों का
बहसों के बीच

बातों से बाहर
बेतहाशा भागती हुई बातों का
कोई हल नहीं है
हमारे पास
इसलिए कीचड़ में
शब्दों को फेंक रहा
देश, अँधेरे में अपने को फेंक रहा।'

× × ×

...आज का कवि वैज्ञानिक चेतना का कवि है—एक ऐसा कवि, जिसकी दृष्टि विश्व की सम्पूर्ण क्रियाशीलता का अध्ययन कर रही है। उसके सामने तीव्रगामी विकास है, निरन्तर परिवर्तन के श्वास से दहकता हुआ। हर वस्तु, हर मान्यता टकराती हुई, टूटती हुई और पुन: संयोजित होने के लिए आतुर। और स्थापत्य की इस भयावह संक्रामकता में अस्तित्व अकेला रह गया : घुटन भरे वातावरण में खंडित व्यक्तित्व! पर अनास्था हमारी कविता का मूल स्वर नहीं, और इसके प्रमाण हैं : नई कविता के कुछ अकुंठित गायक...।

× × ×

...आज नई कविता बदनाम है : अपने शिल्पगत प्रयोगों के लिए नहीं, वस्तुगत जीवन-मूल्यों के लिए नहीं, बल्कि खंडित बिम्बों के लिए; अस्पष्ट, नितान्त असंगत एवं बौद्धिक प्रतीकों के लिए, अपनी गद्यात्मक एकलयता की वृत्ति के लिए और साथ ही घुटन में ऊबकर, शहीद होने की दिखावट के लिए। नई कविता का नाम सुनकर हमारा पाठक कविता के प्रति अनास्था से उसी प्रकार भर उठता है, जैसे किसी महंत को देखकर धर्म के प्रति। क्योंकि विगत छल-कपट एवं आत्मिक कष्ट-प्रवंचनाओं की प्रतिक्रिया हमारे विश्वास को झकझोर देती है। उसे कविता की अप्रेषणीयता या पाठक का बौद्धिक अविवेक कहकर झुठलाना वृथा है। हमें नई कविता के आगे सोचना है, नई कविता के नाम पर फैली विकृति के विषय में सोचना है। दलदल पर नये तख्ते रखने हैं ताकि नये भाव, नई आस्थाएँ उसे पार कर सकें। इसके लिए हमें एकान्त की 'दमघोंट' उचाट से बाहर निकलकर प्रश्नों के उत्तर ढूँढ़ते चौरस्तों पर खड़ा होना पड़ेगा।

× × ×

...युवा लेखन अपना काम कर रहा है। पत्रिकाओं में, किताबों में और पाठ्यक्रमों में शठ होने की जगह वह तेजी से 'जरूरी जनता' के हाथों तक, उनकी जुबान तक

पहुँच रहा है। नये आँकड़े तय करो तो पता चले कि युवा लेखन से सम्बद्ध लोगों का दस्ता कितना बड़ा है और किस तरह तेजी से बढ़ रहा है। और यह पर्दानसीं साहित्यिक चोचलेबाजी? नाश हो इसका...धीरे-धीरे जमींदोज हो रही है। इसका खात्मा जरूरी है, जो शुरू हो चुका है।

युवा लेखन के लिए राजनीतिक समझदारी जरूरी है। बिना इस राजनीतिक समझदारी के आज का लेखन सम्भव नहीं। यह वर्गों की समझदारी है। क्या बराबरी का दर्जा और आत्महीनता से मुक्ति का रास्ता एक नहीं है? यह आता कहाँ से है? आर्थिक मुक्ति से। और इसी को सब टुकड़खोर और हरामखोर शब्दों के कुहासे से ढकने की व्यर्थ कोशिश करते रहे हैं। क्या युवा लेखक भी इसी में शरीक हो जाए? नहीं, वह इस षड्यंत्र के खिलाफ भीषण प्रतिशोध में लगा है। वह आफेंसिव है। सहना नहीं, अब वह प्रत्याक्रमण में भी पहल कर रहा है। ऐसे में टुकड़खोर भाषायी गुलाम फिर बहकावे में एकजुट हो रहे हैं और अपने भड़ौवे अन्दाज में मटक रहे हैं। 'युवा' होने और समकालीन समझ रखने की ताब के लिहाज से ऐसे में तुम्हें दोबारा सोचना है कि तुम लोग क्या करोगे?

✪✪✪